제 2 판 머 리 말

금융상품의 개념은 금융규제의 시작이다. 특히 자본시장법 제3조, 제4조, 제5조에 규정된 금융투자상품, 증권 및 파생상품의 개념에 대한 이해가 중요하다. 금융상품에는 자본시장법상의 금융투자상품을 포함하여, 은행법상의 예금과 대출, 보험법상의 보험상품 등이 폭넓게 포함되지만, 법적 분쟁에서는 대부분 금융투자상품에 해당하는지가 문제되기 때문이다. 최근 논란이 되고 있는 토큰형 증권, 조각투자, 가상자산, ELS 등도 모두 금융투자상품에의 해당 여부가 쟁점이 되어 있다.

자본시장의 빠른 변화를 반영하여 자본시장법의 해석과 적용도 유연해져야 한다. 금융상품은 다양한 모습으로 나타나고 이러한 현상은 가속화되고 있으므로 그 이름에 현혹되어서는 아니되고 해당 상품의 실체와 기능이 무엇인지를 정확하게 파악하여야 한다. 같은 금융상품이라도 다른 이름으로 판매되는 경우가 많은데, 투자자를 보호하고 규제차익을 방지하기 위해서는 해당 거래가 가지는 의미와 기능을 이해하고 자본시장법을 적용하여야 한다.

변화무쌍한 자본시장을 규제대상으로 하는 만큼 자본시장의 규제 법령은 정책적 판단에 따라 분리되거나 집합하기도 한다. 이 책도 처음에 집필할 때에는 단일한 자본시장법을 염두에 두고 서술하였으나 자본시장법이 분화되면서 관련 법령을 포함시켰다. 제11장과 제12장에서는 자본시장법에서 분화된 금융사지배구조법과 금융소비자보호법을 설명하였다. 제13장에서는 가상자산이용자보호법을 설명하였다. 가상자산은 다양한 의미로 사용되지만, 금융업자에 대한 규제와 자본시장에서의 불공정거래의 규제 방식을 차용하고 있어서 그 내용이 비슷하기 때문이다.

끝으로 어려운 출판 환경에도 불구하고 이 책을 출간하여 준 박영사와 편집을 맡아주신 한두희 선생님에게 감사드린다.

2024년 2월 1일
새해를 앞둔 백양로 연구실에서
김 홍 기

머 리 말

2009년 2월 자본시장법이 시행된 후 10년이 넘는 시간이 지났다. 큰 기대와 더불어 시행된 자본시장법은 우리나라의 금융시장에 커다란 영향을 미쳤고 금융산업의 경쟁력 강화에도 기여하였다. 다른 법률들에 비교해서 자본시장법은 그 역사가 짧은 만큼 해석과 운용에 어려움이 많지만, 키코 등 사회·경제적으로 커다란 관심을 가져온 사건이 있을 때마다 부족한 부분을 보완하기 위해서 개정되었고, 판례도 형성되면서 법리의 형성과 적용에 도움이 되고 있다.

자본시장법의 적용대상인 증권과 파생상품 거래는 매력적이면서도 난해한 분야이다. 우선 거래의 기초인 금융투자상품의 개념과 성격을 이해하는 것부터 만만치 않다. 금융상품 거래의 의미와 효과를 파악하기 위해서는 경제학, 회계학 등은 물론이고, 민법과 상법, 회사법 등의 기본적인 법체계에 대한 이해가 필요하다. 변화무쌍한 자본시장을 규제대상으로 하는 만큼 금융시장의 변화에도 관심을 가져야 한다. 동일한 기능을 가진 금융상품이라도 서로 다른 모습을 가지는 경우가 많기 때문에, 투자자를 보호하고 규제차익을 방지하기 위해서는 그 거래가 가지는 의미와 기능을 정확하게 파악하여야 한다.

위와 같은 자본시장의 특성 때문에 기능별 규제는 불가피하고 세계적인 경향이다. 자본시장법도 기능별 규제에 바탕하지만 은행, 증권, 보험 등 금융업권별 차이가 분명히 존재하고, 증권 및 파생상품 등 투자상품을 중심으로 하고 있어서 전체 금융시장에 적용하기에는 한계가 있다. 자본시장법의 내용이 방대한 측면도 있어서 정책적 판단에 따라 일부 내용이 분리되기도 한다. 2016년 8월 1일 「금융회사의 지배구조에 관한 법률」이 시행되면서 자본시장법 제2편 제2장 금융투자업자의 지배구조에 관한 규정들이 이관되었고, 2020년 3월 24일 「금융소비자의 보호에 관한 법률」이 시행되면서 자본시장법 제46조(적합성원칙), 제46조의2 (적정성의 원칙 등), 제47조(설명의무)를 비롯한 중요한 조항들이 분리되었다. 이 책에서는 「금융회사의 지배구조에 관한 법률」 및 「금융소비자의 보호에 관한 법률」의 내용도 함께 설명하고 있다. 증권과 파생상품 거래에 밀접하게 관련되어 있기 때문이다.

이 책은 자본시장법을 처음 접하는 학생들을 대상으로 강의에 사용할 목적으로 시작한 것이므로 기본적인 법리를 충실하게 서술하려는 철학을 담았다. 처음에 집필을 구상할 때에는 미국의 케이스북 형태를 염두에 두었으나 우리나라 법체계를 고려할 때 순수한 영미식의 케이스북은 한계가 있는 듯 보였고, 고심 끝에 자본시장법의 체계와 조문을 위주로 설명하되, 판례와 쟁점을 좀 더 자세하게 서술하는 방식을 선택하였다. 금융투자업 관계기관, 거래소 등의 설립과 처분에 대한 행정적인 내용은 생략하였다. 보다 상세한 내용은 주석서나 논문 등을 통해서 보완해야 할 것이다.

이 책을 준비하는 과정에서는 여러 분의 도움을 받았다. 연세대학교 박사과정에서 공부하는 한국거래소의 소병기 부장, 석사과정에서 공부하는 한국거래소의 강진희 과장의 도움이 컸다. 두 분들 모두 주경야독, 일하면서 공부하는 모습을 보여주었고, 특히 소병기 부장은 풍부한 실무 경험을 바탕으로 초고 단계에서부터 전 범위를 읽으면서 꼼꼼하게 세밀한 사항을 지적해 주었다. 학회를 통해서 논의된 다양한 견해와 논문들에서도 많은 도움을 얻었다. 끝으로 어려운 출판 환경에도 불구하고 이 책을 출간하여 준 박영사와 조성호 이사님, 김선민 이사님에게 감사드린다. 특히, 「상법강의」에 이어서 이 책까지 편집을 맡아주신 한두희 선생님에게 감사드린다.

2021년 8월 10일
신촌 백양로가 보이는 연구실에서
김 홍 기

주요 목차

세부 목차

제1장 총론

제 2 장 증권과 금융투자상품

제 3 장　금융투자업자의 규제

제 4 장 발행시장의 규제

Presents." May 2, 2017. http:// www.npr.org/2017/05/02/526520042/6-strongmen-trumps-praised-and-the-conf licts-it-presents.

- Morris, Ian. "Social Development." Stanford University, October 2010. http://ianmorris.org/docs/social-development.pdf.

- Mosler, Warren. *Soft Currency Economics II: What Everyone Thinks They Know about Monetary Policy is Wrong*. US Virgin Islands: Valance, 1996 and 2013.

- Mounk, Yascha. *The Great Experiment: How to Make Diverse Democracies Work*. London: Bloomsbury, 2022.

- Mounk, Yascha. "Illiberal Democracy or Undemocratic Liberalism?" *Project Syndicate*, June 9, 2016. https:// www.project-syndicate.org/commentary/trump-european-populism-technocracy-by-yascha-mounk-1-2016-06.

- Mounk, Yascha. *The People Vs. Democracy: Why Our Freedom Is in Danger and How to Save It*. Cambridge, MA: Harvard University Press, 2018.

- Müller, Jan-Werner. *What Is Populism?* Philadelphia: University of Pennsylvania Press, 2016.

- Murphy, Hannah, and Patrick McGee. "Apple Makes Unexpected Concession on 30% App Store Fees." *Financial Times*, September 25, 2020. https://www.ft.com/content/fbabedb0-3ed2-4c47-94f2-f165bd15edb3.

- National Institutes of Health. https://www.nih.gov/.

- National Park Service. "The Civil War." https://www.nps.gov/civilwar/facts.htm.

- National Public Radio. "The Original 'Welfare Queen.'" *Code Switch*, June 5, 2019. https://www.npr.org/transcripts/729294210?t=1654518358287.

- Nelson, Brett. "Fear, Not Government Shutdowns, Chilled the Economy." August 4, 2020. https://review.chicagobooth.edu/economics/2020/article/fear-not-government-shutdowns-chilled-economy.

- Nemy, Enid. "Leona Helmsley, Hotel Queen, Dies at 87." *New York Times*, August 20, 2007. https://www.nytimes.com/2007/08/20/nyregion/20cnd-helmsley.html.

- New Development Bank. https://www.ndb.int/.

- New *World Encyclopedia*. https://www.newworldencyclopedia.org/.

- Nichols, Tim. *The Death of Expertise: The Campaign against Established Knowledge and Why It Matters*. New York: Oxford University Press, 2017.

- Noble, David F. *The Religion of Technology: The Divinity of Man and the Spirit of Invention*. New York: Alfred A. Knopf, 1997.

- Nolan, Peter. *Is China Buying the World?* Cambridge and Malden: Polity, 2012.

- Noonan, Laura, Cale Tilford, Richard Milne, Ian Mount, and Peter Wise. "Who Went to Jail for their Role in the Financial Crisis?" *Financial Times*, September 20, 2018. https://ig.ft.com/jailed-bankers/#:~:text=Forty%2Dseven%20bankers%20

제 5 장 유통시장과 공시규제

제 6 장 기업 인수 · 합병 규제

제 7 장   불공정거래의 규제

제 8 장　집합투자기구

제10장 장외거래 등

제13장 암호기술의 이해와 가상자산이용자보호법

표 목차 · 그림 목차

1. 표 목차

2. 그림 목차

참고문헌

1. 국내문헌

금융감독원	「금융투자업 인가 매뉴얼」(자본시장감독국, 자산 운용감독국, 2019. 7)	금융감독원, 금융투자업 인가매뉴얼(2019)
금융감독원	「기업공시 실무안내」(2020. 12)	금융감독원, 기업공시 실무안내(2020)
금융감독원	「자본시장법 시행 1년 업무편람」(2010. 1)	
금융연구원	「금융회사 지배구조법 제정 필요성」(2010. 7)	금융연구원, 지배구조법 제정 필요성(2010)
김건식/정순섭	「자본시장법(3판)」(두성사, 2013)	김건식/정순섭, 자본시장법(2013)
김병연/권재열/양기진	「자본시장법: 사례와 이론(3판)」(박영사, 2017)	김병연/권재열/양기진, 자본시장법(2017)
김용재	「자본시장과 법」(고려대 출판문화원, 2016)	김용재, 자본시장과 법(2016)
김정수	「자본시장법원론」(SFL그룹, 2011)	김정수, 자본시장법원론(2011)
김택주	「자본시장법(2판)」(국민대학교, 2015)	김택주, 자본시장법(2015)
김학석/김정수	김학석/김정수, 「자본시장법상 부정거래행위」(SFL 그룹, 2015)	김학석/김정수, 자본시장법상 부정거래행위(2015)
김홍기	「상법강의(6판)」(박영사, 2021)	김홍기, 상법강의(2021)
김화진	「자본시장법 이론(2판)」(박영사, 2016)	김화진, 자본시장법이론(2016)
변제호/홍성기/김종훈/김성진/엄세용/김유석	「자본시장법(2판)」(지원출판사, 2015)	변제호 외 5인, 자본시장법(2015)
서울남부지검	서울남부지검, 「자본시장법 벌칙해설」(박영사, 2019)	서울남부지검, 자본시장법 벌칙해설(2019)
성희활	「자본시장법 강의」(캐피털북스, 2018)	성희활, 자본시장법(2018)
옥선기	옥선기, 「금융투자상품의 연계불공정거래에 대한 이해」(세창출판사, 2014)	옥선기, 금융투자상품 연계불공정거래(2014)
이상복	「자본시장법」(박영사, 2021)	이상복, 자본시장법(2021)
임재연	「자본시장법」(박영사, 2018)	임재연, 자본시장법(2018)
자본시장통합법 연구회	「자본시장통합법 해설서」(증권업협회, 2007)	자본시장통합연구회, 자본시장통합법해설서(2007)

재정경제부	「자본시장통합법 설명자료」(재경부, 2006. 6)	재경부, 자본시장통합법 설명자료(2006)
증권법학회	「자본시장법 주석서 I (개정판)」(박영사, 2015)	증권법학회, 자본시장법주석서 I (2015)
증권법학회	「자본시장법 주석서 II (개정판)」(박영사, 2015)	증권법학회, 자본시장법주식서 II (2015)
한국거래소	「한국의 채권시장」(한국거래소, 2015)	한국거래소, 한국의 채권시장 (2015)
예탁결제원	「증권예탁결제제도」(박영사, 2018)	예탁결제원, 증권예탁결제제도 (2018)

강대섭 "시장질서 교란행위의 금지 내용과 그 적용상의 문제 – 이른바 정보이용형 시장질서 교란행위를 중심으로", 「경영법률」 제29집 제2호(경영법률학회, 2019)

강영기/박선종 HTFF 등 알고리즘거래에 대한 각국의 규제동향과 해결과제에 관한 비교법적 고찰", 「증권법연구」 제19권 제2호(증권법학회, 2018)

강희철/김성진/강권도 "주식 등의 대량보유보고의무 위반과 관련된 법적 쟁점", 「BFL」 제6호(서울대 금융법센터, 2004)

고창현 "부실기재관련 증권소송에서의 인과관계와 증명책임", 「증권집단소송 Issue 시리즈 06」(전경련, 2005. 4)

권순일 「증권투자권유의 책임에 관한 연구」(서울대 박사논문, 2001. 10)

권재열/김홍기/양기진 「파생상품시장 불공정거래의 효율적 대응을 위한 모니터링 시스템의 선진화 방안에 관한 연구」 보고서(금융감독원, 2012. 12)

김광록 "라임사태를 통해 본 사모펀드의 불완전판매와 투자자보호 방안에 관한 고찰", 「상사판례연구」 제33집 제3권(상사판례학회, 2020)

김연미 "사기에 의한 시장형성이론", 「증권법연구」 제20권 제3호(증권법학회, 2019)

김영기 "현실거래에 의한 시세조종과 매매유인 목적 : 2012.11.29 선고 2012도1745 판결 사안('도이치증권 v. 대한전선' 사건)을 중심으로", 「형사판례연구」 21호(형사판례연구회, 2013. 6)

김용호 "적대적 M&A에서 가처분이 활용되는 사례", 「BFL」 제23호(서울대 금융법센터, 2007)

김정연 "공매도 금지조치의 의의와 개선방안", 「상사법연구」 제39권 제3호(2020)

김태진 "금융회사의 지배구조에 관한 법률(안) 주요내용 검토", 「기업지배구조리뷰」(한국기업지배구조원, 2012)

김태형 "공개매수의 현황", 「BFL」 제55호(서울대 금융법센터, 2012)

김학석 "부정거래행위 규제의 최근 동향", 한국증권법학회 제204회 정기세미나 자료집(2015.1.20.)

김홍기 "파생상품과 도박규제", 「비교사법」 제14권 제1호(비교사법학회, 2007. 3)

김홍기	"건전한 금융회사 지배구조의 원칙과 운용방안", 「상사판례연구」 제28집 제3권(상사판례학회, 2016.9.30)
김홍기	"ELS 델타헷지의 정당성과 시세조종에 관한 연구", 「상사판례연구」 제29집 제2권(상사판례학회, 2016. 6)
노혁준	"신탁변경, 수탁자변경과 신탁합병 및 분할", 「BFL」 제62호(서울대 금융법센터, 2013)
노혁준	"증권관련 집단소송에서의 손해액 산정", 「인권과 정의」 제342호(대한변호사협회, 2005. 2)
맹수석	"금융기관 임원의 과도한 보수규제 및 투명성 제고방안에 관한 연구", 「법학논총」(전남대 법학연구소, 2014)
맹수석	맹수석, "개정 자본시장법상 시장질서 교란행위에 대한 법적 쟁점의 검토", 「기업법연구」 제30권 제1호(기업법학회, 2016)
박삼철/이중기	"'제도'로서의 투자신탁법제의 기본구조와 발전전략", 「홍익법학」 제15권 제1호(홍익대 법학연구소, 2014)
박세화	"발행시장의 부실공시로 인한 민사책임에 관한 고찰", 「금융법연구」 제13권 제3호(금융법학회, 2016)
박준	"1997년 경제위기와 IMF 구제금융이 금융법에 미친 영향", 「서울대학교 法學」 제55권 제1호(서울대학교 법학연구소, 2014. 3)
성희활	"2014년 개정 자본시장법상 시장질서교란행위 규제도입의 함의와 전망", 「증권법연구」 제16권 제1호(증권법학회, 2015)
성희활	"금융소비자보호법의 바람직한 제정 방향에 대한 고찰", 「상사법연구」 제30권 제2호(한국상사법학회, 2011)
손창완	"미국 증권규제법상 중요성 판단기준", 「외법논집」 제37권 제2호(2013. 5)
송옥렬	"증권시장 사기규제의 법경제학", 「법경제학연구」 제9권 제2호(법경제학회, 2012)
송종준	"조건부 자본증권의 도입에 관한 소고", 「기업법연구」 제25권 제3호(기업법학회, 2011)
심영	"금융회사 대주주 적격성 규제에 대한 소고", 「일감법학」 제47호(건국대 법학연구소, 2020)
안상현/유석호	"공개매수규제의 적용범위", 「BFL」 제55호(서울대 금융법센터, 2012)
안성포	안성포, "현행 신탁업의 규제체계와 한계", 「한독법학」 제19호(한독법학회, 2014. 2)
안수현	"자본시장법 시행 이후 불공정거래 규제 변화와 과제," 「BFL」 제40호(서울대 금융법센터, 2010. 3)
양호승	법률신문 자본시장법 판례평석(2011년 판례부터 2015년 판례까지)
오성근	"자본시장법상 신의성실공정의무에 관한 고찰", 「증권법연구」 제15권 제3호(증권법학회, 2014)
오세영	"현실거래에 의한 시세조종행위의 성립요건에 대한 검토", 「YGBL」 제6권 제2호(연세대 글로벌비즈니스와 법 센터, 2014. 12)

이숭희	법률신문 자본시장법 판례평석(2016년 판례부터 2020년 판례까지)
이준섭	"증권집단소송의 도입과 증권거래법상 손해배상책임체계의 개선방안",「증권법연구」 제4권 제2호(증권법학회, 2003)
임정하	"자본시장 불공정거래행위에 대한 손해배상책임",「경영법률」 제28집 제1호(경영법률학회, 2017)
이철송	"유가증권의 단기매매차익 반환과 정보이용의 요건성",「증권법연구」 제5권 제1호(한국증권법학회, 2004. 6)
유영일	"의무공개매수에 관한 연구",「사회과학연구」 제8권 제1호(울산대, 1998. 6)
윤민섭	"금융소비자보호에 관한 법률안의 주요내용 및 시사점",「소비자정책 동향」 제101호(한국소비자원, 2020)
장근영	"내부자거래 제한규정의 미적용행위에 관한 고찰",「증권법연구」 제5권 제2호(증권법학회, 2004)
장근영	"투자권유 없이 거래하는 고객에 대한 금융투자업자의 의무",「증권법연구」 제12권 제2호(증권법학회, 2011)
장상균	"지배주식의 매도에 대한 증권거래법상 단기매매차익 반환조항의 적용",「BFL」 5권(서울대 금융법센터, 2004. 5)
정대	"미국회사법상의 지명위원회에 관한 고찰",「기업법연구」(기업법학회, 2005)
정대익	정대익, "손실보전약정에 의한 부당권유행위 및 증권회사의 반대매매의무",「상사판례연구」 제18집 제3권(2005. 9)
정순섭	"금융거래와 도박규제",「증권법연구」 제7권 제2호(증권법학회, 2006)
정순섭	"자본시장법의 적용범위,"「BFL」 제16호(서울대 금융법센터, 2006. 3)
정순섭	"금융규제법상 포괄개념 도입의 가능성과 타당성",「법학」 제49권 제1호(서울대 법학연구소, 2008. 3)
정재규	"금융회사의 사외이사 제도",「상사법연구」(한국상사법학회, 2011)
정준우	"자본시장법상 미공개중요정보의 이용주체",「한양법학」 제2권 제4집(한양법학회, 2009. 11)
조성훈/정윤모/박현수	「증권산업에서의 이해상충에 관한 연구 I: 증권회사 조사분석」(증권연구원, 2003. 5)
진상범/최문희	"KIKO 사건에 관한 대법원 전원합의체 판결의 논점",「BFL」 제63호(2014.1)
천경훈	"재무정보의 부실공시에 대한 상장회사 이사의 책임과 '상당한 주의' 항변",「증권법연구」 제18권 제2호(증권법학회, 2017)
최문희	"자본시장법상 주권상장법인 특례규정의 존재 의의와 개선 과제",「BFL」 제61권 제0호(서울대 금융법센터, 2013. 9)
최성근/김용재/김홍기/성희활	「파생상품 규제체계 재정립 및 규제효율화를 위한 연구」, 한국증권선물거래소 용역 보고서(증권법학회, 2008)
최승재	"자본시장법 제178조 제1항 제1호에 대한 연구",「금융법연구」 제6권 제2호(금융법학회, 2009.12)

2. 외국문헌

BCBS	「Principles for enhancing corporate governance」(March 2010) ('BCBS Principles') BCBS Governance Principles
David Walker	「A review of corporate governance in UK banks and other financial industry entities Final recommendations」 26 Nov. 2009
Eilis Ferran	Creditors' interests and "core" company law, 20(10) Company Lawyer 314(1999)
FRC	「The UK Corporate Governance Code」(Sep. 2012)
FCA	Conduct of Business Sourcebook(May. 2021)
FCA	Glossary of Definition, FSA Handbook (FCA, December 2005)
Global Derivatives Study Group	Derivatives: Practices and Principles (Group of Thirty, Washington DC, July 1993)
James D. Cox and Thomas Lee Hezen	「Corporations」 2nd ed(Aspen Publishers, 2003)
John C. Coffee, Jr., & Hillary A. Sale	「Securities Regulation Cases and Materials」 11th ed.(Foundation Press, 2009)
M. D. Fitzgerald	「Financial Options」(Euromoney Publications, London, 1987)
OECD	「Corporate Governance and the Financial Crisis: Key Findings and Main Messages」(June 2009)
OECD	「OECD Principles of Corporate Governance」(2004)
Rasiah Gengatharen	「Derivatives Law and Regulations」(Kluwer Law International, London, 2001)
Thomas Lee Hazen	「Securities Regulation(4th ed.)」(West Academic Publishing, 2017)
Thomas Lee Hazen	Treatise on the Law of Securities Regulation. Vol. 3, Thomson West (2002)
US GAO	Financial Derivatives: Actions Needed to Protect the Financial System (GAO, Washington DC, May 1994)

법령약어표

국가재정법	국가재정법
근로복지기본법	근로복지기본법
금융산업의 구조개선에 관한 법률	금융산업구조개선법(금산법)
금융소비자 보호에 관한 법률	금융소비자보호법(금소법)
금융위원회의 설치 등에 관한 법률	금융위원회법
금융지주회사법	금융지주회사법(금융지주)
금융투자업규정	금융투자업규정(規定)
금융회사의 지배구조에 관한 법률	금융사지배구조법(지배구조법)
독점규제 및 공정거래에 관한 법률	공정거래법(公正)
민법	민법(民)
민사소송법	민사소송법(民訴)
벤처기업육성에 관한 특별조치법	벤처기업법
보험업법	보험업법(保險)
사회적기업 육성법	사회적기업법
상법	상법(商)
상법시행령	상법시행령(商法施行令)
상법시행규칙	상법시행규칙(商法施行規則)
상업등기법	상업등기법(商登)
상호저축은행법	상호저축은행법(상호저축)
새마을금고법	새마을금고법
소비자기본법	소비자기본법
수산업협동조합법	수산업협동조합법
수표법	수표법(手)
신탁법	신탁법(信託)
신용협동조합법	신용협동조합법
약관의 규제에 관한 법률	약관규제법(約款)
어음법	어음법(어)

여신전문금융업법   여신전문금융업법(여신)

우정사업 운영에 관한 특례법   우정사업특례법

우체국예금·보험에 관한 법률   우체국예금·보험법

유가증권시장 공시규정   유가증권시장공시규정

은행법   은행법(銀行)

자산유동화에 관한 법률   자산유동화법

자본시장 및 금융투자업에 관한 법률   자본시장법(資本)

자본시장법시행령   자본시장법시행령(令)

자본시장법시행규칙   자본시장법시행규칙(規則)

자산유동화에 관한 법률   자산유동화법

전자단기사채법   전자단기사채법

전자어음의 발행 및 유통에 관한 법률   전자어음법(電子)

주식·사채 등의 전자등록에 관한 법률   전자등록법

주식회사 등의 외부감사에 관한 법률   외부감사법(외감법)

중소기업 기술혁신 촉진법   중소기업기술혁신법

중소기업창업 지원법   중소기업창업법

증권관련 집단소송법   증권집단소송법

증권의 발행 및 공시 등에 관한 규정   증권발행공시규정(증발공)

지방재정법   지방재정법

채무자 회생 및 파산에 관한 법률   채무자회생법(채무자회생법)

표시·광고의 공정화에 관한 법률   표시광고법

특허법   특허법(特許)

한국산업은행법   산업은행법

한국은행법   한국은행법

한국전력공사법   한국전력공사법

헌법   헌법(憲)

형법   형법(刑)

제1장

총론

제1절

증권시장과 증권규제

Ⅰ. 증권과 증권시장

1. 증권의 의의

"증권(security)"은 증권상에 표시된 내용에 따라 사법상의 채권·채무관계가 형성되고, 증권상의 채무자를 상대로 그에 따른 이행을 청구할 수 있는 '일체의 수단(instruments)'을 가리킨다. 일체의 수단이므로 그 권리가 서면에 녹아 있거나 전자적인 형태로 표시되거나, 중앙집중적 또는 개별적으로 관리되거나 모두 증권의 일종이다. 주식, 채권, 수익증권, 투자계약증권 등이 대표적이나 파생결합증권, 구조화 증권, 토큰형 증권 등 경제 활동의 수요를 반영하여 새로운 모습으로 나타나기도 한다. "security"란 문구에서 알 수 있듯이 원래 '증권'은 각종 권리를 증권화하면 안전하게 유통할 수 있다는 뜻에서 유래하였으나, 오늘날에는 이러한 모습은 찾기 어렵고 유동적인 경제환경에 연동하여 발행되는 복잡한 내용의 증권이 증가하고 있다.[1]

증권은 경제활동의 기본적인 수단이다. 기업과 정부는 증권 발행을 통해서 자금을 조달하고, 가계는 증권 투자를 통해서 생활·교육·노후 자금을 마련한다. 이처럼 증권은 기업과 가계를 비롯한 경제주체의 경제활동에 밀접하게 연결되고 국가 경제에 미치는 영향이 크므로 그 규제를 위하여 각종 법령과 제도적 장치가 마련되어 있다. 그러나 직관적으로 그 가치를 알 수 있는 일반상품과는 달리 증권은 외형이나 문언만으로는 그 가치나 효용을 평가하기 어려운데, 이 때문에 증권거래의 당사자 간에는 정보의 격차가 생기고, 공정한 거래를 위해서 증권업자에게 설명과 정보 제공을 요구하고 불공정거래는 엄격하게 처벌하는 등 증권시장의 규제와 감독, 전문성이 중요하게 된다. 최근에는 가상자산, 대체불가능토큰(NFT) 등 기존의 증권과 모습을 달리하는 디지털자산이 등장하면서, 기존의 증권규제를 적용할 것인지, 별도의 규제체계를 마련할 것인지도 논의되고 있다.

---

1) Thomas Lee Hazen, 「Securities Regulation(4th ed.)」(West Academic Publishing, 2017) ("Thomas Lee Hazen, Securities Regulation"), p.1.

2. 증권시장

"증권시장"은 증권거래를 수행하는 공식 또는 비공식의 시스템이다. 경쟁매매를 통해서 작동하는 정규 증권거래소 등의 장내시장과 다양한 유동성 공급자를 통해서 운영되는 상대적으로 느슨한 장외시장으로 구분된다.

가. 장내시장

"장내시장"은 정규 증권거래소 등 조직화된 시스템을 통해서 거래하는 시장이다. 우리나라의 경우 가장 대표적인 장내시장은 한국거래소(KRX)이고, 「자본시장과 금융투자업에 관한 법률」('자본시장법') 제373조에 근거하여 설립되고 금융위원회의 감독을 받는다. 최근에는 대체거래소(ATS)인 '넥스트레이드(Nextrade)'의 설립 절차가 진행 중이다.[2] 미국의 경우 가장 권위있는 장내시장은 뉴욕증권거래소(NYSE)이고, 최근에는 '나스닥(NASDAQ)'[3]의 거래량이 증가하고 있다. 광대한 시장에 걸맞게 상품과 파생상품거래소도 활성화되어 있다.

증권거래소의 객장(physical floor)은 증권매매의 핵심적인 장소였으나 기술의 발전으로 인하여 대부분 전산거래로 대체되었다. 거래소 간에 경쟁이 치열해 지면서 합병과 업무제휴가 증가하고 있으며 거래되는 증권의 종류도 다양해지고 있다. 뉴욕증권거래소는 2006년 '장외전자증권거래네트웍(ECN)'[4]인 Archipelago와 합병하여 전자주문기능을 강화하였고, 유로넥스트(Euronext)와 합병하면서 규모를 키우고 있다. 일부 거래소들은 개별증권옵션 등 특정한 상품의 거래에 특화하고 있다.

나. 장외시장 등

"장외시장"은 정규 증권거래소를 벗어나 전화, 전산망, 대면 등 개별적인 수단을 통해서 거래하는 시장이며, 대규모 금융기관이나 브로커-딜러 등이 주도한다. 장내시장과는 달리 장소적인 개념이 존재하지 않으며, 인터넷 등 전산장치나 그 밖의 방법을 사용해서 거래가 이루어진다.

유동성이 적은 장외시장에서는 딜러가 시장조성이나 유동성공급자(market maker 또는 liquidity provider)의 역할을 역할을 하는 경우가 많은데 이 때문에 딜러시장이라고도 부른다. 보통 대규모 증권회사가 딜러의 역할을 하며, 유동성공급자가 되면 자본시장법 제172조의

---

2) "넥스트레이드(Nextrade)"는 한국거래소 상장주권 및 주식예탁증서(DR) 매매·중개·주선·대리업무를 하는 투자매매·중개업자이다. 상장 심사·청산 결제·시장 감시 기능은 하지 않고, 주식 매매 체결만 담당한다.

3) "나스닥(NASDAQ)"은 1971년 전미증권업협회가 설립한 대표적인 거래소시장이다. 처음에는 장외시장으로 출범하였으나 규모가 커지면서 거래소시장과 사실상 차이가 없게 되었고, 2006년에는 1934년 증권거래법 제6조에 따른 전국증권거래소로 등록하면서 양자의 법률적인 차이도 없게 되었다.

4) "ECN"은 대체거래시스템(ATS)의 일종으로 인터넷을 기반으로 주식 등을 매매하는 장외증권거래시장이다. 투자자들의 매매주문이 정규거래소를 통하지 않고 인터넷을 통해서 처리된다.

단기매매차익 반환 규정 등의 적용을 면제받지만 금융위원회 등의 감독을 받게 된다.

거래 빈도가 낮은 저가의 비상장증권은 고위험의 장외시장인 '핑크시트 시장'[5]에서 거래되고 있으며, 최근에는 기술의 발전에 따라 '전자게시판(BBS)'[6]을 통한 거래도 증가하고 있다.[7]

3. 증권시장의 참가자

증권시장에서는 증권회사(금융투자업자)가 주된 역할을 하고, 기관투자자, 외국인투자자, 개인투자자 등이 증권거래에 참여한다. 여기에서는 널리 증권거래에 참여하는 각종 금융기관에 대해서 살펴본다.

"은행"은 예금과 대출업무를 주로 담당하며, 은행법의 적용을 받는 일반은행과 산업은행법 등 개별적인 특별법이 적용되는 특수은행으로 구분된다.

"비은행예금취급기관"은 은행 예금과 유사한 금융상품을 취급하는 금융기관을 말한다. 상호저축은행,[8] 각종 신용협동기구(새마을금고, 신용협동조합, 지역농협, 상호금융),[9] 우체국예금[10] 등이 있다.

"금융투자업자(금융투자회사)"는 투자매매업, 투자중개업, 집합투자업, 투자자문업, 투자일임업, 신탁업의 어느 하나에 해당하는 업(業)을 영위하는 금융기관이다(6조①). 자금이 필요한 기업에게는 주식이나 채권의 발행 등을 통해서 장기적이고 안정적인 자금을 조달하고, 투자자에게는 재산 증식을 위한 다양한 투자 기회를 제공한다.

"보험회사"는 사망, 질병, 화재 등 각종 사고에 대비하여 보험의 인수(引受), 보험료 수수

---

5) "핑크시트(pink sheet)시장"이란 뉴욕증권거래소나 나스닥 등의 주요 거래소에 상장되지 못한 소규모 회사의 주식들이 거래되는 비정규 장외시장이다. 보통 주당 5달러 미만에 거래된다.

6) "전자게시판(BBS)"은 Bulletin Board System의 약자로서 개인용컴퓨터 사용자가 접속하여 문서나 파일을 제시하고 또 게시물을 읽을 수 있는 시스템을 말한다.

7) 그 밖에도 금융시장은 금융기관 등이 개입 여부에 따라서 직접금융시장과 간접금융시장으로 구분할 수 있고, 금융거래의 기간에 따라서 단기 및 장기금융시장으로 구분할 수 있으며, 금융상품의 종류나 특성에 따라 주식시장, 채권시장, 외환시장, 파생금융상품시장 등으로 구분할 수 있다.

8) "상호저축은행(savings banks)"은 서민과 중소기업의 금융편의와 저축증대를 목적으로 설립된 지역밀착형 서민금융기관이다. 무질서한 사금융시장을 제도화하기 위하여 설립되었고, '상호신용금고'로 불렸으나, 2002년부터 '상호저축은행'으로 명칭이 바뀌었다. 주요업무로는 신용계, 신용부금, 예금 및 적금, 대출, 어음 할인, 지급대행 업무 등이 있다(상호저축11조①). 저축상품의 수익률이 높고 대출절차가 간편하지만 파산의 위험이 크다.

9) "신용협동기구(credit union)"는 영세소득자의 금융편의와 저축증대를 위해서 회원이나 조합원에 의해 설립·운영되는 서민금융기관이다. 지역적 유대관계로 조직된 새마을금고(새마을금고법), 직장 등의 유대관계로 조직된 신용협동조합(신용협동조합법), 농민으로 조직된 지역농협(농업협동조합법), 어민으로 조직된 지역수협(수산업협동조합법) 등이 대표적이다. 조합원에게는 금리와 세제상의 우대가 있고 저렴하게 자금을 빌릴 수 있으나 상대적으로 위험성이 높다.

10) "우체국예금"은 전국의 체신관서(우체국)를 창구로 활용하는 국영금융기관이다(우체국예금·보험법). 농어촌 및 도시 지역의 소액 가계저축 예수를 주된 업무로 하고 있으며 정부가 주인이므로 안정성이 높다. 건강보험이나 개인연금보험 같은 생명보험사 상품은 판매하고 있다.

및 보험금 지급 등을 영업으로 하는 금융기관이다(保險2조6호). 취급업무의 종류에 따라 생명보험회사와 손해보험회사로 구분된다(保險2조3호,4호).

"기타 금융기관"은 위에서 살펴본 어느 유형에도 속하지 않는 금융기관을 가리킨다. 여신만을 취급하는 신용카드회사, 시설대여회사(리스회사), 할부금융회사 등이 있고(여신1조), 기업의 인수합병이나 구조조정 등을 통해 이윤을 추구하는 벤처캐피탈회사 등이 있다.

"금융업 관계기관"이란 직접 금융거래에 참여하지는 않지만 금융시스템의 원활한 작동을 위해 필요한 여건을 조성하는 기관이다. 금융감독원, 한국거래소, 한국예탁결제원, 예금보험공사, 신용보증기금, 한국자산관리공사, 각종 신용평가회사 등이 있다.

II. 정보의 비대칭과 증권규제의 종류

증권규제는 증권이 발행 및 유통되는 단계에 따라 발행시장 규제와 유통시장 규제로 구분할 수 있고, 규제의 목적에 따라 영업행위 규제, 불공정거래의 규제로 구분할 수 있다. 아래에서는 증권시장에서 시행되는 대표적인 규제의 종류를 살펴본다.

1. 발행시장 규제

사용가치가 중요하고 직관적으로 그 내용을 알 수 있는 일반상품과 달리, 증권은 '증권상의 채무자를 상대로 그에 따른 이행을 청구할 수 있는 일체의 권리'를 나타내므로 그 내용이 무엇인지는 계약의 조건을 자세하게 살펴보아야만 알 수 있다. 특히, 증권이 처음으로 발행되어 투자자에게 제공될 때에는 해당 증권의 내용이 무엇인지를 투자자가 정확하게 이해할 수 있도록 하는 것이 중요하고, 이를 위하여 증권법은 기업공개(IPO)나 증권의 발행 시에 그 내용을 설명하는 증권신고서의 제출을 요구하고 있다. 이른바 발행시장의 규제인데, 증권법상 발행시장의 규제는 다음과 같은 특징이 있다.

첫째, 발행시장 규제는 증권시장에서 증권이 최초로 투자자에게 제공되는 과정에 대한 규제이다. 기업공개(IPO), 증권의 발행 등이 대표적이며, 자본시장법 제3편 증권의 발행 및 유통은 발행시장에 대한 규제이다. 반드시 신규로 발행되는 증권만을 대상으로 하는 것은 아니고, 이미 발행된 증권이라도 최초로 투자자에게 제공된다면 발행시장 규제가 적용된다. 증권신고서는 가장 대표적인 발행시장 규제의 수단이다. 자본시장법은 새로이 증권을 발행하는 '모집(primary distribution)'뿐만 아니라 대주주가 보유하는 주식을 투자자에게 '매출(secondary distribution)'하는 때에도 증권신고서를 제출하도록 하고 있다(119조).[11]

둘째, 발행시장 규제는 원칙적으로 증권거래소와 관련이 없다. 증권의 발행회사는 증권

---

11) Thomas Lee Hazen, Securities Regulation, p.7.

회사를 비롯한 인수인(underwriter)을 통하여 발행주식을 매각하는데, 인수인과 투자자 사이의 매매는 증권거래소 밖에서 이루어질 수 있기 때문이다. 증권의 발행회사는 투자자에게 직접 증권을 매각할 수 있지만, 이 경우에도 증권거래소를 통할 필요는 없다. 물론 같은 종류의 증권이 이미 증권거래소에 상장되어 있다면 새로이 발행하는 증권의 가격은 거래소의 시세를 감안하여 결정될 것이다.

셋째, 증권의 발행은 일반투자자에 대한 공개적인 청약을 통해서 이루어지는 공모발행(public offering)과 소수의 투자자와의 사적인 교섭에 의해서 이루어지는 사모발행(private offering)으로 구분할 수 있는데, 발행시장 규제는 원칙적으로 공모발행을 대상으로 한다. 소수의 투자자를 상대로 사적으로 이루어지는 증권의 발행까지 증권신고서 제출을 요구할 필요가 없기 때문이다(☞ 자세한 내용은 "제4장 발행시장의 규제" 참조).

2. 유통시장 규제

발행된 증권은 유통시장에서 거래된다. 그런데 증권의 가치는 발행주체나 계약상대방의 재무상태 등과 연결되기 때문에 증권 발행인의 자력이나 증권의 내용에 대한 충분한 이해가 없이는 그 가치를 평가하기 어렵다. 이를 반영하여 증권법은 투자자들이 증권의 가치를 수월하게 평가할 수 있도록 해당 증권 발행인의 영업상황을 기재한 사업보고서 등을 정기적으로 제출, 공시하도록 하고 있다. 이른바 유통시장의 규제이다.

유통시장은 다양하게 구분될 수 있지만, 매매체결의 방식에 따라서 경쟁매매시장과 딜러시장으로 구분할 수 있다.

"경쟁매매시장(auction market)"은 시장조성업무를 담당하는 딜러 없이, 매도인의 매도주문과 매수인의 매수주문을 경쟁적으로 대응시켜서 거래를 성립시키는 시장을 말한다. 경쟁매매가 단일의 중앙기관을 통해서 집중적으로 이루어지면 중앙집중형경쟁매매시장이고, 투자자의 주문이 주도한다는 의미에서 '주문중심의 시장(order driven market)'이다.

"딜러시장(dealer market)"에서는 딜러가 특정 종목에 대해서 매도호가와 매수호가를 지속적으로 제시하여 투자자들과 계약을 체결하고 유동성을 공급함으로써 당해 증권의 시장을 조성한다. 딜러는 매수가격과 매도가격의 차액(spread)을 수입으로 얻으며, 유동성 공급자(Liquidity Provider)의 역할을 한다. 딜러가 제시하는 호가(quote)를 중심으로 가격이 결정되므로 '호가중심시장(quote driven market)'이라고 한다.

대부분의 증권 거래는 유통시장에서 이루어지며, 증권규제도 유통시장 규제에 초점이 맞추어져 있다. 미국의 경우 발행시장에는 1933년 증권법(Securities Act of 1933, '1933년 증권법')이 적용되고, 유통시장의 증권거래는 1934년 증권거래법(Securities Exchange Act of 1934, '1934년 증권거래법')이 적용되지만, 우리나라는 발행시장과 유통시장을 구분하지 않고 자본시장법 제3

편 증권의 발행과 유통이 적용된다.

3. 영업행위 규제

증권업자와 그 종사자들은 증권의 발행과 유통의 업무에 종사하면서 전문적인 지식과 경험을 축적하여 왔다. 증권업 종사자들의 전문적인 지식과 경험은 장려할 것이지만, 공정하고 신뢰성 있는 증권시장을 구축하기 위해서는 증권업 종사자들이 우월적인 지식과 경험, 정보에 대한 접근기회를 이용하여 일반투자자의 이익을 침해하거나 부당한 이익을 얻지 못하도록 할 필요가 있다. 이를 위해서 증권법은 투자권유를 규제하고, 직무관련 정보의 이용이나 불건전 영업행위를 금지하는 등 증권회사의 영업행위를 세밀하고 엄격하게 규제하고 있다. 우리나라는 자본시장법 제2편 제4장에서 금융투자업자의 공통 영업행위 규칙과 개별 영업행위 규칙을 상세하게 규정하고 있으며, 이에 더하여 「금융소비자 보호에 관한 법률」('금융소비자보호법')에서도 금융상품판매업자등의 신의성실의무, 적합성원칙, 적정성원칙, 설명의무 등 영업행위에 관한 준수사항을 규정하고 있다(☞ 자세한 내용은 "제3장 금융투자업자의 규제", "제12장 금융상품 판매와 금융소비자보호법" 참조).

4. 불공정거래의 규제

일반상품과 달리 증권은 물리적인 형태가 없고 그 내용이 복잡하기 때문에 쉽게 속거나 오도되기 쉽고, 이러한 증권의 성격을 이용하여 전문적인 지식이 부족한 일반투자자를 상대로 부당하고 사기적인 이익을 취하는 사람들이 많다. 이 때문에 증권법은 내부자거래, 시세조종, 부정거래행위를 비롯한 불공정거래를 금지하고 있다. 이른바, 반사기금지조항(anti-fraud provision)인데, 미공개중요정보를 이용한 거래, 시세조종행위, 경영진의 부적절한 거래를 포함하여 사기적이거나 불공정한 증권거래는 엄격하게 금지되고 그 위반 시에는 민사 및 형사상의 책임을 추궁한다. 우리나라는 자본시장법 제4편에서 내부자거래, 시세조종, 부정거래행위를 비롯한 불공정거래를 엄격하게 규제하고 있다(☞ 자세한 내용은 "제7장 불공정거래의 규제" 참조). 최근에는 코인 거래로 투자자의 피해가 증가하면서, 가상자산의 불공정거래에 대한 규제 방식이 논의되고 있다.

Ⅲ. 증권규제의 역사

일찍이 증권시장이 활성화되었던 영국에서는 13세기 런던에서 활동하는 증권중개인의 허가 여부에 대한 논란에서 증권규제의 모습을 찾을 수 있다. 17세기에는 증권거래소를 통한 증권 거래가 일반적이 되었으나 주식 거래를 둘러싸고 투기와 극심한 가격 변동이 초래되었고, 남해회사(South Sea Company)[12]의 버블 사건을 비롯하여 심각한 금융사기 사건들이 발생하면서 회계감사제도를 비롯한 본격적인 증권규제가 시작되었다.[13]

　미국에서는 19세기 후반에 경제가 성장하면서 증권산업도 급속하게 성장하였으나, 일부 사업가들이 의심스러운 판촉기법을 사용하면서 사기성 있는 증권판매행위에 대한 규제의 목소리가 높아졌고, 1911년 캔자스 주가 최초의 주(州)증권법을 제정하면서 증권규제가 시작되었다. 한편, 1929년 발생한 세계적인 대공황은 주 차원의 증권규제를 넘어서서 연방 차원의 증권규제를 탄생시키는 계기가 되었다. 과도한 생산과 거품이 대공황의 주된 원인이었지만, 증권업자의 터무니없는 사기적인 행위들도 금융위기 확산에 기여하였기 때문이다. 1932년에는 선거에서 승리한 프랭클린 루즈벨트 대통령이 연방증권법의 제정을 요구하면서 최초의 뉴딜 법안인 1933년 증권법(Securities Act of 1933)이 제정되었고, 곧이어 1934년 증권거래법(Securities Exchange Act of 1934)이 제정되면서 연방차원에서 증권규제가 본격적으로 시작되었다.[14] 2002년에는 엔론 및 월드컴을 비롯한 대규모 기업회계 스캔들에 대응하여 기업에 대한 회계감사 및 지배구조의 규제를 강화하는 내용의 사베인옥슬리법(SOX)이 제정되었고, 2008년경에는 서브프라임 사태가 터지면서 증권 및 파생상품 규제를 강화하는 내용의 도드-프랭크법(Dodd-Frank Act 2010)이 제정되었다. 이에 따라 미국에서는 발행회사, 딜러-브로커, 거래소, 각종 자율규제기관, 증권과 파생상품, 재무건전성 등 증권시장의 모든 측면에서 광범위한 증권규제가 시행되고 있다.[15]

　우리나라는 대한민국 정부가 수립된 1948년 8월 15일 이후에도 제헌 헌법 제100조의 "현행법령은 이 헌법에 저촉되지 아니하는 한 효력을 가진다."는 규정에 근거하여 일제 시대의 조선유가증권업규정(朝鮮有價證券業取締令)과 조선증권거래소규정(朝鮮證券取引所令)을 의용하다가, 1960년 새로 집권한 5.16 군사정부가 「구법령정리사업」에 착수하면서 국가재건최고회의(1961-1962)에 의하여 1962. 1. 15. 「증권거래법」(법률 제972호, 시행 1962.4.1)이 제정되었다. 조금 단순화해서 표현하면 구 증권거래법은 미국의 1933년 증권법, 1934년 증권거래법 및 뉴

---

12) 남해회사(South Sea Company)는 1711년경 위기에 빠진 영국 재정을 살리기 위하여 설립되었다. 처음에는 노예무역을 하였으나 금융회사로서의 변신을 꾀하면서 남해회사의 주식과 영국 정부의 국채를 사기적인 방법으로 교환하여 주면서 주가를 올리다가 거품이 붕괴하였고 파산하였다. 이 사건을 계기로 거품 경제(bubble economy)라는 용어가 생겨났고 회계감사 제도가 도입되었다.

13) Thomas Lee Hazen, Securities Regulation, p.14.

14) 1933년 3월경 마련된 증권법 초안은 내용규제방식에 기반한 것으로서 주증권법과 차이가 없었기 때문에, 루즈벨트는 1933년 4월초 하버드대 교수인 프랑크푸르터에게 법안의 기초 작업을 다시 의뢰하였고, 프랑크푸르터의 제자들로 구성된 팀은 공시주의를 표방한 영국 회사법을 모델로 하여 며칠만에 증권법의 초안을 작성하였고, 이를 바탕으로 오늘날까지 그 골격이 유지되는 1933년 증권법(Securities Act of 1933)이 제정되었다. 다음 해인 1934년에는 증권거래법(Securities Exchange Act of 1934)이 제정되었지만 그 내용은 1933년 증권법과 연속되어 있다. 이들 법령의 제정으로 주법에 머물러 있던 증권규제가 연방차원에서도 시작된 것이다.

15) Thomas Lee Hazen, Securities Regulation, p.15.

욕증권거래소의 상장공시규정을 합해 놓은 모양을 하고 있었다.[16] 그 후에 구 증권거래법은 약 40차례에 걸쳐서 개정되었으나, 2009. 2. 4. 구 증권거래법, 구 선물거래법, 구 신탁업법, 구 간접투자자산운용업법 등을 통합한 자본시장법이 시행되면서 역사의 뒤안길로 사라졌다. 현재 우리나라의 증권 및 파생상품거래는 자본시장법에 의하여 규제된다.

Ⅳ. 증권법과 회사법

증권법과 회사법은 비슷한 점이 많으므로 양자를 비교하면 증권규제를 이해하는 데 도움이 된다. 이사를 비롯한 경영진의 권한 남용으로부터 소수주주와 채권자를 보호하는 것이 회사법의 핵심적인 기능이듯이,[17] 경영진의 권한 남용으로부터 투자자를 보호하는 것은 증권법의 핵심적인 기능이기 때문이다. 미국의 1933년 증권법도 1929년 영국 회사법(Companies Act)상의 완전한 기업 공시의 정신을 모델로 하고 있으며, 연방 회사법이 없는 미국에서는 연방 증권법 및 증권거래소들의 상장공시규정들이 주(州)회사법을 보완하는 역할을 하고 있다.[18] 우리나라에서는 구 증권거래법상 상장회사의 지배구조에 관한 특례규정들이 상법으로 이관되었지만,[19] 상장회사의 재무구조에 관련된 규정들은 여전히 자본시장법에 남아 있다.[20]

증권법은 회사법을 보완하는 역할을 한다. 원래 미공개 내부정보를 이용한 이사등의 자기거래를 통제하고 주주를 위해서 기업의 활동내용을 공시하는 것은 회사법의 역할이다. 이를 위해서 회사법은 이사의 선관의무, 충실의무 등을 규정하고, 사외이사 제도, 감사의 독립성, 이사회 및 주주총회 결의내용의 제공, 주주대표소송을 비롯한 각종 소수주주권 등 경영진에 대한 다양한 통제장치를 두고 있지만, 기본적으로 회사의 내부통제장치를 통해서 작동되는 소수주주의 권리행사는 한계를 가진다. 그러나 증권법은 공개회사의 자금조달과 유통시장에서의 증권거래, 공개매수, 위임장 권유 규칙, 5%룰 등 경영권과 의결권 행사방식에 관한 별도의 공법적 규제를 통해서 회사법이 추구하는 소수주주와 채권자의 보호라는 입법목적을 훨씬 더 강력하고 효율적으로 추구한다. 회사법상 소수주주와 채권자의 권리행사는 법원을 통해야 하고 그 효과가 제한적이지만, 증권규제는 금융위원회와 금융감독원, 거래소 등 공적 기관을 통해서 이루어지고, 공시위반 및 불공정거래행위에 대해서는 형사처벌이 수반되기 때문에 훨씬 더 효과적으로 소수주주와 채권자의 권리를 보호할 수 있다.

증권법과 회사법은 차이도 크다. 회사법은 주주, 채권자, 경영진 등 개별 회사에 관련된

---

16) 김화진, 자본시장법이론(2016), 18면.
17) Eilis Ferran, Creditors' interests and "core" company law, 20(10) Company Lawyer 314, 315 (1999).
18) 김화진, 자본시장법이론(2016), 18면.
19) 상법 제3편 제4장 제13절 상장회사에 대한 특례.
20) 자본시장법 제3편 제3장의2 주권상장법인에 대한 특례.

이해당사자 사이의 단체법적 관계를 규율하기 위한 것으로서 비록 공법적 규정이 포함되어 있으나 기본적으로 거래관계를 규율하는 사법(私法)인 반면에, 증권법은 증권시장에 참여하는 전체 투자자를 보호하고 증권시장의 공정성과 안정을 확보하기 위한 것으로서 금융위원회, 금융감독원, 거래소 등의 각종 공적 기관이 관여하는 공법(公法)에 해당한다. 주주들은 회사법상 감사 및 내부통제시스템과는 별개로 금융감독원 등의 강제공시시스템에서 공시되는 회사정보를 통해서 경영자에 대한 통제를 실현할 수 있다. 나아가 회사법은 각국의 고유한 사회적·정치적·역사적 발전 과정의 산물이기 때문에 국제적 정합성을 갖추는 것은 용이하지 않지만, 펀드패스포트 제도에서 보는 것처럼 증권법은 국제화의 속성이 매우 강하다. 외국의 제도로부터 영향을 받는 정도도 증권법이 회사법보다 더 빠르고, 이 때문에 회사법보다는 증권법이 더 빠른 속도로 수렴한다.

Ⅴ. 자본시장법의 법원

"자본시장법의 법원(法源)"이란 자본시장 규제 법령의 인식근거 내지 존재형식을 말한다. 증권시장과 증권거래를 규율하는 자본시장법이 어떤 형식으로 인식되거나 존재하는지를 가리키며, 증권거래에 있어서 재판의 근거나 기준으로 사용된다.

1. 자본시장법, 동법시행령, 동법시행규칙

자본시장법은 2007년 8월 3일 제정되어 2009년 2월 4일부터 시행되었으며, 증권의 발행과 유통시장의 규제, 금융투자업자의 규제, 불공정거래행위의 규제를 비롯한 우리나라 자본시장 규제의 기본법령이다. 제1편 총칙, 제2편 금융투자업, 제3편 증권의 발행 및 유통, 제4편 불공정거래의 규제, 제5편 집합투자기구, 제6편 금융투자업관계기관, 제7편 거래소, 제8편 감독 및 처분, 제9편 보칙, 제10편 벌칙 등 제1조부터 제449조까지에 이르는 조문과 부칙으로 구성되어 있는 방대한 법령이다. 자본시장법의 시행을 위해서 시행령과 시행규칙 등이 마련되어 있다.

2. 금융위원회 규칙

자본시장 규제의 출발점은 제정법이지만, 제정법은 많은 분야에서 충분하지 않기 때문에, 금융위원회, 금융감독원, 한국거래소, 금융투자협회 등의 규칙 및 가이드라인, 법원의 판례가 보충적인 법원(法源)으로서 역할을 한다.

금융위원회는 광범위한 규칙제정 권한을 가지며, 크게 절차적 규칙, 위임규칙 및 해석규칙을 제정할 수 있다. ① 금융위원회는 서류제출기간, 서류제출양식 등 절차적인 사항을 규칙으로 정할 수 있다. 예를 들어, 금융투자업규정 제3-32조는 경영개선권고를 받은 금융투자업자의 경영개선계획의 이행기간을 규정하고 있다. ② 위임규칙은 국회가 법령의 내용을 보완할 수 있는 권한을 금융위원회에게 위임했을 때 제정할 수 있다. 자본시장법 제13조 제3항은 "금융위원회는 … 금융투자업인가를 하는 경우에는 경영의 건전성 확보 및 투자자 보호에 필요한 조건을 붙일 수 있다."고 규정하는데, 이는 국회가 금융투자업인가에 조건을 붙일 수 있도록 금융위원회에 위임한 것이다. ③ 금융위원회는 관련법령에서 사용되는 용어의 개념을 정의하기 위해서 해석규칙을 제정할 수 있다.

3. 보도자료, 비조치의견서 등

금융위원회, 금융감독원은 쟁점이나 사안에 대해서 의견을 제시하는 방식으로 사실상 규칙 제정의 효과를 달성할 수 있다. 감독기관의 의견은 주로 '보도자료(Releases)'를 통해서 제공되는데 그 이름에서 알 수 있듯이 언론이나 감독기관에 등록된 회사, 법무법인, 이해관계자 등에게 배포되는 간단한 설명자료의 형식을 가진다. 위와 같은 방법 외에도 감독기관은 특정한 거래가 특정한 방식으로 수행될 수 있는지에 대한 질의에 대해서 법령해석이나 비조치의견서를 제공하고 있다.[21]

4. 판례

자본시장의 규제는 제정법과 감독기관의 규칙이 중심이지만, 내부자거래, 시세조종, 부정거래행위 등 불공정거래행위에 관해서는 판례에 의하여 선례가 형성되고 있다. 증권신고서의 부실기재, 내부자의 불공정거래 등으로 인하여 손해를 입은 투자자는 위반행위자를 상대로 민사상 손해배상을 청구할 수 있기 때문이다. 법원은 전통적으로 감독기관의 판단을 존중하고 있으나 다른 입장을 취하기도 한다.

Ⅵ. 이 책의 서술방식

이 책은 증권규제의 주요한 법적 쟁점들을 자본시장법의 편제를 위주로 서술하였다. 2021. 4. 20. 개정 자본시장법[22]을 기준으로 서술하였고, 기본이론과 중요한 판례의 설명에 중점을 두었다.

---

21) 금융위원회 및 금융감독원의 2020년도 법령해석 및 비조치의견서 사례집 참조. 금융규제민원포털<https://better.fsc.go.kr>.

22) 2021.4. 개정 자본시장법(법률 제18128호, 2021.4.20. 일부개정, 2021.10.21. 시행)은 사모펀드를 일반 사모집합투자기구와 기관전용 사모집합투자기구로 구분하고, 사모펀드 투자자 총수를 현행 49인 이하에서 100인 이하로 확대하되 일반투자자의 총수는 그대로 49인 이하로 제한하는 등 사모펀드에 관한 규제체계를 대폭 개편하였다.

제1장 총론에서는 증권과 증권시장, 증권규제의 필요성, 자본시장법의 제정 경위와 적용 범위, 자본시장의 감독과 관할을 살펴본다.

제2장 증권과 금융투자상품에서는 자본시장법 적용의 기초가 되는 증권과 파생상품을 비롯하여 금융투자상품의 개념과 속성 등을 살펴본다.

제3장 금융투자업자의 규제에서는 금융투자업자에 대한 진입규제, 건전경영, 각종 영업행위 규제를 살펴본다.

제4장에서는 증권의 발행, 증권신고서, 투자설명서 등 발행시장의 규제를 살펴본다.

제5장에서는 정기공시, 수시공시, 공정공시 등 유통시장의 규제를 살펴본다.

제6장에서는 기업의 인수·합병 규제를 살펴본다. 경영권 분쟁에 관한 것으로써 그 내용을 별도로 살펴보는 것이 타당하다고 보았기 때문이다.

제7장에서는 공시규제와 더불어 자본시장 규제의 양대 축인 불공정거래 규제를 살펴본다.

제8장 집합투자기구에서는 집합투자기구의 개념, 유형, 판매 및 환매, 회계 및 관리, 사모집합투자기구에 대한 특칙을 살펴본다.

제9장에서는 상장법인에 대한 특례를 살펴본다.

제10장에서는 장외거래 등에 대해서 살펴본다.

제11장에서는 금융회사의 건전경영과 금융사지배구조법을 살펴본다. 2016년 8월 금융사지배구조법이 시행되면서, 구 자본시장법 제24조~제33조의 대주주의 건전경영 등 지배구조에 관한 규정들이 금융사지배구조법으로 이관되었는데, 금융투자업자에 직접 적용되는 규정이므로 별도의 장을 설정하여 살펴본다.

제12장에서는 금융상품 판매와 금융소비자보호에 대해서 살펴본다. 2021년 3월 금융소비자보호법이 시행되면서 자본시장법에 있던 적합성원칙, 적정성원칙, 설명의무 규정들이 금융소비자보호법으로 이전되었으나, 금융투자업자의 영업행위와 직접적인 관련이 있으므로 별도의 장을 설정하여 살펴본다.

제13장에서는 가상자산이용자보호법을 살펴본다. 암호기술의 속성을 설명하고, 가상자산의 발행, 투자자 보호 방안 등을 논의한다.

자본시장법의 제정과 적용범위

I. 제정경위

2009년 2월 4일부터 시행된 자본시장법은 다양한 금융상품의 개발을 촉진하고 금융기관의 경쟁력을 강화하기 위하여 제정되었다. 자본시장법의 규제체계는 구 증권거래법의 규제체계와는 커다란 차이가 있다. 자본시장법은 각종 금융투자업무의 영위주체들을 금융투자업자로 일원화하고, 금융투자업 상호 간의 겸영을 원칙적으로 허용하고 있다. 또한 금융투자회사가 취급할 수 있는 금융상품을 포괄적으로 정의하고(포괄주의), 영위하는 업무의 경제적 실질에 따라 규제를 시행하는 기능별 규제체계(functional regulation)를 채택함으로써 우리나라 자본시장의 규제체계를 대폭 개편하였다.

파생상품(derivatives)거래와 관련해서도 커다란 변화가 있었다. 자본시장법 시행 이전까지는 파생상품거래에 관한 규정들이 구 증권거래법·구 선물거래법·구 간접투자자산운용업법('간투법') 등에 산재하여 있었기 때문에, 장내파생상품과 장외파생상품이 통일적으로 규제되지 못하고 기초자산의 범위도 한정되어 있어서 신종파생상품의 출현 등 금융시장의 현실을 제대로 반영하지 못하고 있었다. 자본시장법은 여러 법률에 산재하여 있던 파생상품 관련규제들을 자본시장법으로 통합하고, 기초자산의 범위를 확대함으로써 급변하는 금융현실에 대응할 수 있도록 하였다.

II. 자본시장법의 기본방향

자본시장법은 금융투자상품 포괄주의, 기능별 규제, 금융투자회사의 업무범위 확대, 투자자 보호장치 강화 등을 기본방향으로 하고 있다.

1. 금융투자상품의 포괄주의

자본시장법 시행 전에는 증권회사·선물회사·자산운용회사·신탁회사 등 금융회사가 취급할 수 있는 금융상품이 법령에 일일이 열거되어 있었는데(열거주의), 이 방식은 규제대상은 분명하였으나 새로운 금융상품의 출현에 탄력적으로 대응할 수 없었다.

자본시장법은 금융투자상품의 개념을 포괄적으로 정의함으로써 시장변화에 탄력적으로 대응할 수 있도록 하였다. 이에 따라 증권회사를 비롯한 금융투자업자가 운용할 수 있는 금융상품의 범위가 확대되었으며, 전통적인 주식과 채권을 넘어서는 새로운 형태의 복합금융상품의 출현이 용이하게 되었다. 그러나 최근 테라-루나, 위믹스의 증권성 여부에 대한 논란에서도 알 수 있듯이, 신기술의 등장에 따라 포괄적인 금융투자상품의 개념을 통해서도 포섭하기 어려운 거래가 생기면서 투자자 보호의 어려움은 더욱 커지고 있다.

2. 금융투자업의 기능별 규제체계

자본시장법 시행 전에는 증권회사·선물회사·자산운용회사·신탁회사 등 금융회사의 종류별로 별도의 근거법령이 있어서(기관별 규제), 동일한 기능을 수행하는 경우에도 서로 다른 법령이 적용되어 규제차익의 문제가 제기되었다.

자본시장법은 금융회사의 종류에 관계없이 금융회사가 영위하는 업무를 기능별로 분류하여 규제를 시행하고 있다(기능별 규제). 은행, 증권회사, 보험회사 등이 영위하는 업무가 동일한 내용이면 그 명칭이 다르더라도 동일한 규제를 시행하는 것이다. 예를 들어, A은행이 '○○예금'이라는 이름의 상품을 고객에게 판매하더라도 그 내용이 금융투자상품에 해당하는 경우에는 금융투자상품의 판매로 보아서 금융투자업(투자매매업)에 규제를 적용한다. 기능별 규제를 위한 구체적인 기능의 분류는 금융투자업 인가 및 등록의 영업단위를 참조할 것이다.[23]

3. 금융투자업자의 업무범위 확대

자본시장법 시행 전에는 증권회사는 증권업, 선물회사는 선물업, 자산운용회사는 자산운용업 등 금융회사의 종류에 따라 업무를 수행하는 전업주의가 시행되고 있었는데(전업주의), 이는 급속히 변화하는 금융환경에 부합하지 않는다는 지적이 많았다.

자본시장법은 각종 금융투자업무의 영위주체들을 금융투자업자로 일원화하고, 투자매매업, 투자중개업, 집합투자업, 투자일임업, 투자자문업, 신탁업 등 금융투자업 상호 간의 겸영을 원칙적으로 허용하였다(☞ [그림1-1] 금융법 체계도 참조). 그러나 집합투자업(자산운용업)을 제외하고는 대부분 과거에도 증권회사가 영위할 수 있는 사업영역이어서 업무범위의 확대가 금융투자회사의 사업 구조에 미치는 영향은 크지 않다는 비판도 있다.

---

23) 성희활, 자본시장법(2018), 66면.

4. 투자자 보호의 강화

공정한 증권 거래를 위해서는 투자자에게 충분하고 정확한 정보가 주어져야 하지만, 금융투자상품의 내용이 복잡해지고 금융회사와 투자자 간의 정보 비대칭이 확대되면서, 투자자의 피해가 커지고 금융시장에 대한 신뢰성이 훼손될 수 있다. 이를 반영하여 자본시장법은 '제4편 불공정거래의 규제'를 별도로 편제하고, 포괄적 사기금지조항인 제178조(부정거래행위 등의 금지)를 신설하는 등 투자자의 보호를 강화하고 있다.

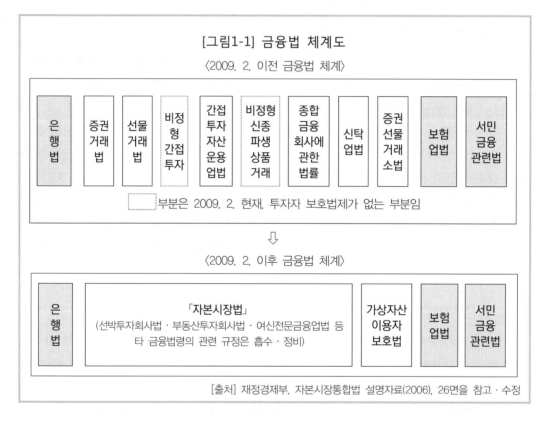

[그림1-1] 금융법 체계도

〈2009. 2. 이전 금융법 체계〉

은행법	증권거래법	선물거래법	비정형간접투자	간접투자자산운용업법	비정형신종파생상품거래	종합금융회사에관한법률	신탁업법	증권선물거래소법	보험업법	서민금융관련법

⬛ 부분은 2009. 2. 현재, 투자자 보호법제가 없는 부분임

⇩

〈2009. 2. 이후 금융법 체계〉

은행법	「자본시장법」 (선박투자회사법 · 부동산투자회사법 · 여신전문금융업법 등 타 금융법령의 관련 규정은 흡수 · 정비)	가상자산 이용자 보호법	보험업법	서민금융관련법

[출처] 재정경제부, 자본시장통합법 설명자료(2006), 26면을 참고 · 수정

Ⅲ. 금융투자상품, 금융투자업, 투자자

자본시장법은 '금융투자업자'가 '투자자'를 상대로 '금융투자상품'을 판매, 중개, 자문하거나 집합운용을 하는 경우에 적용된다. 따라서 자본시장법의 적용대상인지를 살피려면 ① 금융투자상품, ② 금융투자업, ③ 투자자의 개념을 이해하여야 한다.

1. 금융투자상품

자본시장법은 '금융투자상품'의 거래에 적용된다. 구 증권거래법상 증권회사는 법령에 열거된 증권만을 취급할 수 있었고(열거주의), 열거되지 않은 새로운 금융상품을 설계하거나 취급할 수 있는지가 불명확하여 금융혁신을 제약하는 측면이 있었다. 자본시장법은 금융투자업자가 취급할 수 있는 상품을 '증권'에서 '금융투자상품'으로 확대하고, 금융투자상품을 '증권'과 '파생상품'으로 구분하며, 다시 그 증권(채무증권, 지분증권 등)과 파생상품(선도, 옵션, 스왑 등)의 종류를 열거하고 그 개념을 정의함으로써 자본시장법의 적용범위를 명확하게 하였다 (☞ 자세한 내용은 "제2장 증권과 금융투자상품" 참조).

2. 금융투자업

자본시장법은 '금융투자업' 규제의 근거법령이다. 구 증권거래법, 구 선물거래법, 구 신탁업법, 구 간투법 등을 폐지하고, 종전의 증권업, 신탁업, 집합투자업 등을 금융투자업으로 통합하면서, 이를 규제하기 위한 기본법규로서 제정되었다.

영위하는 업무의 기능에 따라서 금융투자업을 투자매매업, 투자중개업, 신탁업, 집합투자업, 투자자문업, 투자일임업으로 분류하고, 은행, 증권회사 등 영위 주체에 관계없이 동일 기능을 수행하는 경우에는 동일한 규제를 실시함으로써 규제차익을 해소하고 형평성을 도모하고 있다(☞ 자세한 내용은 "제3장 금융투자업자의 규제" 참조).

3. 투자자

가. 투자자 분류의 필요성

투자자는 금융투자업자와 더불어 자본시장의 중요한 주체이다. 그런데 투자위험을 감수할 능력은 투자자별로 차이가 있으므로, 자본시장법은 ① 금융투자상품에 관한 전문성 구비 여부, ② 소유자산 규모, ③ 투자에 따른 위험감수능력 등을 기준으로 전문투자자와 일반투자자로 구분하고(9조⑤,⑥), 전문투자자에 대해서는 금융투자업자의 설명의무 위반 시 손해배상책임 조항(48조①), 파생상품에 대한 차등화된 투자권유준칙의 마련의무 조항(50조①단서) 등의 적용을 배제하고 있다. 같은 맥락에서 금융소비자보호법은 '전문금융소비자'[24]에 대하여는 적합성원칙, 적정성원칙, 설명의무 등 영업행위 규제의 대부분을 적용하지 않고 있다 (금소법17조, 18조, 19조).

자본시장법이 전문투자자와 일반투자자를 구분하고, 그 적용을 달리하는 이유는 전문투

---

24) "전문금융소비자"란 전문성, 소유자산규모 등에 비추어 위험감수능력이 있는 금융소비자로서 자본시장법상 전문투자자에 준해서 보면 된다(금소법2조9호).

자자와 일반투자자 사이에 금융투자계약을 체결할 때 필요한 지식과 경험, 능력 등 그 속성에 차이가 있음을 고려한 것이다.[25] 전문투자자는 투자경험이 풍부하고, 위험 감수에 필요한 정보를 스스로 취득하고 투자판단을 할 수 있을 뿐만 아니라, 경우에 따라서는 금융투자업자보다도 더욱 전문적인 지식이나 노하우를 가지고 있어서, 정보의 격차를 시정하기 위해서 애쓸 필요가 적다. 반면에 일반투자자는 금융투자에 관한 전문지식이나 정보가 충분하지 못하고 금융투자업자의 투자권유에 크게 의지하며 위험감수능력이 낮기 때문에, 투자 결정에 신중을 기할 수 있도록 증권신고서 등을 통해서 충분한 정보를 제공하고, 사모시장과 고위험 금융상품에 대한 접근 자체를 제한하는 등 일반투자자를 상대로 한 영업행위를 엄격하게 규제할 필요가 있다. 감독기관의 규제 능력과 자원도 제한되어 있으므로 전문투자자와 일반투자자에 대한 규제를 차등화하면 한정된 규제 자원을 일반투자자의 보호를 위해서 집중할 수 있어서 시장 전체적으로 규제 수준의 적정화도 달성할 수 있다.

나. 자본시장법상 투자자의 분류

전문투자자는 금융투자상품에 대한 전문성, 위험감수능력 등이 충분한 자이고, 일반투자자는 그렇지 못한 자이지만, 구체적인 경우에 양자를 구분하기는 쉽지가 않고 일일이 구분하려면 오히려 혼란을 초래할 수 있다. 자본시장법은 전문투자자를 열거하는 방법을 통하여 양자를 구분하고 있다.[26]

(1) 전문투자자

"전문투자자"란 금융투자상품에 관한 전문성 구비 여부, 소유자산 규모 등에 비추어 투자에 따른 '위험감수능력'이 있는 투자자로서 국가, 한국은행, 대통령령으로 정하는 금융기관, 주권상장법인, 그 밖에 대통령령으로 정하는 자를 말한다(9조⑤본문1호~5호).[27]

1) 국가

자본시장법은 국가를 전문투자자로 규정하고 있다(9조⑤1). 여기서 국가는 헌법, 정부조직법 등 법률에 따라 설치된 중앙행정기관, 국회·대법원·헌법재판소 및 중앙선거관리위원회 등을 말한다.[28] 우편, 우편환, 우체국예금 등의 우정사업을 수행하는 우정사업본부도 국가에 해당한다(우정사업특례법2조2호).

2) 한국은행

한국은행은 전문투자자이다(9조⑤2). 한국은행은 독자적인 권리능력을 가지는 비영리특수

---

25) 대판 2019.7.11., 2016다224626.
26) 유럽, 영국, 일본 등에서도 전문투자자의 개념을 적극적으로 정의하고, 이에 해당하지 않는 자를 일반투자자로 정의하는 방식으로 운용하고 있다.
27) 자본시장법은 전문투자자 중에서도 사모집합투자기구에 투자할 수 있는 '적격투자자'의 개념은 별도로 규정하고 있다(249조의2)(☞ 자세한 내용은 "제8장 집합투자기구" 참조).
28) 금융위 질의회신(일련번호 090106), '자본시장법상 전문투자자'.

법인이므로 국가와 별도로 전문투자자로 규정하였다.

3) 대통령령으로 정하는 금융기관

은행 등 '대통령령으로 정하는 금융기관'은 전문투자자이다(9조⑤3). 위험감수능력이나 전문성은 금융기관들 사이에서도 차이가 있기 때문에 대통령령으로 정하는 금융기관만을 전문투자자로 하는 것이다. 자본시장법시행령 제10조 제2항은 ①은행, ②한국산업은행, ③중소기업은행, ④한국수출입은행, ⑤농업협동조합중앙회, ⑥수산업협동조합중앙회, ⑦보험회사, ⑧겸영금융투자업자, ⑨증권금융회사, ⑩종합금융회사, ⑪자금중개회사, ⑫금융지주회사, ⑬여신전문금융회사, ⑭상호저축은행 및 그 중앙회, ⑮산림조합중앙회, ⑯새마을금고연합회, ⑰신용협동조합중앙회, ⑱1호 내지 17호에 준하는 외국 금융기관을 전문투자자로 규정하고 있다.

대법원은 '지역 새마을금고', '지역 신용협동조합'이 자본시장법시행령 제10조 제2항 제16호의 "새마을금고연합회" 또는 제17호의 "신용협동조합중앙회"에 해당하는 전문투자자인지가 문제된 사례에서, "지역 새마을금고"('○○ 새마을금고')와 "지역 신용협동조합"('△△ 신용협동조합')은 제16호 및 제17호에 해당하지 않는 일반투자자로 보고, 금융회사가 '지역 새마을금고'와 '지역 신용협동조합'을 상대로 금융투자상품의 투자를 권유할 때에는 설명의무를 준수할 것을 요구하고 있다.[29] 투자자의 보호를 위해서 전문투자자의 범위를 법령에 열거된 자에 한정하여 엄격하게 해석한 것이다.

4) 주권상장법인

주권상장법인은 전문투자자이다. 다만, 금융투자업자와 장외파생상품 거래를 하는 경우에는 전문투자자와 같은 대우를 받겠다는 의사를 금융투자업자에게 서면으로 통지하는 경우에 한한다(9조⑤4). 장외파생상품거래는 그 위험성이 매우 높아서 주권상장법인이라고 하더라도 일률적으로 전문투자자로 취급하기는 곤란하기 때문이다.

5) 그 밖에 대통령령으로 정하는 자

그 밖에 '대통령령으로 정하는 자'도 전문투자자이다(9조⑤5). 여기서 "대통령령으로 정하는 자"에는 ①예금보험공사 및 정리금융회사, ②한국자산관리공사, ③한국주택금융공사, ④한국투자공사, ⑤협회, ⑥한국예탁결제원, ⑥-1 전자증권법상 전자등록기관, ⑦거래소, ⑧금융감독원, ⑨집합투자기구, ⑩신용보증기금, ⑪기술보증기금, ⑫법률에 따라 설립된 기금(제10호 및 제11호는 제외한다) 및 그 기금을 관리·운용하는 법인, ⑬법률에 따라 공제사업을 경영하는 법인, ⑭지방자치단체, ⑮해외 증권시장에 상장된 주권을 발행한 국내법인, ⑯금융투자상품 잔고가 일정규모 이상인 법인 또는 단체, ⑰금융투자상품잔고가 일정 규모 이상인 요건을 충족하는 개인[30], ⑱외국 정부, 조약에 따라 설립된 국제기구, 외국 중앙은행 등이 있

---

29) 대판 2015.9.15., 2015다216123.

다(슈10조③).

전문투자자와 일반투자자를 구별하는 입법취지에 비추면, 전문투자자의 범위는 자본시장법과 그 시행령에 정해진 경우를 제외하고는 한정적으로 해석해야 한다. 대법원은 한국도로공사의 사내복지기금이 자본시장법시행령 제10조 제3항 제12호의 "법률에 따라 설립된 기금 및 그 기금을 관리·운용하는 법인"에 해당하는 전문투자자인지의 여부가 문제된 사례에서, "어떠한 기금이 법률에 설립근거를 두고 있다는 사정만으로는 … '법률에 따라 설립된 기금'에 해당한다고 단정할 수 없고, 특히 그 기금의 설치 여부가 임의적인 경우에는 더욱 그러하다. … 한국도로공사 사내복지기금은 자본시장법 시행령 제10조 제3항 제12호에서 전문투자자로 규정하고 있는 '법률에 따라 설립된 기금'에 해당한다고 보기는 어렵다."[31]고 하면서, 전문투자자의 범위를 한정적으로 해석하고 있다.

(2) 일반투자자

"일반투자자"는 금융상품거래에서 발생하는 각종 위험을 스스로 판단하고 그 위험을 감수할 수 있는 능력이 충분하지 않은 자이다. 그러나 개별적인 투자자마다 그 위험감수능력을 일일이 파악하여 구분하는 것은 어렵기 때문에 자본시장법은 전문투자자가 아닌 투자자를 일반투자자로 규정하고 있다(9조⑥). 따라서 전문투자자로 열거되지 않은 경우에는 아무리 전문성이 높다고 하더라도 일반투자자에 해당한다.

다. 전문투자자의 일반투자자로의 전환

전문투자자 중 대통령령으로 정하는 자가 일반투자자와 같은 대우를 받겠다는 의사를 금융투자업자에게 서면으로 통지하는 경우 금융투자업자는 정당한 사유가 있는 경우를 제외하고는 이에 동의하여야 하며, 금융투자업자가 동의한 경우에는 해당 투자자는 일반투자자로 본다(9조⑤단서). 즉, 전문투자자도 위험감수능력이 다를 수 있으므로 일반투자자로의 전환을 통해서 투자자 보호 규정을 적용받을 수 있도록 하고 있다.

금융투자업자의 동의는 전환의 요건이므로 금융투자업자가 정당한 사유 없이 일반투자자로의 전환에 동의하지 않는다고 하더라도 전환을 신청한 전문투자자가 일반투자자로 취급되는 것은 아니다. 다만, 금융투자업자가 정당한 사유 없이 동의하지 아니하는 것은 불건전 영업행위에 해당하고(71조7호, 슈68조⑤1), 1억원 이하의 과태료가 부과된다(449조①29).

금융투자업자는 전문투자자가 일반투자자로 전환을 신청할 수 있다는 사실을 고지할 의무가 있는가? 일본의 금융상품거래법[32]과는 달리 자본시장법은 금융투자업자에게 전환 신

---

30) 개인이 전문투자자가 되기 위해서는 (1) 최근 5년 중 1년 이상의 기간 동안 금융위원회가 정하여 고시하는 금융투자상품을 월말 평균잔고 5천만원 이상 보유하고 있어야 하며, 동시에 (2) 금융위원회가 정하는 소득액, 자산, 금융 관련 전문성 요건 중 1가지 이상을 충족해야 한다. 실무에서는 '개인전문투자자'라는 용어를 사용하는 데 엄밀히 말하면 개인인 전문투자자이다(슈10조③17).

31) 한국도로공사의 사내복지기금은 일반투자자에 해당한다. 대판 2021.4.1., 2018다218335.

청이 가능하다는 사실을 고지할 의무를 규정하고 있지 않고, 전문투자자의 전문성을 고려하면 특별한 사정이 없는 한 금융투자업자에게는 고지할 의무는 없다고 본다.

강행법규적 성격을 가지는 자본시장법의 성격을 고려하면 일반투자자의 전문투자자로의 전환은 허용되지 않는다.

라. 적용배제규정

금융투자업자가 전문투자자를 상대로 거래하는 경우에도 모든 조항의 적용이 배제되는 것은 아니고, 일반투자자에 대한 금융투자업자의 설명의무 위반 시 손해배상책임조항(48조①), 파생상품에 대한 차등화된 투자권유준칙의 마련의무조항(50조①단서) 등 일부 조항의 적용만이 배제된다.

주의할 것은 전문투자자라고 하더라도 금융투자업자의 책임이 전적으로 배제되는 것은 아니라는 점이다. 금융투자업자가 전문투자자에게 투자권유를 하면서 적합성원칙 및 설명의무를 현저히 위반하거나, 부당권유 등 다른 주의의무 위반과 결합하여 손해가 발생한 경우에는 고객에 대한 보호의무를 위반한 것으로서 민법에 근거하여 불법행위 책임을 부담할 수 있기 때문이다. 판례는 "투자권유단계에서 판매회사의 투자자 보호의무는 투자자가 일반투자자가 아닌 전문투자자라는 이유만으로 배제된다고 볼 수는 없고, 다만 투자신탁재산의 특성과 위험도 수준, 투자자의 투자 경험이나 전문성 등을 고려하여 투자자 보호의무의 범위와 정도를 달리 정할 수 있다."[33]고 한다.

┃해설┃ 각국의 투자자 구분 체계

투자경험, 투자능력, 업무처리의 효율성 등을 고려하여 전문투자자와 일반투자자로 구분하고 법 적용에 차이를 두는 것은 세계적인 경향이다.

1. 미국: 미국은 일정한 요건을 갖춘 '적격 투자자(accredited investor)' 또는 '적격 기관투자자(qualified institutional buyer)'에 대해서 증권발행신고서의 제출, 연방증권법의 적용 등을 면제하고 있으나,[34] 통일적인 투자자 구분 제도는 마련하고 있지 않다.

2. EU: EU의 제2차 금융상품시장지침(MiFID Ⅱ)[35]은 '전문고객(professional client)'과 '소매고객(retail client)'으로 구분하고 있다(MiFID Ⅱ 4조1⑽, 4조1⑾). 은행, 투자회사, 보험회사, 일정 규모 이상의 단체나 법인, 정부기관 등이 전문고객으로 열거되어 있다(MiFID Ⅱ Annex Ⅱ.1,2).

3. 영국: 금융감독청(FCA)의 영업행위규칙(COBS)은 '소매고객(retail client)', '전문고객(professional client)', '적격거래상대방(eligible counterparties)'으로 구분하고 규제의 수준을 달리하고 있다.[36]

---

32) 일본의 경우 금융상품거래업자는 특정투자자(전문투자자)에게 특정투자자 이외의 고객(일반투자자)으로 전환신청할 수 있다는 내용을 고지하도록 하고 있다(金商法 第34条 特定投資家への告知義務).

33) 대판 2015.2.26., 2014다17220.

34) SA of 1933 §2(a)(15), §4(a)(5), SEA of 1934 §3(a)(64), §12(8)(1) 등 참조.

35) Directive 2014/65/EU of The European Parliament and of the Council of 15 May 2014 on markets in financial instruments and amending Directive 2002/92/EC.

4. 일본: 금융상품거래법(金融商品取引法)은 '특정투자자(特定投資家)'의 개념을 규정하고, 금융투자업자가 특정투자자와 거래하는 경우에는 규제를 완화하고 있다. 특정투자자에는 적격기관투자자, 국가, 일본은행, 투자자보호기금 등이 있으며(金商法2條31号), 특정투자자 이외의 고객에 대해서는 일반적인 투자자 보호절차가 적용된다.

▌해설▌ 적격투자자 및 적격기관투자자

자본시장법은 제1편 총칙에서 기본적인 투자자 분류체계로 전문투자자와 일반투자자를 구분하고 여기에 기반해서 공모행위, 영업행위 등을 규제하고 있지만, 사모 등 특정한 영역에 대해서는 적격투자자와 적격기관투자자의 개념을 추가하고 있다. ① "적격투자자"는 사모집합투자기구인 투자회사 등이 설정하는 사모펀드에 투자할 수 있는 투자자를 말하며(☞ 자세한 내용은 제8장 제6절 Ⅱ.2. 적격투자자 참조), ⓐ'전문투자자로서 대통령령으로 정하는 투자자'와 ⓑ'1억원 이상으로서 대통령령으로 정하는 금액37) 이상을 투자하는 개인 또는 법인, 그 밖의 단체' 등이 포함된다(249조의2, 슈271조②). ② "적격기관투자자(QIB)"는 그 명칭에서 알 수 있듯이 기관을 대상으로 한다. 중소기업의 자금조달을 지원하기 위해 충분한 투자위험 감수능력이 있는 적격기관투자자 간에 거래되는 회사채에 대해 증권신고서 제출 등 발행기업의 각종 공시의무를 완화시켜 주는 제도이다. 사모와 달리 증권 발행정보를 등록, 공시하는 등 공모의 특성을 일부 내포하며, 사모로 발행된 증권에 비해 상대적으로 정보 취득 및 매매가 용이하다. '적격기관투자자'의 개념 및 범위는 증권발행공시규정에서 규정하고 있다(증발공2-2②④).

▌해설▌ 금융소비자보호법상 금융소비자

자본시장법상 투자자 분류는 금융소비자보호법상 '소비자'의 성향 분류와는 구별해야 한다. 금융소비자보호법은 금융소비자를 전문금융소비자와 일반금융소비자로 분류하고 있다(금소법2조8호~10호). 예금성 상품, 대출성 상품, 투자성 상품, 보장성 상품 등 금융상품의 유형에 따라 전문금융소비자로 분류되는 범위를 각각 규정하고 있으며, 투자성 상품의 경우 전문·일반 금융소비자의 범위는 자본시장법상의 전문·일반투자자 개념을 원용하고 있다(금소법시행령2조⑩). 금융상품판매업자등은 금융상품계약체결등을 하거나 자문업무를 하는 경우에는 상대방인 금융소비자가 일반금융소비자인지 전문금융소비자인지를 확인하여야 하고(금소법17조①), 일반금융소비자의 경우 면담·질문 등을 통하여 그 정보를 파악하여야 하며(금소법17조②), 일반금융소비자에게는 적합하지 않은 금융상품의 계약 체결을 권유하여서는 아니 된다(금소법17조③). 일반적으로는 '위험선호형', '적극형', '성장형', '안정성향형', '위험회피형' 등으로 구분되어 관리된다.

---

36) FCA, Conduct of Business Sourcebook(May. 2021). §3.4 Retail clients, §3.5 Professional clients, §3.6 Eligible counterparties.

37) 자본시장법시행령 제271조 제2항은 1. 위험평가액 등이 순자산의 200%를 초과하지 않는 일반사모집합투자기구에 투자하는 경우에는 3억원, 2. 제1호 외의 일반사모집합투자기구에 투자하는 경우에는 5억원으로 구체적인 금액을 규정하고 있다.<개정 2021.10.21.>

Ⅳ. 자본시장법의 적용범위

1. 법규 상호 간의 우열관계

자본시장법의 효력은 시간, 장소, 사람의 면에서 제한을 받는다. 먼저 동일한 사항에 적용되는 여러 개의 법규가 있는 경우에, 동 순위에 있는 수 개의 법규 사이에서는 '신법 우선의 원칙'이 적용된다.

동 순위가 아닌 수 개의 법규 사이에서는 '특별법 우선의 원칙'이 적용된다. 즉, 동일한 사항에 대해서 상법과 자본시장법의 규정이 다른 경우에는 특별법 우선의 원칙에 따라서 자본시장법이 우선하여 적용된다.

그렇다면 일반법인 상법이 신법이고, 특별법인 자본시장법이 구법인 경우에도 여전히 특별법 우선의 원칙이 적용되는가? 상법시행법 제3조(상사특별법령의 효력)는 "상사에 관한 특별한 법령은 상법 시행 후에도 그 효력이 있다."고 규정하는데, 이는 구법이라도 특별법인 경우에는 일반법인 신법에 우선한다는 뜻이다. 자본시장법에는 이에 대한 명문의 규정은 없으나, 특별법 우선의 원칙에 따라서 특별법인 자본시장법은 구법이라고 하더라도 일반법인 상법에 우선하여 적용된다.

2. 사실관계가 신·구법에 걸치는 경우

가. 법률불소급의 원칙

위에서 살펴본 신법 우선의 원칙, 특별법 우선의 원칙은 법규 상호 간의 우선적 효력에 관한 문제이다. 그런데 구법 시대에 발생하였으나 신법 시행 후에도 존속하는 사실에 대해서 신법의 소급효(遡及效)를 인정할 것인가, 아니면 구법의 추급효(追及效)를 인정할 것인가의 문제가 있다. 서로 다른 법규 상호 간의 우열 문제가 아니고, 같은 법규이지만 경과규정 또는 시제법의 문제인데, 보통 시행법이나 부칙에서 정한다. 일반적으로 신법은 시행 후에 생긴 생활관계만을 규율하고 시행 전의 생활관계에는 적용되지 않는다. 형법에서는 형벌불소급의 원칙으로 나타난다.

나. 신법의 소급효를 인정할 것인지

법률불소급의 원칙은 해석상의 원칙일 뿐 입법을 구속하는 것은 아니다. 특히 금융거래에 있어서는 신법에 소급효를 인정하는 것이 오히려 거래의 현실에 부합하는 경우가 많다. 이를 반영하여 상법시행법 제2조 제1항은 "상법은 특별한 규정이 없으면 상법시행 전에 생긴 사항에도 적용한다. 그러나 구법에 의하여 생긴 효력에 영향을 미치지 아니한다."고 규정하여 신법의 소급효를 인정하고 있다.

그렇다면 자본시장에서도 신법의 소급효를 인정할 것인가? 자본시장법령에서는 상법시행법 제2조 제1항과 같은 명문의 규정이 없고, 자본시장법은 거래법규라기 보다는 규제법규이므로 신법의 소급효를 인정하면 구법 하에서 활동하여오던 금융투자업자가 예기치 못한 손해를 입을 수 있다. 따라서 자본시장법에서는 구법 당시에 발생한 행위에 대해서는 원칙적으로 신법의 소급효가 인정되지 않는다.

3. 자본시장법의 역외 적용

가. 속지주의의 원칙

자본시장법은 국내법이므로 원칙적으로 대한민국의 영토 전역에 적용된다(속지주의). 즉, 행위주체가 외국인이라도 대한민국의 영역 내에서 금융투자상품의 거래가 이루어졌다면 자본시장법이 적용된다. 따라서 외국 금융투자업자[38]라고 하더라도 국내거주자를 상대로 영업을 하기 위해서는 금융투자업 수행에 필요한 지점, 그 밖의 영업소를 설치하고, 금융위원회의 인가를 받거나(12조②1나목) 금융위원회에 등록하여야 한다(18조②1나목,다목). 다만, 외국 투자자문업자 또는 외국 투자일임업자가 외국에서 국내거주자를 상대로 직접 영업을 하거나 통신수단을 이용하여 투자자문업 또는 투자일임업을 영위하는 경우에는 등록할 필요가 없다(18조②1단서).

나. 역외 적용의 여부

자본시장법은 국내법이므로 국내에서 이루어지는 증권거래에 적용되지만, 국외에서 이루어지는 행위라고 하더라도 그 효과가 국내에 미친다면 자본시장법을 적용할 필요가 있다. 이를 반영하여 자본시장법 제2조(국외행위에 대한 적용)는 "이 법은 국외에서 이루어진 행위로서 그 효과가 국내에 미치는 경우에도 적용한다."고 하면서 자본시장법의 역외적용을 명문으로 규정하고 있다. 이는 공정거래법 제2조의2(국외행위에 대한 적용)의 "이 법은 국외에서 이루어진 행위라도 국내시장에 영향을 미치는 경우에는 적용한다."를 모델로 한 것인데, 차이가 있다면 공정거래법에서 사용하는 '영향'이라는 단어 대신에 '효과'라는 용어를 사용하는 것에 불과하다. 효과주의에 입각한 국내법의 역외적용은 공정거래 관련 소송에서 사용되고 있는데, 그 법리는 자본시장법에서도 유추 적용할 수 있을 것이다.

4. 증권법규의 국제화

미국이나 유럽에서는 금융회사의 해외계열사, 해외지점에 대해서도 자국의 증권법규를 적용하는 사례가 많은데, 이 경우에는 진출한 국가의 법령뿐만 아니라 자국의 법령도 준수

---

38) "외국 금융투자업자"란 외국 법령에 따라 외국에서 금융투자업에 상당하는 영업을 영위하는 자로서 외국에서 영위하고 있는 영업에 상당하는 금융투자업 수행에 필요한 지점, 그 밖의 영업소를 설치한 자를 가리킨다(12조②1나목).

하여야 한다. 이른바 '국내기준의 국제화' 현상이 발생하는 것이다.

국제 금융시장에서 강력한 영향력을 가지고 있는 미국이나 유럽의 금융규제는 자국 뿐만 아니라 세계적으로도 영향을 미치는데, 우리나라의 경우 사실상 국제규범으로 정착되어 있는 기준을 따를 수밖에 없어서 어려움을 겪고 있다. 예를 들어, 미국과 유럽은 증권과 파생상품의 거래 및 청산 시에 외국회사에게도 자국의 기준을 준수할 것을 요구하고 있어서 국내거래소나 청산소는 그 기준을 따르는 것이 보통이다.

자본시장의 감독과 관할

I. 서설

1. 규제와 감독의 필요성

한 국가의 경제성장과 금융시스템은 밀접한 관계에 있다. 특히, 기업의 장기자금 조달수단인 주식과 채권이 발행·유통되는 자본시장에 대한 금융정책은 해당 국가의 경제발전에 밀접한 관계를 가진다. 그런데 한 국가의 금융시스템이 제대로 작동하기 위해서는 시장의 자율적 기능에만 맡겨두는 것은 충분하지 않고, 자금의 수요자와 공급자 간에 자금의 유동을 원활하게 하고, 금융회사와 일반투자자를 비롯하여 참여하는 경제주체 간의 정보비대칭을 제거함으로써 공정한 거래의 장을 마련하여야 한다.

다른 상품의 거래에서도 정부의 개입이 필요한 경우가 있지만, 증권을 비롯한 금융투자상품의 거래는 외형만으로 그 내용을 알기 어렵고, 국가 및 개인의 경제생활에 미치는 영향이 매우 커서 다른 어떤 산업보다도 자본시장에 대한 규제와 감독은 중요하다. 예금 등 다른 금융상품에 비교해서도 금융투자상품의 거래는 투자의 위험이 크고 개인의 경제활동뿐만 아니라 국가의 거시경제에도 영향을 미친다. 그러나 동전의 양면처럼 규제에는 부정적인 측면도 있다. 지나친 규제는 시장의 창의성과 혁신을 제한할 수 있으므로, 창의성과 혁신을 훼손하지 않으면서도 투자자를 보호하기 위해서는 해당 국가의 경제 발전단계 및 특성에 맞는 '적절한 규제와 감독'이 시행되어야 한다.

2. 공적규제와 자율규제

자본시장의 규제는 '규제의 주체'에 따라서 공적 기관을 통한 공적규제와 자율규제 기관을 통한 자율규제로 이루어진다.

"공적규제"는 정부 및 금융당국이 법령에 근거하여 금융회사의 영업활동을 규제하는 것을 말한다. 법령에 기초하여 시행되기 때문에 실효성이 높고, 정부 등 금융당국이 주체이므로 규제대상(금융회사) 간에 발생할 수 있는 이해상충 문제를 제거할 수 있으나, 시장변화에 대한 대응력이 떨어진다.

"자율규제"는 시장참여자의 합의에 의해 자율적으로 시행되는 규제를 말한다. 자율적 합의에 의해 시행되므로 자발적 준수의 의미가 크고 시장변화에 신속하게 대응할 수 있으나, 이해관계 때문에 필요한 규제가 이루어지지 못할 수 있다.

공적규제와 자율규제는 장단점이 있어서, 대부분의 국가는 양자를 병행하여 운용하고 있다. 미국의 경우 증권시장에서는 SEC(Securities and Exchange Commission)가 공적규제를 담당하고, FINRA(Financial Industry Regulatory Authority), NYSE(New York Stock Exchange) 및 NASD (National Association of Securities Dealers Inc.) 등은 자율규제를 수행하면서 상호 보완적인 역할을 한다. 우리나라의 경우에는 금융위원회 및 금융감독원 등이 공적규제를 담당하고, 한국거래소, 한국금융투자협회, 한국예탁결제원 등이 자율규제업무를 수행하고 있다.

Ⅱ. 금융위원회

"금융위원회(Financial Services Commission, FSA)"는 금융정책, 외국환업무 취급기관의 건전성 감독 및 금융감독에 관한 업무를 수행하기 위하여 설립된 국무총리 소속의 중앙행정기관이다(금융위원회법3조). 금융에 관한 정책 및 제도에 관한 사항, 금융기관 감독 및 검사·제재에 관한 사항, 금융기관의 인가·허가에 관한 사항, 자본시장의 관리·감독 및 감시 등에 관한 사항, 금융소비자의 보호와 배상 등 폭 넓은 업무를 수행하며, 금융감독원의 업무·운영·관리에 대한 지도와 감독, 금융감독원의 정관 변경에 대한 승인, 금융감독원의 예산 및 결산을 승인한다(동법17조,18조).

금융위원회는 투자자를 보호하고 건전한 거래질서를 유지하기 위하여 금융투자업자에게 금융투자업자의 고유재산 운용에 관한 사항, 투자자 재산의 보관·관리에 관한 사항, 금융투자업자의 경영 및 업무개선에 관한 사항, 영업의 질서유지에 관한 사항, 영업방법에 관한 사항 등에 관하여 필요한 조치를 명할 수 있고(416조), 금융회사의 합병, 분할 또는 분할합병, 주식의 포괄적 교환 또는 이전을 승인하며(417조), 최대주주가 변경되거나 대주주가 보유하는 주식의 총수가 변경된 경우에는 보고를 요하는 등(418조) 일반 행정기관과 마찬가지로 다양하고 강력한 권한을 가진다.

Ⅲ. 증권선물위원회

"증권선물위원회"는 자본시장의 불공정거래 조사 등을 수행하기 위하여 금융위원회 내에 설치된 위원회이다(금융위원회법19조). 위원장 1명을 포함한 5명의 위원으로 구성하며, 위원장을 제외한 위원 중 1명은 상임으로 한다(동법20조①).

자본시장의 불공정거래 조사, 기업회계의 기준 및 회계감리에 관한 업무, 금융위원회 소관 사무 중 자본시장의 관리·감독 및 감시 등과 관련된 주요 사항에 대한 사전 심의 업무 등을 수행하고(금융위원회법19조), 업무에 관하여 금융감독원을 지도·감독한다(동법23조).

Ⅳ. 금융감독원

"금융감독원"은 금융위원회나 증권선물위원회의 지도·감독을 받아 금융기관에 대한 검사·감독 업무 등을 수행하는 무자본 특수법인이다(금융위원회법24조).

은행, 금융투자업자, 보험회사를 비롯한 각종 금융기관의 업무 및 재산상황에 대한 검사, 검사결과에 따른 제재를 수행하며, 다른 정부 부서와 협력하여 업무를 수행한다. 고유업무인 금융기관에 대한 검사 및 제재 외에 금융위원회와 그 소속기관에 대한 업무를 지원하고(금융위원회법37조), 통화신용정책의 수행을 위하여 필요하다고 인정하는 경우에는 한국은행과 공동으로 금융회사 검사에 참여할 수 있으며(한국은행법88조), 예금보험공사 소속직원과 공동으로 검사에 참여할 수 있다(금융위원회법66조①). 검사업무의 일부를 대통령령으로 정하는 바에 따라 거래소 또는 협회에 위탁할 수 있다(419조⑧).

거짓, 그 밖의 부정한 방법으로 금융투자업 인가를 받거나 등록하거나, 인가조건을 위반한 경우 등에는 인가 및 등록을 취소할 수 있으며(420조①). 위법행위의 시정명령이나 중지명령에 위반하는 경우 등에는 해당 금융투자업자의 영업을 정지할 수도 있다(420조③).

Ⅴ. 거래소

"거래소"는 상장증권 등에 대한 다수의 매도, 매수주문이 한 곳에 집중되어 경쟁매매가 이루어지는 조직적이고 계속적인 시장이다. 거래소시장에서의 증권거래는 지정된 장소(거래소)에서 집단적으로 행하여지며 매매거래의 대상이 되는 증권은 거래소에 상장되어 있는 종목에 한정된다. 또한 거래조건이 규격화되어 있고 거래시간도 제한되어 있다.

거래소는 ① 증권의 상장 및 상장폐지 업무, ② 시장감시 규정에 따른 업무, ③ 그 밖에 투자자를 보호하고 공정한 거래질서를 확보하기 위하여 필요한 업무로서 상장법인의 신고·공시에 관한 업무를 수행한다(373조의7). 상장·공시·시장감시는 자율규제의 핵심 업무로서, 이를 수행하기 위하여 거래소 상장규정(390조)[39], 시장감시규정(403조), 공시규정(391조) 등을

---

[39] 헌법재판소는 거래소 상장규정은 정관과 같은 자치규정이라는 점에서, 그 제정 시 상장폐지기준 및 상장폐지에 관한 내용을 포함하도록 한 자본시장법 제390조 제2항 제2호는 포괄위임금지원칙 및 법률유보원칙에 위반되지 않는다고 한다. 헌결 2021.5.27., 2019헌바332.

제정한다.

자본시장법은 종전의 거래소 법정주의를 폐지하고, 허가주의를 채택하여 누구나 허가요건을 구비한 경우에는 금융위원회의 허가를 받아 적법하게 금융투자상품시장을 개설할 수 있도록 하였다(373조).[40] 종전의 법정 설립주의에 따라 설립된 '한국거래소(KRX)'는 시장개설단위 전부에 대하여 거래소 허가를 받은 것으로 간주된다(부칙15조).

┃해설┃ 한국거래소

한국거래소(韓國去來所, Korea Exchange, KRX)는 대한민국의 유가증권, 선물등의 거래시장의 개설 및 관리, 유가증권 상장 등의 업무를 담당하는 통합거래소이다. 2004년 1월 29일에 「한국증권선물거래소법」(법률 제7112호)이 제정되면서 한국증권선물거래소 구성을 위한 기틀이 마련되었고, 이후 합병대상기관(증권거래소, 선물거래소, ㈜코스닥증권시장, 코스닥위원회) 간 합병계약의 체결, 주주총회 등을 거쳐서 2004년 8월 31일에 합병을 끝냄으로써 한국거래소(KRX)의 기초가 형성되었다. 2009년 2월 4일, 자본시장법 개정에 따라 한국증권선물거래소는 한국거래소로 이름이 변경되었다. 본사는 부산광역시 남구 문현금융로 40에 위치하고 있으나, 대부분의 실질적인 업무는 여의도에 있는 서울사무소에서 이루어진다.

Ⅵ. 금융투자협회

"한국금융투자협회(Korea Financial Investment Association, KOFIA)"('협회')는 자본시장법 제283조에 따라 회원 상호 간의 업무질서 유지 및 공정한 거래를 확립하고 투자자를 보호하며 금융투자업의 건전한 발전을 위해 설립된 법인이다. 자본시장법에 의해 설치가 의무화된 자율규제기관(SRO)이며, 회원 간의 건전한 영업질서 유지 및 투자자 보호를 위한 자율규제업무 등을 수행한다(286조①1).

협회의 회원이 될 수 있는 자는 금융투자업자, 그 밖에 금융투자업과 관련된 업무를 영위하는 자로서 대통령령으로 정하는 자이다(285조①). 회원은 정회원, 준회원, 특별회원으로 구분되며, 2021년 6월 현재, 정회원 334개 사(社), 준회원 112개 사, 특별회원 26개 사로써 총회원 472개 사로 구성되어 있다.[41]

Ⅶ. 한국예탁결제원

"한국예탁결제원(Korea Securities Depository, KSD)"은 증권등의 집중예탁과 계좌간 대체, 매매거래에 따른 결제업무 및 유통의 원활을 위하여 설립된 법인이다(294조). 1974년 12월 한국

---

40) 독점적인 단일거래소 또는 복수거래소를 허용할 것인지는 각국의 사정에 따라 결정되는데, 미국, 영국, 일본, 호주, 싱가폴 등 대부분의 국가에서는 복수의 거래소를 허용하고 있다.

41) 금융투자업협회 홈페이지<http://kofia.or.kr> 참조.

증권대체결제주식회사로 출범하였다가, 증권예탁원, 증권예탁결제원으로 명칭을 변경하였고, 2008년 2월 현재의 이름인 한국예탁결제원으로 명칭을 변경하였다. 자본시장법에 의해 설치가 의무화된 자율규제기관(SRO)이며, 증권 등의 집중예탁업무, 계좌간 대체업무 등을 수행한다(286조①1).

한국예탁결제원은 증권시장의 결제기관으로서, 예탁결제원이 아닌 자는 증권등을 예탁받아 그 증권등의 수수를 갈음하여 계좌 간의 대체로 결제하는 업무를 영위하여서는 아니 되고(298조①), 전자등록기관이 아닌 자는 국내에서 증권예탁증권을 발행하는 업무를 영위하여서는 아니 된다(298조②). 예탁결제원에 예탁할 수 있는 증권등('예탁대상증권등')은 예탁결제원이 지정한다(308조②).

Ⅷ. 그 밖의 기관

그 밖에도 자본시장법은 청산거래를 함에 따라 발생하는 채무를 채무인수, 경개(更改), 그 밖의 방법으로 부담하는 '금융상품거래청산회사'(323조의3), 투자매매업자 또는 투자중개업자에 대하여 필요한 자금 또는 증권을 대여하는 증권금융업무 등을 행하는 '증권금융회사'(324조), 금융투자상품, 기업, 집합투자기구 등의 신용상태를 평가하여 그 결과에 대하여 신용등급을 부여하고 그 신용등급을 제공하거나 열람하게 하는 행위를 영업으로 하는 '신용평가회사'(335조의3), 단기어음의 발행·할인·매매·중개·인수 및 보증, 리스, 외자도입·해외투자 등 국제금융 등의 업무를 종합적으로 영위하는 '종합금융회사'(336조), 자금 거래 중개 업무 등을 영위하는 '자금중개회사'(355조), 1년 이내에서 대통령령으로 정하는 기간 이내에 만기가 도래하는 어음의 발행·할인·매매·중개·인수 및 보증업무와 그 부대업무 등 단기금융업무를 영위하는 '단기금융회사'(360조), 명의개서 대행업무를 영위하는 '명의개서대행회사'(365조) 등에 대해서 규정하고 있다.

제2장

증권과 금융투자상품

금융투자상품

자본시장법은 '금융투자상품'의 거래에 적용된다. 여기에서는 금융투자상품의 개념과 종류, 내용 등을 살펴본다.

Ⅰ. 금융투자상품의 의의

"금융투자상품"이란 ① 이익을 얻거나 손실을 회피할 목적으로 ② 현재 또는 장래의 특정(特定) 시점에 금전, 그 밖의 재산적 가치가 있는 것("금전등")을 ③ 지급하기로 약정함으로써 취득하는 권리로서 ④ 그 권리를 취득하기 위하여 지급하였거나 지급하여야 할 금전 등의 총액(판매수수료 등 대통령령으로 정하는 금액을 제외한다)이 그 권리로부터 회수하였거나 회수할 수 있는 금전 등의 총액(해지수수료 등 대통령령으로 정하는 금액을 포함한다)을 초과할 위험('투자성')이 있는 것을 말한다(3조①본문).

금융투자상품의 개념은 자본시장법 적용의 기초가 되고, 은행이 취급하는 예금 또는 적금, 보험회사가 취급하는 보험상품과의 구분을 위한 기준이 된다. 금융투자상품에 해당하기 위해서는 아래에서 살펴보는 4가지 요소를 충족하여야 한다.

Ⅱ. 금융투자상품의 요소

1. 이익을 얻거나 손실을 회피할 목적

가. 금융상품의 경제적 속성

금융투자상품은 '이익을 얻거나 손실을 회피'할 목적으로 설계된다(3조①본문). 주식·채권·파생상품을 비롯한 금융상품은 본래 '이익을 얻거나 손실을 회피'하기 위하여 이용되는 것이므로, 이 요건은 금융상품이 가지는 일반적인 속성을 나타낸다. "이익을 얻거나 손실을 회피"하기 위한 것인지는 해당 상품의 내용을 살펴보아야 한다. 따라서 외관이나 명칭에 관계없이 해당 상품이 이익을 얻거나 손실을 회피하기 위하여 이용된다면 '이익을 얻거나 손실을 회피할 목적'의 요건을 충족한다.

나. 금융투자상품의 목적성

금융투자상품은 이익을 얻거나 손실을 회피할 '목적'이 있어야 한다. 만일 목적성을 요구하지 않는다면, 이익을 얻거나 손실을 회피할 '목적'없이 수행되는 일반적인 상거래까지도 자본시장법이 적용될 수 있기 때문이다.[1] 이익의 획득 또는 손실의 회피[2] 중 어느 하나의 목적으로 사용된다면 구분이 불분명하더라도 금융투자상품에 해당한다. 같은 금융상품이라도 어떤 투자자는 이익을 얻기 위하여 거래하고, 다른 투자자는 손실을 회피하기 위해서 사용할 수 있기 때문이다. 경우에 따라서는 2가지 목적을 모두 가질 수 있다.

2. 현재 또는 장래의 특정 시점에 금전등

가. 현재 또는 장래의 특정 시점

금융투자상품이란 '현재 또는 장래의 특정 시점'에 금전등을 지급하기로 약정함으로써 취득하는 권리이다. 금전등의 지급시점을 '현재 또는 장래'라고 규정한 것은 파생상품을 포괄하기 위한 것이다.[3] 주식 등 전통적인 금융상품은 투자기간의 초기, 즉 현재의 시점에서 금전등의 이전이나 교환이 이루어지지만, 선도·옵션·스왑 등 파생상품은 장래의 특정한 시점에서 기초자산의 가격변동에 따라 금전등이 이전되기 때문이다.[4] 다만, 파생상품거래라고 하더라도 언제나 장래의 시점에서 금전등이 이전되는 것은 아니다. 甲이 프리미엄을 지불하고 옵션을 취득하였으나 기초자산의 가격이 불리하게 변동하면 옵션 행사를 포기할 것인데, 이 경우에는 처음에 옵션을 구매할 때에는 프리미엄이 지급되지만, 장래에는 금전등의 이전이나 교환은 없게 된다.

나. 금전등

금융투자상품은 현재 또는 장래의 특정 시점에 '금전, 그 밖의 재산적 가치가 있는 것("금전등")'을 지급하기로 약정함으로써 취득하는 권리이다(3조①본문). 즉, 금융투자상품을 취득하기 위해서는 그에 대한 반대급부로 금전등을 지급하기로 약정하는데, 대가로 지급되는 금전

---

1) 자본시장통합법연구회, 자본시장통합법해설서(2007), 87면.
2) 손실회피에 중점을 두면 헷지(hedge), 이익획득이나 재산증식에 중점을 두면 투자(investment) 또는 투기(speculation)가 된다. 어떠한 거래에 투기성이 있다고 하여서 법적으로 문제되는 것은 아니지만, 지나치게 사행적인 경우에는 도박으로 간주될 수 있다.
3) 정순섭, "자본시장법의 적용범위,"「BFL」제16호(서울대 금융법센터, 2006.3), 110면.
4) 현물과 파생상품을 구분하는 '장래'의 기준이 문제되는데, 영국은 7일, 호주는 외환을 기초자산으로 하는 경우에는 2일 그 밖의 기초자산의 경우에는 1일로 각각 정의하고 있다. 미국이나 일본은 해석에 맡기고 있다. 우리나라에서도 비슷한 논의가 있었지만, 탄력적인 해석을 위하여 법령상 별도의 기준은 두고 있지 않다. 정순섭, "금융규제법상 포괄개념 도입의 가능성과 타당성,"「법학」제49권 제1호(서울대 법학연구소, 2008.3), 302면.

등은 금전, 동산, 부동산, 지적재산권 등 '객관적으로' 재산적 가치가 있는 것이어야 한다. 따라서 특정한 개인에 대해서만 정신적, 주관적 가치가 있는 것을 지급하는 약정은 민법상의 계약은 될 수 있어도 자본시장법상의 금융투자상품은 될 수 없다.

3. 지급하기로 약정함으로써 취득하는 권리

가. 계약상의 권리

금융투자상품은 현재 또는 장래의 시점에 금전등을 '지급하기로 약정함으로서 취득하는 권리'이다(3조①본문). 권리(權利)는 법령이나 법률행위에 의해서 발생하는데, 자본시장법 제3조 제1항은 "지급하기로 약정함으로서"라는 문구를 사용하고 있으므로 자본시장법이 상정하는 금융투자상품은 본질적으로 '계약상의 권리'이다. 금융상품 설계에는 수학적 기법 등 다양한 수단이 사용되지만, 결국 당사자 간의 계약을 통해서 법적인 구속력이 부여되기 때문이다. 예를 들어, 신탁에서는 계약당사자가 아닌 수익자가 경제적 이익을 누리지만, 수익자가 누리는 경제적 이익도 결국 신탁자와 수탁자가 체결한 계약에 따른 것이므로 신탁의 수익권은 계약상의 권리이다. 계약이 아닌 단독행위 등에 의해서 창설되는 금융투자상품은 상정하기 어렵다.

나. 증권의 계약성

채무증권, 지분증권을 비롯한 자본시장법상의 증권은 그 개념이 매우 포괄적이어서 적용범위를 한정하기 위해서도 계약상의 권리에 한정할 필요가 있다. 다만, 증권상의 권리를 창설하거나 양도하는 경우에는 청약과 승낙의 엄격한 합치를 요구하는 민법상 계약의 성립요건을 엄격하게 요구할 필요는 없고 좀 더 넓게 보아야 한다. 따라서 무기명증권 등 권리자가 드러나지 않는 금융상품이라고 하더라도 누군가의 취득을 상정하고 발행되었다면, 발행인과 취득자 간에는 일정한 가격에 증권을 발행하고 취득한다는 의사의 합치가 있었다고 볼 것이다. 다수인 사이에서 혼장임치된 증권을 대상으로 전자적인 방법을 통해서 증권의 유통이 이루어지고, 누가 매도인 또는 매수인이고 그 상대방이 누구인지 모르는 경우에도 일정한 가격에 매수와 매도가 이루어진다는 의사의 합치는 있었다고 볼 것이므로 그 구속력을 인정하여야 한다.

다. 파생상품의 계약성

파생상품은 환율이나 이자율 등 기초자산의 가격변동에 대하여 상반되는 예측을 하는 당사자 사이에서 체결되는 계약이다. 자본시장법은 "파생상품이란 선도, 옵션, 스왑 등의 어느 하나에 해당하는 계약상의 권리를 말한다."(5조①)고 하면서 파생상품이 계약상의 권리임을 분명히 하고 있다.

4. 원본손실의 가능성

가. 의의

금융투자상품은 현재 또는 장래의 시점에 금전등을 지급하기로 약정함으로서 취득하는 권리이며, '그 권리를 취득하기 위하여 지급하였거나 지급하여야 할 금전 등의 총액(판매수수료 등 대통령령으로 정하는 금액을 제외한다)("지급총액")이 그 권리로부터 회수하였거나 회수할 수 있는 금전 등의 총액(해지수수료 등 대통령령으로 정하는 금액을 포함한다)("회수총액")을 초과하게 될 위험("투자성")이 있는 것'[5]을 말한다(3조①본문). 즉, 자본시장법상 금융투자상품에 해당하기 위해서는 그 상품의 지급총액이 회수총액을 초과할 가능성, 이른바 '원본손실의 가능성(투자성)'이 요구된다. 예를 들어, 甲이 A회사의 주식 100주를 취득하기 위하여 100만원을 지급하였다면, 취득한 주식 100주를 처분하여 회수할 수 있는 금전등의 총액은 100만원에 미치지 못할 수 있으므로 甲의 주식거래는 원본손실의 가능성(투자성)이 있고 금융투자상품에 해당한다. 그러나 甲이 원금이 보장되는 B은행의 예금상품에 100만원을 예금한 경우에는 원본손실의 가능성이 없으므로 해당 예금상품은 금융투자상품이 아니다.

나. 지급총액과 회수총액의 산정

(1) 조정의 필요성

위에서 살펴본 것처럼 금융투자상품은 지급총액이 회수총액을 초과할 가능성, 즉 원본손실의 가능성이 있어야 하는데, 구체적인 경우에는 그 판단에 어려움이 있을 수 있다. 예를 들어, 예금은 원금이 보장되므로 원본손실의 가능성을 요건으로 하는 금융투자상품으로 보기는 어렵지만, 만일 해당 예금상품에 중도해지수수료가 있는 경우에는 지급총액(맡긴 금액)이 회수총액(중도해지후 받는 금액)을 초과할 가능성, 즉 원본손실의 가능성이 인정될 수 있기 때문이다.

자본시장법은 이러한 사정을 반영하여 "금융투자상품이란 … 그 권리를 취득하기 위하여 지급하였거나 지급하여야 할 금전등의 총액(판매수수료 등 대통령령으로 정하는 금액을 제외한다)이 그 권리로부터 회수하였거나 회수할 수 있는 금전등의 총액(해지수수료 등 대통령령으로 정하는 금액을 포함한다)을 초과하게 될 위험("투자성")이 있는 것을 말한다."(3조①)고 규정하면서, 그 권리를 취득할 때에 지급하는 총액에서는 '판매수수료 등 대통령령이 정하는 금액'을 제외하고, 그 권리를 처분하여 회수할 때에 받는 총액에서는 '해지수수료 등 대통령령으로 정하는 금액'을 포함시킴으로써 '원본손실의 판단'이 왜곡되지 않도록 하고 있다. 즉, 포괄적인 금융

---

5) 이러한 표현은 일본의 '금융상품의 판매 등에 관한 법률(金融商品の販売等に関する法律)' 제3조 제2항을 참고한 것이다. 처음에는 "원본의 손실 기타 추가지급의 가능성이 있는 것"으로 표현하였으나 보다 세부적인 기준을 제시할 필요가 있다는 의견에 따라 그 취지를 풀어쓴 것이다.

투자상품의 개념으로 인하여 자본시장법의 적용범위가 지나치게 확장되는 것을 막기 위해서, 지급총액은 줄이고 회수총액은 늘리는 방법을 통해서 원본손실의 가능성이 인정되는 폭을 좁히고 있다.

(2) 지급총액에서 제외되는 항목(판매수수료 등)

'판매수수료 등 대통령령으로 정하는 금액'은 지급총액에서 제외된다. "판매수수료 등 대통령령으로 정하는 금액"이란 ① 금융투자업자가 투자자로부터 받는 수수료, 투자매매업자 또는 투자중개업자가 집합투자증권의 판매와 관련하여 받는 판매수수료, 그 밖에 용역의 대가로서 투자자, 그 밖의 고객이 지급하는 수수료(3조①본문, 슈3조①1호), ② 보험계약에 따른 사업비와 위험보험료(2호), ③ 그 밖에 금융위원회가 정하여 고시하는 금액(3호)이다. 예를 들어, 甲이 교통사고에 대비하여 A보험회사의 자동차보험계약을 체결하고 보험료 100만원을 지급한 사례를 상정해보자. 甲은 100만원(지급총액)의 위험보험료를 지급하였으나 만일 보험기간 내에 자동차 보험사고가 발생하지 않는다면 甲이 회수하였거나 회수할 수 있는 금전등의 총액(회수총액)은 0원이 되고, 이는 보험계약상의 권리를 취득하기 위하여 지급하였거나 지급하여야 할 금전등의 총액(지급총액)이 그 권리로부터 회수하였거나 회수할 수 있는 금전등 총액(회수총액)을 초과하는 것으로서 마치 원본(100만원)이 손실된 듯한 외관이 발생한다. 그러나 자동차보험계약은 전형적인 보장성 상품으로서 투자상품에 적용되는 자본시장법을 적용하기에는 부적절함에도 불구하고, 위와 같이 해석하면 보험법 이외에도 자본시장법이 이중으로 적용될 우려가 있다. 따라서 자본시장법은 보험계약에 따른 위험보험료(슈3조①2)를 지급총액의 산정에서 제외하고 있다.

(3) 회수총액에 포함되는 항목(해지수수료 등)

'해지수수료 등 대통령령으로 정하는 금액'은 회수총액에 포함된다. "해지수수료 등 대통령령으로 정하는 금액"이란 ① 집합투자증권의 환매수수료, 그 밖에 중도해지로 인하여 투자자, 그 밖의 고객이 지급하는 해지수수료(이에 준하는 것을 포함한다)(3조①본문, 슈3조②1호), ② 각종 세금(2호), ③ 발행인 또는 거래상대방이 파산 또는 채무조정, 그 밖에 이에 준하는 사유로 인하여 당초 지급하기로 약정한 금전등을 지급할 수 없게 됨에 따라 투자자, 그 밖의 고객이 되돌려 받을 수 없는 금액(3호), ④ 그 밖에 금융위원회가 정하여 고시하는 금액(4호)이다. 예를 들어, 전형적인 원본보장형 금융상품이지만 만기 전에 해지하면 해지수수료가 부과되는 조건이 있는 경우에, 중도에 해지하면 해지수수료를 제외하고 돌려받게 되므로 실제로 수령하는 회수금액은 투자원금보다 적게 될 가능성이 있어서 '원본 손실의 외관'이 생길 수 있다. 따라서 자본시장법은 '원본손실의 판단'이 왜곡되지 않도록 그 권리를 처분할 때에 지급하는 해지수수료, 세금 등은 '회수총액'에 포함하고 있다.

다. 국채 및 예금의 원본손실 가능성

금융투자상품의 포괄적인 개념과 관련하여 가장 먼저 제기된 질문은 국채는 전형적인 금융투자상품(채무증권)이지만 회사채와는 달리 발행인인 국가의 파산을 상정하기 어려울뿐만 아니라 은행의 예금처럼 '원본손실의 가능성'도 거의 없으므로, 자본시장법상 금융투자상품에서 제외해야 하는지의 의문이었다. 그러나 국채 투자에 있어서 위험은 발행인인 국가의 파산 시에 발생하는 채무불이행위험이 아니라, '양도가능성'[6]을 전제로 국채의 가격이 하락하는 시장위험(market risk)이고, 채권금리의 변동에 따라서는 국채의 취득을 위하여 지급하였거나 지급하여야 할 금전등의 총액(지급총액)이 국채로부터 회수하였거나 회수할 수 있는 금전등의 총액(회수총액)을 초과할 수 있으므로 금융투자상품으로 보아야 한다. 예를 들어, 甲이 대한민국 정부가 발행한 10년 후에 10억원을 지급받을 수 있는 국채를 9억원에 취득하였으나 만기 전에 국채를 매도할 수 있는데, 매도시기의 금리 등에 따라서 처분가격은 9억원에 미치지 못할 수 있으므로 해당 국채는 원본손실의 가능성이 있는 금융투자상품에 해당한다.

같은 맥락에서 은행의 예금도 금융투자상품에 해당할 수 있다는 논란이 있으나, 은행예금은 양도를 전제하지 않으므로 국채와 같이 만기 전에 처분하는 상황을 상정하기 어렵고, 사실상 원본손실의 가능성도 없으므로 금융투자상품에 해당하지 않는다고 보아야 한다. 그러나 양도가능한 양도성 예금증서(CD)는 국채처럼 그 처분 시의 금리 등에 따라서 원본손실의 가능성이 있으므로 원칙적으로 금융투자상품에 해당한다. 다만, 자본시장법은 '원화로 표시된 양도성 예금증서'는 은행이 종전부터 취급해오던 상품임을 고려하여 금융투자상품에서 제외하고 있다(3조①1).

III. 금융투자상품의 종류와 적용범위

1. 금융투자상품의 종류

금융투자상품의 포괄적인 개념 정의는 자본시장법의 적용 범위를 지나치게 확대할 우려가 있다. 이익을 얻거나 손실을 회피할 목적이 없는 거래를 상정하기 어렵고, 원본손실의 가능성(투자성)이라는 개념도 지나치게 탄력적이기 때문이다. 이를 반영하여 자본시장법은 금융투자상품을 증권과 파생상품으로 구분하고(3조②), 증권과 파생상품의 종류를 열거하여 규정함으로써(4조②, 5조①) 금융투자상품의 포괄적인 개념 정의를 보완하고 있다.

그렇다면 증권과 파생상품 이외의 금융투자상품이 존재할 수 있는가? 이에 대해서는 논

---

[6] 금융투자상품의 요건으로 양도가능성이 반드시 요구되는 것은 아니다. ELS 등 구조화 금융상품은 양도가능성에 관계없이 상품의 구조 자체로 인하여 원본손실의 가능성이 있기 때문이다. 그러나 원본손실의 위험이 시장위험에 따른 것일 경우 양도가능성은 투자성 여부를 판단함에 있어 중요한 의미를 가진다.

란이 있으나 금융투자상품은 증권과 파생상품으로 구분되며, 증권과 파생상품에 해당하지 않는 금융투자상품은 존재할 수 없다고 본다(소극설).[7] 자본시장법 제3조 제2항은 "제1항의 금융투자상품은 다음 각 호와 같이 구분한다."고 한정적인 열거임을 분명히 하고 있고, 금융투자상품의 포괄적 개념을 보완할 필요가 있기 때문이다.

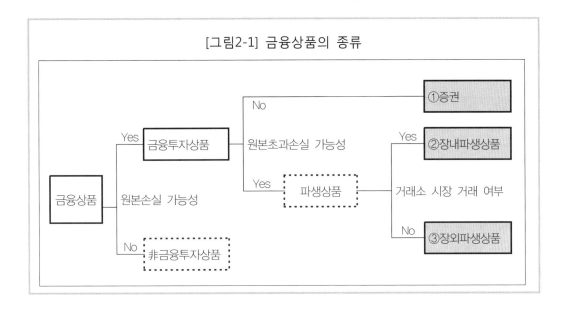

[그림2-1] 금융상품의 종류

2. 금융투자상품의 적용 제외

자본시장법은 ① 원화로 표시된 양도성 예금증서, ② 수탁자에게 신탁재산의 처분 권한이 부여되지 아니한 신탁의 수익권, ③ 그 밖에 대통령령으로 정하는 금융투자상품은 자본시장법의 적용대상에서 제외하고 있다(3조①단서). 금융투자상품의 포괄적 개념으로 인한 자본시장법의 광범위한 적용을 제한하기 위한 것이다.

가. 원화로 표시된 양도성 예금증서

(1) 적용 제외의 이유

"양도성 예금증서(CD: certificate of deposit)"는 제3자에게 양도 가능한 정기예금증서이다. 만기는 보통 30일 이상이며 1년이 넘는 것도 있으나 대개는 90~180일이다. 중도 해지가 불가능하며 만기일에 양도성 예금증서를 은행에 제시하면 누구나 예금인출이 가능하다.

---

7) 호주의 금융서비스개혁법은 증권(security)과 파생상품(derivatives) 외에도 "any of the following in relation to a registered scheme: (i) an interest in the scheme" 등도 금융상품(financial products)으로 취급하는 유연한 입장을 취하고 있다. Financial Services Reform Act 2001, §764A(1)(b).

양도성 예금증서는 원본손실의 위험(투자성)이 있으므로 개념상으로는 금융투자상품에 포함되지만 자본시장법은 금융투자상품에서 명시적으로 제외하고 있다(3조①1). 이는 법리적인 문제라기보다는 2009년 자본시장법 시행 이전부터 은행이 취급하던 원화 표시 양도성 예금증서를 금융투자상품으로 취급하면, 은행과 금융투자회사 간의 업무영역에 혼란이 생길 수 있음을 우려한 것이다.

(2) 외화로 표시된 양도성 예금증서

외화로 표시된 양도성 예금증서는 금융투자상품에 해당하는가? 금융투자상품에 해당한다면 은행이 외화표시 양도성 예금증서를 발행하기 위해서 별도의 투자매매업 인가를 받아야 하는가? 금융위원회는 외화표시 양도성 예금증서는 자본시장법 제3조에 따른 금융투자상품에 해당하고, 동법 제7조 제1항 3호에 따른 투자성 있는 예금계약에도 해당하기 때문에 그 발행은 투자매매업에 해당하지만, 은행은 동법 제77조 제1항에 따라 투자매매업 인가를 받은 것으로 간주되기 때문에 별도로 인가를 받을 필요가 없다고 한다.[8]

나. 관리형신탁의 수익권

"관리형신탁"은 수탁자에게 신탁재산의 처분권한이 부여되지 않고 보존행위 등 제한된 행위만이 허용되는 신탁이다. 관리형신탁의 수익권은 처분신탁이나 운용신탁에 비해 원본손실의 위험이 적고 투자자 보호의 필요성이 크지 않으므로, 자본시장법은 정책적으로 금융투자상품에서 제외하고 있다. 그 내용은 아래와 같다.

신탁법 제78조 제1항에 따른 수익증권발행신탁이 아닌 신탁으로서 다음의 어느 하나에 해당하는 신탁("관리형신탁")[9]의 수익권은 금융투자상품에서 제외된다(3조①2).

1. 위탁자(신탁계약에 따라 처분권한을 가지고 있는 수익자를 포함한다)의 지시에 따라서만 신탁재산의 처분이 이루어지는 신탁(3조①2가목)
2. 신탁계약에 따라 신탁재산에 대하여 보존행위 또는 그 신탁재산의 성질을 변경하지 아니하는 범위에서 이용·개량 행위만을 하는 신탁(나목)

관리형신탁에 해당하는지는 신탁의 구체적인 내용 등을 종합적으로 고려하여 판단한다. 금융위원회는 신탁계약, 특약 등을 종합적으로 고려하여 수탁자에게 신탁재산의 실질적 처분권한이 부여되고, 법 제3조 제1항 제2호의 관리형신탁에 해당되지 않는다면, 당해 신탁의 수익권은 자본시장법 제3조의 금융투자상품에 해당한다고 한다.[10]

---

8) 금융위 질의회신(일련번호 090128), '은행의 외화CD 발행관련'.
9) 법 제103조 제1항 제1호의 금전을 신탁받는 경우는 관리형신탁에서 제외하고(3조①2본문 괄호), 수탁자가 「신탁법」 제46조부터 제48조까지의 규정에 따라 비용상환청구권, 보수청구권 등을 행사하는 경우는 관리형신탁에 포함한다(3조①2본문 괄호, 信託46조~48조).
10) 금융위 질의회신(140031), '관리형토지신탁의 금융투자상품 해당 여부'.

다. 그 밖에 대통령령으로 정하는 금융투자상품

그 밖에 해당 금융투자상품의 특성 등을 고려하여 금융투자상품에서 제외하더라도 투자자 보호 및 건전한 거래질서를 해할 우려가 없는 것으로서 대통령령으로 정하는 금융투자상품은 제외한다(3조①3).

이에 따라 자본시장법은 상법 제340조의2 및 상법 제542조의3에 따른 주식매수선택권(stock option)을 금융투자상품에서 제외하고 있다(3조①3, 令3조③). 주식매수선택권은 회사의 창업이나 성장에 기여한 임직원에게 부여하는 인센티브의 성격을 가지는데, 이를 금융투자상품으로 보게 되면 회사가 주식매수선택권을 부여할 때 금융위원회에 증권신고서를 제출하여야 하는 등 각종 규제가 적용되어 유능한 인력을 확보하고 업무성과를 높이기 위한 주식매수선택권 제도가 제대로 작동하지 못할 우려가 있기 때문이다.

3. 일반상품거래에 대한 적용 여부

일반상품 거래에 대해서도 자본시장법이 적용되는가? 원유, 곡물을 비롯한 일반상품이 투자상품처럼 대량으로 거래되는 경우에도 이는 상거래가 진화한 형태에 불과하고, 자금의 조달과 원활한 유통을 목적으로 하는 자본거래와는 차이가 있다. 따라서 거래소 등을 통해서 대량으로 일반상품 거래가 이루어진다고 하더라도 자본시장법을 적용하여서는 아니 된다(소극설). 상거래에서 사용되는 창고증권, 화물상환증 등은 일반상품의 거래를 편리하게 하는 수단이지 이익을 얻거나 손실을 회피할 목적으로 취득하거나 처분하는 것은 아니기 때문이다. 금융위원회도 상법 제156조의 창고증권은 임치물의 소유권을 표창하는 증서로서, 실물의 소유와 동일한 효과를 갖기 때문에 이를 금융투자상품으로 보기 어렵다고 한다.[11] 물론 상품거래가 많아지고 시장의 혼란으로 정부의 개입이 필요하다면 상품거래법을 제정할 필요성은 있을 수 있다.

일반상품을 기초자산으로 하는 파생상품거래에 대해서는 당연히 자본시장법이 적용된다. 파생상품은 금융투자상품의 일종으로 규정되어 있고(3조②2), 기초자산에 농산물·축산물 등 일반상품이 포함되기 때문이다(4조⑩3).

---

11) 금융위 질의회신(2015.7.17.), '창고증권이 금융투자상품에 해당하는지 여부'.

제2절

증권

Ⅰ. 증권의 의의

"증권"이란 "내국인 또는 외국인이 발행한 금융투자상품으로서 투자자가 취득과 동시에 지급한 금전등 외에 어떠한 명목으로든지 추가로 지급의무(투자자가 기초자산에 대한 매매를 성립시킬 수 있는 권리를 행사하게 됨으로써 부담하게 되는 지급의무를 제외한다)를 부담하지 아니하는 것을 말한다"(4조①본문). 즉, 자본시장법상의 증권에 해당하려면 ① 자본시장법 제3조의 금융투자상품의 요건인 '원본손실의 가능성(투자성)' 이외에도 ② '추가지급의무를 부담하지 아니할 것'이 추가적으로 요구된다. 예를 들어, 甲이 A회사 주식 100주를 취득하기 위하여 100만원을 지급하였다면, 甲이 취득한 주식 100주를 처분하여 회수하였거나 회수할 수 있는 금전등의 총액은 100만원에 미치지 못할 수 있으므로 A회사 주식은 원본손실의 가능성이 있는 법 제3조의 금융투자상품에 해당하지만, 甲은 주주로서 유한책임을 부담하고 A회사가 파산하는 경우에도 추가지급의무를 부담하는 것은 아니므로 금융투자상품 중에서도 법 제4조의 증권에 해당한다.

자본시장법은 증권이 내포하는 권리의 법적 성질을 기준으로 채무증권, 지분증권, 수익증권, 투자계약증권, 파생결합증권, 증권예탁증권으로 구분하는데(4조②), 아래에서는 증권의 종류와 개념을 살펴본다.

Ⅱ. 채무증권

1. 의의

"채무증권(債務證券)"은 국채증권, 지방채증권, 특수채증권(법률에 의하여 직접 설립된 법인이 발행한 채권을 말한다), 사채권(상법 제469조 제2항 제3호에 따른 사채의 경우에는 제7항 제1호에 해당하는 것으로 한정한다), 기업어음증권(기업이 사업에 필요한 자금을 조달하기 위하여 발행한 약속어음으로서 '대통령령으로 정하는 요건'을 갖춘 것을 말한다), 그 밖에 이와 유사한 것으로서 '지급청구권'이 표시된 것을 말한다(4조③). 즉, 채무증권의 본질은 민법상 지급청구권이다. 아래에서는 채무증권 중에서 설명이 필요한 몇 가지를 살펴본다.

2. 지방채증권

"지방채증권"은 지방재정법 제11조에 따라 지방자치단체가 발행한 채권이며, 채무증권 중의 하나로 열거되어 있다. 지방자치단체가 발행하는 어음은 지방채증권에 해당하고 기업어음증권(CP)은 아니다. 다만, 지방자치단체가 어음을 발행할 수 있는지는 지방재정법을 담당하는 행정안전부에서 판단할 사항이다.[12]

3. 사채권

"사채권(社債券)"은 회사가 발행한 채무증권이다. 투자자가 회사에게 일정기간 동안 돈을 빌려주고, 회사는 그에 대해서 고정 또는 변동금리의 이자를 지급하는 내용이다.

상법상의 파생결합사채(商469조②3)는 사채와 파생상품의 성질을 동시에 가지므로 어떻게 취급할 것인가? 자본시장법은 상법상의 파생결합사채는 "발행과 동시에 투자자가 지급한 금전등에 대한 이자, 그 밖의 과실(果實)에 대하여만 해당 기초자산의 가격·이자율·지표·단위 또는 이를 기초로 하는 지수 등의 변동과 연계된 증권"에 한정하여 사채권으로 취급하고 있다(4조③괄호, 4조⑦1). 상법상 파생결합사채는 그 폭이 매우 넓은데, 그 지급 여부나 금액이 '투자금 원본'에 연결되는 파생결합사채는 투자금 원본과 그에 대한 이자의 지급을 속성으로 하는 자본시장법상 사채권의 개념을 넘어서기 때문이다.

4. 기업어음증권

"기업어음증권(CP)"은 일반적으로 단기자금을 조달할 목적으로 기업이 발행하는 일체의 약속어음을 가리키지만, 자본시장법상 채무증권에 포섭되는 기업어음증권은 "기업이 사업에 필요한 자금을 조달하기 위하여 발행한 약속어음으로서 기업의 위탁에 따라 지급대행을 하는 은행, 한국산업은행, 중소기업은행이 내어준 것으로서 "기업어음증권"이라는 문자가 인쇄된 어음용지를 사용하여 발행된 약속어음"(4조③괄호, 令4조)에 한정된다.

5. 그 밖에 이와 유사한 것으로서 지급청구권이 표시된 것

자본시장법은 "그 밖에 이와 유사(類似)한 것으로서 지급청구권이 표시된 것"도 채무증권에 포함시키면서(4조③), '지급청구권(支給請求權)'이 채무증권의 본질적인 요소임을 밝히고 있다. 따라서 국채, 지방채, 특수채, 회사채, 기업어음 등의 이름을 사용하는 경우에도 그 내용

---

12) 금융위 질의회신(2009.4.30.자), '자본시장법 제4조 제3항의 채무증권'.

이 지급청구권과 관계가 없다면 채무증권에 해당하지 않는다. 지급청구권은 반드시 서면에 표시될 필요는 없고 전자적 방법으로 표시되어 있는 것도 포함한다.

Ⅲ. 지분증권

1. 의의

"지분증권(持分證券)"은 주권, 신주인수권이 표시된 것, 법률에 의하여 직접 설립된 법인이 발행한 출자증권, 상법에 따른 합자회사·유한책임회사·유한회사·합자조합·익명조합의 출자지분, 그 밖에 이와 유사한 것으로서 출자지분 또는 출자지분을 취득할 권리가 표시된 것을 말한다(4조④). 자본시장법이 아닌 개별법에 근거하여 설립된 투자기구에 대한 출자지분도 특별한 사정이 없는 한 지분증권에 해당한다.[13] 다음에서는 몇 가지 문제되는 쟁점들을 살펴본다.

2. 의무전환사채

"의무전환사채(Mandatory CB)"는 사채권자가 전환청구기간 내에 주식으로의 전환청구를 하지 않을 경우 사채원리금을 포함한 사채권이 전부 소멸되는 사채를 말한다. 사채의 형태를 가지고 있어서 채무증권으로 보는 견해도 있으나, 회사가 만기에 원본을 변제할 의무가 존재하지 않고, 사실상 사채권자의 선택권이 없이 주식으로 전환되는 것에 비추면 채무증권이라기보다는 지분증권으로 보는 것이 타당하다.[14][15]

3. 신주인수권부사채

"신주인수권부사채(BW: Bond With Warrant)"는 사채발행 후 일정기간 내에 미리 약정된 가격(신주인수가격)으로 해당 사채발행회사를 상대로 일정한 수의 신주 또는 일정한 금액에 상당하는 신주의 교부를 청구할 수 있는 권리(warrant)가 부여된 사채를 말한다. 전환사채(CB: Convertible Bond)의 경우에는 전환권의 행사에 의해서 사채는 소멸되고 주식으로 전환되는데, 신주인수권부사채의 경우에는 신주인수권 행사에 의해서 사채에 부착된 신주인수권은 소멸하지만 사채 자체는 존속하는 점에서 차이가 있다. 따라서 신주인수권부사채권자가 신주인

---

13) 금융위 질의회신(2016.11.4.), '[자본시장법] 제3조에 따른 금융투자상품 관련 법령해석 요청'.

14) 법무부는 원리금 지급채무가 존재하지 않고, 전환권 행사 여부에 대한 선택권이 없다는 점을 들어 상법상 사채로는 볼 수 없다는 입장이다. 법무부 2009.7.3.자 유권해석.

15) 금융감독원은 한계기업이 의무전환사채를 상장폐지의 회피 수단으로 이용하는 것을 우려하여, 증권신고서 등 공시심사 강화를 통해 의무전환사채의 발행을 사실상 금지하고 있다. 금감원, "의무전환사채 등 변종사채 발행에 대한 공시심사 강화", 2009.7.20.자 보도자료.

수권을 행사할 때에는 신주의 인수대금은 따로 지불해야 한다.

"분리형 신주인수권부사채"는 신주인수권을 신주인수권부사채와 분리하여 유통할 수 있도록 발행된 사채를 말한다. 분리하여 유통할 수 있으므로 신주인수권만 따로 떼어 내어 거래하는 신주인수권 시장이 형성된다. 신주인수권부사채에서 분리된 신주인수권은 그 본질이 채권이라기 보다는 출자지분에 있다. 금융위원회도 회사가 분리형 신주인수권부사채를 발행한 경우에, 분리된 신주인수권은 '지분증권'의 일종인 '신주인수권이 표시된 것'(4조④)에 해당하고, 지분증권의 일종이므로 채권형펀드의 대상이 될 수 없다고 한다.[16]

"비분리형 신주인수권사채"는 신주인수권이 신주인수권부사채와 일체화되어 있어 분리하여 유통될 수 없는 사채를 말한다. 주식으로 전환될 가능성도 있어서 지분증권의 성질을 완전히 부인할 수는 없으나, 선택에 따라서는 주식으로 전환되지 않을 수도 있고, 주식으로 전환되는 조건도 다양하므로 원칙적으로는 '채무증권'에 해당한다.

4. 건물의 점유권을 표창하는 주식

"주식(stock)"은 주권, 주식회사가 발행한 출자지분에 해당하는 권리가 표시된 것으로서 가장 전형적인 지분증권이다. 그러나 주식(stock)이라는 이름을 가졌다고 하여서 언제나 증권으로 취급되는 것은 아니다. 자본시장법상 증권에 해당하기 위해서는 그 형식적인 명칭보다는 실질이 중요하기 때문이다. 미국 연방대법원은 1975년 Forman 사건[17]에서 주거를 목적으로 하는 공동주택 프로젝트에서 투자자의 지분적 권리를 나타내는 주식(stock)은 해당 주거용 건물에 대한 투자자의 지분적 이해관계와 점유할 권리를 나타내는 것에 불과하고, 증권법이 적용되는 주식(stock)은 아니라고 한다.

5. 그 밖에 이와 유사한 것으로서 출자지분이 표시된 것

자본시장법은 주권, 신주인수권이 표시된 것 등을 지분증권으로써 예시한 후에 "그 밖에 이와 유사(類似)한 것으로서 출자지분 또는 출자지분을 취득할 권리가 표시된 것"도 지분증권에 포함시키면서(4조④), '출자지분(出資持分)'이 지분증권의 본질적인 내용임을 밝히고 있다. 따라서 주권, 신주인수권, 출자지분 등의 이름을 사용해도 그 내용이 출자지분과 관계가 없다면 자본시장법상 지분증권으로 볼 수 없다. 출자지분은 반드시 서면으로 표시될 필요는 없고 전자적 방법으로 표시될 수도 있다.

---

16) 금융위 질의회신(2009.6.29.), '분리형 신주인수권부사채에서 신주인수권의 법적 성격'.

17) United Housing Foundation, Inc. v. Forman, 421 U.S. 837 (1975).

Ⅳ. 수익증권

1. 의의

"수익증권(受益證券)"은 ① 신탁업자가 발행한 수익증권(110조), ② 투자신탁을 설정한 집합투자업자의 수익증권(189조), ③ 그 밖에 이와 유사한 것으로서 신탁의 수익권이 표시된 것을 말한다(4조⑤). 신탁업자 또는 투자신탁을 설정한 집합투자업자는 투자자가 맡긴 신탁재산을 균등한 권리로 분할해 수익증권을 발행한다. 따라서 투자자가 신탁업자에게 돈을 맡기는 것은 신탁업자 또는 투자신탁을 설정한 집합투자업자가 발행하는 수익증권을 매입한다는 뜻이다. 수익증권의 단위는 좌(座)로 표시된다.

2. 신탁업자가 발행한 수익증권

자본시장법상 수익증권에는 신탁업을 영위하는 신탁업자가 발행한 수익증권(110조)이 있다. 전통적인 신탁을 가리키며 신탁구조의 3당사자는 투자자(위탁자), 신탁업자(수탁자), 수익자이다. 신탁업자는 수익증권을 발행하고, 신탁재산의 순자산가액을 수익증권 발행총수로 나누어 수익증권의 기준가격을 산출하는데 그 기준가격은 투자결과에 따라 하루 하루 달라진다. 과거에는 수익증권을 직접 사고팔았으나 거래상의 불편이 있어서 지금은 신탁업자에게 수익증권을 보관하고, 통장으로 거래하는 것으로 바뀜으로써 예금처럼 자유롭게 입출금할 수 있게 되었다.

3. 집합투자업자가 발행한 수익증권

자본시장법상 수익증권에는 집합투자업자가 신탁 형태의 집합투자기구인 투자신탁을 설정하고 그 수익권을 표시하기 위해서 이를 균등하게 분할하여 무액면 기명식으로 발생한 것이 있다(189조, 9조⑱1). 신탁구조의 3당사자는 집합투자업자(위탁자), 신탁업자(수탁자), 수익자이며, 수익자가 가지는 신탁의 수익권이 표시된 것이 수익증권이다.

이 구조는 고유한 의미의 신탁이라기보다는 집합투자업자가 신탁구조를 이용하여 마련한 집합투자계획(collective investment scheme)에 신탁업자와 투자자가 참여하는 조직계약의 속성이 강하다. 신탁업자는 집합투자업자의 운용지시를 받아서 집합투자재산을 관리하는 역할을 하고, 집합투자재산의 실질적인 운용자인 집합투자업자가 투자신탁의 수익권을 균등하게 분할하여 수익증권을 발행한다(189조①)(☞ 자세한 내용은 "제8장 제2절 Ⅰ.투자신탁" 참조).

투자신탁 수익권의 법적 성질은 예금과 비슷한 가분채권인가 아니면 주식과 비슷한 불가분채권인가? 대법원은 MMF 수익증권의 법적 성질이 논란이 된 사안에서 "자본시장법상 투자신탁의 수익권을 표시하는 수익증권은 좌수 단위로 분할 판매가 가능하고 투자자가 언제든지 환매하여 단기간 내에 환매대금을 수령할 수 있으며, 투자자들의 인식 등을 종합하면, 특별한 사정이 없는 한 상속개시와 동시에 법정상속분에 따른 수익증권의 좌수대로 공동상속인들에게 분할하여 귀속한다.”[18]고 하면서, 상속인은 자신의 법정상속분에 따라서 개별적인 청구가 가능하다는 취지로 판시하고 있다.

4. 그 밖에 이와 유사한 것으로서 신탁의 수익권이 표시된 것

자본시장법은 수익증권의 종류로서 “그 밖에 이와 유사(類似)한 것으로서 신탁의 수익권이 표시된 것”을 열거하면서(4조⑤), ‘신탁의 수익권(受益權)’이 수익증권의 본질적 내용임을 밝히고 있다. 신탁의 형태로 자산유동화 기구를 설정한 경우에 발행되는 유동화증권이 여기에 포함될 가능성이 있다. 비금전신탁계약의 수익증권이 수익증권에 포함되는지는 명확하지 않다.

Ⅴ. 투자계약증권

1. 의의

“투자계약증권(投資契約證券)”은 특정한 투자자가 그 투자자와 타인(다른 투자자를 포함한다)간의 공동사업에 금전등을 투자하고 주로 타인이 수행한 공동사업의 결과에 따른 손익을 귀속받는 계약상의 권리가 표시된 것을 말한다(4조⑥). 자본시장법상 투자계약증권은 새로운 금융상품 출현에 대비하여 마련된 추상적이고 포괄적인 개념임을 고려하면, 특정한 금융상품이 증권(투자계약증권)에 해당하는지를 판단함에 있어서는 채무증권이나 지분증권 등 전통적인 증권에 해당하는지의 여부를 먼저 살펴보고, 그에 해당하지 않으면 투자계약증권에 해당하는지 여부를 살펴볼 것이다.

2. 미국 증권법상 투자계약과의 비교

미국 증권법은 규제대상인 증권(security)의 종류를 열거하면서도 포괄적인 개념인 ‘투자계약(investment contract)’을 증권의 일종으로 규정하여 열거주의 방식을 보완하고 있다(1933년법 §2(a)(1)). 자본시장법상 투자계약증권은 미국 증권법의 투자계약을 참고하여 도입한 것이므로 미국 증권법상의 투자계약에서 논란이 된 쟁점들이 투자계약증권의 해석과 운용에 도움이 될 수 있다.

---

18) 대판 2023.12.21., 2023다221144.

가. 하우이 판결

투자계약의 개념을 다룬 대표적 사례는 Howey 판결[19]이다. 이 사건에서 피고회사(Howey)는 투자자들에게 플로리다주에 있는 오렌지밭을 분양하였는데, 대부분의 투자자들이 타 지역에 거주하였고 오렌지 농사에 경험이 없었기 때문에, 피고회사가 오렌지밭을 경작·수확·판매하고 투자자는 이익을 배분받는 내용의 관리계약(management contract)을 체결하였다. SEC는 이러한 계약은 1933년 증권법 제2조의 투자계약에 해당함에도 불구하고 증권신고서 제출 없이 자금을 공모하였다는 이유로 연방법원에 금지명령을 신청하였다.

연방대법원은 증권법상 투자계약에 해당하기 위해서는 투자자가 ① 공동사업(common enterprise)을 영위할 목적으로 ② 금전등을 투자하고(investment of money), ③ '오로지' 사업자나 제3자의 노력으로(solely from the efforts of the promoter or a third party), ④ 발생하는 투자수익을 기대하는(expectation of profit) 계약, 거래 또는 투자구조의 요건을 갖추어야 하는데, 피고회사가 농사에 경험이 없는 투자자들과 토지매매계약, 관리계약을 체결하는 방법으로 오렌지 사업에 투자하고 이익을 분배하는 행위는 위의 4가지 요건을 모두 갖춘 것으로서 투자계약에 해당하고 증권신고서 제출이 요구된다고 판단하였다. Howey 판결은 투자자에게 '무엇이 제공되는지' 보다는 '어떻게 제공되고 판매되는지'가 중요하고, 해당 사업의 실질적인 사업구조가 투자상품의 속성을 가지고 그 판매과정에서 사기적인 행위가 있다면 증권법 위반으로 처벌될 수 있음을 보여주고 있다.

① "공동사업(common enterprise)"의 판단에서는 투자자의 손익이 해당 사업에 참여하는 다른 사람들과 함께 상승 또는 하락하는지가 중요하다. 2명 이상의 투자자가 이익을 공유하는 사실은 공동사업의 뚜렷한 징표이지만, 사업자가 1인의 외부 투자자와 이익을 공유하는 경우에도 공동사업 요건을 충족하는지는 견해가 나뉘고 있다. 제5연방항소법원은 투자자의 수익이 사업자의 노력과 불가분하게 연결되어 있는 경우에는 투자자가 1인에 불과하더라도 공동사업의 요건을 충족한다고 보았으나,[20] 제9연방항소법원은 비슷한 성격을 가지는 관리상품계좌의 증권성을 부인하면서 엄격한 입장을 취하고 있다.[21]

② 투자계약으로 인정되기 위해서는 '금전 등의 투자(invest of money)'가 필요하다. 현금 외에 서비스나 현물재산의 투자도 금전 등의 투자에 해당한다. 그러나 고용계약에 이익공유 약정이 포함되어 있다는 단순한 사실만으로는 금전 등의 투자가 있었다고 보기는 어렵다.

③ 투자계약으로 인정되기 위해서는 '이익을 기대(expect profit)'하고 투자한 것이어야 한다. 비자발적, 비기여형 연금플랜처럼 부수적인 이윤의 동기가 있다는 사실만으로는 이익의

---

19) SEC v. W. J. Howey., 328 U.S. 293(1946).

20) Long v. Shultz Cattle Co., 881 F.2d 129, 140–41 (5th Cir.1989).

21) SEC v. Goldfield Deep Mines Co., 758 F.2d 459 (9th Cir. 1985).

기대 요건은 충족되지 않는다.[22] 이익의 기대는 사업 수익에 대한 기대에 한정되는 것은 아니며, 고정적인 수입 발생의 약속도 이익의 기대 요건을 충족시킬 수 있다.[23] 다만, 고정적인 수입의 모습을 가지더라도 실제로는 자금대여에 대한 이자의 성격이라면 이익의 기대 요건을 충족하기는 어려울 것이다.

　④ 투자자의 이익은 '오로지 사업자 또는 제3자 등 타인의 노력으로 인한 것(solely from the efforts of the promoter or a third party)'이어야 한다. 해당 사업의 성공을 위해서 사업자 또는 제3자의 노력이 중요하지 않거나 오히려 투자자의 노력이 중요하다면 타인의 노력 요건은 충족되기 어렵다. 그러나 타인의 노력이 본질적으로 중요하다면, 투자자가 일부 통제권을 가지고 있다는 사실만으로는 타인의 노력 요건을 배제하기는 어렵다.[24] 즉, 타인의 노력이 중요하다면, 피라미드 판매계약이나 라이센스계약처럼 해당 사업의 성공을 위해서 일정 부분 투자자의 노력이 필요하다는 사실만으로 투자계약적 성격이 부인되는 것은 아니다.[25] 이를 반영하여 상당수의 판례는 하우이 판결에서 투자계약의 요건으로 제시된 '오로지(solely)' 사업자 등 제3자의 노력을 '주로(primarily)' 또는 '실질적(substantially)'인 사업자 등 제3자의 노력으로라고 해석함으로서 타인의 노력 요건을 완화하고 있다.[26]

나. 리플

　리플랩스(Ripple Labs) 재단에 의해서 관리·운영되는 "리플"은 세계의 여러 은행들이 자금송금에 사용하는 암호화폐이며 단위는 엑스아르피(XRP)이다. 미국 증권거래위원회(SEC)는 2020년 12월 XRP는 투자계약에 해당한다고 하면서, 증권신고서의 제출없이 XRP를 발행·유통한 리플과 CEO 등을 뉴욕연방지방법원에 제소했다.

　XRP는 시장점유율 기준 상위 10위안에 항상 들었던 주요한 가상자산이었던 만큼 그 증권성 여부에 대해서 세계의 이목이 집중되었다. 법원의 재판과정에서는 하우이 판결의 요건 중에서도 ① '공동사업의 존재 여부', ② '오로지 제3자의 노력으로 인하여 발생하는 이익을 기대한 거래인지의 여부'가 핵심적인 쟁점되었는데, 뉴욕연방지방법원은 2023년 7월 13일 ⓐ기관투자자에게 판매·유통된 XRP, ⓑ일반투자자들에게 판매·유통된 XRP, ⓒ직원 및 개발자들에게 지불된 XRP로 구분하여 아래와 같이 판단했다.[27]

---

22) International Brotherhood of Teamsters v. Daniel, 439 U.S. 551 (1979).

23) A promise of a fixed income stream may can satisfy the profit requirement. SEC v. Edwards, 540 U.S. 389 (2004).

24) SEC v. Unique Financial Concepts, 196 F.3d 1195, 1201-1202 (11th Cir. 1999).

25) Thomas Lee Hazen, Securities Regulation, p.33.

26) 자본시장법 제4조 제6항의 투자계약증권에서는 Howey 판결에서와 같은 오로지(solely)라는 문구가 없는데, 이는 투자자가 사업수행에 이느 정도 참여하는 경우도 투자계약증권에 포함될 수 있다는 뜻이다.

27) SEC v. Ripple Labs, Inc. et. al., No. 1:2020cv10832 − Document 103 (S.D.N.Y. 2021). <https://www.nysd.uscourts.gov>.

(1) 기관투자자에게 판매된 XRP

뉴욕연방지방법원은 기관투자자들에게 판매·유통된 XRP에 대해서는 공동사업, 제3자의 노력으로 인하여 발생하는 이익을 기대하는 거래의 요건 등을 충족하였다고 보아서 증권성을 인정하였다.

① "공동사업의 존재"는 투자자들의 투자가 전체적인 사업의 성과와 긴밀하게 연결될 때 인정되는데, 리플은 기관투자자들로부터 받은 투자금을 자신이 관리하는 은행 계좌로 모은 후에 XRP 사업자금으로 사용한 사실이 인정될 뿐만 아니라, 기관투자자들은 투자의 대가로 받은 XRP의 가치가 오르면 투자금 비율에 따라 이익을 얻는 바, 이에 비추면 리플과 기관투자자들 간에는 공동사업이 존재한다고 보았다.

② XRP가 투자계약으로 인정되기 위해서는 "오로지 제3자의 노력으로 인하여 발생하는 이익을 기대하는 거래"이어야 하는 데, XRP의 가치는 리플이 개발한 생태계에 대한 수요와 비례하도록 설계되었고, 합리적인 투자자라면 리플이 투자금을 이용해서 리플 생태계를 확장시킬 것을 기대하고 투자하였을 것이라고 보았다. 나아가 리플은 리플 생태계가 활성화될수록 XRP에 대한 수요도 증가할 것이라고 홍보하였을 뿐만 아니라, XRP를 판매·유통할 때 의무보호예수, 재매매 제한, 면책조항 등이 포함된 계약을 체결하였는 바, 이는 투자계약에서 나타나는 전형적인 조항임에 비추면, 리플과 기관투자자들은 XRP를 단순한 일반상품 또는 화폐로 간주하기 보다는 리플의 노력에 의해서 사업의 수익이 발생하는 투자상품으로 보았다고 판단하였다.

(2) 일반투자자를 대상으로 거래소에서 판매·유통된 XRP

법원은 기관투자자들에 대한 XRP의 판매·유통과는 달리, 일반투자자를 대상으로 가상자산 거래소에서 판매·유통된 XRP에 대해서는 투자계약성을 부인하였다.

법원은 "오로지 제3자의 노력으로 인하여 발생하는 이익을 기대하는 거래"인지의 여부는 이익을 기대하고 거래한 것이라는 투자자들의 주관적인 목적보다는 사업자와 투자자들 간에 연결되는 객관적인 정황을 살펴보아야 한다고 하면서, ① 가상자산 거래소에서 XRP를 판매·유통한 거래 구조는 판매자와 구매자가 누구인지 모르는 '블라인드 거래'로서, 투자자로서는 XRP 구매대금이 실제로 리플에게 전달되었는지 알 수 없었고, ② 가상자산 거래소를 통해서 XRP가 판매·유통된 물량은 전 세계 판매·유통량의 1%밖에 되지 않았기에 리플이 관여할 소지가 적었으며, ③ 기관투자자와는 달리, 일반투자자와는 의무보호예수, 재매매 제한, 면책조항 등이 포함된 계약을 체결한 적이 없었고, ④ 기관투자자에게 홍보했던 XRP 사업계획 자료가 일반투자자들에게는 전달되지 않았을 뿐만 아니라 일반투자자들이 기관투자자들에 상응하는 수준으로 그 자료들을 이해하고 공동사업으로 인한 수익을 기대하였다는 증거도 없다고 보았다. 따라서 일반투자자가 가상자산 거래소에서 XRP를 구매하는 행위는

'리플의 노력으로 인하여 발생하는 이익을 기대하고 거래한 것'으로 보기는 어렵다고 보고 투자계약성을 인정하지 않았다.

(3) 직원 등에게 지불된 XRP

SEC는 직원 및 개발자 등이 지급받은 XRP는 서비스 제공 등에 대한 대가로 부여받은 것으로서 투자계약증권에 해당한다고 주장하였으나, 법원은 리플이 직원 및 개발자 등으로부터 금전의 투자를 받고서 XRP를 지급하였다고 보기는 어렵다고 하면서 투자계약성을 인정하지 아니하였다.

(4) 시사점

위의 사례에서 알 수 있는 것처럼, 주식이나 채권에 해당하면 그것만으로서 증권성이 인정되는 전통적인 증권과는 달리, 인터넷 네트워크상에서 발행·유통되는 토큰이 투자계약증권에 해당하는지는 누구에게 발행되는지, 발행과 유통의 목적, 주고받는 대가가 무엇인지, 공동사업에 대한 투자자의 인식, 토큰이 유통되는 생태계의 설계방식 등에 따라 달라질 수 있다는 사실을 알 수 있다. 이는 토큰을 비롯한 가상자산이 기반하는 분산장부기술과 탈중앙화의 속성, 스마트계약과 컴퓨터 프로그램 등을 이용하여 다양하게 설계되는 전자적 증표로서의 속성 때문인데, 거래상대방에 따라서 투자계약성의 여부를 달리 판단한 뉴욕지방법원의 판결이 낯설기는 하지만, 기술의 발전에 따라 다양하게 나타나는 전자적 증표의 속성에 비추면, 우리나라에서도 뉴욕연방지방법원에서와 같은 판단이 이루어질 가능성이 있다고 본다. 장기적으로는 규제의 차익을 방지할 수 있도록 제도를 정비하여야 할 것이다(☞ 자세한 내용은 제13장 암호기술의 이해와 가상자산이용자보호법 참조).

다. 근로자 연금

Howey 판결에서 제시된 기준에 의하면 근로자 연금도 증권으로 취급될 가능성을 배제할 수 없다. 제10 연방항소법원은 근로자가 자발적으로 회사의 스톡옵션 플랜에 가입하여 정기적으로 일정한 금액을 납입하면서 주식을 취득하였다면 그로 인한 이익을 포함하여 수령하는 퇴직연금은 투자상품의 성격을 가진 증권에 해당한다고 보았다.[28] 그러나 연방대법원은 퇴직연금이라고 하더라도 강제적으로 가입하는 비기여형인 근로자 연금은 증권에 해당하지 않는다고 한다.[29] 퇴직연금의 대부분이 고용주의 자금 지원에서 유래하고, 강제로 가입하는 것으로써 이익이 발생하더라도 투자계약으로 보기는 어렵다고 본 것이다.

---

28) Uselton v. Commercial Lovelace Motor Freight, Inc., 940 F.2d 564 (10th Cir. 1991), 상고기각, 502 U.S. 983 (1991).
29) International Brotherhood of Teamsters v. Daniel, 439 U.S. 551 (1979).

라. 변액연금계약

투자의 성과에 따라서 연금의 지급규모나 방식이 결정되는 변액연금계약(variable annuity contract)은 투자계약에 해당할 가능성이 있다.[30] 그러나 연금액수나 지급시기가 확정되어 있는 확정형 연금(fixed annuities)은 투자계약으로 보기 어렵고 증권으로 등록할 필요가 없다.[31]

마. 상품관리계좌

투자자가 금을 구입하고 그 관리를 금융회사에 맡기는 상품관리계좌(managed commodities accounts)는 투자계약에 해당하는가? 핵심적인 쟁점은 공동사업이 존재 여부이다. 만일 해당 상품관리계약의 내용이 맡겨진 금의 '관리와 판매로 인한 투자수익'보다는 금의 '보관과 반환'에 중점이 있다면, 투자자는 마케팅 등 금융회사의 사업노력으로 인한 수익보다는 시장가격 상승에 따른 수익을 기대하는 것이고 투자계약에서 요구되는 공동사업의 요건을 충족하기 어렵기 때문이다.[32] 즉, 상품을 관리하는 금융회사가 투자자를 위하여 제공하는 시장관리 및 판매 노력이 커질수록 상품관리계약에 의한 금투자는 증권(투자계약)으로 취급될 가능성이 높아질 것이나,[33] 단순히 금의 보관과 가격상승에 의한 차익을 노리는 것이라면 증권으로 취급될 가능성은 낮아진다.

바. 부동산 수익

아파트를 임대하고 매월 수령하는 임차료 수익 등 부동산에서 발생하는 수익은 증권으로 보기는 어렵지만, 투자계약의 징후를 가지는 경우에는 증권으로 취급될 가능성을 배제할 수 없다. 예를 들어, A가 투자자들에게 특정한 상업용 빌딩의 지분을 판매하면서 그 수익을 해당 빌딩의 운용과 연결하여 지급한다면 일종의 공동사업에 해당하고 해당 상업용 빌딩의 지분 판매는 증권으로 간주될 수 있다. 마찬가지로 시간 공유를 통해서 부동산에 대한 사용권을 판매하는 상품도 투자계약에 해당할 가능성이 있다.[34] 이 경우에 부동산 수익의 증권성 여부를 판단함에서는 해당 부동산에 대한 투자 이익과 실제 주거의 이익 중에 어느 것이 본질적인지가 중요하다. 미국 연방대법원은 1975년 Forman 사건[35]에서 실제 주거를 목적으로 하는 공동주택 프로젝트의 주식 지분은 증권에 해당하지 않는다고 보았다. 비록 주식(stock)이라는 이름을 사용하더라도 주식회사의 지분을 가리키는 것이 아니고 공유지분의 표시방식에 불과하다고 보았기 때문이다.

30) SEC v. Variable Annuity Life Insurance Co., 359 U.S. 65 (1959).
31) Allen v. Lloyd's of London, 94 F.3d 923 (4th Cir. 1996).
32) Thomas Lee Hazen, Securities Regulation, p.35.
33) SEC v. International Mining Exchange, Inc., 515 F.Supp. 1062 (D. Colo. 1981).
34) Thomas Lee Hazen, Securities Regulation, p.36-37.
35) United Housing Foundation, Inc. v. Forman, 421 U.S. 837(1975).

사. 프랜차이즈 계약, 특약점 계약 등

프랜차이즈, 특약점, 판매점 계약 등의 사업방식은 일반적으로 증권이 아니다. 이러한 사업형태에서는 가맹본부나 제조업자의 노력보다는 가맹상(franchisee) 또는 유통업자의 노력이 해당 사업의 성공 여부에 중요한 영향을 미치기 때문이다. 그러나 프랜차이즈 계약의 모습을 가지고 있으나, 실질적으로 사업자의 노력이 해당 투자의 성공에 중요한 영향을 미치는 경우라면 투자계약으로 취급될 수 있다.[36] 즉, 수동적인 투자라면 프랜차이즈의 모습을 가졌다는 사실만으로는 증권법의 적용이 배제되지 않는다.

3. 자본시장법상 투자계약증권성이 문제되는 사례

최근에는 우리나라에서도 투자계약증권의 여부가 문제되는 사례가 발생하고 있다. 아래에서는 논란이 되고 있는 사례들을 살펴본다.

가. 분양형 호텔

분양형 호텔(수익형 호텔) 사업은 시행사가 특정한 호텔의 객실을 한 호씩 분리하여 분양하고, 위탁 운영회사가 호텔을 운영해 발생한 수익을 시행사, 운영사, 수분양자 등이 나눠 갖는 사업이다. 수분양자는 은퇴를 앞둔 개인들이 많은데, 시행사와 호텔 객실의 분양 계약을 체결하고, 분양받은 객실에 대해서는 운영사와 위탁 운영 계약을 체결한다. 그런데 대부분은 시행사가 일방적으로 운영사를 지정하기 때문에, 수분양자는 운영사의 능력을 확인할 기회를 갖지 못하고, 초보적인 운영사의 미숙한 운영 능력으로 수익이 나지 않는 경우가 많다. '고율의 수익률을 보장한다'거나 '유명 호텔이 직접 운영한다'고 광고하지만 과장된 내용이 많고, 기망 행위를 입증하기가 쉽지가 않아서 사기죄로 처벌하기도 어렵다.

다양한 형태의 사업 모델이 생기고 있으나 과장되거나 왜곡된 광고에 유인되어 피해를 입는 투자자들이 생기고 있는데, 부동산 수익에 대한 사업 구조가 투자계약의 징후를 가지는 경우에는 '공동사업에 대한 투자계약'으로 보아서 증권신고서의 제출을 요구하는 방안을 검토할 필요가 있다. 부동산 수익이 증권에 해당하는지는 해당 부동산에 대한 투자이익과 실제 주거의 이익 중에서 어느 것이 본질적인지가 중요한데, 분양형 호텔 사업은 호텔 운영에서 발생하는 수익에 대한 기대가 본질적일뿐만 아니라, 자본시장법상 투자계약증권의 ① 호텔의 운영에서 발생하는 수익을 얻기 위한 '공동사업'에 ② 호텔 운영으로 생기는 '이익을 기대'하면서 ③ 자발적으로 '금전 등'을 투자하는 행위로서 ④ '주로 타인이 수행한 공동사업의 결과에 따른 손익'을 귀속받는다는 요건을 모두 충족한다.

정부는 부동산 수익에 대한 투자 등 사기적인 투자행위가 다양한 형태로 나타날 수 있음

---

36) SEC v. Glenn W. Turner Enterprises, Inc., 474 F.2d 476(9th Cir. 1973).

을 항상 염두에 두어야 하고, 전통적인 의미의 증권이나 파생상품에 한정하지 않고 자본시장법의 적용 가능성을 열어두어야 한다.

나. 뮤직카우

뮤직카우(주)와 그 자회사인 뮤직카우에셋(주)(이하 '에셋')은 역할을 분담하여, 에셋은 창작자로부터 저작권을 매입하여 저작권협회에 신탁하고 저작권 사용료를 받을 수익권을 취득한 후 동 수익권을 기초로 '저작권료참여권'을 발행하여 이를 뮤직카우에 설정·부여하였다. 그리고 뮤직카우는 '저작권료참여권'에 따라 에셋으로부터 지급받을 저작권료를 분배받을 권리인 '저작권료 참여청구권'[37]을 발행(경매방식)하여 투자자에게 분할·매각하였다. 한편 뮤직카우는 거래 플랫폼을 설치하고, 투자자는 발행(옥션)시장이나 유통(마켓)시장에서 취득한 "청구권"으로부터 저작권료를 배분받거나, 유통시장에서 "청구권"을 처분하여 차익을 수취할 수 있도록 하였다.

증선위는 뮤직카우의 저작권료 청구권 사업에 대해서 증권신고서의 제출 여부가 논란이 되자, 뮤직카우의 사업구조는 ① 동일한 청구권 보유 투자자들은 저작권료 수입, 청구권 가격변동 손익을 동일하게 향유하는 바, 이는 자본시장법 제4조 제6항 투자계약증권의 '공동사업'의 요건을 충족하고, ② 저작권료 청구권 사업은 기존에 존재하지 않던 시장을 뮤직카우가 새로이 창설한 것으로 저작권 투자·운용·관리, 정산·분배, 유통시장 운영 등 일체의 업무를 뮤직카우가 전적으로 수행하고 뮤직카우의 사업이 없이는 투자수익의 획득이 불가하며, 투자자는 뮤직카우를 통하지 않고 저작권료 수령이 불가하므로 '주로 타인이 수행한 공동사업의 결과에 따른 손익을 귀속받는' 요건도 충족하며, ③ 투자자들은 특정한 곡의 이용보다는 저작권료 수입 또는 매매차익을 목적으로 '청구권'을 매수하고 회사도 광고 등을 통해 투자자에게 이익에 대한 기대를 부여하므로 금융투자상품에 일반적으로 요구되는 '수익의 기대 또는 이익획득 목적'도 충족하였다고 보았다.[38]

뮤직카우가 채택한 사업구조의 법적 성격이 투자계약증권에 해당하는지는 논란이 있었지만 투자자 보호의 필요성에 대해서는 공감대가 형성되었다. 그러나 뮤직카우의 사업구조는 자본시장법 제정 당시에는 상정하기 어려웠기에, 증선위는 투자자 보호 조치의 마련을 조건으로 제재조치를 유예하였고, 그 조건 이행이 확인되어 증권신고서 미제출 등에 대한 제재가 면제되었다.

다. 한우 조각투자

스탁키퍼(주)는 송아지의 공유지분(소유권)과 함께 사육·매각·손익배분을 전적으로 수행

---

37) 감독당국은 "저작권료 참여권"과 "저작권료 참여청구권"의 법적 성격을 투자가 뮤직카우가 수령한 저작권료에 참여하거나 지급 등을 청구할 수 있는 '채권적 청구권'으로 보았다.

38) 금융위원회, "저작권료 참여청구권의 증권성 여부 판단 및 뮤직카우에 대한 조치", 보도자료(2022.4.20).

하는 서비스 계약을 결합하여 투자자에게 판매하였다. 뮤직카우의 사업과는 달리, 한우 조각투자 사업구조는 미국 하우이 사건에서의 오렌지농사처럼, 사육농가의 적극적인 사업이 존재하는 바 상대적으로 증권성이 손쉽게 인정될 수 있다.[39) 증선위도 자본시장법상 투자계약증권에 해당한다고 보았다.[40)

라. 미술품 조각투자

테사(주), 서울옥션블루(주), 투게더아트(주), 열매컴퍼니(주)는 미술품의 공유지분(소유권)과 함께 미술품을 보관·관리·매각·손익배분을 전적으로 수행하는 서비스 계약을 결합하여 투자자에게 판매하였다. 증선위는 자본시장법상 투자계약증권에 해당된다고 판단하였으나, 다른 조각투자에 비해 투자자들의 공동소유권이 투자자에게 보다 밀착되어 있고, 투자대상의 가치 상승을 위한 사업자의 노력 내지 사업성이 현저히 결여되어 있다는 이유에서 증권성을 인정하기 어렵다는 견해[41)도 있다.

마. 테라·루나

테라·루나는 알고리즘에 기반하는 스테이블코인이며, '1테라(UST) = 1달러'의 가치를 유지하기 위해서 테라·루나 생태계의 조성, 루나 채굴자에 대한 보상, 앵커 프로토콜(Anchor protocol)[42)의 가동 등을 약속한다. 테라의 가치는 알고리즘을 이용해서 미국 달러, 한국의 원화 등 각국의 법정화폐와 1:1로 고정된다(이른바 '페깅'). 예를 들어, 1테라의 가격이 0.9달러로 하락하면 시스템은 1달러 상당의 루나를 발행하여 1테라를 소지한 甲에게 지급하고, 甲은 1테라를 건네주고 그 대신 1루나를 시장에서 매각하여 0.1 달러 상당의 차익을 실현할 수 있다. 시스템은 받은 1테라를 소각하여 테라의 유통량을 줄이고 1테라의 가격이 1달러가 될 때까지 이 과정은 반복된다. 반면에 1테라의 가격이 1.1달러로 상승하면, 1루나를 소지한 乙은 1루나를 건네주고 받은 1테라를 시장에서 1.1달러에 매각하여 차익을 실현하고, 시스템은 1테라의 가격이 1달러가 될 때까지 테라의 유통량을 늘리게 된다.

위와 같은 테라·루나의 사업구조가 자본시장법상 '투자계약증권'에 해당하는지가 논란이 될 수 있다. 먼저 '루나'가 투자계약증권에 해당하는지를 살펴본다. 투자계약증권에 해당하려면 ① 금전등의 투자가 필요한데, 법정화폐든 가상자산이든 루나를 취득하기 위해서 금전등의 대가를 지급하였다는 사실을 인정하기에는 어려움이 없다. ② '공동의 사업'이 인정되기 위하여는 투자자들이 손익을 부담하거나, 공동사업에 따라 발생한 손익을 동일하게

---

39) 성희활, "조각투자의 증권성에 대한 연구,"「경제법연구」제21권 3호(한국경제법학회, 2022), 50면.

40) 금융위원회·금융감독원, "조각투자 시장의 규율을 지속적으로 확립해 나가겠습니다. – ㈜뮤직카우 제재면제 의결 및 한우·미술품 조각투자의 증권성 판단", 보도자료, 2022.11.29.

41) 성희활, 위의 논문, 50면.

42) 루나를 담보로 한 테라(UST) 대출, 테라(UST) 예치 시 연 20%에 가까운 이자 지급의 약속을 말한다. 테라 플랫폼 위에 올라가는 별개의 프로젝트로 볼 수도 있다.

향유하는 등 적어도 수평적 공동성이 인정되어야 할 것이나, 루나를 보유하는 것만으로는 투자자에게 어떠한 손익도 귀속되지 않으므로 공동사업에 따른 손익을 공동으로 향유하는 관계에 있는 것으로는 보기는 어렵다고 보인다. 스테이킹 보상은 루나 보유자가 21일 간의 인출지연이라는 불이익을 감수하고 네트워크에 유동성을 공급하는 등의 기여를 한 경우 그에 대한 대가로서 지급되는 것으로서, 이는 공동의 사업에 따른 손익의 분배라기 보다는 유동성을 공급하고 이에 대한 일종의 수수료를 받는 관계에 가깝다. ③ 한편, 투자계약증권으로 인정되려면 '오로지 사업자 또는 제3자 등 타인의 노력으로 인하여 발생하는 이익을 기대하고 거래'하였어야 하는데, 루나 생태계에서는 오히려 루나 예치인들이 일정한 역할을 하고, 최종적인 의사결정 및 집행은 별도의 프로토콜(규약)에 따르는 점에서 사업을 수행하는 특정한 주체가 있다고 보기는 어렵다. 특히 루나 생태계는 탈중앙화 분산앱(DApp) 운영자, 테라 이용자, 루나 예치자 등의 적극적인 활동에 좌우되는 것으로서, 이러한 탈중앙화 플랫폼의 본질적인 특성상 "사업에 지대한 영향을 미치는 타인"을 상정하기 어려운 측면이 있다. ④ 공동사업의 결과에 따른 '이익의 기대'는 존재할 수 있지만, 투자자와 발행주체 사이에는 사업의 성과에 따른 손익을 투자자들에게 귀속시키는 어떠한 약정도 존재하지 않는다. 투자자는 거래소 등에서 다른 사람에게 루나를 매도할 수 있겠으나 이는 간접적이고 우회적인 방식으로 차익을 실현하는 전매행위에 불과하여 이를 발행자와 투자자 사이 손익 귀속에 관한 약정이 존재하는 것과 동일하게 취급할 수는 없다. 따라서 루나는 투자계약증권으로 평가하기는 어렵다고 본다.[43)]

테라가 투자계약증권에 해당하는지 살펴본다. 테라는 알고리즘에 의해서 '1테라(UST) = 1달러'의 일정한 가치를 유지되도록 설계되었고, 또 일정하게 유지되리라는 기대 하에 거래되었던 점에서, 금융투자상품의 일반적인 전제조건으로서 "이익을 얻거나 손실을 회피할 목적" 자체가 있는지가 논란이 될 수 있다. 설령 테라가 금융투자상품에 해당한다고 하더라도 위의 루나에 대한 분석에서 살펴본 것처럼, 공동의 사업을 인정하기 어렵고, 이익을 얻기 위해서 사업을 수행하는 특정한 사업가나 제3자를 인정하기도 어려운 바 투자계약증권으로 평가하기는 어려울 것이다.[44)]

바. 위믹스

위믹스는 위메이드(주)가 P2E 게임의 생태계를 하나로 잇겠다는 목표 하에 개발한 암호화폐이다. 가령 A게임에 ⓐ라는 게임화폐가 있고, B게임에는 ⓑ라는 게임화폐가 있다면, ⓐ와 ⓑ를 거래소에서 거래되는 암호화폐인 위믹스로 바꿀 수 있는 생태계를 구축함으로써 게

---

43) 이중기, "지급결제수단인 스테이블코인의 증권성 여부: 루나, 테라를 중심으로," 「홍익법학」 제24권 제1호 (홍익대 법학연구소, 2023), 102면.
44) 이중기, 앞의 논문, 104면.

임화폐를 실제 현금으로 환전할 수 있도록 한다. 위메이드는 약 10억 개의 위믹스를 발행할 예정이며 이 중 74%는 생태계 물량, 9%는 개발자 물량, 10%는 개인 물량, 7%은 마케팅용 물량이다.

위믹스는 자본시장법상 투자계약증권에 해당하는가? 하우이 기준을 적용해서 살펴보면, ① 먼저 '공동사업'에 해당하는지는 투자자의 손익이 해당 사업에 참여하는 다른 사람들과 함께 상승 또는 하락하는지가 중요한데, 위믹스 구매자들이 투자한 돈은 ICO를 진행한 위메이드에 흘러 들어갔고, 투자자들의 손익은 코인 사업자(위메이드)와 대체로 함께 상승 또는 하락하므로 공동사업 요건은 충족한다고 볼 수 있다. ② 투자계약증권으로 인정되기 위해서는 '금전 등의 투자'가 필요한데, 구매자들은 현금 또는 다른 가상자산으로 위믹스 코인을 구매했으므로 금전 등의 투자 요건을 충족하는 데에는 무리가 없다. ③ 투자계약증권으로 인정되기 위해서는 '이익을 기대'하고 투자한 것이어야 하는데, 사업 수익에 대한 기대에 한정되는 것은 아니며, 위믹스 코인의 가격 상승도 이익의 기대라고 할 수 있다. ④ 투자계약증권으로 인정되려면 투자자의 이익은 '주로 타인이 수행한 공동사업의 결과에 따른 손익을 귀속받는 것'이어야 하는데 이 요건이 까다롭다.

위믹스 원장이 오픈소스로 완전히 분산되어 있고 시장에서 수많은 거래가 이루어지고 있어서 사업자 등의 노력이 아니라 시장에서 위믹스의 가격이 결정된다면 증권성을 부정할 수도 있다. 즉, 수익을 획득함에 있어서 시장 예측 등 본질적으로 투자자의 투자판단이 중요하다면 타인의 노력 요건은 충족되기 어렵다. 그러나 위믹스 가격의 상승을 비롯한 투자수익의 창출에 있어서 사업자 등의 노력이 본질적으로 중요하다면, 투자자가 일부 통제권을 가지고 있다는 사실만으로는 타인의 노력 요건을 부인하기는 어렵다. 위믹스의 사업구조에서 투자자들의 수익은 투자자의 노력보다는 개발회사 등 타인의 노력에서 나온다. 위믹스 3.0을 토대로 자체 메인넷을 도입하게 되면 더 이상 회사가 시세를 결정하지 못할 것이라는 주장이 있으나, 현재 위믹스 코인의 대부분을 회사가 소유하는 상황에서 탈중앙화된 거버넌스는 아니란 점은 분명한 사실이다. 따라서 위믹스의 경우에는 증권성이 인정될 가능성을 배제할 수는 없다고 본다.

4. 집합투자규제와의 관계

자본시장법상 "집합투자"란 2인 이상에게 투자권유를 하여 모은 금전등 또는 국가재정법 제81조에 따른 여유자금을 투자자 또는 각 기금관리주체로부터 일상적인 운용지시를 받지 아니하면서 재산적 가치가 있는 투자대상자산을 취득·처분, 그 밖의 방법으로 운용하고 그 결과를 투자자 또는 각 기금관리주체에게 배분하여 귀속시키는 것을 말하는데(6조⑤), 그 개념에서 알 수 있듯이 투자계약증권과 집합투자는 ① 다수인으로부터 모은 금전등을 공동의

사업(투자계약증권)이나 재산의 취득·처분 등(집합투자)에 투자하고, ② 공동사업에 따른 손익을 투자자에게 귀속하거나(투자계약증권) 또는 재산을 취득·처분으로 운용한 결과를 투자자에게 배분하여 귀속시키는(집합투자) 점에서 매우 유사하다.

특정한 계약이 투자계약증권과 집합투자증권에 모두 해당하는 경우에는 먼저 집합투자 규제를 적용하고 보충적으로 투자계약증권에 해당하는지를 판단할 것이다. 집합투자제도는 다수의 투자자로부터 모은 금전등의 투자와 운용을 규제하며, 투자자 보호를 위하여 집합투자기구의 설정부터 판매나 회수에 이르기까지 강력한 규제가 실시되고 있기 때문이다. 반면에 투자계약증권은 열거적 증권규제의 한계를 보완하기 위하여 도입한 개념으로서 증권발행 단계에서의 규제를 위주로 하는 것이므로 보충적으로 적용할 필요가 있다.

VI. 파생결합증권

1. 의의

"파생결합증권(derivative linked securities)"은 기초자산의 가격·이자율·지표·단위 또는 이를 기초로 하는 지수 등의 변동과 연계하여 미리 정하여진 방법에 따라 지급하거나 회수하는 금전등이 결정되는 권리가 표시된 것을 말한다(4조⑦본문). 기초자산으로는 증권 및 파생상품의 가격부터 환율·원유·농축산물 등 일반상품, 신용위험 등이 있으며, 적정한 방식으로 가격이나 수치를 산정할 수 있다면 날씨 등 자연환경도 기초자산이 될 수 있다.

2. 파생결합증권에서 제외되는 상품

자본시장법상 기초자산의 범위는 매우 넓기 때문에(4조⑩) 파생결합증권은 지나치게 확장될 수 있다. 이를 반영하여 자본시장법은 다음 각 호의 어느 하나에 해당하는 경우에는 파생결합증권에서 제외하고 있다(4조⑦단서).

가. 이자, 과실(果實) 등 연계 증권

발행과 동시에 투자자가 지급한 금전등에 대한 이자, 그 밖의 과실(果實)에 대하여만 해당 기초자산의 가격·이자율·지표·단위 또는 이를 기초로 하는 지수 등의 변동과 연계된 증권은 파생결합증권에서 제외한다(4조⑦1). 즉, 파생결합증권의 형태를 가지더라도 기초자산의 가격 변동으로 인한 효과가 투자금에 대한 이자나 그 밖의 과실에만 연계되는 경우에는 원금 손실의 위험이 거의 없으므로 파생결합증권으로 엄격하게 규제하기 보다는 채무증권(사채권)으로 규제한다(4조③괄호). 예를 들어, A증권회사가 미국 국채에 투자하되 국채에서 발생하는 이자를 가지고 원-달러 환율의 변동과 연계하여 투자하는 S금융상품을 개발하여 판매하는 경우에, 만일 甲이 1억원을 투자하여 S금융상품을 매수하였으나 원-달러 환율이 예측과 달리 움직여서 손실을 입게 되었어도 그 손실은 미국 국채에서 발생하는 이자에 한정되고 만기 시에는 원금 1억원은 돌려받을 수 있으므로 파생결합증권이 아니라 채무증권(사채권)으로 규제된다.

나. 옵션

자본시장법은 "법 제5조 제1항 제2호에 따른 계약상의 권리(제5조 제1항 각 호 외의 부분 단서에서 정하는 금융투자상품은 제외한다)"는 파생결합증권에서 제외하고 있다(4조⑦2). 옵션과 파생결합증권은 유사한 구조로 인해서 자본시장법 시행 당시부터 그 관계에 대해서 논란이 있었는데, 자본시장법은 옵션(option)을 파생결합증권에서 명시적으로 제외하는 방법을 선택하였다(4조⑦2). 다만, 옵션의 형태를 가지더라도 해당 금융투자상품의 유통가능성, 계약당사자, 발행사유 등을 고려하여 증권으로 규제하는 것이 타당한 것으로서 '대통령령으로 정하는 금융투자상품'은 그러하지 아니하다(4조⑦2괄호, 5조①각호 외의 부분 단서, ☞ 자세한 내용은 "제2장 제3절 파생상품" 참조).

다. 자본시장법상 조건부자본증권

해당 사채의 발행 당시 객관적이고 합리적인 기준에 따라 미리 정하는 사유가 발생하는 경우 주식으로 전환되거나 그 사채의 상환과 이자지급 의무가 감면된다는 조건이 붙은 것으로서 법 제165조의11(조건부자본증권의 발행 등) 제1항에 따라 주권상장법인이 발행하는 사채는 파생결합증권에서 제외한다(4조⑦3). 즉, 조건부자본증권은 그 구조가 파생결합증권과 비슷한데 자본시장법은 중복규제를 우려하여 파생결합증권에서 제외하고 있다(☞ 자세한 내용은 "제9장 제2절 Ⅵ. 조건부자본증권의 발행 등" 참조).

라. 은행법, 금융지주회사법상 조건부자본증권 등

은행법상 상각형 조건부자본증권, 은행주식 전환형 조건부자본증권 및 은행지주회사주식 전환형 조건부자본증권은 파생결합증권에서 제외한다(4조⑦3의2). 2016년 3월 은행법이 개정되면서 은행은 금융채의 일종으로 ① 상각형 조건부자본증권, ② 은행주식 전환형 조건부자본증권을 발행할 수 있고, 비상장은행은 ③ 은행지주회사주식 전환형 조건부자본증권을 발행할 수 있게 되었는데(銀行33조①2호~4호) 자본시장법상 규제와 중복되는 측면이 있어서 파생결합증권에서 제외하였다. 상각형 조건부자본증권 등의 발행에 관하여는 자본시장법상 조건부자본증권 발행절차를 준용한다(銀行33조의2).

같은 이유로 금융지주회사법상 상각형 조건부자본증권 또는 전환형 조건부자본증권 또한 자본시장법상 파생결합증권에서 제외되어 있다(4조⑦3의3).

마. 교환사채, 전환사채, 신주인수권부사채 등

상법상 교환사채(商469조②2), 전환사채(商513조), 신주인수권부사채(商516조의2)는 파생결합증권에서 제외한다(4조⑦4). 이러한 사채는 주식회사가 사채를 발행하면서 그 자금조달을 수월하게 하기 위하여 주식으로 교환 또는 전환하거나, 신주를 인수할 수 있는 권리를 부착하는 것이지, 처음부터 기초자산의 지수 등의 변동과 연계하여 미리 정하여진 방법에 따라 지급 여부나 금액을 결정하는 파생결합증권과는 차이가 있기 때문이다. 다만, 교환사채, 전환사채, 신주인수권부사채의 모습을 가지더라도 교환권, 전환권, 신주인수권이 차지하는 비중이 사채의 비중보다도 오히려 큰 경우에는 그 실질적인 내용이 파생결합증권에 가까워질 수밖에 없는데, 구체적인 경우에는 해당 사채나 증권의 실질을 보고서 결정할 수밖에 없을 것이다.

바. 신주인수권증서 등 그 밖에 대통령령으로 정하는 금융투자상품

그 밖에 위에서 살펴본 금융투자상품과 유사한 것으로서, 상법상 신주인수권증서(商420조의2) 및 신주인수권증권(商516조의5)을 비롯한 대통령령으로 정하는 금융투자상품은 파생결합증권에서 제외한다(4조⑦5, 令4조의2). 상법상 신주인수권증서와 신주인수권증권은 주식인 지분증권의 성격을 가지면서 동시에 특정한 기초자산의 지수 변동과도 연결되는 파생결합증권의 속성을 함께 가지는데, 파생결합증권에서 명시적으로 제외함으로써(令4조의2, 4조의3 2호) 지분증권으로 분류됨을 명확하게 하였다.

3. 가상자산의 파생결합증권성

특정한 가상자산이 증권이나 파생상품에 해당하는지는 그 내용과 기능, 사용처 등을 살펴보고 개별적으로 판단할 것이지만, 그 내용이 특정한 기초자산의 가격 또는 지수 등의 변동과 연계하여 미리 정하여진 방법에 따라 그 지급하거나 회수하는 금전등이 결정되는 권리를 표시하는 것이라면 파생결합증권에 해당한다.

코인, 토큰 등의 이름이 붙어서 마치 새로운 무엇인 듯 보이지만 그 본질은 '인터넷 네트워에서 발행·유통되는 전자적인 파일'에 불과하다. 따라서 지급결제의 수단으로서의 사용되면 지급결제법을 적용하고, 파생결합증권의 요건을 충족하면 자본시장법을 적용하면 된다. 가상자산의 요건을 충족하면 가상자산법이용자보호법을 적용한다. 다른 금융상품도 마찬가지이지만, 특히 새로이 등장하는 기술에 의한 거래의 법적 성격은 그 명칭에 오인되어서는 아니되고 내용과 기능을 보고서 판단하여야 한다.

Ⅶ. 증권예탁증권

"증권예탁증권"은 채무증권, 지분증권, 수익증권, 투자계약증권, 파생결합증권을 예탁받은 자가 그 증권이 발행된 국가 외의 국가에서 발행한 것으로서 그 예탁받은 증권에 관련된 권리가 표시된 것을 말한다(4조⑧). 즉, 증권예탁증권은 증권을 예탁받은 자가 발행하는데, 대상증권이 외국에서 발행된 경우에는 국내에서만 발행될 수 있고, 대상증권이 국내에서 발행된 경우에는 외국에서만 발행될 수 있다.

구 증권거래법은 외국법인등이 발행한 증권 또는 증서를 기초로 하여서 국내에서 발행되는 유가증권예탁증서(구 증권거래법2조①8)만을 인정하였으나, 자본시장법은 국내 발행증권을 대상으로 외국예탁기관이 발행하는 예탁증서(ADR 등)[45]도 증권예탁증권에 포함시키고 있다.

Ⅷ. 증권신고서 제출, 부정거래행위 금지 규정만이 적용되는 증권

증권의 요건을 충족하는 경우에도 ① 투자계약증권, ② 지분증권, 수익증권 또는 증권예탁증권 중 해당 증권의 유통가능성 등을 고려하여 대통령령으로 정하는 증권은 ⓐ 법 제2편 제5장(온라인소액투자중개업자 등에 대한 특례), ⓑ 법 제3편 제1장(증권신고서) 및 ⓒ 법 제178조(부정거래행위 등의 금지)·제179조(부정거래행위 등의 배상책임)를 적용하는 경우에만 증권으로 본다(4조①단서 및 1호, 2호).

1. 투자계약증권

투자계약증권은 그 개념이 매우 포괄적이어서 모든 영역에서 증권규제의 대상으로 하기에는 부적절하다. 따라서 자본시장법은 ⓐ 온라인소액투자중개업자 등에 대한 특례, ⓑ 증권신고서의 제출, ⓒ 부정거래행위 금지 규정을 적용하는 경우에만 증권으로 보아서 자본시장법을 적용하고 있다. 미국의 Howey 사건에서처럼 특정한 거래나 상품이 자본시장법상 '투자계약증권'에 해당하는 경우에는 금융위원회에 증권신고서를 제출하여야 하지만, 그에 관한 정보를 이용하였다고 하여서 법 제174조의 미공개중요정보 이용행위의 금지 조항이 적용되는 것은 아니다. 물론 법 제178조의 부정거래행위 등의 금지 조항은 적용된다.

2. 합자회사의 지분증권 등

상법에 따른 합자회사·유한책임회사·합자조합·익명조합의 출자지분이 표시된 증권은 온라인소액투자중개업자 등에 대한 특례, 증권신고서의 제출, 부정거래행위 금지 규정만을 적용한다(4조①2, 令3조의2본문). 즉, 인적결합의 성격이 강한 합자회사·유한책임회사·합자조합·익명조합의 출자지분이 표시된 증권은 그 폭이 매우 넓고 자본시장에서 전면적으로 유통되기에는 부적절한 측면이 있으므로, ⓐ온라인소액중개업자등에 대한 특례, ⓑ증권신고서

---

45) ADR(American depository receipts)이란 미국의 은행, 신탁회사 등이 외국주식을 근거로 발행하는 주식예탁증서이다. 통상 외국기업이 주식을 미국 증권시장에 상장할 때 이용한다.

의 제출, ⓒ부정거래행위 등에 대해서만 자본시장법을 적용한다. 다만, 합자회사 등의 출자 지분이라고 하더라도 집합투자의 목적으로 발행되는 집합투자증권의 경우에는 자본시장법 이 전면적으로 적용된다(令3조의2단서).

파생상품

I. 파생상품의 의의

1. 개념

"파생상품(derivatives)"[46]은 그 가치가 다른 기초자산의 가격변동에서 파생하는 것으로서 위험 관리, 레버리지, 포트폴리오의 구성 등 다양한 목적으로 사용된다. 파생상품의 개념 정의는 입법례에 따라서 차이가 있는데, 자본시장법은 파생상품을 금융투자상품의 일종으로서(3조①), 선도·옵션·스왑 또는 그에 유사한 것으로서 대통령령으로 정하는 계약의 어느 하나에 해당하는 '계약상의 권리'로 정의하고 있다(5조①).

▌해설▌ 파생상품의 정의에 대한 입법례

1. G-30 Group의 정의

G-30 연구그룹은 "파생상품은 그 이름이 나타내는 것처럼, 그 가치가 기초를 이루는 다른 재산, 기준금리 또는 지수에서 파생하는 쌍무계약(bilateral contract) 또는 지급교환약정(payment exchange agreement)을 말한다."[47]고 정의한다. 그 가치가 다른 기초자산에서 파생하는 파생상품의 특성과 계약의 일종임을 강조한 것으로 가장 널리 인용되는 정의이다.

2. ISDA의 정의

국제파생상품협회(ISDA)는 "파생상품은 그 가치가 기초자산의 가치에서 파생하는 위험이전의 약정(a risk-shifting agreement)을 의미한다. 기초자산은 현물상품, 금리, 주식, 주가지수, 통화를 포함하며, 양당사자가 동의한 것이면 거래가능한 어떠한 수단도 기초자산이 될 수 있다."[48]고 규정한다. 다른 개념 정의들과 비슷하지만, '양당사자가 동의할 수 있는 거래가능한 수단'에 한정하기 때문에, 파생상품의 범위가 상대적으로 협소하게 규정되어 있다.

---

46) 1982년 미국의 한 법원이 파생상품(derivatives)이란 용어를 처음으로 사용하였다. Rasiah Gengatharen, 『Derivatives Law and Regulations(1st ed)』(Kluwer Law, 2001), p.5.

47) Global Derivatives Study Group, Derivatives: Practices and Principles (Group of Thirty, Washington DC, July 1993), p.28.

48) ISDA, What is a derivatives in Product Description and FAQ in Product Descriptions & FAQ in Education.

3. 미국 상품거래법상의 정의

미국은 파생상품(derivatives)의 일반적인 개념을 정의하지는 않고, 상품거래법(CEA) 등 개별 법규에서 스왑(CEA §1A(7) Cleared swap), 옵션(CEA §1A(36) Option), 구조화상품(CEA §1A(29) Hybrid instrument) 등 개별적인 파생상품의 개념을 정의하고 있다. 증권관련 파생상품은 SEC의 관할이고, 1934년 증권거래법에서 규정한다.

4. 영국 FCA의 정의

영국 금융행위감독청(FCA)은 파생상품을 "선물계약 또는 옵션계약 등 차액을 위한 계약(a contract for differences, a futures or an option)"[49]으로 정의하고 있다. 내용보다는 시장에서 유통되는 파생상품의 형태를 위주로 규정하고 있다.

2. 추가지급의 가능성

자본시장법상 파생결합증권(4조⑦)과 파생상품(5조)은 모두 기초자산의 가격변동에서 그 가치가 파생하는 동일한 구조를 가지고 있다. 이와 관련하여 자본시장법은 파생결합증권을 포함한 증권에 대해서는 추가지급의 가능성이 없을 것을 요구하는데(4조①), 그 반대해석으로 파생상품에 대해서는 추가지급 가능성을 요구할 것인가? 이에 대해서는 증권과 구분하기 위하여 추가지급 가능성을 요구하는 견해가 있으나, 자본시장법은 파생상품을 금융투자상품의 일종으로서 선도·옵션·스왑의 어느 하나에 해당하는 계약상의 권리(3조①, 5조①)라고만 규정하고 있을 뿐 '추가지급의 가능성'을 요구하고 있지 않으므로, 추가지급의 가능성이 없는 파생상품도 개념상으로는 존재할 수 있다고 본다. 실무상 혼란을 방지하기 위해서는 감독당국이나 판례를 통한 명확한 기준 제시가 필요하다.

3. 파생상품에서 제외되는 금융투자상품

자본시장법은 해당 금융투자상품의 유통가능성, 계약당사자, 발행사유 등을 고려하여 증권으로 규제하는 것이 타당한 것으로서 다음 각 호의 어느 하나에 해당하는 금융투자상품은 파생상품에서 제외하고 있다(5조①단서, 令4조의3).

가. 투자매매업자가 기초자산과 연계하여 발행하는 증권이나 증서

"증권 및 장외파생상품에 대한 투자매매업의 인가를 받은 금융투자업자가 발행하는 증권 또는 증서로서 '기초자산'의 가격·이자율·지표·단위 또는 이를 기초로 하는 지수 등의 변동과 연계하여 미리 정하여진 방법에 따라 그 기초자산의 매매나 금전을 수수하는 거래를 성립시킬 수 있는 권리가 표시된 증권 또는 증서"는 파생상품에서 제외된다(5조①단서, 令4조의3 1호). 이러한 증권이나 증서는 파생상품의 개념에 포섭될 수 있지만, 투자매매업자가 증권 또는 증서를 발행한 경우에는 증권 규제가 적절하다고 본 것이다. 법 시행령 제4조의3 제

49) FCA, Glossary of Definition, FSA Handbook (FCA, December 2005), page D4.

1호에서 "금융위원회가 정하여 고시하는 기초자산"이란 금융투자상품, 통화(외국통화 포함), 일반상품(법 제4조⑩3에 따른 일반상품)과 신용위험(법 제4조⑩4에 따른 신용위험)을 말한다(規定1-2조의3). 금융위원회가 고시하는 기초자산에는 자본시장법 제4조 제10항에서 규정된 기초자산의 종류 중에서 제5호의 자연적·환경적·경제적 위험을 제외한 기초자산들이 모두 포함되어 있어서, 투자매매업 인가를 받은 금융투자업자가 기초자산의 변동과 연계하는 형태로 발행하는 증권이나 증서로서 '자연적·환경적·경제적 위험'을 기초자산으로 하는 것을 제외한 증권이나 증서는 모두 파생상품에서 제외된다.

자연적·환경적·경제적 현상에 속하는 위험을 기초자산으로 하여서 투자매매업자가 발행하는 증권 또는 증서를 파생상품에서 배제하지 아니한 이유는 명확하지 않다. 전형적인 파생상품에 해당한다고 생각한 것으로 보이는데, 향후 이러한 위험을 기초자산으로 하는 증권 또는 증서가 발행된다면, 앞서 살펴본 추가지급의 가능성 여부에 따라서 파생결합증권 또는 파생상품으로 분류하여 규제할 것이다.[50]

나. 상법상 신주인수권증서 등

상법상 신주인수권증서(商420조의2) 및 신주인수권증권(商516조의5)은 파생상품에서 제외된다(5조①단서, 슈4조의3 2호). 상법상 신주인수권증서와 신주인수권증권은 파생상품에서 제외되어 있고(슈4조의3 2호), 파생결합증권에서도 제외되어 있으므로(4조⑦4), 증권 중 지분증권으로 취급될 가능성이 높다.

Ⅱ. 파생상품의 기능

자본시장법은 증권과 함께 파생상품을 금융투자상품으로 분류하고 있다. 그러나 증권은 기업의 자금조달 수단으로 생겨났지만, 파생상품은 변동성에 노출된 경제주체의 위험관리를 위해서 고안된 것으로서 그 연원이나 기능에서 차이가 있다.

1. 위험관리(헷지)

경제활동을 하는 주체들은 자산이나 부채의 가치변동으로 인하여 초래되는 손실의 위험으로부터 보호받기를 원하며 파생상품은 이러한 위험에 대한 보호기능을 제공한다. 흔히 헷지(hedge)라고 불리는 기능인데, 경우에 따라서는 파생상품을 이용하여 위험을 적극적으로 인수하는 행위, 즉 투기(speculation)를 하는 것도 가능하다. 파생상품거래의 투기적 측면과 관

---

50) 설계구조가 같다면 지연적·환경적·경제적 위험을 기초자산으로 하는 증권 또는 증서와 금융투자상품과 통화 등을 기초자산으로 하는 증권 또는 증서와 차등을 둘 필요가 없다는 견해도 있다. 한민 집필 부분, 자본시장법 제5조, 로앤비 온주, 21면(2022.4.20. 방문).

련해서는 사행계약 또는 도박죄에 해당하는지가 문제될 수 있다.

2. 레버리지

일반적으로 동일한 금액을 투자할 경우에 현물거래보다 파생상품거래에서 올리는 수익률이 높으며, 시장참가자는 파생상품거래를 통해서 높은 레버리지 효과를 누릴 수 있다. 예를 들어, 펀드매니저 甲이 현금 1억원을 가지고 1주당 10만원에 거래되는 삼성전자 보통주를 매수할 경우에, 현물시장에서는 1억원을 투자하여야 삼성전자 주식 1,000주를 매수할 수 있지만, 파생상품시장에서는 삼성전자 주식에 대한 콜옵션을 매수하여 적은 금액으로 동일한 물량의 현물주식을 매수하는 것과 같은 효과를 달성할 수 있다.

3. 포트폴리오의 관리

시장참가자는 파생상품을 이용하여 낮은 비용으로 포트폴리오를 관리할 수 있다. 예를 들어, 자산운용사인 A회사가 활황세가 지속되는 주식시장(KOSPI)에 투자하기를 원하지만 자금 대부분이 채권시장에 묶여 있어서 이를 처분하여 주식에 투자하기 어려운 경우에, A회사는 채권을 처분하여 그 대금으로 주식을 구입하기 보다는 상대적으로 적은 자금이 소요되는 KOSPI200 주가지수선물을 매수하여 대규모로 주식을 구입하는 것과 동일한 효과를 달성할 수 있다.

Ⅲ. 파생상품의 종류

1. 선도

"선도(forward)"는 "기초자산이나 기초자산의 가격·이자율·지표·단위 또는 이를 기초로 하는 지수 등에 의하여 산출된 금전등을 장래의 특정 시점에 인도할 것을 약정하는 계약"(5조 ①1)을 가리킨다. 예를 들어, 농부는 가을 추수 후인 10월에 수확한 밀을 확실하게 팔 수 있도록 사전에 밀의 매도계약 체결을 원하고, 제분업자는 추수시점에 원하는 물량을 충분히 확보할 수 있도록 사전에 밀의 매수계약 체결을 원할 수 있다. 이 경우에 농부와 제분업자는 10월에 인도하는 밀의 물량, 가격, 등급 등에 합의하고 매매계약을 체결할 수 있는데 이것이 선도계약이다. 이 경우에 농부는 매도포지션(short position), 제분업자는 매입포지션(long position)을 취하게 된다.[51]

---

51) 매입을 long, 매도를 short라고 표현하는 이유는 주식거래에서 주가가 상승하는 경우에는 막대그래프가 길어지고, 주가가 하락하는 경우에는 막대그래프를 짧게 표시하는 것에서 유래하는 영어의 비유적 표현이 굳어진 것이다.

선도계약은 일방당사자가 일정한 가격에 상품을 인도하고, 상대방은 그에 상응하여 금전 등을 지급하거나 정산할 의무를 부담하는 쌍무적·대칭적인 구조를 가진다. 그러나 일반적인 상품계약과는 달리 선도계약은 장래의 시점에서 지급이나 인도가 이루어지므로 이행기까지 의 기초자산의 가격변동에 따라서 당사자의 손익이 달라지며, 현물 인도가 아니라 차액청산 의 방법을 선택한 경우에는 금전의 지급 방향 자체가 달라질 수 있다. 예를 들어, 위의 사례 에서 농부가 2017년 3월에 5,000 부셸의 밀을 1부셸(bushels) 당 10달러에 판매하였으나, 인 도시점인 2017년 10월에 밀의 시장가격이 1부셸에 12달러로 상승하였다면, 농부는 시장에서 매도하는 경우에 비교하면 제분업자에게 인도함으로써 1만 달러(2달러×5,000부셸)의 손해를 입게 된다. 이 경우에 차액정산을 선택할 수 있는 조항이 있다면, 농부는 실제로 밀을 인도 하는 대신에 제분업자에게 1만 달러를 지급함으로써 계약을 종료할 수 있다. 반대로 10월에 밀의 시장가격이 1부셸에 7달러로 하락하였다면, 제분업자는 농부에게 1.5만 달러(3달러× 5,000부셸)를 지급함으로서 계약을 종료할 수 있다. 즉, 기초자산인 밀의 가격변동에 따라서 금전의 지급방향 자체가 달라질 수 있다.

선도거래와 구분할 것으로는 선물거래(futures)가 있다. 선도거래와 선물거래는 같은 형태 이지만 거래소 밖에서 이루어지면 선도거래이고, 거래소(장내)에서 이루어지면 선물거래이다. 선도거래는 거래소 밖에서 이루어지고 당사자들 사이의 협상에 의해서 계약조건이 결정되므 로 선물거래에 비교하여 훨씬 탄력적이다. 반면에 선물거래는 거래소에서 이루어지고, 청산 소가 존재하며 거래조건이 표준화되어 있다.

2. 옵션

"옵션(options)"은 "당사자 어느 한쪽의 의사표시에 의하여 기초자산이나 기초자산의 가격 ·이자율·지표·단위 또는 이를 기초로 하는 지수 등에 의하여 산출된 금전등을 수수하는 거래를 성립시킬 수 있는 권리를 부여하는 것을 약정하는 계약"(5조①2)이다. 장래의 특정한 일자에, 특정가격으로 특정물량의 기초자산을 매수하거나 매도할 수 있는 권리로 정의되기 도 한다.[52]

기초자산을 매수할 수 있는 권리는 콜옵션(call option)이고, 기초자산을 매도할 수 있는 권 리는 풋옵션(put option)이다. 투자자는 콜옵션 또는 풋옵션을 매수·매도하는 방법으로 거래 하는데, 이를 조합하면 옵션의 거래방식은 콜옵션 매수, 콜옵션 매도, 풋옵션 매수, 풋옵션 매도의 4가지 형태가 생긴다.

옵션매수인(옵션보유자, option holder)과 옵션매도인(옵션발행인, option writer)이 부담하는 경 제적 손익은 차이가 있다. 옵션매수인은 기초자산 가격이 유리하게 움직일 때에는 무한대의

---

52) M. D. Fitzgerald, 「Financial Options」(Euromoney Publications, London, 1987), p.1.

이익을 얻을 수 있으나 불리하게 움직일 때는 손실을 프리미엄에 한정할 수 있다. 반면에 옵션매도인은 확정적으로 프리미엄을 획득하지만 기초자산의 가격이 불리하게 움직일 때는 무한대의 손실이 발생할 수 있다. 따라서 옵션매도인은 기초자산 가격이 불리하게 움직일 때를 대비하여 녹아웃(knock out) 등의 계약조건을 설정하거나 반대 포지션의 계약 등을 통해서 그 손실을 헷지할 필요가 있다.

녹아웃(knock-out)이란 파생상품거래에서 약정한 지수 변동의 상한과 하한을 정해두고 가격이 하한 아래로 떨어지면 계약을 무효로 하는 조건이다. 반면에 녹인(knock-in)은 가격이 상한보다 상승하면 약정액의 1~2배를 받는 방식이다. 2010년경 사회적인 논란이 되었던 키코(KIKO)거래의 구조는 콜옵션(기업매도)과 풋옵션(은행매도)을 합친 합성 선물환에 녹인과 녹아웃을 추가한 방식이다.

[그림2-2] KIKO거래의 구조

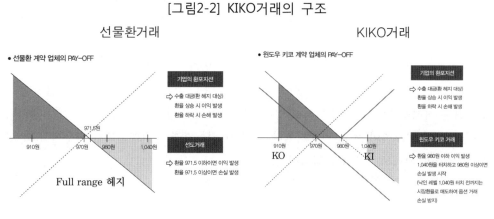

〈출처〉〈http://blog.moneta.co.kr〉

- A회사는 연초에 미국의 C회사에게 1억 달러의 상품을 수출하고 그 대금은 연말에 받기로 하였다. A회사는 원달러환율의 변동에 따른 위험을 헷지하기 위해서(정확하게는 환율하락의 위험이다), 국내의 B은행과 선물환계약(왼쪽 그림) 또는 통화옵션계약(오른쪽의 KIKO 그림)의 체결을 고려하고 있다.
- **(왼쪽의 선물환거래)** 우상향 점선은 환율변동에 따른 A회사의 수출대금에서의 이익과 손해를 나타내고, 우하향 실선은 A회사가 B은행과 선물환계약을 체결하여 1억 달러를 1달러=970원에 매도할 때 선물환거래의 이익과 손해를 나타낸다. 환율이 960원 → 930원 → 900원 등으로 하락하면 수출대금(우상향 점선)에서는 손해가 나지만 선물환거래(우하향 실선)에서 이익이 나서 Full 헷지가 실현된다.
- **(오른쪽의 KIKO거래)** knock in option과 knock out option의 합성어이며, ①1달러를 980원에 매수할 수 있는 콜옵션을 A회사가 매도하는 계약(B은행은 콜옵션 매수자. B은행의 콜옵션은 KI조건이 성취되면 발생)과 ②1달러를 980원에 매도할 수 있는 풋옵션을 A회사가 매수하는 계약(B은행은 풋옵션 매도자. 다만, KO구간에서는 풋옵션의 효력이 상실되어 풋옵션 매도자인 B은행의 손실은 제한됨)을 결합한 상품이다. A회사의 입장에서 수출대금(선물)을 1달러 970원에 매도하는 왼쪽 그림의 선물환거래에 비교하면, 오른쪽 KIKO거래에서는 980원에서 수출대금을 매도하는 효과를 가지므로 1달러에 늘 10원의 이익을 보지만(왼쪽 선물환계약에서의 우하향 실선은 970원에 걸쳐 있는데, 오른쪽 KIKO 그림의 우하향 실선은 980원에 걸쳐 있음), 그 대신 환율이 910원 아래로 하락하는 KO구간에서는 A회사에게 유리한 풋옵션의 효력이 없어지고, 환율이 1,040 이상으로 상승하여 KI조건이 성취되면 A회사에게 불리한 B은행의 콜옵션이 발동한다.

- **(환율 하락 시, KIKO거래)** 환율이 하락하면 A회사의 경우 수출대금에서는 환손실이 발생하지만 1달러를 980원에 매도할 수 있는 풋옵션을 행사하여 이익을 얻으므로 헷지가 된다. 그러나 환율이 910원 아래로 떨어지면 풋옵션에 부착된 녹아웃(KO) 조건이 발동하므로 A회사는 풋옵션을 행사할 수 없게 되고 환율 하락으로 인한 수출대금의 환손실을 그대로 떠안게 된다. 결국 A회사의 입장에서는 환율이 910원까지 하락할 때의 구간에 대해서만 부분적으로 헷지가 되는 구조이다.
- **(환율 상승 시, KIKO거래)** 환율이 상승하면 A회사의 경우 수출대금 1억 달러에서는 환이익이 발생하지만, KIKO거래에서는 계약조건에서 정한 바에 따라 "한 번이라도 환율이 1,040원을 터치"하면 KI조건이 발동하고, 이 경우 B은행은 1달러를 980원에 매수할 수 있는 콜옵션을 행사할 것이므로 콜옵션을 매도한 A회사에게는 손실이 발생한다. A회사는 C회사로부터 받은 수출대금(달러)을 지급하여 헷지할 수 있으나, KI에 2배수 또는 3배수 매수의 조건이 붙어 있으면 수출대금만으로는 콜옵션에서 매도포지션을 취함으로 인하여 발생하는 손실을 헷지할 수 없고, 높아진 가격에 달러를 사서 B은행의 콜옵션 행사에 응하여야 하므로 손실이 확대된다.

3. 스왑

"스왑(swaps)"은 "장래의 일정기간 동안 미리 정한 가격으로 기초자산이나 기초자산의 가격·이자율·지표·단위 또는 이를 기초로 하는 지수 등에 의하여 산출된 금전등을 교환할 것을 약정하는 계약"(5조①3)을 가리킨다.

스왑계약의 당사자는 고정금액으로 지급할 것을 약정하거나, 각 지급기일을 기준으로 특정한 상품가격 또는 기준금리에 명목원금을 곱하여 산출한 금액을 지급하기로 약정한다. 선도거래를 반복하는 형태로도 볼 수 있으나, 거래규모가 크고 주로 스왑을 중심으로 법적 논의가 이루어져 온 점을 고려하여 별도로 정의하였다.[53]

스왑은 맞춤형 장외거래가 대부분이다. 장외거래의 속성상 계약 내용을 자유롭게 설계할 수 있으나, 거래상대방을 구하기 어려운 측면이 있는데, 대규모 금융기관이 거래에 참여하고, ISDA 표준계약서[54]의 이용이 확대되면서 거래가 증가하는 추세이다.

최근 우리나라는 총수익스왑(TRS)과 차액결제계약(CFD)[55][56] 등 '주식관련 장외파생상품'이 레버리지를 이용한 수익창출이라는 전통적인 모습이 아니라, 계열회사에 대한 신용공여나 경영권 방어를 위한 우호 지분의 확보, 레버리지를 이용한 시세조종행위에 이용되면서

---

53) 자본시장통합법연구회, 자본시장통합법해설서(2007), 102면.
54) 현재 국제적인 장외파생상품거래에서 가장 널리 사용되는 표준계약서는 ISDA Master Agreement이다. 각종 ISDA 표준계약서 양식은 <http://www.isda.org>에서 찾아볼 수 있다.
55) CFD(Contract for Difference)는 기초자산의 가격이 오를 경우 계산된 차액을 계약매도자가 계약매수자에게 지급하고 기초자산의 가격이 내릴 경우에는 매수자가 매도자에게 차액을 지급하는 계약이다. TRS는 주식을 기초자산으로 하는 장외파생상품이고, CFD는 주가변동을 대상으로하는 장외파생상품으로서 양자의 실질은 유사하지만, 우리나라와 미국에서는 TRS라는 용어를 사용하고, EU, 캐나다, 호주, 홍콩 등에서는 CFD라는 용어를 사용한다.
56) 영국의 FSA는 FSA에 제출되는 보고서 작성방법에 대한 가이드라인에서 TRS 형태의 장외파생상품은 CFD 또는 스왑으로도 보고될 수 있다고 한다. FSA(현재 금융감독기구인 FCA의 전신), Transaction Reporting User Pack(TRUP)(2012.3.1.), 8.3.6. TRS, p.33.

홍역을 겪은 바 있는데, 이러한 사건들은 장외에서 자유롭게 설계하여 거래되는 스왑의 속성이 반영된 것으로도 볼 수 있다. 상법상 주식 규제는 주식의 소유자가 의결권을 직접 행사하거나 대리인을 통해서 행사하는 것을 염두에 두고 마련되었는데, TRS거래에서는 주식의 형식적인 소유자와 실질적인 의결권 행사자가 분리될 수 있어서 의결권과 지배구조가 왜곡되는 현상이 발생하거나, 시세조종을 비롯한 부정거래행위의 적발이나 관련법령의 적용에 어려움이 생기기 때문이다.

TRS(Total Return Swap)는 기초자산에서 발생하는 수익과 비용의 전체를 이전한다는 의미의 'total return'과 서로 교환한다는 의미의 'swap'을 결합한 'total return swap'의 약자인데, 그 이름에서 알 수 있듯이 총수익과 그에 대한 대가를 서로 교환하는 방식으로 체결되는 장외파생상품이다. 기초자산의 소유자는 TRS계약기간 동안에 상대방으로부터 일정한 금액을 지급받는 대신에, 그 대가로 기초자산에서 발생하는 모든 수익이나 비용을 지급하므로 총수익스왑이라고 한다. 같은 스왑계약이라도 TRS는 기초자산(reference asset)에서 발생하는 수익이나 위험의 전체를 상대방에게 이전하는 점에서, 고정금리와 변동금리 등 이자의 지급 조건만을 서로 바꾸어 부담하는 이자율스왑(IRS, interest rate swap)[57], 채권 발행인의 채무불이행에 대한 위험만을 이전하는 신용디폴트스왑(CDS, credit default swap)과는 차이가 있다. 이러한 폭 넓은 모습 때문에 TRS는 다른 파생상품보다 위험한 듯 보이지만 과장된 감은 있다.[58] 기초자산의 가격 변동으로 인하여 생기는 위험이나 수익을 서로 교환하는 것은 파생상품거래에 공통적인 모습일뿐 아니라, 파생상품이 내포하는 위험은 계약의 내용에 따라 달라지는 것이고 TRS 자체가 위험한 것은 아니기 때문이다. 다른 금융상품도 마찬가지이지만 TRS도 레버리지를 활용한 혁신적인 투자전략과 위험관리를 위한 효율적인 수단으로서 적절하게 사용되면 문제될 것은 없다.[59]

4. 그 밖에 대통령령으로 정하는 계약

자본시장법은 그 밖에 "제1호부터 제3호까지의 규정에 따른 계약과 유사한 것으로서 대통령령으로 정하는 계약"(5조①4)을 파생상품의 일종으로 규정하고 있다. 이는 예상하지 못한 파생상품의 형태가 출현할 때를 대비한 것인데, 현재까지는 이에 해당하는 파생상품이 시행

---

57) "이자율스왑(interest rate swap)"은 계약당사자가 상대방보다 각각 유리한 변동금리 또는 고정금리의 조건으로 자금을 조달할 수 있는 비교우위에 있는 경우, 각자 유리한 시장에서 차입하여 각자의 차입금리 지급의무를 서로 교환함으로써 이루어 진다. 계약당사자가 원금 및 만기가 같은 부채 구조를 가지고 있을 때 체결되며 원금의 이동은 없고 이자 지급의무만 있다.

58) 우리나라에서는 1997년 외환위기 당시에 대한생명보험이 설립한 모닝글로리펀드가 제이피모건과 체결한 TRS계약으로 막대한 손실을 입은 사실이 유명하다. 최근에 논란이 되고 있는 라임펀드 사건에서도 TRS를 통한 레버리지를 규제하지 못하여 투자자의 손실이 확대되었다.

59) 김홍기, "TRS의 다양한 활용사례와 관련법령의 적용방안," 「증권법연구」 제21권 제3호(2020), 1면.

령에 규정되어 있지는 않다.

▌해설▐ 파생상품의 분류방식

1. 거래장소에 따른 구분

자본시장법은 거래소시장에서의 거래 여부에 따라 장내파생상품과 장외파생상품으로 구분하고 있다(5조). "장내파생상품"은 파생상품시장에서 거래되는 파생상품, 해외 파생상품시장에서 거래되는 파생상품, 그 밖에 금융투자상품시장을 개설하여 운영하는 자가 정하는 기준과 방법에 따라 금융투자상품시장에서 거래되는 파생상품 중 어느 하나에 해당하는 것을 가리킨다(5조②). "장외파생상품"은 파생상품으로서 장내파생상품이 아닌 것을 말한다(5조③). 장외파생상품은 시장거래요건이 없고 표준화가 강제되지 않기 때문에 다양한 설계가 가능하다.

2. 형태에 따른 구분

미국회계감독원(GAO)은 파생상품을 형태에 따라 선도(선물), 스왑, 옵션으로 분류하고 있다.[60] 가장 전통적인 분류방식인데 새로이 개발되는 상품들은 대부분 이들을 변형하거나 결합한 것이라고 할 수 있다.

3. 기초자산에 따른 구분

파생상품은 기초자산의 종류에 따라서 금리, 통화, 주식, 상품, 신용, 날씨파생상품 등으로 구분할 수 있다. 기초자산에 따른 분류방식은 해당 기초자산에 특수하게 존재하는 법적, 규제적 쟁점을 살펴볼 수 있다는 점에서 유용하다. 예를 들어, 신용파생상품에서는 은행의 고객에 대한 비밀유지의무 등에 관련된 특수한 법적 쟁점이 논의된다. 주식파생상품에 관련해서는 내부자거래에 관한 문제가 제기된다. 탄소배출권거래[61]는 환경보호의 쟁점이 관계된다.

---

60) United States General Accounting Office, Financial Derivatives: Actions Needed to Protect the Financial System (GAO, Washington DC, May 1994), p.5.
61) 탄소배출권거래는 거래구조를 어떻게 설정하는지에 따라서 법적 성격이 달라질 수 있으나, 탄소배출권 수치를 기초자산으로 하고 그 변동으로 인한 위험을 거래하는 형태는 파생상품에 해당한다고 볼 것이다. 탄소배출권거래를 위한 별도의 법체계나 거래소 설립은 입법정책의 문제이다.

관련문제

I. 증권과 유가증권

금융거래를 비롯한 각종 상거래가 원활하게 이루어지기 위해서는 거래의 객체가 유통에 적합한 기능과 형태를 갖출 필요가 있다. 가장 대표적인 방법은 거래의 객체를 증권화하는 것인데 이와 관련한 전통적인 개념이 유가증권이다.

유가증권(有價證券)은 "사권(私權)이 화체되어 있는 증권으로서 그 권리의 발생·이전·행사의 전부 또는 일부에 증권의 소지가 필요한 것"을 말하는데, 전통적인 유가증권의 개념 정의는 지나치게 엄격하여 다양하게 나타나는 금융상품을 포섭하는데 어려움이 있다. 이를 반영하여 자본시장법은 유가증권 대신에 증권의 개념을 사용하고, 그 내용을 포괄적으로 정의하며, 그 종류를 채무증권·지분증권·수익증권·투자계약증권·파생결합증권·증권예탁증권으로 분류하고 있다(4조).

자본시장법상의 증권은 문서로 작성될 것이 요구되는가? 구 증권거래법은 '유가증권(有價證券)'이라는 문구를 사용하여 증서성(證書性)을 요구하는 듯하였으나, 자본시장법 제4조 제9항은 "… 증권에 표시될 수 있거나 표시되어야 할 권리는 그 증권이 발행되지 아니한 경우에도 그 증권으로 본다."고 규정하여 증권상의 권리가 존재하는 이상 그 증권이 발행되지 아니한 경우에도 증권에 해당함을 분명히 하고 있다.

II. 금융상품거래의 사행성

1. 구조적 유사성

금융투자상품의 거래, 특히 파생상품거래는 그 모습이 도박과 매우 유사해서, 형법상 도박죄 또는 민법상 사행계약 법리를 적용할 것인지가 논의되고 있다. 금융상품거래와 도박죄 및 사행계약은 ① '우연성'이 강하고,[62] ② '예측불가능'하며,[63] ③ 우연하고 예측불가능한 결과

---

[62] 도박은 "재물을 걸고 우연에 의해서 재물의 득실을 결정하는 행위"를 가리키는데 이러한 개념에서 알 수

에 따라서 당사자 일방은 이익을 보고 상대방은 손실을 입는다는 공통점을 가지고 있다.[64] 실제로 일본에서는 도박죄의 가능성을 우려해서 선물금리계약(FRA: forward rate agreement)과 선물환계약(FEA: forward exchange agreement)이 금지된 사례가 있었고,[65] 미국에서는 테러선물시장이 계획되었으나 도박죄 등의 가능성을 우려하여 무산된 사례도 있었다.

2. 형법상 도박죄의 적용배제

금융상품, 특히 파생상품거래가 형법상 도박죄로 처벌받을 수 있다는 위험은 파생상품거래를 꺼려하게 만드는 요소이다. 만일 자신이 체결한 금융상품거래가 도박에 해당한다고 판단되는 경우에는 해당 거래의 사법상 효력이 부인될 뿐 아니라 형사처벌을 받을 위험이 있기 때문이다. 이를 우려하여 자본시장법은 "금융투자업자가 금융투자업을 영위하는 경우에는 형법 제246조를 적용하지 아니한다."(10조②)고 하면서 도박죄의 적용을 배제하고 있다. 투기적 성향이 내포되어 있다는 이유만으로 금융상품거래의 사법적 효력을 부인하고 도박죄로 처벌하는 것은 곤란하기 때문이다.[66]

금융투자업자가 금융투자업을 영위하는 경우에 한하여 형법 제246조가 적용되지 아니하므로, 비금융투자업자가 금융투자업자를 거치지 않고서 거래하는 경우에는 여전히 형법 제246조 도박죄의 적용이 가능하다.[67] 대법원은 피고인이 사설 인터넷 사이트를 개설하고 한국거래소의 코스피200지수를 이용하여 선물거래를 중개하면서 수수료를 취득한 사안에서, 선물거래를 중개한 행위는 무인가 금융투자업 영위에 의한 자본시장법위반죄, 가상 선물거래를 하게 한 행위는 무허가 금융투자상품시장 개설 운용에 관한 자본시장법위반죄가 실체적 경합관계로 성립하고, 그중 도박공간개설죄는 가상 선물거래로 인한 부분에 대해서만 인정된다고 한다.[68]

있듯이 우연성이 매우 강하다. 그런데 파생상품거래 역시 기초자산인 이자율, 환율, 주가 등의 변동에 따라 지급이나 인도가 이루어지기 때문에 우연성이 매우 강하다.

63) 파생상품의 기초자산인 금리나 환율 등은 그 자체로 높은 변동성을 가지며, 많은 경우 객관적인 예측이 불가능하다. 정순섭, "금융거래와 도박규제,"「증권법연구」제7권 제2호(증권법학회, 2006), 177면.

64) 파생상품거래는 기초자산의 가격 변동에 따라서 지급·인도의무의 방향, 지급규모 등이 결정되는데, 이는 재물의 지급·인도의 여부나 규모에 대한 예측이 어려운 도박의 모습과 매우 유사하다. 김홍기, "파생상품과 도박규제,"「비교사법」제14권 제1호(비교사법학회, 2007. 3), 531면 이하.

65) 일본 법무성은 선물환계약이 형법상의 도박죄에 해당한다는 견해를 피력했으며 대장성은 선물환계약의 취급을 금지한 바 있다. 그러나 세계 금융시장에서 선물환거래가 증가하자 도쿄 금융시장의 지위 저하를 막기 위해서 1994년 10월 선물환계약의 취급을 허가하였다.

66) 영국은 1986년 금융서비스법(Financial Service Act 1986)에서 일정한 파생상품거래에 대하여 도박금지법의 적용을 명시적으로 배제하였다(금융서비스법 63조). 호주 회사법은 파생상품을 포함하여 법정금융상품 (financial product)거래에 대해서는 도박금지법을 적용하지 아니한다(Australian Corporations Act 2001, §1101 I).

67) 서울남부지검, 자본시장법 벌칙해설(2019), 43면.

68) 대판 2015.4.23., 2015도1233.

미인가·미등록 금융투자업자가 투기적인 목적을 가지고 금융투자업자와 거래하거나 금융투자업자를 통해서 거래하는 경우에 형법상 도박죄로 처벌할 수 있는가? 이 경우에는 거래당사자의 일방이 금융투자업자인 바, 편면적 도박을 처벌하지 않는 통설·판례[69])에 따를 경우 도박죄로 처벌할 수 없을 것이다.

3. 민사상 사행계약의 해당 가능성

자본시장법은 형법 제246조(도박, 상습도박)의 적용을 배제하고 있을 뿐 사법상의 효력에 대해서는 침묵하고 있다. 따라서 투기목적으로 수행되며 사회적 수용의 한계를 넘어서 위법성을 띄는 파생상품거래는 사행계약에 해당하여 사법상의 효력이 부인될 가능성을 배제할 수 없다. 파생상품거래의 형태를 가진다고 하더라도 사행성이 지나치면 사법상의 효력을 부인할 필요가 있기 때문이다. 혼란을 방지하기 위해서는 적법하게 인가나 승인을 받은 거래소를 통한 파생상품거래는 사법상의 효력이 부인되지 않는다는 규정을 도입할 필요가 있다.

Ⅲ. 기업어음증권의 전자어음 발행의무 배제

「주식회사 등의 외부감사에 관한 법률」('외감법') 제4조에 따른 외부감사대상 주식회사 및 직전 사업연도 말의 자산총액이 10억원 이상인 법인사업자는 약속어음을 발행할 경우 전자어음으로 발행하여야 한다(電子6조의2, 同法施行令8조의2). 전자화 시대에 유통수단을 전자화하고, 기업의 결제 편리성과 금융비용 절감, 중소사업자의 보호를 위해서 종이어음의 비중을 줄이고 전자어음의 발행 비중을 높이기 위한 것이다. 다만, 환어음은 전자어음의 발행에 적합하지 않고, 대부분이 진성어음이어서 전자어음법이 적용되지 않는다.

기업어음(CP)[70])증권을 발행하는 경우에는 전자어음법 제6조의2(전자어음의 이용)를 적용하지 아니한다(10조③). 전자어음법에 의하면 외부감사대상 주식회사가 약속어음을 발행할 경우에는 전자어음으로 발행해야 하는데(電子6조의2, 同法施行令8조의2), 종이어음에 기반하는 기업어음시장의 현실을 반영하여 기업어음증권을 발행하는 경우에는 전자어음 발행의무를 배제한 것이다.

---

69) 당사자의 일방이 사기의 수단으로써 승패를 지배하는 편면적 도박의 경우에는 우연성이 결여되어 사기죄만 성립하고 도박죄는 성립하지 아니한다. 대판 2011.1.13., 2010도9330.

70) 기업어음(CP)은 기업이 상거래와 관계없이 단기자금조달을 위해 약속어음의 형태로 발행하는 융통어음의 일종인데, 발행절차가 간단하고 발행한도에 특별한 제한이 없으며 등록이나 신고의무도 거의 없어서 신속한 자금조달에 널리 활용된다.

제3장

금융투자업자의 규제

금융투자업의 의의와 종류

Ⅰ. 서설

1. 금융투자업 및 금융투자업자

"금융투자업"은 이익을 얻을 목적으로 계속적이거나 반복적인 방법으로 하는 행위로서 투자매매업, 투자중개업, 집합투자업, 투자자문업, 투자일임업, 신탁업 중의 어느 하나에 해당하는 업(業)을 말한다(6조①).

"금융투자업자"는 금융투자상품의 매매, 중개 등을 영위하는 상인이며, 이익을 얻을 목적으로 계속적이거나 반복적인 방법으로 행하였다면 1회의 거래에 그친 경우에도 금융투자업을 영위한 것에 해당한다. 금융투자업자가 아닌 자는 그 상호 중에 "금융투자"라는 문자 또는 이와 같은 의미를 가지는 외국어 문자로서 financial investment(그 한글 표기문자를 포함한다)나 그와 비슷한 의미를 가지는 다른 외국어문자(그 한글표기문자를 포함한다)를 사용하여서는 아니 된다(38조①, 令42조①).

2. 기능별 규제체계

자본시장법 시행 전에는 증권회사는 구 증권거래법, 선물회사는 구 선물거래법, 신탁회사는 구 신탁업법, 자산운용회사는 구 간접투자자산운용업법 등 금융회사의 종류에 따라 별도의 법령이 적용되었다. 이러한 '기관별 규제방식'은 규제의 근거가 명확하고 해당 업종의 사정을 반영할 수 있다는 장점이 있었으나, 사실상 동일한 내용의 업무를 수행하는 경우에도 서로 다른 법령이 적용되는 규제차익(regulatory arbitrage)의 문제가 제기되었다.

자본시장법은 증권업, 선물업, 신탁업, 집합투자업 등을 금융투자업으로 통합하면서, 기능에 따라서 금융투자업을 투자매매업, 투자중개업, 집합투자업, 투자자문업, 투자일임업, 신탁업으로 분류하고, 명칭에 관계없이 동일기능에 대해서는 동일규제를 실시함으로써 규제차익을 방지하고 형평을 도모하고 있다. 다만, 자본시장법은 증권업, 자산운용업 등 금융투자 분야의 법령만을 통합하고, 은행업, 보험업 등은 제외하고 있어서 금융산업 전반에 대한 기능별 규제법은 아니라는 한계를 가진다.

여기에서는 투자매매업, 투자중개업 등 개별 금융투자업의 내용과 특징을 살펴본다.

Ⅱ. 투자매매업

1. 의의

"투자매매업(投資賣買業)"은 누구의 명의로 하든지 자기의 계산으로 금융투자상품의 매도·매수, 증권의 발행·인수 또는 그 청약의 권유, 청약, 청약의 승낙을 영업으로 하는 것을 말한다(6조②). 저렴하게 매수한 후에 높은 가격으로 매도하여 그 차액을 취하는 매매(dealing)를 금융투자업의 첫 번째 형태로 규정한 것이다. 다만, 상법상의 매매업(商46조1호)과는 달리 매매의 대상은 금융투자상품이고, 원본손실의 가능성(투자성)이 요구된다.

2. 자기의 계산

투자매매업이란 누구의 명의로 하든지 '자기의 계산'으로 금융투자상품의 매도·매수, 증권의 발행·인수 또는 그 청약의 권유, 청약, 청약의 승낙을 영업으로 하는 것을 말한다(6조②). "자기의 계산"이란 금융투자상품의 매도·매수 등으로 인한 거래의 경제적 효과가 자신에게 귀속되는 것을 말한다. 자신에게 경제적 효과가 귀속되는 이상 자기의 명의가 아니라 제3자의 명의로 거래하는 경우도 투자매매업에 해당한다. '자기의 계산'으로 금융투자상품을 매도하거나 매수하는 점에서 '타인의 계산'으로 매도와 매수가 이루어지는 투자중개업(6조③)과 구별된다.

특정한 금융투자상품을 매매하는 행위가 자기의 계산 또는 타인의 계산으로 이루어지는지는 거래의 목적, 태양, 계속성 등을 종합하여 개별적으로 판단한다. 예를 들어, 甲이 乙(증권 소유자)과 丙 간의 증권거래를 중개하려고 하였으나 丙의 자금사정이 여의치 않아서 직접 乙로부터 증권을 매수하여 보유하다가 상당한 기간이 지난 후에 해당 증권을 丙에게 매도하여 차익을 실현한 경우라면, 甲의 행위는 투자중개업이라기보다는 투자매매업에 해당한다. 乙과 丙 사이에서 중개행위를 하였다기보다는 직접 증권을 매수·매도함으로써 매매 차익을 얻는데 중점을 두었기 때문이다.

3. 금융투자상품의 매도·매수 등

투자매매업이란 누구의 명의로 하든지 자기의 계산으로 '① 금융투자상품의 매도·매수, ② 증권의 발행·인수 또는 ③ 그 청약의 권유, 청약, 청약의 승낙'을 영업으로 하는 것을 말한다.

가. 금융투자상품의 매도·매수

누구의 명의로 하든지 자기의 계산으로 금융투자상품의 매도·매수를 영업으로 하면 투자매매업에 해당한다. 유통시장에서의 매매를 염두에 둔 것이다.

"매도·매수"는 원칙적으로 민법의 개념이 적용되지만, 금융규제의 속성과 기능별 규제의 취지를 고려하면, 교환·소비대차·소비임치·대물변제 등의 모습을 가지더라도 실제로 권리의 이전과 대가의 지급이 이루어지는 매매와 동일한 경제적 기능을 수행하는 경우에는 매도·매수에 포함할 것이다. 그러나 형사처벌이 수반되는 경우에는 엄격하게 해석하여야 한다. 대법원은 무인가 금융투자업 위반죄(444조1호)로 기소된 사안에서 "… 피고인이 사설 선물거래 사이트를 개설하여, 회원들이 피고인의 계좌로 돈을 입금하면 전자화폐를 적립시켜 주고, 회원들은 코스피 200 지수 등 증권회사의 실제 거래시세정보가 실시간으로 연동되는 사설 HTS프로그램을 통해 위 사이트 내에서 전자화폐로 선물거래를 하며, 피고인은 회원들이 거래할 때마다 수수료를 공제하는 방식으로 사이트를 운영한 사실은 인정되나, 위 사설 선물거래 사이트의 거래대상이 금융투자상품에는 해당하나, 피고인은 선물지수를 기준으로 모의 투자를 할 수 있는 서비스를 제공하고 거래결과에 따라 환전을 해 준 것에 불과하여, 회원들을 상대로 직접 매도·매수 행위를 하였다고 볼 수 없고, 이를 무인가 금융투자업 위반죄로 처벌하는 것은 형벌법규의 확장해석 또는 유추해석으로서 죄형법정주의에 반하므로 허용될 수 없다."[1]고 하면서 유죄를 인정한 원심판결을 파기환송하였다.

자본시장법은 '금융투자상품의 매도·매수'라는 표현을 사용하는데, and 또는 or 중 어느 것으로 읽을지도 문제가 된다. '매수와 매도' 또는 '매도'로 읽는 것이 타당하다. 이익을 얻기 위해서 금융투자상품을 매수한 후에 이를 다시 매도하는 행위("매수 → 매도")가 투자매매업에 해당함은 당연하고, 어떠한 경위로든 자기가 가지고 있는 금융투자상품을 '매도'하여 이익을 얻는다면 투자매매업에 해당한다고 볼 것이기 때문이다. 그러나 이익을 얻기 위하여 오로지 금융투자상품을 '매수'만 하는 행위는 상정하기가 곤란하므로 매수만을 하는 형태는 '금융투자상품의 매도·매수'에서 제외할 것이다.

매수와 매도의 선후관계는 불문한다. 금융투자상품을 매수하고 이를 매도하여 차익을 얻는 행위가 전형적이지만, 먼저 금융투자상품을 매도하고 그 이행을 위하여 목적물인 금융투자상품을 매수하는 거래, 이른바 '공매도' 역시 투자매매업에 해당한다.

매도·매수는 영리를 목적으로 이루어져야 하고 무상취득 또는 무상양도는 투자매매업이 상정하는 매도·매수가 아니다. 다만, 매도·매수 행위에 전체적으로 영리성이 있으면 되고 그중에서 특정한 매도 또는 매수행위만이 무상으로 이루어지더라도 이를 적용대상에서 제외

---

1) 대판 2013.11.28., 2012도4230. 사설 선물거래 사이트 '쥬마르' 사건.

할 것은 아니다.

나. 증권의 발행 · 인수

위에서 살펴본 금융투자상품의 매도 · 매수는 주로 유통시장에서의 거래에 적용되지만, 증권의 발행 · 인수는 주로 발행시장에서의 거래에 적용된다.

(1) 증권의 발행

"증권의 발행(issuance of securities)"은 회사가 주식이나 채권 등 증권을 발행하여 투자자로부터 자금을 모집하는 행위를 말한다.

전통적인 유가증권의 법리에서 '증권의 발행'이란 회사 등이 증권을 '작성(제작)'하여 권리자에게 교부(판매)하는 행위를 가리키지만, 투자매매업자가 영위하는 증권의 발행은 신주발행 등을 통한 자금 조달의 목적보다는 증권의 판매를 통한 이익의 획득을 염두에 둔 것이므로, 증권의 제작보다는 유통과 판매에 중점을 두어서 살펴보아야 한다. 투자매매업자에게 인가를 요구하는 이유는 투자자 보호를 위한 것인데, 증권의 제작(작성)에 그치고 판매에 관여하지 않는다면 군이 투자매매업 인가를 요구할 필요는 없기 때문이다. 자본시장법은 자기가 증권을 발행하는 행위는 투자매매업으로 보지 않고 있는데(7조①본문) 이 역시 같은 맥락에 있다.

(2) 증권의 인수

1) 인수의 의의

"증권의 인수(underwriting)"는 증권의 발행인 또는 매출인이 모집 · 매출[2] · 사모[3]하는 증권이 판매될 수 있도록 보증하는 행위이다.

상법상 주식의 인수는 주주가 되기 위하여 신주 등에 대한 출자(出資)를 약속하는 행위이지만(商305조①, 423조①), 자본시장법상의 인수(underwriting)는 주주나 채권자가 되려는 것이 아니고, 발행인과 투자자 사이에서 증권의 발행과 증권인수대금이 원활하게 교환될 수 있도록 도움을 주는 행위를 통틀어서 일컫는 말이다. 즉, 자본시장법상 "인수"에 해당하려면 '제3자에게 증권을 취득시킬 목적'이 있어야 한다(9조⑪). 따라서 금융회사가 주주나 채권자가 되려는 목적으로 발행되는 증권을 취득하였다면, 투자자로서 참여하는 것이지 인수인으로서 참여하는 것은 아니다.

---

2) "모집"은 50인 이상의 투자자에게 '새로 발행되는 증권'의 취득의 청약을 권유하는 것이고(9조⑦), "매출"은 50인 이상의 투자자에게 '이미 발행된 증권'의 매도의 청약을 하거나 매수의 청약을 권유하는 것을 말한다(9조⑨). 즉, 취득을 권유하는 대상증권이 새로 발행되는 증권이면 모집에 해당하고, 이미 발행된 증권이면 매출에 해당한다. 모집과 매출을 통틀어서 '공모'라고 한다.

3) "사모"는 새로 발행되는 증권의 취득의 청약을 권유하는 것으로서 모집에 해당하지 아니하는 것을 말한다(9조⑧). 즉, 새로 발행되는 증권 취득을 권유하는 점에서는 모집, 매출과 공통적이지만, 청약의 권유대상이 49인 이하인 경우이다.

2) 인수의 종류

"인수"는 '제3자에게 증권을 취득시킬 목적'으로 다음 각 호의 어느 하나에 해당하는 행위를 하거나 그 행위를 전제로 발행인 또는 매출인을 위하여 증권의 모집·사모·매출을 하는 것을 말한다(9조⑪).

1. 그 증권의 전부 또는 일부를 취득하거나 취득하는 것을 내용으로 하는 계약을 체결하는 것(9조⑪1호).

   '총액인수' 또는 '일부인수'를 말한다. 증권의 전부 뿐만이 아니라 일부를 취득하더라도 인수에 해당한다.

2. 그 증권의 전부 또는 일부에 대하여 이를 취득하는 자가 없는 때에 그 나머지를 취득하는 것을 내용으로 하는 계약을 체결하는 것(2호).

   발행증권의 전부 또는 일부를 취득하지 않더라도 이를 취득하는 자가 없는 때에 그 나머지를 취득하는 내용의 계약을 체결하는 것을 말한다(이른바 '잔액인수'를 말한다). 그 나머지를 취득할 것을 내용으로 하는 계약을 체결하는 것만으로 인수에 해당하므로 발행한 주식의 전부가 투자자에게 인수되어 인수할 증권이 없게 되는 경우에도 인수의 효력에는 영향이 없다.

3. 위와 같은 총액인수 또는 일부인수, 잔액인수를 전제로 발행인 또는 매출인을 위하여 증권의 모집·사모[4]·매출을 하는 것, 이른바 '인수주선'도 인수에 해당한다(9조⑪ 후단).[5]

   투자매매업자는 총액 또는 일부인수, 잔액인수를 통하여 취득한 증권을 대상으로 발행인 또는 매출인을 위하여 모집·사모·매출을 하는 행위도 할 수 있다. ① '모집' 외에 ② '매출'을 포함하므로 새로이 발행하는 증권 외에 이미 발행된 증권의 전부나 일부, 잔액을 인수하여 50인 이상의 투자자를 상대로 매도의 청약을 하거나 매수의 청약을 권유하는 행위도 인수에 해당하고, ③ '사모'도 포함하므로 새로이 발행되는 증권의 전부나 일부, 잔액을 인수하여 50인 미만의 투자자를 상대로 증권의 취득을 권유하는 방법으로도 인수가 이루어질 수 있다.

   결국 투자매매업자가 인수한 증권을 판매하는 행위도 인수에 포함된다. 기능적인 측면에서도 인수하는 행위와 인수한 증권을 판매하는 행위를 구분하여 규제할 필요

---

4) 구 증권거래법에 비교하여 자본시장법상 인수의 개념에는 '인수를 전제로 하는 사모 행위'가 추가되었다. 같은 인수행위를 공모와 사모 여부에 따라서 서로 다른 규제를 적용하는 것은 바람직하지 않고 투자자 보호에도 문제가 있었기 때문이다.

5) 구 증권거래법과는 달리 자본시장법은 발행인을 위하여 당해 유가증권의 모집·매출을 '주선'하는 행위(구 증권거래법2조⑥)는 인수에서 제외하고 있다. 주선(周旋)이란 자기명의로 타인의 계산으로 거래하는 행위를 가리키므로, 자기의 계산으로 거래하는 투자매매업에 포함시키는 것은 적절하지 않았기 때문이다. 자본시장법상 모집·매출의 주선행위는 투자중개업으로 분류될 것이다.

가 없기 때문이다. 다만, 인수 후에 상당한 시간이 경과하여 사실상 인수가 종료하였고, 그 이후에 해당 증권을 판매하는 행위는 금융투자상품의 인수라기보다는 매도·매수에 해당한다고 보아야 한다. 인수행위와 너무 멀리 떨어져 있고 기능적으로도 매매에 가깝기 때문이다.

다. 그 청약의 권유, 청약, 청약의 승낙

금융투자상품의 매도·매수, 증권의 발행·인수 외에도 누구의 명의로 하든지 자기의 계산으로 "그 청약의 권유, 청약, 청약의 승낙"을 영업으로 하는 행위도 투자매매업에 포함된다(6조②). 위에서 살펴본 금융투자상품의 매도·매수 또는 증권의 발행·인수는 그 자체로서 완결적인 행위이나, "그 청약의 권유, 청약, 청약의 승낙"은 증권의 매도·매수, 증권의 발행·인수를 위한 유인행위적 성격을 가진다. 즉, 금융투자상품의 매도·매수, 증권의 발행·인수 행위 자체가 아니라 그에 대한 청약을 권유하거나, 청약, 청약의 승낙을 하는 행위도 영업으로 하는 경우에는 투자매매업에 해당한다.

4. 영업으로 하는 자

투자매매업이란 누구의 명의로 하든지 자기의 계산으로 금융투자상품의 매도·매수, 증권의 발행·인수 또는 그 청약의 권유, 청약, 청약의 승낙을 '영업으로' 하는 것을 말한다(6조②). 즉, 자기의 계산으로 금융투자상품의 매도·매수 등을 하는 경우에도 이를 영업으로 해야지 투자매매업에 해당한다.

"영업으로" 한다는 것은 이익을 얻을 목적으로 금융투자상품의 매도·매수 등의 행위를 계속적, 반복적으로 행한다는 뜻이다. 영리를 목적으로 행위를 하였다면 다른 사정으로 인하여 그 행위가 1회에 그친 경우에도 영업에 해당한다.

금융투자상품의 매도·매수 등이 영업활동의 일종으로 이루어지는 것이 아니라, 다른 행위를 보조하기 위하여 일시적으로 행하여지는 경우에는 투자매매업에 해당하지 아니한다. 예를 들어, 자동차 판매회사가 100명의 당첨인에게 경품으로 1주씩 나누어주기 위해서 삼성전자의 보통주 100주를 매수했다면 본업인 자동차 판매를 위하여 한 것이지 금융투자상품인 삼성전자 주식의 매도·매수 등을 통하여 이익을 얻으려고 한 것이 아니므로 투자매매업인가를 받을 필요는 없다.

5. 투자매매업의 적용배제

가. 자기가 증권을 발행하는 경우

'자기가 증권을 발행하는 경우'에는 투자매매업으로 보지 아니한다(7조①본문). 회사 등이 주식이나 채권을 발행하여 사업자금을 조달하는 행위까지 투자매매업으로 규제될 우려가 있기 때문이다.

증권예탁증권은 해외예탁기관과 한국예탁결제원 등 증권을 예탁받은 자만이 발행의 주체가 될 수 있고(4조⑧), 투자신탁의 수익증권은 투자신탁을 설정한 집합투자업자만이 발행할 수 있기 때문에(4조⑤, 189조), 법 제7조 제1항 본문은 회사 등이 채무증권, 지분증권, 파생결합증권, 투자계약증권을 발행하는 경우에 한하여 적용된다.

투자매매업인가가 없는 증권회사가 원금보장형 ELS(파생결합사채)를 투자상품으로서 하여서 발행할 수 있는가? 금융위원회는 원금보장형 ELS는 법 제4조 제3항의 사채권(증권)에 해당하고, 법 제7조 제1항에서는 자기가 증권을 발행하는 경우에는 투자매매업으로 보지 아니한다고 규정하고 있으므로, 투자매매업인가 없이 발행이 가능하다고 보고 있다.[6]

은행이 발행한 은행채를 판매하는 행위도 투자매매업에 해당하는지 논란이 되는데, 금융위원회는 은행이 채권을 발행하여 영업점에서 직접 판매하는 행위는 법 제7조 제1항에 따른 투자매매업에 해당하지 않으며, 투자권유 시에 적용되는 적합성원칙, 설명의무 등은 적용되지 않는다고 한다.[7] 은행채는 상대적으로 안전하고 자금조달의 목적일 가능성이 높다고 보았기 때문이다.

나. 자기가 증권을 발행하더라도 투자매매업으로 보는 경우

위에서 살펴본 것처럼 일반기업이 자금조달을 목적으로 증권을 발행하는 행위는 투자매매업으로 보기 어렵지만, 지분증권이나 채무증권이 아니라 수익증권이나 파생결합증권 등을 발행하는 행위는 사업자금의 조달보다는 금융투자상품의 매매 등을 통해서 이익을 얻으려는 측면이 강하다. 이를 반영하여 자본시장법은 '자기가 증권을 발행하는 경우'에도 다음 각 호의 어느 하나에 해당하는 경우에는 투자매매업으로 보고 있다(7조①단서).

1. 투자신탁의 수익증권

투자신탁의 수익증권은 자기가 증권을 발행하는 경우에도 투자매매업으로 규제한다(7조①1). 일반적인 신탁의 수익증권은 신탁업자(수탁회사)가 발행하지만(4조⑤, 110조①), 집합투자업자가 신탁업자에게 위탁한 '투자신탁에 관한 수익증권'은 집합투자업자가 신탁업자의 확인을 받아서 직접 발행한다(9조⑱1, 189조③). 그런데 신탁업자가 발행하는 수익증권은 신탁업으로 규제하면 되지만, 집합투자업자가 발행하는 투자신탁의 수익증권은 자기(집합투자업자)가 증권을 발행하더라도 사업자금 조달의 목적보다는 증권의 매매를 통하여 이익을 획득하려는 투자매매업의 성격을 가지고 있으므로 규제대상에 포함시킬 필요가 있다.

---

6) 금융위 질의회신(130033), '원금보장형 ELS를 투자매매업인가 없는 증권회사도 발행 가능한지'.
7) 금융위 질의회신(2009.6.2.), '금융채에 대한 자통법(적합성, 설명의무) 적용여부'.

2. 대통령령으로 정하는 파생결합증권

자기가 증권을 발행하는 경우에도 그 대상이 지분증권이나 채무증권이 아니라 파생결합증권인 경우에는 사업자금 조달의 목적보다는 매매를 통하여 수익을 얻으려는 목적일 가능성이 높다. 이를 반영하여 자본시장법은 '대통령령으로 정하는 파생결합증권'은 자기가 증권을 발행하는 경우에도 투자매매업으로 보고 있으며 금융투자업(투자매매업)인가를 받도록 하고 있다(7조①2).

3. 투자성 있는 예금계약 등

투자성 있는 예금계약(77조①), 그 밖에 이에 준하는 것으로서 대통령령으로 정하는 계약에 따른 증권은 자기가 발행하는 경우에도 투자매매업으로 규제한다(7조①3). "투자성 있는 예금계약"이란 예금의 형태를 가지되 원본손실의 가능성이 있는 것을 말한다. "그 밖에 이에 준하는 것으로서 대통령령으로 정하는 계약에 따른 증권"에는 은행등이 투자자와 체결하는 계약에 따라 발행하는 금적립계좌 또는 은적립계좌, 또는 투자매매업자가 발행하는 파생결합증권으로서 금융위원회가 고시하는 파생결합증권이 있다(7조①3, 令7조②).

4. 투자성 있는 보험계약에 따른 증권

투자성 있는 보험계약에 따른 증권(77조②)은 자기가 발행하는 경우에도 투자매매업으로 규제한다(7조①4). "투자성 있는 보험계약에 따른 증권"이란 보험의 형태를 가지되 그 내용상 원본손실의 가능성이 있는 것을 말한다.

Ⅲ. 투자중개업

1. 의의

"투자중개업(投資仲介業)"은 누구의 명의로 하든지 타인의 계산으로 금융투자상품의 매도·매수, 그 중개나 청약의 권유, 청약, 청약의 승낙 또는 증권의 발행·인수에 대한 청약의 권유, 청약, 청약의 승낙을 영업으로 하는 것을 말한다(6조③).

투자중개업은 기본적으로 타인 간의 거래의 성립을 위해서 노력하는 거래형태인 '중개(brokerage)' 행위를 염두에 둔 것이다. 당사자의 중간에서 금융투자상품 매도·매수 등이 성립되도록 조력을 하고 계약이 체결되면 보수를 받는다. '타인의 계산'으로 거래가 이루어지는 한 상법상 위탁매매, 중개, 대리상의 형태로 이루어지는 영업을 모두 포함한다.[8] 인터넷 시스템을 통해서 비상장증권의 매매를 중개하면서, 가격은 매도인과 매수인이 협의하여 결정하되 대금결제와 증권인도는 시스템 운영자를 통하는 경우도 투자중개업에 해당한다.

---

8) 김정수, 자본시장법원론(2011), 97면.

일반적인 상거래의 중개활동과는 달리 투자중개업의 중개 대상은 금융투자상품이다. M&A 중개도 금융투자상품(주식)의 매도·매수 등의 방식으로 이루어진다면 투자중개업에 해당한다.

2. 타인의 계산

투자중개업이란 누구의 명의로 하든지 '타인의 계산'으로 금융투자상품의 매도·매수, 그 중개나 청약의 권유, 청약, 청약의 승낙 또는 증권의 발행·인수에 대한 청약의 권유, 청약, 청약의 승낙을 영업으로 하는 것을 말한다(6조③). "타인의 계산"이란 금융투자상품의 매도· 매수 등으로 인한 거래의 경제적 효과가 투자중개업자가 아닌 고객(타인)에게 귀속된다는 의미이다. 거래의 경제적 효과가 타인에게 귀속되는 이상 자기명의로 거래를 하는 경우에도 투자중개업에 해당한다.

고객이 금융투자상품의 매도·매수 등으로 인하여 손실을 입은 경우에 수수료를 받지 않거나 손실보전을 약정하는 경우도 타인의 계산에 해당하는가? 수수료를 받지 않거나 손실보전의 약정이 유효한지와는 별개로,[9] 금융투자상품의 매도·매수 등으로 인한 거래의 경제적 효과는 고객에게 귀속되는 것이므로 투자중개업에 해당한다.

3. 금융투자상품의 매도·매수 등

투자중개업이란 누구의 명의로 하든지 타인의 계산으로 '금융투자상품의 매도·매수, 그 중개나 청약의 권유, 청약, 청약의 승낙 또는 증권의 발행·인수에 대한 청약의 권유, 청약, 청약의 승낙'을 영업으로 하는 것을 말한다(6조③).

"매도·매수"의 개념은 투자매매업에서 살펴본 바와 같다. 다만, 금융투자업자가 자기의 계산이 아니라 타인(고객)의 계산으로 금융투자상품의 매도·매수를 하는 점에서 투자매매업과 차이가 있다.

"중개(brokerage)"란 타인 간의 금융투자상품의 매도·매수의 성립을 위해서 노력하는 일체의 행위를 가리키며, 타인의 계산으로 금융투자상품의 매도·매수가 이루어지는 이상 상법상 위탁매매(商101조), 중개(商93조), 대리(商87조)의 형태로 이루어지는 경우도 모두 포함된다. 따라서 금융투자업자가 고객을 대리하는 경우에는 대리상이 아니라 투자중개에 해당한다. 즉, 투자중개업에서의 중개는 상법의 중개상(商93조)의 중개보다 그 폭이 넓다.

"증권의 발행·인수"의 개념은 투자매매업에서 살펴본 바와 같다. 인수의 종류에는 총액인수와 일부인수, 잔액인수, 인수주선 등이 있으며 그 내용은 앞서 투자매매업에서 살펴보

---

9) 금융투자업자는 금융투자상품의 매매 등과 관련하여 손실을 보전하는 약정 등을 하여서는 아니 된다(55조). 판례는 손실보전약정은 무효로 보고 있다. 대판 2003.1.24., 2001다2129 등 다수.

았다.

"청약의 권유, 청약, 청약의 승낙" 또는 "증권의 발행·인수에 대한 청약의 권유, 청약, 청약의 승낙"의 개념은 투자매매업에서 살펴보았다.

4. 영업으로 하는 자

투자중개업이란 누구의 명의로 하든지 타인의 계산으로 금융투자상품의 매도·매수 등을 '영업으로' 하는 것을 말한다(6조③). 영업의 의미는 투자매매업에서 살펴본 바와 같다.

자본시장법은 특수한 형태의 중개회사로 다자간매매체결회사와 채권중개전문회사를 규정하고 있다. "다자간매매체결회사"가 그 업무를 영위하기 위해서는 투자매매업 또는 투자중개업 인가와 함께 일정한 요건을 갖추어야 하고(8조의2⑤, 78조), "채권중개전문회사"가 채권의 중개업무를 하는 경우에는 일정한 기준을 준수하여야 한다(166조, 슈179조).

5. 투자중개업의 적용배제

투자권유대행인이 투자권유를 대행하는 경우에는 투자중개업으로 보지 아니한다(7조②). 투자권유대행인은 개인인데 금융투자업(투자중개업)인가를 받을 수 있는 자는 주식회사이거나 금융기관이어야 하므로(12조②1) 금융투자업인가를 요구하기가 곤란할뿐만 아니라, 투자권유대행인에 대해서는 별도의 규제장치가 마련되어 있기 때문이다(51조, 52조).

Ⅳ. 집합투자업

1. 의의

"집합투자업(集合投資業)"이란 2인 이상의 투자자로부터 모은 금전등을 투자자로부터 일상적인 운용지시를 받지 아니하면서 재산적 가치가 있는 투자대상자산을 취득·처분, 그 밖의 방법으로 운용하고 그 결과를 투자자에게 배분하여 귀속시키는 것을 영업으로 하는 것을 말한다(6조④, 6조⑤본문).

집합투자를 영위하기 위해서는 사전에 금융위원회로부터 집합투자업인가를 받거나 등록하여야 하며(11조, 12조①, 249조), 인가나 등록을 하지 않고 집합투자업을 영위하면 형사처벌을 받는다(444조 1호, 445조 25의3호). 집합투자업인가를 받거나 등록한 자가 집합투자업을 영위하는 경우에도 법령에 규정된 방식으로 하여야 한다.

2. 2인 이상의 투자자

집합투자란 '2인 이상의 투자자'로부터 모은 금전등을 투자자로부터 일상적인 운용지시를 받지 아니하면서 운영하고 그 결과를 투자자에게 배분하여 귀속시키는 것을 말한다(6조⑤ 본문).

종전에는 '2인 이상에게 투자권유를 하여 모은 금전등'이라고 규정하고 있어서, 2인 이상에게 투자권유를 하였다면 실제 투자자가 1명에 불과하더라도 집합투자에 해당할 수 있다는 견해도 있었으나, 2013년 5월 자본시장법 개정 시에는 "2인 이상의 투자자로부터 모은 금전등"이라고 고쳐서, 2인 이상의 실제 투자자가 필요함을 분명히 하였다. 투자자는 외부의 투자자를 가리키므로 2인 이상을 산정함에 있어서 해당 집합투자업자 또는 그 임직원은 포함되지 않는다. 따라서 외부의 투자자 1인과 임직원 1인으로 구성되는 집합투자기구는 실제 투자자가 1인에 불과하므로 허용되지 않는다.

투자신탁을 설정한 집합투자업자의 경우에 처음에는 투자자가 2인 이상이어서 투자신탁 설립에 문제가 없었다고 하더라도 나중에 수익자의 총수가 1인이 되는 경우에는 투자신탁을 해지하여야 한다(192조②5). 그러나 수익자가 국가재정법에 따른 기금관리주체, 농협·수협·신협·상호저축은행·새마을금고의 중앙회, 체신관서 등인 경우에는 투자신탁을 해지하지 않아도 된다(192조②5단서, 6조⑥, 令224조의2 1호). 투자자의 숫자는 1인이지만 실제로는 다수의 수익자가 존재하기 때문이다.

3. 모은 금전등

집합투자란 2인 이상의 투자자로부터 모은 '금전등'을 투자자로부터 일상적인 운용지시를 받지 아니하면서 … 운영하고 그 결과를 투자자에게 배분하여 귀속시키는 것을 말한다(6조⑤본문). "금전등"에는 금전 외에도 동산, 부동산, 지적재산권 등 재산적 가치가 있는 것이 포함되지만, 다수의 투자자간에 이해관계를 명확하게 반영할 수 있도록 객관적으로 평가 가능한 것이어야 하며, 특정한 개인에 대해서만 주관적 또는 정신적으로 가치가 있는 것은 포함되지 않는다.

집합투자에 해당하려면 투자자로부터 모은 금전등은 '하나의 투자기구(body)'에 귀속되어야 한다. 자금의 pooling 수단으로는 사용되는 투자기구에는 회사, 신탁, 조합 등이 있는데, 2인 이상의 투자자로부터 모은 금전등은 신탁형펀드(투자신탁)에서는 '신탁형 투자기구'에, 회사형펀드에서는 '회사형 투자기구'에 귀속되어 운용된다. 자본시장법은 정책적 이유로 계약형 집합투자기구는 허용하고 있지 않지만, 무인가·미등록 영업행위의 금지규정(11조, 249조)을 적용할 때에는 계약형 집합투자기구도 금지대상에 포함된다.

다수의 투자자들과 투자일임계약을 체결하고 그 자금을 같은 계좌(joint account)에 편입하여 운영하는 경우에는 마치 하나의 집합투자기구에 속한 재산처럼 보일 수 있으므로, 투자일임업자가 투자일임재산을 각각의 투자자별로 운용하지 아니하고 집합하여 운용하는 행위는 금지된다(98조②8). 다만, 투자일임재산을 효율적으로 운용하기 위하여 매매주문을 집합하여 처리하고 그 결과를 미리 정하여진 자산배부명세에 따라 공정하게 배분하는 행위는 허용된다(令99조②4).

4. 일상적인 운용지시를 받지 아니하면서

집합투자란 2인 이상의 투자자로부터 모은 금전등을 '투자자로부터 일상적인 운용지시를 받지 아니하면서' 운영하고 그 결과를 투자자에게 배분하여 귀속시키는 것을 말한다(6조⑤본문). 즉, 집합투자업자는 집합투자재산을 운용함에 있어 투자자로부터 '일상적인 운용지시'를 받지 않아야 한다.

사모펀드에 대해서도 "일상적인 운용지시를 받지 아니할 것"의 요건이 적용되는가? 공모펀드는 투자자가 집합투자재산의 운용에 관여할 여지가 거의 없으므로 '일상적인 운용지시를 받지 아니할 것'의 요건 충족에는 어려움이 없지만, 소수의 전문 투자자로 구성되는 사모펀드는 그 속성상 투자자의 관여가 어느 정도 허용될 수 있기 때문이다. 그러나 사모펀드에 있어서는 정부의 규제가 완화되는 것일뿐이고, 2인 이상으로부터 모은 금전 등을 집합 운용하는 집합투자의 메커니즘은 동일하다. 따라서, 투자자의 동의나 자문에 그치지 않고 투자자의 운용지시를 받아서 이를 실행만 하는 형태의 자산운용 방식은 사모펀드에서도 허용되지 않는다.

5. 투자대상자산을 취득·처분, 그 밖의 방법으로 운용

집합투자란 2인 이상의 투자자로부터 모은 금전등을 투자자로부터 일상적인 운용지시를 받지 아니하면서 '재산적 가치가 있는 투자대상자산을 취득·처분, 그 밖의 방법으로 운용하고 그 결과를 투자자에게 배분하여 귀속'시키는 것을 말한다(6조⑤본문).

가. 재산적 가치가 있는 투자대상자산

"재산적 가치가 있는 투자대상자산"이란 증권, 파생상품, 동산, 부동산, 지적재산권 등을 불문한다. 즉, 집합투자업자는 투자자로부터 모은 금전등을 재산적 가치가 있는 자산을 취득·처분하거나 그 밖의 방법으로 운용하면 되고, 반드시 금융투자상품에 한정하여 투자할 필요는 없다.

나. 취득·처분, 그 밖의 방법으로 운용

재산적 가치가 있는 투자대상자산을 '취득·처분, 그 밖의 방법으로 운용'하고 그 결과를 투자자에게 배분하여 귀속시켜야 한다. 투자대상자산을 낮은 가격에 취득한 후에 높은 가격에 처분하고 그 차익을 얻는 형태가 가장 전형적인 투자방법이지만, 증권의 대여·차입, 부동산의 개발·임대·관리·개량, 피투자기업에 대한 경영참여(PEF) 등 다양한 방법으로 투자재산을 운용할 수 있다. 투자매매업이나 투자중개업의 경우에는 투자대상이 금융투자상품에 한정되고, 영업의 형태도 금융투자상품의 매도·매수, 그 청약의 권유, 청약, 청약의 승낙 등에 한정되어 있는 것에 비교하면, 집합투자업자가 투자대상자산을 운용할 수 있는 방법은 매우 넓다.

집합투자기구를 통하여 투자대상자산을 '취득·처분, 그 밖의 방법으로 운용'하는 행위는 '투자'에 해당하고, 이는 집합투자기구를 일반사업회사와 구분하는 핵심적인 요소이다. 즉, 집합투자기구는 '투자(investment)'를 하고, 일반사업법인은 '사업(business)'을 한다. 예를 들어, 지주회사는 외관상으로는 자회사의 주식에 투자하는 주식형 펀드와 다를 바 없지만, 자회사의 주식을 취득하고 보유하는 이유는 투자가 아니라 자회사를 통하여 사업활동을 영위하기 위한 것이므로 집합투자에 해당하지 않는다. 집합투자기구가 사업활동을 영위하는 것은 집합투자제도의 취지를 벗어나며, 집합투자기구에 대한 세제 혜택(펀드 단계에서의 소득에 대한 세금 면제)의 정당성 확보를 위해서도 '투자'와 '사업'을 구분할 필요가 있다.

투자대상자산의 종류와 위험도에 따라서는 운용방식, 차입비율 등에서 차이가 있을 수 있다. 특히, 투자자 보호가 강력히 요구되는 공모펀드의 경우에, 자본시장법은 투자대상자산의 운영방법을 상세하게 규정하고 있다(229조).

다. 그 결과를 투자자에게 배분하여 귀속

집합투자업자는 … 재산적 가치가 있는 투자대상자산을 취득·처분, 그 밖의 방법으로 운용하고 '그 결과를 투자자에게 배분하여 귀속'시켜야 한다(6조⑤). 즉, 집합투자기구는 도관(path through)에 불과하고 투자대상자산의 취득·처분, 운용으로 인한 경제적 효과는 집합투자업자가 아닌 투자자에게 귀속된다. 일반 사업법인이 자산을 취득·처분한 경우에는 나중에 그 이익이 사원(주주)에게 배당되더라도 일단 그 경제적 효과가 법인에게 귀속되는 것과는 차이가 있다. 이러한 의미에서 집합투자재산의 운용수단으로 활용되는 투자회사, 투자신탁, 조합 등은 형식적으로는 회사, 신탁, 조합의 모습을 가지지만, 그 본질은 집합투자재산을 투자하고 그 수익을 투자자에게 귀속·배분하는 것을 목적으로 하는 특수목적기구(SPV)이다.

6. 영업으로 하는 자

집합투자업이란 집합투자를 '영업으로' 하는 것을 말한다(6조④). 즉, 이익을 얻을 목적으로 계속적, 반복적으로서 집합투자재산을 운용하고 수수료 등을 받는 것을 영업으로 한다. 투자자산의 운용으로 인한 수수료 등을 얻는 것이 주된 목적이며, 투자대상자산의 취득·처분·운용의 결과로 인한 수익과 손실은 투자자에게 귀속된다.

7. 집합투자업의 적용배제

자본시장법은 집합투자에 해당하는 경우에도 정책적 이유 또는 이중규제 등을 우려하여 일정한 경우에는 집합투자규제의 적용을 배제하고 있다(6조⑤단서, 슈6조).

가. 개별법에 따른 사모펀드

부동산투자회사법, 선박투자회사법, 문화산업진흥기본법, 산업발전법, 벤처투자촉진법, 여신전문금융업법 등 '대통령령으로 정하는 법률'에 따라 '사모(私募)의 방법'으로 금전등을 모아 운용·배분하는 것으로서 '대통령령으로 정하는 투자자의 총수'[10]가 49인 이하인 경우에는 집합투자에서 제외된다(6조⑤1, 슈6조). 즉, 특별법에 의하여 설립되는 투자자의 수가 49인 이하인 '사모펀드'는 집합투자업 규제에서 배제되지만, 투자자의 숫자가 50인 이상이 되면 투자자 보호를 위해서 자본시장법이 적용된다는 뜻이다.

나. 자산유동계획에 따른 금전등의 운용·배분 행위

자산유동화법 제3조의 자산유동화계획에 따라 금전등을 모아서 운용·배분하는 경우에는 집합투자에서 제외된다(6조⑤2). 이와 관련하여 자본시장법의 적용이 배제되는 자산유동화의 범위가 문제되는데, 자산유동화법 제2조(정의) 제1호의 '자산유동화'의 개념에 해당한다면 집합투자에서 제외된다고 보는 견해(광의설)가 있으나, 자본시장법은 자산유동화법 제3조의 자산유동화계획에 따른 자산유동화만을 집합투자에서 제외한다고 분명하게 규정하고 있고 이를 확장 해석할 경우에는 예상치 못한 부작용이 생길 수 있으므로, 자산유동화법 제3조에 따라 금융위원회에 등록한 자산유동화만이 자본시장법상의 집합투자규제에서 제외된다고 볼 것이다(협의설).

미국에서는 투자자문업자법(Investment Adviser Act) Rule 3a-7에서 정하는 요건을 충족하는 자산유동화에 한해서 집합투자규제를 배제하고 있다. 적격 유동화자산에 한정해서 집합투자규제의 적용을 배제하는 점에서는 자본시장법과 비슷하지만, Rule 3a-7 요건을 충족하지 못하더라도 투자회사법(Investment Company Act) §3(c)에 따른 사모펀드 면제를 받아 투자회사법의 규제를 받지 않을 수 있다는 점에서 차이가 있다.

다. 그 밖에 대통령령으로 정하는 경우

그 밖에 행위의 성격 및 투자자 보호의 필요성 등을 고려하여 ① 증권금융회사 등 투자자예탁금의 예치기관이 투자자예탁금을 예치 또는 신탁받아 운용·배분하는 경우(슈6조④1호), ② 종합금융투자사업자가 종합투자계좌업무를 하는 경우(1의2호), ③ 신탁업자가 신탁재산을 효율적으로 운용하기 위하여 수탁한 금전을 공동으로 운용하는 경우(2호), ④ 사모집합

---

10) 국가, 한국은행 등 일정한 전문투자자는 49인의 산정에서 제외된다(슈6조②).

투자기구의 투자목적회사가 그 업무를 하는 경우(3호), ⑤ 종합금융회사가 어음관리계좌업무를 하는 경우(4호) 등 투자자 보호의 필요성 등을 고려하여 대통령령으로 정하는 경우에도 집합투자에서 제외된다(6조⑤3).

Ⅴ. 투자자문업

1. 의의

"투자자문업(投資諮問業)"은 금융투자상품, 그 밖에 부동산, 분양권 등 부동산 관련 권리, 신탁재산의 예치금, 각종 출자지분, 거래소 시장에서 거래되는 금지금(金地金), 종합금융회사와 금융기관이 발행하는 단기어음 등(이하 "금융투자상품등")의 가치 또는 투자판단(종류, 종목, 취득·처분, 취득·처분의 방법·수량·가격 및 시기 등에 대한 판단을 말한다)에 관한 자문에 응하는 것을 영업으로 하는 것을 말한다(6조⑦, 슈6조의2). 2019년 2월 자본시장법 제정 당시에는 '금융투자상품'만이 투자자문의 대상이었으나, 2013년 5월에는 '대통령령으로 정하는 투자대상자산'이 투자자문의 대상으로 추가되었다.

금융투자상품을 제외하고 부동산 등에 대한 투자자문만을 하는 경우가 투자자문업의 규제대상인지는 명확하지 않다. 순수하게 부동산 등에 대한 투자자문만을 하는 행위는 투자자문업에 해당하지 않는다고 볼 수도 있으나(소극설), 금융투자상품과 비금융투자상품을 구분하기 어려운 경우가 많아지고 있고, 법 제6조 제7항은 부동산 등에 대한 투자자문만을 영위하는 경우를 적용대상에서 배제하고 있지 않으므로 적극적으로 해석하는 것이 타당하다(적극설). 다만, 금융투자업의 일종인 투자자문업의 성격을 고려하면 투자자문업의 적용범위를 확대하는 것이 바람직한지는 생각해볼 여지는 있다.

2. 금융투자상품등

투자자문의 대상은 '금융투자상품', '그 밖에 대통령령으로 정하는 투자대상자산'("금융투자상품등")이다(6조⑦). 금융투자상품의 개념은 법 제3조에서 살펴보았다.

"그 밖에 대통령령으로 정하는 투자대상자산"이란 ①부동산, ②지상권·지역권·전세권·임차권·분양권 등 부동산 관련 권리, ③신탁재산의 예치금, ④민법상 조합의 출자지분, 상법상 합자회사·유한책임회사·합자조합·익명조합의 출자지분, 그 밖에 특정 사업으로부터 발생하는 수익을 분배받을 수 있는 계약상의 출자지분, ⑤거래소가 개설한 시장에서 거래되거나 은행이 그 판매를 대행하거나 매매·대여하는 금지금(金地金), ⑥종합금융회사와 금융기관이 만기 1년 이내의 기간에서 발행하는 단기어음을 말한다(6조⑥, 슈6조의2).

투자매매업, 투자중개업은 '금융투자상품'을 대상으로 매도·매수를 하거나 이를 중개하는 데 반하여, 투자자문업은 금융투자상품 이외에도 부동산 등을 투자자문의 대상에 포함시키고 있으므로 그 폭이 상대적으로 넓다.

3. 가치 또는 투자판단에 관한 자문

투자자문업이란 '금융투자상품등의 가치 또는 금융투자상품등에 대한 투자판단'에 관한 자문에 응하는 것을 영업으로 하는 것을 말한다(6조⑦).

"투자판단"이란 금융투자상품등의 종류, 종목, 취득·처분, 취득·처분의 방법·수량·가격 및 시기 등에 대한 판단을 말한다(6조⑦괄호).

'투자판단에 관한 자문'은 투자자의 투자의사 결정에 영향을 미칠 수 있을 정도로 구체적이어야 하며, 일반적이거나 포괄적인 자문행위는 투자자문업에 해당하지 않는다. 이렇게 해석하지 않으면 일상적으로 또는 다른 업무에 부수하여 행하여지는 단순한 자문행위들이 투자자문업에 포섭되어 예상하지 못한 위반행위가 발생할 수 있기 때문이다.

투자판단에 관한 '자문에 응하는 것'을 영업으로 한다. "자문에 응하는 것"에는 고객의 요청에 응하여 투자판단을 제공하는 행위 외에도, 투자판단을 제공하기 위하여 사전적·적극적으로 투자를 권유하거나, 투자광고를 하는 행위도 포함된다.

4. 영업으로 하는 자

투자자문업자는 금융투자상품등의 가치나 투자판단에 관한 자문행위 제공을 '영업으로' 하는 자이다(6조⑦). "영업으로" 한다는 것은 영리목적으로 금융투자상품등의 종류, 종목, 취득·처분, 취득·처분의 방법·수량·가격 및 시기 등에 대한 판단에 관하여 자문에 응하는 행위를 계속적, 반복적으로 행하는 것을 말한다. 계속적 반복적인 의사를 가지고 투자판단에 관한 자문에 응하였다면 1회에 그친 경우에도 투자자문업에 해당한다.

특정한 자문행위가 투자자문업으로 인정되기 위해서는 투자자문에 대한 '보수'가 전제되어야 한다. 여기서 '보수'란 그 명칭이나 지급방법 및 금액에 관계없이 투자자문에 대한 대가로 수령하는 일체의 경제적 이익(economic benefit)을 말한다. 따라서 투자자문을 제공하더라도 별도의 보수없이 다른 영업을 위하여 '부수적으로 행하는 경우'에는 겸영업무나 부수업무는 될 수 있어도 투자자문업에는 해당하지 않는다(슈7조④8). 그렇다면 어떠한 행위가 '부수적으로 행하는 경우'에 해당하는가? 별도로 투자자문계약을 체결하지 않았고 투자자문에 대한 수수료(fee)가 부과되지 않는다면 이를 주된 업무로 볼 수는 없고 부수적으로 행하는 경우에 해당될 것이다.[11]

---

11) 미국의 투자자문업자법은 브로커가 제공하는 투자조언이 오로지 부수적(solely incidently)이고 특별한 보수(special compensation)를 받지 않는 것이면 투자자문업에서 제외하고 있다. Investment Advisors Act §202(a)(11)(C).

5. 투자자문업의 적용배제

자본시장법상 투자자문업은 특정한 고객을 상대로 직접적으로 투자자문을 제공하는 행위를 상정한 것으로서, 불특정 다수인을 대상으로 발행 또는 송신되고, 불특정 다수인이 수시로 구입 또는 수신할 수 있는 간행물·출판물·통신물 또는 방송 등을 통하여 조언을 하는 경우는 투자자문업으로 보지 아니한다(7조③). 다만, 간행물, 전자우편, 방송 등을 통하여 금융투자상품에 대한 투자판단 또는 조언을 제공하는 경우에는 유사투자자문업으로 분류될 가능성이 높다(101조).

Ⅵ. 투자일임업

1. 의의

"투자일임업(投資一任業)"은 투자자로부터 금융투자상품등에 대한 투자판단의 전부 또는 일부를 일임받아 투자자별로 구분하여 그 투자자의 재산상태나 투자목적 등을 고려하여 금융투자상품등을 취득·처분, 그 밖의 방법으로 운용하는 것을 영업으로 하는 것을 말한다(6조 ⑧). 집합투자업과 구분하고 투자일임업의 1:1 맞춤적 성격을 명확하게 하기 위하여 '투자자별로 구분하여 그 투자자의 재산상태나 투자목적을 고려하여'라는 문구를 사용하고 있다. 투자일임의 대상자산은 투자자문업과 동일한 '금융투자상품등'이다.

2. 투자자로부터

"투자일임업"이란 '투자자로부터' 금융투자상품등에 대한 투자판단의 전부 또는 일부를 일임받아 투자자별로 구분하여 그 투자자의 재산상태나 투자목적 등을 고려하여 금융투자상품등을 취득·처분, 그 밖의 방법으로 운용하는 것을 말한다(6조⑦).

'개별 투자자'로부터 투자판단의 전부 또는 일부를 일임받는 것을 말하고, 다수의 투자자로부터 자산운용을 일임받는 것은 집합투자에 해당한다. 개별투자자는 1인이 보통이지만 반드시 1인이어야 하는 것은 아니고, 이해관계를 같이하고 개별성이 유지되는 경우라면 투자일임계약이 가능하다. 개별성이 유지되는 범위에서는 법인 또는 단체도 1인으로 본다. 예를 들어, 조합의 권리는 궁극적으로 다수의 조합원들에게 귀속되지만, 이해관계를 같이하고 개별성이 유지되는 경우라면, 조합은 다수의 조합원들을 대리하여 투자일임계약의 체결이 가능하다.

3. 금융투자상품등

투자일임업의 대상은 금융투자상품등이다. 즉, 투자매매업, 투자중개업에서는 '금융투자상품'이 매매나 중개의 대상이지만, 투자일임업에서는 금융투자상품뿐만 아니라 부동산 등을 투자일임의 대상에 포함되므로 그 폭이 상대적으로 넓다. 자세한 내용은 투자자문업에서 살펴보았다.

4. 투자판단의 전부 또는 일부를 일임받아

"투자일임업"이란 투자자로부터 금융투자상품등에 대한 '투자판단의 전부 또는 일부를 일임받아' 투자자별로 구분하여 그 투자자의 재산상태나 투자목적 등을 고려하여 금융투자상품등을 취득·처분, 운용하는 것을 영업으로 하는 것을 말한다(6조⑧).

"투자판단"이란 금융투자상품등의 종류, 종목, 취득·처분, 취득·처분의 방법·수량·가격 및 시기 등에 대한 판단을 말한다(6조⑦괄호). 그러나 자문에 그치는 투자자문업과는 달리, 투자일임업자는 투자판단의 전부 또는 일부를 일임(一任)받아 투자자의 재산상태나 투자목적 등을 고려하여 금융투자상품등을 취득·처분, 그 밖의 방법으로 운용하는 것이므로 상대적으로 엄격한 주의 하에 투자재산을 운용하여야 한다.

투자일임업자는 금융투자상품등을 취득·처분, 그 밖의 방법으로 운용하는 점에서는 집합투자업자와 비슷하지만, 집합투자기구의 투자자가 집합투자재산의 운용에 관여할 수 없는 것과는 달리, 투자일임업자에게 투자를 일임한 투자자는 언제든지 투자판단과 관련한 투자일임업자의 권한을 유보하거나 투자판단에 관여할 수 있다. 이러한 이유 때문에 투자일임업에 대한 규제는 집합투자업 규제에 비교하면 현저히 완화되어 있다.

5. 투자자별 구분 운용

투자일임업자는 투자자로부터 금융투자상품등에 대한 투자판단의 전부 또는 일부를 일임받아 '투자자별로 구분하여 그 투자자의 재산상태나 투자목적 등을 고려하여 금융투자상품등을 취득·처분, 그 밖의 방법으로 운용'하는 것을 영업으로 한다(6조⑧).

가. 투자자별로 구분

투자일임업자는 투자일임계약을 체결한 투자자별로 구분하여 금융투자상품등을 취득·처분, 그 밖의 방법으로 투자일임재산을 운용하여야 한다. 이 점에서 투자자들로부터 모은 집합투자재산을 투자기구에 귀속시킨 후에 집합하여 운영하는 집합투자업과 구분된다. 만일 투자일임업자가 개별 투자자별로 운용하지 아니하고 여러 투자자의 투자재산을 집합하여 운용하는 경우에는 집합투자와 그 구분이 모호해질뿐만 아니라 개별 투자자간에 이해상충의 우려도 있으므로 불건전 영업행위로 처벌된다(98조②8).

나. 개별 투자자의 재산상태나 투자목적 등을 고려

투자일임계약의 1:1 맞춤형 계약의 성격을 고려하면, 투자일임업자는 개별적인 투자자의 재산상태나 투자목적 등을 고려하여 투자일임재산을 운용하여야 한다. 투자일임업의 개별적, 맞춤형 자산관리계약의 성질때문인데, 이 점에서 투자자의 지시를 받지 않고 집합투자재산을 운용하여 그 수익을 투자자에게 귀속시키는 집합투자업과는 커다란 차이가 있다. 이를 반영하여 자본시장법은 투자일임업과 집합투자제도가 서로 중첩하지 않고 그 고유의 기능을 살려서 운영될 수 있도록 양자를 구분하는 각종 규정들을 두고 있다.

다. 금융투자상품등을 취득·처분, 그 밖의 방법으로 운용

투자일임업자는 투자자로부터 일임받는 투자일임재산을 '금융투자상품등을 취득·처분, 그 밖의 방법'으로 폭넓게 운용할 수 있다. 집합투자에서는 집합투자재산의 운용대상, 운영방법 등이 엄격하게 제한되는데(6조⑤, 181조 이하), 투자일임업에서는 투자자의 재산상태나 투자목적 등 개별적인 사정을 고려하므로 그 운용방식은 매우 유연하다.

6. 영업으로 하는 자

투자일임업자는 투자자로부터 금융투자상품등에 대한 투자판단의 전부 또는 일부를 일임받아 투자자별로 구분하여 그 투자자의 재산상태나 투자목적 등을 고려하여 금융투자상품등을 취득·처분, 그 밖의 방법으로 운용하는 것을 '영업으로' 한다(6조⑧).

"영업으로" 한다는 것은 투자를 일임받은 재산을 개별 투자자의 재산상태나 투자목적 등을 고려하여 금융투자상품등을 취득·처분, 그 밖의 방법으로 운용하고 그로 인한 수익을 투자자와 나누거나 수수료를 받는 등 이익을 얻는 행위를 계속적, 반복적으로 한다는 뜻이다.

7. 투자일임업의 적용배제

투자중개업자가 투자자의 매매주문을 받아 처리하는 과정에서, 따로 대가 없이 금융투자상품등에 대한 투자판단의 전부나 일부를 일임받을 필요가 있는 경우로서 ① 투자자로부터의 지정 범위 내에서 투자판단을 일임받은 경우, ② 투자자가 여행·질병 등으로 일시적으로 부재하는 중에 가격 폭락 등 불가피한 사유가 있는 경우 등 '대통령령으로 정하는 경우'에는 투자일임업으로 보지 아니한다(7조④, 슈7조③). 즉, 투자중개업자가 그 업무처리과정에서 투자판단의 전부 또는 일부를 일임받을 필요가 있는 경우로서 투자중개업에 부수하여 행하여지는 경우에는 투자일임업의 적용에서 배제된다. 다만, 따로 대가를 받는다면 투자중개업과 함께 투자일임업까지 영위하는 것으로 보일 수 있다.

Ⅶ. 신탁업

1. 의의

"신탁업(信託業)"이란 신탁을 설정하는 자('위탁자')와 신탁을 인수하는 자('수탁자') 간의 신임관계에 기하여 위탁자가 수탁자에게 '특정의 재산'을 이전하거나 담보권의 설정 또는 그 밖의 처분을 하고 수탁자로 하여금 일정한 자('수익자')의 이익 또는 특정의 목적을 위하여 그 재산의 관리, 처분, 운용, 개발, 그 밖에 신탁 목적의 달성을 위하여 필요한 행위를 하게 하는 행위를 영업으로 하는 것을 말한다(6조⑨, 9조㉔, 信託2조).

우리나라는 신탁업에 관해서는 독자적인 법령을 두지 아니하고,[12] 자본시장법상 금융투자업의 일종으로 규정하고 있다.

2. 신탁업과 금융투자상품

"신탁"은 위탁자가 수탁자에게 특정한 재산을 이전하거나 담보권의 설정 또는 그 밖의 처분을 하고 수탁자로 하여금 수익자의 이익 또는 특정의 목적을 위하여 그 재산의 관리, 처분, 운용, 그 밖에 신탁 목적의 달성을 위하여 필요한 행위를 하게 하는 것을 말한다(9조㉔, 信託2조). 이러한 신탁의 개념 정의에서 알 수 있듯이, 신탁의 개념은 '금융투자상품'과 직접적으로 연결되어 있지 않다. 집합투자업의 개념도 마찬가지인데, 신탁업과 집합투자업의 독자적인 성격을 반영하여 별도의 법령으로 규제해야 한다는 주장이 있다.

3. 신탁업의 적용배제

담보부사채신탁법에 따른 담보부사채에 관한 신탁업, 저작권법에 따른 저작권 신탁관리업의 경우에는 신탁업으로 보지 아니한다(7조⑤). 담보부사채신탁업, 저작권 신탁관리업은 신탁업의 법리보다는 담보부사채, 저작권 등 해당 분야의 법리가 우선 적용되어야 하기 때문이다.

Ⅷ. 금융투자업의 적용배제

위에서는 개별적인 금융투자업을 설명하면서 ① 자기의 증권발행 시 투자매매업의 적용이 배제되고(7조①), ② 투자권유인의 투자권유 대행 시 투자중개업의 적용이 배제되며(7조②), ③ 개별법상 사모펀드에 대해서는 집합투자업의 적용 배제되고(6조⑤1, 슈6조), ④ 출판물, 방송 등을 통한 조언에 대해서는 투자자문업의 적용 배제되며(7조③), ⑤ 투자중개업자의

---

12) 종전에는 신탁업법이 있었으나 2009년 2월 자본시장법이 시행되면서 폐지되었다.

매매주문 처리과정에서는 투자일임업의 적용 배제되고(7조④), ⑥ 담보부사채 신탁업 등의 경우에는 신탁업의 적용이 배제(7조⑤)됨을 살펴보았다.

위에서 살펴본 내용 외에도 다음 각 호의 어느 하나에 해당하는 경우에는 금융투자업으로 보지 아니한다.

1. 거래소가 증권시장 등을 개설·운영하는 경우

거래소가 증권시장 또는 파생상품시장을 개설·운영하는 경우에는 투자중개업으로 보지 아니한다(7조⑥1, 슈7조⑤1). 금융투자상품의 매매계약 체결의 장을 제공하는 거래소의 행위는 투자중개업으로 취급될 수 있으나, 인가된 거래소는 법령에 따라 엄격하게 운용되고 있어서 별도의 금융투자업인가 또는 등록을 요구할 필요가 없음을 고려한 것이다.

2. 투자매매업자, 투자중개업자를 통하여 거래하는 경우

투자매매업자를 상대방으로 하거나 투자중개업자를 통하여 금융투자상품을 매매하는 경우에는 투자매매업으로 보지 아니한다(7조⑥2, 슈7조⑤2). 예를 들어, 주식의 매매를 생업으로 영위하는 개인투자자 甲은 원칙대로라면 투자매매업인가를 받아야 하지만 개인에게 투자매매업인가를 요구하는 것은 과도하므로, 자본시장법은 투자매매업자를 상대방으로 하거나 투자중개업자를 통하여 금융투자상품을 매매하는 경우에는 투자매매업으로 보지 아니한다.

투자매매업자를 상대방으로 하는 거래와는 달리 "투자중개업자를 통하여" 금융투자상품을 매매한다는 의미가 명확하지 않다. 중개인을 위탁매매인으로 삼아 금융투자상품을 매매하는 경우도 있고(execution broker), 중개인이 매매 체결에는 관여하지 않고서 매매당사자를 소개하는 정도에 그치는 경우(introducing broker) 등 중개의 행태가 다양하기 때문인데, 기능주의 규제의 취지를 고려하면 이들 모두 "투자중개업자를 통하여" 금융투자상품을 매매하는 요건을 충족한다고 볼 것이다. 금융투자상품을 매매한 후에 신고나 보고의무를 회피하기 위한 목적에서 중개인을 형식적으로 개입시키는 경우도 적용대상에 해당한다.[13]

투자매매업자를 상대방으로 하거나 투자중개업자를 통하여 금융투자상품을 매매하는 경우에는 금융투자업(투자매매업)의 적용을 배제하므로, 개인투자업자가 장외시장에서 투자매매업자 또는 투자중개업자를 통하지 않고서 이익을 얻기 위하여 계속적, 반복적인 의사를 가지고 금융투자상품을 매매하는 경우에는 금융투자업인가를 받아야 한다. 아무리 개인 간의 거래라고 하더라도 계속하여 반복적으로 영위한다면 투자매매업에서 배제하기 어렵기 때문이다. 다만, 장외에서 사인 간에 이루어지는 거래까지 군이 투자매매업으로 규제할 실익이 있는지는 의문이다.

---

13) 정성우, 자본시장법 제7조, 로앤비 온주(2016.10. 방문), 12면.

3. 일반 사모집합투자업자가 자신의 집합투자증권을 판매하는 경우

일반 사모집합투자업자가 자신이 운용하는 일반 사모집합투자기구의 집합투자증권을 판매하는 경우에는 투자매매업 또는 투자중개업으로 보지 아니한다(7조⑥3, 令7조⑤3). 일반 사모집합투자업자가 자신이 운용하는 일반 사모집합투자기구의 집합투자증권을 소수의 투자자들을 상대로 판매하는 경우에는 사모의 성격과 번거로움을 고려하여 투자매매업이나 투자중개업인가를 면제하는 것이다.

4. 그 밖에 대통령령으로 정하는 경우

가. 국가 또는 지방자치단체의 금융투자상품 매매

국가 또는 지방자치단체가 공익을 위하여 관련 법령에 따라 금융투자상품을 매매하는 경우에는 투자매매업으로 보지 아니한다(7조⑥4, 令7조④1, 令7조⑤4가목). 영리목적이 아니고 국가나 지방자치단체의 경우 인가요건을 구비하기가 곤란하다는 점 등을 고려한 것이다.

나. 한국은행의 공개시장 조작

한국은행이 공개시장 조작을 하는 경우에는 투자매매업으로 보지 아니한다(7조⑥4, 令7조④2, 令7조⑤4가목). 공개시장조작은 한국은행이 통화정책을 수행하기 위하여 자기 계산으로 공개시장에서 국채 등의 유가증권을 매매하는 행위(한국은행법68조)로써 이익을 얻기 위하여 수행되는 영업행위가 아니기 때문이다.

다. 기관 간 환매조건부 매매

일정한 기관 간에 이루어지는 환매조건부매매(RP)는 투자매매업으로 보지 아니한다(7조⑥4, 令7조④3, 令7조⑤4가목). 환매조건부 매매(RP)의 법적 형식은 증권의 매매로서 만일 자기의 계산으로 RP거래를 반복적으로 수행하면 투자매매업으로 취급될 수 있지만, 그 실질은 기관 간에 이루어지는 담보부 소비대차로서 투자자 보호가 크게 문제되지 않을 뿐만 아니라 단기 자금시장의 핵심인 RP시장을 확대할 정책적 필요성도 있기 때문이다.

위와 같이 기관간 RP거래에 대해서는 투자매매업인가를 받을 필요는 없지만 몇 가지 주의할 사항이 있다. ① 기관관 RP가 아닌 "대고객 RP"는 면제 규정이 적용되지 않으므로 투자매매업인가를 받아야 한다. ② 기관간 RP의 매매거래는 투자매매업에서 면제되지만, '기관간 RP의 중개행위'는 투자중개업에 해당하므로 인가를 받아야 한다(令별표1, 비고4). ③ "한국은행 RP"는 공개시장 조작 수단의 의미가 강하고 폭넓은 투자매매업 면제규정이 있다(令7조④2).

라. 협회의 주권 장외거래 매매업무

거래소의 증권시장 또는 파생상품시장 개설 및 운영행위에 관하여 투자중개업 적용을 면제받는 것처럼(7조⑥1), 협회가 증권시장에 상장되지 아니한 주권을 대상으로 장외거래를 수행하는 K-OTC시장(한국장외시장)[14] 등에서의 매매거래 업무는 투자중개업으로 보지 아니한다(7조⑥4, 슈7조④4, 슈7조⑤4나목).

마. 외국 금융투자업자에 대한 특례

외국 금융투자업자가 내국인을 상대로 금융투자업을 영위하는 경우에 그 효과가 국내에 미침에도 불구하고 아무런 제한이 없다면 부당하다. 자본시장법은 외국 금융투자업자가 인가나 등록절차를 거치지 않고 국내투자자 등을 상대로 금융투자업을 영위할 수 있는 경우를 한정적으로 열거하고 있다(7조⑥4, 슈7조④5호-7호, 슈7조⑤4가목-라목).

바. 대가없이 투자자문에 응하는 경우

따로 대가 없이 '다른 영업'에 부수하여 금융투자상품등의 가치나 그 금융투자상품등에 대한 투자판단에 관한 자문에 응하는 경우에는 투자자문업으로 보지 아니한다(7조⑥4, 슈7조④8, 슈7조⑤4마목). '다른 영업'이 금융투자업에 한정되는지에 대해서 논란이 있으나, 변호사, 공인회계사 등 전문가가 해당 업무와 관련하여 정보를 제공하는 경우에는 금융투자업으로 보지 아니한다(슈7조⑤9)는 별도의 규정이 있는 것을 고려하면 다른 영업이란 금융투자업에 한정된다고 본다(협의설).

사. 전문가의 분석정보 제공행위

집합투자기구평가회사, 채권평가회사, 공인회계사, 감정인, 신용평가를 전문으로 하는 자, 변호사, 변리사 또는 세무사, 그 밖에 이에 준하는 자로서 해당 법령에 따라 자문용역을 제공하고 있는 자(그 소속단체를 포함한다)가 해당 업무와 관련된 분석정보 등을 제공하는 경우에는 투자자문업으로 보지 아니한다(7조⑥4, 슈7조④9, 슈7조⑤4마목). 전문가가 자신의 전문적인 영역에 대해서 자문하면서 그 업무와 관련된 분석정보 등을 제공하는 행위까지 금융투자업으로 보기는 곤란하기 때문이다.

아. 다른 법령에 따른 부동산의 투자운용 자문 등

다른 법령에 따라 건축물 및 주택의 임대관리 등 부동산의 관리대행, 부동산의 이용·개발 및 거래에 대한 상담, 그 밖에 부동산의 투자·운용에 관한 자문 등의 업무를 영위하는 경우에는 투자자문업 또는 투자일임업으로 보지 아니한다(7조⑥4, 슈7조④10, 슈7조⑤4바목).

---

14) 한국금융투자협회는 업무의 일부로 증권시장에 상장되지 아니한 주권의 장외매매거래를 주관하고 있으며 (286조①5), 한국장외시장(K-OTC)과 한국장외시장BB(K-OTC BB)가 있다.

2013년 5월 자본시장법 개정에 따라 부동산이 투자자문의 대상에 포함되면서(6조⑥, 令60조의1 1호), 다른 법령에 근거하여 이미 부동산에 관한 자문업을 영위하는 자들이 강제로 투자자문업이나 투자일임업 등록을 해야 하는 상황을 면하게 하기 위하여 도입된 것이다. 부동산 중개업자나 감정평가사 등이 이 조항의 적용을 받는다.

금융투자업의 진입규제

Ⅰ. 진입규제의 개요

금융투자업은 국가경제에 미치는 영향이 크고 투자자의 경제생활에 미치는 영향도 막대하다. 따라서 자본시장법은 일정한 자격을 갖춘 자에 한해서 금융투자업을 영위할 수 있도록 하고, 누구든지 금융투자업을 영위하기 위해서는 금융투자업인가를 받거나 등록할 것을 요구하고 있다. 자본시장법상 진입규제의 개요는 다음과 같다.

첫째, 동일한 기능에 대해서는 동일한 인가 또는 등록의 요건이 적용되도록 금융기능을 기준으로 진입요건을 마련하였다. 고객과 직접 채권·채무관계를 가지거나(투자매매업) 고객의 자산을 수탁하는 금융투자업(투자매매업, 투자중개업, 집합투자업, 신탁업)에 대해서는 인가제를 채택하고(12조), 고객의 자산을 수탁하지 않는 금융투자업(투자자문업, 투자일임업)에 대해서는 등록제를 채택하였다(18조). 다만, 사모펀드 시장의 활성화를 위해서 일반 사모집합투자업에 대해서는 집합투자업이지만 등록제를 채택하고 있다(18조, 249조).[15]

둘째, 실제 금융투자업 영위 현황을 감안하여 업무단위는 적절한 수준으로 세분화하고 인수업, 채권·주식 전문중개업 등 특정 영역에 전문화된 금융투자업자의 진입을 허용하였다. 2019. 7. 기준 총 78개의 인가·등록업무의 단위가 설정되어 있다.[16]

셋째, 금융투자업의 종류, 금융투자상품의 범위, 투자자의 유형을 구성요소로 하는 인가·등록업무의 단위를 선택하여 인가를 받거나 등록하며, 필요 시에는 업무단위를 추가함으로써 업무영역을 확장할 수 있도록 하였다(이른바 'Add-on' 방식, 16조, 21조).

넷째, 진입요건의 수준은 시행령에서 규정하는데, 인가제를 채택한 금융투자업(투자매매

---

15) 미국은 브로커-딜러(broker-dealer)에 대해서는 등록하도록 하고(SEA of 1934 §15(a)(1)), 일본은 금융상품거래업(金融商品取引業)을 위해서는 등록제를 채택하되, 다자간매매결제회사(PTS) 운용업무만 인가제를 채택하고 있으며(金融商品取引法 第29條, 第30條), 홍콩은 증권업을 10가지로 구분하고 각각의 업무별로 등록 또는 인가를 받도록 하고(Securities and Futures Ordinance Schedule 5), 영국은 금융투자업자(investment firms)에게 인가를 받도록 하고 있다(FSMA 2000 §19(1)). 송창영, 자본시장법 제11조 금융투자업의 인가, 로앤비 온주, 2016. 12. 10. 방문.

16) 금융감독원, 금융투자업 인가매뉴얼(2019), 7면.

업, 투자중개업, 집합투자업, 신탁업)의 진입요건은 등록제를 채택한 금융투자업(투자자문업, 투자일임업)에 비해 엄격하게 설정하고, 특히 고객과 직접적인 채권·채무관계를 가지는 금융투자업(투자매매업)에 대해서는 고객의 자산을 수탁하는 금융투자업(집합투자업, 신탁업 등)에 비해 강화된 요건을 설정하고 있다. 진입요건은 진입 후에도 계속 유지할 것을 요구하여 진입 시 적격성이 지속되도록 하였다. 다만, 자기자본이나 대주주 요건 등은 진입 이후에는 어느 정도 완화하고 있다.

II. 인가·등록업무의 단위

1. 설정의 기준

금융투자업을 영위하려는 자는 금융투자업의 종류, 금융투자상품의 범위, 투자자의 유형을 구성요소로 하여서 대통령령으로 정하는 인가·등록업무 단위의 전부나 일부를 선택하여 금융위원회로부터 하나의 금융투자업인가를 받거나 금융투자업등록을 하여야 한다(12조①, 18조①).

금융투자업 '인가의 대상'은 투자매매업, 투자중개업, 집합투자업 및 신탁업이고(12조①1), '등록의 대상'은 투자자문업, 투자일임업이다(18조①1).

금융투자업인가·등록업무의 단위를 설정함에 있어서 취급대상인 금융투자상품은 증권, 장내파생상품 및 장외파생상품으로 구분한다(12조①2, 18조①2).

금융투자업인가·등록업무의 단위를 설정함에 있어서 투자자의 유형은 전문투자자 및 일반투자자로 구분한다(12조①3, 18조①3). 각 업무단위는 일반투자자와 전문투자자를 모두 대상으로 하는 경우와 전문투자자만을 대상으로 하는 경우로 구분되며, 일반투자자를 대상으로 영업이 가능한 경우에는 전문투자자에 대해서도 영업이 가능하다. 다만, ATS 매매체결대상 상품 매매·중개, 환매조건부매매(RP)대상 증권 중개, 채권중개전문회사의 채무증권 장외 중개업은 전문투자자만을 대상으로 하고 있다(슈[별표1]).

2. 사전편찬식 체계

인가·등록업무의 단위는 금융투자업자가 실제 영위하는 업무의 내용을 반영하고 있으며, 나중에 업무를 추가할 필요가 있는 경우에는 새로운 업무단위를 신설하기 용이하도록 인가·등록단위별 코드를 사전편찬식으로 부여하여 무한대로 세분화할 수 있도록 하였다.[17] 예를 들어, 투자매매업자가 증권-채무증권-국공채를 대상으로 영업을 하는 경우에는 1-111-1의 형식으로 코드번호를 부여받는데, 만일 증권-채무증권-회사채를 대상으로 영업하려고

---

17) 금융감독원, 금융투자업 인가매뉴얼(2019), 7면.

한다면 1-111-2의 형식으로 새로운 코드를 창출할 수 있도록 함으로써 기존의 코드에 영향을 미치지 않으면서도 영업단위를 추가할 수 있도록 하였다.

또한 새로운 금융투자상품이 등장하더라도 별도의 인가 없이 업무수행이 가능할 수 있도록 '포괄적인 단위'도 마련하였다. 예를 들어, 투자매매업의 경우 금융투자상품에 따라 '채무증권', '지분증권', '집합투자증권'으로 세분하였지만, 포괄단위로 '증권'의 단위를 설정하고 있어서 채무증권 등에 해당하지 않는 상품이라도 증권에 해당한다면 새로운 인가나 등록이 없이 종전의 포괄적인 단위를 그대로 사용할 수 있도록 하였다(☞ [표3-1]의 코드번호 1-1-1 참조).[18]

3. 겸영금융업자의 경우

은행 등 겸영금융투자업자는 금융투자업을 겸영하더라도 은행법 등 개별법령과 관련규정을 준수하여야 한다. 예를 들어, 은행이 통화·이자율을 기초자산으로 하는 장외파생상품 투자매매업에 관한 금융투자업인가를 받았다고 하더라도 외환파생상품 거래 위험관리에 관한 은행업감독규정을 준수하여야 한다.

구체적인 인가·등록의 업무단위 및 최저자기자본은 아래의 [표3-1]과 같다.

[표3-1] 인가등록 업무단위 및 최저 자기자본

〈단위: 억원〉

코드	금융투자업 종류		금융투자상품 범위			투자자	자기자본
1-1-1	투자매매업	인수포함[19]	증권			일반+전문	500[1]
1-11-1				채무증권		일반+전문	200[1]
1-111-1					국공채	일반+전문	75[1]
1-12-1				지분(집합제외)		일반+전문	250[1]
1-13-1				집합투자증권		일반+전문	50[1]
11-1-1		인수제외	증권			일반+전문	200[1]
11-11-1				채무증권		일반+전문	80[1]
11-111-1					국공채	일반+전문	30[1]
11-112-1					사채	일반+전문	40[1]
11-12-1				지분(집합제외)		일반+전문	100[1]
11-13-1				집합투자증권		일반+전문	20[1,2]
11r-1r-1				RP대상증권		일반+전문	60
12-112-1		인수만	증권	채무증권	사채	일반+전문	60[1]
1-2-1			장내파생[20]			일반+전문	100[1]
1-21-1				주권기초		일반+전문	50[1]
1-3-1			장외파생			일반+전문	900[1]
1-31-1				주권기초		일반+전문	450[1]
1-32-1				주권외기초		일반+전문	450[1]

18) 금융위원회, 자본시장법시행령 설명자료(2008. 7), 10-12면.

				통화·이자율기초	일반+전문	180[1]
1-321-1				통화·이자율기초	일반+전문	180[1]
1a-1-2	투자매매업　(ATS)				전문	300
2-1-1	투자중개업	증권			일반+전문	30[1]
2r-1-2	（RP중개）	（증권）			전문	5
2-11-1			채무증권		일반+전문	10[1]
2-12-1			지분(집합제외)		일반+전문	10[1]
2-13-1			집합투자증권		일반+전문	10[1]
2-2-1		장내파생			일반+전문	20[1]
2-21-1			주권기초		일반+전문	10[1]
2-3-1		장외파생			일반+전문	100[1]
2-31-1			주권기초		일반+전문	50[1]
2-32-1			주권외기초		일반+전문	50[1]
2-321-1				통화·이자율기초	일반+전문	20[1]
2a-1-2	투자중개업　(ATS)				전문	200
2i-11-2i	투자중개업　(장외채권중개)	증권	채무증권		전문	30
3-1-1	집합투자업	모든펀드			일반+전문	80[1]
3-11-1			증권펀드(MMF포함)		일반+전문	40[1]
3-12-1			부동산펀드		일반+전문	20[1]
3-13-1			특별자산펀드		일반+전문	20[1]
3-14-1	전문사모집합투자업	모든펀드			적격[3]	10
4-1-1	신탁업	모든신탁재산			일반+전문	250[1]
4-11-1			금전만신탁		일반+전문	130[1]
4-12-1			금전제외신탁		일반+전문	120[1]
4-121-1				부동산신탁	일반+전문	100[1]
5-1-1	투자자문업	증권, 파생상품, 부동산, 예치금			일반+전문	2.5
5-21-1		집합투자증권, 파생결합증권, 환매조건부 매매, 예치금 등			일반+전문	1
6-1-1	투자일임업	증권, 파생상품, 부동산, 예치금			일반+전문	15
6-1-2					전문	5

1) 전문투자자만을 대상으로 하는 경우 1/2 경감 (코드 번호는 0-0-2 형태)
2) 자신이 운용하는 집합투자기구의 집합투자증권을 매매하는 경우 1/2 경감 적용
3) 자본시장법 제249조의2 각 호의 투자자

〈출처〉 금융감독원, 금융투자업 인가매뉴얼(2019), 22면

---

19) 인수업을 영위하기 위하여 투자매매업의 영위가 필수적인바 인수업을 포함한 투자매매업 전체 인가 필요. 금융감독원, 금융투자업 인가매뉴얼(2019), 8면.

20) 파생상품은 당사자간의 계약이라는 속성을 지니므로 인수의 개념이 적용될 수 없어 인수업은 증권에 대하여만 허용. 금융감독원, 금융투자업 인가매뉴얼(2019), 8면.

Ⅲ. 인가·등록의 요건

1. 기본원칙

인가·등록 업무단위 간 진입요건의 수준은 금융투자업자가 부담하는 위험 수준, 투자자 보호의 필요성의 정도 등을 감안하여 차등화되어 있다.

인가제를 채택한 금융투자업의 경우에는 금융위원회의 재량적 판단이 가능하도록 '사업계획의 타당성' 요건을 추가하고, 등록대상에 비교하여 상대적으로 높은 수준의 자기자본을 요구함으로써 진입요건을 상대적으로 엄격하게 설정하였다.[21] 고객과 직접적인 채권·채무 관계를 가지는 투자매매업에 대해서는 고객의 자산을 별도로 수탁하는 투자중개업, 집합투자업, 신탁업에 비교하여 강화된 요건을 설정하였다.

장외파생상품 등 위험 금융투자상품을 대상으로 하는 인가에 대해서는 일반 금융투자상품에 비교하여 강화된 진입요건을 설정하고 있다.

투자자 보호를 위하여 일반투자자를 상대하는 금융투자업자의 진입요건은 전문투자자만을 상대로 하는 경우보다 강화하였다.

2. 인가요건

자본시장법은 금융투자업의 인가요건을 ① 법인격 요건(12조② 1호), ② 자기자본 요건(2호), ③ 사업계획의 타당성 요건(3호), ④ 인적·물적요건(4호), ⑤ 임원의 자격요건(5호), ⑥ 대주주 요건(6호), ⑦ 건전한 재무상태와 사회적 신용요건(6의2호), ⑧ 이해상충방지체계 요건(7호, 44조, 45조)으로 구분하여 운영하고 있다.

가. 상법상 주식회사 또는 대통령령으로 정하는 금융기관일 것

금융투자업인가를 받으려는 자는 ① 상법에 따른 주식회사이어야 한다(12조②1가목). 각종 금융법상 금융업자의 경우 대부분 주식회사 형태로 되어 있을 뿐만 아니라, 자금조달이 수월하고, 소유와 경영이 분리되어 있어서 합리적이고 건전한 지배구조의 구축이 가능하기 때문이다. 그러나 특별법에 의해서 설립되는 금융기관 중에서는 상법상 주식회사가 아닌 경우도 있는데, 이를 반영하여 ② 한국산업은행, 중소기업은행 등 대통령령으로 정하는 금융기관도 금융투자업인가를 받을 수 있도록 하였다(12조②1가목, 슈16조①). ③ 외국 금융투자업자로서 외국에서 영위하고 있는 영업에 상당하는 금융투자업 수행에 필요한 지점, 그 밖의 영업소를 설치한 자(12조②1나목)도 금융투자업인가를 받을 수 있다.

---

21) 변제호 외 5인, 자본시장법(2015), 123면.

나. 최저자기자본

금융투자업인가를 받으려는 자는 인가업무 단위별로 5억원 이상으로서 대통령령으로 정하는 금액 이상의 자기자본을 갖추어야 한다. 구체적인 금액은 법 시행령 [별표1] 인가업무 단위 및 최저자기자본에서 인가등록업무의 단위별로 규정되어 있다(12조②2, 令16조③, [별표1]). 자기자본은 최근 사업연도말일 자기자본에서 인가신청일까지의 자본금의 증감분을 포함하여 계산한다(令[별표1] 비고12).

다. 사업계획의 타당성과 건전성

금융투자업인가를 받으려는 자는 사업계획이 타당하고 건전하여야 한다(12조②3). 사업계획은 타당하고 실현가능성이 있어야 하고, 위험관리와 금융사고 예방 등을 위한 적절한 내부통제장치가 마련되어 있어야 하며, 투자자 보호에 적절한 업무방법을 갖추고, 법령을 위반하지 아니하고 건전한 금융거래질서를 해칠 염려가 없어야 한다(令16조④).

라. 충분한 인적 및 물적 설비

금융투자업인가를 받으려는 자는 투자자의 보호가 가능하고 그 영위하고자 하는 금융투자업을 수행하기에 충분한 인력과 전산설비, 그 밖의 물적 설비를 갖추어야 한다(12조②4). 특히, 투자자를 대상으로 금융투자업무를 행하는 직원은 투자권유자문인력 등 영위업무와 관련된 자격을 소지하여야 한다(規定 [별표2]).

마. 임원의 자격

금융투자업인가를 받으려는 자는 임원이 금융사지배구조법 제5조(임원의 자격요건)에 적합하여야 한다(12조②5).

바. 대주주의 출자능력, 신용상태, 사회적 신용 등

금융투자업인가를 받으려는 자가 상법에 따른 주식회사이거나 대통령령으로 정하는 금융기관인 경우에는 '대주주'가 충분한 출자능력, 건전한 재무상태 및 사회적 신용을 갖추어야 한다(12조②6가목). 심사대상인 "대주주"에는 최대주주, 최대주주의 특수관계인인 주주, 주요주주가 있다(9조①, 지배구조법2조6호).

사. 건전한 재무상태와 사회적 신용

금융투자업인가를 받으려는 자는 건전한 재무상태, 사회적 신용을 갖추어야 한다(12조②6호의2, 令16조⑧).

아. 이해상충방지체계의 구축

금융투자업인가를 받으려는 자는 금융투자업자와 투자자 간, 특정 투자자와 다른 투자자

간의 이해상충(利害相衝)을 방지하기 위한 체계를 갖추어야 한다(12조②7). 이해상충방지체계는 법 제44조(이해상충의 관리) 및 제45조(정보교류의 차단)에 적합하여야 한다(슈16조⑨).

3. 등록요건

금융투자업등록을 하려는 자는 ① 법인격 요건(18조② 1호), ② 자기자본 요건(2호), ③ 투자권유자문인력 또는 운용인력 요건(3호), ④ 임원의 자격요건(4호), ⑤ 대주주 요건(5호), ⑥ 건전한 재무상태와 사회적 신용요건(5의2호), ⑦ 이해상충방지체계 요건(6호)을 갖추어야 한다.

금융투자업등록요건은 금융투자업인가요건과 비슷하다. 다만, 인가대상 업무와 등록대상 업무에 차이가 있고, 등록제의 취지가 반영되어 인가요건보다 완화되어 있다.

첫째, 인가요건에서는 '사업계획이 타당하고 건전할 것'이라는 요건이 있으나(12조②3) 등록요건에서는 배제되어 있다. 투자자문업이나 투자일임업의 경우에는 고객의 자산을 수탁하지 않는다는 점에서 비교적 객관적인 요건만을 규정한 것이다.

둘째, 투자자문업과 투자일임업에 대해서는 전문인력요건만을 규정하고 있을 뿐(18조②3), 물적 요건에 대해서는 별도로 규정하고 있지 않다. 투자자문업과 투자일임업은 물적 시설보다는 전문인력의 경험과 지식에 의존하여 업무를 수행하는 점을 고려한 것이다.

셋째, 인가요건에 비교하여 대주주의 사회적 신용에 관한 요건이 완화되어 있다(슈[별표2] 대주주 요건 참조).

Ⅳ. 인가 · 등록의 절차

1. 인가절차

금융투자업인가를 받으려는 자는 인가신청서를 금융위원회에 제출하여야 한다(13조①). 금융위원회는 인가신청서를 접수한 경우에는 그 내용을 심사하여 3개월(예비인가를 받은 경우에는 1개월) 이내에 금융투자업인가 여부를 결정하고, 그 결과와 이유를 지체 없이 신청인에게 문서로 통지하여야 한다.

금융투자업인가를 받으려는 자는 미리 금융위원회에 예비인가를 신청할 수 있다(14조①). 금융위원회는 예비인가를 신청받은 경우에는 2개월 이내에 금융투자업 인가요건을 갖출 수 있는지 여부를 심사하여 예비인가 여부를 결정하고, 그 결과와 이유를 지체 없이 신청인에게 문서로 통지하여야 한다.

예비인가를 받는 자는 받은 날로부터 6개월 이내에 예비인가의 내용 및 조건을 이행한 후 본인가를 신청하여야 한다(슈18조④). 금융투자업인가는 투자매매업, 투자중개업 등 영업단위별로 부여되는 것이 아니고, 금융투자업자별로 하나의 '금융투자업인가'가 부여된다(12

조①). 금융위원회는 금융투자업인가에 경영의 건전성 확보 및 투자자 보호에 필요한 조건을 붙일 수 있으며, 조건이 붙은 금융투자업인가를 받은 자는 사정의 변경, 그 밖에 정당한 사유가 있는 경우에는 금융위원회에 취소 또는 변경을 신청할 수 있다(13조④,⑤).

2. 등록절차

금융투자업등록을 하려는 자는 금융위원회에 등록신청서를 제출하여야 한다(19조①). 금융위원회는 등록신청서의 내용을 검토하여 2개월 이내에 금융투자업등록 여부를 결정하고, 그 결과와 이유를 지체 없이 신청인에게 문서로 통지하여야 한다(19조②).

금융위원회는 금융투자업등록 여부를 결정함에 있어서 금융투자업등록요건을 갖추지 아니한 경우, 등록신청서를 거짓으로 작성한 경우, 등록신청서의 흠결에 대한 보완요구를 이행하지 아니한 경우 외에는 등록을 거부하여서는 아니 된다(19조④). 금융투자업인가에는 사업계획의 타당성(12조②3) 등 재량적 판단이 허용되지만, 금융투자업등록을 위해서는 객관적인 요건만을 요구하고 있으며 등록처리기한도 법률에 명시되어 있다(18조, 19조).

인가와 달리 등록의 경우에는 감독당국의 재량권이 인정되지 않고, 요건을 구비하면 법에서 다른 결격사유를 정하지 않는 이상 등록이 되어야 하므로 예비등록제도를 두고 있지 않다.

V. 인가 · 등록요건의 유지

1. 인가요건 유지의무

금융투자업인가요건은 신청 시점에서 요구되는 데에 그치지 아니하고 인가가 이루어진 이후에도 계속 유지되어야 한다. 따라서 금융투자업자는 금융투자업인가를 받아 그 영업을 영위함에 있어서 인가요건을 유지하여야 하고(15조), 만일 금융투자업자가 인가요건의 유지의무를 위반한 경우에는 금융위원회는 금융투자업인가를 취소할 수 있다(420조①3).

금융투자업자는 인가요건을 유지하여야 하지만, 자본시장법은 ① 대주주 요건(12조②6가목) 및 ② 건전한 재무상태 요건(12조②6호의2)은 인가유지요건에서 제외하고, ③ 자기자본 요건(12조②2) 및 ④ 대주주나 외국 금융투자업자 요건(12조②6)은 '대통령령으로 정하는 완화된 요건'을 적용하고 있다(15조 괄호). 자기자본은 경영성과에 따라 변동하기 때문에 일시적으로 경영이 부진하여도 바로 인가를 취소하지 않고 확충할 기회를 주는 것이다.[22]

---

22) 김건식/정순섭, 자본시장법(2013), 716면.

2. 등록요건 유지의무

투자자문업자 또는 투자일임업자는 금융투자업등록 이후 그 영업을 영위함에 있어서 제18조 제2항 각 호의 등록요건을 유지하여야 한다(20조). 금융투자업자가 등록요건의 유지의무를 위반한 경우에는 금융위원회는 금융투자업등록을 취소할 수 있다(420조①3).

금융투자업자는 등록요건을 유지하여야 하지만, 자본시장법은 ① 건전한 재무상태와 사회적 신용의 요건(18조②5호의2)은 등록유지요건에서 제외하고, ② 자기자본 요건(18조②2) 및 ③ 대주주 요건(18조②5)은 '대통령령으로 정하는 완화된 요건'을 적용하고 있다(20조 괄호). 자기자본은 경영성과에 따라 변동하기 때문에 일시적으로 경영이 부진하여도 바로 등록을 취소하지 않고 확충할 기회를 주는 것이다.

Ⅵ. 업무의 추가 및 인가 · 등록의 변경 등

1. 인가업무의 추가 및 변경

금융투자업인가 또는 금융투자업등록은 어떠한 업무단위로 구성되어 있는지와 관계없이 '하나의 금융투자업인가' 또는 '하나의 금융투자업등록'을 받는다. 따라서 금융투자업자가 다른 인가업무 단위를 추가하여 금융투자업을 영위하려는 경우에는 새로운 금융투자업인가를 받는 것이 아니라 기존에 받은 금융투자업인가의 내용을 변경하는 변경인가를 받아야 한다(16조①). 이 경우에는 예비인가에 관한 법 제14조를 적용한다(16조①).

2. 등록업무의 추가 및 변경

금융투자업자는 등록업무 단위 외에 다른 등록업무 단위를 추가하여 금융투자업을 영위하려는 경우에는 금융위원회에 변경등록을 하여야 한다(21조①). 즉, 투자자문업 또는 투자일임업 등록을 한 금융투자업자가 다른 등록업무 단위를 추가할 때에는 신규등록을 할 필요없이 기존의 투자자문업 또는 투자일임업 등록을 변경등록하면 된다.

변경등록의 경우 등록요건(18조②)을 구비하여야 하며, 특히 추가로 등록하려는 등록업무 단위에 요구되는 자기자본을 충족하여야 한다. 다만, 대주주의 자격 등에 관한 등록요건(18조②5)에 관하여는 대통령령으로 정하는 완화된 요건이 적용된다(21조②, 令23조의2).

3. 일부의 취소 또는 철회

금융투자업인가 또는 등록의 일부만을 취소하거나 철회하는 것이 가능한가? 이에 대해서 자본시장법상 금융투자업인가 또는 금융투자업등록은 하나의 인가 또는 등록이므로 특별한 사정이 없는 한 인가 또는 등록의 전부를 취소하여야 한다는 견해[23]가 있으나, 하나의 행정행위라도 그 내용이 가분성이 있거나 그 일부를 특정할 수 있다면 일부만의 취소가 가능할뿐만 아니라,[24] 자본시장법은 사전식 편찬 체계에 따라 금융투자업인가나 등록의 단위를 구분할 수 있도록 하고 있으므로,[25] 일부만을 취소할 필요성이 있는 경우에는 인가나 등록의 일부만을 취소할 수 있다고 본다. 같은 맥락에서 금융투자업자는 인가나 등록의 단위별로 신청을 철회하거나 이미 인가나 등록을 받은 경우에는 특정 단위의 인가나 등록을 스스로 반납할 수 있다.

Ⅶ. 위반 시의 제재

1. 무인가 영업행위의 금지

누구든지 자본시장법에 따른 '금융투자업인가(변경인가를 포함)'를 받지 않고는 금융투자업(투자자문업, 투자일임업 및 전문사모집합투자업은 제외한다)을 영위하여서는 아니 된다(11조). 무인가 영업행위에 해당하는지는 ①거래대상이 금융투자상품인지, ②거래행위가 투자매매, 투자중개, 집합투자, 신탁에 해당하는지, ③이익을 얻을 목적으로 계속적이거나 반복적인 방법으로 영위한 것인지 등이 쟁점이 될 것이다.

인가를 받지 않고 투자매매업, 투자중개업, 집합투자업 및 신탁업을 영위하거나 인가를 받지 아니한 사실을 숨기고 투자매매, 투자중개 등을 하였다면 고객에 대하여 민사상의 불법행위책임을 지고,[26] 금융투자업인가가 취소될 수 있다(420조①). 금융투자업인가와 금융투자업등록이 모두 취소된 경우에는 해산한다(420조②). 금융투자업의 인가(변경인가를 포함)를 받지 않고 금융투자업(투자자문업, 투자일임업 및 전문사모집합투자업은 제외한다)을 영위한 자, 또는 거짓, 그 밖의 부정한 방법으로 금융투자업인가를 받은 자는 5년 이하의 징역 또는 2억원 이하의 벌금에 처한다(444조1호, 2호).

2. 미등록 금융투자업의 금지

누구든지 자본시장법에 따른 금융투자업등록(변경등록을 포함한다)을 하지 않고는 투자자문

23) 김건식/정순섭, 자본시장법(2013), 718면.
24) 한 사람이 여러 종류의 자동차운전면허를 취득한 경우 이를 취소 또는 정지할 때 서로 별개의 것으로 취급해야 하는지 여부(적극) 및 외형상 하나의 행정처분이라고 하더라도 가분성이 있거나 그 처분대상이 특정될 수 있는 경우 일부 취소의 가능성(적극). 대판 1995.11.16., 95누8850(전합).
25) 자본시장법은 인가업무 단위별로 진입요건을 세분화하고 있고(12조①), 인가 후에도 필요한 인가업무 단위별로 추가할 수 있는 등(16조) 가분성을 인정하고 있다.
26) 서울남부지판 2010.7.23., 2009가합13300.

업 또는 투자일임업을 영위하여서는 아니 된다(17조). 투자자문업 또는 투자일임업 등록을 하지 아니한 사실을 숨기고 투자자문을 하거나 투자일임을 받았다면 고객에 대한 불법행위를 구성하여 손해배상책임을 부담하고,[27] 미등록 영업행위로 형사처벌을 받을 수 있다(445조1호, 18조). 금융투자업자가 거짓, 기타 부정한 방법으로 투자자문업 또는 투자일임업을 등록하거나, 등록요건의 유지의무를 위반한 경우에는 금융투자업 등록을 취소할 수 있다(420조①). 금융투자업인가와 등록이 모두 취소된 경우에는 해산한다(420조②). 금융투자업등록(변경등록을 포함)을 하지 않고 투자자문업 또는 투자일임업을 영위한 자, 또는 거짓, 그 밖의 부정한 방법으로 금융투자업의 등록(변경등록을 포함한다)을 한 자는 3년 이하의 징역 또는 1억원 이하의 벌금에 처한다(445조1호, 18의2호, 25의2호).

　미등록 투자자문업 또는 투자일임업을 금지하는 조항은 '단속규정'이다.[28] 미등록 투자일임업자가 체결한 투자일임계약이 그 사법상의 효력까지도 부인하지 않으면 안 될 정도로 현저히 반사회성, 반도덕성이 있다고 볼 수 없을 뿐만 아니라, 그에 위반한 행위를 일률적으로 무효라고 할 경우 거래상대방과 사이에 법적 안정성을 크게 해하고 부당한 결과가 초래될 수 있기 때문이다. 따라서 미등록 투자자문업자의 자문이나 투자일임업자의 거래행위라고 하더라도 그 사법상의 효력은 인정된다고 보아야 한다.

---

27) 서울남부지판 2010.7.23., 2009가합13300.
28) 대판 2019.6.13., 2018다258562.

제3절

금융투자업자의 건전경영 유지

금융투자업자는 건전경영을 하여야 한다. 특히, 투자자가 피해를 입지 않도록 재무와 경영에 있어서 건전성을 유지하여야 한다.

Ⅰ. 재무건전성의 유지

"자기자본비율규제"란 금융회사의 건전성과 안전성을 확보할 목적으로 일정 비율 이상의 자기자본을 보유할 것을 요구하는 것이다. 은행은 국제결제은행(BIS)의 자기자본 기준, 보험회사는 위험기준 자기자본(RBC) 기준을 이용하고 있으나, 금융투자업자는 영업용 순자본비율(NCR) 기준을 이용하고 있다.

1. 영업용순자본 비율의 산정방식

금융투자업자는 '영업용순자본'을 '총위험액' 이상으로 유지하여야 한다(30조①). 영업용순자본과 총위험액의 계산방식은 아래와 같다.

가. 영업용순자본

"영업용순자본"이란 즉시 현금화 가능 여부 등을 기준으로 평가한 순자산 가치이다. 영업용순자본이 많을수록 즉시 현금화가 가능한 자산이 많다는 뜻이므로 위험에 즉각 대처하거나 다양한 영업활동을 할 수 있다. 영업용순자본의 산정방식은 다음과 같다.

[영업용순자본] = 기준일 현재 재무상태표의 자산총액에서 부채총액을 차감한 잔액("순재산액") + 가산항목의 합계 금액 − 차감항목의 합계 금액(30조①, 規定3-11조①).

(1) 가산항목

①자본금과 ②준비금은 당연히 영업용순자본에 포함된다(30조①1). 위험발생 시에 즉각 사용할 수 있기 때문이다. 그 밖에 ③유동자산에 설정한 대손충당금, ④후순위 차입금, ⑤금융리스 부채, ⑥자산평가이익, ⑦자본적 성격을 가지는 부채 등은 영업용순자본에 포함된다(30조①1, 規則5조①). 후순위 차입금 등은 실질적으로 보완자본의 성격을 가지기 때문이다.

(2) 차감항목

①고정자산은 영업용순자본에서 제외된다(30조①2). 단기간 내에 유동화가 어려워서 위험 발생 시에 즉각 사용하기 어렵기 때문이다. ②선급금, ③선급비용, ④선급법인세, ⑤자산평가손실, ⑥단기간 내에 유동화가 곤란한 자산으로서 금융위원회가 정하여 고시하는 자산은 영업용순자본에서 제외된다(30조①2, 規則5조②). 선급금, 선급비용 등은 이미 지급을 예상하고 지출된 것으로써 위험 발생 시에 즉각 사용이 가능한 자산으로 보기 어렵기 때문이다.

나. 총위험액

"총위험액"은 금융투자업자의 자산 및 부채에 내재하거나 업무에 수반되는 위험을 금액으로 환산하여 합계한 금액이다(30조①후단). 금융위원회는 총위험액을 ①시장위험액, ②신용위험액, ③운영위험액을 합산한 금액으로 고시하고 있다(30조②, 規定3-11조②).

2. 적용대상

영업용순자본 비율 규제는 금융투자업자에 대해서 적용된다(30조①). 다만, 겸영금융투자업자, 투자자문업자 또는 투자일임업자(다른 금융투자업을 겸영하지 아니하는 경우만 해당한다), 집합투자업자는 적용대상에서 제외된다(30조①괄호, 슈34조①). 겸영금융투자업자는 은행법 등에 의해서 건전성 규제를 받고, 투자자문업자 또는 투자일임업자는 고객의 자산을 수탁하지 않으므로 재무건전성 규제의 필요성이 적기 때문이다.

3. 보고 및 공시

금융투자업자는 매 분기의 말일을 기준으로 영업용순자본에서 총위험액을 뺀 금액을 기재한 서면을 해당 분기의 말일부터 45일 이내에 금융위원회에 보고하여야 하며, 보고기간 종료일부터 3개월간 본점과 지점, 그 밖의 영업소에 비치하고, 인터넷 홈페이지 등을 이용하여 공시하여야 한다(30조③).

Ⅱ. 경영건전성 기준

금융투자업자(겸영금융투자업자를 제외한다)는 위에서 살펴본 재무건전성 이외에도 일정한 사항에 관하여 금융위원회가 정하여 고시하는 경영건전성 기준을 준수하여야 하며, 이를 위한 적절한 체계를 구축·시행하여야 한다(31조①).

금융위원회는 금융투자업자의 경영건전성 확보를 위한 경영실태 및 위험에 대한 평가를 할 수 있다(31조③본문). 다만, 자산규모 등을 고려하여 '대통령령으로 정하는 다음 각 호의 금융투자업자'에 대해서는 평가를 실시하여야 한다(31조③단서).

1. 경영실태에 대한 평가[29]의 경우에는 다음 각 목의 어느 하나에 해당하지 아니하는 금융투자업자(令35조②1호)

　가. 다자간매매체결회사

　나. 채권중개전문회사(다른 금융투자업을 경영하지 아니하는 경우만 해당한다)

　다. 투자자문업자 또는 투자일임업자(다른 금융투자업을 경영하지 아니하는 경우만 해당한다)

　라. 외국 금융투자업자의 지점, 그 밖의 영업소

　마. 집합투자업자(집합투자증권 외의 금융투자상품에 대한 투자매매업 또는 투자중개업을 경영하는 자는 제외한다)

2. 위험에 대한 평가의 경우에는 다음 각 목의 기준을 모두 충족하는 금융투자업자(令35조②2호)

　가. 최근 사업연도말일을 기준으로 자산총액이 1천억원 이상일 것

　나. 장외파생상품에 대한 투자매매업 또는 증권에 대한 투자매매업(인수업을 경영하는 자만 해당한다)을 경영할 것

금융위원회는 금융투자업자가 경영건전성 기준을 충족하지 못하거나 재무건전성 기준을 위반한 경우에는 금융투자업자에 대하여 자본금의 증액, 이익배당의 제한 등 경영건전성 확보를 위한 필요한 조치(이른바 적기시정조치)를 명할 수 있다(31조④).

Ⅲ. 업무보고서 및 공시 등

1. 업무보고서의 작성과 공시

금융투자업자는 매 사업연도 개시일부터 3개월간, 6개월간, 9개월간 및 12개월간의 분기별 업무보고서를 작성하여 그 기간 경과 후 45일 이내에 금융위원회에 제출하여야 한다(33조①, 令36조①). 금융투자업자는 분기별 업무보고서 외에 매월의 업무 내용을 적은 월별업무보고서를 다음 달 말일까지 금융위원회에 제출하여야 한다(33조④).

금융투자업자는 분기별 업무보고서를 금융위원회에 제출한 날부터 그 업무보고서 중 중요사항을 발췌한 공시서류를 1년간 본점과 지점, 그 밖의 영업소에 이를 비치하고, 인터넷 홈페이지 등을 이용하여 공시하여야 한다(33조②).

---

[29] "경영실태평가"는 금융투자업자 본점, 해외 현지법인 및 해외지점(단, 신설 후 5년이 경과하지 아니한 해외 현지법인 및 해외지점은 제외한다)을 대상으로 하며, 자본적정성, 수익성, 위험관리, 내부통제 등 다양한 항목을 종합적이고 체계적인 방법으로 점검하고, 1등급(우수), 2등급(양호), 3등급(보통), 4등급(취약), 5등급(위험)으로 구분한다(規定3-25조④).

2. 금융사고 등 경영상황의 수시공시

금융투자업자는 거액의 금융사고 또는 부실채권의 발생 등 금융투자업자의 경영상황에 중대한 영향을 미칠 사항으로서 금융투자업의 종류별로 '대통령령으로 정하는 사항이 발생한 경우'에는 금융위원회에 보고하고, 인터넷 홈페이지 등을 이용하여 공시하여야 한다(33조③).

Ⅳ. 대주주와의 거래 등의 제한

1. 거래제한의 당사자

자본시장법은 금융투자업자의 건전경영을 위한 제도적 장치의 하나로서 대주주 등과의 거래를 제한하고 있다. 거래가 제한되는 상대방은 ① '당해 금융투자업자의 대주주'(34조①1) 또는 ② '그 금융투자업자의 특수관계인 중 대통령령으로 정하는 자'(34조①2)이다.

"대주주"에는 '최대주주'와 '주요주주'가 있다(34조①1, 9조①, 지배구조법2조6호). "최대주주"는 금융회사의 의결권 있는 발행주식(출자지분을 포함한다) 총수를 기준으로 본인 및 그 특수관계인이 누구의 명의로 하든지 자기의 계산으로 소유하는 주식을 합하여 그 수가 가장 많은 경우의 그 본인을 말하고(지배구조법2조6호가목), "주요주주"는 ① 누구의 명의로 하든지 자기의 계산으로 법인의 의결권 있는 발행주식총수의 100분의 10 이상의 주식을 소유한 자 또는 ② 임원(업무집행책임자 제외)의 임면 등의 방법으로 법인의 중요한 경영사항에 대하여 사실상의 영향력을 행사하는 주주로서 '대통령령으로 정하는 자'를 말한다(지배구조법2조6호나목).

"그 금융투자업자의 특수관계인 중 대통령령으로 정하는 자"란 계열회사를 가리킨다(34조①2, 슈37조②).

2. 대주주 등이 발행하는 증권 등의 소유 금지

금융투자업자는 다음 각 호의 어느 하나에 해당하는 행위를 하여서는 아니 된다.

1. 대주주가 발행한 증권의 소유 금지(34조①1)

　금융투자업자(겸영금융투자업자는 제외한다)는 그 금융투자업자의 '대주주'가 발행한 증권을 소유하여서는 아니 된다(34조①1). 소유가 금지되는 증권에는 대주주가 발행한 주식 이외에도 채권 등 모든 증권이 포함된다.

　그러나 담보권의 실행 등 권리행사에 필요한 경우, 안정조작 또는 시장조성을 하는 경우, 그 밖에 대통령령으로 정하는 경우에는 예외적으로 대주주가 발행한 증권을 소유할 수 있다(34조①단서, 슈37조①1). 담보권의 실행, 안정조작 과정 등에서는 대주주가 발행한 증권이라도 그 취득이 필요할 수 있기 때문이다.

2. 계열회사가 발행한 주식·채권·약속어음의 소유 금지(34조①2)

　　금융투자업자는 그 금융투자업자의 특수관계인[30] 중 '계열회사'[31]가 발행한 주식, 채권 및 약속어음(기업이 사업에 필요한 자금을 조달하기 위하여 발행한 것에 한한다)을 소유하여서는 아니 된다(34조①2, 슈37조②). 계열회사가 발행한 모든 증권의 소유가 금지되는 것이 아니라 주식, 채권 및 약속어음의 소유가 금지된다. 대주주가 발행한 모든 증권의 소유가 금지되는 것과는 차이가 있다. 다만, 금융위원회가 정하여 고시하는 자기자본의 100분의 8의 비율의 범위 내에서는 예외적으로 계열회사 주식 등의 취득이 허용된다(34조①2단서, 슈37조③).

　　담보권의 실행 등 권리행사에 필요한 경우, 안정조작 또는 시장조성을 하는 경우, 그 밖에 대통령령으로 정하는 경우에는 예외적으로 계열회사가 발행한 주식, 채권 및 약속어음을 소유할 수 있다(34조①단서, 슈37조①2). 담보권의 실행, 안정조작 과정 등에서 계열회사가 발행한 증권을 취득하는 것은 적법한 상황이기 때문이다.

3. 그 밖에 건전한 자산운용을 해할 우려가 있는 행위의 금지(34조①3)

　　금융투자업자는 금융투자업자의 건전한 자산운용을 해할 우려가 있는 행위로서 대통령령으로 정하는 다음 각 호의 행위를 하여서는 아니 된다(34조①3, 슈37조④).

　(1) 대주주나 특수관계인과 거래를 할 때 그 외의 자를 상대방으로 거래하는 경우와 비교하여 해당 금융투자업자에게 불리한 조건으로 거래를 하는 행위(슈37조④1)

　(2) 대주주가 발행한 증권의 소유 금지(34조①1), 계열회사가 발행한 주식·채권·약속어음의 소유 금지(34조①2), 또는 대주주나 특수관계인과의 거래 시 불리한 조건의 거래금지(슈37조④1)에 따른 제한을 회피할 목적으로 하는 행위로서 다음의 어느 하나에 해당하는 행위(슈37조④2)

　　가. 제3자와의 계약이나 담합 등에 의하여 서로 교차하는 방법으로 하는 거래행위

　　나. 장외파생상품거래, 신탁계약, 연계거래 등을 이용하는 행위

3. 대주주 등에 대한 신용공여의 금지

　　금융투자업자는 대주주(그의 특수관계인[32]을 포함한다)에 대하여 '신용공여'를 하여서는 아니 되며, 대주주는 그 금융투자업자로부터 신용공여를 받아서는 아니 된다(34조②본문). 여기서 "신용공여"란 거래상의 신용위험을 수반하는 직접적·간접적 거래로서 대주주를 위한 ①담

---

30) 특수관계인에서 금융투자업자의 대주주는 제외된다(34조①2괄호). 대주주는 보다 엄격한 규제를 받고 있기 때문이다.

31) 공정거래법 제2조 제12호에 따른 계열회사를 말한다(지배구조법6조①3).

32) 특수관계인이란 금융사지배구조법 시행령 제3조 제1항 각 호의 어느 하나에 해당하는 자를 말한다(슈2조 4호).

보제공, ②어음의 배서, ③출자이행약정, ④자금지원 규제를 회피할 목적으로 3자와 서로 교차하는 방법으로 하는 거래, 장외파생상품거래, 신탁계약, 연계거래 등을 이용하는 거래, ⑤ 그 밖에 금융위원회가 정하여 고시하는 거래를 말한다(34조②본문 괄호, 슈38조①).

대주주에 대한 직접적인 신용공여 외에도 간접적인 신용공여도 금지된다. 사례를 통해서 살펴본다. A증권회사(A회사)는 B부동산신탁회사(B회사)의 특수관계인인데, B회사가 C회사(유동화 SPC)에게 책임준공 확약을 제공하고 그 위반 시에는 손해를 배상하기로 한 상황에서, A회사는 특수관계인인 B회사를 위하여 C회사가 발행하는 유동화증권의 신용을 보강하기 위해서 C회사가 발행하는 사모사채를 인수할 것을 약속하였다. 금융위원회는 'C회사의 사모사채 발행에 대한 A회사의 인수확약'이 B회사에 대한 간접적인 신용공여에 해당하는지가 문제된 사안에서, C회사가 발행한 사모사채의 상환 가능성이 낮아지면 A회사에 손실이 초래될 가능성이 있고, B회사의 책임준공 의무의 이행에도 영향을 줄 수 있기 때문에 'A회사의 인수확약'은 특수관계인 B회사를 위하여 제공한 '신용위험을 수반하는 간접적인 거래'에 해당할 소지가 있다고 보았다.[33]

대주주에 대한 모든 신용공여가 금지되는 것은 아니고, 대주주에 대한 신용공여가 다음 각 호의 어느 하나에 해당하는 경우에는 이를 할 수 있다(34조②단서).

1. 임원에 대하여 연간 급여액(근속기간 중에 그 금융투자업자로부터 지급된 소득세 과세대상이 되는 급여액을 말한다)과 1억원 중 적은 금액의 범위에서 하는 신용공여(34조②1호, 슈38조②)

2. 금융투자업자가 발행주식총수 또는 출자총액의 100분의 50 이상을 소유 또는 출자하거나 대통령령으로 정하는 기준에 의하여 사실상 경영을 지배하는 해외현지법인에 대한 신용공여(2호)

대주주에 대해서 신용공여가 예외적으로 허용되는 경우에도 미리 이사회 결의를 거쳐야 하며, 재적이사의 전원이 찬성하여야 한다(34조③). 이사회 승인은 포괄적으로 할 수 없다는 견해[34]도 있으나, 신용공여의 금액 및 기간이 제한되어 있다면 포괄적 승인도 가능하다고 본다.

4. 위반행위의 효력

금융투자업자가 대주주와의 거래 및 신용공여 금지 조항을 위반하여 거래한 경우에 그 효력은 어떻게 되는가? 이는 대표권의 법률상 제한에 위반한 것으로서 원칙적으로 무효라고 할 것이지만, 대주주와의 거래 제한 규정은 금융투자업자의 경영건전성을 위한 감독차원의

---

33) 금융위 질의회신(2019.7.26.), '금융투자업자의 대주주등 신용공여금지 관련 법령해석 요청'.
34) 심영, 자본시장법 제34조, 로앤비 온주(2016.12.10. 방문).

규정이고 제3자에 대하여까지 그 효력이 미친다고 볼 수는 없으므로, 선의 또는 무중과실의 제3자에게는 그 무효를 주장하면서 대항할 수 없다고 볼 것이다.

V. 대주주의 부당한 영향력 행사의 금지

금융투자업자의 대주주(그의 특수관계인을 포함한다)는 금융투자업자의 이익에 반하여 대주주 자신의 이익을 얻을 목적으로 다음 각 호의 어느 하나에 해당하는 행위를 하여서는 아니 된다(35조).

1. 부당한 영향력을 행사하기 위하여 금융투자업자에 대하여 외부에 공개되지 아니한 자료 또는 정보의 제공을 요구하는 행위(35조1호본문)

   "부당한 영향력의 행사"란 금융투자업자의 이익에 반하여 자신의 이익을 얻을 목적을 가지고 하는 행위를 말한다. 다만, 금융사지배구조법 및 상법에 따른 주주의 회계장부열람권의 행사에 해당하는 경우는 부당한 영향력을 행사하기 위한 경우로 볼 수 없다(35조1호단서).

2. 경제적 이익 등 반대급부의 제공을 조건으로 다른 주주와 담합하여 금융투자업자의 인사 또는 경영에 부당한 영향력을 행사하는 행위(35조2호)

3. 그 밖에 제1호 및 제2호에 준하는 행위로서 대통령령으로 정하는 다음 각 호의 어느 하나에 해당하는 행위(35조3호)

   가. 금융투자업자로 하여금 위법행위를 하도록 요구하는 행위(슈41조1호)

   나. 금리, 수수료, 담보 등에 있어서 통상적인 거래조건과 다른 조건으로 대주주 자신이나 제3자와의 거래를 요구하는 행위(2호)

   다. 조사분석자료의 작성과정에서 영향력을 행사하는 행위(3호)

금융투자업자의 공통 영업행위 규칙

여기에서는 신의성실, 투자권유, 직무관련정보의 이용 금지 등 금융투자업자에게 공통적으로 적용되는 영업행위 규칙들을 살펴본다. 적합성원칙, 적정성원칙, 설명의무 등은 "제12장 금융상품 판매와 금융소비자보호법"에서 살펴본다.

Ⅰ. 신의성실의무

1. 의의

"신의성실의무"는 사법상 모든 법률관계에 존재하는 기본적인 내용으로써 "법률관계의 당사자는 상대방의 이익을 배려하여 형평에 어긋나거나, 신뢰를 저버리는 내용 또는 방법으로 권리를 행사하거나 의무를 이행하여서는 아니된다"는 것을 말한다.[35] 자본시장법은 제37조 제1항에서 "금융투자업자는 신의성실의 원칙에 따라 공정하게 금융투자업을 영위하여야 한다."고 하면서 금융투자업자의 신의성실의무를 규정하고, 동조 제2항에서는 "금융투자업자는 금융투자업을 영위함에 있어서 정당한 사유없이 투자자의 이익을 해하면서 자기가 이익을 얻거나 제3자가 이익을 얻도록 하여서는 아니 된다."고 하면서 투자자의 이익을 우선할 것을 규정하고 있다. 더 나아가 금융투자업자별로 선관의무 및 충실의무 등을 상세하게 규정하고 있는데(79조, 96조, 102조), 이는 금융투자업자가 고객을 위해서 신의성실하게 업무를 영위하는 것이 그만큼 중요하다는 사실을 밝히는 것이다.

자본시장법 제37조(신의성실의무 등)의 법적 성격에 대해서는 기존의 민·상법이나 금융관련법령에서 시행되던 위임관계에서의 선관주의의무나 충실의무와는 전혀 차원을 달리하는 가중된 형태의 주의의무(이른바 'fiduciary duty')를 도입한 것으로 보는 견해[36], 법 제37조 제1항은 공통된 영업행위규칙과 각 업권의 규칙을 모두 적용해 본 후 마지막으로 적용할 수 있는 기본적인 신의성실의 원칙을 규정한 것이고, 제2항은 자기거래·쌍방대리를 비롯하여 본

---

35) 대판 2003.4.22., 2003다2390, 2406.
36) 김병연/권재열/양기진, 자본시장법(2017), 101면.

인과 대리인 사이의 이해상충을 막기 위한 조항이라는 견해[37], 제1항의 신의성실의무는 당사자들 사이에 신뢰와 신임(trust and confidence)의 관계가 있는 경우에 비로소 인정되는 영미법상의 신인의무와는 다른 것이며, 제2항의 투자자이익 우선의무는 신의성실의 원칙의 당연한 내용을 확인적으로 규정한 것으로 보는 견해[38] 등이 제시되고 있다.

생각건대, 사법관계의 기본원칙인 신의성실의무가 적용되는 영역에 따라 다르게 나타난다고 보기는 어렵고, "법률관계의 당사자는 상대방의 이익을 배려하여 형평에 어긋나거나, 신뢰를 저버리는 내용 또는 방법으로 권리를 행사하거나 의무를 이행하여서는 아니된다"는 신의성실의무의 기본적인 내용은 금융투자업자에게도 동일하게 적용된다고 보아야 한다. 다만, 금융투자업이 가지는 공공적 속성과 개인투자자의 경제생활에 미치는 영향력 등을 고려하면, 금융투자업자의 신의성실의무는 좀 더 엄격하게 해석해야 한다. 따라서 금융시장에 종사하는 금융투자업자는 거래상대방이라고 하더라도 투자자의 이익을 신의성실하게 배려하여야 하고, 일반적인 투자자가 금융기관에 대하여 가지고 있는 신뢰를 저버리는 방법으로 권리를 행사하거나 의무를 이행하여서는 아니 된다. 결국 법 제37조 제1항은 민법 제2조 신의성실의 원칙을 주의적으로 규정한 것이고, 제2항은 그중에서도 특히 자기거래를 자제하고 투자자의 이익을 우선하여야 한다는 신의성실의무의 당연한 내용을 좀 더 강조한 것으로써,[39] 금융투자업의 공공적 속성을 반영한 것으로 보아야 하며, 민법 또는 상법상의 선관주의의무나 충실의무와는 차원을 달리하는 새로운 형태의 의무를 규정한 것으로 보기는 어렵다.

2. 신의성실의무의 동적 성격

금융거래의 성격상 금융투자업자가 부담하는 신의성실의무의 구체적인 내용은 명확하지 않다. 위에서 살펴본 법 제37조 제2항도 엄밀하게 말하면 투자중개업에 적합하고 투자매매업에 대해서 그대로 적용하기는 곤란하다. 투자매매업자에게 거래상대방의 이익을 우선하도록 요구하는 것은 매매를 통해서 이익을 얻는 투자매매업에 어울리지 않기 때문이다.[40] 따라서 신의성실의무의 내용은 개별적인 법률관계에 따라서 달라질 수밖에 없고, 실제 사례에서는 금융투자업자의 종류, 투자권유의 여부, 금융투자상품의 종류 등 제반 사정을 종합적으로 고려하여 신의성실의무의 내용을 구체화하는 것이 불가피하다.

---

37) 김용재, 자본시장과 법(2016), 401–404면.
38) 김건식/정순섭, 자본시장법(2013), 761–762면.
39) 오성근, "자본시장법상 신의성실공정의무에 관한 고찰,"「증권법연구」제15권 제3호(증권법학회, 2014), 230면; 임재연, 자본시장법(2018), 183면.
40) 박준, "1997년 경제위기와 IMF 구제금융이 금융법에 미친 영향,"「서울대학교 法學」제55권 제1호(서울대 법학연구소, 2014. 3), 187면, 각주 232.

자본시장법은 개별 금융투자업자의 성격과 차이를 고려하여 신의성실원칙을 구체화하는 다수의 조항을 두고 있다. 공통 영업행위 규칙에서는 이해상충의 관리(44조), 직무관련정보의 이용금지(54조), 임직원의 금융투자상품 매매(63조) 등을 규정하고 있고, 투자매매업자와 투자중개업자의 개별 영업행위 규칙에서는 매매형태의 명시(66조), 자기계약의 금지(67조), 최선집행의무(68조), 임의매매의 금지(70조), 불건전 영업행위의 금지(71조), 투자예탁금의 별도예치(74조) 등을 규정하고 있다. 개별 조항의 의미는 해당 부분에서 살펴본다.

3. 신의성실의무 위반과 손해배상책임

민법상 손해배상책임의 기초는 채무불이행책임과 불법행위책임이다. 그런데 법 제37조는 금융투자업자가 신의성실하게 업무를 영위하여야 한다는 일반적 원칙을 강조한 것에 불과하므로, 신의성실의무를 위반하였다는 사실만으로는 특정한 채무를 이행하지 아니하였다고 보거나, 고의 또는 과실로 인한 위법행위로 타인에게 손해를 끼쳤다고 보기는 어렵다. 따라서 고객이 금융투자업자를 상대로 채무불이행책임이나 불법행위책임을 묻기 위해서는 금융투자업자가 구체적인 계약이나 법규를 위반하였고 그로 인하여 손해를 입었다는 사실을 입증하여야 한다. 이러한 경우에 신의성실원칙은 채무불이행 또는 불법행위의 인정 여부에 대한 해석과 판단의 기초가 된다. 같은 사안이라도 일반적인 상거래보다 금융거래에서 금융투자업자에게 요구되는 신의성실의무와 주의의무의 정도가 강하다.

Ⅱ. 상호

상법은 상호선정의 자유를 원칙으로 하되(商18조) 무분별한 상호사용으로 인한 거래질서 혼란을 방지하기 위해서, 회사 상호의 부당사용 금지, 동일 영업에 있어서 단일한 상호 사용 등을 규정하고 있다(商20조, 21조). 반면에 자본시장법은 금융투자업의 명칭이 가지는 의미를 중시하여, 금융투자업자가 아닌 자는 그 상호 중에 "금융투자"라는 문자 또는 이와 같은 의미를 가지는 외국어 문자로서 financial investment나 그와 비슷한 의미를 가지는 외국어 문자를 사용하지 못하도록 하고 있다(38조①, 슈42조①). 다만, 이는 금융투자업자가 아닌 자에게 "금융투자" 등의 문자를 상호에 사용할 수 없도록 하는 것이고, 금융투자업자에게 "금융투자" 등의 문구 사용을 강제하는 것은 아니다. 따라서 금융투자업자가 "금융투자"라는 문구 대신에 '증권', '투자신탁', '선물', '자산운용' 등의 문구를 사용하는 것은 허용된다.

자본시장법은 위와 같은 내용을 투자매매업자, 투자중개업자, 집합투자업자, 투자자문업자, 투자일임업자, 신탁업자 등 개별 금융투자업자의 상호에도 적용하고 있다.

① 투자매매업자 또는 투자중개업자 : 증권을 대상으로 투자매매업 또는 투자중개업을

영위하는 자가 아닌 자는 그 상호 중에 "증권"이라는 문자 또는 이와 같은 의미를 가지는 외국어문자로서 securities나 그와 비슷한 의미를 가지는 다른 외국어문자를 사용하여서는 아니 된다. 다만, 증권집합투자기구는 "증권"이라는 문자 또는 이와 같은 의미를 가지는 외국어문자로서 securities나 그 비슷한 의미를 가지는 다른 외국어문자를 사용할 수 있다(38조②, 슈42조②). 장내파생상품 또는 장외파생상품을 대상으로 하여 투자매매업 또는 투자중개업을 영위하는 자가 아닌 자는 그 상호 중에 "파생" 또는 "선물"이라는 문자 또는 이와 같은 의미를 가지는 외국어문자로서 derivatives 또는 futures나 그와 비슷한 의미를 가지는 다른 외국어문자를 사용하여서는 아니 된다(38조③, 슈42조③).

② 집합투자업자 : 집합투자업자가 아닌 자는 그 상호 중에 "집합투자", "투자신탁" 또는 "자산운용"이라는 문자 또는 이와 같은 의미를 가지는 외국어문자로서 collective investment, pooled investment, investment trust, unit trust 또는 asset management나 그와 비슷한 의미를 가지는 다른 외국어문자를 사용하여서는 아니 된다. 다만, 투자신탁인 집합투자기구는 "투자신탁"이라는 문자 또는 이와 같은 의미를 가지는 외국어문자로서 investment trust나 그와 비슷한 의미를 가지는 다른 외국어문자를 사용할 수 있다(38조④, 슈42조④).

③ 투자자문업자 : 투자자문업자가 아닌 자는 그 상호 중에 "투자자문"이라는 문자 또는 이와 같은 의미를 가지는 외국어문자로서 investment advisory나 그와 비슷한 의미를 가지는 다른 외국어문자를 사용하여서는 아니 된다. 다만, 부동산투자회사법에 따른 부동산투자자문회사는 "투자자문"이라는 문자 또는 이와 같은 의미를 가지는 외국어문자로서 investment advisory나 비슷한 의미를 가지는 다른 외국어문자를 사용할 수 있다(38조⑤, 슈42조⑤).

④ 투자일임업자 : 투자일임업자가 아닌 자는 그 상호 중에 "투자일임"이라는 문자 또는 이와 같은 의미를 가지는 외국어문자로서 discretionary investment나 그와 비슷한 의미를 가지는 다른 외국어문자를 사용하여서는 아니 된다(38조⑥, 슈42조⑥).

⑤ 신탁업자 : 신탁업자가 아닌 자는 그 상호 중에 "신탁"이라는 문자 또는 이와 같은 의미를 가지는 외국어문자로서 trust나 그와 비슷한 의미를 가지는 다른 외국어문자를 사용하여서는 아니 된다. 다만, 집합투자업자, 담보부사채신탁업, 저작권신탁관리업을 영위하는 자는 그 상호 중에 "신탁"이라는 문자 또는 이와 같은 의미를 가지는 외국어문자로서 trust나 그와 비슷한 의미를 가지는 다른 외국어문자를 사용할 수 있다(38조⑦, 슈42조⑦).

Ⅲ. 명의대여의 금지

금융투자업자는 자기의 명의를 대여하여 타인에게 금융투자업을 영위하게 하여서는 아니 된다(39조). 명의대여가 허용되면 인가나 등록을 요구하는 자본시장법의 진입규제의 취지를 달성할 수 없기 때문이다.

명의대여를 금지하는 법 제39조는 효력규정이므로 본조에 위반하여 명의대여가 이루어진 경우 당사자 사이에서는 무효이다. 그러나 명의를 대여한 금융투자업자는 자기를 영업주로 오인하여 거래한 제3자에 대해서 그 타인과 연대하여 변제할 책임을 진다(商24조). 인가받거나 등록한 금융투자업 명의를 대여하였다면, 외관을 신뢰한 제3자에 대해서 상법 제24조(명의대여자의 책임)에 따라 금융거래로 인하여 생긴 채무를 변제할 책임이 있다고 보아야 하기 때문이다.[41] 다만, 명의대여자의 책임을 인정한다고 하여 명의차용자의 금융투자업무 영위가 적법하게 되거나 인가되는 효과는 없다.

IV. 겸영업무와 부수업무

금융투자업자는 '고유업무'로서 투자매매업, 투자중개업, 집합투자업, 투자자문업, 투자일임업, 신탁업을 수행할 수 있으며, 일정한 조건 하에서 다른 업권의 일부 업무를 '겸영업무'로서 영위할 수 있다(40조, 슈43). 그 밖에도 고유업무에 수반하는 일정한 업무는 '부수업무'로서 영위할 수 있다. 결국 금융투자업자는 크게 ① 고유업무, ② 부수업무, ③ 겸영업무의 3가지의 업무를 영위할 수 있다.

고유업무에 대해서는 "제3장 제1절 금융투자업의 의의와 종류"에서 살펴보았으므로 여기에서는 겸영업무와 부수업무에 대해서 살펴본다.

1. 겸영업무

금융투자업자는 투자자 보호 및 건전한 거래질서를 해할 우려가 없는 금융업무로서 다음 각 호의 금융업무를 영위할 수 있다(40조①본문). 겸영업무는 열거적으로 규정되어 있다(positive방식).

가. 보험대리점, 보험중개사, 그 밖에 대통령령으로 정하는 업무

금융투자업자는 자본시장법 및 금융산업구조개선법, 금융소비자보호법, 보험업법, 은행법 등 '금융관련 법령(지배구조법시행령5조)'에서 인가·허가·등록 등을 요하는 금융업무 중 보험대리점의 업무 또는 보험중개사의 업무, 그 밖에 외국환중개업무, 퇴직연금사업자의 업무 등 '대통령령으로 정하는 금융업무'[42]를 영위할 수 있다(40조①1).

---

41) 같은 취지로 판례는 농약관리법에 의하여 등록한 농약판매업 등록명의를 타인에게 빌려준 사안에서, 명의대여자는 상법 제24조에 의하여 농약거래로 인하여 생긴 채무를 변제할 책임이 있다고 한다. 대판 1988. 2.9., 87다카1304 물품대금.

42) "대통령령으로 정하는 금융업무"는 자본시장법시행령 제43조 제3항에 규정되어 있다.

자본시장법의 제정에 따라 금융투자업자의 겸영업무가 확대되고 있고, 금융투자상품과 보험상품의 성격을 함께 가지는 복합금융상품이 나타나면서 보험대리점이나 보험중개사 등의 영업망을 활용할 필요성이 커지고 있기 때문이다.

금융투자업자가 보험대리점 업무 등을 겸영하려면 보험대리점으로 등록하는 등 해당 법령이 요구하는 인가·허가·등록의 자격이나 요건을 갖추어야 한다(保險91조).

나. 금융관련 법령에서 금융투자업자가 영위할 수 있도록 한 업무

금융투자업자는 자본시장법 또는 '금융관련 법령'에서 정하고 있는 금융업무로서 해당 법령에서 금융투자업자가 영위할 수 있도록 한 업무를 영위할 수 있다(40조①2).

"금융관련 법령"은 금융사지배구조법시행령 제5조(금융관련법령)에 규정되어 있다. 영위가 능한 겸영업무 범위는 해당 법령에 의하여 정해진다.

다. 국가 또는 공공단체 업무의 대리

금융투자업자는 '국가 또는 공공단체 업무를 대리'할 수 있다(40조①3). 성격상 대리 가능한 것이어야 하지만, 반드시 법률행위에 한정되는 것은 아니고 제세공과금의 수납 등의 단순한 사실행위도 겸영업무로서 영위할 수 있다.

금융투자업자 중에서도 투자매매업자 또는 투자중개업자만이 국가 또는 공공단체 업무를 대리할 수 있다(40조①본문 괄호, 슈43조①1). 국가 또는 공공단체의 업무는 창구나 대민업무가 많은데, 집합투자업자, 신탁업자, 투자일임업자, 투자자문업자는 그 업무의 성격상 창구업무를 대리하기는 적절하지 않기 때문이다.

라. 자금이체업무

금융투자업자는 '투자자를 위하여 그 투자자가 예탁한 투자자예탁금으로 수행하는 자금이체업무'를 영위할 수 있다(40조①4). 자본시장법 제정 전에는 증권회사 등이 금융결제원의 소액결제시스템인 지로시스템과 은행공동망(CD/ATM, CMS, 타행환, 전자금융 등) 및 어음교환시스템 등에 가입할 자격이 없었기에 은행에 결제업무를 의존할 수밖에 없었으나, 이러한 불편을 해결하기 위하여 금융투자업자가 결제·송금·수시입출금 등 부가서비스 제공할 수 있도록 법적 근거를 마련한 것이다.

금융투자업자 중에서도 투자매매업자 또는 투자중개업자가 자금이체업무를 영위할 수 있다(40조①본문 괄호, 슈43조①1). 집합투자업자, 신탁업자, 투자일임업자, 투자자문업자는 그 성격상 자금이체업무를 겸영하기는 적절하지 않기 때문이다.

마. 그 밖에 대통령령으로 정하는 금융업무

금융투자업자는 그 밖에 그 금융업무를 영위하여도 투자자 보호 및 건전한 거래질서를 해할 우려가 없는 업무로서 '대통령령으로 정하는 금융업무'를 영위할 수 있다(40조①5). "대통령령으로 정하는 금융업무"란 다음 각 호의 업무를 말한다(슈43조⑤).

1. 자산유동화법상 자산관리자의 업무와 유동화전문회사업무 수탁업무(슈43조⑤1호)

2. 투자자계좌에 속한 증권·금전 등에 대한 제3자 담보권의 관리업무(2호)

3. 상법 제484조 제1항에 따른 사채모집의 수탁업무(3호)

4. 기업금융업무, 그 밖에 금융위가 고시하는 업무와 관련한 대출업무(4호)

   기업금융 관련 대출업무가 겸영업무로 허용된 배경은 M&A 주간사인 금융투자업자가 자금을 마련하는 과정에서 자금소요 시점과 조달시점의 일시적 불일치를 메울 필요가 있고(브릿지론), 금융패키지(finance package)를 구성하는데 참여자가 적을 경우 일시대출이 불가피한 측면을 고려한 것이다.

   "금융위원회가 정하여 고시하는 업무와 관련한 대출업무"란 프로젝트파이낸싱 대출업무를 말한다(規定4-1조②).

   제4호는 금융투자업자가 증권에 대한 투자매매업을 경영하는 경우에만 적용된다(슈43조⑤단서).

5. 증권의 대차거래와 그 중개·주선 또는 대리업무(5호)

   제5호는 금융투자업자가 해당 증권에 대한 투자매매업 또는 투자중개업을 경영하는 경우만 적용된다(슈43조⑤단서).

6. 지급보증업무(6호)

   은행에 접근이 어려운 우량중소기업에 대해서는 금융투자업자가 직접 신용을 공여할 수 있도록 하기 위한 것이다. 다만, 제6호는 금융투자업자가 증권 및 장외파생상품에 대한 투자매매업을 경영하는 경우만 적용된다(슈43조⑤단서).

   그렇다면 허용되는 지급보증업무는 해당 투자매매업자의 증권 및 장외파생상품 업무에 관련된 것에 한정되는가? 금융위원회는 자본시장법은 금융투자업자가 수행할 수 있는 부수업무의 범위에 대해서는 원칙적으로 포괄주의를 채택하고 있는 바, 지급보증업무는 증권 및 장외파생상품에 대한 투자매매업의 영위와 관련된 것에 국한되는 것은 아니라고 한다.[43]

7. 원화로 표시된 양도성 예금증서의 매매와 그 중개·주선 또는 대리업무(7호)

   제7호는 금융투자업자가 채무증권에 대한 투자매매업 또는 투자중개업을 경영하는 경우만 해당한다(슈43조⑤단서).

8. 대출채권, 그 밖의 채권의 매매와 그 중개·주선 또는 대리업무(8호)

   제8호는 금융투자업자가 채무증권에 대한 투자매매업 또는 투자중개업을 경영하는 경우만 해당한다(슈43조⑤단서).

---

43) 금융위 질의회신(2009.5.26.), '겸영 부수업무 관련 유권해석 요청'.

9. 대출의 중개·주선 또는 대리업무(9호)

　　종합자산관리(CMA)서비스 연계 신용대출 중개업무, PF대출 중개·주선업무 등이 대표적이다.

10. 그 밖에 투자자 보호 및 건전한 거래질서를 해칠 염려가 없는 금융업무로서 금융위원회가 정하여 고시하는 금융업무(10호)

자본시장법은 금융투자업자 중에서 투자자문업, 투자일임업, 투자자문업 및 투자일임업만을 영위하는 금융투자업자는 겸영업무의 영위 주체에서 제외하고 있다(令43조①2). 투자일임업자 또는 투자자문업자의 경우에는 등록제를 채택하고 상대적으로 낮은 자기자본 요건 등 그 진입요건이 완화되어 있는데 겸영을 폭 넓게 허용하면, 다른 금융투자업을 영위하기 위해서 투자자문업 등을 영위하려는 상황이 생길 수 있을뿐만 아니라, 투자 일임이나 자문 업무의 성격상 고객과의 사이에서 이해상충의 소지도 커질 가능성이 높기 때문이다.

2. 부수업무

가. 의의 및 종류

"부수업무"란 말 그대로 금융투자업인가를 받거나 등록한 금융투자업에 부수하는 업무를 말한다. 증권의 투자매매업이나 투자중개업에 부수하는 것으로는 ① 해외증권 발행주선, ② 사모발행 주선, ③ 증권의 평가업무, ④ 기업경영등에 대한 상담·조언, ⑤ M&A 중개·주선·대리업무 등이 있을 수 있다. 그 밖에 파생상품의 투자매매·중개와 관련된 것으로는 ⑥ 선물거래관련 후선지원업무가 있으며, 신탁업과 연계된 것으로는 ⑦ 유언의 집행 및 상속재산 정리업무가 있다.

나. 부수업무의 보고 등

금융투자업자가 부수업무를 영위하고자 하는 경우에는 그 업무를 영위하기 시작한 날부터 2주 이내에 금융위원회에 보고하여야 한다(41조①).

금융위원회는 부수업무 보고내용이 다음 각 호의 어느 하나에 해당하는 경우에는 그 부수업무의 영위를 제한하거나 시정할 것을 명할 수 있다(41조②).

1. 금융투자업자의 경영건전성을 저해하는 경우(41조②1호)
2. 인가를 받거나 등록한 금융투자업의 영위에 따른 투자자 보호에 지장을 초래하는 경우(2호)
3. 금융시장의 안정성을 저해하는 경우(3호)

다. 제외되는 업무

부수업무는 그 속성상 금융투자업에 부수하는 것이므로 ① 금융투자업자의 고유업무 또

는 겸영업무가 아니어야 하지만, ② 영위하는 금융투자업과 전혀 무관한 업무도 부수업무가
될 수 없다. 예를 들어, 금융투자업자가 자신의 건물 내에서 음식업, 오락사업 등을 하는 것
은 부수업무가 될 수 없다. ③ 부수업무도 영리를 목적으로 수행하는 것이므로 영리성이 없
는 일회성 업무 등은 제외된다. 예를 들어, 임직원의 복리후생 또는 공익사업, 유치원, 고아
원 등 복지시설 운영 등은 계속하여 운영하더라도 영리성이 없으므로 부수업무로 보기 어렵
다. 마케팅 목적으로 하는 일회성 이벤트는 계속적 의사를 가지는 것이 아니므로 부수업무
로 보기 곤란하다.

[표3-2] 겸영업무와 부수업무

구분	겸영업무			부수업무
	유형	업무의 종류	수행 가능 금융투자업자	
업무 범위	인 · 허가 · 등록을 요하는 금융업무 (40조①1호)	• 보험대리점 · 중개사 업무(保險91조) • 외국환업무 · 중개업무(외국환거래법) • 퇴직연금사업자의 업무(근로자퇴직연금보장법) 등	• 관련 법령에서 인 · 허가 · 등록을 받은 금융투자업자	금융투자업에 부수하는 업무 (Negative 방식)
	금융관련법령에서 허용하는 업무(2호)	• 전자자금이체업무(전자금융거래법)	• 금융투자업자 (투자자문 · 투자일임업자 제외)	
	국가 · 공공단체 업무대리(3호)	• 제세공과금의 수납 등 국가 · 공공단체 업무의 대리	• 금융투자업자 (투자자문 · 투자일임업자 제외)	
	자금이체업무 (4호)	• 투자자예탁금으로 수행하는 자금이체 업무	• 투자매매 · 중개업자	
	그 밖에 대통령령으로 정하는 금융업무(5호)	• 자산유동화법상 자산관리자/수탁업무 • 투자자계좌에 속한 증권 등에 대한 제3자담보권 관리업무 • 사채모집의 수탁업무 • 기업금융, PF 대출 등 • 증권 대차거래, 그 중개·주선·대리 • 지급보증업무 등	• 투자자문 · 투자일임업자 제외 • 기업금융업무는 투자매매업자에 한정 • 지급보증업무는 증권 및 장외파생 투자매매업자에 한정 등	
절차	금융투자업자는 업무시작일부터 2주 이내에 금융위원회 보고(40조①2문, 41조①) 금융위원회는 대통령령으로 정하는 방법과 절차에 따라 홈페이지 등에 공고			
업무 제한	금융위원회는 경영건전성을 저해하거나 투자자보호에 지장을 초래하는 경우, 금융시장안전성을 저해하는 경우에는 제한명령 및 시정명령 가능			

〈출처〉 금융감독원, 「자본시장법 시행 1년 업무편람」(2010.1), 123면 참조, 수정

V. 금융투자업자의 업무위탁

1. 업무위탁의 원칙적 허용

"업무위탁"은 금융투자업자가 업무의 효율성을 높이기 위해서 자신의 업무 중 일부를 제3자에게 위탁하는 제도이다. 자신이 할 수 있는 업무를 보다 전문적인 조직에게 위탁하는 점에서, 자신이 할 수 없는 업무를 지원받는 것과는 본질적으로 차이가 있다.

자본시장법은 금융투자업자에게 고유업무(금융투자업), 겸영업무, 부수업무와 관련하여 '영위하는 업무의 일부'를 제3자에게 위탁할 수 있도록 하고 있다(42조①본문). 업무의 일부위탁만이 가능하고 그 전부를 제3자에게 위탁하는 것은 허용되지 않는다.

2. 본질적 업무 및 핵심적 업무

"본질적 업무"란 해당 금융투자업자가 인가를 받거나 등록을 한 업무와 직접 관련된 필수업무를 말한다. 자본시장법은 투자매매업의 경우 매매에 관한 청약의 접수, 전달, 집행 및 확인업무, 투자중개업의 경우 증거금 관리와 거래종결업무 등을 본질적 업무로 열거하고 있다(슈47조①). 자본시장법은 본질적 업무에 대해서도 위탁을 허용하지만 위탁받는 자는 그 업무수행에 필요한 인가를 받거나 등록한 자일 것을 요구하고 있다(42조④본문).

본질적 업무 중에서도 가장 필수적인 "핵심적 업무"는 처음부터 위탁이 금지된다. 핵심적 업무를 제3자가 수행할 경우에는 금융투자업 진입규제의 취지가 형해화될 것이기 때문이다.[44] 자본시장법은 투자매매업의 경우에는 투자매매업 관련 계약의 체결과 해지업무, 금융투자상품의 매매를 위한 호가 제시업무, 투자중개업의 경우에는 투자중개업 관련 계약의 체결 및 해지업무, 증거금 관리와 거래종결업무 등을 핵심적 업무로서 열거하고 있다(슈45조2호).

3. 내부통제업무

자본시장법은 내부통제업무도 원칙적으로 위탁을 허용하고 있다(42조①본문). 그러나 금융사지배구조법상 준법감시인 및 위험관리책임자의 내부통제업무는 제3자에게 위탁하여서는 아니 된다. 다만, 의사결정은 위탁하지 않고 단순히 내부통제에 관한 실무 작업만을 위탁하는 것은 허용된다(42조①단서, 슈45조1호).

4. 재위탁의 허용

금융투자업자의 업무를 위탁받은 자는 위탁한 자의 동의를 받은 경우에 한정하여 위탁받

---

44) 변제호 외 5인, 자본시장법(2015), 209면.

은 업무를 제3자에게 재위탁할 수 있다(42조⑤). 즉, 금융투자업자의 자율성을 제고하기 위하여 위탁자의 동의를 전제로 재위탁을 원칙적으로 허용하고 있다.

5. 업무위탁 사실의 기재 등

금융투자업자는 업무위탁을 한 내용을 금융상품 계약서 등 계약서류(금소법23조①)와 투자설명서(123조①)에 기재하여야 하며, 투자자와 계약을 체결한 후에 업무위탁을 하거나 그 내용을 변경한 경우에는 이를 투자자에게 통보하여야 한다(42조⑧).

업무를 위탁받은 제3자가 그 위탁받은 업무를 영위하는 과정에서 투자자에게 손해를 끼친 경우에는 금융투자업자는 민법 제756조에 따른 사용자책임을 부담한다(42조⑨).

VI. 이해상충의 관리

1. 내부통제기준의 설정

금투자업자는 금융투자업의 영위와 관련하여 금융투자업자와 투자자 간, 특정 투자자와 다른 투자자 간의 이해상충을 방지하기 위하여 이해상충이 발생할 가능성을 파악·평가하고, 금융사지배구조법 제24조에 따른 내부통제기준("내부통제기준")이 정하는 방법 및 절차에 따라 이를 적절히 관리하여야 한다(44조①). 이해상충의 구체적인 관리방법 및 절차 등은 내부통제기준으로 규정한다.

2. 이해상충의 통지 및 제거의무

금융투자업자는 이해상충이 발생할 가능성을 평가한 결과 '이해상충이 발생할 가능성'이 있다고 인정되는 경우에는 그 사실을 미리 해당 투자자에게 알려야 하며, 그 이해상충이 발생할 가능성을 내부통제기준이 정하는 방법 및 절차에 따라 '투자자 보호에 문제가 없는 수준'으로 낮춘 후 매매, 그 밖의 거래를 하여야 한다(44조②). "이해상충이 발생할 가능성"에는 금융투자업자와 투자자 간에 이해상충이 발생할 가능성뿐만 아니라, 투자자 간에 이해상충이 발생할 가능성도 포함된다. "투자자 보호에 문제가 없는 수준"이란 '이익충돌의 가능성이 사실상 해소된 상태'를 의미한다.

3. 이해상충 시 거래회피의무

금융투자업자는 이해상충이 발생할 가능성을 낮추는 것이 곤란하다고 판단되는 경우에는 매매, 그 밖의 거래를 하여서는 아니 된다(44조③). 예를 들어, 금융투자업자가 A회사의 경영권 방어를 위하여 M&A 업무를 맡으면서 동시에 A회사의 경영권을 적대적으로 인수하려는 B회사로부터 M&A 업무를 의뢰받는다면, 어느 하나의 M&A 자문업무는 거절하는 것이 타당하다.

Ⅶ. 정보교류의 차단

1. 사내 정보교류의 금지

금융투자업자는 금융투자업, 겸영업무(40조①), 부수업무(41조①) 및 종합금융투자사업자에게 허용된 업무(77조의3)(이하 '금융투자업등')를 영위하는 경우 내부통제기준이 정하는 방법 및 절차에 따라 미공개중요정보 등 '대통령령으로 정하는 정보의 교류'를 적절히 차단하여야 한다(45조①). 자본시장법 제45조는 정보교류 차단을 위한 기본 원칙만 규정하고 세부 사항은 회사가 자율적으로 설계·운영하는 방식으로 이해상충을 차단하도록 하였다.

2. 사외 정보교류의 금지

금융투자업자는 금융투자업등을 영위하는 경우 계열회사를 포함한 제3자에게 정보를 제공할 때에는 내부통제기준이 정하는 방법 및 절차에 따라 미공개중요정보 등 '대통령령으로 정하는 정보의 교류'를 적절히 차단하여야 한다(45조②). 법 제45조 제1항은 사내 정보교류의 차단을 규정하고, 제45조 제2항은 계열회사를 포함한 제3자에 대한 정보교류의 차단을 규정하고 있다.

Ⅷ. 투자권유 등

1. 투자권유의 규제체계

"투자권유(投資勸誘)"란 특정 투자자를 상대로 금융투자상품의 매매 또는 투자자문계약·투자일임계약·신탁계약(관리형신탁계약 및 투자성 없는 신탁계약을 제외한다)의 체결을 권유하는 것을 말한다(9조④). '계약체결을 권유'하는 것이므로 민법상 청약의 유인, 즉 투자자로 하여금 청약하게끔 하려는 의사의 표시에 해당하여야 한다. 따라서 단순한 상담이나 금융투자상품의 소개·설명, 계약이 이미 체결된 이후의 발언 등은 투자권유에 해당하지 않지만, 단순한 상담이나 금융투자상품의 소개·설명 등의 정도를 넘어 이와 함께 계약체결을 권유하고, 나아가 그러한 소개·설명을 들은 투자자가 해당 금융투자업자에 대한 신뢰를 바탕으로 계약체결에 나아가거나 투자 여부 결정에 그 권유와 설명을 중요한 판단요소로 삼았다면 '투자권유'를 하였다고 볼 수 있다. 투자권유에 해당하는지는 설명의 내용과 정도, 투자판단에 미치는 영향, 계약 등 실무 처리에의 관여도, 이익 발생 여부 등과 같은 투자에 관한 제반 사

정을 종합하여 판단한다.[45)]

투자권유에 대한 규제는 2001. 5. 구 증권업감독규정을 개정하면서 처음으로 도입되었으나 법령상의 근거가 불명확하여 집행에 어려움이 많았다. 2009. 2. 자본시장법이 시행되면서 적합성원칙, 적정성원칙, 설명의무 등이 금융투자업자에 대한 공통 영업행위 규칙의 일부로서 규정되었으나, 2021. 3. 25. 금융소비자보호법이 시행되면서 관련조항들이 금융소비자보호법으로 이전되었고, 자본시장법에는 손해배상책임과 투자권유준칙에 관한 조항만이 남게되었다. 여기에서는 설명의무위반에 대한 손해배상책임(48조), 투자권유준칙(50조), 투자권유대행인 등록(51조)에 대해서만 살펴보고, 적합성원칙, 적정성원칙, 설명의무에 대해서는 "제12장 금융상품 판매와 금융소비자보호법"에서 살펴본다.

2. 설명의무위반과 손해배상책임

가. 의의

금융투자업자는 금융소비자보호법 제19조 제1항 또는 제3항을 위반한 경우 이로 인하여 발생한 일반투자자의 손해를 배상할 책임이 있다(48조①). 금융소비자보호법 제19조 제1항은 금융상품판매업자등의 설명의무를 규정하고, 제3항은 설명할 때에는 중요한 사항을 거짓 또는 왜곡하여 설명하거나 빠뜨리지 않을 것을 요구하고 있으므로, 금융투자업자가 설명의무를 위반한 경우에는 이로 인하여 발생한 일반투자자의 손해를 배상하여야 한다.

자본시장법은 적합성원칙이나 적정성원칙 위반 시의 효과에 관해서는 규정하고 있지 않으나, 금융소비자보호법 제44조 제1항은 "금융상품판매업자등이 고의 또는 과실로 이 법을 위반하여 금융소비자에게 손해를 발생시킨 경우에는 그 손해를 배상할 책임이 있다."고 규정하고 있으므로, 금융투자업자가 금융상품의 판매나 중개업무에 종사하면서 적합성원칙(금소법17조)이나 적정성원칙(금소법18조)을 위반한 경우에도 손해배상책임이 인정된다.

나. 손해액의 추정

금융투자업자는 설명의무 위반 시에 손해배상책임을 부담하지만, 고객이 그 손해액을 입증하는 것은 쉽지가 않다. 이를 반영하여 자본시장법 제48조 제2항은 금융투자업자의 설명의무위반이 있는 경우에는 "금융투자상품의 취득으로 인하여 일반투자자가 지급하였거나 지급하여야 할 금전등의 총액에서 그 금융투자상품의 처분, 그 밖의 방법으로 그 일반투자자가 회수하였거나 회수할 수 있는 금전등의 총액을 뺀 금액을 설명의무위반에 따른 손해액으로 추정"하고 있다(48조②). 이러한 손해액의 추정방식은 대법원 판례[46)]와 그 내용을 같이하는 것이다.

---

45) 대판 2017.12.5., 2014도14924.
46) 대판 2003.7.11., 2001다11802; 대판 2006.2.9., 2005다63634 등.

자본시장법 제48조 제2항은 손해액의 추정을 넘어서 설명의무위반과 손해 사이의 인과관계까지 추정하는가? 금융거래에서는 인과관계의 입증이 매우 어려운 현실을 감안하면 손해액뿐만 아니라 설명의무위반과 손해 사이의 인과관계까지도 추정하는 취지로 볼 것이다.[47] 대법원은 "금융투자업자가 설명의무를 다하였더라면 투자자는 투자하지 아니함으로써 손해를 입지 아니할 수도 있었을 터인데, 금융투자업자가 설명의무를 게을리하여 투자하지 아니할 수 있는 선택의 기회를 빼앗겼고 그로 인하여 투자자가 손해를 입게 되었던 것이라면 설명의무위반과 손해 사이에 상당인과관계가 있다"[48]고 하면서 같은 취지로 판시하고 있다.

다. 제64조(손해배상책임)와의 관계

자본시장법 제64조(손해배상책임)는 "금융투자업자는 법령·약관·집합투자규약·투자설명서에 위반하는 행위를 하거나 그 업무를 소홀히 하여 투자자에게 손해를 발생시킨 경우에는 그 손해를 배상할 책임이 있다"고 규정하는데 법 제48조(손해배상책임)와의 관계가 문제된다. 이에 대해서는 법 제48조를 법 제64조의 특별규정으로 보는 견해[49]가 있으나, 법 제48조는 금융투자업자가 금융상품등을 판매하면서 설명의무를 위반한 경우에 일반투자자에게 발생한 손해를 배상하는 규정으로 손해액과 인과관계의 추정에 중점이 있지만, 법 제64조는 금융투자업자가 영업활동의 과정에서 법령이나 약관, 규약 등에 위반하거나 그 업무를 소홀히 하여 투자자에게 손해를 발생시킨 경우에 그 손해를 배상하도록 하는 일반적인 규정으로써 그 구성요건과 적용되는 상황이 다르다. 따라서 법 제48조가 법 제64조의 특칙으로 언제나 우선하여 적용된다고 볼 수는 없으며, 양자의 구성요건을 모두 충족하는 경우에는 선택적 또는 중복적으로 청구할 수 있다.

3. 투자권유준칙

금융투자업자는 투자권유를 함에 있어서 금융투자업자의 임직원이 준수하여야 할 구체적인 기준 및 절차("투자권유준칙")를 정하여야 한다. 다만, 파생상품 등에 대하여는 일반투자자의 투자목적·재산상황 및 투자경험 등을 고려하여 투자자 등급별로 차등화된 투자권유준칙을 마련하여야 한다(50조①).

금융투자업자는 투자권유준칙을 정한 경우 이를 인터넷 홈페이지 등을 이용하여 공시하여야 한다. 투자권유준칙을 변경한 경우에도 같다(50조②).

협회는 투자권유준칙과 관련하여 금융투자업자가 공통으로 사용할 수 있는 표준투자권유준칙을 제정할 수 있다(50조③). 이에 따라 금융투자협회는 표준투자권유준칙[50]을 마련하

---

47) 김건식/정순섭, 자본시장법(2013), 783면; 증권법학회, 자본시장법주석서 I (2015), 308면.
48) 대판 2003.7.11., 2001다11802.
49) 김건식/정순섭, 자본시장법(2013), 784면.

고 있다. 표준투자권유준칙은 일반투자자(일임·신탁계약의 경우에는 전문투자자도 포함)가 판매사의 영업점 방문을 통해 투자하는 경우를 전제하여 마련된 것이고, 온라인이나 전화판매 또는 전문투자자를 대상으로 하는 판매 등에 대해서는 달리 적용될 수 있다.

4. 투자권유대행인의 등록

투자권유대행인은 금융투자업자로부터 금융투자상품의 투자권유(파생상품등에 대한 투자권유를 제외한다)를 위탁받아 대행하는 자이다(51조①). 투자권유대행인은 일정한 자격을 갖춘 자로서 개인에 한한다(51조①). 대리점 등 법인 형태의 투자권유대행을 허용하는 경우에는 투자중개업자에 대한 차별이 생길 것을 우려한 것이다.

자본시장법은 무분별한 투자권유행위를 막고 책임 소재를 분명히 하기 위하여 투자권유대행인을 금융위원회에 등록하도록 하고 있다(51조③). 투자권유대행인은 금융위원회에 등록 전에는 투자권유를 하여서는 아니 된다(51조②).

IX. 직무관련 정보의 이용 금지 등

금융투자업자는 직무의 성격상 기관투자자의 주문정보, 애널리스트의 조사분석자료, 상장예정법인의 정보 등 외부에 공개되지 아니한 정보를 미리 알 수 있는데, 법 제54조는 금융투자업자가 직무와 관련하여 알게 된 정보를 이용하여 자기 또는 제3자의 이익을 위하여 이용하는 행위를 금지하고 있다. 법 제54조는 금융투자업자로부터 업무를 위탁받은 자(42조⑩), 투자권유대행인(52조⑥)에 대해서도 준용된다.

1. 직무상 알게 된 정보의 이용금지

금융투자업자는 직무상 알게 된 정보로서 외부에 공개되지 아니한 정보를 정당한 사유 없이 자기 또는 제3자의 이익을 위하여 이용하여서는 아니 된다(54조①).

적용대상은 '금융투자업자'이다. 금융투자업자의 임직원 등은 법 제174조의 미공개중요정보 이용행위 금지 또는 법 제63조의 임직원의 금융투자상품 매매규정이 적용된다.

"직무상 알게 된 정보"란 금융투자업자가 고유업무, 겸영업무, 부수업부 등 직무의 영위와 관련하여 알게 된 정보를 가리키며, 고객의 매매 정보를 알게 된 금융투자업자가 이를 이용하여 선행매매(front running)를 하는 경우가 대표적이다.

"외부에 공개되지 아니한 정보"이어야 한다. 따라서 직무상 알게 된 정보라도 이미 외부에 공개된 정보는 적용대상이 아니다. 외부에 공개되었는지의 여부는 법 제174조 미공개중

---

50) 금융투자협회, 표준투자권유준칙(2021.4.7.) <https://law.kofia.or.kr> (2021.6.12. 방문).

요정보 이용행위의 금지에서 살펴본다.

법 제54조는 직무관련 정보, 미공개 정보를 요건으로 하는 점에서 법 제174조의 미공개 중요정보 이용행위의 금지와 구조가 매우 유사하다. 그러나 법 제54조는 직무상 알게 된 정보이면 내부정보가 아니라도 시장정보를 포함하는 등 그 적용범위가 넓다.

2. 정보교류 차단대상 정보의 이용금지

금융투자업자 및 그 임직원은 제45조 제1항 또는 제2항에 따라 정보교류 차단의 대상이 되는 정보를 정당한 사유 없이 본인이 이용하거나 제3자에게 이용하게 하여서는 아니 된다 (54조②).

적용대상은 금융투자업자 및 그 임직원이다. 제1항의 직무상 알게 된 정보의 이용금지의 주체는 금융투자업자인데, 제2항의 정보교류 차단대상 정보의 이용금지의 주체는 정보의 성격상 금융투자업자 외에도 그 임직원이 추가되어 있다.

규제대상정보는 '정보교류 차단의 대상이 되는 정보'이다. 자세한 내용은 법 제45조, 동법 시행령 제50조 및 제51조에 규정되어 있다.

X. 손실보전 등의 금지

1. 원칙적 금지

금융투자상품의 매매 등에는 위험이 수반되므로 투자자는 자신의 책임 하에 투자하고, 그 이익이나 손실은 스스로 부담하여야 한다. 그런데 투자자가 투자에 따른 이익은 누리면서 손실은 부담하지 않는다면 자기책임의 원칙에 반하고, 증권시장의 공정한 거래질서를 왜곡할 수 있다. 따라서 투자자에게 손실을 보전하거나 이익을 보장하는 행위는 금지하여야 하고, 이를 위반한 경우에는 그 사법적 효력을 부인할 필요가 있다.

자본시장법 제55조는 "금융투자업자는 금융투자상품의 매매, 그 밖의 거래와 관련하여 손실의 보전 또는 이익의 보장을 하는 경우, 그 밖에 건전한 거래질서를 해할 우려가 없는 경우로서 정당한 사유가 있는 경우를 제외하고는 다음 각 호의 어느 하나에 해당하는 행위를 하여서는 아니된다"고 하면서 손실보전 또는 이익보장 행위를 금지하고 있다. 만일 손실보전 또는 이익보장 약정의 효력을 인정하게 되면 창구 직원들의 영업상 부담과 투자자들의 과도한 요구로 인하여 무리한 손실보전 또는 이익보장의 약정이 빈번하게 체결되고 이로 인하여 금융거래와 시장질서가 혼란스러워질 가능성이 높기 때문이다.

금융투자업자가 아니라 금융투자업자의 임직원이 자기의 계산으로 손실을 보전하거나 이익을 보장하는 경우에도 같다(55조후단).

손실의 보전 또는 이익의 보장이 금지되는 행위는 다음 각 호와 같다.

1. 투자자가 입을 손실의 전부 또는 일부를 보전하여 줄 것을 사전에 약속하는 행위(55조1호)

   제1호에서 "투자자가 입을 손실의 전부 또는 일부를 보전하여 줄 것을 사전에 약속하는 행위"란 원금 또는 수익을 사전에 보장하거나 약속하는 행위를 하면서 거래를 권유하는 행위를 의미하고, 불확실한 사항에 대하여 단정적 판단을 제공하거나 확실하다고 오인하게 할 소지가 있는 내용을 알리면서 거래를 권유하는 행위까지 포함되는 것은 아니다.[51] '손실을 보전하여 주겠다고 사전에 약속하는 행위'와 '손실이 나지 않을 것이라는 단정적인 전망을 전달하는 행위'는 의미상으로 구분되며, 확장해석이나 유추해석을 금지하는 죄형법정주의 원칙상 전자가 후자를 포함한다고 볼 수는 없기 때문이다. "불확실한 사항에 대하여 단정적 판단을 제공하거나 확실하다고 오인하게 할 소지가 있는 내용을 알리는 행위"는 금융소비자보호법 제21조에 의해서 부당권유행위로 금지된다.

2. 투자자가 입은 손실의 전부 또는 일부를 사후에 보전하여 주는 행위(2호)

3. 투자자에게 일정한 이익을 보장할 것을 사전에 약속하는 행위(3호)

4. 투자자에게 일정한 이익을 사후에 제공하는 행위(4호)

법 제55조가 상정하는 손실보전·이익보장의 약정은 인가·등록한 금융투자업자와 투자자 간에 체결된 약정이 대상이다. 따라서 금융투자업자나 그 임직원이 아닌 사인간에 이루어진 손실보전·이익보장 약정은 법 제55조를 곧바로 유추적용하기는 어렵고, 사적자치의 원칙상 그 효력을 부인할 근거도 찾기 어려우므로 원칙적으로 유효하다고 보아야 한다.[52]

판례는 인가·등록한 금융투자업자가 법 제55조에 위반하여 체결한 손실보전의 약정은 사회질서에 위반한 행위로서 무효라는 입장을 분명히 하고 있으나,[53] 미등록 투자일임업자가 고객인 투자자와 투자일임계약에 손실보전약정이 포함되어 있다면 그 효력을 인정할 수 있는 것처럼 판시하고 있다.[54] 생각건대, 법 제55조는 인가·등록한 금융투자업자와 고객인 투자자 간의 제도권 내의 금융거래를 염두에 두고 마련된 조항이고, 이를 벗어나서 사인간에 체결되는 일반적인 손실보전 또는 이익보장 약정의 효력까지 금지하는 것은 아니다. 또한 인가·등록을 하지 않은 채 제도권 밖에서 영업을 하는 유사금융투자업자가 고객에게 손

---

51) 구 간투법상의 판례이지만 비슷한 취지로는 대판 2012.5.24., 2011도11237이 있다.

52) 대판 2010.7.22., 2009다40547.

53) 대판 2002.12.26., 2000다56952. 이 판결에 대한 평석으로는 정대익, "손실보전약정에 의한 부당권유행위 및 증권회사의 반대매매의무,"「상사판례연구」제18집 제3권(2005. 9), 125면 이하.

54) 대판 2019.6.13., 2018다258562. 이 사건에서는 법원은 고객인 원고의 주장과 같은 손실분담 약정이 체결되었다고 볼 수 없다는 사실 인정상의 이유를 들면서 손실보전약정의 효력 여부에 대해서 분명한 입장은 밝히지 않았다.

실보전 등을 약속하였으나, 나중에 시장상황이 자신에게 불리하게 되면 법 제55조를 내세워서 스스로 체결한 약정의 무효를 주장하는 등 유리한 선택권을 행사할 수 있으므로 부당하다. 따라서 유사금융투자업자가 체결한 손실보전약정에 대해서는 그 효력을 인정하고, 스스로 체결한 손실보전약정의 무효를 주장하는 것은 허용되지 않는다고 볼 것이다.

　일임형ISA에서 수익률이 0% 이하인 계좌에 대해 일임보수를 면제하는 것이 법 제55조의 손실의 보전을 금지하는 행위에 해당하는가? 금융위원회는 금융투자업자가 투자자에 대하여 수수료를 할인하거나 면제하는 행위는 수수료 할인·면제 약정의 시기, 수수료 할인·면제의 동기 또는 목적, 수수료·할인·면제행위와 손실보전의 결과 사이의 인과관계, 금융투자업자와 해당 투자자 간의 거래기간 등을 종합적으로 고려하여 '원본의 전부 또는 일부의 보장과 동일한 결과가 발생'하는 예외적인 상황에 해당하지 않는 한, 원칙적으로 법 제55조의 손실의 보전에 해당하지 아니한다고 한다.[55]

2. 예외적 허용

가. 연금신탁 등

　신탁업자는 수탁한 재산에 대하여 손실의 보전이나 이익의 보장을 하여서는 아니 된다. 다만, 연금이나 퇴직금의 지급을 목적으로 하는 신탁으로서 '금융위원회가 정하여 고시하는 경우'에는 손실의 보전이나 이익의 보장을 할 수 있다(103조③, 슈104조). 연금을 대상으로 하는 신탁의 경우에는 손실보전의 필요성이 있음을 고려한 것이다. 이와 관련하여 금융투자업규정 제4-82조(신탁업무의 방법 등)는 신노후생활연금신탁(노후생활연금신탁을 포함), 연금신탁(신개인연금신탁 및 개인연금신탁을 포함), 퇴직일시금신탁 등을 열거하고 있다. 즉, 신노후생활연금신탁, 연금신탁, 퇴직일시금신탁 등에 대해서는 일정한 수익률을 보장하면서 투자권유를 하는 것이 허용된다.

나. 분쟁조정 또는 화해절차에서의 손실보전행위 등

　자본시장법 제71조(불건전 영업행위의 금지)는 투자매매업자 또는 투자중개업자의 불건전 영업행위를 금지하면서도 예외적으로 투자자 보호 및 건전한 거래질서를 해할 우려가 없는 경우로서 ① 사전에 준법감시인에게 보고한 경우로 투자매매업자·투자중개업자 및 그 임직원이 자신의 위법(과실 포함) 행위 여부가 불명확한 경우 사적 화해의 수단으로 손실을 보상하는 행위(다만, 증권투자의 자기책임원칙에 반하는 경우에는 그러하지 아니하다), ② 투자매매업자 또는 투자중개업자의 위법행위로 인한 손해를 배상하는 행위, ③ 분쟁조정 또는 재판상의 화해절차에 따라 손실을 보상하거나 손해를 배상하는 행위 등을 허용하고 있다(슈68조⑤14, 規定

---

[55] 금융위 질의회신(2017.10.27.), '자본시장과 금융투자업에 관한 법률 관련 법령해석 요청'.

4-20조①7). 준법감시인에게 보고하였거나, 분쟁조정 또는 재판상의 화해절차에서 사후에 손실을 보상하거나 손해를 배상하는 행위는 정당한 이유가 있으므로 자기책임의 원칙을 훼손할 염려가 없다고 보았기 때문이다.

3. 위반 시의 효력

가. 금융투자업자의 부당이득반환 청구(적극)

법 제55조는 건전한 금융투자상품거래질서를 유지하기 위한 강행법규로써 이에 반하는 손실보전 또는 이익보장 약정은 무효이다.[56] 따라서 무효인 손실보전 약정이나 이익보장 약정에 의하여 고객이 지급받은 이익금 등은 부당이득에 해당하며, 이미 지급되었다고 하더라도 다시 금융투자업자에게 반환되어야 한다.[57]

나. 투자자의 표현책임 청구(소극)

손실보전 또는 수익약정은 무효이므로 투자자는 이를 근거로 약정한 금액의 지급을 청구할 수 없다. 그렇다면 투자자는 금융투자업자의 임직원이 체결한 손실보전·이익보장 약정을 근거로 하여서 금융투자업자를 상대로 대표권의 제한에 위반한 행위나 표현지배인, 표현대리 등을 근거로 하여서 외관상의 책임을 물을 수 있는가? 임직원이 체결한 손실보전·이익보장 약정이 강행법규에 위반하여 무효인 이상 표현책임을 인정하면 제도의 취지를 잠탈하는 것이므로 표현책임의 법리는 준용될 여지는 없다고 볼 것이다.[58]

다. 투자자의 불법행위 청구(적극)

투자자는 손실보전·이익보장 약정 체결이 불법행위에 해당한다는 이유를 들어서 금융투자업자를 상대로 손해배상을 청구할 수 있는가? 금융투자업자 또는 그 임직원이 손실보전 또는 이익보장 약속을 하면서 투자권유를 하는 것은 '고객에 대한 보호의무'[59]를 위반한 것으로 민법상 불법행위책임이 성립할 수 있기 때문이다. 생각건대, 법 제55조는 손실의 보전 또는 이익의 보장을 금지하는 것이지, 금융투자업자나 그 임직원의 행위가 불법행위에 해당하는 경우에도 그 책임을 면한다는 내용은 아니다. 따라서 금융투자업자나 그 임직원의 손실보전이나 이익보장의 약속행위가 그 사무집행에 관하여 이루어지고, 고객에 대한 보호의무를 저버려 위법성을 띤 행위인 것으로 평가되는 경우에는 금융투자업자는 민법 제756조

---

56) 대판 2003.1.24., 2001다2129; 대판 1997.2.14., 95다19140; 대판 2001.4.24., 99다30718 등.

57) 대판 1997.2.14., 95다19140.

58) "… 강행법규로서 이에 위배되는 주식거래에 관한 투자수익보장약정은 무효이고, … 증권회사의 지점장에게 그와 같은 약정을 체결할 권한이 수여되었는지 여부에 불구하고 그 약정은 여전히 무효이므로 표현대리의 법리가 준용될 여지가 없다." 대판 1996.8.23., 94다38199.

59) 보호의무에 관한 판례이론은 권순일, 「증권투자권유의 책임에 관한 연구」(서울대 박사논문, 2001. 10), 166면 이하 참조.

(사용자의 배상책임)의 사용자책임을 진다.[60]

라. 형사처벌, 행정처분 등

금융투자업자의 임직원이 손실보전 등의 금지 조항을 위반한 경우에는 3년 이하의 징역 또는 1억원 이하의 벌금에 처해진다(445조10호). 금융투자업자의 임직원이 본 조항을 위반할 경우 양벌규정에 따라 그 행위자를 벌하는 외에 금융투자업자에 대하여 벌금이 부과될 수 있다.

금융위원회는 금융투자업자가 본 조항을 위반할 경우 금융투자업자 및 해당 임직원에게 필요한 조치를 취할 수 있다(420조, 422조).

XI. 약관규제

"약관(約款)"이란 계약의 한쪽 당사자가 여러 명의 상대방과 계약을 체결하기 위하여 일정한 형식으로 미리 마련한 계약의 내용을 말한다. 금융상품의 거래에서는 금융투자업자가 일방적으로 작성한 약관에 의해 계약이 체결된 것으로 추정되므로, 금융투자업자가 우월한 지위를 이용하여 작성하는 약관의 내용을 규제할 필요가 있다.

금융투자업자는 금융투자업의 영위와 관련하여 약관을 제정 또는 변경하는 경우에는 약관의 제정 또는 변경 후 7일 이내에 금융위원회 및 협회에 보고하여야 한다. 다만, 투자자의 권리나 의무에 중대한 영향을 미칠 우려가 있는 경우로서 대통령령으로 정하는 경우에는 약관의 제정·변경 전에 미리 금융위원회에 신고하여야 한다(56조①단서).

협회는 건전한 거래질서를 확립하고 불공정한 내용의 약관이 통용되는 것을 방지하기 위하여 금융투자업 영위와 관련하여 표준약관을 제정할 수 있다(56조③). 협회는 표준약관을 제정·변경하고자 하는 경우에는 미리 금융위원회에 신고하여야 한다. 다만, 전문투자자만을 대상으로 하는 표준약관을 제정·변경하는 경우에는 그 표준약관을 제정 또는 변경한 후 7일 이내에 금융위원회에 보고하여야 한다(56조④).

법 제56조 제1항에 따라 약관을 신고 또는 보고받거나 제4항에 따라 표준약관을 신고 또는 보고받은 금융위원회는 그 약관 또는 표준약관을 공정거래위원회에 통보하여야 한다. 이 경우 공정거래위원회는 통보받은 약관 또는 표준약관이 약관규제법 제6조부터 제14조까지의 규정에 위반된 사실이 있다고 인정될 때에는 금융위원회에 그 사실을 통보하고 그 시정에 필요한 조치를 취하도록 요청할 수 있으며, 금융위원회는 특별한 사유가 없는 한 이에 응하여야 한다(56조⑥).

---

60) 대판 1996.8.23., 94다38199.

XII. 수수료

금융투자업자는 투자자로부터 받는 수수료의 부과기준 및 절차에 관한 사항을 정하고, 인터넷 홈페이지 등을 이용하여 공시하여야 한다(58조①).

금융투자업자는 '수수료 부과기준'을 정함에 있어서 투자자를 정당한 사유 없이 차별하여서는 아니 된다(58조②). 수수료가 아니라 '수수료 부과기준'을 정함에 있어서 정당한 사유 없이 차별하지 못한다. 따라서 정당한 사유가 있는 경우에는 고객의 수익 기여도, 자산규모, 거래 규모, 거래 매체등에 따라 수수료 부과기준을 달리 정할 수 있고, 그 결과 개별 고객의 구체적인 수수료 금액에는 차이가 생길 수 있다. 한편 고객과의 협의를 통한 수수료의 차별도 가능하다.[61]

금융투자업자는 수수료 부과기준 및 절차를 협회에 통보하고(58조③), 협회는 통보받은 사항을 금융투자업자별로 비교하여 공시하여야 한다(58조④).[62] 다만, 금융투자업자가 받는 모든 수수료가 공시대상이 아니고, 위탁매매수수료, 집합투자업자, 투자자문·일임업자, 신탁업자의 수수료, 유사해외통화선물거래 간접수수료, 자문형 랩어카운트 수수료가 규제대상이다.[63]

일임형 ISA의 수익률이 0% 이하인 계좌에 대해 일임보수를 면제할 경우, 투자자를 정당한 사유 없이 차별하는 경우에 해당하는가? 자본시장법 제58조 제2항은 '수수료 부과기준'을 정함에 있어서 정당한 이유 없는 차별을 금지하고 있으나, 부과기준상의 차별이 아닌 투자손실에 따른 투자자의 수수료 차등을 규정하고 있다는 점, 일임형 ISA의 가입 시점에 따라 고객 누구라도 해당 조항이 적용될 수 있다는 점, 이러한 수수료 면제는 해당 상품가입 시나 약관변경 시에 가입하는 모든 고객에게 안내되고 적용되는 사항이라는 점 등을 감안하면 이는 법 제58조의 위반사유에 해당하지 않는다.[64]

XIII. 소유증권의 예탁

금융투자업자(겸영금융투자업자를 제외한다)는 그 고유재산을 운용함에 따라 소유하게 되는 증권을 예탁결제원에 지체 없이 예탁하여야 한다(61조①본문, 슈63조①). 금융투자업자의 고유

---

61) 증권법학회, 자본시장법 주석서 I (2015), 343면.

62) 주식거래 수수료는 금융투자협회 전자공시서비스(http://dis.kofia.or.kr)(2021.6.2.방문), 금융투자회사공시> 금융투자회사 수수료 비교> 주식거래 수수료에서 비교해 볼 수 있다.

63) 금융투자협회, 금융투자회사의 영업 및 업무에 관한 규정 제2-62조 및 동시행세칙 제6조, 별지 제3호 수수료 부과기준 참조.

64) 금융위 질의회신(2017.10.27.), '자본시장과 금융투자업에 관한 법률 관련 법령해석 요청'.

재산 운용이라고 하더라도 투자자의 재산과 혼장될 가능성이 있고 법 제75조(투자자 예탁증권의 예탁)의 취지와 불가분하게 관련되어 있어, 예탁 업무의 통일성 및 거래의 편의성 확보 등을 위해 예탁을 의무화한 것이다.

예탁대상증권은 고유재산을 운용함에 따라 소유하게 되는 ① 증권, ② 원화로 표시된 양도성 예금증서, ③ 어음(4조 3항에 따른 기업어음증권을 제외한다), 그 밖에 증권과 유사하고 집중예탁과 계좌 간 대체에 적합한 것으로서 예탁결제원이 따로 정하는 것을 말한다(61조①본문, 令63조①, 規定4-15조). 그러나 해당 증권의 유통가능성, 다른 법령에 따른 유통방법이 있는지 여부, 예탁의 실행 가능성 등을 고려하여 대통령령으로 정하는 경우에는 예탁결제원에 예탁하지 아니할 수 있다(61조①단서, 令63조②).

XIV. 임직원의 금융투자상품 매매

1. 의의

자본시장법 제정 이전에는 불공정거래를 방지하기 위해 증권회사 임직원에 대해 증권·선물에 대한 직접투자를 금지하고, 월급여 50% 이내의 증권저축을 통한 투자만 허용하였으나(구 증권거래법42조) 이러한 규정에도 불구하고 증권회사 임직원의 주식투자가 많이 이루어졌고 그에 따른 문제점들도 제기되었다.

자본시장법 제63조 제1항은 "금융투자업자의 임직원은 '자기의 계산'으로 '대통령령으로 정하는 금융투자상품'을 매매하는 경우에는 다음 각 호의 방법에 따라야 한다."고 규정하여, 금융투자업자 임직원 등의 투자를 허용하되 투자 가능한 금융투자상품과 그 매매방법을 구체적으로 제한하고 있다.

2. 적용대상자

적용대상은 '금융투자업자의 임직원'이다. 사외이사도 임직원에 포함된다.[65]

겸영금융투자업자 중 ① 은행 및 보험회사, ② 한국산업은행, 중소기업은행, 한국수출입은행의 경우에는 금융투자업의 직무를 수행하는 임직원만이 적용의 대상이다(63조①본문 괄호, 令64조①). 보험회사에서 퇴직연금 영업업무를 수행하는 임직원도 자본시장법 제63조 제1항에 따른 금융투자상품 매매 규제를 적용받는다.[66]

---

65) 금융위 질의회신(2021.3.23.), '금융투자회사 임직원 범위에 사외이사의 포함 여부'.
66) 금융위 질의회신(2016.12.16.), '자본시장법 제63조 적용 관련 유권해석 질의 요청'.

3. 적용대상 금융투자상품

금융투자업자의 임직원이 다음 각 호의 어느 하나에 해당하는 금융투자상품을 매매하는 경우에는 자신의 명의로 매매할 것, 투자매매업자 중 하나를 선택하여 하나의 계좌로 매매할 것 등 법령이 정한 방법을 따라야 한다(63조①, 令64조②본문).

1. 증권시장에 상장된 지분증권(제178조제1항제1호에 따른 장외거래 방법에 의하여 매매가 이루어지는 주권을 포함한다)(令64조②1호 본문).

   다만, 투자회사의 주권과 투자유한회사·투자합자회사·투자유한책임회사·투자합자조합·투자익명조합의 지분증권은 제외한다(令64조②1호 단서 가목). 집합투자기구인 투자회사(소위 뮤추얼 펀드 등)의 주권, 투자유한회사·투자합자회사·투자유한책임회사·투자합자조합·투자익명조합의 지분증권 등은 임직원 등의 부당거래 가능성이 낮으므로 규제대상에서 제외하는 것이다. 근로복지기본법 제33조에 따라 설립된 우리사주조합 명의로 취득하는 우리사주조합이 설립된 회사의 주식도 제외한다(令64조②1호 단서 나목).

2. 증권시장에 상장된 증권예탁증권(제1호에 따른 지분증권과 관련된 증권예탁증권만 해당한다)(2호)

3. 주권 관련 사채권(제68조제4항에 따른 주권 관련 사채권을 말한다)으로서 제1호에 따른 지분증권이나 제2호에 따른 증권예탁증권과 관련된 것(3호)

   제1호의 지분증권 또는 제2호의 증권예탁증권과 관련하여 발행된 전환사채(CB), 신주인수권부사채(BW) 등이 이에 해당한다.

4. 제1호에 따른 지분증권, 제2호에 따른 증권예탁증권이나 이들을 기초로 하는 지수의 변동과 연계된 파생결합증권. 다만, 불공정행위 또는 투자자와의 이해상충 가능성이 크지 아니한 경우로서 금융위원회가 정하여 고시하는 파생결합증권은 제외한다(4호). ELS(주가연계증권), ELW(주식워런트증권), 상장주식 또는 예탁증권, 주가지수를 기초로 한 DLS(파생결합증권) 등이 해당한다.

5. 장내파생상품(5호)

6. 제1호에 따른 지분증권, 제2호에 따른 증권예탁증권이나 이들을 기초로 하는 지수의 변동과 연계된 장외파생상품(6호)

위와 같이 규제대상에 해당하는 금융투자상품을 고려하면, 규제대상에서 제외되는 상품은 비상장지분증권, 집합투자기구의 지분증권, 주식관련 사채가 아닌 회사채, ETF, CP, RP 등 비지분증권 및 장외파생상품인 금리스왑, 선물금리 계정 등이다.[67]

---

67) 정순섭/김민교, 자본시장법 제63조, 로앤비 온주(2017.1.10. 방문).

금융위원회는 모집·매출의 방법으로 발행되거나 매매되는 증권을 청약하기 위한 목적으로 금융투자회사의 임직원이 타사에 개설·신고한 계좌를 이용하여 공모주 청약을 한 후에 주식관련 사채권이 아닌 '후순위 회사채'를 매수한 경우에는 법 제63조의 위반에 해당하지 않는다고 한다.[68]

4. 매매의 방법

금융투자업자의 임직원이 적용대상인 금융투자상품을 매매하는 경우에는 다음 각 호의 방법에 따라야 한다(63조①).

  1. 자기의 명의로 매매할 것(63조①1호)
  2. 투자중개업자 중 하나의 회사(투자중개업자의 임직원의 경우에는 그가 소속된 투자중개업자에 한하되, 그 투자중개업자가 그 임직원이 매매하려는 금융투자상품을 취급하지 아니하는 경우에는 다른 투자중개업자를 이용할 수 있다)를 선택하여 하나의 계좌를 통하여 매매할 것. 다만, 금융투자상품의 종류, 계좌의 성격 등을 고려하여 대통령령으로 정하는 경우에는 둘 이상의 회사 또는 둘 이상의 계좌를 통하여 매매할 수 있다(2호).
  3. 매매명세를 분기별(투자권유자문인력, 제286조제1항제3호나목의 조사분석인력 및 투자운용인력의 경우에는 월별로 한다)로 소속 금융투자업자에게 통지할 것(3호)
  4. 그 밖에 불공정행위의 방지 또는 투자자와의 이해상충의 방지를 위하여 대통령령으로 정하는 방법 및 절차를 준수할 것(4호)

5. 위반 시의 제재

금융투자업자의 임직원이 법 제63조 제1항 제1호를 위반하여 규정된 방법에 따르지 아니하고 금융투자상품을 매매한 경우에는 3년 이하의 징역 또는 1억원 이하의 벌금에 처한다(445조 12호).

금융투자업자의 임직원이 법 제63조 제1항 제2호부터 제4호의 방법에 따르지 아니하고 자기의 계산으로 금융투자상품을 매매한 경우에는 5천만원 이하의 과태료를 부과한다(449조 ②).

XV. 손해배상책임

1. 제64조의 의의

자본시장법 제64조 제1항은 "금융투자업자는 법령·약관·집합투자규약·투자설명서에

---

68) 금융위 질의회신(2020.6.29.), '자본시장법 제63조 위반에 해당하는지 여부'.

위반하는 행위를 하거나 그 업무를 소홀히 하여 투자자에게 손해를 발생시킨 경우에는 그 손해를 배상할 책임이 있다.”고 규정하고 있고, 제37조는 금융투자업자의 신의성실의무, 제79조는 집합투자업자의 선관주의의무, 제96조는 투자자문업자 및 투자일임업자의 선관주의 의무 등을 규정하고 있다. 이러한 규정들 내용 및 취지에 비추어 보면, 투자매매업자를 비롯한 금융투자업자는 수집된 정보를 바탕으로 신중하게 업무를 처리함으로서 투자자의 이익을 보호할 의무가 있다. 구체적으로 금융투자업자가 어떻게 업무를 처리하여야 하는지는 관계 법령, 약관의 내용, 그 시점에서의 경제 상황 등 제반 사정을 종합적으로 고려하여 판단하여야 한다.

2. 고객보호의무와 불법행위책임

금융투자업자가 고의 또는 과실로 인하여 법령·약관·집합투자규약·투자설명서에 위반하는 행위를 하거나 그 업무를 소홀히 하여 투자자에게 손해를 발생시킨 경우에는 채무불이행에 따른 손해배상책임을 부담하는 외에도 불법행위에 의한 손해배상책임을 부담한다.

투자자가 금융투자업자를 상대로 불법행위에 따른 손해배상을 청구하는 경우에는 ①금융투자업자의 위법행위, ②투자자의 손해와 ③인과관계 등 민법상 불법행위에 의한 손해배상청구의 일반적인 요건사실을 모두 입증하여야 한다. 법 제64조는 손해배상책임의 근거조항일 뿐 입증책임을 전환하거나 완화하고 있지 않고, 법 제48조처럼 설명의무 위반 시에 손해금액을 추정하고 있지도 않기 때문이다.

가. 위법행위

금융투자업자가 법령·약관·집합투자규약·투자설명서에 위반하는 행위를 하거나 그 업무를 소홀히 하여 투자자에게 손해를 발생시킨 경우에는 그로 인한 손해를 배상할 책임을 진다(64조①).

자본시장법령에는 수많은 규정이 있는데 이를 위반한 모든 경우에 법 제64조 위반에 따른 손해배상책임을 부담하는가? 생각건대, 금융투자업자가 자본시장법의 특정한 조항을 위반하였다고 하더라도 모든 경우에 손해배상책임을 부담하는 것이 아니고, 그 위반이 금융투자업자의 ‘투자자에 대한 보호의무’를 위반하여 위법성이 있다고 평가되는 때에만 법 제64조의 손해배상책임을 부담한다고 볼 것이다.

고객과의 거래에 있어서 명의를 대여해 준 금융투자업자와 실제로 투자를 권유하고 자산을 운용한 금융투자업자가 따로 있는 경우에는 누가 손해배상책임을 지는가? 대법원은 A자산운용사가 미국 플로리다에 있는 호텔 개발 사업을 위해서 200억원 규모의 특별자산펀드를 설정하면서 투자자를 모집하였으나, 투자자인 원고가 특별자산펀드에 대한 투자가 금지되어 있어서, B자산운용사의 명의로 부동산펀드를 설정하여 우회 투자한 사례에서, 실제 투자권유 및 운용을 한 A자산운용사와 형식상 명의를 대여해준 B자산운용사 모두에게 투자자 보호의무 위반이 있다고 보고 손해배상책임을 인정하였다.[69]

나. 손해의 발생

손해란 위법한 가해행위로 인하여 발생한 재산상의 불이익, 즉 그 위법행위가 없었더라면 존재하였을 재산상태와 그 위법행위가 있은 후의 재산상태의 차이를 말한다. 현실적으로 투자자에게 손해가 발생하였는지 여부는 사회통념에 비추어 객관적이고 합리적으로 판단하여야 한다.

투자자에 대한 금융투자업자의 손해배상책임은 원칙적으로 위법행위 시에 성립하지만, 위법행위 시점과 손해 발생 시점 사이에 시간적 간격이 있는 경우에는 '손해가 발생한 때'에 성립한다.[70]

채무불이행이나 불법행위 등이 투자자 또는 피해자에게 손해를 생기게 하는 동시에 이익을 가져다 준 경우에는 공평의 관념상 그 이익은 당사자의 주장을 기다리지 않고 손해를 산정하는 때 공제되어야 한다.[71]

다. 인과관계

법령·약관 등에 위반한 금융투자업자의 위법행위와 투자자가 입은 손해 간에는 인과관계가 있어야 한다. 대법원은 "집합투자업자가 집합투자재산을 운용하는 과정에서 선관주의의무를 위반하여 투자자에게 손해가 발생한 경우, 그 손해액은 투자원금에서 그 투자로 취득한 수익증권에 기하여 회수하였거나 회수할 수 있는 금전의 총액을 뺀 금액('미회수금') 중 해당 선관주의의무 위반행위와 상당인과관계가 있는 부분"이며, 여기서 회수할 수 있는 금액은 만기일 또는 중도환매일을 기준으로 수익증권의 잔존가치를 확정할 수 없을 때에는 만기일 또는 중도환매일 이후로써 수익증권의 잔존가치 산정이 가능한 때에 확정되고 그에 따라 미회수금도 확정되므로, 미회수금 중 선관주의의무 위반으로 인하여 투자자가 입은 손해도 그때 현실적으로 발생하였다고 볼 수 있다고 한다.[72]

3. 입증책임의 전환

배상책임을 질 금융투자업자가 법 제37조(신의성실의무) 제2항, 제44조(이해상충의 관리), 제45조(정보교류의 차단), 제71조(불건전 영업행위의 금지) 또는 제85조(불건전영업행위의 금지)를 위반한 경우(투자매매업 또는 투자중개업과 집합투자업을 함께 영위함에 따라 발생하는 이해상충과 관련된 경

69) 대판 2020.2.27., 2016다223494.
70) 대판 2023.11.30., 2019다224238.
71) 대판 2023.11.30., 2019다224238.
72) 대판 2023.11.30., 2019다224238.

우에 한한다)로서 그 금융투자업자가 상당한 주의를 하였음을 증명하거나 투자자가 금융투자 상품의 매매, 그 밖의 거래를 할 때에 그 사실을 안 경우에는 배상의 책임을 지지 아니한다 (64조① 단서).

금융투자업자가 책임을 면하려면 상당한 주의를 하였음을 입증하여야 한다. 금융투자업 자가 상당한 주의를 하였는지는 구체적인 사정을 고려하여 결정될 것이나, 일반 민·상법에 도 주의의무에 관한 유사한 규정이 많으므로 그에 관련한 판례가 참고될 것이다.[73]

4. 임원의 연대책임

금융투자업자가 손해배상책임을 지는 경우로서 관련되는 임원에게도 귀책사유(歸責事由) 가 있는 경우에는 그 금융투자업자와 관련되는 임원은 연대하여 그 손해를 배상할 책임이 있다(64조②). 임원이 부담하는 손해배상책임의 법적 성질은 부진정연대채무이다. 모든 임원 이 책임을 지는 것이 아니고 '관련되는 임원'이 책임을 지고, 무과실책임이 아니라 귀책사유 가 있어야 한다.

금융투자업자가 자력이 없는 경우는 예상하기 어려우므로 이 조항의 실익은 크지 않지 만, 2014년 12월경 한맥투자증권이 주문 실수로 파산한 사례처럼 금융투자업자의 자력이 없 는 경우에는 이 조항을 근거로 관련되는 임원을 상대로도 연대책임을 물을 수 있으므로 유 용할 것이다.

XVI. 외국 금융투자업자의 특례

외국 금융투자업자는 일반적으로 독립된 법인을 국내에 설치하기 보다는 지점이나 영업 소의 형태로 국내에서 업무를 영위하고 있다. 그런데 이들에 대해서 설립준거법이나 주된 영업행위지법을 적용하면 국내의 투자자 보호에 어려움이 있고, 그렇다고 하여서 법인이 아 닌 지점이나 영업소에 대해서 국내법을 곧바로 적용하는 것도 곤란하다. 이에 자본시장법은 외국 금융투자업자의 지점이나 영업소를 실질적인 영업단위로 보고 그 범위 내에서 회사의 계산이나 조직 등에 관한 규정을 수정하여 적용함으로써 국내 투자자들을 보호하고 있다.

외국 금융투자업자의 지점, 그 밖의 영업소("국내지점등")에 대하여 자본시장법을 적용함 에 있어서는 대통령령으로 정하는 영업기금[74]은 자본금으로 보고, 자본금·적립금 및 이월 이익잉여금의 합계액은 자기자본으로 보며, 국내대표자는 임원으로 본다(65조①). 따라서 외

---

73) 민법 제756조(사용자의 배상책임) 및 상법 제135조(운송인의 손해배상책임) 등 다수.
74) 외국 금융투자업자가 지점, 그 밖의 영업소를 설치하거나 영업을 하기 위하여 그 지점, 그 밖의 영업소에 공급한 원화자금 등을 말한다(슈65조①).

국계 금융투자업자의 국내지점등은 대통령령으로 정하는 영업기금을 금융투자업자에게 요구되는 자본금 이상으로 유지하고, 영업용 순자본을 총위험액 이상으로 유지하여야 하며(30조①), 그 국내대표자는 임원의 결격사유(18조②4)에 해당하여서는 아니 된다.

외국 금융투자업자의 국내지점등은 영업기금과 부채의 합계액에 상당하는 자산을 대통령령으로 정하는 방법으로 국내에 두어야 한다(65조②).

외국 금융투자업자의 국내지점등이 청산 또는 파산하는 경우에 그 국내에 두는 자산은 국내에 주소 또는 거소가 있는 자에 대한 채무의 변제에 우선 충당하여야 한다(65조③). 외국 금융투자업자의 파산 등의 경우에 국내 투자자를 보호하기 위한 특별규정이다. 은행법 제62조(외국은행의 국내 자산)도 비슷한데, 2008. 9. 15. 리만브라더스 파산 신청 및 청산 시 그 적용 여부가 논의된 적이 있다.

금융투자업자별 영업행위 규칙

자본시장법은 개별 금융투자업자의 특성을 반영하여 금융투자업자별 영업행위 규칙을 마련하고 개별 금융투자업자와 거래하는 투자자를 보호하고 있다.

I. 투자매매업자 및 투자중개업자의 영업행위 규칙

1. 매매형태의 명시

투자매매업자 또는 투자중개업자는 보통 투자매매업과 투자중개업을 함께 영위하는데, 거래를 중개하면 수수료 수입을 얻을 뿐이지만, 직접적인 거래상대방이 되면 자신에게 유리하게 매매가격을 조정하려고 할 유인이 생길 수밖에 없다. 이를 반영하여 자본시장법은 투자매매업자 또는 투자중개업자가 투자자로부터 금융투자상품의 매매에 관한 청약 또는 주문을 받는 경우에는 사전에 그 투자자에게 자기가 투자매매업자인지 투자중개업자인지를 밝히도록 하고 있다(66조).[75]

'사전'에 밝혀야 하므로 투자자로부터 청약 또는 주문을 받고 나서 이를 수락하기 전까지는 밝혀야 한다.[76] 투자자는 사전에 거래상대방인 투자매매업자 또는 투자중개업자의 매매형태를 고지받음으로써, 거래상대방의 기회주의적 행동의 가능성을 알 수 있어야 하기 때문이다.

매매형태를 밝히는 방법에 대해서는 따로 규정하고 있지 않으므로 서면에 의하건 구두에 의하건 관계가 없다.[77]

법 제66조는 단속규정이므로 투자매매업자 또는 투자중개업자가 이를 위반한 경우에도

---

75) 미국에서는 브로커-딜러가 고객과의 거래 시에는 자신이 해당 고객의 대리인인지, 다른 사람의 대리인인지, 쌍방의 대리인인지, 또는 자기가 거래의 당사자인지를 밝히도록 하고 있다. SEA of 1934, Rule 10b-10(a)(2).

76) 김병연/권재열/양기진, 자본시장법(2017), 121면; 증권법학회, 자본시장법주석서 I (2015), 363면.

77) 미국에서는 서면확인서(written notification)를 통해서 매매형태를 밝히도록 하고 있다. SEA of 1934, Rule 10b-10(a).

해당 거래는 유효하다.[78] 다만, 그 위반으로 인해 투자자가 손해를 입은 경우에는 손해를 배상하여야 한다.

매매형태 명시 없이 청약 또는 주문을 받은 자는 1년 이하의 징역 또는 3천만원 이하의 벌금에 처한다(446조 11호).

2. 자기계약의 금지

투자매매업자 또는 투자중개업자는 금융투자상품에 관한 같은 매매에 있어 자신이 본인이 됨과 동시에 상대방의 투자중개업자가 되어서는 아니 된다(67조 본문). 이른바 자기계약을 금지하는 취지인데, 투자매매업자 또는 투자중개업자가 고객과의 법률행위에서 자신이 계약당사자(본인)가 됨과 동시에 상대방의 투자중개업자가 된다면 고객의 이익보다는 자신의 이익을 우선할 가능성이 있기 때문이다.[79] 그러나 다음 각 호의 어느 하나에 해당하는 경우에는 자기계약이 가능하다(67조 단서).

1. 투자매매업자 또는 투자중개업자가 증권시장 또는 파생상품시장을 통하여 매매가 이루어지도록 한 경우(67조 1호)

   다수의 당사자가 참여하고 정해진 시스템에 따라 이루어지는 증권시장 또는 파생상품시장에서의 거래는 객관적인 시장가격이 있어서 개별 금융투자업자의 영향력이 미치거나 이해상충의 문제가 발생할 소지가 거의 없기 때문이다.

   이와 관련하여 투자매매업자 또는 투자중개업자가 상법 제107조에 따른 개입권(介入權)을 행사할 수 있는가? 법 제67조 제1호는 증권시장 또는 파생상품시장에서의 거래상대방이 우연히 위탁자가 되었을 때에는 자기계약의 모습에도 불구하고 허용하는 취지이고, 투자매매업자 또는 투자중개업자에게 개입권의 행사 여부를 선택할 수 있도록 하는 내용은 아니다. 따라서 투자매매업자 또는 투자중개업자는 증권시장 또는 파생상품시장을 통한 매매만이 허용되며, 상법 제107조에 따른 개입권 행사는 허용되지 않는다고 보아야 한다.[80]

2. 그 밖에 투자자 보호 및 건전한 거래질서를 해할 우려가 없는 경우로서 다음 각 호의 어느 하나에 해당하는 경우(67조 2호, 슈66조)

   가. 투자매매업자 또는 투자중개업자가 자기가 판매하는 집합투자증권을 매수하는 경우(슈66조 1호). 집합투자증권의 가격은 법 제76조에서 규정하는 기준가격으로 산출

---

78) 김건식/정순섭, 자본시장법(2013), 803면; 김병연/권재열/양기진, 자본시장법(2017), 121면; 증권법학회, 자본시장법 I (2015), 363면.

79) 증권법학회, 자본시장법주석서 I (2015), 364면.

80) 임재연, 자본시장법(2018), 253면. 반면에 상법 제107조의 개입권이 인정된다는 서술로는 증권법학회, 자본시장법주석서 I (2015), 365면 참조.

되므로 자기거래를 허용하는 경우에도 투자자의 이익을 해할 우려가 없다고 보았
기 때문이다.

　나. 투자매매업자 또는 투자중개업자가 다자간매매체결회사를 통하여 매매가 이루어
지도록 한 경우(2호). 증권시장이나 파생상품시장과 마찬가지로 다자간매매체결회
사를 통해서도 공정한 가격에 거래가 이루어진다는 사실을 감안한 것이다.

　다. 종합금융투자사업자가 제77조의6에 따라 금융투자상품의 장외매매가 이루어지도
록 한 경우(3호)

　라. 그 밖에 공정한 가격 형성과 매매, 거래의 안정성과 효율성 도모 및 투자자의 보
호에 우려가 없는 경우로서 금융위원회가 정하여 고시하는 경우(4호)

자기계약을 금지하는 이유는 투자매매업자 또는 투자중개업자가 자신이나 제3자의 이익
을 위하여 고객의 이익을 희생시키는 것을 방지하기 위한 것이다. 따라서 고객에게 투자매
매업자 또는 투자중개업자 자신이 계약당사자라는 사실과 이해관계를 정확하게 밝히고 허락
을 얻은 경우에는 계약상대방이 될 수 있다고 보아야 한다.

증권회사가 '헤지펀드'를 판매하는 한편 그 펀드에 직접 투자하는 경우 법 제67조에 위반
하는가? 금융위원회는 펀드판매회사가 고유재산으로 자신이 판매하는 집합투자증권을 취득
하는 경우는 법 제67조의 규제대상에 포함되지 않는다고 한다.[81]

자기계약금지 규정에 위반하여 금융투자상품을 매매한 자는 1년 이하의 징역 또는 3천만
원 이하의 벌금에 처한다(446조 12호).

3. 최선집행의무

가. 의의

자본시장법 제68조 제1항은 "투자매매업자 또는 투자중개업자는 금융투자상품의 매매에
관한 투자자의 청약 또는 주문을 처리하기 위하여 … 최선의 거래조건으로 집행하기 위한
기준(최선집행기준)을 마련하고 이를 공표하여야 한다."고 하면서 '최선집행의무'를 규정하고
있다. 2013. 5. 거래소 허가제(373조)의 도입으로 동일한 종류의 주식이 여러 시장에서 거래
될 수 있게 되면서, 단일거래소를 전제로 '시장매매의무'[82]를 요구하는 것 보다는 최선의 거
래조건으로 집행할 것을 요구하게 된 것이다.

---

81) 금융위 질의회신(120053), '자본시장법 제67조 관련 질의'.

82) 2013년 개정진 자본시장법 제68조(시장매매의무)는 "투자중개업자는 투자자로부디 증권시장 또는 파생상
품시장에서의 매매의 위탁을 받은 경우에는 반드시 증권시장 또는 파생상품시장을 통하여 매매가 이루어
지도록 하여야 한다."고 하면서 '시장매매의무'를 규정하고 있었다.

나. 주체(투자매매업자 또는 투자중개업자)

자본시장법은 최선집행의무의 주체를 투자매매업자 또는 투자중개업자에 한정하고 있다 (68조①). 투자매매업자 또는 투자중개업자의 업무는 고객의 청약 또는 주문의 처리와 직접 관련되어 있으므로 최선의 거래조건으로 집행하도록 노력하여야 하기 때문이다.

투자자문업자는 고객에게 투자매매업자 또는 투자중개업자를 소개하거나 선택할 수 있 어서 최선집행의무가 문제될 수 있으나 우리나라는 투자자문업자에게는 최선집행의무를 부 과하고 있지 않다. 신탁업자, 집합투자업자 등은 신탁재산 및 집합투자재산의 운용과 관련하 여 선관의무 및 충실의무를 부담하지만, 투자자의 주문을 처리하는 것과 직접 연결되어 있 지 않으므로 최선집행의무를 부과하고 있지 않다.

다. 적용대상 금융투자상품(상장주권, 주권예탁증권)

최선집행의무는 투자매매업자 또는 투자중개업자의 '금융투자상품의 매매'에 적용된다 (68조①). 다만, 다음 각 호의 어느 하나에 해당하는 거래는 최선집행의무의 대상에서 제외된 다(68조①, 令66조의2①).

1. 증권시장에 상장되지 아니한 증권의 매매(令66조의2①1호)

2. 장외파생상품의 매매(2호)

3. 다음 각 목의 어느 하나에 해당하는 금융투자상품 중 복수의 금융투자상품시장에서 의 거래 가능성 및 투자자 보호의 필요성 등을 고려하여 '총리령으로 정하는 금융투 자상품'의 매매(3호)

   가. 증권시장에 상장된 증권

   나. 장내파생상품

   법 시행령 제66조의2 제1항 제3호 각 목 외의 부분에서 "총리령으로 정하는 금융 투자상품"이란 채무증권, 지분증권(주권은 제외한다), 수익증권, 투자계약증권, 파생 결합증권, 증권예탁증권(주권과 관련된 증권예탁증권은 제외한다), 장내파생상품을 가리 키는 바(規則7조의3), 결국 현행법상으로는 '상장주권'과 '주권예탁증권'만이 최선집 행의무의 대상이다.

최선집행의무의 적용대상을 제한하는 이유는 다자간매매체결회사가 취급할 수 있는 '상 장주권'과 '주권예탁증권'을 최선집행의무의 대상으로 우선하여 정하기 위한 것으로써, 2013 년 5월 제68조의 최선집행의무 조항을 도입할 당시에는 다자간매매체결회사의 매매체결대 상상품이 확대되면 최선집행의무의 적용대상상품을 확대할 예정이었으나,[83] 아직까지 그 적 용대상은 확대되고 있지는 않다.

---

83) 장근영, 자본시장법 제64조, Ⅱ.3 대상상품, 로앤비 온주(2021.6.2. 방문).

라. 최선집행의무의 내용, 기준 등

'최선집행의무'의 내용과 기준은 어떻게 되는가? 투자자에게 가장 유리한 가격이 우선적으로 고려되어야 하겠지만, 비용·매매규모·체결 가능성 등 다양한 요소를 고려하면 무엇이 최선인가는 투자자별로 상이할 수밖에 없다. 시각에 따라서는 가격 보다 매매규모나 체결 가능성 등이 중요할 수 있기 때문이다.

자본시장법은 최선집행기준을 정함에 있어서는 ① 금융투자상품의 가격, ② 투자자가 부담하는 수수료 및 그 밖의 비용, ③ 그 밖에 투자자를 위하여 최선의 거래조건으로 집행하기 위한 방법 및 그 이유 등을 포함하도록 하고 있다(슈66조의2②본문). 다만, 투자자가 청약 또는 주문의 처리에 관하여 별도의 지시를 하였을 때에는 그에 따라 최선집행기준과 달리 처리할 수 있다(이른바 opt-out 방식)(슈66조의2②단서).

구체적인 집행방법은 어떠한가? ① 고객주문이 접수되는 시점에서 가장 유리한 시장을 선택하여 주문을 실행하는 방법 또는 ② 사전에 고객주문을 집행할 시장을 정하여 두고 주기적으로 재선정하는 방법을 상정할 수 있는데,[84] ②의 방법은 최선집행의 취지를 달성하는 데에는 한계가 있으므로 원칙적으로 ①의 방법이 최선집행의 취지에 부합한다.

투자매매업자 또는 투자중개업자는 최선집행기준을 마련하고 이를 공표하여야 하고(68조①), 금융투자상품의 매매에 관한 청약 또는 주문을 받는 경우에는 미리 문서, 전자문서, 팩스로 최선집행기준을 기재 또는 표시한 설명서를 투자자에게 교부하여야 한다. 다만, 매매에 관한 청약 또는 주문을 받기 전에 이미 해당 설명서를 교부한 경우에는 그러하지 아니하다(68조④, 슈66조의2⑥).

마. 위반 시의 제재

최선집행의무의 위반으로 손해를 입은 투자자는 금융투자업자를 상대로 손해배상책임을 청구할 수 있다. 투자자는 금융투자업자의 최선집행의무 위반사실, 투자자가 입은 손해, 인과관계 등을 입증하여야 한다.

최선집행에 관한 의무를 이행하지 아니한 자에 대하여는 1억원 이하의 과태료가 부과된다(449조① 28의2호).

4. 자기주식의 예외적 취득

"자기주식의 취득(自己株式의 取得)"이란 회사가 주식을 발행한 이후에 '스스로 발행주식을 취득하는 것'을 말한다. 자기가 발행한 주식을 스스로 취득하는 것은 실질적으로 출자환급에 해당하고, 다른 주주 및 채권자의 이익을 침해하며, 내부자거래 등의 우려가 있어서, 상법은

---

84) 장근영, 자본시장법 제64조, Ⅳ.2 최선집행기준의 구체화, 로앤비 온주(2021.6.2. 방문).

회사에게 배당가능이익이 있는 경우에 한정하여 주주총회의 결의에 의해서 자기주식을 취득하거나(商341조①본문), 또는 인수합병 등 특정목적에 의한 자기주식 취득(商341조의2)만을 허용하고 있다.

자본시장법은 상법의 원칙을 유지하되 주권상장법인에 대해서는 ① 상법 제341조의 배당가능이익에 의한 자기주식취득 방법(165조의3①1호) 외에도 ② 신탁계약에 따라 자기주식을 취득한 신탁업자로부터 신탁계약이 해지되거나 종료된 때에 반환받는 방법(2호)에 의한 자기주식 취득의 방법을 허용하면서 자기주식 취득의 폭을 넓히고 있다.

그 밖에도 자본시장법은 ③ 투자매매업자는 투자자로부터 그 투자매매업자가 발행한 자기주식으로서 증권시장(다자간매매체결회사에서의 거래를 포함한다)의 매매 수량단위 미만의 주식에 대하여 매도의 청약을 받은 경우에는 이를 증권시장 밖에서 취득할 수 있도록 하고 있다(69조). 투자자를 위하여 주식을 취득하더라도 그 주식이 마침 투자매매업자가 발행한 주식인 경우에는 주주평등의 원칙상 특정한 주주만을 상대로 하여서 취득하는 것이 곤란하고, 배당가능이익의 범위 내에서만 자기주식의 취득이 허용되는 제한도 있어서, 별도의 특칙을 두어서 거래단위 미만의 주식을 장외에서 매입할 수 있도록 한 것이다.[85] 이 경우 취득한 자기주식은 취득일로부터 3개월 이내에 처분하여야 한다(69조, 슈67조).

상법상 자기주식을 취득하기 위해서는 미리 주주총회 결의를 거쳐야 하지만(商341조②), 주권상장법인은 이사회의 결의만으로써 자기주식을 취득할 수 있다(165조의3③).

5. 임의매매의 금지

가. 의의

"임의매매(unauthorized trading)"는 금융투자업자가 자신이 관리하는 고객계좌의 금융투자상품을 해당 고객의 매도 청약이나 주문 없이 임의로 처분하거나 또는 고객예탁금을 가지고 임의로 금융투자상품을 매수하는 것을 말한다. 자본시장법은 "투자매매업자 또는 투자중개업자는 투자자나 그 대리인으로부터 금융투자상품의 매매의 청약 또는 주문을 받지 아니하고는 투자자로부터 예탁받은 재산으로 금융투자상품의 매매를 하여서는 아니 된다."(70조)하면서 임의매매를 원칙적으로 금지하고 있다.

임의매매와 구분할 개념으로는 일임매매가 있다. "일임매매(一任賣買)"는 투자자로부터 금융투자상품에 대한 투자판단의 전부 또는 일부를 일임받아 투자자별로 구분하여 금융투자상품의 취득·처분 그 밖의 방법으로 운용하는 행위를 말한다(71조6호). 투자일임업자는 그 업

---

85) 그러나 2014년 한국거래소가 증권시장의 매매수량단위를 유가증권시장과 코스닥시장 모두 1주(유가증권시장의 경우 종전에는 5만원 미만의 주식의 매매수량단위가 10주이었으나, 2014년 세칙 개정으로 주가에 관계없이 모두 1주로 변경되었다)로 변경하였으므로 자본시장법 제69조는 적용될 여지가 거의 없어졌다(유가증권시장업무규정시행세칙33조①).

무의 성격상 당연히 일임매매를 할 수 있으나(6조⑦, 71조6호 단서), 투자매매업자나 투자중개업자는 원칙적으로 일임매매가 금지된다(71조6호). 임의매매와 일임매매는 구분이 애매한 경우가 많으므로 투자매매업자나 투자중개업자가 임의매매를 하더라도 일단은 일임매매를 주장하고, 반대로 투자자측에서는 매매를 일임하고서도 임의매매를 주장하는 경우가 많다. 예를 들어, 투자자가 투자매매업자나 투자중개업자에게 온라인 거래를 위한 ID와 PW를 알려주고 인증서를 건네주거나 또는 거래내용을 확인하고도 즉각 투자매매업자나 투자중개업자에게 이의를 제기하지 않은 경우에는 일임매매에 해당할 가능성이 높고, 반면에 투자매매업자나 투자중개업자가 투자자에게 고지한 거래내용과 실제의 거래내용이 다르거나 투자자가 즉각 이의를 제기한 경우에는 임의매매에 해당할 가능성이 높을 것이다.[86] 임의매매인지 일임매매인지에 대한 판단은 분명하지 않은 경우가 대부분이므로 증권회사가 전화로 고객의 주문을 받은 경우에는 주문상황을 녹음하도록 규정하고 있으며 대부분의 증권회사가 이에 따르고 있다.[87]

구 증권거래법에서는 투자중개업자가 일정한 제한 내에서 일임매매를 할 수 있었으므로 적법 또는 위법한 일임매매인지 구분이 어려운 경우가 많았으나, 자본시장법은 투자중개업자에게 임의매매는 물론 일임매매도 원칙적으로 금지하기 때문에(70조, 71조6호) 이러한 문제가 발생할 여지는 거의 사라졌다. 다만, 투자중개업자가 투자자의 매매주문을 처리하는 과정에서 대통령령으로 허용되는 일임매매 행위[88]를 하는 경우에는 위법한 임의매매와의 구분이 문제될 가능성은 여전히 남아 있다(7조④, 令7조③).

나. 투자자의 구제수단

(1) 손해배상청구

금융투자업자에 의한 임의매매는 고객인 투자자에 대한 채무불이행 또는 불법행위에 해당할 수 있다. 판례 중에는 고객이 담보로 제공한 증권을 임의로 처분한 경우에 채무불이행 책임을 인정한 사례[89]가 있고, 포괄적 일임매매 약정을 이유로 빈번하게 회전매매를 하여 손해를 입힌 경우에 불법행위책임을 인정한 사례[90]가 있는데, 민법상 채무불이행의 경우에 다른 의사표시가 없으면 손해는 금전으로 배상한다고 규정하고 있고(民394조) 이는 불법행위

---

86) 김병연/권재열/양기진, 자본시장법(2017), 128면.

87) 김병연/권재열/양기진, 자본시장법(2017), 129면.

88) 자본시장법 시행령 제7조 제3항은 투자중개업자가 대가 없이 투자판단을 일임받은 경우로서, 투자자가 ① 총매매수량이나 총매매금액을 지정한 경우, ② 여행·질병 등으로 일시적으로 부재하는 중에 금융투자상품의 가격 폭락 등 불가피한 사유가 있는 경우, ③ 결제나 증거금의 추가 예탁 또는 신용공여 담보비율 유지의무나 상환의무를 이행하지 아니한 경우 등은 예외적으로 일임매매를 허용하고 있다.

89) 대판 1994.9.9., 93다40256.

90) 대판 2007.4.12., 2004다4980; 대판 1997.10.24., 97다24603.

에 대해서도 준용되므로(民763조) 만일 특정한 사례가 채무불이행과 불법행위의 요건을 모두 충족하는 경우에는 어느 청구원인에 의하든지 손해배상을 구하는 데에는 차이가 없다.[91]

이와 관련하여 손해액의 산정방법이 문제되는데, 임의매매로 인하여 고객이 입은 손해금액은 특별한 사정이 없는 한 금융투자업자가 주식을 처분한 시점의 시가를 기준으로 결정하되,[92] 임의매매 이전에 고객이 가지고 있던 주식 및 예탁금 등의 잔고와 그 이후 고객이 그 임의매매 사실을 알고 문제를 제기할 당시에 가지게 된 주식 및 예탁금의 잔고상 차이를 손해라고 보아야 한다.[93] 그 후에 주식의 가격이 올랐다고 하더라도 그로 인한 손해는 특별한 사정으로 인한 것으로서 금융투자업자가 임의매매를 할 때 그와 같은 특별한 사정을 알았거나 알 수 있었던 경우에 한하여 오른 가격에 의하여 손해배상을 청구할 수 있다.[94]

(2) 증권의 반환청구

임의매매 후에 주가가 상승하는 경우에 해당 주가 상승분은 특별손해에 해당하므로 투자자가 주가상승분을 배상받는 것은 쉽지 않다. 이 경우에 투자자는 민사상 손해배상책임을 구하는 대신에 금융투자업자가 혼장임치의 방식으로 증권을 보관하는 것에 근거하여 임의매매가 무효임을 주장하면서 동종 동량의 증권 반환을 구하는 원물반환청구권을 선택적으로 행사할 수 있다.[95] 그러나 대법원은 고객이 증권회사에게 증권을 담보로 제공한 사안에서 "증권회사는 담보목적에 어긋나지 않게 증권을 보관할 의무가 있으며, 만약 이에 위반하여 증권을 처분한 경우에는 채무불이행책임을 지고, 이로 인하여 고객이 손해를 입었다면 특별한 사정이 없는 한 그 손해를 금전으로 배상할 의무가 있다."[96]고 하면서 금전배상을 인정하고 있으나, 주식의 반환이 가능한지에 대해서는 분명한 태도를 취하고 있지 않다.

고객이 금전배상을 구함에도 불구하고 거꾸로 금융투자업자 쪽에서 증권을 반환하는 것이 가능한가? 임의매매가 없었다면 고객은 주식의 계속 보유로 인하여 주가하락에 따른 손실을 입었을 것이므로 금융투자업자도 금전배상 대신에 동종·동량의 주식을 반환함으로써 채무를 면할 수 있다는 견해[97]가 있으나, 이는 가격하락으로 인한 손해를 고객에게 부담시키는 것이 되어서 부당하다.[98]

---

91) 자본시장법 제64조는 금융투자업자가 법령위반 등의 행위를 한 경우에 대해서 투자자에 대한 손해배상책임을 명시적으로 규정하고 있다.
92) 대판 2000.11.24., 2000다1327.
93) 대판 2003.12.26., 2003다49542.
94) 대판 2000.11.24., 2000다1327.
95) 김병연/권재열/양기진, 자본시장법(2017), 130면; 김택주, 자본시장법(2015), 273면; 임재연, 자본시장법(2018), 260면.
96) 대판 1994.9.9., 93다40256.
97) 김건식/정순섭, 자본시장법(2013), 593면.
98) 증권법학회, 자본시장법주석서 I (2015), 378면.

다. 제3자의 보호방안

(1) 추인

위탁매매를 하는 금융투자업자와 투자자 간에는 위임에 관한 민법규정이 준용되고, 투자자의 위임이 없이 이루어진 금융투자업자의 임의매매는 무권대리행위로서 무효가 된다. 그렇다면 금융투자업자를 믿고 거래한 선의의 제3자는 어떻게 보호할 것인가? 먼저 투자자가 금융투자업자의 임의매매 또는 일임매매 거래를 추인하면 해당 거래행위는 유효하게 된다(상대적 무효, 유동적 무효).[99] 임의매매를 금지하는 규정은 투자자를 보호하기 위한 것인데 투자자가 추인하였다면 거래의 안전이나 투자자의 의사를 존중하는 측면에도 임의매매행위를 유효하다고 보는 것이 타당하기 때문이다. 따라서 투자자가 임의매매를 추인하면 그 법률효과는 투자자에게 귀속되고 임의매매로 인한 손해배상청구도 할 수 없다.[100]

묵시적 추인도 가능하다. 추인은 강력한 효과가 있으므로, 임의매매의 추인, 특히 묵시적 추인을 인정하려면, 고객이 임의매매 사실을 알고도 이의를 제기하지 않고 방치하였는지 여부, 임의매수에 대해 항의하면서 곧바로 매도를 요구하였는지 아니면 직원의 설득을 받아들이거나 임의매수한 주식의 가격이 상승하기를 기다렸는지 여부, 신용으로 임의매수한 경우 그에 따른 그 미수금을 이의 없이 변제하였거나 미수금 변제독촉에 이의를 제기하였는지의 여부, 임의매도로 계좌에 입금된 증권의 매도대금을 인출하였는지 여부 등의 여러 사정을 종합적으로 검토하여 신중하게 판단하여야 한다.[101]

(2) 외관책임, 표현책임

투자자가 임의매매 행위를 추인하지 아니한 경우에 금융투자업자와 거래한 선의의 제3자는 어떻게 보호할 것인가? 자본시장법은 임의매매를 금지하고 있으므로 그에 위반한 거래는 원칙적으로 효력이 없다고 볼 것이나, 금융투자업자의 임의매매행위는 대부분 민법상 표현대리(民125조, 126조, 129조), 상법상 표현대표이사(商395조), 표현지배인(商14조) 등 외관책임의 요건을 충족할 것이므로 선의의 제3자는 민법과 상법의 외관책임 이론에 의해서 보호받을 수 있다.[102]

라. 위반 시의 제재

법 제70조의 임의매매 금지 규정에 위반한 자는 5년 이하의 징역 또는 2억원 이하의 벌금에 처한다(444조 7호).

---

99) 김건식/정순섭, 자본시장법(2013), 591면; 김택주, 자본시장법(2015), 269면; 증권법학회, 자본시장법주석서 I (2015), 374면.

100) 대판 2003.12.26., 2003다49542.

101) 대판 2003.12.26., 2003다49542.

102) 대판 2002.3.29., 2001다49128 등.

금융투자업자의 임의매매는 형법 제356조의 업무상 배임죄에도 해당할 가능성이 있다. 이 경우에는 임의매매를 한 금융투자업자의 임직원이 그 임무에 반하여 고객에게 손해를 가한다는 고의가 있었는지가 핵심적인 쟁점이 될 것인데, 대법원은 "증권회사의 직원으로서 고객의 사무를 처리하는 지위에 있는 자가 고객의 동의를 얻지 않고 주식을 매입한 것이라면 주식의 시세의 하락으로 인하여 고객에게 손해가 발생할 염려가 있다는 인식이 미필적으로나마 있었다고 할 것이고, 그가 근무하는 증권회사가 주식의 매입으로 인하여 수수료를 취득한 이상, 그 직원에게 자기 또는 제3자가 재산상의 이익을 얻는다는 인식도 있었다고 보이므로 그 직원에게 업무상 배임죄의 고의가 있었다고 인정될 여지가 충분히 있다."[103]고 하면서 배임죄의 가능성을 배제하지 않고 있다.

6. 불건전 영업행위의 금지

자본시장법 제71조 불건전 영업행위의 금지는 영업행위 규제의 일종이며, 강력한 형사처벌이 수반되는 제4편 불공정거래의 금지와는 별도의 규제이다. 아래에서는 투자매매업자 또는 투자중개업자에 대한 불건전 영업행위의 금지 조항들을 살펴본다.

가. 선행매매의 금지

자본시장법 제71조 제1호는 "투자매매업자 또는 투자중개업자는 투자자로부터 금융투자상품의 가격에 중대한 영향을 미칠 수 있는 매수 또는 매도의 청약이나 주문을 받거나 받게 될 가능성이 큰 경우 이를 체결시키기 전에 그 금융투자상품을 자기의 계산으로 매수 또는 매도하거나 제3자에게 매수 또는 매도를 권유하는 행위"를 금지하고 있다. 예를 들어, A증권회사가 기관투자자 B로부터 K회사의 주식을 매수하여 달라는 대규모 주문을 받은 경우에, 위탁받은 매수주문을 제출하기 전에 K회사의 주가가 오를 것으로 판단하고 A증권회사 자신이 K회사의 주식을 매수할 수 있는데, 이러한 선행매매(front running)는 증권시장의 건전한 질서를 해치므로 허용되어서는 아니 된다.

자본시장법 제174조의 미공개중요정보 이용행위 금지조항은 미공개 중요정보일 것, 이용주체가 내부자 등일 것 등 상대적으로 엄격한 요건이 요구되므로, 단순히 주문정보를 이용하여 선행매매를 하였다는 사실만으로 법 제174조 위반으로 볼 수 없으나, 구체적인 선행매매행위가 미공개중요정보 이용행위 금지의 요건을 모두 충족하는 경우에는 법 제174조 위반으로 형사처벌을 받을 수 있음은 당연하다.

주문정보(시장정보)와 내부정보의 차이에 주목하여 선행매매는 일반적인 내부자거래는 아니라는 견해[104]가 있으나, 주문정보 역시 금융투자업자의 직무수행과정에서 얻은 정보로서

---

103) 대판 1995.11.21., 94도1598.
104) 성희활, 자본시장법(2018), 195면.

이를 이용하는 것을 정당화하기 어렵고, 구체적인 경우에 내부자거래와 구분이 어려우며, 미공개정보 이용금지의 폭이 내부정보에서 시장정보로 넓어지는 경향이 있으므로 내부자거래에 포함시키는 것이 타당하다.[105]

나. 조사분석자료의 공표 전 매매 금지

투자자들은 다양한 정보에 의존하는데 금융투자업자 등이 제공하는 조사분석자료는 투자자의 투자판단을 돕고, 투자자와 발행기업 사이의 정보의 비대칭을 해소하는 중요한 기능을 수행한다.[106] 그러나 조사분석자료가 애널리스트가 속한 금융투자업자나 이해관계를 맺고 있는 특정한 증권 발행회사의 이익을 우선하기 위하여 작성된다면 그 진실성을 담보할 수 없고, 나아가 조사분석자료가 공포되기 전에 조사분석자료의 대상이 된 금융투자상품을 매매한다면 증권시장 전체의 신뢰를 훼손할 수 있다. 이를 반영하여 자본시장법 제71조 제2호는 "투자매매업자 또는 투자중개업자는 특정 금융투자상품의 가치에 대한 주장이나 예측을 담고 있는 자료("조사분석자료")를 투자자에게 공표함에 있어서 그 조사분석자료의 내용이 사실상 확정된 때부터 공표 후 24시간이 경과하기 전까지 그 조사분석자료의 대상이 된 금융투자상품을 자기의 계산으로 매매하는 행위"를 금지하고 있다.

다. 조사분석자료 담당자에 대한 성과보수 지급금지

M&A 등 기업금융업무는 증권회사의 수익에 커다란 영향을 미치는데, 조사분석자료 담당자에게 특정한 업무와 연동하여 성과보수를 지급하게 되면 조사분석자료가 왜곡될 가능성이 높게 된다. 이를 반영하여 자본시장법 제71조 제3호는 "투자매매업자 또는 투자중개업자는 조사분석자료 작성을 담당하는 자에 대하여 '대통령령으로 정하는 기업금융업무'와 연동된 성과보수를 지급하는 행위"를 금지하고 있다.

제3호에서는 '조사분석자료 작성 담당자'의 범위가 문제된다. 투자매매업자 또는 투자중개업자에 소속되어 조사분석자료의 작성을 담당하는 '금융투자분석사'[107], 이른바 애널리스트가 이에 해당하지만, 그러한 이름이 아니라도 소속 회사에서 조사분석자료의 작성을 담당하는 자는 이에 해당한다. 조사분석자료의 작성을 직접 담당하지는 않았더라도 심사와 승인을 통해서 조사분석 자료의 작성에 실질적으로 관여한 자도 포함된다.

모든 행위가 금지되는 것이 아니고 "대통령령으로 정하는 기업금융업무"와 연동하여 성

---

105) 김건식/정순섭, 자본시장법(2013), 408면.

106) 조성훈/정윤모/박현수, 「증권산업에서의 이해상충에 관한 연구 I: 증권회사 조사분석」(증권연구원, 2003. 5), 10면.

107) "금융투자분석사"란 금융투자회사 임직원으로서 조사분석자료의 작성, 심사 및 승인 업무를 수행하는 자로 전문인력규정 제3-1조에 따라 협회에 등록된 금융투자전문인력을 말한다. 금융투자협회, 영업 및 업무에 관한 규정(2018.6.21. 개정) 제2-25조.

과보수를 지급하는 행위가 금지된다. 법 제71조 제3호에서 "대통령령으로 정하는 기업금융
업무"란 인수업무, 모집·사모·매출의 주선업무, 기업의 인수·합병에 관한 조언업무, 프로
젝트금융에 관한 자문업무, 일반 사모집합투자기구 집합투자재산의 운용업무 등을 말한다(슈
68조②).

자본시장법은 "해당 조사분석자료가 투자자에게 공표되거나 제공되지 아니하고 금융투
자업자 내부에서 업무를 수행할 목적으로 작성된 경우"(슈68조①3)에는 예외적으로 성과보수
의 지급을 허용하고 있다.

라. 증권의 인수업무와 관련된 조사분석자료의 공표, 제공 금지

투자매매업자 또는 투자중개업자가 인수업무 등을 통한 이익을 얻기 위해서, 신주의 가
치를 과다하게 평가한 조사분석자료를 공표하거나 특정인에게 제공하면 투자자가 피해를 입
을 수 있다. 이러한 폐단을 방지하기 위하여 자본시장법 제71조 제4호는 "투자매매업자 또
는 투자중개업자는 ①주권, ②대통령령으로 정하는 주권관련 사채권, ③그와 관련된 증권예
탁증권의 모집 또는 매출과 관련한 계약을 체결한 날부터 그 증권이 증권시장에 최초로 상
장된 후 40일 이내에 그 증권에 대한 조사분석자료를 공표하거나 특정인에게 제공하는 행
위"를 금지하고 있다.

조사분석자료의 개념, 공표의 의미 등은 제2호에서 살펴보았다. 다만, 제4호는 조사분석
자료의 공표 전 매매 금지(71조 2호), 조사분석자료 담당자에 대한 성과보수의 지급 금지(71조
3호)가 아니라, 증권의 인수업무와 관련하여 조사분석자료의 '공표'와 '제공'을 금지하는 점
에서 차이가 있다.

마. 투자권유대행인 외에 의한 투자권유의 금지

자본시장법 제51조 및 제52조는 투자자가 금융투자상품에 대해 수월하게 접근할 수 있도
록 투자권유대행인 제도를 도입하고, 그 실효성을 확보하기 위하여 투자권유대행인 외의 자
에게 투자권유를 대행하게 하는 것을 금지하고 있다.

이에 더하여 자본시장법 제71조 제5호는 "투자매매업자 또는 투자중개업자가 투자권유
대행인 및 투자권유자문인력이 아닌 자에게 투자권유를 하게 하는 행위"를 불건전 영업행위
로 금지하고 있다.

바. 일임매매의 금지

자본시장법 제71조 제6호는 "투자매매업자 또는 투자중개업자는 투자자로부터 금융투자
상품에 대한 투자판단의 전부 또는 일부를 일임받아 투자자별로 구분하여 금융투자상품을
취득·처분, 그 밖의 방법으로 운용하는 행위를 하여서는 아니 된다."고 하면서 일임매매를
금지하고 있다. 일임매매는 투자일임업자의 고유업무이기 때문이다. 다만, ① 투자매매업자

또는 투자중개업자가 그 고유업무인 투자매매업 또는 투자중개업과는 별도로 투자일임업 등록을 하고서 일임매매를 하는 경우, ② 투자중개업자가 투자자의 매매주문을 받아 이를 처리하는 과정에서 금융투자상품에 대한 투자판단의 전부 또는 일부를 일임받을 필요가 있는 경우로서 대통령령으로 정하는 경우에는 이를 할 수 있다(71조6호 단서).

그렇다면 법률이 허용하는 범위를 넘어 '포괄적인 일임매매 약정'이 체결되고 그에 의하여 일임매매가 이루어지는 경우에 거래의 효력이 투자자에게 귀속되는가? 자본시장법은 일임매매를 금지하므로 포괄적 일임매매 형태의 과당매매는 불가능하다는 견해[108]가 있으나, 자본시장법의 금지 규정에도 불구하고 당사자들이 일임매매 약정을 체결하고 과당매매를 하는 경우가 있을 수 있고, 계약자유의 원칙상 일임매매약정의 효력은 원칙적으로 인정되어야 하며, 법 제71조 제6호의 일임매매 금지규정을 효력규정으로 보기는 어려우므로 일임매매 약정에 따른 거래의 효력은 원칙적으로 유효하다고 볼 것이다.[109] 물론 형사처벌이나 과징금을 부과받는 것은 별개이다.

사. 그 밖에 대통령령으로 정하는 불건전 영업행위

그 밖에 투자자 보호 또는 건전한 거래질서를 해할 우려가 있는 행위로서 대통령령으로 정하는 행위도 금지된다(71조7호).[110]

7. 신용공여

"신용공여(信用供與)"는 투자매매업자 또는 투자중개업자가 증권과 관련하여 투자자의 매수 시에는 금융을 융자해 주고(신용거래융자), 투자자가 매도 시에는 증권을 대여해 주는(신용거래대주) 방법으로 투자자에게 신용을 공여하는 것을 말한다(72조①본문). 이러한 신용거래는 증권시장의 수급을 증가시켜 증권의 유동성을 높이는 기능을 하므로 원칙적으로 허용하되, 지나치면 투기에 이용될 가능성이 있으므로 투자매매업자는 증권의 인수일부터 3개월 이내에는 투자자에게 그 증권을 매수하게 하기 위하여 그 투자자에게 금전의 융자, 그 밖의 신용공여를 할 수 없도록 하고 있다(72조①단서).

이와 관련하여 이미 주권이 상장되어 있는 A회사가 추가로 유상증자를 추진하는 과정에서, 투자매매업자가 주권을 인수한 날로부터 3개월 이내에 A회사가 기발행한 주권을 담보로 대출해 주는 것이 법 제72조 제1항 단서에 의해서 금지되는가? 금융위원회는 투자매매업자

108) 김건식/정순섭, 자본시장법(2013), 809면.
109) 김병연/권재열/양기진, 자본시장법(2017), 133–134면; 임재연, 자본시장법(2018), 270면.
110) 대통령령으로 정하는 불건전 영업행위에는 전문투자자의 ①일반투자자 대우 요구에 정당한 이유 없이 동의하지 아니하는 행위, ②적합하지 않거나 적정하지 않다고 판단되는 사람 또는 65세 이상인 사람을 대상으로 금융투자상품을 판매하는 경우, 판매과정을 녹취하지 않거나 녹취된 파일을 제공하지 않는 행위, 2영업일 이상의 숙려기간을 부여하지 않는 행위 등이 있다(슈68조⑤).

가 인수한 신주가 아닌 인수일 이전부터 보유하고 있던 구주를 담보로 투자자에게 융자(예탁증권담보융자)하는 경우, 동 투자자가 신주 청약에 참여하지 않는다면 이러한 융자를 하였다는 사실만으로 자본시장법 제72조를 위반했다고 보기는 어렵다고 한다.[111)]

자본시장법은 신용공여의 기준과 방법을 정하여 규제하고 있다. 구체적인 기준은 자본시장법시행령 제69조에 규정되어 있다.

8. 매매명세의 통지

투자매매업자 또는 투자중개업자는 금융투자상품의 매매가 체결된 경우에는 그 명세를 대통령령으로 정하는 방법에 따라 투자자에게 통지하여야 한다(73조). 투자자가 위탁하지 않은 위법거래나 수수료 수입을 목적으로 하는 과당거래를 방지하기 위하여, 고객에게 통지내용과 자신의 기록을 대조하여 거래내역을 확인할 수 있도록 하기 위한 것이다. 통지의 기한, 통지의 방법 등은 자본시장법시행령 제70조에 규정되어 있다.

9. 투자자예탁금의 별도예치 등

자본시장법 제74조는 투자자가 예탁한 금전을 투자매매업자 또는 투자중개업자의 고유재산과 분리하여 별도로 보관하고, 투자자예탁금에 대해서 배타적 권리를 인정함으로써 안전하게 돌려받을 수 있도록 하고 있다.

누구든지 예치기관에 예치 또는 신탁한 투자자예탁금은 상계 · 압류(가압류를 포함한다)하지 못한다(74조④전단). 예치금융투자업자는 '대통령령으로 정하는 경우' 외에는 예치기관에 예치 또는 신탁한 투자자예탁금을 양도하거나 담보로 제공하여서는 아니 되며(74조④후단), 예치금융기관에게 인가의 취소 등 사유가 발생한 경우에는 그 투자자에게 우선하여 지급하여야 한다(74조⑤본문).

10. 투자자 예탁증권의 예탁

자본시장법 제75조는 투자자 예탁재산의 보호를 위해서 투자매매업자 또는 투자중개업자는 금융투자상품의 매매, 그 밖의 거래에 따라 보관하게 되는 투자자 소유의 증권을 예탁결제원에 지체 없이 예탁하도록 하고 있다.

투자자예탁증권의 범위는 투자매매업자 또는 투자중개업자가 금융투자상품의 매매, 그 밖의 거래에 따라 보관하게 되는 '투자자 소유의 증권(대통령령으로 정하는 것을 포함한다)'이며(75조①본문), 구체적인 예탁증권의 범위는 증권과 유사하고 집중예탁과 계좌 간 대체에 적합한 것으로서 예탁결제원이 따로 정하고 있다(75조①본문, 令76조①2, 規定4-47조, 4-15조①).

---

111) 금융위 질의회신(2017.10.12.), '자본시장법 제72조 제1항 단서에 관한 해석 요청'.

11. 집합투자증권의 판매 등에 관한 특례

가. 의의 및 입법취지

자본시장법 제76조는 투자매매업자 또는 투자중개업자가 집합투자증권을 판매하는 경우에는 기준가격으로 판매하고(76조①본문), 집합투자기구의 등록 전에는 해당 집합투자증권을 판매하거나 판매를 위한 광고를 하여서는 아니되며(76조③본문), 집합투자기구의 운용실적에 연동(連動)한 판매수수료 또는 판매보수를 금지하고 있다(76조④).[112]

지분증권 등 다른 증권의 판매 시에는 특례를 두지 않고 집합투자증권에 대해서만 특례를 두고 있는 이유는 다음과 같다.

첫째, 2인 이상에게 투자권유를 하여 모은 금전의 집합체라는 집합투자증권의 제도적 특성 때문이다. 집합투자증권 판매 또는 환매 시에 적용되는 '기준가격'이나 '판매보수'는 집합투자증권에서만 존재하는 개념이기 때문에 특례를 두지 않고서는 규정하기 어렵다.

둘째, 공모 투자자를 보호할 목적 때문이다. 집합투자기구가 등록되기 전에 집합투자증권이 판매되는 경우에는 공모요건을 갖추지 못한 집합투자기구의 증권을 매수한 투자자에게 커다란 손해가 발생할 수 있기 때문이다. 사모로 발행되는 집합투자증권에 대해서는 법 제76조의 적용이 배제된다(249조의8①).

나. 판매가격의 특례

집합투자증권 판매 시에 적용되는 기준가격은 투자자가 집합투자증권을 매입할 때 적용되는 가격 개념으로써 투자자의 손익에 영향을 미치는 중요한 요소이다. 자본시장법은 원칙적으로 '미래가격(forward pricing)'에 의하되, 예외적으로 '과거가격(historic/backward pricing)'에 의하여 기준가격을 산정할 수 있도록 하고 있다.

투자매매업자 또는 투자중개업자는 집합투자증권을 판매하는 경우에는 투자자가 집합투자증권의 취득을 위하여 '금전등을 납입한 후 최초로 산정되는 기준가격(제238조 제6항의 기준가격을 말한다)'으로 판매하여야 한다(76조①본문). "금전등을 납입한 후 최초로 산정되는 기준가격"이라는 문구에서 알 수 있듯이 투자자가 집합투자증권 취득을 위하여 금전등을 납입한 날 이후의 시점을 기준으로 하여 기준가격을 산정한다. 이러한 산정방식에 의하면, 투자자는 집합투자증권의 매입을 결정하고 금전 등을 납입할 때에도 자신에게 적용되는 기준가격을 알 수 없어서 불편한 점이 있으나, 무위험거래의 가능성을 차단하고 기존의 매입자와 신규 매입자 간 수익의 이전 등 불균형의 발생을 막을 수 있다. 적용되는 기준일과 관련하여서는 금전을 납입한 다음날, 다음날의 익일 등 다양한 시점이 존재할 수 있는데, 법 제76조 제1항

---

112) 집합투자증권에 대한 판매업무는 투자매매업 또는 투자중개업에 해당하기 때문에 투자매매업자 또는 투자중개업자만이 가능하다.

에서는 특정 날짜를 지정하지 않고, "금전등을 납입한 이후 최초로 산정되는 기준가격"을 적용하도록 규정함으로써 투자대상 자산의 종류에 따라 다양한 기준시점의 적용이 가능하도록 하고 있다. 이러한 기준가격의 산정방식은 집합투자증권의 환매 시에도 그대로 적용된다. 구체적인 기준가격의 산정방식은 자본시장법 시행령 제262조(기준가격의 계산과 공고)에 규정되어 있다.

집합투자증권은 '투자자가 금전등을 납입한 후 최초로 산정되는 기준가격'으로 판매하여야 하지만, 투자자의 이익을 해할 우려가 없는 경우로서 '대통령령으로 정하는 경우에는 대통령령으로 정하는 기준가격'으로 판매하여야 한다(76조①단서, 令77조①). 법 제76조 제1항 단서에서 "대통령령으로 정하는 경우"란 ① 투자자가 기준시점을 지나서 금전등을 납입하는 경우, ② 단기금융집합투자기구(MMF)의 집합투자증권을 판매하는 경우,[113] ③ 집합투자재산 평가위원회가 투자자의 이익을 침해할 우려가 있다고 인정하는 경우, ④ 투자매매업자 등을 변경할 목적으로 환매하는 경우를 말한다(令77조①,②). 구체적인 기준시점은 법 시행령 제77조에서 규정하고 있다.

다. 등록 전 판매 및 광고 금지

투자매매업자 또는 투자중개업자는 집합투자기구가 등록되기 전에는 해당 집합투자증권을 판매하거나 판매를 위한 광고를 하여서는 아니 된다(76조③본문). 집합투자기구 등록 전에 판매나 광고를 허용할 경우 집합투자기구 사전등록제(182조)의 취지를 살릴 수 없고, 투자자 보호에 어려움이 있기 때문이다. 그러나 투자자의 이익을 해할 우려가 없는 경우로서 관련 법령의 개정에 따라 새로운 형태의 집합투자증권의 판매가 예정되어 있어, 그 집합투자기구의 개괄적인 내용을 광고하여도 투자자의 이익을 해칠 염려가 없는 경우에는 판매 광고를 할 수 있다(76조③단서, 令77조③전단).

라. 판매보수 및 판매수수료의 규제

투자매매업자 또는 투자중개업자는 집합투자증권의 판매와 관련하여 판매수수료 및 판매보수를 받는 경우 집합투자기구의 운용실적에 연동(連動)하여 판매수수료 또는 판매보수를 받아서는 아니 된다(76조④). 영리를 목적으로 하는 판매회사 입장에서는 가급적 높은 수준의 판매보수 및 판매수수료를 징구할 유인이 존재하지만, 집합투자기구의 운용실적은 자산운용사의 노력과 역량에 따라 결정되는 것으로서 판매회사의 서비스 내용과는 직접적인 관계가 없다. 따라서 자본시장법은 판매회사는 집합투자기구의 운용실적에 연동하여 판매수수료 및 판매보수를 취득하지 못하게 하고 있다. 다만, 이는 공모방식의 집합투자기구에 적용되며,

---

[113] 단기금융집합투자기구는 하루짜리 거래 등 주로 단기자금을 맡길 때 이용하는 상품인데, 미래가격을 적용하게 되면 지나친 불편을 초래한다는 현실적인 어려움을 감안한 것이다.

상대적으로 투자자 보호의 필요성이 낮은 일반 사모집합투자기구에 대해서는 그 적용이 배제된다(249조의8①, 76조④).

판매수수료[114] 및 판매보수[115]는 다음의 한도를 초과하여서는 아니 된다(76조⑤).

1. 판매수수료: 납입금액 또는 환매금액의 100분의 2(76조⑤1, 令77조④1)
2. 판매보수: 집합투자재산의 연평균가액의 100분의 1(76조⑤2, 令77조④2본문)

12. 투자성 있는 예금·보험에 대한 특례

자본시장법상 동일기능 동일규제의 원칙에 따라 은행이나 보험회사가 투자성이 있는 예금이나 보험상품을 매매하거나 중개할 경우에는 투자매매업이나 투자중개업에 해당하지만, 은행 및 보험업의 특성과 은행법, 보험업법 등에서 비슷한 규제가 있는 경우에는 자본시장법 중 일부 규정은 적용을 배제하고 있다.[116] 기본적으로 인가 등 진입규제는 은행법, 보험업법을 우선하여 적용하고, 지배구조는 금융사지배구조법, 투자권유에 대해서는 금융소비자보호법이 적용된다.

가. 은행의 특례

은행이 '투자성 있는 예금계약', 그 밖에 이에 준하는 것으로서 '금적립계좌등의 발행을 위한 계약' 등 '대통령령으로 정하는 계약'을 체결하는 경우에는 법 제12조(금융투자업의 인가)에 따라 투자매매업에 관한 금융투자업인가를 받은 것으로 본다(77조①본문, 令77조의2). 이 경우 인가요건의 유지(15조), 명의대여의 금지(39조)부터 정보교류의 차단(45조)까지, 약관(56조), 수수료(58조), 소유증권의 예탁(61조)부터 외국 금융투자업자의 특례(65조)까지 및 금융투자업자의 지배구조(2편2장)·건전경영 유지(2편3장)·투자매매업자 및 투자중개업자의 영업행위 규칙(4장2절1관)을 적용하지 아니한다(77조①단서).

대표적으로는 '외화표시 양도성 예금증서'에 대한 특례가 있다. 외화표시 양도성예금증서는 투자성 있는 예금이므로 이를 발행하는 것은 투자매매업에 해당하지만, 은행은 자본시장법 제77조 제1항에 따라 투자매매업 인가를 받은 것으로 간주되기 때문에 별도로 은행법상의 인가를 받을 필요가 없다.[117] 법 제3편 제1장의 증권신고서에 관한 규정도 투자성 있는 외화표시예금계약을 체결하는 경우에 대하여는 적용하지 아니한다(77조①후단). 외화표시 양도성예금증서는 그 개념상 금융투자상품에 해당하지만 정책적으로 증권신고서 제출을 면제

---

114) "판매수수료"는 집합투자증권을 판매한 투자매매업자, 투자중개업자가 판매행위에 대한 대가로 투자자로부터 직접 받는 금전을 말한다(76조④괄호).

115) "판매보수"는 집합투자증권을 판매한 투자매매업자, 투자중개업자가 투자자에게 지속적으로 제공하는 용역의 대가로 집합투자기구로부터 받는 금전을 말한다(76조④괄호).

116) 재정경제부, 자본시장통합법 설명자료(2006), 46-47면.

117) 금융위 질의회신(일련번호 090090), '외화 양도성예금증서에 대하여'.

하기 위함이다.

은행은 은행법에 따라 고유한 건전성 규제(BIS비율)를 받고 있으므로 자본시장법의 건전성 규제도 적용되지 않는다.

나. 보험회사의 특례

보험회사가 투자성 있는 보험계약을 체결하거나 그 중개 또는 대리를 하는 경우에는 법 제12조(금융투자업의 인가)에 따라 투자매매업 또는 투자중개업에 관한 금융투자업인가를 받은 것으로 본다. 이 경우 인가요건의 유지(15조), 명의대여의 금지(39조)부터 정보교류의 차단(45조)까지, 투자권유대행인의 등록(51조)부터 검사 및 조치(53조)까지, 약관(56조), 수수료(58조), 소유증권의 예탁(61조)부터 외국 금융투자업자의 특례(65조)까지, 금융투자업자의 지배구조(2편2장) · 건전경영 유지(2편3장) · 투자매매업자 및 투자중개업자의 영업행위 규칙(4장2절1관) 및 증권신고서(3편1장)을 적용하지 아니한다(77조②).

보험회사의 경우에는 투자권유대행인에 관한 규정(51조부터 53조)도 적용되지 않는다. 보험업법 제83조에서 보험상품을 모집할 수 있는 자를 보험설계사, 보험대리점, 보험중개사, 보험회사의 임원 또는 직원으로 제한하는 점을 고려한 것이다.

13. 종합금융투자사업자의 지정과 특례

가. 의의

"종합금융투자사업자"란 투자매매업자 또는 투자중개업자 중에서 금융위원회의 지정을 받은 자를 말한다(8조⑧). 세계적인 경쟁력을 갖춘 금융투자업자의 탄생을 위해서 마련되었으며, 일반적인 투자매매업자 또는 투자중개업자에게 허용되지 않는 전담중개업무, 기업신용업무 등을 추가적으로 할 수 있다.

나. 지정과 취소

금융위원회는 투자매매업자 또는 투자중개업자로서 다음 각 호의 기준을 모두 충족하는 자를 종합금융투자사업자로 지정할 수 있다(77조의2①).

1. 상법에 따른 주식회사일 것(77조의2①1호)
2. 증권에 관한 인수업을 영위할 것(2호)
3. 3조원 이상으로서 '대통령령으로 정하는 금액'[118] 이상의 자기자본을 갖출 것(3호)
4. 그 밖에 신용공여 업무수행에 따른 위험관리 능력 등을 고려하여 '대통령령으로 정

---

[118] "대통령령으로 정하는 금액"이란 ①전담중개업무, 기업에 대한 신용공여 업무 및 장외매매 또는 그 중개 · 주선이나 대리업무: 3조원(令77조의3①1호), ②제1호에 따른 업무 및 단기금융업무를 하려는 종합금융투자사업자: 4조원(2호), ③제2호에 따른 업무 및 종합투자계좌업무를 하려는 종합금융투자사업자: 8조원(3호)이다.

하는 기준'119)을 갖출 것(4호)

투자매매업자 또는 투자중개업자로서 종합금융투자사업자로 지정받고자 하는 자는 금융위원회에 신청하여야 한다(77조의2②).

다. 업무범위의 특례

종합금융투자사업자는 일반적인 투자매매업자 또는 투자중개업자에 비교하여 그 영위하는 업무의 폭이 넓으며 몇 가지 특례가 적용된다.

(1) 전담중개업무

"전담중개업무"란 일반 사모집합투자기구, 그 밖에 대통령령으로 정하는 투자자에 대하여 '다음 각 호의 어느 하나에 해당하는 업무'를 효율적인 신용공여와 담보관리 등을 위하여 '대통령령으로 정하는 방법'에 따라 연계하여 제공하는 업무를 말한다(6조⑩).

1. 증권의 대여 또는 그 중개·주선이나 대리업무(6조⑩1호)
2. 금전의 융자, 그 밖의 신용공여(2호)
3. 일반 사모집합투자기구등의 재산의 보관 및 관리(3호)
4. 그 밖에 일반 사모집합투자기구등의 효율적인 업무 수행을 지원하기 위하여 필요한 업무로서 대통령령으로 정하는 업무(4호)

전담중개업무는 종합금융투자사업자만이 할 수 있다(77조의3①). 종합금융투자사업자가 전담중개업무를 제공하는 경우에는 미리 해당 전담중개업무와 관련된 내용에 관한 계약을 체결하여야 한다(77조의3②).

(2) 기업신용업무

원래 신용공여업무는 은행과 여신금융회사의 업무에 속한다. 하지만 자본시장법은 종합금융투자사업자에게는 자본시장법 및 다른 금융관련 법령에도 불구하고 "기업에 대한 신용공여 업무"(77조의3③1)를 영위할 수 있도록 하고 있다.

종합금융투자사업자가 특정 기업에게 대출하면서, 근접한 시일 내에 그 종합금융투자사업자가 인수하거나 모집·사모·매출을 하는 당해 기업이 발행하는 증권의 인수대금으로 그 대출금을 변제받기로 약정할 경우, 그 대출(브릿지론)이 '기업에 대한 신용공여 업무'에 해당되는가? 금융위원회는 "기업금융업무 관련 신용공여"란 자본시장법 시행령 제68조 제2항에 따른 기업금융업무와 관련하여 발생하는 자금 수요에 대응한 자금지원 성격의 대출로써, M&A 주선 과정에서 인수인에게 인수대금 용도로 대출해주는 자금, PF 자문을 수행하고 있는 프로젝트와 관련하여 특수목적기구에 대출해주는 자금 등이 이에 해당한다고 하면서, 종

---

119) "대통령령으로 정하는 기준"이란 ①위험관리 및 내부통제 등을 위한 적절한 인력, 전산시스템 및 내부통제장치(令77조의3②1), ②이해상충이 발생가능성을 파악·평가·관리할 수 있는 적절한 내부통제기준(令77조의3②2가목), ③법령이 정하는 정보교류차단장치(令77조의3②2나목)이다.

합금융투자사업자가 인수, 모집·사모·매출의 주선 과정에서 발행하는 증권의 인수대금으로 대출금을 변제받는 조건으로 해당 증권의 발행인에게 자금을 대출하는 것은 해당 증권의 발행기업이 증권발행을 통하여 조달하고자 하는 자금을 증권발행에 앞서 미리 대출하는 것에 불과한 것으로 원칙적으로 기업금융업무와 관련하여 발생하는 신용공여로 보기는 어렵다고 한다.120)

종합금융투자사업자에게 허용된 '기업에 대한 신용공여'에 개인사업자인 기업이 포함되는가? 신용보증기금법 제2조 제1호 등에 따르면 기업이란 "사업을 하는 개인 및 법인과 이들 단체를 말한다."고 규정하는 바 개인사업자도 기업의 범위에 포함되고, 따라서 종합금융투자사업자는 개인사업자인 기업에 신용공여를 할 수 있다. 다만, 종합금융투자사업자에게 기업에 대한 신용공여를 허용하는 이유는 기업금융업무를 원활하기 수행하기 위한 것이므로, 개인사업자에게 신용을 공여할 경우에는 해당 사업에 활용되는 자금임을 분명히 확인하는 조치가 필요하다.121)

(3) 장외매매 또는 그 중개·주선이나 대리 업무

종합금융투자사업자는 자본시장법 및 다른 금융관련 법령에도 불구하고 "증권시장에 상장된 주권, 그 밖에 금융위원회가 정하여 고시하는 금융투자상품에 관하여 동시에 다수의 자를 거래상대방 또는 각 당사자로 하는 장외매매 또는 그 중개·주선이나 대리 업무"(77조의3③2, 슈77조의6)로서 다음 각 목의 기준에 적합한 업무를 영위할 수 있다.

1. 해당 금융투자상품의 매매주문이 금융위원회가 정하여 고시하는 매매금액 또는 매매수량 기준을 초과할 것(슈77조의6①1가목)
2. 증권시장에 상장된 주권인 경우 그 주권이 상장된 거래소에서 형성된 매매가격에 근거하여 매매가격을 결정할 것(나목)

14. 다자간매매체결회사에 관한 특례

가. 의의

"다자간매매체결회사(ATS)"122)란 정보통신망이나 전자정보처리장치를 이용하여 동시에 다수의 자를 거래상대방 또는 각 당사자로 하여 '경쟁매매 등의 방법'으로 증권시장에 상장

---

120) 금융위 질의회신(2019.7.3.), '종합금융투자사업자의 신용공여 총 합계액 산정 시 예외사유인 기업금융업무 관련 신용공여의 범위'.
121) 금융위 질의회신(2018.9.7.), '자본시장과 금융투자업에 관한 법률 제77조의3 제3항 제1호 관련 법령해석 요청'.
122) 미국은 다자간매매체결회사를 ATS, 유럽은 MTF라고 부른다. ATS는 호가를 공개하는 리트풀(lit pool)과 호가를 공개하지 않는 다크풀(dark pool)로 구분되는데, ECN(장외전자증권거래네트웍)은 리트풀(lit pool)에 해당한다.

된 주권, 그 밖에 대통령령으로 정하는 증권("매매체결대상상품")의 매매 또는 그 중개·주선이
나 대리 업무("다자간매매체결업무")를 하는 투자매매업자 또는 투자중개업자를 말한다(8조의2
⑤).[123] 따라서 다자간매매체결회사는 투자매매업 또는 투자중개업인가가 요구된다.

2013년 자본시장법 개정으로 거래소 허가주의가 채택되면서 한국거래소의 독점이 무너
지고 대체결제시스템인 다자간매매체결회사 제도가 도입되었다. 2023. 7. 19.에는 넥스트레
이드가 2013년 다자간매매체결회사(ATS) 제도가 도입된 이후 최초로 투자중개업 예비 인가
를 받았다.

나. 소유규제

누구든지 다자간매매체결회사의 의결권 있는 발행주식총수의 100분의 15를 초과하여 다
자간매매체결회사가 발행한 주식을 소유할 수 없다(78조⑤). 공개적인 매매체결기능을 수행
하는 다자간매매체결회사를 특정한 주주가 과도하게 지배하는 것을 방지하기 위한 것이
다.[124] 다만, ① 집합투자기구가 소유하는 경우(사모집합투자기구가 소유하는 경우는 제외한다), ②
정부가 소유하는 경우, ③ 그 밖에 대통령령으로 정하는 바에 따라 금융위원회의 승인을 받
아 소유하는 경우에는 그러하지 아니하다(78조⑤1~3호). 소유주식수의 산정과 위반 시의 조치
에 대해서는 거래소에 관한 규정을 준용한다(78조⑤2문).

다. 매매체결대상상품

다자간매매체결회사가 매매 또는 그 중개·주선이나 대리할 수 있는 매매체결대상상품은
①증권시장에 상장된 주권, ②주권과 관련된 증권예탁증권으로서 증권시장에 상장된 것, ③
그 밖에 공정한 가격 형성 및 거래의 효율성 등을 고려하여 총리령으로 정하는 증권이다(8조
의2⑤, 슈7조의3①1,2호).

라. 매매가격 결정방법

다자간매매체결회사는 다음 각 호의 어느 하나에 해당하는 방법으로 매매가격을 결정하
여야 한다(8조의2⑤).

1. 경쟁매매의 방법(매매체결대상상품의 거래량이 대통령령으로 정하는 기준을 넘지 아니하는 경우
   로 한정한다)(8조의2⑤1호)
   법 시행령 제7조의3 제2항에서는 다자간매매체결회사의 거래량은 증권시장에서의
   매매체결대상상품의 평균거래량의 100분의 15를 넘지 못하도록 하고 있다. 이처럼
   다자간매매체결회사의 거래량을 제한하는 이유는 다자간매매체결회사는 정규거래소
   의 독점을 부분적으로 완화하기 위하여 마련된 제도이고, 상장이나 공시, 시장감시

---

123) 정확하게는 투자중개업자에 해당한다. 성희활, 자본시장법(2018), 85면.
124) 거래소의 경우에는 특정인의 소유한도는 발행주식총수의 100분의 5이다(406조①).

의 기능은 없고, 매매 후의 청산이나 결제도 거래소가 담당하는데, 거래량 제한이 없으면 무임승차의 혜택을 누리면서 거래소를 능가할 수 있는 불공정한 경쟁이 되기 때문이다.[125]

2. 매매체결대상상품이 상장증권인 경우 해당 거래소가 개설하는 증권시장에서 형성된 매매가격을 이용하는 방법(2호)

3. 그 밖에 공정한 매매가격 형성과 매매체결의 안정성 및 효율성 등을 확보할 수 있는 방법으로서 대통령령으로 정하는 방법(3호)

    "대통령령으로 정하는 방법"이란 매매체결대상상품의 종목별로 매도자와 매수자 간의 호가가 일치하는 경우 그 가격으로 매매거래를 체결하는 방법을 말한다(令7조의3③).

마. 감시, 감독 등

금융위원회가 지정하는 거래소("지정거래소")[126]는 다자간매매체결회사에서의 투자자 보호 및 건전한 거래질서를 위하여 청약 또는 주문이나 거래참가자가 다자간매매체결회사에 제출하는 호가의 상황 등을 감시할 수 있다(78조③). 이에 대해서는 다자간매매체결회사에 대한 감리를 경쟁관계에 있는 거래소에 맡기는 것은 타당하지 않으며, 독립적인 자율규제기관이나 금융감독원이 맡아야 한다는 비판[127]이 있다.

지정거래소는 이상거래의 혐의가 있다고 인정되는 종목 또는 매매 품목의 거래상황을 파악하기 위한 경우 등에는 거래참가자에게 그 사유를 밝힌 서면으로 관련 자료의 제출을 요청하거나, 거래참가자에 대하여 그와 관련된 업무·재산상황·장부·서류, 그 밖의 물건을 감리할 수 있다(78조④).

바. 청산 및 결제

"청산"은 결제를 위한 준비과정으로서 매매확인 및 정정, 결제자료 산출 등 결제이행을 책임지는 과정이고, "결제"란 청산과정을 통해서 확정된 채권채무에 기초하여 증권인도와 대금수령을 통해서 거래를 종결시키는 것을 가리킨다.[128]

다자간매매체결회사의 청산업무는 금융위원회가 지정하는 거래소가 수행한다(378조①). 현재 한국거래소가 청산기관으로 지정되어 있다(부칙15조). 다자간매매체결회사의 결제업무는 증권시장에서의 매매거래에 따른 결제기관인 예탁결제원이 수행한다(297조).

---

125) 성희활, 자본시장법(2018), 86면.
126) 한국거래소는 자본시장법 제78조 제3항에 따른 지정거래소로 지정한 것으로 본다(2013.5.28. 개정 자본시장법 부칙15조③,①).
127) 김병연/권재열/양기진, 자본시장법(2017), 156면.
128) 성희활, 자본시장법(2018), 97-98면.

Ⅱ. 집합투자업자의 영업행위 규칙

1. 선관의무 및 충실의무

자본시장법은 공통 영업행위 규칙인 제37조에서 금융투자업자의 신의성실의무를 규정하고, 그와 별도로 법 제79조 제1항은 "집합투자업자는 투자자에 대하여 선량한 관리자의 주의로써 집합투자재산을 운용하여야 한다.", 제2항은 "집합투자업자는 투자자의 이익을 보호하기 위하여 해당 업무를 충실하게 수행하여야 한다."고 하면서 집합투자업자의 선관주의의무와 충실의무를 추가적으로 규정하고 있는 바, 이는 집합투자업자의 '자금수탁자적 지위'를 고려하여 그 선관의무 및 충실의무를 특별히 강조하는 것이다.

자본시장법 제79조의 집합투자업자의 선관의무 및 충실의무는 일반적이고 포괄적인 규정이므로 그 내용은 판례와 학설을 통해 구체화될 수밖에 없다. 회사와 이사 간의 위임관계나 집합투자업자에게 요구되는 선관의무와 충실의무의 속성은 기본적으로 비슷하므로 '이사의 회사에 대한 선관주의의무와 충실의무'에 관한 해석이나 판례를 참고할 수 있을 것이나, 집합투자업자는 금융전문가로서 다수의 투자자로부터 모은 자금을 운용하는 지위에 있으므로 그 선관의무와 충실의무의 내용과 정도는 이사의 주의의무보다 강도가 높다.

2. 자산운용의 지시 및 실행

가. 투자신탁형 집합투자업자의 자산운용

(1) 신탁업자에 대한 자산운용의 지시

투자신탁재산의 운용업무는 그 투자신탁의 집합투자업자가 수행한다(184조②). 집합투자업자(위탁자)의 내부적인 의사결정과 운용지시에 따라, 대외적으로는 신탁업자(수탁자)의 명의로 투자대상자산을 취득·처분한다(9조⑱1).[129] 집합투자업자는 투자신탁재산을 운용함에 있어서 그 투자신탁재산을 보관·관리하는 신탁업자에 대하여 '지시내용을 전산시스템에 의하여 객관적이고 정확하게 관리할 수 있는 방법'[130]에 따라 투자신탁재산별로 투자대상자산의 취득·처분 등에 관하여 필요한 지시를 하여야 하며, 그 신탁업자는 집합투자업자의 지시에 따라 투자대상자산의 취득·처분 등을 하여야 한다(80조①본문, 슈79조①).

---

129) 판례는 투자신탁에서 대외적으로 투자신탁재산에 관하여 관리·처분권을 행사하는 자는 위탁자인 집합주자업자가 아니라 신탁업자임을 분명히 하고 있다. 대판 2022.6.30., 2020다271322.

130) 한국예탁결제원은 집합투자증권의 설정환매, 운용지시, 예탁결제, 수익자명부관리 등을 비롯하여 펀드의 생성, 성장, 소멸에 이르기까지의 집합투자증권 및 집합투자재산의 관리와 관련한 서비스를 제공하고 있다. 이를 이용하기 위해서는 집합투자업자는 한국예탁결제원과 '펀드넷' 이용을 위한 계약을 체결해야 한다.<https://www.ksd.or.kr>.

(2) 불가피한 경우에는 직접 투자대상자산을 취득 · 처분

집합투자업자는 투자신탁재산의 효율적 운용을 위하여 불가피한 경우로서 대통령령으로 정하는 경우에는 집합투자업자 자신의 명의로 직접 투자대상자산의 취득 · 처분 등을 할 수 있다(80조①단서). 이 경우에는 집합투자업자가 자신 명의의 계좌를 통해서 직접 투자대상자산을 취득 · 처분한 후 그 거래내역을 신탁업자에게 통보하면 신탁업자는 보관 중인 집합투자재산으로 집합투자업자가 행한 거래에 대한 결제만을 한다. 집합투자업자가 직접 투자대상자산의 취득 · 처분 등의 업무를 수행하는 경우에는 투자신탁재산별로 미리 정하여진 자산배분명세에 따라 취득 · 처분 등의 결과를 공정하게 배분하여야 한다(80조③).

(3) 집합투자업자의 이행책임

투자신탁의 집합투자업자(그 투자신탁재산을 보관 · 관리하는 신탁업자를 포함한다)는 투자대상자산의 취득 · 처분 등을 한 경우 그 "투자신탁재산을 한도로 하여 그 이행 책임을 부담한다"(80조②본문). 원래 "투자신탁재산으로 그 이행 책임을 부담한다."고 되어 있었으나, 2018. 3. 27. 자본시장법 개정 시에 "그 투자신탁재산을 한도로 하여 그 이행 책임을 부담한다."고 개정하여 그 책임의 성격은 이행책임이고, 그 한도는 투자신탁재산의 가액임을 명확하게 규정하였다. 다만, 그 집합투자업자가 법 제64조 제1항에 따라 법령 · 약관 · 집합투자규약 · 투자설명서에 위반하는 행위를 하거나 그 업무를 소홀히 하여 투자자에게 손해배상책임을 지는 경우에는 투자신탁재산의 한도에 관계 없이 책임을 진다(80조②단서).

나. 회사형, 조합형 집합투자업자의 자산운용

회사형 집합투자기구를 비롯하여 투자신탁을 제외한 집합투자기구의 집합투자업자는 그 집합투자재산을 운용함에 있어서 집합투자기구의 명의(투자익명조합의 경우에는 그 집합투자업자의 명의를 말한다)로 투자대상자산을 취득하거나 처분하고, 그 집합투자기구의 신탁업자에게 취득 · 처분 등을 한 자산의 보관 · 관리에 필요한 지시를 한다(80조⑤전단, 슈79조①). 집합투자를 위한 기구로서 독립적인 성격을 가지는 회사나 조합을 설립하였으므로 이를 이용하여 투자대산자산을 취득하거나 처분하도록 한 것이다. 취득 · 처분한 자산의 보관 · 관리는 신탁업자에게 맡기되, 신탁업자는 집합투자업자의 지시에 따라야 한다. 이 경우 집합투자업자가 투자대상자산의 취득 · 처분 등을 함에 있어서는 집합투자업자가 그 집합투자기구를 대표한다는 사실을 표시하여야 한다(80조⑤후단).

3. 자산운용의 제한 등

자본시장법 제81조는 투자자 보호와 집합투자의 취지, 투자대상자산의 특성을 고려하여 자산별로 그 운용을 세밀하게 규정하고 있다.[131] 아래에서는 투자대상자산별로 자산운용이 제한되는 내용을 살펴본다.

가. 증권 또는 파생상품에 대한 운용 제한

집합투자업자는 집합투자재산을 '증권[132] 또는 파생상품'에 운용함에 있어서 다음 각 목의 어느 하나에 해당하는 행위를 하여서는 아니 된다(81조①1).

1. 각 집합투자기구 자산총액의 100분의 10을 초과하여 동일종목의 증권에 투자하는 행위(81조①1가목 전단, 令80조④).

   투자자를 보호하기 위해서 위험을 분산할 수 있도록 분산투자를 강제하는 취지이다. 이 경우 동일법인 등이 발행한 증권 중 지분증권과 지분증권을 제외한 증권은 각각 동일종목으로 본다(81조①1가목 후단). 즉, 지분증권의 경우 보통주·우선주 등 그 종류에 관계없이 합하여 동일종목으로 간주하며, 지분증권을 제외한 사채권·기업어음증권 등은 모두 합하여 동일종목으로 본다.

2. 각 집합투자업자가 운용하는 전체 집합투자기구 자산총액으로 동일법인 등이 발행한 지분증권 총수의 100분의 20을 초과하여 투자하는 행위(81조①1나목)

   동일법인 등이 발행한 지분증권 등에 과도하게 투자할 경우 투자자의 자본으로 집합투자업자가 특정회사를 지배하는 결과를 초래할 수 있고, 특정주식에 집중하여 투자함으로 인하여 생길 수 있는 위험도 방지하기 위한 취지이다.

3. 각 집합투자기구 자산총액으로 동일법인 등이 발행한 지분증권 총수의 100분의 10을 초과하여 투자하는 행위(81조①1다목)

   위의 나목과 마찬가지로 집합투자재산으로 특정 기업이 발행한 지분증권의 10% 이상을 취득할 경우 투자자의 재산으로 투자대상기업을 지배하는 결과를 가져올 수 있기 때문이다.

   제1호 나목은 전체 집합투자기구의 자산총액이 기준이지만, 제1호 다목은 각 집합투자기구 자산총액이 기준이다. 예를 들어, 甲, 乙, 丙 3개의 집합투자기구를 운용하는 A집합투자업자가 B회사가 발행한 지분증권을 취득하는 경우에, 제1호 나목은 甲, 乙, 丙 전체 집합투자기구의 자산총액을 기준으로 하여서 B회사 지분의 20%를 초과하여 투자하는 행위를 금지하고, 제1호 다목은 甲, 乙, 丙 개별 집합투자기구를 기준으로 B회사의 지분을 10% 초과하여 취득하는 것을 제한한다.

4. 대통령령으로 정하는 적격 요건을 갖추지 못한 자와 장외파생상품을 매매하는 행위

---

131) 투자자 보호의 필요성이 낮은 일반 사모집합투자기구에 대해서는 제81조가 적용되지 않는다(249조의8①).

132) "증권"에는 집합투자증권, 외국 집합투자증권은 제외된다(81조①1괄호, 令80조②). 그러나 원화표시 양도성 예금증서, 기업어음증권 외의 어음, 대출채권, 예금, 그밖에 금융위가 고시하는 채권, 사업수익권은 포함된다(81조①1괄호, 令80조③).

(81조①1라목)

5. 파생상품의 매매에 따른 위험평가액이 '각 집합투자기구의 자산총액에서 부채총액을 뺀 가액'을 초과하여 투자하는 행위(81조①1마목, 令80조⑥)

6. 파생상품의 매매와 관련하여 기초자산 중 동일법인 등이 발행한 증권(그 법인 등이 발행한 증권과 관련된 증권예탁증권을 포함한다)의 가격변동으로 인한 위험평가액이 각 집합투자기구 자산총액의 100분의 10을 초과하여 투자하는 행위(81조①1바목)

   동일법인 등이 발행한 증권을 기초자산으로 하는 파생상품에 과도하게 투자할 경우 위험이 확대되기 때문에 투자금액의 한도를 설정하고 있다.

7. 같은 거래상대방과의 장외파생상품 매매에 따른 거래상대방 위험평가액이 각 집합투자기구 자산총액의 100분의 10을 초과하여 투자하는 행위(81조①1사목)

   다른 금융상품과 비교해서 장외파생상품은 그 위험이 매우 크기 때문에 거래상대방의 위험평가액이 각 집합투자기구 자산총액의 10%를 초과하지 않도록 하고 있다.

나. 부동산에 대한 운용 제한

집합투자업자는 집합투자재산을 '부동산'에 운용함에 있어서 다음 각 목의 어느 하나에 해당하는 행위를 하여서는 아니 된다(81조①2).

1. 부동산을 취득한 후 5년 이내의 범위에서 대통령령으로 정하는 기간 이내에 이를 처분하는 행위(81조①2가목 본문)

2. 건축물, 그 밖의 공작물이 없는 토지로서 그 토지에 대하여 부동산개발사업을 시행하기 전에 이를 처분하는 행위(81조①2나목 본문)

제2호는 부동산의 매각에 대한 제한 규정이 없을 경우 단기차익을 얻을 목적으로 부동산을 빈번하게 매매하는 것이 가능해져 부동산의 투기거래를 부추길 가능성이 있기 때문에 마련된 것이다. 주택은 1년 이내에 처분이 금지되며, 취득하는 부동산의 소재지, 또는 정책적 목적 등을 감안하여 부동산의 매각에 대한 제한 기간은 달리 설정하고 있다(令80조⑦).

다. 집합투자증권에 대한 운용 제한

집합투자업자는 집합투자재산을 '집합투자증권(외국 집합투자증권을 포함한다)'에 운용함에 있어서 다음 각 목의 어느 하나에 해당하는 행위를 하여서는 아니 된다(81조①3).

1. 각 집합투자기구 자산총액의 100분의 50을 초과하여 같은 집합투자업자가 운용하는 집합투자기구의 집합투자증권에 투자하는 행위(81조①3가목)

   같은 집합투자업자가 운용하는 집합투자증권에 각 집합투자기구 자산총액의 100분의 50을 초과하여 투자하는 경우, 투자자로부터 위탁받은 집합투자재산의 운용을 사실상 다른 집합투자업자에게 위탁하는 결과를 가져오기 때문이다. 예를 들어, A집합투자업자가 자신이 운용하는 甲집합투자기구의 자산총액의 50%를 초과하여 다른 집합투자업자인 B가 운용하는 집합투자기구 乙, 丙, 丁의 집합투자증권에 투자하는 것은 금지된다.

2. 각 집합투자기구 자산총액의 100분의 20을 초과하여 같은 집합투자기구의 집합투자증권에 투자하는 행위(81조①3나목)

동일한 집합투자증권에 집중 투자하는 것을 제한함으로써 위험을 분산하려는 취지이다. 예를 들어, A집합투자업자가 자신이 운용하는 甲집합투자기구의 자산총액의 20%를 초과하여 B가 운용하는 乙집합투자기구의 집합투자증권에 투자하는 행위는 금지된다.

3. 집합투자증권에 자산총액의 100분의 40을 초과하여 투자할 수 있는 집합투자기구의 집합투자증권에 투자하는 행위(81조①3다목)

자산총액의 100분의 40을 초과하여 집합투자증권에 투자하는 집합투자기구의 집합투자증권에 투자하는 것은 사실상 집합투자재산을 위탁 운용하는 결과를 가져오기 때문이다. 법 제81조 제1항 제3호 가목과 비슷한 취지이다.

4. 각 집합투자기구 자산총액의 100분의 5를 초과하여 사모집합투자기구의 집합투자증권에 투자하는 행위(81조①3라목, 令80조⑩)

공모집합투자기구의 집합투자재산으로 상대적으로 위험이 큰 사모집합투자기구에 투자할 경우 투자위험이 높아질 수 있기 때문에 사모집합투자기구에 대한 투자 한도를 설정하고 있다.

5. 각 집합투자기구의 집합투자재산으로 같은 집합투자기구의 집합투자증권 총수의 100분의 20을 초과하여 투자하는 행위. 이 경우 그 비율의 계산은 투자하는 날을 기준으로 한다(81조①3마목).

공모집합투자재산을 운용함에 있어 같은 집합투자기구가 발행한 집합투자증권 총수의 20%를 초과하여 투자할 경우 그 공모집합투자기구가 다른 집합투자기구를 지배할 가능성이 있으며, 또한 일시에 환매를 청구할 경우 피투자 집합투자기구가 환매에 대응하기 어려운 상황이 발생할 수 있어 이를 제한하는 취지이다.

3호 나목은 '투자하는' 집합투자기구를 기준으로 각 집합투자기구 자산총액의 100분의 20을 초과하여 같은 투자대상 집합투자기구의 집합투자증권에 투자하는 행위를 제한하는 것인 반면에, 3호 마목은 '투자대상'인 집합투자기구를 기준으로 그 집합투자증권의 20%를 초과하여 투자하는 행위를 제한하는 것이다.

6. 집합투자기구의 집합투자증권을 판매하는 투자매매업자 또는 투자중개업자가 받는 판매수수료 및 판매보수와 그 집합투자기구가 투자하는 다른 집합투자기구의 집합

투자증권을 판매하는 투자매매업자 또는 투자중개업자가 받는 판매수수료 및 판매보수의 합계가 대통령령으로 정하는 기준을 초과하여 집합투자증권에 투자하는 행위(81조①3바목)

집합투자재산을 운용함에 있어 판매보수 및 판매수수료가 이중으로 발생하여 투자자의 부담이 늘어날 수 있기 때문에 그 한도를 제한하는 취지이다.

라. 그 밖에 대통령령으로 정하는 행위의 금지

집합투자업자는 투자자 보호 또는 집합투자재산의 안정적 운용 등을 해할 우려가 있는 행위로서 '대통령령으로 정하는 행위'를 하여서는 아니 된다(81조①4).

4. 자기집합투자증권의 취득 제한

투자신탁이나 투자익명조합의 집합투자업자는 집합투자기구의 계산으로 그 집합투자기구의 집합투자증권을 취득하거나 질권의 목적으로 받지 못한다(82조 본문). 환매를 통해서 자기집합투자증권을 취득하는 경우에는 자본시장법에서 정한 환매방법과 절차가 모든 투자자에게 동일하게 적용되므로 투자자간 형평성 문제가 발생할 여지가 거의 없으나, 환매의 방법에 의하지 않고서 특정한 투자자로부터 집합투자기구의 집합투자증권을 취득하거나 질취하는 경우에는 거래의 공정성을 담보하기 어렵기 때문이다. 특히, 폐쇄형 펀드에서는 사실상 특정한 투자자에 대해서만 환매를 허용하는 것과 다를 바가 없어 투자자를 차별하는 결과를 초래할 수 있다.

다만, 담보권의 실행 등 권리 행사에 필요한 경우, 반대수익자의 수익증권 매수청구권(191조)의 행사에 따라 수익증권을 매수하는 경우에는 집합투자기구의 계산으로 그 집합투자기구의 집합투자증권을 취득할 수 있다(82조 단서, 1호, 2호).

5. 금전차입 등의 제한

가. 금전차입의 제한

집합투자업자는 집합투자재산을 운용함에 있어서 집합투자기구의 계산으로 금전을 차입(借入)하지 못한다(83조①본문). 집합투자제도는 투자자로부터 모은 자금을 투자하고 운영하는 제도이고, 자금을 차입하여 투자할 경우 투자자들은 레버리지 거래에 따른 높은 수준의 투자위험에 노출되기 때문이다. 레버리지 거래가 전적으로 금지되는 것은 아니지만, 이는 사모펀드 또는 헷지펀드가 구사하는 투자전략으로 일반투자자들이 투자하는 공모 펀드의 투자방식에 적합하지 않다.

다만, 다음 각 호의 어느 하나에 해당하는 경우에는 집합투자기구의 계산으로 금전을 차입할 수 있다(83조①단서).

1. 법 제235조(환매청구 및 방법 등)에 따른 집합투자증권의 환매청구가 대량으로 발생하여 일시적으로 환매대금의 지급이 곤란한 때(83조①1호)
2. 법 제191조(반대수익자의 수익증권매수청구권) 및 제201조(합병등 반대주주의 수익증권매수청구권) 제4항에 따른 매수청구가 대량으로 발생하여 일시적으로 매수대금의 지급이 곤란한 때(2호)
3. 그 밖에 집합투자기구의 운용 및 결제 과정에서 일시적으로 금전의 차입이 필요하고 투자자 보호 및 건전한 거래질서를 해할 우려가 없는 때로서 '대통령령으로 정하는 때'(3호)

집합투자업자가 예외적으로 집합투자기구의 계산으로 금전을 차입하는 경우에도 그 차입금의 총액은 차입 당시 집합투자기구 자산총액에서 부채총액을 뺀 가액의 100분의 10을 초과하여서는 아니 된다(83조②). 자본시장법이 엄격하게 차입을 규제하고 있는 점에 비추면 집합투자업자는 차입사유에 해당하는 목적으로만 차입금을 사용하여야 한다.

나. 금전대여의 금지

집합투자업자는 집합투자재산을 운용함에 있어서 집합투자재산 중 금전을 대여하여서는 아니 된다(83조④). 금전대여는 집합투자재산의 정상적인 운용방법으로 보기 어려운 측면이 있고, 사실상 여신행위가 되어서 은행 등 다른 금융업권과의 이해관계 충돌의 문제가 생길 수 있기 때문이다. 다만, 은행 등 '대통령령으로 정하는 금융기관'에 대한 30일 이내의 단기대출을 제외한다(83조④괄호, 令83조③, 345조①). 은행 등에게 30일 이내의 단기대출을 하는 것은 급박한 자금사정이 생겼을 경우에 도움이 될 수 있고 본격적인 여신업무도 아니어서 이해상충이 생길 소지가 적기 때문이다.

집합투자기구의 재산으로 증권의 환매조건부 매수는 허용되는가? 증권의 환매조건부 매수는 실질적으로 금전 대여의 성격을 가지기 때문이다. 이에 대해서는 실무상 단기금융집합투자기구의 운용특례의 일환으로 증권의 환매조건부 매수가 허용되고 있으나(規定7-16조③5), 여신의 차원에서 허용되는 것인지는 분명하지 않다.

집합투자기구가 대출채권을 매수하는 것은 허용되는가? 대출채권의 매도인에게 매매대금을 지급하고 대출채권의 채무자로부터 채권을 회수하는 방법인데 사실상 금전대여와 같이 기능할 수 있기 때문이다. 그러나 대출채권의 취득을 제한할 경우 집합투자기구의 투자대상이 지나치게 좁아질 수 있고, 구 간접투자자산운용업법에서는 대출채권에 투자하는 특별자산펀드도 있었음에 비추면(구간투법 2조 1호 마목, 동시행령 3조), 대출채권의 취득은 허용된다고 본다. 다만, 자본시장법상 허용되는 것인지는 분명치 않으므로 비조치 의견서 등을 통해서 분명히 하여 두는 것이 바람직하다.

다. 채무보증 또는 담보제공의 금지

집합투자업자는 집합투자재산을 운용함에 있어서 집합투자재산으로 해당 집합투자기구 외의 자를 위하여 채무보증 또는 담보제공을 하여서는 아니 된다(83조⑤). 위에서 살펴본 것 처럼 공모펀드는 금전차입과 금전대여가 원칙적으로 금지되는데, 집합투자재산으로 채무를 보증하거나 담보를 제공하는 것은 그 실질이 금전대여에 가깝기 때문이다. 해당 집합투자기 구 외의 자를 위하여 채무를 보증하거나 담보를 제공하는 행위이므로, 해당 집합투자기구를 위해서 채무를 보증하거나 담보를 제공하는 것은 제한할 이유가 없다.

6. 이해관계인과의 거래제한 등

가. 이해관계인과의 거래 금지

집합투자업자는 집합투자재산을 운용함에 있어서 '집합투자업자의 임직원과 그 배우자, 집합투자업자의 대주주와 그 배우자 등 대통령령으로 정하는 이해관계인'("이해관계인")과 거 래행위를 하여서는 아니 된다(84조①본문, 令84조). 집합투자업자에게 이해관계인과의 거래를 허용하면 투자자의 이익을 우선하기 보다는 집합투자업자 본인이나 그 이해관계인의 이익을 우선할 개연성이 높기 때문이다.

이해관계인과의 거래는 거래유형에 상관없이 원칙적으로 금지된다. 자본시장법은 이해관 계인의 거래행위가 무엇인지에 대하여 명확히 규정하고 있지는 않으나 모든 유형의 직간접 거래를 포괄한다. 이해관계인의 범위와 제한되는 거래의 범위가 넓어 발생할 수 있는 문제 는 '일반적인 거래조건에 비추어 집합투자기구에 유리한 거래'(84조①3) 등에 해당하는 경우 에는 이해관계인과의 거래를 허용함으로써 입법적으로 해결하고 있다.

나. 이해상충의 우려가 없어서 허용되는 거래

집합투자업자는 집합투자기구와 이해가 상충될 우려가 없는 거래로서 다음 각 호의 어느 하나에 해당하는 경우에는 할 수 있다(84조①단서).

1. 이해관계인이 되기 6개월 이전에 체결한 계약에 따른 거래(84조①1호)

    이해관계가 없는 상태에서 체결한 계약에 따른 의무를 이행하기 위한 거래까지 제 한하는 것은 곤란하고, 이해상충의 가능성이 크지 않다는 점을 감안한 것이다.

2. 증권시장 등 불특정 다수인이 참여하는 공개시장을 통한 거래(2호)

    불특정다수인간 비대면거래가 이루어지는 증권시장의 특성을 감안할 때 이해관계인 인지 아닌지를 사전에 확인하기가 어렵고 또 공개시장을 통한 거래이므로 그 자체 로 거래의 공정성이 담보될 수 있기 때문이다.

3. 일반적인 거래조건에 비추어 집합투자기구에 유리한 거래(3호)

이해관계인과의 거래를 제한하는 이유는 집합투자기구에 불리할 것을 우려하였기 때문인데, 집합투자기구에 유리한 경우에는 굳이 금지할 필요가 없기 때문이다.

4. 그 밖에 대통령령으로 정하는 거래(4호)

집합투자업자는 법 제84조 제1항 단서에 따라 허용되는 이해관계인과의 거래가 있는 경우 또는 이해관계인의 변경이 있는 경우에는 그 내용을 해당 집합투자재산을 보관·관리하는 신탁업자에게 즉시 통보하여야 한다(84조②). 해당 집합투자재산을 보관관리하고 있는 신탁업자가 감시기능을 적시에 수행하도록 하기 위한 것이다.

다. 집합투자업자가 발행한 증권의 취득 제한

집합투자업자는 집합투자재산을 운용함에 있어서 집합투자기구의 계산으로 그 집합투자업자가 발행한 '증권(제189조의 수익증권을 제외한다)'을 취득하여서는 아니 된다(84조③). 집합투자업자가 자신이 운용하는 집합투자기구의 재산으로 자신이 발행한 증권을 취득하는 것은 일종의 자기거래이며 이해상충의 소지가 크기 때문이다.

다만, 자본시장법은 집합투자업자가 발행한 '투자신탁의 수익증권'은 취득을 허용하는데(84조③괄호), 형식적인 발행주체는 집합투자업자이나 실질적인 발행주체는 투자신탁으로서 집합투자업자가 발행하는 다른 증권과는 차이가 있고, 같은 집합투자라고 하더라도 만일 투자신탁이 아니라 회사 형태의 집합투자기구의 형태를 설정하는 경우에는 집합투자증권의 발행주체가 집합투자업자가 아니라 해당 집합투자기구가 되어서 규제에서 제외되는 등 형평에 맞지 않는 점 등을 고려한 것이다.[133]

라. 집합투자업자의 계열회사가 발행한 증권의 취득 제한

집합투자업자는 집합투자재산을 운용함에 있어서 '대통령령으로 정하는 한도'를 초과하여 그 '집합투자업자의 계열회사가 발행한 증권'을 취득하여서는 아니 된다(84조④).

법 제84조 제3항은 집합투자기구의 계산으로 그 집합투자업자가 발행한 증권의 취득 자체를 제한하고 있으나, 제4항은 집합투자업자의 계열회사가 발행한 증권에 대해서는 취득 자체를 금지하지는 않고서 일정 한도를 초과하여 투자할 수 없도록 하고 있다.

법 제84조 제4항에서 "대통령령으로 정하는 한도"란 다음 각 호의 한도를 말한다.

1. 집합투자업자가 운용하는 전체 집합투자기구의 집합투자재산으로 계열회사가 발행한 지분증권을 취득하는 경우에 계열회사가 발행한 전체 지분증권에 대한 취득금액은 집합투자업자가 운용하는 전체 집합투자기구 자산총액 중 지분증권에 투자 가능한 금액의 100분의 5와 집합투자업자가 운용하는 각 집합투자기구 자산총액의 100분의 25(令86조①1본문). 다만, 다음 어느 하나에 해당하는 경우에는 제외한다. <중략>

---

133) 김은집/박삼철/서종군, 자본시장법 제84조, 로앤비 온주(2017.1.15. 방문).

2. 각 집합투자업자가 운용하는 전체 집합투자기구의 집합투자재산으로 계열회사가 발행한 증권에 투자하는 경우에는 계열회사 전체가 그 집합투자업자에 대하여 출자한 비율에 해당하는 금액(슈86조①2). <중략>

한편 취득이 제한되는 '집합투자업자의 계열회사가 발행한 증권'에는 일반적인 증권이 모두 포함되지만, 법 제189조의 수익증권, '그 밖에 대통령령으로 정하는 증권'은 제외된다. 따라서 이러한 증권들은 제한 없이 취득할 수 있다(84조④괄호).

7. 불건전 영업행위의 금지

가. 선행매매의 금지

집합투자업자는 "집합투자재산을 운용함에 있어서 금융투자상품, 그 밖의 투자대상자산의 가격에 중대한 영향을 미칠 수 있는 매수 또는 매도 의사를 결정한 후 이를 실행하기 전에 그 금융투자상품, 그 밖의 투자대상자산을 집합투자업자 자기의 계산으로 매수 또는 매도하거나 제3자에게 매수 또는 매도를 권유하는 행위"(85조1호)를 하여서는 아니 된다.

선행매매(front running)는 집합투자업자의 충실의무 또는 투자자 이익우선 보호의무에 위반하는 전형적인 이해상충행위이며, 자세한 내용은 투자매매업자 또는 투자중개업자의 불건전 영업행위 금지에서 살펴보았다. 다만, 투자자 보호 및 건전한 거래질서를 해할 우려가 없는 경우로서 '대통령령으로 정하는 다음 각 목의 어느 하나에 해당하는 경우'에는 이를 할 수 있다(85조 단서, 슈87조①1).

1. 집합투자재산의 운용과 관련한 정보를 이용하지 아니하였음을 증명하는 경우(슈87조①1가목)
2. 증권시장(다자간매매체결회사에서의 거래를 포함한다)과 파생상품시장 간의 가격 차이를 이용한 차익거래, 그 밖에 이에 준하는 거래로서 집합투자재산의 운용과 관련한 정보를 의도적으로 이용하지 아니하였다는 사실이 객관적으로 명백한 경우(나목)

나. 자기 또는 관계인수인 등이 인수한 증권의 매수 금지

집합투자업자는 "자기 또는 대통령령으로 정하는 관계인수인("관계인수인")이 인수한 증권을 집합투자재산으로 매수하는 행위"(85조2호)를 하여서는 아니 된다. 계열회사 등 관계인수인이 인수한 증권물량을 소화하기 위하여 집합투자재산으로 매수할 개연성을 배제하기 위한 취지이다. "대통령령으로 정하는 관계인수인"이란 ① 집합투자업자와 같은 기업집단(공정거래법 제2조 제2호에 따른 기업집단을 말한다)에 속하는 인수인, ② 집합투자업자가 운용하는 전체 집합투자기구의 집합투자증권을 금융위원회가 정하여 고시하는 비율 이상 판매한 인수인 중 어느 하나에 해당하는 인수인을 말한다(85조 2호, 슈87조②).

다만, 투자자 보호 및 건전한 거래질서를 해할 우려가 없는 경우로서 '다음 각 목의 어느 하나에 해당하는 경우'에는 할 수 있다(85조 단서, 令87조①2, 2의2, 2의3).

1. 인수일로부터 3개월이 지난 후 매수하는 경우(令87조①2호)

    인수 후 3개월이 지난 정도라면 이해상충의 소지는 해소되었다고 보기 때문이다.

2. 인수한 증권이 국채증권, 지방채증권, 한국은행통화안정증권, 특수채증권 또는 법제4조 제3항에 따른 사채권(주권 관련 사채권 및 제176조의13 제1항에 따른 상각형 조건부자본증권은 제외한다) 중 어느 하나에 해당하는 경우(2의2호)

    국채증권 등의 경우에는 안전하고 이해상충의 가능성이 거의 없기 때문이다.

3. 인수한 증권이 증권시장에 상장된 주권인 경우로서 그 주권을 증권시장에서 매수하는 경우(2의3호)

    증권시장에 상장된 주권을 증권시장에서 매수하는 경우에는 거래가격의 공정성이 확보되고 규제할 필요성이 적기 때문이다.

다. 인수업무를 담당한 법인의 특정증권등의 매매 금지

집합투자업자는 "자기 또는 관계인수인이 대통령령으로 정하는 인수업무를 담당한 법인의 특정증권등에 대하여 인위적인 시세를 형성하기 위하여 집합투자재산으로 그 특정증권등을 매매하는 행위"(85조3호)를 하여서는 아니 된다. 집합투자업자 또는 관계인수인과 인수업무를 담당한 법인 간에는 인수조건 등과 관련하여 이해관계가 생길 수 있는데, 집합투자업자가 집합투자재산으로 인수업무를 담당한 법인의 특정증권등을 매매하는 경우에는 인수조건이 투자자에게 불리하게 설정될 우려가 있기 때문이다. 단순히 특정증권을 매매하는 것만으로는 부족하고 특정증권등에 대한 인위적인 시세를 형성하기 위해서 매매하는 행위가 규제대상이다.

라. 자기 또는 제3자의 이익을 도모하는 행위의 금지

집합투자업자는 "특정 집합투자기구의 이익을 해하면서 자기 또는 제3자의 이익을 도모하는 행위"(85조4호)를 하여서는 아니 된다. 제4호는 위의 제1호 내지 제3호의 불건전 영업행위 규정에 대한 보완적, 예비적 조항이다. 위의 1호 내지 제3호의 규정들은 해당 행위가 특정한 집합투자기구의 이익을 해하는지 여부와 상관없이 금지하는 형태인데, 제4호는 특정 집합투자기구의 이익을 해하면서 자기 또는 제3자의 이익을 도모하는 행위를 금지하고 있다. 따라서 해당 행위가 집합투자업자 또는 제3자에게 오히려 불리한 경우에는 제4호 위반은 아니다.

마. 특정 집합투자재산과 집합투자업자의 고유재산 등과의 거래행위 금지

집합투자업자는 "특정 집합투자재산을 가지고 집합투자업자의 고유재산 또는 그 집합투자업자가 운용하는 다른 집합투자재산, 투자일임재산 또는 신탁재산과 거래하는 행위"(85조5

호)를 하여서는 아니 된다. 제5호는 일종의 자기거래 또는 자전거래를 금지하는 내용이고, 거래 시 발생할 수 있는 이해상충의 문제를 방지하기 위한 것이다.

바. 제3자와의 담합 등을 통한 교차투자행위의 금지

집합투자업자는 "제3자와의 계약 또는 담합 등에 의하여 집합투자재산으로 특정 자산에 교차하여 투자하는 행위"(85조6호)를 하여서는 아니 된다. 즉, 집합투자에 대한 각종 규제를 회피하기 위하여 제3자와의 계약 또는 담합 등에 의하여 서로 교차하여 투자하는 행위를 금지하고 있다. 예를 들어, A집합투자업자는 甲집합투자기구를 운용하고 B집합투자업자는 乙집합투자기구를 운용하는 경우에, A와 B가 계약 또는 담합하여 A는 甲의 재산을 乙에게 투자하고, B는 乙의 재산을 甲에게 투자하는 행위는 금지된다.

사. 투자운용인력이 아닌 자의 운용행위의 금지

집합투자업자는 "투자운용인력이 아닌 자에게 집합투자재산을 운용하게 하는 행위"(85조7호)를 하여서는 아니 된다. 집합투자재산 운용의 충실성을 도모하고 적격 투자운용인력이 집합투자재산을 운용할 수 있도록 하기 위한 것이다.

아. 그 밖에 대통령령으로 정하는 불건전 영업행위의 금지

그 밖에 투자자 보호 또는 건전한 거래질서를 해할 우려가 있는 행위로서 대통령령으로 정하는 행위도 금지된다(85조8호).

8. 성과보수의 제한

집합투자업자는 집합투자기구의 운용실적에 연동하여 미리 정하여진 산정방식에 따른 '성과보수'를 받아서는 아니 된다(86조①본문). 집합투자업자는 펀드의 운용보수를 받는데, 별도의 성과보수를 허용하면 성과보수를 받기 위해서 공격적인 방법으로 고위험·고수익 자산에 투자하여 투자자가 피해를 입을 수 있기 때문이다. 다만, ①사모집합투자기구인 경우, ②운용보수 산정방식 등 건전한 거래질서를 해할 우려가 없는 경우로서 일정한 요건을 모두 충족하는 경우에는 성과보수를 받을 수 있다(86조①단서 및 각호).

9. 의결권 행사 등

가. 의결권의 충실행사

집합투자업자(투자신탁이나 투자익명조합의 집합투자업자에 한한다)는 투자자의 이익을 보호하기 위하여 집합투자재산에 속하는 주식의 의결권을 충실하게 행사하여야 한다(87조①). 적절한 의결권 행사를 통해서 집합투자재산의 가치를 높이거나 보존하는 것은 집합투자업자의 선관주의의무에 속하므로 당연한 내용을 주의적으로 규정한 것이다. 법 제87조는 '주식'만을 대상으로 하고 있으나, 주식 외에 의결권이 인정되는 지분증권이 있다면 그에 대해서도 충실하게 의결권을 행사하여야 한다.

나. 의결권 행사자

집합투자구조에서는 주식을 비롯한 집합투자재산을 투자신탁이나 투자익명조합, 투자회사 등의 집합투자기구를 통해서 운용하므로 구체적인 상황에서 누가 의결권을 행사하여야 하는지가 문제될 수 있다. 자본시장법 제184조 제1항은 "투자신탁재산 또는 투자익명조합재산에 속하는 지분증권의 의결권 행사는 그 투자신탁 또는 투자익명조합의 집합투자업자가 수행하여야 하며, 투자회사등의 집합투자재산에 속하는 지분증권의 의결권 행사는 그 투자회사등이 수행하여야 한다."고 하면서, 투자신탁 또는 투자익명조합의 집합투자기구에서는 집합투자업자가 의결권을 행사하고, 투자회사등의 집합투자기구에서는 투자회사등이 직접 의결권을 행사하도록 하고 있다.

집합투자의 구조와 속성을 고려하면, 집합투자재산인 주식에 대해서는 집합투자업자가 의결권 행사 여부나 방향을 결정하고, 투자신탁의 수탁업자 등은 이를 따라야 한다는 취지로 읽어야 하며, 형식에 관계없이 모든 상황에서 집합투자업자가 직접 의결권을 행사하여야 한다는 취지로 읽어서는 아니 된다. 예를 들어, 회사에 대한 관계에서는 주주명부상의 주주만이 의결권을 행사할 수 있으므로, 투자대상회사의 주주총회에서는 주주명부상 주주로 되어 있는 투자신탁의 수탁자, 투자회사가 집합투자업자의 지시에 따라 의결권을 행사하고, 집합투자업자가 직접 의결권을 행사하고자 할 경우에는 그 의결권의 행사를 위임받아야 할 것이다.

다. 의결권의 행사방법

집합투자업자는 주식의 의결권을 충실하게 행사하여야 하고, 투자자의 이익을 보호하기 위해서 찬성 또는 반대표를 행사할 수 있다. 그러나 집합투자업자가 이해관계가 있는 일정한 경우에는 중립적으로 의결권을 행사하여야 한다.

(1) 계열회사 등의 관계에 있는 경우에는 중립적인 의결권의 행사

집합투자업자는 다음 각 호의 어느 하나에 해당하는 경우에는 집합투자재산에 속하는 주식을 발행한 법인의 주주총회에 참석한 주주가 소유하는 주식수에서 집합투자재산에 속하는 주식수를 뺀 주식수의 결의내용에 영향을 미치지 아니하도록 의결권을 행사해야 한다(87조 ②). 계열회사 등의 관계에 있는 경우에는 결의정족수를 충족할 수 있도록 의결권을 행사하되, 다른 주주의 투표내용에 영향을 미치지 않도록 중립적으로 의결권을 행사하여야 한다는 취지이다.

1. 다음 각 목의 어느 하나에 해당하는 자가 그 집합투자재산에 속하는 주식을 발행한

법인을 계열회사로 편입하기 위한 경우(87조②1호)

가. 그 집합투자업자 및 그와 대통령령으로 정하는 이해관계가 있는 자

나. 그 집합투자업자에 대하여 사실상의 지배력을 행사하는 자로서 대통령령으로 정하는 자

예를 들어, 집합투자업자등이 주식의 발행인을 계열회사로 편입하려는 경우에는 중립투표를 해야 한다. 계열회사의 판단은 공정거래법에 의한다.

2. 그 집합투자재산에 속하는 주식을 발행한 법인이 그 집합투자업자와 다음 각 목의 어느 하나에 해당하는 관계가 있는 경우(87조②2호)

가. 계열회사의 관계가 있는 경우

나. 그 집합투자업자에 대하여 사실상의 지배력을 행사하는 관계로서 대통령령으로 정하는 관계가 있는 경우

주식발행법인이 집합투자업자와 계열회사 등의 관계가 있다면 공정한 의결권 행사를 기대하기 어렵고, 공정하게 의결권을 행사하더라도 그에 대한 신뢰를 담보하기 어렵기 때문이다.

3. 그 밖에 투자자 보호 또는 집합투자재산의 적정한 운용을 해할 우려가 있는 경우로서 대통령령으로 정하는 경우(87조②3호)

(2) 투자자의 이익에 영향을 미치는 주요의결사항은 찬성 또는 반대 가능

위와 같이 집합투자업자가 주식을 발행한 법인과 계열회사 등의 관계에 있는 경우에는 중립적으로 의결권을 행사하여야 하지만, 법인의 합병, 영업의 양도·양수, 임원의 임면, 정관변경, 그 밖에 이에 준하는 사항으로서 투자자의 이익에 명백한 영향을 미치는 사항("주요의결사항")에 대하여 중립적으로 의결권을 행사하는 경우 집합투자재산에 손실을 초래할 것이 명백하게 예상되는 때에는 충실하게 의결권을 행사할 수 있다(87조③본문). 즉, 투자자의 이익을 위하여 찬성 또는 반대를 할 수 있다.

주요의결사항에 해당하더라도, 상호출자제한기업집단(公正31조①)에 속하는 집합투자업자가 집합투자재산으로 계열회사의 관계에 있는 주권상장법인이 발행한 주식을 소유하고 있는 경우에는 다음 각 호의 요건을 모두 충족하는 방법으로만 의결권을 행사할 수 있다(87조③단서).

1. 그 주권상장법인의 특수관계인(공정거래법9조①5호가목에 따른 특수관계인을 말한다)이 의결권을 행사할 수 있는 주식의 수를 합하여 그 법인의 발행주식총수의 100분의 15를 초과하지 아니하도록 의결권을 행사할 것(87조③1호)

2. 집합투자업자가 투자한도(81조①가목)를 초과하여 취득한 주식은 그 주식을 발행한 법인의 주주총회에 참석한 주주가 소유한 주식수에서 집합투자재산인 주식수를 뺀

주식수의 결의내용에 영향을 미치지 아니하도록 의결권을 행사할 것(2호)

라. 투자한도 초과 주식의 의결권 제한

집합투자업자는 법 제81조 제1항 및 제84조 제4항에 따른 투자한도를 초과하여 취득한 주식에 대하여는 그 주식의 의결권을 행사할 수 없다(87조④).

법 제81조 제1항은 증권 또는 파생상품, 부동산, 집합투자증권 등 투자대상재산의 종류에 따라 투자한도를 세밀하게 제한하는데, 만일 집합투자업자가 투자한도를 초과하여 취득한 주식이 있다면 그에 대해서는 의결권을 행사하지 못한다. 예를 들어, A집합투자업자가 자신이 운용하는 3개의 집합투자기구(甲펀드, 乙펀드, 丙펀드)로 B주식회사가 발행한 주식총수의 27%(甲 12%, 乙펀드 8%, 丙펀드 7%)를 취득하여 보유하는 경우를 상정한다. ① 자본시장법은 각 집합투자업자가 운용하는 전체 집합투자기구 자산총액으로 동일법인 등이 발행한 지분증권 총수의 100분의 20을 초과하여 투자하는 행위를 금지하고 있으므로(81조①1나목) A는 甲·乙·丙 전체 집합투자기구의 자산총액을 기준으로 B회사가 발행한 지분증권 총수의 20%를 초과하여 취득한 B회사의 주식 7%에 대해서는 의결권을 행사할 수 없으며, ② 자본시장법은 각 집합투자기구 자산총액으로 동일법인 등이 발행한 지분증권 총수의 100분의 10을 초과하여 투자하는 행위도 금지하므로(81조①1다목) 甲펀드가 소유하는 B회사의 주식 12% 중에서 10%를 초과하는 2%는 다시 의결권을 행사할 수 없다. 결국 A회사는 B회사의 주식 18%에 대해서만 의결권을 행사할 수 있다. 이 사례에서 甲펀드의 주식 12%는 ①의 전체 집합투자기구를 기준으로 하는 20% 초과주식의 산정 시에서 포함되었고, ②의 개별 집합투자기구를 기준으로 하는 10% 초과주식의 산정 시에서도 포함되어 이중으로 제외되었으나, 집합투자의 속성상 투자한도 초과 주식의 의결권 제한은 엄격하게 해석해야 할 것이므로 이중으로 산정하는 것이 타당하다. ③ 한편 위의 사례에서는 甲·乙·丙 각 집합투자기구의 구체적인 자산총액이 제시되어 있지 않은데, 자본시장법은 각 집합투자기구 자산총액의 100분의 10을 초과하여 동일종목의 증권에 투자하는 행위도 금지하고 있으므로(81조①1가목 전단, 令80조④), 만일 B주식에 대한 투자가 甲·乙·丙 각 집합투자기구 자산총액의 10%를 초과하였다면 그 위반분에 대한 의결권 행사도 제한된다.

법 제84조 제4항은 '대통령령으로 정하는 한도'를 초과하여 그 '집합투자업자의 계열회사가 발행한 증권'의 취득을 금지하는데, 만일 집합투자업자가 그 한도를 초과하여 취득한 주식이 있다면 그에 대해서도 의결권을 행사하지 못한다.

마. 기타

(1) 의결권 교차 행사 등 탈법행위의 금지

집합투자업자는 제3자와의 계약에 의하여 의결권을 교차하여 행사하는 등 의결권 행사에 관한 규정의 적용을 면하기 위한 행위를 하여서는 아니 된다(87조⑤). 서로 담합하여 의결권을 행사하는 것을 금지하는 취지이다.

(2) 금융위원회의 주식처분 명령

금융위원회는 집합투자업자가 의결권 행사에 관한 규정을 위반하여 집합투자재산에 속하는 주식의 의결권을 행사한 경우에는 6개월 이내의 기간을 정하여 그 주식의 처분을 명할 수 있다(87조⑥).

(3) 의결권 행사의 기록 및 유지

집합투자업자는 각 집합투자재산에서 '의결권공시대상법인'(각 집합투자기구 자산총액의 100분의 5 또는 100억원 이상을 소유하는 주식을 발행한 법인, 즉 주식회사를 말한다)에 대한 의결권 행사 여부 및 그 내용(의결권을 행사하지 아니한 경우에는 그 사유)을 대통령령으로 정하는 방법에 따라 기록 · 유지하여야 한다(87조⑦, 令90조①).

(4) 의결권 행사의 공시

집합투자업자는 집합투자재산에 속하는 주식 중 대통령령이 정하는 주식의 의결권 행사 내용 등을 일정한 방법에 따라서 공시하여야 한다(87조⑧). 집합투자업자가 의결권 행사 여부에 관한 사항 등을 공시하는 경우에는 투자자가 그 의결권 행사 여부의 적정성 등을 파악하는 데에 필요한 자료를 함께 공시하여야 한다(87조⑨).

(5) 사모집합투자기구에 대한 적용 여부

자본시장법 제249조의8은 일반 사모집합투자기구에 대해서는 법 제81조(자산운용의 제한)의 적용은 배제하고 있지만 법 제87조(의결권 등)의 적용은 배제하고 있지 않으므로, 일반 사모집합투자기구에 대해서도 법 제87조가 적용되는지 논란이 있다.

그러나 일반 사모집합투자기구가 법 제81조 제1항의 투자한도를 초과하여 취득한 주식에 대해 의결권을 행사할 수 있다고 해석하면 사모집합투자기구의 규제가 사실상 형해화될 수 있다. 따라서 개정전 자본시장법의 경영참여형 사모집합투자기구처럼 경영참여를 위하여 일정 지분 이상의 주식 취득을 요구하는 등의 명시적인 규정이 없다면(☞ 자세한 내용은 "제8장 제6절 사모집합투자기구에 대한 특례" 참조), 사모집합투자기구라고 하더라도 의결권 제한 규정을 준수하는 범위 내에서만 의결권 행사가 가능하다고 볼 것이다.

10. 자산운용보고서의 교부

자산운용보고서는 집합투자재산의 운용내역을 작성하여 교부하는 보고서이다. 판매단계에서 집합투자기구의 내용을 알려주는 것이 투자설명서라고 한다면, 그 이후에 포트폴리오, 수익률 등 집합투자기구의 전반적인 정보를 제공하는 것이 자산운용보고서이다.

집합투자업자는 자산운용보고서를 작성하여 해당 집합투자재산을 보관·관리하는 신탁업자의 확인을 받아 3개월마다 1회 이상 해당 집합투자기구의 투자자에게 교부하여야 한다(88조①본문). 집합투자업자가 자산운용보고서를 자의적으로 작성·교부할 경우 그 내용이 정확하지 않을 수 있으므로 신탁업자의 확인을 받도록 하였다. 투자자에게 자산운용보고서를 교부할 때에는 집합투자증권을 판매한 투자매매업자·투자중개업자 또는 예탁결제원을 통하여 기준일부터 2개월 이내에 직접 또는 전자우편의 방법으로 교부하여야 한다(88조③, 슈92조④본문). 지나치게 과거의 정보를 담은 운용보고서는 적절하지 않으므로 작성 기준일로부터 2개월 이내에 교부하도록 하고 있다.

집합투자업자는 선량한 관리자의 주의로써 집합투자재산을 운용하여야 하고, 투자자의 이익을 보호하기 위하여 해당 업무를 충실하게 수행하여야 한다(79조①,②). 따라서 집합투자업자가 운용보고서를 작성하여 투자자에게 제공·전달한 경우에 투자자에게 중요한 사항에 대하여 오해를 유발할 수 있는 표시나 투자신탁의 수익과 위험에 관하여 잘못된 정보를 담고 있었고, 그것이 투자자의 투자판단에 영향을 주었다면, 투자자보호의무를 다하였다고 볼 수 없고 불법행위에 따른 손해배상책임을 진다.

대법원은 A은행의 직원 甲이 가격변동이나 금리변동에 따른 위험이 내재한 펀드에 가입한 고객 乙에게 자산운영보고서를 보내면서 원금 손실이 발생한 사실을 알리지 않고 오히려 수익이 발생한 것처럼 기재한 허위보고서를 보내어 乙이 환매시기를 결정할 수 있는 기회를 상실하여 투자 손실을 입은 사안에서, 대법원은 '허위보고서 송부에 의한 기망행위가 없었더라면 고객이 환매를 결정하여 얻을 수 있었던 재산상태'와 '고객이 기망행위가 있었던 사실을 알고 즉시 환매를 하여 얻었거나 얻을 수 있었던 재산상태'(기망행위가 있었던 사실을 알기 전에 환매한 경우에는 그 환매대금)의 차이를 손해액으로 보고 있다.[134] 다만 어느 시기에 판매회사에게 환매를 청구하였을 것이라고 추단하기 어려운 특별한 사정이 있는 경우에는, 허위보고서 송부에 의한 기망행위가 시작된 이후 비교적 환매 청구를 할 가능성이 높은 시점을 기초로 하고 그 시점마저도 판단하기 어려운 경우에는 최고 수익률이 형성된 시점을 기초로 하되, 제반 사정을 적절히 참작하여 합리적인 범위 내에서 책임을 감경하는 방법으로 손해배상액을 산정할 수밖에 없는 경우도 있다고 한다.[135]

11. 수시공시

수시공시는 투자자의 손익에 영향을 미칠 수 있는 사항들에 대해 수시로 공시함으로써 투자자에게 알리기 위한 취지에서 마련되었다. 자본시장법 제89조 제1항은 의무적인 수시공

---

134) 대판 2012.3.29., 2011다80968.
135) 대판 2012.3.29., 2011다80968.

시사항을 규정하고 있다. 수시공시 사항이 발생한 경우 집합투자업자는 그 사실을 '지체 없이' 공시하여야 한다. 수시공시 사항을 인지한 후 즉시 공시해야 하며, 신의성실의 원칙에 의거 투자자 보호를 위해 필요한 수준의 정보를 공시한다. 의무적인 공시사항 외에 투자자의 보호를 위해서 자율적 선택에 따라 추가적인 내용을 공시하는 것은 가능하다.[136]

12. 집합투자재산에 관한 보고 등

집합투자업자(투자신탁이나 투자익명조합의 집합투자업자에 한한다)는 대통령령으로 정하는 방법에 따라 집합투자재산에 관한 매 분기의 '영업보고서'를 작성하여 매 분기 종료 후 2개월 이내에 금융위원회 및 협회에 제출하여야 한다(90조①). 자산운용보고서가 투자자에게 제공하는 자료라면, 영업보고서는 금융위원회 등에 제출하는 자료이다. 금융위원회 및 협회는 제출받은 서류를 인터넷 홈페이지 등을 이용하여 공시하고(90조③), 협회는 대통령령으로 정하는 방법에 따라 각 집합투자재산의 순자산가치의 변동명세가 포함된 운용실적을 비교하여 그 결과를 인터넷 홈페이지 등을 이용하여 공시하여야 한다(90조④). 투자자들도 그 내용을 알 수 있도록 금융위원회 등이 제출받은 영업보고서를 공시하는 취지이다.

13. 장부 · 서류의 열람 및 공시 등

투자자는 집합투자업자(투자신탁이나 투자익명조합의 집합투자업자에 한하며, 해당 집합투자증권을 판매한 투자매매업자 및 투자중개업자를 포함한다)에게 영업시간 중에 이유를 기재한 서면으로 그 투자자에 관련된 집합투자재산에 관한 장부 · 서류의 열람이나 등본 또는 초본의 교부를 청구할 수 있다(91조①1문). 투자자가 집합투자재산의 운용내역 등을 언제든지 확인할 수 있도록 열람을 허용하고 집합투자재산의 적정성 여부 등을 감시할 수 있도록 하는 취지이다. 투자자의 열람 청구 등이 있는 경우 집합투자업자는 정당한 사유가 없는 한 이를 거절하여서는 아니 된다(91조①2문).

집합투자업자는 집합투자규약을 인터넷 홈페이지 등을 이용하여 공시하여야 한다(91조③). 투자자로 하여금 공시된 집합투자규약을 언제든지 열람할 수 있도록 하는 취지이나, 경쟁사를 포함한 불특정 다수인에게 세부적인 상품 내용을 담은 집합투자규약을 공개하는 것은 과도하다는 의견도 있다.

14. 파생상품의 운용 특례

파생상품 투자는 증권 투자에 비해서 그 위험이 높기 때문에 자본시장법은 투자자 보호를 위한 별도의 특례 규정을 두고 있다. 집합투자업자는 파생상품 매매에 따른 위험평가액

---

136) 서종군/박삼철/김은집, 자본시장법 제89조, 로앤비 온주(2017.1.10. 방문).

이 '집합투자기구 자산총액의 100분의 10'을 초과하여 투자할 수 있는 집합투자기구의 집합투자재산을 파생상품에 운용하는 경우에는 계약금액, 그 밖에 대통령령으로 정하는 위험에 관한 지표를 인터넷 홈페이지 등에 공시하여야 한다(93조①, 슈96조①).

장외파생상품의 경우에는 규제가 더욱 강화되어 있다. 집합투자업자는 '장외파생상품 매매'에 따른 위험평가액이 '집합투자기구 자산총액의 100분의 10'을 초과하여 투자할 수 있는 집합투자기구의 집합투자재산을 장외파생상품에 운용하는 경우에는 장외파생상품 운용에 따른 위험관리방법을 작성하여 그 집합투자재산을 보관·관리하는 신탁업자의 확인을 받아 금융위원회에 신고하여야 한다(93조②, 슈96조④).

15. 부동산의 운용 특례

자본시장법은 과도한 레버리지 활용으로 인한 피해를 막기 위해서 집합투자재산 운용에 있어서 금전의 차입은 원칙적으로 제한하고 있으나(83조①본문), 집합투자업자가 집합투자재산으로 부동산을 취득하는 경우에는 대통령령으로 정하는 방법에 따라 집합투자기구의 계산으로 금전을 차입할 수 있도록 하였다(94조①). 부동산 취득의 특성을 반영하여 부동산을 담보로 제공하고 일정범위의 금융기관 등으로부터 금전 차입을 가능하도록 한 것이다. 이 경우 집합투자업자는 차입한 금전을 부동산에 운용하는 방법 이외의 방법으로 운용할 수 없다(94조①, 슈97조①). 금전차입의 한도는 부동산에 대한 투자비율에 따라 다르다.

집합투자업자는 집합투자재산을 운용함에 있어 금융기관에 대한 30일 이내의 단기대출을 제외하고는 금전을 대여할 수 없다(83조④). 금전의 대여 업무는 은행 등의 여신업무에 해당하기 때문에 펀드운용 대상으로 하기에는 어렵기 때문이다. 그러나 집합투자재산으로 부동산에 운용하는 경우에는 그 특성을 반영하여 부동산개발사업을 영위하는 법인(부동산신탁업자, 그 밖에 대통령령으로 정하는 자를 포함한다)에 대하여 '대통령령으로 정하는 방법'에 따라 금전을 대여할 수 있다(94조②). 부동산을 직접 취득하는 방법 이외에 부동산개발사업을 영위하는 법인에 대한 금전대여의 방법으로 운용할 필요성이 인정되기 때문이다.

16. 청산

상법은 주식회사에 대해서는 회사채권자 보호를 위하여 법정청산절차에 따르도록 하고 법원으로 하여금 그 청산사무를 감독하도록 하고 있으나(商531조 내지 542조), 자본시장법은 집합투자업을 영위하는 금융투자업자의 청산은 금융위원회가 청산사무를 감독하도록 규정하고 있다(95조①). 복잡한 금융투자업을 영위하는 금융투자업자의 청산사무에 대한 감독은 법원보다는 금융위원회가 수행하는 것이 적합하다는 점을 고려한 것이다. 금융위원회는 청산사무 및 재산의 상황을 검사하거나 재산의 공탁명령, 그 밖에 청산의 감독에 필요한 명령을 할 수 있다(95조②). 그 밖에 청산의 방법과 절차는 자본시장법 제95조에서 규정되어 있다.

Ⅲ. 투자자문업자 및 투자일임업자의 영업행위 규칙

1. 선관의무 및 충실의무

자본시장법 제96조 제1항은 "투자자문업자는 투자자에 대하여 선량한 관리자의 주의로 써 투자자문에 응하여야 하며, 투자일임업자는 투자자에 대하여 선량한 관리자의 주의로써 투자일임재산을 운용하여야 한다."고 투자자문업자와 투자일임업자의 선관주의의무를 규정 하고, 동조 제2항은 "투자자문업자 및 투자일임업자는 투자자의 이익을 보호하기 위하여 해 당 업무를 충실하게 수행하여야 한다."고 하면서 투자자의 이익 보호와 충실의무를 규정하 고 있다.

자본시장법 제96조의 투자자문업자와 투자일임업자의 선관의무 및 충실의무는 일반적이 고 포괄적인 규정이므로 그 내용은 판례와 학설을 통해서 구체화될 수밖에 없다.

투자일임업자는 일임재산을 선량한 관리자의 주의로써 운용할 의무가 있으며, 이는 연락 두절 고객에 대해서도 적용된다.[137] 다만, 선관주의의무를 충실하게 수행하기 위해서 어떠한 방식을 선택해야 하는지는 일률적으로 말하기는 어렵다. 대법원은 "투자일임업자는 투자자 에 대한 선관주의의무로서, 투자자의 투자목적·투자경험·위험선호의 정도 및 투자예정기간 등을 미리 파악하여 그에 적합한 투자방식을 선택하여 투자하여야 하나 … 고객의 투자목적 등은 매우 다양하므로, 어느 특정한 상품에 투자하거나 어떠한 투자전략을 채택한 데에 단 지 높은 위험이 수반된다는 사정만으로 선관주의의무를 위반한 것이라고 단정할 수는 없 다."[138]고 한다.

2. 계약의 체결

투자자문업자 또는 투자일임업자는 일반투자자와 투자자문계약 또는 투자일임계약을 체 결하고자 하는 경우에는 ① 투자자문의 범위 및 제공방법, ② 투자자문업 또는 투자일임업 을 실제로 수행하는 임직원의 성명 및 주요경력, ③ 투자결과가 투자자에게 귀속된다는 사 실 및 투자자가 부담하는 책임, ④ 수수료 등을 기재한 서면자료를 미리 일반투자자에게 교 부하여야 한다(97조①). 투자자가 미리 알아야 하는 정보를 서면으로 제공하도록 강제함으로 써 충분한 정보를 바탕으로 투자판단을 하도록 하는 것이다. 이 내용은 일반투자자와 거래

---

137) 금융위 질의회신(2017.3.24.), '일임형 ISA 가입 후 부적격 통보받은 고객이 연락이 두절되는 경우에 대한 질의'.
138) 대판 2008.9.11., 2006다53856.

하는 경우에만 적용되고 전문투자자에 대해서는 적용되지 않는다.

3. 불건전 영업행위의 금지

가. 투자자문업자 또는 투자일임업자의 불건전 영업행위 금지

투자자문업자 또는 투자일임업자는 다음 각 호의 어느 하나에 해당하는 행위를 하여서는 아니 된다(98조①본문).

1. 투자자로부터 금전·증권, 그 밖의 재산의 보관·예탁을 받는 행위(98조①1호)

   투자자문업자 및 투자일임업자는 고객의 재산을 직접 보관하거나 예탁을 받지 않는 특성으로 인하여 다른 금융투자업자에 비하여 진입규제, 재무건전성 기준 등이 상대적으로 완화되어 있다. 따라서 투자자문업자 및 투자일임업자는 고객의 금전이나 증권, 그 밖의 재산을 보관하거나 예탁받는 것이 금지되고, 투자자의 투자금이나 증권 등은 원칙적으로 다른 금융기관 등에 예치되어 있어야 한다. 다만, 투자자문업자 또는 투자일임업자가 다른 금융투자업, 그 밖의 금융업을 겸영하는 경우로서 그 겸영과 관련하여 해당 법령에서 보관 및 예탁행위를 금지하지 아니하는 경우에는 예외적으로 금전등의 보관 및 예탁이 가능하다(98조①단서, 令99조①1).

2. 투자자에게 금전·증권, 그 밖의 재산을 대여하거나 투자자에 대한 제3자의 금전·증권, 그 밖의 재산의 대여를 중개·주선 또는 대리하는 행위(98조①2호)

   투자자문업자 및 투자일임업자가 투자자에게 금전, 증권 등을 대여하거나 중개하는 행위는 여신기능의 일종으로서 투자자문업 및 투자일임업에 적합하지 않기 때문이다. 다만, 투자자문업자 또는 투자일임업자가 다른 금융투자업, 그 밖의 금융업을 겸영하는 경우로서 그 겸영과 관련하여 해당 법령에서 보관 및 예탁행위를 금지하지 아니하는 경우에는 예외적으로 가능하다(98조①단서, 令99조①1).

3. 투자권유자문인력 또는 투자운용인력이 아닌 자에게 투자자문업 또는 투자일임업을 수행하게 하는 행위(98조①3호)

   금융투자업의 전문성 및 자격제도의 취지를 고려하면, 자격요건을 갖춘 투자자문인력 또는 투자운용인력이 수행하여야 하며, 그외의 자로 하여금 투자자문업 및 투자일임업을 수행하도록 하여서는 아니되기 때문이다.

4. 계약으로 정한 수수료 외의 대가를 추가로 받는 행위(98조①4호)

   투자자문업자 및 투자일임업자는 투자자와의 계약체결 시에 사전 서면 교부 및 수수료에 관한 사항을 정하도록 하고 있는데(97조①6, 97조②1), 제4호는 계약으로 정한 수수료 이외에 대가를 추가로 받는 행위를 불건전 영업행위로 금지하고 있다. 투자자가 예측하지 못하는 수수료가 발생하지 않도록 하는 것이다.

5. 투자자문에 응하거나 투자일임재산을 운용하는 경우 금융투자상품등의 가격에 중대
한 영향을 미칠 수 있는 투자판단에 관한 자문 또는 매매 의사를 결정한 후 이를 실
행하기 전에 그 금융투자상품등을 자기의 계산으로 매매하거나 제삼자에게 매매를
권유하는 행위(98조①5호)

　　이른바 선행매매를 금지하는 것으로 업무 중에 알게 된 정보를 이용하여 본인 또는
제3자가 이익을 취하지 않도록 금지하는 규정이다.

나. 투자일임업자의 불건전 영업행위 금지

투자일임업자는 투자일임재산을 운용함에 있어서 다음 각 호의 어느 하나에 해당하는 행
위를 하여서는 아니 된다(98조②본문).

1. 정당한 사유 없이 투자자의 운용방법의 변경 또는 계약의 해지 요구에 응하지 아니
하는 행위(98조②1호)

2. 자기 또는 관계인수인이 인수한 증권을 투자일임재산으로 매수하는 행위(2호)

3. 자기 또는 관계인수인이 대통령령으로 정하는 인수업무를 담당한 법인의 특정증권
등(제172조제1항의 특정증권등을 말한다)에 대하여 인위적인 시세를 형성하기 위하여 투
자일임재산으로 그 특정증권등을 매매하는 행위(3호)

4. 특정 투자자의 이익을 해하면서 자기 또는 제삼자의 이익을 도모하는 행위(4호)

5. 투자일임재산으로 자기가 운용하는 다른 투자일임재산, 집합투자재산 또는 신탁재산
과 거래하는 행위(5호)

6. 투자일임재산으로 투자일임업자 또는 그 이해관계인의 고유재산과 거래하는 행위(6호)

7. 투자자의 동의 없이 투자일임재산으로 투자일임업자 또는 그 이해관계인이 발행한
증권에 투자하는 행위(7호)

　　제7호는 투자자의 이익을 보호하기 위해서 투자일임업자 자신 또는 그 이해관계인이
발행한 증권에 대해서, 투자자의 동의 없이는 투자를 금지하는 규정이다. 따라서 투
자일임업자 자신이 발행한 ELS를 편입하는 경우에는 편입 시에 투자자의 동의가 필
요하다.[139] 투자일임업자 또는 그 이해관계인이 발행하는 ELS는 투자일임계약의 체
결 시에 포괄적으로 투자대상에 포함시킬 수 없으며, ELS 편입 시마다 일일이 동의
를 받아야 한다.

8. 투자일임재산을 각각의 투자자별로 운용하지 아니하고 여러 투자자의 자산을 집합
하여 운용하는 행위(8호). 다만, 개별 투자일임재산을 효율적으로 운용하기 위하여
투자대상자산의 매매주문을 집합하여 처리하고, 그 처리 결과를 투자일임재산별로

---

139) 금융위 질의회신(2015.8.28.), '투자일임업자가 일임재산에 자신이 발행한 ELS를 편입하는 경우 투자자 동
의를 받아야 하는지 여부'.

미리 정하여진 자산배분명세에 따라 공정하게 배분하는 경우는 예외적으로 허용된다(슈99조의②4).

9. 투자자로부터 다음 각 목의 행위를 위임받는 행위(9호)

　가. 투자일임재산을 예탁하는 투자매매업자·투자중개업자, 그 밖의 금융기관을 지정하거나 변경하는 행위

　나. 투자일임재산을 예탁하거나 인출하는 행위

　다. 투자일임재산에 속하는 증권의 의결권, 그 밖의 권리를 행사하는 행위

10. 그 밖에 투자자 보호 또는 건전한 거래질서를 해할 우려가 있는 행위로서 대통령령으로 정하는 행위(10호)

4. 성과보수의 제한

투자자문업자 또는 투자일임업자는 투자자문과 관련한 투자결과 또는 투자일임재산의 운용실적과 연동된 성과보수를 받아서는 아니 된다(98조의2①본문). 자문보수, 운용보수 등을 받는데, 별도의 성과보수를 허용하면 공격적인 방법으로 고위험·고수익 자산에 투자하여 투자자가 피해를 볼 수 있기 때문이다.

투자자문업자나 투자일임업자는 금융위원회에 등록하여 이를 영위하는 자를 의미하고, 투자자문업자 또는 투자일임업자로 등록하지 않은 유사투자자문업자 등은 법 제98조의2의 적용을 받지 않는다.[140] 적법하게 인가·등록한 금융투자업자를 통하지 않은 채 유사금융투자업자와 계약을 체결하면서 과다한 성과보수를 약속하였음에도 불구하고, 나중에 불리하게 되면 성과보수약정의 무효를 주장하는 것은 부적법한 선택을 허용하는 것으로서 법이 보호할 필요가 없기 때문이다.

등록한 투자자문업자 또는 투자일임업자라고 하더라도, 다음 각 호의 어느 하나에 해당하는 경우에는 성과보수를 받을 수 있다(98조의2①단서, 슈99조의2①).

1. 투자자가 전문투자자인 경우(슈99조의2①1호)

2. 투자자가 일반투자자인 경우에는 다음 각 목의 요건을 모두 충족하는 경우(2호)

　가. 성과보수가 금융위원회가 정하여 고시하는 요건을 갖춘 기준지표 또는 투자자와 합의에 의하여 정한 기준수익률("기준지표등")에 연동하여 산정될 것

　나. 운용성과가 기준지표등의 성과보다 낮은 경우에는 성과보수를 적용하지 아니하는 경우보다 적은 운용보수를 받게 되는 보수체계를 갖출 것

　다. 운용성과가 기준지표등의 성과를 초과하더라도 그 운용성과가 부(負)의 수익률을 나타내거나 또는 금융위원회가 정하여 고시하는 기준에 미달하는 경우에는 성과

---

140) 대판 2019.6.13., 2018다258562.

보수를 받지 아니하도록 할 것

라. 그 밖에 성과보수의 산정방식, 지급시기 등에 관하여 금융위원회가 정하여 고시하는 요건을 충족할 것

투자자문업자 또는 투자일임업자가 성과보수를 받고자 하는 경우에는 그 성과보수의 산정방식, 그 밖에 대통령령으로 정하는 사항을 해당 투자자문 또는 투자일임의 계약서류에 기재하여야 한다(98조의2②).

5. 투자일임보고서의 작성 및 교부

투자일임업자는 ① 투자일임재산의 운용현황, ② 투자일임재산 중 특정 자산을 그 투자일임업자의 고유재산과 거래한 실적이 있는 경우 그 거래시기·거래실적 및 잔액에 대한 투자일임보고서를 작성하여 3개월마다 1회 이상 투자일임계약을 체결한 일반투자자에게 교부하여야 한다(99조①). 주기적으로 투자자에게 투자재산의 운용현황 및 명세를 알려주어 투자 계속의 여부나 변경 등을 판단할 수 있도록 한 것이다.

투자자문업자는 투자자의 재산을 직접 운용하지 않으므로 자산운용보고서 교부의무는 적용되지 않는다.

6. 역외투자자문업자 등의 특례

역외투자자문업자 및 역외투자일임업자는 그 제한적인 업무 특성과 본국에서 본국법에 따른 규제를 별도로 받는다는 점을 고려하여 일부 규정의 적용이 배제되고(100조①), 국내에 소재가 없는 상황을 고려하여 추가적인 규제가 시행된다.

역외투자자문업자 또는 역외투자일임업자는 투자자 보호를 위하여 총리령으로 정하는 요건에 해당하는 연락책임자를 국내에 두어야 한다(100조②). 자본시장법은 국내 연락책임자로 지정가능한 기관을 금융기관, 법무법인, 회계법인 등에 한정하고 있다(規則11조).

역외투자자문업자 또는 역외투자일임업자는 국내 거주자와 체결하는 투자자문계약 또는 투자일임계약 내용에 그 계약에 대하여 국내법이 적용되고 그 계약에 관한 소송은 국내법원이 관할한다는 내용을 포함하여야 한다(100조③). 국내 투자자들의 이해를 높이고, 분쟁이 발생할 경우 국내에서 소송을 진행할 수 있도록 투자자 보호장치를 마련한 것이다.

7. 유사투자자문업의 신고

"유사투자자문업자"는 ①'불특정 다수인'을 대상으로 하여 발행되는 간행물, 전자우편 등에 의하여 ②'금융투자상품에 대한 투자판단' 또는 '금융투자상품의 가치에 관한 조언'을 하는 것을 업으로 영위하는 자를 말한다(101조①, 令102조). 1980년대에 투자자문업이 도입되었

으나 그 진입요건이 너무 높다보니 인가나 허가를 받지 않은 사설투자자문업자가 출현하여 사기적 행위를 하는 등 사회적 문제를 야기하였는데, 정부는 이를 완전히 금지하기 보다는 일정한 요건을 갖추고 등록을 하면 활동할 수 있는 길을 열어주었다. 미국과 일본의 경우에는 그 예를 찾아볼 수 없는 한국만의 독특한 제도이다.[141]

유사투자자문업자는 '불특정 다수인'을 대상으로 간행물, 전자우편 등을 통하여 투자판단 또는 투자조언을 하는 점에서 일반적인 투자자문업자와 다르다. 투자자문업 및 유사투자자문업의 정의 등을 종합해 보면, 금융투자상품에 대한 투자판단 또는 금융투자상품의 가치에 대한 조언이 '특정인'을 상대로 하여서 이루어지면 투자자문업에 해당하고, '불특정 다수인'을 대상으로 이루어지면 유사투자자문업에 해당한다. 여기서 '특정인'이란 투자판단을 제공받는 상대방의 범위가 한정되어 있다는 뜻이라기 보다는, 투자판단을 제공하는 과정에서 면담·질문 등을 통해 투자판단을 제공받는 상대방의 개별성, 특히 투자목적이나 재산상황, 투자경험 등이 반영된다는 것을 말한다.[142] 유사투자자문업자는 '불특정 다수인'을 대상으로 투자판단이나 조언을 제공하는 자이므로, 유료회원 등 특정인을 대상으로 매수도 종목, 가격, 시점 등을 개별적으로 상담하는 방식의 고객에 대한 개별적(1:1) 투자 조언을 하는 행위는 금지된다.[143] 금융투자상품에 대한 투자판단이나 조언을 제공하는 것이므로 자동매매 프로그램과 연동을 통해 고객계좌에서 자동으로 매매가 이루어지도록 하는 방법은 투자판단이나 조언에 해당하지 않는다.[144]

유사투자자문업자는 금융위원회에 신고하여야 한다(101조①). 유튜브 등 온라인 방송을 통해 불특정 다수인을 대상으로 금융투자상품의 가치 또는 투자판단(종류, 종목, 취득·처분, 취득·처분의 방법·수량·가격 및 시기 등에 대한 판단)에 대하여 조언을 하면서, 유료회원제 운영(멤버십 서비스) 등을 통해서 구독자로부터 직접적 대가를 받는 경우에는 유사투자자문업 신고가 필요하다. 그러나 동영상 공유 플랫폼에서의 광고수익만 발생하는 경우이거나, 간헐적으로 시청자의 자발적 후원(별풍선 등)을 받는 경우에는 신고할 필요는 없다.[145]

판례는 사용자가 설정값을 입력하면 그에 들어맞는 주식 종목을 가려내는 방식으로 작동하는 주식 자동매매 프로그램을 판매·대여한 자를 무인가 투자자문업 위반으로 기소한 사안에서, 프로그램 작동에 필수적인 설정값을 제공하는 행위는 해당 프로그램을 도구로 이용하여 금융투자상품에 대한 투자판단 또는 조언을 제공한 것으로 볼 수 있고, 사람의 행위가

---

141) 김병연/권재열/양기진, 자본시장법(2017), 197면.

142) 대판 2022.10.27., 2018도4413.

143) 금융위 질의회신(2021.6.1), '유사투자자문업자의 개별적 투자조언, 자동매매 프로그램 연동 여부'.

144) 같은 취지로 금융위 질의회신(2021.6.1), '유사투자자문업자의 개별적 투자조언, 자동매매 프로그램 연동 여부'.

145) 금융위 질의회신(2021.6.1), '유튜브 등 온라인 주식방송의 유사투자자문업 신고 필요 여부'.

아닌 자동화된 매매거래시스템의 작동 결과에 불과하다고 볼 수 없으나, 피고인이 프로그램
을 판매·대여하고 설정값을 제공하는 과정에서 프로그램 사용자들과 개별적으로 접촉한 적
이 없었고, 사용자들 개개인의 투자목적·투자상황 및 투자경험 등의 정보도 전혀 반영하지
않았다면, 피고인의 행위는 프로그램 사용자들의 개별성과는 관계가 없으므로 '특정인'을 상
대로 투자판단을 제공한 경우에 해당한다고 볼 수 없다. 따라서 피고인은 불특정 다수인을
상대로 유사투자자문업을 영위한 것으로는 볼 수 있으나, 미등록 투자자문업을 영위한 것으
로 보기는 어렵다(17조, 445조1호)고 판단하였다.[146]

유사투자자문업자가 금융투자상품에 대한 고객의 투자판단에 영향을 미칠 수 있는 중요
한 사항에 관하여 허위의 정보나 아무런 합리적이고 객관적인 근거가 없는 정보를 마치 객
관적인 근거가 있는 확실한 정보인 것처럼 제공함으로써 고객이 이를 진실한 것으로 믿고
거래하여 손해를 입은 경우, 고객은 유사투자자문업자 또는 유사투자자문업자와 고용 등의
법률관계를 맺고 유사투자자문업자의 업무를 직접 수행하는 자에 대하여 민법상의 불법행위
책임을 청구할 수 있다.[147] 유사투자자문업자에게는 적합성원칙, 설명의무 등 자본시장법상
투자자 보호를 위한 규정이 적용되지 않지만,[148] 중요한 사항에 관하여 허위의 정보를 제공
하는 행위 등으로 인하여 투자자에게 손해가 발생하는 경우, 민법 제750조에 따른 불법행위
책임이 인정된다.

투자자문업자에게 적용되는 불건전 영업행위 금지조항은 유사투자자문업자에게도 준용
된다(101조④). 투자자문업자의 유사투자자문업 겸영은 허용되지 않으므로(슈102조), 투자자문
업자는 자본시장법에 따른 금융투자업자로 금융소비자보호법에 따라 개별 고객에 대한 적합
성원칙, 설명의무 등을 준수하여야 하며, 계약서를 교부하여야 한다.[149]

Ⅳ. 신탁업자의 영업행위규칙

1. 선관의무 및 충실의무

자본시장법 제102조 제1항은 "신탁업자는 수익자에 대하여 선량한 관리자의 주의로써 신
탁재산을 운용하여야 한다."고 신탁업자의 선관의무를 규정하고, 제2항은 "신탁업자는 수익
자의 이익을 보호하기 위하여 해당 업무를 충실하게 수행하여야 한다."고 하면서 신탁업자
의 수익자의 이익 보호와 충실의무를 함께 규정하고 있다. 신탁업자의 선관의무와 충실의무

---

146) 대판 2022.10.27., 2018도4413.

147) 대판 2015.6.24., 2013다13849.

148) 대판 2014.5.16., 2012다46644.

149) 금융위 질의회신(2021.6.1), '유사투자자문업자의 투자자문업 겸영 가능 여부'.

를 규정하는 취지 등에 대해서는 앞서 집합투자업자, 투자자문업자 및 투자일임업자 등의 선관의무와 충실의무에서 살펴본 바와 같다. 선관주의의무를 충실하게 수행하기 위해서 어떠한 방식을 선택해야 하는지는 일률적으로 말하기는 어렵다. 아래에서는 같은 특정금전신탁이라고 하더라도 구체적인 사실관계의 차이에 따라서 신탁업자의 선관의무 위반 여부에 대한 판단이 달라질 수 있음을 살펴본다.

신탁업자의 선관의무위반을 인정한 2018년의 대법원 판례[150]의 사안을 살펴본다. 원고는 피고회사 직원의 권유로 5천만원을 신용등급 B의 고위험군인 A회사 발행의 사채 매입에 100% 투자하는 특정금전신탁계약을 체결하였다. 당시 A회사는 재무안정성이 매우 취약한 상태였음에도 피고회사는 투자위험 등에 관하여 제대로 설명하지 아니하였고, A회사의 회생절차 개시로 사채원금의 회수가 어렵게 되자, 원고는 피고회사를 상대로 손해배상을 청구하였다. 이 사건에서 대법원은 특정금전신탁의 신탁회사는 위탁자가 지정한 운용방법대로 자산을 운용하면 선관주의의무를 다한 것이고 신탁재산의 운용결과에 대한 손익은 모두 수익자에게 귀속되지만, 특정금전신탁이라고 하더라도 수탁자인 신탁회사가 실질적으로 고객에게 투자를 권유하였다고 볼 수 있는 사정이 있다면, 신탁재산의 운용방법을 포함한 그 특성 등을 고객에게 설명할 의무가 있으므로, 신탁업자인 피고회사는 투자대상인 A회사 사채의 이례적인 고위험성, 원고의 투자경험 및 투자능력 등에 비추어, 단순히 신탁계약의 투자기간 내지 높은 금리에 대하여만 설명한 것은 그 설명의무를 다하지 못하였다고 하면서 책임을 인정하였다.[151] 금융위원회도 특정금전신탁계약에는 신탁재산의 운용에 의하여 취득할 재산의 내용 등이 포함 되어야 하며(109조), 신탁업자가 특정금전신탁계약의 체결을 권유하거나, 체결하는 경우에는 신탁재산의 운용대상 등에 대하여 적합성원칙, 설명의무, 부당권유 금지 또는 적정성원칙이 적용된다고 한다.[152]

위의 2018년 판례와 비교하여 신탁업자의 선관의무위반을 부정한 2019년 대법원 판례[153]의 사안을 살펴본다. 대법원은 전문투자자인 원고가 피고회사에게 금전을 신탁하면서 신용등급 A2 이상의 기업어음만을 편입하도록 운용방법을 특정하여 지시하고, 피고회사는 이에 따라 신탁재산 중 약 10%의 자금으로 A회사의 기업어음을 매수하여 신탁재산에 편입하였으나 A회사의 회생절차개시로 손실을 입은 원고가 피고회사를 상대로 법 제102조의 선관주의 의무 및 충실의무 위반에 따른 손해배상을 청구한 사례에서, 법 제102조는 신탁업자가 부담하는 선관주의의무 및 충실의무에 관하여 수익자가 전문투자자인지 일반투자자인지 구별하

---

150) 대판 2018.6.15., 2016다212272.

151) 대판 2018.6.15., 2016다212272.

152) 금융위 질의회신(2020.1.17), '특정금전신탁계약 체결 시 편입자산등에 대한 적합성·적정성 원칙, 설명의무 등 적용 여부'.

153) 대판 2019.7.11., 2016다224626.

지 않고 있으므로,154) 수익자에 대하여 부담하는 선관주의의무 및 충실의무의 정도는 수익자가 전문투자자인지 아닌지에 따라 달라진다고 보기 어려우며, 위탁자가 지시한 바에 따라 가능한 범위 내에서 수집된 정보를 바탕으로 신탁재산의 최상의 이익에 합치된다는 믿음을 가지고 신중하게 신탁재산을 관리·운용하였다면 수탁자인 피고회사는 선관주의의무를 다하였다고 할 것이고, 설사 그 예측이 빗나가 신탁재산에 손실이 발생하였다고 하더라도 그것만으로 선관의무위반으로 볼 수는 없다고 하였다.155)

위의 판결들은 같은 특정금전신탁임에도 불구하고 결론이 다른데, 2018년 판결에서는 신탁업자인 피고회사는 사전에 금전의 운용방법을 마련해놓고 일반투자자인 원고에게 계약 체결을 권유하였는데, 대법원은 신탁업자가 구체적인 운용대상을 권유한 것이라면 투자권유와 마찬가지로 보면서 설명의무위반 등 선관의무위반을 인정하였고,156) 이에 반하여 2019년 판결은 원고가 전문투자자로서 수탁자인 피고회사에 대해서 사전에 금전의 운용방법을 지시하였는데 이러한 경우에 특정금전신탁의 신탁회사는 위탁자가 지정한 운용방법대로 자산을 운용하면 선관주의의무를 다한 것이고 신탁재산의 운용결과에 대한 손익은 모두 수익자에게 귀속된다고 보았다. 즉, 2018년 판결과는 달리, 2019년 판결에서는 신탁회사인 피고회사의 투자권유가 없었고, 전문투자자인 원고회사가 운용방법을 특정하여 지시하였으며, 그에 따라 피고회사는 신탁재산을 운영한 것에 불과하다고 보아서 선관주의의무 위반이 인정되지 아니하였다.

2. 신탁재산의 제한

자본시장법은 신탁업자가 신탁받을 수 있는 신탁재산의 범위를 한정적으로 열거하고 있다. 즉, 신탁업자는 ① 금전, ② 증권, ③ 금전채권, ④ 동산, ⑤ 부동산, ⑥ 지상권, 전세권, 부동산임차권, 부동산소유권 이전등기청구권, 그 밖의 부동산 관련 권리, ⑦ 무체재산권(지식재산권을 포함한다) 외의 재산을 수탁할 수 없다(103조①).157)

신탁업자는 부동산개발사업을 목적으로 하는 신탁계약을 체결한 경우에는 그 신탁계약에 의한 부동산개발사업별로 제1항 제1호의재산('금전')을 '대통령령으로 정하는 사업비'의 100분의 15 이내에서 수탁할 수 있다(103조④). 부동산개발사업을 신탁받아 영위하는데 필요한 범위 내에서, 개발사업을 위하여 신탁받은 부동산 이외에 제한적으로 금전 등의 수탁을

---

154) 금융소비자보호법은 고객을 일반금융소비자와 전문금융소비자로 구별하고 적합성원칙, 적정성원칙, 설명의무 등을 적용하고 있다(금소법17조, 18조, 198조).

155) 대판 2019.7.11., 2016다224626.

156) 이숭희, "법률신문 2019년 자본시장법 판례평석"(법률신문, 2020) 참조.

157) 반면에 신탁법은 신탁재산의 범위를 특별히 제한하지 않고 있다(信託2조). 특히, 신탁법은 위탁자와 수탁자 간의 계약 외에도 위탁자의 유언에 의한 신탁, 위탁자 자신을 수탁자로 하는 자기신탁도 허용하고 있어서(信託3조①) 그 폭이 매우 넓다.

허용하기 위한 특례규정이다.

3. 신탁의 종류

가. 종합신탁업

신탁업자는 하나의 신탁계약에 의하여 위탁자로부터 제1항 각 호의 재산 중 둘 이상의 재산을 종합하여 수탁할 수 있다(103조②). 즉, 하나의 신탁계약을 통하여 둘 이상의 재산을 종합하여 수탁할 수 있는 종합재산신탁업 영위가 가능하다.

나. 금전신탁과 금전외신탁

자본시장법상 신탁은 신탁재산의 종류에 따라서 금전신탁과 금전외신탁으로 구분할 수 있다(103조③, 令103조).

"금전신탁"은 '특정금전신탁'과 '불특정금전신탁'으로 구분할 수 있다(令103조).

1. 위탁자가 신탁재산인 금전의 운용방법을 지정하는 특정금전신탁(令103조1호)

   "특정금전신탁"은 위탁자가 신탁재산의 운용방법을 미리 정하는 금전신탁으로서, 수탁자는 위탁자가 지정한 방법대로 자산을 운용하여야 하고, 그러한 운용의 결과에 따른 수익률의 변동의 위험은 수탁자인 신탁업자가 신탁재산에 대하여 선량한 관리자로서의 주의의무를 다하지 아니하였다는 등의 특별한 사정이 없는 한 원칙적으로 수익자가 부담한다.[158]

2. 위탁자가 신탁재산인 금전의 운용방법을 지정하지 아니하는 불특정금전신탁(令103조2호)

   "불특정금전신탁"은 위탁자가 신탁재산인 금전의 운용방법을 지정하지 아니하는 금전신탁을 말한다. 자본시장법은 불특정금전신탁의 영위를 허용하고 있으나(令103조2호), 수탁한 금전의 공동운용은 집합투자업(투자신탁의 운용)으로 보아 엄격한 이해상충방지체계를 구축할 것을 요구하고 있고, 다른 한편 신탁업자의 불건전 영업행위 중 하나로 수탁한 금전의 집합운용을 엄격하게 제한하는 규정을 두고 있어서(令109조③5,6, 6조④2) 실제 불특정 금전신탁을 영위하는 경우는 찾기 어렵다.

"금전외신탁"은 신탁재산이 금전이 아닌 경우이며, 부동산신탁, 증권신탁 등이 있다. 다만, 자본시장법 시행령 [별표1]은 신탁재산의 종류별로 전체대상 신탁업(인가업무단위 4-1-1), 금전신탁업(4-11-1), 부동산신탁업등(4-121-1) 외에 따로 인가업무단위를 정하고 있지 않으므로, [별표1]에서 열거되어 있지 않은 특정한 신탁재산의 종류만을 대상으로 신탁업 인가를 따로 받는 것은 현실적으로 불가능하다.

---

158) 대판 2019.7.11., 2016다224626.

4. 손실보전 또는 이익보장의 금지

신탁업자는 수탁한 재산에 대하여 손실의 보전이나 이익의 보장을 하여서는 아니 된다
(103조③, 슈104조①본문). 자기책임의 원칙상 신탁업자를 포함한 금융투자업자의 손실보전 또
는 이익의 보장 행위는 금지되는데(55조) 이를 다시 한번 분명히 하고 있다.

관리형신탁의 수익권의 경우 금융투자상품의 정의에서 배제되어 있으므로(3조①2나목) 손
실보전이나 이익보장과는 관련이 없다는 견해가 있을 수 있으나, 관리형신탁의 경우에도 운
용 손익은 투자자(수익자)에게 귀속되는 점에서 손실보전 또는 이익보장을 금지하는 규정들
이 적용된다. 다만, 연금이나 퇴직금의 지급을 목적으로 하는 신탁으로서 금융위원회가 정하
여 고시하는 경우에는 손실의 보전이나 이익의 보장을 할 수 있다(슈104조①단서).

5. 신탁재산과 고유재산의 구분

신탁업자는 신탁재산과 고유재산을 구분하여 운영하여야 하지만, 다음 각 호의 어느 하
나에 해당하는 경우에는 신탁계약이 정하는 바에 따라 신탁재산을 고유재산으로 취득할 수
있다(104조②).
1. 수익자에 대하여 부담하는 채무를 이행하기 위하여 필요한 경우(104조②1)
   다만, 금전신탁재산의 운용으로 취득한 자산이 거래소시장(다자간매매체결회사에서의
   거래를 포함한다) 또는 이와 유사한 시장으로서 해외에 있는 시장에서 시세(제176조제2
   항제1호의 시세를 말한다)가 있는 경우에 한한다(104조②1괄호).
2. 신탁계약의 해지, 그 밖에 수익자 보호를 위하여 불가피한 경우로서 ① 신탁계약기
   간이 종료되기까지의 남은 기간이 3개월 이내일 것, ② 신탁재산을 고유재산으로 취
   득하는 방법 외에 신탁재산의 처분이 곤란할 경우일 것, ③ 취득가액이 공정할 것의
   요건을 모두 충족하는 경우(제103조제3항에 따라 손실이 보전되거나 이익이 보장되는 신탁계
   약에 한한다)(104조②2)

6. 신탁재산 등 운용의 제한

신탁법은 신탁재산에 속하는 금전의 운용과 관련해서는 신탁행위로 정할 수 있도록 하고
있을 뿐 특별한 제한을 두고 있지 않으나, 자본시장법은 신탁업자에 대해 신탁재산의 운용
방법을 세밀하게 규정하고 있다.

가. 신탁재산(금전)의 운용방법의 제한

신탁업자는 신탁재산에 속하는 '금전'을 다음의 방법으로 운용하여야 한다(105조①).
1. 증권(대통령령으로 정하는 증권에 한한다)의 매수(105조①1호)

법 제105조 제1항 제1호에서 "대통령령으로 정하는 증권"이란 (a) 채무증권(슈106조 ① 1호), (b) 지분증권(2호), (c) 수익증권(3호), (d) 파생결합증권(5호), (e) 증권예탁증권 (6호)의 어느 하나에 해당하는 증권을 말한다.

2. 장내파생상품 또는 장외파생상품의 매수(2호)

법 제105조 제1항 제1호 및 제2호는 신탁재산(금전)의 운용방법으로 증권 및 파생상품의 매수만을 규정하는데, 증권 또는 파생상품의 매도는 할 수 있는가? 예를 들어, 현물 증권이 없이도 공매도를 비롯한 증권 및 파생상품의 매도포지션이 허용되는가? 자본시장법이 집합투자재산 또는 투자일임재산의 운용과는 달리, 신탁업에 대해서는 증권 또는 파생상품의 매수만을 규정하고, 신탁재산의 운용방법으로 환매조건부 매수만을 규정하고 있는 점에 비추면(슈106조③3), 신탁재산의 투기적 운용을 금지하겠다는 취지를 반영한 것으로 보아야 하고, 따라서 증권 또는 파생상품의 매수만이 허용되고 매도는 허용되지 않는다고 볼 것이다.

3. 대통령령으로 정하는 금융기관에의 예치(3호)

4. 금전채권의 매수(4호)

5. 대출(5호)

6. 어음의 매수(6호)

7. 실물자산의 매수(7호)

8. 무체재산권의 매수(8호)

9. 부동산의 매수 또는 개발(9호)

10. 그밖에 신탁재산의 안전성·수익성 등을 고려하여 대통령령으로 정하는 방법(10호)

나. 고유재산으로부터 금전의 차입 금지

신탁업자는 신탁의 계산으로 그 신탁업자의 고유재산으로부터 금전을 차입할 수 없다 (105조②). 신탁재산의 안전한 관리를 위하여 신탁재산과 고유재산을 엄격하게 분리하여 운용하려는 취지이다. 다만, 부동산 및 지상권·전세권·부동산임차권·부동산소유권이전등기청구권·그 밖의 부동산 관련 권리만을 신탁받는 경우, 그 밖에 대통령령으로 정하는 경우에는 고유재산에서 금전을 차입할 수 있다(105조②).

7. 불건전 영업행위의 금지

가. 선행매매의 금지

신탁업자는 "신탁재산을 운용함에 있어서, 금융투자상품, 그 밖의 투자대상자산의 가격에 중대한 영향을 미칠 수 있는 매수 또는 매도 의사를 결정한 후 이를 실행하기 전에 그 금융투자상품, 그 밖의 투자대상자산을 자기의 계산으로 매수 또는 매도하거나 제3자에게 매수 또는 매도를 권유하는 행위"(108조1호)를 하여서는 아니 된다. 이른바 선행매매(front running)는 금지된다.

나. 자기 또는 관계인수인이 인수한 증권의 매수 금지

신탁업자는 "자기 또는 관계인수인이 인수한 증권을 신탁재산으로 매수하는 행위"(108조2호)를 하여서는 아니 된다. 계열회사 등 관계인수인이 인수한 증권물량을 소화하기 위하여 신탁재산으로 매수할 개연성을 배제하기 위한 취지이다.

다. 인수업무를 담당한 법인의 특정증권등의 매매 금지

신탁업자는 "자기 또는 관계인수인이 대통령령으로 정하는 인수업무를 담당한 법인의 특정증권등에 대하여 인위적인 시세를 형성시키기 위하여 신탁재산으로 그 특정증권등을 매매하는 행위"(108조3호)를 하여서는 아니 된다. 신탁업자가 신탁재산으로 인수업무를 담당한 법인의 특정증권등을 매매하는 경우에는 인수조건이 투자자에게 불리하게 설정될 우려가 있기 때문이다. 신탁업자 자신이 증권의 인수업무를 담당하는 경우는 상정하기 어려우므로, 관계인수인 즉 계열 투자매매업자와의 관계에서 적용될 가능성이 있다. 단순히 특정증권을 매매하는 것만으로는 부족하고 특정증권등에 대한 인위적인 시세를 형성하기 위해서 매매하는 행위가 규제대상이다.

라. 자기 또는 제3자의 이익을 도모하는 행위의 금지

신탁업자는 "특정 신탁재산의 이익을 해하면서 자기 또는 제3자의 이익을 도모하는 행위"(108조4호)를 하여서는 아니 된다. 제4호는 제1호 내지 제3호의 불건전 영업행위 규정에 대한 보완적·예비적 규정이다. 다만, 제1호 내지 제3호는 해당 행위가 특정 신탁재산의 이익을 침해하는지 여부에 관계없이 금지하는데, 제4호는 특정 신탁재산의 이익을 해하면서 자기 또는 제3자의 이익을 도모하는 행위로서, 해당 행위가 신탁재산의 이익에도 부합하는 경우에는 위반으로 볼 수 없다.

마. 신탁재산과 신탁업자가 운용하는 다른 재산 등과의 거래행위의 금지

신탁업자는 "신탁재산으로 그 신탁업자가 운용하는 다른 신탁재산, 집합투자재산 또는 투자일임재산과 거래하는 행위"(108조5호)를 하여서는 아니 된다. '자전거래' 시 발생할 수 있는 이해상충의 소지를 제한하기 위한 취지의 규정이다.

바. 신탁재산과 신탁업자 등의 고유재산과의 거래행위의 금지

신탁업자는 "신탁재산으로 신탁업자 또는 그 이해관계인의 고유재산과 거래하는 행위"(108조6호)를 하여서는 아니 된다. 제6호는 자기거래 또는 자전거래를 제한하기 위한 것으로 신탁업자 또는 그 이해관계인의 이익을 도모할 목적으로 거래가 이루어질 가능성을 우려한 규정이다. 다만, 수익자 보호 및 건전한 거래질서를 해할 우려가 없는 경우로서 이해관계인이 되기 6개월 이전에 체결한 계약에 따른 거래, 공개시장을 통한 거래, 신탁재산에 유리한 거래 등 '대통령령으로 정하는 경우'에는 할 수 있다(108조단서, 슈109조①4).

사. 신탁업자 등이 발행한 증권에 투자하는 행위의 금지

신탁업자는 "수익자의 동의 없이 신탁재산으로 신탁업자 또는 그 이해관계인이 발행한 증권에 투자하는 행위"(108조7호)를 하여서는 아니 된다. 신탁업자 또는 그 이해관계인이 발행한 증권에 투자하는 경우도 이해상충가능성이 있으나, 증권 외의 거래에 비교하여 상대적으로 이해상충의 가능성이 낮고, 해당 신탁재산의 이익에 부합되는 경우도 있기 때문에, 수익자의 동의 하에 허용하는 것이다.

아. 투자운용인력이 아닌 자의 운용행위 금지

신탁업자는 "투자운용인력이 아닌 자에게 신탁재산을 운용하게 하는 행위"(108조8호)를 하여서는 아니 된다. 신탁재산 운용의 전문성·충실성을 도모하고, 자격을 갖춘 투자운용인력이 신탁재산을 운용하도록 하기 위한 것이다.

자. 그 밖에 대통령령으로 정하는 불건전 영업행위의 금지

그 밖에 수익자 보호 또는 건전한 거래질서를 해할 우려가 있는 행위로서 대통령령으로 정하는 행위를 하여서는 아니 된다(108조9호).

8. 수익증권

신탁업자는 금전신탁계약에 의한 수익권이 표시된 '수익증권'[159]을 발행할 수 있다(110조①). 신탁법은 수익증권을 발행할 수 있는 신탁의 종류를 특별히 한정하고 있지 않으나(信託 78조), 신탁에 관한 업법인 자본시장법은 금전신탁에 한하여 수익증권을 발행할 수 있도록 하고 있어서, 현실적으로는 금전신탁이 아닌 수익증권을 발행하기 어렵다고 본다.

수익증권에는 신탁업자의 상호, 수익자의 성명 또는 명칭, 액면액, 운용방법, 신탁계약기간, 신탁보수의 계산방법 등을 기재하고 신탁업자의 대표자가 기명날인 또는 서명하여야 한다(110조⑤).

수익증권이 발행된 경우에는 해당 신탁계약에 의한 수익권의 양도 및 행사는 그 수익증권으로 하여야 한다. 다만, 기명식 수익증권의 경우에는 수익증권으로 하지 아니할 수 있다(110조⑥).

---

159) 자본시장법상 "수익증권"이란 제110조의 수익증권, 제189조의 수익증권, 그 밖에 이와 유사한 것으로서 신탁의 수익권이 표시된 것을 말한다(4조⑤).

9. 의결권 행사 등

가. 의결권의 충실행사

신탁업자는 수익자의 이익을 보호하기 위하여 신탁재산에 속하는 주식의 의결권을 충실하게 행사하여야 한다(112조①). 신탁업자는 선관의무 및 충실의무를 부담하므로, 당연한 내용을 주의적으로 규정한 것이다. 법 제112조는 '주식'만을 규정하고 하고 있으나, 주식 외의 지분증권에 대해서도 충실하게 의결권을 행사하여야 함은 당연하다.

나. 의결권의 행사방법

신탁업자는 주식의 의결권을 충실하게 행사하여야 하고, 수익자의 이익을 보호하기 위해서 찬성 또는 반대표를 행사할 수 있다. 그러나 신탁업자가 이해관계가 있는 경우에는 중립적으로 의결권을 행사하여야 한다.

신탁업자는 신탁재산에 속하는 주식을 발행한 법인 등이 계열회사의 관계에 있는 경우에는 결의정족수를 충족할 수 있도록 의결권을 행사하되, 다른 주주의 투표내용에 영향을 미치지 않도록 중립적으로 의결권을 행사하여야 한다.

그러나 신탁재산에 속하는 주식을 발행한 법인의 합병, 영업의 양도·양수, 임원의 선임, 그 밖에 이에 준하는 사항으로서 중립적으로 의결권을 행사할 경우 신탁재산에 손실을 초래하는 것이 명백하게 예상되는 때에는 수익자의 이익을 위하여 찬성 또는 반대의 의사를 표시하는 등 충실하게 의결권을 행사할 수 있다(112조②단서).

그 밖에 정족수의 산정 등 자세한 내용은 "제5절 Ⅱ.9. 의결권 행사 등"에서 살펴본 바와 비슷하다.

10. 신탁재산의 회계처리 등

신탁업자는 신탁재산에 관하여 회계처리를 하는 경우 금융위원회가 증권선물위원회의 심의를 거쳐 정하여 고시한 회계처리기준에 따라야 한다(114조①).

금융위원회는 회계처리기준의 제정 또는 개정을 전문성을 갖춘 민간법인 또는 단체로서 대통령령으로 정하는 자에게 위탁할 수 있다(114조②). 현재 회계처리기준의 제정 또는 개정은 한국회계기준원에 위탁되어 있다.

신탁업자는 신탁재산에 대하여 그 신탁업자의 매 회계연도 종료 후 2개월 이내에 외감법상 회계감사인의 회계감사를 받아야 한다(114조③본문). 그러나 수익자의 이익을 해할 우려가 없는 경우로서 ① 특정금전신탁, ② 이익의 보장을 하는 금전신탁(손실만을 보전하는 금전신탁은 제외한다), ③ 수탁원본이 300억원 미만인 금전신탁, ④ 증권, 동산, 부동산 등의 재산의 신탁에 해당하는 경우에는 회계감사를 받지 아니할 수 있는데(114조③단서, 슈117조), 불특정 금전신탁을 제외하고는 사실상 모든 종류의 신탁재산에 대한 회계감사의무가 면제되고 있어서 회계감사를 실질화할 필요가 있다.

11. 회계감사인의 손해배상책임

가. 의의

자본시장법 제115조 제1항은 "회계감사인은 신탁재산에 대한 회계감사의 결과 회계감사보고서 중 '중요사항'에 관하여 거짓의 기재 또는 표시가 있거나 중요사항이 기재 또는 표시되지 아니함으로써 '이를 이용한 수익자'에게 손해를 끼친 경우에는 그 수익자에 대하여 손해를 배상할 책임을 진다."고 하면서, 신탁재산을 감사한 회계감사인의 손해배상책임을 규정하고 있다. 기본적으로 자본시장법 제125조 증권신고서와 투자설명서의 거짓의 기재 등에 대한 증권발행인의 손해배상책임과 비슷하지만, 법 제125조는 증권 발행 시 증권신고서와 투자설명서에 대해서 전반적으로 적용되는 반면에, 법 제115조는 신탁재산에 대한 회계감사에 한정되어 있어서(114조③, 슈117조) 그 적용범위는 상대적으로 좁은 편이다.

나. 손해배상청구권자

손해배상청구권자는 "(회계감사보고서를) 이용한 수익자"인데, 실제 해당 회계감사보고서를 읽고서 투자한 수익자에 한정하기 보다는 널리 일반적으로 해당 신탁재산에 투자한 수익자를 의미한다고 볼 것이다.

다. 중요사항에 관한 거짓의 기재 또는 표시, 누락

회계감사인은 회계감사보고서 중 중요사항에 관하여 거짓의 기재 또는 표시가 있거나 중요사항이 기재 또는 표시되지 아니함으로써 이를 이용한 수익자에게 손해를 끼친 경우에 그 수익자에 대하여 손해를 배상할 책임을 진다(115조①). 여기서 "중요사항"이란 투자자의 합리적인 투자판단 또는 해당 금융투자상품의 가치에 중대한 영향을 미칠 수 있는 사항을 말하며(47조③), 중요사항 해당 여부는 구체적인 사실관계를 종합적으로 고려하여 판단한다.

라. 신탁업자의 이사·감사의 연대책임

회계감사인이 수익자에 대하여 손해를 배상할 책임이 있는 경우로서 그 신탁업자의 이사·감사(감사위원회가 설치된 경우에는 감사위원회의 위원을 말한다)에게도 귀책사유가 있는 경우에는 그 회계감사인과 신탁업자의 이사·감사는 연대하여 손해를 배상할 책임을 진다(115조②본문). 신탁업자의 이사·감사 등은 회계감사인의 부실감사에 대한 관리·감독상 주의의무를 게을리한 것에 간접적인 책임이 있음을 고려한 것이다.

다만, 손해를 배상할 책임이 있는 자가 고의가 없는 경우에 그 자는 법원이 귀책사유에 따라 정하는 책임비율에 따라 손해를 배상할 책임이 있다(115조②단서). 고의가 없는 경우에도 손해금액 전부에 대해서 획일적으로 손해배상책임을 지게 하는 것은 비례와 형평 원칙에 맞지 않고 지나친 부담일 수 있으므로, 법원은 각자의 과실 등을 고려하여 책임비율을 정하고 그에 따라 손해배상책임을 인정할 수 있도록 한 것이다.

법 제115조 제2항 단서에도 불구하고 손해배상을 청구하는 자의 소득인정액이 '대통령령으로 정하는 금액'160) 이하인 경우에는 회계감사인과 신탁업자의 이사·감사는 연대하여 손해를 배상할 책임이 있다(115조③). 저소득층을 두텁게 보호하기 위한 취지인데, 이 경우에는 회계감사인과 신탁업자의 이사·감사는 고의 없이 과실만이 인정되는 경우에도 책임비율이 아니라 전체 손해에 대해서 연대하여 손해배상책임을 진다. 자신의 책임비율을 넘어서 배상한 금액에 대해서는 구상권을 행사하면 된다.

위와 같은 손해배상책임은 그 청구권자가 해당 사실을 안 날부터 1년 이내 또는 감사보고서를 제출한 날부터 3년 이내에 청구권을 행사하지 아니하면 소멸한다. 다만, 회계감사인을 선임할 때 계약으로 그 기간을 연장할 수 있다(115조④, 외감법17조⑨).

12. 합병 등

신탁업자가 합병하는 경우 합병 후 존속하는 신탁업자 또는 합병으로 인하여 설립된 신탁업자는 합병으로 인하여 소멸된 신탁업자의 신탁에 관한 권리의무를 승계한다(116조①). 합병 시에 발생하는 당연한 효과를 주의적으로 규정한 것이다. 흡수합병의 경우에는 존속회사가, 신설합병의 경우에는 신설회사가 소멸회사의 권리·의무를 승계한다.

신탁업자의 합병은 신탁의 합병(신탁법 90조 내지 93조)과 구분하여야 한다. 신탁업자의 합병은 법인의 형태인 신탁업자가 일반적인 법인의 합병·분할절차를 밟아서 합병·분할을 하는 것이나, 신탁의 합병은 동일한 수탁자가 관리하는 수개의 신탁을 통합하는 것이기 때문이다.161)

신탁업자의 합병에 관하여 이의를 제기한 수익자가 있는 경우 그 신탁업자의 임무종료 및 새로운 신탁업자의 선임 등에 관하여는 신탁법 제12조(수탁자의 임무종료), 신탁법 제21조(신수탁자의 선임) 제2항 및 제3항을 준용한다(116조②). 수탁자의 임무가 종료된 경우 위탁자와 수익자는 합의하여 또는 위탁자가 없으면 수익자 단독으로 신수탁자를 선임할 수 있다(信託 21조①본문). 위탁자와 수익자 간에 신수탁자 선임에 대한 합의가 이루어지지 아니한 경우 이해관계인은 법원에 신수탁자의 선임을 청구할 수 있다(信託21조②).

---

160) 법 제115조 제3항에 따라 회계감사인과 신탁업자의 이사·감사가 연대하여 손해를 배상할 책임이 있는 경우는 손해배상을 청구하는 자의 그 손해배상 청구일이 속하는 달의 직전 12개월간의 소득인정액 합산금액이 1억5천만원 이하인 경우이다(슈118조의2).

161) 노혁준, "신탁변경, 수탁자변경과 신탁합병 및 분할,"「BFL」제62호(서울대 금융법센터, 2013), 84면.

13. 관리형신탁에 관한 특례

동산, 부동산, 지상권, 전세권 등 부동산 관련 권리의 어느 하나의 재산만을 수탁받는 신탁업자가 관리형신탁계약을 체결하는 경우에는 그 신탁재산에 수반되는 금전채권을 수탁할 수 있다(117조의2①).

신탁업자가 법 제117조의2 제1항에 따라 금전채권을 수탁한 경우 그 금전채권에서 발생한 과실인 금전은 다음 각 호의 어느 하나에 해당하는 방법으로 운용하여야 한다(슈118조의3①).

1. 법 시행령 제106조 제2항 각 호의 금융기관에의 예치(슈118조의3①1호)
2. 국채증권, 지방채증권 또는 특수채증권의 매수(2호)
3. 국가 또는 제106조 제2항 각 호의 금융기관이 지급을 보증한 증권의 매수(3호)
4. 그 밖에 신탁재산의 안정성 및 수익성 등을 고려하여 총리령으로 정하는 방법(4호)

온라인소액투자중개업자 등에 대한 특례

Ⅰ. 의의

1. 온라인소액투자중개업자

"온라인소액투자중개"는 크라우드펀딩의 유형 중 '증권형(투자형) 크라우드펀딩'에 해당하며, 2015년 7월 자본시장법 개정 시에 도입되었다. "크라우드펀딩"이란 제도권 금융에 접근하기 어려운 창업 초기의 기업이나 영세 중소기업, 예술가, 사회운동가 등이 특정 사업의 수행을 위하여 소비자, 후원자, 투자자 등 불특정의 대중(crowd)으로부터 소액의 자금을 웹사이트 등을 통하여 모집하는 행위를 통틀어서 말한다. 기부 내지 후원형, 물품 선구매형, 대출형, 증권형의 4가지 형태가 있는데 각각의 유형에 고유한 법적 문제가 있다.[162]

자본시장법상 "온라인소액투자중개업자"란 '증권형 크라우드펀딩'의 일종으로써 ① 온라인상에서 ② 누구의 명의로 하든지 타인의 계산으로 ③ '온라인소액투자중개업자'의 '인터넷 홈페이지'[163]에 ④ '온라인소액증권발행인'이 발행하는 ④ 증권의 발행조건과 재무상태, 사업계획 등에 관하여 ⑤ 온라인소액증권발행인과 투자자 간, 투자자 상호 간에 해당 인터넷 홈페이지에서 의견의 교환이 이루어질 수 있도록 한 후에 ⑥ 온라인소액증권발행인이 발행하는 채무증권, 지분증권, 투자계약증권의 ⑦ '모집 또는 사모에 관한 중개'를 영업으로 하는 자를 말한다(9조㉗, 슈14조의4①).

온라인소액투자중개업자는 온라인소액증권발행인이 발행하는 증권의 모집 또는 사모에 관한 소액의 투자 중개를 영업으로 하는 투자중개업자이다. 그렇다면 영세 사업자를 위한 자금조달이 필요하면 소액공모를 이용하면 되지 왜 크라우드펀딩 제도가 필요했을까? 소액공모는 영세한 중소기업에게 유용한 제도이지만, 기본적으로 공모규제의 바탕하에서 설계되었기 때문에 일반 공모에 비교해서 부담이 경감되는 것이지 창업 초기기업 등에게는 여전히

---

162) 성희활, 자본시장법(2018), 232면.

163) 인터넷 홈페이지는 일반적인 인터넷 홈페이지뿐만 아니라 이동통신단말장치에서 사용되는 애플리케이션 (application), 그 밖에 이와 비슷한 응용프로그램을 통하여 온라인소액투자중개업자가 가상의 공간에 개설하는 장소를 포함한다(슈14조의4①괄호).

큰 부담으로 다가올 수 있다. 이를 반영하여, 자본시장법은 온라인소액투자중개의 대상을 채무증권, 지분증권, 투자계약증권으로 한정하고, 수익증권, 파생결합증권, 증권예탁증권은 제외하고 있는데, 이는 온라인소액투자중개의 대상으로 적절하지 않기 때문이다.

그 밖에 온라인소액투자중개업자의 요건인 타인의 계산, 모집과 사모, 중개 등의 개념은 "제3장 제1절 Ⅲ. 투자중개업"에서 설명한 바와 같다.

2. 온라인소액증권발행인

"온라인소액증권발행인"이란 '온라인소액투자중개를 통하여 증권을 발행하는 자'이다(117조의7③). 자본시장법은 온라인상으로 간편하게 소규모의 자금을 조달할 수 있는 온라인소액증권을 발행할 수 있는 자의 자격을 다음과 같이 제한하고 있다.

1. 중소기업창업법 제2조 제3호에 따른 창업기업 중 대통령령으로 정하는 자(9조㉗1)

   중소기업창업법 제2조 제3호의 "창업기업"이란 중소기업을 창업하여 사업을 개시한 날부터 7년이 지나지 아니한 기업(법인과 개인사업자를 포함)을 말하는데(중소기업창업법2조2호), 자본시장법은 중소기업창업법상 창업자에 해당한다고 하더라도, 주권상장법인, 금융업 및 보험업자, 부동산업자, 유흥주점업자, 무도장 운영업자 등은 온라인소액증권을 발행할 수 없도록 하고 있다(9조㉗1괄호, 슈14조의5①).

2. 그 밖에 대통령령으로 정하는 요건에 부합하는 자(9조㉗2)

   법 제9조 제27항 제2호에서 "그 밖에 대통령령으로 정하는 요건에 부합하는 자"란 벤처기업법상 벤처기업 또는 중소기업기술혁신법상 기술혁신형이나 경영혁신형 중소기업, 중소기업기본법상 일정한 요건을 갖춘 중소기업, 사회적기업법상 사회적기업을 가리킨다(9조㉗2, 슈14조의5②).

Ⅱ. 등록 및 지배구조

1. 등록

누구든지 온라인소액투자중개업자 등록을 하지 아니한 자는 온라인소액투자중개를 할 수 없다(117조의3). 온라인소액투자중개업자는 투자중개업자이므로 원칙적으로 금융투자업인가를 받아야 하지만, 자본시장법은 온라인소액투자중개업자가 되고자 하는 자가 금융위원회에 등록하는 경우에는 법 제12조에 따른 금융투자업인가를 받은 것으로 봄으로써(117조의4①) 그 진입요건을 완화하고 있다. 온라인소액투자중개업자로 등록하려는 자는 5억원 이상의 자기자본 등 법령이 정하는 요건을 모두 갖추어야 한다(117조의4②).

2. 유사명칭의 사용 금지

온라인소액투자중개업자는 상호에 "금융투자"및 이와 유사한 의미를 가지는 외국어 문자로서 financial investment(그 한글표기문자를 포함한다)나 그와 비슷한 의미를 가지는 다른 외국어문자(그 한글표기문자를 포함한다)를 사용하여서는 아니 된다. 다만, 온라인소액투자중개업자가 온라인소액투자중개에 해당하지 아니하는 투자중개업을 포함하여 다른 금융투자업을 영위하는 경우에는 그러하지 아니하다(117조의5①, 令118조의7).

온라인소액투자중개업자가 아닌 자는 '온라인소액투자중개' 또는 이와 유사한 명칭을 사용하여서는 아니 된다(117조의5②).

3. 지배구조

온라인소액투자중개업자는 대주주가 변경된 경우에는 이를 2주 이내에 금융위원회에 보고하여야 한다(117조의6①). 온라인소액투자중개업자에 대해서는 다른 금융투자업자에게 적용되는 법 제28조의2(파생상품업무책임자), 제30조(재무건전성 유지), 제31조(경영건전성 기준) 등은 적용하지 아니한다(117조의6③).

온라인소액투자중개업자는 그 임직원이 직무를 수행할 때 준수할 적절한 기준 및 절차로서 대통령령으로 정하는 사항을 포함하는 내부통제기준을 정하여야 한다(117조의6②).

Ⅲ. 영업행위의 규제 등

1. 적용 제외 규정

온라인소액투자중개업자는 온라인업무의 성격상 금융투자업자의 영업행위 규칙 중에서 손해배상책임(48조), 투자권유준칙(50조) 등 각종 영업행위 규제가 배제되고, 간편한 중개업무의 성격상 소유증권의 예탁(61조), 매매형태의 명시(66조), 임의매매의 금지(70조), 신용공여(72조), 투자자예금의 별도 예치(74조), 종합금융투자사업자의 특례(77조의3) 등의 조항이 적용되지 아니한다. 금융소비자보호법상 적합성원칙(금소법17조), 적정성원칙(금소법18조), 설명의무(금소법19조), 부당권유행위의 금지(금소법21조), 계약서류의 제공의무(금소법23조), 금융투자상품 판매업자등의 손해배상책임(금소법44조) 등도 적용되지 아니한다(117조의7①).

2. 증권의 취득, 자문 등의 금지

자본시장법은 온라인소액투자중개업자의 업무범위도 제한하고 있다. 즉, 온라인소액투자중개업자는 자신이 온라인소액투자중개를 하는 증권을 자기의 계산으로 취득하거나, 증권의 발행 또는 그 청약을 주선 또는 대리하는 행위를 하여서는 아니 된다(117조의7②). 또한 온라인소액투자중개업자는 온라인소액증권발행인의 신용 또는 투자 여부에 대한 투자자의 판단에 영향을 미칠 수 있는 자문이나 온라인소액증권발행인의 경영에 관한 자문에 응하여서는 아니 된다(117조의7③).

3. 투자자의 보호 등

온라인소액투자중개업자는 투자자가 청약의 내용, 투자에 따르는 위험 등을 충분히 확인하였는지의 여부를 투자자의 서명 등 대통령령으로 정하는 방법으로 확인하기 전에는 그 청약의 의사 표시를 받아서는 아니 된다(117조의7④).

온라인소액투자중개업자는 온라인소액증권발행인의 요청에 따라 투자자의 자격 등을 합리적이고 명확한 기준에 따라 제한할 수 있다(117조의7⑤).

온라인소액투자중개업자는 투자자가 청약의 의사를 표시하지 아니한 상태에서 투자자의 재산으로 증권의 청약을 하여서는 아니 된다(117조의7⑥).

온라인소액투자중개업자는 온라인소액증권발행인에 관한 정보의 제공, 청약주문의 처리 등의 업무를 수행할 때 특정한 온라인소액증권발행인 또는 투자자를 부당하게 우대하거나 차별하여서는 아니 된다. 다만, 투자자가 청약의 의사를 먼저 표시하는 등 대통령령으로 정하는 정당한 사유가 있는 경우에는 그러하지 아니하다(117조의7⑦).

온라인소액투자중개업자는 증권의 청약기간이 만료된 경우에는 증권의 청약 및 발행에 관한 내역을 금융위원회가 정하여 고시하는 방법에 따라 지체 없이 투자자에게 통지하여야 한다(117조의7⑧).

온라인소액투자중개업자는 증권의 발행한도와 투자자의 투자한도가 준수될 수 있도록 필요한 조치를 취하여야 한다(117조의7⑨).

온라인소액투자중개업자는 온라인소액증권발행인이 게재하는 내용을 자신의 인터넷 홈페이지에 게시하는 행위 등을 제외하고는 증권의 청약을 권유하는 일체의 행위를 하여서는 아니 된다(117조의7⑩).

Ⅳ. 청약증거금의 관리

온라인소액투자중개업자는 투자자로부터 일체의 금전·증권, 그 밖의 재산의 보관·예탁을 받아서는 아니 되며(117조의8①), 투자자의 청약증거금이 대통령령으로 정하는 은행 또는 증권금융회사에 예치 또는 신탁되도록 하여야 한다(117조의8②).

누구든지 은행 또는 증권금융회사에 예치 또는 신탁된 투사사의 청약증거금을 상계·압

류(가압류를 포함한다)하지 못하며, 온라인소액투자중개업자는 대통령령으로 정하는 경우 외에
는 은행 또는 증권금융회사에 예치 또는 신탁된 투자자의 청약증거금을 양도하거나 담보로
제공하여서는 아니 된다(117조의8④). 등록취소, 해산결의 등 대통령령으로 정하는 사유가 발
생한 경우에는 은행 또는 증권금융회사에 예치 또는 신탁된 투자자의 청약증거금이 투자자
에게 우선하여 지급될 수 있도록 조치하여야 한다(117조의8⑤).

V. 투자광고의 특례

온라인소액투자중개업자 또는 온라인소액증권발행인은 온라인소액투자중개업자가 개설
한 인터넷 홈페이지 이외의 수단을 통해서 투자광고를 하여서는 아니 된다. 다만, 온라인소
액투자중개업자 또는 온라인소액증권발행인은 다른 매체를 이용하여 투자광고가 게시된 인
터넷 홈페이지의 주소를 소개하거나 해당 홈페이지에 접속할 수 있는 장치를 제공할 수 있
다(117조의9①). 온라인소액투자중개업자 또는 온라인소액증권발행인이 아닌 자는 온라인소액
투자중개에 대한 투자광고를 하여서는 아니 된다(동조②).

VI. 증권모집의 특례

1. 증권신고서 제출의무 등의 면제

온라인소액투자중개의 방법으로 '대통령령으로 정하는 금액 이하의 증권을 모집하는 경
우'에는 증권신고서 제출의무(119조) 및 소액공모 관련 조치(130조)를 적용하지 않는다(117조의
10①). "대통령령으로 정하는 금액 이하의 증권을 모집하는 경우"란 다음 각 호에 모두 해당
하는 경우를 말한다(117조의10①, 슈118조의15①).
    1. 온라인소액투자중개를 통하여 모집하려는 증권의 모집가액과 해당 모집일부터 과거
       1년 동안 이루어진 증권의 모집가액 각각의 합계액이 30억원 이하인 경우(슈118조의
       15①1호)
    2. 법 시행령 제11조(증권의 모집·매출) 제1항에 따라 합산을 하는 경우에는 그 합산의
       대상이 되는 모든 청약의 권유 각각의 합계액이 30억원 이하인 경우. 이 경우 채무
       증권의 합계액은 15억원을 그 한도로 한다(2호).

2. 증권의 발행조건, 모집실적 등의 홈페이지 게재 등

온라인소액증권발행인은 투자자를 보호하기 위하여 증권의 발행조건과 재무상태, 사업계
획서 및 그 밖에 대통령령으로 정하는 사항을 온라인소액투자중개업자가 개설한 홈페이지에

게재하고, 그 밖에 대통령령으로 정하는 다음 각 호의 조치를 하여야 한다(117조의10②, 슈118조의16③).

1. 증권의 모집이 끝난 후 지체 없이 그 모집 실적에 관한 결과를 온라인소액투자중개업자의 인터넷 홈페이지에 게재할 것(슈118조의16③1호)
2. 증권의 청약기간은 10일 이상으로 할 것(1의2호)
3. 매 사업연도 경과 후 90일 이내에 재무상태표, 손익계산서 등의 서류를 온라인소액투자중개업자의 인터넷 홈페이지에 게재할 것(2호).
4. 그 밖에 투자자를 보호하기 위하여 필요한 조치로서 금융위원회가 정하여 고시하는 조치(3호)

3. 모집의 성공 조건

온라인소액투자중개를 통한 증권발행의 가장 큰 특징은 집단지성을 이용하는 취지에 맞게 '조건성취형'으로 이루어진다는 점이다. 즉 투자자가 청약한 금액의 합이 모집예정금액의 80%에 미달하는 경우 발행 전체를 취소하고 청약증거금을 반환해야 한다(117조의10③, 슈118조의16⑤). 청약금액이 모집예정금액의 80%에 미달하는 경우에는 투자자들이 해당 기업의 사업전망을 확신하지 못한다고 보는 것이다.

4. 투자자의 투자한도

자본시장법은 투자자의 투자한도를 제한하고 있다. 즉, 투자자(전문투자자 등 대통령령으로 정하는 자를 제외한다)가 온라인소액투자중개를 통하여 투자하는 금액은 다음 각 호의 한도를 초과하여서는 아니 된다(117조의10⑥, 슈118조의17④).

1. 소득 등 '대통령령으로 정하는 요건을 갖춘 자'[164]
   가. 최근 1년간 동일 온라인소액증권발행인에 대한 누적투자금액: 1천만원
   나. 최근 1년간 누적투자금액: 2천만원
2. 제1호의 요건을 갖추지 못한 자
   가. 최근 1년간 동일 온라인소액증권발행인에 대한 누적투자금액: 5백만원
   나. 최근 1년간 누적투자금액: 1천만원

---

164) "소득 등 대통령령으로 정하는 요건을 갖춘 자"란 다음 각 호의 자를 말한다(슈118조의17③).
   1. 개인인 경우: 다음 각 목의 어느 하나에 해당하는 사람
   가. 소득세법에 따른 이자소득 및 배당소득의 합계액이 이자소득등의 종합과세기준금액을 초과하는 사람
   나. 직전 과세기간의 사업소득금액과 근로소득금액의 합계액이 1억원을 초과하는 사람
   다. 최근 2년간 5회 이상 온라인소액투자한 사람으로서 그 누적 투자금액이 1천5백만원 이상인 사람
   라. 그 밖에 창업자·벤처기업 등에 대한 투자의 전문성 등을 고려하여 금융위원회가 고시하는 사람
   2. 법인인 경우: 최근 사업연도말 현재 자기자본이 10억원을 초과하는 법인

투자자보호를 위해서 설정된 것이지만 대통령령으로 정하는 전문투자자 등에게는 아예 한도 규제가 없다는 점에서 개인의 자유를 침해하는 부정적인 측면도 있다.[165]

5. 증권의 매도·양도의 제한

온라인소액증권발행인과 그 대주주(온라인소액투자중개의 방법으로 자금을 모집하기 직전을 기준으로 한 대주주를 말한다)는 온라인소액투자중개 방식으로 증권을 발행한 후 1년 동안은 보유한 온라인소액증권발행인의 지분을 누구에게도 매도할 수 없다(117조의10⑤, 슈118조의17①).

투자자는 온라인소액투자중개를 통하여 발행된 증권을 지체 없이 예탁결제원에 예탁하거나 보호예수하여야 하며, 그 예탁일 또는 보호예수일부터 6개월간 해당 증권(증권에 부여된 권리의 행사로 취득하는 증권을 포함)을 매도, 그 밖의 방법으로 양도할 수 없다. 다만, 다음 각 호의 어느 하나에 해당하는 경우에는 증권을 매도하거나 양도할 수 있다(117조의10⑦).

1. 전문투자자에 대한 매도(117조의10⑦1호)
2. 해당 증권의 투자 손실가능성 및 낮은 유통가능성 등을 인지하고 있는 자로서 대통령령으로 정하는 자에 대한 매도(2호)

6. 투자자의 청약의사의 철회

투자자는 온라인소액투자중개를 통하여 발행되는 증권의 청약기간의 종료일까지 대통령령으로 정하는 바에 따라 청약의 의사를 철회할 수 있다. 이 경우 온라인소액투자중개업자는 그 투자자의 청약증거금을 지체 없이 반환하여야 한다(117조의10⑧).

투자자가 증권의 청약기간 종료일까지 그 청약의 의사를 철회하는 경우에는 온라인소액투자중개업자의 인터넷 홈페이지를 통하여 전자문서의 방법으로 온라인소액투자중개업자에게 그 철회의 의사를 표시하여야 한다. 이 경우 온라인소액투자중개업자는 그 인터넷 홈페이지에 해당 투자자가 청약의 의사를 철회할 수 있는 조치를 마련하여야 한다(슈118조의17⑦).

VII. 게재 내용의 사실확인

온라인소액투자중개업자는 온라인소액투자중개 전에 온라인소액증권발행인의 재무상황, 사업계획이 투자자 보호를 위하여 대통령령으로 정하는 항목을 포함하였는지 여부, 대표자 및 경영진의 이력, 모집 자금의 사용 계획이 투자자 보호를 위하여 대통령령으로 정하는 항목을 포함하였는지 여부 등을 확인하여야 한다(117조의11①).

---

165) 성희활, 자본시장법(2018), 236면.

VIII. 손해배상책임 등

증권의 발행조건과 재무상태 등을 기재한 서류 또는 사업계획서 중 중요사항에 관한 거 짓의 기재 또는 표시가 있거나, 중요사항이 기재 또는 표시되지 아니함으로써 온라인소액투 자중개를 통하여 증권을 취득한 자가 손해를 입은 경우에는 '다음 각 호의 자'는 그 손해에 관하여 배상책임을 진다(117조의12①본문).

1. 온라인소액증권발행인(117조의12①1호)

2. 그 증권의 발행조건과 재무상태 등을 기재한 서류 또는 사업계획서의 작성 당시의 온라인소액증권발행인의 대표자 또는 이사(이사가 없는 경우에는 이에 준하는 자를 말하며, 법인의 설립 전에 작성된 경우에는 그 발기인을 말한다)(2호)

3. 상법상 업무집행지시자(商401조의2)에 해당하는 자로서 그 증권의 발행조건과 재무상 태 등을 기재한 서류 또는 사업계획서의 작성을 지시하거나 집행한 자(3호)

4. 그 증권의 발행조건과 재무상태 등을 기재한 서류 또는 사업계획서가 진실 또는 정 확하다고 증명하여 서명한 공인회계사·감정인 또는 신용평가를 전문으로 하는 자 등(그 소속 단체를 포함한다) 대통령령으로 정하는 자(4호)

5. 그 증권의 발행조건과 재무상태 등을 기재한 서류 또는 사업계획서에 자기의 평가· 분석·확인 의견이 기재되는 것에 동의하고 그 기재 내용을 확인하는 자(5호)

다만, 배상의 책임을 질 자가 상당한 주의를 하였음에도 불구하고 이를 알 수 없었음을 증명하거나 그 증권의 취득자가 취득의 청약을 할 때에 그 사실을 안 경우에는 배상의 책임 을 지지 아니한다(117조의12①단서).

손해배상액의 산정에 관하여는 법 제126조(손해배상액)를 준용한다(117조의12②). 따라서 배 상할 금액은 청구권자가 해당 증권을 취득함에 있어서 실제로 지급한 금액에서 ① 제125조 에 따라 손해배상을 청구하는 소송의 변론이 종결될 때의 그 증권의 시장가격(시장가격이 없는 경우에는 추정처분가격을 말한다), ② 제1호의 변론종결 전에 그 증권을 처분한 경우에는 그 처 분가격을 뺀 금액으로 추정한다(117조의12②, 126조①).

위와 같은 추정규정에도 불구하고, 배상책임을 질 자는 청구권자가 입은 손해액의 전부 또는 일부가 중요사항에 관하여 거짓의 기재 또는 표시가 있거나 중요사항이 기재 또는 표 시되지 아니함으로써 발생한 것이 아님을 증명한 경우에는 그 부분에 대하여는 배상책임을 지지 아니한다(117조의12②, 126조②).

손해배상의 책임은 그 청구권자가 해당 사실을 안 날부터 1년 이내 또는 해당 증권의 청 약기간의 종료일 전 7일부터 3년 이내에 청구권을 행사하지 아니한 경우에는 소멸한다(117조 의12③).

IX. 관계기관

1. 중앙기록관리기관

중앙기록관리기관은 온라인소액투자중개업자로부터 온라인소액증권발행인과 투자자에 대한 정보를 제공받아 관리하는 기관을 말한다(117조의13①괄호).

중앙기록관리기관은 온라인소액투자중개정보의 집중관리, 온라인소액투자중개를 통한 증권의 발행한도와 투자자의 투자한도의 관리, 온라인소액투자중개업자 또는 온라인소액증권발행인 등에 대한 온라인소액투자중개정보의 제공 업무를 한다(令118조의20②).

2. 청약증거금관리기관

청약증거금관리기관은 온라인소액투자중개업자로부터 예치 또는 신탁받은 투자자의 청약증거금을 관리하는 기관을 말한다. 온라인소액투자중개업자는 투자자로부터 일체의 금전·증권, 그 밖의 재산을 보관 또는 예탁받아서는 아니되며(117조의8①), 투자자로부터 받은 청약증거금은 대통령령이 정하는 은행 또는 증권금융회사 등의 청약증거금관리기관에 예치 또는 신탁하여야 한다(117조의8②). 누구든지 은행 또는 증권금융회사에 예치 또는 신탁된 투자자의 청약증거금을 상계·압류(가압류를 포함한다)하지 못하며, 온라인소액투자중개업자는 대통령령으로 정하는 경우 외에는 은행 또는 증권금융회사에 예치 또는 신탁된 투자자의 청약증거금을 양도하거나 담보로 제공하여서는 아니 된다(117조의8④).

3. 예탁결제기관

투자자는 온라인소액투자중개를 통하여 발행된 증권을 지체 없이 예탁결제원에 예탁하거나 보호예수하여야 하며, 그 예탁일 또는 보호예수일부터 6개월간 해당 증권(증권에 부여된 권리의 행사로 취득하는 증권을 포함한다)을 매도, 그 밖의 방법으로 양도할 수 없다. 다만, 전문투자자 또는 해당 증권의 투자 손실가능성 및 낮은 유통가능성 등을 인지하고 있는 자로서 대통령령으로 정하는 자에 대해서는 매도가 가능하다(117조의10⑦).

4. 투자자명부관리기관

온라인소액증권발행인은 투자자명부의 관리에 관한 업무를 예탁결제원에 위탁하여야 한다(117조의14①). 예탁결제원은 제1항에 따라 위탁을 받은 경우 ① 투자자의 주소 및 성명, ② 투자자가 소유하는 증권의 수량, ③ 증권의 실물을 발행한 경우에는 그 번호를 기재한 투자자명부를 작성·비치하여야 한다(117조의14②).

제4장

발행시장의 규제

공모와 투자자 보호

I. 서설

1. 발행시장과 유통시장

증권시장은 발행시장과 유통시장으로 구분할 수 있다.

"발행시장(primary market)"은 기업 등이 주식이나 채권 등의 증권을 발행하여 투자자로부터 자금을 조달하는 시장이다. 기업, 정부, 지방자치단체 등은 증권을 발행하여 투자자에게 매각하고 조달한 자금을 사업에 활용한다. 통화안정증권, 외국환평형기금채권의 발행을 통해서는 시중의 유동성을 조절하는 기능도 수행한다. 발행시장은 투자자의 숫자에 따라서 '공모발행'과 '사모발행'으로 구분하고, 중개기관의 여부에 따라서 '직접발행'과 '간접발행'으로 구분할 수 있다.

"유통시장(secondary market)"은 이미 발행된 증권이 거래되는 시장이며, 투자자는 유통시장에서 보유하는 주식이나 채권 등을 팔아 쉽게 현금으로 바꿀 수 있다. 이미 발행시장을 통해서 증권의 가격이 형성되었으므로, 유통시장의 규제는 상대적으로 완화되어 있다. 유통시장은 '장내시장'과 '장외시장'으로 구분된다. 우리나라의 경우 장내시장(거래소시장)에는 증권시장과 파생상품시장이 있으며(8조2④), 증권시장에 상장되지 아니한 주권의 장외매매거래를 위해 협회에 의하여 K-OTC시장이 운영되고 있다(286조①5, 令178조, 금융투자협회 K-OTC시장 운영규정).

발행시장과 유통시장은 밀접한 관계에 있다. 발행시장에서 발행하는 증권의 발행규모, 발행조건 등은 유통시장에서의 증권 가격에 영향을 미치고, 유통시장에서 형성되는 증권의 가격, 거래량 등은 발행시장에서의 증권의 발행가격, 발행규모 등을 결정하는데 결정적인 영향을 미친다. 유통시장에서 증권의 자유롭게 유통될 때 발행시장이 활성화될 수 있고, 발행시장에서 증권이 원활하게 공급될 때 유통시장이 활성화될 수 있으므로, 발행시장과 유통시장은 상호보완적이다.

2. 발행시장의 규제 필요성

발행시장은 기업 등이 주식이나 채권 등 증권을 새로 발행하여 자금을 조달하는 시장이다. 기업은 신규로 증권을 발행하거나, 이미 발행된 증권을 매도하는 방식을 통해서 발행시장에서 자금을 조달한다. 발행시장이 제대로 작동하기 위해서는 유통시장에 비교하여 강력한 규제가 필요한데 그 이유는 다음과 같다.

첫째, 발행시장은 유통시장에 비교하여 투자자를 위한 정보가 충분하지 못하다. 특히 증권의 발행인이 신생기업인 경우에는 그 기업에 대한 정보가 부족하여 투자자가 합리적인 판단을 하는 데 어려움이 있다.

둘째, 증권의 발행인은 유리한 내용만을 공개하거나 지나치게 낙관적인 정보만을 제공하여 증권의 발행가격을 최대한 높이려는 유인이 있지만, 정보나 시간이 부족한 투자자는 증권의 적정한 가격에 대해서 판단을 하기가 어렵다.

셋째, 자본시장의 저변을 확대하고 증권시장을 건전하게 육성하기 위해서는 투자자의 신뢰를 확보하여야 하고, 증권이 발행되는 처음 단계부터 적절한 규제가 필요하다.[1]

3. 중개인 등의 역할과 책임

원활한 증권 발행을 위해서는 중개나 인수업무를 수행하는 중개기관, 회계와 법률업무를 수행하는 전문가의 역할이 중요하다. "중개인"은 발행인과 투자자 사이에서 증권의 발행과 자금의 공급을 매개한다. "인수인(underwriter)"은 일시에 대량의 증권이 발행되는 경우에 정상적인 가격의 발견을 위해서 증권을 인수(引受)하여 시장가격을 안정시킨 후에 이를 투자자에게 매도한다. "인수단(syndicate)"은 인수에 참여하는 인수인들을 통틀어서 일컫는 말이다. "간사단"은 인수단을 대표하여 사무처리를 대행하며, 역할에 따라서 간사회사, 주간사회사, 공동간사회사 등이 있다. 그 밖에 발행시장에서는 회계법인, 법무법인 등이 증권의 가격평가나 법률적인 지원 업무를 수행한다.

중개인, 인수인, 회계법인, 법무법인 등은 자본시장의 게이트키퍼로서 증권 발행인의 자금조달을 돕고, 투자자를 위해서는 투자 가능한 증권을 공급하기 때문에 그 역할은 매우 중요하다. 이를 반영하여 자본시장법은 증권의 모집 또는 매출 시에는 증권신고서와 투자설명서를 금융위원회에 제출하고(119조, 123조), 만일 증권신고서 또는 투자설명서에 거짓의 기재 또는 표시가 있거나 중요한 사항이 기재 또는 표시되지 않음으로써 증권 취득자가 손해를 입은 경우에는 발행인, 인수인, 주선인 외에도 그 증권신고서의 기재사항 등이 진실 또는 정확하다고 증명하여 서명한 공인회계사 등에게도 증권 취득자가 입은 손해를 배상하도록 하

---

1) 김병연/권재열/양기진, 자본시장법(2017), 227면.

고 있다(125조①).

[그림4-1] 발행시장의 구조

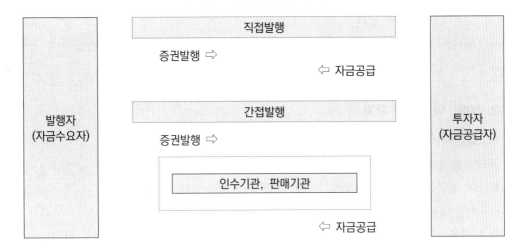

Ⅱ. 공모 규제

1. 공모의 개념

"공모(public offering)"는 '불특정 다수의 투자자'를 상대로 주식이나 채권 등 증권을 발행하는 것을 말하며, 소수의 특정인을 상대로 증권을 발행하는 '사모(private offering)'에 반대되는 개념이다. 공모를 통해서 다수의 투자자가 증권의 매수에 참여할 수 있고, 특정인에 대한 자본 집중을 분산할 수 있다. 각국의 증권법은 공모 시에 증권신고서의 제출을 요구하지만, 자본시장법은 공모의 개념을 따로 정의하지는 않고 '모집'과 '매출'의 개념만을 규정하는데, 강학상으로는 모집과 매출을 통틀어서 공모라고 하므로 공모가 무엇인지를 파악하기 위해서는 모집과 매출의 개념에 대한 정확한 이해가 필요하다.

"모집"은 대통령령으로 정하는 방법에 따라 산출한 50인 이상의 투자자에게 새로 발행되는 증권의 취득의 청약을 권유하는 것을 말한다(9조⑦). 자본시장법상 모집에 해당하기 위해서는 ① 50인 이상의 투자자에게 ② 새로 발행되는 증권의 ③ 취득의 청약의 권유라는 3가지 요건을 갖추어야 한다.

"매출"이란 대통령령으로 정하는 방법에 따라 산출한 50인 이상의 투자자에게 이미 발행된 증권의 매도의 청약을 하거나 매수의 청약을 권유하는 것을 말하는데(9조⑨), 모집과 비교하면 ① 투자자의 측면에서, 50인 이상의 투자자 요건은 동일하고, ② 대상증권의 측면에서,

모집의 경우에는 새로이 발행되는 증권이 대상이고, 매출의 경우에는 이미 발행된 증권을 대상으로 하는 차이가 있을 뿐이다. ③ 청약의 권유 측면에서, 모집의 경우에는 (증권의) 취득의 청약을 권유하는 것이고, 매출의 경우에는 (증권의) 매도의 청약을 하거나 매수의 청약을 권유하는 것에서 차이가 있다.

아래에서는 모집과 매출에 공통되는 공모의 요건을 투자자, 대상증권, 청약의 권유 3가지로 구분하여 살펴본다.

2. 50인 이상의 투자자

가. 합산에 포함되는 자

공모(모집 또는 매출)에 해당하기 위해서는 '50인 이상의 투자자'에게 새로 발행되는 증권의 취득의 청약을 권유하거나(모집), 이미 발행된 증권의 매도의 청약을 하거나 매수의 청약을 권유하여야(매출) 한다. 이 경우 투자자의 숫자는 권리의무의 귀속주체가 되는 민법상 인(人)의 개념을 기준으로 산정한다. 따라서 1명의 자연인 또는 1개의 법인에 대한 청약의 권유는 각각 1인으로 산정되는 반면에, 조합이나 컨소시움의 경우에는 그 구성원 또는 회원 각각을 1인으로 하여 산정한다.[2]

50인을 산출하는 경우에는 청약한 투자자의 수가 아니라 '청약을 권유받는 투자자'의 숫자를 기준으로 한다. 영업소가 아니라 방문이나 전화 등을 통해서 권유하더라도 권유받는 투자자의 숫자가 50인 이상이면 '50인 이상의 투자자' 요건을 충족하는 것은 물론이다. 특정인을 대상으로 권유하는 행위뿐만 아니라, 방송을 이용하거나 인터넷 홈페이지에 게시하는 등 투자자의 인지 가능성만 있어도 투자권유에 해당하므로,[3] 방송이나 인터넷으로 투자를 권유하면 손쉽게 '50인 이상의 투자자' 요건을 충족할 수 있다.

50인을 산출하는 경우에는 청약의 권유를 하는 날 이전 6개월 이내에 해당 증권과 '같은 종류의 증권'에 대하여 모집이나 매출에 의하지 아니하고 청약의 권유를 받은 자를 합산한다(9조⑦,⑨, 令11조①본문). 비교적 최근인 6개월 이내에 같은 종류의 증권에 대해서 청약을 권유받았다면 투자자의 숫자에 포함시키는 것이 타당하기 때문이다. "같은 종류의 증권"은 공모규제에 등장하는 개념인데, 무엇이 같은 종류의 증권인지는 법령에 규정이 없으므로 금융감독원의 지침을 따르는 것이 안전하다. 금융감독원은 지분증권, 채무증권 등 6개의 증권 항목 별로 같은 종류의 증권을 열거하고 있으므로 그에 따라 '같은 종류의 증권'인지를 판단하면 된다.[4] 예를 들어, '지분증권'에서는 상법상 다른 종류의 주식, 즉 보통주, 우선주, 혼배주 등이 서로 다른 종류의 증권으로 열거되어 있다.[5] '채무증권'에서는 국채증권, 지방채증권,

---

2) 김병연/권재열/양기진, 자본시장법(2017), 233면.
3) 성희활, 자본시장법(2018), 213면.
4) 이상복, 자본시장법(2021), 1036면.

특수채증권, 사채권(파생결합사채 포함), 기업어음증권 등이 열거되어 있다. 열거된 개별 증권별로 같은 종류의 증권으로 간주된다.[6] 채무증권 중 사채는 그 종류가 다양하지만 자본시장법은 보증 유무를 기준으로 그 종류를 구별하고 있지 않으므로 보증사채와 무보증사채는 같은 종류의 증권으로 본다. 일반사채·전환사채·신주인수권부사채·교환사채·원금보장형 파생결합사채 등은 옵션이 부여된 것에 불과하고 회사가 부담하는 채무의 내용에 큰 차이가 있는 것은 아니므로 같은 종류의 사채로 본다.[7] 그러나 채무증권인 사채의 형식을 가지고 있다고 하더라도 사실상 지분증권의 기능을 하는 등 애매한 경우에는 금융당국에 법령해석을 의뢰하거나 비조치의견서를 통해서 확인하는 것이 바람직하다.[8]

특정인이 회사로부터 수차례에 걸쳐서 청약의 권유를 받은 경우에, 각각의 증권발행의 건이 공모에 해당하는지의 여부를 결정하는 경우라면 매번 그 자를 투자자의 숫자에 포함하여 판단하여야 하지만, 특정한 증권발행의 건에 대해서 그 전의 6개월간에 이루어진 증권발행 행위 등을 합산하여 1건의 공모에 해당하는지를 판단하는 경우에는 그 자를 투자자 1인으로 계산한다.[9]

나. 합산에서 제외되는 자

자본시장법은 다음 각 호의 어느 하나에 해당하는 자는 합산 대상자에서 제외하고 있다 (9조⑦,⑨, 令11조①단서). 이러한 전문가나 연고자는 공모 시 투자자 보호대상으로 보기는 어렵기 때문이다.

　1. 다음 각 목의 어느 하나에 해당하는 전문가(令11조①1호)

　가. 전문투자자

　나. 삭제

　다. 공인회계사법에 따른 회계법인

　라. 신용평가회사

　마. 발행인에게 회계, 자문 등의 용역을 제공하고 있는 공인회계사·감정인·변호사·변리사·세무사 등 공인된 자격증을 가지고 있는 자

　바. 그 밖에 전문가로서 금융위원회가 정하여 고시하는 자

　2. 다음 각 목의 어느 하나에 해당하는 연고자(令11조①2호)

　가. 발행인의 최대주주와 발행주식 총수의 100분의 5 이상을 소유한 주주

　나. 발행인의 임원 및 근로복지기본법에 따른 우리사주조합원

---

5) 금융감독원, 기업공시 실무안내(2020), 301면.
6) 금융감독원, 기업공시 실무안내(2020), 202면.
7) 금융감독원, 기업공시 실무안내(2020), 301면.
8) 성희활, 자본시장법(2018), 216면.
9) 김병연/권재열/양기진, 자본시장법(2017), 233면.

다. 발행인의 계열회사와 그 임원

라. 발행인이 주권비상장법인(주권의 모집, 매출 실적 없는 법인은 제외)인 경우에는 그 주주

마. 외국 기업인 발행인이 종업원의 복지증진을 위한 주식매수제도 등에 따라 국내 계열회사의 임직원에게 해당 외국 기업의 주식을 매각하는 경우에는 그 국내 계열회사의 임직원

바. 발행인이 설립 중인 회사인 경우에는 그 발기인

사. 그 밖에 발행인의 재무상황이나 사업내용 등을 잘 알 수 있는 연고자로서 금융위원회가 정하여 고시하는 자

이미 발행된 증권에 대해서 매도의 청약을 하거나 매수의 청약을 권유하는 '매출의 경우'에는 증권시장 및 다자간매매체결회사 밖에서 청약의 권유를 받는 자를 기준으로 50인을 산출한다(슈11조④). 증권시장 또는 다자간매매체결회사를 통해서 이미 발행된 증권을 매도하는 경우에는 공모 규제의 필요성이 줄어들기 때문이다.

주식을 매수하고자 하는 자 중에 자본시장법에 따라 설정된 집합투자기구인 투자신탁이 포함되어 있는 경우, 청약권유의 상대방 수를 산정할 때 집합투자기구에 투자한 투자자의 수를 모두 합산해야 하는가? 위에서 살펴본 것처럼 집합투자기구는 전문투자자로서 청약권유 상대방 수를 산정할 때 합산의 대상에서 제외되어 있으며, 아울러, 집합투자기구에 투자한 투자자는 해당 증권의 매수권유 절차에 있어서 증권 매도자의 직접적 거래상대방이 아닌 만큼 청약권유의 대상자로 보기 어렵다. 따라서 증권의 매도 청약 권유를 할 때, 청약권유의 상대방을 산정하는 경우 청약권유 대상자에 집합투자기구가 포함되더라도, 해당 집합투자기구에 투자한 투자자의 수는 합산하지 않는다.[10]

다. 전매가능성(간주모집)

위의 방식에 의하여 산출한 결과 청약의 권유를 받는 자의 수가 49인 이하로서 증권의 모집에 해당되지 아니하는 경우에도 해당 증권이 발행일부터 1년 이내에 50인 이상의 자에게 양도될 수 있는 경우로서 증권의 종류 및 취득자의 성격 등을 고려하여 금융위원회가 정하여 고시하는 전매기준에 해당하는 경우에는 '모집'으로 본다(슈11조③본문). 청약의 권유 대상자가 49인 이하인 까닭에 엄격하게 해석하면 공모에 해당하지 않지만, 증권 발행 후 전매를 통해 50인 이상에게 양도가 가능하다면 공모로 간주하는 취지이다. 간주모집을 규제하는 이유는 사실상 공모와 그 효력이 동일함에도 불구하고 의도적으로 자본시장법의 공모규제를 면탈하려는 시도를 봉쇄하자는 데에 있다.

매출에 대해서는 공모를 간주하는 규정은 없다. 공모를 한 적이 있는 법인이라면 대주주

---

10) 금융위 질의회신(2018.1.23.), '주식을 자본시장법에 따른 집합투자기구인 투자신탁에 매도하는 경우, 청약권유의 상대방 수 산정 방법 질의'.

가 가지고 있는 매출대상 증권은 이미 증권신고서를 거친 증권으로써 규제의 필요성이 없고, 공모를 한 적이 없는 법인이라면 대주주가 50인 이상에게 매각하는 경우에는 증권신고서의 제출이 필요하고, 49인 이하에게 매각하더라도 이미 발행되어 대주주가 보유하는 증권을 매도하는 것이므로 새로이 발행되는 증권의 취득을 권유하는 모집과 달리 위험성이 크지 않기 때문이다.[11]

3. 새로 발행되는 증권 또는 이미 발행된 증권

"모집"에 해당하기 위해서는 50인 이상의 투자자에게 '새로 발행되는 증권'의 취득의 청약을 권유하여야 하고, "매출"에 해당하기 위해서는 50인 이상의 투자자에게 '이미 발행된 증권'의 매도의 청약을 하거나 매수의 청약을 권유하여야 하는 것이어야 한다. 즉 이미 발행하여 대주주 등이 보유하고 있는 증권의 취득을 권유하는 행위는 모집에 해당하지 않으므로 매출에 해당하는지를 살펴보아야 한다.

4. 청약의 권유

"모집"에 해당하기 위해서는 50인 이상의 투자자에게 새로 발행되는 증권의 '취득의 청약을 권유'하여야 한다. 청약을 받은 후에 실제로 청약을 하는 자의 숫자가 49인에 미치지 못하더라도, 청약을 권유받은 대상이 50인 이상이면 공모에 해당한다.[12] 투자자가 취득의 청약을 하고 그에 응해서 발행인이 승낙을 하면 매매계약이 성립한다.

투자자는 새로이 발행되는 증권의 소유권을 원시취득하는가? 아니면 승계취득하는가? 법문상 모집은 증권의 '취득의 청약을 권유'하는 것으로 되어 있어서, 발행인은 새로이 발행되는 증권의 소유권을 일단 취득한 후에 투자자에게 양도하는 것으로 읽힐 소지가 있으나, 새로이 증권을 발행하는 경우에는 회사의 신주발행과 투자자의 주금납입에 의해서 발행절차가 진행되고, 발행인이 증권을 소유한 후에 양도한다는 개념을 별도로 상정할 필요는 없으므로 투자자는 증권의 소유권을 원시취득한다. 이는 이미 발행된 증권을 매도하는 '매출'에서는 '매수의 청약을 권유'하는 행위 외에도 '증권의 매도의 청약'을 하는 행위까지도 상정하지만, 새로이 증권을 발행하는 '모집'에서는 '증권의 취득의 청약을 권유'하는 행위만을 상정하고 있는 것을 보아서도 알 수 있다.

"매출"에 해당하기 위해서는 50인 이상의 투자자에게 이미 발행된 증권의 '매도의 청약'을 하거나 '매수의 청약을 권유'하는 것이어야 한다. 같은 공모라도 모집과 달리 '매출'은 이미 발행된 증권을 대상으로 하므로 투자자를 상대로 이미 발행된 증권의 '매수의 청약을 권

11) 성희활, 자본시장법(2018), 217–218면.
12) 김병연/권재열/양기진, 자본시장법(2017), 232면.

유'하는 외에도 '매도의 청약'을 하는 행위가 추가되어 있다.

Ⅲ. 적용면제 증권

자본시장법은 일정한 증권에 대해서는 투자위험이 적거나 충분히 공시가 이루어지고 있다고 보아서 증권신고서의 제출을 면제하고 있다.

1. 국채, 지방채, 특수채 등

자본시장법 제3편 제1장 증권신고서에 관한 규정은 ①국채증권, ②지방채증권, ③대통령령으로 정하는 법률에 따라 직접 설립된 법인이 발행한 채권('특수채'), ④그 밖에 다른 법률에 따라 충분한 공시가 행하여지는 등 투자자 보호가 이루어지고 있다고 인정되는 증권에 관하여는 적용하지 아니한다(118조).

가. 국채, 지방채

국채는 증권신고서의 제출이 면제된다(118조). 발행조건이 표준화되어 있고 국가가 발행주체인 사실상의 무위험자산이므로 굳이 증권신고서의 제출을 요구할 필요가 없기 때문이다. 브라질, 아르헨티나 국채 등 외국정부가 발행한 국채는 '국채'에 해당하지 않는다. 따라서 외국정부가 발행한 국채를 국내에서 모집 또는 매출하는 경우에는 증권신고서를 제출하여야 한다(2조).

지방채도 증권신고서의 제출이 면제된다(118조). 다만, 지방자치단체의 재정 사정에 차이가 있음을 고려하면 모든 지방채를 제외하는 것은 논란의 소지가 있다.[13]

나. 특수채

한국은행, 한국산업은행 등 '대통령령으로 정하는 법률에 따라 직접 설립된 법인이 발행한 채권', 이른바 '특수채'는 발행주체의 신용도가 국가에 준한다고 보아 증권신고서의 제출이 면제된다(118조).[14] "법률에 따라 직접 설립된 법인"은 한국은행, 한국산업은행 등 설립과 폐지가 법률에 따라 직접적으로 이루어지는 법인을 가리키며(슈119조①), 이들 은행의 설립근거가 되는 법령에서는 대부분 특수채 발행의 근거와 함께 국가가 해당 채권을 지급보증할 수 있음을 명시하고 있다. 국책은행인 한국은행, 한국산업은행, 중소기업은행, 한국수출입은행 등은 증권신고서의 제출이 면제되지만, 일반 시중은행이 발행하는 은행채는 면제증권에 포함되지 않는다.

---

13) 2010년 성남시는 전국 지방자치단체 중 처음으로 지급유예선언(모라토리엄)을 한 바 있다.
14) 재정경제부, 자본시장통합법 설명자료(2006), 61면.

다. 그 밖에 대통령령으로 정하는 증권

그 밖에 다른 법률에 따라 충분한 공시가 행하여지는 등 투자자 보호가 이루어지고 있다고 인정되는 증권으로서 ①국가 또는 지방자치단체가 원리금의 지급을 보증한 채무증권, ②국가 또는 지방자치단체가 소유하는 증권을 미리 금융위원회와 협의하여 매출의 방법으로 매각하는 경우의 그 증권 등은 증권신고서의 제출이 면제된다(令119조②).

2. 투자성 있는 예금계약, 보험계약

자본시장법 제3편 제1장 증권신고서에 관한 규정은 ①은행이 '투자성 있는 외화예금계약'을 체결하는 경우(77조①단서), ②보험회사가 '투자성 있는 보험계약을 체결'하거나 '그 중개 또는 대리'를 하는 경우에는 적용하지 아니한다(77조②). 투자성 있는 예금이나 보험계약은 전형적인 증권과는 차이가 있고, 투자자 보호의 필요성이 있다고 하더라도 해당 업법인 은행법이나 보험업법에 의하여 규제하는 것이 바람직하기 때문이다.

3. 충분한 공시가 이루어지는 경우

발행인 및 같은 종류의 증권에 대한 충분한 공시가 이루어지는 경우 등 '다음 각 호의 요건을 모두 충족하였을 때'에는 '매출에 관한 증권신고서'를 제출하지 아니할 수 있다(119조⑥, 令124조의2①). 이미 충분한 공시가 이루어지고 있다면 굳이 증권보고서의 제출을 요구할 필요성이 없기 때문이다. 다만, '매출'에 관하여 증권신고서의 제출이 면제되므로, 모집의 경우에는 증권신고서를 제출하여야 한다.

1. 발행인이 사업보고서 제출대상법인으로서 최근 1년간 사업보고서·반기보고서 및 분기보고서를 기한 내에 제출하였을 것(令124조의2①1호)
2. 발행인이 최근 1년간 공시위반으로 공시위반에 대한 과징금을 부과받거나 증권신고서 위반에 대한 금융위원회의 조치 등을 받은 사실이 없을 것(2호)
3. 최근 2년 이내에 매출하려는 증권과 같은 종류의 증권에 대한 증권신고서가 제출되어 효력이 발생한 사실이 있을 것(3호)
4. 증권시장에 상장하기 위한 목적의 매출이 아닐 것(4호)
5. 투자매매업자 또는 투자중개업자를 통하여 매출이 이루어질 것(5호)
6. 그 밖에 금융위원회가 정하여 고시하는 요건을 충족할 것(6호)

Ⅳ. 적용면제 거래

자본시장법은 사모나 소액공모 등 일정한 거래에 대해서는 투자위험이 적다고 보아서 증권신고서의 제출을 면제하고 있다.

1. 사모

"사모"란 "새로 발행되는 증권의 취득의 청약을 권유하는 것으로서 모집에 해당하지 아니하는 것을 말한다"(9조⑧). 즉, 자본시장법상 사모에 해당하기 위해서는 ① 49인 이하의 투자자에게 ② 새로이 발행되는 증권의 ③ 취득의 청약의 권유라는 3가지 요건을 갖추면 된다. 자세한 내용은 앞서 공모의 개념에서 살펴보았다.

사모는 "모집에 해당하지 아니하는 것"이므로, 증권 취득의 청약의 권유는 49인 이하의 투자자를 상대로 행하여져야 한다. 50인 이상의 투자자에 대해서 행하여지면 모집에 해당하기 때문이다. 49인의 산출방식은 앞의 '공모의 개념'에서 살펴보았다.

사모는 "새로이 발행되는 증권"의 취득의 청약을 권유하는 것이므로 이미 발행된 증권은 사모의 대상에서 제외된다. 따라서 '매출'(9조⑨)을 포함하여, 이미 발행된 증권의 매도의 청약을 하거나 매수의 청약을 권유하는 행위는 모두 사모에서 제외된다.

사모는 새로이 발행되는 증권의 "취득의 청약을 권유하는 것"이다. 발행인 등이 증권의 취득의 청약을 권유하면 사모에 해당하고, 그에 응하여 투자자가 실제로 청약을 하여야 사모가 되는 것은 아니다.

사모발행(private offering)은 소수의 투자자를 상대로 하므로 증권의 판매절차가 비교적 간단하고, 증권신고서의 제출을 비롯하여 공모발행 시의 엄격한 규제가 적용되지 않는다. 전문적인 지식을 가지는 특정한 투자자가 대부분의 발행물량을 인수하므로 증권회사를 비롯한 중개기관의 필요성이 적고 발행인과 투자자 간에 직접적인 발행·인수계약이 이루어지는 경우가 많다.

2. 소액공모

자본시장법은 청약의 권유대상이 50인 이상이라고 하더라도 모집가액 또는 매출가액이 10억원 미만인 소액공모에 대해서는 증권신고서 제출의무를 면제하고 있다(119조①괄호, 슈120조①의 반대해석). 증권신고서의 작성과 제출 비용이 증권발행으로 조달하는 금액보다 더 높을 수 있어서 불합리하기 때문이다. 다만, 이 경우에도 발행인은 투자자를 보호하기 위하여 재무상태에 관한 공시, 소액공모서류 등은 제출하여야 한다(130조).

3. 청약이나 청약의 권유가 없는 경우

가. 무상증자, 주식배당 등

증권신고서는 증권의 발행인이 증권을 모집 또는 매출하는 경우에 제출한다(119조①). 이와 관련하여 "모집"에 해당하기 위해서는 50인 이상의 투자자에게 새로 발행되는 증권의 '취득의 청약을 권유'하여야 하고, "매출"에 해당하기 위해서는 이미 발행된 증권의 '매도의 청약'을 하거나 '매수의 청약을 권유'하여야 하는 바, 청약이나 청약의 권유가 수반되지 않는 무상증자, 주식배당, 전환사채의 전환권 행사, 신주인수권부사채의 신주인수권 행사, 주식의 병합 또는 분할로 인한 신주발행 등은 증권신고서의 제출대상이 아니다.[15] 기존의 주주에게 무상으로 주식을 배당하거나 신주인수권부사채권자에게 약정에 따라서 신주를 배정하는 것으로써, 개념상으로 증권 취득의 청약이나 청약의 권유가 요구되는 모집 또는 매출에 해당하지 않기 때문이다.

나. 합병, 분할 등에 의한 신주발행 등

합병, 분할·분할합병, 주식의 포괄적 교환·이전, 중요한 영업·자산의 양수도가 모집 또는 매출에 해당하는 신주발행이나 주식교부를 수반하는 경우에는 증권신고서를 제출하여야 한다.[16] 이 경우에는 새로운 증권이 발행되거나 발행된 증권이 양도되는 과정에서 청약의 권유가 수반되는 상황이 있을 수 있기 때문이다. 금융위원회는 합병 등의 과정에서 모집이나 매출이 이루어지는 경우에는 증권신고서의 기재사항 및 첨부서류에 관하여 그 외의 증권신고서와 달리 고시하고 있다.[17]

---

15) 김건식/정순섭, 자본시장법(2013), 186면.

16) 사업보고서 제출대상법인은 증권신고서 제출과 별도로 금융위원회에 주요사항보고서를 제출하고(161조 ①), 거래소에 수시공시도 하여야 한다.

17) 증발공 제2-9조(합병의 증권신고서의 기재사항 및 첨부서류), 제2-10조(영업 및 자산양수·양도, 주식의 포괄적 교환·이전, 분할 및 분할합병의 증권신고서의 기재사항 및 첨부서류).

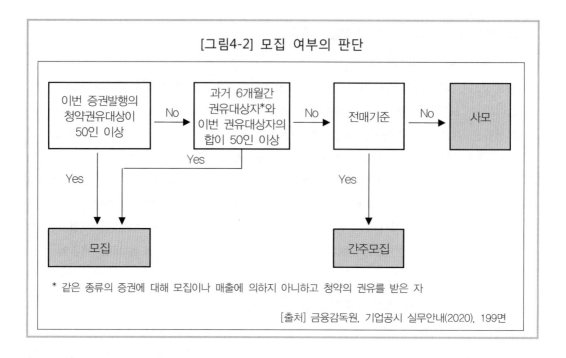

[그림4-2] 모집 여부의 판단

* 같은 종류의 증권에 대해 모집이나 매출에 의하지 아니하고 청약의 권유를 받은 자

[출처] 금융감독원, 기업공시 실무안내(2020), 199면

제2절

발행시장의 공시규제

Ⅰ. 발행절차

발행시장의 공시자료는 증권신고서, 투자설명서, 증권발행실적 보고서로 구분된다(118조~ 132조). 증권신고서는 금융위원회에 제출하여야 하지만(119조①), 실제로는 금융위원회의 위탁에 따라 금융감독원이 실무를 담당하여 증권신고서를 심사하고 수리 여부를 결정한다. 증권신고서 제출은 서류만 접수시키면 되는 자기완결적 신고가 아니고 수리를 요하는 행정요건적 신고로서 금융감독원은 수리를 거부할 수 있다.

증권의 발행인은 증권신고서의 제출 ⋯→ 수리 ⋯→ 신고서의 효력발생 ⋯→ 청약 ⋯→ 승낙과 배정 ⋯→ 납입의 순서로 공모절차를 진행한다. 만일 상장을 한다면 거래소의 상장절차가 추가된다. 증권신고서는 증권의 종류별로 일정기간('효력발생기간')이 지나면 효력이 발생하는데 (120조①, 規則12조), 제일 긴 것은 지분증권의 모집 또는 매출로 15일이다(規則12조①2). 효력발생기간 동안에는 기업설명회, 해외로드쇼 등 다양한 경로를 통해서 권유가 이루어지는데, 해당 증권에 대한 청약의 권유 및 청약의 접수는 가능하지만 승낙을 하여 계약을 완결시키는 것은 허용되지 않는다.[18] 과장된 광고를 방지하기 위해서 효력발생기간 동안에는 예비 투자설명서나 간이 투자설명서를 통한 권유만이 가능하고 다른 문서는 사용할 수 없다.

증권신고서의 효력발생은 청약과 승낙을 통해서 해당 증권의 매매계약을 완결하고 대금납입과 증권을 인도할 수 있는 상태가 되었다는 뜻이다. 이후에는 주금을 납입하거나 매매대금의 지급절차를 거쳐서 증권의 발행절차가 종료된다.

Ⅱ. 증권신고서

1. 의의

"증권신고서"는 발행인이 증권을 모집·매출하는 경우에 금융위원회에 제출하는 신고서

---

18) 성희활, 자본시장법(2018), 223면.

이다. 발행되는 증권에 대한 정확한 정보를 투자자에게 제공함으로써 투자자가 사전에 충분한 정보를 갖고 투자판단을 할 수 있도록 하기 위한 것이다.[19]

발행인은 증권신고서를 금융위원회에 제출하여 수리되지 않으면 증권의 모집 또는 매출을 할 수 없다(119조①본문). 50인 이상의 투자자에 대한 모집이나 매출에 해당하더라도 모든 경우에 증권신고서를 제출하여야 하는 것은 아니고, '모집가액 또는 매출가액 각각의 총액'이 10억원 이상인 경우에 한하여 증권신고서 제출의무가 부과된다(119조①본문 괄호, 슈120조① 1,2). 다만, 투자계약증권 및 적정성원칙이 적용되는 증권은 10억원 미만인 경우에도 신고서를 제출하여야 한다(슈120조①3).[20]

2. 신고대상

증권을 모집 또는 매출하기 위하여 신고서를 제출하여야 하는 경우는 다음의 각호와 같다(슈120조①). 즉, ① 모집가액 또는 매출가액 각각의 합계액이 10억원 이상이거나, ② 청약의 권유를 하는 날 이전 6개월 이내에 모집이나 매출에 의하지 아니하고 이루어진 청약의 권유 각각의 합계액이 10억원 이상이거나, ③ 투자계약증권 또는 금융소비자보호법상 적정성원칙이 적용되는 증권을 대상으로 하는 경우이다. 아래에서는 그 내용을 살펴본다.

1. 모집 또는 매출하려는 증권(3호 각목의 증권은 제외한다)의 모집가액 또는 매출가액과 해당 모집일 또는 매출일부터 과거 1년 동안 이루어진 증권의 모집 또는 매출로서 그 신고서를 제출하지 아니한 모집가액 또는 매출가액[소액출자자(그 증권의 발행인과 인수인은 제외한다)가 제178조제1항제1호에 따른 장외거래 방법에 따라 증권을 매출하는 경우에는 해당 매출가액은 제외한다] 각각의 합계액이 10억원 이상인 경우(슈120조①1)

가. 개요

제1호는 '50인 이상의 투자자'에게 증권의 취득의 청약을 권유하는 모집 또는 '50인 이상의 투자자'에게 이미 발행된 증권의 매도의 청약을 하거나 매수의 청약을 권유하는 매출뿐만 아니라 '50인 이상의 투자자'에 대한 모집과 매출에는 해당하지만 모집가액 또는 매출가액이 10억원 미만이어서 증권신고서의 제출이 면제되는 소액공모 등의 모집가액 또는 매출가액 각각의 합계액이 10억원 이상이면 증권신고서를 제출하도록 하고 있다. 이처럼 제1호는 당해 증권에 대한 청약의 권유 대상자가 50인 이상인 이른바 '공모'의 경우에 적용되며, 청약의 권유대상자는 50인 미만이지만 그 날 이전 6개월 이내에 모집 또는 매출에 의하지 않고 청약의 권유를 받은 자를 합산한 결과가 50인 이상이 되는 이른바 '간주공모'에 대해서

---

19) 안수현/정재은, 자본시장법 제119조, 로앤비 온주(2017.1.10. 방문).
20) 회생 중인 주식회사 또는 신회사가 주식 또는 사채를 발행하는 경우에는 법 제119조에 의한 증권신고서 제출의무가 면제된다(채무자회생법 277조).

적용되는 제2호와는 차이가 있다.

나. 대상증권 및 대상기간

제1호는 ① 모집 또는 매출하려는 해당 증권의 모집가액 또는 매출가액과 ② 해당 모집일 또는 매출일부터 과거 1년 동안 이루어진 증권의 모집 또는 매출로서 그 신고서를 제출하지 아니한 모집가액 또는 매출가액이 각각의 합계액이 10억원 이상인 경우에 적용된다. ①은 모집 또는 매출하려는 해당 증권의 모집가액 또는 매출가액 자체를 가리키며 그 내용도 비교적 분명하다. ②는 해당 모집일 또는 매출일부터 과거 1년 동안 이루어진 증권의 모집 또는 매출로서 소액공모 등에 해당하여 그 신고서를 제출하지 아니한 경우가 있다면 이를 합산하고 있다. 즉, 모집 또는 매출에 해당함에도 불구하고 증권신고서를 제출하지 아니한 경우를 합산하고, 이미 증권신고서를 제출하였다면 합산대상에서 제외시킨다.

과거에는 같은 종류의 증권만을 합산하였으나 2012. 6. 법 시행령의 개정으로 증권의 종류에 관계 없이 과거 1년 동안 이루어진 '모든 증권'의 모집과 매출로서 그 신고서를 제출하지 아니한 모집가액과 매출가액을 합산하고 있다. 따라서 전에는 증권신고서의 제출이 없이도 보통주, 우선주, 회사채 별로 각각 10억원, 최대 30억원까지 증권의 발행이 가능했다면, 현재는 발행할 증권의 종류에 관계 없이 모든 증권을 합산하므로 보통주, 우선주, 회사채를 합하여 최대 10억원까지만 증권신고서의 제출이 없이도 발행할 수 있다.[21]

외국인이 국내에서 발행한 증권이나 내국인 또는 외국인이 외국에서 발행한 증권도 증권신고서 제출대상이다(4조①). 과거에는 국내기업이 해외에서 발행한 증권은 외국인을 대상으로 해외에서만 유통되면 증권신고서의 제출대상이 되지 않았으나,[22] 주식과 연계되는 전환사채 등의 경우에는 전환권 행사를 통해서 시장의 공정성을 저해하는 결과를 초래할 수 있다는 우려가 제기되면서, 일정한 경우에는 해외증권에 대해서도 증권신고서의 제출의무가 부과되어 있다.[23]

다. 대상금액

제1호가 규정하는 "모집가액 또는 매출가액과 해당 모집일 또는 매출일부터 과거 1년 동안 이루어진 … 신고서를 제출하지 아니한 모집가액 또는 매출가액 각각의

---

21) 김건식/정순섭, 자본시장법(2013), 183면.

22) 대판 2004.6.17., 2003도7645 전합. 특가법위반(횡령), 특가법위반(배임) 등.

23) 증권발행공시규정 제2-2조의2(해외증권 발행시 증권의 모집으로 보는 전매기준)는 해외에서 증권을 발행하는 경우에 해당 증권, 해당 증권에 부여된 권리 또는 그 권리의 행사에 따라 발행되는 증권 등을 외국환거래법에 따른 거주자가 해당 증권의 발행 당시 취득 가능하거나 또는 발행일부터 1년 이내에 취득 가능한 조건으로 발행하는 경우에는 령 제11조 제3항에서 '금융위원회가 정하여 고시하는 전매기준에 해당하는 경우'로 본다.

합계액"이 어떠한 의미인지가 논란이 되는데, ① 법 제119조 제1항은 증권신고서의 제출을 요구하면서 "모집가액 또는 매출가액 각각의 총액"이라고 규정하고, 그 위임에 따른 법 시행령 제120조 제1항 제1호도 "모집가액 또는 매출가액 각각의 합계액이 10억원 이상인 경우"라고 하면서 모집가액과 매출가액을 분리하여 규정하고 있으므로 '모집가액과 매출가액 각각의 합계액'이 10억원 이상인 경우에만 증권신고서를 제출하고, 양자를 합한 금액이 10억원 이상이라도 모집가액 또는 매출가액의 개별적인 합계액이 각각 10억원에 미치지 못하면 증권신고서 제출대상은 아니라는 견해[24]가 있으나, ② 위에서 살펴보았듯이 법 시행령 제120조 제1항 제1호는 '50인 이상의 투자자'에게 청약을 권유하면서 그 모집가액 또는 매출가액이 10억원 이상인 경우뿐만이 아니라, '50인 이상의 투자자'에 대한 모집과 매출, 즉 공모에는 해당하지만 해당 모집일 또는 매출일부터 과거 1년 동안 이루어진 모집 또는 매출로서 소액공모 등 신고서를 제출하지 아니한 모집가액 또는 매출가액까지도 포함하여 그 각각의 합계액이 10억원 이상인 경우에 적용되는 통상적인 공모의 상황을 상정하여 마련한 조항이다. 따라서 10억원을 산정함에 있어서는 해당 증권에 대해서 모집과 매출이 이루어지는 가액뿐만 아니라 과거 1년 동안 이루어진 모집 또는 매출로서 신고서를 제출하지 아니한 가액을 전부 합산하여 산정한다.[25] 예를 들어, A회사가 2023. 2. 1.자로 보통주 3만주 3억원을 발행하면서 소액공모에 해당하여 신고서를 제출하지 아니하였는데, 2023. 7. 1. 50인 이상의 투자자를 상대로 대주주인 甲이 보유하는 보통주 8만주 8억원을 매도의 청약을 청약하는 경우에는 해당 매출이 이루어지는 8만주 8억원뿐만 아니라 그로부터 과거 1년 이내에 이루어진 3만주의 모집가액 3억원까지 합산하여 산정한다. 따라서 A회사는 2023. 7. 1.자 8만주의 매출가액 8억원과 2023. 2. 1.자 3만주의 모집가액 3억원을 합하여 11억원에 대해서 신고서를 제출하여야 한다.

합산의 대상이 되는 금액은 증권을 실제로 취득하거나 매매한 금액이 아닌 '청약을 권유'[26]한 금액이다. 증권신고서는 투자자의 투자판단에 필요한 정보를 제공하는 데 그 목적이 있으므로, 실제로 증권의 취득이나 매매가 이루어지지 않은 경우에도 청약이나 청약의 권유가 있었다면 증권신고서의 제출이 필요하기 때문이다.[27]

---

24) 임재연, 자본시장법(2018), 412면; 증권법학회, 자본시장법주석서 I (2015), 592면.

25) 제1호는 공모끼리의 합산을 의미한다고만 하고 있을 뿐, 공모에 속하는 모집과 매출의 가액을 합산한다는 것인지는 분명하지 않다. 김건식/정순섭, 자본시장법(2013), 183면.

26) "청약의 권유"란 권유받는 자에게 증권을 취득하도록 하기 위하여 신문·방송·잡지 등을 통한 광고, 안내문·홍보전단 등 인쇄물의 배포, 투자설명회의 개최, 전자통신 등의 방법으로 증권 취득청약의 권유 또는 증권 매도청약이나 매수청약의 권유 등 증권을 발행 또는 매도한다는 사실을 알리거나 취득의 절차를 안내하는 활동을 말한다(슈2조2호 본문).

대상가액(10억원)의 산정에 있어서, 해당 법인이 발행한 지분증권총수의 100분의 1
에 해당하는 금액과 3억원 중 적은 금액 미만의 지분증권을 소유하는 '소액출자
자'(주권상장법인을 비롯한 사업보고서 제출대상 법인의 경우에는 지분증권총수의 100분의 10
미만의 지분증권을 소유하는 자를 말한다)가 협회나 종금사의 장외매매거래시장에서 증
권을 매출하는 경우에는 해당 매출가액은 제외한다(슈120조①1 후단의 괄호, 동조②).
다만, 해당 법인의 최대주주 및 그 특수관계인은 소액출자자로 보지 아니한다(슈
120조②단서).

2. 50인의 산출을 위해서 법 시행령 제11조 제1항에 따라 청약의 권유를 하는 날 이전
   6개월 이내에 해당 증권과 같은 종류의 증권에 대하여 모집이나 매출에 의하지 아
   니하고 청약의 권유를 받은 자를 합산하는 경우에는 그 합산의 대상이 되는 모든
   청약의 권유 각각의 합계액이 10억원 이상인 경우(슈120조①2)

가. 개요

제2호는 모집 또는 매출에 의하지 아니하고 이루어진 모든 청약의 권유의 각각의
합계액이 10억원 이상인 경우에는 신고서를 제출하도록 하고 있다. 위에서 살펴
보았듯이, 제1호는 '50인 이상의 투자자'를 상대로 하는 공모를 상정한 것으로써
모집 또는 매출하려는 증권의 모집가액 또는 매출가액을 기준으로 하되 과거 1년
동안 이루어진 증권의 모집 또는 매출로서 신고서를 제출하지 아니한 모집 또는
매출이 있으면 그 금액까지도 합산하여 10억원 이상인지를 판단하지만, 제2호는
당해 증권의 청약의 권유대상자는 50인 미만이지만 그 날 이전 6개월 이내에 모
집 또는 매출에 의하지 않고 청약의 권유를 받은 자를 합산하여 50인 이상이 되
는 이른바 '간주공모'를 상정한 것으로써 그 합산의 대상이 되는 모든 청약의 권
유 각각을 모두 합산하여 10억원 이상인지를 판단한다.

나. 대상증권 및 대상기간

제2호는 법 제11조 제1항에 따라 "청약의 권유를 한 날 이전 6개월 이내에 해당 증
권과 같은 종류의 증권에 대하여 모집이나 매출에 의하지 아니하고 청약의 권유를
받은 자를 합산하면서 그 합산의 대상이 되는 모든 청약의 권유 각각의 합계액이
10억원 이상인 경우"에 증권신고서를 제출하도록 하고 있다. 즉, 6개월 이내에 이루
어진 '모든 증권'이 아니라 '같은 종류의 증권'에 대해서 청약의 권유를 받은 경우
에 그 각각의 합계액이 10억원 이상이면 증권신고서를 제출하여야 한다(슈120조①2).
이 점에서 증권의 종류에 관계 없이 '모든 증권'의 가액을 합산하는 제1호와 차이가
있다.

---

27) 안수현/정재은, 자본시장법 제119조, 로앤비 온주(2017.1.10. 방문).

제2호는 '6개월 이내'에 모집 또는 매출에 의하지 아니하고 이루어진 모든 청약의 권유를 대상으로 하는 점에서, '과거 1년 동안' 이루어진 모집과 매출을 대상으로 하는 제1호와 차이가 있다. 즉, 제1호는 흔히 말하는 공모를 상정하고, 제2호는 간주공모에 적용된다.

다. 대상금액

제2호는 6개월 이내에 '같은 종류의 증권'에 대해서 청약의 권유를 받은 경우에 그 각각의 합계액이 10억원 이상이면 증권신고서를 제출하도록 하고 있다. 청약의 권유 각각의 합계액이므로 실제로 인수된 금액이 청약의 권유 금액에 미치지 못하더라도 관계가 없다. 증권신고서 제출의 취지는 잠재적 투자자에게 투자판단에 필요한 정보를 제공하는 데에 있기 때문이다.

예를 들어, A회사가 2021. 2. 1.에 보통주 10만주를 8억원에 발행하면서 40명의 투자자를 상대로 그 취득의 청약을 권유하였다면, 투자자의 숫자가 공모의 기준인 50인에 미치지 못할 뿐 아니라 증권의 발행금액도 10억원에 미치지 못하므로 증권신고서의 제출대상이 되지 않는다. 그러나 해당 증권의 발행일(2021.2.1.) 이전의 6개월 이내인 2020. 10. 1.에 20명의 투자자를 대상으로 보통주 5만주를 발행하면서 4억원에 취득할 것을 권유한 사실이 밝혀졌다면, 법 시행령 제120조 제1항 제2호의 "모든 청약의 권유 각각의 합계액이 10억원 이상인 경우"에 해당하여 증권신고서를 제출하여야 한다. 2021. 2. 1.자 10만주의 발행 및 2020. 10. 1.자 5만주의 발행은 투자자가 50인에 미치지 못하여 모집이나 매출에 해당하지 아니하므로 제1호가 아니라 제2호가 적용된다.

3. 다음 각 목의 증권을 모집 또는 매출하려는 경우(슈120조①3)

가. 투자계약증권

투자계약증권을 모집 또는 매출하는 경우에는 그 모집가액 또는 매출가액이 10억원에 미치지 못하더라도 증권신고서를 제출하여야 한다. 투자계약증권의 복잡한 내용을 고려하여 금액에 상관없이 신고서의 제출을 요구하고 있다.

나. 금융소비자보호법 제18조 제1항에 따라 적정성원칙이 적용되는 증권

변액보험상품, 파생상품과 파생결합증권, 전환사채, 고난도금융투자상품, 고난도 투자일임계약 등은 그 복잡한 내용을 고려하여 금액에 상관없이 신고서의 제출을 요구하고 있다(금소법18조①, 동법시행령12조).

3. 신고의무자

가. 발행인

증권신고서의 제출의무자는 모집 또는 매출하는 해당 증권의 발행인이다(119조①). 법인격을 가지는 회사형 집합투자기구의 경우에는 해당 집합투자기구가 발행인이고, 투자신탁의 수익증권 및 투자익명조합의 지분증권의 경우에는 그 투자신탁 및 투자익명조합이 발행인이다(119조③본문 괄호).

발행인은 증권을 발행한 자뿐 아니라 '증권을 발행하고자 하는 자'를 포함하므로, 설립 중인 법인도 제출의무자가 될 수 있다(9조⑩본문). 다만, 증권예탁증권에 있어서 발행인은 그 기초가 되는 증권을 발행하였거나 발행하고자 하는 자이다(9조⑩단서).

나. 발행인과 매출인이 일치하지 않는 경우

모집은 새로이 발행되는 증권이 대상이므로 증권의 모집인(발행인)과 증권신고서 제출의무자(발행인)가 동일하나, 매출은 이미 발행된 증권을 대상으로 하므로 증권의 매출인(대주주 또는 발행인)과 증권신고서 제출의무자(발행인)가 다를 수 있다. 예를 들어, A회사의 대주주 甲이 50인 이상의 투자자에게 처음으로 보유증권을 양도하는 경우에는 증권의 매출인(甲)과 증권신고서의 제출의무자(A회사)는 다르다. 이 경우 발행인(A회사)은 신고의무가 없다는 견해가 있을 수 있으나, 매출인(甲)이 비용을 부담하는 경우에는 발행인이 신고를 거부할 수 없다고 본다.[28]

외국정부가 발행한 국채를 매출하는 경우에도 누가 증권신고서를 제출하여야 하는지 논란이 있다. 예를 들어, 국내의 금융기관이 러시아 국채를 매수하여 국내 투자자에게 양도하는 경우에 매출에 해당하면 증권신고서를 제출하여야 하지만, 발행인인 러시아 정부가 증권신고서를 제출할 것을 기대하기 어렵기 때문이다. 이러한 한계로 인해 실무상으로는 금융기관은 해외 국채를 중개하는 형식으로 거래하고 있다.

4. 증권신고서의 작성과 기재사항

가. 기재사항

증권신고서(집합투자증권 및 유동화증권은 제외한다)에는 중요사항에 관하여 거짓의 기재가 없다는 사실 등을 확인하는 대표이사 및 신고업무를 담당하는 이사의 서명, 모집 또는 매출에 관한 사항, 회사의 개요, 재무에 관한 사항, 회계감사인의 감사의견 등을 기재하여야 한다(슈125조①). 실무적으로 증권신고서, 일괄신고서, 일괄신고추가서류 등의 제출은 전자문서를 작

---

28) 이상복, 자본시장법(2021), 1050면.

성하여 금융감독원의 전자공시시스템(DART)에 업로드하는 방법으로 하는데, 공시서류의 종류 별로 마련된 전자문서의 서식에 따라 작성한다.

증권신고서에서 가장 중요한 부분은 '투자위험요소'이다. 증권신고서의 다른 부분은 대체로 객관적인 사실들로서 진실과 허위 판단이 쉬우나 투자위험요소는 상당히 주관적인 부분이어서 분쟁이 발생할 소지가 크므로, 발생가능한 위험을 모두 적시하는 것이 안전하다. 비판적으로 기술해도 문제가 적은 것은 일반투자자는 신고서를 거의 안 보고 전문투자자들은 신고서의 특성을 고려해서 판단하기 때문이다.[29]

자본시장법은 집합투자증권과 유동화증권에 대해서는 그 기재사항 및 첨부서류에 관하여 별도의 규정을 두고 있다. 그 성격이나 내용에서 일반 증권과 차이가 있기 때문이다. 집합투자증권의 신고서에는 집합투자기구의 투자목적, 투자방침, 투자전략, 투자운용인력, 판매와 환매 등 집합투자기구에 특유한 사항들이 포함되어야 한다(119조⑦, 令127조). 유동화증권의 증권신고서에서는 유동화자산에 관한 사항, 자산보유자 등 유동화증권에 특유한 사항들이 포함되어야 한다(119조⑦, 令128조).

나. 예측정보의 기재

(1) 의의

"예측정보(soft information)"란 미래의 재무상태나 영업실적 등에 대한 예측 또는 전망을 말한다. 투자의 수익이나 위험은 주로 장래의 사실에 의하여 결정되므로 장래 발생사실에 대한 예상은 매우 중요하다. 자본시장법은 예측정보의 남용으로 투자자의 판단을 호도하는 것을 방지하기 위하여 예측정보에 해당하는 사항을 열거하고(119조③), 기재 또는 표시 방법을 규정하며(119조③후단, 125②), 법령에서 정하는 기준에 따라서 기재 또는 표시된 경우에는 고의 또는 중과실이 없는 한 손해배상책임을 면제하고 있다(125조②).

(2) 예측정보의 범위

증권신고서와 일괄신고서에 기재 또는 표시할 수 있는 예측정보는 다음과 같다.

1. 매출규모·이익규모 등 발행인의 영업실적, 그 밖의 경영성과에 대한 예측 또는 전망에 관한 사항(119조③1호)
2. 자본금규모·자금흐름 등 발행인의 재무상태에 대한 예측·전망에 관한 사항(2호)
3. 특정한 사실의 발생 또는 특정한 계획의 수립으로 인한 발행인의 경영성과 또는 재무상태의 변동 및 일정시점에서의 목표수준에 관한 사항(3호)
4. 그 밖에 발행인의 미래에 대한 예측 또는 전망에 관한 사항으로서 위의 1호부터 3호까지의 규정에 따른 예측정보에 관하여 평가요청을 받은 경우에 그 요청을 받은 자

---

29) 성희활, 자본시장법(2018), 226면.

가 그 예측정보의 적정성에 관하여 평가한 사항(4호, 令123조).

대법원은 "예측정보는 발행인의 영업실적 기타 경영성과에 대한 예측 또는 전망에 관한 사항 등을 말하는 것이고, 유가증권신고서에 기재된 분석기관의 유가증권에 대한 평가의견은 이에 해당한다고 볼 수 없다"[30]고 하면서 예측정보를 엄격하게 해석하고 있다. 매도가능한 증권의 회수가능액, 매출채권 및 선급금 중 회수불가능액, 재고자산의 평가손실액, 미래의 예상과세소득액 등은 예측정보로 보기 어렵다는 판례[31]도 있다.

(3) 예측정보의 기재방법

증권신고서나 일괄신고서에 기재 또는 표시가능한 예측정보라고 하더라도 다른 정보와 혼용하여 기재되어서는 아니되고, 예측정보임을 분명히 밝혀야 한다. 즉, 예측정보의 기재 또는 표시는 다음 각 호의 방법을 모두 충족하여야 한다(119조③후단, 125조②).

1. 그 기재 또는 표시가 예측정보라는 사실이 밝혀져 있을 것(125조②1호)
2. 예측 또는 전망과 관련된 가정이나 판단의 근거가 밝혀져 있을 것(2호)
3. 그 기재 또는 표시가 합리적 근거나 가정에 기초하여 성실하게 행하여졌을 것(3호)
4. 그 기재 또는 표시에 대하여 예측치와 실제 결과치가 다를 수 있다는 주의문구가 밝혀져 있을 것(4호)

다. 대표이사의 확인·검토 및 서명의무

(1) 의의 및 취지

증권신고서를 제출하는 경우 신고 당시 해당 발행인의 '대표이사' 및 '신고업무를 담당하는 이사'는 그 증권신고서의 기재사항 중 중요사항에 관하여 거짓의 기재 또는 표시가 있거나 중요사항의 기재 또는 표시가 누락되어 있지 아니하다는 사실 등 '대통령령으로 정하는 사항'을 확인·검토하고 각각 서명하여야 한다(119조⑤). 증권신고서의 부실기재로 인하여 투자자에게 손해가 생긴 경우에, 자신은 증권신고서의 내용을 알지 못하였다고 하면서 책임을 회피하는 것을 방지하고, 손해배상책임을 명확하게 하기 위한 것이다.

일괄신고서 및 일괄신고추가서류를 제출하는 경우에도 대표이사 및 신고업무 담당이사의 서명이 요구된다(令126조①1, 122조②1).

(2) 확인·검토 의무자

확인·검토 및 서명의무자는 신고 당시 발행인의 '대표이사'(집행임원 설치회사의 경우 대표집행임원) 및 '신고업무를 담당하는 이사'이다.

대표이사 및 신고업무를 담당하는 이사가 없는 경우 '이에 준하는 자'가 확인·검토 및

---

30) 유가증권에 대한 평가의견은 예측정보로 볼 수 없어서 책임에서 면제되지 않고, 증권신고서의 허위기재 등으로 인한 손해배상책임의 대상이 된다. 대판 2010.1.28., 2007다16007.
31) 서울서부지판 2009.11.5., 2009가합1535.

서명의무를 부담한다(119조⑤). "이에 준하는 자"에는 대표이사에 준하는 자와 신고업무를 담당하는 이사에 준하는 자가 있을 수 있는데, 대표이사에 준하는 자는 투자익명조합의 영업자가 이에 해당하고, 신고업무를 담당하는 이사에 준하는 자에는 해당 증권신고서의 제출업무를 담당하는 부서의 임원 중 신고서 제출의 결재권자가 이에 해당할 것이다.[32]

금융감독원은 대표이사 등의 확인·검토 작성 시 유의할 사항으로 ① 공동대표이사 등 단독으로 업무를 수행함에 제한이 있는 경우에는 관련된 대표이사 또는 이사들이 연명으로 기재하여야 하고, ② 신고업무담당이사는 원칙적으로 등기이사를 말하고, 업무와 관련된 등기이사가 없는 경우에는 해당 업무를 집행하는 자가 신고업무담당이사로 서명할 수 있으며, ③ 대표이사 또는 신고업무담당이사가 해외 출장 등 일신상의 사유로 직접 서명할 수 없는 경우에는 팩스 등을 통해서 서명을 받은 후 공시서류에 첨부하는 것이 가능하다고 한다.[33] 수월하게 대표이사의 확인과 검토를 받을 수 있도록 함으로써, 확인·검토 또는 서명이 없다는 이유를 들면서 책임을 회피하는 것을 방지하려는 것이다.

대표이사가 없는 경우 신고업무 담당이사가 혼자서 확인·검토 및 서명의무를 이행할 수 있는가? 확인·검토 및 서명의무의 책임자를 대표이사와 신고업무 담당이사 2인으로 규정한 법의 취지에 비추면, 대표이사 및 신고업무 담당이사 또는 이에 준하는 자 최소 2인 이상이 하여야 하고, 특별한 사정이 없는 한 신고업무 담당이사가 혼자서 이행하는 것은 허용되지 않는다고 볼 것이다.

(3) 확인·검토의 대상

증권신고서의 제출 당시 해당 발행인의 대표이사 및 신고업무를 담당하는 이사는 그 증권신고서의 기재사항 중 중요사항에 관하여 거짓의 기재 또는 표시가 있거나 중요사항의 기재 또는 표시가 빠져 있지 아니하다는 사실 등 '대통령령으로 정하는 사항'을 확인·검토하고 이에 각각 서명하여야 한다(119조⑤).

(4) 서명의무의 이행일

법령상 서명일자에 관한 규정은 없으나, 금융감독원은 대표이사 등의 확인·서명일자는 공시서류의 제출일과 동일하여야 하고, 전자공시시스템(DART)의 접수 지연으로 익일 접수처리가 되는 등의 불가피한 경우에만 확인·서명일자와 제출일자가 상이하여도 무방하다고 보고 있다. 증권신고서는 여러 차례 수정될 수 있으므로 최종 제출되는 증권신고서를 확인하고 서명하여야 한다.

---

32) 김건식/정순섭, 자본시장법(2013), 197면.
33) 금융감독원, 기업공시 실무안내(2020), 119–120면.

5. 증권신고서의 제출과 심사

가. 증권신고서의 제출

증권신고서 제출의 법적 성격은 수리를 요하는 신고이다. 발행인이 증권신고서를 제출하면(즉, 증권신고서가 물리적으로 도달하면) 증권신고서 심사담당자는 이를 접수한 후, 그 수리 또는 수리거부 사실을 발행인에게 서면, 정보통신망을 이용한 전자문서 또는 모사전송(FAX)의 방법으로 통지하여야 한다(증발공2-3조⑤후단).

나. 증권신고서의 수리

금융위원회는 증권신고서의 형식을 제대로 갖추지 아니한 경우 또는 그 증권신고서 중 중요사항에 관하여 거짓의 기재 또는 표시가 있거나 중요사항이 기재 또는 표시되지 아니한 경우를 제외하고는 그 수리를 거부하여서는 아니 된다(120조②). 금융위원회가 신고서를 수리하면, 접수한 날에 수리[34]된 것으로 본다(증발공2-3조⑤전단).

다. 증권신고서의 심사와 금융감독당국의 손해배상책임

금융위원회는 "증권신고서의 형식을 제대로 갖추지 아니한 경우 … "에는 수리를 거부할 수 있으므로(120조②), 증권신고서의 기재사항이나 첨부서류의 누락 등에 관하여 형식적 심사를 할 수 있는 점은 명확하다.

금융위원회는 증권신고서의 내용에 관한 심사권까지 행사할 수 있는가? 이에 대해서 자본시장법은 "금융위원회는 … 증권신고서 중 중요사항에 관하여 거짓의 기재 또는 표시가 있거나 '중요사항'[35]이 기재 또는 표시되지 아니한 경우를 제외하고는 그 수리를 거부하여서는 아니 된다."(120조②)고 하고 있고, 수리 이후에도 "투자자에게 중대한 오해를 일으킬 수 있는 경우에는 그 증권신고서에 기재된 증권의 취득 또는 매수의 청약일 전일까지 정정신고서의 제출을 요구할 수 있다."(122조①)고 규정하고 있으므로, 증권신고서의 기재사항이 투자자의 합리적 투자판단을 저해하거나 중대한 오해를 일으킬 수 있는지에 대한 실질적인 심사가 가능하다고 보는 견해[36]가 있다. 그러나 법 제120조 제2항, 법 제122조 제1항은 금융위원회가 자의적으로 신고서의 수리를 거부하는 것을 방지하기 위한 것으로써 내용에 관한 심사권을 인정한 것으로 보기는 어렵다. 자본시장법이 근간으로 삼고 있는 공시주의의 원칙과 입법과정에서도 완전한 공시주의를 채택하려는 시도가 있었으나 절충적으로 수리제를 채택

---

34) '수리'라 함은 타인의 유효한 행위를 처리할 의사로서 이를 수령하는 수동적 행위를 뜻하며 그 성질은 준법률적 행정행위이다. 김병연/권재열/양기진, 자본시장법(2017), 242면.

35) '중요사항'에 대한 판단은 증권신고서에 기재가 행하여진 때를 기준으로 판단한다. 금융감독원, 기업공시실무안내(2020), 221면.

36) 김건식/정순섭, 자본시장법(2013), 199면; 임재연, 자본시장법(2018), 435면.

한 것에 비추면, 금융위원회는 형식적인 심사권만을 가지고, 증권신고서의 중요사항에 관하여 부실기재 또는 누락을 손쉽게 발견할 수 있는 특별한 사정이 있는 경우 등에 한하여 예외적으로 실질적인 심사권을 가진다고 볼 것이다.[37]

증권신고서의 허위 기재 또는 잘못된 정보로 인하여 투자자에게 손해가 발생한 경우에 투자자는 금융감독당국을 상대로 손해배상책임을 청구할 수 있는가? 이는 금융감독당국에게 증권신고서의 허위 기재 등에 대한 심사의무를 인정할 수 있는지와 연결된다. 만일 금융감독당국이 심사의무를 위반하였고, 그 위반이 투자자의 손해와 인과관계가 있다면 손해배상책임이 인정될 것이기 때문이다. 이에 대해서는 금융감독당국의 손해배상책임을 인정하는 견해도 있을 수 있으나, 위에서 살펴본 것처럼 금융감독당국은 형식적인 심사권만을 가지고, "증권신고서의 효력 발생은 증권신고서의 기재사항이 진실 또는 정확하다는 것을 인정하거나 정부에서 그 증권의 가치를 보증 또는 승인하는 효력을 가지지 아니하므로"(120조③), 원칙적으로 금융감독당국의 손해배상책임은 인정하기 어렵다. 다만, 증권신고서의 중요사항에 관하여 부실기재 또는 누락을 손쉽게 발견할 수 있는 특별한 사정이 있음에도 불구하고 이를 간과하여 증권신고서를 수리하였고, 그러한 수리행위와 투자자의 손해사이에 인과관계가 인정된다면 금융감독당국의 손해배상책임을 인정할 수 있다고 본다.

6. 증권신고서의 효력발생기간

증권신고는 증권신고서가 금융위원회에 제출되어 수리된 날부터 증권의 종류 또는 거래의 특성 등을 고려하여 '총리령으로 정하는 기간'이 경과한 날에 그 효력이 발생한다(120조①). 증권신고서가 수리된 날부터 효력발생일까지의 기간이 '효력발생기간'인데, 모집 또는 매출의 대상이 채무증권인 경우에는 7일, 지분증권은 15일, 상장된 환매금지형집합투자증권은 10일이다(規則12조①). 증권의 종류 또는 거래의 특성에 따라서 증권신고서의 효력발생기간은 차이가 있고, 금융위원회는 이를 단축 또는 연장할 수 있다. 효력발생기간은 투자자에게는 해당 증권에 관하여 투자판단을 할 수 있는 주지기간, 감독당국에는 증권신고서 기재내용에 대한 심사기간의 의미가 있다.[38]

증권신고서가 제출되어 수리되면 발행인은 예비투자설명서(124조②2) 또는 간이투자설명서(124조②3)를 사용하여 청약의 권유 등을 할 수 있으나, 이는 시장 형성을 위한 조치에 불과하고, 실제 증권신고서의 효력발생기간이 경과하기 전까지는 발행인·매출인 및 그 대리인은 정식 투자설명서를 사용하여 모집 또는 매출을 할 수 없고 청약에 대하여 승낙할 수 없다(121조). 즉, 증권신고서가 수리되었다고 하더라도 효력발생기간이 경과하기 전에는 모집 또

---

37) 같은 취지로는 김병연/권재열/양기진, 자본시장법(2017), 243면; 변제호 외 5인, 자본시장법(2015), 400면; 증권법학회, 자본시장법주석서 I (2015), 608면 참조.
38) 금융감독원, 기업공시 실무안내(2020), 219, 307면.

는 매출하는 증권에 대하여 매매계약을 체결할 수 없다.

일괄신고추가서류를 제출하여야 하는 경우 그 일괄신고추가서류가 제출되지 아니하면 증권의 발행인·매출인과 그 대리인은 그 증권에 관한 취득 또는 매수의 청약에 대한 승낙을 하여서는 아니 된다(121조②, 119조②). 즉, 일괄신고서 및 일괄신고추가서류를 제출하고 증권을 모집 또는 매출하는 경우에는 일괄신고서의 효력발생기간의 경과(120조①)와 이에 더하여 일괄신고추가서류의 제출(119조②)을 모두 갖춘 경우가 아니면 투자자의 청약에 대한 승낙이 금지된다.

[표4-1] 증권신고서의 효력발생기간

공시항목	주식		채권		환매금지집 합투자기구	기타 증권
	일반공모, 주주우선공모	주주배정, 제3자배정	보증, 담보부, ABS	무보증		
주권상장법인	10일	7일	5일	7일	10일	15일
일반법인	15일					

〈출처〉 금융감독원, 기업공시 실무안내(2020), 220면

7. 정정신고서

증권신고서를 제출한 자는 금융위원회의 제출 요구가 있는 경우 또는 투자자 보호를 위하여 중요한 사항을 정정할 필요가 있는 경우에는 정정신고서를 제출하여야 하고(122조①, 의무제출), 그 외 정정하고자 하는 기재사항이 있는 경우에는 자발적으로 정정신고서를 제출할 수 있다(122조③, 선택제출). 정정신고서에는 그 제출사유 및 정정사항을 기재하고, 정정사유를 증명할 수 있는 서류가 있는 때에는 이를 첨부하여야 한다.[39]

정정신고서가 제출되면 그 정정신고서가 수리된 날에 정정 대상 증권신고서가 수리된 것으로 간주된다(122조⑤). 따라서 정정신고서가 수리된 날부터 증권신고서의 효력발생기간이 경과하여야 증권신고서의 효력이 발생한다.[40] 투자자에게 변경된 내용에 대해서도 충분한 숙고기간을 주기 위한 것이다.

일괄신고서를 제출한 자는 그 '발행예정기간 종료 전'까지 정정신고서를 제출할 수 있다. 이 경우 집합투자증권 중 대통령령으로 정하는 것을 제외하고는 발행예정금액 및 발행예정기간은 정정하여서는 아니 된다. 다만, 발행예정금액의 100분의 20 이하로 감액되는 발행예정금액은 정정할 수 있다(122조④, 슈130조④). 일괄신고서는 발행예정기간 동안 발행인의 사업보고서 제출 등에 따른 정정을 예정하고 있다. 그런데 일괄신고서의 정정신고서가 수리된

---

39) 금융감독원, 기업공시 실무안내(2020), 230면.
40) 금융감독원, 기업공시 실무안내(2020), 232면.

날을 일괄신고서가 수리된 날로 간주하면 정정신고서가 수리된 날까지 발행된 증권이 일괄신고서가 수리되지 않은 기간에 발행된 것으로 해석되는 문제가 있다. 따라서 정정신고서가 수리된 날 이전에 발행이 완료된 증권에 대해서는 일괄신고서의 정정이 영향을 주지 않는 것으로 볼 것이다.

[표4-2] 증권신고서의 제출 면제

사 모	증권신고서 제출이 요구되는 모집과 매출의 개념상 요구되는 50인 투자자 요건에 해당하지 않음(119조, 9조⑦, 9조⑨)
청약의 권유가 없는 경우	증권신고서 제출이 요구되는 모집과 매출의 개념상 요구되는 '증권의 취득의 청약을 권유'하거나 '매도의 청약을 권유'하는 요건 없이 증권발행이 이루어짐(119조, 9조⑦, 9조⑨). 무상증자, 주식배당, 합병·분할에 의한 신주발행 등
적용면제 증권	국채, 지방채, 특수채 등(118조)
외화예금계약 등의 특례	은행의 투자성 있는 외화예금계약(77조①) 보험회사의 투자성 있는 보험계약(77조②)
소액공모	모집가액 또는 매출가액 10억원 미만(119조①, 슈120조①1,2) 다만, 투자계약증권, 적정성원칙 적용증권은 10억 미만인 경우에도 증권신고서 제출 필요(슈120조①3)
매출 시 신고서 제출의 특례	발행인 및 같은 종류의 증권에 대해서 충분한 공시가 이루어지고 있는 경우(119조⑥, 슈124조의2)

Ⅲ. 일괄신고서

1. 의의

"일괄신고서"는 일정기간 동안 모집하거나 매출할 증권의 총액을 일괄하여 기재한 신고서이다(119조②). 회사가 향후 일정기간 동안 발행예정인 증권을 일괄하여 신고하고, 실제 발행 시 추가서류의 제출만으로 증권신고서를 제출한 것과 동일한 효과를 가지도록 하는 것이다.[41] 일괄신고서의 효력 발생 후 실제로 증권을 모집 또는 매출할 때는 일괄신고추가서류를 제출하는데, 일괄신고추가서류는 증권신고서보다 간이하고 수리나 효력발생기간이 요구되지 않으므로 탄력적인 모집이나 매출이 가능하다.

2. 제출대상

일괄신고서를 제출할 수 있는 증권은 다음 각 호의 증권이다(슈121조①본문).
 1. 주권(슈121조①1호)
   합병, 분할, 분할합병, 주식의 포괄적 교환·이전, 자산·영업양수도에 따라 신주를

---

41) 금융감독원, 기업공시 실무안내(2020), 225면.

발행하는 경우에는 주권에 관한 일괄신고서를 제출하였더라도 일괄신고추가서류의 제출에 의해 발행할 수 없고 합병 등 증권신고서를 제출하여야 한다.[42]

2. 주권 관련 사채권 및 이익참가부사채권(2호)

제2호의 '주권 관련 사채권'은 전환사채권, 신주인수권부사채권, 교환사채권 등을 가리킨다. 주권 관련 사채권이므로 교환사채권의 경우에는 주권, 전환사채권 또는 신주인수권부사채권 등과 교환을 청구할 수 있는 것이어야 한다.

3. 제2호의 사채권을 제외한 사채권(3호)

4. 다음 각 목의 어느 하나에 해당하는 파생결합증권(4호)

가. 고난도금융투자상품이 아닌 파생결합증권

나. 고난도금융투자상품 중 오랫동안 반복적으로 발행된 것으로서 기초자산의 구성 및 수익구조가 금융위원회가 정하여 고시하는 기준에 부합하는 파생결합증권

5. 다음 각 목의 어느 하나에 해당하는 집합투자증권("개방형 집합투자증권")(5호)

가. 법 230조에 따른 환매금지형집합투자기구가 아닌 집합투자기구의 집합투자증권

나. 가목에 준하는 개방형집합투자증권으로서 외국 집합투자업자 등이 국내에서 판매하고자 하는 외국 집합투자증권

일괄신고서를 제출할 때에는 대상증권 모두를 통합하여 제출할 수는 없고, 주권, 주권 관련 사채권, 파생결합증권 등 종류별로 각각 일괄신고서를 제출하여야 한다.[43] 다만, 자본시장법 제165조의11에 따른 조건부자본증권은 일괄신고서의 제출대상에서 제외한다(슈121조①단서).

3. 제출자격

자본시장법은 일괄신고서를 제출할 수 있는 자를 '일반법인'과 '잘 알려진 기업(WKSI, 상장 후 5년 경과기업)'[44]으로 구분하여 규정하고 있다.

가. 사채권, 파생결합증권을 발행하는 경우

사채권(주권관련 사채권 및 이익참가부 사채권은 제외) 및 파생결합증권(금적립계좌등은 제외)에 대하여 일괄신고서를 제출할 수 있는 자는 ① 최근 1년간 사업보고서와 반기보고서를 제출하였을 것, ② 최근 사업연도의 재무제표에 대한 회계감사인의 적정 감사의견을 받았을 것, ③ 최근 1년 이내에 증권발행을 제한하는 조치를 받은 사실이 없을 것의 요건을 모두 갖춘 자이다(슈121조④). 이러한 요건은 일반적인 법인('일반법인')이라면 모두 갖추었을 것이므로 일

---

42) 금융감독원, 기업공시 실무안내(2020), 225면.
43) 금융감독원, 기업공시 실무안내(2020), 227면.
44) WKSI: Well−Known Seasoned Issuers(슈121⑥).

반법인은 일괄신고서를 통해서 사채권, 파생결합증권을 발행할 수 있다. 다만, 분할 또는 분할합병으로 인하여 설립 또는 존속하는 법인은 일반법인 요건을 갖추지 못한 경우에도 일괄신고서를 제출할 수 있다(슈121조⑤).

나. 주권, 주권 관련 사채권, 사채권을 발행하는 경우

주권, 주권관련 사채권 및 이익참가부사채권, 그 밖의 사채권에 대한 일괄신고서를 제출할 수 있는 자는 주권상장법인으로서 주권이 상장된지 5년이 경과하였을 것, 최근 사업연도의 최종 매매거래일 현재 시가총액이 5천억원 이상일 것 등의 요건을 모두 갖춘 자이어야 한다(슈121조⑥). 주권이 상장되어 거래된지 5년이 경과하고 최종 매매거래일 현재 시가총액이 일정금액 이상이라면, 그 기업이 발행하는 주권이나 주권관련 사채권 등에 대해서는 신뢰성이 인정된다고 보아서 일괄신고서 제출할 수 있도록 하는 것이다. '잘 알려진 기업(WKSI)'의 요건에 따라 일괄신고서를 통해서 증권을 모집하거나 매출하려면 일괄신고서에 기재된 발행예정기간 동안 일정한 요건을 충족하여야 하며(슈121조⑧), 발행예정기간 중 해당 요건을 충족하지 못하는 상황이 발생한 경우에는 발행인 요건의 미충족 사유, 총 발행예정금액, 기발행금액, 미발행금액 등 관련 내용을 상세하게 기재한 철회신고서를 제출하여야 한다.[45]

4. 일괄신고서의 작성과 기재사항

일괄신고서(집합투자증권은 제외)에는 중요사항에 관하여 거짓의 기재가 없다는 사실 등을 확인하는 대표이사 및 신고업무를 담당하는 이사의 서명, 발행예정기간, 발행예정금액, 회사의 개요, 사업내용, 재무, 회계감사인의 감사의견 등을 기재하여야 한다(슈126조①).

일괄신고서의 발행예정기간은 일괄신고서의 효력발생일부터 2개월 이상 1년 이내의 기간으로 한다. 다만, 개방형 집합투자증권 또는 금적립계좌등인 경우에는 해당 집합투자규약 또는 발행계약에서 정한 존속기간 또는 계약기간(집합투자규약 또는 발행계약에서 존속기간 또는 계약기간을 정하지 아니한 경우에는 무기한으로 한다)을 발행예정기간으로 한다(슈121조②).

일괄신고서를 제출한 자는 발행예정기간 중 3회 이상 그 증권을 발행하여야 한다(슈121조④). 여기서 3회 이상 발행은 실제 증권이 발행되었는지의 여부가 아니라, 실제 모집이나 매출이 진행되었는지를 기준으로 할 것이다. 모집이나 매출 절차를 진행하였음에도 시장 사정 등으로 인하여 발행이 취소될 수 있기 때문이다. 다만, '잘 알려진 기업(WKSD)'의 경우에는 발행횟수에 제한이 없다.[46]

증권신고서, 일괄신고서 및 일괄신고추가서류 등 공시서류의 제출은 금융감독원의 전자공시시스템(DART)에 전자문서를 작성하여 올리는 방법으로 하는데, 공시서류의 종류별로 기

---

45) 금융감독원(보도자료), 2009. 9. 16, 6면.
46) 금융감독원, 기업공시 실무안내(2020), 228면.

재사항이나 첨부서류 등의 서식이 있으므로 이에 따라 작성한다.[47]

5. 일괄신고서의 효력

일괄신고서를 금융위원회에 제출하여 수리된 경우에는 그 기간 중에 그 증권을 모집하거나 매출할 때마다 증권신고서를 따로 제출하지 아니하고 그 증권을 모집하거나 매출할 수 있다(119조②전단). 일괄신고서 제출로 모집·매출을 하고자 할 경우에는 우선 일괄신고서 자체의 효력발생기간이 경과하여야 하고, 그 증권을 모집하거나 매출할 때마다 대통령령으로 정하는 '일괄신고추가서류'를 제출하여야 한다(119조②후단). 추가서류는 일괄신고서상 신고된 '발행예정기간'[48] 중 제출하여야 하므로, 일괄신고서의 효력 발생 이후에만 제출할 수 있다. 한편, 추가서류 자체에는 효력발생기간이 없으므로 일반적으로 추가서류의 제출 당일부터 청약의 승낙을 개시할 수 있다.[49]

개방형 집합투자증권 및 금적립계좌 등의 경우에는 일괄신고추가서류의 제출이 면제된다(119조②후단 괄호, 슈122조①). 고객이 거래를 희망할 때마다 언제든지 실시간으로 판매가 이루어져 일괄신고추가서류의 제출이 불가능한 점을 고려한 것이다.

Ⅳ. 철회신고서

"철회신고서"는 증권신고를 철회하고자 할 때에 제출하는 신고서이다. 증권의 발행인은 증권신고를 철회하고자 하는 경우에는 그 증권신고서에 기재된 증권의 취득 또는 매수의 '청약일 전일'까지 철회신고서를 금융위원회에 제출하여야 한다(120조④). 발행인이 모집 또는 매출 절차를 진행하지 않기로 결정한 경우, 투자자들에게 철회의사를 명확히 알려 혼선이 없게 하기 위한 것이다.

Ⅴ. 투자설명서

1. 의의

"투자설명서"는 발행인이 투자권유를 목적으로 투자자에게 제공하는 문서이다. 투자설명서는 구 증권거래법상 '사업설명서'의 명칭을 변경한 것인데(구 증권거래법 12조, 13조), '사업설명서'는 발행인의 사업실적에 따라 손익이 결정되는 전통적 증권에 적합한 용어였으나, 외생

---

47) 금융감독원, 기업공시 실무안내(2020), 227면.
48) 일괄신고서의 발행예정기간은 일반법인의 경우 효력발생일부터 2월 이상 1년 이내의 기간, 잘 알려진 기업(WKSI)의 경우 2년 이내의 기간으로 하여야 한다(슈121②,⑥).
49) 금융감독원, 기업공시 실무안내(2020), 228면.

적 지표에 따라 손익이 결정되는 파생결합증권이나 집합투자증권에 대해서는 적합하지 않으
므로 '투자설명서'로 변경하였다.[50]

투자설명서와 증권신고서는 그 내용이 사실상 동일하므로 기재내용이 아니라 사용목적
에 따라 구분된다. 즉, 증권신고서가 모집 또는 매출을 실시하기 전 금융위원회의 심사를 받
기 위하여 제출하는 문서라면, 투자설명서는 투자자에게 투자권유 및 계약체결의 권유 등을
할 때 사용 및 제공하는 문서이다.[51] 투자설명서에는 증권신고서 기재와 다른 내용을 표시
하거나 그 기재사항을 누락할 수 없으나(123조②본문), 영업상 비밀유지의 필요와 투자자보호
의 형평을 고려하여 일부 사항을 생략할 수 있다(동항 단서).

자본시장법 제125조는 증권신고서와 투자설명서 중 중요사항에 관하여 거짓의 기재 또
는 표시가 있는 경우에 그 신고인 등에게 손해배상책임을 부과하고 있다. 그렇다면 증권신
고서 또는 투자설명서가 아닌 모집안내서, 매출안내서 등을 투자자에게 제공한 경우에도 법
제125조의 손해배상책임을 부담할 수 있는가? 이에 대해서는 법령이 요구하는 형식에 따라
작성된 문서만이 투자설명서에 해당하고 법 제125조의 적용을 부정하면서 민법 제750조에
의하여 해결하여야 한다는 견해(형식설)[52]가 있었으나 지금은 찾기 어렵고, 모집안내서, 매출
안내서, 증자설명서 등 명칭에 관계 없이 법령에서 정한 사항을 기재하고 투자자에게 교부
된다면 투자설명서에 해당하고 법 제125조의 손해배상책임을 부담한다고 볼 것이다(실질설
).[53] 상품설명을 위하여 다양한 자료가 사용되는 경우에 그로 인하여 손해를 입은 투자자를
보호할 필요가 있고, 형사처벌 규정처럼 엄격하게 해석할 필요는 없기 때문이다.

2. 종류

투자설명서에는 투자설명서, 예비투자설명서 및 간이투자설명서의 3가지가 있다. 3가지
의 투자설명서는 모두 청약의 권유에 사용할 수 있으나, 기재내용과 사용할 수 있는 시기 및
방법에 차이가 있다.

"투자설명서"는 증권신고서의 효력발생 후 모집 또는 매출의 조건이 확정된 경우에 청약
의 권유 및 승낙을 위하여 이용하는 문서로 자본시장법상 투자설명서의 작성과 공시(123조)
의 요건을 갖추어야 한다. 투자자의 청약에 대해서 금융투자업자가 승낙을 하는 경우에는
투자설명서를 반드시 교부하여야 한다.

"예비투자설명서"는 증권신고서가 수리된 후 그 효력발생 전의 기간 동안에 증권의 청약

---

50) 변제호 외 5인, 자본시장법(2015), 417면.
51) 변제호 외 5인, 자본시장법(2015), 417면.
52) 김정수, 자본시장법원론(2011), 438면 각주 81). 종전의 형식설을 지지하던 견해를 철회하고 실질설로 변
   경하였음을 밝히고 있다.
53) 이상복, 자본시장법(2021), 1088면; 임재연, 자본시장법(2018), 468면; 증권법학회, 자본시장법주석서 I
   (2015), 622면.

을 권유할 때 사용하는 것으로써, 증권신고서의 효력이 발생되지 아니한 사실을 부기한 문서이다.

"간이투자설명서"는 발행인이 증권신고서가 수리된 후 신문·방송·잡지 등을 이용한 광고, 안내문·홍보전단 또는 전자전달매체를 통하여 청약을 권유하는 경우 일부를 생략하거나 중요한 사항만 발췌하여 기재한 문서이다.

3. 작성 및 제출

투자설명서는 표제부와 본문으로 구분하여 작성한다(슈131조①). 투자설명서에는 증권신고서에 기재된 내용과 다른 내용을 표시하거나 그 기재사항을 누락하여서는 아니 된다(123조②본문). 다만, 기업경영 등 비밀유지와 투자자 보호와의 형평 등을 고려하여 기재를 생략할 필요가 있는 사항으로서 발행인의 업무나 영업 등에 관한 것으로서 금융위원회의 확인을 받은 사항에 대하여는 그 기재를 생략할 수 있다(123조②단서, 슈131조⑤).

발행인은 대통령령으로 정하는 방법에 따라 작성한 투자설명서를 그 '증권신고의 효력이 발생하는 날'(제119조 제2항에 따라 일괄신고추가서류를 제출하여야 하는 경우에는 그 일괄신고추가서류를 제출하는 날로 한다)에 금융위원회에 제출하여야 하며, 이를 총리령으로 정하는 장소에 비치하고 일반인이 열람할 수 있도록 하여야 한다(123조①).

국채증권, 지방채증권 등 신뢰성 있는 주체가 발행하였거나, 충분한 공시가 행하여지는 등 투자자 보호가 이루어지고 있다고 인정되는 증권으로서 국가 또는 지방자치단체가 원리금의 지급을 보증한 채무증권 등은 투자설명서의 제출대상이 아니다(118조, 슈119조). 다만, 이 경우에도 투자자를 보호하기 위하여 증권의 모집 또는 매출 전에 발행인의 재무상태와 영업실적을 기재한 서류를 금융위원회에 제출하는 조치 등은 필요하다(130조①본문).

4. 투자설명서의 교부

누구든지 증권신고의 효력이 발생한 증권을 취득하고자 하는 자(전문투자자, 그 밖에 '대통령령으로 정하는 자'를 제외한다)에게 투자설명서를 미리 교부하지 아니하면 그 증권을 취득하게 하거나 매도하여서는 아니 된다(124조①본문). 구 증권거래법은 투자자의 청구가 있는 경우에만 투자설명서를 교부하도록 하였으나(구 증권거래법 13조①), 자본시장법은 투자자의 청구에 관계없이 투자설명서를 교부하도록 하고 있다(124조①).

가. 교부의 주체

'누구든지' 투자자에게 증권을 취득하게 하는 자는 투자설명서를 교부하여야 한다(124조①). 증권신고서의 효력이 발생하기 전에 청약을 권유하는 경우에는 반드시 투자설명서(예비·간이투자설명서)를 사용해야 하며, 투자자에게 미리 투자설명서를 교부하지 않고서는 증권을 취득하게 하거나 매도할 수 없다.[54] 다만, 전문투자자 등 투자자보호의 필요성이 낮은 자를 대상으로 증권을 발행하거나 매도하는 경우에는 투자설명서의 교부가 면제된다.

투자설명서의 제출 및 비치의무자는 발행인이나(123조①), 교부의무자는 발행인을 포함하여 '누구든지' 투자자에게 증권을 취득하게 하는 자이다. 예를 들어, 직접 공모하는 경우에는 발행인, 총액 또는 잔액인수방식의 공모 시에는 발행인 및 인수인, 모집주선방식의 공모 시에는 발행인 및 모집주선 등이 의무자가 된다. 따라서 인수계약서에는 투자설명서 교부 방법을 정하고 증권신고서에 기재하여야 한다.

나. 교부의 상대방

교부의 상대방은 '증권신고의 효력이 발생한 증권을 취득하고자 하는 자'(124조①)이다. 증권신고서의 효력이 발생한 증권을 취득하고자 하는 자에게 교부하여야 하므로, 모든 청약의 권유 상대방에서 투자설명서를 교부하여야 하는 것은 아니다.[55] "전문투자자, 그 밖에 대통령령으로 정하는 자"(124조①괄호)에게는 투자설명서를 교부하지 않을 수 있다. 전문투자자는 위험감수능력이 충분하므로 투자설명서에 관한 발행인 등의 부담을 완화하려는 취지이다.

다. 교부의 시기

투자설명서는 증권의 취득 또는 매도 전에 '미리' 교부하여야 한다(124조①). 사전에 투자설명서를 교부하여 투자자가 증권 및 발행인에 관한 내용을 충분히 파악한 이후 투자판단을 하도록 하는 취지이다.[56] 투자설명서는 투자판단에 중요한 자료이므로 반드시 투자자의 투자판단이 있기 전에 교부되어야 한다는 견해[57]가 있을 수 있으나, 투자자의 투자판단 시점은 확인하기가 어렵고 오히려 분쟁의 소지를 제공할 수 있으므로 법문의 규정대로 증권의 취득 또는 매도 전에 교부하면 된다. 그러나 악의적인 의도를 가지고 증권매매계약 체결 직전에 투자설명서를 교부하여 투자판단의 기회를 사실상 박탈하였다면, 투자설명서의 교부의무를 이행하였다고 볼 수 없고 손해배상책임을 진다.

라. 서면 또는 전자문서에 의한 교부

투자설명서는 '서면'으로 교부하여야 하므로(124조①), 서면을 교부하지 않고 투자설명서의 내용을 설명하고 확인 받는 것만으로는 교부의무를 이행한 것으로 볼 수 없다.[58] 다만, 전자문서에 의하여 투자설명서를 받는 것을 동의하는 등의 조건을 모두 충족하는 때에는 전

---

54) 금융감독원, 기업공시 실무안내(2020), 224면.
55) 김건식/정순섭, 자본시장법(2013), 218면.
56) 금융감독원, 기업공시 실무안내(2020), 223면.
57) 투자설명서는 증권취득이나 의사결정이 이루어지기 전에 교부하여야 하고, 의사결정이 완료된 후에 형식적으로 교부하는 것은 교부의무를 이행한 것으로 볼 수 없다. 김건식/정순섭, 자본시장법(2013), 218면.
58) 변제호 외 5인, 자본시장법(2015), 424면.

자문서로 교부할 수 있다(124조①후문).

자본시장법 제124조는 전자문서로 교부할 경우 그 요건을 규정하고 있다. 그렇다면 투자설명서를 이메일로 교부하면서, ① 고객이 지정한 이메일 주소로 발송한 시간 및 해당 이메일이 도착한 시간을 관리하는 것이 자본시장법 제124조 제1항 제3호의 "전자문서 수신자가 그 전자문서를 받은 사실이 확인될 것"의 요건을 충족하는가? 그리고 만일 ② "고객이 지정한 이메일 주소로 투자설명서가 도착하면 고객이 해당 메일을 읽지 않아도 은행이 고객에게 투자설명서를 교부한 것으로 인정한다"는 취지의 특약을 체결하는 경우 이러한 방식에 의한 투자설명서 교부가 가능한가?

금융위원회는 자본시장법 제124조 제1항 제3호는 전자문서 방법으로 투자설명서를 교부하는 경우에는 "전자문서 수신자가 그 전자문서를 받은 사실이 확인될 것"을 요건으로 하는바, 전자문서의 발송 및 도착시간은 확인이 되나 전자문서 수신자가 해당 전자문서를 열람했는지가 확인되지 않은 경우 제3호의 요건을 충족하였다고 보기 어렵다고 한다. 또한 관련 규정에서 별도로 허용하지 않는 한, 고객이 지정한 이메일로 투자설명서가 도착하기만 하면 고객이 해당 이메일을 읽지 않아도 투자설명서의 교부의무가 충족된다는 취지의 특약은 그 효력을 인정하기 어렵다고 한다.[59]

마. 집합투자증권의 투자설명서의 교부

집합투자증권의 경우에는 투자자가 투자설명서의 교부를 별도로 요청하지 아니하는 경우에는 간이투자설명서로 대체할 수 있다(124조①괄호). 집합투자증권의 투자설명서는 전문용어, 약어 등을 많이 사용하여 그 내용을 이해하기 어렵고 분량이 과다하여 상당수의 투자자가 투자설명서를 읽지 않는 것으로 조사되었는데, 2013년 자본시장법 개정에서는 핵심내용 위주로 분량을 대폭 축소한 간이투자설명서를 교부함으로써 투자설명서를 대체할 수 있도록 하였다. 간이투자설명서를 사용하는 경우에는 투자자에게 투자설명서를 별도로 요청할 수 있음을 알려야 한다(124조④).

5. 투자설명서의 구속력 등

투자설명서는 투자자에게 제공하는 문서로서 그 내용에 대해서 계약적 구속력이 인정되는가? 당사자 사이에서 계약내용에 포함시키기로 하였다는 합의가 추정되는 신탁약관의 내용과는 달리,[60] 투자설명서는 투자권유를 위하여 교부하는 문서에 불과하므로 그 교부만으로는 청약과 승낙의 합치가 이루어졌다고 볼 수 없다. 다만, 투자설명서의 구체적인 기재내

---

59) 금융위 질의회신(2020.4.16.), '자본시장과 금융투자업에 관한 법률' 제124조 적용범위(정당한 투자설명서의 사용) 전자문서 교부방식
60) 대판 1991.9.10., 91다20432 등.

용이 약관의 내용을 구체화하는 경우에는 약관의 내용과 결합하여 계약적 구속력을 가진다. 투자설명서의 구체적인 기재내용이 개별약정으로서 구속력이 있는지는 투자설명서에 기재된 내용, 그러한 내용이 기재된 경위와 당사자의 진정한 의사 등을 종합적으로 고려하여 판단하여야 한다.[61)

투자설명서의 구속력은 판례를 통해서 살펴보면 이해하기 쉽다.

대법원은 피고 W자산운용이 신탁재산을 장외파생상품에 투자하는 투자신탁 8호를 설정하고 그 수익증권을 발행하면서 투자설명서에는 장외파생상품의 거래상대방을 BNP Paribas로 기재하였으나 실제로는 Lieman Brothers Asia로 변경하여 거래하였는데, Lieman Brothers Asia의 파산으로 인하여 손해를 입은 수익증권의 매수자들이 피고 W자산운용이 투자설명서에 기재된 장외파생상품의 거래상대방을 투자자의 동의 없이 임의로 변경하여 손해를 입었다고 주장하면서 계약상 채무불이행을 원인으로 하여서 손해배상을 청구한 사건[62)에서, 투자설명서의 기재내용이 개별약정으로서 구속력이 있는지는 투자설명서에 기재된 구체적인 내용, 그러한 내용이 기재된 경위와 당사자의 진정한 의사 등을 종합적으로 고려하여 판단하는데,[63) 장외파생상품거래에서 거래상대방은 펀드자금이 조성된 후에 자산운용단계에서 구체적인 교섭을 거쳐 확정하게 되므로 신탁단계에서는 이를 미리 확정하기 힘들고 신탁약관에 이를 기재하지 않는 것이 일반적인 점 등의 사정을 들어서 이 사건 투자설명서에 장외파생상품의 거래상대방을 기재한 부분이 당연히 투자신탁계약의 내용에 편입되어 계약적 구속력이 있다고는 할 수 없다고 판단하였다.

나아가 자산운용회사가 가능한 범위 내에서 수집된 정보를 바탕으로 간접투자재산의 최상의 이익에 합치된다는 믿음을 가지고 신중하게 간접투자재산의 운용에 관한 지시를 하였다면 선량한 관리자로서의 책임을 다한 것이고, 설사 그 예측이 빗나가 신탁재산에 손실이 발생하였다고 하더라도 그것만으로 투자재산 운용단계에서의 선량한 관리자로서의 주의의무를 위반한 것이라고 할 수 없다고 하면서, 피고 W자산운용이 장외파생상품의 거래상대방을 변경한 것은 불가피한 사정이 있었고 당시의 신용등급 등을 고려할 때 Lieman Brothers의 파산을 예견할 수도 없었으므로 투자설명서의 기재 위반 또는 선관주의 위반이 있다고 할 수 없다는 이유로 원심[64)을 파기하였다.

---

61) 대판 2013.11.28., 2011다96130.

62) 대판 2013.11.28., 2011다96130.

63) 같은 취지로는 대판 2012.11.15., 2011다10532,10549 참조. 투자신탁의 자산운용회사가 사모형 부동산펀드의 투자자인 고객에게 신탁약관의 내용보다 구체적인 내용이 담긴 운용계획서를 교부한 경우에 그 내용이 개별약정으로서 구속력이 있는지는 운용계획서의 작성 목적과 명의, 형식 및 내용, 그와 같은 서류가 교부되게 된 동기와 경위, 당사자의 진정한 의사를 종합적으로 고려하여 판단한다. 대판 2012.11.15., 2011다10532,10549.

64) 원심(서울고판 2011.9.1., 2009나121028)은 거래상대방을 임의로 변경한 행위는 자산운용회사의 재량 범위를 넘는 것으로 채무불이행에 해당하므로 손해배상책임을 부담한다고 판단하였다.

VI. 증권발행실적보고서

"증권발행실적 보고서"는 증권신고서를 제출한 발행인이 청약 및 배정의 결과, 공시의 이행 여부, 증권의 교부일, 상장일, 등기일, 증자 전후 주요주주의 지분변동상황 등 증권발행 실적에 따른 내용을 작성하여, 금융위원회에 보고하는 서면이다. 투자자는 증권발행실적보고서를 열람함으로써 해당 증권의 실제 모집·매출된 금액이나 투자금액 등 해당 증권에 관한 공시이행사항을 확인할 수 있다.[65]

증권발행실적보고서는 증권의 발행인이 '모집 및 매출을 완료한 때'에 금융위원회에 제출한다(128조, 증발공2-19조). 여기서 "모집 및 매출을 완료한 때"란 증권 발행이 완료되어 투자자가 그 증권을 취득한 때를 가리킨다. 즉, 새로이 증권이 발행되는 모집의 경우에는 증권의 발행이 완료된 때이고, 이미 발행된 증권이 양도되는 매출의 경우에는 매매계약이 체결된 때를 가리킨다. 증권의 매매대금이 납입되었는지는 관계가 없다.

증권발행실적보고서의 기재사항은 금융위원회가 고시하는데, 일반 발행실적보고서(증발공2-19조②)와 합병등의 발행실적보고서(증발공2-19조③)로 구분하고 있다.

---

65) 증권발행실적보고서는 전자공시시스템(dart.fss.or.kr)에서 열람할 수 있다.

제3절

위반행위에 대한 책임

I. 금융위원회의 조치

1. 보고 및 조사

금융위원회는 투자자 보호를 위하여 필요한 경우에는 증권신고인, 증권의 발행인·매출인·인수인, 그 밖의 관계인에 대하여 참고가 될 보고 또는 자료의 제출을 명하거나, 금융감독원장에게 그 장부·서류, 그 밖의 물건을 조사하게 할 수 있다(131조①). 조사를 하는 자는 그 권한을 표시하는 증표를 지니고 이를 관계인에게 내보여야 한다(131조②).

2. 정정명령 등

금융위원회는 증권신고서·정정신고서 또는 증권발행실적보고서를 제출하지 아니한 경우, 증권신고서·정정신고서 또는 증권발행실적보고서 중 중요사항에 관하여 거짓의 기재 또는 표시가 있거나 중요사항이 기재 또는 표시되지 아니한 경우, 증권신고서 효력 발생 전 거래제한 규정(121조)을 위반하여 증권의 취득 또는 매수의 청약에 대한 승낙을 한 경우, 정당한 투자설명서의 작성·공시(123조) 또는 정당한 투자설명서의 사용(124조) 규정을 위반한 경우에는 증권신고인, 증권의 발행인·매출인 또는 인수인에 대하여 이유를 제시한 후 그 사실을 공고하고 정정을 명할 수 있으며, 필요한 때에는 그 증권의 발행·모집·매출, 그 밖의 거래를 정지 또는 금지할 수 있다(132조 전단).

3. 과징금

금융위원회는 증권신고서의 신고인과 신고 당시 발행인의 이사 등 '법 제125조 제1항 각 호의 어느 하나에 해당하는 자'[66]가 ① 증권신고서, 정정신고서, 투자설명서, 그 밖의 제출서류 중 중요사항에 관하여 거짓의 기재 또는 표시를 하거나 중요사항을 기재 또는 표시하

---

[66] 인수에 참여한 공동주관회사인 H투자증권에 대한 과징금 부과의 적법성을 인정한 사례가 있다. 대판 2020.2.27., 2016두30750(중국 고섬사건). 자본시장법 시행령 제135조 제2항 제1호는 2017.5.8.자로 개정되어 현재는 '인수인'이기만 하면 과징금 부과 대상이다.

지 아니한 때, ② 증권신고서, 정정신고서, 투자설명서, 그 밖의 제출서류를 제출하지 아니한 때에는 증권신고서상의 모집가액 또는 매출가액의 100분의 3(20억원을 초과하는 경우에는 20억원)을 초과하지 아니하는 범위에서 과징금을 부과할 수 있다(429조①). 과징금의 부과는 과징금부과대상자에게 그 위반행위에 대하여 고의 또는 중대한 과실이 있는 경우에 한한다(430조①).

허위기재에 대한 과징금 부과 시 증권 취득자의 손해 발생이 요구되는가? 대법원은 중요사항에 관하여 거짓의 기재 등을 한 공인회계사 등에 대하여 자본시장법 제429조 제1항 제1호 소정의 과징금을 부과하기 위해서는 공인회계사 등이 작성한 감사보고서가 증권신고서에 첨부되어 금융위원회에 제출될 것이 전제되어야 하지만, 그와 같은 거짓의 기재 등으로 인하여 증권의 취득자가 손해를 입을 것까지 요구하는 것은 아니라고 한다.[67]

Ⅱ. 민사상 손해배상책임

1. 의의

증권의 발행인 등은 "증권신고서(정정신고서 및 첨부서류를 포함한다)와 투자설명서(예비투자설명서 및 간이투자설명서를 포함한다) 중 중요사항에 관하여 거짓의 기재 또는 표시가 있거나 중요사항이 기재 또는 표시되지 아니함으로써 증권의 취득자가 손해를 입은 경우"에는 그 손해를 배상할 책임을 진다(125조①본문).

투자자는 증권신고서의 부실기재 등 증권발행인의 공시위반행위에 대해서 민법상 불법행위책임에 의해서 손해배상을 받을 수 있지만, 이 경우에는 가해자인 발행인의 고의·과실, 손해액, 인과관계 등을 모두 입증해야 하므로 큰 부담이 된다. 자본시장법은 이러한 부담을 덜어주기 위하여 제125조부터 제126조에서 민법상 손해배상청구권에 관하여 특칙을 마련하고 있다. 발행인의 책임은 민법상의 불법행위책임과 경합하여 적용된다.[68]

2. 성립요건

자본시장법 제125조는 ① 증권신고서와 투자설명서의 내용 중 ② '중요사항'에 관하여 ③ '거짓의 기재 또는 표시(허위기재)가 있거나 중요사항이 기재 또는 표시되지 아니함(기재누락, 이하 '허위기재'와 '기재누락'을 통틀어서 '부실기재'라고 한다)으로써 ④ 증권의 취득자가 손해를 입은 경우에 적용된다. 아래에서는 이 요건들의 내용을 차례로 살펴본다.

---

67) 대판 2014.6.12., 2013두21694.
68) 감사인의 부실감사로 인한 증권거래법상의 손해배상책임과 민법상의 불법행위책임과의 관계(=청구권경합). 대판 1999.10.22., 97다26555. 임정하, "자본시장 불공정거래행위에 대한 손해배상책임," 「경영법률」 제28집 제1호(경영법률학회, 2017), 152면.

가. 증권신고서와 투자설명서

자본시장법 제125조가 적용되는 서류는 증권신고서와 투자설명서이다.

"증권신고서"에는 정정신고서와 첨부서류 및 일괄신고서가 포함된다(125조①본문 괄호, 119조③). 이미 제출된 신고서의 일부를 참조하는 방식으로 제출되는 신고서도 포함되며, 일괄신고 후 개별적인 공모 시에 제출하는 일괄신고추가서류도 포함된다(119조②후단, 123조②).

"투자설명서"는 예비투자설명서와 간이투자설명서를 포함한다(125조①본문 괄호). 모집안내서, 매출안내서, 증자설명서 등 다른 이름을 사용하더라도 그 내용이 투자설명서에 해당하고 법령에 따라서 투자자에게 교부되는 경우에는 적용대상에 포함된다.[69]

법 제125조는 증권신고서나 투자설명서가 아닌 다른 문서나 구두에 의한 청약의 권유 등에는 적용되지 않는다.[70] 법 제125조의 적용에서 제외된 문서의 허위기재나 기재누락에 대하여는 민법상 불법행위 손해배상책임 또는 법 제179조(부정거래행위 등의 배상책임)의 손해배상책임으로 해결하는 것이 가능하다.

나. 중요사항

증권신고서와 투자설명서의 내용 중 '중요사항'에 관하여 거짓의 기재 또는 표시가 있거나 중요사항이 기재 또는 표시되지 아니하였어야 한다. 즉, 거짓의 기재 또는 표시가 있더라도 중요사항이 아니라면 법 제125조는 적용되지 않는다. 증권신고서나 투자설명서에는 다양한 내용이 기재되는데 사소한 내용까지 모두 진실할 것을 요구한다면 증권 발행인의 부담이 과도해질 수 있다는 우려를 반영한 것이다.[71]

"중요사항"이란 투자자의 합리적인 투자판단 또는 해당 금융투자상품의 가치에 중대한 영향을 미칠 수 있는 사항(47조③)을 말하며, 합리적인 투자자가 금융투자상품과 관련된 투자판단이나 의사결정을 할 때에 중요하게 고려할 상당한 개연성이 있는 사항을 의미한다. 어떠한 사항이 합리적인 투자자가 중요하게 고려할 상당한 개연성이 있는 사항에 해당하는지는 그 사항이 거짓으로 기재·표시되거나 기재·표시가 누락됨으로써 합리적인 투자자의 관점에서 이용할 수 있는 정보의 전체 맥락을 상당히 변경하는 것으로 볼 수 있는지에 따라 판단하여야 한다.[72]

구체적으로는 중요사항에 해당하는지는 사안별로 판단할 수밖에 없다. 판례에서 중요사항으로 인정된 것에는 ① 'A저축은행이 회사채를 발행하면서 증권신고서에 대손충당금 418

---

69) 증권법학회, 자본시장법주석서 I (2015), 622면.

70) 박세화, "발행시장의 부실공시로 인한 민사책임에 관한 고찰," 「금융법연구」 제13권 제3호(금융법학회, 2016), 282면.

71) 재정경제부, 자본시장법 설명자료(2006), 78면.

72) 대판 2015.12.23., 2013다88447.

억원을 과소계상한 사례'[73], ② J저축은행이 부실 대출채권을 정상 채권으로 허위 분류하는 방식으로 재무제표를 작성하고 이러한 재무제표를 기준으로 금융위원회에 제출한 증권신고서에 BIS비율과 자산건전성을 허위로 기재한 사례[74] 등이 있다. 반면에 중요사항으로 인정되지 않은 것에는 ③ 증권신고서에 '용선·대선계약의 구체적 내용의 기재를 누락한 사례'[75] 등이 있다.

다. 거짓의 기재 또는 표시, 기재 또는 표시의 누락

증권신고서와 투자설명서의 내용 중 중요사항에 관하여 '거짓의 기재 또는 표시'가 있거나 중요사항이 '기재 또는 표시되지 아니하였어야' 한다.

(1) 거짓의 기재 또는 표시

"거짓의 기재 또는 표시"란 적극적으로 사실과 다른 거짓의 기재 또는 표시를 하는 행위를 말한다. "해당사항 없음"이라고 기재하는 것도 그것이 중요사항인 한 거짓의 기재 또는 표시에 해당될 수 있다.

'오해를 일으키는 기재 또는 표시'행위에 대해서도 책임을 지는가? 오인표시에는 적극적으로 기재 또는 표시하였지만 그 내용이 모호한 표시가 있고, 표시된 사실은 진실이지만 투자자의 오인을 막기 위하여 필요한 사실을 누락시킴으로써 오해를 일으키는 반진실표시(半眞實表示)가 있는데,[76] 그 종류에 관계 없이 투자자의 잘못된 판단을 초래하는 점에서 거짓의 표시 또는 기재누락과 다를 바 없으므로 책임의 대상이 된다.[77]

(2) 기재 또는 표시의 누락

기재 또는 표시할 사항에 대해서 소극적으로 기재 또는 표시를 하지 않은 행위도 손해배상의 대상이다.

(3) 법령에 따라 예측정보를 기재 또는 표시한 경우에는 책임을 면제

증권신고서에 예측정보를 기재하는 경우에 시장상황, 영업실적 등 여러 요인에 따라 예측과 다른 결과가 발생할 수도 있는데, 이러한 경우까지 모두 거짓의 기재나 표시로 보게되면 예측정보의 기재를 금지하는 것과 다를 바 없다. 따라서 자본시장법은 예측정보가 다음 각 호에 따라 기재 또는 표시된 경우에는 예측과 다른 결과가 나온 경우에도 그 손해에 관하여 배상책임을 지지 않도록 하고 있다(125조②본문).

1. 그 기재 또는 표시가 예측정보라는 사실이 밝혀져 있을 것(125조②1호)

---

73) 대판 2020.7.9., 2016다268848.
74) 대판 2015.11.27., 2013다211032.
75) 대판 2015.12.23., 2013다88447.
76) 김건식/정순섭, 자본시장법(2013), 231면.
77) 박세화, 앞의 논문(발행시장의 부실공시로 인한 민사책임에 관한 고찰), 282면.

   2. 예측 또는 전망과 관련된 가정이나 판단의 근거가 밝혀져 있을 것(2호)

   3. 그 기재 또는 표시가 합리적 근거나 가정에 기초하여 성실하게 행하여졌을 것(3호)

   4. 그 기재 또는 표시에 대하여 예측치와 실제 결과치가 다를 수 있다는 주의문구가 밝혀져 있을 것(4조)

그러나 증권신고서의 신고인 등에게 예측정보의 기재 또는 표시와 관련하여 고의 또는 중대한 과실이 있었다면 배상의 책임을 진다(125조②단서). 이와 관련하여 무엇에 대한 고의 또는 중과실인지가 분명하지 않는데, 예측정보의 특성상 예측과 결과가 다를 수 있다는 것은 당연하므로 양자가 다를 수 있음에 대한 고의나 중과실은 아니고, 합리적인 근거나 가정에 기초하여 성실하게 예측이 이루어지지 않은 것에 대한 고의 또는 중과실로 보아야 한다.[78] 증권신고서 등의 부실기재에 대한 책임(125조①), 사업보고서 등의 부실기재에 대한 책임(162조①) 등 다른 조항에서는 증권의 발행인 등 배상책임을 질 자에게 전환시키고 있는데, 예측정보의 부실기재에 대해서는 일반적인 민사소송의 법리에 따라 그 책임을 청구하는 증권의 취득자가 입증책임을 진다(125조②단서).

법령에 따라 예측정보를 기재 또는 표시한 경우에 손해배상책임을 면제하는 법 제125조 제2항은 주권비상장법인이 최초로 주권을 모집 또는 매출하기 위해 증권신고서를 제출하는 경우(IPO)에는 적용하지 않는다(125조③). 이는 증권시장에 공시경험이 없는 회사가 과도한 예측정보를 이용하여 공시하는 것을 억제함으로써 투자자를 보호하기 위한 것인데, 결과적으로 주권비상장법인이 최초로 주권을 모집 또는 매출하기 위하여 증권신고서를 제출하는 경우에는 예측정보의 기재를 금지하는 것이나 다름없다.

라. 증권취득자의 손해 발생

투자자가 손해배상을 청구하기 위해서는 증권신고서와 투자설명서의 내용 중 중요사항에 관하여 거짓의 기재 또는 표시가 있거나 중요사항이 기재 또는 표시되지 아니함으로써 '증권의 취득자가 손해'를 입었어야 한다.

손해액은 증권 발행인 등의 증권신고서 등의 부실기재 행위로 인하여 증권 투자자가 입은 상당인과관계가 인정되는 금액이다. 판례를 통해서 살펴본다. 증권신고서와 투자설명서의 중요사항에 관한 부실기재로 사채권의 가치평가를 그르쳐 사채권 매입으로 인하여 손해를 입었다는 이유로 손해배상을 청구하는 경우, 그 손해액은 사채권의 매입대금에서 사채권의 실제 가치, 즉 증권신고서와 투자설명서의 중요사항에 관한 부실기재가 없었더라면 형성되었을 정상적인 사채권의 가액을 공제한 금액이다.[79] 그리고 불법행위로 인한 손해배상채무에 대하여는 공평의 관념에 비추어 별도의 이행 최고가 없더라도 불법행위책임이 성립함

---

78) 증권법학회, 자본시장법주석서 I (2015), 649면.

79) 대판 2015.11.27., 2013다211032.

과 동시에 지연손해금이 발생하므로, 증권신고서와 투자설명서의 부실기재의 경우에도 손해는 원칙적으로 사채권을 매입하면서 인수대금을 지급한 때에 발생하며, 지연손해금은 이때를 기산일로 하여 발생한다.[80)

위와 같이 증권신고서의 부실기재로 인하여 투자자가 입은 손해는 부실기재로 인하여 투자자가 입은 손해 중에서 상당인과관계가 인정되는 금액이지만 그 입증은 쉽지가 않다. 자본시장법은 손해액 입증의 어려움을 고려하여, 증권신고인 등이 배상할 금액은 투자자가 해당 증권을 취득하면서 '실제로 지급한 금액'에서 '다음 각 호의 어느 하나에 해당하는 금액'을 뺀 금액으로 추정하고 있다(126조①).

1. 법 제125조에 따라 손해배상을 청구하는 소송의 변론이 종결될 때의 그 증권의 시장가격(시장가격이 없는 경우에는 추정처분가격을 말한다)(126조①1호)
2. 제1호의 변론종결 전에 그 증권을 처분한 경우에는 그 처분가격(2호)

마. 거짓의 기재 등과 손해 사이의 인과관계

증권신고서 등의 거짓의 기재 등으로 인한 법 제125조의 손해배상책임을 인정하기 위하여는 증권신고서나 투자설명서의 중요한 사항에 대한 거짓의 기재 또는 표시행위 등과 그로 인하여 증권 취득자 등이 입은 손해 사이에 인과관계가 존재하여야 한다. 따라서 증권신고자를 비롯한 배상책임을 질 자가 투자자가 입은 손해액의 전부 또는 일부가 중요사항에 관하여 거짓의 기재 또는 표시가 있거나 중요사항이 기재 또는 표시되지 아니함으로써 발생한 것이 아님을 증명한 경우에는 그 부분에 대하여 배상책임을 지지 아니한다(126조②). 이 조항은 증권신고자에게 유리한 듯 보이나, 원래 채무불이행 또는 불법행위 손해배상을 청구할 때에는 투자자인 원고에게 입증책임이 있는 것에 비추면, 부실기재와 손해 사이에 인과관계가 없다는 사실에 대한 입증책임을 증권신고자 등 배상책임을 질 자에게 전환한 것이나 다름이 없다.

3. 당사자

가. 손해배상 책임자

증권신고서와 투자설명서의 내용 중 중요사항에 관하여 거짓의 기재 또는 표시가 있거나 중요사항이 기재 또는 표시되지 아니함으로써 증권의 취득자가 손해를 입은 경우에 '다음 각 호의 자'는 그 손해에 관하여 배상할 책임을 진다(125조①).

1. 증권신고서의 신고인과 신고 당시의 발행인의 이사(125조①1)

"증권신고서의 신고인"이란 증권을 발행하였거나 발행하고자 하는 법인을 말한다.

---

80) 대판 2015.11.27., 2013다211032. 반면에 원심(서울남부지판 2013.8.22., 2013나50522)은 투자자인 원고의 손해는 J저축은행에 대한 파산선고일부터 발생하고 지연손해금도 이때부터 발생한다고 판단하였다.

자본시장법은 발행인에게 증권신고서 제출의무를 부과하고 있으므로(119조①) 새로이 증권을 발행하는 모집은 물론이고, 이미 발행한 증권을 매출하는 경우에도 발행인이 신고인이다. 따라서 대주주가 보유하는 증권을 매출하는 경우에도 발행인이 증권신고서를 제출하고 부실기재가 있는 경우에는 손해배상책임을 진다.

"신고 당시의 발행인의 이사"도 배상책임자에 해당한다. 당해 법인의 등기이사 전원을 말하며, 신고에 관여했는지에 관계없이 책임의 주체가 된다.[81] '신고 당시'라고 되어 있으므로 신고 후에 이사로 선임된 자와 신고 전에 사임, 해임 등으로 이사의 지위를 상실한 자는 제외된다. 법률 또는 정관 등에 정한 이사의 원수를 결한 경우에는 임기의 만료 또는 사임으로 인하여 퇴임한 이사는 새로 선임된 이사가 취임할 때까지 이사의 권리·의무가 있으므로 퇴임이사도 새로운 이사가 취임할 때까지 계속 책임 주체가 된다.[82]

'신고 당시'란 신고서의 제출, 수리, 효력발생 시 중 언제를 의미하는가? 청약일 전일까지 정정신고서를 제출할 수 있으므로 '신고서 제출 시의 이사'와 '신고서 효력발생 시 이사'는 모두 손해배상책임의 주체가 된다고 보는 견해[83]가 있으나, 법 제125조는 증권신고서 등의 부실기재에 대해서 엄격한 책임을 추궁하는 것이고, 신고서의 부실기재가 확정되는 것은 신고서 제출시점이므로 '신고서 제출일'의 이사가 책임의 주체가 된다고 볼 것이다.[84] 물론 신고서 제출일 이후 신고서 효력 발생 시의 이사에 대해서는 민법상의 손해배상책임을 청구할 수 있다.

이사가 없는 경우에는 이에 준하는 자가 배상책임을 진다(125조①1호). 정식의 이사가 아닌 비등기이사는 사실상 신고서 작성에 관여한 경우에도 직접 투자자에 대해서 제125조의 책임을 지지 않지만, 이사가 없는 경우에는 '이사에 준하는 자'로서 책임을 질 수 있다.[85]

2. 업무집행책임자로서 그 증권신고서의 작성을 지시하거나 집행한 자(125조①2)

배상책임자에는 이사 외에도 상법 제401조의2 제1항의 업무집행지시자도 포함된다. 상법상 업무집행책임자라고 하여서 언제나 배상책임자가 되는 것은 아니고 당해 증권신고서등의 작성을 지시하거나 집행한 자이어야 한다. 그 사실은 투자자인 원고가 입증해야 한다.

3. 증권신고서의 기재사항 등이 진실 또는 정확하다고 증명하여 서명한 공인회계사·감

---

81) 김건식/정순섭, 자본시장법(2013), 232면.
82) 임재연, 자본시장법(2018), 502면.
83) 임재연, 자본시장법(2018), 501면.
84) 김건식/정순섭, 자본시장법(2013), 233면. 김용재, 자본시장과 법(2016), 268면.
85) 김건식/정순섭, 자본시장법(2013), 233면.

정인 또는 신용평가사 등(125조①3)

증권신고서의 기재사항 또는 그 첨부서류가 진실 또는 정확하다고 증명하여 서명한 공인회계사·감정인 또는 신용평가를 전문으로 하는 자 등으로서 공인회계사, 감정인, 신용평가를 전문으로 하는 자, 변호사, 변리사 또는 세무사 등 공인된 자격을 가진 자(그 소속단체를 포함한다)도 배상책임을 진다(125조①3, ☞135조①). 증권시장에서 전문가가 차지하는 역할과 투자자들의 신뢰를 중시한 것이다. 공인회계사 등이 속한 소속단체도 책임을 진다.

공인회계사 등은 증권신고서의 기재사항 또는 그 첨부서류가 진실 또는 정확하다고 증명하여 서명한 경우에만 책임을 부담하기 때문에 다른 배상책임자보다 책임범위가 좁다. 따라서 회사가 분식결산에 의하여 재무제표에 허위의 기재를 한 경우에도, 공인회계사가 감사하여 증명한 부분의 내용이 정확한 경우에는 책임이 없다.[86]

공인회계사는 외부감사법 제31조에 의해서도 책임을 부담하며, 회계감사인에 대해서는 법 제170조가 추가적으로 적용된다.

4. 증권신고서의 기재사항 또는 그 첨부서류에 자기의 평가·분석·확인 의견이 기재되는 것에 대하여 동의하고 그 기재내용을 확인한 자(125조①4)

증권신고서의 기재사항 또는 그 첨부서류에 자기의 평가·분석·확인의견이 기재되는 것에 대하여 동의하고 그 기재내용을 확인한 자도 배상책임을 진다. 그 기재내용을 확인하였을 것을 요구하고 있으므로, 의견의 기재에는 동의하였으나 그 기재내용을 확인을 받지 않은 경우에는 책임을 물을 수 없다.[87] 증권신고서나 그 첨부서류에 자기의 의견이 기재되는 것에는 공인회계사 등 제3호의 전문가들과 차이가 없으나, 공인된 자격을 요구하지 않고 소속단체와 연관성을 인정하지 않는 점에서 차이가 있다.[88]

5. 그 증권의 인수인 또는 주선인(125조①5)

"인수인"이란 증권을 모집·사모·매출하는 경우 인수를 하는 자이며(9조⑫), "주선인"은 인수행위 외에 발행인 또는 매출인을 위하여 해당 증권의 모집·사모·매출을 하거나 그 밖에 직접 또는 간접으로 증권의 모집·사모·매출을 분담하는 자(9조⑬)를 말한다.

그런데 보통의 경우에는 주간사 인수인이 신디케이트를 구성하는데 법문만으로 볼 때에는 그 증권의 인수과정에 관여하는 인수인 또는 주선인이 모두 책임의 주체가 된다고 볼 수 있어서 실사에 참여하지 않고 분매과정에만 참여하는 인수인 등에게

86) 이상복, 자본시장법(2021), 1105면.
87) 증권법학회, 자본시장법주석서 I (2015), 645면.
88) 김병연/권재열/양기진, 자본시장법(2017), 256면. 증권법학회, 자본시장법주석서 I (2015), 645면.

는 지나치게 가혹할 수 있다. 이에 따라 자본시장법은 인수인과 주선인을 모두 책임의 주체로 하되, 인수인과 주선인이 2인 이상인 경우에는 '대통령으로 정하는 자'로 그 책임 주체를 한정하고 있다(125조①5괄호). 구체적으로는 인수인과 주선인이 2인 이상인 경우에 ①인수인(슈135조②1호) 또는 ②발행인 또는 매출인으로부터 인수 외의 방법으로 그 발행인 또는 매출인을 위하여 해당 증권의 모집·사모·매출을 할 것을 의뢰받거나 그 밖에 직접 또는 간접으로 증권의 모집·사모·매출을 분담할 것을 의뢰받아 그 조건 등을 정하는 주선인(슈135조②2호)을 책임의 주체로 하고 있다. 즉, 증권의 발행절차에 관여하는 인수인이 2인 이상인 경우에는 그 역할에 관계 없이 모든 인수인이 책임의 주체가 되지만, 주선인이 2인 이상인 경우에는 발행인 또는 매출인으로부터 인수 외의 방법으로 그 발행인 또는 매출인을 위하여 해당 증권의 모집·사모·매출을 할 것을 의뢰받거나 그 밖에 직접 또는 간접으로 증권의 모집·사모·매출을 분담할 것을 의뢰받아 그 조건 등을 정하는 주선인만이 책임의 주체가 된다.

6. 투자설명서를 작성하거나 교부한 자(125조①6)

투자설명서의 작성자는 발행인에 한정되지만(123조①), 투자설명서를 교부한 자는 그 폭이 넓다. 직접 공모하는 경우에는 발행인, 총액 또는 잔액인수방식의 공모 시에는 발행인 및 인수인, 모집주선방식의 공모 시에는 발행인 및 모집주선인 등이 교부한 자에 해당할 수 있다. 따라서 발행인을 제외한 자가 증권을 취득하게 하거나 매도하는 경우에는 투자설명서의 작성자와 교부자는 일치하지 않게 되고, 이 경우에는 작성자와 교부자가 연대하여 책임을 부담한다.[89]

"교부"의 범위에 대해서는 논란이 있으나, 거짓의 기재에 대해서 강력한 손해배상책임을 인정하는 법 제125조의 취지를 고려하면, 투자설명서를 투자자에게 직접 교부하는 경우뿐만이 아니라 투자자가 손쉽게 접근할 수 있도록 투자설명서를 비치·열람하는 방식으로 투자권유를 하는 경우도 교부에 해당한다고 볼 것이다.

7. 매출의 방법에 의한 경우 매출신고 당시의 매출인(125조①7)

매출의 경우 실제 행위자는 매출인이나 신고의무는 발행인에게 있다. 그러나 신고자에게만 책임을 부과할 경우 가장 큰 이해관계를 가지는 매출인이 책임을 면하게 되므로 신고자와는 별도로 책임을 지우고 있다. 이때의 책임을 지는 매출인은 '매출신고 당시'의 매출인이다.[90]

---

89) 이상복, 자본시장법(2021), 1108면.
90) 변제호 외 5인, 자본시장법(2015), 434면.

나. 손해배상 청구권자

(1) 증권의 취득자

증권신고서와 투자설명서의 중요사항에 관하여 거짓의 기재 또는 표시가 있거나 중요사항이 기재 또는 표시되지 아니함으로써 '증권의 취득자'가 손해를 입은 경우에는 손해배상책임을 진다(125조①). 즉, 손해배상 청구권자는 '증권의 취득자'이다. 법 제125조는 공모시 증권신고서 또는 투자설명서의 부실기재 등에 대한 책임을 규정하는 조항이므로 모집뿐만 아니라 매출에 의하여 증권을 취득한 자도 증권의 취득자에 포함된다.[91]

(2) 전득자

발행시장에서 모집·매출을 통하여 증권을 취득한 자로부터 직접 증권을 취득한 자 즉 전득자도 손해배상청구권자에 포함되는가? 법 제125조는 "증권의 취득자가 손해를 입은 경우에는"이라고 하면서 '증권의 취득자'만을 규정하고 있어서 전득자는 포함되지 않는다는 견해가 있지만, 증권신고서 또는 투자설명서의 부실기재에 영향을 받아서 형성된 취득 가격을 전제로 발행시장 내에서 전득이 이루어졌다면 그 범위 내에서는 전득자도 배상청구권자에 포함시키는 것이 타당하다.[92] 그러나 발행절차가 종료되고 상당한 기간이 지난 경우에 해당 증권을 취득한 전득자는 손해배상청구권자가 될 수 없다.[93]

(3) 유통시장에서 증권을 취득한 자

발행시장이 아니라 유통시장에서 동종의 증권을 취득한 자도 법 제125조의 손해배상 청구권자에 포함되는가? 이에 대해서는 발행시장에서 모집·매출된 증권이 상장되어 거래가 시작된 이후부터 최초로 정기공시가 이루어지기 전까지는 증권신고서 또는 투자설명서에 의하여 정보를 얻을 수밖에 없고, 주가도 이를 근거로 형성되는 점에서 법 제125조의 손해배상청구를 허용하여야 한다는 견해(포함설)[94]가 있으나, 법 제125조는 증권신고서의 부실기재에 적용되는 조항으로 증권이 최초로 발행되거나 매매되는 '모집 또는 매출'에 의하여 증권을 취득한 자에게만 손해배상청구권을 인정하고 있을 뿐 아니라, 유통시장의 공시위반으로 인하여 발생한 손해에 대해서는 법 제162조에서 별도로 규정하고 있으므로, 일단 증권이 상장되어 거래되기 시작한 이후에 유통시장에서 증권을 취득한 자는 증권신고서와 투자설명서의 부실기재에 책임이 있는 자를 상대로 민법상 불법행위책임을 물을 수 있음은 별론으로 하더라도, 법 제125조에서 규정하는 증권 취득자의 범위에는 포함되지 않는다고 볼 것이다

---

91) 증권법학회, 자본시장법주석서 I (2015), 640면.
92) 김건식/정순섭, 자본시장법(2013), 237면. 김병연/권재열/양기진, 자본시장법(2017), 254면. 김용재, 자본시장과 법(2016), 270면. 이상복, 자본시장법(2021), 1108면.
93) 입법적인 해결이 필요하다는 견해로는 변제호 외 5인, 자본시장법(2015), 438면.
94) 김정수, 자본시장법원론(2011), 453면.

(판례[95], 불포함설[96]).

4. 입증책임의 전환

증권신고서 또는 투자설명서의 중요사항에 관하여 거짓의 기재 또는 표시가 있거나 이를 누락한 경우에는 증권의 발행인 등은 그 손해에 관하여 배상책임을 진다(125조①본문). 다만, 증권의 발행인 등 배상책임을 질 자가 '상당한 주의'를 다하였음에도 불구하고 이를 알 수 없었음을 증명하거나 그 증권의 취득자가 취득의 청약을 할 때에 그 사실을 안 경우에는 배상책임을 지지 아니한다(125조①단서).

일반적인 민사소송에서는 투자자인 원고가 요건사실에 대하여 입증책임을 부담하지만, 자본시장법은 증권소송에서의 입증의 어려움을 고려하여 증권신고서 등의 부실기재에 대해서 증권 발행인 등 배상책임자의 고의나 과실을 추정하되 그 책임을 면하기 위해서는 증권신고서의 기재 등에 있어서 ①상당한 주의의무를 다하였다거나 또는 ②그 증권의 취득자가 취득의 청약을 할 때에 거짓의 기재 또는 표시사실을 알았다는 것을 증명하도록 하고 있다(125조①). ①은 상당한 주의의 항변이고, ②는 악의의 항변이다.

①과 관련하여 "상당한 주의를 다하였음에도 증권신고서 등의 부실기재를 알 수 없었다"는 것을 증명한다는 것은 '자신의 지위에 따라 합리적으로 기대되는 조사를 한 후 그에 의하여 거짓의 기재 등이 없다고 믿었고 그렇게 믿을 만한 합리적인 근거가 있었음'을 증명하는 것을 말한다.[97] 발행인 등이 그 책임을 면하기 위해서는 '상당한 주의'를 하였음에도 불구하고 부실표시를 알 수 없었음을 증명하여야 하기 때문에 단순히 그 부실표시를 알지 못하였다는 사실만으로는 책임을 면할 수 없고, 자신의 지위와 특성에 따라 합리적으로 기대되는 조사를 하였으며, 그에 의해 문제된 사항이 진실이라고 믿을 만한 합리적인 근거가 있음을 입증해야 한다.[98] '상당한 주의'에 구체적 의미는 현재의 법령과 판례상으로는 불분명하고, 이사, 특히 사외이사의 행위규범도 분명하지 않다. 특히, 외부감사인이 감사하거나 검토한 재무제표를 믿었을 경우에 상당한 주의의무를 다하였다고 볼 것인지가 문제되는데, 의문을 제기할 만한 특별한 사정이 없다면, 전문가인 외부감사인이 감사하거나 검토한 재무제표에 관하여는 그에 대한 신뢰를 원칙적으로 보호할 필요가 있다. 다만, 경영진이나 외부감사인의 신뢰성에 의문이 발생한 경우, 재무제표의 외관 자체에서 합리적 의심이 발행한 경우 등에는 추가적인 질문 또는 자료요구 등이 필요할 것이다.[99]

---

95) 대판 2015.12.23., 2013다88447; 대판 2002.5.4., 99다48979.

96) 이상복, 자본시장법(2021), 1110면; 임재연, 자본시장법(2018), 496면.

97) 대판 2015.12.23., 2015다210194; 대판 2014.12.24., 2013다76253 등.

98) 대판 2002.9.24., 2001다9311,9328.

99) 천경훈, "재무정보의 부실공시에 대한 상장회사 이사의 책임과 '상당한 주의' 항변," 「증권법연구」 제18권 제2호(증권법학회, 2017), 119면.

②와 관련하여 증권의 취득자가 청약을 할 때 증권신고서의 부실기재 사실을 알았다면 증권 발행인 등은 배상책임을 지지 아니한다. 증권 취득자의 악의는 '취득의 청약을 할 때'를 기준으로 판단한다. 따라서 취득의 청약 시 취득자가 선의였다면 그 이후에 부실기재 사실을 알게 되었더라도 손해배상청구에는 영향이 없다.[100] 증권 발행인이 상당한 주의를 다하였다는 사실은 배상책임을 지는 발행인 등이 증명하여야 하지만, 증권의 취득자가 증권신고서의 부실기재 사실을 알았다는 사실은 누가 입증하여야 하는지는 분명하지 않은데, 법 제125조의 취지에 비추어 보면 증권발행 등 배상책임자가 원고인 증권 취득자의 악의를 증명할 것이다.[101]

5. 인과관계와 시장사기이론

법 제125조에서 증권의 취득자 등이 입은 손해는 증권 발행인이 제출한 증권신고서와 투자설명서의 내용 중 '중요사항'에 관하여 '거짓의 기재 또는 표시가 있거나 중요사항이 기재 또는 표시되지 아니함'으로써 입은 것을 의미하므로, 증권 발행인의 부실기재와 증권 취득자의 손해 사이에는 인과관계가 있어야 한다.

증권취득에 따른 손해의 인과관계는 통상 부실한 신고서를 신뢰하여 증권을 취득하였다는 거래인과관계(transaction causation)와 증권 취득자의 손해가 부실기재 때문에 발생하였다는 손해인과관계(loss causation)로 구분되는데, 거래인과관계는 그 증명이 사실상 불가능하므로 법 제125조의 요건이 아니라는 견해[102]도 있으나, 거래인과관계 역시 손해배상의 요건으로 보아야 하고 다만, 입증의 어려움을 고려하면 거래인과관계는 사실상 추정된다고 해석할 것이다. 거래인과관계 없이 취득자의 손해를 인정하기 어렵고, 발행시장에서는 신고서류가 증권취득 결정의 거의 유일한 자료이므로 투자자가 이를 신뢰하고 거래하였다고 추정하는 것이 합리적이기 때문이다.[103]

미국에서는 SEC Rule 10b-5 소송의 경우 효율적 시장이 형성된 유통시장에서 거래되는 증권의 투자자에 대해서는 시장사기이론(the fraud on the market theory)으로 거래인과관계를 추정한다. 효율적인 시장에서 형성되는 증권의 가격은 공개된 정보뿐만 아니라 증권신고서 등의 부실기재의 내용도 반영하기 때문에, 투자자가 시장에서 형성된 가격을 신뢰하고 거래하였으면, 부실기재된 증권신고서 등을 직접 읽고서 증권을 취득하였음을 증명하지 않더라도 부실한 신고서를 신뢰하여 증권을 취득하였다는 거래인과관계를 추정하는 것이다. 반면에 시장사기이론에 의하면 아직 효율적 시장이 형성되지 않은 발행시장에서는 거래인과관계를

---

100) 증권법학회, 자본시장법주석서 I (2015), 648면.
101) 이상복, 자본시장법(2021), 1127면.
102) 김용재, 자본시장과 법(2016), 265면; 임재연, 자본시장법(2018), 530면.
103) 이상복, 자본시장법(2021), 1133면; 변제호 외 5인, 자본시장법(2015), 441면.

추정하기가 어렵다.

발행시장에서의 거래인과관계를 추정하기 위한 이론으로 '사기에 의한 시장형성이론(fraud created the market theory)'이 주장되고 있다. "사기에 의한 시장형성 이론"은 자본시장에서는 시장에 나올 수 있는 증권만 거래된다고 믿은 투자자의 신뢰를 보호한다. 원래 자본시장에 나올 수 없었던 증권이 증권발행인 등의 증권신고서 부실기재에 의하여 발행시장에 나왔다면, 발행시장에서 증권을 취득한 투자자에 대해서 '증권발행인 등의 사기행위(부실기재)가 아니었으면 해당 증권을 취득하지 아니하였을 것'이라는 거래인과관계를 추정하는 것이다. 따라서 투자자는 자신이 증권발행인의 증권신고서 부실기재에 속아서 해당 증권을 취득하였다는 사실을 입증할 필요 없이, 증권신고서의 부실기재가 없었다면 해당 증권이 발행시장에 나올 수 없었다는 점만 입증하면 거래인과관계가 추정된다. 결국 시장사기이론은 자본시장에서 형성된 시장가격의 완결성(integrity of the market price)을 신뢰한 투자자를 보호하는 데 반하여, 사기에 의한 시장형성이론은 자본시장 자체의 완결성(integrity of the market itself)을 신뢰한 투자자들을 보호하므로 그 적용되는 폭이 넓게 된다.[104]

우리나라에서는 증권신고서의 부실기재 등 발행시장에서의 사기의 경우 법 제125조에 따른 손해배상청구 시에는 거래인과관계를 추정하는 견해가 일반적이지만, 민법 제750조나 다른 법령에 근거하여 손해배상을 청구하는 경우에는 투자자인 원고가 거래인과관계를 입증해야 한다. 이와 관련하여 '사기에 의한 시장형성이론'의 도입을 주장하면서, 증권신고서의 부실기재 등 발행시장에서의 사기를 이유로 민법 제750조에 의하여 손해배상을 청구하는 경우와 회사채시장, 증권신고서가 제출되지 않은 상황 등에 대해서도 거래인과관계를 추정할 것을 주장하는 견해[105]가 있다.

6. 손해배상책임의 소멸

거짓의 기재 등으로 인한 배상책임은 그 청구권자가 '해당 사실을 안 날'부터 1년 이내 또는 해당 증권에 관하여 증권신고서의 효력이 발생한 날부터 3년 이내에 청구권을 행사하지 아니한 경우에는 소멸한다(127조). 소멸시효기간으로 보는 견해도 있으나, 법문에 "소멸한다"고만 되어 있고 "시효로 소멸한다"는 표현이 없으므로 제척기간으로 볼 것이다.[106]

1년의 제척기간은 청구권자가 해당 사실을 안 날부터 기산한다.

3년의 기간은 증권신고서의 효력이 발생한 날부터 기산하지만, 증권신고서의 효력이 이

---

104) 시장사기이론과는 달리 사기에 의한 시장형성이론은 연방대법원에서 인정된 이론은 아니며 법원별로 인정 여부와 요건이 대립하고 있다. 김연미, "사기에 의한 시장형성이론," 「증권법연구」 제20권 제3호(증권법학회, 2019), 128–129면.

105) 김연미, 앞의 논문, 125, 149면.

106) 인과관계, 소멸시효에 대해서는 법 제162조의 사업보고서 등의 부실기재에 대한 "제5장 제5절 Ⅱ.민사상 손해배상책임" 참조.

미 발생하고 있더라도 정정신고서가 제출된 때에는 그 정정신고서가 수리된 날에 증권신고서가 수리된 것으로 보기 때문에(122조⑤), 그 정정신고서의 수리일부터 일정한 기간이 경과한 날부터 기산한다(120조①).

Ⅲ. 형사책임

증권신고서, 투자설명서 등에 거짓의 기재 또는 표시를 하거나 누락한 자는 형사처벌을 받을 수 있다. 아래는 대표적인 형사처벌 규정을 열거한 것이다.

1. 증권신고서 등의 중요사항에 관하여 거짓의 기재를 한 자

    증권신고서, 정정신고서, 투자설명서 등의 중요사항에 관하여 거짓의 기재 또는 표시를 하거나 중요사항을 기재 또는 표시하지 아니한 자 및 그 중요사항에 관하여 거짓의 기재 또는 표시가 있거나 중요사항의 기재 또는 표시가 누락되어 있는 사실을 알고도 서명을 한 자는 5년 이하의 징역 또는 2억원 이하의 벌금에 처한다(444조 13호).

2. 거짓임을 알고서도 진실 또는 정확하다고 증명하여 그 뜻을 기재한 자

    증권신고서 등의 기재사실이 거짓임을 알고서도 이를 진실 또는 정확하다고 증명하여 그 뜻을 기재한 공인회계사·감정인 또는 신용평가를 전문으로 하는 자는 5년 이하의 징역 또는 2억원 이하의 벌금에 처한다(444조13호).

3. 정정신고서 제출의무를 위반하여 이를 제출하지 아니한 자

    증권신고서의 내용이 불명확하여 반드시 정정신고서를 제출하여야 할 의무를 부담함에도 불구하고 정정신고서를 제출하지 아니한 자는 5년 이하의 징역 또는 2억원 이하의 벌금에 처한다(444조14호).

4. 투자설명서의 작성·공시의무를 위반하여 이를 제출하지 아니한 자

    투자설명서를 작성하여 공시할 의무를 부담함에도 불구하고 이를 위반하여 투자설명서 등을 제출하지 아니한 자는 1년 이하의 징역 또는 3천만원 이하의 벌금에 처한다(446조 21호).

5. 정당한 투자설명서의 사용의무를 위반한 자

    정당한 투자설명서의 사용의무를 위반하여 투자설명서를 미리 교부하지 아니하고 증권을 취득하게 하거나 매도한 자는 1년 이하의 징역 또는 3천만원 이하의 벌금에 처한다(446조22호).

6. 증권신고서의 효력 발생 후 투자설명서 등을 사용하는 절차 등을 위반한 자

    누구든지 증권신고의 대상이 되는 증권의 모집 또는 매출 등을 위해서 청약의 권유

를 하고자 하는 경우에는 증권신고서의 효력이 발생한 후에 투자설명서를 사용하는 등의 절차를 거쳐야 함에도 불구하고 이를 따르지 아니하고 청약의 권유 등을 한 자는 1년 이하의 징역 또는 3천만원 이하의 벌금에 처한다(446조23호).

제5장

유통시장과 공시규제

제1절

총설

I. 서설

"유통시장(secondary market)"은 이미 발행된 증권이 투자자들 사이에서 거래되는 '2차적 시장'이다. 다수의 투자자가 참여하는 '자유경쟁적인 시장'[1]이므로 공정한 가격이 형성될 가능성이 높고, 투자자는 주식이나 채권을 매각하여 투자자금을 회수하거나, 증권의 매수 등을 통하여 여유자금을 투자할 수 있다. 효과적인 유통시장은 증권과 파생상품의 유통성을 높여 투자를 촉진시키고, 발행시장을 활성화시킴으로써 원활한 장기자본조달의 뒷받침이 된다.

유통시장이 원활하고 효율적으로 작동되기 위해서는 정확한 기업공시가 이루어져야 한다. 불성실한 공시는 증권의 가격 형성을 방해하고 기업과 국민경제 발전의 저해요인이 되므로, 투자자를 보호하며 공정한 거래질서를 구축하기 위해서는 신속하고 효율적인 공시시스템을 구축하는 것이 중요하다. 증권의 발행 시에 제출하는 증권신고서, 투자설명서 등을 통해 공시한 정보는 시간이 지남에 따라 효용가치가 떨어지므로, 증권 발행 후에도 중요한 기업내용에 관한 정보를 정기적 또는 수시로 공시하도록 함으로써 정보의 불균형을 해소하고 투자자를 보호할 필요도 있다.

유통시장공시는 자본시장법, 금융위원회, 금융감독원과 거래소 규정에 의해 규율되고 있다. 유통시장공시에서는 발행시장의 증권신고서에서와 같은 효력 발생의 개념이 없어, 제출하는 사업보고서 등에 잘못된 기재가 있거나 중요한 정보가 누락된 경우에는 보다 광범위한 조치를 통해서 해당 보고서의 정정 등을 요구할 수 있으며, 필요 시 증권의 발행 제한 등의 조치를 할 수 있다.

---

[1] 발행시장에서는 증권을 매도하는 측은 1인 또는 소수이고 매수하는 측은 다수의 투자자이나, 유통시장에서는 매도인과 매수인이 모두 다수로 구성되어 경쟁적인 거래가 이루어진다.

Ⅱ. 유통시장공시의 종류

기업공시제도는 크게 발행시장공시와 유통시장공시로 구분할 수 있다.

"발행시장공시"는 증권을 발행하기 위해 투자자를 대상으로 하는 1회성 공시이다. 공시자료에는 증권신고서, 투자설명서, 증권발행실적보고서 등이 있다(118조~132조).

"유통시장공시"는 연속적이고 지속적인 투자가 이뤄지고 있는 유통시장에 참여하는 투자자를 대상으로 하는 공시를 말한다. 즉, 현재의 주주와 채권자, 미래의 투자자에게 투자판단에 필요한 과거·현재·미래의 투자정보를 공시하는 것이다. 유통시장공시는 정기공시, 수시공시, 공정공시로 구분된다. "정기공시"란 사업보고서, 반기보고서, 분기보고서 등을 통해 정기적으로 이루어지는 공시를 말하고, "수시공시"란 주요사항 보고서 등 기업경영에 중요한 영향을 미치는 정보를 수시로 공개하는 공시를 말한다. 그 밖에 투자자 사이에 정보의 비대칭이 발생하는 것을 방지하기 위해 이루어지는 '공정공시' 등도 유통시장공시의 일종이다(159조~165조).

"특수공시"는 발행시장공시와 유통시장공시 외의 특수한 공시를 말하며, 지분공시와 기타공시가 있다. 지분공시에는 상장법인의 지배권의 변동에 관련된 것으로 공개매수(134조), 주식등의 대량보유보고(147조) 등의 공시가 있고, 그 밖에도 불공정거래 규제의 일환으로 이루어지는 임원 등의 특정증권등 소유상황 보고(173조) 등의 공시가 있다. 기타공시에는 합병, 자산·영업양수도 및 분할신고, 자기주식 취득·처분 등의 신고 등이 있다.

Ⅲ. 공시규제와 불공정거래의 규제

한 국가의 자본시장이 제대로 작동하기 위해서는 신속하고 정확한 공시를 통해서 투자자들에게 정확한 정보를 제공하고, 그와 동시에 불공정거래행위는 엄격하게 처벌하여서 공정한 거래 분위기를 조성하여야 한다. 즉, 자본시장 규제에서 가장 중요한 2가지는 강제공시와 불공정거래의 규제라고 할 수 있다.[2]

공시규제와 불공정거래의 규제는 밀접하게 관련되어 있다. 증권시장이 제대로 기능하고 투자자의 신뢰를 얻기 위해서는 정확한 정보가 제대로 공시되어야 할뿐만 아니라, 투자자가 피해를 입지 않도록 내부자거래, 시세조종, 부정거래행위 등에 대해서는 엄격한 법 집행이 이루어져야 한다. 불공정거래행위가 만연하면 투자자는 시장에서 유통되는 정보를 신뢰할 수 없고, 그렇게 되면 역선택의 문제로 시장이 형성되기 어렵게 된다.[3] 효율적이고 강건한

2) 송옥렬, "증권시장 사기규제의 법경제학,"「법경제학연구」제9권 제2호(법경제학회, 2012), 172면.
3) 송옥렬, 앞의 논문(증권시장 사기규제의 법경제학), 173면.

자본시장을 위해서는 신뢰성 있는 정보를 제공하는 공시제도의 구축이 필요하고, 투자자를 보호하기 위하여 불공정거래행위에 대한 엄격한 법집행이 필요하다. 따라서 공시규제와 불공정거래의 규제는 상호 보완적이다(☞ 자세한 내용은 "제7장 불공정거래의 규제" 참조).

[표5-1] 발행시장의 공시

공시항목	내용	근거조문
증권신고서	증권의 모집·매출 시 제출	법 119조 – 122조
투자설명서	증권의 모집·매출 시에 제출, 비치·열람	법 123조
증권발행실적보고서	모집·매출한 증권의 발행 또는 매도 종료 시 제출	법 128조

[표5-2] 유통시장의 공시

공시종류	공시항목	내용	근거조문
정기공시	사업보고서, 반기·분기보고서	투자자에게 기업내용과 일정기간의 영업성과 및 재무상태를 정기적으로 공시 - 사업보고서, 사업연도 경과 후 90일 내 제출 - 반기보고서, 반기 경과 후 45일 내 제출 - 분기보고서, 분기 경과 후 45일 내 제출	법 159조, 법 160조
수시공시	주요사항보고서	당해 기업 경영활동과 관련 사항으로서 투자자의 주요 의사결정에 영향을 미치는 사실 또는 결정내용을 신고하고 공시 - 당일공시사항 및 익일공시사항이 있음	법 161조, 법 391조, 유가증권시장 공시규정 7조
	조회공시	풍문·보도의 사실 여부나 가격이나 거래량에 현저한 변동이 있는 경우 거래소가 중요한 정보의 유무에 대한 답변을 요구하고 당해 기업은 공시	동규정12조
	자율공시	주요 경영사항 이외의 세칙에서 정하는 사항 - 사유발생 다음날까지 신고	동규정28조
공정공시	장래 사업계획 등 다수	기관투자자 등 특정인에게 미공시 중요정보를 선별 제공하고자 하는 경우 그 특정인에게 제공하기 전에 증권시장을 통해 공시 - 정보 선별 제공하기 전까지 공시 - 경미한 과실·착오 시 제공 당일까지 공시	동규정15조

[표5-3] 지분공시

공시항목		내용	보고주체	근거조문
공개매수	기업 지배권 변동 공시	공개매수자는 공개매수신고서등을 금융위원회와 거래소에 제출	공개매수자 (잠재주주)	법 133조
주식등 대량보유보고 (5%보고)		대량보유자는 보유상황, 보유목적 등을 금융위원회와 거래소에 보고	대량보유자 (주주)	법 147조
의결권 대리행사권유		의결권권유자는 위임장용지등을 금융위원회와 거래소에 제출, 열람	의결권권유자	법 152조
임원 · 주요주주의 특정증권등 소유상황보고		주권상장법인의 임원 · 주요주주는 특정증권등의 소유상황의 변동을 증권선물위원회와 거래소에 보고	주권상장법인 임원 · 주요주주	법 173조
최대주주등 소유주식변동 신고		주권상장법인은 최대주주등의 소유주식수 변동내용을 한국거래소에 신고	발행회사	유가증권 상장 규정 83조

제2절

정기공시

Ⅰ. 개요

"정기공시"는 해당 기업의 영업성과 및 재무상태를 정기적으로 공시하는 것을 말한다. 정기공시에는 사업보고서, 반기보고서, 분기보고서의 제출 및 공시가 있다.

"사업보고서"는 직전 사업연도의 영업실적 등을 기재한 보고서이며, 사업연도 경과 후 90일 이내에 금융위원회와 거래소에 제출하여야 한다(159조①본문).

"반기보고서"는 사업연도 개시일부터 6월간의 영업실적 등을 기재한 보고서이며, 그 기간 경과 후 45일 이내에 금융위원회와 거래소에 제출하여야 한다(160조).

"분기보고서"는 사업연도 개시일부터 3개월간 및 9개월간의 영업실적 등을 기재한 보고서이며, 그 기간 경과 후 45일 이내에 금융위원회와 거래소에 제출하여야 한다(160조).

Ⅱ. 사업보고서

1. 의의

"사업보고서"란 주권상장법인 등이 직전 사업연도의 영업실적 등을 기재하여 각 사업연도 경과 후에 금융위원회와 거래소에 제출하는 정기적인 연차보고서(annual report)이다. 증권시장에서 유통되고 있는 증권과 관련하여 그 발행인(9조⑩)에 관한 사항을 구체적으로 기재한 공시서류로서, 자본시장법에 따라서 작성되고 투자자의 투자결정에 필요한 정보를 제공하는 데 목적이 있다. 이 점에서 상법에 따라 작성된 후 주주에게 제공되는 영업보고서와는 구분된다.

2. 제출의무자

가. 제출대상법인

사업보고서 제출대상법인은 ①'주권상장법인'과 ②'그 밖에 대통령령으로 정하는 법인'이다(159조①본문). "주권상장법인"이란 증권시장에 상장된 주권을 발행한 법인, 그리고 주권과 관련된 증권예탁증권이 증권시장에 상장된 경우에는 그 주권을 발행한 법인을 말하고(9조⑮ 3), "그 밖에 대통령령으로 정하는 법인"이란 다음 각 호의 어느 하나에 해당하는 법인을 말한다(슈167조①).

   1. 다음 각 목의 어느 하나에 해당하는 증권을 증권시장에 상장한 발행인(슈167조①1호)
      가. 주권 외의 지분증권(집합투자증권과 유동화전문회사등이 발행하는 출자지분은 제외한다)
      나. 무보증사채권(담보부사채권과 제362조제8항에 따른 보증사채권은 제외)
      다. 전환사채권·신주인수권부사채권·이익참가부사채권 또는 교환사채권
      라. 신주인수권이 표시된 것
      마. 증권예탁증권(주권 또는 가목부터 라목까지의 증권 관련 증권예탁증권만 해당)
      바. 파생결합증권
   2. 제1호 외에 다음 각 목의 어느 하나에 해당하는 증권을 '모집 또는 매출'[4]한 '발행인'[5](2호)
      가. 주권
      나. 제1호 각 목의 어느 하나에 해당하는 증권
         예를 들어, 무보증사채를 공모로 발행한 실적이 있는 A회사(주권상장법인)로부터 물적분할하여 설립된 B회사(비상장법인)가 분할 시 분할계획서에 따라 해당 무보증사채를 승계한 경우, B회사(분할신설법인, 비상장법인)는 법 시행령 제167조 제1항 제2호에 따른 사업보고서 제출대상법인에 해당하고, 해당 무보증사채가 상장되어 있는 경우에 B회사는 법 시행령 제167조 제1항 제1호 나목에 따라 사업보고서 제출대상법인에 해당한다.
   3. 제1호 및 제2호 외에 외감법 제4조에 따른 외부감사대상 법인(해당 사업연도에 처음 외감대상이 된 법인은 제외한다)으로서 제2호 각 목의 어느 하나에 해당하는 증권별로 그 증권의 소유자 수가 500인 이상인 '발행인'(3호)
      제3호의 법인은 외감법에 따른 외부감사대상으로서, 발행한 증권별로 그 증권의 소유자가 500인 이상인 법인을 뜻한다. "증권의 소유자 수"는 최근 사업연도말을 기준으로 하여 해당 증권의 소유자별로 산정하며 구체적인 산정방식은 증권발행공시규정에서 정하고 있다(증발공4-2조).

---

4) 온라인소액투자중개의 방법에 따른 모집과 증권신고서를 제출하지 아니하는 모집 또는 매출은 제외한다(슈167조①2괄호).
5) 주권상장법인 또는 제1호에 따른 발행인으로서 해당 증권의 상장이 폐지된 발행인을 포함한다(슈167조①2괄호).

나. 제출의무의 면제

"사업보고서 제출대상법인"은 사업보고서를 각 사업연도 경과 후 90일 이내에 금융위원회와 거래소에 제출하여야 한다(159조①본문). 다만, 파산, 그 밖의 사유로 인하여 사업보고서의 제출이 불가능하거나 실효성이 없는 경우로서 파산한 경우, 해산사유가 발생한 경우, 사업보고서의 제출이 불가능하다고 금융위원회의 확인을 받은 경우에는 사업보고서를 제출하지 않을 수 있다(159조①단서). 파산하거나 해산사유가 발행하여 증권의 유동성이나 증권 소유자의 수가 현저하게 감소한 경우 등에는 투자자 보호의 필요성이 크지 않고, 비용 문제를 고려한 것이다.6)

3. 기재사항과 첨부서류

가. 기재사항

사업보고서 제출대상법인은 사업보고서에 회사의 목적, 상호, 사업내용, 임원보수, 임원 개인별 보수와 그 구체적인 산정방법, 재무에 관한 사항, 그 밖에 대통령령으로 정하는 사항을 기재하여야 한다(159조②). 사업보고서를 작성함에 있어서는 금융위원회가 고시하는 기재방법 및 서식에 따라야 한다(159조④).

나. 임원 보수

사업보고서에는 주식매수선택권을 포함하여 임원 모두에게 지급된 그 사업연도의 보수총액을 기재하여야 한다(159조②2괄호, 令168조①). 임원 개인에게 지급된 보수가 5억원 이상인 경우에는 그 구체적인 산정기준 및 방법을 기재하여야 하고(159조②3, 令168조②), 보수총액 기준 상위 5명에 대해서는 개인별 보수와 그 구체적인 산정기준 및 방법도 기재하여야 한다(159조②3의2, 令168조②).

다. 예측정보

사업보고서 제출대상법인은 사업보고서에 그 법인의 예측정보를 기재 또는 표시할 수 있다(159조⑥본문). 이 경우 예측정보의 기재 또는 표시에는 그 기재 또는 표시가 예측정보라는 사실이 밝혀져 있을 것, 예측 또는 전망과 관련된 가정이나 판단의 근거가 밝혀져 있을 것, 기재 또는 표시에 대하여 예측치와 실제 결과치가 다를 수 있다는 주의문구가 있어야 한다(159조⑥단서, 125조②1,2,4호).

라. 첨부서류

사업보고서 제출대상법인은 사업보고서를 작성하고, 회계감사인의 감사보고서, 감사의

---

6) 증권법학회, 자본시장법주석서 I (2015), 792면.

감사보고서, 법인의 내부감시장치의 가동현황에 대한 감사의 평가의견서, 그 밖에 금융위원회가 정하여 고시하는 서류를 첨부하여야 한다(159조②, 슈168조⑥).

4. 사업보고서의 제출기한

가. 정기제출

사업보고서는 직전 사업연도의 영업실적 등을 공시하는 것이며, 첨부서류를 첨부하여 '사업연도 경과 후 90일 이내'에 금융위원회와 거래소에 제출하여야 한다(159조①). 제출기한을 산정함에 있어서는, 사업연도가 종료되는 날은 산입하지 아니하고 사업연도가 완전히 경과한 다음 날부터 90일째 되는 날까지 제출하여야 한다. 토요일, 공휴일과 근로자의 날은 모두 산입하여 산정하되, 제출기한의 마지막 날(즉 90일째 되는 날)이 토요일, 공휴일인 경우에는 그 다음 근무일까지 제출할 수 있다.[7]

나. 최초제출

최초로 사업보고서를 제출하는 법인은 '사업보고서 제출대상법인에 해당하게 된 날부터 5일'(제1항에 따른 사업보고서의 제출기간 중에 사업보고서 제출대상법인에 해당하게 된 경우에는 그 제출기한으로 한다) 이내에 그 직전 사업연도의 사업보고서를 금융위원회와 거래소에 제출하여야 한다(159조③본문). 예를 들어, A주식회사가 2020. 5. 1. 최초로 증권의 모집 또는 매출을 함으로서 신규 사업보고서 제출대상에 해당하게 된 경우, 사업보고서 제출대상이 되는 모집 또는 매출의 기준시점은 모집 또는 매출의 실질적 완료 시점인 주금의 납입일 다음 날(주주가 되는 날)이므로 주금납입일 다음 날부터 사업보고서 제출대상이 되고, 그날로부터 5일 이내에 직전 사업연도의 사업보고서를 제출하여야 한다. 다만, 그 법인이 증권신고서 등을 통하여 이미 직전 사업연도의 사업보고서에 준하는 사항을 공시한 경우에는 직전 사업연도의 사업보고서를 제출하지 아니할 수 있다(159조③단서).

5. 대표이사 등의 확인·검토 및 서명

사업보고서를 제출하는 경우 제출 당시 그 법인의 대표이사(집행임원 설치회사의 경우 대표집행임원을 말한다) 및 제출업무를 담당하는 이사는 그 사업보고서의 기재사항 중 '중요사항'에 관하여 거짓의 기재 또는 표시가 없고 중요사항의 기재 또는 표시를 빠뜨리고 있지 아니하다는 사실, 사업보고서의 기재사항에 대하여 상당한 주의를 다하여 직접 확인·검토하였다는 사실 등 '대통령령으로 정하는 사항'을 확인·검토하고 이에 각각 서명하여야 한다(159조⑦, 슈169조).

사업보고서 확인검토 및 서명의 주체는 '대표이사'와 '제출업무를 담당하는 이사(등기이

---

7) 금융감독원, 기업공시 실무안내(2000), 114면.

사)'이며, 공동대표이사인 경우에는 연명으로 서명하여야 한다. 제출업무를 담당하는 이사가 없는 경우에는 당해 이사의 업무를 집행하는 자가 담당이사로 서명할 수 있다. 결산일과 사업보고서 제출일 사이에 대표자의 변경이 있는 경우에는 공시서류의 내용을 실질적으로 확인·검토한 이사가 서명하고, 그 이사가 퇴직하는 등의 사정이 있었다면 사업보고서 제출일 현재 재직 중인 이사가 서명하는 것도 가능하다. 이미 제출된 공시서류를 정정하는 경우(연결재무제표 및 감사의견을 추가로 제출하는 경우 포함)에는 대표이사 및 제출업무 담당이사의 확인 및 서명을 다시 첨부하여야 한다. 대표이사 및 제출업무 담당이사의 확인 및 서명일자는 사업보고서 제출일과 동일하여야 한다.[8]

6. 사업보고서 등의 공시

금융위원회와 거래소는 사업보고서등을 3년간 일정한 장소에 비치하고, 인터넷 홈페이지 등을 이용하여 공시하여야 한다. 이 경우 군사기밀에 해당하는 사항, 금융위원회의 확인을 받은 사항 등 '대통령령으로 정하는 사항'을 제외하고 비치 및 공시할 수 있다(163조후단, 슈 174조).

7. 외국법인, 중소기업 등의 특례

외국법인도 사업보고서를 제출하여야 하지만, 설립준거법이 다르고, 언어, 회계 등에서 고유의 특성이 있을 뿐 아니라, 지리적 격차로 인하여 제출기한의 준수가 어려울 수 있다. 따라서 외국법인 등의 경우에는 대통령령으로 정하는 기준 및 방법에 따라 사업보고서 등의 제출의무를 면제하거나[9] 제출기한을 달리할 수 있다(165조①).

자본시장법은 중소기업의 공시부담 등을 고려하여, 코넥스시장에 상장된 주권을 발행한 법인에 대해서는 반기·분기보고서 제출의무를 면제하거나 제출기한을 달리할 수 있도록 하고 있다(165조②, 슈176조⑧,⑨).

Ⅲ. 반기보고서 및 분기보고서

사업보고서는 1년에 한번 작성되기 때문에, 자본시장법은 회사의 경영상 변화를 투자자에게 적시에 알리기 위해서 반기 및 분기마다 누적된 내용으로 반기보고서 및 분기보고서를 작성하여 제출하도록 하고 있다(160조). 따라서 반기보고서, 분기보고서는 사업보고서의 일종이다.

---

8) 금융감독원, 기업공시 실무안내(2020), 120면.
9) 외국 정부, 외국 지방자치단체, 외국 공공단체, 국제금융기구 등에 대해서는 사업보고서, 주요사항보고서 등의 제출이 면제된다(슈176조①).

반기보고서는 사업연도 개시일부터 6월간의 영업실적 등을 공시하는 것이며, 그 기간 경과 후 45일 이내에 금융위원회와 거래소에 제출하여야 한다. 분기보고서는 사업연도 개시일부터 3개월간 및 9개월간의 영업실적 등을 공시하는 것이며, 각각 그 기간 경과 후 45일 이내에 제출하여야 한다(160조).

반기·분기보고서의 제출대상법인은 사업보고서의 제출대상법인과 같다. 사업보고서 제출대상법인이 반기·분기보고서를 제출하는 경우에는 사업보고서의 기재사항, 예측정보의 표시, 대표이사 등의 확인·검토 및 서명에 관한 규정을 준용한다(160조).

반기·분기보고서의 기재사항에 관하여는 사업보고서의 기재사항 및 첨부서류에 관한 법시행령 제168조 제1항부터 제4항까지의 규정을 준용한다(슈170조①전단). 이 경우 사업보고서에 기재하여야 하는 '재무에 관한 사항과 그 부속명세'(168조③7) 중 부속명세는 기재하지 아니할 수 있다(슈170조①후단).

수시공시

Ⅰ. 개요

"수시공시"는 기업이 영업활동을 통하여 발생하는 중대한 변동사항을 지체없이 금융위원회나 거래소에 신고하여 투자자에게 공시하는 것을 말한다. 사업보고서 등의 '정기공시'는 정기적으로 일정한 시점에 영업활동에 관한 사항을 보고하는 것이나 수시공시는 특별히 알려야할 사항이 있을 때마다 공시하는 점에서 차이가 있다.

자본시장법은 회사존립, 조직재편성, 자본증감 등의 주요사항에 대해서는 금융위원회의 '주요사항보고제도'를 통해서 운영하고, 그 외의 사항은 거래소의 '수시공시제도'로 이원화하고 있다. 그 밖에 한국거래소는 공정공시 등의 특수한 공시제도를 운영하고 있다.

정기공시와 주요사항보고서는 법정공시에 해당하고 수시공시는 자율공시에 속한다. 따라서 정기공시 및 주요사항보고서 관련 사항을 위반하는 경우에는 형벌, 과징금 등 상대적으로 중한 제재가 따르고, 수시공시 관련 사항을 위반하는 경우에는 불성실공시법인 지정, 제재금 부과 등 상대적으로 경한 제재가 따른다.

투자자는 주요사항보고서 및 수시공시의 내용을 금융감독원의 공시시스템인 DART와 한국거래소의 공시시스템인 KIND를 통해서 어느 쪽에서나 열람할 수 있다. 공시를 접수 받고 지체없이 상호 공유할 법적 의무가 존재하기 때문이다(161조⑤, 392조③).

Ⅱ. 주요사항보고서 제도

1. 의의

사업보고서 제출대상법인은 발행어음의 부도, 영업활동의 정지, 회생절차개시의 신청, 해산사유의 발생, 자본증감의 이사회 결정 등 주요사실이 발생한 경우에는 그 사실이 발생한 날의 다음 날까지(합병 등 조직변경의 경우에는 그 사실이 발생한 날부터 3일 이내) 그 내용을 기재한 보고서("주요사항보고서")를 금융위원회에 제출하여야 한다(161조①).

구 증권거래법하에서 수시공시는 금융감독기구의 소관사항과 거래소의 소관사항으로 이원화되어 중복공시와 기관 간의 해석 차이로 인하여 혼란을 초래한다는 비판이 있었다. 이에 따라 자본시장법은 수시공시항목 중 영업활동의 정지, 회생절차개시의 신청, 자본증감 등 중요한 사항은 금융위원회의 주요사항보고서 제출대상으로 규정하고, 나머지는 거래소의 수시공시로 이관하였다.

2. 제출의무자

제출의무자는 사업보고서 제출대상법인이다(161조①). 주요사항보고서제도는 정기적으로 제출되는 사업보고서, 반기보고서, 분기보고서를 보완하는 제도라는 점에서 제출대상을 사업보고서 제출대상법인과 일치시킨 것이다.

3. 주요사항

사업보고서 제출대상법인은 다음 각 호의 어느 하나에 해당하는 사실이 발생한 경우에는 그 사실이 발생한 날의 다음 날(제6호의 경우에는 그 사실이 발생한 날부터 3일 이내에)까지 그 내용을 기재한 주요사항보고서를 금융위원회에 제출하여야 한다(161조①).[10]

1. 발행한 어음 또는 수표가 부도로 되거나 은행과의 당좌거래가 정지 또는 금지된 때(161조①1호)
2. 영업활동의 전부 또는 중요한 일부가 정지되거나 그 정지에 관한 이사회 등의 결정이 있은 때(2호)
3. 채무자회생법에 따른 회생절차개시 또는 간이회생절차개시의 신청이 있은 때(3호)
4. 자본시장법, 상법, 그 밖의 법률에 따른 해산사유가 발생한 때(4호)
5. 자본의 증가 또는 감소, 조건부자본의 발행에 따른 부채의 증가에 해당하는 자본 또는 부채의 변동에 관한 이사회 등의 결정이 있은 때(5호, 令171조①)
6. 상법상 주식의 포괄적 교환, 주식의 포괄적 이전, 합병 및 분할·분할합병에 규정된 사실이 발생한 때(6호)

   합병 등에 관한 주요사항보고서 제출 시점은 '합병등기가 완료된 시점'의 다음 날이 아니고, '합병에 관한 이사회 결의가 있거나 계약이 체결된 날'의 다음 날이다.[11] 합병등이 완료된 시점(즉 합병등기 등을 한 때)의 다음날까지 공시하는 것은 주요사항보고서 제도의 취지에 맞지 않기 때문이다.

   법정관리절차가 진행 중인 주권상장법인의 합병의 경우에는 법정관리인이 기존의

---

10) 주요사항보고서와 유사한 미국의 Current report 및 일본의 임시보고서의 항목수도 각각 22개 및 26개로 한정되어 있다. 증권법학회, 자본시장법주석서 I (2015), 801면 각주3).
11) 금융감독원, 기업공시 실무안내(2020), 152면.

경영진을 대신하여 법원의 허가를 받아 해당 법인의 경영과 재산의 관리 및 처분을 하게 되므로 이사회가 합병결의를 할 수 없고, 법정관리인 등이 합병에 관한 사항이 포함된 정리계획안을 법원에 제출하여 법원의 허가를 얻어 진행한다. 따라서, 법정관리절차가 진행 중인 주권상장법인이 합병을 하고자 하는 경우에는 합병계약 체결 또는 법정관리인 등이 합병에 관한 사항이 포함된 정리계획안을 법원에 제출하는 시점 중 앞서는 때를 기준으로 주요사항보고서를 제출하여야 한다.[12]

7. 대통령령으로 정하는 중요한 영업 또는 자산을 양수·양도할 것을 결의한 때(7호)

"중요한 영업 또는 자산"이란 양수·양도하려는 영업부문의 자산액, 매출액, 부채액 등이 대상회사의 자산액, 매출액, 부채액 등의 10% 이상인 경우를 가리킨다(令171조②). "중요한 영업 또는 자산을 양수하거나 양도할 것을 결의한 때"는 그에 관한 이사회 결의, 계약의 체결 등이 있은 때를 의미한다. 입찰 등 경쟁매매 방식에 따라 자산을 양수하는 경우에는 입찰 참가시점이 아니라 '본 계약 체결 또는 그에 관한 이사회의 결의가 있는 때'를 기준으로 주요사항보고서 제출의무가 발생한다.[13]

특정한 자산을 원시취득하는 경우는 거래의 상대방이 없어 양수·양도의 개념에 포함되기 어려우므로 주요사항보고서 제출대상이 아니다.[14] 공장 등 자산을 건축하는 행위는 그 성격이 원시취득에 해당하는 것으로써 자산양수도가 아니며, 자산의 건축을 위한 원재료 취득행위도 그 실질은 자산의 건축으로 판단할 수 있으므로 주요사항보고서 제출대상이 아니다.[15] 같은 맥락에서 유상증자 시 청약을 통한 신주취득 등은 원시취득에 비슷하고, 양도·양수의 개념에 포함되기 어려우므로 주요사항보고서 제출대상이 아니다.[16]

8. 자기주식을 취득(자기주식의 취득을 목적으로 하는 신탁계약의 체결을 포함한다) 또는 처분(자기주식의 취득을 목적으로 하는 신탁계약의 해지를 포함한다)할 것을 결의한 때(8호)

자기주식의 취득·처분과 관련하여 주요사항 보고서를 제출하여야 하는 경우는 ① 자본시장법 제165조의3 제1항의 자기주식 취득 및 처분의 특례에 따라 자기주식을 취득하는 경우, ② 동조 제4항에 따라 취득한 자기주식을 처분하는 경우, ③ 자기주식의 취득을 목적으로 신탁업자와 신탁계약을 체결하는 경우(8호 앞의 괄호), ④ 자기주식의 취득을 목적으로 신탁업자와의 신탁계약을 해지하는 경우(8호 뒤의 괄호)가 있다.

그러나 상법 제341조의2에 따른 특정목적에 의한 자기주식 취득은 별도의 결의에

---

12) 금융감독원, 기업공시 실무안내(2020), 153면.
13) 금융감독원, 기업공시 실무안내(2020), 157면.
14) 금융감독원, 기업공시 실무안내(2020), 49면.
15) 금융감독원, 기업공시 실무안내(2020), 49면.
16) 금융감독원, 기업공시 실무안내(2020), 156면.

의한 취득이라고 보기는 어렵고, 합병 등의 행위에 자기주식 취득이 수반되는 것에 불과하기 때문에 이 경우에는 주요사항보고서를 제출할 필요는 없다.[17]

금융감독원은 자기주식 취득에 관한 주요사항보고서를 제출한 후에는 신고서에 기재한 취득기간, 취득방법, 수량 등을 정정할 수 없다고 한다. 투자자의 투자판단에 미치는 주요사항보고서의 영향력을 고려하면 쉽게 정정을 허용할 사항이 아니라고 한다.[18]

9. 그 밖에 그 법인의 경영·재산 등에 관하여 중대한 영향을 미치는 사항으로서 '대통령령으로 정하는 사실이 발생한 때'[19](9호)

4. 작성방법 및 첨부서류

사업보고서 제출대상법인은 주요사항보고서를 작성함에 있어서 금융위원회가 정하여 고시하는 기재방법 및 서식에 따라야 한다(161조③). 주요사항보고서의 서식 및 작성방법 등에 관하여 필요한 사항은 금융감독원장이 정한다(증발공4-5조②).

금융위원회(금융감독원)와 거래소는 공시사항을 접수받고 상호 공유할 의무가 존재하고 금융감독원 전자공시시스템(DART)을 통하여 접수된 문서는 거래소 상장공시시스템(KIND)으로 즉시 전송되므로(161조⑤, 392조③), 상장법인은 금융감독원 전자공시시스템(DART)에 한번 제출하는 것으로써 주요사항보고 및 수시공시의무를 모두 이행할 수 있다.

주요사항보고서를 제출하는 경우에는 사업보고서의 예측정보의 표시, 대표이사 등의 확인·검토 및 서명에 관한 규정을 준용한다(161조①후단, 159조⑥,⑦).

5. 제출기간

주요사항보고서는 주요사항이 발생한 다음 날(제6호의 경우에는 그 사실이 발생한 날부터 3일 이내에)까지 그 내용을 기재한 보고서를 금융위원회에 제출하여야 한다(161조①). 주요사항보고서 제출일과 수시공시 제출일 중 빠른 날에 제출하여야 이들 공시의무를 모두 충족할 수 있다(슈176조⑤).[20]

6. 금융위원회의 조치

금융위원회는 제출된 주요사항보고서가 투자자의 투자판단에 중대한 영향을 미칠 우려

---

17) 금융감독원, 기업공시 실무안내(2020), 58면.
18) 금융감독원, 기업공시 실무안내(2020), 162면.
19) 법 제161조 제1항 제9호에서 "대통령령으로 정하는 사실이 발생한 때"란 ①기업구조정촉진법상 관리절차가 개시되거나 공동관리절차가 중단된 때, ②증권에 관하여 중대한 영향을 미칠 소송이 제기된 때 등을 가리킨다(슈171조③).
20) 금융감독원, 기업공시 실무안내(2020), 28면.

가 있어 그 내용을 신속하게 알릴 필요가 있는 경우에는 행정기관, 그 밖의 관계기관에 대하여 필요한 정보의 제공 또는 교환을 요청할 수 있다(161조④전문). 법 시행령은 업무의 종류별로 정보요청대상기관을 규정하고 있다(令172조).

금융위원회는 주요사항보고서가 제출된 경우 이를 거래소에 지체없이 송부하여야 한다(161조⑤).

Ⅲ. 거래소의 수시공시

주권상장법인은 금융위원회에 주요사항보고서를 제출하는 외에도 거래소에 주요경영사항을 신고하여야 한다. 금융위원회의 주요사항보고서의 제출사유와 거래소의 수시공시 사유는 상당 부분 중복되나, 거래소의 수시공시 사유가 더욱 구체적이고 자세하다.

1. 주요경영사항의 신고 · 공시

가. 의의

유가증권시장주권상장법인은 주요경영사항에 해당하는 때에는 그 '사실' 또는 '결정' 내용을 '그 사유 발생일 당일'에 거래소에 신고하여야 한다(유가증권시장공시규정7조①본문). "결정"이란 이사회 또는 대표이사 그 밖에 사실상의 권한이 있는 임원·주요주주 등의 결정을 말하며, 이사회내 위원회의 결의를 포함한다(동규정7조①본문 괄호). 그 사유 발생일 당일에 거래소에 신고하여야 하지만, 일정한 경우에는 사유 발생일 다음 날까지 거래소에 신고할 수 있다(동항 단서).

나. 공시사항

유가증권시장주권상장법인은 다음 각 호의 어느 하나에 해당하는 때에는 그 사실 또는 결정내용을 그 사유발생일 당일에 거래소에 신고하여야 한다(동규정7조①본문).

1. 영업 및 생산활동 관련 사항(동규정7조①1호)
   최근 사업연도 매출액의 5% 이상을 차지하는 거래처와의 거래가 중단된 때 등
2. 발행증권, 투자활동, 채권·채무, 손익, 결산 등 재무구조 변경사항(2호)
   증자 또는 감자에 관한 결정이 있은 때 등
3. 지배구조, 존립, 소송, 주주총회 등 기업경영 활동 관련 사항(3호)
   최대주주 변경, 발행한 어음 또는 수표가 부도되거나 은행과의 당좌거래가 정지된 때, 상장대상 증권의 발행에 대한 효력, 그 권리의 변경 등에 관한 소송 등
4. 중요정보 포괄적 공시에 관한 사항(4호)
   그 밖에 영업·생산활동, 재무구조 또는 기업경영활동 등에 관한 사항으로서 주가

또는 투자자의 투자판단에 중대한 영향을 미치거나 미칠 수 있는 사실 또는 결정이
있은 때

다. 신고기간

유가증권시장주권상장법인은 주요경영사항이 발생한 당일에 그 내용을 거래소에 신고하
여야 한다(동규정7조①본문). 다만, 일정한 경우에는 사유 발생일 다음 날까지 거래소에 신고하
여야 한다(동규정7조①단서).

2. 조회공시

가. 의의

"조회공시"는 거래소가 유가증권시장주권상장법인("상장법인")의 기업내용에 관한 풍문 및
보도의 사실 여부 등을 확인·요구하는 경우 해당 상장법인이 그 내용을 직접 공시하는 것을
말한다.

나. 공시사항

1. 풍문등에 대한 조회공시

거래소는 유가증권시장 공시규정 제7조부터 제11조까지, 제15조, 제16조 및 제28
조에서 정하는 사항이거나 이에 준하는 사항에 관하여 세칙에서 정하는 풍문 및 보
도("풍문등")의 사실 여부의 확인을 위하여 조회공시를 요구할 수 있다(유가증권시장공
시규정12조①본문). 다만, 풍문등의 내용이 1월 이내에 이미 공시한 사항인 경우에는
조회공시를 요구하지 아니할 수 있다(동규정12조①단서).

2. 주권등의 가격 또는 거래량 변동에 따른 조회공시

거래소는 풍문등이 없더라도 상장법인이 발행한 주권등의 가격 또는 거래량이 거래
소가 따로 정하는 기준에 해당하는 경우에는 해당 상장법인에 대하여 '중요한 정보
(제7조부터 제11조까지, 제15조, 제16조 및 제28조에서 정하는 사항에 관한 정보)'의 유무에 대
한 조회공시를 요구할 수 있다(동규정12조②본문). 다만, 유가증권시장주권상장법인의
주권 등의 가격 또는 거래량이 본문의 규정에 의한 최근 조회공시 요구일부터 15일
이내에 다시 본문의 규정에 의한 기준에 해당되는 경우에는 조회공시를 요구하지
아니할 수 있다(동규정12조②단서).

다. 신고기간

풍문등에 대해서 조회공시를 요구받은 상장법인은 공시요구시점이 오전인 경우에는 당
일 오후까지, 오후인 경우에는 다음날 오전까지 응하여야 한다(동규정12조①본문).

주권등의 가격 또는 거래량 변동에 대해서 조회공시를 요구받은 상장법인은 요구받은 다

음날까지 이에 응하여야 한다(동규정12조②본문).

3. 자율공시

가. 풍문 또는 보도 등에 대한 해명

유가증권시장주권상장법인은 다음 각 호의 어느 하나에 해당하는 사항과 관련된 풍문 또는 보도 등에 대하여 해명하고자 하는 경우에는 그 내용을 거래소에 신고할 수 있다(유가증권시장공시규정27조①).

  1. 제7조(주요경영사항)부터 제11조(기업인수목적회사의 주요경영사항)까지, 제15조(공정공시대상정보 등), 제16조(자회사의 공정공시대상정보) 및 제28조(자율공시)에서 정하는 사항(유가증권시장공시규정27조①1호)

  2. 그 밖에 유가증권시장주권상장법인의 주가 및 거래량에 영향을 미칠 수 있다고 인정되는 사항(2호)

나. 자율공시

유가증권시장주권상장법인은 제7조에 따른 주요경영사항 외에 투자자에게 알릴 필요가 있다고 판단되는 사항으로서 세칙에서 정하는 사항의 발생 또는 결정이 있는 때에는 그 내용을 거래소에 신고할 수 있다. 이 경우 그 신고는 사유발생일 다음 날까지 하여야 한다(유가증권시장공시규정28조).

유가증권시장 공시규정 제28조에서 "세칙에서 정하는 사항"이란 자원개발 투자, 단기차입금 감소, 파생상품거래 이익발생, 채무면제 이익발생, 증여나 수증 등의 사항을 말한다(유가증권시장공시규정시행세칙8조).

제4절

공정공시

I. 개요

"공정공시"는 회사의 경영실적, 사업계획 등 회사 전반에 관한 주요정보를 투자자 등 모든 이해당사자에게 동일한 시점에 제공할 것을 요구하는 제도이다. 기존의 수시공시제도는 이해관계가 있는 애널리스트나 펀드매니저, 기관투자가들에게 미리 정보를 제공해 일반 투자자들이 피해를 입는 경우가 있었다. 공정공시는 이를 금지함으로써 투자자 보호와 주식시장의 불공정거래를 근절하기 위한 조치로 도입되었다.

공정공시의무를 위반할 경우 수시공시의무 위반 때처럼 위반 정도에 따라 주식매매거래 정지, 관리종목지정, 상장폐지 등의 각종 제재를 받게 된다.

II. 공시사항 등

유가증권시장주권상장법인은 ① '공정공시 정보제공자'가 다음 각 호의 어느 하나에 해당하는 ② '공정공시 대상정보'를 ③ '공정공시 정보제공대상자'에게 선별적으로 제공하는 경우에는 그 사실 및 내용을 거래소에 신고하여야 한다(유가증권시장공시규정15조①). 공정공시 대상정보를 선별적이 아니라 공정하게는 제공할 수 있음은 물론이다.

1. 공정공시 대상정보

공정공시대상정보는 다음 각 호의 어느 하나에 해당하는 정보이다.
1. 장래 사업계획 또는 경영계획(유가증권시장공시규정15조①1호)
2. 매출액, 영업손익, 법인세비용차감전계속사업손익 또는 당기순손익 등에 대한 전망 또는 예측(2호)
3. 사업보고서 등을 제출하기 이전의 당해 사업보고서 등과 관련된 매출액, 영업손익, 법인세비용차감전계속사업손익 또는 당기순손익 등 영업실적(3호)

4. 주요경영사항(7조)부터 기업인수목적회사의 주요경영사항(11조)까지의 규정에서 정하는 사항과 관련된 것으로서 그 신고시한이 경과되지 아니한 사항(4호)

2. 공정공시 정보제공자

"공정공시 정보제공자"라 함은 다음 어느 하나에 해당하는 자를 말한다.
 1. 해당 유가증권시장주권상장법인 및 그 대리인(유가증권시장공시규정15조②1호)
 2. 해당 유가증권시장주권상장법인의 임원(이사·감사 또는 사실상 이와 동등한 지위에 있는 자를 포함한다)(2호)
 3. 공정공시대상정보에 대한 접근이 가능한 해당 유가증권시장주권상장법인의 직원(공정공시대상정보와 관련이 있는 업무수행부서 및 공시업무 관련부서의 직원을 말한다)(3호)

3. 공정공시 정보제공대상자

"공정공시 정보제공대상자"란 다음 각 호의 어느 하나에 해당하는 자를 말한다.
 1. 법에 의한 투자매매업자·투자중개업자·투자회사·집합투자업자·투자자문업자·투자일임업자와 그 임·직원 및 이들과 위임 또는 제휴관계가 있는 자(유가증권시장공시규정15조③1호)
 2. 전문투자자(제1호에서 정하는 자를 제외한다) 및 그 임·직원(2호)
 3. 제1호 및 제2호의 규정에 따른 자의 업무와 동일하거나 유사한 업무를 수행하는 외국의 전문투자자 및 그 임·직원(3호)
 4. 「방송법」에 의한 방송사업자 및 「신문 등의 진흥에 관한 법률」에 의한 신문·통신 등 언론사 및 그 임·직원(4호)
 5. 「정보통신망 이용촉진 및 정보보호 등에 관한 법률」에 의한 정보통신망을 이용하는 증권정보사이트 등의 운영자 및 그 임·직원(5호)
 6. 공정공시대상정보를 이용하여 유가증권시장주권상장법인의 증권을 매수하거나 매도할 것으로 예상되는 해당 증권의 소유자(6호)
 7. 제1호부터 제6호까지에 준하는 자로서 거래소가 정하는 자(7호)

Ⅲ. 신고기간 등

신고는 해당 정보가 '공정공시 정보제공대상자에게 제공되기 이전까지'하여야 한다. 다만, 공정공시 정보제공자가 경미한 과실 또는 착오로 제공한 경우에는 제공한 당일에 이를 신고하여야 한다(유가증권시장공시규정15조④).

주권상장법인은 공정공시규정에 따른 신고사항이 주요경영사항의 신고·공시, 조회공시의 규정에 따른 공시의무사항과 중복되는 경우에는 주요경영사항의 신고·공시 또는 조회공시의 규정에 따라 신고하여야 한다. 다만, 그 신고기간에 관하여는 공정공시의 신고기간을 적용한다(유가증권시장공시규정17조①).

Ⅳ. 공정공시의무의 적용제외

다음 각 호의 어느 하나에 해당하는 경우에는 공정공시규정을 적용하지 아니한다.
 1. 공정공시 정보제공자가 보도목적의 취재에 응하여 제15조 제3항 제4호에서 규정하는 자에게 공정공시 대상정보를 제공하는 경우(유가증권시장공시규정18조 1호)
 2. 공정공시 정보제공자가 다음 각 목의 어느 하나에 해당하는 자에게 공정공시 대상정보를 제공하는 경우(2호)
  가. 변호사·공인회계사 등 해당 유가증권시장주권상장법인과의 위임계약에 따른 수임업무의 이행과 관련하여 비밀유지의무가 있는 자
  나. 합법적이고 일상적인 업무의 일환으로 제공된 정보에 대하여 비밀을 유지하기로 명시적으로 동의한 자
  다. 금융위원회로부터 신용평가업인가를 받은 자
  라. 가목부터 다목까지에 준하는 자로서 거래소가 정하는 자

V. 기타

거래소는 공정공시규정에 따른 신고내용이 방대한 경우에는 상장법인이 이를 요약하여 신고하도록 하고, 그 신고서류와 원문을 해당 상장법인의 홈페이지 등에 게재하게 할 수 있다(유가증권시장공시규정17조②).
공정공시규정에서 정하는 공정공시의무는 다른 공시의무의 이행에 영향을 미치지 아니한다(유가증권시장공시규정19조).

제5절

위반행위에 대한 책임

Ⅰ. 금융위원회의 조치

금융위원회는 투자자 보호를 위하여 필요한 경우에는 사업보고서 제출대상법인, 그 밖의 관계인에 대하여 참고가 될 보고 또는 자료의 제출을 명하거나, 금융감독원장에게 그 장부, 서류, 그 밖의 물건을 조사하게 할 수 있다(164조①).

금융위원회는 사업보고서등을 제출하지 아니한 경우, 사업보고서 중 중요사항에 관하여 거짓의 기재 또는 표시가 없거나 중요사항이 기재 또는 표시되지 아니한 경우에는 사업보고서 제출대상법인에 대하여 그 이유를 제시한 후에 그 사실을 공고하고 정정을 명할 수 있으며, 필요한 때에는 증권의 발행, 그 밖의 거래를 정지 또는 금지하거나 대통령령으로 정하는 조치를 취할 수 있다(164조②).

Ⅱ. 민사상의 손해배상책임

1. 의의

"사업보고서·반기보고서·분기보고서·주요사항보고서("사업보고서등")의 제출인등은 사업보고서등 및 그 첨부서류(회계감사인의 감사보고서는 제외한다) 중 중요사항에 관하여 거짓의 기재 또는 표시가 있거나 중요사항이 기재 또는 표시되지 아니함으로써 사업보고서 제출대상법인이 발행한 증권의 취득자 또는 처분자가 손해를 입은 경우에는 그 손해에 관하여 배상의 책임을 진다"(162조①본문).

사업보고서등의 부실공시로 인하여 손해를 입은 피해자가 있는 경우에, 피해자가 민법상의 불법행위책임을 묻기 위해서는 부실공시 행위자의 고의·과실, 부실기재 등의 위법행위, 손해액, 인과관계 등의 요건사실을 모두 입증하여야 한다. 그러나 비대면의 방식으로 거래되고 다양한 요인에 의하여 등락하는 증권시장의 특성을 고려하면, 전통적인 불법행위책임의 요건을 모두 입증할 것을 요구하는 것은 곤란하다. 자본시장법 제162조는 사업보고서등의 중요사항에 관하여 거짓의 기재 또는 표시가 있거나 중요사항이 기재 또는 표시되지 아니함으로써 사업보고서 제출대상법인이 발행한 증권의 취득자 또는 처분자가 손해를 입은 경우에는 입증책임을 전환하고 손해액을 추정하는 등 투자자를 보호하고 있다.

자본시장법 제125조는 증권신고서와 투자설명서 등 발행시장의 부실공시에 대한 손해배상책임을 규정하고, 제162조는 사업보고서 등 유통시장의 부실공시에 대한 손해배상책임을 규정하고 있다. 구 증권거래법은 유통시장에 대해서는 따로 손해배상책임 규정을 두지 않고서, 유가증권신고서와 사업설명서의 부실공시에 손해배상책임 조항을 사업보고서, 반기보고서, 분기보고서 등 유통시장의 부실공시에 대해서 준용하고 있었으나 그 실질적인 내용에는 차이가 없었다(구 증권거래법186조의5, 14조, 16조). 따라서 구 증권거래법상의 발행시장 부실공시에 관한 판례들은 유통시장의 부실공시에 대한 자본시장법상 손해배상책임을 설명하는데 여전히 유효하다.

2. 성립요건

법 제162조는 ①사업보고서·반기보고서·분기보고서·주요사항보고서("사업보고서등")의 제출인 등은 사업보고서등 및 그 첨부서류(회계감사인의 감사보고서는 제외한다) 중 ②중요사항에 관하여 ③거짓의 기재 또는 표시가 있거나(허위기재) 중요사항이 기재 또는 표시되지 아니함으로써(기재누락, 이하 '허위기재'와 '기재누락'을 통틀어서 '부실기재'라고 한다) ④사업보고서 제출대상법인이 발행한 증권의 취득자 또는 처분자가 손해를 입은 경우에는 그 손해에 관하여 배상의 책임을 진다고 규정하고 있다(162조①본문). 아래에서는 법 제162조의 내용을 요건별로 구분하여 살펴본다.

가. 사업보고서등

법 제162조는 사업보고서등 및 그 첨부서류의 부실기재로 인하여 발생한 손해에 적용된다. 따라서 사업보고서등 외의 서류에 부실기재가 있는 경우에는 민법상의 불법행위책임을 추궁할 수는 있으나 법 제162조는 적용되지 아니한다.

회계감사인의 감사보고서는 제162조의 '사업보고서등의 첨부서류'에서 제외된다(162조①괄호). 회계감사인의 손해배상책임에 대해서는 제170조에서 별도의 규정을 두고 있기 때문이다.

나. 중요사항

법 제162조의 손해배상책임이 인정되기 위해서는 사업보고서등 및 그 첨부서류 중 '중요사항'에 관하여 거짓의 기재 또는 표시가 있거나 기재 또는 표시되지 아니함으로써 투자자가 손해를 입어야 한다.

"중요사항"이란 "투자자의 합리적인 투자판단 또는 해당 금융투자상품의 가치에 중대한 영향을 미칠 수 있는 사항"(47조③)을 말하는데, 판례는 중요사항이란 "당해 법인의 재산·경영에 관하여 중대한 영향을 미치거나 증권의 공정거래와 투자자 보호를 위하여 필요한 사항으로서 투자자의 투자판단에 영향을 미칠 수 있는 사항을 의미한다."[21]고 하면서 좀 더 구체적으로 판시하고 있다.

다. 거짓의 기재 또는 표시, 기재 또는 표시의 누락

사업보고서등의 중요사항에 관하여 '거짓의 기재 또는 표시'가 있거나 중요사항이 '기재 또는 표시되지 아니하였어야' 한다.

(1) 거짓의 기재 또는 표시

"거짓의 기재 또는 표시(허위기재)"란 적극적으로 사실과 다른 거짓의 기재 또는 표시를 하는 행위를 말한다. "해당사항 없음"이라고 기재하는 것도 허위기재에 해당될 수 있다.

기업회계기준이 허용하는 합리적·객관적 범위를 넘어서 사업보고서등의 대차대조표에 자산을 과대계상한 것도 '허위기재'에 해당한다.[22] 대법원은 상장법인인 A회사가 거래소에 제출한 사업보고서에 첨부한 대차대조표에서, A회사가 보유 중인 증권의 발행회사인 W플러스(주)가 사실상 완전자본잠식 상태로서 재무상태가 심각하게 악화된 상황이므로 기업회계기준서 제8호(유가증권) 문단 33, 34에 따라 감액이 불필요하다는 명백한 반증이 없는한 W플러스가 발행한 주식에 대하여는 대차대조표일인 2006. 12. 31. 당시 회수가능가액을 추정하여 취득가액 약 8억원 전액을 감액손실로 인식하였어야 하는데도, 감액이 불필요하다는 명백한 반증이 없이 감액손실을 인식하지 않고 대차대조표에 W플러스의 주식 가액을 취득가액으로 기재한 것은 기업회계기준이 허용하는 합리적·객관적 범위를 넘어 보유 중인 자산(매도가능증권)을 과대계상한 것에 해당한다고 판단하였다.[23]

한편, 낙관적인 영업전망을 사업보고서 등에 포함하였으나 실현되지 않은 경우에 회사에게는 어떤 책임이 발생하는가? 미국에서는 그러한 전망이 합리적인 투자자에게는 단순한 과장이나 낙관으로 보여지는 경우라면 책임이 발생하지 않는다고 한다.[24] 예를 들어, 도산이 염려되는 상황이라도 '지난 날의 성장과 성공을 미래로 끌어갈 준비를 갖추고 있다.'[25]고 한다든지, 금융위기에 직면한 상황에서도 '회사의 리스크관리시스템은 고도로 잘 정비되어 있다.'[26]고 서술하는 등의 상투적인 표시는 모두 책임을 발생시키지 않는다고 한다.

21) 대판 2009.7.9., 2009도1374.
22) 대판 2012.10.11., 2010다86709.
23) 대판 2012.10.11., 2010다86709.
24) 김화진, 자본시장법이론(2016), 36면.
25) Raab v. General Physics Co., 4 F.3d 286 (4th Cir. 1993).
26) ECA v. J.P. Morgan Chase, 553 F.3d 187, 196 (2d Cir. 2009).

(2) 기재 또는 표시의 누락

중요사항이 "기재 또는 표시되지 아니함으로써(기재누락)" 증권의 취득자 또는 처분자가 손해를 입은 경우에도 손해배상책임을 부담한다. 위에서 살펴본 "거짓의 기재 또는 표시"는 사실과 다른 거짓의 기재 또는 표시를 하는 적극적인 행위인데, "기재 또는 표시되지 아니함으로써"는 기재 또는 표시되어야 할 사항을 소극적으로 누락하는 것을 말한다.

"거짓의 기재 또는 표시"와 "기재 또는 표시되지 아니함으로써" 외에 투자자에게 오해를 불러일으키는 '오인표시(misleading statement)'도 허위기재 또는 기재누락에 해당하는지가 문제된다. "오인표시"는 한편으로는 진실하지만 다른 한편으로는 허위인 '모호한 표시'와 표시된 사실은 진실하지만 투자자의 오인을 막기 위해서 필요한 사실이 누락됨으로써 오해를 야기하는 '반진실표시'가 있는데, 투자자의 잘못된 판단을 야기하여 손해를 끼치는 점에서는 허위기재, 기재누락과 다를 바 없으므로 법 제162조가 적용된다. 구체적으로 '모호한 표시'는 허위기재에 해당하고, '반진실표시'는 기재누락에 해당한다.

"거짓의 기재 또는 표시" 또는 "기재 또는 표시되지 아니함으로써"에 해당하는지는 허위기재, 기재누락이 이루어진 시점을 기준으로 판단한다. 따라서 허위기재 또는 기재누락이 이루어진 시점에 "거짓의 기재 또는 표시"에 해당하면 그 후에 사정의 변경이 있다고 하더라도 책임을 면하지 못한다.

(3) 예측정보의 기재와 면책

1) 예측정보 공시의 취지

"예측정보"란 미래의 재무상태나 영업실적 등에 대한 예측 또는 전망에 관한 사항으로서 매출규모 등 발행인의 영업실적, 경영성과, 자본금 규모 등 발행인의 재무상태 등에 대한 예측 또는 전망을 말한다(119조③). 투자판단에는 미래의 실적 등에 대한 예측정보가 더 유용하므로 예측정보의 공시는 장려되어야 하는 측면도 있으나, 공시자의 주관이 개입할 수밖에 없는 예측정보를 기재하는 경우에는 자칫 부실공시에 대한 책임문제가 발생할 수 있어서 조심해야 한다. 이에 자본시장법은 예측정보의 기재방법[27]을 세밀하게 규정하고, 이를 준수한 경우에는 결과적으로 예측이 틀렸어도 책임을 묻지 않고 있다.

2) 예측정보의 기재와 면책의 요건

예측정보가 다음 각 호에 따라 기재 또는 표시된 경우에는 법 제162조 제1항에도 불구하고 사업보고서 제출법인이나 이사 등은 증권의 취득자 또는 처분자가 입은 손해에 관하여 배상책임을 지지 아니한다(162조②본문).

1. 그 기재 또는 표시가 예측정보라는 사실이 밝혀져 있을 것(162조②1호)

책임을 면하기 위해서는 기재 또는 표시가 예측정보라는 사실을 밝혀야 한다. 투자

---

27) 예측정보의 종류와 기재방법은 앞의 "제4장 제2절 Ⅱ.4 증권신고서의 기재사항" 참조.

자로 하여금 사실인 정보로 오해하지 않도록 하기 위한 것이다.

2. 예측 또는 전망과 관련된 가정 또는 판단의 근거가 밝혀져 있을 것(2호)

예측정보는 그 성격상 지나치게 낙관적이거나, 근거 없는 내용이 될 가능성이 있으므로, 예측 또는 전망에 관한 판단의 근거를 밝히도록 한 것이다.

3. 기재 또는 표시가 합리적 근거 또는 가정에 기초하여 성실하게 행하여졌을 것(3호)

예측정보가 합리적 근거 또는 가정에 기초하여 성실하게 기재 또는 표시되었다면, 결과적으로 예측치가 맞지 않았다는 이유로 책임을 인정하기는 어렵기 때문이다. 다만, 새로운 정보로 인하여 예측정보의 합리성을 유지할 수 없는 경우에는 그 사실을 알리거나 예측정보를 갱신할 의무는 있다고 본다.

4. 그 기재 또는 표시에 대하여 예측치와 실제 결과치가 다를 수 있다는 주의문구가 밝혀져 있을 것(4호)

제4호는 미국의 '주의표시의 원칙(bespeaks caution doctrine)'을 도입한 것이다. 모든 예측정보에 일일이 주의문구를 붙이기 어려울 것이므로, 주의문구는 의미 있는 예측정보에만 표시하면 된다.

3) 투자자가 사업보고서등 제출인의 고의 또는 중과실을 증명한 경우

위에서 살펴본 것처럼 예측정보가 적법한 방법으로 기재 또는 표시된 경우에는 예측이 틀렸다고 하여서 책임을 지지는 않지만(162조②본문), 해당 증권의 취득자 또는 처분자가 그 취득 또는 처분을 할 때에 예측정보 중 중요사항에 관하여 거짓의 기재 또는 표시가 있거나 중요사항이 기재 또는 표시되지 아니한 사실을 알지 못한 경우로서 사업보고서의 제출인 등에게 그 기재 또는 표시와 관련하여 고의 또는 중대한 과실이 있었음을 증명한 경우에는 배상할 책임을 진다(162조②단서). 즉, 자본시장법은 적법한 방법으로 기재된 예측정보에 대해서는 면책을 허용하면서도, 증권의 취득자 또는 처분자가 사업보고서 제출법인이나 그 이사 등에게 예측정보의 부실기재에 고의 또는 중과실이 있었음을 입증하면 손해를 배상받을 수 있도록 하고 있다.

라. 손해금액의 산정

법 제162조가 적용되기 위해서는 사업보고서등의 내용 중 중요사항에 관하여 허위기재가 있거나 기재가 누락됨으로써 '증권의 취득자 또는 처분자가 손해'를 입었어야 한다.

(1) 손해액의 추정

법 제162조 제3항은 허위기재, 기재누락으로 인하여 증권의 취득자 또는 처분자가 입은 손해에 대한 입증의 어려움을 고려하여, 사업보고서등의 부실기재자가 "배상할 금액은 청구권자가 그 증권을 취득 또는 처분함에 있어서 실제로 지급한 금액 또는 받은 금액과 다음 각 호의 어느 하나에 해당하는 금액(처분의 경우에는 제1호에 한한다)과의 차액으로 추정"하고 있다.[28] '실제로 지급한 금액 또는 받은 금액'은 사실관계를 확인하면 되므로 따로 설명하지 아니한다. 결국 손해배상액의 산정 시에 문제되는 것은 다음 각 호의 공제할 금액이다.

1. 법 제162조 제1항 및 제2항에 따라 손해배상을 청구하는 소송의 변론이 종결될 때의 그 증권의 시장가격(시장가격이 없는 경우에는 추정처분가격을 말한다)(162조③1호)

　　제1호는 증권의 [취득가격 - 변론종결 시의 시장가격(시장가격이 없는 경우에는 추정처분가격)]을 손해액으로 추정한다. 이에 대해서 사실심의 변론종결 시점은 부실기재 후 수년이 지난 후일 수 있고, 재판이 진행되는 기간 동안에는 부실기재 외에 다른 요소들도 주가에 반영될 수 있으므로 변론종결 시의 시장가격을 기준으로 하는 것은 불합리하고, '소 제기 시'의 시장가격을 공제하는 것으로 개정하여야 한다는 견해나 입법례[29]가 있다. 그러나 소 제기 시를 기준으로 하게 되면, 투자자는 '소 제기 시의 시장가격'이 취득가격보다 높으면 소송을 제기하지 않을 수 있고, '소 제기 시의 시장가격'이 취득가격보다 낮더라도 가장 유리한 때에 제소하는 것을 선택할 수 있어서 투자자에게 지나치게 유리하다. 따라서 '변론종결 시의 시장가격'을 기준으로 하되, 법원이 허위기재, 기재누락이 가격에 미친 영향, 과실상계, 공평의 원칙 등을 고려하여 적정하게 손해배상액을 산정할 수 있도록 하는 것이 타당하다.

2. 제1호의 변론종결 전에 그 증권을 처분한 경우에는 그 처분가격(2호)

　　제2호는 변론종결 전에 증권을 처분한 경우에는 처분가격을 공제하도록 하고 있다. 즉, 변론종결 전 처분 시에는 [취득가액 - 처분가액]을 손해액으로 추정한다. 변론종결 전에 이미 처분하였다면 처분가액이 있으므로 이를 기준으로 하는 것이 어느 정도 불가피하지만, 원고가 유리한 시점에 처분시기를 선택할 수 있다는 측면은 있다.

⑵ 손해액 추정규정의 한계와 실제 손해액의 증명

　법 제162조 제3항의 손해액 추정 규정은 투자자가 입은 손해액을 의제하는 것이 아니라 입증책임을 전환하는 것에 불과하므로 사업보고서등의 부실기재가 아닌 다른 이유로 증권가격이 상승하거나 하락하였음이 증명된다면 그 금액은 부실기재와 인과관계가 없으므로 손해액의 산정에서 제외하여야 한다. 그러나 투자자 보호를 위해서 손해액 추정조항을 둔 자본시장법 제162조 제3항 및 제170조 제2항의 입법 취지에 비추어 볼 때, 거짓기재가 포함된 사업보고서 등이 공시된 이후 매수한 주식의 가격이 하락하여 손실이 발생하였는데 사업보고

---

28) 구 증권거래법 제15조는 "실지로 지급한 액에서 … 해당하는 액을 공제한 금액으로 한다"는 간주의 형식으로 되어 있어서 위헌 문제가 제기되었다. 헌재 1996.10.4. 94헌가8(전원재판부). 자본시장법 제162조 제3항은 '추정한다'고 규정함으로써 문제의 소지를 없앴다.

29) 고창현, "부실기재관련 증권소송에서의 인과관계와 증명책임," 「증권집단소송 Issue 시리즈 06」(전경련, 2005. 4), 41면. 발행시장에 관한 미국 1933년 증권법 §11(e)도 '소 제기 시(the time such suit was brought)'를 기준으로 손해액을 추정하고 있다.

서 등의 공표 이후의 주식가격의 형성이나 하락이 문제된 사업보고서 등의 거짓기재 때문인지 분명하지 않다는 정도의 증명만으로 손해액의 추정이 깨진다고 할 수 없다.[30]

실제 손해액이 추정손해액과 다른 경우에는 실제 손해액을 주장하여 이익을 얻는 자가 입증하면 된다. 실제 손해액과 관련하여, 대법원은 일반적으로 허위공시 사실이 밝혀진 후 그에 따른 충격이 가라앉고 허위정보로 인하여 부양되거나 하락한 부분이 모두 제거되어 정상적인 주가가 형성되면 그와 같은 정상주가 형성일 이후의 주가변동은 달리 특별한 사정이 없는 한 허위공시와 인과관계가 없으므로, 정상주가 형성일 후에 당해 주식을 매도하였거나 정상주가 형성일 이후부터 변론종결일까지 계속 보유중인 경우, 자본시장법 제162조 제3항에서 추정하는 손해액 중 정상주가와 실제 처분가격 또는 변론종결일의 시장가격의 차액 부분에 대하여는 인과관계 부존재의 증명이 있다고 보아야 하고, 이 경우 손해액은 '계산상 매수가격(실제로 지급한 금액 또는 받은 금액)'에서 '정상주가 형성일의 주가'를 공제한 금액이라고 한다.[31] 구체적인 손해액의 산정방법은 뒤에서 살펴본다.

(3) 일련의 거래와 선입선출법

투자자가 사업보고서등의 허위공시 이전부터 상장법인의 증권을 보유하고 있다가 허위공시 이후에 추가적으로 당해 상장법인의 증권을 취득하고 그 중 일부를 변론종결 전에 처분한 경우에는 피해주식이 특정되지 않아 손해액 산정에서 곤란한 문제가 발생한다. 예를 들어, 甲이 A회사 주식을 4월 1일에 100주를 매수하고, 5월 1일에 100주를 매수하고, 6월 1일에는 150주를 매도하였다고 가정한다. 문제는 사업보고서등의 부실공사가 4월 15일에 있었다면, 6월 1일자로 매도한 150주가 사업보고서의 허위공시 전인 4월 1일에 매수한 주식인지, 허위공시 후인 5월 1일에 매수한 주식인지 알 수 없다는 것이다. 판례는 이러한 경우에 다른 특별한 사정이 없다면 '선입선출법'에 따라서 먼저 매수한 주식을 먼저 매도한다는 가정 하에 손해액을 계산한다.[32] 따라서 甲이 매도한 150주 중에서 100주는 4월 1일에 매수한 주식을 매도한 것으로 하고, 나머지 50주는 5월 1일에 매수한 주식을 매수한 것으로 하여 손해액을 계산한다. 甲이 매도하지 않은 나머지 50주는 변론종결 시점까지 처분하지 않은 주식으로 보아서 손해액을 계산하면 된다.

(4) 과실상계, 손익상계 등

법 제162조의 손해배상청구에 있어서도 손해의 공평부담이라는 손해배상법의 기본 이념이 적용되므로 증권의 취득자 또는 처분자에게 손해의 발생 및 확대에 기여한 과실이 있다

---

30) 대판 2022.9.7., 2022다228056(대한전선 사건).
31) 대판 2022.9.7., 2022다228056; 대판 2012.10.11., 2010다86709 등.
32) 자세한 내용은 노혁준, "증권관련 집단소송에서의 손해액 산정,"「인권과 정의」제342호(대한변호사협회, 2005. 2), 93면 이하 참조.

면 과실상계를 하거나 공평의 원칙에 기하여 책임을 제한할 수 있다.

대법원은 "허위공시 등의 위법행위 이외에 매수시점 이후 손실이 발생할 때까지의 기간 동안의 당해 기업이나 주식시장의 전반적인 상황의 변화 등도 손해 발생에 영향을 미쳤을 것으로 인정되나 성질상 그와 같은 다른 사정에 의하여 생긴 손해액을 일일이 입증하는 것이 극히 곤란한 경우가 있을 수 있고, 이와 같은 경우 손해분담의 공평이라는 손해배상제도의 이념에 비추어 손해배상액을 제한할 수 있다."[33]고 하면서 공평의 원칙에 기한 손해배상액의 제한을 인정하고 있다.

대법원은 공평의 원칙 등에 의하여 과실상계를 인정하면서도 "자금사정이나 재무상태에 문제가 있다고 알려진 회사의 주식을 취득하였다는 사정은 투자자의 과실이라고 할 수 없고, 재무상태가 공시내용과 다르다는 사실이 알려지면서 주가가 하락하는 과정에서도 그 중간의 적당한 시점에 증권을 처분하지 않아서 손해가 커졌다는 사정은 과실상계의 사유가 될 수 없다."[34]고 하면서, 투자판단에 대한 투자자의 과실은 손쉽게 인정하지 않고 있다. 저평가 되었다고 생각하는 주식을 매매하여 '고위험 고수익'을 노리는 것은 합법적인 투자기법일 뿐만 아니라, 부실기재 사실의 공표 후에 주가가 지속적으로 하락하였다고 하더라도 주가의 상승과 하락은 예측하기 어려운 만큼 '매도하지 않고 보유하였다는 사정'을 투자자의 과실로 보기는 어렵기 때문이다.

투자자의 부주의를 이용하는 고의적인 불법행위에 대해서는 과실상계 등이 허용되지 않는다. 가해자의 고의적인 불법행위로 인하여 투자자가 입은 손해에 대해서는 비록 투자자에게 과실이 있다고 하더라도 그 손해액을 제한하는 것은 부당하기 때문이다. 그러나 고의적인 불법행위에 대해서 과실상계를 허용하지 아니하는 이유는 고의적인 불법행위자가 불법행위로 인한 이익을 최종적으로 보유하는 것은 공평의 이념이나 신의칙에 반하기 때문이므로 그러한 결과가 초래되지 않는 경우에는 과실상계나 공평의 원칙에 기한 책임의 제한은 가능하다.[35] 따라서 고의적인 불법행위라고 하더라도 가해자가 불법행위로 인한 이익을 최종적으로 보유하지 않고, 피해자의 과실이 손해의 발생이나 확대에 기여한 경우에는 과실상계를 할 수 있다.

(5) 사례를 통한 실제 손해액의 산정

위에서는 사업보고서등의 허위기재로 인하여 투자자가 입은 손해배상책임의 법리를 살펴보았다. 아래에서는 판례[36]에서 다투어진 실제 사례를 통해서 구체적인 손해액을 산정해

---

33) 대판 2022.7.28., 2019다202146(STX조선해양 사건); 대판 2007.10.25., 2006다16758·16765(대우전자 분식회계 사건).

34) 대판 2007.10.25., 2006다16758·16765(대우전자 분식회계 사건).

35) 대판 2012.3.29., 2011다80968; 대판 2007.10.25., 2006다16758,16765 등.

36) 대판 2012.10.11., 2010다86709. 원심은 서울고판 2010.9.17., 2009나115665이다. 구 증권거래법 당시의 사례인데 설명을 위해서 현행 자본시장법의 시점으로 변경하고 일부 사실관계는 수정하였다.

본다.

1) 사실관계

A회사는 2017. 3. 31. 보유중인 자산을 과대계상한 사업보고서를 작성하여 공시하였다. 원고는 2017.10.1. A회사의 주식 4만주를 1주 500원에 매수하였다. 증선위가 2018. 2. 20. A회사와 외부감사인을 제재하여 그 사실이 언론에 보도되자 A회사의 주가는 대폭 하락하였고, 2018. 2. 26.부터 2018. 2. 28.까지 3일간 1주에 240원으로 저점에 이른 후 2018. 2. 29.에는 255원으로 상승하였다. 원고는 주가가 가장 저점에 이른 시기인 2018. 2. 26.에는 A회사의 주식 6만주를 1주 240원에 추가로 매수하였고, 그로부터 약 5달 후인 2018. 7. 25.에는 그동안 매수하였던 주식 10만주 전부를 1주 400원에 매도하였다. 원고는 A회사, 그 임원들과 외부감사인을 상대로 사업보고서등의 부실기재를 이유로 하여서 손해배상을 청구하였다.

[표5-4] 손해액의 산정방식(사실관계)

2) 인과관계가 인정되는 주식거래의 범위

① 인과관계가 인정되는 취득 주식 : A회사의 사업보고서가 공시된 시점은 2017. 3. 31.이고, 사업보고서에 부실기재가 있다는 사실이 널리 공표된 시점은 언론에 보도된 2018. 2. 20.이므로, 2018. 2. 21. 이후에 A회사의 주식을 매수한 자들은 사업보고서의 공시내용이 허위임을 알고 주식을 매수하였다고 할 것이고, 원고의 손해는 사업보고서가 공시된 2017. 3. 31.부터 언론보도 전인 2018. 2. 20.까지 사이에 취득한 주식거래에 한정된다. 따라서 원고가 매수한 전체 주식 100,000주 중에서 A회사의 사업보고서의 부실기재와 인과관계가 인정되는 주식은 2017. 10. 1.자로 매수한 40,000주에 한정되고, 언론보도 후인 2018. 2. 26.자로 매수한 60,000주는 이 사건 사업보고서의 부실기재와는 무관하다.

② 인과관계가 인정되는 처분 주식 : 원고의 거래 내역 중에서 만일 2018. 2. 20.자 언론보도 전에 처분한 주식이 있다면, 이는 원칙적으로 사업보고서의 부실기재 사실이 알려지고 그로 인하여 주가 하락이 초래되기 이전에 형성된 주가를 기초로 이루어졌다고 할 것인 바, 언론보도 전의 주식거래로 인하여 원고가 입은 손해가 있다고 하더라도 그 손해는 이 사건

사업보고서의 부실기재와 인과관계가 없다. 따라서 A회사의 사업보고서 부실공시로 인하여 원고가 입은 손해액은 언론보도일인 2018. 2. 20. 이후에 처분한 주식거래로 한정되는 바, 제재사실에 대한 언론보도 후인 2018. 7. 25. 처분된 100,000주의 거래는 사업보고서의 부실기재와 인과관계가 인정된다.[37]

다만, 허위공시 사실이 공표되기 전에 투자자가 매수한 주식을 모두 처분하였다는 사실만으로 허위공시와 투자자의 손해 간에 인과관계의 부존재가 증명되었다고 할 수는 없다. 허위공시 사실이 공표되기 전에 투자자가 매수한 주식을 모두 처분하였다고 하더라도 그 공표일 이전에 허위공시 등의 위법행위가 있었다는 정보가 미리 시장에 알려진 경우에는 주가가 영향을 받았을 가능성을 배제할 수 없기 때문이다. 따라서, 허위공시 사실이 공표되기 전에 투자자가 매수한 주식을 모두 처분하였다는 사실의 증명만으로 허위공시와 투자자의 손해 사이에 인과관계의 부존재가 증명되었다고 할 수는 없다.[38]

③ 손해액 산정의 대상주식수 : 인과관계가 인정되는 주식거래를 특정함에 있어서는 보유주식 중 가장 먼저 취득한 주식을 먼저 처분하는 것으로 의제하는 이른바 선입선출법에 따른다. 그런데 위에서 살펴본 것처럼 원고가 2017. 10. 1. 매수한 40,000주와 2018. 7. 25. 처분한 100,000주 중에서 40,000주에 해당하는 부분은 모두 사업보고서의 부실기재와 인과관계가 인정되지만, 2018. 2. 26. 매수한 60,000주는 부실기재 사실에 대한 언론보도 후에 취득한 것으로써 사업보고서의 부실기재와 인과관계가 없으므로[39] 이를 언론보도 후인 2018. 7. 25. 처분하였다고 하더라도 손해배상의 대상이 되지 않는다. 결국 원고가 취득하여 처분한 주식 중에서 사업보고서 부실기재에 영향을 받은 주식은 2017. 10. 1. 1주당 500원에 취득하여, 2018. 7. 25. 400원에 매도한 40,000주이다.

3) 손해액의 산정

자본시장법 제162조 제3항은 '청구권자가 그 증권을 취득 또는 처분함에 있어 실제로 지급한 금액 또는 받은 금액과 변론종결 시에 있어서의 시장가격(시장가격이 없는 경우에는 추정처분가격) 또는 변론종결 전에 그 증권을 처분한 경우에는 그 처분가격을 공제한 금액'을 손해배상액으로 추정하고 있다. 그러나 사업보고서등의 허위공시 사실이 밝혀진 이후 그로 인한 충격이 가라앉고 그와 같은 허위정보로 인하여 부양된 부분이 모두 제거되어 일단 정상적인

---

37) 허위공시 등의 위법행위가 있었던 사실이 정식으로 공표되기 이전에 투자자가 매수한 주식을 허위공시 등의 위법행위로 말미암아 부양된 상태의 주가에 모두 처분하였다고 하더라도 그 공표일 이전에 허위공시 등의 위법행위가 있었다는 정보가 미리 시장에 알려진 경우에는 주가가 영향을 받았을 가능성을 배제할 수 없으므로, 허위공시 등의 위법행위가 있었던 사실이 정식으로 공표되기 전에 투자자가 매수한 주식을 모두 처분하였다는 사실의 증명만으로 인과관계 부존재가 증명되었다고 할 수는 없다. 대판 2022.7.28., 2019다202146.

38) 대판 2022.7.28., 2019다202146.

39) 자본시장법 제162조 제1항 단서는 "증권의 취득자 또는 처분자가 그 취득 또는 처분을 할 때에 허위기재, 기재누락의 사실을 안 경우에는 배상책임을 지지 아니한다."고 분명히 하고 있다.

주가가 형성되면 그와 같은 정상주가의 형성일 이후의 주가변동은 달리 특별한 사정이 없는 한 허위공시와 아무런 인과관계가 없다고 할 것이므로, 이 경우 손해액은 계산상 매수가격에서 위 정상주가 형성일의 주가를 공제한 금액이 될 것이다.[40]

위의 사례에서 A회사의 1주당 주가는 증선위 제재사실이 보도되기 전인 2018. 2. 19.까지는 500원을 유지하다가 허위기재사실이 언론보도를 통하여 일반에 알려진 2018. 2. 20.에는 335원으로 하락하였으며, 그후 2018. 2. 26.부터 2018. 2. 28.까지 3일 간에는 240원으로 저점에 이른 후 2018. 2. 29.에는 주가가 255원으로 상승한 점에 비추어 보면, 2018. 2. 6.부터 같은 달 29.사이에 정상주가로 1주에 240원이 형성되었다고 봄이 타당하고, 투자자인 원고가 입은 손해는 1주당 매수가격 500원에서 정상주가 형성일의 주가인 1주 240원을 공제한 금액이 된다. 즉, 법 제162조 제3항에 의하면 실제로 지급한 1주당 매수가격 500원에서 변론종결 전의 처분가액인 1주당 400원을 뺀 1주당 100원이 원고의 손해액으로 추정될 것이나, 판례에 의하면 정상주가가 형성된 2018. 2. 26. 이후의 주가변동(사안에서는 주가가 상승하였음)은 허위공시와 인과관계가 없다고 할 것이므로 원고의 손해액은 정상주가를 기준으로 산정하여야 한다. 결국 원고가 매수하여 매도한 100,000주 중에서, A회사의 증권신고서 부실기재와 취득과 처분에서 모두 인과관계가 인정되는 주식은 40,000주이고, A회사의 부실기재가 없었더라면 1주 240원, 합계 금 9,600,000원(= 40,000주 × 240원)에 취득할 수 있었던 주식을 부풀려진 가격인 1주 500원, 합계 금 20,000,000원(= 40,000주 × 500원)에 매수하였으므로, 원고가 입은 손해액은 금 10,400,000원(= 20,000,000 − 9,600,000)이다.

4) 과실상계 등

위에서는 A회사의 사업보고서 부실기재로 인하여 투자자인 원고가 입은 손해액의 계산방식을 살펴보았다. 실제 사건에서 법원은 주가의 하락은 사업보고서등의 허위공시 외에도 주식시장의 전반적인 상황의 변화 등도 손해 발생에 영향을 미쳤을 것으로 보여지는 점, 이 사건 허위공시가 가공의 자산을 계상하거나 증빙서류를 조작하는 방법을 통해 이루어진 것은 아닌 점, 허위공시로 인하여 부풀려진 자산 및 자본의 규모 등을 종합하여 A회사의 책임을 원고가 입은 손해액의 40%로 제한하였다.

3. 당사자

사업보고서등 및 첨부서류 중 중요사항에 관한 허위기재, 기재누락으로 인하여 증권의 취득자 또는 처분자가 손해를 입은 경우에 다음 각 호의 자는 그 손해에 관하여 배상의 책임

---

40) 자본시장법 제162조 제3항에 의하면 증권을 취득함에 있어서 실제로 지급한 1주당 매수가격 500원에서 변론종결 전에 처분한 가액인 1주당 400원을 공제한 1주당 100원이 원고의 손해액으로 추정될 것이나, 정상주가가 형성된 2018. 2. 26. 이후의 주가변동은 허위공시와 인과관계가 없다고 할 것이므로 원고의 1주당 손해액은 1주당 매수가액 500원에서 정상주가 형성일의 주가인 1주당 240원을 공제한 금액이다.

을 진다(162조①).

가. 손해배상 책임자

1. 그 사업보고서등의 제출인과 제출 당시의 그 사업보고서 제출대상법인의 이사(162조
   ①1호)

   "사업보고서등의 제출인"은 해당 주권상장법인과 법 시행령 제167조 제1항에서 열
   거하고 있는 '사업보고서 제출대상법인'을 말한다(159조①본문, 令167조①). 이에 대해
   서는 사업보고서 부분에서 살펴보았다.

   "사업보고서 제출대상법인의 이사"는 사업보고서 제출대상법인의 주주총회에서 정식
   으로 선임된 등기이사를 말한다. 주주총회에서 선임된 정식의 이사가 아닌 비등기이
   사는 사업보고서등의 작성에 관여한 경우에도 제1호에 따른 책임은 지지 아니한다.[41]

   "제출 당시"의 이사가 책임자이므로 제출 이후에 새로이 이사로 선임된 자, 제출 전
   에 사임, 해임 등으로 이사의 지위를 상실한 자는 배상책임자가 아니다.[42]

   "제출당시의 이사"는 사업보고서등의 작성에 직접 관여했는지 여부와 관계없이 책
   임의 주체가 된다.[43] 다만, 부실기재에 분명하게 반대의사를 표시하고 그 의사를 이
   사회의사록에 기재하였다면 면책된다고 볼 것이다(商399조②,③, 401조②).

   감사도 배상책임자에 포함시켜야 한다는 견해[44]가 있으나, 입법론으로서는 몰라도
   현행법상 감사는 1호에 열거되어 있지 않으므로 1호의 책임은 지지 아니한다.

2. 상법 제401조의2(업무집행지시자등의 책임) 제1항 각 호[45]의 어느 하나에 해당하는 자
   로서 그 사업보고서등의 작성을 지시하거나 집행한 자(2호)

   비록 정식 이사로 선임되지 않은 경우에도, 회사에 대한 영향력을 이용하여 이사에
   게 업무집행을 지시하는 등 회사의 경영에 관여하는 자는 이사에 준하여 배상책임
   을 지는 것이 당연하기 때문이다. 주의할 것은 배상책임을 부담하기 위해서는 상법
   제401조의2 제1항 각 호의 업무집행지시자에 해당한다는 사실만으로는 충분하지 않
   고, 이에 더하여 사업보고서등의 작성을 지시하거나 집행한 사실이 인정되어야 한
   다. 이점에서 사업보고서 제출대상법인의 이사에 해당한다는 사실만으로 배상책임
   을 부담하는 제1호의 이사와는 차이가 있다.

---

41) 김정수, 자본시장법원론(2011), 456면.
42) 김정수, 자본시장법원론(2011), 456면.
43) 김건식/정순섭, 자본시장법(2013), 232면.
44) 김정수, 자본시장법원론(2011), 458면.
45) 상법 제401조의2의 업무집행지시자에는 회사에 대한 자신의 영향력을 이용하여 이사에게 업무집행을 지시
    한 자(동조①1호), 이사의 이름으로 직접 업무를 집행한 자(2호), 이사가 아니면서 명예회장·회장·사장·
    부사장·전무·상무·이사 기타 회사의 업무를 집행할 권한이 있는 것으로 인정될 만한 명칭을 사용하여
    회사의 업무를 집행한 자(3호)가 있다.

3. 그 사업보고서등의 기재사항 등이 진실 또는 정확하다고 증명하여 서명한 공인회계
   사·감정인 또는 신용평가를 전문으로 하는 자 등(그 소속단체를 포함) 대통령령으로
   정하는 자(3호)

   제3호에서 "대통령령으로 정하는 자"란 공인회계사, 감정인, 신용평가를 전문으로
   하는 자, 변호사, 변리사 또는 세무사 등 공인된 자격을 가진 자(그 소속단체를 포함한
   다)를 말한다(슈173조②).

   제3호에는 공인회계사 등이 소속된 단체도 포함된다. 많은 경우에 공인회계사 개인
   이 아니라 회계법인 등 회사와 계약을 체결하므로 공인회계사 등이 속한 단체도 책
   임의 주체로 규정한 것이다.

   공인회계사 등의 책임에 대해서는 업무 관련성을 규정하고 있지 않으므로, 자기가
   맡은 업무 외의 서류에 부실기재가 있는 경우에도 책임을 부담하는 것처럼 보일 수
   도 있으나, 위임받은 업무를 넘어서는 서류의 부실기재에 대하여까지 책임질 수는
   없으므로 기재사항 및 그 첨부서류가 진실 또는 정확하다고 확인한 부분에 한하여
   책임을 진다고 볼 것이다.

4. 그 사업보고서등의 기재사항 및 그 첨부서류에 자기의 평가·분석·확인 의견이 기
   재되는 것에 대하여 동의하고 그 기재내용을 확인한 자(4호)

   제4호는 사업보고서등에 전문가의 평가의견 등이 기재되는 것에 동의한 전문가 등
   의 책임을 규정하고 있다. 기재내용까지 확인할 것이 요구되므로 자기의 의견이 기
   재되는 것에 동의하였다고 하더라고 하더라도 실제로 기재된 내용을 확인하였다는
   표시가 없으면 배상책임을 부담하지 않는다. 사업보고서등의 제출인이 전문가의 의
   견을 임의로 기재하는 것을 방지하기 위한 취지도 있다. 기재사항의 범위에 대하여
   는 아무런 제한이 없으므로 예측정보를 비롯한 모든 정보가 포함된다.

제1호 내지 제4호의 배상책임자들은 부진정연대책임을 부담한다. 따라서 투자자는 어느
한 명에게 손해액 전부를 청구할 수 있고, 손해를 배상한 자는 각각의 부담부분에 대하여
구상권을 행사할 수 있다. 미국의 1933년 증권법은 사기적인 부실기재(guilty of fraudulent
misrepresentation)에 책임이 있는 자는 그렇지 않은 자에 대하여 구상할 수 없도록 하고 있으
나(1933년 증권법 §11(f)), 자본시장법에는 이러한 규정이 없으므로 자신의 부담부분을 넘어서
서 배상한 자는 다른 공동불법행위자에 대해서 구상할 수 있다.

사외이사나 공인회계사와 같이 직접 부실표시를 한 것이 아니라 적발하지 못한 잘못밖에
없는 자가 손해의 손해액 전부를 배상해야 하는 것은 가혹한 면도 없지 않다. 이를 반영하여
이사의 손해배상액 한도를 규정하거나, 회계감사인의 책임범위를 제한하는 특별한 규정들이
도입되기도 한다(외감법31조④). 미국에서는 증권법 위반을 명백히 인식하면서 위반행위를 한

경우(knowingly committed violation)에만 연대책임을 지고(1934년 증권거래법 §21D(f)(2)(A) Joint and Several Liability), 그렇지 않은 경우에는 자신이 초래한 손해에 비례한 책임을 지도록 규정하고 있다(1934년 증권거래법 §21D(f)(2)(B) proportionate liability).

나. 손해배상 청구권자

법 제162조에 의하여 손해배상을 청구할 배상청구권자는 '사업보고서 제출대상법인이 발행한 증권의 취득자 또는 처분자'이다(162조①본문). 증권의 취득자뿐만 아니라 처분자도 손해배상을 청구할 수 있다.

사업보고서 제출대상법인이 발행한 ①증권의 취득자 또는 처분자가 손해배상을 청구할 수 있다. 증권에는 ②그 증권과 관련된 예탁증권, ③해당 증권(그 증권과 관련된 증권예탁증권을 포함한다)과 교환을 청구할 수 있는 교환사채권, ④해당 증권 및 교환사채권만을 기초자산으로 하는 파생결합증권이 포함된다(162조①본문, 슈173조①).

4. 입증책임의 전환

가. 상당한 주의를 다한 경우

법 제162조는 사업보고서등의 제출인에게 허위기재, 기재누락으로 인하여 증권의 취득자 또는 처분자가 입은 손해에 대한 배상책임을 인정하면서도(162조①본문), "다만, 배상의 책임을 질 자가 ①상당한 주의를 하였음에도 불구하고 이를 알 수 없었음을 증명하거나 ②그 증권의 취득자 또는 처분자가 그 취득 또는 처분을 할 때에 그 사실을 안 경우에는 배상의 책임을 지지 아니한다."(162조①단서)고 하면서, 사업보고서등의 제출인이 상당한 주의를 하였음에도 불구하고 허위기재나 기재누락의 사실을 알 수 없었음을 증명하면 책임을 면할 수 있도록 하고 있다. ①은 상당한 주의의 항변이고, ②는 악의의 항변이다.

①"상당한 주의"란 자신의 지위에서 재무제표 작성·공시업무와 관련하여 선량한 관리자로서 갖는 주의의무나 감시의무를 제대로 수행하였다는 것을 가리키며, "상당한 주의를 하였음에도 불구하고 이를 알 수 없었음을 증명"한다는 것은 '위와 같은 주의의무나 감시의무를 제대로 수행한 후 허위기재 등이 없다고 믿을 만한 합리적인 근거가 있었고 또한 실제로 그렇게 믿었음'을 증명한다는 뜻이다.[46]

지위에 따라서는 합리적으로 기대되는 조사나 믿음의 근거는 달라질 수 있다. 사내이사는 사외이사보다 회사의 업무전반에 대해서 잘 알고 있으므로 조사의 범위는 넓어야 하고 믿음의 근거는 확실해야 한다. 재무담당이사는 다른 이사보다 회계에 대한 이해와 전문성이 높을 것이므로 회계보고서에 대해서 허위기재, 기재누락 사실이 없다고 믿었다는 것을 증명하려면 보다 엄격한 심사가 요구될 것이다. 특히 회사 업무의 전반을 총괄하여 다른 이사의

---

46) 대판 2022.7.28., 2019다202146.

업무집행을 감시·감독해야 할 지위에 있는 대표이사는 회계부정이나 오류를 사전적으로 예방하고 사후적으로 적발·시정할 수 있는 내부통제시스템을 구축하고 그것이 제대로 작동하도록 노력을 다해야 한다. 만일 대표이사가 이러한 노력을 전혀 하지 않거나 위와 같은 시스템을 통한 감시·감독의무의 이행을 의도적으로 외면한 결과 다른 이사 등의 회계업무에 관한 위법한 업무집행을 방지하지 못하였다면, 대표이사로서 감시의무를 게을리하였다고 볼 수 있다.[47] 판례는 투자자인 원고가 STX조선해양의 대표이사인 피고를 상대로 법 제162조 제1항에 따른 손해배상청구를 한 사안에서, 회계업무를 적정하게 감시·감독할 수 있는 내부통제시스템을 구축하지 않았고, 재무제표 기재사항의 진실성에 관하여 의심할 만한 사정이 존재하였음에도 불구하고 대표이사로서 적절한 조치를 취하지 않음으로써 회사의 회계가 부정하게 처리되는 것을 방지할 주의의무를 소홀히 하였다고 판단하였다.[48]

나. 증권의 취득자 등이 악의인 경우

②의 악의의 항변과 관련하여 "증권의 취득자 또는 처분자가 그 취득 또는 처분을 할 때에 허위기재, 기재누락의 사실을 안 경우에는 배상책임을 지지 아니한다."(162조①단서). 사업보고서등의 부실기재 사실을 알고서도 증권을 취득하거나 처분한 자에 대해서 배상책임을 인정하는 것은 타당하지 않기 때문이다.

"허위기재나 기재누락의 사실을 알았다고 하는 것"은 분명해야 하므로 단순히 사업보고서등을 읽은 것만으로는 악의를 인정할 수 없다. 또한 증권의 취득자 또는 처분자가 사업보고서등 공시서류를 읽어 보지 않았고, 읽어 보았어도 그 내용에 관계없이 증권을 매수하였을 것이라고 하더라도 그 사실만으로 악의가 인정되는 것도 아니다. 읽어 보지 않았거나 읽어 보았어도 그 내용에 관계 없이 증권을 매수하였을 것이라는 사정은 투자자가 사업보고서 등의 부실기재를 알고 있었다는 뜻은 아니기 때문이다.

증권의 취득자 또는 처분자가 허위기재, 기재누락 사실을 알지 못한 것에 중대한 과실에 있다고 하더라도 악의를 인정할 수는 없다. 사업보고서등을 통해서 공시된 사항에 대하여 그 진위를 조사할 의무까지 투자자에게 있다고 보기는 어렵고, 투자자에게 중과실이 있다고 하여서 사업보고서등 제출인의 부실기재에 대한 책임을 면제하는 것은 투자자 보호를 위하여 설정한 법 제162조의 취지에도 어긋나기 때문이다.

허위기재, 기재누락에 대한 취득자 또는 처분자의 악의는 거래 당시, 즉 취득 또는 처분 시를 기준으로 하므로, 증권의 취득 또는 처분 시에 선의였다면 그 후 부실기재 사실을 알게 되었어도 악의의 항변을 할 수 없다.

취득자가 증권의 취득 당시 사업보고서의 허위기재, 기재누락 사실을 알았다는 점에 대

---

47) 대판 2022.7.28., 2019다202146.
48) 대판 2022.7.28., 2019다202146.

한 증명책임은 손해배상책임을 부정하려는 회사 등이 부담한다.[49]

5. 인과관계와 시장사기이론

가. 거래인과관계와 손해인과관계

사업보고서등의 부실기재와 투자자가 입은 손해 간에는 인과관계가 있어야 한다. 그런데 다양한 요인에 의하여 등락하는 증권시장의 특성을 고려하면, 사업보고서등의 부실기재와 투자자의 손해 간에 인과관계를 증명하는 것은 쉽지가 않고, 이 때문에 인과관계를 거래인과관계와 손해인과관계로 다시 구분하여 논의가 전개되고 있다.

"거래인과관계(transaction causation)"는 투자자인 원고가 허위기재, 기재누락이 있는 사업보고서등을 신뢰하였고, 이에 근거하여 거래하였다는 것을 말한다. 즉, 사업보고서등에 기재 또는 표시된 내용을 신뢰하여 해당 증권을 거래하였을 것을 요구한다. 민법상 불법행위 손해배상책임에서 '가해자의 위법행위'와 '피해자의 손해' 사이의 인과관계에 상응하는 개념이라고 볼 수 있다.

"손해인과관계(loss causation)"는 투자자인 원고의 구체적인 손해가 피고의 사업보고서등에 대한 허위기재, 기재누락으로 인하여 발생하였는지의 문제이다. 허위기재, 기재누락 사실과 거래 사이의 인과관계가 아니고, 허위기재, 기재누락 사실과 손해액 간의 인과관계를 말한다. 민법상 피고의 불법행위책임이 인정되고, 그 후에 '손해배상액을 산정'할 때 요구되는 인과관계에 상응하는 개념이다.

나. 거래인과관계의 추정과 손해배상책임

사업보고서등의 부실기재로 인하여 투자자가 손해를 입은 경우에, 사업보고서등의 기재 내용에 대한 투자자의 신뢰와 해당 증권 거래 간에 거래인과관계가 요구되는가?

이에 대해서는 다양한 요인에 의하여 등락하는 증권가격의 특성상 거래인과관계는 요구되지 않는다는 견해가 있을 수 있으나, 법 제162조의 사업보고서등의 부실기재에 의하여 투자자가 입은 손해에 대한 배상책임은 민법 제750조의 불법행위책임의 일종으로써 증권의 유통시장에서 발생하는 거래라고 하여서 특별히 따로 볼 이유는 없으므로, 투자자가 허위기재, 기재누락이 있는 사업보고서등을 신뢰하였고 이에 근거하여 거래하였다는 거래인과관계가 요구된다고 본다.

거래인과관계를 요구하는 경우에도 그 입증책임은 완화할 필요가 있다. 민법상 불법행위책임처럼 투자자인 원고가 거래인과관계를 증명하여야 한다는 견해[50]가 있으나, 비대면의

---

49) 대판 2010.8.19., 2008다92336.

50) 증권신고서 외에는 정보가 부족한 발행시장과 달리 유통시장에서 사업보고서등의 공시는 투자자의 투자판단을 위한 유일한 연결고리는 아닐뿐더러 이들 공시정보가 직접적으로 투자를 권유하기 위한 것도 아니기

방식으로 다수인 사이에 거래가 이루어지고 다양한 요인에 의하여 등락하는 증권가격의 성격과 증권거래에서 인과관계의 입증의 어려움을 감안하면, 사업보고서의 제출인 등이 사업보고서등의 중요사항에 대해서 거짓의 기재 또는 표시를 하거나 기재 또는 표시를 누락한 사실이 인정된다면 그러한 부실기재와 투자자인 원고의 거래 간에는 거래인과관계가 추정되며, 사업보고서등의 제출이 손해배상책임을 면하려면 사업보고서등의 부실기재와 투자자의 거래 사이에 거래인과관계가 존재하지 아니함을 증명하여야 할 것이다(☞ 관련 내용은 "제4장 제3절 Ⅱ.5. 인과관계와 시장사기이론" 참조).

다. 손해인과관계와 사건연구방식

거래인과관계가 인정되어 손해배상책임이 인정되면, 그 다음에는 손해액의 산정이 문제가 된다. 이 경우 투자자인 원고는 사업보고서등의 부실기재로 인하여 자신에게 손해가 발생하였다는 사실을 입증하여야 하는데 손해액의 입증이 쉽지 않으므로, 앞서 살펴본 것처럼 법 제162조 제3항 제1호는 증권의 취득자가 계속하여 증권을 보유하는 경우로서, 증권의 "취득가격 – 변론종결 시의 시장가격"을 손해액으로 추정하고, 동항 제2호는 변론종결 전에 그 증권을 처분한 경우에는 "취득가격 – 처분가격", 즉 취득가격에서 처분가격을 공제한 금액을 손해액으로 추정하고 있다.

법 제162조 제3항은 손해액을 추정하는 조항에 불과하고, 피고가 손해인과관계의 부존재를 증명하면 손해액의 추정은 깨어진다. 판례는 분식회계 사실이 밝혀진 후 부풀려진 부분이 모두 제거되어 정상적인 주가가 형성되면, 정상주가 형성일 이후의 주가변동은 분식회계 및 부실감사와 인과관계가 없으므로, 그 정상주가 형성일 이후에 당해 주식을 매도하였거나 변론종결일까지 계속 보유중인 사실이 확인되는 경우에는 증권거래법 제15조 제1항(현 자본시장법 제162조 제3항)이 정하는 손해액 중 정상주가와 실제 처분가격(또는 변론종결일의 시장가격)과의 차액 부분에 대하여는 인과관계 부존재의 입증이 있다고 볼 것이고, 이 경우 손해액은 '계산상 매수가격'에서 '정상주가 형성일의 주가'를 공제한 금액이 된다고 한다.[51] 즉, 투자자가 '증권을 취득한 가격'에서 법원이 제반 사정을 감안하여 판단하는 '정상주가 형성일의 주가'를 뺀 금액이 손해액이다.[52]

이른바, '사건연구(event study)' 방법이다. 사건연구방법은 주가조작, 분식회계 기타 증권사기로 인한 손해배상 사건에서 인과관계의 판단 및 손해배상액 산정과 관련하여 고안된 금융통계학적 분석법인데, 미국에서 처음으로 이용되기 시작하였고 우리나라에서도 상당하게

때문에 유통시장에서의 피해자가 발행회사나 그 관계자에게 책임을 묻기 위해서는 실제 그 공시를 믿고 투자했는지가 밝혀져야 한다고 한다. 고창현, 앞의 논문(부실기재관련 증권소송에서의 인과관계와 증명책임), 42–43면.

51) 대판 2007.10.25., 2006다16758,16765.
52) 정상주가의 계산방식에 관한 사례는 "제5장 제5절 Ⅱ.2.라.손해금액의 산정" 참조.

이용되고 있다. 즉, 통계적인 분석을 통하여 분식회계 등 특정한 사건발생일(event date) 이전의 '정상적인 기간의 주가의 흐름'을 파악한 후, 분식회계 등을 비롯한 특정한 사건일 또는 사건 기간 이후의 실제 흐름이 '정상적인 기간의 주가의 흐름'에 대한 예상치와 얼마나 벗어나는지를 보아 그 벗어나는 정도가 통계학적으로 의미 있는 것인지를 따져 본다. 만일 특정한 사건일 이후의 '실제 주가의 흐름'이 '정상적인 기간의 주가의 흐름'을 벗어난다면 분식회계 등의 영향을 받았다고 보아서 배상책임이 인정될 수 있으나, 정상적인 주가의 범위 내라면 분식회계와의 인과관계가 부정되어 배상책임이 인정될 수 없게 된다.

우리나라의 판례는 사건연구방식을 채용한 경우도 있고 그렇지 않은 경우도 있다. 판례는 증권의 취득자가 주권상장법인 등을 상대로 사업보고서의 부실기재로 인하여 입은 손해의 배상을 청구하는 경우, 주권상장법인이 책임을 면하기 위해서는 스스로 인과관계의 부존재를 입증할 책임이 있으며,[53] 이 경우 손해 인과관계의 부존재 사실'의 증명은 직접적으로 문제된 해당 허위공시 등의 위법행위가 손해 발생에 아무런 영향을 미치지 아니하였다는 사실이나 부분적 영향을 미쳤다는 사실을 증명하는 방법 또는 간접적으로 문제된 해당 허위공시 등 위법행위 이외의 다른 요인에 의하여 손해의 전부 또는 일부가 발생하였다는 사실을 증명하는 방법으로 가능하다고 한다.[54] 사건연구방식은 허위공시 등으로 인한 손해의 전부 또는 일부가 문제된 허위공시 등 이외의 다른 요인으로 인하여 발생하였다는 사실을 입증하는 간접적인 방식으로 볼 수 있다.

반면에 "손해액 추정조항의 입법 취지에 비추어 볼 때 허위공시 등의 위법행위 이후 매수한 주식의 가격이 하락하여 손실이 발생하였는데 그 가격 하락의 원인이 문제된 당해 허위공시 등 위법행위 때문인지가 불분명하다는 정도의 입증만으로는 위 손해액의 추정이 깨어진다고 볼 수 없다."[55]고 하면서 손해인과관계의 부존재에 대한 입증을 엄격하게 요구한 사례도 있다.

6. 손해배상책임의 소멸

사업보고서등의 부실기재로 인한 손해배상책임은 그 청구권자가 '해당 사실을 안 날'부터 1년 이내 또는 해당 사업보고서등의 제출일부터 3년 이내에 청구권을 행사하지 아니한 경우에는 소멸한다(162조⑤). 대량으로 이루어지는 증권거래에서 분쟁의 조기 해결과 거래의 안정을 위한 것이다. 소멸시효기간으로 보는 견해도 있으나, 법문에 "시효로 소멸한다"는 표현이 없으므로 제척기간으로 볼 것이다.[56]

---

53) 대판 2015.1.29., 2014다207283; 대판 2002.10.11., 2002다38521.
54) 대판 2015.1.29., 2014다207283.
55) 대판 2010.8.19., 2008다92336; 대판 2008.11.27., 2008다31751.
56) 대판 2012.1.12., 2011다80203. 이 판결은 단기매매차익 반환청구기간을 제척기간으로 보고 있다.

　　"해당사실을 안 날"은 투자자가 사업보고서등의 중요사항에 대한 허위기재나 기재누락의 사실을 현실적으로 인식한 때라고 볼 것이고, 투자자 본인이 그 사실을 몰랐다고 하더라도 일반인이 그와 같은 사업보고서의 허위기재나 기재누락 사실을 인식할 수 있는 정도라면 특별한 사정이 없으면 투자자도 그러한 사실을 현실적으로 인식하였다고 보는 것이 상당하다.[57] 부실기재로 인하여 단순히 손해가 발생하였다는 사실을 아는 것만으로는 부족하고 이를 원인으로 손해배상청구를 할 수 있다는 사실까지 아는 것을 의미한다.[58] 사업보고서등의 부실기재로 인한 손해배상청구는 감독기관의 행정조치, 검찰고발 또는 법원의 형사판결 후에 제기되는 것이 보통임을 감안한다면 안 날로부터 1년, 사업보고서등의 제출일로부터 3년의 기간은 투자자 보호 측면에서 너무 짧은 측면이 있기 때문에 시효기간의 기산점을 여유 있게 정할 필요가 있기 때문이다.

---

57) 대판 2007.10.25., 2006다16758,16765.
58) "민법 제766조 제1항 소정의 손해를 안다는 것은 단순히 손해발생의 사실만을 아는 것으로는 부족하고 가해행위가 불법행위로서 이를 원인으로 하여 손해배상을 소구할 수 있다는 사실까지를 아는 것을 의미한다." 대판 1996.8.23., 95다33450.

제6장

기업 인수·합병 규제

총설

I. 경영권 인수와 규제의 연혁

기업의 인수, 즉 'M&A'는 명확한 개념의 정의 없이, 인수·합병, 기업인수, 기업매수 등 다양하게 사용되고 있으나, 일반적으로는 '다른 기업의 경영권 또는 지배권의 취득을 목적으로 하는 거래의 총체'를 의미한다.[1] 경영권 인수를 위한 법적 수단으로는 공개매수·합병· 영업양수(자산취득)·주식취득·위임장권유 등이 대표적이지만, 그밖에 경영권 취득을 위해서 사용될 수 있는 것이면 경영권 인수의 수단에 포함될 수 있다.

미국에서 경영권 인수는 주법과 연방법에서 동시에 규제되어 왔다. 처음에는 사적 자치에 맡겨져 있었으나, 주내회사의 경영권이 이전되고 직원들의 고용관계가 문제되자 각 주는 주내회사를 보호하기 위한 법령들을 마련하기 시작하였다. 이른바 반기업인수법(주회사법)을 통해서 적대적 경영권 인수에 대한 방어수단을 규정하기 시작한 것인데, 이러한 사실에서 알 수 있듯이 경영권 인수 규제는 주내회사의 경영진을 보호하기 위한 것이었고, 투자자(주주)들의 목소리가 반영된 것은 아니었다.

주회사법에 대해서는 정상적인 인수·합병까지 가로막음으로써 자본시장의 발전을 저해하고, 모럴해저드, 투자위축과 주가하락을 초래한다는 비판이 이어졌고, 1968년 연방의회는 1934년 증권거래법에 대량주식취득의 보고 제도, 공개매수신고서의 제출 등을 추가하는 내용의 이른바 '윌리엄스법(Williams Act)'[2]을 통과시켰다. 하지만 미국의 연방증권법은 더 이상의 추가적인 규정을 두지 않았고, 경영권 방어에 관한 실체적인 내용은 주증권법과 주회사법에 흩어져 있다. 우리나라에서도 상법과 자본시장법 등 각종 법령에 경영권 인수에 관한 규정들이 흩어져 있는 것과 비슷하다.

---

1) Marc L. Steinberg, Understanding Securities Law (Lexis Publishing, 2000), p.333.
2) 제안자인 뉴저지주 상원의원인 Harrison Williams의 이름을 따서 Williams법으로 불리는 데, 1934년 증권거래법에 공개매수와 대량취득 공시에 관한 §13(d), 13(e), 14(d), 14(e), 14(f)을 추가하고 있다. James D. Cox and Thomas Lee Hezen, 「Corporations(2nd.ed.)」(Aspen Publishers, 2003), p.670-675.

Ⅱ. 경영권 인수 경쟁의 특징

경영권 인수에는 막대한 자금이 필요하고 이해관계의 차이로 인하여 다툼이 발생하는데, 여기에서는 경영권 인수 경쟁의 몇 가지 특징을 살펴본다.

1. 적대적 인수합병과 우호적 인수합병

기업의 경영권 인수는 그 이해관계가 크기 때문에 경영권 인수에 찬성하거나 반대하는 사람들이 생길 수밖에 없고, 이를 잘 나타내는 용어가 적대적 인수합병 또는 우호적 인수합병이다. "적대적 인수합병(hostile tender offer)"은 대상회사의 지배주주나 경영진의 의사에 반하여 경영권을 빼앗는 경우를 가리키고, "우호적 인수합병(friendly tender offer)"은 대상회사의 지배주주나 경영진과 원만한 협상을 통해 경영권을 넘겨받는 것을 가리킨다. 대부분의 경영권 인수는 우호적으로 이루어지나 드물게 적대적 인수합병이 시도되는데, 적대적 인수합병의 경우에는 대상기업의 방어 조치 때문에 인수 비용이 높아지는 위험이 있어서 인수 시도자는 비밀리에 지분을 모아서 신속하게 처리하려 한다.

2. 주주의 보호장치 등

2단계 공개매수(two-tiered offer) 방식도 경영권 인수 과정의 특징을 잘 보여준다. 2단계 공개매수에서는 공개매수자가 한정된 물량의 주식을 대상으로 공개매수를 진행하면서, 1단계의 공모에 응모하지 않으면 2단계에서는 더 낮은 가격이 제시될 것이라고 압박하는데, 이 과정에서 주주에 대한 과도한 압박이나 주주 간의 차별 대우가 문제가 될 수 있다. 공개매수자는 1단계와 2단계의 혼합된 가격에 주식을 취득하지만, 주주들은 1단계에서 응모하지 않으면 2단계에서는 더 낮은 가격이 제시될 것 같고, 그렇다고 1단계의 공개매수에 응하는 것이 적절한 것인지도 확신할 수가 없어서 고민하는 딜레마에 빠진다. 이 때문에 주주를 보호하기 위해서, 강제공개매수, 의무공개매수 등이 시행되는 데 국가마다 그 채택 여부, 채택의 방법과 정도에서 차이가 있다.

3. 레버리지의 사용

경영권 인수 과정에서는 상대적으로 적은 자본으로 덩치가 큰 회사를 인수하기 위해서 다양한 레버리지 기법이 사용된다. 특히, 인수인이 인수 대상회사의 자산이니 미래의 현금흐름을 담보로 자금을 빌려서 경영권을 인수하는 차입매수(LBO, leveraged buy-out)의 방법은 레버리지 효과가 크지만, 거래 구조상 대상회사 이사의 배임 등 민감한 법적인 문제가 제기된다. 인수인이 인수 대상회사의 경영진인 경영자 인수(MBO, management buy-out)는 더욱 논란이 많다. 특히, 규모가 작은 인수인이 자기보다 규모가 큰 회사를 인수하거나, 이자율이 높은 사채시장을 통해서 자금을 조달하는 등 레버리지를 높게 사용할수록 무리가 생기고 그 결과 법적 분쟁이 발생할 소지는 더욱 커지게 된다.

Ⅲ. 각국의 경영권 인수 규제체계

세계 각국은 공정하고 효율적으로 경영권 인수가 이루어질 수 있도록 경영권 인수 절차를 규제하고 있다.

1. 미국

미국에서의 경영권 인수는 연방법 및 주법의 차원에서 모두 규제된다. 유럽처럼 일정한 지분을 취득하면 일률적으로 강제공개매수의무가 부과되는 제한이 없고, 경영진의 신속한 경영판단을 존중하고 경영권 취득을 위한 공격과 방어행위 양자 모두가 자유롭게 허용된다. 유럽 국가들이 적대적 M&A의 상황에서 이사와 주주 사이의 본질적인 이해관계 상충을 우려하여, 대상회사의 이사회에게 엄격한 중립을 요구하고 최종적인 결정은 '주주의 판단'[3]에 맡기는 태도와는 차이가 있다.

2. 유럽

일반적으로 유럽국가들은 '강제공개매수(compulsory tender offer)' 제도를 통해서 공격방법을 규제하고, '이사회의 중립(board neutrality)'[4]을 요구함으로써 방어행위 역시 엄격히 제한하고 있다. 공격자인 인수인에게는 강제공개매수를 요구하고, 방어자인 대상회사의 경영진에게는 이사회의 중립을 요구함으로써 공격과 방어 사이의 균형을 도모한다. '이사회의 중립원칙'을 통해서 이사와 주주 간에 이해충돌이 생기는 상황을 사전에 방지하는 점에서, 공개매수에 대하여 방어조치를 취할 것인지를 원칙적으로 경영진의 재량에 맡기고(경영판단원칙) 방어행위의 적법성은 이사의 신인의무를 통해서 사후적으로 규제하는 미국의 태도와는 차이가 있다. 그러나 유럽에서도 이사회의 경영권 방어행위가 모두 금지되는 것은 아니다. 주주총회의 승인이 있으면 방어행위를 할 수 있는 것이 보통이다.

3. 우리나라

우리나라는 경영권 취득을 제한하는 각종 장애물을 없애고 비교적 자유롭게 공격방법을

---

3) '주주의 의사결정원칙(Shareholder decision-making)'은 공개매수에 관한 EU 회사법 제13지침의 기초가 된 양대 지도원리 중의 하나이다.
4) EU 제13지침 제9조 제2항.

허용하고 있다. 1994년 1월에는 구 증권거래법 개정에 의하여 상장법인 '주식의 대량소유의 제한 규정'5)이 폐지되었고, 1998년 2월에는 '25% 강제공개매수제도'6)를 폐지하면서, 자유경쟁과 시장의 효율성을 중시하는 미국의 방식을 따르고 있다.

우리나라는 공격방법에 대한 규제는 철폐하고 있으나, 방어수단은 상당하게 제한하고 있다. 현행법상 경영권 방어를 위해서 직접적으로 활용될 수 있는 방어수단은 신주발행, 자기주식의 취득과 처분, 전환사채의 발행 등에 불과하고, 복수의결권제도, 포이즌필, 신주예약권제도 등은 대부분 허용되지 않거나 제한되어 있다.

허용되는 방어수단 중에는 자기주식 취득 제도7)가 가장 널리 활용되고 있으나, 과도한 자사주 매입으로 인하여 주식시장의 자본조달 기능이 저해되고 있다는 비판도 제기되고 있다. 정관에 특별다수결 조항, 시차임기제, 이사의 자격 제한 등에 관한 조항을 두어서 적대적 M&A를 어렵게 하는 방법 등도 사용되고 있다. 그밖에 자본시장법상 주식의 대량보유 등 보고제도(5% rule), 의결권 대리행사요건 및 공시요건의 강화를 통해서 경영권 방어에 필요한 정보를 얻거나 시간을 벌기도 한다.

제6장에서는 위와 같은 M&A의 법적 쟁점들 중에서 자본시장법에 규정된 법 제133조의 공개매수제도, 제147조의 주식등의 대량보유 등의 보고 제도, 제152조의 의결권 대리행사의 권유 제도를 살펴본다.

---

5) 1991.12.31. 일부개정 구 증권거래법 제200조(주식의 대량소유의 제한등) ①누구든지 상장법인이 발행한 주식은 … 다음 각 호에 규정하는 기준을 초과하여 소유하지 못한다.
  1. 당해 유가증권이 신규로 상장된 당시에 총발행주식의 100분의 10 이상을 소유한 주주는 그 소유비율
  2. 제1호의 규정에 의한 주주 외의 자는 총발행주식의 100분의 10
6) 1997.1.13. 일부개정 구 증권거래법 제21조 제2항, 동법시행령 제11조의2.
7) 2011년 개정 상법 제341조는 배당가능이익의 범위 내에서 자기주식의 취득을 허용하고 있다.

공개매수

I. 의의 및 규제의 필요성

1. 의의

"공개매수"는 대상회사 주주들에게 일정한 매수가격을 제시하고 장외에서 단기간에 대량으로 필요한 수의 주식을 매수하는 행위를 말한다. 주로 대상회사의 경영권 취득을 목적으로 하지만 지주회사 전환이나 상장폐지 등을 위해서도 이용된다.

우리나라는 1976년 12월 증권거래법 개정으로 공개매수규정을 처음으로 도입하였고, 1994년경에는 실제로 공개매수가 이용되면서 제도 정비의 필요성이 대두되었다. 이에 1997년 1월에는 '5% 강제공개매수'[8], '25% 강제공개매수'[9] 규정 등이 신설되었고, 보유비율 산정 시 특별관계자의 보유지분을 합산하는 내용과 위반 시 의결권 제한 및 처분명령 등이 새로 도입되었다. 그 밖에도 반복 공개매수의 제한, 공개매수기간 동안 의결권 있는 주식의 발행 및 발행결의 금지, 정정신고의 도입, 공개매수철회의 제한, 전부매수의무, 공개매수가격의 균일 등 다수의 실체적 규제도 정비하였다.

이후 IMF 금융위기를 맞아 기업구조조정의 필요성이 강조되면서 1998년 2월 증권거래법 개정에서는 25% 강제공개매수가 시행 1년만에 폐지되었다. 2001년 3월 개정에서는 사전신고제를 폐기하고 이른바 동시신고제로 전환하였다. 2005년 1월에는 반복공개매수 제한과 공개매수기간 동안 의결권 있는 주식의 발생 및 발행결의 금지도 함께 폐지되어 현재에 이르고 있다.

---

8) 5% 의무공개매수는 1997.1.13. 구 증권거래법 개정 시에 제21조 제1항에서 신설된 조항이다. 장외에서 주식 등을 5% 이상 취득하거나 5% 이상의 보유자가 추가로 매수하는 경우 반드시 공개매수에 의하도록 하고 있다. 동조항은 현행 자본시장법 제133조 제3항에 승계되어 있다.

9) 25% 강제공개매수제도는 타법인의 지분을 25% 이상 매입할 경우 주식등의 총수의 100분의 50에서 1주를 더한 수에 달하기까지 의무적으로 공개매수를 해야 한다는 내용이다(1997.1.13. 일부개정 구 증권거래법21 조②, 동법시행령11조의2). 소수주주에게도 경영권 프리미엄을 균점할 수 있는 기회를 주기 위해서 마련되었으나, 1998년 외환위기 당시 IMF가 M&A 기능을 위축시켜 기업구조조정의 활성화를 서해시킨다고 지적하면서 폐지되었다.

2. 규제의 필요성

증권거래를 비롯한 시장거래는 사적자치가 원칙이지만, 불특정 다수인으로부터 증권을 매수하는 경우에는 적절한 규제가 필요하다. 그 이유는 다음과 같다.

첫째, 증권시장에서의 투자자 보호의 필요성이다. 새로이 발행되는 증권 발행과 달리, 공개매수는 이미 발행된 증권을 매매하는 거래이나 정보비대칭의 상황은 비슷하고, 투자자에게 신뢰성 있는 정보를 제공하기 위해서 증권신고서의 제출을 요구하는 것과 마찬가지로 공개매수 시에도 기존 주주가 공개매수에 응할지 여부를 판단할 수 있도록 공개매수의 가격 산정이나 공개매수의 목적 등 정보를 제공할 필요가 있다.

둘째, 기존 주주 보호의 필요성이다. 공개매수가 실시되면 대규모 주식이 공개매수자에게 이전되므로 공개매수에 응하지 않고서 남아 있으면 소수주주로 전락할 수 있다. 소수주주로 남게 되면 보유주식의 처분에 어려움을 겪을 수 있고, 보유주식의 가치 하락을 우려하여 공개매수에 응해야 한다는 압력을 느낄 수 있는데, 공개매수자는 이를 이용하여 부당한 이익을 추구할 수 있다. 따라서 주주를 보호하기 위해서는 공개매수의 절차 및 내용에 대한 규제를 통하여 공정하게 공개매수가 이루어질 수 있도록 하여야 한다.

3. 한국의 공개매수 현황

우리나라에서 최초의 공개매수는 1994년 5월 나이키의 삼나스포츠에 대한 공개매수로 알려져 있다. 처음에는 우호적인 공개매수가 많았으나 1994년 10월 한솔제지의 동해투금 인수 이후 적대적 M&A의 사례도 조금씩 증가하고 있다.[10][11]

2001년부터 2012년 7월말까지 총 104건의 공개매수가 있었는데 그 사례를 분석해 보면 흥미로운 사실을 발견할 수 있다. 우선 대상회사의 경영권을 획득하기 위한 공개매수는 13건에 불과하고, 이 중에서 적대적 공개매수는 5건에 그치고 있다.[12] 공정거래법상 지주회사의 요건 등(公正8조의2②2)을 충족하기 위한 계열사 지분 매수가 30건 및 상장폐지 목적인 경우가 36건을 차지하고 있어서 당초 경영권 획득의 목적으로 사용될 것으로 예상하고 있던

---

10) 한솔제지는 1994.10.26. 공개매수에 나섰다. 매수가격은 전날 종가보다 16% 높은 3만 8천원이고 수량은 총 발행주식의 15%인 45만주였다. 공모예정주식의 숫자보다 10만주나 많은 55만주가 응모했고 한솔측은 성공적으로 동해종금을 인수했다. 이 사건은 공개매수절차를 적대적 M&A에 성공적으로 활용했다는 점에서 국내 M&A 역사에서 한 획을 그었다는 평가를 받고 있다. 매일경제, "적대적M&A 한솔제지 94년 공개매수 통해 국내최초 M&A성공", 1997.2.26.자.

11) 우리나라는 1990년대 초반까지 적대적 M&A는 사실상 불가능했다. 박정희 정권 시절인 1968년 제정된 자본시장육성법에서 대주주가 아닌 사람이 기업의 지분 10% 이상을 인수하려면 기존 대주주에게서 매입하도록 하는 등 기존 대주주 경영권 보호장치는 굳건했기 때문이다. 주식의 대량소유제한 제도는 구 증권거래법 제200조에 승계되었으나 1994. 1.경 폐지되었다.

12) 김태형, "공개매수의 현황,"「BFL」제55호(서울대 금융법센터, 2012), 7, 9, 10면.

공개매수의 기능과는 차이를 보인다.

공개매수의 방법에 있어서도 특징이 발견된다. 자본시장법 제133조 제1항은 다른 증권과 교환하는 교환공개매수를 허용하고 있고 실제로 교환공개매수가 이루어지고 있다. 특히, 공정거래법상 지주회사 요건을 충족하기 위한 공개매수는 30건 전부가 신주발행 형태의 교환공개매수였으며,[13] 그 이외의 다른 목적의 공개매수는 신주발행에 대한 법적 근거가 불분명하여 대부분 현금지급방식으로 이루어지고 있다.[14]

Ⅱ. 공개매수의 요건

자본시장법상 "공개매수"란 ①불특정 다수인에 대하여 ②'의결권 있는 주식, 그 밖에 대통령령으로 정하는 증권'("주식등")의 ③매수의 청약을 하거나 매도의 청약을 권유하고 ④증권시장 및 다자간매매체결회사 밖에서 ⑤그 주식등을 매수하는 것을 말한다(133조①). 아래에서는 공개매수의 요건별로 그 내용과 절차를 살펴본다.

1. 불특정 다수인

"공개매수"란 '불특정 다수인'에 대하여 주식등의 매수의 청약을 하거나 매도의 청약을 권유하고 증권시장 및 다자간매매체결회사 밖에서 그 주식등을 매수하는 것을 말한다(133조①).

가. 불특정

매수의 청약을 하거나 매도의 청약을 권유하는 상대방은 불특정이고 동시에 다수인이어야 한다. 불특정인에게 매수의 청약 또는 매도의 청약의 권유를 하면 충분하고, 청약을 받은 자들 중에서 특정인만이 매수를 하였다고 하더라도 요건의 충족에는 문제가 없다. 공개매수는 불특정의 투자자를 상대로 신문공고 등을 통하여 청약의 권유를 하는 형태로 이루어진다. 따라서 특정인과의 개별적 교섭에 의하여 매수가 이루어지는 경우에는 설사 다수인으로부터 주식을 취득하더라도 공개매수에 해당하지 않는다.[15] 매수의 상대방이 아니라 매수청약 또는 매도청약의 권유의 상대방이 기준이다.[16]

나. 다수인

공개매수는 다수의 투자자를 상대로 매수의 청약을 하거나 매도의 청약을 권유하는 형태

---

13) 자본시장법 시행령 제146조 제4항 제5호 단서는 공정거래법상 지주회사 전환의 경우에는 신주발행 형태의 교환공개매수를 허용하고 있다.
14) 김태형, 앞의 논문(공개매수의 현황), 12면.
15) 김정수, 자본시장법원론(2011), 767면.
16) 임재연, 자본시장법(2018), 570면.

로 이루어진다. 그런데 자본시장법은 증권신고서 제출이 필요한 모집 또는 매출에 대해서는 50인 이상이라는 획일적인 기준을 제시하고 있으나(9조⑦,⑨,119조①), 일반적인 공개매수에 대해서는 다수인의 기준을 제시하고 있지 않다. 5% 의무공개매수의 요건인 '과거 6개월간 양도인을 합산하여 10인 이상'의 기준(133조③본문, 슈140조②)을 일반적인 공개매수(133조①)에 대해서도 준용하자는 견해[17]가 있으나, 명시적인 준용 규정이 없이 적용하기는 곤란하다. 따라서 법 제133조 제1항의 일반적인 공개매수에 있어서 '불특정 다수인'은 특정한 숫자로 정하기는 어렵고 개별적인 사실관계를 고려하여 판단하는 것이 불가피하다.[18] 신문 · 방송 · 잡지 등을 통한 광고, 안내문 · 홍보전단 등 인쇄물의 배포, 투자설명회의 개최 등을 통해서 매도청약을 권유하는 행위는 성격상 그 상대방이 불특정 다수인일 수밖에 없으므로 다수인의 요건을 충족한다고 볼 것이다.[19]

2. 주식등

"공개매수"란 불특정 다수인에 대하여 '의결권 있는 주식, 그 밖에 대통령령으로 정하는 증권("주식등")'의 매수의 청약을 하거나 매도의 청약을 권유하고 증권시장 및 다자간매매체결회사 밖에서 그 주식등을 매수하는 것을 말한다(133조①).

법 제133조 제1항에서 "의결권 있는 주식, 그 밖에 대통령령으로 정하는 증권"이란 의결권 있는 주식에 관계되는 다음 각 호의 어느 하나에 해당하는 증권을 말한다.

   1. 주권상장법인이 발행한 증권으로서 다음 어느 하나에 해당하는 증권(슈139조1호)

      가. 주권(슈139조1호 가목)

         "주권"이란 의결권 있는 주식을 의미한다. 의결권이 없는 주식은 굳이 공개매수 규제가 필요하지 않기 때문이다. 다만, 의결권이 없는 주식의 경우에도 의결권이 부활할 수 있는 경우에는(商344조의3①) '주권'에 포함된다.

         의결권의 제한에 관한 종류주식(商344조의3), 기타 법령에 따라 의결권이 제한되는 상호주(商369조③) 등은 주권에 포함된다. 경우에 따라서는 의결권의 제한이 해제되어 의결권을 행사할 수 있기 때문이다.

      나. 신주인수권이 표시된 것(나목)

         "신주인수권이 표시된 것"이란 신주인수권증서, 신주인수권증권 등이 해당한다.

      다. 전환사채권(다목)

         "전환사채권"은 전환대상이 주권인 전환사채를 의미한다. 이미 전환청구기간이 경과한 전환사채는 의결권과 연결되지 않으므로 여기서 말하는 '전환사채권'에 해

---

17) 김정수, 자본시장법원론(2011), 767면. 임재연, 자본시장법(2018), 570면.
18) 증권법학회, 자본시장법주석서 I (2015), 678면.
19) 안상현/유석호, "공개매수규제의 적용범위," 「BFL」제55호(서울대 금융법센터, 2012), 17면.

당되지 않는다.

라. 신주인수권부사채권(라목)

"신주인수권부사채"는 인수대상이 주권인 신주인수권부사채를 의미한다. 그러나 권리행사기간이 경과한 신주인수권부사채, 신주인수권이 분리된 후에 순수하게 남은 사채권은 의결권과 연결되지 않으므로 여기서 말하는 '신주인수권부사채'에 해당되지 않는다.[20]

마. 가목부터 라목까지의 증권과 교환을 청구할 수 있는 교환사채권(마목)

바. 가목부터 마목까지의 증권을 기초자산으로 하는 파생결합증권(권리의 행사로 그 기초자산을 취득할 수 있는 것만 해당한다)(바목)

파생결합증권에 부착된 권리의 행사로 가목부터 마목까지의 증권을 취득할 수 있는 것만 해당한다.[21] 따라서 의결권 있는 주식을 취득하는 것이 아니라 그 차액을 현금결제하는 것을 내용으로 하는 주식연계증권(ELS), 주식워런트증권(ELW)은 파생결합증권에 해당하지 않는다.

2. 제1호에 따른 주권상장법인 외의 자가 발행한 증권으로서 다음 각 목의 어느 하나에 해당하는 증권(슈139조2호)

가. 제1호에 따른 증권과 관련된 증권예탁증권(슈139조2호 가목)[22]

나. 제1호에 따른 증권이나 가목의 증권과 교환을 청구할 수 있는 교환사채권(나목)

다. 제1호에 따른 증권이나 가목·나목의 증권을 기초자산으로 하는 파생결합증권(권리의 행사로 그 기초자산을 취득할 수 있는 것만 해당한다)(다목)

공개매수의 대상인 '주식등'은 대체로 공개매수의 타켓인 대상회사의 '의결권 있는 주식' 또는 '의결권 있는 주식'을 취득할 수 있는 권리가 붙은 증권이다. 의결권 있는 주식이어야 하므로, 무의결권 주식은 원칙적으로 적용대상에서 제외되지만, 정관에서 정한 의결권 부활의 사유가 발생할 가능성이 있으면 규제대상이 될 수 있다.[23]

자본시장법은 따로 공개매수의 수량 기준을 정하고 있지 않다. 따라서 불특정 다수인에 대하여 주식등의 매수의 청약을 하거나 매도의 청약을 권유하고 증권시장 및 다자간매매체결회사 밖에서 그 주식등을 매수하였다면, 청약의 권유를 받은 불특정 다수인 중에서 1명으로부터 극히 소량의 주식을 매수하더라도 공개매수에 해당한다.

---

20) 금융감독원, 기업공시 실무안내(2020), 360면.

21) 금융감독원, 기업공시 실무안내(2020), 360면.

22) 증권예탁증권을 주식등에 포함시킨 이유는 예탁기관을 통하거나 원주(underlying share)로 전환하여 직접 의결권을 행사할 수 있기 때문이다. 증권예탁증권이 발행된 경우에 주식등의 수는 전환될 원주의 수를 기준으로 하여 산정하는 것이 타당하다.

23) 김정수, 자본시장법원론(2011), 770면.

3. 매수의 청약 또는 매도의 청약의 권유

가. 청약의 권유와 응모행위의 법적 성격

"공개매수"란 불특정 다수인에 대하여 '주식등'의 "매수의 청약을 하거나 매도의 청약을 권유"하고 증권시장 밖에서 그 주식등을 매수하는 것을 말한다(133조①). 즉, 공개매수자의 행위는 주식등의 매수의 청약과 매도의 청약의 권유 2가지 모두 가능하다.

공개매수자의 "매수의 청약 또는 매도의 청약의 권유" 행위와 그에 대한 주주의 응모행위의 법적 성격을 어떻게 파악할 것인가? 이에 대해서 공개매수자는 대상회사의 주주에게 '매도의 청약을 권유'하는 것이고, 이에 따른 주주의 응모행위는 '매도의 청약'으로 보아야 한다는 견해[24]가 있다. 공개매수를 '매수의 청약'으로 보고, 그에 따른 주주의 응모행위를 승낙으로 보게 되면, 주주가 응모하면 청약과 승낙이 합치되어 곧바로 계약이 성립하므로, 공개매수자의 매수의무(141조①본문)와 공개매수기간 중에 응모주주는 언제든지 응모를 취소할 수 있다는 취소규정(139조④)을 설명하기가 어색하고, 실무상으로도 주주의 응모를 '매도의 청약'으로 보는 표현이 많기 때문이라고 한다.

그러나 자본시장법 제133조 제1항은 "매수의 청약을 하거나 매도의 청약을 권유"하는 행위를 모두 인정하고 있으므로 그중 어느 하나로만 보는 것은 곤란하고, 공개매수의 내용, 조건, 공개매수자와 응모주주의 의사를 고려하여 개별적으로 그 의미를 판단할 것이다.[25] 예를 들어, 공개매수 공고가 공개매수자가 응모주식 전부를 조건 없이 매수하는 내용인 경우에는 확정적인 '매수의 청약'의 의사표시이고 그에 대한 응모행위는 '승낙'으로 보여질 가능성이 크다. 반면에 응모주식의 숫자가 공개매수예정 주식수를 초과할 경우에는 비례하여 매수한다는 조건 등이 붙어 있는 경우에는 공개매수의 공고는 '매도의 청약을 권유'하는 것으로 보는 것이 타당하다. 이 경우에 주주의 응모행위는 '매도의 청약'이 되고 공개매수자의 승낙이 있어야 계약이 성립한다. 한편, 법 제141조 제1항의 공개매수자의 매수의무 조항, 법 제139조 제4항의 공개매수기간 중에 응모주주는 언제든지 응모를 취소할 수 있다는 취소 조항은 계약의 성립과는 직접적인 관련이 없다. 공개매수자는 법 제141조 제1항의 매수의무 조항에도 불구하고 계약을 체결하지 않을 수 있고, 법 제139조 제4항의 응모행위의 취소 조항은 주주의 보호를 위해서 인정되는 것이므로 공개매수 기간 중에는 계약의 체결 여부에 관계 없이 응모행위를 취소할 수 있다고 보면 된다.[26]

---

24) 공개매수의 방법으로 규정되어 있는 매수의 청약과 매도의 청약의 권유 중에서 매수의 청약은 실무상으로 유명무실하게 되었다고 한다. 김건식/정순섭, 자본시장법(2013), 343면

25) 임재연, 자본시장법(2018), 572면.

26) 임재연, 자본시장법(2018), 572면.

나. 매수·매도의 대가와 교환공개매수

자본시장법 제133조 제1항은 공개매수란 불특정 다수인에 대하여 "매수(다른 증권과의 교환을 포함한다)의 청약을 하거나 매도(다른 증권과의 교환을 포함한다)의 청약을 권유"하는 행위라고 규정하면서 그 괄호의 문구를 통해서 매수와 매도에 '다른 증권과의 교환'을 포함하고 있다. 즉, 공개매수자가 불특정 다수인으로부터 주권등을 매수하면서 그 대가로서 현금 등이 아니라 다른 증권과 교환하는 이른바 '교환공개매수(exchange offer)'를 허용한다.

다. 신주 발행을 통한 교환공개매수의 가부

공개매수자가 보유하고 있는 주권등을 공개매수의 대가로 교부하는 것이 가능하다는 사실은 의문이 없다. 예를 들어, 공개매수자가 발행하여 보유하는 자기주식이나 다른 회사가 발행한 주권등을 교환의 대가로 교부할 수 있다.

그렇다면 공개매수자가 교환의 대가로 새로 발행하는 증권, 즉 신주를 교부할 수 있는가? 법 제133조 제1항의 문언상 신주발행을 통한 교환공개매수를 인정하는 견해(긍정설)[27]도 있으나, 제3자에게 신주를 발행하는 경우에는 경영상 목적 등 각종 제한이 부과되고(商418조②), 법 시행령 제146조 제4항 제5호 본문은 공개매수신고서에는 "다른 증권과의 교환에 의한 공개매수인 경우에는 공개매수자가 교환의 대가로 인도할 증권의 확보를 증명하는 서류"를 첨부할 것을 요구하는데, 신주를 발행하는 경우에는 공개매수신고서 제출 시점에서 '교환의 대가로 인도할 증권의 확보를 증명하는 서류'를 발급받는 것이 현실적으로 어려울 뿐만 아니라, 법 시행령 제146조 제4항 제5조 단서에서는 오직 지주회사의 전환과 관련해서만 첨부서류 규제의 제한을 풀고 있는 것에 비추어도 신주발행을 통한 교환공개매수는 허용되지 않는다고 본다(부정설).

위와 같이 신주를 교부하는 방식의 교환공개매수는 허용되지 않으나, 공정거래법이 금지하는 "지주회사가 자회사의 주식을 40% 미만으로 소유하는 행위"(146조④5단서, 공정거래법8조의2②2) 기준에 해당하지 아니할 목적으로 공개매수를 하려는 경우에는 예외적으로 신주를 발행하는 형태의 교환공개매수가 가능하다. 지주회사 전환을 위하여 자회사의 주식을 공개매수하는 과정에서 지주회사의 신주를 대가로 지급할 필요성이 생기면서 지주회사 전환 시에 한하여 신주발행 형태의 교환공개매수가 가능하도록 한 것이다.

합병이나 주식교환등의 경우에 신주를 발행하여 합병대가 등을 지급하는 것은 가능하지만(商522조의2①2, 360조의3③2) 이는 합병 절차에 따른 것이고, 이미 시장에서 발행되어 유통되는 주식의 취득을 통해서 지배권을 획득하거나 지주회사로 변경하고자 하는 공개매수의 상황과는 차이가 있다.

---

27) 김병연/권재열/양기진, 자본시장법(2017), 328면.

4. 증권시장 밖에서

가. 장외거래

"공개매수"란 불특정 다수인에 대하여 주식등의 매수의 청약을 하거나 매도의 청약을 권유하고 '증권시장 및 다자간매매체결회사 밖에서' 그 주식등을 매수하는 것을 말한다(133조①). 증권시장 및 다자간매매체결회사에서 이루어지는 장내거래는 누구나 참여할 수 있고 거래수량과 가격이 공표되는 등 공정성과 투명성이 보장되기 때문에 별도로 공개매수절차를 요구할 필요성이 적기 때문이다.[28] 따라서 자본시장법상 공개매수의 규제는 증권시장 및 다자간매매체결회사 밖에서 주식등을 매수하는 경우에 적용된다.

나. 시간외 매매 등 대통령령으로 정하는 매수

자본시장법 제133조 제4항은 증권시장 내에서 이루어지는 거래라 하더라도 "증권시장에서의 경쟁매매 외의 방법에 의한 주식등의 매수로서, 매도와 매수 쌍방당사자 간의 계약, 그 밖의 합의에 따라 종목, 가격과 수량 등을 결정하고, 그 매매의 체결과 결제를 증권시장을 통하는 방법으로 하는 주식등의 매수로서 대통령령으로 정하는 경우에는 증권시장 밖에서 이루어진 것"(133조④, 슈144조)으로 보아서 공개매수의 규제를 적용하고 있다. 증권시장을 통하여 거래가 이루어졌으나, 실질적인 내용은 증권시장 밖에서 이루어지는 거래와 다를 바가 없기 때문이다. 시간외 대량매매가 대표적이다. 시간외 대량매매는 시간외시장의 호가접수 시간 동안 매매수량 단위의 5,000배 이상 또는 1억원 이상의 호가로서, 종목, 수량 및 가격이 동일한 매도호가 또는 매수호가로 매매거래가 성립되는 것을 말하는데(유가증권시장업무규정35조①), 시간외대량매매의 호가는 거래 종목의 당일의 가격제한폭으로 제한되지만(동조②) 그 범위 내에서는 당사자들이 합의한 가격으로 매매가 이루어질 수 있기 때문이다. 법 제133조 제4항은 동조 제3항의 의무공개매수에 적용된다.

5. 그 주식등을 매수

"공개매수"란 불특정 다수인에 대하여 주식등의 매수의 청약을 하거나 매도의 청약을 권유하고 증권시장 등 밖에서 '그 주식등을 매수'하는 것을 말한다(133조①).

공개매수의 요건 중 하나로 "매수의 청약을 하거나 매도의 청약의 권유"에 대해서 살펴보았으나 그 중에서도 '매수'의 개념은 따로 살펴볼 필요가 있다. 매수의 청약 또는 매도의 청약의 권유가 있어도 그에 따라 매수가 이루어져야 하기 때문이다.

공개매수 규제의 취지를 고려하면, "매수"는 민법처럼 엄격하게 해석하기 보다는 교환이나 입찰을 포함하여 주식등을 유상으로 취득하는 경우를 모두 포함한다. 공개매수에서는 유

28) 김건식/정순섭, 자본시장법(2013), 344면.

상성이 가장 중요하므로, 상속이나 증여와 같이 대가를 지급하지 않고 무상으로 취득하는 경우는 매수에 포함되지 않는다. 반면에 공개매수자가 주식등을 취득하면서 경제적 대가를 지급한다면 자기주식을 교부하는 것도 매수에 포함된다.

매수는 그 개념상 주식등의 소유권 이전이 수반되어야 하므로, 주식등에 대한 처분이 아니라 의결권만을 신탁하는 것에 불과하다면 비록 일정한 대가를 지급하였다고 하더라도 매수에 해당하지 않는다. 그러나 신탁기간이 영구적이고, 소유권 이전에 준하는 대가가 지급되었다면, 의결권 신탁의 형식을 빌린 것에 불과하고 실질적으로는 소유권이 이전되었다고 볼 수 있으므로 매수에 해당할 수 있다.

공개매수가 성립하기 위해서는 취득 주식의 수량이 의결권 있는 발행주식총수의 5% 이상이어야 한다는 견해도 있으나, 이는 5% 의무공개매수의 요건(133조③본문)일뿐이므로 5% 미만이라도 불특정 다수인으로부터 매수하는 것이라면 공개매수에 해당하여 자본시장법상의 규제대상이 된다.[29]

Ⅲ. 공개매수의 절차

1. 공개매수의 공고 및 신고

공개매수를 하고자 하는 자는 '대통령령으로 정하는 방법'[30]에 따라 공개매수를 하고자 하는 자, 공개매수할 주식등의 발행인, 공개매수의 목적, 공개매수할 주식의 종류 및 수, 공개매수기간·가격·결제일 등 공개매수조건, 매수자금의 명세 등을 공고하여야 한다(134조①, "공개매수공고").

"공개매수공고를 한 자(공개매수자)"는 대통령령으로 정하는 방법에 따라 공개매수신고서를 공개매수공고를 한 날("공개매수공고일")에 금융위원회와 거래소에 제출하고, 지체없이 그 사본을 공개매수할 주식등의 발행인에게 송부하여야 한다(135조). 공개매수설명서를 미리 교부하지 아니하면 그 주식등을 매수하여서는 아니 된다(137조③). 공개매수설명서의 내용은 증권발행 시의 투자설명서와 비슷하다.

2. 공개매수의 조건과 방법

가. 공개매수기간

"공개매수기간"은 공개매수가 이루어지는 기간을 말한다. 공개매수기간은 20일 이상 60

---

29) 임재연, 자본시장법(2018), 573면.
30) "대통령령으로 정하는 방법"이란 금융위원회가 정하여 고시하는 방법에 따라 「신문등의 진흥에 관한 법률」에 따른 일반일간신문 또는 경제분야의 특수일간신문 중 전국을 보급지역으로 하는 둘 이상의 신문에 공고하는 것을 말한다(令145조①).

일 이내이어야 한다(134조③, 슈146조③).

나. 전부 또는 일부의 매수

공개매수자는 공개매수신고서에 기재한 매수조건과 방법에 따라 응모한 주식등의 전부를 공개매수기간이 종료하는 날의 다음 날 이후 지체없이 매수하여야 한다(141조①본문). 다만, 다음 각 호의 어느 하나에 해당하는 조건을 공개매수공고에 게재하고 공개매수신고서에 기재한 경우에는 그 조건에 따라 응모한 주식등의 전부 또는 일부를 매수하지 아니할 수 있다(동항 단서).

> 1. 응모한 주식등의 총수가 공개매수 예정주식등의 수에 미달할 경우 응모 주식등의 전부를 매수하지 아니한다는 조건(141조①1호)
> 2. 응모한 주식등의 총수가 공개매수 예정주식등의 수를 초과할 경우에는 공개매수 예정주식등의 수의 범위에서 비례배분하여 매수하고 그 초과 부분의 전부 또는 일부를 매수하지 아니한다는 조건(2호)

다. 균일가격 매수

공개매수자가 공개매수에 의하여 주식등을 매수하는 경우에는 그 매수가격은 균일하여야 한다(141조②). 개별적으로 주식등을 매수하는 경우에는 계약자유의 원칙에 따라서 그 매수가격을 달리할 수 있지만, 불특정 다수인으로부터 증권을 매수하는 공개매수 시에는 주주간의 차별을 피하기 위해서 균일하게 매수하도록 한 것이다.

라. 발행인의 공개매수에 대한 의견 표명

공개매수신고서가 제출된 주식등의 발행인은 광고·서신(전자우편을 포함), 그 밖의 문서에 의하여 그 공개매수에 관한 의견을 표명할 수 있다(138조①, 슈149조①). 발행인이 의견을 표명한 경우에는 그 내용을 기재한 문서를 지체없이 금융위원회와 거래소에 제출하여야 한다(138조②).

자본시장법은 발행인이 의견을 표명할 수 있도록 하고 있을 뿐 의견을 표명할 의무를 부과하고 있지 않다. 공개매수를 하고자 하는 자는 공개매수의 목적, 공개매수할 주식의 종류 및 수, 공개매수기간·가격·결제일 등 공개매수조건, 매수자금의 명세 등을 공고하여야 하는데(134조①), 그 반대편에 있는 발행회사에게 대해서는 의견표명을 강제하지 않는 것은 균형을 잃은 것이므로 대상회사의 의견표명을 의무화할 필요가 있다는 견해[31]가 있다.

마. 공개매수기간중 별도 매수의 금지

공개매수자(그 특별관계자 및 공개매수사무취급자를 포함한다)는 공개매수공고일부터 그 매수기

---

31) 이상복, 자본시장법(2021), 1189면.

간이 종료하는 날까지 그 주식등을 공개매수에 의하지 아니하고는 매수등을 하지 못한다(140조 본문).

다만, 공개매수에 의하지 아니하고 그 주식 등의 매수 등을 하더라도 다른 주주의 권익침해가 없는 경우로서 '대통령령으로 정하는 경우'에는 공개매수에 의하지 아니하고 매수를 할 수 있다(140조 단서). 법 제140조 단서에서 "대통령령으로 정하는 경우"란 다음 각 호의 어느 하나에 해당하는 경우를 말한다(슈151조).

1. 해당 주식등의 매수등의 계약을 공개매수공고 전에 체결하고 있는 경우로서 그 계약체결 당시 공개매수의 적용대상에 해당하지 아니하고 공개매수공고와 공개매수신고서에 그 계약사실과 내용이 기재되어 있는 경우(슈151조1호)
2. 공개매수사무취급자가 공개매수자와 그 특별관계자 외의 자로부터 해당 주식등의 매수등의 위탁을 받는 경우(2호)

3. 공개매수의 철회 등

가. 철회

공개매수자는 공개매수공고일 이후에는 공개매수를 철회할 수 없다(139조①본문). 다만, ① 대항공개매수(공개매수기간 중 그 공개매수에 대항하는 공개매수를 말한다)가 있는 경우, ② 공개매수자가 사망·해산·파산한 경우, ③ 그 밖에 투자자 보호를 해할 우려가 없는 경우로서 '대통령령으로 정하는 경우'에는 공개매수기간의 말일까지 철회할 수 있다(139조①단서).

나. 응모의 취소

공개매수대상 주식등의 매수의 청약에 대한 승낙 또는 매도의 청약을 한 자("응모주주")는 공개매수기간 중에는 언제든지 응모를 취소할 수 있다. 이 경우 공개매수자는 그 응모의 취소에 따른 손해배상 또는 위약금의 지급을 청구할 수 없다(139조④).

Ⅳ. 5% 의무공개매수

1. 의의

자본시장법 제133조 제3항은 장외에서 10인 이상으로부터 주식등을 취득하여 5% 이상이 되는 경우에는 공개매수를 강제하고 있다. 일정 규모 이상의 거래에 대하여 공개매수를 강제함으로써 거래의 투명성을 높이고 주주들에게 공평한 매각기회를 주어서 경영권 프리미엄을 균점할 수 있도록 한 것이다.[32] 공개매수를 강제하는 기준이 5%인 사실에 주목하여 '5%

---

32) 김병연/권재열/양기진, 자본시장법(2017), 332면.

공개매수'라고 하거나, 공개매수를 강제하는 사실에 주목하여 '의무공개매수'라고도 하는데, 여기에서는 양자를 모두 반영하여 '5% 의무공개매수'라고 한다.

10인 이상으로부터 주식등을 취득하여 5% 이상이 되는 경우에는 의무적으로 공개매수의 방법을 통해야 한다는 점에서 차이가 있을 뿐, 위에서 살펴본 법 제133조 제1항의 공개매수에 관한 규제는 동일하게 적용된다. 그러나 10인 이상으로부터 주식등을 취득하는 경우에만 공개매수가 강제될 뿐이므로, 특정한 지배주주로부터 장외에서 주식을 취득하는 것은 그 취득물량이 5%를 넘어서더라도 공개매수가 강제되지 않는다. 다시 말해서, 시장에서 개별적으로 이루어지는 일반적인 지배주식의 매매는 법 제133조 제3항의 적용범위 밖에 있다. 이러한 측면에서 주식등의 매도인의 숫자에 관계 없이 일정한 지분비율 이상을 매수하는 경우에는 공개매수를 강제하는 유럽의 강제공개매수(mandatory bid)[33]와 차이가 있으며, 이를 의무공개매수라고 부르는 것도 정확한 표현이 아니라는 지적도 있다.[34]

5% 기준에서도 알 수 있는 것처럼, 주식을 매수하려는 자가 5% 미만의 주식등을 취득하는 경우에는 반드시 공개매수의 방법을 따를 필요는 없다. 사적자치의 원칙상 특정한 주주와의 개별적인 접촉을 통해서 주식을 취득할 수도 있고, 어떠한 주주에게 상대적으로 높은 가격을 제시하였다고 하여서 다른 주주에게서 동일한 가격에 주식등을 매수할 필요도 없다. 회사가 아닌 주주간에는 주주평등의 원칙도 적용되지 않기 때문이다. 그러나 5% 미만의 주식등을 취득하더라도 그 방법이 완전히 자유로운 것은 아니다. 법 제133조 제1항의 공개매수에서 살펴본 것처럼, 불특정 다수인에게 매수의 청약을 하거나 매도의 청약을 권유하는 방법으로 증권시장 및 다자간매매체결회사 밖에서 주식등을 매수하는 경우에는 공개매수의 목적, 공개매수할 주식의 종류와 수 등에 대해서 공개매수공고를 하고, 공개매수신고서와 공개매수설명서를 금융위원회 등에 제출하여야 하기 때문이다(133조①, 134조, 137조). 다만, 5% 미만의 주식등에 대한 공개매수절차는 주식등의 취득자가 스스로 공개매수의 방법을 선택하는 경우에 적용되는 것이고, 10인 이상으로부터 주식등을 매수하여 5% 이상이 되는 경우의 공개매수절차는 취득자의 의사에 관계 없이 반드시 공개매수의 방법과 절차를 따라야 하는 점에서 차이가 있다.

---

33) 30% 등 일정 비율 이상의 지분을 취득하고자 할 때에는 발행주식 전부를 의무적으로 공개매수하여 취득할 것을 요구한다. 1998년 개정전 구 증권거래법은 25% 이상을 취득하고자 할 경우에는 50% + 1주 이상의 의무적으로 취득하도록 하면서 절충적인 형태를 취하였는데, 이에 비교하면 장외에서 10인 이상으로부터 주식등을 취득하여 5% 이상이 되는 경우에는 공개매수를 강제하지만 일정한 지분 이상의 매수는 요구하고 있지 않은 자본시장법 제133조 제3항의 공개매수는 의무공개매수라고 부르기에는 적절하지 않다고 한다. 유영일, "의무공개매수에 관한 연구,"「사회과학연구」제8권 제1호(울산대, 1998.6), 63면.
34) 증권법학회, 자본시장법주석서 I (2015), 683면.

2. 요건

① 주식등을 ② 해당 주식등의 매수등을 하는 날부터 과거 6개월 동안 ③ 증권시장 밖에서 ④ 10인 이상의 자로부터 ⑤ 매수등을 하고자 하는 자는 그 매수등을 한 후에 ⑥ 본인과 그 특별관계자가 보유하게 되는 주식 등의 수의 합계가 그 주식등의 총수의 100분의 5 이상이 되는 경우에는 공개매수를 하여야 한다(133조③본문, 令140조). 아래에서는 요건별로 그 내용을 살펴본다.

가. 주식등

의무공개매수의 대상증권은 '주식등'인데(133조③본문), 여기서 '주식등'이란 의결권 있는 주식, 그 밖에 대통령령이 정하는 증권을 말한다(133조①). 주식등의 개념과 범위는 제133조 제1항의 임의공개매수에서 살펴보았다.

나. 과거 6개월

자본시장법상 의무공개매수는 해당 주식등의 매수등을 하는 날부터 과거 6개월 동안에 이루어진 매수등에 적용된다(133조③본문, 令140조). 즉, 해당 주식등의 매수등을 하는 날로부터 과거 6개월 동안 이루어진 매수등으로 인하여 보유하게 되는 주식 등의 수의 합계가 그 주식 등의 총수의 100분의 5 이상이 되는 경우에는 의무적으로 공개매수를 하여야 한다. 의무공개매수를 회피하기 위하여 단계적으로 주식등을 매수하는 것을 방지하기 위한 것이다. 따라서 6개월 전에 이루어진 매수등은 합산되지 않는다. 6개월이 너무 장기간이므로 단축하는 것이 바람직하다는 견해[35]도 있다.

다. 증권시장 밖

의무공개매수는 '증권시장 밖'에서 이루어지는 주식등의 매수가 적용대상이다(133조③본문, 令140조). "증권시장"은 증권의 매매를 위하여 거래소가 개설하는 시장을 가리킨다(8조의2④1호). 예를 들어, 한국거래소가 개설하는 증권시장 밖에서 5% 이상의 주식등을 취득하는 경우에는 의무적으로 공개매수를 하여야 한다. 법 제133조 제3항에는 "증권시장 밖에서"라고만 되어 있고 다자간매매체결회사에 대해서는 언급이 없어서 조문을 엄격하게 해석하면 다자간매매체결회사를 통한 거래는 증권시장에 포함되지 않는다고 볼 여지도 있으나, 다자간매매체결회사는 경쟁매매를 통한 가격발견 기능을 가지므로 증권시장과 동일하다는 점에서 당연히 포함된다고 보아야 한다.[36] 이렇게 보면 법 제133조 제1항의 임의공개매수와 제3항의 의무공개매수의 거래장소에는 차이가 없다.

---

35) 임재연, 자본시장법(2018), 577면.
36) 김건식/정순섭, 자본시장법(2013), 345-346면.

매매가 증권시장 내에서 이루어지더라도, 증권시장에서의 경쟁매매 외의 방법에 의한 매수로서 '대통령령으로 정하는 매수'의 경우에는 증권시장 밖에서 이루어진 것으로 본다(133조④). 법 제133조 제4항에서 "대통령령으로 정하는 매수"란 매도와 매수 쌍방당사자 간의 계약, 그 밖의 합의에 따라 종목, 가격과 수량 등을 결정하고, 그 매매의 체결과 결제를 증권시장을 통하는 방법으로 하는 주식등의 매수를 말한다(슈144조). 즉, 물리적 장소로서 증권시장 안이나 밖이냐가 중요한 것이 아니라 경쟁매매 방식이냐 아니냐가 핵심이다.37) 예를 들어, 시간외대량매매의 경우에는 공개매수가 강제되지 않는다.

라. 10인 이상

공개매수가 강제되려면 '10인 이상의 자'로부터 주식등을 매수해야 한다(133조③본문, 슈 140조). 이와 관련하여 '10인 이상의 자'는 매수의 상대방이라는 견해38) 등이 있으나, 실제 몇 명으로부터 매수하든지에 관계 없이 권유의 상대방이 10인 이상이면 그 전부가 응모할 수 있기 때문에 의무공개매수절차를 진행할 수밖에 없는 점 등을 고려하면 10인 이상은 '권유의 상대방'을 의미한다고 해석할 것이다.39)

위와 같이 법 제133조 제3항의 5% 의무공개매수제도는 10인 이상의 다수인을 대상으로 5% 이상의 주식등을 취득하는 경우에만 강제되므로 9인 이하의 특정인을 대상으로 시차를 두고 반복하여 매수절차를 진행할 경우에는 적용되지 않는다.40) 이러한 경우에는 공개매수에 의하지도 않고서도 경영권 획득에 필요한 주식취득이 가능하므로 소수주주가 매도기회를 상실하거나 부당한 압박에 의하여 저가에 매도하여 손해를 볼 수 있으나, 과거 일정 기간의 투자자를 포함하여 산정하는 간주공모와 같은 규정(슈11조①)이 없는 이상, 기본적으로 주주 간의 사적자치에 따른 주식양도의 문제이므로 관련법규에 위반하지 않는 이상 유효하다고 볼 것이다

금융위원회는 동일한 자산운용사가 운용하는 수개의 펀드(신탁형 펀드)로부터 주식을 매수하는 경우, 의무공개매수 대상인지를 판단하기 위한 상대방 숫자를 산정함에 있어 자산운용사의 수를 기준으로 할 것인지, 아니면 그 자산운용사에 소속된 개별 펀드를 기준으로 판단할 것인지가 문제된 사례에서, 주식등을 매수하는 상대방 숫자를 산정하는 것은 ① 일반적인 법원칙에 따라 법인격이 있는지 여부와 함께 ② 모든 주주에게 동등한 매도 기회를 부여한다는 공개매수 제도의 취지를 고려하여 의결권 등 주주로서 권리를 행사할 수 있는지 여부 등을 종합적으로 고려해야 하지만, 특별한 사정이 없다면 투자신탁 등 신탁형 펀드는 운

---

37) 성희활, 자본시장법(2018), 283면.
38) 안상현/유석호, 앞의 논문(공개매수규제의 적용범위), 20면.
39) 증권법학회, 자본시장법주석서 I (2015), 685면.
40) 이상복, 자본시장법(2021), 1176면.

용사를 기준으로, 투자회사 등 회사형 펀드는 개별 펀드를 기준으로 상대방 숫자를 산정한다고 한다.[41)]

마. 매수등 유상취득

의무공개매수는 주식등의 '매수등'을 한 후에 본인과 그 특별관계자가 보유하게 되는 주식 등의 수의 합계가 그 주식등의 총수의 100분의 5 이상이 되는 경우에 적용된다(133조③본문). 여기서 "매수등"이란 매수·교환·입찰, 그 밖의 유상취득을 말한다(133조②). 유상성이 가장 중요한 요소이므로 상속·증여와 같은 무상양수는 매수등에 포함되지 않는다.[42)] 유상성만 있으면 거래의 형태는 제한이 없으므로 매매의 일방예약에서 매매예약완결권의 행사, 콜옵션보유자의 콜옵션 행사 등의 경우에도 유상취득에 해당한다. 그 밖의 내용은 임의공개매수에서 살펴본 바와 같다.

바. 보유주식이 5%에 달할 것

의무공개매수는 매수등의 결과 '본인과 그 특별관계자가 보유하게 되는 주식등의 수의 합계가 그 주식등의 총수의 100분의 5 이상'이 되는 경우에 적용된다(133조③본문).

(1) 본인과 그 특별관계자

5%를 판단함에 있어서는 본인과 그 특별관계자의 보유분을 합산하여 계산한다.

1) 본인

본인이란 주식등의 매수인을 말한다.

2) 특별관계자

특별관계자란 본인의 '특수관계인'과 '공동보유자'를 말한다(슈141조①).

가) 특수관계인　　"특수관계인"은 본인과 특수관계에 있는 자를 말하고 그 범위는 금융사지배구조법에 규정되어 있다(지배구조법시행령3조①). 본인이 개인인 경우에는 주로 친족이나 출자한 회사의 임원을 말하고, 본인이 법인이나 단체인 경우에는 주로 출자관계로 연결된 계열사와 그 임원을 말한다(슈2조4호, 지배구조법시행령3조①). 다만, 소유하는 주식등의 수가 1,000주 미만이거나 공동보유자에 해당하지 아니함을 증명하는 경우에는 특수관계인으로 보지 아니한다(슈141조③). 1,000주 미만의 소량 주식으로는 회사의 지배관계에 영향을 주지 못하고,[43)] 공동보유자에 해당하지 않는다면 특수관계인에 해당한다고 하더라도 서로 이해관계가 다를 수 있어서 동일인의 보유로 보기 어렵기 때문이다. 따라서 1,000주 미만의 주식을 소유한 친족이나 계열회사에 해당한다는 사실은 공동보유자 추정의 효과만을 가진다.[44)]

---

41) 금융위원회 질의회신(2020.11.18), '공개매수 적용 대상 여부 문의(법 제133조 제3항)'
42) 임재연, 자본시장법(2018), 576면.
43) 임재연, 자본시장법(2018), 583면; 증권법학회, 자본시장법주석서 I (2015), 690면.
44) 증권법학회, 자본시장법주석서 I (2015), 690면.

나) 공동보유자　　"공동보유자"란 본인과 합의나 계약 등에 따라 ① 주식등을 공동으로 취득·처분하거나, ② 주식등을 공동 또는 단독으로 취득한 후에 그 취득한 주식을 양도하거나 양수하거나, ③ 의결권을 공동으로 행사하는 행위를 할 것을 합의한 자를 말한다(슈141조 ②). "공동보유자"에 해당하기 위해서는 본인과의 합의나 계약 등에 따른 공동보유의 관계가 있어야 한다. 공동보유에 관한 합의나 계약 없이 단순히 금전적 이익을 공유하는 것만으로는 '공동보유'로 볼 수 없다. 합의는 반드시 서면에 의해야 하는 것은 아니고 단순한 의사의 합치가 있으면 충분하다. 실제 사건에서는 합의를 입증하기 어렵기 때문에 당사자들의 관계, 주식의 취득동기, 경로, 자금, 반대급부 등 정황증거에 의한 입증도 인정될 것이다.[45] 의결권의 공동행사는 같은 방향으로 의결권을 공동행사하는 것을 가리킨다. 다만, 본인과 합의 또는 계약이 있어야 하므로 우연히 의결권의 방향이 같다고 해서 공동보유자로 인정되는 것은 아니다.

(2) 보유

"보유"란 주식등을 소유, 그 밖에 이에 준하는 경우로서 다음 각 호의 어느 하나에 해당하는 경우를 포함한다(133조③, 슈142조).

1. 누구의 명의로든지 자기의 계산으로 주식등을 소유하는 경우(슈142조1호)

   제1호는 명의상으로는 소유자가 아니더라도 해당 주식등에 대한 계산주체로서 실질적으로 소유하는 경우를 말한다. 즉, 주식등을 차명으로 소유하더라도 자기에게 손익이 귀속되는 경우에는 제1호에 해당한다.[46]

2. 법률 규정이나 매매, 그 밖의 계약에 따라 주식등의 인도청구권을 가지는 경우(2호)

   제2호는 현재 주식등을 소유하고 있지는 않으나 법률이나 계약 등을 통해서 해당 주식등에 대한 인도청구권을 가지는 경우를 말한다. 매매계약을 체결하였으나 아직 이행기가 미도래한 경우가 대표적이다.[47]

3. 법률의 규정이나 금전의 신탁계약·담보계약, 그 밖의 계약에 따라 해당 주식등의 의결권(의결권의 행사를 지시할 수 있는 권한을 포함한다)을 가지는 경우(3호)

   제3호는 주식등에 대한 소유권을 직접 취득한 것은 아니지만 법률의 규정이나 금전의 신탁계약등을 근거로 해당 주식등의 의결권을 가지는 경우이다. 예를 들어, 집합투자기구의 자산운용사가 특정금전신탁을 통하여 주식등을 취득하는 경우에는 위탁자가 그 의결권을 행사한다는 내용이 약관에 명시되어 있으므로 그 위탁자가 주식

---

45) 판례는 "의결권 공동행사의 합의 또는 계약의 의미는 의사의 연락외에 이에 기한 행위의 공동성을 요하기는 하나 반드시 명시적일 것을 요구하는 것은 아니고 묵시적인 경우라도 이에 해당하고, 이러한 사정은 직접증거가 아닌 정황증거에 의해서도 입증될 수 있다고 한다." 서울지결 2003.10.20., 2003카합3224.

46) 금융감독원, 기업공시 실무안내(2020), 361, 382면.

47) 금융감독원, 기업공시 실무안내(2020), 361.

등을 보유하는 것으로 보아야 한다.

4. 법률의 규정이나 금전의 신탁계약·담보계약·투자일임계약, 그 밖의 계약에 따라 해당 주식등의 취득이나 처분의 권한을 가지는 경우(4호)

제3호는 의결권을 가지는 경우이고, 제4호는 처분권한을 가지는 경우이다. 예를 들어, 주식등에 대해서 단순히 담보권을 취득하는 계약에 불과하다면 보고대상으로 보기 어렵지만, 그 계약에서 채무자의 채무불이행 시에 담보물을 처분할 수 있는 권리를 포함한다면 보유에 해당한다.[48]

5. 주식등의 매매의 일방예약을 하고 해당 매매를 완결할 권리를 취득하는 경우로서 그 권리행사에 의하여 매수인으로서의 지위를 가지는 경우(5호)

제5호는 일반적인 형태라고 할 수는 없으나 주식등을 장외에서 거래하는 경우에 매매예약완결권을 부여하는 경우를 상정한 것이다.

6. 주식등을 기초자산으로 하는 옵션(5조①2에 따른 계약상의 권리)을 가지는 경우로서 그 행사에 의하여 매수인으로서의 지위를 가지는 경우(6호)

제6호는 콜옵션의 행사에 의하여 매수인으로서의 지위를 가지는 경우이다. 제5호와 다르지 않으나 옵션 거래에 한정되어 적용된다.

7. 주식매수선택권을 부여받은 경우로서 그 권리의 행사에 의하여 매수인으로서의 지위를 가지는 경우(7호)

제7호는 주식매수선택권 행사로 신주 또는 자기주식을 교부받는 경우이다. 다만, 행사가격과 시가와의 차액을 현금으로 교부받기로 한 경우는 제외된다.

위에서 살펴본 것처럼 "보유"란 주식등의 소유나 보유 등을 통해서 대상회사에 대하여 실질적인 지배권을 획득할 수 있는 경우를 포괄하는 개념이다. 계약으로 주식등의 처분권한 또는 의결권을 가지거나, 주식등을 취득할 수 있는 옵션을 가지는 경우도 포함한다.

(3) 그 주식등의 총수의 100분의 5 이상

'본인과 그 특별관계자가 보유하게 되는 주식등의 수의 합계가 그 주식등의 총수의 100분의 5 이상'이 되는 경우에 공개매수가 강제된다. 이미 3%를 보유하고 있는 자가 추가로 3%를 취득하면 5% 이상인 6%를 보유하게 되므로 공개매수가 강제된다.

새로 주식을 취득하여 5% 이상이 되는 경우뿐만 아니라, 본인과 그 특별관계자가 보유하는 주식등의 수의 합계가 그 주식등의 총수의 100분의 5 이상인 자가 그 주식등을 매수하는

---

48) 대판 2002.7.22., 2002도1696. A금고가 대출금의 담보로 주식을 제공받으면서 채무를 변제하지 못하면 담보주식의 소유권을 A금고에게 귀속시키거나 이를 처분하여 충당하기로 약정한 사안에서, 대법원은 계약서의 형식적인 문언에도 불구하고 A금고가 주식의 소유권을 취득하였고 그렇지 않다 하더라도 담보계약에 의하여 의결권을 가지는 경우로서 법에서 정한 증권의 '보유'에 해당한다고 보고 대량보유보고의무를 인정하였다.

경우에도 공개매수를 하여야 한다(133조③괄호). 그런데 이를 엄격하게 해석하면 5% 이상의 주식을 가진 자는 증권시장 밖에서 1주를 취득하는 경우에도 공개매수가 강제된다고 볼 여지가 있다. 그러나 이러한 해석은 너무 불합리하여 받아들이기 어렵다. 적어도 장내에서 매수하는 것은 자유라고 보아야 하고, 장외에서 매수하는 경우에도 6개월 내에 10인 미만의 자로부터 매수하는 것은 자유라고 보아야 할 것이다.[49] 즉, 장외거래라고 하더라도 9인 이하의 주주로부터 주식을 매수하는 경우에는 공개매수를 통할 필요가 없지만, 10인 이상으로부터 주식을 매수한다면 극단적으로 10명으로부터 각 1주씩 10주를 매수하는 경우에도 공개매수를 하여야 한다.

3. 적용제외

매수등의 목적, 유형, 그 밖에 다른 주주의 권익침해 가능성 등을 고려하여 다음 각 호의 어느 하나에 해당하는 경우에는 공개매수 외의 방법으로 매수등을 할 수 있다(133조③단서, 令 143조).[50]

  1. 소각을 목적으로 하는 주식등의 매수등(令143조1호)

     주주평등의 관점에서 회사가 소각을 목적으로 주식을 취득하는 경우에도 공개매수를 강제하는 것이 바람직하다는 견해[51]도 있지만, 공개매수는 지배권 거래의 투명성을 목적으로 하는 제도라는 점에서 소각을 목적으로 주식을 취득하는 거래를 공개매수의 대상에서 제외한 것이 불합리한 것은 아니라고 본다.[52]

  2. 주식매수청구에 응한 주식의 매수(2호)

  3. 신주인수권이 표시된 것, 전환사채권, 신주인수권부사채권 또는 교환사채권의 권리행사에 따른 주식등의 매수등(3호)

  4. 파생결합증권의 권리행사에 따른 주식등의 매수등(4호)

     파생결합증권에 부착된 권리행사에 따라 대상회사의 주식을 취득하는 것은 새로운 거래라고 보기 어려워 공개매수를 강제하지 않는다.

  5. 특수관계인으로부터의 주식등의 매수등(5호)

     특수관계인의 주식등은 이미 본인이 지배하는 주식등의 수에서 고려되었기 때문이다. 다만, 특수관계인이 소유하는 주식등의 수가 1,000주 미만이거나 공동보유자에 해당하지 아니함을 증명한 경우에는 특수관계인으로 보지 않기 때문에(令141조③), 이들로부터의 매수는 제외되지 않는다. 그러나 공동보유자로부터의 매수등은 이러

---

49) 김건식/정순섭, 자본시장법(2013), 347면; 안상현/유석호, 앞의 논문(공개매수규제의 적용범위), 22면.
50) 자세한 내용은 증권발행공시규정 제3-1조(공개매수의 면제)에서 정하고 있다.
51) 김건식/정순섭, 자본시장법(2013), 349면.
52) 증권법학회, 자본시장법주석서 I (2015), 693면.

한 예외가 적용되지 않는다.[53]

  6. 삭제 ＜2013.8.27.＞

  7. 그 밖에 다른 투자자의 이익을 해칠 염려가 없는 경우로서 금융위원회가 정하여 고
    시하는 주식등의 매수등(7호).

V. 위반행위에 대한 책임

1. 금융위원회의 조치 등

가. 의결권 제한 등

의무공개매수, 공개매수공고 및 공개매수신고서의 제출의무를 위반하여 주식등의 매수등
을 한 경우에는 그 날부터 그 주식에 대한 의결권을 행사할 수 없으며, 금융위원회는 6개월
이내의 기간을 정하여 그 주식등의 처분을 명할 수 있다(145조).

나. 조사 및 조치

금융위원회는 투자자 보호를 위하여 필요한 경우에는 공개매수자, 공개매수자의 특별관
계자, 공개매수사무취급자, 그 밖의 관계인에 대하여 참고가 될 보고 또는 자료의 제출을 명
하거나, 금융감독원장에게 그 장부·서류, 그 밖의 물건을 조사하게 할 수 있다(146조①). 금
융위원회는 일정한 경우에는 공개매수자, 공개매수자의 특별관계자 또는 공개매수사무취급
자에 대하여 이유를 제시한 후 그 사실을 공고하고 정정을 명할 수 있으며, 필요한 때에는
그 공개매수를 정지 또는 금지할 수 있다(146조②).

2. 민사상 손해배상책임

공개매수신고서의 신고인 등은 공개매수신고서 및 그 공고, 정정신고서 및 그 공고 또는
공개매수설명서 중 중요사항에 관하여 거짓의 기재 또는 표시가 있거나 중요사항이 기재 또
는 표시되지 아니함으로써 응모주주가 손해를 입은 경우에는 그 손해에 관하여 배상의 책임
을 진다(142조①본문).

중요사항의 판단기준, 거짓의 기재 또는 표시의 의미, 손해배상액의 추정, 제척기간에 관
한 설명 등은 법 제162조 사업보고서등의 부실기재에 관한 "제5장 제5절 Ⅱ.민사상의 손해
배상책임"에서 설명한 바와 같다.

---

53) 증권법학회, 자본시장법주석서 Ⅰ (2015), 694면.

3. 형사책임

가. 공개매수신고서등의 중요사항에 관하여 부실기재를 한 자

공고, 공개매수신고서, 정정신고서, 공개매수설명서 등의 중요사항에 관하여 부실기재를 하거나, 공고를 하지 않거나 신고서를 제출하지 않은 자에 대해서는 5년 이하의 징역 또는 2억원 이하의 벌금에 처할 수 있다(444조 15호 내지 17호).

나. 공개매수의무위반등

공개매수 의무 위반, 별도매매 금지의무를 위반한 자에 대해서는 3년 이하의 징역 또는 1억원 이하의 벌금에 처할 수 있다(445조 19호).

다. 주식처분명령위반등

위반주식 처분명령을 위반한 자 등에 대해서는 1년 이하의 징역 또는 3천만원 이하의 벌금에 처할 수 있다(446조 24호, 25호).

주식등의 대량보유 등의 보고

Ⅰ. 의의 및 연혁

"주식등의 대량보유 등의 보고 제도"는 주권상장법인 등의 주식등을 5% 이상 대량으로 보유하게 된 경우 또는 그 보유 주식등의 수의 합계가 그 주식 등의 총수의 1% 이상 변동된 경우에, 해당 주식등의 보유자로 하여금 그 보유상황, 보유목적 등을 공시하도록 하는 제도이다(147조①). 5%를 기준으로 한 것은 주권상장법인의 경우 5% 이상의 지분이면 경영권에 영향을 미칠 수 있는 수준으로 보았기 때문이다.

5% rule은 내부자거래 규제의 취지로 마련된 법 제173조 '임원 등의 특정증권등 소유상황 보고 제도'와도 비슷한 측면이 있어서 불공정거래행위를 감시하기 위한 제도로서도 유용하다. 주식등의 대량보유자들은 내부정보에 대한 접근가능성이 높으므로 대량보유사실을 공시하도록 하는 것은 투명한 거래에도 도움이 될 수 있기 때문이다. 5% rule은 주식의 집중에 관한 정보를 제공함으로써 경영권 방어나 주식가치의 판단에도 도움을 준다.

주식등의 대량보유 등의 보고 제도는 1968년 이른바 '토요일의 기습(Saturday Night Special)'[54]에 대한 대책으로 기업 경영권 시장의 공정성과 투명성을 확보하기 위해서 마련되었다. 미국에서는 1934년 증권거래법의 개정(Williams법)을 통해서 대량보유 보고에 관한 조항이 추가되었는데, 처음에는 대량보유 등의 보고 기준은 10%였으나 점차 5%로 낮아졌다.[55] 일본은 금융상품거래법 제27조의23 내지 제27조의30에서 규정하고 있고, 독일은 증권거래법 제21조, 제28조 등에서 규정하고 있다.

우리나라에서는 1991년 12월경 자본시장의 개방 논의가 이루어지던 과정에서 적대적 기업인수합병에 대한 사전적인 경보장치로서 도입되었다.[56] 1994년 1월 5일에는 보고의무자가

---

54) 1960년대 M&A Boom 당시 토요일 오후 공개매수를 발표하고 월요일에 공개매수를 실시하여 기존 경영진의 방어기회를 빼앗는 사례가 빈발하자 그 당시 미국에서 유행하던 Saturday Night Special이라는 TV프로의 제목을 붙여 부르던 것에서 유래하였다.

55) Williams법은 1934년 증권거래법에 공개매수와 대량취득 공시에 관한 §13(d),13(e),14(d),14(e), 14(f)을 추가하고 있다.

56) 1991.12.31. 구 증권거래법 제202조의2(주식등의 대량보유 보고) 신설.

본인 외에 특수관계인까지 확대되었고, 1998년에는 적용대상이 코스닥등록법인으로 확대되었으며, 경영참가목적의 취득 시에는 대량보유등 보고일부터 5일 동안 추가 취득 및 의결권 행사를 금지하는 냉각기간 제도가 도입되었다.

Ⅱ. 대량보유상황의 보고요건

자본시장법 제147조 제1항은 ① 주권상장법인의 주식등을 ② 대량보유 또는 변동보유하게 된 자는 ③ 그 날부터 5일 이내에 ④ 그 보유상황, 보유 목적, 그 보유 주식 등에 관한 주요계약내용, 그 밖에 대통령령으로 정하는 사항을 ⑤ 금융위원회와 거래소에 보고하도록 하고 있다.

1. 주권상장법인의 주식등

대량보유 보고대상은 '주권상장법인의 주식등'(147조①)이다.

"주권상장법인"이란 ① 증권시장에 상장된 주권을 발행한 법인 또는 ② 주권과 관련된 증권예탁증권이 증권시장에 상장된 경우에는 그 주권을 발행한 법인을 말한다(9조⑮3).

"주식등"은 주권상장법인이 발행한 증권으로서 '의결권 있는 주식'에 관계되는 다음 각 호의 주권 등을 말하며, 그 내용은 앞의 "제6장 제2절 공개매수"에서 살펴본 바와 같다.[57] 다만, 주식등의 대량보유 보고제도의 특성상 추가적인 쟁점이 있을 수 있다.

  1. 주권(令139조1호 가목)

  "주권"이란 의결권 있는 주식을 의미한다. 다만, 의결권이 없는 종류주식도 의결권이 부활할 수 있는 경우에는 '주권'에 포함된다.

  자기주식을 보고대상에 포함시킬 것인가? 발행회사가 자기주식을 취득하는 경우에는 의결권이 없으므로(商369조②) 보고의무는 없다. 그러나 발행회사 외의 자가 발행회사의 자기주식을 취득하는 경우에는 보고대상이다.

  2. 신주인수권이 표시된 것(나목)

  "신주인수권이 표시된 것"이란 신주인수권증서, 신주인수권증권 등이 해당한다.

  회사가 신주인수권부사채를 발행하면서 신주인수권만을 양도할 수 있도록 정하였다면, 채권(債券)과 함께 '신주인수권증권'을 발행하는데(商516조의2②4, 516조의5①), 이러한 신주인수권부증서, 신주인수권부증권은 원칙적으로 대량보유 또는 변동보유의 대상이다.

---

57) 자본시장법 제133조 제1항은 공개매수의 대상인 '주식등'을 규정하고, 법 제147조 주식등의 대량보유 등 보고 제도, 법 제152조 의결권 대리행사의 권유 제도에도 적용하고 있다.

제3절 주식등의 대량보유 등의 보고 **337**

주주배정 유상증자에 의하여 신주인수권이 발생하는 경우에는 주주간 지분율에는 변동이 없으므로 5% 보고의무가 없으나, 주주가 자신의 신주인수권을 표창한 신주 인수권증서를 타인에게 매도하는 경우에는 5% 보고의무가 있다.

3. 전환사채권(다목)

"전환사채권"은 전환대상이 주권인 전환사채를 가리킨다. 다만, 전환청구기간이 경과한 전환사채는 주식으로 전환되어 의결권 행사에 영향을 미칠 가능성이 없으므로 보고대상인 주식등에 해당하지 않는다.

4. 신주인수권부사채권(라목)

"신주인수권부사채(BW)"는 인수대상이 주권인 신주인수권부사채를 말한다. 그러나 권리행사기간이 경과한 신주인수권부사채, 신주인수권이 분리된 후의 사채권은 주 식등에 포함되는 "신주인수권부사채"에 해당되지 않는다.[58]

5. 가목부터 라목까지의 증권과 교환을 청구할 수 있는 교환사채권(마목)

6. 가목부터 라목까지의 증권을 기초자산으로 하는 파생결합증권(바목)

2. 대량보유 또는 변동보유하게 된 자

본인과 특별관계자가 보유하게 되는 주식등의 수의 합계가 그 주식등의 총수의 100분의 5 이상이 되거나 100분의 1 이상 변동하는 경우에는 그 내용을 금융위원회와 거래소에 보고 하여야 한다(147조①).

가. 본인과 그 특별관계자

주식등의 대량보유 여부를 판단함에 있어서는 본인과 특별관계자의 보유분을 합산하여 계산한다(147조①괄호). 앞서 "제6장 제2절 Ⅳ. 5% 의무공개매수"에서 살펴본 본인과 특별관 계자의 개념과 비슷하다.

(1) 본인

본인이란 주식등을 보유하는 자를 말한다. '주식등'의 개념은 위에서 살펴보았고, '보유' 의 개념은 아래에서 따로 살펴본다.

(2) 특별관계자

특별관계자란 '특수관계인'과 '공동보유자'를 말하는데(슈141조①), 특수관계인은 친족이나 출자와 같은 형식적 기준으로, 공동보유자는 의결권의 공동행사와 같은 실질적 기준으로 판 단한다.

---

58) 금융감독원, 기업공시 실무안내(2020), 360면.

1) 특수관계인

"특수관계인"은 본인과 특수관계에 있는 자를 말하고, 그 범위는 금융사지배구조법에 규정되어 있다. 자세한 내용은 앞의 "제6장 제2절 Ⅳ. 5% 의무공개매수"에서 살펴보았다.

2) 공동보유자

"공동보유자"란 본인과 합의나 계약 등에 따라 ① 주식등을 공동으로 취득·처분하거나, ② 주식등을 공동 또는 단독으로 취득한 후에 그 취득한 주식을 상호양도하거나 양수하거나, ③ 의결권을 공동으로 행사하는 행위를 할 것을 합의한 자를 말한다(슈141조②).

공동보유자의 개념은 주식등의 취득이나 처분, 의결권 행사와 관련하여 공동으로 지배력을 가지고 있다는 것을 전제로 한다. 공동보유자가 상대방의 보유지분에 대하여도 지배력을 가지고 있다는 점이 다른 구성원의 보유 지분까지 합산하여 보고할 의무를 지우는 근거가 된다. 이 경우 공동보유자는 자신을 '본인'으로 하고 다른 구성원을 '공동보유자'로 하여서 보고하여야 한다. 만일 당사자 중 어느 한쪽만이 주식등의 취득, 처분, 의결권 행사에 대하여 지배력을 가지는 경우에는 '단독보유'에 해당하고 '공동보유자'가 아니다.

공동보유자에 해당하는지 여부는 M&A 과정에서 대량보유 보고의무 위반 등을 이유로 의결권행사금지 가처분 등을 다투는 경우에 빈번하게 문제되어 왔다. 공동보유자라는 개념 자체가 사실관계에 대한 판단을 통하여 이루어지는 것이어서 사실관계에 대한 입증의 정도에 따라 가처분신청이 인용되기도 하고, 기각되기도 하기 때문에 결과를 예측하기 어려운 경우가 많다.[59]

나. 보유

"보유"란 주식등을 소유하거나 그 밖에 이에 준하는 경우로서 대통령령으로 정하는 경우를 포함한다(133조③, 슈142조).[60] 자본시장법은 거래환경이 변화하면서 다양한 형태와 방식으로 주식등에 대한 의결권이 행사되는 현상을 반영하기 위하여 보유의 개념을 도입하고 그 적용범위를 확장하고 있다. 주식등의 취득, 처분, 의결권 행사 권한 등 실질적인 지배가능성을 기준으로 해야 대량보유 보고제도의 취지를 살릴 수 있기 때문인데, 그 결과 동일한 주식등의 법적 또는 형식적인 소유자와 실질적인 보유자가 중복되거나 분리되는 현상이 나타나고 있다(☞ 구체적인 사례는 "제6장 제2절 Ⅳ. 5% 의무공개매수" 참조).

법 시행령 제141조 제2호는 "법률 규정이나 매매, 그 밖의 계약에 따라 주식등의 인도청

---

59) 적대적 M&A의 상황에서의 각종 가처분에 대해서는 김용호, "적대적 M&A에서 가처분이 활용되는 사례," 「BFL」 제23호(서울대 금융법센터, 2007), 48면 이하.

60) 1991. 12. 31. 대량보유 등의 보고제도가 최초로 도입되었던 시점에서는 주식등에 대한 소유상황만을 보고하도록 하였으나, 1994. 1. 5. 구 증권거래법 개정 시에는 소유 외에 특수관계인의 소유분을 합산한다는 의미에서 '보유'의 개념이 도입되었고, 1997. 1. 13. 구 증권거래법 개정 시에는 의결권 행사 권한 중심의 실질적인 지배가능성을 의미하는 것으로 '보유'의 개념이 확대되었다. 구 증권거래법 제200조의2 개정 연혁 참조.

구권을 가지는 경우"를 보유 사유로 열거하는데, 주식등의 대량보유 보고제도와 관련해서는 '인도청구권을 가지는 시점'이 쟁점이 될 수 있다. 일반적인 매매계약에서는 이행기가 도래하여야 대상물건에 대하여 인도청구권을 가지지만, 거래소에 상정된 주권상장법인의 주식등을 매매하는 경우에는 계약 체결 또는 일정한 기일 경과 후 자동적으로 결제가 이루어지므로 굳이 인도청구권을 갖는 시점과 소유시점을 분리하여 이해할 실익이 없다. 따라서 해당 주식등에 대한 매매계약이 체결되어 매수인의 지위를 갖게 되는 시점부터 대량보유 보고의무가 부여된다.

다. 그 주식등의 총수의 100분의 5 이상

본인과 그 특별관계자가 보유하게 되는 주식등의 수의 합계가 '그 주식등의 총수의 100분의 5 이상'이 되거나 '100분의 1 이상' 변동하는 경우에는 그 내용을 금융위원회와 거래소에 보고하여야 한다(147조①). 100분의 5 또는 100분의 1 판단에서 분모는 그 주식등의 총수이고, 분자는 본인과 그 특별관계자가 보유하게 되는 주식등의 수의 합계이다. 산정방식은 [표6-1]과 같다.

[표6-1] 대량보유비율 산정방식

$$\text{대량보유 비율} = \frac{\text{주식등의 수(본인 + 특별관계자 보유)(規則17조①)}}{\text{주식등의 총수(規則17조②)}}$$

(1) 주식등의 총수

"주식등의 총수"는 ① 의결권 있는 발행주식 총수(자기주식을 포함한다)와 ② 대량보유를 하게 된 날에 본인과 그 특별관계자가 보유하는 주식등[주권, 교환사채권의 교환대상이 되는 주권, 파생결합증권의 기초자산이 되는 주권 및 증권예탁증권의 기초가 되는 주권은 제외한다]의 수를 합하여 계산한다(147조①, 規則17조②).

(2) 주식등의 수

"주식등의 수"는 대량보유 여부를 판단할 때 분자가 되는 부분이며,[61] 주권인 경우에는 그 주식의 수, 신주인수권이 표시된 것인 경우에는 신주인수권의 목적인 주식의 수 등을 기준으로 산정한다(147조③, 規則17조①).

그 밖에 주식매수선택권을 부여받은 경우 등 대량보유 주식등의 수의 산정방법은 법 시행규칙 제17조에서 자세하게 규정되어 있다.

---

61) 주식등 대량보유상황 보고의무의 발생 여부는 실시간 기준이 아닌 일자별 잔고 기준으로 판단한다. 금융감독원, 기업공시 실무안내(2002), 443면.

3. 보유한 날로부터 5일 이내

주권상장법인의 주식등을 5% 이상 대량으로 보유하게 된 자는 '그 날부터 5일 이내'에, 그 보유 주식등의 수의 합계가 1% 이상 변동된 경우에는 '그 변동된 날부터 5일 이내'에 그 내용을 금융위원회와 거래소에 보고하여야 한다(147조①).

가. 보고기준일

보유 또는 변동보유한 날은 그 주식등을 소유하거나 실질적인 지배권을 가지게 된 날을 가리키지만 구체적인 상황에서 그 판단이 쉽지가 않다. 이를 반영하여 자본시장법은 주식등의 대량보유 상황이나 변동내용을 보고하여야 하는 경우에 그 보고기준일은 다음 각 호의 어느 하나에 해당하는 날로 정하고 있다(令153조③).

1. 주권비상장법인이 발행한 주권이 증권시장에 상장된 경우에는 상장일(令153조③1호)
2. 흡수합병인 경우에는 합병을 한 날, 신설합병인 경우에는 그 상장일(2호)

   금융위원회는 C사는 A사(코넥스 상장) 주식 6.25%를 보유하여 대량보유상황보고(5%)를 하였는데, 이후 A사가 코스닥 상장법인인 B사와 합병하여 코스닥으로 이전 상장됨으로써 최종적으로 B사의 주식 4.76%를 보유하게 된 사안에서, 합병 이후 소멸되는 법인(A사)이 아닌 존속법인(B사)의 주식을 기준으로 보고하여야 하고, 질의한 C사의 경우에는 특별관계자와 합산하여 B법인의 주식등을 5% 이상 보유하게 된 것이 아니라면 B법인 주식등의 대량보유상황 보고의무가 발생하지는 않는다고 한다.[62]
3. 증권시장에서 주식등을 매매한 경우에는 그 계약체결일(3호)
4. 증권시장 외에서 주식등을 취득하는 경우에는 그 계약체결일(4호)
5. 증권시장 외에서 주식등을 처분하는 경우에는 대금을 받는 날과 주식등을 인도하는 날 중 먼저 도래하는 날(5호)
6. 유상증자로 배정되는 신주를 취득하는 경우에는 주금납입일의 다음날(6호)
7. 주식등을 차입하는 경우에는 그 차입계약을 체결하는 날, 상환하는 경우에는 해당 주식등을 인도하는 날(7호)
8. 주식등을 증여받는 경우에는 민법에 따른 효력발생일, 증여하는 경우에는 해당 주식등을 인도하는 날(8호)
9. 상속으로 주식등을 취득하는 경우로서 상속인이 1인인 경우에는 단순승인이나 한정승인에 따라 상속이 확정되는 날, 상속인이 2인 이상인 경우에는 그 주식등과 관계되는 재산분할이 종료되는 날(9호)
10. 제1호부터 제9호까지 외의 사유로 인하여 보고하여야 하는 경우에는 민법·상법 등

---

62) 금융위 질의회신(2020.11.18), '코넥스 상장사 공시의무 관련 건'.

관련 법률에 따라 해당 법률행위 등의 효력이 발생하는 날(10호)

나. 보고기간

보고기간은 보고기준일로부터 5일 이내이다(147조①). 초일불산입의 원칙에 의해서 의무발생일을 제외하고 그 다음날부터 5일의 기간을 계산한다.[63] 보고기간인 5일을 산정함에 있어서는 ① 공휴일, ② 근로자의 날, ③ 토요일은 산입하지 아니한다(슈153조①). 예를 들어 2016. 5. 4.(수)에 증권시장에서 주식매수주문이 체결되어 보고의무가 발생한 경우 초일불산입의 원칙에 따라 보고의무 발생일(5.4)과 공휴일(5.5), 토요일(5.7), 일요일(5.8)을 제외하고 5일째가 되는 2016. 5. 12.이 보고기간이다. 즉, 5/4(보고의무발생일, D), 5/5(어린이날), 5/6(금, D+1), 5/7(토요일), 5/8(일, 공휴일), 5/9(월, D+2), 5/10(화, D+3), 5/11(수, D+4), 5/12(목, D+5)가 된다.[64]

전문투자자가 아닌 자의 보유목적이 발행인의 경영권에 영향을 주기 위한 것이 아닌 경우에는, 그 변동이 있었던 달의 다음 달 10일까지 보고할 수 있다(슈154조③). 다만, 이는 변동보고에 적용되는 것이므로 대량보유보고 시에는 보고의무 발생일로부터 5일이다.

국가, 지방자치단체 등 특례 적용 전문투자자의 경우 보고의무발생일이 속하는 분기의 다음달 10일까지 대량보유보고 또는 변동보고를 할 수 있다(슈154조④).

4. 금융위원회와 거래소에 보고

가. 보고의무자

보고의무자는 본인과 그 특별관계자가 보유하게 되는 주권상장법인의 주식등의 수의 합계가 그 주식등의 총수의 100분의 5 이상인 자("대량보유자")이다(147조①).

주권상장법인의 주식등을 대량보유하여야 한다. 정리매매기간 중에 있는 주권상장법인의 경우에도 그 기간 중의 지분변동에 대하여는 5% 보고의무가 있다.[65] 주권비상장법인, 상장폐지법인의 주식을 보유한 자는 5% 보고와 무관하다.

주권상장법인이 보통주를 상장하였으나 의결권 있는 우선주는 상장 여부에 관계 없이 보통주와 합산하여 보고의무의 여부를 판단한다. 이 경우에 우선주가 보통주로 전환(상환)되는 비율이 1:1이 아닌 경우 그 전환(상환)되는 비율에 따라 보통주로 전환(상환)될 주식을 잠재주식수로 별도 표기한다.[66]

---

63) 금융감독원, 기업공시 실무안내(2020), 369면.
64) 금융감독원, 기업공시 실무안내(2020), 369면.
65) 금융감독원, 기업공시 실무안내(2020), 475면.
66) 금융감독원, 기업공시 실무안내(2020), 474면.

나. 대표보고자의 선정 및 연명보고

본인과 그 특별관계자의 주식등을 합산한 보유수량이 그 주식등의 총수의 5% 이상인 경우 본인이 원칙적인 보고의무자이다(147조①). 본인과 그 특별관계자가 함께 보고하는 경우에는 보유 주식등의 수가 가장 많은 자를 대표자로 선정하여 연명으로 보고할 수 있다(147조①, 令153조④). 대표보고자가 보유주식을 처분하여 보유수량이 적어진 경우라 하더라도 반드시 대표보고자를 변경할 필요는 없으며, 해당 집단의 대표성 훼손 여부를 판단하여 대표보고자 변경 여부를 결정한다. 그러나 대표보고자가 보유 주식등을 모두 처분하여 보고의무가 없어지거나 특별관계가 해소되는 경우에는 반드시 대표보고자를 변경하여야 한다.[67]

다. 집합투자기구의 보고 등

투자신탁, 투자회사 등 집합투자기구에는 명의상 보유자와 실질적인 권리자가 다르기 때문에 5% 보고와 관련하여 논란이 되는 경우가 많은데, 투자회사 등은 독립된 법인격을 가지므로 본인의 자격에서 5% 보고의무를 부담하고, 그 운용권한을 가진 집합투자업자나 업무집행사원 등은 소유에 준하는 보유자로서 보고의무를 부담한다(令142조 3호, 4호).[68] 이 때 집합투자업자나 업무집행사원 등 운용권한을 가진 자는 투자회사 등에 사실상 영향력을 행사하는 주체로서 투자회사 등의 '특별관계자 중에서 공동보유자'에 해당한다(141조②).

결국 투자회사 등 집합투자기구이든지 이를 운용하는 자산운용회사이든지간에 자신의 입장에서 보고의무의 여부를 판단하여 보고가 가능하면 보고를 하고, 연명보고가 가능한 경우에는 구체적인 보고자를 결정하면 된다.[69] 따라서 집합투자기구의 지분 등은 집합투자기구가 소유자로 보고할 수도 있고, 실질적인 지배권을 행사하는 투자자나 운용자가 보유자로서도 보고할 수도 있으므로 이중으로 보고대상이 될 수도 있다. 물론 보고서에는 그 정확한 사실관계를 기재함으로써 시장에 혼란이 없도록 해야 할 것이다.

라. 국가, 지방자치단체 등의 보고

국가, 지방자치단체, 한국은행 등은 보고내용 및 보고시기 등을 대통령령으로 달리 정할 수 있다(147조①후단, 令154조②). 국가나 지방자치단체 등은 특정한 기업의 경영권 분쟁과는 관련이 없지만 다른 주주들의 지분 경쟁에 영향을 미칠 수 있고, 주식등의 대량보유나 변동에 관한 정보를 제공함으로써 투자자들의 투자판단을 위한 정확한 정보 제공이 요구되기 때문이다.[70] 다만, 국가 등의 보고 부담을 완화하기 위해서 보고시기와 보고내용을 간소화하

---

67) 금융감독원, 기업공시 실무안내(2020), 439면.
68) 공개매수에 관한 법 제133조 제3항은 보유의 개념을 주식등 대량보유에 대해서도 적용하고 있다.
69) 금융감독원, 기업공시 실무안내(2020), 434면.
70) 구 증권거래법에서는 국가 등의 보고의무를 면제하고 있었으나(구 증권거래법200조의2①전단, 동법시행령 86조의3①1), 자본시장법은 국가, 지방자치단체 등도 보고의무자로 편입하였다(147조①후단, 令154조②).

고 있다(147조①후단, 슈154조③,④).

Ⅲ. 보고의 내용 및 절차

주식등의 대량보유 등 보고에는 대량보유보고(신규보고), 변동보고, 중요한 사항의 변경보고의 3가지 종류가 있다.

1. 대량보유보고

가. 의의

주권상장법인의 주식등을 그 주식등의 총수의 100분의 5 이상으로 보유하게 된 자("주식등을 대량보유하게 된 자")는 그 날부터 5일 이내에 '그 보유상황, 보유 목적, 그 보유 주식등에 관한 주요계약내용, 그 밖에 대통령령으로 정하는 사항'을 '대통령령으로 정하는 방법'에 따라 금융위원회와 거래소에 보고하여야 한다(147조①). 예를 들어, 4.5%의 주식등을 보유하는 주주가 1%의 주식등을 추가 취득하여 5.5%가 되는 경우에는 신규로 대량보유 보고를 하여야 한다. 장외에서 주식을 매수하는 공개매수와는 달리 대량보유 보고 제도는 주권상장법인의 주식등을 대상으로 하는 한 장내 또는 장외취득을 구분하지 않는다.

나. 보고내용

(1) 보유 상황

주식등을 대량보유하게 된 자는 본인과 그 특별관계자가 보유하는 해당 주권상장법인의 주식등의 종류, 규모 등 보유상황을 보고하여야 한다.

(2) 보유 목적

주식등을 대량보유하게 된 자는 발행인의 경영권에 영향을 주기 위한 목적인지의 여부를 보고하여야 한다(147조①전단 괄호).

"보유 목적이 발행인의 경영권에 영향을 주기 위한 것"이란 임원의 선임·해임 또는 직무의 정지, 이사회 등 회사의 기관과 관련된 정관의 변경 등 대통령령으로 정하는 다음 각 호의 어느 하나에 해당하는 것을 위하여 회사나 그 임원에 대하여 '사실상 영향력을 행사'하는 것을 말한다(147조①).

  1. 임원의 선임·해임 또는 직무의 정지. 다만, 법원에 이사·감사의 해임청구권(商385조②) 또는 이사의 위법행위유지청구권(商402조)을 제기하는 경우에는 적용하지 않는다(슈154조①1호).
  2. 이사회 등 상법에 따른 회사의 기관과 관련된 정관의 변경. 다만, 금융위원회가 정

하여 고시하는 자 등이 투자대상기업의 지배구조개선을 위해 사전에 공개한 원칙에 따르는 경우에는 적용하지 않는다(2호).

3. 회사의 자본금의 변경. 다만, 신주발행유지청구권(商424조)을 행사하는 경우에는 적용하지 않는다(3호).

4. 삭제<2020.1.29.>

5. 회사의 합병, 분할과 분할합병(5호)

6. 주식의 포괄적 교환과 이전(6호)

7. 영업전부의 양수·양도 또는 금융위원회가 정하여 고시[71]하는 중요한 일부의 양수·양도(7호)

8. 자산 전부의 처분 또는 금융위원회가 정하여 고시[72]하는 중요한 일부의 처분(8호)

9. 영업전부의 임대 또는 경영위임, 타인과 영업의 손익 전부를 같이하는 계약, 그 밖에 이에 준하는 계약의 체결, 변경 또는 해약(9호)

10. 회사의 해산(10호)

회사나 그 임원에 대한 "사실상 영향력 행사"는 지나치게 엄격하게 해석할 필요가 없고, 경영참가의 목적을 가지고 임원의 선임·해임 또는 직무의 정지 등에 대해서 의결권, 주주제안권, 주주총회소집청구권에 따른 권리를 행사하거나 이를 제3자가 행사하도록 하는 것과 의결권 대리행사를 권유하면 인정된다(슈154조①괄호). 회사나 임원에게 부담을 줄 수밖에 없기 때문이다. 그러나 단순히 의견을 전달하거나 대외적으로 의사를 표시하는 것은 제외한다(슈154조①괄호).

그렇다면 경영관련사항에 대해서 어떤 식으로든지 의사를 표현하기만 하면 사실상의 영향력 행사로 보아야 하는가? 주주는 의결권을 행사하는 등의 방법으로 회사의 경영에 참가할 수 있으나, 단순히 의견을 전달하거나 대외적으로 의사를 표시하는 것은 사실상의 영향력 행사로 볼 수 없고(슈154조①괄호), 적극적으로 법 시행령 제154조 제1항 각 호의 사항과 관련된 내용을 주장하거나 주주제안권 등을 행사하는 경우에만 사실상의 영향력 행사로 볼 것이다. 경영참여의 목적은 확정적일 필요까지는 없고 향후 회사의 영업이나 거래실정에 따라서 경영참가를 하겠다는 의사를 가지고 주식을 취득하면 된다.

(3) 보유주식등에 관한 주요계약내용

주식등을 대량보유하게 된 자는 주식등의 신탁, 담보, 대차계약 등 보유주식등을 보유하

---

71) 증권발행공시규정 제3-13조(경영권에 영향을 주기 위한 것) 제1항은 양수·양도하고자 하는 영업부문의 '자산액', '매출액' 또는 '부채액'이 최근 사업연도말 현재 자산총액의 10% 이상인 양수·양도를 '중요한 일부의 양수·양도'로 규정하고 있다.

72) 증권발행공시규정 제3-13조(경영권에 영향을 주기 위한 것) 제2항은 처분하고자 하는 자산액이 최근 사업연도말 현재 자산총액의 100분의 10 이상인 처분을 '중요한 일부의 처분'으로 규정하고 있다.

게 된 주요계약내용을 밝혀야 한다(147조①).

(4) 그 밖에 대통령령으로 정하는 사항

주식등을 대량보유하게 된 자는 주식등의 보유와 관련하여 대량보유자와 그 특별관계자에 관한 사항, 보유 주식등의 발행인에 관한 사항, 변동 사유, 취득 또는 처분 일자·가격 및 방법, 보유 형태, 취득 필요자금이나 교환대상물건의 조성내역(차입의 경우 차입처를 포함) 등 대통령령으로 정하는 사항을 보고하여야 한다(제147조①전단, 令153조②).

다. 보고절차

(1) 금융위원회와 거래소에 대한 보고

주식등을 대량보유하게 된 자는 주식등의 대량보유상황 보고서를 정해진 기간 내에 금융위원회와 거래소에 보고하여야 한다(147조①,④).

금융위원회와 거래소는 제출받은 주식등의 대량보유상황보고서를 3년간 비치하고 인터넷 홈페이지 등을 이용하여 공시하여야 한다(149조). 보고내용은 금융감독원 전자공시시스템(DART) 및 한국거래소 전자공시시스템(KIND)을 통해 공시되고 있다.

(2) 대량보유보고서 등의 발행인에 대한 송부

대량보유 보고를 한 자는 지체 없이 그 보고서 사본을 해당 주식등의 발행인에게 송부하여야 한다(148조). 경영권을 방어해야 하는 경영진의 입장을 배려하여 그 내용을 주식등의 발행인에게 알려주도록 한 것이다. 제공하는 '사본'은 보고서의 사본을 의미하고 첨부서류까지 제공할 필요는 없다. 우편, 팩스 등 어떠한 방법으로도 송부할 수 있지만, 사본을 송부하지 않거나 허위의 사본을 송부한 자에 대해서는 과태료가 부과될 수 있으므로 송부사실을 입증할 수 있는 방법이 바람직하다(449조①37,38).

대량보유 보고자가 보유하는 주식등이 ① 교환사채권의 경우에는 교환의 대상이 되는 주식등의 발행인, ② 파생결합증권의 경우에는 그 기초자산이 되는 주식등의 발행인, ③ 증권예탁증권의 경우에는 그 기초가 되는 주식등의 발행인에게 송부하여야 한다(令156조).

2. 변동보유보고

가. 의의

본인과 그 특별관계자의 그 보유 주식등의 수의 합계가 그 주식등의 총수의 100분의 1 이상 변동된 경우에는 변동보유보고를 하여야 한다(147조①전단).

변동보유보고는 주식 등의 합계가 그 주식등의 총수의 100분의 5 이상인 자에 대해서 적용된다. 즉, 보유하는 주식등의 합계가 100분의 5 미만이면 그 변동 폭이 1%를 넘어도 보고 대상이 되지 않는다.

주식매수선택권을 부여받은 자는 그 부여받은 날에 주식등의 보유자로서 5% 보고의무가 있으며(현금정산방식 제외),[73] 주식매수선택권을 행사한 경우에는 그 형태가 보유에서 소유로 변경되므로 변경보고 의무가 발생한다. 물론 1% 이상 변경된 때에 한한다. 신주교부 방식의 경우 주식매수선택권을 행사하여 주금을 납입한 때에 주주가 되므로(商340의5, 516의10) 주금 납입일이 보고기준일이고, 자기주식을 교부하는 경우에는 행사가격을 지급한 때에 주주가 되므로 대금지급일이 보고기준일이다. 주식매수선택권을 행사하여 정산한 차액을 자기주식으로 교부하는 경우에는 주주에게 대금을 납부할 의무가 없어 주식매수선택권의 행사 시에 주주가 되므로 주식매수선택권 행사일이 보고기준일이 된다.[74]

변동보유보고는 주식 등의 합계가 1% 이상 변동된 경우가 대상이다. 특정일을 기준으로 하여 누적보유비율이 1% 이상 변동되었으면 다음날 거래로 누적 변동비율이 1% 미만이 된 경우에도 보고의무가 발생한다. 다만, 하루 중의 거래에서 일시적으로 1% 이상이 변동되었으나 1일 전체의 비율이 1% 미만인 경우에는 해당되지 않는다.[75] 예를 들어, 장중 거래 등으로 일시적으로 ① 보유비율이 5% 이상 되었다가 같은 날 5% 미만으로 하락한 경우 또는 ② 보유비율이 1% 이상 변동하였다가 같은 날 반대방향의 매매를 함으로써 최종 잔고 기준으로 1%미만 변동된 경우에는 보고의무가 없다.[76]

대량보유자가 주식등을 처분하여 그 보유주식의 비중이 5% 미만이 되는 경우에도 보고의무가 있으나, 변동의 폭이 1% 미만인 경우에는 보고의무가 없다. 예를 들어, 5.5%를 보유한 자가 1%를 매각하여 4.4%가 된 경우에는 보고의무가 있으나, 0.8%를 매각하여 4.7%가 된 경우에는 보고의무가 없다. 그런데 5% 미만이 되었으나 변동보고의무가 없어 보고를 하지 않은 자가 다시 5% 이상을 취득하게 되는 경우에는 어떠한 보고를 해야 할 것인지가 명확하지 않다. 신규로 5% 이상을 보유하는 경우로 보아서 신규보고를 할 수도 있을 것이나, 이미 대량보유자로 보고를 한 상태이고 그 기록이 남아있다면 굳이 보고할 의무는 없다.

나. 보고내용

변동사유, 취득 또는 처분 일자·가격 및 방법, 취득에 필요한 자금이나 교환대상물건의 조성내역 등이 그 대상이다. 이미 대량보유보고에서 보고한 내용은 특별한 사정이 없는 한 새로이 보고할 필요는 없다.

다. 보고절차

보고의무자는 변동보고 보유사유가 발생한 경우에는 그 변동된 날부터 5일 이내에 그 변

---

73) 금융감독원, 기업공시 실무안내(2020), 448면.
74) 금융감독원, 기업공시 실무안내(2020), 448–449면.
75) 금융감독원, 기업공시 실무안내(2020), 443면.
76) 금융감독원, 기업공시 실무안내(2020), 443면.

동내용을 금융위원회와 거래소에 보고하여야 한다(147조①).

변동내용을 보고하는 날 전날까지 새로운 사유가 발생한 경우 그 내용은 당초의 대량보유상황, 보유목적 또는 그 변동내용을 보고할 때 이를 함께 보고하여야 한다(147조③). 예를 들어, 2016. 3. 4.(금) 보고의무가 발생하여 보고기한이 2016. 3. 11.(금)인 경우, 2016. 3. 8.(화)에 1% 이상 추가로 취득하여 새로운 변동보고사유가 발생하였다면 당초의 보고기한(3.11)에 3. 8.(화)의 추가 취득분까지 함께 보고하여야 한다.[77]

변동보유보고의 기준일, 보고기간의 산정, 약식보고, 연명보고, 발행인에 대한 보고서의 송부 등에 관한 내용은 대량보유보고에서와 같다.

라. 적용제외

보유주식등의 수의 합계가 그 주식등의 총수의 100분의 1 이상 변동된 경우라고 하더라도 그 보유 주식등의 수 자체가 변동되지 않은 경우,[78] 그 밖에 대통령령으로 정하는 다음 각 호의 경우에는 변동보유보고의 대상이 아니다(147조①전단 괄호, 슈153조⑤).

1. 주주가 가진 주식수에 따라 배정하는 방법으로 신주를 발행하는 경우로서 그 배정된 주식만을 취득하는 경우(슈153조⑤1호)
2. 주주가 가진 주식수에 따라 배정받는 신주인수권에 의하여 발행된 신주인수권증서를 취득하는 것만으로 보유 주식등의 수가 증가하는 경우(2호)
3. <삭제>(3호)
4. 자본감소로 보유 주식등의 비율이 변동된 경우(4호)
5. 신주인수권이 표시된 것(신주인수권증서는 제외한다), 신주인수권부사채권·전환사채권 또는 교환사채권에 주어진 권리행사로 발행 또는 교환되는 주식등의 발행가격 또는 교환가격 조정만으로 보유 주식등의 수가 증가하는 경우(5호)

   본인 및 특별관계자가 전환사채 등 주식관련사채를 5% 이상 보유하였으나, 행사가격의 조정으로 인해 보유 주식등의 수가 증가하여 보유비율이 1% 이상 변동된 경우이다.[79]

3. 중요한 사항의 변경보고

대량보유 또는 변경보고를 한 자는 그 '보유 목적이나 보유 주식 등에 관한 주요계약내용 등 대통령령으로 정하는 다음 각 호의 어느 하나에 해당하는 중요한 사항'의 변경이 있는 경우에는 5일 이내에 금융위원회와 거래소에 보고하여야 한다(147조④, 슈155조).

---

77) 금융감독원, 기업공시 실무안내(2020), 358면.
78) 제3자배정 유상증자로 본인 보유 주식등의 수는 변동이 없으나, 발행주식총수의 변동으로 인해 보유비율이 1% 이상 변동된 경우가 대표적이다. 금융감독원, 기업공시 실무안내(2020), 359면.
79) 금융감독원, 기업공시 실무안내(2020), 359면.

1. 보유 목적(보유 목적이 발행인의 경영권에 영향을 주기 위한 보유목적인지 여부를 말한다)(令155 조1호)

2. 단순투자 목적 여부(발행인의 경영권에 영향을 주기 위한 것이 아닌 경우에 한정한다)(1의2호)

3. 보유 주식등에 대한 신탁·담보계약, 그 밖의 주요계약 내용(해당 계약의 대상인 주식등 의 수가 그 주식등의 총수의 100분의 1 이상인 경우만 해당한다)(2호)

   "주요계약"인지의 여부는 보유 주식등의 변동을 초래할 수 있는지를 기준으로 판단 한다. 예를 들어, 주식등을 대량으로 보유하는 자가 그 주식등을 대상으로 하여 교 환사채를 발행하는 것은 주요계약에 해당할 수 있다. 담보로 제공한 주식수량은 동 일하나 피담보채무의 차입처가 변경된 경우에는 차입계약이 신규로 체결된 것이므 로 보고하여야 한다.[80]

4. 보유 형태(소유와 소유 외의 보유 간에 변경이 있는 경우로서 그 보유 형태가 변경되는 주식등의 수가 그 주식등의 총수의 100분의 1 이상인 경우만 해당한다)(3호)

   주식을 대여해 주어 보유형태가 소유에서 보유(인도청구권)로 변경되거나 스톡옵션을 행사하여 보유형태가 보유에서 소유로 변경된 경우 등을 말한다.

법 시행령 제155조에서 정하는 사항이 한정적인지 또는 열거적인지가 문제가 되는데, 자 본시장법 제147조 제4항은 "주요계약내용등 대통령령으로 정하는 중요한 사항의 변경이 있 는 경우"라고 하고 있어서 대통령령으로 정하는 경우에만 중요한 사항이 되는 것이고, 예시 적으로 해석한다면 변경보고대상이 어디까지인지가 불분명하게 된다. 따라서 한정적 열거로 보는 것이 타당하다.

보고기한의 산정, 발행인에 대한 보고서의 송부 등은 대량보유보고에서와 같다.

IV. 위반행위에 대한 제재

1. 의결권행사의 제한

주식등의 대량보유 등 ①보고의무 위반자는 ②대통령령으로 정하는 의결권 행사 제한기 간 동안, ③의결권 있는 발행주식총수의 100분의 5를 초과하는 부분 중 위반분에 대하여 ④ 그 의결권의 행사가 제한된다(150조①).

①의 보고의무 위반자는 앞에서 살펴보았다. 여기에서는 ②의결권 행사 제한기간, ③, 100분의 5 초과 위반분, ④ 의결권 행사의 제한 내용에 대해서 살펴본다.

---

80) 금융감독원, 기업공시 실무안내(2020), 432면.

가. 의결권행사 제한기간

법 제150조 제1항에서 "대통령령으로 정하는 기간"이란 다음 각 호의 어느 하나에 해당하는 기간을 말한다(令158조).

1. 고의나 중과실로 주식등의 대량보유 등 보고, 변동보고, 중요한 사항의 변경보고(법 제147조 제1항·제3항 또는 제4항에 따른 보고를 말한다)를 하지 아니한 경우 또는 중요한 사항(令157조 각 호의 사항을 말한다)을 거짓으로 보고하거나 그 기재를 빠뜨린 경우에는 해당 주식등의 매수등을 한 날부터 그 보고(그 정정보고를 포함한다)를 한 후 6개월이 되는 날까지의 기간(令158조1호)

   제1호의 의결권행사 제한기간은 "해당 주식등의 매수등을 한 날부터 그 보고(그 정정보고를 포함한다)를 한 후 6개월이 되는 날까지의 기간"이다. 원칙적으로 위반자에게는 고의나 중과실이 있어야 하는데 이는 결국 해당 주식등을 취득한 목적, 보고의무 위반의 경위, 위반기간, 보고의무자의 과거 경험이나 지식 등 제반 사정을 종합하여 판단할 문제이다.

2. 자본시장법 및 동법시행령, 그 밖의 다른 법령에 따라 주식등의 대량보유상황이나 그 변동·변경내용이 금융위원회와 거래소에 이미 신고되었거나, 정부의 승인·지도·권고 등에 따라 주식등을 취득하거나 처분하였다는 사실로 인한 착오가 발생하여 주식등의 대량보유 등 보고, 변동보고, 중요한 사항의 변경보고(법 제147조제1항·제3항 또는 제4항에 따른 보고)가 늦어진 경우에는 해당 주식등의 매수등을 한 날부터 그 보고를 한 날까지의 기간(2호)

   "정부의 승인·지도·권고에 따라 주식 등을 취득 또는 처분한 경우"는 법령에 근거한 정부의 승인·지도·권고를 의미하는 것으로 금산법상 금융기관이 다른 회사의 주식을 일정비율 이상 취득하는 경우의 금융위원회의 승인(금산법24조), 은행법상 동일인의 은행 주식 취득에 대한 금융위원회의 승인(銀行15조③) 등이 이에 해당한다. 또한 금융관련법령에서는 금융회사의 대주주가 되려는 자는 미리 금융위원회의 적격성 심사와 승인을 받도록 되어 있는데 이러한 승인도 해당된다.

   제2호에서 규정한 착오는 보유사실에 대한 착오에 한정되고 법률의 내용에 관한 착오인 보고의무의 존재에 대한 착오는 해당하지 않는다. 이와 관련하여 현행 보고의무의 복잡성 등을 이유로 보고의무에 대해서 몰랐다는 것이 중과실에 해당하는 지에 대해 의문을 제기하는 견해가 있다.

나. 100분의 5를 초과하는 부분 중 위반분

의결권행사가 제한되는 주식은 '의결권 있는 발행주식총수의 100분의 5를 초과하는 부분 중 위반분'이다(150조①). 예를 들어, 甲이 발행주식총수가 100만주인 A회사의 주식 8만주를 신규로 취득하면서 기간 내에 보고를 하지 않았다면, 5%를 초과한 29,999주의 의결권이 제한된다.[81] 6%를 보유한다고 거짓 보고한 경우에는 위반분인 2%에 대해서만 의결권이 제한된다. 6%는 이미 보고되어 공시되었으므로 위반분으로 해석되지 않기 때문이다.[82] 변동보고의 경우에는 보고가 누락된 해당 변동분에 대해서만 의결권 행사가 제한될 것이다. 예를 들어, 최초로 6%를 보고하였고 그 후 2% 추가취득을 보고하지 않았다면 2% 부분에 대해서만 의결권이 제한된다. 중요한 사항의 변경보고를 위반하는 경우에는 해당 위반분의 의결권이 제한된다.

다. 의결권행사의 제한 내용

의결권행사가 제한된다는 것은 법률규정에 따라 당연히 의결권을 행사할 수 없다는 의미이다. 따라서 발행회사가 대량보유보고의무 위반으로 해당 주주의 의결권이 제한된다는 사실을 알게 된 경우에는, 주주총회에서 그에 대한 의결권 행사를 허용하여서는 아니 된다. 다만, 주주총회에서 보고의무의 위반 여부를 판단하는 것은 어려움이 있으므로, 실무상으로는 주주총회에 앞서 발행회사 또는 주주가 법원에 의결권행사금지가처분을 신청한다. 제한되는 것은 의결권뿐이므로 그 외의 주주권은 존속한다.[83] 실무상으로는 다음과 같은 상황에서 논란이 되고 있다.

(1) 여러 차례에 걸쳐서 보고가 있는 경우

여러 차례 보고를 하면서 일부를 누락하여 보고한 경우에 의결권 제한의 범위를 어떻게 보아야 하는가? 예를 들어, 甲이 A회사의 주식을 1차로 10%를 취득하여 대량보유보고를 한 후에, 2차로 8%를 취득하였으나 고의로 대량보유보고를 하지 아니하고, 3차로 5%를 취득하면서 3차 취득분만 1차 취득분과 합산하여 보고한 경우에 어느 범위까지 의결권이 제한되는가? 이 경우에 3차 취득분 5%는 보고되어 일반에 알려진 상황이므로 보고되지 않은 2차 취득분 8%만이 의결권 행사가 제한된다는 견해가 있을 수 있다. 위반자의 잘못이 크지만 다수의 보고가 수시로 이루어지는 경우에 일일이 그 위법 여부를 판단하여 의결권행사가 제한되는 위반분을 가리는 것은 대량보유 등 보고 제도의 취지에 적합하지 않다고 생각할 수 있기 때문이다.

그러나 3차 취득분에 대하여 보고를 할 때 고의로 2차 취득분을 합산하여 보고하지 않은 이상 3차 취득분도 정당한 보고라고 할 수 없고, 2차 취득분에 대한 대량보유(변동)보고 없이

---

81) 5%까지는 자유롭게 취득할 수 있음에 주목하여, '100분의 5 이상에 해당하는 부분 중 위반분'이라고 규정하여야 하고, 법 제150조 제1항의 "100분의 5를 초과하는 부분 중 위반분"이라는 문구는 입법상의 오류라는 주장이 있다. 증권법학회, 자본시장법주석서 I (2015), 759면.

82) 수원지결 2015.3.26., 2015카합10054 등.

83) 임재연, 자본시장법(2018), 648면.

3차 취득분에 대한 공시만 이루어지면 상황에 따라서는 오히려 잘못된 판단을 유발할 수 있으며, A회사의 최대주주도 그 때까지 甲이 취득한 지분이 경영권에 영향을 미치지 못한다고 판단하고 추가적인 경영권 방어조치를 취하지 않을 가능성도 있다. 결국 적법하게 보고한 1차 취득분 10%를 넘어서는 2차 및 3차 취득분의 합계 13%(8% + 5%)는 위법하다고 보아서 의결권이 제한된다.[84]

(2) 제3자에게 주식을 양도한 경우

대량보유 보고의무 위반자가 보고의무에 위반한 대상 주식을 제3자에게 양도한 경우에 그 양도주식의 의결권은 어떻게 되는가? 이 경우에는 해당 주식을 취득한 자와의 관계, 자금의 원천, 해당 주식을 취득하게 된 경위 등을 고려하여 주식변동이 형식적인 것에 불과하다면 그 양도주식에 대해서도 의결권 제한을 하는 것이 타당하지만, 해당 주식의 소유권이 실제로 이전되었고 변동사실에 대한 보고의무가 적법하게 이행되었다면 새로이 주식의 소유권을 취득한 자를 상대로 양수한 주식의 의결권 제한을 하기는 어려울 것이다.

(3) 공동보유자가 의결권을 행사하는 경우

공동보유자의 의결권행사를 제한하는 방식도 문제가 된다. 예를 들어, 공동보유자인 甲, 乙, 丙이 A회사의 발행주식 각 4%, 3%, 3%를 보유하고 있었는데 이들이 공동보유자로서 전혀 보고를 하지 않은 경우에 의결권행사 제한은 어떠한가?

이에 대해서는 공동보유자는 합산하여 연명으로 보고하도록 되어 있고, 공동보유자는 의결권 행사에서 공동체의 개념이므로 3명의 전체 의결권을 1개의 단위로 간주해서 계산하는 것이 타당하다는 견해(합산설)가 있을 수 있다. 만일 甲이 A회사의 주주총회에서 자신이 가지는 주식 4%의 의결권을 모두 행사하였고, 乙은 3% 중에서 2%의 의결권만을 행사하였고, 丙은 주주총회에 참석하지 아니하였다고 가정하면, 甲, 乙, 丙은 의결권 행사에 있어서는 공동체로서 합산하여 계산하므로 5%를 넘어서는 1%의 의결권 행사만이 제한된다는 견해이다.

그러나 구체적인 사안에서 주총의 안건에 대해서 甲, 乙, 丙은 그 의결권 행사의 여부나 방향이 다를 수 있으므로 공동보유자라고 하여서 언제나 1개의 단위로 취급하는 것은 곤란하다. 따라서 공동소유자의 보유비율을 안분하여 甲은 2%의 의결권이 제한되고, 乙 및 丙은 각 1.5%의 의결권이 제한된다는 보는 것이 타당하다(안분설). 즉, 甲이 주주총회에서 4% 의결권을 모두 행사하였다면 그중에서 2%의 의결권 행사가 제한되고, 乙이 2%의 의결권을 행사하였다면 그중에서 0.5%의 의결권행사가 제한되며, 丙이 주주총회에 참석하지 아니하였다면 丙의 의결권 행사는 없는 것이 된다.

---

84) 같은 취지로 강희철/김성진/강권도, "주식 등의 대량보유보고의무 위반과 관련된 법적 쟁점," 「BFL」 제6호 (서울대 금융법센터, 2004), 79–80면 참조.

(4) 주주조합이 위임받은 의결권을 행사하는 경우

주권상장법인인 A회사의 소액주주들이 주주조합을 설립하고 소액주주들의 의결권을 위임받아 의결권을 행사하기로 한 사안에서, 소액주주들이 공동보유자에 해당하여 대량보유보고의무 위반 시에 주주조합의 의결권 행사가 제한되는가?

주주조합이 조합원인 소액주주들의 의결권을 위임받아 행사하기로 한 경우, 합의 또는 계약 등에 의하여 의결권을 공동으로 행사하는 행위를 할 것을 합의한 공동보유자에 해당되는지 여부와 관련하여, 구체적 사실관계에 따라 차이가 있을 수 있으나, 소액주주들이 다른 소액주주들과 의결권을 공동행사 할 목적으로 주주조합에 의결권을 위임하면서, 합의나 계약 등에 따라 의결권을 공동으로 행사하는 것에 합의한 경우라면 공동보유자에 해당하며(슈 141조②3) 주식등의 대량보유나 변동보유의무를 위반한 경우에는 그 위반분에 대해서는 의결권 행사가 제한된다.[85] '합의나 계약'은 반드시 계약서 등 서면에 의하여야 하는 것은 아니며, 구두의사의 합치가 있으면 충분하다.

주주조합의 경우에 위반분은 해당 주주조합에 소속된 주주들의 의결권 전체를 기준으로 할 것이다. 위에서 살펴본 甲, 乙, 丙이 각각 4%, 3%, 3%를 보유하는 공동보유자의 경우에는 甲, 乙, 丙의 생각이 다를 수 있으므로 안분하여 그 위반분에 대한 의결권을 제한하지만(안분설), 주주조합의 경우에는 의결권의 행사 여부나 방향을 주주조합의 대표자에게 위임하였으므로 조합 전체의 의결권을 1개의 단위로 간주해서 계산하는 것이 타당하기 때문이다(합산설).

2. 금융위원회의 처분명령

금융위원회는 보고의무 등 위반자에 대해서 6월 이내의 기간을 정하여 그 위반분의 처분을 명할 수 있다(150조①).

가. 처분명령의 대상

처분명령의 대상은 5%를 초과하는 부분 중 위반분이므로 6%를 신규로 취득한 경우에는 6% 전부가 아닌 1%만이 처분명령의 대상이고, 보유비율이 5% 이하로 변동한 경우의 변동보고의무 위반은 5%를 초과하는 부분이 없으므로 처분명령의 대상이 될 수 없다.[86] 주식등에 대한 처분명령은 대상자와 해당 주식등의 발행회사 대주주 간의 이해관계에 결정적인 영향을 미칠 수 있기 때문에 신중하게 운영되어야 한다.

나. 처분명령의 방법

금융위원회는 위반분에 대해 처분명령을 내릴 경우, 처분방법이나 기간 등 일정한 조건

---

85) 금융위 질의회신(2019.10.21.), '대량보유보고 위반에 따른 의결권 행사 제한여부에 대한 질의'.
86) 임재연, 자본시장법(2018), 650면.

을 부과하거나 특정인이 매수할 수 없도록 처분방법을 제한할 수도 있다.[87] 실제로 증권선물위원회는 2004년 2월 현대엘리베이터 경영권을 둘러싸고 ㈜KCC가 사모펀드를 통해 확보한 지분에 대해서, 대량보유 및 변동보고 의무 위반을 이유로 의결권 제한이 끝나는 2004. 5. 20.까지 거래소 시장에서 처분하되, 시간외 매매, 통정매매 등 특정인과의 약속에 의해 매매하는 방법을 금지함으로써 우호 세력에 매각하는 편법을 차단했다.[88]

공동보유자들에 대해서는 안분하여 처분명령을 해야 한다는 견해가 있으나, 안분비율에 상응하는 자신의 지분을 처분하였음에도 불구하고 다른 공동보유자들이 처분명령에 따르지 않으면 의무이행이 되지 않는다는 점 등을 고려하면 공동보유자 전체를 상대로 위반분에 대해서 처분명령을 하고,[89] 공동보유자 중에서 누가 처분을 하든지 위반분을 해소하면 된다고 볼 것이다.

다. 재취득금지의 여부

처분금지 명령은 재취득금지도 포함하는 취지라고 해석하는 견해[90]가 있으나, 법규상 명확한 금지조항이 없고 처분한 주식에 대해서 일률적으로 재취득이 금지된다고 해석하는 것은 재산권에 대한 과도한 규제로 보여질 수 있으므로 처분명령은 표현 그대로 처분을 명령하는 뜻이지 재취득을 금지하는 내용까지 포함되어 있다고 보기는 어렵다. 더 나아가 현행 법상으로는 매수금지명령은 허용되지 않는다는 견해[91]가 있으나, 재취득 금지가 필요하다고 판단하는 경우에는 처분명령과 별도로 '거래를 정지 또는 금지하는 명시적인 조치'(151조②)는 취할 수 있다고 본다.

3. 냉각기간 동안 추가취득의 금지 등
가. 법 제150조 제2항의 냉각기간

위에서 살펴본 법 제150조 제1항의 의결권행사 제한 및 처분명령제도는 보고의무를 위반한 경우에는 일정한 기간 동안 의결권 행사를 제한하고(슈158조) 금융위원회는 처분명령을 할 수 있도록 하고 있지만, 보고기간인 5일 이내까지는 보고없이도 추가로 취득할 수 있는 여지

87) 임재연, 자본시장법(2018), 650면.
88) 연합뉴스, "증선위, KCC 현대엘리베이터 지분 전량 처분 명령(종합)", 2004. 2. 11.자
89) 2008년 4월 2일, 증권선물위원회는 컨설팅업체인 DM파트너스와 그 대표이사가 보유한 한국석유공업 주식 20만9197주(31.93%) 가운데, 2007. 3. 22.부터 2007. 4. 5.까지의 기간 동안 매수한 한국석유공업 주식 98,232주 중 DM파트너스가 매수한 13,432주 및 그 대표이사가 매수한 52,040주 등 합계 65,472주를 거래소 시장 내(시간외 매매, 통정매매 등 특정인과 약속에 의하여 매매하는 방법 제외)에서 2008. 8. 25.까지 처분하도록 하였다. DM파트너스 등은 처분에 불복하여 법원에 소송을 제기하였으나, 서울행정법원은 원고들의 청구를 모두 기각하였다. 서울행정법원 2008.9.5., 2008구합23276 판결.
90) 강희철/김성진/강권도, "주식 등의 대량보유보고의무 위반과 관련된 법적 쟁점," 「BFL」 제6호(서울대 금융법센터, 2004), 83면.
91) 임재연, 자본시장법(2018), 650면.

가 있어서 대상회사의 경영진은 불안할 수밖에 없다.

법 제150조 제2항은 "주식등의 보유목적을 발행인의 경영권에 영향을 주기 위한 것으로 보고하는 자는 '그 보고하여야 할 사유가 발생한 날부터 보고한 날 이후 5일'까지는 그 발행인의 주식등을 추가로 취득하거나 보유 주식등에 대하여 그 의결권을 행사할 수 없다."고 규정함으로써, 경영권 취득을 목적으로 주식등을 취득하는 자에게 그 목적을 미리 공시하도록 하고, 대상회사의 경영진에게는 일정한 기간 동안 방어할 준비를 할 수 있도록 하고 있다. 즉, 법 제150조 제1항이 주식등의 대량보유나 변동보유 사실을 단순히 보고하도록 하는 것이라면, 법 제150조 제2항은 더 나아가 주식등의 대량보유자의 보고의무 위반 여부에 관계 없이, 주식등의 보유목적이 '경영권에 영향을 주기 위한 것'[92]이라면 '그 보고하여야 할 사유가 발생한 날부터 보고한 날 이후 5일까지'는 그 발행인의 주식등을 추가로 취득하거나 보유 주식등에 대하여 그 의결권을 행사할 수 없도록 함으로써 일종의 냉각기간을 부여하는 것이다.

주식등의 추가취득이 금지되거나 의결권행사가 제한되는 냉각기간은 '보고사유가 발생한 날부터 보고한 날 이후 5일까지'이다(150조②).[93] 예를 들어, 2018. 8. 16.(목)에 경영권에 영향을 줄 목적으로 9%의 지분을 매수하고 8. 20.(월)에 보고서를 제출한 경우, 냉각기간은 보고사유가 발생한 날인 2018. 8. 16.부터 시작하며 보고한 날인 8. 20.(월)부터 5일에 해당하는 8. 27(월)까지이다. 보고한 날(8.20), 토요일(8.25), 일요일(8.26)은 5일의 계산에 산입하지 않는다.

나. 변동보고와 냉각기간의 적용 여부

주식등의 보유목적을 발행인의 경영권에 영향을 주기 위한 것으로 보고하는 자는 냉각기간 동안 그 발행인의 주식등을 추가로 취득하거나 보유 주식등에 대하여 그 의결권을 행사할 수 없다(150조②). 즉, 냉각기간 동안에는 주식등을 추가로 취득할 수 없을 뿐만 아니라, 기존의 보유 주식등에 대해서도 의결권 행사가 제한된다. 이미 보유 중인 주식의 의결권 행사까지 제한하는 것은 재산권의 과도한 침해라는 비판이 있을 수 있으나, 냉각기간 제도는 경영권 방어의 어려움을 고려하여 설정된 조항이므로 합리적인 범위 내에서는 허용된다고 본다.

법 제150조 제2항은 "주식등의 보유목적을 발행인의 경영권에 영향을 주기 위한 것으로 보고하는 자"가 대상이므로, 대량보유사실의 신규보고뿐만 아니라 변동보고에 대해서도 적용된다. 따라서 5% 이상 주식의 보유목적을 단순투자로 보고한 자가 보유목적을 경영권에

---

92) 경영권에 영향을 주기 위한 것인지는 앞의 "Ⅲ.1.나.(2)보유목적" 참조.

93) 구 증권거래법 제200조의3 제2항(2005.1.17. 일부 개정)은 냉각기간의 기산일을 '보고일'로 규정하였으나, 보고기간 중에 주주총회가 개최되는 경우 의결권행사가 제한되지 않는다는 문제점이 지적되어, 자본시장법 제150조 제2항은 '보고하여야 할 사유가 발생한 날부터 보고한 날 이후'로 변경되었다.

영향을 주기 위한 것이라고 변경보고를 하는 경우에도 냉각기간이 적용된다. 그러나 경영권에 영향을 주기 위하여 주식을 취득하였다는 사실을 이미 보고하였고, 그에 따른 냉각기간이 경과한 후에 추가로 주식을 취득하면서 경영권에 영향을 주기 위한 목적으로 변동보고를 하는 경우에는 보유 주식등의 의결권행사가 제한되지 않는다. 대상회사의 경영진에게 충분한 경영권 방어의 시간을 주었다면 냉각기간이 지난 후에 변동보고가 이루어지는 경우에 대해서까지 또 다시 냉각기간을 적용할 필요가 없기 때문이다.[94]

냉각기간 중 주식등을 추가로 취득한 자는 그 추가 취득분에 대해 의결권을 행사할 수 없으며, 금융위원회는 6개월 이내의 기간을 정하여 그 추가 취득분의 처분을 명할 수 있다(150조③). 자세한 내용은 앞서 의결권행사 제한 및 처분명령 부분에서 설명하였다.

4. 형사상의 책임

가. 대량보유 보고서 등에 부실기재를 한 자

대량보유 보고서(147조), 정정보고서(152조②) 중 '대통령령으로 정하는 중요한 사항'에 관하여 거짓의 기재 또는 표시를 하거나 중요한 사항을 기재 또는 표시하지 아니한 자는 5년 이하의 징역 또는 2억원 이하의 벌금에 처한다(444조 18호).

나. 대량보유보고의무를 위반한 자

대량보유 보고의무(147조①), 변동보유 보고의무(147조③), 중대한 사항의 변경보유 보고의무(147조④)를 위반하여 보고하지 아니한 자는 3년 이하의 징역 또는 1억원 이하의 벌금에 처한다(445조 20호).

주식 등 대량보유·변동 보고의무 위반으로 인한 자본시장법 위반죄는 구성요건이 부작위에 의해서만 실현될 수 있는 진정부작위범에 해당한다. 판례는 주식 등 대량보유·변동 보고의무 위반으로 인한 자본시장법 위반죄의 공동정범은 그 의무가 수인에게 공통으로 부여되어 있는데도 수인이 공모하여 전원이 그 의무를 이행하지 않았을 때 성립한다고 하면서, 보고주체가 아닌 자는 공동정범이 될 수 없다고 한다.[95]

다. 주식처분명령 등을 위반한 자

의결권 제한 및 처분명령(145조) 등을 위반한 자는 1년 이하의 징역 또는 3천만원 이하의 벌금에 처한다(446조 26호).

---

94) 같은 취지로 금융감독원, 기업공시 실무안내(2020), 372면 참조.
95) 대판 2022.1.13., 2021도11110. 원심은 보고주체가 아닌 자라도 이에 가담한 자는 자본시장법위반죄의 죄책을 진다고 보았으나, 대법원은 진정부작위범임을 이유로 원심판결을 파기환송하였다.

의결권 대리행사의 권유 제한

I. 의의 및 취지

1. 상법상 의결권 대리행사의 원칙

"의결권 대리행사"란 주주총회에 주주가 직접 출석하지 아니하고 대리인을 통해 의결권을 행사하고 그것을 주주의 의결권 행사로 보는 것을 의미한다. 대리인은 대리권을 증명하는 위임장 등의 서면을 총회에 제출하여야 하며(商368조③), 위조나 변조 여부를 쉽게 식별할 수 있도록 위임장 원본을 제출하는 것이 원칙이다. 그러나 위임장 및 인감증명서가 사본이라 하더라도 주주가 소유주식 전부에 대한 의결권을 위임하였다는 사실이 충분히 증명되었거나,[96] 다른 방법으로 위임장의 진정성 내지 위임의 사실을 증명할 수 있다면 회사는 그 대리권을 부정할 수 없다.[97] 총회꾼 방지 등을 위해서 총회장의 질서를 유지하기 위한 조치를 취할 수 있지만 원칙적으로 대리인의 자격은 제한이 없다. 따라서 무능력자나 법인도 대리인이 될 수 있다.

2. 자본시장법상 의결권 대리행사 권유의 규제

주주는 대리인을 통해서 자신의 의결권을 행사할 수 있을 뿐만 아니라, 다른 주주에게 그 의결권의 행사를 자신에게 위임하도록 권유할 수도 있다. 실무상 의결권 대리행사의 권유는 회사나 대주주가 주주에게 주주총회의 소집통지와 함께 백지위임장을 송부하면서 다시 반송받는 형식으로 이루어지고, 이렇게 위임받은 의결권은 대부분 회사 또는 경영진의 의사에 따라서 행사되므로, 경영자의 회사지배 수단으로 악용되거나 주주총회가 형해화되는 문제가 생길 수 있다. 자본시장법은 주주의 의사를 제대로 반영하기 위하여 의결권 대리행사의 권유방식과 절차를 규제하고 있다(152조 내지 158조).

자본시장법상의 의결권 대리행사 권유 규제는 상장법인을 대상으로 한다(152조). 소수의

---

96) 대판 1995.2.28., 94다34579.
97) 대판 2009.4.23., 2005다22701, 22718.

주주가 존재하는 비상장회사에서는 의결권의 위임과 행사방법을 회사와 주주들의 자율적인 판단에 맡겨도 큰 문제는 없지만, 다수의 주주가 존재하는 상장법인에서는 의결권 대리행사의 방식에 따라서 총회의 결과에 차이가 생길 수 있기 때문이다. 이를 반영하여 자본시장법은 상장법인의 의결권의 대리행사 방법과 절차를 규정하고, 의결권의 대리행사 권유행위에 대해서는 "대통령령으로 정하는 방법에 따라 위임장 용지 및 참고서류를 교부"하도록 하고 있다(152조~158조). 이에 위반하는 경우에는 법 제445조 제21호에 따라 3년 이하의 징역 내지 1억원 이하의 벌금형에 처해질 수 있다.

Ⅱ. 권유행위의 요건

①상장주권(그 상장주권과 관련된 증권예탁증권을 포함한다)의 ②의결권 대리행사의 권유를 하고자 하는 자("의결권권유자")는 그 권유에 있어서 그 상대방("의결권피권유자")에게 ③대통령령으로 정하는 방법에 따라 위임장 용지 및 참고서류를 교부하여야 한다(152조①). 아래에서는 의결권 대리행사의 요건을 살펴본다.

1. 권유자와 피권유자

"의결권권유자"는 상장주권(그 상장주권과 관련된 증권예탁증권을 포함한다)의 의결권 대리행사를 권유하고자 하는 자이다(152조①). 주주총회에 참석하여 의결권을 행사할 수 있는 자는 누구든지 의결권 대리행사를 권유할 수 있다. 다만, 국가기간산업 등 국민경제상 중요한 산업을 영위하는 법인으로서 대통령령으로 정하는 상장법인("공공적 법인")의 경우에는 그 공공적 법인만이 의결권 대리행사의 권유를 할 수 있다(152조③, 슈162조).[98]

"의결권피권유자"는 의결권 권유에 있어서 그 상대방을 말한다(152조①). 보통은 해당 회사의 의결권 있는 주식을 가진 주주가 대상일 것이나, 주주를 대리하여 의결권을 행사할 권한이 있다면 의결권 피권유자가 될 수 있다. 일부 주주만을 대상으로 하여서 의결권 대리행사를 권유하는 것이 허용되는가? 회사가 아닌 자가 의결권 대리행사를 권유하는 경우에는 일부주주만을 상대로 하는 것이 허용되지만, 회사가 권유하는 경우에는 주주평등의 원칙상 일부주주에게만 권유하는 것은 허용되지 않는다.[99]

2. 권유대상주식

의결권 대리행사의 권유대상 주식은 의결권 피권유자가 소유하는 상장주권(그 상장주권과

---

98) 현재 공공적 법인은 한국전력(주)만 지정되어 있다.
99) 변제호 외 5인, 자본시장법(2015), 514면.

관련된 증권예탁증권을 포함한다)이다. 주주를 대리하여 의결권을 행사하는 자가 있는 경우에는 그 자가 의결권을 대리하여 행사하는 상장주권이다.

3. 의결권 대리행사의 권유행위

가. 의결권 대리행사의 권유에 해당하는 경우

자본시장법상 "의결권 대리행사의 권유"란 다음 각 호의 어느 하나에 해당하는 행위를 말한다(152조②본문).

1. 자기 또는 제3자에게 의결권의 행사를 대리시키도록 권유하는 행위(152조②1호)

   제1호는 자기(의결권 권유자 본인) 또는 제3자를 대리인으로 정해서 의결권 행사를 위임할 것을 권유하는 행위인데, 가장 전형적인 권유행위로 그 해석에 어려움은 없어 보인다.

2. 의결권 행사 또는 불행사를 요구하거나 의결권 위임의 철회를 요구하는 행위(2호)

   제2호는 주주총회의 안건에 대해서 찬성, 반대 또는 기권을 요구하거나, 제3자에게 위임한 의결권의 위임 철회를 요구하는 행위이다. 엄밀하게는 자기 또는 제3자에게 의결권의 행사를 위임하여 줄 것을 권유하는 행위는 아니지만 입법 목적상 의결권 대리행사 권유로 보아 규제 대상에 포함시킨 것이다.

   이와 관련하여 주주들 사이에서 안건에 대한 의견표명이나 토론이 이루어지는 경우에 어디까지가 제2호의 행위에 해당하는지 명확하지가 않다. 생각건대, 단순한 주주들 사이의 의견 교환 또는 정보제공 행위는 의결권 대리행사의 권유 행위에 포함되지 않지만, 어떠한 목적성을 가지고 지속적이고 계획적으로 집요하게 의견표명이 이루어지는 경우는 제2호의 "의결권의 행사 또는 불행사를 요구하거나 의결권 위임의 철회를 요구하는 행위"로 보여질 가능성을 배제할 수 없다. 예를 들어, 특정 이사후보자의 선임 안건에 반대할 목적으로 인터넷 카페를 개설하여 해당 이사후보자에 대한 부정적인 자료들을 게시하고, 방문하는 주주들에게 반대 의견의 결집을 유도하며, 방문자 숫자의 증가 등을 계속하여 업데이트하는 행위는 제2호에 해당할 수 있다.

3. 의결권의 확보 또는 그 취소 등을 목적으로 주주에게 위임장 용지를 송부하거나, 그 밖의 방법으로 의견을 제시하는 행위(3호)

   주주에게 위임장 용지를 송부하는 행위가 제3호에 포함되는 것은 분명하다. 그런데 제3호 후단의 "그 밖의 방법으로 의견을 제시하는 행위"는 그 의미가 명확하지 않으므로 금융위원회의 유권해석을 받는 것이 안전할 것이다.

나. 의결권 대리행사의 권유로 보지 아니하는 경우

자본시장법은 의결권피권유자의 수 등을 고려하여 다음 각 호의 어느 하나에 해당하는 경우에는 의결권 대리행사의 권유로 보지 아니한다(152조②단서, 令161조).

1. 해당 상장주권의 발행인(그 특별관계자를 포함한다)과 그 임원(그 특별관계자를 포함한다) 외의 자가 10인 미만의 의결권 피권유자에게 그 주식의 의결권 대리행사의 권유를 하는 경우(令161조1호)

   의결권 피권유자가 적은 경우에는 의결권 대리행사 권유의 규제대상에서 제외해도 문제될 소지가 적다고 보았기 때문이다. 그러나 발행회사와 임원은 주주 중 1인에게 의결권 대리행사 권유를 한다 하더라도 법 제152조에 따라 권유행위를 하여야 한다.

2. 신탁, 그 밖의 법률관계에 의하여 타인의 명의로 주식을 소유하는 자가 그 타인에게 해당 주식의 의결권 대리행사의 권유를 하는 경우(2호)

   실제 주식의 소유자이나 타인 명의로 되어 있어서 타인을 통해서만 의결권을 행사할 수 있는 경우에는 실질관계를 반영하여 제외하고 있다.

3. 신문·방송·잡지 등 불특정 다수인에 대한 광고를 통하여 법 제152조 제2항 각 호의 어느 하나에 해당하는 행위를 하는 경우로서 그 광고내용에 해당 상장주권의 발행인의 명칭, 광고의 이유, 주주총회의 목적사항과 위임장 용지, 참고서류를 제공하는 장소만을 표시하는 경우(3호)

   제3호는 규제의 대상인 제152조 제2항 각 호의 어느 하나에 해당하는 의결권 대리행사 권유 행위를 전제하고 있다. 즉, 신문·방송 등의 광고는 법 제152조 각 호의 의결권 대리행사의 권유행위를 널리 알리기 위한 수단에 불과하므로 규제대상에서 제외하더라도 "법 제152조 각 호의 의결권 대리행사의 권유행위"에 해당하여 규제할 수 있기 때문이다.

Ⅲ. 위임장과 참고서류

위에서 살펴본 의결권 대리행사의 권유행위에 해당하는 경우, 의결권권유자는 의결권피권유자에게 대통령령으로 정하는 방법에 따라 위임장 용지 및 참고서류를 작성한 후에 교부하여야 한다(152조①).

1. 기재사항

가. 위임장 용지의 기재사항

위임장 용지는 주주총회의 목적사항 각 항목에 대하여 의결권피권유자가 찬반(贊反)을 명기할 수 있도록 하여야 하고(152조④),[100] 주주의 의사를 명확하게 확인할 수 있도록 의결권

---

100) 허위나 부정확한 사실로 주주들을 오인하게 하는 부당권유행위를 방지하고 미리 찬반 여부를 명기하여

피권유자가 다음 각 호의 사항에 대하여 명확하게 기재할 수 있도록 작성되어야 한다(152조 ⑥, 슈163조①).

1. 의결권을 대리행사하도록 위임한다는 내용(슈163조①1호)
2. 의결권권유자 등 의결권을 위임받는 자(2호)
3. 의결권피권유자가 소유하고 있는 의결권 있는 주식 수(3호)
4. 위임할 주식 수(4호)
5. 주주총회의 각 목적사항과 목적사항별 찬반(贊反) 여부(5호)

   제5호는 주주총회의 목적사항이 여럿일 경우에, 주주는 일부 목적사항에 대해서는 찬성하고 다른 목적사항에 대해서는 반대할 수 있으며, 또는 일부 목적사항에 한정해서 표결할 수 있으므로 각 목적사항별로 분리해서 찬반 여부를 명기할 수 있도록 한 것이다.

6. 주주총회 회의시 새로 상정된 안건이나 변경 또는 수정 안건에 대한 의결권 행사 위임 여부와 위임 내용(6호)
7. 위임일자와 위임시간(7호)
8. 위임인의 성명과 주민등록번호(법인인 경우에는 명칭과 사업자등록번호를 말한다)(8호)

의결권권유자는 위임장 용지에 나타난 의결권피권유자의 의사에 반하여 의결권을 행사할 수 없다(152조⑤).

나. 참고서류의 기재사항

참고서류는 의결권권유자가 피권유자에게 의결권 대리행사 권유에 응할지 여부와 주주총회의 목적사항에 대하여 찬반 여부를 판단함에 있어 필요한 정보를 제공하기 위하여 제공하는 서류이며, 다음 각 호의 사항이 기재되어야 한다(152조①, 슈163조②).

1. 의결권 대리행사의 권유에 관한 다음 각 목의 사항(슈163조②1호)

   가. 의결권권유자의 성명이나 명칭, 의결권권유자가 소유하고 있는 주식의 종류 및 수와 그 특별관계자가 소유하고 있는 주식의 종류 및 수

   나. 의결권권유자의 대리인의 성명, 그 대리인이 소유하고 있는 주식의 종류 및 수

   다. 의결권권유자 및 그 대리인과 해당 주권상장법인과의 관계

2. 주주총회의 목적사항(2호)
3. 의결권 대리행사의 권유를 하는 취지(3호)

위임장을 받게 함으로써 일부 대리인들이 자의적으로 모은 의결권을 개인적인 이해관계에 따라 행사하는 것을 방지하기 위한 것이다.

2. 교부방법

가. 직접교부, 우편, 전자우편 등

의결권권유자는 의결권피권유자에게 위임장 용지 및 참고서류를 다음 각 호의 어느 하나에 해당하는 방법에 따라 의결권 대리행사의 권유 이전이나 그 권유와 동시에 의결권피권유자에게 교부하여야 한다(152조①단서, 슈160조).

1. 의결권권유자가 의결권피권유자에게 직접 내어주는 방법(슈160조1호)
2. 우편 또는 모사전송에 의한 방법(2호)
3. 전자우편을 통한 방법(3호)

   의결권피권유자가 전자우편을 통하여 위임장 용지 및 참고서류를 받는다는 의사표시를 한 경우만 해당한다.
4. 주주총회 소집통지와 함께 보내는 방법(4호)

   의결권권유자가 해당 상장주권의 발행인인 경우만 해당한다.
5. 인터넷 홈페이지를 이용하는 방법(5호)

나. 발행인을 통한 위임장 용지의 송부

발행인이 의결권 권유행위를 할 때에는 보통 주주총회 소집통지서에 위임장 용지와 참고서류를 동봉하여 보내지만, 발행인이 아닌 의결권권유자는 발행회사로부터 주주명부를 받기 전까지는 이러한 형태의 권유가 불가능하므로, 법 제152조의2는 발행인이 아닌 의결권권유자가 위임장 교부를 쉽게 할 수 있는 길을 열어두고 있다.

발행인이 아닌 의결권권유자는 발행인이 의결권 대리행사의 권유를 하는 경우에는 그 발행인에 대하여 다음 각 호의 행위를 할 것을 요구할 수 있다(152조의2①).

1. 발행인이 아닌 의결권권유자에 대하여 주주명부의 열람·등사를 허용하는 행위(152조의2①1호)
2. 발행인이 아닌 의결권권유자를 위하여 그 의결권권유자의 비용으로 위임장 용지 및 참고서류를 주주에게 송부하는 행위(2호)

위와 같은 요청은 발행인이 의결권 행사를 권유하는 경우에만 가능하다. 법 제152조의2 제1항은 "발행인이 의결권 대리행사를 권유하는 경우에는 그 발행인에 대해서 다음 각 호의 행위를 할 것을 요구할 수 있다."고 규정하고 있기 때문이다. 발행인은 제1항에 따라 주주명부의 열람·등사 등의 요구를 받은 경우에는 요구받은 날부터 2일 이내에 이에 응하여야 한다(152조의2②).

3. 비치 및 열람

의결권권유자는 위임장 용지 및 참고서류를 의결권피권유자에게 제공하는 날 '2일 전까지' 이를 금융위원회와 거래소에 제출하여야 하며, '총리령으로 정하는 장소'[101)에 이를 비치하고 일반인이 열람할 수 있도록 하여야 한다(153조).

의결권피권유자에게 제공하는 날 2일 전까지 금융위원회와 거래소에 제출하여야 하는데, 이는 금융위원회 등이 사전에 심사할 시간과 제3자가 의견을 제출할 시간을 가지게 하기 위한 기간이다. 제출기간인 2일을 산정함에 있어서는 공휴일, 근로자의 날, 토요일은 산입하지 아니한다(令164조, 153조①).

4. 발행회사의 의견표명

의결권 대리행사의 권유가 있는 경우에 발행인은 찬성이든 반대이든 여러 가지의 형태로 의견을 표명하는 데, 이 과정에서 허위 또는 과장이 있거나 중요한 사실 등이 누락될 수 있고, 그러한 내용은 의결권피권유자에게 커다란 영향을 미칠 수 있다. 이를 고려하여 법 제155조는 발행인이 의결권 대리행사의 권유에 대하여 의견을 표명한 경우에는 그 내용을 기재한 서면을 지체없이 금융위원회와 거래소에 제출하도록 하고 있다. 특이한 것은 의결권 대리행사에 관한 의견 표명은 발행회사뿐만 아니라 제3자에 의해서도 이루어질 수 있는데, 법 제155조는 발행회사에 대해서만 의견을 표명하였을 때 그 내용을 기재한 서면을 제출하도록 한정하고 있다. 정보를 가진 발행회사가 부당하게 의견을 표명할 경우에 주주들에게 미치는 영향이 더 클 수 있음을 고려한 것으로 보인다.

Ⅳ. 의결권의 행사 등

1. 주주의 지시에 반하는 의결권 행사의 금지

의결권 권유자는 위임장 용지에 나타난 의결권 피권유자의 의사에 반하여 의결권을 행사할 수 없다(152조⑤). 그렇다면 주주의 지시에 반하여 의결권을 행사한 경우에 그 의결권 행사의 효력은 어떠한가?

위임자의 의사에 반한 의결권의 행사는 결의방법의 하자로서 주주총회결의 취소사유에 해당한다는 견해[102)가 있으나, 법 제152조 제5항은 효력규정이 아니라 단속규정이므로 의결

---

101) 법 제153조에서 "총리령으로 정하는 장소"란 ① 주권상장법인의 본점과 지점, 그 밖의 영업소 ② 법 제365조 제1항에 따라 등록한 명의개서대행회사 ③ 금융위원회 ④ 거래소의 장소를 말한다(規則18조).
102) 김택주, 자본시장법(2015), 557면.

권을 위임받은 자가 주주의 지시에 반하여 의결권을 행사하더라도 당사자간 위임계약의 위반으로 인한 민사책임의 문제만 발생할 뿐 그 의결권 행사는 유효하고 주주총회 결의의 효력에도 영향이 없다고 볼 것이다.[103]

그러나 회사 또는 경영권을 가진 대주주가 의결권 권유자인 경우에는 달리 보아야 한다. 회사 또는 경영권을 가진 대주주가 의결권을 위임하는 주주의 의사를 잘 알고 있었음에도 그에 반하여 의결권을 행사하였다면, 이는 이사의 선관주의의무, 충실의무 등에 위반한 것일 뿐만 아니라 주주총회 결의의 절차가 법령이나 정관에 위반한 것으로서 그 의결권의 행사에는 하자가 있다고 볼 것이므로 주주총회 결의의 취소사유가 된다. 만일 그 사유가 중대하다면 주주총회 결의의 내용이 법 제152조의 의결권 대리행사의 권유 규정에 위반한 것으로 보아서 주주총회결의 무효의 사유가 될 수 있다고 본다.

2. 정당한 위임장 용지 등의 사용

의결권권유자는 위임장 용지 및 참고서류 중 의결권피권유자의 의결권 위임 여부 판단에 중대한 영향을 미칠 수 있는 사항("의결권 위임 관련 중요사항")에 관하여 거짓의 기재 또는 표시를 하거나 의결권 위임 관련 중요사항의 기재 또는 표시를 누락하여서는 아니 된다(154조). 의결권 위임 관련 중요사항에 대한 허위기재 또는 기재누락에 의하여 잘못된 판단이 이루어지는 것을 방지하기 위한 것이다.

부실기재된 위임장 용지나 참고서류를 사용하여 얻은 위임장을 사용하여 주주총회 결의가 통과된 경우 그러한 주주총회 결의는 유효한가? 잘못된 정보가 주주들의 의결권 행사와 주주총회 결의에 영향을 미친 정도가 모두 다를 것이므로 일률적으로 판단하기는 어렵지만, 적어도 위임장 용지나 참고서류의 하자가 명백하고 그로 인하여 주주총회의 결의에 영향을 미쳤다고 볼 사정이 있다면, 주주총회의 결의절차가 법령이나 정관에 위반한 것으로써 주주총회 결의취소의 사유에 해당한다고 볼 것이다.

3. 위임장의 진정성 여부 확인 방법

주주총회에는 다수의 주주와 그 대리인이 참석하므로 주주의 의사에 따라 위임장이 작성된 것인지를 확인하는 것은 매우 중요하다. 위임장의 위·변조 의심이 있다고 하면서 의결권 행사를 거부하는 경우 소송 등을 통하여 다투어야 하지만 이는 시간이 많이 걸리는 절차이므로 위임장 심사가 공정하게 이루어지는 것이 중요하다.

의결권을 위임받은 대리인은 위임장 등 대리권을 증명하는 서면을 총회에 제출하는데(商 368조②), 제출되는 위임장은 위조나 변조 여부를 쉽게 식별할 수 있도록 원본이 필요하지만,

---

103) 김용재, 자본시장과 법(2016), 488면; 변제호 외 5, 자본시장법(2015), 515면.

위임장 및 인감증명서가 모두 사본이라도 주주가 소유주식 전부에 대한 의결권을 위임하였다는 사실이 충분히 증명되었거나,[104] 또는 주주 또는 대리인이 다른 방법으로 위임장의 진정성 내지 위임의 사실을 증명할 수 있다면 회사는 그 대리권을 부정할 수 없다.[105]

위임장 경쟁이 치열한 경우에는 중복하여 위임을 하는 상황도 생길 수 있다. 이를 염두에 두고 위임장 권유자들은 중복 위임장이 있을 경우 자신에게 유리하게 해석될 수 있도록 위임장에 여러 가지 장치를 해 두는 것이 일반적이다. 대표적인 사례가 자신이 받은 위임장이 가장 최근에 받은 위임장이라고 주장하면서 위임장 작성일자를 주주총회 전일 또는 주주총회일로 기재하고, "이 위임장 작성 이전에 위임한 의결권은 이 위임장을 작성함으로써 철회하고 그러한 철회의 의사표시를 할 수 있는 권한도 수임인에게 위임합니다."라는 문구를 기재하는 것이다. 이론상으로는 가장 최근에 작성된 위임장에 따르는 것이 타당하지만, 위임장 작성 일자가 조작될 가능성이 높기 때문에 실무적으로는 콜센터를 설치하여 주주들에게 일일이 전화를 해서 확인을 하고 확인이 되지 않는 경우에는 둘 다 무효로 처리하는 사례도 많다고 한다.[106]

4. 수정안에 대한 의결권 여부

의결권권유자는 위임장 용지에 나타난 의결권피권유자의 의사에 반하여 의결권을 행사할 수 없다(152조⑤). 그렇다면 원래의 제안과는 다른 수정안이 주주총회 현장에서 발의된 경우에는 어떻게 처리할 것인가? 백지 위임을 허용하지 않는 법 제152조의 취지상 수정안에 대한 의결권 행사는 부정하는 것이 타당하다. 예를 들어, 이익배당안을 승인하는 안건에서 다른 배당률을 제안하는 안건이 현장에서 제안된 경우, 원안에 찬성하는 것으로 위임장을 받은 경우에는 수정안에는 반대하는 것으로 의결권이 행사되어야 한다. 위임의 취지를 벗어난 것이기 때문이다. 원안에 반대하는 위임장을 받았으나 수정안이 제시된 경우에도 의결권의 행사를 부정하는 것이 타당하다.

수정안이 제안되는 경우를 상정하여 그에 대하여 의결권을 미리 위임받은 경우에는 의결권을 행사할 수 있다. 이 경우는 위임인의 의사와 합치하기 때문이다.

부수적인 절차 등 주주의 이해관계와 직접적인 관련이 없는 안건을 변경하는 상황이라면 수임인에게 찬반 여부가 재량으로 허용된다고 볼 것이다.

---

104) 대판 1995.2.28., 94다34579.

105) 대판 2009.4.23., 2005다22701,22718.

106) 2004. 3.경 개최된 현대엘리베이터의 주주총회에서 현대상선과 KCC측의 경영권 다툼에서 의결권 위임 경쟁이 이루어졌는데, 소액주주 위임장은 현대상선측 약 68만주, KCC측 약 40만주로 집계됐으나 중복 30만주는 무효처리됐다. 매일경제, '현정은회장 경영권 분쟁 승리후 과제', 2004. 3. 30.자.

V. 위반행위에 대한 책임

1. 금융위원회의 조치 등

금융위원회는 위임장용지 등이 형식을 제대로 갖추지 아니하였거나 또는 거짓의 기재 또는 표시가 있거나 의결권 위임 관련 중요사항이 기재 또는 표시되지 아니한 경우에는 위임장용지 및 참고서류를 정정하여 제출할 것을 요구할 수 있다(156조①).

금융위원회와 거래소는 제152조에 따른 위임장용지 및 참고서류, 제155조에 따른 서면 및 제156조에 따른 정정내용을 그 접수일부터 3년간 비치하고, 인터넷 홈페이지 등을 이용하여 공시하여야 한다(157조). 정보의 접근성과 향후 분쟁 가능성에 대비한 것이다.

2. 민사상의 책임

의결권 대리행사 권유방식에 위반한 경우에 그로 인한 주주총회결의의 효력은 어떠한가?

다양한 상황이 있으므로 일률적으로 말하기는 어렵지만, ① 주주의 지시에 반하는 의결권 행사, ② 정당한 위임장 용지를 사용하지 않은 경우 등의 효력에 대해서는 앞의 "Ⅳ. 의결권의 행사 등"에서 살펴보았다.

의결권권유자가 위임자인 주주의 의사에 반하여 의결권을 행사한 경우에는 채무불이행 또는 불법행위에 해당하므로 손해배상책임을 부담한다.

3. 형사상의 책임

가. 위임장 용지 등에 부실기재를 한 자

위임장 용지 및 참고서류 또는 정정서류 중 의결권피권유자의 의결권 위임 여부 판단에 중대한 영향을 미칠 수 있는 사항에 관하여 거짓의 기재 또는 표시를 하거나 의결권 위임 관련 중요사항을 기재 또는 표시하지 아니한 자는 5년 이하의 징역 또는 2억원 이하의 벌금에 처할 수 있다(444조19호).

나. 의결권 대리행사 권유방식을 위반한 자

의결권 대리행사의 권유방식을 위반하여 의결권 대리행사의 권유를 한 자는 3년 이하의 징역 또는 1억원 이하의 벌금에 처할 수 있다(445조21호).

다. 정정서류의 제출의무를 위반한 자

투자자보호를 위하여 위임장 용지 등에 기재된 내용을 반드시 정정할 필요가 있음에도 이에 위반하여 정정서류를 제출하지 아니한 자는 1년 이하의 징역 또는 3천만원 이하의 벌금에 처할 수 있다(446조27호).

합병 등에 대한 규제

I. 합병의 자유와 제한

"회사의 합병(合倂)"이란 '2개 이상의 회사가 상법의 절차에 따라 청산절차를 거치지 않고 하나의 회사로 합동하는 것'을 말한다. 합병 이후의 존속회사 또는 합병으로 인한 신설회사는 소멸회사의 재산·조직·영업 등의 권리의무를 포괄적으로 승계한다.

회사는 합병을 할 수 있다(商174조①). 즉, 회사는 어떤 종류의 회사와도 합병할 수 있으며 인적회사와 물적회사간에도 합병이 가능하다. 다만, 합병을 하는 회사의 일방 또는 쌍방이 주식회사, 유한회사 또는 유한책임회사인 경우에는 합병 후 존속하는 회사나 합병으로 설립되는 회사는 주식회사, 유한회사 또는 유한책임회사이어야 하는 등 상법상의 제한이 있고(商174조②), 금융기관이 합병 또는 전환을 위해서는 금융산업구조개선법상 금융위원회의 인가가 필요하며(금산법4조①), 공정거래법상 일정한 거래분야에서 경쟁을 실질적으로 제한하는 합병은 금지된다(公正7조).

II. 주권상장법인의 합병 등의 특례

자본시장법은 주권상장법인이 다른 법인과의 합병, 분할 또는 분할합병 등을 하는 경우에는 투자자 보호 등을 위하여 합병가액 또는 합병요건 등을 규정하고 있다(165조의4).

1. 합병가액

주권상장법인이 다른 법인과 합병하려는 경우에는 다음 각 호의 방법에 따라 산정한 합병가액에 따라야 한다(令176조의5①).

가. 주권상장법인 간의 합병가액

주권상장법인 간에 합병을 하는 경우에는 합병을 위한 '이사회 결의일'과 '합병계약을 체결한 날' 중 앞서는 날의 전일을 기산일로 한 다음 각 목의 종가(증권시장에서 성립된 최종가격을 말한다)를 산술평균한 가액("기준시가")을 기준으로 100분의 30(계열회사 간 합병의 경우에는 100분의 10)의 범위에서 할인 또는 할증한 가액을 합병가액으로 산정하여야 한다. 이 경우 가목 및 나목의 평균종가는 종가를 거래량으로 가중산술평균하여 산정한다(슈176조의5①1호).

> 가. 최근 1개월간 평균종가. 다만, 산정대상기간 중에 배당락 또는 권리락이 있는 경우로서 배당락 또는 권리락이 있은 날부터 기산일까지의 기간이 7일 이상인 경우에는 그 기간의 평균종가로 한다.
>
> 나. 최근 1주일간 평균종가
>
> 다. 최근일의 종가

나. 주권상장법인과 주권비상장법인 간의 합병가액

주권상장법인(코넥스시장에 주권이 상장된 법인은 제외한다)과 주권비상장법인 간 합병의 경우에는 다음 각 목의 기준에 따라 산정한 가격으로 합병가액을 정한다(슈176조의5①2호).

> 가. 주권상장법인의 경우에는 제1호의 가격. 다만, 제1호의 가격이 자산가치에 미달하는 경우에는 자산가치로 할 수 있다(슈176조의5①2호가목).
>
> 나. 주권비상장법인의 경우에는 자산가치와 수익가치를 가중산술평균한 가액(나목)
> 제1항 제2호 나목에 따른 가격으로 산정하는 경우에는 금융위원회가 정하여 고시하는 방법에 따라 산정한 유사한 업종을 영위하는 법인의 가치("상대가치")를 비교하여 공시하여야 하며, 같은 호 각 목에 따른 자산가치·수익가치 및 그 가중산술평균방법과 상대가치의 공시방법은 금융위원회가 정하여 고시한다(슈176조의5②).

2. 기업인수목적회사의 합병가액

주권상장법인인 기업인수목적회사(SPC)가 다른 법인과 합병하여 그 합병법인이 주권상장법인이 되려는 경우에는 다음 각 호의 기준에 따른 가액으로 합병가액을 산정할 수 있다(슈176조의5③).

> 1. 주권상장법인인 기업인수목적회사(SPC)의 경우 : 제1항제1호에 따른 가액(슈176조의5③1호)
>
> 2. 기업인수목적회사(SPC)와 합병하는 다른 법인의 경우 : 다음 각 목의 구분에 따른 가액(2호)
>
> 가. 다른 법인이 주권상장법인인 경우: 제1항제1호에 따른 가격. 다만, 이를 산정할 수 없는 경우에는 제1항 각 호 외의 부분 후단을 준용한다.
>
> 나. 다른 법인이 주권비상장법인인 경우: 기업인수목적회사와 협의하여 정하는 가액

3. 주권비상장법인과의 합병요건 등

주권상장법인이 주권비상장법인과 합병하여 주권상장법인이 되는 경우에는 다음 각 호의 요건을 충족해야 한다(슈176조의5④).

1. 삭제

2. 합병의 당사자가 되는 주권상장법인이 법 제161조제1항에 따라 주요사항보고서를 제출하는 날이 속하는 사업연도의 직전사업연도의 재무제표를 기준으로 자산총액·자본금 및 매출액 중 두 가지 이상이 그 주권상장법인보다 더 큰 주권비상장법인이 다음 각 목의 요건을 충족할 것(슈176조의5④2호)

가. 법 제390조에 따른 증권상장규정("상장규정")에서 정하는 재무 등의 요건

나. 감사의견, 소송 계류, 그 밖에 공정한 합병을 위하여 필요한 사항에 관하여 상장규정에서 정하는 요건

제7장

불공정거래의 규제

내부자거래 등

내부자거래를 비롯한 '불공정거래의 규제'는 '공시규제'와 더불어 자본시장 규제에서 가장 중요한 양대 축이다. 제7장에서는 내부자거래, 시세조종, 부정거래행위의 금지 등 자본시장법상 불공정거래의 규제를 살펴본다.

I. 총설

1. 자본시장법상 불공정거래의 규제체계

사용가치가 중요하고 그 내용을 직관적으로 알 수 있는 일반상품과 달리, 증권을 비롯한 금융투자상품은 외형이나 문언만으로는 그 가치나 효용을 알기 어렵다. 금융투자상품의 복잡한 성격 때문에 금융투자상품에 대한 이해의 정도와 정보의 수준은 투자자에 따라 차이가 있을 수밖에 없으나 정보의 불균형으로 인하여 금융투자상품거래의 공정성이 훼손되어서는 아니되고, 회사의 내부정보를 이용하거나 금융투자상품의 시세를 조정하는 등 불공정거래행위로 인하여 투자자가 피해를 입어서도 아니되므로, 감독기관이 개입하여 공정한 거래의 장을 만들어 줄 필요성이 있다.

자본시장법은 금융투자상품의 공정한 거래를 위해서 ①증권의 발행 시에는 증권신고서를 제출하고(☞ 제4장 발행시장의 규제 참조), ②증권의 유통 시에는 사업보고서의 공시 등을 통해서 증권 발행회사의 사업성과를 밝히며(☞ 제5장 유통시장과 공시규제, 제6장 기업의 인수합병 규제 참조), ③그 밖에 미공개중요정보를 이용한 거래, 시세조종행위, 사기적인 부정거래행위를 광범위하고 엄격하게 금지하고 있다. ①과 ②에 대해서는 이 책의 제4장 내지 제6장에서 살펴보았고, ③에 대해서는 제7장 불공정거래의 규제에서 살펴본다.

자본시장법은 구 증권거래법 등 각 업법에 산재하여 있던 불공정거래에 관련된 규정들을 '자본시장법 제4편 불공정거래의 규제'로 통합하여 독립적으로 편제하였다. 자본시장법 제4편은 제1장 내부자거래 등, 제2장 시세조종 등, 제3장 부정거래행위 등 3개의 부분으로 구성되어 있다.

2. 내부자거래의 규제이론

가. 규제의 필요성

"내부자거래(insider trading)"는 회사의 내부자가 일반인에게 공개되지 아니한 중요한 정보를 이용하여 해당 회사의 주식 등을 거래하는 행위를 말한다. 과거에는 완전경쟁시장을 상정하고 내부정보를 포함하여 다양하고 폭넓은 정보가 반영되면 정확한 시장가격이 형성될 것이라는 생각에서 내부자거래의 규제 자체를 반대하는 입장도 있었으나, 완전경쟁시장은 현실적으로 상정하기 어려워 받아들이기 어렵다. 미공개 내부정보를 이용한 거래는 자본시장의 공정성을 훼손하고, 투자자의 이익을 해치며, 효율적이고 강건한 자본시장의 형성에 장애가 되므로 엄격하게 규제하는 것이 타당하다.

나. 미국판례상의 내부자거래의 규제이론

내부자거래의 규제의 법리는 미국의 판례법을 통해서 발전하였다. 처음에는 주요주주·임직원 등의 지분보유 내역 공시, 단기매매차익 반환, 공매도 금지 규정(SEA of 1934 §16)[1]등을 통해서 간접적으로 대응하다가, 내부정보의 이용이 계속하여 논란이 되자 형사처벌과 더불어 민사상의 손해배상책임을 강력하게 추궁하기 시작하였다. 미국의 법원 및 감독기관은 내부자거래 규제의 법적 근거로 1934년 증권거래법 제10조(b)[2] 및 그 하위규정인 SEC Rule 10b-5[3][4]를 이용하고 있으며, 이에 대한 판례를 통해서 내부자거래의 규제 이론이 정립되었다.

(1) 정보평등이론

"정보평등이론(parity of information)"은 증권거래에 영향을 미치는 중요한 회사정보는 모든 투자자가 평등하게 접근할 수 있어야 하고, 누구든지 중요한 미공개 내부정보를 보유한 자

---

1) 1934년 증권거래법 제16조는 이사, 임원 및 주요주주(10% 이상 지분)의 보고의무(§16(a)), 단기매매차익반환의무(§16(b)), 증권의 공매도 금지(§16(c)) 등을 내용으로 하고 있다.

2) SEA of 1934 §10 Regulation of the Use of Manipulation and Deceptive Devices. "누구든지 직접 또는 간접으로 주간통상의 방법이나 수단, 우편 또는 전국증권거래소의 시설을 이용하여 다음에 열거하는 행위를 하는 것은 위법이다"고 하면서, 모든 증권의 매수 또는 매도와 관련한 사기행위를 포괄적으로 금지하고 있다. 매매주체가 누구인지, 등록증권인지, 공개회사인지 등의 여부에 관계없이 모든 증권거래에 적용되고, 적용이 면제되는 예외가 없으므로 대부분의 증권관계소송에서 근거법규로 적용된다.

3) SEC Rule 10b-5(시세조종 및 사기적 수단의 사용금지) 누구든지, 직접 혹은 간접적으로, 주간거래(州間去來) 혹은 우편의 수단, 전국적인 증권거래기관 혹은 어떠한 수단을 사용을 통하든지 간에, 증권의 매수 또는 매도와 관련하여 ① 어떠한 사기적 수단, 계략 혹은 술책을 이용하는 행위, ② 중요한 사항에 관하여 허위로 진술하거나, 또는 그 당시의 상황에 비추어 오해를 유발하지 않도록 하기 위하여 표시하여야 할 중요한 사항의 진술을 누락하는 행위, ③ 다른 사람에게 사기 또는 기만이 되거나 될 수 있는 행위나, 영업활동 혹은 거래과정에 참여하는 행위를 하여서는 아니 된다.

4) SEC Rule 10b-5는 내부자거래뿐만 아니라 증권의 매매와 관련하여 일반적으로 적용되는 포괄적인 사기금지조항이다. 특별히 내부자(insider)와 내부정보의 이용금지를 대상으로 하고 있지 않지만, 그럼에도 불구하고, SEC 및 미국의 법원은 내부자거래의 규제에 Rule 10b-5를 이용해 왔다. 우리나라의 자본시장법 제178조는 SEC Rule 10b-5를 모델로 한 것이다.

제1절 내부자거래 등 373

는 증권거래 시에 그 정보를 공개하여야 하고 공개하지 않은 채로 거래해서는 아니 된다는 내용이다.

정보평등이론은 1961년 SEC의 Cady, Roberts 결정[5]에서 채택되었다. 이 사안에서 커티스-라이트사의 이사인 코딘은 회사의 이익배당을 삭감한다는 정보를 Cady, Roberts사의 파트너인 진텔에게 전화로 알려주었고, 진텔은 그 정보가 공개되기 전에 가지고 있던 커티스-라이트사의 주식을 매도하였는데, 그 후 동사의 주가는 40달러에서 36달러로 하락하였다. SEC는 미공개의 내부정보를 가진 자는 해당 정보를 공시하지 않고서 거래해서는 아니된다는 '공시 또는 거래포기의 원칙(disclose or abstain)'을 채택하고, 이에 위반하여 커티스-라이트사의 주식을 매도한 진텔의 행위는 SEC Rule 10b-5에 위반하였다고 보았다.

정보평등이론에 의하면 미공개의 내부정보를 이용하면 정보의 취득 경위에 관계 없이 누구든지 처벌의 대상이 되기 때문에 내부자의 범위가 지나치게 확대된다는 비판이 제기되었고, 1980년 Chiarella 판결에서는 신인의무이론이 채택되었다.

(2) 신인의무이론

"신인의무이론(fiduciary theory)"은 당사자 간의 신인관계(fiduciary relationship) 위반에서 내부자거래의 규제 근거를 찾는다. 즉, 내부자의 '공시 또는 거래포기의 의무'는 단순히 정보를 보유하고 있다는 사실만으로는 발생하지 않고, 당사자 간에 신인의무가 존재하는 경우에 발생한다고 한다.

신인의무이론은 1980년 연방대법원의 Chiarella v. United States 판결[6]에서 채택되었다. 치아렐라는 출판사에 근무하는 인쇄공으로서 공개매수에 관한 서류의 인쇄업무를 맡았는데 서류상에 기재된 정보를 통해서 공개매수 대상회사의 이름을 짐작하였으나, 그 정보를 공개하지 않은 채 대상회사의 주식을 저가에 매수하고 공개매수 계획이 발표된 후 주가가 상승하자 재빨리 그 주식을 처분하여 약 3만 달러의 이득을 얻었다. 미국 정부는 1978년 1월 증권거래법 10조(b)와 SEC Rule 10b-5의 위반 혐의로 치아렐라를 기소하였다. 연방제2항소법원은 정보에 직접 또는 간접으로 접근할 수 있는 관계가 존재하고, 공개매수정보를 알지 못하는 거래상대방과의 사이에 본질적인 불공정성이 존재한다고 보고 유죄를 선고하였으나, 연방대법원은 "피고인은 공개매수 대상회사의 주주와 거래 및 계약관계에 있지 아니하고, 그들의 대리인이나 수탁자도 아니며, 신탁 및 신뢰관계에 있는 사람도 아니므로 주식의 매도인(주주)과 매수인(피고인) 사이에서는 아무런 의무가 발생하지 아니한다."고 하면서 무죄를 선고하였다.

신인의무이론은 1983년 Dirks v. SEC 판결[7]에서 분명하게 정리되었다. 증권회사의 애널

---

5) In re Cady. Roberts & Co., 40 SEC 907(1961).
6) Chiarella v. United States, 445 U.S. 222(1980).

리스트인 덕스는 회사내부자로부터 수령한 미공개정보를 자신의 고객에게 전달하였는데, 연방대법원은 회사의 외부에 있는 덕스의 책임은 본질적으로 회사내부자의 신인의무로부터 파생하는 것이라는 전제 하에, 정보수령자인 덕스가 내부자거래의 책임을 지기 위해서는 회사내부자가 덕스에게 미공개 내부정보를 유출하는 행위가 해당 회사에 대한 신인의무를 위반한 것이어야 하고, 나아가 정부수령자인 덕스로서는 회사내부자의 신인의무위반사실을 알았거나 알 수 있어야 한다고 하였다.

신인의무이론에 의하면 행위자가 대상회사에 대해서 신인의무를 부담하여야 하고 그 위반이 있어야 처벌할 수 있다. 따라서 신인의무를 부담하지 않거나 신인의무를 부담하더라도 그 위반이 없다면 내부정보를 이용하였다고 하더라도 처벌이 어렵게 되므로, 내부자거래의 적용범위가 지나치게 좁아진다는 비판이 제기되었다.

(3) 부정유용이론

"부정유용이론(misappropriation theory)"은 정보소유자에 귀속할 정보를 자기 또는 제3자의 이익을 위하여 부정하게 유용하여서는 아니 된다는 내용이다. 주로 회사 외부자의 내부정보를 이용한 거래를 규제하기 위한 이론으로 정보소유자에 대한 기망에 초점을 둔다.

부정유용이론은 1997년 연방대법원의 O'hagan 판결[8]에서 채택되었다. 1988년 7월 영국회사인 그랜드메트는 미네아폴리스에 위치한 필즈베리 보통주식을 공개매수하려는 계획 하에 해당 지역의 로펌 도르시를 그 지역의 대리인(local counsel)으로 선임하고, 공개매수계획에 대하여 비밀유지약정을 하였다. 당시 도르시의 파트너였던 오헤이건은 공개매수업무에는 참여하지 않았으나, 필즈베리 주식에 대한 콜옵션을 매입하기 시작하였고 공개매수계획이 발표된 후에 필즈베리 콜옵션과 보통주식을 팔아서 430만 달러 이상의 이익을 챙겼다. 연방대법원은 비록 오헤이건이 공개매수 대상회사인 필즈베리에 대해서는 신인의무는 부담하지 않지만 "정보소유자(그랜드메트)에 대한 신인의무를 위반하여 미공개정보를 부정하게 유용하였다면 사기적 거래를 금지하는 1934년 증권거래법 제10조(b) 및 SEC Rule 10b-5의 요건을 충족한다."고 하면서 유죄를 선고하였다.

Ⅱ. 미공개중요정보 이용행위의 금지

1. 의의

자본시장법 제174조 제1항은 "①다음 각 호의 어느 하나에 해당하는 자는 ②상장법인(6개월 이내에 상장하는 법인을 포함한다)의 업무 등과 관련된 미공개중요정보를 ③특정증권등의 ④

---

7) Dirks v. SEC, 463 U.S. 646(1983).
8) United States v. O'hagan, 521 U.S. 642(1997).

매매, 그 밖의 거래에 이용하거나 타인에게 이용하게 하여서는 아니 된다."고 하면서, 내부자 등의 미공개중요정보 이용행위를 금지하고 있다. 내부자 등이 공개되지 않은 중요한 정보를 이용하여 증권 등의 거래에서 부당한 이익을 얻는 것을 방지하고, 투자자의 신뢰와 자본시장의 기능을 보호하기 위한 것이다.

　아래에서는 법 제174조 제1항의 요건을 ①규제대상자('내부자등'), ②규제대상정보('업무 등과 관련된 미공개중요정보'), ③규제대상증권('특정증권등'), ④규제대상행위('매매, 그 밖의 거래에 이용하거나 타인에게 이용하게 하는 행위')로 나누어서 살펴본다.

2. 내부자등

　'다음 각 호의 어느 하나에 해당하는 자(내부자등)'는 상장법인의 업무 등과 관련된 미공개중요정보를 특정증권등의 매매, 그 밖의 거래에 이용하거나 타인에게 이용하게 하여서는 아니 된다(174조①). 법 제174조 제1항은 제1호부터 제5호까지 5가지의 내부자를 열거하고 있으며,[9] 제6호에서는 1차 정보수령자를 규제대상으로 추가하고 있다.

가. 그 법인(계열회사를 포함한다) 및 그 법인의 임직원·대리인

　법 제174조 제1항 제1호는 "그 법인(그 계열회사를 포함한다) 및 그 법인의 임직원·대리인으로서 그 직무와 관련하여 미공개중요정보를 알게 된 자"를 내부자로 가장 먼저 열거하고 있다. 제1호는 가장 전통적인 내부자의 유형이다.

(1) 그 법인 및 그 법인의 임직원·대리인
1) 그 법인

　자본시장법에서는 해당 특정증권등을 발행한 상장법인 자체도 내부자이다. 따라서 특정증권등을 발행한 해당 법인은 업무 등과 관련된 미공개중요정보를 이용하여 특정증권등의 매매 등을 하거나 타인에게 이용하게 하여서는 아니된다. 가장 전형적인 상황은 자기주식을 거래하는 경우인데, 판례는 당해 법인의 임직원 또는 대리인 등이 미공개중요정보를 이용하여 법인의 업무에 관하여 자기주식을 매각하는 경우에 그 법인의 임직원 또는 대리인은 당연히 형사처벌의 대상이라고 한다.[10] 즉, 대표자가 그 권한의 범위 내에서 행한 행위는 법인의 행위이고, 대리인이 위임받는 권한의 범위 내에서 행한 행위의 효과도 법인에게 귀속되므로 이 경우 해당 법인은 내부자거래의 주체가 된다. 다만, 자본시장법 및 상법 제341조 등

---

9) 종전에는 내부자를 "상장법인의 임원·직원 또는 주요주주"라고 규정하여 내부자를 구체적으로 열거하지 않았으나(1987.11.28. 일부개정 구 증권거래법 188조①), 1991년 개정 시부터 내부자를 열거하기 시작하였다(1991.12.31. 일부개정 구 증권거래법 188조의2①). 지금은 회사의 내부자뿐만 아니라 컨설턴트, 회계사, 변호사 등 준내부자 및 정보수령자도 규제대상으로 하고 있어서 내부자거래라는 용어가 적절치 않으나 오랜 관행에 따라 여전히 내부자거래라는 용어를 사용하고 있다.

10) 대판 2002.4.12., 2000도3350.

법령에서 허용하는 범위 내에서 이루어지는 자기주식의 취득이나 처분 행위는 미공개중요정보를 이용하여 부당한 이익을 취하려고 하였다는 목적을 인정하기 어려울 것이므로 처벌의 대상으로 볼 수 없다.

해당 법인의 계열회사도 미공개중요정보를 이용하여 해당 법인이 발행한 특정증권등의 매매 등 거래를 하여서는 아니 된다(174조①1). 기업집단의 경우에는 대부분의 계열회사가 상호출자관계 등으로 복잡하게 얽혀 있어 계열회사의 중요한 내부정보를 취득하기 쉽고, 이렇게 취득한 미공개중요정보를 이용하여 불공정한 거래를 할 가능성이 크기 때문이다.[11] 계열회사는 공정거래법에 따른 계열회사를 말한다(지배구조법6조①3).

2) 그 법인의 임직원 · 대리인

해당 법인의 임직원 · 대리인도 규제대상이다. "임원"이란 해당 법인의 '이사 및 감사'를 말한다(9조②). '이사'는 등기이사를 말하며 전무이사, 상무이사 등의 명칭을 사용하더라도 등기이사가 아니라면 이사로 보기는 어렵고, 직원에 해당할 가능성이 높다. '감사'는 상법상 주주총회에서 선임된 감사를 말한다.

"직원"에 대해서는 별도의 정의가 없으므로 일반적인 개념이 적용된다. 정규직 외에도 시간제직원, 아르바이트,[12] 파견직 등도 포함한다. 다만, 그 업무를 수행함에 있어서 해당 회사와 업무집행의 지시, 통제의 관계는 존재하여야 할 것이다. "대리인"은 해당 법인으로부터 대리권을 수여받은 자로서 지배인 등이 이에 해당된다.

해당 법인의 계열회사의 임직원 · 대리인도 규제대상이다. 예를 들어, 해당 법인(A회사)의 계열회사(B회사)의 이사인 甲이 A회사의 부도가 임박한 사실을 알고서 자신이 보유 중인 A회사의 주식을 매도하였다면 처벌을 받는다.

제1호의 해당 법인 또는 계열회사의 임직원 · 대리인에 해당한다면, 이들 사이에서 미공개중요정보의 전달이 이루어지더라도 제1호의 내부자로 볼 것이고 제6호의 정보수령자(tipee)로 볼 것은 아니다.

(2) 그 직무와 관련하여 미공개중요정보를 알게 된 자

1) 그 직무와 관련하여

그 법인의 임직원 · 대리인에 해당하는 경우에도 '그 직무와 관련하여' 미공개중요정보를 알게 된 자만이 규제대상이다(174조①1). 법 제174조 제1항에서는 직무관련성을 뜻하는 용례가 여러 곳에서 사용되는데, 이에 비추면 내부자거래의 규제는 내부자가 그 직무와 관련된 정보를 이용하는 행위를 금지하는 것에서 시작하였음을 알 수 있다. 즉, 법 제174조 제1항

---

11) 정준우, 앞의 논문(자본시장법상 미공개중요정보의 이용주체), 236면.
12) 피고인 회사의 안동지점 대리 甲은 업무가 폭주하자 위 지점에 상시 출입하는 고객이었던 乙로 하여금 투자상담, 전화응대, 그 밖의 심부름 등 위 지점의 업무를 보조하게 하였으며, 乙은 지점장 이하 직원들의 통제, 감독 하에 있었으므로 피고인의 종업원에 해당된다. 대판 1993.5.14., 93도344.

제1호의 '그 직무와 관련하여', 제2호의 '그 권리를 행사하는 과정에서', 제3호의 '그 권한을 행사하는 과정에서', 제4호의 '그 계약을 체결·교섭 또는 이행하는 과정에서', 제5호의 '그 직무와 관련하여'는 그 주체가 처한 상황이 약간씩 다르지만 모두 '직무관련성'이라는 개념에서 공통점이 있고 그 내용도 비슷하다.

제1호의 "그 직무와 관련하여"에 대해서는 해당 임직원이나 대리인이 그 지위상 우월적으로 접근할 수 있는 직무이어야 한다는 견해[13]도 있으나, 내부정보를 이용한 거래가 확대되고 있는 상황에서 열거주의의 단점을 보완할 필요가 있고, 우월성에 대한 입증의 어려움을 감안하면, 자신의 직무와 관련하여 알게 된 정보이면 충분하고 반드시 그 지위상 우월적으로 접근할 수 있는 정보일 필요는 없다고 생각한다. 예를 들어, 자신이 결정권을 가지거나 지시하는 업무이어야 할 필요는 없으며, 관련부서에서 통지를 받으면서 알게 된 경우에도 그 직무와 관련한 정보에 해당한다. 해당 정보가 '직무의 내용'과 동일하거나 관련성을 가질 것이 요구되는 것도 아니다.[14] 그러나 직무와 관련 없이 다른 임직원으로부터 우연하게 개인적으로 정보를 전해들은 경우, 또는 도청과 같은 위법한 방법으로 내부정보를 알게 된 경우에는 직무관련성은 인정되지 않는다.[15]

2) 법 제174조 제1항 본문의 '업무 등과 관련된' 미공개중요정보와의 차이

법 제174조 제1항 본문에서는 "상장법인의 … 업무 등과 관련된" 미공개중요정보를 이용하여서는 아니 된다고 하고 있는데, 제1호의 "그 직무와 관련하여" 미공개중요정보를 알게 된 자라는 문구 간의 관계가 문제된다.

제1항 제1호의 "그 직무와 관련하여 미공개중요정보를 알게 된 자"에서 '그 직무와 관련하여'는 법 제174조의 규제대상자를 명확하게 하기 위해서 제1호의 내부자인 그 법인의 임직원·대리인을 한정하는 의미를 가지는 반면에, 제1항 본문의 "상장법인의 업무 등과 관련된 미공개중요정보를 … 이용하게 하여서는 아니 된다."에서 '업무 등과 관련된' 미공개중요정보는 제1호 내지 제6호에서 열거된 내부자거래의 주체가 특정증권등의 매매, 그 밖의 거래에 이용하는 미공개중요정보의 범위를 한정하는 것인 점에서 차이가 있다.

예를 들어, 고급 레스토랑 체인업을 하는 A회사의 직영 레스토랑에서 근무하는 소속직원이자 웨이터인 김갑동이 서빙을 하면서 손님들이 논의하는 B회사의 합병 정보를 우연히 엿들은 경우에, 서빙은 웨이터의 직무이므로 서빙을 하면서 우연히 엿들은 것은 웨이터의 '직무와 관련'한 행위로서 김갑동은 제1호의 내부자에 해당하지만, 김갑동을 제1호의 내부자에 해당한다고 보는 경우에도 우연히 엿들은 B회사의 합병 정보는 A회사의 직원인 김갑동의

13) 서울남부지검, 자본시장법 벌칙해설(2019), 75면; 안수현, "자본시장법 시행 이후 불공정거래 규제 변화와 과제," 「BFL」 제40호(서울대 금융법센터, 2010. 3), 72면.
14) 서울남부지검, 자본시장법 벌칙해설(2019), 75면.
15) 김용재, 자본시장과 법(2016), 609면.

입장에서는 '(A회사의) 업무 등과 관련된' 미공개중요정보로 볼 수 없고, 따라서 김갑동이 B회사의 합병 정보를 특정증권등의 매매, 그 밖의 거래에 이용하거나 타인에게 이용하게 하더라도 법 제174조 제1항 제1호의 적용대상이 아니다.[16] 가사 직무와 관련되어 되어 있다고 하더라도 우월적인 지위를 이용하여 얻은 정보도 아니므로 제174조 제1항 제1호를 적용하기 어렵다. 물론 A회사가 B법인의 계열회사라면 김갑동도 그 법인(계열회사를 포함한다)의 임직원에 해당하므로 제1호가 적용된다(174조①1호괄호). 또한 법 제178조 제1항 제1호의 부정거래행위에 해당할 것인지도 논란이 될 수 있지만, 웨이터인 김갑동이 서빙을 하면서 우연히 엿들은 것만으로는 기망성을 인정하기 어려워 부정한 수단, 계획 또는 기교를 사용하는 행위로 보기도 어렵다.

나. 그 법인의 주요주주

법 제174조 제1항 제2호는 "그 법인(그 계열회사를 포함한다)의 주요주주로서 그 권리를 행사하는 과정에서 미공개중요정보를 알게 된 자"를 규제대상자로 열거하고 있다. 어떠한 의미에서 주요주주는 평범한 임·직원보다 회사의 내부정보에 훨씬 수월하게 접근할 수 있으므로 그 이용행위를 규제하기 위한 것이다.

(1) 그 법인(계열회사를 포함한다)의 주요주주

1) 주요주주

제2호는 그 법인의 주요주주를 규제대상으로 하고 있다. 주요주주는 ① 누구의 명의로 하든지 자기의 계산으로 법인의 의결권 있는 발행주식총수의 100분의 10 이상의 주식(그 주식과 관련된 증권예탁증권을 포함한다)을 소유한 자(지배구조법2조6호나목1)) 또는 ② 임원(업무집행책임자는 제외)의 임면(任免) 등의 방법으로 법인의 중요한 경영사항에 대하여 사실상의 영향력을 행사하는 주주로서 '대통령령으로 정하는 자'(나목2))를 말한다.

2) 전환권이나 신주인수권을 포함할 것인지

주요주주의 소유지분을 계산함에 있어서는 해당 주주가 보유하는 전환권이나 신주인수권의 행사로 인하여 장차 취득할 수 있는 주식을 산입해야 한다는 견해가 있을 수 있으나, 내부자가 미공개중요정보를 이용하는 경우 바로 형사처벌의 대상이 되는 점을 고려하면(443조①1, 174조①) 명시적인 근거 없이 장차 취득할 수 있는 주식까지 포함시키는 것은 죄형법정주의에 위반될 우려가 있다(소극설).[17]

3) 주식계약을 체결한 자를 포함할 것인지

주식취득계약을 체결하였으나 아직 소유권을 이전받지 않은 자를 주요주주로 볼 수 있는가? 소유권이 이전되지 아니하였어도 사실상의 영향력을 행사하여 미공개중요정보를 이용할

---

16) 같은 취지의 서술로는 변제호 외 5인, 자본시장법(2015), 630면.
17) 김건식/정순섭, 자본시장법(2013), 399면.

가능성이 있으므로 적극적으로 해석하는 견해도 있을 수 있으나, 법문상 명백히 주주라고 표시되어 있고, 형사처벌이 수반될뿐만 아니라, 주주로서의 권리를 행사하는 과정에서 취득한 정보만을 문제삼고 있는 이상 주식취득계약을 취득한 자를 주요주주로 보고 처벌하는 것은 곤란하다(소극설).

4) 주주명부상의 주주 또는 실제 주주를 의미하는지

주식의 소유권을 이전받았다면 주주명부에 명의개서를 하지 않았다고 하더라도 주요주주에 해당한다. 회사에 대한 관계에서는 실제 주식의 소유관계에 관계없이 주주명부상의 주주만이 주주권을 적법하게 행사할 수 있지만 이는 회사에 대한 관계에서 의결권 등 주주권을 행사하는 경우이고,[18] 제2호의 주요주주란 대상회사에 실제적인 영향력을 행사하여 얻은 미공개중요정보를 이용하여 부당한 이익을 얻을 수 있는 실제 주주를 의미한다고 보아야 한다. 이렇게 해석하지 않으면 주식을 취득한 후에도 의도적으로 명의개서를 하지 아니하여 주요주주에 대한 규제를 회피할 우려가 있기 때문이다.

제2호의 적용대상이 실제주주를 의미한다고 하더라도 주주명부상의 주주가 제2호의 적용을 완전히 면제받는다고 볼 수는 없다. 대주주가 타인에게 주식을 양도하였으나 여전히 주주명부상의 주주로 기재되어 있음을 이용하여 의결권 등을 행사하거나 알게 된 내부정보를 이용하는 경우에는 자본시장의 공정한 거래질서를 침해한 것으로써 주주명부상의 주주라고 하여서 그 처벌의 가능성을 완전히 배제할 수는 없기 때문이다. 따라서 경우에 따라서는 실제 주주와 주주명부상의 주주가 제2호의 위반으로 동시에 처벌대상이 될 수 있다고 본다.

(2) 그 권리를 행사하는 과정에서 미공개중요정보를 알게 된 자

주요주주에 해당하는 경우에도 '그 권리를 행사하는 과정'[19]에서 미공개중요정보를 알게 된 자만이 규제대상이다(174조①2). 제1호의 임직원과 대리인은 '그 직무와 관련하여' 미공개중요정보를 알게 된 자일 것을 요구하고 있으나, 제2호의 주요주주는 반드시 직무를 수반하는 것이 아니므로 '그 권리(주주권)를 행사하는 과정에서 미공개중요정보를 알게 되었을 것'을 요건으로 하고 있다.

"그 권리를 행사하는 과정"이란 주주의 의결권(商368조) 또는 회계장부열람권(商466조) 등 구체적인 주주권 행사 과정에서 알게 된 정보뿐만 아니라, 회사가 주최하는 공식적인 주주모임 등 주주로서의 일반적인 지위 또는 자격에서 알게 된 정보를 포함한다. 그러나 주주의 권리행사와 상관 없이 개인적인 루트를 이용해서 미공개중요정보를 취득하였다면 제2호의

---

18) 대판 2017.3.23., 2015다248342(전합).

19) 자본시장법은 내부자의 유형 별로 직무관련성의 요건을 구체화하고 있다. 주요주주의 경우에는 "그 권리를 행사하는 과정에서"(174조②2호), 허가·인가·지도·감독, 그 밖의 권한을 가지는 자의 경우에는 "그 권한을 행사하는 과정에서"(3호), 계약을 체결하고 있거나 체결을 교섭하고 있는 자의 경우에는 "그 계약을 체결·교섭 또는 이행하는 과정에서"(4호)를 요건으로 규정하고 있다.

규제대상에 해당하지 않는다.

다. 법령에 따른 인·허가권자 등

자본시장법 제174조 제1항 제3호는 "그 법인에 대하여 법령에 따른 허가·인가·지도·감독, 그 밖의 권한을 가지는 자로서 그 권한을 행사하는 과정에서 미공개중요정보를 알게 된 자"를 미공개중요정보 이용행위 금지의 주체로 열거하고 있다. 제3호는 전통적인 내부자는 아니지만 내부자에 준하여 규제하는 이른바 '준내부자'의 일종이다.

(1) 법령에 따른 인·허가권 등을 가지는 자

법령에 따른 허가·인가·지도·감독, 그 밖에 권한을 가지는 자이므로 법령에 근거하지 아니한 채 사실상의 허가·인가·지도·감독권 등을 행사하는 경우는 적용대상이 아니다. 허가·인가·지도·감독은 예시이고 등록 여부를 결정하는 등 그 밖의 권한을 가지는 경우도 포함한다. 신고서 등을 제출하면 자동적으로 등록되고 그 결정 여부를 행사하는 것이 아니라면 '권한을 가지는 자'로 볼 수 없다.

(2) 그 권한을 행사하는 과정에서

법령에 따른 인·허가권등을 가지는 경우에도 '그 권한을 행사하는 과정'에서 미공개중요정보를 알게 된 자만이 규제대상이다(174조①3). 따라서 그 권한을 행사하는 과정이 아니고, 우연히 해당 법인의 미공개중요정보를 알게 된 경우에는 직무관련성이 부정되어 규제대상이 되지 않는다.

라. 그 법인과 계약을 체결하고 있거나 교섭하고 있는 자

자본시장법 제174조 제1항 제4호는 "그 법인과 계약을 체결하고 있거나 체결을 교섭하고 있는 자로서 그 계약을 체결·교섭 또는 이행하는 과정에서 미공개중요정보를 알게 된 자"를 미공개중요정보 이용행위 금지의 주체로 열거하고 있다. 제4호도 전통적인 내부자가 아니고 '준내부자'의 일종이다.

(1) 그 법인과 계약을 체결하고 있거나 교섭하고 있는 자

"그 법인과 계약을 체결하고 있는 자"는 해당 법인을 감사하는 외부의 회계법인, 주거래 은행, 주간사, 보증기관, 법률고문 등이 해당한다. 계약의 형태, 이행시기, 계약기간의 장단은 불문한다. "그 법인과 계약 체결을 교섭하고 있는 자"도 규제대상이다. 구 증권거래법은 '그 법인과 계약을 체결하고 있는 자'(구 증권거래법188조의2①4)로만 규정하고 있어서, 경영권 인수를 위한 실사 등의 과정에서 미공개중요정보를 알게 된 자가 내부자에 포함되는지가 명확하지 않았으나, 자본시장법은 "그 법인과 계약 체결을 교섭하고 있는 자"를 추가하여 규제대상에 해당함을 분명히 하였다.

(2) 그 계약을 체결 · 교섭 또는 이행하는 과정에서

그 법인과 계약을 체결하고 있거나 체결을 교섭하고 있는 자라고 하더라도 모든 경우에 규제대상에 해당하는 것이 아니고, '그 계약을 체결 · 교섭 또는 이행하는 과정에서' 미공개중요정보를 알게 된 자만이 규제대상이다(174조①4). 따라서 그 계약의 체결 · 교섭 또는 이행과정이 아니라 우연히 개인적인 루트로 미공개의 내부정보를 알게 된 경우에는 규제대상이 되지 않는다.

(3) 계약의 유효성이 전제되는지

그 법인과 체결한 계약은 사법상 유효한 것이어야 하는가? 이에 대해서는 계약 성립의 유효성을 요구하는 판례[20]가 있으나, 계약의 유효성 여부에 따라 내부자거래의 위반 여부가 좌우되는 것에는 찬성하기 어렵다. 계약의 유효 여부는 사후적으로 결정되는 경우가 많고, 증권거래의 공정성에 대한 일반투자자의 신뢰를 침해하였다면 처벌 대상으로 보는 것이 타당하기 때문이다. 즉, 행위 당시의 행태에 가벌성이 인정된다면 나중에 해당 계약이 무효나 취소되더라도 내부자거래의 성립 여부에는 영향이 없다고 본다.

마. 제2호부터 제4호까지의 자의 대리인 · 사용인, 그 밖의 종업원

자본시장법은 제174조 제1항 제5호는 "제2호부터 제4호까지의 어느 하나에 해당하는 자의 대리인(이에 해당하는 자가 법인인 경우에는 그 임직원 및 대리인을 포함한다) · 사용인, 그 밖의 종업원(제2호부터 제4호까지의 어느 하나에 해당하는 자가 법인인 경우에는 그 임직원 및 대리인)으로서 그 직무와 관련하여 미공개중요정보를 알게 된 자"를 규제대상자로 열거하고 있다.

민법상 대리인은 본인을 위하여 법률행위를 대리할 권한을 가지는 자이지만, 제5호의 대리인은 계약 체결의 대리권을 가진 자 외에 계약 체결의 교섭, 계약 내용의 협의 등 사실상의 행위를 하는 자도 포함한다. 그러나 단순히 심부름을 하는 정도에 그치는 경우에는 대리인이라고 볼 수 없다. 대리인 · 사용인, 그 밖의 종업원에 해당하는 자가 법인인 경우에는 그 임직원 및 대리인을 포함한다.

바. 제1호부터 제5호까지의 자로부터 미공개중요정보를 받은 자('정보수령자')

자본시장법은 제174조 제1항 제6호는 "제1호부터 제5호까지의 어느 하나에 해당하는 자(제1호부터 제5호까지의 어느 하나의 자에 해당하지 아니하게 된 날부터 1년이 경과하지 아니한 자를 포함한다)로부터 미공개중요정보를 받은 자"를 규제대상자로 열거하고 있다. 정보수령자(tipee)를 처벌하지 않으면, 회사내부자 등은 제3자에게 정보를 전달하는 방식으로 내부자거래의 규제

---

20) "죄형법정주의의 이념에 따라 형벌법규는 엄격히 해석하여야 하므로 … 해당 법인과 계약을 체결하고 있는 자는 유효하게 성립한 계약을 체결하고 있는 자를 의미하는 것으로 해석하여야 한다." 서울중앙지판 2007.7.20., 2007고합159.

를 회피할 우려가 있기 때문에 규제대상자로 하고 있다.

제6호는 "제1호부터 제5호까지의 어느 하나에 해당하는 자로부터 미공개중요정보를 받은 자"라고만 규정하고 있어서 그 범위가 지나치게 확대될 우려가 있는 바, 형사처벌을 수반하는 정보수령자의 범위는 아래와 같이 엄격히 해석할 필요가 있다.

첫째, '정보를 받은'이라는 문구의 해석상 고의가 있을 것을 요한다. 즉, 정보를 제공받는 목적이 불법적이거나 대가관계가 있을 필요는 없지만, 해당 법인의 미공개중요정보임을 알고서 정보를 제공받아야 한다. 따라서 다른 사람과 대화하는 것을 우연히 엿들은 경우, 잃어버린 가방 속의 서류에서 우연히 내부정보를 알게 된 경우, 우연히 회사의 서류를 보게 된 경우 등의 상황은 고의를 가지고 '정보를 받은 것'으로 보기 어렵고, 제6호의 정보수령자로 보기는 어렵다.

둘째, 자본시장법 제174조 제1항 제1호부터 제5호까지의 어느 하나에 해당하는 자로부터 정보를 받을 것을 요구하기 때문에 '1차 정보수령자'만이 규제대상이고, 그로부터 다시 정보를 수령한 2차 또는 3차 정보수령자는 규제대상이 아니다. 판례도 제6호를 1차 정보수령자에 한정하여 적용하고 있다.[21)22)] 제1호부터 제5호까지의 어느 하나에 해당하는 자가 개인이 아니라 조직 전체를 상대로 정보를 제공할 의도였던 경우에는 그 조직의 모든 구성원을 1차 정보수령자로 본다. 예를 들어, A회사의 대표이사가 신제품 발명을 홍보할 목적으로 B신문사의 기자에게 정보를 제공한 경우에는 그 신문사의 다른 기자들도 모두 1차 정보수령자이다. 지나치게 규제대상이 확대된다는 우려가 있지만, 이렇게 해석하지 않으면 내부자거래 규제의 취지가 퇴색하므로 불가피하다.[23)]

셋째, 정보를 전달받은 자를 가리키므로 정보를 생성한 자는 적용대상이 아니다. 예를 들어, 甲이 해당 법인의 주요주주인 乙로부터 주식을 인수한 경우에, 甲은 정보를 전달받은 자가 아니라 주식매매계약을 체결한 계약당사자로서 乙과 공동으로 해당 정보를 생산한 자에 해당하므로 정보수령자에 해당하지 않는다.[24)]

실무상으로는 1차 정보수령자로부터 미공개중요정보를 전달받은 2차 정보수령자가 직접 그 정보를 이용하는 경우에는 1차 정보수령자는 제6호의 내부자에 해당하므로 법 제174조 제1항 후단의 '해당 정보를 이용하게 한' 행위로서 처벌대상이 되고, 2차 정보수령자는 형사

---

21) 대판 2002.1.25., 2000도90.

21) 대판 2002.1.25., 2000도90.

22) 1차 정보수령자와 달리 2차 이후 정보수령자는 전달받은 정보의 중요성을 확신하기 어렵고, 중요정보라 하더라도 순차적으로 전달되는 과정에서 허위가 첨가되어 사실상 풍문의 수준으로 변질될 가능성이 있기 때문이다. 그러나 정보의 비대칭을 이용하여 부당이득을 취득하는 측면에서 보면 1차 정보수령자와 2차 이후 정보수령자를 구분하여 규제할 합리적 이유가 없다. 판례는 이러한 점을 보완하기 위해서 내부자의 직무관련성을 비교적 넓게 보는 입장이나 일관된 태도를 보이고 있지는 않다.

23) 이상복, 자본시장법(2021), 1479면.

24) 대판 2003.11.14., 2003도686(화승강업 사건).

처벌의 대상은 되지 않고 과징금의 대상이 된다. 2차 정보수령자는 법 제174조 제1항에 열거되어 있는 내부자 등에 해당하지 않기 때문이다.

사. 제1호부터 제5호에 어느 하나의 자에 해당하지 않게 된 날로부터 1년이 경과되지 않는 자('원내부자')

자본시장법 제174조 제1항 본문은 "다음 각 호의 어느 하나에 해당하는 자"를 내부자로 열거하면서, 본문의 괄호 안에 "제1호부터 제5호까지의 어느 하나에 해당하지 아니하게 된 날로부터 1년이 경과되지 않은 자를 포함한다."고 규정하여, 제1호부터 제5호까지의 자는 그에 해당하지 아니하게 된 날부터 1년이 경과하기 전까지는 여전히 규제의 대상임을 분명히 하고 있다. 이른바 '원내부자'를 말하는데, 내부자들은 해당 법인에서 퇴사하거나 그 관계가 종료된 경우에도 여전히 미공개중요정보를 이용할 가능성이 있기 때문이다. 다만, 그 기간은 1년으로 제한하여 법적용의 명확성을 도모하고 있다.

법 제174조 제1항 본문은 제1호부터 제5호까지의 어느 하나에 해당하는 자를 대상으로 하고 있으므로 제6호의 '정보수령자'는 제외된다. 제6호의 정보수령자는 해당 법인에서 근무하거나 해당 법인과의 업무를 처리하면서 정보를 얻는 자가 아니고, 내부자등으로부터 얻은 정보를 이용하는 행위가 처벌대상이 되는 것이어서, '정보수령자에 해당하지 아니하게 된 날부터 1년이 경과하지 않은 자'란 개념을 상정하기에는 적절하지 않기 때문이다.

3. 업무 등과 관련된 미공개중요정보

내부자등은 '상장법인의 업무 등과 관련된 미공개중요정보'를 특정증권등의 매매, 그 밖의 거래에 이용하거나 타인에게 이용하게 하여서는 아니 된다(174조①). 즉, 모든 정보의 이용행위가 금지되는 것이 아니라 '상장법인의 업무 등과 관련된 미공개중요정보'의 이용행위가 금지된다.

가. 상장법인

규제대상정보는 '상장법인'의 업무 등과 관련된 미공개중요정보이므로, 비상장법인의 정보는 법 제174조 제1항의 규제대상이 아니다.

"상장법인"이란 증권시장에 상장된 증권("상장증권")을 발행한 법인을 말하는데(9조⑮1), 거래 당시에 상장되어 있는 법인뿐만 아니라 향후 "6개월 이내에 상장하는 법인 또는 6개월 이내에 상장법인과의 합병, 주식의 포괄적 교환, 그 밖에 '대통령령으로 정하는 기업결합 방법'25)에 따라 상장되는 효과가 있는 비상장법인("상장예정법인등")(174조①본문)이 포함된다.

---

25) "대통령령으로 정하는 기업결합 방법"이란 상장법인이 비상장법인으로부터 중요한 영업을 양수하고, 그 대가로 해당 상장법인이 발행한 주식등을 교부하는 경우로서 그 결과 비상장법인의 대주주 또는 그의 특수관계인("대주주등")이 상장법인의 최대주주가 되는 방법 등을 말한다(令201조①).

상장예정법인등에 해당하는 이상 우회상장등의 정보도 업무등과 관련한 미공개중요정보에 해당한다.

나. 업무 등과 관련한 정보

(1) 내부정보 등

규제대상이 되는 정보는 해당 상장법인의 '업무 등과 관련된' 미공개중요정보이다(174조 ①본문). "업무 등과 관련된 정보"는 해당 법인의 재무상황에 관한 정보, 기술개발 및 특허 관련 정보, 신규 사업 진출 및 타 회사와의 합병 정보, 감자 정보, 대규모 유상증자 정보 등을 말하며, 주로 회사의 내부에서 생성되지만 회사의 외부에서 생성되는 정보 중에서도 업무 등과 관련된 정보가 있을 수 있다. 예를 들어, 회사의 상장폐지 결정, 회사에 대한 거액의 손해배상청구[26], 회계감사인의 부적정 의견 등은 비록 회사의 외부에서 생성되었다고 하더라도 업무 등과 관련된 정보에 해당한다.

(2) 그 지위상 우월적으로 접근할 수 있는 정보

업무 등과 관련된 정보는 업무 등과 관련한 모든 정보가 아니라 내부자등이 그 지위상 우월적으로 접근할 수 있는 정보를 의미한다.[27] 이 점에 법 제174조 제1항 각 호의 '그 직무와 관련하여'(1호), '그 권리를 행사하는 과정에서'(2호), '그 권한을 행사하는 과정에서'(3호) 등의 개념은 폭 넓게 해석하고 반드시 그 지위상 우월적으로 접근할 정보일 것을 요구하지 않는 것과는 차이가 있다. 제1항 제1호 등에 규정된 '그 직무와 관련하여'는 내부자등의 범위를 명확하게 하기 위한 것으로써 열거주의의 단점을 보완하고 내부자거래의 적용대상을 넓힐 수 있도록 탄력적으로 해석할 필요가 있으나, 제1항 본문에 규정된 '업무등과 관련된' 의 문구는 형사처벌과 직결되므로 가급적 엄격하게 해석할 필요가 있기 때문이다. 예를 들어, 반도체 회사의 임원인 甲이 업무 등과 관련하여 세계적인 반도체 수요나 공급상황에 대한 정보를 알게되었고 이를 이용하여 거래한 경우에, 일단 법 제174조 제1항 각 호의 내부자 등에는 포함시키되, 제1항 본문의 '업무 등과 관련된' 미공개중요정보의 이용행위에 해당하는지는 엄격하게 해석하는 것이다. 이 사안에서 반도체의 수요와 공급에 관한 정보는 시장정보에 가깝고, 甲이 업무와 관련하여 그 지위상 우월하게 얻은 정보로 보기는 어렵기 때문에 제1항 본문의 '업무 등과 관련된 정보'로 보기는 어렵다.

(3) 시장정보의 규제

"시장정보(market information)"는 주식의 대량 매도·매수 정보, 금리 결정 정보, 특정 산업

---

26) 그러나 회사를 상대로 손해배상청구 소송을 제기한 자가 자신이 보유하고 있는 제소된 회사의 주식을 미리 처분하는 행위는 미공개중요정보 이용행위로 처벌하기는 어렵다. 자본시장법상 내부자, 준내부자, 정보수령자에 해당하지 않고 당해 정보를 직접 생성한 자에 해당하기 때문이다.

27) 변제호 외 5, 자본시장법(2015), 622면.

에 대한 정책 정보, 경쟁기업의 부도·파산 정보 등 해당 상장법인이 발행한 증권의 수급에 영향을 줄 수 있는 정보로서 시장에서 오가는 정보를 말하는데, 시장정보를 미공개중요정보에 포함시킬 것인지가 논란이 될 수 있다.

시장정보는 그 범위가 매우 넓어서 규제에 신중할 필요가 있으나, 시장정보 중에서도 대상회사에 대한 공개매수 정보, 주식의 대량취득·처분에 관한 정보를 이용하여 거래하는 행위는 증권시장의 공정한 질서에 악영향을 미치고, 정보격차를 이용하는 것이므로 내부정보와 마찬가지로 규제할 필요성이 크다. 자본시장법은 주식 등에 대한 공개매수정보를 이용한 거래(174조②), 주식 등의 대량취득·처분에 관한 정보를 이용한 거래(174조③)는 미공개중요정보 이용행위의 금지(174조①)와는 별도의 규정을 두어서 규제하고 있다. 다만, 형사처벌이 수반되는 법 제174조 제1항의 성격을 고려하면, 금리의 동향, 경쟁기업의 부도나 파산 등 순수한 시장정보는 규제 대상에 해당하지 않는다고 볼 것이다.[28]

선행매매(front running)의 적법성도 문제가 된다. 선행매매는 직무관련 정보의 이용행위 금지(54조)에는 해당하지만, 법 제174조 제4항 미공개중요정보 이용행위의 금지조항에 위반하는지는 명백하지 않다. EU의 1989년 내부자거래지침 등에서는 선행매매를 내부자거래에 포함시키고 있으나, 우리나라에서는 영업행위 규칙 위반으로 처벌하는 경향이 강한 듯하다.

다. 미공개중요정보

"미공개중요정보"는 "투자자의 투자판단에 중대한 영향을 미칠 수 있는 정보로서 '대통령령으로 정하는 방법'에 따라 불특정 다수인이 알 수 있도록 공개되기 전의 것을 말한다."(174조①본문 괄호). 즉, 다수인이 알 수 있도록 공개되기 전의 '미공개정보'이면서 동시에 투자자의 투자판단에 영향을 미칠 수 있는 '중요정보'이어야 한다.

(1) 미공개정보

1) 미공개정보의 판단기준

"미공개정보"는 말 그대로 공개되지 않은 정보를 가리키나 공개 여부의 판단은 어렵기 때문에, 자본시장법은 미공개정보를 "해당 법인 또는 그 법인의 자회사[29]가 다음 각 호의 어느 하나에 해당하는 방법으로 정보를 공개하고 해당 호에서 정한 기간이나 시간이 지나가기 전의 것"(174조①본문 괄호, 令201조②)으로 규정하고 있다.

1. 법령에 따라 금융위원회 또는 거래소에 신고되거나 보고된 서류에 기재되어 있는 정보: 그 내용이 기재되어 있는 서류가 금융위원회 또는 거래소가 정하는 바에 따라 비치된 날부터 1일(令201조②1호)

28) 같은 취지로 변제호 외 5, 자본시장법(2015), 622면.
29) '그 법인의 자회사'란 상법 제342조의2 제1항에 따른 자회사를 말하며, 그 자회사로부터 공개권한을 위임받은 자를 포함한다(令201조②본문 괄호).

2. 금융위원회 또는 거래소가 설치·운영하는 전자전달매체를 통하여 그 내용이 공개된 정보: 공개된 때부터 3시간(2호)

3. 「신문 등의 진흥에 관한 법률」에 따른 일반일간신문 또는 경제분야의 특수일간신문 중 전국을 보급지역으로 하는 둘 이상의 신문에 그 내용이 게재된 정보: 게재된 날의 다음 날 0시부터 6시간. 다만, 해당 법률에 따른 전자간행물의 형태로 게재된 경우에는 게재된 때부터 6시간으로 한다(3호).

4. 「방송법」에 따른 방송 중 전국에서 시청할 수 있는 지상파방송을 통하여 그 내용이 방송된 정보: 방송된 때부터 6시간(4호)

5. 「뉴스통신진흥에 관한 법률」에 따른 연합뉴스사를 통하여 그 내용이 제공된 정보: 제공된 때부터 6시간(5호)

2) 신문 등의 추측보도가 있는 경우에 이를 공개된 정보로 볼 것인지 여부(소극)

미공개정보를 공개하는 방법은 법 시행령 제201조 제2항에서 정한 방법에 한정된다. 따라서 미공개중요정보를 알고 있는 내부자등이 특정증권등을 거래하려면 '공시 또는 거래포기의 원칙(disclose or abstain)'에 따라서 법 시행령 제201조 제2항에서 정한 방법 중 하나를 선택해서 미공개정보를 공개한 후에야 거래할 수 있고 그러한 조치 없이 거래한다면 미공개정보를 이용한 것이 된다.

해당 정보가 광범위하게 유포되었더라도 그것이 법령이 정하는 방법에 따라 공개된 것이 아니면 공개정보로 인정되지 않는다. 판례는 "회사가 추정결산결과를 공개한 사실이 없는 이상, 비록 일간신문 등에 위 추정결산결과와 유사한 내용으로 추측 보도된 사실이 있다고 하더라도, 그러한 사실만으로는 위 회사의 추정결산실적이 일반인에게 공개된 정보라거나 또는 그로 인하여 위 회사가 직접 집계하여 추정한 결산수치가 중요한 정보로서의 가치를 상실한다고는 볼 수 없다."[30]고 한다. 신문에 보도되었다고 하더라도 추측성 기사에 불과하고, 법령이 정하는 방법 중 하나인 '전국을 보급지역으로 하는 둘 이상의 신문에 그 내용이 기재된 정보'(슈201조②3)에 해당하지 않기 때문이다.[31] 다만, 신문 등의 보도가 1~2회에 그친 것이 아니라 다수의 신문에서 추측성 기사가 광범위하게 보도되었고 상당한 시간이 지나서 시장참가자들이 해당 정보의 내용을 알게 되었다면 법령이 정한 방법에 따라서 공개되지 않은 것이므로 여전히 미공개정보이지만 더 이상 중요한 정보가 아니라고 보아서 '미공개중요정보'에 해당하지 않는다고 볼 것이다.

3) 거래상대방이 알고 있는 경우에 이를 공개된 정보로 볼 것인지 여부(적극)

법 제174조가 내부자등의 미공개중요정보 이용행위를 금지하는 이유는 공개되지 않은

---

30) 대판 1995.6.29., 95도467(바로크 사건).
31) 같은 취지로는 정준우, 앞의 논문(자본시장법상 미공개중요정보의 이용주체), 231면.

중요한 정보를 특정증권등의 거래에 이용하여, 자기 또는 제3자의 이익을 도모하는 행위는 투자자의 신뢰를 훼손하고 자본시장의 기능을 훼손하기 때문이다. 거래상대방이 이미 해당 정보를 잘 알고 있는 경우에는 정보의 비대칭이 문제되지 않을 뿐만 아니라 '공시 또는 거래 포기의 원칙(disclose or abstain)'을 준수한 것이나 다름이 없으므로 공개된 정보로 볼 것이다.[32]

이 경우에 거래상대방이 그 사실을 알고 있다는 것은 본인 또는 대리인, 본인이 법인인 경우에는 그 대표이사를 기준으로 판단한다. 판례는 인수·합병을 추진하는 A회사의 대주주이자 상무이사인 피고인 甲이 전환사채의 거래에 앞서 그 인수 회사인 B회사의 담당 직원 乙에게 내부정보를 미리 알려준 것만으로는 거래상대방인 B회사에게 내부정보가 공개된 것으로 볼 수 없고, 아직 공개되지 않은 미공개중요정보를 전환사채의 거래에 이용한 甲의 행위는 처벌대상이 된다고 하였다.[33] 이 사안에서는 乙이 甲으로부터 전해들은 정보를 B회사에 보고하지 않은 채 부정한 청탁을 받고서 배임적 의사로 거래가 이루어지도록 하였는데, 만일 乙이 해당 정보를 B회사의 책임자에게 정식으로 보고하였다면 공개된 정보로 볼 수 있을 것이다.

4) 해당 정보가 끝내 공개되지 않은 경우에도 처벌대상이 되는지 여부(적극)

미공개중요정보가 생성된 이후 여러 가지 사정으로 끝내 공개되지 않은 경우에도 처벌할 수 있는가? 해당 정보가 끝내 공개되지 않은 경우에는 주가에 영향이 없고 거래상대방에게도 손실이 발생하지 않으므로 처벌할 수 없다는 견해(소극설)가 있으나, 법 제174조 제1항의 미공개중요정보 이용행위 금지는 증권시장의 공정성과 투자자의 신뢰를 보호하기 위한 것으로써 위험범에 해당하고 일단 미공개중요정보를 이용하여 거래하였다면 나중에 정보가 공개되지 않았다고 하더라도 위험은 이미 발생하였다고 보아야 한다. 소극설을 취하면 법령에 정해진 미공개정보의 공개방법 이외의 경로를 통해서 정보가 사실상 유통되는 경우에도 규제가 어렵게 된다. 따라서 끝내 정보가 공개되지 않은 경우에도 처벌대상이 된다고 볼 것이다(적극설).[34]

(2) 중요정보
1) 중요정보의 판단기준

미공개중요정보 이용행위에 해당하기 위해서는 해당 정보가 미공개일뿐만 아니라 중요한 정보이어야 한다(174조①본문).

"중요한 정보"란 '투자자의 투자판단에 중대한 영향을 미칠 수 있는 정보'로서 '합리적인 투자자'라면 그 정보의 중대성과 사실이 발생할 개연성을 비교평가하여 판단할 경우 증권의

32) 대판 2006.5.11., 2003도4320.
33) 대판 2006.5.11., 2003도4320.
34) 정찬묵, "미공개중요정보 이용행위의 규제대상 정보에 대하여(시장정보 이용행위를 중심으로)", 2013년 5월 증권법학회 발표문 참조.

거래에 관한 의사를 결정함에 있어서 중요한 가치를 지닌다고 생각하는 정보를 가리키고, 반드시 객관적으로 명확하고 확실한 정보일 필요는 없다.[35]

'투자자의 투자판단에 중대한 영향을 미칠 수 있는 정보'란 무엇인가? '합리적인 투자자'가 증권을 매수 또는 계속 보유할 것인가 아니면 처분할 것인가를 결정하는 데 중요한 가치가 있는 정보, 바꾸어 말하면 일반 투자자들이 그 정보를 안다고 가정할 경우에 증권의 가격에 중대한 영향을 미칠 수 있는 정보를 말한다.[36]

중요정보를 판단하는 기준이 되는 '합리적 투자자'란 어떠한 사람인가? 형식적 지표에 의해서 투자자의 보호 정도를 달리하기 위해서 마련된 일반투자자와 전문투자자를 기준으로 하기는 어렵고, 증권분석가이든지 아니면 보수적인 투자자이든지에 관계 없이, 객관적으로 보아서 특정한 정보에 대해서 중요성 여부를 판단할 수 있는 '표준적 투자자'를 말한다고 볼 것이다.[37]

판례에서 볼 수 있는 중요정보에는 전년도에 비하여 대폭 호전된 회사의 매출액, 순이익에 관한 정보[38], 자금조달이 어려워 부도처리가 확실시 된다는 정보[39], 회사 내부의 의사결정절차가 종료되지 않아 실현 여부가 확정되지 않은 정보라도 투자에 관한 의사결정에 중요한 가치를 지닌다고 받아들일 수 있을 정도로 구체화된 정보,[40] B회사의 전 회장인 甲이 A회사가 발행하는 신주인수권부사채를 대량으로 인수한다는 정보[41] 등이 있다.

2) 중요정보의 성립시기

중요정보에 해당하는 경우에도 언제부터 중요정보가 되는지, 즉 중요정보의 성립시기가 문제 된다. 예를 들어, M&A사실을 중요정보로 본다고 하더라도 의향타진, MOU체결, 기업실사, 합병계약체결, 이사회결의, 주주총회결의, 합병등기 등의 단계를 거쳐서 진행되는 M&A를 어느 시점부터 중요정보로 볼 것인지가 문제된다.[42]

판례는 "일반적으로 법인 내부에서 생성되는 중요정보란 갑자기 완성되는 것이 아니라 여러 단계를 거치는 과정에서 구체화되는 것으로서 중요정보의 생성 시기는 반드시 그러한 정보가 객관적으로 명확하고 확실하게 완성된 때를 말하는 것이 아니라, 합리적인 투자자의 입장에서 그 정보의 중대성과 사실이 발생할 개연성을 비교평가하여 유가증권의 거래에 관한

---

35) 대판 1994.4.26., 93도695(신정제지 사건).
36) 대판 2017.1.12., 2016도10313.
37) 변제호 외 5, 자본시장법(2015), 624면.
38) 대판 1995.6.29., 95도467.
39) 대판 2000.11.24., 2000도2827.
40) 대판 2017.1.25., 2014도11775.
41) 대판 2017.10.31., 2015도5251.
42) M&A정보의 중요성 판단에 관해서는 손창완, "미국 증권규제법상 중요성 판단기준,"「외법논집」제37권 제2호(2013. 5), 78-79면.

의사결정에 있어서 중요한 가치를 지닌다고 생각할 정도로 구체화되면 그 정보가 생성된 것이다"[43]고 한다.[44] 즉, 중요정보는 갑자기 완성되는 것이 아니라 여러 단계를 거치는 과정에서 구체화되는 것으로서, 합리적인 투자자의 입장에서 증권거래의 의사결정에 중요한 가치를 가진다고 생각할 정도가 되면 그 시점에서 중요정보가 된다. 이에 비추면 중요정보의 성립시기는 명문으로 규정하기는 어렵고 사안에 따른 개별적인 판단이 불가피하다. 판례에서 중요정보의 생성이 인정된 사례로는 ① 발행한 어음의 부도가 확실시되는 때,[45] ② 그룹 부회장에 대한 보고문건에 계열회사의 자본확충계획이 포함되어 있는 때[46] 등이 있다.

3) 중요정보는 반드시 공시사항이어야 하는지(소극)

구 증권거래법에서는 내부자거래의 대상이 되는 중요정보는 동법 제186조 제1항 각 호의 1에 해당하는 사실(수시공시사항) 등에 관한 정보 중 "투자자의 투자판단에 중대한 영향을 미칠 수 있는 것"이라고 규정하고 있어서, 중요정보는 반드시 수시공시사항에 해당해야 하는지에 대해서 논란이 있었다.

판례는 구 증권거래법 하에서도 "어떤 사실이 '투자자의 투자판단에 중대한 영향을 미칠 수 있는 정보'에 해당하는지 여부는 공시사항에 해당하는지 여부와는 직접적인 관계가 없다"고 하면서, A제약이 자기자본금의 3.07%에 해당하는 자금을 출자하여 B바이오의 신주를 인수함으로써 B바이오의 출자지분 10.24%를 보유하는 내용의 정보는 비록 공시사항이 아니라고 하더라도 투자자의 투자판단에 중대한 영향을 미칠 수 있는 정보에 해당한다고 하면서 중요정보를 공시사항에 한정하지 않고 폭 넓게 인정하고 있었다.[47] 자본시장법은 미공개중요정보를 열거하지 않고서 "상장법인의 업무 등과 관련된 미공개중요정보"라고 포괄적으로 규정하고 있는데, 이는 공시사항인지의 여부에 관계 없이 중요한 정보라면 모두 미공개중요정보에 해당할 수 있다는 것으로 보아야 한다.[48]

4) 중요정보는 반드시 진실하여야 하는지(원칙적 적극)

미공개중요정보에 해당하기 위해서는 해당 정보가 진실하여야 하는가? 판례는 "단순한 추측 정보와 같이 정확성이 결여되거나 추상적인 것은 내부자거래 규제의 대상이 되는 정보라고 할 수 없고, 또한 완전 허구의 사항이라면 이를 정보라 할 수도 없으므로, 적어도 투자판단에 중대한 영향을 미칠 수 있는 정보라고 하려면 그 정보에 어느 정도의 정확성이 인정

---

43) 대판 2009.7.9., 2009도1374.
44) 미국 판례에서는 미공개중요정보의 성립시기와 관련해서 '개연성-중대성 기준(probability-magnitude test)', '상당한 개연성 기준(substantially likelihood test)', '상당한 확실성 기준(substantially certainty test)' 등이 제시되고 있는데, 우리나라의 판례는 '개연성-중대성 기준'에 유사하다.
45) 대판 2000.11.24., 2000도2827.
46) 대판 2008.11.27., 2008도6219.
47) 대판 2010.5.13., 2007도9769.
48) 김병연/권재열/양기진, 자본시장법(2017), 417면.

되어야 할 것이나 … 반드시 객관적으로 명확하고 확실할 것까지 요구되지 않는다."[49]고 하면서, 투자자의 투자판단에 중대한 영향을 미칠 수 있는 정보라면 어느 정도 정확성이 요구되지만, 반드시 객관적이고 명확한 정보일 필요까지는 없다고 한다. 결국 객관적으로 명확한 정보일 필요는 없지만 어느 정도는 진실한 것이어야 내부자거래의 규제 대상인 정보로서의 가치를 가진다.[50] 허위정보임이 분명한 경우에는 허위정보 유포에 의한 시세조종의 문제로 다루면 된다.[51]

┃해설┃ 미국 연방대법원의 중요성 판단기준

1. 미국의 연방대법원은 1976년 TSC Industries 사건[52]에서 내부정보의 중요성 판단기준으로 '현저한 개연성 기준(substantial likehood test)'을 제시하였다. 중요한 정보란 합리적인 투자자가 증권관련 결정을 함에 있어서 중요하다고 판단할 '현저한 개연성'이 있는 정보를 말하며, 만일 공시서류에서 특정한 정보를 숨긴 경우에 그 정보가 '중요한 정보'에 해당하는지는 "생략된 정보의 공시가 합리적 투자자의 관점에서 기존의 정보의 총체적 의미를 변경하였으리라고 받아들여질 현저한 개연성"이 있어야 한다는 것이다. 다른 하나는 1988년 Basic 사건[53]에서 채택한 '개연성/중대성 비교기준'이다. 합리적 투자자라면 그 정보가 중요하다고 판단할 현저한 개연성과 그 정보가 가지는 중대성을 비교 평가하여, 증권거래에 관한 의사를 결정함에 있어서 중요한 가치를 가지는 정보를 가리키며, 그 정보는 반드시 객관적으로 명확하고 확실할 필요까지는 없다고 한다.

2. 미국에서는 역사적 정보와 투기적 정보로 구분하고 이 기준들을 엄격하게 구분하여 적용하고 있다. '역사적 정보'는 '현저한 개연성 기준'을 적용하여 일반투자자의 관점에서 파악하고, '투기적 정보'는 개연성과 중대성을 비교 형량하는데, 여기서 중요한 점은 일반적인 역사적 정보라면 발생의 개연성이 낮아서 별로 중요하지 않다고 판단할 계획 초기 단계의 시점에서도, 실제 결과가 발생하면 엄청난 영향을 미치는 중대성이 인정되는 투기적 정보라면 그 초기 단계부터 정보의 중요성을 인정하고 있다.[54] 우리 판례는 미국과 같은 명확한 구분이 없이 전체적으로 보아서 중대성의 여부를 판단하는 듯하다.[55]

4. 특정증권등

내부자등은 상장법인의 업무 등과 관련된 미공개중요정보를 '특정증권등'의 매매, 그 밖의 거래에 이용하거나 타인에게 이용하게 하여서는 아니 된다(174조①).

자본시장법은 법령의 적용범위를 명확하게 하기 위해서 '특정증권등'의 개념을 도입하고,

---

49) 대판 1994.4.26., 93도695 등 다수.
50) 이상복, 자본시장법(2021), 1484면.
51) 변제호 외 5인, 자본시장법(2015), 625면.
52) TSC Industries v. Northway, 426 U.S. 438 (1976).
53) Basic v. Levinson, 485 U.S. 224, 108 S.Ct. 978 (1988).
54) 성희활, 자본시장법(2018), 336면.
55) 성희활 교수는 대법원의 1995년 바로크 사건의 판례는 '현저한 개연성 기준'을 채택한 것으로 보고, 1994년 신정제지 사건의 판례는 '개연성/중대성 기준'을 채택한 것으로 보고 있다.

미공개중요정보의 이용행위 금지(174조①)뿐만 아니라, 단기매매차익 반환(172조①), 임원 등의 특정증권등 소유상황 보고(173조), 공개매수에 관한 특칙(174조②), 대량취득·처분에 관한 특칙(174조③) 등의 적용대상을 모두 특정증권등으로 통일하였다. 자본시장법상 '특정증권등'은 다음과 같다(174조①, 172조①).

가. 그 법인이 발행한 증권

법 제172조 제1항 제1호는 '그 법인이 발행한 증권(대통령령으로 정하는 증권을 제외한다)'(174조①, 172조①1)을 특정증권등으로 규정하고 있다. 즉, 자본시장법은 해당 법인이 발행한 증권56)을 모두 특정증권등으로 규정하되(172조①1), 채무증권, 수익증권, 파생결합증권 등 정해진 수익을 지급하는 것으로서 불공정거래의 가능성이 적은 '대통령령으로 정하는 증권'57)은 특정증권등에서 제외하고(令196조), 채무증권 중에서 전환사채권, 신주인수권부사채권, 이익참가부사채권, 교환사채권 등 주식의 성질을 겸유하는 증권은 다시 규제대상에 포함시키고 있다(令196조1호단서, 3호괄호).

결국 제1호의 그 법인이 발행한 증권에는 ① 해당 법인이 발행한 채무증권 중에서 (a) 전환사채권, (b) 신주인수권부사채권, (c) 이익참가부사채권, (d) 지분증권(이와 관련된 증권예탁증권을 포함한다) 또는 위의 전환사채권·신주인수권부사채권·이익참가부사채권(이와 관련된 증권예탁증권을 포함한다)과 교환을 청구할 수 있는 교환사채권, ② 해당 법인이 발행한 지분증권, ③ 해당 법인이 발행한 투자계약증권, ④ 해당 법인이 발행한 파생결합증권 중에서 법 제172조 제1항 제4호의 파생결합증권, ⑤ 해당 법인이 발행한 증권예탁증권(174조①, 令196조)이 있다.

나. 제1호의 증권과 관련된 증권예탁증권

제2호는 '제1호의 증권과 관련된 증권예탁증권'(174조①, 172조①2)을 특정증권등으로 열거하고 있다. 증권예탁증권은 해당 증권과 경제적으로 별 차이가 없기 때문에 특정증권등에 포함시킨 것이다. 해당 상장법인에 의하여 발행되었는지, 아니면 다른 금융기관이 해당 상장법인의 증권을 기초로 증권예탁증권을 발행하였는지는 불문한다.

자본시장법은 국내와 국외 양방향을 모두 포괄하기 위하여 예탁증권의 기초가 되는 증권

---

56) 자본시장법상 증권의 종류에는 ① 채무증권, ② 지분증권, ③ 수익증권, ④ 투자계약증권, ⑤ 파생결합증권, ⑥ 증권예탁증권 등 6가지가 있다(4조②).
57) 법 제172조 제1항 1호에서 "대통령령으로 정하는 증권"이란 다음 각 호의 증권을 말한다(令196조).
　1. 채무증권. 다만, 다음 각 목의 어느 하나에 해당하는 증권은 제외한다.
　　가. 전환사채권
　　나. 신주인수권부사채권
　　다. 이익참가부사채권
　　라. 그 법인이 발행한 지분증권(이와 관련된 증권예탁증권을 포함한다) 또는 가목부터 다목까지의 증권(이와 관련된 증권예탁증권을 포함한다)과 교환을 청구할 수 있는 교환사채권
　2. 수익증권
　3. 파생결합증권(법 제172조제1항 제4호에 해당하는 파생결합증권은 제외한다)

과 그 예탁증권이 발행되는 국가가 다르면 모두 증권예탁증권에 해당하는 것으로 하였다(4조 ⑧). 따라서 삼성증권이 발행한 해외예탁증권도 규제대상 증권에 해당한다.[58]

다. 그 법인 외의 자가 발행한 교환사채권

제3호는 '그 법인 이외의 자가 발행한 것으로서 제1호 또는 제2호의 증권과 교환을 청구할 수 있는 교환사채권'(174조①, 172조①3)을 특정증권등으로 열거하고 있다. 증권과 교환을 청구할 수 있는 교환사채권은 사실상 해당 법인이 발행하는 증권 등과 같은 경제적 효과를 가지기 때문이다. 제3호의 교환사채권은 '그 법인 외의 자'가 발행한 교환사채권을 말한다. 해당 법인이 발행한 교환사채권은 제1호에 해당한다.

라. 제1호부터 제3호까지의 증권만을 기초자산으로 하는 금융투자상품

제4호는 '제1호부터 제3호까지의 증권만을 기초자산으로 하는 금융투자상품'(174조①, 172조①4)을 특정증권등으로 열거하고 있다. 제1호부터 제3호까지의 증권을 기초자산으로 하는 금융투자상품의 거래를 통해서도 같은 효과를 가져올 수 있기 때문이다.

제4호의 금융투자상품에는 제1호부터 제3호까지의 증권만을 기초자산으로 하는 '파생결합증권'과 '파생상품'의 2가지가 있을 수 있다. 현재 유통되는 파생결합증권에는 주가연계증권(ELS)과 주식워런트증권(ELW) 등이 있으나 그중에서도 제1호부터 제3호까지의 증권만을 기초자산으로 하는 것만이 규제대상이다. 파생상품도 마찬가지이다.

제1호부터 제3호까지의 증권만을 기초자산으로 하여야 하므로 제1호부터 제3호에 속하지 않는 다른 증권이나 금융상품을 혼합하여 기초자산으로 운용하는 경우는 제4호에 포함되지 않는다. 제4호는 '증권만'이라고 분명하게 규정하고 있기 때문이다.

제4호에는 해당 법인이 발행하는 금융투자상품뿐만 아니라 제3자가 발행한 금융투자상품도 포함된다. 해당 법인의 증권을 기초자산으로 하는 파생결합증권이나 파생상품이 제3자에 의해서 발행된 경우에도 동일한 경제적 효과를 가지기 때문이다.

5. 매매, 그 밖의 거래에 이용하는 행위

내부자등은 상장법인의 업무 등과 관련된 미공개중요정보를 특정증권등의 '매매, 그 밖의 거래에 이용하거나 타인에게 이용하게' 하여서는 아니 된다(174조①).

가. 매매, 그 밖의 거래

"매매"는 매도인이 특정증권등을 매수인에게 이전하고 매수인은 그 대금을 지급할 것을 약정함으로써 성립하는 낙성·쌍무·불요식의 유상계약이다. 유상계약이므로 증여와 같은 무상계약은 규제대상이 아니다.[59] 장내 및 장외에서 이루어지는 모든 매매를 포함하며, 매매

---

58) 변제호 외 5인, 자본시장법(2015), 621면.

계약이 체결된 이상 실제 이행이 이루어지지 않은 경우도 적용대상이다.

내부자등은 미공개중요정보를 이용하여 특정증권등을 매매하는 외에도 교환, 대물변제를 비롯한 '그 밖의 거래'를 하는 행위도 금지된다. "그 밖의 거래"에는 대물변제, 제3자 신주인수, 교환, 담보제공 등 미공개중요정보를 이용하여 경제적 이득을 얻기 위한 모든 거래를 포함한다. 매매에 해당하지 않는다고 하더라도 '그 밖의 거래'에 포섭될 수 있기 때문에 매매의 범위를 지나치게 확장 해석할 필요는 없다.

법 제174조에 위반하는 '매매, 그 밖의 거래'에 해당하는지는 그 형식보다는 그러한 매매, 그 밖의 거래행위가 내부자거래 규제의 취지를 위반하는지에 중점을 두어서 살펴볼 것이다.

나. 미공개중요정보를 이용하는 행위

금지되는 행위는 매매, 그 밖의 거래에 미공개중요정보를 '직접 이용하거나' 또는 '타인에게 이용하게 하는 행위'이다.

미공개중요정보 이용행위로 처벌하기 위해서는 단순히 미공개중요정보를 '보유'하고 있는 상태에서 특정증권등의 거래를 한 것만으로는 부족하고, 그것을 '이용'하여 거래하는 것이어야 한다.[60] 즉, 정보를 보유한 상태에서 매매를 하더라도 정보를 이용하지 않았다면 내부자거래에 해당하지 않는다.[61] 정보를 '이용'하는 행위인지는 내부자등의 정보 접근가능성, 자금의 조달방법, 매매 주문의 양태, 평소의 투자성향, 매매의 불가피성 등과 같은 여러 가지 사정을 고려하여 추정이 가능하다.

미공개정보임을 인식한 상태에서 증권거래를 하였다면 특별한 사정이 없는 한 그 정보를 이용하여 거래한 것으로 추정할 것이다.[62] 내부자등의 인식은 반드시 확정적일 필요는 없고 미필적인 정도로도 충분하다. 해당 정보가 중요한 정보인지는 거래상황, 가격 등을 종합적으로 고려하여 법원이 판단할 문제이므로 내부자등이 미공개정보가 중요한 정보인지를 인식하였을 필요까지는 없다.

내부자등이 미공개중요정보를 인식한 상태에서 특정증권 등의 매매나 그 밖의 거래를 한 경우에 거래가 전적으로 미공개중요정보 때문에 이루어지지는 않았더라도 거래를 결정한 요인 중 하나가 미공개정보이었기 때문이라면 특별한 사정이 없는 한 미공개중요정보를 이용하여 거래를 한 것으로 볼 수 있다.[63] 그러나 미공개중요정보를 알기 전에 이미 거래가 예정되어 있었다거나 미공개중요정보를 알게 된 자에게 거래를 할 수밖에 없는 불가피한 사정이

---

59) 변제호 외 5인, 자본시장법(2015), 633면.
60) 서울중앙지판 2007.7.20., 2007고합159.
61) 김용재, 자본시장과 법(2016), 611면.
62) 서울중앙지판 2007.7.20., 2007고합159.
63) 변제호 외 5인, 자본시장법(2015), 634면.

있었다는 등 미공개중요정보의 '이용'과 관계없이 '다른 동기에 의하여 거래'를 하였다고 인
정되는 때에는 미공개중요정보를 이용한 것이라고 할 수 없다.[64] 대법원은 A회사의 대표이
사인 甲을 비롯하여 피고인 乙, 丙은 A회사의 분리발행 신주인수권증서(워런트)를 이용하여
A회사의 주식을 취득하고, 조달한 자금을 이용하여 B회사를 인수하되 B회사의 인수정보로
A회사의 주가가 올라서 이익을 얻으면 甲이 乙과 丙에게 경영권을 양도하기로 계획한 사안
에서, '대상회사 지분 인수'라는 미공개중요정보는 피고인들이 위와 같은 계획을 세움과 동
시에 구체화되었고, 즉, 미공개정보를 알기 전에 거래가 예정되어 있었으며, 이후 피고인들
이 워런트를 행사함에 따라 주식을 취득한 것은 미공개정보가 생성될 당시 성립된 계약에
따른 이행에 불과하다는 이유로 무죄를 선고하였다.[65] 그 밖에 판례는 정보를 취득하지 않
는 경우,[66] 다른 합리적인 이유가 있는 경우[67]에 미공개중요정보의 '이용행위'를 부정한 바
있다.

　미공개중요정보를 특정증권등의 매매, 그 밖의 거래에 이용하여야 하므로 매매대금의 지
급 또는 특정증권 등의 인수도까지는 아니더라도 해당 매매계약의 체결, 즉 의사표시의 합
치에는 이르러야 할 것이다.[68]

다. 미공개중요정보를 타인에게 이용하게 하는 행위

　"미공개중요정보를 타인에게 특정증권 등의 매매, 그 밖의 거래에 이용하게 하는 행위"
는 타인이 미공개중요정보를 당해 특정증권 등의 매매, 그 밖의 거래에 이용하려 한다는 정
을 알면서 그에게 당해 정보를 제공하거나 당해 정보가 제공되도록 하여 위 정보를 특정증
권 등의 매매, 그 밖의 거래에 이용하게 하는 것을 말한다.[69] 정보의 제공에 의해서 정보수
령자로 하여금 당해 정보를 이용한 거래의 동기를 부여하고, 우회적으로 미공개중요정보를
이용하여 거래할 가능성이 있기 때문에 처벌하는 것이다.[70]

　타인이 그 정보를 이용할 가능성을 알거나 알 수 있었으면서도 정보를 제공하였다면 경
제적 이득을 취하지 아니하였어도 책임이 면제되는 것은 아니다. 예를 들어, A회사의 대표이
사인 甲이 영향력이 있는 주주 乙에게 감자의 불가피성을 설명하면서 乙이 감자정보를 이용
하여 부정한 거래를 할 수 있다고 예상할 수 있었다면 처벌의 대상이 될 수 있다.

　"타인"은 말 그대로 '다른 사람'을 의미하고, 상장법인의 내부자등으로부터 직접 정보를

---

64) 대판 2017.1.12., 2016도10313.
65) 대판 2017.1.12., 2016도10313.
66) 대판 2008.11.27., 2008도6219.
67) 서울동부지판 2011.12.30., 2011고합221.
68) 변제호 외 5인, 자본시장법(2015), 634면.
69) 대판 2020.10.29., 2017도18164(CJ EnM 사건).
70) 변제호 외 5인, 자본시장법(2015), 635면.

수령한 자에 한정되는 것은 아니다. 따라서 '내부자등'[71])으로부터 정보를 직접 수령한 자가 당해 정보를 거래에 이용하게 하는 경우뿐만 아니라 직접 수령자를 통하여 정보전달이 이루어져 당해 정보를 제공받은 자가 위 정보를 거래에 이용하게 하는 경우도 위 금지행위에 포함된다.[72]) 이에 대해서는 죄형법정주의와 정보전달과정에서의 변질가능성을 이유로 타인을 '직접 정보수령자'에 한정하는 견해[73])도 있으나, 입법자가 제한하지 않은 '타인'의 개념을 문언보다 제한하여 해석하여야 한다고 볼 수 없고, '정보제공자로부터 직접 정보를 수령받은 자'로 제한하여 해석하지 않는다고 하여 죄형법정주의에 어긋난다고 볼 수도 없다. 정보가 전달과정에서 변질되었다면 이는 미공개중요정보 판단 등에서 고려하면 된다.[74])

상장법인 A회사의 IR파트 직원인 甲은 2013년 10월 10일경 실적 가마감 결과 영업이익이 70억원에 불과하다는 정보를 취득하고, 증권회사에서 A회사의 기업분석을 담당하고 있던 애널리스트인 乙에게 3분기 영업실적이 예상보다 부진하다는 취지의 '이 사건 정보'를 알려주었고, 乙은 총 12회에 걸쳐 이 사건 정보를 丙을 비롯한 자산운용사 소속 펀드매니저들에게 전달하였고 丙 등은 이 사건 정보를 이용하여 위 정보가 공개되기 전에 자산운용사 등에서 보유하고 있던 A회사 주식을 매도하여 약 52억원 상당의 손실을 회피함과 동시에 주식을 공매도하여 14억원 상당의 이익을 취득한 사례에서, 甲은 자본시장법 제174조 위반으로 기소되었는데, 대법원은 甲의 행위를 "미공개중요정보를 타인(丙)에게 이용하게 하는 행위"에 해당한다고 보았다.[75)76]) 즉, 내부자인 甲으로부터 정보를 직접 수령한 乙이 해당 정보를 거래에 이용하는 경우뿐만 아니라, 직접수령인인 乙을 통하여 당해 정보를 제공받은 丙에게 이용하게 하는 행위도 '미공개중요정보를 타인에게 이용하게 하는 행위'에 해당한다고 본 것이다.

내부자등이 미공개중요정보를 직접 매매, 그 밖의 거래에 이용하는 행위와의 균형을 고려하면, 정보를 타인에게 이용하게 하는 행위가 처벌받기 위해서는 단순히 정보를 전달한 것만으로는 부족하고 타인이 미공개중요정보를 매매, 그 밖의 거래에 이용하였어야 한다. 죄형

---

71) 대법원은 법 제174조의 행위 규범을 적용받는다는 뜻에서 '상장법인의 내부자 및 1차 정보수령자'를 묶어서 '수범자'라는 용어를 사용하고 있다. 대판 2020.10.29., 2017도18164.

72) 대판 2020.10.29., 2017도18164.

73) 서울고판 2017.10.19., 2016노313; 서울남부지검의 자본시장법 벌칙해설서도 "만일 2차 정보수령자가 해당 정보를 이용하지 않고 3차 정보수령자에게 전달하여 3차 정보수령자가 그 정보를 이용한 경우에는 1차 정보수령자도 법 제174조 제1항 본문의 '특정증권등의 매매 그 밖의 거래에 이용하거나 이용하게 하여서는 아니 된다'에 해당하지 않게 되므로 처벌대상이 되지 않는다."(서울남부지검, 자본시장법 벌칙해설(2019), 83면)고 하면서 비슷한 취지로 서술하고 있다.

74) 대판 2020.10.29., 2017도18164.

75) 원심은 甲이 정보를 제공한 자는 乙이고, 실제 이 사건 정보를 가지고 이용행위로 나아간 丙을 비롯한 펀드매니저들은 甲에게는 '타인'에 해당한다고 볼 수 없다고 하면서 '타인에게 이용하게 하는 행위'에 해당하지 않는다고 보았다. 서울고판 2017.10.19., 2016노313.

76) 이 사건에서는 심각하게 다루어지지 않았지만, 丙을 비롯한 펀드매니저들은 2차 정보수령자임을 이유로 처벌대상에서 빠져있다. 현행법상으로는 법 제178조의2 시장질서 교란행위의 금지대상에 해당할 것이다.

법정주의의 원칙상 정보수령자의 이용행위를 전제하지 않고서 정보의 전달만으로 처벌하는 것은 어렵기 때문이다.[77] 이 경우 내부자등의 정보제공행위와 정보수령자의 정보이용행위 사이에는 인과관계가 존재하여야 한다. 다만, 타인이 다른 경로를 통해서 이미 그 정보를 알고 있었다면 '정보를 이용하게 하는 행위'로 보기 어려울 것이다.

  내부자등은 정보수령자가 당해 정보를 이용하여 특정증권 등의 매매, 그 밖의 거래를 한다는 점을 인식하면서 정보를 제공하여야 한다. 내부자등의 인식은 반드시 확정적일 필요는 없고 미필적인 정도로도 충분하며, 인식 여부는 제공 대상인 정보의 내용과 성격, 정보제공의 목적과 동기, 정보제공행위 당시의 상황과 행위의 태양, 정보의 직접 수령자와 전달자 또는 이용자 사이의 관계와 이에 관한 정보제공자의 인식, 정보제공 시점과 이용 시점 사이의 시간적 간격 등 제반 사정을 종합적으로 고려하여 판단하여야 한다.[78]

> ▎해설▎ 내부자등의 고의(scienter)
>
> 미국의 연방대법원은 SEC Rule 10b-5에 근거한 소송에서 고의(scienter, a mental state embracing intent to deceive, manipulate, or defraud)를 요구한다. 미국법상 고의(scienter)는 우리법상의 고의(willfulness)보다 그 범위가 넓으며, 부주의에 의한 중과실(reckless disregard)도 고의(scienter)에 포함된다. Sanders v. John Nuveen & Co., 554 F. 2d 790 (7th Cir. 1977). 우리나라에서는 고의로 번역하는 경우가 많으나 '인식(scienter)'으로 번역하는 경우도 있다.[79] '사기적 인식(scienter)'이라는 표현이 보다 정확하지만, 통상적인 용례에 따라 고의라고 번역한다.
>
> 법 제174조 제1항의 미공개중요정보 이용행위와 그에 따른 손해배상책임 등이 인정되기 위해서는 내부자 등에게 '고의'가 요구되는데, 내부자거래의 특성과 규제의 연원 등을 고려하면 여기서 고의는 우리법상의 고의(willfulness)보다 미국 증권법상 고의(scienter)에 가깝게 해석하여야 한다. 따라서 내부자등이 해당 정보의 미공개성, 중요성에 대해서 어느 정도 인식을 하고 있었다면 고의가 인정된다. 자신이 내부자등에 해당하는지, 거래대상이 규제대상증권에 해당하는지는 반드시 인식하고 있을 필요는 없다.

6. 공개매수 및 대량취득·처분에 관한 특칙

  투자자와의 정보 격차를 이용하여 증권시장의 공정한 질서에 악영향을 미치는 것은 대상회사의 외부에서 생성되는 정보를 이용하는 거래에서도 나타날 수 있지만, 법 제174조 제1항의 미공개중요정보 이용행위 금지조항은 기본적으로 대상회사의 내부정보의 이용을 금지하는 것으로써, 대상회사의 외부에서 생성되는 공개매수 정보, 주식의 대량취득·처분에 관한 정보를 이용하는 행위에 적용하기는 적절치 않다. 이를 반영하여 자본시장법은 주식 등에 대한 공개매수정보를 이용한 거래(174조②), 주식 등의 대량취득·처분에 관한 정보를 이

---

77) 김병연/권재열/양기진, 자본시장법(2017), 427면; 변제호 외 5인, 자본시장법(2015), 636면.
78) 대판 2020.10.29., 2017도18164.
79) 권순일, 「증권투자권유의 책임에 관한 연구」(서울대 박사논문, 2001. 10), 57면 각주48).

용한 거래(174조③)에 대해서는 별도의 규정을 두고 있다.

가. 공개매수에 관한 특칙

(1) 의의

자본시장법 제174조 제2항은 "① 다음 각 호의 어느 하나에 해당하는 자는 ② 주식등에 대한 공개매수의 실시 또는 중지에 관한 미공개정보를 ③ 그 주식등과 관련된 특정증권등의 ④ 매매, 그 밖의 거래에 이용하거나 타인에게 이용하게 하여서는 아니 된다."고 하면서 공개매수에 관한 미공개정보의 이용행위를 금지하고 있다. 공개매수의 실시나 중지에 관한 정보는 회사의 내부정보라기 보다는 외부정보이나 그 정보를 이용하여 불공정거래가 행하여질 가능성이 높기 때문에 미공개중요정보의 이용행위 금지에 준하여 규제하는 것이다. 아래에서는 법 제174조 제2항의 요건을 살펴본다.

(2) 공개매수예정자등

법 제174조 제1항 미공개중요정보 이용행위의 금지는 '해당 법인의 내부자등'이 규제대상인데, 법 제174조 제2항 공개매수에 관한 특칙은 '다음 각 호의 어느 하나에 해당하는 자', 즉 '공개매수예정자등'이 규제대상자이다(174조②1-6호).

1. 공개매수예정자(그 계열회사를 포함한다) 및 공개매수예정자의 임직원·대리인으로서 그 직무와 관련하여 공개매수의 실시 또는 중지에 관한 미공개정보를 알게 된 자 (174조②1호)

   "공개매수예정자"[80]란 '공개매수를 하려는 자'를 말한다(174조②). 공개매수예정자의 계열회사, 임직원·대리인, 그 직무와 관련하여의 개념과 내용은 법 제174조 제1항의 미공개중요정보 이용행위의 금지에서 설명한 바와 같다.

2. 공개매수예정자(그 계열회사를 포함한다)의 주요주주로서 그 권리를 행사하는 과정에서 공개매수의 실시 또는 중지에 관한 미공개정보를 알게 된 자(2호)

   주요주주 등의 개념은 법 제174조 제1항 미공개중요정보 이용행위 금지에서 설명하였다. 아래 제3호 내지 제6호의 설명도 같다.

3. 공개매수예정자에 대하여 법령에 따른 허가·인가·지도·감독, 그 밖의 권한을 가지는 자로서 그 권한을 행사하는 과정에서 공개매수의 실시 또는 중지에 관한 미공개정보를 알게 된 자(3호)

4. 공개매수예정자와 계약을 체결하고 있거나 체결을 교섭하고 있는 자로서 그 계약을 체결·교섭 또는 이행하는 과정에서 공개매수의 실시 또는 중지에 관한 미공개정보를 알게 된 자(4호)

[80) 자본시장법은 공개매수예정자와 공개매수자의 개념을 구분하여 사용하고 있다. 공개매수자는 공개매수공고를 한 자를 말한다(134조②).

5. 제2호부터 제4호까지의 어느 하나에 해당하는 자의 대리인(법인인 경우에는 그 임직원 및 대리인을 포함한다)·사용인, 그 밖의 종업원(제2호부터 제4호까지의 어느 하나에 해당하는 자가 법인인 경우에는 그 임직원 및 대리인)으로서 그 직무와 관련하여 공개매수의 실시 또는 중지에 관한 미공개정보를 알게 된 자(5호)

6. 공개매수예정자 또는 제1호부터 제5호까지의 어느 하나에 해당하는 자(제1호부터 제5호까지의 어느 하나의 자에 해당하지 아니하게 된 날부터 1년이 경과하지 아니한 자를 포함한다)로부터 공개매수의 실시 또는 중지에 관한 미공개정보를 받은 자(6호)

(3) 공개매수의 실시 또는 중지에 관한 미공개정보

공개매수예정자등은 '주식등에 대한 공개매수의 실시 또는 중지에 관한 미공개정보'를 그 주식등과 관련된 특정증권등의 매매, 그 밖의 거래에 이용하거나 타인에게 이용하게 하여서는 아니 된다(174조②). 즉, 모든 정보의 이용행위가 금지되는 것이 아니라 '주식등에 대한 공개매수의 실시 또는 중지에 관한 미공개정보'의 이용행위가 금지된다.

1) 공개매수의 실시 또는 중지

"공개매수"란 불특정 다수인에 대하여 의결권 있는 주식, 그 밖에 대통령령으로 정하는 증권("주식등")의 매수(다른 증권과의 교환을 포함한다)의 청약을 하거나 매도(다른 증권과의 교환을 포함한다)의 청약을 권유하고 증권시장 및 다자간매매체결회사(이와 유사한 시장으로서 해외에 있는 시장을 포함한다) 밖에서 그 주식등을 매수하는 것을 말한다(174조②, 133조①)(☞ 공개매수에 대해서는 "제6장 제2절 공개매수" 참조).

실시 또는 중지는 공개매수의 실시 또는 중지를 말한다. 실시 또는 중지에 관한 내용이면 충분하고, 반드시 실제로 공개매수를 실시하였거나 중지하였을 필요는 없다. 공개매수에 관한 정보를 이용한 불공정거래를 규제하려는 입법취지에 비추어 폭넓게 해석할 필요가 있기 때문이다.

2) 미공개정보

"미공개정보"는 '대통령령이 정하는 방법'에 따라 불특정 다수인이 알 수 있도록 공개되기 전의 것을 말하며, 법 제174조 제1항 미공개중요정보 이용행위의 금지의 내용을 준용하고 있다(174조②, 令201조③,②). 법 제174조 제1항의 미공개중요정보 이용행위의 금지에서와는 달리 정보의 중요성은 요구되지 않는다. 공개매수에 관한 정보 자체만으로도 중요하기 때문이다. 다만, 공개매수의 실시 또는 중지에 관한 모든 정보가 그 시점에 관계 없이 모두 규제대상이 된다고 보기는 어렵고, 어느 정도 구체적인 윤곽이나 계획이 정해진 때부터 규제대상정보에 해당한다.

(4) 그 주식등과 관련된 특정증권등

공개매수예정자등은 주식등에 대한 공개매수의 실시 또는 중지에 관한 미공개정보를 '①

그 주식등과 관련된 '②특정증권등'의 매매, 그 밖의 거래에 이용하거나 타인에게 이용하게
하여서는 아니 된다(174조②). ①의 '주식등'은 공개매수의 대상주식등(133조①, 令139조)을 말
하고, ②의 '그 주식등과 관련된 특정증권등'은 공개매수대상인 주식등과 관련된 특정증권등
(174조①, 172조①, 令196조)을 말한다.

(5) 매매, 그 밖의 거래에 이용하는 행위

공개매수예정자등은 주식등에 대한 공개매수의 실시 또는 중지에 관한 미공개정보를 그
주식등과 관련된 특정증권등의 '매매, 그 밖의 거래에 이용하거나 타인에게 이용'하게 하여
서는 아니 된다(174조②).

"매매, 그 밖의 거래"의 개념은 법 제174조 제1항 미공개중요정보 이용행위의 금지에서
살펴본 바와 같다. 특히, 공개매수예정자등이 공개매수의 실시 또는 중지에 관한 정보를 이
용하여 그 주식등과 관련된 특정증권등을 사전에 매수하는 행위가 금지된다.

공개매수예정자등이 공개매수공고 이후에도 상당한 기간 동안 주식등을 보유하는 등 주
식등에 대한 공개매수의 실시 또는 중지에 관한 미공개정보를 그 주식등과 관련된 특정증권
등의 매매, 그 밖의 거래에 이용할 의사가 없다고 인정되는 경우에는 예외적으로 거래가 허
용된다(174조②단서).

나. 대량취득·처분에 관한 특칙

(1) 의의

자본시장법 제174조 제3항은 "① 다음 각 호의 어느 하나에 해당하는 자는 ② 주식등의
대량취득·처분의 실시 또는 중지에 관한 미공개정보를 ③ 그 주식등과 관련된 특정증권등
의 ④ 매매, 그 밖의 거래에 이용하거나 타인에게 이용하게 하여서는 아니 된다."고 하면서
주식등의 대량취득·처분에 관한 미공개정보의 이용행위를 금지하고 있다. 주식등의 대량취
득·처분에 관한 정보는 회사의 내부정보라기 보다는 외부정보이나 그 정보를 이용하여 불
공정거래가 행하여질 가능성이 높기 때문에 법 제174조 제1항의 미공개중요정보의 이용행위
금지에 준하여 규제하는 것이다.

(2) 대량취득·처분을 하려는 자등

법 제174조 제3항의 주식등의 대량취득·처분에 관한 특칙은 '다음 각 호의 어느 하나에
해당하는 자', 즉 '주식등을 대량취득·처분을 하려는 자등'이 규제대상이다(174조③1~6호).
1. 대량취득·처분을 하려는 자(그 계열회사를 포함한다) 및 대량취득·처분을 하려는 자의
   임직원·대리인으로서 그 직무와 관련하여 대량취득·처분의 실시 또는 중지에 관한
   미공개정보를 알게 된 자(174조③1호)
   "대량취득·처분을 하려는 자등"은 주식등을 대량취득·처분하려는 자를 말한다. 계

열회사, 임직원·대리인을 비롯하여 그 밖의 용어에 대한 의미는 미공개중요정보 이
용행위의 금지에서 설명한 바와 같다.

2. 대량취득·처분을 하려는 자(그 계열회사를 포함한다)의 주요주주로서 그 권리를 행사하
   는 과정에서 대량취득·처분의 실시 또는 중지에 관한 미공개정보를 알게 된 자(2호)

3. 대량취득·처분을 하려는 자에 대하여 법령에 따른 허가·인가·지도·감독, 그 밖의
   권한을 가지는 자로서 그 권한을 행사하는 과정에서 대량취득·처분의 실시 또는 중
   지에 관한 미공개정보를 알게 된 자(3호)

4. 대량취득·처분을 하려는 자와 계약을 체결하고 있거나 체결을 교섭하고 있는 자로
   서 그 계약을 체결·교섭 또는 이행하는 과정에서 대량취득·처분의 실시 또는 중지
   에 관한 미공개정보를 알게 된 자(4호)

5. 제2호부터 제4호까지의 어느 하나에 해당하는 자의 대리인(법인인 경우에는 그 임직원
   및 대리인을 포함한다)·사용인, 그 밖의 종업원(제2호부터 제4호까지의 어느 하나에 해당하는
   자가 법인인 경우에는 그 임직원 및 대리인)으로서 그 직무와 관련하여 대량취득·처분의
   실시 또는 중지에 관한 미공개정보를 알게 된 자(5호)

6. 대량취득·처분을 하려는 자 또는 제1호부터 제5호까지의 어느 하나에 해당하는 자
   (제1호부터 제5호까지의 어느 하나의 자에 해당하지 아니하게 된 날부터 1년이 경과하지 아니한
   자를 포함한다)로부터 대량취득·처분의 실시 또는 중지에 관한 미공개정보를 '알게
   된 자'(6호)

제6호에서 정한 주식 등의 대량취득·처분의 실시 또는 중지에 관한 미공개정보를
'알게 된 자'란 대량취득·처분을 하는 자 또는 제1호부터 제5호까지의 어느 하나에
해당하는 자로부터 당해 정보를 전달받은 자를 말한다. 그런데 정보수령자가 정보제
공자로부터 정보를 전달받았다고 인정하기 위해서는 단순히 정보의 이동이 있었다는
객관적 사실만으로는 충분하지 않고, 정보제공자가 직무와 관련하여 알게 된 미공개
정보를 전달한다는 점에 관한 인식이 있어야 한다. 주식 등의 대량취득·처분과 관련
된 내부자로부터 미공개정보를 알게 된 모든 경우가 제6호에 해당한다고 보게 되면,
처벌범위가 지나치게 넓어지고 법적 안정성을 침해하게 되어 죄형법정주의에 반하므
로 제한하여 해석할 필요가 있기 때문이다.[81]

(3) 주식등에 대한 대량취득·처분의 실시 또는 중지에 관한 미공개정보

주식등을 대량취득·처분을 하려는 자등은 '주식등에 대한 대량취득·처분의 실시 또는
중지에 관한 미공개정보'를 그 주식등과 관련된 특정증권등의 매매, 그 밖의 거래에 이용하
거나 타인에게 이용하게 하여서는 아니 된다(174조③). 즉, 모든 정보의 이용행위가 금지되는

---

81) 대판 2017.10.31., 2015도8342.

것이 아니라 '주식등에 대한 대량취득·처분의 실시 또는 중지에 관한 미공개정보'의 이용행위가 금지된다.

"주식등의 대량취득·처분"이란 경영권에 영향을 줄 가능성이 있는 대량취득·처분으로서 금융위원회가 정하여 고시하는 비율 이상의 대량취득·처분 등의 요건을 모두 충족하는 취득·처분을 말한다(174조③, 슈201조④).

"미공개정보"는 '대통령령이 정하는 방법'에 따라 불특정 다수인이 알 수 있도록 공개되기 전의 것을 말하며, 미공개중요정보 이용행위의 금지와 동일하게 규정되어 있다(174조③, 슈201조④,②). 다만, 미공개중요정보 이용행위의 금지와는 달리 정보의 중요성은 요구되지 않는다. 자세한 내용은 앞의 미공개중요정보 이용행위의 금지, 공개매수에 관한 특칙에서 설명하였다.

(4) 그 주식등과 관련된 특정증권등

주식등을 대량취득·처분을 하려는 자등은 주식등의 대량취득·처분의 실시 또는 중지에 관한 미공개정보를 '그 주식등과 관련된 특정증권등'의 매매, 그 밖의 거래에 이용하거나 타인에게 이용하게 하여서는 아니 된다(174조③). 자세한 내용은 미공개중요정보의 이용행위 금지 및 공개매수에 관한 특칙에서 살펴보았다.

(5) 매매, 그 밖의 거래에 이용하는 행위의 금지

주식등을 대량취득·처분을 하려는 자등은 주식등의 대량취득·처분의 실시 또는 중지에 관한 미공개정보를 '그 주식등과 관련된 특정증권등'의 매매, 그 밖의 거래에 이용하거나 타인에게 이용하게 하여서는 아니 된다(174조③). 주식등을 대량취득·처분을 하려는 자등이 법 제149조 주식등의 대량보유상황의 보고에 따른 공시 이후에도 상당한 기간 동안 주식등을 보유하는 등 주식등에 대한 대량취득·처분의 실시 또는 중지에 관한 미공개정보를 그 주식등과 관련된 특정증권등의 매매, 그 밖의 거래에 이용할 의사가 없다고 인정되는 경우에는 예외적으로 거래가 허용된다(174조③단서). 자세한 내용은 미공개중요정보 이용행위의 금지, 공개매수에 관한 특칙에서 설명한 바와 같다.

7. 미공개중요정보 이용행위의 배상책임

가. 의의

법 제174조를 위반한 자는 해당 특정증권등의 매매, 그 밖의 거래를 한 자가 그 매매, 그 밖의 거래와 관련하여 입은 손해를 배상할 책임을 진다(175조①). 자본시장법의 다른 손해배상책임 조항과 마찬가지로, 법 제175조에 따른 손해배상청구권과 민법 제750조에 따른 손해배상청구권은 청구권 경합의 관계에 있으며 선택적으로 행사가 가능하다.

법 제175조는 투자자의 손해배상책임 청구를 수월하게 하려는데 목적이 있으나, 법 제

125조 증권신고서 등의 거짓의 기재 등으로 인한 배상책임, 법 제162조 사업보고서 등의 거짓의 기재 등에 의한 배상책임과는 달리 입증책임의 전환이나 손해액의 특칙 등이 없이 평이하게 규정되어 있어서 투자자 보호수단으로는 미흡하다는 평가가 많다.

나. 손해배상책임의 성립요건

법 제174조를 위반한 자는 해당 특정증권등의 매매, 그 밖의 거래를 한 자가 그 매매, 그 밖의 거래와 관련하여 입은 손해를 배상할 책임을 진다(175조).

(1) 내부자 등의 위반행위

"손해배상책임자"는 법 제174조 제1항의 미공개중요정보 이용행위 금지규정을 위반한 내부자등, 동조 제2항의 공개매수 실시·중지 정보 이용행위 금지규정을 위반한 공개매수예정자등, 동조 제3항의 주식등의 대량취득·처분 정보 이용행위 금지규정을 위반한 주식등을 대량취득·처분을 하려는 자등이다.

"위반행위"는 내부자등의 미공개중요정보 이용행위, 공개매수예정자등의 공개매수 실시·중지 정보 이용행위, 주식등을 대량취득·처분을 하려는 자등의 주식등의 대량취득·처분 정보 이용행위이다. 자세한 내용은 법 제174조에 대한 설명에서 살펴보았다.

(2) 투자자가 입은 손해

법 제174조를 위반한 내부자등은 ①'해당 특정증권등'의 ②'매매, 그 밖의 거래를 한 자'가 ③'그와 관련하여 입은 손해'를 배상하여야 한다.

1) 해당 특정증권등

법 제174조를 위반한 내부자 등은 '해당 특정증권등'의 매매, 그 밖의 거래를 한 자가 그 매매 등과 관련하여 입은 손해를 배상할 책임이 있다. "해당 특정증권등"이어야 하므로 발행인이 동일하더라도 종류나 종목이 다른 증권을 거래한 경우에는 동조의 손해배상책임이 발생하지 않는다(반대의견 있음). 예를 들어, A회사의 이사 甲이 미공개중요정보를 이용하여 A회사가 발행한 보통주를 거래한 경우, A회사의 보통주로 교환 또는 전환할 수 있는 사채권, 옵션 등을 거래한 乙은 甲을 상대로 손해배상청구를 할 수 없다.[82] 다른 종목의 금융투자상품을 거래한 자에게까지 손해배상청구를 인정한다면 그 범위와 관련하여 실무상 감당하기 어려운 문제가 발생할 것이기 때문이다. 물론 乙이 민법상의 불법행위의 요건을 모두 입증한 경우에는 그에 따라 손해배상책임을 청구할 수는 있을 것이다.

2) 매매, 그 밖의 거래를 한 자

"매매, 그 밖의 거래"는 법 제174조 미공개중요정보의 이용행위 금지에서 살펴본 바와 같다. 법 제175조는 "거래를 한 자"라는 문구를 사용하는데, 이는 실제 거래를 하였어야 손

---

82) 임재연, 자본시장법(2018), 1058면.

해배상을 청구할 수 있다는 의미이다. 따라서 청약의 권유를 받았으나 투자설명서의 부실기재 등을 이유로 실제로 계약의 체결에 나아가지 않은 자는 거래 기회를 잃었다는 이유만으로는 법 제175조에 따른 손해배상청구는 할 수 없다.

내부자거래는 거래상대방의 존재를 알지 못한 채 이루어지고, 공개매수나 주식의 대량취득·처분의 경우에도 누가 거래상대방인지 알기가 어려워서, 법 제174조에 위반한 자를 특정하더라도 그에 상응하여 손해배상을 청구할 수 있는 매매 또는 그 밖의 "거래를 한 자"의 범위가 문제 된다. 이에 대해서는 손해배상청구권자를 법 제174조를 위반한 자의 직접적인 거래상대방에 한정하는 견해(직접상대방한정설), 내부자 등이 거래한 시점부터 내부정보가 공개되기까지 거래한 자를 모두 포함하는 견해(내부정보공개시설)가 있으나 손해배상의 범위가 지나치게 좁아지거나 그 반대로 지나치게 확대될 우려가 있다. 따라서 내부자 등의 거래와 같은 시기에 거래한 자들을 손해배상청구권자로 할 것이다(동시기거래설).[83] 다만, 동시기(同時期)의 범위를 어떻게 정할 것인지가 문제되는데, 위반행위의 시간대, 거래의 규모, 이득 또는 손실의 규모, 거래상대방의 숫자 등 다양한 변수를 고려하여 법원이 판단할 수밖에 없다고 본다. 하급심에서는 동시기거래설을 채택한 판례[84]가 있다.

3) 매매, 그 밖의 거래와 관련하여 입은 손해

법 제174조를 위반한 자는 해당 특정증권등의 매매, 그 밖의 거래를 한 자가 "매매, 그 밖의 거래와 관련하여 입은 손해"를 배상할 책임을 진다(175조). 법 제175조는 손해액의 산정 방법에 관하여는 아무런 규정을 두고 있지 않은데, 법 제126조 발행시장에서 증권신고서의 거짓의 기재 등으로 인한 손해배상책임, 법 제162조 유통시장에서 사업보고서 등의 거짓의 기재 등으로 인한 손해배상책임에서 손해배상액 산정에 관하여 추정규정을 두고 있는 것과 차이가 있다. 따라서 민법상의 원칙으로 돌아가 ① 미공개중요정보의 이용행위 등이 없었다면 형성되었을 정상가격과 ② 미공개중요정보의 이용행위 등으로 인하여 형성된 가격으로서 피해자가 실제로 거래한 가격의 차액을 손해액으로 보는 것이 타당하다.

어떤 행위가 내부자거래와 단기매매차익 반환의무에 동시에 해당하는 경우에는 당해 내부자 등은 투자자들에게 손해배상책임을 지는 것과 별도로 해당 법인에 대해서 단기매매차익을 반환하여야 한다.[85]

(3) 위반행위와 손해 간의 인과관계

"매매 그 밖의 거래와 관련하여 입은 손해"이어야 하므로, 내부자등은 미공개중요정보 이

---

83) 이상복, 자본시장법(2021), 1509면; 임재연, 자본시장법(2018), 1059면.

84) '당해 유가증권의 매매 기타 거래를 한 자'라 함은 내부자가 거래한 것과 같은 종목의 유가증권을 동시기에 내부자와는 반대방향으로 매매한 자를 의미한다고 해석함이 상당하다. 서울남부지판 1994.5.6., 92가합11689.

85) 변제호 외 5인, 자본시장법(2015), 644면.

용행위와 인과관계 없는 손해에 대해서는 배상책임을 지지 않는다. 다수인이 관여하는 증권시장의 특성상 투자자인 원고는 손해인과관계(loss causation)만 입증하면 되고, 거래인과관계(transaction causation)는 추정된다고 볼 것이다(☞ 자세한 내용은 "제4장 제3절 Ⅱ.5. 인과관계와 시장사기이론" 및 "제5장 제5절 Ⅱ.2.라. 손해금액의 산정" 참조).[86]

다. 소멸시효

법 제175조 제1항에 따른 손해배상청구권은 청구권자가 제174조를 '위반한 행위가 있었던 사실을 안 때로부터 2년간 또는 그 행위가 있었던 때로부터 5년간' 이를 행사하지 아니한 경우에는 시효로 인하여 소멸한다(175조②).[87] 손해배상청구권에 대한 2년의 소멸시효는 청구권자가 그 위반행위가 있었던 사실을 안 때부터 기산하며, 위반자에 대한 유죄의 형사판결이 선고되거나 확정된 때부터 기산되어야 한다고 볼 수 없다.[88] 한편 이 기간을 제척기간으로 보는 견해도 있으나, 법 제175조 제2항은 "시효로 인하여 소멸한다"라고 규정하고 있으므로 소멸시효기간으로 볼 것이다.[89]

Ⅲ. 단기매매차익 반환제도

1. 의의

"단기매매차익(short-swing profits) 반환 제도"는 내부자가 단기간에 그 법인의 주식 등을 사고파는 경우 미공개 내부정보를 이용하였을 개연성이 크다는 점에서 거래 자체는 허용하되 그 대신 실제로 미공개 내부정보를 이용하였는지의 여부를 묻지 않고 내부자가 얻은 이익을 해당 법인에 반환하도록 함으로써 내부자의 미공개정보 이용행위를 규제하는 제도이다.[90] 법 제172조의 단기매매차익 반환제도는 내부자거래를 금지하는 일반조항인 법 제174조 제1항 미공개중요정보 이용행위의 금지의 특별규정으로 볼 수 있다.

단차제도는 미국 1934년 증권거래법 §16조(b) 및 일본 구 증권거래법 제189조, 제190조

---

86) 김정수, 자본시장법원론(2011), 1040면; 변제호 외 5인, 자본시장법(2015), 643면; 임재연, 자본시장법 (2018), 1060면; 인과관계에 대해서는 법 제125조에 관한 제4장 제3절 Ⅱ.민사상 손해배상책임, 법 제162조에 관한 제5장 제5절 Ⅱ.민사상 손해배상책임의 설명 참조.

87) 2018. 3. 자본시장법 개정 전에는 "안 날로부터 1년간 또는 행위가 있었던 날로부터 3년간"으로 규정되어 있었으나, 적발에서 기소까지의 소요되는 기간을 감안할 때 손해배상 시효를 연장할 필요가 있고, 위반행위에 대한 처벌수준도 강화할 필요가 있다는 지적에 따라 손해배상 시효를 연장하였다.

88) 대판 2002.12.26., 2000다23440, 23457.

89) 법 제175조 제2항과는 달리 증권신고서 등의 부실기재에 관한 법 제127조(배상청구권의 소멸)는 "3년 이내에 청구권을 행사하지 아니한 경우에는 소멸한다", 사업설명서 등의 부실기재에 관한 법 제162조 제5항은 "3년 이내에 청구권을 행사하지 아니한 경우에는 소멸한다."고 되어 있는 바 제척기간으로 볼 것이다.

90) 대판 2012.1.12., 2011다80203; 대판 2008.3.13., 2006다73218; 대판 2011.3.10., 2010다84420 등. 東京高裁, 平成 4年 5月 27日 宣告, 平成 3年(ネ)第3459号 判決 등.

(현행 금융상품거래법 164조[91])를 모델로 하여서, 1976년 구 증권거래법 개정 시에 처음으로 도입되었다. 1976년 제도의 도입 당시에는 원고에게 피고의 내부정보 이용사실을 입증할 것을 요구하였으나(1976.12.22. 전면 개정된 구 증권거래법188조②), 1991년 개정시에는 미공개 내부정보의 이용 여부에 관계없이 단기매매차익을 반환토록 하였다(1991.12. 31. 일부개정된 구 증권거래법188조②). 한편, 피고의 귀책사유에 대한 입증 없이 단기매매차익을 반환토록 하는 것에 대해서는 재산권 침해가 논란이 되었으나, 2001년 헌법재판소 결정에 의해서 단차제도의 합헌성이 인정되었고,[92] 2004년 이후에는 대법원 판결들[93]에 의해서 매매의 개념, 유형적 적용제외사유, 임원 및 주요주주의 범위 등이 어느 정도 정리되었다.

2009년 2월 시행된 자본시장법은 구 증권거래법상 단차규제의 기본적인 틀을 승계하였으나 증선위의 대위청구권과 제재조치를 폐지하는 등 국가의 개입범위를 축소시켰고(172조②), 매수 또는 매도 대상인 특정증권의 종류나 종목이 다른 경우에 대해서 단기매매차익 산정기준을 마련하였으며(令195조②,③, 증선위 단차반환등에 관한 규정[94]), 매매차익의 반환주체인 임·직원과 주요주주의 범위를 명확하게 규정하고 적용제외 사유도 대폭 정비하였다(172조①, ⑥, 令194조).

2. 단기매매차익 반환의 요건

① 주권상장법인의 임원, 직원 또는 주요주주가 ② 다음 각 호의 어느 하나에 해당하는 금융투자상품("특정증권등")을 ③ 매수한 후 6개월 이내에 매도하거나 특정증권등을 매도한 후 6개월 이내에 매수하여 ④ 이익을 얻은 경우에는 ⑤ 그 법인은 그 임직원 또는 주요주주에게 그 이익("단기매매차익")을 그 법인에게 반환할 것을 청구할 수 있다(172조①). 아래에서는 단기매매차익 반환의 요건을 살펴본다.

가. 주권상장법인의 임원, 직원 또는 주요주주

단기매매차익의 반환의무자는 주권상장법인의 임원, 직원 또는 주요주주이다(172조①).

(1) 임원

"임원"이란 '이사 및 감사'를 말하고(9조②) 상근 또는 비상근을 불문한다.[95] 이사는 등기

---

91) 日本 金融商品取引法 第164條(上場会社等の役員等の短期売買利益の返還).

92) 헌결 2002.12.18., 99헌바105, 2001헌바48(병합) 전합. 일본 최고재판소도 위헌이 아니라는 입장이다. 最高裁 平成14.2.13, 平成12年(オ)第1965号, 平成12年(受)第1703号 判決.

93) 지배주식의 매도시 경영권 프리미엄은 단기매매차익에 포함되고(대판 2004.2.13., 2001다36580), 내부정보의 부당한 이용가능성이 전혀 없는 거래에 대해서는 법원이 해석상의 예외사유로 보아서 단차조항의 적용을 배제할 수 있으며(대판 2004.5.28., 2003다60396), 임원 또는 직원은 매수 또는 매도의 어느 한 시기에만 그 신분을 가지고 있으면 단기매매차익을 반환할 의무가 있다(대판 2008.3.13., 2006다73218) 등 다수.

94) 단기매매차익 반환 및 불공정거래 조사·신고등에 관한 규정(2011.11.4.제정, 증선위 고시 제2011-1호).

95) 미국은 officer를 단차 반환주체로 규정하는데(SEA of 1934 §16(b)), officer는 우리나라의 임원보다는 넓고 직

이사를 말하며 등기이사가 아니라면 임원이 아니고 직원에 해당할 가능성이 높다. 사외이사
는 등기이사일 것이므로 임원에 포함된다. 자본시장법은 상법 제401조의2 제1항 각호의 업
무집행지시자도 단기매매차익반환의 규제대상인 임원에 포함시키고 있다(172조①전단 괄호).
판례는 법인인 지배회사도 업무집행지시자등에 포함하는데,96) 이 경우 지배회사는 또 다른
반환의무자인 주요주주에도 해당할 가능성이 높다. 차명으로 거래하는 경우에도 반환의무를
부담한다. 예를 들어, A회사의 이사인 甲이 처인 乙명의의 차명계좌를 통해 주식거래를 한
경우에 甲은 단기매매차익을 반환할 의무가 있다.97)

　　임원 또는 직원은 매도와 매수의 어느 한 시점에서만 그 지위를 가지면 반환의무를 부담
한다.98) 자본시장법 제176조 제6항은 주요주주에 대해서는 "제1항은 … 주요주주가 매도·
매수한 시기 중 어느 한 시기에 있어서 주요주주가 아닌 경우에는 적용하지 아니한다."고 하
면서 매도와 매수의 시기에 모두 주요주주의 지위에 있을 것을 요구하지만, 임원에 대해서
는 주요주주와 같은 규정을 두고 있지 않을뿐만 아니라, 매도 또는 매수의 어느 한 시점에서
만 임원의 지위를 가지는 경우에도 그 지위를 이용할 개연성이 있으며, 단차 기간이 6개월로
비교적 짧아서 지나치게 불이익하다고 보기도 어렵기 때문이다. 예를 들어, 임원이 2022년 5
월 1일 해당 주권상장법인의 주식 1,000주를 매수한 후 7월 1일 퇴임하였고 9월 1일 500주를
매도하였다면, 매수시점(2022.5.1.)에서 임원의 지위에 있었고 그로부터 6개월 이내에 매도
(2022.9.1.)하였으므로 단기매매차익 반환대상이 된다. 임원이 사임한 후에는 내부정보에 접근
할 기회가 차단되므로 사임 후의 매매를 규제하는 것이 부적절하다는 견해99)가 있으나, 사
임서가 수리되어 회사와의 근로관계가 종료되기 전까지는 여전히 임원의 지위에 있다고 볼
것이므로 단차제도의 적용대상이 된다.100)

(2) 직원

　　단차 반환의 대상인 "직원"은 직무상 법 제174조 제1항의 '미공개중요정보를 알 수 있는
자로서 대통령령이 정하는 자'(172조①전단 괄호)에 한정된다. 정보에 대한 접근가능성이 거의
없는 하급 직원들까지 적용대상으로 하는 것은 과도하기 때문이다.101)

　　　원보다는 좁은 개념이다(SEC Rule §16a-1(f)). 일본은 임원(役員)을 "이사, 회계참여(회계참여), 감사 또는 집
　　　행역 또는 이들에 준하는 자(取締役、会計参与、監査役若しくは執行役又はこれらに準ずる者)"로 규정하고 있
　　　다. 金融商品取引法 第21条 第1號.

96) 대판 2006.8.25., 2004다26119.

97) 대판 2007.11.30., 2007다24459.

98) 대판 2008.3.13., 2006다73218 등.

99) 김정수, 자본시장법원론(2011), 1056면.

100) 이사는 그 임기 중에 언제든지 사임할 수 있다고 볼 것이고 사임의 의사표시가 회사에게 도달하면 그 효
　　　과가 발생한다(商382조②, 民689조). 사임서를 제출하면서 대표이사에게 그 처리를 일임한 경우에는 사임
　　　의사표시의 효과 발생 여부를 대표이사의 의사에 따르도록 한 것이므로, 대표이사가 사표를 수리함으로
　　　써 사임의 효과가 발생한다. 대판 2007.5.10., 2007다7256 등.

법 제172조 제1항 전단에서 "대통령령으로 정하는 자"란 다음 각 호의 어느 하나에 해당하는 자로서 증권선물위원회가 법 제174조 제1항에 따른 미공개중요정보를 알 수 있는 자로 인정하는 자를 말한다(슈194조).

　　1. 그 법인에서 법 제161조(주요사항보고서의 제출) 제1항 각 호의 어느 하나에 해당하는 사항의 수립·변경·추진·공시, 그 밖에 이에 관련된 업무에 종사하고 있는 직원(슈 194조1호)

　　2. 그 법인의 재무·회계·기획·연구개발에 관련된 업무에 종사하고 있는 직원(2호)

위와 같은 업무를 수행하는 이상 정규직뿐만 아니라 계약직도 포함되고, 직무집행정지 가처분이나 정직,[102] 휴직 등으로 업무집행에 관여하지 아니하는 경우에도 직원에 포함된다. 임원과 마찬가지로 매수 또는 매도의 어느 한 시점에만 그 지위에 있으면 적용대상이 된다.[103]

(3) 주요주주

"주요주주"란 ① 누구의 명의로 하든지 자기의 계산으로 의결권 있는 발행주식총수의 100분의 10 이상의 주식(그 주식과 관련된 증권예탁증권을 포함한다)을 소유한 자(9조①, 지배구조법2 조6호나목1)) 또는 ② 임원(업무집행책임자는 제외한다)의 임면(任免) 등의 방법으로 대상회사의 중요한 경영사항에 대하여 사실상의 영향력을 행사하는 주주로서 대통령령으로 정하는 자 (나목2))를 말한다. 즉, 주요주주는 ①의 10% 이상 소유주주와 ②의 사실상의 지배주주로 구분된다.

1) 10% 이상 소유주주

"10% 이상 소유주주"란 '누구의 명의로 하든지 자기의 계산으로 법인의 의결권 있는 발행주식총수의 100분의 10 이상의 주식을 소유한 자'(지배구조법2조6호나목1))를 말한다. '자기의 계산'이란 주식 등의 매매로 인한 금전적 이익이 실질적으로 해당 주주에게 귀속되는 것을 말한다.[104]

10% 이상 소유주주의 판단은 의결권 있는 발행주식총수를 기준으로 한다.[105] 주주명부

---

101) 구 증권거래법은 담당업무에 관계없이 직원을 일률적으로 반환주체로 규정하였으나(구 증권거래법188조 ②), 자본시장법은 '미공개중요정보를 알 수 있는 자로서 대통령령이 정하는 자'에 한정하고 있다.

102) 직원이 정직처분을 받아 임무수행상의 제한을 받는 상태에서 주식거래를 하였다고 하여도 그 자체만으로는 내부정보에의 접근가능성이 완전히 배제되는 유형적 적용제외사유에 해당한다고 볼 수 없다. 대판 2008.3.13., 2006다73218.

103) 김택주, 자본시장법(2015), 628면; 임재연, 자본시장법(2018), 854면; 증권법학회, 자본시장법주석서 I (2015), 993면.

104) 일본은 자기의 계산으로(自己の計算において) 취득한 주식을 모두 포함하고 있고(金融商品去來法164條1 項), 미국도 일정 범위의 가족(immediate family)의 주식을 주요주주의 판단대상인 간접적 이익(indirect pecuniary)의 산정에 포함시키고 있다(SEC Rule §16a-1(a),(e)).

105) 미국은 지분증권의 각 종류별로 10% 여부를 계산하고 있다(SEA of 1934 §16(a)(1))("[E]very person who is

상의 주주와 실제 주주가 다른 경우에는 실제 주주를 기준으로 할 것이다,[106] 단차제도의 취지상 회사에 대한 의결권의 행사보다는 주식의 매매로 인하여 얻게 되는 실질적인 이익을 방지하는 것이 중요하기 때문이다.

10% 지분율을 계산함에 있어서 전환사채나 신주인수권부사채 등 주식관련사채를 소유한 경우 이를 주식수에 산입할 것인가? 이러한 주식관련 사채는 소유자의 선택에 따라 주식으로 전환될 수 있으므로 합산대상에 포함하여야 한다는 견해(적극설)[107]가 있으나, 명문의 규정이 없고 단차제도의 엄격성을 고려하면, 전환사채나 신주인수권부사채 등은 주요주주 판단시 제외하는 것이 타당하다(소극설).[108] 다만 그 의결권과의 관계가 극히 밀접한 경우에는 입법론상 명시적으로 열거하는 것은 고려할 수 있을 것이다.

2) 사실상의 지배주주

"사실상의 지배주주"란 임원(업무집행책임자는 제외한다)의 임면(任免) 등의 방법으로 대상회사의 중요한 경영사항에 대하여 사실상의 영향력을 행사하는 주주로서 '대통령령으로 정하는 자'(지배구조법2조6호나목2), 동법시행령4조)를 말한다.

그러나 사실상의 지배주주는 그 개념이 모호하고, 사실상의 지배주주에게 단차규제가 적용되는 경우도 드물다. 객관적·형식적인 적용이 필요한 단차제도와도 어울리지 않으며, 일본 금융상품거래법 163조, 164조, 미국 1934년 증권거래법 §16(a),(b)도 사실상의 지배주주 또는 이와 유사한 규정을 두고 있지 않다. 따라서 사실상의 지배주주의 개념을 폐지하고, 그 대신에 주주 본인과 일정한 관계에 있는 특수관계인을 규제대상에 포함하거나,[109] 10% 이상 소유주주의 기준을 낮추는 등 주요주주의 기준을 조정할 필요가 있다.[110]

3) 주요주주 자격의 존재시기

주요주주는 매수와 매도 '양 시기'에 모두 주요주주의 자격을 구비하여야 한다(172조⑥). 다만, 계속하여 주요주주의 지위에 있어야 하는 것은 아니므로 그 중간에 주요주주의 자격을 상실하였다가 다시 회복한 경우에도 적용대상이 된다.

주주가 아니었거나 10% 미만의 주식을 보유하던 자가 주식을 매수하여 주요주주가 되

---

directly or indirectly the beneficial owner of more than 10 percent of any class of any equity security…").
106) 회사에 대한 의결권 등 주주권 행사 국면에서는 주주명부 기재에 따르지만(대판 2017.3.23., 2015다 248342(전합)), 자본시장법상의 주요주주는 실질적인 영향력의 행사가 중요하므로 실제주주를 기준으로 주요주주를 판단할 것이다.
107) 증권법학회, 자본시장법주석서 I (2015), 994면.
108) 금융감독원, 기업공시 실무안내(2020), 388, 382면; 임재연, 자본시장법(2018), 850면.
109) 미국의 경우에도 직간접적인 소유주(directly or indirectly the beneficial owner)를 차익반환의무자로 규정하고(SEA 16(a)(1)), 일정한 범위의 가족(immediate family)의 주식을 주요주주의 판단대상에 포함시키고 있다(SEC Rule 16a-1(a),(e)).
110) 중국의 경우 5% 이상의 주주에 대하여 단기매매차익 반환의무를 규정하고 있다. 중국 증권법 42조 (Securities Law of the People's Republic of China Article 42).

는 경우에도 주요주주에 포함시킬 것인가? 이에 대해서는 매수에 의하여 주요주주의 지위를 취득한 자가 6개월내에 매도하는 경우에는 내부정보를 이용할 가능성이 높으므로 입법론상으로는 단기매매차익의 적용대상으로 하는 것이 타당하다는 견해[111]가 있으나, 주식 매수 당시 회사의 내부정보를 이용하였다고 추정하기 어렵고, 엄격책임을 규정하고 있는 단차제도의 성격에도 반하므로 부정할 것이다.[112]

나. 특정증권등

주권상장법인의 임원, 직원 또는 주요주주가 '특정증권등'을 6개월 이내에 매매하여 이익을 얻은 경우에는 그 법인은 단기매매차익의 반환을 청구할 수 있다(172조①)(☞ 특정증권에 대해서는 "제7장 제1절 Ⅱ.4 특정증권등" 참조).

다. 6개월 이내의 매수 또는 매도

주권상장법인의 임원, 직원 또는 주요주주가 특정증권등을 '매수한 후 6개월 이내에 매도하거나 매도한 후 6개월 이내에 매수하여' 이익을 얻은 경우에는 그 법인은 단기매매차익의 반환을 청구할 수 있다(172조①).

(1) 6개월 이내

1) 투박한 추정 규정

금지되는 거래는 '특정증권등을 매수한 후 6개월 이내에 매도하거나 특정증권등을 매도한 후 6개월 이내에 매수'하는 것이다(172조①). 단기매매기간을 6개월로 정한 것은 내부자가 6개월의 기간 내에 특정증권등을 매수·매도하였다면 내부정보의 불공정한 이용이 있었다고 '투박하게 추정(crude rule of thumb)'[113]하는 것이고, 6개월 동안 주가변동을 거치면 내부정보의 가치가 희석되어 거래가 무용해질 것이라는 계산도 작용하였다. 6개월의 산정 시 초일은 산입한다(슈195조①1).

2) 매매계약체결일

법 제172조 단차조항의 적용을 위해서는 매수와 매도가 6개월 이내에 이루어져야 하는데, 매매계약체결일과 매매계약이행일(결제일)이 서로 다른 경우에는 특별한 사정이 없으면 '매매계약체결일'을 기준으로 산정한다.[114] 반환의 대상인 단기매매차익은 '실질적 이익'이라기보다는 '추상적 이익'이므로 내부자는 매매계약체결일에 이익(매매대금청구권)을 취득하였

---

111) 김건식/정순섭, 자본시장법(2013), 434면.

112) 김정수, 자본시장법원론(2011), 1075; 임재연, 자본시장법(2018), 853면.

113) Thomas G. Gorcoran이 1934년 상원 은행위원회에서 단차조항의 도입취지를 설명하면서 사용한 용례이다. John C. Coffee, Jr., & Hillary A. Sale, Securities Regulation Cases and Materials, 11th ed., Foundation Press (2009), p.1214.

114) 대판 2011.3.10., 2010다84420.

다고 볼 수 있고, 법 172조는 내부자가 실제로 내부정보를 이용하였는지를 불문하고 엄격책임을 인정한 것인데[115] 매매계약이행일을 기준으로 하게 되면 단차규제를 회피할 여지가 커지기 때문이다. 예를 들어, 甲이 2022년 2월 1일에 乙로부터 1억원에 매수한 주식을 2022년 6월 20일자로 丙에게 1억 5천만원에 매도하는 계약을 체결하는 경우에, 매매계약이행일을 기준으로 6개월을 산정하게 되면, 甲은 단기매매로 얻은 차익 5천만원의 반환을 피하려고 매매대금지급일을 2022년 8월 1일 이후로 늦출 유인이 생기게 된다.

(2) 매수와 매도

내부자가 단기매매를 통해서 차익을 얻기 위해서는 당연히 ① 매수 ⋯→ 매도, ② 매도 ⋯→ 매수의 행위가 있어야 한다. 매수와 매도는 발행시장, 유통시장을 포함하여 금융거래에서 공통적으로 사용되는 개념이다. 매매계약이 체결된 이상 실제 매매계약의 이행이 이루어지지 아니하는 경우도 매수와 매도에 해당한다.

1) 6개월 이전에 이미 동일한 증권을 보유하고 있는 경우

내부자가 6개월 이내에 그 법인이 발행한 증권을 매수·매도하였다면, 6개월의 기간 이전에 이미 그 법인이 발행한 동일한 증권을 보유하고 있었더라도 그 매수와 매도의 수량이 일치하는 범위내에서는 단기매매차익을 법인에 반환할 책임이 있다.[116] 단차제도는 내부자가 실제로 미공개 내부정보 이용하였는지의 여부를 묻지 않고 6개월이라는 단기간 동안 거래하여 이익을 얻는 행위를 간접적으로 규제하는데 그 취지가 있고, 자본시장법 제172조 제1항은 6개월 내 매수와 매도행위가 있을 것을 규정하고 있을 뿐 매도한 증권이 반드시 6개월 이내에 매수한 증권으로 특정될 것을 요하지 않기 때문이다.[117]

2) 대물변제, 교환, 담보권 실행, 상속·증여 등을 포함시킬 것인지

단차제도의 취지를 고려할 때 매매의 개념은 민법상 엄격한 매매 개념에 한정할 것은 아니고 폭넓게 해석할 것이다.[118] 대체되는 본래의 채무가 일정한 가격을 가진다면 '대물변제'도 매매에 포함하고, 일정한 가격으로 정하여 교환하는 형식이라면 '교환'도 매매에 준하여 단차규정을 적용할 것이다.[119] 형식은 매매가 아니지만 실질적으로 매매와 동일한 경제적 효과를 가지는 경우에는 단차 규제를 적용할 필요가 있기 때문이다.

---

115) 대판 2004.2.13., 2001다36580 등.

116) 대판 2023.8.31., 2022다253724.

117) 대판 2023.8.31., 2022다253724.

118) 미국 증권거래법은 매수(buy, purchase)를 '매수 또는 그 밖에 취득하는 약정(any contract to buy, purchase, or otherwise acquire)'으로 폭넓게 규정하고 있다(SEA §3(a)(13)). 매도(sale, sell)의 개념도 비슷하다(SEA §3(a)(14)). 일본 금융상품거래법은 매도등(買付け等)이라는 표현을 사용하여 폭넓게 규정하고 있다(日本 金融商品取引法164①).

119) 장상균, "지배주식의 매도에 대한 증권거래법상 단기매매차익 반환조항의 적용," 「BFL」 5권(서울대 금융법센터, 2004. 5), 94-95면.

담보권자가 담보물로 받은 주식을 처분하는 경우에 담보설정자는 주식을 매도하는 결과가 되므로 만일 담보설정자에게 이익이 있다면 단기매매차익반환의무를 부담하는가? 이에 대해서는 타인(담보권자)의 결정에 따른 처분이라는 이유로 단차제도의 적용을 부정하는 견해(부정설)[120]가 있으나, 그 실질이 대물변제와 비슷할 뿐만 아니라, 단차 규제를 회피하기 위하여 공모 하에 이루어질 수도 있으므로 단차조항이 적용된다고 본다(긍정설).[121] 다만, 비자발적 처분에 해당하고 내부정보의 이용가능성이 전혀 없다면 비전형거래에 해당하여 단차조항의 적용이 제외될 수 있을 것이다.

상속·증여, 무상증자에 의한 취득, 주식배당에 따른 주식 취득, 주식분할·병합에 의한 주식 취득 등은 매매의 개념에 포함하기는 어렵다.[122] 자신의 의사에 관계 없이 이루어지므로 단차조항의 적용은 적절하지 않다.

전환사채에 부착된 전환권을 행사하여 주식을 취득한 후 6월 이내에 이를 매도한 경우에도 명확한 규정이 우선되어야 하므로 적용대상에서 제외할 것이다.

3) 매수 및 매도증권의 종류 또는 종목이 다른 경우

단기매매차익의 반환은 매도와 매수의 대상증권이 반드시 동일한 경우에만 적용되는 것은 아니며, 종류가 서로 다른 특정증권등을 매매하는 경우에도 적용될 수 있다. 내부정보의 이용가능성이라는 측면에서는 반드시 거래대상이 동일할 필요가 없기 때문이다.

자본시장법은 매수 및 매도증권이 종류는 같으나 종목이 다른 경우(슈195조②1, 예를 들어, 보통주, 우선주, 신주 등), 매수 및 매도증권이 종류가 다른 경우(슈195조②2, 보통주, 전환사채 등)에 대한 단기매매차익 산정방법을 정하고 있다.

4) 콜옵션과 풋옵션을 포함시킬 것인지

자본시장법은 "매수(권리행사의 상대방이 되는 경우로서 매수자의 지위를 가지게 되는 특정증권등의 매도를 포함한다)"와 "매도(권리를 행사할 수 있는 경우로서 매도자의 지위를 가지게 되는 특정증권등의 매수를 포함한다)"의 개념에 옵션을 포함하고 있다(172조①). 옵션 등 파생상품을 이용하여 매수 및 매도와 동일한 경제적 효과를 누리는 것을 방지하기 위한 취지이다.

이와 관련하여 매수와 매도의 괄호 안에 부기된 문구의 해석이 문제 된다. '매수(권리행사의 상대방이 되는 경우로서 매수자의 지위를 가지게 되는 특정증권의 매도를 포함한다)'의 괄호 안 문구는 풋옵션의 매수인이 풋옵션을 행사한 경우에, 풋옵션의 매도인이 그 권리행사의 상대방이 되어서 기초자산에 대한 매수자의 지위를 가지게 되는 상황을 상정한 것이고, '매도(권리를 행사할 수 있는 경우로서 매도자의 지위를 가지게 되는 특정증권등의 매수를 포함한다)'의 괄호 안 문구는

---

120) 증권법학회, 자본시장법주석서 I (2015), 1003면.
121) 임재연, 자본시장법(2018), 863면.
122) 이철송, "유가증권의 단기매매차익 반환과 정보이용의 요건성,"「증권법연구」제5권 제1호(증권법학회, 2004. 6), 185면. 변제호 외 5인, 자본시장법(2015), 655면.

풋옵션과 이를 포함한 파생결합증권의 매수를 포함하는 개념으로 이해할 것이다. 자본시장법은 풋옵션에 대해서만 규정하고 콜옵션은 규정하지 않고 있으나, 콜옵션을 규제대상에서 제외하였다고 보아서는 아니된다. 콜옵션의 매수와 매도는 기초자산의 매수 및 매도와 사실상 동일한 효과를 가지므로 콜옵션의 매수와 매도 자체를 특정증권등의 매수나 매도의 개념에 포함된다고 보아야 한다.

라. 단기매매차익

주권상장법인의 임원, 직원 또는 주요주주가 특정증권등을 6개월 이내에 매매하여 '이익(단기매매차익)'을 얻은 경우에 그 법인은 단기매매차익의 반환을 청구할 수 있다(172조①). 즉, 반환의 대상은 임원, 직원 또는 주요주주가 얻은 단기매매차익이다.

(1) 이익의 개념

1) 직접적이고 금전적인 이익

단차제도는 내부자의 미공개정보 이용에 대한 증명이 없이 6개월 내에 매수와 매도가 있었다는 사실만으로 그 이익을 반환시키는 강행적인 제도이므로 반환대상이 되는 이익의 범위를 지나치게 확대하기는 부담스럽다. 따라서 반환대상이 되는 이익은 임원, 직원 또는 대주주가 얻은 '직접적이고 금전적인 이익(direct and pecuniary benefit)'[123]을 의미하고, 직접적으로 얻은 이익은 없지만 손실을 회피함으로 인하여 간접적인 '경제적 혜택(economic benefit)'을 받은 경우에는 단차 반환대상에 포함되지 않는다.[124] 다만, 내부자가 현실적으로 이익을 수령하거나 실현(profit realized)[125]할 필요까지는 없으나, 매매계약 체결로 추상적인 이익이 발생하였다면 이를 반환하여야 한다. 예를 들어, 매매계약이 체결되어서 매매대금청구권(추상적인 이익)이 발생하였다면 매매대금을 지급받기 전이라도 이를 양도함으로써 그 이익을 실현할 수 있는 것이고, 그 사이에 거래상대방이 파산하여 최종적으로 매매대금을 지급받지 못하였다고 하더라도 회사에 대한 단차반환의무가 소멸되는 것은 아니다. 금전적으로 평가될 수 있는 이상 지배주식의 매도 시에 얻은 경영권 프리미엄 등도 단기매매차익에 포함된다.[126]

---

123) 법 시행령 제195조 제1항은 매도단가에서 매수단가를 뺀 금액에서 매매일치수량을 곱한 금액에서 비용을 공제한 금액을 단기매매차익으로 규정하는 바 이는 내부자가 얻은 직접적·금전적 이익을 전제로 단기매매차익을 산정하는 것이다.

124) CBI Industries, Inc. v. Horton. 682 F.2d 643, 646(7th Cir. 1982). 내부자가 두 아들을 위하여 신탁계좌를 이용하여 단기매매를 한 사건이다. 1심은 단기매매차익 반환의무를 인정하였지만, 항소법원은 신탁계좌를 통해서 수혜자의 부가 증가함으로써 내부자가 간접적으로 이익을 누릴 수는 있지만 '직접적인 금전상의 이익'을 요건으로 하는 SEA §16(b)를 적용하기에는 충분하지 않다고 판단하였다.

125) SEA §16(b)는 '실현된 이익(any profit realized by him for any purchase or sale)'이라는 표현을 사용하고 있어서 이익의 인정에 엄격한 듯 보인다.

126) 대판 2004.2.13., 2001다36580 등.

2) 매매로 인한 차익

반환대상인 단기매매차익은 매매의 결과로 인하여 생기는 매수와 매도 가격 또는 매도와 매수 가격의 '차익'을 의미한다. 대법원은 주식의 양도와 함께 경영권의 양도가 이루어지는 경우에 경영권의 양도는 주식의 양도에 따르는 부수적인 효과에 불과하므로, 내부자가 주식을 양도하면서 경영권 프리미엄을 취득한 후 6월 이내에 주식을 매수하여 이익을 얻은 경우에 경영권 프리미엄도 단기매매차익에 포함하고 있다.[127]

매매에 따른 차익을 의미하므로 매매가 아니라 매매대상 주식에 대한 배당(dividend)은 특별한 사정이 없는 이상 이익에 포함되지 않는다. 영업 전망, 호재성 사건을 비롯한 여러 가지 이유로 주식가격이 상승하였다고 하더라도 해당 주식을 처분하지 않은 채 보유하고 있다면 반환대상이 아니다. 같은 맥락에서 환율변동으로 인한 평가가치의 상승이나 하락도 매매가 아니라 환율변동으로 인한 것이므로 반환의 대상이 아니다.

⑵ 동종증권의 이익 산정방법

1) 1회의 매매의 경우

단기매매가 1회에 한하여 이루어진 경우에는 이익의 산정이 비교적 수월하다. 법 시행령 제195조 제1항 제1호는 "해당 매수 또는 매도 후 6개월 이내에 매도 또는 매수한 경우에는 매도단가에서 매수단가를 뺀 금액에 매수수량과 매도수량 중 적은 수량('매매일치수량')을 곱하여 계산한 금액에서 해당 매매일치수량분에 관한 매매거래수수료와 증권거래세액 및 농어촌특별세액을 공제한 금액을 단기매매차익"으로 계산하고 있다. 다만, 이 경우 그 금액이 0원 이하인 경우에는 이익이 없는 것으로 본다.

2) 2회 이상의 반복 매매의 경우

일정한 기간 내에 주식등의 거래가 반복되는 경우에 그 산정방법을 어떻게 할 것인가? 반복거래 시에 차익을 산정하는 방법으로는 가중평균법(weighted average method)[128], 선입선출법(first-in-first-out method)[129], 매수최저가-매도최고가 대비방법(lowest-in-highest-out method)[130]

---

127) 대판 2016.3.24., 2013다210374.

128) "가중평균법(weighted average method)"은 6개월 내의 거래량을 가중치로 한 매도평균가격에서 매수평균가격을 공제하여 차익을 산정하는 방법이다. 가중평균법에 의하면 거래량 매수단가와 매도단가의 차액에 매수수량과 매도수량 중 일치하는 수량을 곱하여 매매차익을 계산하므로 차손부분이 반영된다. [단기매매차익 = (매도 평균단가 - 매수 평균단가) × 매도수량과 매수수량 중 적은 값 - 비용]. 계산방식에 대한 설명으로는 김용재, 「자본시장과 법(上)」(고려대 출판부, 2011), 644-645면 참조.

129) "선입선출법(first-in-first-out method)"은 매수한 순서와 매도한 순서를 맞추어 순서대로 매도가격에서 매수가격을 공제하여 차액을 산정하는 방법이다. 선입선출법에 의하면 순차대응방식으로 계산하게 되어 차손부분은 반영되지 않고 차익부분만 반영되므로 매매차익이 가중평균법보다 높게 나오고, 전체적으로 차손이 발생하였어도 반환책임이 발생할 수 있다. 대법원은 선입선출법을 채택한 구증권법 시행령의 규정이 헌법상 재산권을 침해하는 것으로 볼 수 없다고 한다. 대판 2005.3.25., 2004다30040.

130) "매수최저가-매도최고가 대비방식(lowest-in-highest-out method)"은 매수분은 최저가부터, 매도분은 최고가부터 순서대로 배열하고, 가장 높은 가격의 매도와 가장 낮은 가격의 매수부터 대응시키는 방법으로

등이 있는데, 산정방법에 따라서 이익의 크기가 달라지기 때문에 중요하다.

법 시행령 제195조 제1항 제2호는 "해당 매수 또는 매도 후 6개월 이내에 2회 이상 매도 또는 매수한 경우에는 가장 시기가 빠른 매수분과 가장 시기가 빠른 매도분을 대응하여 제1호에 따른 방법으로 계산한 금액을 이익으로 산정하고, 그 다음의 매수분과 매도분에 대하여는 대응할 매도분이나 매수분이 없어질 때까지 같은 방법으로 대응하여 제1호에 따른 방법으로 계산한 금액을 이익으로 산정하는 방법으로 산정한다. 이 경우 대응된 매수분이나 매도분 중 매매일치수량을 초과하는 수량은 해당 매수 또는 매도와 별개의 매수 또는 매도로 보아 대응의 대상으로 한다."고 하면서 '선입선출법'을 채택하고 있다.131)

예를 들어, 아래 [표7-1]의 사안에서, 甲이 3월에 매수한 200주와 8월에 매도한 300주 중에서 200주를 우선하여 대응하고, 남은 8월의 매도 잔량(100주)은 4월의 매수물량과 순차적으로 대응하나, 그에 따른 4월의 매수 잔량(100주)에 대응하는 11월의 매도물량 100주는 그 간격이 6개월을 초과하므로 단차산정 시에는 고려하지 않는다. 결국 甲의 단기매매차익은 50,000원{(700원－500원) × 200주 ＋ (700원－600원) × 100주}이다.

[표7-1] 단기매매차익 산정(선입선출법)

[출처] 금융감독원, 기업공시 실무안내(2020), 488면

(3) 이종증권의 이익 산정방법

내부정보를 이용한 매매는 종류나 종목이 서로 다른 경우에도 이루어질 수 있다. 자본시장법은 종목이 다른 경우(슈195조②1, 예를 들어, 보통주와 우선주)와 종류가 다른 경우(슈195조②2, 주식과 전환사채 등)를 상정하여, 단기매매차익 산정방법을 정하고 있다.

1) 종류는 같으나 종목이 다른 경우

법 시행령 제195조 제2항 제1호는 "매수 특정증권등과 매도 특정증권등이 종류는 같으나 종목이 다른 경우: 매수 후 매도하여 이익을 얻은 경우에는 매도한 날의 매수 특정증권등의

이익을 산정함으로써 가능한 최대의 이익을 산정하는 방식이다. 차익의 산출범위가 가장 크다.

131) 일본은 선입선출법을 채택하고 있고(日本 金融商品取人法164⑨), 미국은 1943년 제2연방항소법원이 선고한 Smolowe v. Delendo Corp. 사건 이후 다수의 판례는 매수최저가-매도최고가를 대응시키는 방식을 채택하고 있다. Thomas Lee Hazen, Treatise on the Law of Securities Regulation, Vol. 3, Thomson West (2002), p.24.

최종가격을 매도 특정증권등의 매도가격으로 하고, 매도 후 매수하여 이익을 얻은 경우에는 매수한 날의 매도 특정증권등의 최종가격을 매수 특정증권등의 매수가격으로 한다." 즉, 후 거래의 특정증권등을 기준으로 산정하되, 선거래의 대상증권은 후거래 시점을 기준으로 최종가액을 산정하여 차액을 결정한다. 예를 들어, 보통주를 매수하고 우선주를 매도하는 경우에는 매도한 날의 보통주 최종가격을 우선주의 매도가격으로 하고, 보통주를 매도 후에 우선주를 매수하여 이익을 얻은 경우에는 매수한 날의 보통주 최종가격을 우선주의 매수가격으로 한다.

2) 종류가 다른 경우

법 시행령 제195조 제2항 제2호는 "매수 특정증권등과 매도 특정증권등이 종류가 다른 경우: 지분증권 외의 특정증권등의 가격은 증권선물위원회가 정하여 고시하는 방법에 따라 지분증권으로 환산하여 계산한 가격으로 한다." 법 시행령 제195조 제2항 제2호에서 "증권선물위원회가 정하여 고시하는 방법에 따라 지분증권으로 환산하여 계산한 가격"이라 함은 당해 특정증권등의 매매일의 당해 특정증권등의 권리행사의 대상이 되는 지분증권의 종가를 말한다(증선위 단차반환규정3조①). 예를 들어, 보통주를 매수하고 6개월 이내에 보통주로 전환할 수 있는 전환사채를 매도한 경우와 같이 매수하고 매도한 특정증권등의 종류가 다른 경우에는 매도한 전환사채의 매도단가는 '매도일의 보통주 종가'로 환산하고, 수량은 보통주 취득가능수량(액면가액/전환가)로 각각 환산한다.[132]

(4) 환율효과, 비용공제 등
1) 매매계약체결일 이후의 환율효과를 반영할 것인지

같은 증권이라고 하더라도 매수 및 매도한 시점의 약정 통화가 다를 경우에 환율 효과로 인한 이익이나 손실을 반영할 것인가? 예를 들어, 甲이 원화 8,000만원에 매수한 주식 100주를 미화 10만 달러에 매도하는 경우에, 매매계약체결일(10만 달러 매도일)의 원-달러 환율(1달러:1,000원)을 기준으로 해서는 2천만원(1억원−8천만원)의 평가차익이 발생하였으나 급격한 원화 강세(1달러: 700원)로 인하여 매매계약이행일(결제일)에는 1천만원(7천만원−8천만원)의 손해를 보는 경우에도 단기매매차익을 인정할 것인가? 이러한 경우에도 '매매계약체결일'을 기준으로 해서 단기매매차익을 산정한다. 반환대상인 단기매매차익은 실현된 이익이 아니라 추상적인 이익으로써 매매계약 체결 시에 평가차익이 발생하였다면 이익이 발생한 것으로 보아야 할뿐만 아니라, 매매계약체결일 이후의 환율 변동을 반영하기 시작하면 악용할 소지가 생기기 때문이다. 마찬가지로 매매계약이행일의 환율이 내부자에게 유리하게 변동하였다고 하더라도 증가한 이익까지 반환할 것은 아니다.

---

132) 금융감독원, 기업공시 실무안내(2020), 392면.

2) 양도소득세 등 비용 공제의 여부

단기매매차익의 산정 시에 비용을 공제하여야 하는지, 공제한다면 어느 정도까지 비용을 공제하는지가 문제된다. 대법원은 "양도소득세는 양도차익에 과세되는 직접세로서 단기매매차익을 반환하여야 하는 모든 주식 등의 거래에서 필연적으로 발생하거나 수반하는 거래세 내지 거래비용으로 볼 수 없고, 내부자가 단기매매차익을 모두 반환함으로써 결과적으로 납부한 양도소득세 상당의 손실을 입게 되더라도 이는 단기매매차익 반환제도에 기인한 것이 아니라 양도소득세 관련 법령이 적용된 결과인 점 등을 고려하면, 단기매매차익을 산정할 때에 양도소득세를 공제하여야 한다고 볼 수 없다"고 한다.[133] 판시의 내용에 비추면 양도소득세는 공제되지 않지만 거래세 등 거래비용은 공제될 수 있다.

마. 임직원, 주요주주에 대한 반환청구

주권상장법인의 임원, 직원 또는 주요주주가 특정증권등을 6개월 이내에 매도하거나 매수하여 이익을 얻은 경우에는 '그 법인은 그 임직원 또는 주요주주에게 그 이익("단기매매차익")을 그 법인에게 반환할 것을 청구'할 수 있다(172조①).

(1) 그 법인

그 법인은 그 임직원 또는 주요주주에게 단기매매차익을 그 법인에게 반환할 것을 청구할 수 있다(172조①). 해당 법인의 청구권은 반환의무자가 이익을 취득한 날부터 2년 이내에 행사하지 아니한 경우에는 소멸한다(172조⑤). 2년의 기산일은 '이익을 취득한 날'이다. 현실적으로 이익을 수령하거나 실현할 필요는 없으며, 매수 또는 매도로 인하여 추상적인 이익이 발생한 날도 이익을 취득한 날에 해당한다. 2년은 제척기간으로서 재판상 또는 재판외의 권리행사기간이며 재판상 청구를 위한 출소기간은 아니다.[134] 따라서 반드시 소로써 반환을 청구해야 하는 것이 아니고 재판외의 방법으로도 청구할 수 있다.[135]

(2) 주주의 대위청구

해당 법인의 주주(주권 외의 지분증권 또는 증권예탁증권을 소유한 자를 포함한다)는 그 법인으로 하여금 단기매매차익을 얻은 자에게 단기매매차익의 반환청구를 하도록 요구할 수 있으며, 그 법인이 그 요구를 받은 날부터 2개월 이내에 그 청구를 하지 아니하는 경우에는 그 주주는 그 법인을 대위(代位)하여 그 청구를 할 수 있다(172조②). 주주의 청구는 반드시 소송의 방식일 필요는 없으나 소송으로 제기되는 경우가 보통일 것이다.

---

133) 대판 2016.3.24., 2013다210374.
134) 대판 2012.1.12., 2011다80203.
135) 제척기간을 출소기간으로 볼 것인지, 재판상 또는 재판외의 권리행사기간으로 볼 것인지는 당해 권리가 소로만 행사해야 하는지, 재판외에서도 행사할 수 있는지에 달려있다. 판례는 채권자취소권, 점유보호청구권, 상속회복청구권의 경우는 전자로 보고, 담보책임에 기한 청구권의 경우는 후자로 보고 있다.

대위청구권을 행사할 수 있는 주주의 자격에 대해서는 아무런 제한이 없으므로 1주의 주식을 보유하고 있는 주주는 물론 무의결권주식을 보유하고 있는 주주도 청구권이 있다. 이익은 회사에게 귀속되므로 단기매매차익이 발생한 기간에 주주이었을 필요는 없으며 문제된 거래 이후에 주주가 된 자도 대위청구를 할 수 있다.[136] 주주가 해당 법인을 대위하여 제기한 소에서 승소한 경우에는 그 주주는 회사에 대하여 소송비용, 그 밖에 소송으로 인한 모든 비용의 지급을 청구할 수 있다(172조④). 주주의 대위청구권은 이익을 취득한 날부터 2년 이내에 행사하지 아니한 경우에는 소멸한다(172조⑤).

해당 법인이 임원 등을 상대로 단기매매차익 반환청구를 하였으나 그 청구금액이 지나치게 적은 경우에도 주주의 대위청구를 허용할 것인가? 이에 대해서는 보조참가인의 독자적인 소송행위 수행은 한계가 있으므로 주주의 독자적인 대위청구를 인정할 필요가 있다는 견해(긍정설)[137]도 있으나, 해당 법인이 그 권리를 행사한 이상 그 방법이나 절차가 불합리하더라도 대위권 행사는 할 수 없고 단지 보조참가의 방법으로만 관여할 수 있다고 볼 것이다(부정설).[138] 부당한 소송수행으로 인하여 회사가 입은 손해에 대해서는 이사를 상대로 책임을 추궁하면 된다.

3. 적용제외

내부정보의 이용가능성이 전혀 없는 거래이거나 내부정보를 이용하지 않았음이 객관적으로 명확한 경우에는 단차제도가 적용되지 아니한다.

가. 법령상 적용제외사유

자본시장법 제176조 제1항은 임직원 또는 주요주주로서 행한 매도 또는 매수의 성격, 그 밖의 사정 등을 고려하여 대통령령으로 정하는 다음 각 호의 어느 하나에 해당하는 경우에는 적용하지 아니한다(172조⑥, 슈198조, 증선위 단차반환규정8조).

1. 법령에 따라 불가피하게 매수하거나 매도하는 경우(슈198조1호)
2. 정부의 허가·인가·승인 등이나 문서에 의한 지도·권고에 따라 매수하거나 매도하는 경우(2호)
3. 안정조작이나 시장조성을 위하여 매수·매도 또는 매도·매수하는 경우(3호)
4. 모집·사모·매출하는 특정증권등의 인수에 따라 취득하거나 인수한 특정증권등을 처분하는 경우(4호)
5. 주식매수선택권의 행사에 따라 주식을 취득하는 경우(5호)

---

136) 김정수, 자본시장법원론(2011), 1061면; 임재연, 자본시장법(2018), 867면; 증권법학회, 자본시장법주석서 I (2015), 1014면.
137) 임재연, 자본시장법(2018), 867면.
138) 증권법학회, 자본시장법주석서 I (2015), 1014면.

6. 이미 소유하고 있는 지분증권, 신주인수권이 표시된 것, 전환사채권 또는 신주인수권부사채권의 권리행사에 따라 주식을 취득하는 경우(6호)

7. 법 제172조제1항 제2호에 따른 증권예탁증권의 예탁계약 해지에 따라 법 제172조제1항 제1호에 따른 증권을 취득하는 경우(7호)

8. 법 제172조제1항 제1호에 따른 증권 중 제196조제1호 라목에 따른 교환사채권 또는 법 제172조제1항 제3호에 따른 교환사채권의 권리행사에 따라 증권을 취득하는 경우(8호)

9. 모집·매출하는 특정증권등의 청약에 따라 취득하는 경우(9호)

10. 「근로복지기본법」 제36조부터 제39조까지 또는 제44조에 따라 우리사주조합원이 우리사주조합을 통하여 회사의 주식을 취득하는 경우(그 취득한 주식을 같은 법 제43조에 따라 수탁기관에 예탁하는 경우만 해당한다)(10호)

11. 주식매수청구권의 행사에 따라 주식을 처분하는 경우(11호)

12. 공개매수에 응모함에 따라 주식등을 처분하는 경우(12호)

13. 그 밖에 미공개중요정보를 이용할 염려가 없는 경우로서 증권선물위원회가 인정하는 경우(13호)

나. 판례상 비전형거래

자본시장법 제176조 제6항, 동법 시행령 제198조에서 정한 예외사유가 예시적인 것인지 한정적인 것인지에 대해서는 다툼이 있다.

미국의 법원은 처음에는 객관적·기계적으로 단차조항을 적용하였으나, 1973년 Kern 판결[139]을 계기로 내부정보의 이용가능성이 없는 '비전형거래(unorthodox transactions)'에 대하여는 단차 적용을 제외하는 소위 '실용적 접근방식(pragmatic approach)'을 채택하였다. 일본의 경우도 비슷하다.[140]

우리나라의 판례는 법 시행령 제198조에서 정한 예외사유는 한정적으로 열거된 것이고 예외사유를 넓힐 것을 예정한 것은 아니지만, 단기매매차익 반환제도의 입법 목적, 법 시행령 제198조에 정해진 예외사유의 성격 그리고 헌법 제23조가 정하는 재산권보장의 취지를

---

139) Kern County Land Co. v. Occidental Petroleum Corp. 411 U.S. 582 (1973). 이 사건은 피고가 적대적 기업인수를 시도하였다가 실패하고 합병계약의 내용에 따라 공개매수하였던 주식을 합병절차 내에서 처분한 사례이다. 미국 연방대법원의 다수의견은 피고는 경영진과는 적대적인 관계에 있었으므로 미공개정보에 접근할 기회가 없었음이 분명하고, 합병계약에 따라 전환우선주를 취득한 것은 기본적으로 비자발적(involuntary) 성격을 가진다는 이유 등으로 피고의 행위는 단차규제의 적용대상이 될 수 없다고 보았다. 한편 소수의견은 단차조항은 내부정보의 이용가능성의 유무와 무관하게 매매에 해당하는 모든 거래에 엄격하고도 객관적으로 적용되어야 하고, 단차조항의 예방적 효과가 크게 훼손된다는 이유로 다수의견에 반대하였다.

140) 日本最高裁 平成14.2.13. 宣告, 平成12年(才)第1965号 / 平成12年(受)第1703.

고려하면, 법 시행령 제198조에서 정한 예외사유에 해당하지 않더라도 객관적으로 볼 때 내부정보를 '부당하게 이용할 가능성이 전혀 없는 유형의 거래'에 대하여는 법원이 법 제172조 제1항의 매수 또는 매도에 해당하지 아니하는 것으로 보아 그 적용을 배제할 수 있다고 한다.[141] 그리고 "내부정보에 대한 부당한 이용의 가능성"이 있는지 여부를 판단할 때에는 객관적으로 볼 때 내부자가 임의로 거래하였는지 여부 및 그가 내부정보에 접근할 수 있는 가능성이 있었는지 여부를 고려하여야 한다고 하면서, 해당 매매거래가 '비자발적인 거래'이고 '내부정보의 접근가능성'이 없다면 법원이 해석상의 예외사유로 보아서 단차조항의 적용을 배제할 수 있다고 판시하고 있다.[142] 즉, 우리 법원은 미국 판례에서와 같은 '비전형거래(unorthodox transactions)'의 개념을 채택하면서도 미국 판례의 기준을 그대로 따르기보다는 해당 거래가 '비자발적인 거래'이고 '내부정보의 접근가능성'이 없을 것을 전제로 단차조항의 적용을 배제할 수 있다고 한다.

그러나 지금까지 예외의 적용이 다투어진 대부분의 사례에서는 단기매매차익의 반환책임이 인정되었으며, 비전형거래에 해당한다고 보고 반환책임을 부정한 사례는 거의 없다. 관련 판례에는 ① 지배주식의 매도 및 매수가 내부정보를 부당하게 이용하였을 가능성이 전혀 없다는 비전형거래에 해당한다는 주장을 배척한 사례[143], ② 적대적 기업인수를 시도하던 자가 주요주주가 된 후에 대상회사 경영진의 저항에 부딪혀 인수를 단념하고 대량으로 취득한 주식을 공개시장에서 처분한 경우 비자발적 거래로 볼 수 없고, 내부정보에의 접근가능성이 완전히 배제된다고 볼 수 없다고 하면서 단기매매차익 반환을 인정한 사례[144], ③ 지배주주가 경영권양도를 위한 거래라는 이유로 적용제외대상임을 다투었으나 단기매매차익 반환책임을 인정한 사례[145], ④ 지배주주 겸 대표이사인 피고가 백화점 경영에 어려움이 닥치자 지배주식을 매도하는 방식으로 경영권을 양도하였는데, 경영위기로 불가피하게 매도한 것이라는 이유로 적용제외대상임을 다투었으나, 자발적인 거래이고 내부정보에 대한 접근가능성이 큰 지위에 있었음을 고려하여 단기매매차익 반환책임을 인정한 사례[146], ⑤ 법인 내부자가 정직처분을 받아 신분 및 임무수행상의 제한을 받는 상태에서 그 법인의 주식을 매수한 사안에서 단기매매차익의 반환책임을 인정한 사례[147] 등이 있다. ⑥ 금융위원회는 회사 차원의 '임직원 자사주 갖기 운동'의 일환으로 주식을 재매수한 경우를 단기매매차익 반환의 면제대상으로 인정하기는 어렵다고 보았다.[148]

---

141) 대판 2016.3.24., 2013다210374.
142) 대판 2016.3.24., 2013다210374; 대판 2008.3.13., 2006다73218; 대판 2004.5.28., 2003다60396. 등.
143) 대판 2016.3.24., 2013다210374.
144) 대판 2004.5.28., 2003다60396.
145) 대판 2004.2.12., 2002다69327.
146) 대판 2004.2.13., 2001다36580.
147) 대판 2008.3.13., 2006다73218.

4. 인수업무를 하는 투자매매업자에 대한 준용

법 제172조 제1항 및 제2항의 단기매매차익 반환제도는 투자매매업자가 주권상장법인이 모집·사모·매출하는 특정증권등을 인수한 인수계약을 체결한 날부터 3개월 이내에 매수 또는 매도하여 그 날부터 6개월 이내에 매도 또는 매수하는 경우(제198조 제4호는 제외한다)에 준용한다(172조⑦, 슈199조 본문). 투자매매업자가 증권의 발행 시에 인수계약을 체결하고 매수 또는 매도 업무를 하는 경우에는 일정한 기간 동안은 단기매매차익 반환제도의 적용이 필요하기 때문이다. 다만, 투자매매업자가 안정조작이나 시장조성을 위하여 매매하는 경우에는 해당 안정조작이나 시장조성기간 내에 매수 또는 매도하여 그 날부터 6개월 이내에 매도 또는 매수하는 경우(제198조 제3호의 경우는 제외한다)에 준용한다(슈199조 단서).

5. 통지 및 공시 등

증권선물위원회는 단기매매차익의 발생사실을 알게 된 경우에는 해당 법인에 이를 통보하여야 한다. 이 경우 그 법인은 통보받은 내용을 대통령령으로 정하는 바에 따라 인터넷 홈페이지 등을 이용하여 공시하여야 한다(172조③).

IV. 임원 등의 특정증권등 소유상황 보고

1. 의의

주권상장법인의 임원 또는 주요주주는 임원 또는 주요주주가 된 날부터 5일 이내에 누구의 명의로 하든지 자기의 계산으로 소유하고 있는 특정증권등의 소유상황을, 그 특정증권등의 소유상황에 변동이 있는 경우에는 그 변동이 있는 날부터 5일까지 그 내용을 대통령령으로 정하는 방법에 따라 각각 증권선물위원회와 거래소에 보고하여야 한다(173조①전단). 임원 또는 주요주주는 해당 주권상장법인의 중요 경영사항 및 주식 관련 정보에 접근하기가 용이하므로 해당 주권상장법인의 특정증권등에 대한 소유 및 변동내역을 공시하도록 함으로써 내부자거래를 감시하고 예방하기 위한 취지이다.

2. 임원 또는 주요주주

특정증권등의 소유상황 보고의무를 부담하는 자는 주권상장법인의 '임원' 또는 '주요주주'이다(173조①).

"임원"은 이사 및 감사를 말한다(9조②). 상근 또는 비상근을 불문하며, 전무나 상무 등의

---

148) 금융위 질의회신(2015.9.4.), '단기매매차익반환 예외 사유'.

명칭을 사용하는 집행임원 및 사외이사도 임원에 포함된다. 상법상 업무집행지시자등도 임원에 포함된다(172조①전단 괄호). 법 제172조 제1항에서는 임원, 직원, 주요주주가 단기매매차익의 반환의무자이고, 법 제174조 제1항에서는 임직원, 대리인, 주요주주 등이 모두 미공개 중요정보 이용행위의 규제대상이지만, 법 제173조 제1항에서는 임원과 주요주주만이 특정증권등의 소유상황 보고의무를 부담하고 직원은 보고의무를 부담하지 않는다(☞ 주요주주의 개념과 범위 등에 대해서는 "제7장 제1절 Ⅱ.2. 내부자등" 참조).

전무, 상무 등의 명칭을 사용하던 자가 조직개편에 의하여 그 명칭을 '리더'나 '총괄' 등으로 변경하여 사용하는 경우에도 소유상황 보고의무를 부담하는가? '리더'나 '총괄' 등의 명칭을 사용하더라도, 업무의 권한에서 임원과 차이가 없고, 종전에 사용하던 전무나 상무 등의 명칭을 변경한 것에 불과하다면, 특정증권등 소유상황 보고대상에 해당한다. 다만, '리더'나 '총괄' 등의 명칭을 사용하는 모든 경우가 보고대상이 아니고 업무나 권한이 실제로 임원에 준하는 경우에만 법 제173조가 적용된다.

3. 임원 또는 주요주주가 된 날부터 5일 이내

주권상장법인의 임원 또는 주요주주는 '임원 또는 주요주주가 된 날부터 5일 이내'에 자기의 계산으로 소유하고 있는 특정증권등의 소유상황을, 그 특정증권등의 소유상황의 변동이 있는 경우에는 그 변동이 있는 날부터 5일까지 그 내용을 증선위와 거래소에 보고하여야 한다(173조①). 보고기간인 5일을 산정함에 있어서는 공휴일, 근로자의 날, 토요일은 산입하지 아니한다(153조①, 슈200조①).

4. 특정증권등의 소유 및 변동상황

주권상장법인의 임원 또는 주요주주는 임원 또는 주요주주가 된 날부터 5일 이내에 '누구의 명의로 하든지 자기의 계산으로 소유하고 있는 특정증권등의 소유상황'을 '그 특정증권등의 소유상황에 변동이 있는 경우에는 그 변동이 있는 날부터 5일까지 그 내용'을 각각 증권선물위원회와 거래소에 보고하여야 한다(173조①).

가. 자기의 계산

"자기의 계산"이란 특정증권등의 소유로 인한 금전적 이익이 실질적으로 해당 임원 또는 주요주주에게 귀속되는 것을 말한다. 예를 들어, 주권상장법인의 임원 또는 주요주주가 금융회사와 투자일임계약이나 특정금전신탁을 체결하였는데, 금융회사가 그 운용과정에서 당해 주권상장법인의 특정증권등을 매매한 경우에는 해당 임원 또는 주요주주가 '자기의 계산'으로 소유하는 경우에 해당하여 보고대상이 된다.

나. 소유 및 변동상황

보고대상은 누구의 명의로 하든지 자기의 계산으로 소유하고 있는 특정증권등의 소유상황 및 변동상황이다(173조①). "특정증권등"의 개념은 미공개중요정보 이용행위의 금지에서 살펴본 바와 같다. 임원이 새로이 선임되더라도 소유한 특정증권등이 없으면 보고의무가 없다. 특정증권등의 소유상황을 보고한 임원이 퇴임하는 경우에는 그 변동이 없다고 하더라도 보고해야 한다는 견해가 있을 수 있으나, 금융감독원은 퇴임하는 경우에 소유상황에 변동이 없으면 보고의무가 없다고 한다.149)

임원·주요주주 특정증권등 소유상황보고는 특정증권등의 종류별 소유상황 및 변동내용을 보고하도록 하고 있으므로 주식관련사채의 권리행사로 소유증권의 종류가 변경(채권→주식 등)되는 경우에는 변동보고의무가 발생한다.150) 예를 들어, 전환사채가 주식으로 전환되는 경우에도 보고의무가 발생한다. 다만, 증선위가 정하여 고시하는 바에 따라 산정된 특정증권등의 변동 수량이 1천주 미만이고, 그 취득 또는 처분금액이 1천만원 미만인 경우에는 보고대상에서 제외된다(173조①전단 괄호, 令200조⑤).

5. 주식등의 대량보유상황 보고제도와의 비교

법 제173조의 '특정증권 등의 소유상황 보고제도'와 비슷한 제도가 법 제147조의 '주식등의 대량보유상황 보고제도'이다. '5% rule'로 불리는 법 제147조의 주식 등의 대량보유 등의 보고제도는 기업의 인수·합병 규제의 일종이지만, 내부자거래 등 불공정거래를 감시하기 위한 제도로도 유용하므로 법 제173조의 임원 등의 특정증권 등 소유상황 보고제도와는 중복되는 측면이 있다.151)

6. 증선위와 거래소 보고

주권상장법인의 임원 또는 주요주주는 임원 또는 주요주주가 된 날부터 5일 이내에 누구의 명의로 하든지 자기의 계산으로 소유하고 있는 특정증권등의 소유상황을, 그 특정증권등의 소유상황에 변동이 있는 경우에는 그 변동이 있는 날부터 5일까지 그 내용을 각각 증권선물위원회와 거래소에 보고하여야 한다(173조①전단). 증권선물위원회와 거래소는 임원 및 주요주주가 제출한 보고서를 3년간 갖추어 두고, 인터넷 홈페이지 등을 이용하여 공시하여야 한다(173조②).

---

149) 금융감독원, 기업공시 실무안내(2020), 383면. 2017년까지는 퇴임의 경우에 소유상황의 변동이 없더라도 보고의무를 요구하였다.
150) 금융감독원, 기업공시 실무안내(2020), 451면.
151) 성희활, 자본시장법(2018), 330면.

7. 위반 시 제재

법 제173조 제1항을 위반하여 보고를 하지 아니하거나 거짓으로 보고한 자는 1년 이하의 징역 또는 3천만원 이하의 벌금에 처한다(446조31호).

그 밖에 금융위원회는 보고의무를 위반한 자에 대하여 시정명령, 고발 또는 수사기관에의 통보, 경고나 주의 등의 조치를 할 수 있다(426조⑤, 슈376조①11).

V. 장내파생상품의 대량보유 보고 등

1. 장내파생상품 대량보유 보고

동일 품목의 장내파생상품을 일정 수량 이상 보유하게 된 자("대량보유자")는 그 날부터 5일 이내에 그 보유상황 등을 금융위원회와 거래소에 보고하여야 하며, 그 보유 수량이 금융위원회가 정하여 고시하는 수량 이상으로 변동된 경우에는 그 변동된 날부터 5일 이내에 그 변동 내용을 금융위원회와 거래소에 보고하여야 한다(173조의2①).

장내파생상품의 대량보유 보고제도는 장내파생상품 거래에 대한 불공정거래의 가능성을 사전에 포착하기 위해서 도입되었다. 2008. 3. 14. 구 선물거래법에 도입되어 일반상품 또는 일반상품의 지수를 대상으로 하는 선물거래에 운용되다가(구 선물거래법32조②), 자본시장법 제173조의2에서 승계되었다.

보고의무자는 동일 품목의 장내파생상품을 금융위원회가 정하여 고시하는 수량 이상 보유(누구의 명의로든지 자기의 계산으로 소유하는 경우를 말한다)하는 '대량보유자'이다(173조의2①전단). 대량보유자는 장내파생상품의 보유 및 변동상황을 금융위원회나 거래소에 보고하여야 한다(173조의2①). 금융위원회와 거래소에 보고하여야 할 자가 위탁자인 경우에는 금융투자업자로 하여금 대신하여 보고하게 할 수 있다(슈200조의2③ 전단).

2. 파생상품 정보의 누설 및 이용 금지

다음 각 호의 어느 하나에 해당하는 자로서 '파생상품시장에서의 시세에 영향을 미칠 수 있는 정보'를 '업무와 관련하여 알게 된 자'와 '그 자로부터 그 정보를 전달받은 자'는 그 정보를 누설하거나, 제1항에 따른 장내파생상품 및 그 기초자산의 매매나 그 밖의 거래에 이용하거나, 타인으로 하여금 이용하게 하여서는 아니 된다(173조의2②).

1. 장내파생상품의 시세에 영향을 미칠 수 있는 정책을 입안·수립 또는 집행하는 자 (173조의2②1호)
2. 장내파생상품의 시세에 영향을 미칠 수 있는 정보를 생성·관리하는 자(2호)

3. 장내파생상품의 기초자산의 중개·유통 또는 검사에 관련된 업무에 종사하는 자(3호)

법 제173조의2 제2항은 법 제174조에 의한 미공개중요정보 이용행위 금지 제도와 그 취지를 같이 한다. 다만, 법 제174조 제1항이 특정한 상장법인에 대한 미공개중요정보의 이용행위를 규제하는 것이라면, 법 제173조의2 제2항은 파생상품에 관한 시장정보를 규제대상으로 하는 점에서 차이가 있다.

파생상품시장에서의 시세에 영향을 미칠 수 있는 정보를 '업무와 관련하여 알게 된 자'만 규제대상이므로(173조의2②) 업무와 관련 없이 정보를 취득한 자는 규제대상에서 제외된다. 업무와 관련하여 알게 된 자 외에도 '그 자로부터 그 정보를 전달받은 자'도 포함된다. 법문상 '그 자로부터 정보를 전달받은 자'라고 하고 있어서 1차 정보수령자에 한정되는 것으로 해석될 가능성이 높다.[152]

규제대상정보는 '파생상품시장에서의 시세에 영향을 미칠 수 있는 정보'이다(173조의2②). 파생상품 정책을 입안·수립 또는 집행하는 과정에서 알게 된 정보, 파생상품의 기초자산을 중개·유통 또는 검사하는 과정에서 알게 된 정보 등이 해당할 가능성이 높다. 법 제173조의2 제2항은 중요한 정보일 것을 규정하고 있지 않으나 모든 정보가 규제대상이 된다고 볼 수는 없을 것이므로 실질적으로 가격에 영향을 미칠 수 있는 정도의 중요한 정보만이 규제대상에 해당한다고 볼 것이다. 예를 들어, 금 또는 돈육의 현물거래에 대한 수요와 공급에 관한 정보는 파생상품 시장에서의 시세에 영향을 미칠 수 있는 중요정보가 될 수 있을 것이다.

---

152) 김건식/정순섭, 자본시장법(2013), 445면; 증권법학회, 자본시장법주석서 I (2015), 1023면.

시세조종 등

I. 서설

1. 의의

"시세조종행위(manipulation)"는 자유로운 수요와 공급에 의하여 형성되는 증권등의 시세를 자의적으로 등락시키고 그 등락된 시세를 이용하여 자기의 이익을 꾀하는 일체의 행위를 말한다. 공정한 거래와 투자자 보호, 효율적인 자본시장을 구축하기 위해서는 시세조종행위는 엄격하게 규제되어야 한다.

시세조종행위는 다양하게 나타나고 기술적인 측면이 많기 때문에 그 개념을 포괄적으로 정의하는 것은 쉽지가 않다.[153] 이 때문에 자본시장법을 비롯하여 주요국가의 증권거래법은 통합적인 시세조종행위의 개념을 정의하기 보다는 특정한 유형의 거래행위를 시세조종으로 열거하는 방식을 채택하고 있다.

2. 자본시장법상 시세조종행위의 규제체계

자본시장법 제176조는 시세조종행위를 위장거래에 의한 시세조종행위, 매매목적의 시세조종행위, 시세의 고정·안정행위, 연계 시세조종행위의 4가지로 분류하고 있다.

첫째는 '위장거래에 의한 시세조종행위'이다. 상장증권 또는 장내파생상품의 매매에 관하여 그 매매가 성황을 이루고 있는 듯이 잘못 알게 하거나, 그 밖에 타인에게 그릇된 판단을 하게 할 목적으로 통정매매, 가장매매 등을 통해서 시세를 조종하는 행위가 이에 해당한다 (176조①).[154]

---

153) 미국의 1934년 증권거래법은 시세조종에 대한 정의 조항을 두지 않고 판결을 통해서 개념이 규정되고 있다. 미국 연방대법원은 Hochfelder 판결에서 시세조종(market manipulation)을 "증권의 가격을 조종하거나 인위적으로 영향을 미침으로써 투자자를 속이거나 기망하기 위한 고의적 또는 의도적인 행위 (intentional or willful conduct designed to deceive or defraud investors by controlling or artificially affecting the price of security)"라고 정의하고 있다. Ernst & Ernst v. Hochfelder, Ernst & Ernst v. Hochfelder, 425 U.S. 185 (1976).

154) 1962년 구 증권거래법 제정 시에는 위장거래 중 통정매매만을 규율하다가, 1976년 증권거래법 전부 개정

둘째는 '매매유인목적의 시세조종행위'이다. 상장증권 또는 장내파생상품의 매매를 유인할 목적으로 ① 매매가 성황을 이루고 있는 듯이 잘못 알게 하거나 그 시세를 변동시키는 매매 또는 그 위탁이나 수탁행위(176조②1, "현실거래에 의한 시세조종행위"), ② 그 시세가 자기 또는 타인의 시장조작에 의해서 변동한다는 말을 유포하는 행위(2호, "시장 조작사실 유포에 의한 시세조종행위"), ③ 중요한 사실에 관하여 거짓의 표시 또는 오해를 유발시키는 표시행위(3호, "허위표시 및 오해유발표시에 의한 시세조종행위")가 이에 포함된다.[155]

셋째는 '시세의 고정·안정행위'이다. 상장증권 또는 장내파생상품의 시세를 고정시키거나 안정시킬 목적으로 일련의 매매나 그 위탁이나 수탁을 하는 행위가 이에 해당한다(176조③).[156]

넷째는 '연계 시세조종행위'이다. 증권, 파생상품 또는 그 증권·파생상품의 기초자산의 매매와 관련하여 ① 파생상품의 매매등에서 부당한 이익을 얻거나 제3자에게 부당한 이익을 얻게 할 목적으로 그 파생상품의 기초자산의 시세를 변동 또는 고정시키는 행위(176조④1, "파생상품과 그 기초자산 간의 간 연계 시세조종행위"), ② 파생상품의 기초자산의 매매등에서 부당한 이익을 얻거나 제3자에게 부당한 이익을 얻게 할 목적으로 그 파생상품의 시세를 변동 또는 고정시키는 행위(2호, "그 기초자산과 파생상품 간의 연계 시세조종행위"), ③ 증권의 매매등에서 부당한 이익을 얻거나 제3자에게 부당한 이익을 얻게 할 목적으로 그 증권과 연계된 증권으로서 대통령령으로 정하는 증권 또는 그 증권의 기초자산의 시세를 변동 또는 고정시키는 행위(3호, "증권과 그 기초자산 간의 연계 시세조종행위"), ④ 증권의 기초자산의 매매등에서 부당한 이익을 얻거나 제3자에게 부당한 이익을 얻게 할 목적으로 그 증권의 시세를 변동 또는 고정시키는 행위(4호, "그 기초자산과 증권 간의 연계 시세조종행위"), ⑤ 파생상품의 매매등에서 부당한 이익을 얻거나 제3자에게 부당한 이익을 얻게 할 목적으로 그 파생상품과 기초자산이 동일하거나 유사한 파생상품의 시세를 변동 또는 고정시키는 행위(5호, "파생상품 간 연계 시세조종행위")가 이에 해당한다.[157]

(법률 제2920호)으로 가장매매까지 규제하기 시작하였고 자본시장법에 이르고 있다. 장내파생상품에 관하여는 구 선물거래법(법률 제5041호, 1995.12.29. 제정) 제정 시부터 통정매매·가장매매를 규제하고 있었으나 구 증권거래법과는 달리 오인의 목적을 요구하지 않았다.

155) 법 제176조 제2항의 '매매유인목적의 시세조종행위'는 일부 표현은 바뀌었으나 구 증권거래법 제정 시의 조항이 유지되고 있다.

156) 법 제176조 제3항의 '시세의 고정·안정행위'는 구 증권거래법 제정 시의 내용이 유지되고 있으나, 위헌결정(헌결 2005.5.26., 2003헌가17)에서 지적된 부분이 개정되었다(법률 제7762호).

157) 법 제176조 제4항은 구 선물거래법 제31조 제1항 제5의2 연계 시세조종행위 조항을 확대하여 도입한 것이다. 2013년경 주가연계증권(ELS)의 연계 시세조종행위가 문제되면서 제5항이 추가되었다.

[표7-2] 시세조종행위(176조)의 규제 체계

조항		행위	적용대상	거래장소
제1항 위장거래에 의한 시세조종행위	1호	통정매매(매도)	상장증권, 장내파생상품	장내
	2호	통정매매(매수)	〃	〃
	3호	가장매매	〃	〃
	4호	통정매매, 가장매매 등 의 위탁 또는 수탁	〃	〃
제2항 매매유인 목적의 시세조종행위	1호	현실거래	상장증권, 장내파생상품	장내
	2호	시장조작사실의 유포	〃	장내 또는 장외
	3호	거짓, 오해유발의 표시	〃	장내 또는 장외
제3항 시세의 고정·안정행위			상장증권, 장내파생상품	장내
제4항 연계 시세조종행위		**가격조작상품**	**이익획득상품**	
	1호	파생상품의 기초자산	파생상품	어느 하나는 거래소 상장
	2호	파생상품	파생상품의 기초자산	〃
	3호	그 증권과 연계된 증권 또는 그 증권의 기초자산	증권	〃
	4호	증권	그 증권의 기초자산	〃
	5호	그 파생상품과 기초자산이 동일·유사한 파생상품	파생상품	〃

Ⅱ. 위장거래에 의한 시세조종행위

1. 의의 및 규제의 필요성

자본시장법 제176조 제1항은 "① 누구든지 ② 상장증권 또는 장내파생상품의 매매에 관하여 ③ 그 매매가 성황을 이루고 있는 듯이 잘못 알게 하거나, 그 밖에 타인에게 그릇된 판단을 하게 할 목적으로 ④ 다음 각 호의 어느 하나에 해당하는 행위를 하여서는 아니 된다."고 하면서, 통정매매를 비롯한 '위장거래에 의한 시세조종행위'를 금지하고 있다.

법 제176조 제1항의 위장거래에 의한 시세조종행위는 서로 짜고 매도·매수하거나 거짓으로 꾸민 매매를 하는 것이어서 그 위법성이 크고, 반복하는 경우에는 매매가 성황을 이루고 있는 듯이 보이기 때문에 시세조종을 위한 수단으로 이용되기가 쉽다. 또한 법 제176조 제2항 제1호의 현실거래에 의한 시세조종행위와 함께 이루어지는 경우가 많아서 정상적인 매매거래와 구별이 어렵고 선의의 피해자가 생기기도 쉬워서 강력한 규제가 필요하다. 아래에서는 ① 규제대상자(누구든지), ② 규제대상 금융투자상품(상장증권 또는 장내파생상품의 매매),

③ 행위자의 목적(성황을 이루고 있는 듯이 잘못 알게 하거나 그 밖에 타인에게 그릇된 판단을 하게할 목적), ④ 규제행위(통정매매, 가장매매 등)로 나누어 살펴본다.

2. 누구든지

위장거래에 의한 시세조종행위의 주체에는 제한이 없다. 즉, "누구든지" 상장증권 또는 장내파생상품의 매매에 관하여 그 매매가 성황을 이루고 있는 듯이 잘못 알게 하거나, 그 밖에 타인에게 그릇된 판단을 하게 할 목적으로 통정매매, 가장매매, 통정매매·가장매매등의 위탁 또는 수탁행위를 하여서는 아니 된다(176조①). 법 제174조의 미공개중요정보 이용행위의 금지에서는 내부자를 중심으로 규제대상자가 열거되어 있으나, 법 176조 시세조종행위의 금지에서는 '누구든지' 시세조종행위를 하는 것이 금지된다. 법 제178조 부정거래행위 등의 금지에서 '누구든지' 부정거래행위를 금지하는 것과 같다.

3. 상장증권 또는 장내파생상품의 매매

위장거래에 의한 시세조종행위는 '상장증권 또는 장내파생상품의 매매'에 관하여 이루어진다. 상장증권 또는 장내파생상품을 대상으로 하므로 비상장증권이나 장외파생상품은 위장거래에 의한 시세조종행위의 대상이 될 수 없다.

상장증권 또는 장내파생상품의 '장내에서' 이루어지는 매매를 대상으로 한다. 이와 관련하여 장내파생상품은 장외거래를 통한 시세조종행위는 상정하기 어렵지만, 상장증권은 장외거래를 통한 시세조종행위가 가능하다는 견해도 있을 수 있으나, 서로 사정을 알고 매매하는 장외거래는 통정매매가 될 수밖에 없어서 상장증권의 장외거래를 법 제176조 제1항의 적용대상에 포섭시키면 혼란을 초래할 수 있다. 결국 법 제176조 제1항은 '장내에서' 이루어지는 상장증권 또는 장외파생상품의 매매만을 대상으로 한다고 볼 것이다.158)

4. 그릇된 판단을 하게 할 목적

가. 의의

위장거래에 의한 시세조종행위에 해당하기 위해서는 "그 매매가 성황을 이루고 있는 듯이 잘못 알게 하거나, 그 밖에 타인에게 그릇된 판단을 하게 할 목적"이 있어야 한다.

법 제176조 제1항 전단의 "그 매매가 성황을 이루고 있는 듯이 잘못 알게 하거나"는 제1항 후단의 "그릇된 판단을 하게 할 목적"의 일종이다. 따라서 세부적으로 매매가 성황을 이루고 있는 듯이 잘못 알게 할 정도는 아니었다고 하더라도, 전체적으로 보아서 타인에게 '그

---

158) 김건식/정순섭, 자본시장법(2013), 450면; 임재연, 자본시장법(2018), 968면; 증권법학회, 자본시장법주석서 I (2015), 1091–1092면.

롯된 판단을 하게 할 목적'이 인정된다면 요건을 충족한다. 특정한 증권에 관하여 오인하게 하려는 것에 한정되지 않고 시장 전체가 성황을 이루고 있는 듯한 외관을 만드는 경우도 포함한다.

법 제176조 제1항 후단의 "그릇된 판단을 하게 할 목적"은 인위적인 통정매매에 의하여 거래가 일어났음에도 불구하고, 투자자들에게는 증권시장에서 자연스러운 거래가 일어난 것처럼 오인하게 할 의사 또는 인식이 있으면 충분하고, 적극적인 의욕까지는 필요하지 않다.[159] '그릇된 판단을 하게 할 목적'은 그 거래의 대상이 상장증권 또는 장내파생상품인지에 관계 없이 요구된다.[160]

"그릇된 판단을 하게 할 목적"은 법 제176조 제2항의 매매유인 목적의 시세조종행위에서 매매를 '유인할 목적'과는 다르다. "매매를 유인할 목적"에서는 실제로 매매를 유인할 목적까지 요구되지만, "그릇된 판단을 하게 할 목적"에서는 투자자들에게 거래가 성황을 이루고 있는 듯이 잘못 알게 하거나 자연스러운 거래가 일어난 것처럼 오인하게 하려는 의사가 있으면 충분하고, 실제로 시세를 변동시키려는 목적까지는 요구되지 않는다. 다만, 투자자가 실제로 오해를 하지는 않았다고 하더라도 투자자의 투자판단에 실질적인 영향을 미칠 정도는 되어야 한다.

나. 제반 사정을 고려한 종합적인 판단

법 제176조 제1항의 '위장거래에 의한 시세조종행위'가 성립하기 위해서는 누구든지 상장증권 또는 장내파생상품의 매매에 관하여 "그 매매가 성황을 이루고 있는 듯이 잘못 알게 하거나, 그 밖에 타인에게 그릇된 판단을 하게 할 목적"이 있어야 함은 물론이나, 이러한 목적은 다른 목적과의 공존 여부나 어느 목적이 주된 것인지는 문제되지 아니하고, 그 목적에 대한 인식의 정도는 적극적 의욕이나 확정적 인식임을 요하지 아니하고 미필적 인식이 있으면 족하며, 투자자의 오해를 실제로 유발하였는지 여부나 타인에게 손해가 발생하였는지 여부 등도 문제가 되지 아니하고, 같은 조 제2항에서 요구되는 '매매를 유인할 목적'이나 제3항에서 요구되는 '시세를 고정시키거나 안정시킬 목적' 등이 요구되는 것도 아니며, 이러한 목적은 당사자가 이를 자백하지 않더라도 그 증권의 성격과 발행된 증권의 총수, 매매거래의 동기와 태양(순차적 가격상승주문 또는 가장매매, 시장관여율의 정도, 지속적인 종가관여 등), 그 증권의 가격 및 거래량의 동향, 전후의 거래상황, 거래의 경제적 합리성 및 공정성 등의 간접사실을 종합적으로 고려하여 판단할 수 있다.[161] 행위자가 자백하지 않는 한 '타인

---

159) 대판 2002.7.22., 2002도1696.
160) 증권거래와 관련하여 "그릇된 판단을 하게 할 목적"은 1962년 구 증권거래법 제정 시부터 규정되어 있었으나, 장내파생상품(선물)에 관한 구 선물거래법 제31조는 그릇된 판단을 하게 할 목적, 즉 주관적 요건을 요구하지 않고서 통정매매·가장매매라는 객관적 요건만을 요구하고 있었다.
161) 대판 2007.11.29., 2007도7471; 대판 2006.5.11., 2003도4320 등 다수.

에게 그릇된 판단을 하게 할 목적'을 가지고 행위하였음을 입증하기는 매우 어렵기 때문에, 자백하지 않더라도 그 대상인 증권 등의 성격과 발행된 증권의 총수, 매매거래의 동기와 태양 등의 간접적 사실을 종합적으로 고려하여 판단할 수 있도록 한 것이다. 따라서 위장거래(통정매매나 가장매매)의 객관적인 요건이 충족되면 법원은 피고인에게 그릇된 판단을 하게 할 목적이 있었음을 인정할 가능성이 높고, 책임을 면하기 위해서는 그릇된 판단을 하게 할 목적이 없었음을 주장·입증하여야 한다.

통정매매·가장매매가 이루어진 경우 대부분 그릇된 판단을 하게 할 목적이 인정되었으나 그렇지 않은 사례도 있다. 판례는 ① 수 개의 차명계좌로 주문 분산, 통정·가장매매를 통해서 종가에 관여한 경우에 그 동기가 주식의 추가매수 또는 금전 대여를 위한 자금의 확보 등이었다 하더라도 거래가 성황을 이루고 있는 듯이 잘못 알게 하거나 기타 타인으로 하여금 그릇된 판단을 하게 할 목적이 인정된다고 한 사례[162]도 있으나, ② 증권회사의 IT지원부 차장이 전달받은 ELW 알고리즘 전략을 프로그램화하여 회사의 전산시스템에 탑재할 수 있도록 도움을 주는 업무를 수행하였고 그 과정에서 돈을 받은 사정만으로는 ELW 매매에 가장매매 또는 통정매매와 같은 기망적인 요소가 있다고 할 수 없다고 하면서 자본시장법 제176조 제2항 제1호 및 제178조 제2항 부분의 공소사실에 대하여는 무죄를 선고한 사례[163]도 있다.

5. 통정매매, 가장매매 등

금지되는 행위는 타인에게 성황을 이루고 있는 듯이 잘못 알게 하거나, 그 밖에 그릇된 판단을 하게 할 목적으로 통정매매(176조①1호,2호), 가장매매(3호), 통정매매·가장매매 등의 위탁 또는 수탁(4호)을 통해서 시세를 조종하는 행위이다.

가. 통정매매

(1) 개념

"통정매매(matched order)"는 미리 타인과 통모하여 증권 등을 매매하는 것을 말한다.

법 제176조 제1항 제1호는 매도인이 시세조종행위를 하는 경우를 염두에 두고 "자기가 매도하는 것과 같은 시기에 그와 같은 가격 또는 약정수치로 타인이 그 증권 또는 장내파생상품을 매수할 것을 사전에 그 자와 서로 짠 후 매도하는 행위"를 금지하고, 제2호는 매수인이 시세조종행위를 하는 경우를 염두에 두고 "자기가 매수하는 것과 같은 시기에 그와 같은 가격 또는 약정수치로 타인이 그 증권 또는 장내파생상품을 매도할 것을 사전에 그 자와 서로 짠 후 매수하는 행위"를 금지하고 있다.

---

162) 대판 2001.11.27., 2001도3567.
163) 대판 2014.1.16., 2013도9933.

행위자가 사전에 타인과 짜고 상장증권 또는 장내파생상품을 매도하거나(176조①1), 매수하여야 하는데(176조①2), 통정에 의한 거래라고 하더라도 실제로 거래가 이루어지는 점에서 제3호의 가장매매와는 차이가 있다.

통정매매는 단기매매차익 반환의무의 대상이나, 가장매매는 매수와 매도의 계산 주체가 사실상 동일한 것으로서 단차반환 대상이 아닌 점에서 구별 실익이 있다.[164]

서로 통정하여 이루어지는 거래라고 하더라도 '타인에게 그릇된 판단을 하게 할 목적'이 없이 법령에서 정한 시장조성이나 안정조작 등의 요건을 갖추어 진행되는 장중대량매매, 장중바스켓매매 등은 통정매매가 아니다.

(2) 통정의 방법, 정도 및 범위

동일인이 서로 다른 손익의 귀속 주체들로부터 각 계좌의 관리를 위임받아 함께 관리하면서 각 계좌 상호간에 같은 시기에 같은 가격으로 매매가 이루어지도록 하는 행위도 가장매매가 아니고 통정매매에 해당한다.[165] 동일인이 관리하더라도 손익의 귀속 주체가 다르기 때문이다. 대법원은 피고인들이 공모하여 A회사의 주식에 대하여 피고인 중 1인이 다른 사람이나 다른 회사 명의의 차명계좌를 건네받아 함께 관리하면서 혼자서 주식매매대금을 결정하여 계좌 상호간에 매매거래를 하는 등으로 시세조종을 한 사안에서, 타인과 통정한 후 매매하는 통정매매에서 타인이란 유가증권의 매매로 인한 손익이 달리 귀속되는 자를 뜻하는 것으로서, 동일인이 서로 다른 손익의 귀속 주체들로부터 각 계좌의 관리를 위임받아 함께 관리하면서 각 계좌 상호간에 같은 시기에 같은 가격으로 매매가 이루어지도록 하는 행위는 가장매매가 아니라 통정매매에 해당한다고 보았다.[166] 반면에 가장매매는 매수계좌와 매도계좌가 동일한 경우 또는 다르더라도 계산 주체가 동일한 경우를 의미한다.

새롭게 매매주문을 내는 경우뿐만 아니라, 이미 시장에 나와 있는 주문에 대해서 서로 짜고 주문을 제출하여 계약을 성립시키는 행위도 통정매매에 해당한다. 그러나 사전에 서로 짠 후 매도하거나 매수하여야 하므로 이미 매매가 이루어진 후에 추인하는 행위는 통정매매가 아니다.

서로 짠 후 매도하거나 매수하는 행위, 이른바 '통정'은 반드시 매도인과 매수인 간에 직접적으로 이루어져야 하는 것은 아니고 간접적으로도 이루어 질 수도 있다. 대법원은 매도인과 매수인을 지배·장악하는 H그룹 경영기획실의 재무팀장이 동일한 시점에 매도인 회사의 차명주식 관리자에게는 매도를 지시하고, 매수한 회사측에게는 매수를 지시함으로써 주

---

164) "이사가 차명계좌를 통하여 공개시장에서 주식을 매도한 후 같은 날 같은 가격으로 매도수량 중 일부를 실명계좌로 다시 매수한 경우, 매도일시 및 가격과 매수일시 및 가격이 일치하는 부분을 제외한 나머지 부분에 대하여만 단기매매차익의 반환을 명해야 한다." 대판 2005.3.25., 2004다30040.

165) 대판 2013.7.11., 2011도15056.

166) 대판 2013.7.11., 2011도15056.

식의 매매가 이루어지도록 주도적으로 기획·조종하여 매매가 이루어지도록 한 사안에서, 통정매매는 반드시 매도인과 매수인 사이에 직접적인 협의가 이루어져야 하는 것은 아니고 그중간에 매도인과 매수인을 지배·장악하는 주체가 있어 그가 양자 사이의 거래가 체결되도록 주도적으로 기획·조종한 결과 실제 매매가 체결되는 경우도 통정매매에 해당하고, 통정매매에 가담한 사람들은 처벌대상이 된다고 한다.[167]

통정행위는 투자자의 투자판단에 실질적인 영향을 미칠 정도는 되어야 한다. 그러나 증권시장에 대한 신뢰라는 보호법익에 위험을 초래하였다면 통정 후에 매도나 매수의 주문을 시도하였으나 실제로 계약이 체결되지 않았다고 하더라도 통정매매가 성립할 수 있다. 따라서 투자자의 오해를 실제로 유발하였는지 여부나 타인에게 실제로 손해가 발생하였는지 여부는 문제가 되지 아니한다.

(3) 같은 시기, 같은 가격 또는 약정수치

법 제176조 제1항 제1호는 "자기가 매도하는 것과 같은 시기에 그와 같은 가격 또는 약정수치로 타인이 그 증권 또는 장내파생상품을 매수할 것을 사전에 그 자와 서로 짠 후 매도하는 행위"라는 문구를 사용하고 있다. 이와 관련하여 같은 시기에, 그와 같은 가격 또는 약정수치의 해석이 문제가 된다.

1) 같은 시기

같은 시기, 그와 같은 가격 또는 약정수치는 지나치게 엄격하게 해석할 필요는 없다. 정확하게 동일한 시점이 아니어도 쌍방의 주문이 거래시장에서 대응하여 성립할 가능성이 있으면 같은 시기로 볼 것이다. 이미 행해진 매도·매수 주문이 미체결 상태로 유효하게 존재하는 상황에서 통모한 상대방이 매수·매도 주문을 내서 매매거래가 체결되는 경우에는 양주문 간에 시간 간격이 있다고 하더라도 '같은 시기'의 요건은 충족된다.[168]

통정매매는 주로 정규시장의 매매거래 시간 중에 발생하지만 시간외시장의 거래에서도 발생할 수 있다. 대법원은 피고인이 甲에게는 매도주문, 乙에게는 매수주문을 지시하였는데, 처음에 장내에서 매매거래를 성사시키려고 하였다가 매수주문이 제대로 처리되지 아니하는 바람에 부득이하게 시간외거래로 매매가 체결된 경우에도 통정매매를 인정하였다.[169]

2) 같은 가격

"같은 가격"은 완전히 동일한 가격을 의미하는 것이 아니라 쌍방의 주문이 대응하여 거래가 성립할 가능성이 있는 범위 내의 가격이면 충분하다.[170] 예를 들어, 피고인이 관리하는 甲명의 계좌에서 09:15:18에 1920주를 5450원에 매도주문하고 피고인이 관리하는 乙명의 계

167) 대판 2013.9.26., 2013도5214.
168) 김건식/정순섭, 자본시장법(2013), 450면.
169) 대판 2010.12.9., 2009도6411.
170) 서울고판 2011.10.20., 2011노2152.

좌에서 09:15:29에 2000주를 5470원에 매수주문하여 1920주의 매매가 체결되게 한 경우 통정매매에 해당한다.

어느 일방의 주문이 지정가격이고 다른 일방의 주문이 시장가격인 경우에도 시장의 상황으로 보아 계약이 성립될 수 있으면 같은 가격에 해당한다.[171]

3) 약정수치

서로 짠 후 매수하거나 매도하는 이상 사전에 약정한 매도 및 매수 주문량과 실제 매매 체결량의 차이가 있어도 서로 간에 통정한 가격 또는 그 유사 가격 대에 매매거래가 체결된다면 통정매매에 해당할 수 있다.[172]

나. 가장매매

(1) 개념

"가장매매(wash sale)"는 외관상으로는 정상적인 매매와 구분하기 어렵지만, 실제로는 권리의 이전을 목적으로 하지 않는 거짓으로 꾸민 매매를 말한다.[173]

자본시장법 제176조 제1항 제3호는 가장매매를 염두에 두고 "그 증권 또는 장내파생상품의 매매를 함에 있어서 그 권리의 이전을 목적으로 하지 아니하는 거짓으로 꾸민 매매를 하는 행위"를 금지하고 있다.

통정매매는 서로 짜고 행하여지더라도 실제 권리이전을 목적으로 하지만(176조①1,2), 가장매매는 사실상 같은 사람에 의하여 행하여지고 실질적인 권리이전이 없다는 점에서 차이가 있다(176조①3). 따라서 상장증권이나 장내파생상품을 매매한 후에 즉시 반대매매를 하여 최초 매매의 권리이전 효과를 상쇄시키는 경우에는 실제 권리이전을 목적으로 한 것이 아니고, 실질적인 권리이전도 없으므로 통정매매가 아니고 가장매매에 해당한다. 그러나 투자중개업자가 담보로 잡고 있는 투자자의 주식을 처분하는 경우에는 당해 투자자가 그 주식을 매수하더라도 실질적인 처분권자가 교체되는 경우이므로 가장매매가 성립하지 않는다.[174]

가장매매는 실질적인 권리 이전이 없는 형식적인 거래에 불과하므로 매매로 인한 이익이 있다고 볼 수 없어 단기매매차익 반환조항의 적용대상에 해당하지 않는다.[175]

(2) 가장의 방법, 정도 및 범위

가장매매는 매매의 외관을 갖추고 있으나 실질적인 당사자는 같은 경우이다. 따라서 매

---

171) 같은 취지로 김건식/정순섭, 자본시장법(2013), 450면; 임재연, 자본시장법(2018), 972면.

172) 김병연/권재열/양기진, 자본시장법(2017), 435면.

173) 1934년 증권거래법 제9조는 시세조종의 유형으로 "당해 증권의 실질적 소유권의 변동을 수반하지 않는 거래(to effect any transaction in such security which involves no change in the beneficial ownership thereof)" 즉 가장매매(wash sale)를 금지하고 있다(SEA of 1934 §9(a)(1)(A)).

174) 김건식/정순섭, 자본시장법(2013), 451면.

175) 대판 2005.3.25., 2004다30040.

수계좌와 매도계좌가 다르더라도 동일인이 실제 소유하고 있는 차명계좌 간에 거래가 이루어졌다면 가장매매에 해당하고, 동일인이 차명계좌와 실명계좌를 이용하여 매매한 경우도 가장매매에 해당한다.176) 다만 시세조종의 일환으로 행해지는 통정매매와 가장매매는 증권의 매매로 인한 손익의 귀속 주체가 동일인인지 여부에 차이가 있을 뿐, 주식시세조종의 목적으로 수개의 행위를 단일하고 계속된 범의 아래 일정 기간 계속·반복한 범행이고 그 보호법익도 증권 거래의 공정성 및 유통의 원활성 확보라는 사회적 법익으로서 서로 동일하므로,177) 주식시세조종 등의 목적으로 자본시장법 제176조와 제178조에 해당하는 수개의 행위를 단일하고 계속된 범의 아래 일정기간 계속하여 반복한 경우 이들 행위는 모두 자본시장법 제176조와 제178조에서 정한 시세조종행위 및 부정거래행위 금지 위반의 포괄일죄를 구성한다.178)

동일인이 같은 증권을 동일 가격으로 동일 수량의 매도·매수 주문을 내어 매매거래를 체결시키는 자전거래도 가장매매에 해당한다. 그러나 증권회사가 복수의 고객으로부터 동일한 증권에 대한 매수주문과 매도주문을 받아 거래소에 제출하거나, 고객으로부터 받은 매도주문을 내면서 자신의 계산으로 매수주문을 내더라도 이 경우에는 계산 주체가 다르므로 가장매매에 해당하지 않는다.

가장매매가 성립하기 위해서는 투자자의 투자판단에 실질적인 영향을 미칠 정도는 되어야 하지만, 투자자의 투자판단에 오해를 유발하여 실제로 매매계약이 체결되거나 매매대금이 수수되는 등 실제로 손해가 발생하였는지는 문제되지 아니한다. 가장매매를 시도하였다는 사실만으로도 증권거래의 공정성과 투자자보호를 위한 시세조종금지의 입법취지를 침해할 수 있기 때문이다.

다. 통정매매·가장매매 등의 위탁 또는 수탁행위

(1) 개념

법 제176조 제1항 제4호는 "제1호부터 제3호까지의 행위를 위탁하거나 수탁하는 행위"를 금지하고 있다. 직접적인 통정매매나 가장매매 행위뿐만 아니라 통정매매나 가장매매를 위탁하거나 수탁하는 행위도 투자자의 판단에 영향을 줄 수 있기 때문이다. 위탁을 하는 투자자뿐만 아니라 수탁을 하는 금융투자업자도 시세조종행위의 처벌대상이 된다. 주문이 체결되어 거래에는 이르지 않았다고 하더라도, 위탁 또는 수탁행위만으로 처벌할 수 있기 때문에 법 제176조 제1항 제4호는 사실상 통정매매나 가장매매의 미수범을 처벌할 수 있는 근거규정의 기능을 한다.

---

176) 대판 2013.7.11., 2011도15056.
176) 대판 2013.7.11., 2011도15056.
177) 대판 2013.7.11., 2011도15056.
178) 대판 2011.10.27., 2011도8109.

(2) 위탁·수탁의 방법, 정도 및 범위

통정매매 또는 가장매매를 위탁하거나 이를 알면서 수탁하는 행위가 금지된다. 예를 들어, 고객이 통정매매 또는 가장매매를 하려는 것을 알면서 투자중개업자의 임직원이 매매를 수탁하는 행위는 금지된다. 위탁·수탁 단계에서부터 통정매매나 가장매매의 가능성이 있고, 매매거래 체결 뿐 아니라 매매거래의 주문에 나아가는 사실만으로도 투자자들의 투자판단에 영향을 줄 수 있기 때문이다.179)

투자중개업자가 '위탁받은 주문을 시장에 제출한 시점'에 위반행위가 성립된다고 보는 견해가 있을 수 있으나, 자본시장에 대한 신뢰는 고객이 통정매매나 가장매매를 투자중개업자에게 위탁하는 시점에서 침해되는 것이고 통정매매나 가장매매의 가능성도 그 때부터 생기는 것이므로 '위탁받은 시점'에서 제4호 위반이 성립한다고 볼 것이다.

┃해설┃ 고빈도매매 등과 시세조종행위

최첨단 슈퍼컴퓨터를 이용한 고빈도매매(HFT)180), 알고리즘매매(algorithm)181)와 직접시장접속 방식(DMA)182) 등이 활용되면서 다양한 법적 분쟁이 발생하고 있다. 고빈도매매(HFT)나 알고리즘을 이용하면 거래시스템에 우선적으로 접근할 기회를 확보할 수 있고, 그렇지 않더라도 유리한 조건으로 거래할 수 있기 때문에 이를 이용한 거래가 단순히 시설이나 장비 등의 우위에 불과한 것인지 아니면 시세조종이나 불공정거래의 가능성도 있는 것인지가 문제되는 것이다. 고빈도매매(HFT) 자체를 불공정하다고 보기는 어렵지만 시세조종 등에 이용될 수 있어서 문제가 된다. 실제로 2010년 Flash Crash 사건183) 이후에 SEC는 개선방안을 발표하였고, 적법한 행위의 기준을 마련하기 위한 논의가 이루어지고 있다.

---

179) 김건식/정순섭, 자본시장법(2013), 451면; 김병연/권재열/양기진, 자본시장법(2017), 436면.

180) "고빈도매매(HTF)"란 짧은 기간에 다수의 호가를 발생시켜서 거래를 체결하는 매매방법으로, 시장조성자, 자기매매, 헷지펀드 등이 주로 사용한다. 차익거래와 투자기회 등을 포착하여 투자의사 결정을 자동화시킨 알고리즘매매의 일종이다. 그러나 알고리즘매매는 대부분 고빈도로 이루어지지만 저빈도로 이루어지는 경우도 있으므로 양자가 언제나 중복되는 것은 아니다.

181) "알고리즘매매(Algorithmic Trading)"는 컴퓨터의 프로그램을 사용해 자동으로 거래소 시스템에 거래주문을 생성, 발주하는 방식을 말한다. 브로커가 중간에서 주문을 입력하는 전통적인 위탁매매방식과 달리 인적 개입이 최소화되는 시스템매매의 일종이다. 권재열/김홍기/양기진, 「파생상품시장 불공정거래의 효율적 대응을 위한 모니터링 시스템의 선진화 방안에 관한 연구」보고서(금융감독원, 2012. 12), 100면.

182) "직접시장 접속방식(DMA)"은 투자자가 브로커로부터 제공받은 전용선 등을 통해 다른 참가자들보다 빨리 주문을 제출하는 방식을 말한다. 국내에서는 ELW 스캘핑거래와 관련하여 불공정거래행위가 문제된 바 있다.

183) 2010년 5월 6일 하루 동안 불시에 다우존스 포인트가 1000 포인트 가까이 급락한 사건이다. 고빈도거래자(HFT)들이 매도 알고리즘에 익하여 공격적으로 팔자에 나선 것이 주된 원인으로 밝혀졌는데, 이에 따라 SEC는 circuit breaker 등 시장안정장치의 개선, DMA 서비스의 무분별한 제공 금지 등을 발표하였다.

Ⅲ. 매매유인목적 시세조종행위

1. 의의 및 규제의 필요성

자본시장법 제176조 제2항은 "① 누구든지 ② 상장증권 또는 장내파생상품의 매매를 ③ 유인할 목적으로 ④ 다음 각 호의 어느 하나에 해당하는 행위를 하여서는 아니 된다."고 하면서, 현실거래에 의한 시세조종행위(176조②1호), 시장조작사실의 유포에 의한 시세조종행위(2호), 거짓, 오해유발의 표시에 의한 시세조종행위(3호) 등 '매매유인 목적의 시세조종행위'를 금지하고 있다.

법 제176조 제1항의 통정매매나 가장매매는 실질적인 거래는 없음에도 불구하고 마치 실제 거래가 있는 것처럼 위장하는 것이나, 제2항의 매매유인 목적의 시세조종행위는 매매, 시장조작사실의 유포나 오해유발표시 등을 통해서 현실의 매매를 이끌어내기 위한 행위로서 정상적인 거래와 구분하기가 더욱 어렵다. 더욱이 증권시장에서 일어나는 모든 주문이나 관련 행위는 어느 정도 시세에 영향을 주는 것이 불가피할 뿐만 아니라, 정상적인 시장참가자의 매수행위라고 하더라도 가격 상승을 바라는 것은 당연하므로 정상적인 거래행위와 매매유인 목적의 위법한 시세조종행위를 구분하여 처벌할 실익이 있는지도 논란이 있다. 그러나 시세조종행위의 기술적 성격, 증권시장에 대한 투자자들의 신뢰를 보호하기 위해서는 현실거래에 의한 시세조종행위라도 그 위법성이 인정되면 처벌할 필요가 있다.

아래에서는 법 제176조 제2항을 ① 규제대상자(누구든지), ② 규제대상 금융투자상품(상장증권 또는 장내파생상품의 매매), ③ 행위자의 목적(매매를 유인할 목적), ④ 규제행위(현실거래에 의한 시세조종행위 등)로 나누어 살펴본다.

2. 누구든지

매매유인 목적의 시세조종행위의 주체에는 제한이 없다. 즉, "누구든지" 상장증권 또는 장내파생상품의 매매를 유인할 목적으로 현실거래에 의한 시세조종행위, 시장 조작사실 유포에 의한 시세조종행위, 거짓 또는 오해유발 표시에 의한 시세조종행위를 하여서는 아니 된다(176조②). 시세조종 자금을 타인으로부터 제공받았거나 시세조종행위의 법적 효과가 다른 사람에게 귀속된다고 하더라도 실제 매매를 유인할 목적으로 매매가 성황을 이루고 있는 듯이 잘못 알게 한 사람이 처벌대상이다.[184]

3. 상장증권 또는 장내파생상품의 매매

매매유인목적의 시세조종행위는 '상장증권 또는 장내파생상품의 매매'를 통해서 이루어

---

184) 대판 2003.12.12., 2001도606(현대전자 사건).

진다. 따라서 비상장증권이나 장외파생상품에 대해서는 매매유인목적의 시세조종행위는 성립하지 않는다.

상장증권이라도 장내거래가 아닌 장외거래에 대해서는 법 제176조 제2항이 적용되기 어렵다. 장외에서 이루어지는 개별적인 거래를 통해서 매매를 유인하여 장내에 상장된 증권이나 파생상품의 시세를 조종한다는 가정은 현실적이지 않기 때문이다. 그 밖의 내용은 법 제176조 제1항 "위장거래에 의한 시세조종행위"에서 살펴보았다.

4. 매매를 유인할 목적

가. 의의

매매유인 목적의 시세조종행위에 해당하기 위해서는 '상장증권 또는 장내파생상품의 매매를 유인할 목적'이 있어야 한다. 법 제176조 제2항의 "매매를 유인할 목적"이란 "시장오도행위를 통해 투자자들로 하여금 시장의 상황이나 상장증권 또는 장내파생상품의 가치 등에 관하여 오인하도록 하여 상장증권 또는 장내파생상품의 매매에 끌어들이려는 목적을 말한다."[185] 특정한 증권이 저평가되어 있다고 보고 시장가격이 상승되어야 한다고 믿고서 매매를 하였다고 하더라도, 그 과정에서 인위적인 조작을 가하여 시세를 변동시켜서 투자자를 증권 또는 장내파생상품의 매매에 끌어들이려는 목적이 있었다면 매매를 유인할 목적이 인정된다. 유인할 목적이 있으면 되므로 실제로 제3자가 유인되어 직접 매매거래를 하여야 하는 것은 아니다.[186]

매매를 유인할 목적은 그것이 행위의 유일한 동기일 필요는 없으므로, 다른 목적과의 공존하는지 여부나 어느 목적이 주된 것인지는 문제되지 않는다.[187] 예를 들어, 매매거래를 유인할 목적을 가지고 장내파생상품의 거래를 하였다면 헷지 또는 차익거래의 목적을 함께 가지고 있었다고 하더라도 '매매를 유인할 목적'이 인정된다.[188] 매매를 유인할 목적만 있으면 되고 시세를 변동시킨 후 그 변동된 시세에 증권·장내파생상품을 매매하여 이익을 취할 목적까지 있어야 하는 것은 아니다. 법 제176조 제2항은 증권시장의 효율성과 신뢰성을 보호하기 위한 것이지 시세조종 행위자의 이득 추구를 막으려는 것은 아니기 때문이다.

매매를 유인할 목적에 대한 인식은 어느 정도로 요구되는가? 시세조종행위의 특성을 고려하면, 매매를 유인할 목적에 대한 인식의 정도는 적극적 의욕이나 확정적 인식임을 요하지 아니하고, 미필적 인식이 있으면 족하다.[189] 예를 들어, 자신의 행위가 투자자에게 특정

---

185) 대판 2018.4.12., 2013도6962.
186) 변제호 외 5인, 자본시장법(2015), 682면.
187) 대판 2018.4.12., 2013도6962; 대판 2007.11.29., 2007도7471.
188) 대판 2012.11.29., 2012도1745(도이치증권 v. 대한전선).
189) 대판 2007.11.29., 2007도7471.

한 주식이 유망한 것처럼 오인시켜 그 주식의 매매거래를 유인할 수 있다는 것을 알 수 있었다면 매매를 유인할 목적도 인정될 수 있다. 투자자의 오해를 실제로 유발하였는지나 실제로 시세 변경의 결과가 발생하였는지, 타인에게 손해가 발생하였는지 등도 문제가 되지 아니한다. 피고인이 매매를 유인할 목적의 존재를 부인하는 경우 상당한 관련성이 있는 간접사실 또는 정황사실을 분석하는 방법에 의하여 그 목적의 존재 여부를 판단할 수밖에 없다. 이때 무엇이 매매를 유인할 목적의 존재를 뒷받침할 수 있는 상당한 관련성이 있는 간접사실 또는 정황사실에 해당하는 것인지는 정상적인 경험칙에 바탕을 두고 치밀한 관찰력 및 분석력에 의하여 합리적으로 판단하여야 한다.[190]

나. 제반 정황을 고려한 종합적 판단

현실거래, 시장조작사실의 유포 등에 의하여 매매를 유인하는 모습을 고려하면, 통정매매나 가장매매에 의하여 시세를 조종하는 법 제176조 제1항의 '그릇된 판단을 하게 할 목적'과는 달리, 그 매매로 인하여 시세가 변동될 수 있다는 단순한 인식만으로는 부족하고, 어느 정도 적극적으로 매매를 유인할 목적이 필요하다. 그러나 이론적으로는 제1항의 '타인에게 그릇된 판단을 하게 할 목적'과 제2항의 '매매를 유인할 목적' 등을 구별할 수는 있겠지만, 현실에서는 양자를 구분하여 파악하기는 어렵다.

결국 '매매를 유인할 목적'은 다양한 간접사실을 고려하여 판단하는 것이 불가피하고, 매매 행태 등 객관적 행위 태양이 중요한 고려요소가 된다. 이에 대해서는 객관적 구성요건이 중요한 의미를 가지는 것이고 유인할 목적을 삭제하여야 한다는 비판[191]도 있으나, 정상적인 거래와 위법한 매매유인 목적의 시세조종행위를 구별하기 위해서라도 매매를 유인할 목적 요건은 필요하다.[192]

매매를 유인할 목적은 검사가 입증하여야 하지만, 행위자가 자백하지 않는 한 매매를 유인할 목적을 가지고 행위하였음을 있었음을 입증하기는 어렵다. 이를 감안하여 판례는 "당사자가 유인목적이 있었음을 자백하지 않더라도 그 증권의 성격과 발행된 증권의 수량, 가격 및 거래량의 동향, 전후의 거래상황, 거래의 경제적 합리성과 공정성, 가장 혹은 허위매매 여부, 시장관여율의 정도, 지속적인 종가관리 등 거래의 동기와 태양 등의 간접사실을 종합적으로 고려하여 유인할 목적이 있었는지 여부를 판단할 수 있다."는 판시를 일관되게 유지하고 있다.[193]

---

190) 대판 2018.4.12., 2013도6962.
191) 김영기, "현실거래에 의한 시세조종과 매매유인 목적 : 2012.11.29 선고 2012도1745 판결 사안('도이치증권 v. 대한전선' 사건)을 중심으로," 「형사판례연구」21호(형사판례연구회, 2013. 6), 354-355면.
192) 오세영, "현실거래에 의한 시세조종행위의 성립요건에 대한 검토," 「YGBL」제6권 제2호(연세대 글로벌 비즈니스와 법 센터, 2014. 12), 20면.
193) 대판 2008.12.11., 2006도2718; 대판 2001.6.26., 99도2282 등.

5. 현실거래, 시장 조작사실 유포 등

금지되는 행위는 매매를 유인할 목적으로 '현실거래', '시장 조작사실의 유포', '거짓 또는 오해유발의 표시'를 통해서 상장증권 등의 시세를 조종하는 행위이다.

가. 현실거래에 의한 시세조종행위

누구든지 상장증권 또는 장내파생상품의 매매를 유인할 목적으로 "그 증권 또는 장내파생상품의 매매가 성황을 이루고 있는 듯이 잘못 알게 하거나 그 시세를 변동시키는 매매 또는 그 위탁이나 수탁을 하는 행위"(176조②1)를 하여서는 아니 된다. 현실거래에 의한 시세조종행위는 ① 그 증권 또는 장내파생상품의 매매가 성황을 이루고 있는 듯이 잘못 알게 하는 행위, ② 그 증권 또는 장내파생상품의 시세를 변동시키는 매매, 그 위탁이나 수탁을 하는 행위로 구분할 수 있다.

(1) 그 증권 등의 매매가 성황을 이루고 있는 듯이 잘못 알게 하는 행위

1) 개념

누구든지 상장증권 또는 장내파생상품의 매매를 유인할 목적으로 "그 증권 또는 장내파생상품의 매매가 성황을 이루고 있는 듯이 잘못 알게 하는 행위"(176조②1전단)를 하여서는 아니 된다. 자유경쟁시장에서 형성되는 주문량·거래량·가격변동이 정상적인 시장거래 보다 더 활발하게 이루어지는 것으로 오인할 수 있게 하는 행위를 금지한다.

법 제176조 제2항 제1호 후단의 "(그 증권 또는 장내파생상품의) 그 시세를 변동시키는 매매 또는 그 위탁이나 수탁을 하는 행위"의 문구를 중시하면, 매매 또는 그 위탁이나 수탁을 하는 행위를 통해서 그 증권 또는 장내파생상품의 매매가 성황을 이루고 있는 듯이 잘못 알게 하는 행위에 한정된다고 볼 수도 있으나, 매매 또는 그 위탁이나 수탁 이외의 다양한 방법으로 "그 증권 또는 장내파생상품의 매매가 성황을 이루고 있는 듯이 잘못 알게 하는 행위"가 금지된다고 본다.

2) 종합적인 판단

법 제176조 제2항 제1호의 현실거래에 의한 시세조종행위는 제1항의 통정매매 또는 가장매매 등 위장거래에 의한 시세조종행위와 비교하더라도 정상적인 매매거래와 구분이 더욱 어려워 그 적용에 어려움이 있다. 그렇다면 현실거래에 의한 시세조종행위인지, 아니면 시장 참여자의 투자활동으로 행한 적법한 매매거래인지는 어떻게 구분할 것인가?

그 거래가 시세의 이상 등락을 발생시켰는지, 통상의 거래관념상 부자연스럽다고 인정할 수 있는지, 투자자의 판단을 흐리게 할 가능성이 있는지 등 '거래의 경제적 합리성과 공정성'을 기준으로 판단할 것이다.[194] 판례는 "증권 또는 장내파생상품의 매매가 성황을 이루고 있는 듯이 잘못 알게 하는 행위"에 해당하는지는 그 증권이나 장내파생상품의 내용과 성격,

발행주식의 총수, 가격 및 거래량의 동향, 전후의 거래상황, 거래의 경제적 합리성과 공정성, 가장 혹은 허위매매의 여부, 시장관여율, 지속적인 종가관리, 거래의 태양과 동기 등 간접사실을 증권시장이나 파생상품시장의 상황 등을 종합적으로 고려하여 판단하고 있다.195) 아래에서는 구체적인 경우를 살펴본다.

가) 대량주문　　대량의 매매주문을 하면 '매매가 성황을 이루고 있는 듯이 잘못알게 하는 행위'로 보일 수 있다. 그러나 시장참가자가 자신의 투자활동의 일환으로 대량주문을 행한 것이라면 이는 정상적인 거래에 해당하고, 대량주문의 사실만으로는 '매매가 성황을 이루고 있는 듯이 잘못알게 하는 행위'에 해당하지는 않는다.

나) 허수주문　　허수주문은 "매수 또는 매도 의사가 없이 직전가 혹은 상대호가와 대비하여 체결가능성이 없는 저가 또는 고가의 주문을 반복적으로 내어 매수 또는 매도 잔량이 많이 쌓인 것처럼 보이게 하는 것"으로서, '매매가 성황을 이루고 있는 듯이 잘못 알게 하는 행위'에 해당할 가능성이 높다.

애초에 주문을 낼 때부터 매매계약 체결의사가 없어야 한다. 매매계약의 체결의사가 있었는지 여부는 행위자가 자백하지 않는 한 입증하기가 어렵기 때문에 제반 사정을 고려하여 종합적으로 판단하는 것이 불가피하다.196)

주문을 낸 후 취소했다는 사정만으로는 '매매가 성황을 이루고 있는 듯이 잘못 알게 하는 행위'에 해당한다고는 볼 수 없지만, 실제로 체결할 의사없이 일정한 범위 내의 호가에 대량의 허수주문을 하였다가 체결 직전에 취소하는 행위를 계속하여 반복하는 것은 수요와 공급 상황에 관하여 시장에 잘못된 정보를 제공하는 것으로서 '매매가 성황을 이루고 있는 듯이 잘못 알게 하는 행위'에 해당한다. 판례는 피고인들이 국채선물거래에서 체결가능성이 적은 최우선 3~6단계의 호가에 200계약 내지 1,000계약(1계약 단위의 금액은 1억원)에 달하는 허수주문을 한 후 그 주문 전부를 취소하거나 정정하는 행위를 빈번하게 하는 행위 등을 반복한 사례에서 국채선물거래가 성황을 이루고 있는 것으로 잘못 알게 하여 시세를 변동시킨 매매에 해당한다고 보았다.197)

다) 허수호가　　'허수호가'는 거래소 회원인 투자중개업자·투자매매업자(증권회사)가 진정한 매매계약의 체결의사 없이 거래소 시장에 내는 매도·매수의 의사표시이다. 거래소 회원이 제출하는 것이므로 고객이 제출하는 허수주문과는 차이가 있다.

법 제178조의2 시장질서교란행위 금지조항에서도 허수호가를 금지하는데(178조의2②1) 양자의 관계가 문제가 된다. 허수호가 행위가 법 제176조의 시세조종행위에 해당하는 경우에

---

194) 김건식/정순섭, 자본시장법(2013), 458면.
195) 대판 2010.7.22., 2009다40547 등 다수.
196) 대판 2009.4.9., 2009도675.
197) 대판 2008.12.11., 2006도2718.

는 형사처벌대상이고(443조①5), 법 제176조에 해당하지 않는 경우에는 시장질서교란행위로서 과징금 부과대상이다(429조의2).

(2) 시세를 변동시키는 매매 또는 그 위탁이나 수탁을 하는 행위

1) 개념

누구든지 상장증권 또는 장내파생상품의 매매를 유인할 목적으로 "그 증권 또는 장내파생상품의 시세를 변동시키는 매매 또는 그 위탁이나 수탁을 하는 행위"(176조②1후단)를 하여서는 아니 된다. 자유경쟁시장에서 형성될 시세 및 거래량을 인위적으로 변동시킬 가능성이 있는 거래를 말하며,[198) 제1호 전단의 '매매가 성황을 이루고 있는 듯이 잘못 알게 하는 행위'에 수반하는 것이 보통이다. 허수주문 등을 통해서 매매거래를 유인하는 이상, 실제로 매매계약을 체결하거나 그 위탁이나 수탁에 이를 필요는 없다.

"시세"란 ① 증권시장 또는 파생상품시장에서 형성된 시세, ② 다자간매매 체결회사가 상장주권의 매매를 중개함에 있어서 형성된 시세, ③ 상장되는 증권에 대하여 증권시장에서 최초로 형성되는 시세를 말한다(176조②1괄호, 슈202조). 구 증권거래법 당시의 판례[199)는 '최초로 형성되는 시세'는 동조의 적용에서 배제하였으나, 법 제176조는 수요공급의 원칙에 의하여 자유경쟁을 통해서 형성되는 시장의 가격결정기능과 공정성, 신뢰성, 효율성을 보호하기 위한 것으로써 상장 후 최초로 형성되는 시세라고 하여서 적용대상에서 배제할 이유가 없었다. 자본시장법은 증권시장에서 최초로 형성되는 시세도 포함시킴으로써 입법적으로 해결하였다.

시세를 상승 또는 하락시키는 것은 물론 시세를 고정시키거나 시세의 상승·하락을 지연시키는 것도 '그 증권 또는 장내파생상품의 시세를 변동시키는 매매 또는 그 위탁이나 수탁을 하는 행위'에 포함된다. 반드시 '시세를 지배할 의도'를 가지고 거래하여야 하는 것은 아니다. 또한 그 거래로 인하여 행위자가 반드시 이익을 얻어야 하는 것도 아니다. 매매에 나아가기 전이라도 매매주문을 위탁 또는 수탁한 사실만으로도 처벌대상이 된다.

2) 종합적인 판단

"그 증권 또는 장내파생상품의 시세를 변동시키는 매매 또는 그 위탁이나 수탁을 하는 행위"는 본래 정상적인 수요·공급에 따라 자유경쟁시장에서 형성될 시세를 시장요인에 의하지 아니한 다른 요인으로 인위적으로 변동시킬 가능성이 있는 거래를 말하며, 시세를 변동시키는 매매뿐만이 아니라 시세를 변동시키는 매매를 위탁하거나 수탁을 하는 행위도 처벌대상이다. 실제로 시세가 변동될 필요까지는 없고, 일련의 행위가 이어진 경우에는 전체적

---

198) 대판 2007.11.29., 2007도7471.

199) 최초 상장된 주식의 경우 기형성된 시세라는 것이 존재하지 않으므로 피고인들의 행위는 주식 상장기준가의 조작행위에 해당한다고는 할 수 있을지언정 증권거래법의 규율대상인 주식의 시세를 변동시키는 매매거래행위에 해당한다고는 할 수 없다. 대판 1994.10.25., 93도2516(신정제지 사건).

으로 그 행위로 인하여 시세를 변동시킬 가능성이 있으면 충분한데, 그 요건에 해당하는지 여부는 당사자가 이를 자백하지 않더라도 그 증권 또는 장내파생상품의 성격과 발행된 증권 또는 장내파생상품의 총수, 가격 및 거래량의 동향, 전후의 거래상황, 거래의 경제적 합리성과 공정성, 가장 혹은 허위매매 여부, 시장관여율의 정도, 지속적인 종가관리 등 거래의 동기와 태양 등의 간접사실을 종합적으로 고려하여 이를 판단할 수 있다."[200] 판례 등에서 나타나는 '그 증권 또는 장내파생상품의 시세를 변동시키는 매매 또는 그 위탁이나 수탁을 하는 행위'의 사례는 다음과 같다.

가) 각종 주문을 통한 시세조종행위   "그 증권 또는 장내파생상품의 시세를 변동시키는 매매 또는 그 위탁이나 수탁을 하는 행위"는 증권 등을 사고파는 현실적인 매매를 통해서 이루어질 수도 있지만, 많은 경우에 실제 매매에 이르지 아니하고 호가 등의 제시를 반복하는 방법을 통해서 이루어진다. 판례에서 나타나는 행위의 유형으로는 ① 시초가 결정 시 전일 종가 대비 고가매수주문,[201] ② 직전가 또는 상대호가대비 고가매수주문,[202] ③ 종가 결정 시 직전가 대비 고가매수주문,[203] ④ 매수주문수량이 많은 것처럼 보이기 위하여 매수의사 없이 하는 주문(허수주문)[204][205], ⑤ 일부러 주문을 여러 차례에 걸쳐 분할하여 내는 행위, ⑥ 점차적으로 높은 가격에 주문을 내는 행위,[206] ⑦ 매수지정가 주문으로 주가의 하락을 막거나 매수 등을 반복하는 행위[207] 등이 있다.

---

200) 대판 2006.5.11., 2003도4320; 대판 2007.11.29., 2007도7471.

201) 시가 결정을 위한 호가 접수시간인 08:00~09:00와 종가 결정을 위한 호가 접수시간인 14:50~15:00에 예상 체결가격과 예상 체결수량만이 공개되는 상황에서, 예상 체결가격보다 높은 가격에 매수주문을 함으로써 예상 체결가격을 상승시켜서 마치 주가가 상승하는 것으로 오인하게 하고 일반투자자들의 매수세를 유인하는 행위는 시세조종에 해당한다. 서울고판 2009.1.6., 2008노1506.

202) 4개월에 걸쳐 7개의 계좌로 특정 회사의 주식을 거래하면서 전일의 종가 또는 직전가보다 고가의 매수주문을 하고, 장중거래에서도 직전가 또는 상대호가에 비하여 고가의 매수주문을 하는 등의 방법으로 51회에 걸쳐 행한 매매거래는 시세조종에 해당한다. 대판 2001.6.26., 99도2282.

203) A증권회사를 통해서 매수호가 잔량이 1,146,063주나 됨에도 그 매수호가와 같은 가격에 1,256,706주를 매수주문하는 등 1주일간 14회에 걸쳐 총 8,944,306주를 고가의 허위매수주문을 하고, B증권회사를 통해서 매수호가 잔량이 1,064,204주나 됨에도 그 매수호가와 같은 가격에 330,189주를 매수주문하는 등 6회에 걸쳐 총 1,312,945주를 고가로 매수주문한 행위는 시세조종에 해당한다. 대판 2006.5.11., 2003도4320.

204) 6개월간 실제 매수의사가 없는 대량의 허수매수주문을 내어 매수잔량을 증가시키거나 매수잔량의 변동을 심화시켜 일반투자자의 매수세를 유인하여 주가를 상승시킨 후 기존에 매수한 주식을 고가에 매도하고 허수매수주문을 취소하는 행위는 시세조종행위에 해당한다. 대판 2002.6.14., 2002도1256.

205) 단지 매수주문량이 많은 것처럼 보이기 위하여 매수의사 없이 하는 허수매수주문도 이른바 현실거래에 의한 시세조종행위의 유형에 속한다. 대판 2002.6.14., 2002도1256.

206) 매도주문이 없는 상태에서 상한가 매수주문을 한 경우에도 매도물량이 나오게 되면 이를 지속적으로 흡수함으로써 거래량이 늘어나고, 이에 따라 주가가 상한가에서 인위적으로 지지되는 것이므로, 일련의 행위 전체에 비추어 시세조종 행위에 해당할 수 있다. 서울고판 2009.1.6., 2008노1506.

207) 주가가 하락하는 추세였다면 시가보다 낮은 일정한 가격에 대량의 매수주문을 하는 경우, 자연스러운 주가의 하락을 인위적으로 방지하는 효과가 있을 수 있으므로, 그러한 매수주문도 시세조종에 해당할 수 있다. 서울고판 2010.8.6., 2010노565.

나) **매매계약의 체결 여부**   매매계약의 체결에 이르지 아니한 매수·매도의 청약 또는 주문이라고 하더라도 그것이 증권이나 장내파생상품의 가격을 상승 또는 하락시키는 효과를 가지고 제3자에 의한 증권 등의 매매거래를 유인하는 성질을 가지는 이상 '그 증권 또는 장내파생상품의 시세를 변동시키는 매매 또는 그 위탁이나 수탁을 하는 행위'에 해당한다.[208] 나아가 매매계약이 체결된 경우에도 그 매매로 인하여 실제로 시세가 변동될 필요까지는 없고 시세를 변동시킬 가능성이 있으면 된다.

다) **매매의 횟수**   '그 증권 또는 장내파생상품의 시세를 변동시키는 매매 또는 그 위탁이나 수탁을 하는 행위'는 '일련의 매매'를 통하여 행하여지는 것이 통상적이나 자본시장법은 미국[209] 또는 일본[210]과는 달리 일련의 거래가 있을 것을 요구하지 않는다. 따라서 일련의 거래가 아닌 1회의 매매도 '그 증권 또는 장내파생상품의 시세를 변동시키는 매매 또는 그 위탁이나 수탁을 하는 행위'에 해당할 수 있다. 판례에서는 행위자가 시세조종의 목적을 가지고 매매거래를 한 것이라면, 그 매매거래가 일정한 기간 계속 반복적으로 이루어져야 하는 것이 아니라 한 번의 매매거래도 시세의 고정·안정행위의 금지의 구성요건을 충족한다고 한 사례[211], 피고인의 35만 주 매도주문은 일련의 거래가 아닌 동시호가 시간 대의 1회의 대량매도 주문이기는 하나, 이로 인하여 예상체결가격이 인위적으로 변동되었고, 이러한 피고인의 행위는 기초자산의 주식가격을 낙아웃 가격이하로 변동시키려는 의도 하에 이루어진 시세조종 주문이라고 봄이 상당하다고 한 사례[212] 등이 있다. 다만, 1회의 매매에서는 매매를 유인할 목적의 존재 여부를 보다 엄격하게 판단할 필요가 있다. 반면에 일련의 매매 행위가 이어지는 경우에는 전체적으로 그 행위로 인하여 시세를 변동시킬 가능성이 있으면 충분하다.[213]

라) **위탁이나 수탁을 하는 행위**   그 증권이나 장내파생상품을 직접 매매하는 행위뿐만 아니라 '시세를 변동시키는 매매를 위탁하거나 수탁하는 행위'도 시세조종에 해당한다. 위탁이나 수탁으로 반드시 시세변동의 결과가 발생해야 하는 것은 아니다. 고객이 시세를 변동시키려는 목적을 가지고 증권회사에 주문을 내면 시세를 변동시키는 매매 또는 그 위탁행위

208) 매매계약의 체결에 이르지 아니한 매수청약 또는 매수주문이라 하더라도 그것이 유가증권의 가격을 상승 또는 하락시키는 효과를 가지고 제3자에 의한 유가증권의 매매거래를 유인하는 성질을 가지는 이상 시세조종행위에 해당한다. 대판 2002.6.14., 2002도1256.
209) 미국 1934년 증권거래법 §9(a)(2)는 "a series of transactions"이라는 문구를 사용하고 있다. To effect, alone or with 1 or more other persons, 'a series of transactions' in any security other than a government security ….
210) 일본 금융상품거래법(金融商品取引法) 제159조 제2항 제1호는 "一連の有価証券売買等"이라는 문구를 사용하고 있다.
211) 시세의 고정·안정행위의 금지에 관한 구 증권거래법 제188조의4 제3항에 관한 사건이다. 대판 2004.10.28., 2002도3131(엘지반도체 사건).
212) 대판 2012.11.29., 2012도1745(도이치증권 v. 대한전선 사건).
213) 대판 2009.4.9., 2009도675, 대판 2007.11.29., 2007도7471.

에 해당하고, 위탁을 받은 증권회사가 거래소를 통해서 주문을 내지 않았다고 하더라도 고객이 시세를 변동시키려는 매매를 하려고 한다는 사정을 알고서 위탁을 받았다면 '(시세조종매매의) 수탁을 하는 행위'가 된다. 고객이 실제로 매매계약을 체결할 의사가 있었는지는 관계가 없다.

마) 주가관리   "주가관리"는 해당 회사가 경영지표, 경영자의 자질, 기술수준 등 기업내용과 전망을 홍보함으로써 투자자들로부터 정당하게 평가받도록 하는 행위를 말한다. 주가관리는 시세를 인위적으로 변동(주로 상승)시키는 점에서 시세조종의 모습을 갖지만 위법성이 없다는 점에서 시세조종행위와 다르다. 그러나 실제 거래에서는 주가관리에 해당하는지 '그 증권 또는 장내파생상품의 시세를 변동시키는 매매 또는 그 위탁이나 수탁을 하는 행위'에 해당하는지는 구분이 어렵다. 결국 판례가 제시하듯이 그 증권 또는 장내파생상품의 성격과 발행된 증권 또는 장내파생상품의 총수, 가격 및 거래량의 동향, 전후의 거래상황, 거래의 경제적 합리성과 공정성, 가장 혹은 허위매매 여부, 시장관여율의 정도, 지속적인 종가관리 등 거래의 동기와 태양 등의 간접사실을 종합적으로 고려하여 판단하게 될 것이다.

바) 알고리즘매매 등   "알고리즘 매매"는 사전에 정한 일정한 규칙에 따라 투자 판단, 호가 생성 및 제출 등을 사람의 개입 없이 자동화된 시스템으로 거래하는 방식이다. 시장상황이 변화하면 그에 따라 신속하게 거래하도록 설계되어 있으므로 신속한 주문전달 및 체결속도를 요구하고 빠른 속도의 고빈도 매매(high frequency trading)를 이용하는 것이 일반적이다. 알고리즘매매는 컴퓨터에 입력된 일정한 규칙에 따라 이루어지고 운영단계에서 거래 시마다 거래행위자의 주관적 의사가 반영되지 않으므로 '그 증권 또는 장내파생상품의 시세를 변동시키는 매매 또는 그 위탁이나 수탁을 하는 행위'에 해당할 여지가 없다고 생각할 수도 있으나, 시세조종적 주문과 유사한 행태의 주문을 하도록 프로그램을 설정하거나, 실제 운영단계에서 행위자가 개입하여 시세조종적 주문을 하도록 지시하는 경우에는 알고리즘매매라고 하더라도 '그 증권 또는 장내파생상품의 시세를 변동시키는 매매 또는 그 위탁이나 수탁을 하는 행위'에 해당할 수 있다.

나. 시장조작사실의 유포에 의한 시세조종행위

(1) 개념

누구든지 상장증권 또는 장내파생상품의 매매를 유인할 목적으로 '그 증권 또는 장내파생상품의 시세가 자기 또는 타인의 시장조작에 의해서 변동한다는 말을 유포하는 행위'를 하여서는 아니 된다(176조②2). 즉, 시장조작사실을 유포하여 시세를 조종하는 행위는 금지된다. 규제대상행위는 현실적인 거래가 아니라 '말의 유포'이고 이 점에서 제1호의 현실거래에 의한 시세조종행위와 차이가 있다. 반면에 제3호에 규정된 거짓 또는 오해를 유발시키는 표시와는 '말의 유포'와 '거짓의 표시'에서 차이가 있을 뿐 비슷하다.

법 제176조 제2항 제2호의 시장조작사실의 유포에 의한 시세조종행위는 1962년 구 증권거래법 제정 당시부터 존재하였는데, 자본시장법 제178조 부정거래행위의 금지조항이 도입되면서 법 제176조 제2항 제2호의 시장조작사실의 유포에 의한 시세조종행위는 법 제178조의 부정거래행위에도 해당하는 경우가 많게 되었다. 특히 법 제178조는 주관적 요건을 요구하지 않는 등 구성요건을 완화하고 있어서 법 제176조 제2항 제2호의 적용은 줄어들고 법 제178조가 적용되는 사례가 증가하고 있다.

(2) 매매를 유인할 목적

법 제176조 제2항 제1호의 현실거래에 의한 시세조종행위, 제2호의 시장조작사실의 유포에 의한 시세조종행위, 제3호의 거짓, 오해유발 표시에 의한 시세조종행위는 공통적으로 "상장증권 또는 장내파생상품의 매매를 유인할 목적"을 요구하고 있다.

그런데 법 제176조 제2항 제1호의 현실거래에 의한 시세조종에서의 '매매를 유인할 목적'은 증권 등의 시세에 인위적인 조작을 가하여 시세를 변동시킴에도 불구하고 투자자에게는 그 시세가 증권시장 또는 파생상품시장에서의 자연적인 수요·공급에 의하여 형성된 것으로 오인시켜 증권 또는 장내파생상품의 매매에 끌어들이려는 의도를 가리키는 반면에[214], 제2호의 시장조작사실의 유포에 의한 시세조종행위에서 '매매를 유인할 목적'은 증권의 현실적인 거래가 아니라 시세가 자기 또는 타인의 시장조작에 의하여 변동한다는 말의 유포를 통해서 시세를 조종하고 매매에 끌어들이려는 의도를 가리키는 점에서 미세하지만 차이가 있다. 판례는 "시장오도행위를 통해 투자자들로 하여금 시장의 상황이나 상장증권의 가치 등에 관하여 오인하도록 하여 상장증권 등의 매매에 끌어들이려는 목적을 말한다"[215]고 한다.

(3) 시세가 자기 또는 타인의 시장 조작에 의해서 변동한다는 '말'

'그 증권 또는 장내파생상품의 시세가 자기 또는 타인의 시장 조작에 의하여 변동한다는 말'이란 정상적인 수요·공급에 따라 자유경쟁시장에서 형성될 증권 또는 장내파생상품의 시세 및 거래량을 시장요인에 의하지 아니한 다른 요인으로 인위적으로 변동시킬 수 있다는 말을 의미한다.[216] 유사투자자문업자라 하더라도 투자판단에 관하여 조언을 하면서 시장오도행위를 하는 것은 사회통념상 허용되는 투자조언을 넘는 것으로서 허용될 수 없다.[217] 시세가 자기 또는 타인의 시장조작에 의해서 변동한다는 "말"은 상당히 구체적인 내용이 요구되며 단지 일반적인 풍문 수준의 말은 이에 해당하지 않는다. "말"의 내용이 진실한지는 상관이 없다.[218] '매매를 유인할 목적'을 가지고 증권 또는 장내파생상품의 시세가 자기 또는

214) 대판 2013.7.11., 2011도15056.
215) 대판 2018.4.12., 2013도6962.
216) 대판 2018.4.12., 2013도6962.
217) 대판 2018.4.12., 2013도6962.
218) 서울고판 2004.6.23., 2004노714.

타인의 시장조작에 의하여 변동된다는 '말'을 유포하면 시세조종에 해당하고, 실제로 시장조작이 실행될 것은 요구되지 않는다.

　판례에서 나타난 시장조작사실의 유포가 인정된 사례에는 ① 유사투자자문업자인 피고인이 자신이 개최한 세미나에서 인터넷 회원들에게 A회사의 주가가 폭등할 것이라는 강의를 하고, 다른 종목과의 비교 등을 통하여 매우 단정적인 어조로 A회사 주식을 매수할 경우 안정적으로 큰 수익을 거둘 수 있다는 글을 게시하였고, A회사의 대표이사인 S와 대학 동문임을 강조하면서, 'S와 1:1로 만나 세상 사람들이 알아서는 안 될 이야기를 나누고자 한다', 'A회사의 경영에 참여하는 동안에는 A회사의 최상위 내부정보를 알게 되어 매수추천을 할 수 없다'는 글도 게시하고, '○○의 가족이 사실상 A회사의 대주주이다', '우리가 물량을 잠그면 주가가 계속 상승한다', '지인들의 주식투자액이 3,000억원으로 추정되는데, 이런 자금 규모로는 시가총액 1조 원 이하인 회사의 주가를 좌지우지할 수 있다' 등과 같은 글을 지속적으로 올린 사례219), ② 피고인이 A회사를 구조조정했던 S회사 사장의 부탁에 따라 '나를 포함한 우리 팀에서 A회사 주가를 끌어 올리기로 했다.'고 피해자를 기망한 사안에서 사기죄와 함께 시세조종행위(말의 유포행위)를 인정한 사례220) 등이 있다.

(4) 말을 '유포'하는 행위

　'증권 또는 장내파생상품의 시세가 자기 또는 타인의 시장 조작에 의하여 변동한다는 말을 유포하는 행위'가 처벌대상이다.

　말의 '유포행위'는 다수의 사람에게 널리 퍼트리는 것을 의미한다. 시장조작에 의해서 변동한다는 말을 하더라도 그 말이 전파될 가능성이 없으면 유포에 해당하지 않는다. 예를 들어, 특정 주식의 시세가 타인의 시장조작에 의하여 변동된다는 취지의 말을 하였다고 하더라도 처형 등 가족만이 있는 자리에서 "이런 정보를 다른 사람에게 알려주지 말라"고 말한 경우에는 그 내용에 대한 전파가능성을 용인하였다고 보기 어렵다.221) 그러나 1명에게 말하더라도 듣는 사람이 증권회사 지점장이고 고객에게 알려질 가능성을 인식하고 있었다면 전파가능성이 인정된다.

　말의 '유포행위'는 반드시 구두로 유포하는 행위에 한정할 필요는 없으며, 카카오톡, 인터넷카페, 언론, 통신 등 구두가 아닌 의사소통수단을 사용하여 말을 유포하는 행위도 포함된다. 유포행위는 소위 작전세력에 의하여 행하여지는 것이 보통이지만 투자중개업자의 직원이 투자자에게 특정종목을 추천하면서 행해지기도 한다. 최근에는 인터넷 증권사이트의 확산으로 그 위력이 크게 우려되고 있다.

219) 대판 2018.4.12., 2013도6962(원심은 서울고판 2013.5.24., 2012노4392).
220) 서울고판 2004.6.23., 2004노714.
221) 대판 2010.9.30., 2010도74(원심, 청주지판 2009.12.9., 2009노1182).

다. 거짓, 오해유발 표시에 의한 시세조종행위

(1) 개념

누구든지 상장증권 또는 장내파생상품의 매매를 유인할 목적으로 '그 증권 또는 장내파생상품의 매매를 함에 있어서 중요한 사실에 관하여 거짓의 표시 또는 오해를 유발시키는 표시를 하는 행위'를 하여서는 아니 된다(176조②3).

(2) 표시주체와 매매주체의 동일성 여부

누구든지 법 제176조 제2항의 책임주체가 되지만, 법 제176조 제2항 제3호는 "그 증권 또는 장내파생상품의 매매를 함에 있어서 중요한 사실에 관하여 거짓의 표시 또는 오해를 유발시키는 표시를 하는 행위"라고 하고 있어서, "거짓의 표시 또는 오해를 유발시키는 표시를 한 자"는 "그 증권 또는 장내파생상품의 매매를 한 자"와 동일하여야 하는지가 추가로 문제된다. 이에 대해서 증권시장의 공정성을 침해한 이상 표시 주체와 매매 주체가 서로 다른 경우에도 제3호는 적용된다고 보는 견해(광의설)가 있으나, 제3호는 "그 증권 또는 장내파생상품의 매매를 함에 있어서 중요한 사실에 관하여 거짓의 표시 또는 오해를 유발시키는 표시를 하는 행위"라고 하면서 거짓 또는 오해를 유발시키는 표시 행위를 그 증권 또는 장내파생상품의 매매를 하는 행위와 연결시키고 있고, 동조항의 원형인 미국의 1934년 증권거래법 제9조(a)(4)[222]도 표시 주체와 매매 주체가 동일한 것으로 규정하는 점 등에 비추면, '거짓의 표시 또는 오해를 유발시키는 표시를 한 자'는 '그 증권 또는 장내파생상품을 매매한 자'와 동일하여야 한다(협의설).

(3) 행위주체의 과실

행위자는 표시가 거짓이거나 투자자의 오해를 유발시킬 수 있다는 사실을 인식하여야 한다. 거짓의 표시 또는 오해를 유발시키는 표시는 상장증권 또는 장내파생상품의 매매를 유인할 목적으로 이루어져야 하므로 일단 매매를 유인할 목적이 인정된다면 과실에 의한 거짓 또는 오해를 유발시키는 표시를 하는 행위를 상정하기 어려울 뿐만 아니라, 과실범을 처벌하는 명확한 규정이 없이는 과실에 의한 거짓의 표시 또는 오해를 유발시키는 표시 행위에 대하여까지 형사처벌을 하는 것은 타당하지 않기 때문이다.

(4) 중요한 사실

누구든지 그 증권 또는 장내파생상품의 매매를 함에 있어서 '중요한 사실'에 관하여 거짓의 표시 또는 오해를 유발하는 표시를 하여서는 아니 된다. "중요한 사실"이란 해당 상장증

---

222) SEA of 1934 §9(a)(4) It shall be unlawful for any person … If a dealer, broker … or other person selling or offering for sale or purchasing or offering to purchase the security, … false or misleading with respect to any material fact.

권 또는 장내파생상품의 매매를 함에 있어서의 중요한 사실을 말하며, 대상기업 내부의 정보 이외에도 경쟁업체의 동향 등 기업 외부의 정보도 포함한다.[223) 중요한 사실인지는 제반 사정을 고려하여 종합적으로 판단하는 것이 불가피하다.

(5) 거짓의 표시 또는 오해를 유발하는 표시

"거짓의 표시"는 말 그대로 사실과 다른 표시이고, "오해를 유발시키는 표시"는 표시 자체는 사실과 다르다고 할 수 없으나 다른 고려사항이 누락되어 전체적인 맥락을 오해할 수 있게 만드는 표시를 가리킨다. 예를 들어, ① 해외채권을 발행하더라도 인수할 투자자가 없었던 상황에서 외국증권회사가 인수하는 것과 같은 외관을 창출한 후 공시를 하였다면, 매매를 유인할 목적으로 중요한 사실에 관하여 거짓의 표시 또는 오해를 유발시키는 표시를 한 것에 해당한다.[224) ② 문서가 투자자의 투자 판단에 오해를 유발할 수 있는 상황임을 알면서도 허위 또는 부실 표시 문서를 계속하여 거래소에 보고하는 등의 방법으로 적극적으로 활용하는 행위도 타인에게 오해를 유발시키는 행위에 해당할 수 있다.[225)

표시의 방법에는 제한이 없고 구두, 문서, 통신, 인터넷 등을 모두 포함한다. 공시의 방법을 이용하는 것도 포함한다.[226)

거짓의 표시 또는 오해를 유발시키는 표시는 보통은 특정인 또는 소수의 사람들을 상대로 행하여지지만, 불특정 다수인을 상대로 하여서도 가능하다. 예를 들어, 유상증자를 검토한 사실이 없음에도 불구하고 있는 것처럼 거짓의 사실을 발표하여 주가를 상승시키고 그 사이에 자신이 보유한 주식을 매도하여 시세의 차익을 취하는 행위도 거짓의 표시에 해당한다.

거짓이나 오해를 유발시키는 표시는 장외에서 하고 그로 인한 장내거래의 시세변동을 이용하여 매매를 하는 행위도 적용대상이다. 상장증권 또는 장내파생상품의 매매를 유인할 목적으로 거짓의 표시 또는 오해를 유발시키는 표시를 하는 이상 그러한 표시행위가 장외에서 이루어진다고 하여서 배제할 이유가 없기 때문이다.

Ⅳ. 시세의 고정·안정행위

1. 의의 및 규제의 필요성

자본시장법 제176조 제3항은 "① 누구든지 ② 상장증권 또는 장내파생상품의 시세를 ③ 고정시키거나 안정시킬 목적으로 ④ 그 증권 또는 장내파생상품에 관한 일련의 매매 또는

223) 임재연, 자본시장법(2018), 983면.
224) 대판 2002.12.10., 2002도5407.
225) 대판 2009.7.9., 2009도1374.
226) 대판 2009.7.9., 2009도1374.

그 위탁이나 수탁을 하는 행위를 하여서는 아니 된다."고 하면서, 시세의 고정·안정행위를 금지하고 있다.

법 제176조 제3항의 시세의 고정·안정행위는 시세변동을 적극적으로 이끌어내는 것이 아니라, 시세의 고정·안정을 위해서 소극적으로 이루어지는 점에서 일반적인 시세조종행위와는 차이가 있고, 이 때문에 현실거래 등 다른 시세조종행위보다 엄격히 규제하는 태도가 합리적인 것인지 의문을 제기하는 견해[227]도 있으나, 정상적인 수요와 공급에 의하여 형성되어야 할 증권의 시세에 영향을 주는 점에서 법 제176조 제1항의 위장거래에 의한 시세조종행위, 제2항의 매매유인 목적의 시세조종행위와 차이가 없을 뿐만 아니라, 그 자체가 시세조종의 행태를 가지는 것이므로 엄격한 태도를 취하는 것이 타당하다.[228] 다만, 대량의 증권이 시장에 처음으로 나오는 증권의 공모 시에는 시세의 고정·안정이 필요할 수 있으므로 예외적으로 시세의 고정·안정행위가 허용된다.

아래에서는 시세의 고정·안정행위를 ① 규제대상자(누구든지), ② 규제대상 금융투자상품(상장증권 또는 장내파생상품), ③ 행위자의 목적(시세를 고정시키거나 안정시킬 목적), ④ 규제행위(일련의 매매 또는 그 위탁이나 수탁을 하는 행위)로 나누어 살펴본다.

2. 누구든지

시세의 고정·안정행위의 주체에는 제한이 없다. 즉, '누구든지' 상장증권 또는 장내파생상품의 시세를 고정시키거나 안정시킬 목적으로 그 증권 또는 장내파생상품에 관한 일련의 매매 또는 그 위탁이나 수탁을 하는 행위를 하여서는 아니 된다(176조③).

3. 상장증권 또는 장내파생상품의 시세

시세의 고정·안정행위는 '상장증권 또는 장내파생상품의 시세'에 관하여 이루어진다(176조③본문). 상장증권 또는 장내파생상품을 대상으로 하므로 비상장증권이나 장외파생상품은 시세의 고정·안정행위의 대상이 될 수 없다.

4. 고정시키거나 안정시킬 목적

법 제176조 제3항의 '시세를 고정·안정시킬 목적'은 법 제176조 제2항의 '매매를 유인할 목적' 등에 비교하여 그 인식이 명확하여야 한다. 다른 유형의 시세조종행위와는 달리 시세를 고정·안정시키는 행위는 그 성격상 시세의 고정·안정이라는 뚜렷한 의사가 있어야 인정될 수 있기 때문이다. 시세를 고정·안정시킬 목적이 있으면 되고, 법 제176조 제2항에서 요

---

227) 김건식/정순섭, 자본시장법(2013), 461면.
228) 같은 취지로 김용재, 자본시장과 법(2016), 645면.

구하는 '매매를 유인할 목적'까지는 요구되지 않는다.

시세를 고정·안정시킬 목적은 현재의 시장가격을 고정·안정시키는 경우뿐 아니라, 일정한 가격을 정하고 그 가격을 고정시키거나 안정시키는 경우에도 인정된다.[229]

시세의 고정·안정 목적은 반드시 개별적인 매매거래마다 일일이 존재할 필요는 없고 매매거래의 일부에서도 인정된다면 충분하다.

5. 일련의 매매 또는 그 위탁이나 수탁

금지되는 행위는 시세를 고정·안정시킬 목적으로 그 증권 또는 장내파생상품에 관한 '일련의 매매 또는 그 위탁이나 수탁을 하는 행위'이다(176조③).

가. 일련의 매매

시세의 고정·안정행위에 해당하기 위해서는 개별적인 매매거래로는 불충분하고 그 증권 또는 장내파생상품에 관한 '일련의 매매' 또는 '그 위탁이나 수탁을 하는 행위'가 있어야 한다. 연결하여 이어지는 일련의 매매가 있어야 하므로 1회의 매매만으로는 부족하고 2회 이상의 매매행위가 필요하다. 전체적으로 시세를 고정·안정시킬 가능성이 있으면 되고 개별적인 매매거래 시마다 시세의 고정·안정목적이 필요한 것은 아니다.

"그 증권 또는 장내파생상품에 관한 일련의 매매"에 해당하는지는 해당 상장증권이나 장내파생상품의 성격, 발행주식의 총수, 거래상황, 증권시장이나 파생상품시장의 상황 등을 종합적으로 고려하여 판단한다. 대법원은 H증권이 발행한 국민은행과 삼성전자 보통주를 기초자산으로 하는 ELS 델타헷지 사건에서, 헷지를 담당한 D증권이 델타헷지의 명목으로 수행한 일련의 주식매매행위는 법 제176조 제3항의 시세의 고정·안정행위에 해당한다고 판단하였다.[230] 즉, 헷지를 위하여 주식을 매매하는 경우에도 상장증권 또는 장내파생상품의 시세를 고정·안정시키는 목적으로 이루어지는 경우에는 시세의 고정·안정행위에 해당한다.[231]

구 증권거래법 제188조의4 제3항이 금지한 시세고정행위 위반으로 기소된 사건에서 판례는 "행위자가 그러한 목적을 가지고 매매거래를 한 것이라면, 그 매매거래가 일정한 기간 계속 반복적으로 이루어져야 하는 것이 아니라 한 번의 매매거래도 증권거래법 제188조의4 제3항의 구성요건을 충족한다"[232]고 하였으나, 자본시장법은 법 제176조 제3항에서 '일련의 매매'를 요건으로 하고 있어서 과거의 판시내용이 그대로 유지될 것인지는 불분명하다.[233]

---

229) 대판 2004.10.28., 2002도3131.
230) 대판 2016.3.24., 2013다2740. ELS 델타헷지 사건. 이 사건의 내용은 "제7장 제3절 Ⅱ.4. 부정한 수단 등을 사용하는 행위의 금지" 부분 참조.
231) 대판 2016.6.11., 2014도11280.
232) 대판 2004.10.28., 2002도3131.
233) 같은 취지로 임재연, 자본시장법(2018), 986면. 반면에 '엘지 반도체 사건'에서처럼 한 번의 거래로 시세

나. 일련의 매매의 위탁이나 수탁

일련의 매매를 "위탁하거나 수탁하는 행위"도 금지된다. 매매사실뿐만 아니라 매매를 위탁하거나 수탁하는 행위도 투자자들의 판단에 영향을 줄 수 있기 때문이다.

시세를 고정·안정시킬 목적으로 일련의 매매 또는 그 위탁·수탁을 하면 법 제176조 제3항에 해당하고 실제 시세를 고정·안정하는 효과가 있어야 하는 것은 아니다.

6. 허용되는 행위

위와 같이 법 제176조 제3항은 누구든지 상장증권 또는 장내파생상품의 시세를 고정시키거나 안정시킬 목적으로 시세의 고정하거나 안정하는 행위를 금지하지만, 대량의 증권이 처음으로 시장에 나오는 증권의 공모를 비롯한 다음 각 호의 어느 하나에 해당하는 경우에는 예외적으로 시세의 고정·안정행위가 허용된다(176조③단서).

가. 투자매매업자의 안정조작 행위

투자매매업자가 '그 증권의 모집 또는 매출의 청약기간의 종료일 전 20일이 되는 날부터 그 청약기간의 종료일까지'의 기간 동안 증권의 가격을 안정시킴으로써 증권의 모집 또는 매출을 원활하게 하기 위한 매매거래("안정조작")는 허용된다(176조③1).

(1) 안정조작의 주체

안정조작의 주체는 투자매매업자이다. 모든 투자매매업자가 안정조작 행위를 할 수 있는 것은 아니고, 모집 또는 매출되는 증권의 발행인 또는 소유자와 인수계약을 체결한 투자매매업자로서 ① 증권신고서를 제출하는 경우에는 그 신고서에 안정조작이나 시장조성을 할 수 있다고 기재된 투자매매업자(슈203조1호), ② 증권신고서를 제출하지 아니하는 경우에는 인수계약의 내용에 안정조작이나 시장조성을 할 수 있다고 기재된 투자매매업자(2호)에 한하여 할 수 있다(176조③1괄호, 슈203조).

(2) 안정조작기간

투자매매업자는 그 '증권의 모집 또는 매출의 청약기간의 종료일 전 20일이 되는 날'부터 '그 청약기간의 종료일까지'의 기간 동안 안정조작행위를 할 수 있다(176조③1, 슈204조⑦). 다만, 20일이 되는 날과 청약일 사이의 기간에 모집가액 또는 매출가액이 확정되는 경우에는 그 확정되는 날의 다음 날을 말한다(슈204조⑦단서). 즉, 모집·매출가액이 확정되기 전까지는 안정조작을 할 수 없다. 그 전에 안정조작을 허용할 경우 안정조작으로 형성된 가액이 모집·매출가액에 영향을 줄 것이기 때문이다.

의 고정행위가 빈번하게 발생할 가능성이 있다고 보고 일련의 매매 문구를 비롯하여 시세의 반복성, 계속성은 완화하여 해석하는 것이 타당하다는 견해도 있다. 증권법학회, 자본시장법주석서 I (2015), 1122면.

(3) 안정조작가격

투자매매업자는 다음의 가격을 초과하여 안정조작증권을 매수하여서는 아니 된다. 안정조작은 대량의 증권이 시장에 공급될 경우에 그 가격이 하락하여 증권의 모집·매출이 원활하지 않을 것을 우려한 것으로써, 이미 증권시장에서 거래되던 평균가격 등을 초과하는 가격의 고정·안정 행위까지 허용하여서는 아니되기 때문이다.

　1. 안정조작개시일의 경우(슈204조④1)

　　가. 최초로 안정조작을 하는 경우: 안정조작개시일 전에 증권시장에서 거래된 해당 증권의 직전 거래가격과 안정조작기간의 초일 전 20일간의 증권시장에서의 평균거래가격 중 낮은 가격(슈204조④1가목). 즉, 안정조작가격은 공모가격이 기준이 아니다. 따라서 안정조작가격이 공모가격을 상회하는 경우도 있을 수 있다.

　　나. 최초 안정조작 이후에 안정조작을 하는 경우: 그 투자매매업자의 안정조작 개시가격(나목)

　2. 안정조작개시일의 다음 날 이후의 경우(슈204조④2)

　　안정조작 개시가격(같은 날에 안정조작을 한 투자매매업자가 둘 이상 있는 경우에는 이들 투자매매업자의 안정조작 개시가격 중 가장 낮은 가격)과 안정조작을 하는 날 이전에 증권시장에서 거래된 해당 증권의 직전거래가격 중 낮은 가격(슈204조④2)

(4) 안정조작사실의 공시 등

증권의 발행인은 모집·매출 시 안정조작을 할 수 있다는 점을 투자설명서에 공시해야 할 뿐 아니라, 투자매매업자는 안정조작을 할 경우 안정조작신고서와 안정조작보고서를 제출하여야 한다(슈204조①,③,⑤). 금융위원회와 거래소는 안정조작신고서와 안정조작보고서를 3년간 비치하고, 인터넷 홈페이지 등을 이용하여 공시하여야 한다(슈204조⑥).

나. 투자매매업자의 시장조성 행위

투자매매업자가 모집 또는 매출한 증권의 수요·공급을 그 증권이 상장된 날부터 6개월의 범위에서 대통령령으로 정하는 기간 동안 조성하는 매매거래("시장조성")는 허용된다(176조③2). 발행시장에서 공급된 물량이 유통시장에서 단기간에 처분될 경우 발생할 급격한 가격 하락으로 인한 시장의 불안정을 막기 위한 취지이다.

(1) 시장조성의 주체

시장조성을 할 수 있는 자는 투자매매업자이다. 시장조성을 할 수 있는 투자매매업자는 안정조작을 할 수 있는 투자매매업자의 범위와 같다(176조③1괄호, 슈205조①).

투자매매업자가 발행회사와의 인수계약에서 시장조성에 대하여 합의하고 증권신고서에도 이러한 사실이 기재되었으나, 시장조성을 해야 할 시기에 시장조성을 하지 않는 경우에는 투자자들에 대한 손해배상책임을 부담할 수 있다. 판례는 손해배상을 청구할 수 있는 투자자의 범위를 법 제125조 증권신고서 등의 거짓기재로 인한 손해배상책임(구 증권거래법 제14조)에 따른 손해배상의 청구 시에는 발행시장에서 공모에 응모하여 증권을 취득한 투자자로 한정하였고, 민법상 불법행위에 따른 손해배상의 청구 시에는 발행시장에서 공모에 응모하여 증권을 취득한 투자자와 그들로부터 해당 증권을 특정하여 직접 취득한 투자자(공개된 유통시장에서 불특정 주식을 매수한 자는 제외)로 보았다.234)235)

(2) 시장조성기간

투자매매업자는 '모집되거나 매출되는 증권이 상장된 날부터 1개월 이상 6개월 이하의 범위에서 인수계약으로 정하는 날까지의 기간' 동안 시장조성을 위한 매매거래를 할 수 있다(176조③2, 令205조④). 즉, 시장조성기간은 증권이 상장된 날부터 1개월 이상 6개월 이하의 범위에서 인수계약으로 정한다.

(3) 시장조성가격

투자매매업자는 시장조성의 대상이 되는 증권의 모집·매출가격을 초과하여 매수하거나 모집·매출가격을 밑도는 가격으로 매도하여서는 아니 된다. 다만, 권리락·배당락 또는 이자락이 발생한 경우에는 이를 고려하여 계산한 가격을 기준으로 한다(令205조②).

(4) 시장조성사실의 공시 등

증권의 발행인은 모집·매출 시 시장조성을 할 수 있다는 사실을 투자설명서에 공시해야 할 뿐 아니라, 투자매매업자는 시장조성을 할 경우 시장조성신고서와 시장조성보고서를 금융위원회와 거래소에 제출하여야 한다(令205조①,④, 令204조⑤). 금융위원회와 거래소는 시장조성신고서와 시장조성보고서를 3년간 비치하고, 인터넷 홈페이지 등을 이용하여 공시하여야 한다(令205조④, 令204조⑥).

다. 발행인의 임원 등이 안정조작을 위탁하는 경우

모집 또는 매출되는 증권 발행인의 임원 등 '대통령령으로 정하는 자'가 투자매매업자에게 안정조작을 위탁하는 행위는 허용된다(176조③3). 법 제176조 제3항 제1호는 모집·매출되는 증권의 발행인 또는 소유자와 인수계약을 체결한 투자매매업자가 안정조작을 하는 경우인 반면에, 제3호는 아직 인수계약을 체결하지 아니한 증권 발행인의 임원 등이 투자매매업자에게 안정조작을 위탁하는 경우로써 계약의 선후에 차이가 있을 뿐 안정조작을 위탁하는 내용은 사실상 같다.

---

234) 대판 2002.9.24., 2001다9311,9328.
235) 상장증권 등의 시세를 고정시켜 타인에게 손해를 입힌 경우, 민법 제750조의 불법행위책임을 지는지 여부(적극) 및 이러한 법리가 금융투자상품의 기초자산인 증권의 시세를 고정시켜 타인에게 손해를 가한 경우에도 마찬가지로 적용되는지 여부(적극). 대판 2016.3.24., 2013다2740.

라. 투자매매업자가 안정조작을 수탁하는 경우

투자매매업자가 법 제176조 제3항 제3호에 따라서 안정조작을 수탁하는 행위는 허용된다(176조③4). 제4호는 발행인의 임원 등이 투자매매업자에게 안정조작을 위탁하는 계약을 투자매매업자의 측면에서 규정한 것으로서 제3호와 제4호는 사실상 동일한 계약으로 보아도 무방하다. 다만, 제3호 및 제4호는 단순히 안정조작의 권한을 부여한 것에 불과하다고 볼 수는 없고, 통상적인 매매거래의 위탁과 마찬가지로 위탁자가 계산주체가 되고 위탁을 받은 투자매매업자는 위탁매매인으로 안정조작을 위한 매매거래를 허용하는 취지이다. 제3호 및 제4호에 따라 위탁·수탁이 허용된다고 하더라도 실제 안정조작을 위한 매매거래를 하기 위해서는 제1호의 요건을 갖추어야 한다.

마. 인수인이 투자매매업자에게 시장조성을 위탁하는 경우

모집 또는 매출되는 증권의 인수인이 투자매매업자에게 시장조성을 위탁하는 행위는 허용된다(176조③5). 증권 인수인은 투자매매업자의 도움을 받아서 대량으로 발행되는 증권의 적절한 가격 형성을 도모할 필요성이 있기 때문이다.

바. 투자매매업자가 시장조성을 수탁하는 경우

투자매매업자가 법 제176조 제3항 제5호에 따라 시장조성을 수탁하는 행위는 허용된다(176조③6). 그 취지는 제5호에서 살펴본 바와 같다.

V. 연계 시세조종행위

1. 의의 및 규제의 필요성

"연계 시세조종행위"는 '특정한 상품에 대한 수요와 공급을 인위적으로 조작함으로써 다른 상품에서 이익을 얻는 시세조종행위'이다. 통정매매 등 전통적인 시세조종행위는 대상증권의 시세를 조종하여 그 증권에서 이익을 얻는 상황을 상정하고 있으나, 연계 시세조종행위는 시세조종의 대상인 상품과 그로 인하여 이익을 얻는 상품이 다르다. 연계 시세조종행위는 장내외 연계, 국내외 연계 등 다양한 형태로 발현될 수 있으나,[236] 자본시장법 제176조 제4항은 기초자산과 파생상품 등 상품 간의 연계성을 이용하여 부당한 이익을 도모하는 '상품간 연계'를 금지하는 형식을 취하고 있다.

자본시장법은 법 제176조 제4항에서 연계 시세조종행위에 대해서 별도의 규정을 두고 있는데, 연계 시세조종행위를 별도로 규제할 필요성이 있는가? 미국과 일본 등은 연계 시세조

---

[236] 최성근/김용재/김홍기/성희활, 「파생상품 규제체계 재정립 및 규제효율화를 위한 연구」, 한국증권선물거래소 용역보고서(증권법학회, 2008), 61면.

종행위가 발생하더라도 일반 시세조종행위 금지규정으로 처벌하고 별도의 규정을 두고 있지 않지만, ELS 연계시세조종사례[237] 등을 통해서 알 수 있듯이 시세조종행위는 다양한 형태로 발현되므로 가격조작상품과 이익획득상품이 동일한 경우를 상정하는 전통적인 시세조종행위 금지규정으로는 세밀하게 규제하기가 어렵다. 따라서 연계 시세조종행위에 대해서 별도의 규정을 두고 있는 자본시장법의 태도는 타당하다.

아래에서는 법 제176조 제4항의 연계 시세조종행위를 규제대상자(누구든지), 규제대상 금융투자상품, 규제대상거래, 규제대상행위(연계 시세조종행위)로 나누어서 살펴본다.

2. 누구든지

연계 시세조종행위의 주체에는 제한이 없다. 즉, '누구든지' 증권, 파생상품 또는 그 증권·파생상품의 기초자산 중 어느 하나가 거래소에 상장되거나 그 밖에 이에 준하는 경우에는 그 증권 또는 파생상품에 관한 매매, 그 밖의 거래("매매등")와 관련하여 연계 시세조종행위를 하여서는 아니 된다(176조④).

3. 거래소 상장

누구든지 '증권, 파생상품 또는 그 증권·파생상품의 기초자산 중 어느 하나가 거래소에 상장되거나 그 밖에 이에 준하는 경우로서 대통령령으로 정하는 경우'에는 그 증권 또는 파생상품에 관한 매매, 그 밖의 거래와 관련하여 연계 시세조종행위를 하여서는 아니 된다(176조④). 즉, 증권, 파생상품 또는 그 증권·파생상품의 기초자산 중 어느 하나가 거래소에 상장되거나 그 밖에 이에 준하는 경우에 적용된다.

예를 들어, 甲이 A파생상품과 그 기초자산인 A주식의 시장가격 간의 연계성을 이용하여 시세조종을 도모하는 경우에, A파생상품 또는 A주식 중 어느 하나만 거래소에 상장되어 있으면 적용된다. "그 밖에 이에 준하는 경우로서 대통령령으로 정하는 경우"란 법 제377조 제1항 제6호에 따라 거래소가 그 파생상품을 장내파생상품으로 품목의 결정을 하는 경우를 말한다(슈206조의2).

4. 그 증권 또는 파생상품에 관한 매매, 그 밖의 거래

누구든지 증권, 파생상품 또는 그 증권·파생상품의 기초자산 중 어느 하나가 거래소에 상장되거나 그 밖에 이에 준하는 경우에는 '그 증권 또는 파생상품에 관한 매매, 그 밖의 거래("매매등")'와 관련하여 연계 시세조종행위를 하여서는 아니 된다(176조④).

---

237) 2013년경에는 ELS 상환조건의 성취 여부와 관련하여 델타헷지의 위법성이 문제가 되었다. 자세한 내용은 옥선기, 금융투자상품 연계불공정거래(2014), 184–209면.

가. 가격조작상품의 시세조종

법 제176조 제4항의 연계 시세조종행위에서는 제1항의 위장거래에 의한 시세조종행위, 제2항의 매매유인 목적의 시세조종행위에서의 논의가 대부분 적용되지만 가격조작상품과 이익획득상품이 존재한다는 특징이 있다.[238] 가격조작상품은 이익획득상품에서 이익을 얻을 목적으로 가격을 조작하는 상품을 지칭하고, 이익획득상품은 가격조작상품의 가격조작을 통하여 이익을 획득하는 상품을 말한다. 예를 들어 甲이 자신이 보유하는 A주식의 콜옵션에서 부당한 이익을 얻기 위해서 그 기초자산인 A주식을 대량으로 매수하여 콜옵션 가격을 상승시키는 경우, A주식은 가격조작상품에 해당하고 A주식의 콜옵션은 이익획득상품에 해당한다. 이 경우 시세조종이 금지되는 대상은 가격조작상품인 A주식이다.

나. 매매, 그 밖의 거래

"매매"란 증권 또는 파생상품을 매수 또는 매도하는 것을 말한다. 매매계약이 체결되어 청구권이 발생한 이상 실제로 매매계약이 이행될 필요는 없다.

2013.5. 개정 전 자본시장법 제176조 제4항 본문은 "누구든지 상장증권 또는 장내파생상품의 매매와 관련하여 다음 각 호의 어느 하나에 해당하는 행위를 하여서는 아니 된다."고 규정하고 있었는데 이에 대해서 법 제176조 제4항은 '상장증권 간'의 연계 시세조종행위만 적용되고 비상장증권이 연계되는 경우에는 자본시장법 제178조를 적용할 것이라는 견해가 있었다. 그러나 가격조작상품과 이익획득상품이 모두 상장증권인 경우만을 규제대상으로 한다면 제4항의 유효성은 지나치게 감소된다는 지적이 있었고, 2013. 5. 자본시장법 개정에서는 "누구든지 증권, 파생상품 또는 그 증권·파생상품의 기초자산 중 어느 하나가 거래소에 상장되거나"라는 문구로 변경하여, 가격조작상품과 이익획득상품 중 어느 하나만 거래소에 상장되는 경우에도 법 제176조 제4항을 적용하도록 하였다.

"그 밖의 거래"란 매매를 제외한 일체의 거래를 말한다. 담보계약, 합병계약, 교환계약 등 다양한 유형의 거래가 포함될 수 있고, 장내, 장외, 대면거래가 모두 포함된다.

연계 시세조종행위의 성립 여부는 가격조작상품의 매매, 그 밖의 거래 시점을 기준으로 판단한다. 부당하게 이익을 얻을 목적으로 가격조작상품의 시세를 조종하면 연계 시세조종행위는 성립하고, 이익획득상품에서 실현되는 이익이 없어도 연계 시세조종행위의 성립 여부에는 영향이 없다. 법 제176조와 법 제178조의 보호법익은 상장증권 등 거래의 공정성 및 유통의 원활성 확보라는 사회적 법익으로서,[239] 매매 또는 거래행위만으로 그 법익이 침해되었다고 보아야 하기 때문이다.

---

238) 옥선기, 금융투자상품 연계불공정거래(2014), 27면.
239) 대판 2018.4.12., 2013도6962.

5. 연계 시세조종행위

가. 기초자산과 파생상품 간 연계에서 기초자산의 시세조종행위

누구든지 "파생상품의 매매등에서 부당한 이익을 얻거나 제3자에게 부당한 이익을 얻게 할 목적으로 그 파생상품의 기초자산의 시세를 변동 또는 고정시키는 행위"를 하여서는 아니 된다(176조④1).

제1호의 경우에 가격조작상품은 파생상품의 기초자산이고, 이익획득상품은 파생상품이다. 예를 들어, A주식의 가격을 기초자산으로 하는 A주식선물에서 이익을 얻을 목적으로 기초자산인 A주식의 시세를 변동·고정시키는 행위는 금지된다. 그러나 A주식을 기초자산으로 하는 A주식선물에서 이익을 얻을 목적으로 같은 A주식을 기초자산으로 하는 A주식옵션의 시세를 변동·고정시키는 행위는 제1호에 해당하지 않고, 파생상품 간 연계 시세조종행위를 금지하는 제5호에 해당할 가능성이 크다.

제1호에 해당하려면 이익획득상품인 파생상품의 매매등에서 '부당한 이익을 얻거나 제3자에게 부당한 이익을 얻게 할 목적'이 있어야 한다. 가격연계성을 이용하여 부당한 이익을 얻기 위한 것임을 입증하는 것은 현실적으로 매우 어렵기 때문에, "부당한 이익을 얻을 목적"은 일반 시세조종행위에 비교하여 유연하게 해석할 필요가 있다. 부당한 이익을 얻을 목적이 있으면 충분하고 실제 이익을 얻는 것이 요건은 아니다.

기초자산과 파생상품을 연계하는 형태의 연계 시세조종행위는 발생가능성이 상대적으로 높다. 특히, 기초자산인 현물의 시장이 소규모이고 시장참가자가 제한적인 경우에는 기초자산의 매점매석을 통해서 파생상품에서 부당한 이익을 얻으려는 유인은 더욱 높아진다. 파생상품의 기초자산이 될 수 있는 것이면 상장증권, 비상장증권 또는 현물상품 모두 가능하다. 다만, 연계 시세조종의 대상이 되는 가격조작상품과 이익획득상품 중 어느 하나는 거래소에 상장되어 있어야 한다(176조④).

나. 기초자산과 파생상품 간 연계에서 파생상품의 시세조종행위

누구든지 "파생상품의 기초자산의 매매등에서 부당한 이익을 얻거나 제3자에게 부당한 이익을 얻게 할 목적으로 그 파생상품의 시세를 변동 또는 고정시키는 행위"를 하여서는 아니 된다(176조④2). 제2호의 경우에 가격조작상품은 파생상품이고, 이익획득상품은 그 파생상품의 기초자산이다. 실제로 시세가 변동될 필요까지는 없고, 전체적으로 그 행위로 인하여 시세를 변동시킬 가능성이 있으면 충분하다.

제2호에 해당하려면 파생상품의 기초자산에서 부당한 이익을 얻거나 제3자에게 부당한 이익을 얻게 할 목적이 있어야 한다. 부당한 이익을 얻을 목적이 있으면 충분하고 실제 이익을 얻을 것까지 요구되는 것은 아니다.

다. 증권 간 또는 기초자산 – 증권 간 연계시세조종행위

누구든지 "증권의 매매등에서 부당한 이익을 얻거나 제3자에게 부당한 이익을 얻게 할 목적으로 그 증권과 연계된 증권으로서 대통령령으로 정하는 증권 또는 그 증권의 기초자산의 시세를 변동 또는 고정시키는 행위"를 하여서는 아니 된다(176조④3).

제3호는 증권의 매매등에서 부당한 이익을 얻으려는 목적으로 "① 그 증권과 연계된 증권으로서 대통령령으로 정하는 증권 또는 ② 그 증권의 기초자산"의 시세를 변동 또는 고정시키는 2가지 형태의 시세조종행위를 금지하고 있다. 실제로 시세가 변동될 필요까지는 없고, 전체적으로 그 행위로 인하여 시세를 변동시킬 가능성이 있으면 충분하다.

제3호의 증권간 연계 시세조종행위, 특히 ①의 "증권의 매매등에서 부당한 이익을 얻거나 제3자에게 부당한 이익을 얻게 할 목적으로 그 증권과 연계된 증권으로서 대통령령으로 정하는 증권"의 시세를 변동 또는 고정시키는 행위에서는 규제대상인 증권간 연계 시세조종행위의 범위를 한정할 필요가 있는데, "그 증권과 연계된 증권으로서 대통령령으로 정하는 증권"이란 아래의 [표7-3]과 같다.

[표7-3] 연계증권의 범위(令207조)

가격조작증권	이익획득증권
전환사채, 신주인수권부 사채와 연결된 가. 그 전환사채권이나 신주인수권부사채권과 교환청구할 수 있는 교환사채권 나. 지분증권 다. 그 전환사채권이나 신주인수권부사채권을 기초자산으로 하는 파생결합증권 라. 그 전환사채권이나 신주인수권부사채권과 관련된 증권예탁증권	전환사채, 신주인수권부사채 (令207조 1호)[240]
그 교환사채의 교환대상이 되는 가. 전환사채권이나 신주인수권부사채권 나. 지분증권 다. 파생결합증권 라. 증권예탁증권	교환사채 (2호)
그 지분증권과 연계된 가. 전환사채권이나 신주인수권부사채권 나. 그 지분증권과 교환을 청구할 수 있는 교환사채권 다. 그 지분증권을 기초자산으로 하는 파생결합증권 라. 그 지분증권과 관련된 증권예탁증권 마. 그 지분증권 외의 지분증권	지분증권 (3호)
그 파생결합증권의 기초자산으로 되는 가. 전환사채권이나 신주인수권부사채권 나. 교환사채권(가목, 다목 또는 라목과 교환을 청구할 수 있는 것만 해당한다) 다. 지분증권 라. 증권예탁증권	파생결합증권 (4호)[241]

---

240) 리픽싱(refixing)조항이 포함된 전환사채를 가지고 있는 사람이 주식을 차입한 후에 공매도를 통하여 주가의 하락을 유도하여 시세를 변동시키고, 전환가액이 하향조정되도록 한 후 전환사채를 전환하여 받은 신

그 증권예탁증권의 기초로 되는 가. 전환사채권이나 신주인수권부사채권 나. 교환사채권(가목, 다목 또는 라목과 교환을 청구할 수 있는 것만 해당) 다. 지분증권 라. 파생결합증권	증권예탁증권 (5호)

라. 증권과 그 기초자산 간 연계 시세조종행위

누구든지 "증권의 기초자산의 매매등에서 부당한 이익을 얻거나 제3자에게 부당한 이익을 얻게 할 목적으로 그 증권의 시세를 변동 또는 고정시키는 행위"를 하여서는 아니 된다(176조④4). 제4호의 경우에 가격조작상품은 '증권'이고, 이익획득상품은 '그 증권의 기초자산'이다. 기초자산이 있는 증권이어야 하므로 제4호의 증권은 파생결합증권을 의미한다. 전환사채·신주인수권부사채 등의 경우에도 파생결합증권과 비슷한 측면이 있으나, 자본시장법은 파생상품과 파생결합증권에 대해서만 기초자산의 개념을 사용하고 있기 때문이다. 따라서 파생결합증권의 기초자산의 매매등에서 부당한 이익을 얻을 목적으로 파생결합증권의 시세를 변동 또는 고정시키는 행위는 금지된다.

마. 파생상품 간 연계 시세조종행위

누구든지 "파생상품의 매매등에서 부당한 이익을 얻거나 제3자에게 부당한 이익을 얻게 할 목적으로 그 파생상품과 기초자산이 동일하거나 유사한 파생상품의 시세를 변동 또는 고정시키는 행위"를 하여서는 아니 된다(176조④5). 가격조작상품은 그 파생상품과 기초자산이 동일하거나 유사한 파생상품이며, 그러한 가격조작상품의 시세를 변동·고정시키는 행위가 있어야 한다.

제5호는 같은 기초자산을 사용하는 파생상품들이나 유사한 기초자산을 사용하는 파생상품들 사이에서는 가격의 연계성을 이용하여 시세조종행위가 행하여질 가능성이 있기 때문에 마련된 것이다. 이와 관련하여, 삼성전자 보통주를 기초자산으로 하는 콜옵션거래에서 이익을 얻을 목적으로 동일한 삼성전자 보통주를 기초자산으로 하는 풋옵션의 시세를 변동·고정시키는 행위와 같이 기초자산이 '동일한' 경우에는 제5호의 적용에 논란이 없을 것이다. 그러나 기초자산이 동일하지 않은 경우에는 어느 정도로 유사하여야 제5호의 적용대상이 되는가? 제반 사정을 종합하여 기초자산의 '유사성'을 판단할 것이다. 예를 들어, 甲이 선물·옵션 동시만기일의 현물 종가 결정시에 KOSPI200 전체 거래량의 약 30%에 해당하는 프로그램 매도주문을 제출하는 상황을 가정해 보자. 만일 甲이 프로그램 매도주문의 처리에 선행

주로 차입한 주식을 반환하는 시세조종의 형태가 대표적이다.
241) 주가연계증권(ELS, 파생결합증권)의 매매 기타 거래에서 부당한 이익을 얻기 위하여 그 기초자산인 주식의 시세를 변동·고정시키는 경우이다.

하여 자기계정으로 만기시점에 외가격(out-of-money)[242] 상태로 끝날 것이 거의 확실한 KOSPI 200 풋옵션을 매수한다면, 이는 프로그램 매도에 따른 KOSPI200선물의 가격하락을 염두에 두고 KOSPI200 풋옵션을 매수한 것으로 볼 수밖에 없다.

VI. 시세조종행위자의 손해배상책임

1. 의의

시세조종행위를 한 자는 그 위반행위로 인하여 형성된 가격에 의하여 해당 증권 또는 파생상품에 관한 매매등을 하거나 그 위탁을 한 자가 그 매매등 또는 위탁으로 인하여 입은 손해 등을 배상할 책임을 진다(177조).

투자자는 시세조종행위자를 상대로 민법상 손해배상책임을 받을 수 있지만, 이 경우에는 시세조종행위자의 고의나 과실, 손해액, 인과관계 등을 모두 입증하여야 하므로 부담이 크다. 법 제177조는 민법상 손해배상책임의 요건을 완화하여 위법한 시세조종행위로 인하여 형성된 가격에 해당 증권이나 파생상품을 매매한 자 등에게 손해의 배상을 청구할 수 있도록 하고 있다.

2. 당사자

가. 손해배상책임자

법 제176조를 위반한 자는 누구라도 법 제177조에 따른 손해배상책임을 진다.

법 제177조의 손해배상청구권과 민법 제750조의 손해배상청구권은 청구권 경합의 관계에 있고 선택적으로 행사가 가능하다.[243] 따라서 시세조종행위를 한 자가 피용자이면, 시세조종행위로 손해를 입은 자는 시세조종행위를 한 피용자의 사용자를 상대로 피용자의 행위가 외형적, 객관적으로 사용자의 사무집행행위에 해당한다는 점을 주장·증명하여 민법 제756조에 의한 사용자책임을 구할 수 있다.[244]

나. 손해배상청구권자

손해배상청구권자는 위반행위로 인하여 형성된 가격에 의하여 해당 증권 등에 관한 매매등을 하거나 그 위탁을 한 자 등이다(176조①1). 즉, 해당 증권 또는 파생상품을 매매한 자뿐

---

242) 옵션의 행사가격과 기초자산의 시장가격과의 관계를 나타내는 용어이다. 콜옵션은 행사가격이 기초자산의 시장가격보다 높은 경우를 외가격이라고 하고, 풋옵션은 행사가격이 기초자산의 시장가격보다 낮은 경우를 외가격이라고 한다.

243) 대판 1999.10.22., 97다26555.

244) 대판 2000.3.28., 98다48934. 다만, 이 사례에서는 고객이 증권회사 직원의 시세조종행위가 직무집행행위에 해당하지 않았음을 알았다고 보아서 증권회사의 사용자 책임이 부정되었다.

만 아니라 그 매매를 위탁하여 그 결과 손해를 입은 자도 손해배상을 청구할 수 있다. 다만,
통상의 경우에는 매매가 있어야 손해가 발생하므로 위탁만으로는 손해를 인정받기가 어려울
것이다.[245] 법 제177조는 장소적 제한을 두고 있지 않으므로 장내 또는 장외를 불문하고 시
세조종행위로 인하여 손해를 입은 자는 손해배상을 청구할 수 있다.

3. 성립요건

손해배상책임이 인정되기 위해서는 시세조종행위, 손해의 발생, 양자 간의 인과관계가
증명되어야 한다.

가. 시세조종행위

법 제176조의 시세조종행위 금지규정을 위반한 자는 법 제177조 각 호의 구분에 따라 손
해를 배상할 책임을 진다(177조①). 즉, 누군가 시세조종행위 금지규정을 위반하였어야 한다.
실무상으로는 감독당국의 조사결과가 발표된 후에 그 자료에 기하여 손해배상청구가 이루어
지는 것이 보통이다.

나. 손해의 발생 및 손해액의 산정

시세조종행위자는 다음 각 호의 구분에 따른 손해를 배상할 책임을 진다(177조①).

1. 그 위반행위로 인하여 형성된 가격에 의하여 해당 증권 또는 파생상품에 관한 매매등
   을 하거나 그 위탁을 한 자가 그 매매등 또는 위탁으로 인하여 입은 손해(177조①1호)
   제1호는 시세조종행위로 인하여 형성된 가격에 의하여 해당 증권 또는 파생상품에
   관한 매매를 하거나 그 위탁을 한 자가 시세조종행위가 없었다면 형성되었을 정상
   가격과의 차액을 손해로 보고 있다.

2. 제1호의 손해 외에 그 위반행위(제176조 제4항 각 호의 어느 하나에 해당하는 행위로 한정한
   다)로 인하여 가격에 영향을 받은 다른 증권, 파생상품 또는 그 증권·파생상품의 기
   초자산에 대한 매매등을 하거나 그 위탁을 한 자가 그 매매등 또는 위탁으로 인하
   여 입은 손해(2호)
   제2호는 연계 시세조종행위로 인하여 영향을 받은 다른 증권, 파생상품, 또는 그 기
   초자산의 매매등으로 입은 손해배상을 규정하고 있다. 예를 들어, 甲이 A증권의 시
   세를 조종하여 B증권의 가격에 영향을 미치는 경우에, 시세조종으로 인하여 가격에
   영향을 받은 B증권을 매매한 乙은 甲을 상대로 그 매매등으로 인하여 입은 손해의
   배상을 청구할 수 있다.

3. 제1호 및 제2호의 손해 외에 그 위반행위(제176조제4항 각 호의 어느 하나에 해당하는 행위

---

245) 변제호 외 5, 자본시장법(2015), 719면.

로 한정한다)로 인하여 특정 시점의 가격 또는 수치에 따라 권리행사 또는 조건성취 여부가 결정되거나 금전등이 결제되는 증권 또는 파생상품과 관련하여 그 증권 또는 파생상품을 보유한 자가 그 위반행위로 형성된 가격 또는 수치에 따라 결정되거나 결제됨으로써 입은 손해(3호)

제3호는 파생결합증권 또는 파생상품을 보유한 자가 연계 시세조종행위로 인하여 형성된 가격 또는 수치에 따라 결정 또는 결제됨으로 인하여 입은 손해를 배상할 것을 규정하고 있다. 예를 들어, 조기상환일이나 만기상환일 같은 특정 시점에 ELS의 기초자산인 상장주권의 주가를 조작하여 ELS의 상환조건의 성취를 막았을 경우 그로 인하여 ELS 보유자에게 발생한 손해를 배상하도록 한 것이다.

다. 인과관계

시세조종행위와 투자자인 원고가 입은 손해 사이에는 인과관계가 인정되어야 한다. 시세조종사건의 인과관계는 통상 시세조종행위로 인하여 형성된 가격을 신뢰하여 증권 등을 취득하였다는 거래인과관계(transaction causation)와 증권 취득자 또는 처분자의 손해가 시세조종행위 때문에 발생하였다는 손해인과관계(loss causation)로 구분되는데, 공개시장에서 불특정 다수인 간에 비대면거래가 이루어지는 경우에 엄격한 인과관계의 증명을 요구하는 것은 현실적으로 불가능에 가깝다. 따라서 미국의 증권법에서는 소위 '시장사기이론(fraud on the market theory)'에 의하여 투자자가 시세조종에 의하여 영향을 받은 가격으로 거래한 경우에는 거래인과관계를 추정하는데, 법 제177조의 해석에서도 원고가 시세조종행위에 의하여 영향을 받은 가격으로 거래하였음을 입증하면, 시세조종행위와 거래 사이의 인과관계를 추정할 것이다.[246] 물론 피고는 시세조종행위와 거래 사이에 인과관계가 없음을 증명하여 자신의 책임을 면할 수 있다.[247]

원고는 자신이 입은 손해액은 입증하여야 한다.[248] 거래인과관계가 추정되는 것이지 손해인과관계까지 추정된다고 볼 수 없기 때문이다. 일반적으로 투자자가 입은 손해는 시세조종으로 형성된 가격 즉 '조작주가'와 시세조종이 없었다면 형성되었을 '정상주가'와의 차액으로 볼 수 있으나(차액설), 금융상품의 가격은 시세조종행위 외에도 다양한 요소들로부터 영향을 받기 때문에 시세조종행위가 가격에 미친 영향을 평가하기가 어렵고 정확한 손해액을 산정하기는 쉽지가 않다. 물론 손해액의 추정규정이 있으면 그에 따를 것이나, 추정규정이 없다면 제반사정을 종합하여 손해액을 인정하되 지나치게 엄격한 증명을 요구할 필요는 없다. 판례는 금융경제학적 방식(사건연구방식)에 의한 추정에 따라 정상주가를 증명하는 것도

---

246) 김화진, 자본시장법이론(2016), 56면.
247) 김택주, 자본시장법(2015), 669면.
248) 임정하, 앞의 논문(자본시장법상 불공정거래행위에 대한 손해배상책임), 158면.

가능하다고 함으로써 그 증명의 부담을 완화해 주고 있다(☞ 자세한 내용은 "제5장 제5절 Ⅱ.2.라. 손해금액의 산정", "Ⅱ.5. 인과관계와 시장사기이론" 등 참조).

4. 소멸시효 등

법 제177조 제1항에 따른 손해배상청구권은 손해배상청구권자가 '시세조종행위를 안 때로부터 2년간', '그 행위가 있었던 때로부터 5년간' 이를 행사하지 않으면 시효로 인하여 소멸한다(177조②). 2년의 소멸시효는 청구권자가 그 위반행위가 있었던 사실을 안 때부터 기산하며, 시세조종행위자에 대한 유죄의 형사판결이 선고되거나 확정된 때부터 기산되는 것은 아니다.[249] 이 기간을 제척기간으로 보는 견해도 있으나, 법 제177조 제2항은 "시효로 인하여 소멸한다"라고 규정하고 있으므로 소멸시효기간으로 볼 것이다.

"시세조종행위를 안 때"란 손해의 발생, 위법한 시세조종행위, 시세조종행위와 손해의 발생 사이에 상당인과관계가 있다는 사실 등 시세조종행위의 요건사실에 대하여 현실적·구체적으로 인식하였을 때를 의미한다. 투자자가 언제 시세조종행위의 요건사실을 현실적·구체적으로 인식하였는지는 제반 사정을 참작하고 손해배상청구가 사실상 가능한 상황을 고려하여 합리적으로 인정하여야 한다.[250] 대법원은 '손해 및 가해자를 안 날'의 판단에 있어서, "이 사건은 코스피200 지수차액거래 등 복잡한 금융상품에 대한 투자와 관련된 사안으로서 금융당국의 입장표명이나 언론보도를 통하여 해당 사건이 일반에 알려졌다고 하더라도 관련자들이 혐의를 완강히 부인하고 있어서, 투자자인 원고들로서는 검찰의 기소나 언론보도만으로는 위법한 가해행위의 존재, 상당인과관계 등 불법행위의 요건사실을 현실적·구체적으로 인식하였다고 볼 수 없다."고 하면서 '손해 및 가해자를 안 날'을 엄격하게 판단하고 있다.[251]

---

249) 대판 2002.12.26., 2000다23440, 23457.
250) 대판 2018.9.13., 2018다241403; 대판 2008.4.24., 2006다30440 등. 민법상 불법행위책임의 단기소멸시효에 관한 판례이다.
251) 대판 2018.9.13., 2018다241403. 도이치뱅크 사건.

부정거래행위 등

I. 서설

1. 규제의 필요성

금융거래의 기법이 발전하고 SNS의 활용, 인터넷 방송, 연계 불공정거래행위, 알고리즘을 이용한 고빈도매매 등 새로운 기술을 사용한 다양한 형태의 불공정거래행위들이 증가하면서 기존의 규정만으로 대처하기가 어려운 경우가 많아지고 있다. 이에 자본시장법은 전통적인 내부자거래 행위, 시세조종행위를 금지하는 것 외에도 법 제178조(부정거래행위 등의 금지)를 통해서 포괄적인 사기행위를 금지하고 있다. 법 제178조는 '부정한'이라는 추상적인 용어를 사용하면서도 그 위반 시에는 징역까지 처할 수 있도록 되어 있어서 죄형법정주의를 위반한 것이 아닌지의 논란도 있으나, 다양한 형태의 부정거래행위와 금융시장의 급격한 기술적 변화를 생각하면 포괄적인 규제는 불가피하다.

2. 법 제178조의 연혁

법 제178조의 부정거래행위등의 금지 조항은 2009년 자본시장법 제정 시에 도입되었지만 그 연원을 거슬러 올라가면 구 증권거래법 제188조의4 제4항이 부정거래행위 금지조항의 전신이라고 할 수 있다. 그러나 구 증권거래법 제188조의4 제4항은 "부당한 이익을 얻기 위하여"(구 증권거래법 188조의4④1호), "금전 기타 재산상의 이익을 얻고자"(2호) 등 목적성을 요구하고 행위 유형을 상세하게 규정함으로써 포괄적 사기금지규정으로서의 기능이 반감되고 있었고, 시세조종행위금지 조항 내에 편입되어 있었기 때문에 다양하게 나타나는 각종 부정거래행위를 금지하기 위한 근거로는 부족하다는 평가가 많았다.

자본시장법은 포괄적 사기금지 조항의 필요성을 반영하여, "부정한 수단, 또는 기교를 사용하는 행위"(178조①1)을 비롯하여 일체의 사기적 부정거래행위를 포괄적으로 금지하고 있다. 법 제178조는 미국의 1934년법 §10(b)와 SEC Rule 10b-5를 모델로 하고,[252] 일본의 금

---

[252] 1934년법 §10(b)와 SEC Rule 10b-5의 내용은 "제7장 제1절 I.총설" 부분의 설명 참조.

융상품거래법 제157조(부정행위의 금지)와 제158조(풍설의 유포, 위계, 폭행 또는 협박의 금지)를 참고한 것이다.[253] 법 제178조를 도입할 당시에는 죄형법정주의 위반에 대한 우려가 많았으나, 헌법재판소가 법 제178조를 합헌으로 결정하고,[254] 자본시장법 시행 이후 많은 사건들에 대해서 법 제178조가 적용되고 그 효용성을 인정받으면서 죄형법정주의 위반의 논란은 줄어들고 있다.

3. 법 제178조의 내용

법 제178조는 제1항 제1호는 "누구든지 부정한 수단, 계획 또는 기교를 사용하는 행위를 하여서는 아니된다"고 하면서 포괄적인 사기를 금지하고, 제2호는 "중요한 사항에 관하여 거짓의 기재 또는 표시를 하거나 타인에게 오해를 유발시키지 아니하기 위하여 필요한 중요사항의 기재 또는 표시가 누락된 문서 등을 사용하여 금전, 그 밖의 재산상의 이익을 얻고자 하는 행위", 제3호는 "금융투자상품의 매매, 그 밖의 거래를 유인할 목적으로 거짓의 시세를 이용하는 행위"를 금지하면서 제1호의 포괄적인 사기금지조항을 보완하고 있다.

법 제178조 제2항은 "누구든지 금융투자상품의 매매, 그 밖의 거래를 할 목적이나 그 시세의 변동을 도모할 목적으로 풍문의 유포, 위계(僞計)의 사용, 폭행 또는 협박을 하여서는 아니 된다."고 하면서, 폭행 또는 협박 등 물리적이고 외부적으로 드러나는 부정거래행위를 금지하고 있다. 제1항이 부정한 수단, 기교 등 전형적이고 기술적인 부정거래행위를 금지하는 것과는 차이가 있다.

4. 법 제178조의 적용 순위 및 죄수

가. 법 제178조의 각 조항 간의 적용순위

법 제178조 제1항 제1호는 "누구든지 금융투자상품의 매매, 그 밖의 거래와 관련하여 '부정한 수단, 또는 기교를 사용하는 행위'를 하여서는 아니 된다"고 하면서 구체적인 행위 태양을 제시함이 없이 포괄적인 규제 형식을 취하고 있는데, 이 때문에 제178조 제1항 제1호가 제178조의 다른 조항과의 관계에서 어떠한 의미를 가지는지가 논란이 되고 있다.

법 제178조 제1항 제1호는 다양한 증권사기 행위를 포괄적으로 금지하는 SEC Rule 10b-5를 모델로 한 것으로서 증권사기를 포괄적으로 금지하는 일반조항이고, 제1호 이외의 다른 조항들은 포괄적인 증권사기의 구체적인 행태를 열거한 것으로 제1호의 내용을 구체화한 것이다. 다양하게 나타나는 증권사기행위를 규제하기 위해서 제1호의 유효성을 인정하더라도 죄형법정주의와 조화를 이룰 수 있도록 신중하게 운영하여야 한다. 따라서 자본시장법 제178

---

253) 미국의 1934년법 10조(b)와 SEC Rule 10b-5, 일본의 금융상품거래법 제157조, 제158조에 대해서는 김학석/김정수, 자본시장법상 부정거래행위(2015), 16~98면에서 자세하게 설명되어 있다.

254) 헌결 2006.11.30., 2006헌바53 전원재판부.

조 제1항 제1호를 적용함에 있어서는, 보다 구체적인 내용을 가지는 같은 항 제2호, 제3호 및 같은 조 제2항을 우선하여 적용하고, 그 후에 법 제178조 제1항 제1호를 적용할 것이다.[255]

나. 법 제178조, 제174조, 제176조 간의 적용순위

법 제178조 제1항 제1호의 포괄적 사기금지조항과 제174조의 미공개중요정보 이용행위 금지, 제176조의 시세조종행위의 금지 조항 간의 적용순위도 문제가 된다. 이에 대해서는 법 제178조 제1항 제1호는 자본시장에서 "부정한 수단 등을 사용하는 행위"를 규제하기 위한 독립적 규정으로 보는 견해(독립규정설), 법 제174조, 제176조의 적용가능성을 먼저 살펴보고 그 적용이 어려운 경우에는 제178조 제1항 제1호를 적용할 것이라는 견해(보충규정설)가 있을 수 있다.

대법원은 "자본시장법 제176조와 제178조의 보호법익은 주식 등 거래의 공정성 및 유통의 원활성 확보라는 사회적 법익이고 주식 소유자 등 개개인의 재산적 법익은 직접적인 보호법익이 아니므로, 주식 시세조종 등의 목적으로 자본시장법 제176조와 제178조에 해당하는 수개의 행위를 단일하고 계속된 범의 아래 일정기간 계속하여 반복한 경우, 자본시장법 제176조와 제178조에서 정한 시세조종행위 및 부정거래행위 금지 위반의 포괄일죄가 성립한다."[256]고 하면서, 각 조문들 사이에 법조경합의 관계를 인정하지 않고, 독립규정설에 가까운 입장을 취하고 있다.

다. 죄수관계

자본시장법의 보호법익은 유가증권시장의 공정성 보호로서 모두 사회적 법익에 해당하므로 일정기간 동안 수차례의 불공정거래가 이루어진 경우에도 포괄하여 일죄로 보는 것이 일반적이다. 대법원은 불공정거래행위에 관하여 죄수가 문제될 경우에 포괄일죄로 보지만,[257] 하급심 판례 중에는 법 제176조에 열거된 시세조종행위와 법 제178조 제1항 제1호 위반행위는 특별관계로 보아서 법조경합으로 본 사례가 있다.[258] 이에 따르면 특정한 행위가 법 제176조 제2항 제1호에서 규정하는 현실거래에 의한 시세조종행위에 해당하는 경우에는 이로 인한 자본시장법위반죄만이 성립할 뿐, 법 제178조 제1항 제1호에서 규정하는 부정거래를 원인으로 하는 자본시장법위반죄는 별도로 성립하지 않는다. 다만, 시세조종행위로 주가를 끌어올린 뒤에 부정거래행위가 있는 경우처럼 각각의 행위가 경합된 경우에는 실체적 경합범이 성립한다.[259]

---

255) 서울고판 2011.6.9., 2010노3160(대판 2011도8109에 의하여 확정). 같은 취지로는 최승재, "자본시장법 제 178조 제1항 제1호에 대한 연구," 「금융법연구」 제6권 제2호(금융법학회, 2009.12), 19면.

256) 대판 2011.10.27., 2011도8109.

257) 대판 2011.10.27., 2011도8109; 서울남부지검, 자본시장법 벌칙해설(2019), 188면.

258) 서울고판 2011.6.9., 2010노3160.

259) 서울남부지검, 자본시장법 벌칙해설(2019), 188면.

Ⅱ. 부정한 수단 등의 사용 금지

1. 의의

자본시장법 제178조는 제1항은 "①누구든지 ②금융투자상품의 매매(증권의 경우 모집·사모·매출을 포함한다), 그 밖의 거래와 관련하여 ③다음 각 호의 어느 하나에 해당하는 행위를 하여서는 아니 된다."고 하면서 부정거래행위를 금지하고 있다.

  1. 부정한 수단, 계획 또는 기교를 사용하는 행위(178조①1호)
  2. 중요사항에 관하여 거짓의 기재 또는 표시를 하거나 타인에게 오해를 유발시키지 아니하기 위하여 필요한 중요사항의 기재 또는 표시가 누락된 문서, 그 밖의 기재 또는 표시를 사용하여 금전, 그 밖의 재산상의 이익을 얻고자 하는 행위(2호)
  3. 금융투자상품의 매매, 그 밖의 거래를 유인할 목적으로 거짓의 시세를 이용하는 행위(3호)

아래에서는 법 제178조 제1항의 부정거래행위의 적용요건을 규제대상자(누구든지), 규제대상거래(금융투자상품의 매매, 그 밖의 거래), 규제대상행위(부정한 수단을 사용하는 부정거래행위 등)로 나누어서 살펴본다.

2. 누구든지

법 제178조 제1항의 부정한 수단 등에 의한 부정거래행위는 증권회사의 임직원 등 특정한 신분을 가진 자에 한정하여 적용되는 것이 아니고, 부정한 수단 등을 사용하는 이상 누구나 부정거래행위의 주체가 될 수 있다. 즉, '누구든지' 금융투자상품의 매매(증권의 경우 모집·사모·매출을 포함한다), 그 밖의 거래와 관련하여 부정한 수단 등에 의한 부정거래행위를 하여서는 아니 된다(178조①).

부정거래행위의 주체가 부정한 수단 등을 사용하는 거래에 대한 고의(인식)나 목적을 가질 것이 요구되는가? 과실범에 대한 처벌규정이 없으므로 법 제176조 시세조종행위의 "타인에게 그릇된 판단을 하게 할 목적"과 같은 정도의 목적성까지는 요구되지 않아도 객관적 구성요건요소에 대한 고의는 요구된다고 볼 것이다. 다만, 부정한 수단 등을 사용하고 있다는 인식이 있었는지의 여부는 행위자가 자백하지 않는 한 입증하기가 어렵기 때문에, 구성요건에 대한 고의는 행위자의 적극적 인식이나 확정적 인식을 요하지 아니하고 제반사정을 종합적으로 고려하여 판단할 수 있다.

3. 금융투자상품의 매매, 그 밖의 거래

가. 금융투자상품

누구든지 '금융투자상품'의 매매, 그 밖의 거래와 관련하여 부정한 수단 등을 사용하는 행위를 하여서는 아니 된다(178조①). 법 제174조의 미공개중요정보 이용행위 금지는 '특정증권등'이 규제대상이고, 제176조의 시세조종행위 금지는 '상장증권 또는 장내파생상품'이 규제대상인 반면에, 제178조의 부정거래행위의 금지는 모든 '금융투자상품'이 규제대상이므로 그 적용대상이 훨씬 광범위하다.

법 제3조가 정하는 금융투자상품의 요건을 충족하면 적용대상이 되고, 거래주체나 장소, 적용 법규에 따라 그 적용이 달라지지 않는다. 상장증권 또는 비상장증권, 장내파생상품 또는 장외파생상품이거나 모든 '금융투자상품'의 매매, 그 밖의 거래에 적용된다. 따라서 해외의 시장참가자들이 국내의 지수를 기초자산으로 하여 체결한 거래도 법 제178조의 금융투자상품(장외파생상품)에 해당한다.[260]

나. 매매, 그 밖의 거래와 관련하여

금융투자상품의 '매매, 그 밖의 거래와 관련하여' 부정한 수단 등을 사용하는 행위를 하여서는 아니 된다(178조①).

(1) 매매

"매매"란 금융투자상품을 매수 또는 매도하는 것을 말한다. 매수와 매도는 민법상의 개념이나 법 제178조의 특성을 고려하면 엄격하게 해석할 필요는 없다. 금융투자상품을 매수하여 매도하는 형태, 매도하고 매수하는 형태 이외에도 매수 또는 매도만을 하는 형태도 포함된다. 주로 규제의 대상으로 하는 것은 유통시장에서의 매매이나, 그 대상이 증권인 경우에는 발행시장에서의 모집·사모·매출도 매매에 포함된다(178조①괄호).

(2) 그 밖의 거래

"그 밖의 거래"란 매매를 제외한 일체의 거래를 말한다. 담보계약, 합병계약, 교환계약, 신주인수권의 행사 등 다양한 유형의 거래가 포함될 수 있다.

(3) 매매, 그 밖의 거래와 관련하여

누구든지 금융투자상품의 매매, 그 밖의 거래와 '관련하여' 부정한 수단 등을 사용하여서는 아니 된다. 즉, "금융투자상품의 매매, 그 밖의 거래"와 "부정한 수단의 사용 행위" 사이에 관련성이 있어야 한다. 금융투자상품의 매매, 그 밖의 거래와 관련하여 부정한 수단 등을 사용하는 행위인지는 그 행위자의 지위, 금융투자상품 발행회사의 경영상태와 주가 동향, 행

---

260) 대판 2023.12.21., 2017다249929.

위 전후의 제반 사정 등을 종합적으로 고려하여 판단한다.[261] 행위자가 주가상승에 따른 담보가치 상승 등 '간접적 이익'을 얻었다는 사실은 금융투자상품의 매매, 그 밖의 거래와 부정한 수단의 사용 행위 간에 관련성을 인정하는 징표가 될 수 있다.

"매매, 그 밖의 거래와 관련하여" 부정한 수단 등을 사용하는 행위가 있으면 성립하고 반드시 매매, 그 밖의 거래를 할 것이 요구되지는 않는다. 예를 들어, A은행의 대주주인 甲회사, 이사 乙 등이 A은행과 그 자회사인 A1회사와의 합병을 추진하면서, 대주주인 甲회사의 지분 가격을 끌어올리기 위해서 보도자료 및 기자간담회를 통해 'A1회사에 대한 감자가 검토될 것'이라거나 '대주주의 증자가 있을 것이다'는 등의 발표와 발언을 하는 등 부정한 수단을 사용하였다면, 실제로 감자나 증자가 이루어지지 않더라도 사기적 부정거래에 해당할 수 있다.

행위자가 매매, 그 밖의 거래의 직접적인 당사자가 되어야 할 필요도 없다. 법 제178조가 '누구든지'라고 규정하면서 '매매, 그 밖의 거래의 주체'를 한정하고 있지 않을 뿐 아니라, 행위자 자신의 매매뿐만 아니라 제3자의 매매 등과 관련하여서 부정한 수단 등을 사용한 경우에도 자본시장의 공정성을 침해하는 것이기 때문이다. 예를 들어, 甲이 乙과 丙 사이에서 진행되고 있는 금융투자상품의 매매와 관련하여 부정한 수단, 또는 기교를 사용하였다면 법 제178조 제1항 제1호가 적용된다.

4. 부정한 수단 등을 사용하는 행위의 금지

가. 부정한 수단, 계획 또는 기교를 사용하는 행위

(1) 개념

법 제178조 제1항 제1호는 누구든지 금융투자상품의 매매, 그 밖의 거래와 관련하여 '부정한 수단, 계획 또는 기교를 사용하는 행위'를 금지하고 있는데, 여기서 '부정한 수단, 계획 또는 기교'란 사회통념상 부정하다고 인정되는 일체의 수단, 계획 또는 기교를 말한다.[262] 누구든지 금융투자상품의 매매, 그 밖의 거래와 관련하여 부정한 수단, 계획 또는 기교를 사용하였다면 매매, 그 밖의 거래를 현실적으로 실행하지 않았다고 하더라도 적용된다.[263]

1) 부정한

"부정한" 행위란 '사회통념상 허용할 수 없는 일체의 행위'를 의미한다. 포괄적 사기를 금지하는 기본조항의 성격을 고려하여 폭 넓게 탄력적으로 해석하는 것이 타당하다. 따라서 기망(欺罔) 등의 사기적 행위에 한정되는 것은 아니며, 기망 또는 위계보다도 포괄적인 개념

---

261) 대판 2003.11.14., 2003도686.

262) 대판 2014.1.16., 2013도4064; 대판 2011.10.27., 2011도8109 등.

263) 김학석, "부정거래행위 규제의 최근 동향," 「증권법학회 제204회 정기세미나 자료집」(2015.1.20.), 6면. 최승재, 앞의 논문(자본시장법 제178조 제1항 제1호), 33면.

으로 보아야 한다. 판례도 "자본시장법 제178조 제1항 제1호의 부정한 수단, 계획 또는 기교란 사회통념상 부정하다고 인정되는 일체의 수단, 계획 또는 기교를 말한다."[264]고 하면서 같은 용어를 반복하여 정의하고 있을 뿐, 기망에 이를 것까지는 요구하지 않고 있다.

제1호의 부정한 수단, 계획 또는 기교를 사용하는 행위는 형사처벌의 대상이므로 그 개념을 해석함에 있어서는 죄형법정주의를 염두에 두어야 하고, 합리적이고 객관적인 기준을 찾으려는 노력이 있어야 한다. 따라서 '부정한' 방법, 계획 또는 기교란 법 제174조 미공개중요정보 이용행위의 금지나 제176조 시세조종행위의 구성요건에는 해당하지 않더라도, 적어도 제178조 제1항 제2호, 제3호 및 제2항의 부정거래행위에 준하는 정도의 불법성을 지닌 것이어야 한다.

어떠한 행위를 부정하다고 할지는 그 행위가 법령 등에서 금지된 것인지, 다른 투자자로 하여금 잘못된 판단을 하게 함으로써 공정한 경쟁을 해치고 선의의 투자자에게 손해를 전가하여 자본시장의 공정성, 신뢰성과 효율성을 해칠 위험이 있는지, 금융상품 거래의 공정성에 대한 투자자들의 신뢰가 중대하게 훼손되었다고 볼 수 있는지 등의 사정을 고려하여 판단해야 한다.[265]

2) 수단

"수단"은 어떠한 목적을 이루기 위한 방법 또는 도구를 가리킨다. 미국 SEC Rule 10b-5(a)의 'device'와 일본 금융상품거래법 제157조의 '手段'과 같고, 그 자체는 정당하더라도 불공정거래를 목적으로 사용되면 부정한 수단에 해당한다. 예를 들어, 회사와 관련이 없는 외부자가 해킹을 통해서 취득한 당해 회사의 내부정보를 이용하여 옵션매매를 한 경우에, 법 제174조 제1항 각 호에 열거된 내부자에 해당하지 않으므로 미공개중요정보의 이용행위 금지로 처벌하기 어렵고, 해킹을 통하여 취득한 정보를 이용하는 행위는 형법상의 절도나 사기 등으로 규율하기에도 적절하지 않기 때문에, 포괄적 사기금지 조항인 법 제178조 제1항 제1호의 '부정한 수단, 계획 또는 기교'를 사용하는 행위로 규제될 가능성이 있다.[266]

3) 계획

"계획"은 앞으로의 할 일의 절차, 방법, 규모 따위를 미리 헤아려 준비하는 것을 말한다. 미국 SEC Rule 10b-5(a)의 'scheme'에 해당하고, 일본 금융상품거래법 제157조 제1호에서 사용하는 '計画'을 참조한 것이다. 예를 들어, M&A 피인수기업으로 지목되면 주가가 상승하

---

264) 대판 2011.10.27., 2011도8109.

265) 대판 2022.5.26., 2018도13864; 대판 2014.1.16., 2013도4064.

266) 법 제178조 위반의 처벌이 가능하다는 견해로는 최승재, 앞의 논문(자본시장법 178조 제1항 제1호), 42면 참조. 미국의 법원도 외부자가 당해 회사의 내부정보를 이용하여 옵션매매를 한 사건에서, SEC Rule 10b-5의 '기망적인 행위'가 성립하기 위해서는 행위자의 충실의무위반이 있어야 하나 SEC가 이를 입증하지 못했다는 이유로 Rule 10b-5 위반에 해당되지 않는다고 판단하였다. SEC v. dorozhko, Docket No. 08-0201-cv. Decided: July 22, 2009.

는 것을 이용하여, 실제로는 M&A 의사가 없으면서도 대상기업을 인수한다는 소문을 퍼트리고 대상기업의 주가가 상승하면 보유주식을 매각하여 차액을 챙기는 사례를 상정할 수 있다.

계획에는 형법상 예비음모의 개념까지도 포함하는가? 다양한 부정거래행위를 규제할 필요성은 인정되지만, 법 제178조 제1항 제2호, 제3호, 제2항에서 보다 구체적인 조항이 있고, 죄형법정주의와 조화를 이루려면, 실행에 착수하지 않은 채 단순히 예비음모한 정도만으로는 부정한 '계획'에 해당한다고 보기는 어렵다.[267]

4) 기교

"기교"란 어떠한 행위에 대한 기술이나 솜씨를 가리킨다. 미국 SEC Rule 10b-5(a)의 'artifice'에 해당하고, 일본 금융상품거래법 제157조 제1호의 '技巧'와 같다. 교묘한 기교, 술책, 책략 등의 의미가 있다. 예를 들어, A회사 대주주인 甲이 신규사업에 대한 우호적인 평가를 이끌어내기 위해서 乙과 투자수익보장약정을 체결한 후 乙로 하여금 외국법인 B회사의 명의를 이용하여 A회사의 유상증자에 참여하도록 한 사안에서, 甲의 행위는 불특정투자자를 기망하여 착오상태에 빠트릴 수 있는 행위로서 법 제178조 제1항 제1호 위반죄 및 제178조 제2항 위반죄에 해당한다.[268]

현행법상 금융투자업자의 선행매매는 불건전 영업행위에 해당하지만, 부정거래행위에 해당하는지는 분명하지 않다. 그러나 선행매매라고 하더라도 그 행위의 태양과 죄질이 나쁜 경우에는 부정거래행위에 해당할 수 있다. 예를 들어, 애널리스트가 특정종목의 증권에 대해서 기관투자자의 대량매수주문을 위탁받은 상황에서, 해당 종목에 대해서 부정적인 보고서를 발표하여 정상가격보다 주가를 낮추고, 대규모 매수주문이 제시되기 전에 자신의 계산으로 해당 증권을 선행매매하여 이익을 얻었다면 단순히 선행매매에 그치는 것이 아니라 '부정한 기교'에 해당할 수 있다.

(2) 종합적인 판단

판례는 "부정한 수단, 계획 또는 기교"란 "사회통념상 부정하다고 인정되는 일체의 수단, 계획 또는 기교를 말한다."[269]고 하면서, 같은 용어를 반복 사용하여 정의하고, 수단, 계획, 기교를 구분하여 사용하지 않는데, 이는 그만큼 개념 정의가 어렵고 사회통념에 따라서 판단할 수 밖에 없다는 의미이다. 결국 제1호의 "부정한 수단, 계획, 기교를 사용하는 행위"에 해당하는지는 해당 거래의 내용, 성격, 행위자의 지위와 경험, 회사의 경영상태와 주가의 동향, 그 행위 전후의 제반 사정 등을 종합적으로 고려하여 판단하는 것이 불가피하다.[270] 아

---

267) 김용재, 자본시장과 법(2016), 673면.
268) 대판 2011.10.27., 2011도8109.
269) 대판 2022.5.26., 2018도13864; 대판 2018.12.13., 2018도13689; 대판 2014.1.16., 2013도4064; 대판 2011. 10.27., 2011도8109 등 다수.
270) 대판 2018.9.28., 2015다69853; 대판 2016.3.24., 2013다2740; 대판 2014.1.16., 2013도9933 등 다수.

래에서는 사례를 통해서 살펴본다.

1) 수단, 계획, 기교의 구분 여부

행위자의 특정한 부정거래행위가 제1호의 부정한 수단, 계획, 기교 중에서 어디에 해당하는지는 구분하기는 쉽지가 않다. 굳이 구분하자면 "수단"은 해킹처럼 불공정거래에 사용하는 방법이나 도구를 말하고, "계획"은 부정한 거래를 위한 일련의 준비 및 방조행위를 가리키며('작전'에 비슷하다), "기교"는 수단이나 계획에 비교하면 어느 정도 정형화된 행위로서 과당매매(churning), 스캘핑(scalping), 선행매매(front running) 등의 기술을 사용하는 것을 가리킨다. 그러나 구체적인 사례에서는 수단, 계획, 기교가 혼재되어 사용되고, 법령의 적용에서 차이가 있는 것은 아니기 때문에 굳이 구분할 실익은 없다.

2) 부정한 수단 등의 사용이 인정된 사례

제1호의 적용이 인정된 사례로는 ① 피고인이 A회사의 제3자 배정 유상증자를 실시하면서 실질적으로 지배하고 있는 B회사로 하여금 A회사의 주식 합계 2,932,000주를 1년간 보호예수를 조건으로 배정받도록 하면서도, 한편으로 다른 회사가 소유하고 있던 A회사 주식 2,932,000주를 B회사에게 1년 후에 돌려받는 조건으로 대여하여 유상증자대금을 즉시 회수하도록 함으로써 마치 위 B회사가 유상증자에 실제로 참여하고 그에 따른 투자위험을 부담하는 듯한 외관을 작출한 사례,[271] ② 투자수익보장약정을 체결한 후 차명으로 유상증자에 참여하는 경우에 제1호의 '부정한 수단, 계획, 기교를 사용하는 행위'에 해당한다고 한 사례,[272] ③ ELS 등 특정 시점의 기초자산 가격 또는 그와 관련된 수치에 따라 권리행사 또는 조건성취의 여부가 결정되거나 금전 등이 결제되는 구조로 되어 있는 금융투자상품을 거래하면서 사회통념상 부정하다고 인정되는 수단이나 기교 등을 사용하여 권리행사나 조건성취에 영향을 주는 행위를 한 경우에 제1호의 '부정한 수단, 계획, 기교를 사용하는 행위'에 해당한다고 한 사례,[273] ④ 투자자문업자, 증권분석가, 투자웹사이트 운영자 등이 추천하는 증권을 자신이 선행매수하여 보유하고 있고, 추천 후에 이를 매도할 수도 있다는 자신의 이해관계를 표시하지 않은 채 증권의 매수를 추천한 사례[274] 등이 있다.

3) DMA를 이용한 알고리즘 매매 사건(무죄)

2009년경부터 ELW 거래를 하는 개인투자자 중에서 LP(유동성공급자)를 상대로 빠른 거래속도를 이용한 초단타 프로그램 매매를 하면서 수익을 추구하는 투자자들이 등장하였고, 증권회사들은 전용서버, 전용선 등 거래속도를 높이는 서비스를 제공하고 고액의 거래수수료를 받았다. 검찰은 전용선 사용은 증권거래의 불공정을 일으킨다고 보아 국내 10여개 증권

---

271) 대판 2018.12.13., 2018도13689.
272) 대판 2011.10.27., 2011도8109.
273) 대결 2015.4.9., 2013마1052.
274) 대판 2022.5.26., 2018도13864. 이 행위는 법 제178조 제2항에서 정한 '위계의 사용'에도 해당한다.

회사 대표이사 및 임직원과 투자자들을 자본시장법 제178조 제1항 제1호의 '부정한 수단, 계획 또는 기교를 사용하는 행위'로 기소하였다.

대법원은 "주문 처리 과정에서 속도의 차이가 없어야 한다."라는 법적인 의무를 도출하기가 어렵고, DMA 서비스를 제공받은 투자자와 그렇지 못한 투자자 사이에 이해충돌의 가능성이 작으며, DMA 서비스의 공시에 관한 규정이나 감독기관의 행정지도가 없었던 등에 비추면, 자본시장법 제178조 제1항 제1호의 '부정한 수단, 계획 또는 기교를 사용하는 행위'에 해당한다고 보기 어렵다고 보아서 무죄를 선고하였다.[275] 다만, 투자자들에게 관련 서비스를 제공한 대가로 개인적으로 금품을 받은 증권회사 직원에 대하여는 배임수재죄를 인정하여 유죄를 선고하였다.

4) 증권방송인 등의 스캘핑 매매 사건(유죄)

피고인은 2009. 12.경부터 2013. 3.경까지 증권포털사이트 및 증권방송 등에서 시황분석, 주식상담, 종목추천 등을 해온 자로서, 여러 강연 및 출판활동을 통해 증권업계에서 상당한 인지도와 영향력을 가지고 있었다. 피고인은 차명계좌를 통해 방송에서 유망종목으로 추천할 주식을 미리 매수한 후, 방송에서는 그러한 사실을 숨긴 채 해당 종목을 추천하여 주가가 상승하면 미리 접수해둔 매도 주문에 따라 해당 종목을 단기간에 매도하여 차익을 취득하였다. 이와 같은 피고인의 행위가 법 제178조 제1항 제1호의 '부정한 수단, 계획 또는 기교를 사용하는 행위' 또는 제2항의 '금융투자상품의 매매, 그 밖의 거래를 할 목적이나 그 시세의 변동을 도모할 목적으로 위계를 사용하는 것'에 해당하는지 문제되었다.

대법원은 투자자문업자, 증권분석가, 언론매체 종사자, 투자 관련 웹사이트 운영자 등이 특정 증권을 장기투자로 추천하기 직전에 자신의 계산으로 그 증권을 매수한 다음, 추천 후 그 증권의 시장가격이 상승할 때에 즉시 차익을 남기고 매도하는 이른바 스캘핑(scalping) 행위를 하는 경우, 그 증권 자체에 관한 정보는 거짓이 아니라도, 이러한 스캘핑 행위가 용인되면 자본시장에서의 공정한 경쟁에 대한 시장참여자들의 신뢰가 훼손되고 시장 내의 각종 투자 관련 조언행위가 평가절하됨으로써, 자원배분의 효율성을 해치고 투자자들이 자본시장으로부터 이탈하는 결과를 가져올 수 있다고 하면서, 투자자문업자 등이 자신이 추천하는 증권을 선행매수하여 보유하고 있고 추천 후에는 이를 매도할 수도 있다는 이해관계를 표시하지 않은 채 그 증권의 매수를 추천하는 행위는 법 제178조 제1항 제1호의 '부정한 수단, 계획, 기교를 사용하는 행위'에 해당하는 한편, 개인적인 이해관계의 표시를 누락함으로써 투자자들에게 객관적인 동기에서 그 증권을 추천한다는 인상을 주어 거래를 유인하려는 행위로서 같은 법 제178조 제2항에서 정한 '위계의 사용'에도 해당한다고 하면서 유죄를 선고하였다.[276]

---

275) 대판 2014.2.13., 2013도1206; 대판 2014.1.16., 2013도4064 등.

5) ELS 델타헷지 사건(유죄)

H투자증권은 2007. 8.경 투자자인 원고들에게 국민은행 보통주(최초기준가 74,600원)와 삼성전자 보통주를 기초자산으로 하는 주가연계증권(ELS)을 발행하였다. 이 주가연계증권은 투자자에게 수익금이 조기상환되지 않고 만기에 도달한 경우에, ① 두 기초자산의 기준일인 2009. 8. 26.의 종가가 모두 최초기준가격의 75% 이상이면 투자자에게 원금 및 28.6%의 투자수익이 지급되고, ② 만기까지 한 종목이라도 최초기준가격의 60% 미만으로 하락한 적이 있고, 두 종목 중 한 종목이라도 기준일 종가가 최초기준가격의 75% 미만이면 투자자가 원금 손실을 떠안도록 되어 있었는데, H투자증권은 ELS거래에 따른 위험을 헤지하기 위해 피고 증권회사와 주식연계달러화스왑계약(백투백헤지)을 체결하였다. 그 후 이 사건 기준일 무렵에 삼성전자 보통주 가격은 최초기준가격의 75%를 훨씬 웃도는 70만 원대였던 반면 국민은행 주식 가격은 최초기준가격의 75% 수준인 54,740원('이 사건 기준가격') 부근에서 등락을 반복하고 있었는데, 피고 증권회사는 '델타헤지'[277]를 수행하면서, 이 사건 기준일인 2009. 8. 26. (1) 접속매매시간대 중 ① 이 사건 주식의 가격이 상대적으로 낮았던 오전에는 8,182주만을 직전 체결가인 53,500원에 매도한 반면, ② 이 사건 주식의 가격이 상승하여 이 사건 기준가격을 약간 밑돌거나 넘어선 오후에는 14회에 걸쳐 합계 106,032주를 매도하였으며, (2) 단일가매매시간대인 14:50:00부터 15:00:00까지는 계열사가 아닌 ○○증권 △△지점을 통하여 시장가매도주문 방식으로 두 번에 걸쳐 합계 128,000주를 매도하였다. 위 단일가매매시간대의 주식매도는 모두 이 사건 주식의 예상체결가격이 54,800원으로 이 사건 기준가격을 근소하게 넘어선 시점에 이루어졌는데, ① 14:55:19에 96,000주를 매도함으로써 예상체결가격이 53,600원으로 하락하였고, ② 14:58:47에 32,000주를 매도함으로써 예상체결가격이 54,500원으로 하락하였다. 대법원은 이 사건 주식매도행위는 법 제176조 제3항의 시세조종행위 내지 법 제178조 제1항 제1호의 부정거래행위에 해당한다고 판단하였다.[278]

(3) 기타 관련 문제

법 제178조 제1호는 그 포괄적인 내용과 성격상 아래에서 보는 것처럼 다양한 쟁점들이 논의되고 있다.

---

276) 대판 2017.3.30., 2014도6910. 비슷한 맥락인데, 증권방송에서 자신의 주식보유사실을 숨긴 채 매수추천을 한 행위에 대해서 유죄가 선고된 사례가 있다. 대판 2022.5.26., 2018도13864.
277) ELS 발행사 또는 헷지를 담당하는 증권회사는 상환자금을 마련하기 위해서, 발행대금 중 마진 등을 제외한 나머지 금액을 가지고 국채 등 안전자산에 투자하거나 ELS 기초자산의 매매를 통해서 수익을 얻는데, 여기서 기초자산의 매매에 사용하는 금융기법이 델타헷지이다. 원래 기초자산의 가격변동으로 인한 위험노출을 방지하기 위해서 시작되었으나 기초자산의 매매를 통해서 수익을 창출하는 수단으로도 이용되고 있다. 자세한 내용은 김홍기, "ELS 델타헷지의 정당성과 시세조종에 관한 연구 -대판 2016.3.24., 2013다2740 판결-,"「상사판례연구」제29집 제2권(상사판례학회, 2016.6), 75면 참조.
278) 대판 2016.3.24., 2013다2740. ELS 델타헷지 사건.

1) 목적성의 여부

제178조 제1항 제1호는 재산상 이익 취득의 목적이나 매매유인 등의 목적을 요구하고 있지 않다. 따라서 행위자 자신이 재산상 이익을 취득하거나 제3자로 하여금 재산상 이익을 취득하게 하려는 목적이 없더라도 그 행위가 부정한 수단, 계획 또는 기교에 해당하면 처벌의 대상이 된다.

2) 보충적 적용

제1호는 부정거래행위 중에서도 가장 근간이 되는 유형인데, 부정한 수단, 계획 또는 기교 등 행위의 양태가 상당히 포괄적일 뿐만 아니라 재산상의 이익 취득이나 매매유인의 목적도 요구하고 있지 않아서 실제 적용에는 어려움과 용이함이 동시에 존재한다. 이를 고려하면, 제1호는 사기적 증권거래를 포괄적으로 금지하는 일반조항으로 볼 것이고, 보충적으로 적용할 필요가 있다.

3) 사기죄와의 관계

제1호의 부정한 수단, 계획 또는 기교를 사용하는 행위는 사회통념상 부정하다고 인정되는 일체의 수단, 계획 또는 기교를 말하고, 사기죄의 성립에 필요한 기망(fraud)에 이를 것까지는 요구되지 않는다. 판례도 "부정한 수단, 계획 또는 기교"란 사회통념상 부정하다고 인정되는 일체의 수단, 계획 또는 기교를 의미하고, 신뢰관계에 있는 자가 상대방을 착오에 빠뜨리는 사기행위에 한정되는 것은 아니라고 한다.[279]

4) 보호법익과 위험범

법 제178조 제1항은 증권거래의 공정성과 유통을 보호하기 위한 것으로써, 증권거래의 공정성과 유통에 대한 침해의 위험만 있으면 성립하는 위험범이다. 따라서 누군가의 특정한 행위가 증권거래의 공정성 침해에 대한 위험을 제기하였다면 법 제178조 제1항 제1호에 위반한 것이고 나중에 실제 손해가 발생하였을 필요까지는 없다.

5) 시장정보 이용행위

시장정보는 금융투자상품의 시세에 영향을 미칠 수 있는 정보로서, 기관투자자 또는 외국인의 특정종목에 대한 대량주문 정보, 기준금리 결정 정보, 정책 정보 등 기업 외부에서 발생한 정보를 말한다. 이러한 시장정보를 사전에 이용하는 행위는 특정 종목의 주가에 영향을 미칠 가능성이 크지만, 우리나라는 주식의 대량취득·처분이나 공개매수 등의 정보를 제외하고는 시장정보 이용행위를 처벌하고 있지 않다. 마찬가지로 금리가 상승할 것이라는 시장정보를 사전에 이용하여 거래하였다는 사정만으로는 제178조의 부정거래행위에 해당한다고 보기는 어렵다. 그러나 금리정보에 다른 사정이 더하여져 거래가 이루어진 경우에는 법 제178조의 적용 가능성을 배제할 수 없으며, 부정거래행위에 해당하는지는 해당 거래의

---

279) 대판 2011.10.27., 2011도8109.

사정을 살펴서 개별적으로 판단하여야 한다.

시장정보의 이용행위는 규제의 실익이 적은 반면에, 개념이 모호하고, 형사처벌의 대상으로 하기에는 부적절하다. 이를 반영하여 자본시장법은 시장정보의 이용행위가 위법성을 띄는 경우에는 법 제178조의2 시장질서 교란행위의 한 범주로 규제하고 있다.

나. 중요사항에 관하여 거짓의 기재 또는 표시를 하는 행위 등

(1) 개념

법 제178조 제1항 제2호는 "누구든지 금융투자상품의 매매, 그 밖의 거래와 관련하여 '중요사항에 관하여 거짓의 기재 또는 표시를 하거나 타인에게 오해를 유발시키지 아니하기 위하여 필요한 중요사항의 기재 또는 표시가 누락된 문서, 그 밖의 기재 또는 표시를 사용하여 금전, 그 밖의 재산상의 이익을 얻고자 하는 행위'를 하여서는 아니된다"고 규정하고 있다.

제2호는 전형적인 증권사기의 형태로서, 법 제176조 제2항 제3호의 매매유인 목적의 시세조종행위에 있어서 '중요한 사실에 관한 거짓의 표시 또는 오해를 유발시키는 표시를 하는 행위'와 그 모습이 비슷하다. 다만, 제178조 제1항 제2호는 대상이 금융투자상품이고, 장내 및 장외거래에 모두 적용되며, 매매유인목적이 요구되지 않는 점에서 그 적용범위가 매우 넓다. 따라서 제178조 제1항 제2호는 법 제176조 제2항 제3호를 보완하는 기능을 한다.[280]

제2호는 중요사항에 관하여 거짓의 기재 또는 표시를 하는 등의 방법으로 "금전, 그 밖의 재산상 이익을 얻고자 하는 행위"를 금지하는 하는데, 이러한 문구는 행위자에게 '재산상 이익을 얻을 목적'을 요구하는 것과 다름이 없다. 재산상의 이익을 얻을 목적이 없이 "금전, 그 밖의 재산상의 이익을 얻고자 하는 행위"를 하는 경우는 상정하기 어렵기 때문이다. 이 점에서 법 제178조 제1항 제1호가 '부정한 수단, 계획, 기교를 사용하는 행위'를 일체를 금지하면서도 재산상의 이익 취득의 목적이나 매매유인 등의 목적에 관하여 추가적인 요건을 두고 있지 않은 것과는 차이가 있다.

(2) 중요사항

제2호는 '중요사항'에 관하여 거짓의 기재 또는 표시를 하거나, 타인에게 오해를 유발시키지 아니하기 위하여 필요한 '중요사항'의 기재 또는 표시가 누락된 문서, 그 밖의 기재 또는 표시를 사용하여 금전, 그 밖의 재산상의 이익을 얻고자 하는 행위를 금지한다. 즉, 적극적으로 문서에 거짓의 기재 또는 표시를 하거나 소극적으로 기재 또는 표시가 누락된 문서를 사용하거나 간에 기재 또는 표시된 내용은 중요사항이어야 한다.

제2호의 "중요사항"이란 미공개중요정보 이용행위 금지조항인 자본시장법 제174조 제1항에서 정한 '중요정보'와 같은 취지로서(☞ "제7장 제1절 Ⅱ. 미공개중요정보 이용행위의 금지" 참

---

280) 김병연/권재열/양기진, 자본시장법(2017), 473면. 김정수, 자본시장법원론(2011), 1151면. 임재연, 자본시장법(2018), 1027면.

조), 당해 법인의 재산·경영에 관하여 중대한 영향을 미치거나 특정증권 등의 공정거래와 투자자 보호를 위하여 필요한 사항으로서 투자자의 투자판단에 영향을 미칠 수 있는 사항을 의미한다.[281] 정보가 반드시 객관적으로 명확할 필요는 없으며, 합리적인 투자자라면 정보의 중대성과 사실이 발생할 개연성을 비교하여 판단할 경우 투자를 결정할 때 중요한 가치를 지닌다고 생각되면 족하다.[282] 해당 기업 고유의 정보만이 아니라 동종업종의 전망 또는 경쟁업체의 동향 등 기업 외부의 정보도 포함된다.

중요사항이 아닌 경우에는 제2호의 구성요건을 충족할 수 없으므로 제178조 제1항 제1호의 '부정한 수단, 계획 또는 기교를 사용하는 행위', 제3호의 '금융투자상품의 매매, 그 밖의 거래를 유인할 목적으로 거짓의 시세를 이용하는 행위' 또는 법 제178조 제2항의 '풍문의 유포, 위계의 사용, 폭행 또는 협박을 사용하는 행위'에 해당하는지를 살펴볼 것이다.

(3) 거짓의 기재 또는 표시 등

누구든지 금융투자상품의 매매, 그 밖의 거래와 관련하여 중요사항에 관하여 '거짓의 기재 또는 표시를 하거나' '타인에게 오해를 유발시키지 아니하기 위하여 필요한 중요사항의 기재 또는 표시가 누락된 문서, 그 밖의 기재 또는 표시를 사용하여' 금전, 그 밖의 재산상의 이익을 얻고자 하는 행위를 하여서는 아니 된다(178조①2).

1) 거짓의 기재 또는 표시

'거짓의 기재 또는 표시'를 하여서는 아니 되는데, "거짓"인지의 여부는 객관적으로 판단하여야 하고 허위라고 생각하였어도 실제로 사실이면 거짓의 기재 또는 표시에 해당하지 않는다.[283] 회사가 공시를 통하여 거짓의 표시를 하였는지 문제되는 경우, 공시내용 자체가 거짓인지의 여부에 의하여 판단하며, 공시내용을 실현할 의사와 능력이 있었는지에 의하여 판단할 것은 아니다. 따라서 주주총회결의를 거쳐 회사의 사업목적을 추가하는 정관변경을 하고 그러한 사실을 공시하거나 기사화하였다면, 비록 실현가능성이 없는 내용이라고 하더라도 거짓의 기재 또는 표시를 한 것으로 볼 수 없다.[284]

누구든지 중요사항에 관하여 거짓의 기재 또는 표시를 하거나 중요사항의 기재 또는 표시가 누락된 문서를 사용하여 금전, 그 밖의 재산상의 이익을 얻고자 하는 행위를 하였으면 그로써 제2호를 위반한 것이고, 실제로 타인에게 오해를 유발하지 않았다고 하더라도 제2호의 위반에 영향을 미치지 않는다.[285] 거짓의 문서 사용행위로 인하여 실제 '금전 기타 재산상의 이익을 얻을 것'을 요하지도 않는다.[286] 법 제178조는 증권시장에 대한 신뢰 및 원활한

---

281) 대판 2018.12.13., 2018도13689, 대판 2006.2.9., 2005도8652 등.
282) 김학석/김정수, 자본시장법상 부정거래행위(2015), 227면.
283) 대판 2003.11.14., 2003도686.
284) 대판 2003.11.14., 2003도686.
285) 대판 2006.4.14., 2003도6759.

증권 유통이라는 사회적 법익을 보호하는 것이고 중요사항에 대해서 거짓의 기재 또는 표시를 하였다면 그 자체로 증권시장에 대한 신뢰를 침해한 것이기 때문이다.

거짓의 기재 또는 표시는 문서 또는 구두로 모두 가능하다. 어떠한 행위가 거짓의 기재 또는 표시인지는 그 내용과 시세에 미친 영향 등을 종합적으로 판단할 것이다.

2) 기재 또는 표시가 누락된 문서의 사용

누구든지 중요사항에 관하여 '거짓의 기재 또는 표시'를 하는 행위뿐만 아니라 '타인에게 오해를 유발시키지 아니하기 위하여 필요한 중요사항의 기재 또는 표시가 누락된 문서'를 사용하여 금전, 그 밖의 재산상의 이익을 얻고자 하는 행위를 하여서는 아니 된다. 위에서 살펴본 '거짓의 기재 또는 표시'와는 달리 '기재 또는 표시의 누락'은 문서에 있어서 누락을 말하며, 종이로 된 문서뿐만이 아니라 이메일, 공시보고서 등 전자적인 형태로 된 문서도 포함된다. 그러나 누락된 문서를 제시하면서 상대방의 착오를 유발하여야 하므로 종이문서이든 전자문서이든 제시할 것이 있어야 하고 단순히 카톡 등을 통해서 오가는 말에서 중요한 맥락을 생략하는 것은 문서의 사용행위에 해당하지 않는다. 이러한 경우에는 제2호 후단의 '그 밖의 기재 또는 표시'를 사용하는 행위에 해당한다. 단순한 기재 또는 표시의 누락이 있는 것으로는 충분하지 않고, 오해를 유발시키지 아니하기 위하여 필요한 중요사항의 기재 또는 표시가 누락되었어야 한다.

누구든지 오해를 유발시키지 아니하기 위하여 필요한 중요사항에 대한 기재 또는 표시가 누락된 문서를 사용하였다면 '증권시장에 대한 신뢰 및 증권의 원활한 유통'이라는 사회적 법익을 침해한 것으로서 곧바로 제2호에 위반한 것이며, 실제 거래한 투자자가 오해를 하지 아니하였다고 하여서 면책이 되는 것은 아니다.

대법원은 피고인은 인도네시아 법인인 B회사 지분의 약 40%를 보유하는 A회사의 실질적인 운영자인데, B회사의 채권자가 파산신청을 하였음에도 불구하고 이를 알리지 않은 채, 자신이 지배하는 공소외 C회사 및 D회사 등과 A회사의 유상증자를 추진하면서 B회사에 대한 투자금의 회수 가능성이 매우 희박해 졌음에도 공시사항이 아니라는 이유로 유상증자의 투자설명서에 이러한 사실을 전혀 기재하지 않은 사안에서, B회사에 대한 파산신청 사실은 투자자 보호를 위하여 공시하여야 하는 '중요사항'에 해당하고, 중요사항에 관하여 거짓의 기재 또는 표시를 하거나 기재 또는 표시가 누락된 문서를 공시한 상태에서 이를 단순히 시정하지 않고 방치하는 데 그치는 것이 아니라, 그 문서가 투자자의 투자판단에 영향을 미칠 수 있는 사항에 관하여 오해를 유발할 수 있는 상황임을 알면서도, 이를 금전 기타 재산상의 이익을 얻는 기회로 삼기 위해서 유사한 취지의 문서를 계속 관계 기관에 보고하는 등의 방법으로 적극적으로 활용하는 행위는 법 제178조 제1항 제2호에서 정한 "중요사항의 기재 또

---

286) 대판 2006.4.14., 2003도6759.

는 표시가 누락된 문서"의 이용행위에 해당한다고 한다.[287]

3) 그 밖의 기재 또는 표시의 사용

누구든지 타인에게 오해를 유발시키지 아니하기 위하여 필요한 중요사항의 기재 또는 표시가 누락된 문서, '그 밖의 기재 또는 표시'를 사용하여 금전, 그 밖의 재산상의 이익을 얻고자 하는 행위를 하여서는 아니 된다. 구 증권거래법 제188조의4 제4항 제2호에서는 "문서를 이용하여"라는 요건만이 있었기 때문에, 구 증권거래법하의 판례는 "문서의 이용"이라는 요건이 충족되지 않는 경우에는 사기적 부정거래행위의 성립을 부인하였다.[288] 그러나 자본시장법 제178조 제1항 제2호는 "기재 또는 표시가 누락된 문서, 그 밖의 기재 또는 표시를 사용하여"라고 규정하므로, 문서를 이용하는 방법뿐 아니라 강연회, TV, 라디오를 통하여 거짓의 표시를 한 경우도 포함한다. 다만, 이러한 기재 또는 표시는 중요사항에 관한 것이어야 한다.

(4) 금전, 그 밖의 재산상 이익을 얻고자 하는 행위

누구든지 … 타인에게 오해를 유발시키지 아니하기 위하여 필요한 중요사항의 기재 또는 표시가 누락된 문서, 그 밖의 기재 또는 표시를 사용하여 '금전, 그 밖의 재산상의 이익을 얻고자 하는 행위'를 하여서는 아니 된다(178조①2). 즉, 중요사항에 관하여 거짓의 기재 또는 표시를 하는 것만으로는 부족하고, 그러한 문서 등을 사용하여 "금전, 그 밖의 재산상의 이익을 얻고자 하는 행위"를 하여서는 아니 된다.

"재산상의 이익"은 기업의 경영권 획득을 포함하고, 적극적 또는 소극적 이익을 포함한다. 재산상의 이익을 얻고자 하는 목적은 다른 목적과 함께 존재하여도 무방하며 어떤 목적이 행위의 주된 원인인지는 문제되지 아니한다.

재산상의 이익을 얻고자 행위를 하였으면 곧바로 제2호를 위반한 것이고, 실제로 재산상 이익을 얻었는지는 죄의 성립에 영향이 없다. 다만, 형벌의 부과나 손해배상액의 결정에서는 실제 얻은 재산상의 이익이 중요한 기준이 될 것이다.

다. 금융투자상품의 매매 등을 유인할 목적으로 거짓의 시세를 이용하는 행위

(1) 개념

법 제178조 제1항 제3호는 "누구든지 금융투자상품의 매매, 그 밖의 거래와 관련하여 '금융투자상품의 매매, 그 밖의 거래를 유인할 목적으로 거짓의 시세를 이용하는 행위'를 하여서는 아니 된다"고 규정한다.

거짓의 시세를 이용하는 행위는 제1호의 부정한 수단, 계획 또는 기교를 사용하는 행위

---

287) 대판 2018.12.13., 2018도13689.
288) 허위·부실 표시 문서를 이용한 불공정거래행위를 금지하는 구 증권거래법 제188조의4 제4항 제2호에서 그 오해유발행위의 매체가 '문서'에 국한되는지 여부(적극). 대판 2010.12.9., 2009도6411.

에 해당한다고 볼 수도 있으나, 부정거래행위의 전형적인 모습인 점을 감안하여 제3호에서 별도로 규정하였다.

(2) 거래를 유인할 목적

"금융투자상품의 매매, 그 밖의 거래를 유인할 목적"이란 거짓의 시세임에도 불구하고 그 시세가 자연적인 수요, 공급의 원칙에 의하여 형성된 것으로 오인시켜 매매, 기타 거래에 끌어들이려는 목적을 말한다. 거래를 유인할 목적은 포괄적으로 인정되면 충분하고, 구체적 · 확정적으로 존재하여야 하는 것은 아니다. '거래를 유인할 목적'이면 되고 '부당한 이득'을 취득할 목적까지는 요구되지 않지만, 거래를 유인할 목적 때문에 시세의 이용행위가 처벌되는 것이므로 단순한 인식이나 미필적 인식으로는 충분하지 않다.

거래를 유인할 목적의 입증은 쉽지가 않다. 따라서 거래를 유인할 목적은 "당사자가 이를 자백하지 않더라도 그 금융투자상품의 성격과 발행물량, 가격 및 거래량의 동향, 전후의 거래상황, 거래의 경제적 합리성과 고정성, 가장 혹은 허위 매매 여부, 시장관여율의 정도, 지속적인 종가관리 등 거래의 동기와 태양 등의 간접사실을 종합적으로 고려하여 판단할 수 있다."[289] 실무적으로는 혐의자 매매분석을 통해 목적성을 입증하고 있다. 즉 특정한 거래 패턴이 정상적인 거래라고 볼 수 없고 그로 인하여 주가가 변동하였다는 사실을 증명하면, 행위자가 거래를 유인할 목적을 가졌다는 사실을 추정한다.

(3) 거짓의 시세를 이용하는 행위

누구든지 금융투자상품의 매매, 그 밖의 거래를 유인할 목적으로 '거짓의 시세를 이용하는 행위'를 하여서는 아니 된다(178조①3).

"거짓"의 개념은 법 제176조 제2항 제3호의 거짓, 오해유발의 표시에 의한 시세조종행위에서 살펴보았다. 다만, 법 제176조 제2항 제3호의 시세조종행위에서 "중요한 사실에 관하여 거짓의 표시 또는 오해를 유발시키는 표시를 하는 행위"는 적극적으로 거짓의 시세를 만들어내는 것이라면, 법 제178조 제1항 제3호는 그러한 거짓의 시세를 이용하는 행위인 점에서 차이가 있다.

제3호의 "거짓의 시세를 이용하는 행위"는 '거래를 유인할 목적'을 요구하는 점에서 시세조종에 관한 제176조 제2항과 비슷하나, 제176조는 상장증권 또는 장내파생상품을 대상으로 하는데, 법 제178조는 모든 금융투자상품을 대상으로 하고 그 요건도 간명하기 때문에 적용범위가 넓다.

---

289) 대판 2003.12.12., 2001도606.

Ⅲ. 풍문, 위계, 폭행 또는 협박 등의 금지

1. 의의

법 제178조 제2항은 "누구든지 금융투자상품의 매매, 그 밖의 거래를 할 목적이나 그 시세의 변동을 도모할 목적으로 풍문의 유포, 위계(僞計)의 사용, 폭행 또는 협박을 하여서는 아니 된다."고 하면서, 풍문의 유포, 위계의 사용, 폭행 또는 협박과 같은 물리적 활동에 의한 부정거래행위를 금지하고 있다.

법 제178조 제2항의 기본적인 틀은 제178조 제1항과 유사하나 풍문의 유포, 폭행 또는 협박을 대상으로 하고 있어서 부정한 수단, 계획, 기교 등 전형적이고 기술적인 부정거래행위를 금지하는 제1항을 보완하는 기능을 하고 있다. 예를 들어, 보유주식을 고가에 매수해 주지 않으면 M&A를 하겠다고 협박하는 기업사냥꾼에 대하여 처벌 근거로 사용할 수도 있다. 금융투자상품의 매매 등 거래를 할 목적인지, 위계인지 여부 등은 행위자의 지위, 특정한 진술이나 표시를 하게 된 동기와 경위, 그 진술 등이 영업실적 등에 대한 예측 또는 전망에 관한 사항일 때에는 합리적인 근거에 기초하여 성실하게 행하여진 것인지, 그 진술 등의 내용이 거래 상대방이나 불특정 투자자들에게 오인·착각을 유발할 위험이 있는지, 행위자가 그 진술 등을 한 후 취한 행동과 주가의 동향, 행위 전후의 제반 사정 등을 종합적·전체적으로 고려하여 객관적인 기준에 따라 판단하여야 한다.[290]

아래에서는 법 제178조 제2항을 ① 규제대상자(누구든지), ② 행위자의 목적(금융투자상품의 매매, 그 밖의 거래를 할 목적이나 그 시세의 변동을 도모할 목적), ③ 규제행위(풍문의 유포, 위계의 사용, 폭행 또는 협박을 사용하는 행위)로 나누어서 살펴본다.

2. 누구든지

법 제178조 제2항의 행위주체에는 제한이 없다. 금융투자회사의 임직원 등 특정한 신분을 가진 자에 한정되는 것은 아니고, 풍문의 유포, 위계(僞計)의 사용, 폭행 또는 협박을 하는 이상 누구나 주체가 될 수 있다.

3. 금융투자상품을 거래할 목적 등

누구든지 "금융투자상품의 매매, 그 밖의 거래를 할 목적이나 그 시세의 변동을 도모할 목적"으로 풍문의 유포, 위계(僞計)의 사용, 폭행 또는 협박을 하여서는 아니 된다(178조②). 금융투자상품의 매매, 그 밖의 거래를 할 목적이나 그 시세의 변동을 도모할 목적은 포괄적으로 존재하면 되고 구체적이고 확정적으로 존재하여야 하는 것은 아니다.

---

290) 대판 2018.4.12., 2013도6962.

4. 풍문의 유포, 위계의 사용, 폭행 또는 협박

누구든지 금융투자상품의 매매, 그 밖의 거래를 할 목적이나 그 시세의 변동을 도모할 목적으로 "풍문의 유포, 위계(僞計)의 사용, 폭행 또는 협박"을 하여서는 아니 된다.

가. 풍문의 유포

(1) 풍문

"풍문"이란 시장에 알려짐으로써 주식 등 시세의 변동을 일으킬 수 있을 정도의 사실로서 진위 여부가 불명확한 소문을 말한다. 풍문은 허위일 가능성이 높으나, 금융투자상품의 매매, 기타 거래 목적이나 시세변동목적으로 유포하였다면 그 진위 여부는 문제가 되지 않는다.[291] 주식시장에서 A회사가 잠재력이 무한한 펄 회사에 투자한다는 소문이 퍼졌는데 투자계획을 포기하였음에도 여전히 가능한 것처럼 풍문을 유포하였다면 처벌의 대상이다.[292] 이때에 일반투자자들은 증권신고서가 아니라 풍문을 신뢰하였다고 보아야 하므로 증권신고서에 제대로 기재했는지 여부는 관계가 없다.[293]

'실상이 없이 떠돌아다니는 말'이라는 풍문의 문언적 의미에 비추어 볼 때, 적어도 해당 사항에 관하여 '합리적 근거'가 없고, 유포자 자신도 유포되는 말에 '합리적 근거가 없다는 점에 대한 인식'을 가지고 있어야 한다.[294] 따라서 사후적으로 우연히 진실에 부합하는 것으로 밝혀진다 하더라도, 유포 당시 합리적 근거를 전혀 갖추지 못하였고 유포자 자신도 그 말에 합리적 근거가 없다는 것을 인식하고서 유포한 이상 풍문유포행위에 해당할 수 있다.[295]

(2) 풍문의 유포

풍문의 "유포"는 불특정 다수인에게 풍문을 전파하는 행위를 말한다. 불특정 다수인에게 전파하는 행위를 말하지만, 불특정 다수인에 대한 풍문의 전파가능성을 인식하면서 간담회에 참석한 기자 등 특정인에게 전파하는 행위도 포함된다.

"유포"의 방법이나 수단은 제한이 없고 인터넷, 휴대폰문자, 이메일 등 모든 방법이 포함된다. 허위의 기업홍보자료를 작성하여 기업설명회 자리에서 애널리스트들에게 배포한 행위도 '풍문의 유포'에 해당한다. 식당에서 '곧 A회사 주식을 작전을 해서 주가를 10배 정도 올릴 것이니 주식을 매수하라'는 취지의 말을 하고, 같은 취지로 이를 거들면서 투자를 권유한 행위도 주가조작 관련하여 풍문을 유포한 행위에 해당한다.[296]

---

291) 그러나 실제로 문제되는 것은 대부분 허위의 풍문일 것이다. 변제호 외 5인, 자본시장법(2015), 741면.
292) 서울고판 2011.8.26., 2011노183.
293) 서울고판 2011.8.26., 2011노183.
294) 김학석/김정수, 자본시장법상 부정거래행위(2015), 259면.
295) 서울중앙지판 2012.9.21., 2012고합662.
296) 서울남부지판 2015.12.3., 2014고합271, 308(병합), 533(병합).

풍문의 유포는 주로 증권시장, 주식거래 인터넷 등 증권 관련시장에서 거래되는 금융투자상품과 관련이 깊다. 따라서 증권시장과 무관한 농축산물 시장 등에서의 풍문의 유포는 그 적용대상이 아니다. 그러나 특정한 농축산물을 기초자산으로 하는 파생상품에서 이익을 얻기 위해서, 해당 농축산물의 가격을 조정하기 위해서 풍문을 유포한 경우에는 법 제178조 제2항에 해당할 수 있다.

단순한 의견이나 예측을 표시하는 행위는 풍문의 유포에 해당되지 않지만 그것이 허위의 객관적 사실과 결합하여 단정적인 의견이나 예측을 피력하였다면 풍문에 해당될 수 있다.[297] 다만, 스스로 허위사실을 작출하여 유포한 행위는 법 제178조 제1항 제1호의 '부정한 수단, 계획 또는 기교', 제2호의 '거짓의 기재 또는 표시', 제2항의 '위계의 사용'에 해당할 수 있어도 풍문의 유포로 보기는 어려울 것이다.[298]

나. 위계의 사용

(1) 위계

"위계(僞計)"란 거래상대방이나 불특정 투자자들을 '기망'하여 일정한 행위를 유인할 목적의 수단, 계획, 기교 등을 쓰는 행위를 말한다.[299] 위계는 허위와 기망이 핵심인데, '기망'이라 함은 객관적 사실과 다른 내용의 허위사실을 내세우는 등의 방법으로 타인을 속이는 것을 말한다.[300] 위계의 상대방은 반드시 거래상대방일 필요는 없고 불특정 다수인이라도 무방하다.[301] 구 증권거래법하에서는 "위계"의 개념을 가급적 넓게 해석하여야 규제의 공백이 줄어든다고 보았으나, 자본시장법은 제178조 제1항 제1호에서 부정한 수단, 계획 또는 기교의 사용을 금지하고 있으므로 '위계'의 중요성은 상당히 줄어들었다.

(2) 위계의 사용

위계의 "사용"은 금융투자상품의 매매, 그 밖의 거래를 할 목적이나 그 시세의 변동을 도모할 목적으로 위계(僞計)를 사용하는 것을 말한다.

위계에는 기망, 계략, 책략, 술책 외에도 기술을 사용하여 타인을 유인하는 경우도 포함되므로 사기에 있어서 기망의 개념보다 더 확장된 것이라고 주장하는 견해가 있으나, 기망이 배제된 계략, 책략, 술책은 상정하기 어려울 뿐 아니라 위계의 핵심은 '허위나 기망'이므로 법 제178조 제2항의 위계는 형법상 사기죄의 기망과 사실상 같은 개념으로 이해할 것이다.[302] 다만, 현실적인 증권거래에서 위계는 풍문의 유포와 분리되어 사용될 수도 있고 풍문

---

297) 대판 2011.3.10., 2008도6335.

298) 김학석/김정수, 자본시장법상 부정거래행위(2015), 262면.

299) 대판 2022.5.26., 2018도13864; 대판 2018.4.12., 2013도6962; 대판 2017.6.8., 2016도3411 등.

300) 대판 2022.5.26., 2018도13864; 대판 2017.12.5., 2014도14924.

301) 대판 2010.12.9., 2009도6411.

302) 김학석/김정수, 자본시장법상 부정거래행위(2015), 201면; 증권법학회, 자본시장법주석서 I (2015), 1165면.

의 유포가 위계의 수단으로 동시에 사용될 수도 있으므로 사기죄에 있어서 기망보다 좀 더 정교한 모습으로 나타날 것이다. 이러한 위계의 모습에 비추면 과실에 의한 위계와 그에 따른 민사상 손해배상책임의 성립도 인정하기는 어렵다고 본다.

위계는 풍문과 마찬가지로 그로 인해 거래의 여부 결정이나 시세의 변동을 초래할 정도로 중요한 사항에 대한 것이어야 한다.[303] 따라서 기망이 있었다고 하더라도 정황의 과장에 불과하거나 일시적 착각에 의한 것이거나 지엽적 내용에 대한 것이어서 거래 여부의 결정 내지 시세 변동에 별다른 영향을 미치지 못하였다면 법 제178조의 '위계'의 사용으로 볼 수 없다.[304]

위계는 불특정 투자자를 상대로 행하여지는 경우가 많겠지만 상황에 따라서는 특정한 투자자를 상대로 이루어지는 경우도 있을 수 있고, 이 경우에는 자본시장법 제178조의 부정거래행위와 형법 제347조의 사기죄가 모두 성립할 수 있으며 양자는 상상적 경합의 관계에 있다.[305]

위계의 사용과 법 제178조 제1항 제1호의 부정한 수단, 계획 또는 기교의 사용은 실질적 내용에서는 비슷하나, 개념에 있어서는 제1호의 부정한 수단, 계획 또는 기교의 사용이 더 포괄적이다. 법 제178조 제1항 제1호의 부정한 수단, 계획, 기교를 사용하는 행위와 제2항의 위계의 사용은 동시에 성립할 수도 있다.[306]

판례에서 위계로 인정된 사례로는 ① 상장회사의 대표이사인 피고인이 회사의 주가를 상승시키고자 해외법인 명의로 되어 있는 국내의 외국인투자 전용계좌 등을 이용하여 주식을 대규모로 매수하는 등의 방법으로 외국인 자금이 정상적으로 유입된 것처럼 가장한 경우에 '부정한 수단이나 기교를 사용하는 행위' 및 '위계의 사용'에 해당한다고 본 사례,[307] ② 유사투자자문업자인 피고인이 인터넷 회원들에게 A회사의 주식의 매매를 유인할 목적으로 주가가 폭등할 것이라는 강의를 하고, 자신의 명의로 A회사 주식을 수시로 매매하고, '우리가 물량을 잠그면 주가가 계속 상승한다' 등과 같은 글을 지속적으로 올린 경우에 '부정한 수단, 계획 또는 기교'를 사용한 것일 뿐만 아니라, 회원들에게 '위계를 사용'한 것에 해당하고,

303) 대판 2011.3.10., 2008도6335. 론스타 사건. 이 사건에서는 기망이 위계에 해당하는지를 '기망내용이 중요 정보로 볼 수 있는지 여부'를 중심으로 판단하였다.
304) 증권법학회, 자본시장법주석서 I (2015), 1164면.
305) 서울지판 2002.7.3., 2002노6759; 증권법학회, 자본시장법주석서 I (2015), 1164면.
306) 대판 2011.7.14., 2011도3180.
307) 대판 2011.7.14., 2011도3180. 피고인은 상고이유에서 대법원 2010. 12. 9. 선고 2009도6411 판결을 인용하면서 무죄라고 주장하였으나 대법원은 유죄를 인정하였다. 그러나 2009도6411 판결은 외국인이 자신의 자금을 가지고 그의 계산 하에 실재하는 외국법인 명의 혹은 계좌를 이용하여 주식시장에서 주식을 매수한 사안으로서 그 행위는 객관적 측면에서 모두 사실에 부합하는 것이므로 허위 내용이 없어 기망행위로 볼 수 없다고 판단한 것이나, 대상판결의 사안은 거래의 실질은 내국인이 하는 것임에도 외국인자금이 유입된 것과 같은 외관을 형성하였다는 점에서 차이가 있다.

이들은 각 포괄일죄에 해당한다고 한 사례,[308] ③ 론스타 자회사의 대표이사이며 론스타가 인수한 외환은행의 이사인 피고인이 그 자회사로서 유동성 위기에 빠진 외환카드의 합병을 추진하는 과정에서 행장직무대행에 의한 보도자료 배포 및 기자간담회를 통해 외환카드의 감자 가능성이 크다고 발표하였으나 실제로는 감자 없는 합병이 이루어진 사례에서, 원심은 허위의 사실을 유포하였는지 여부는 공시내용 자체가 허위인지에 따라서 판단하여야 하는데, 위 발표는 실제로 감자를 검토한 외환은행 이사회 결의 내용을 공시한 것에 불과하다는 이유로 무죄를 선고하였으나, 대법원은 상장법인 등이 재무구조에 변경을 초래하는 감자 또는 증자에 관한 정보를 스스로 공표하는 경우, 그러한 정보는 주주의 지위 및 증권시장의 주가 변동에 직접적이고 중대한 영향을 미칠 뿐만 아니라 정확성과 신뢰성이 훨씬 높다고 평가하는 것이 일반적이므로, 상장법인 등의 임직원으로서는 투자자들의 오인·착각을 유발하지 않도록 합리적인 근거에 기초하여 성실하게 정보를 공표하여야 하는데, 만일 감자 등을 진지하고 성실하게 검토·추진하려는 의사를 갖고 있지 않은데도, 감자 등의 검토계획을 공표하면 투자자들이 그 실현가능성이 높은 것으로 판단하여 주식거래에 나설 것이고 이로 인하여 주가의 변동이 초래될 것이라고 인식하면서도 그에 따른 이득을 취할 목적으로 검토계획의 공표에 나아간 경우에는, 이러한 행위는 투자자들의 오인·착각을 이용하여 부당한 이득을 취하려는 기망적인 수단, 계획 내지 기교로서 구 증권거래법 제188조의4 제4항 제1호에서 정한 '위계를 쓰는 행위'에 해당한다고 한 사례[309] 등이 있다. 그러나 ④ H투자관리회사가 펀드매니저를 통해서 2003.11.5.부터 2004.3.2.까지 삼성물산 주식 보통주 약 770만주를 매수하고, 삼성물산에게 보유하는 삼성전자 주식 등의 매도를 요구하면서, 2004. 11. 29. C신문사와의 인터뷰에서 "누군가 적대적 M&A를 한다면 우리는 아마도 지금의 경영진을 지지하지 않을 것이다"고 하였으나, 얼마 지나지 않은 2004. 12. 3. 보유하고 있던 삼성물산 주식 약 770만주를 매각한 경우에, 피고인은 종전에 언론을 통해 보도된 내용과 크게 다르지 않은 원론적 발언을 한 것에 불과하고 마치 적대적 인수합병 세력이 있는 것처럼 인터뷰를 해서 그 내용이 보도되게 하는 방법으로 '위계'를 사용하였다고 볼 수는 없다고 한 사례[310] 등도 있다.

위의 사례들에서 보는 것처럼 비슷한 내용이지만 해당 사안의 구체적인 사정이 반영되어 결론이 달라지고 있는데, 결국 위계를 사용하는 행위에 해당하는지는 해당 거래의 내용, 성격, 행위자의 지위와 경험, 회사의 경영상태와 주가의 동향, 그 행위 전후의 제반 사정 등을

---

308) 대판 2018.4.12., 2013도6962(원심은 서울고판 2013.5.24., 2012노4392).
309) 대판 2011.3.10., 2008도6335. 외환카드 감자발표(론스타) 사건. 이 사건은 구 증권거래법 제188조의4 제4항 제1호에서 정한 "누구든지 유가증권의 매매 기타 거래와 관련하여 다음 각 호의 1에 해당하는 행위를 하지 못한다. … 부당한 이득을 얻기 위하여 고의로 허위의 시세 또는 허위의 사실 기타 풍설을 유포하거나 위계를 쓰는 행위"에 해당한다고 판시하였다.
310) 대판 2008.5.15., 2007도11145(헤르메스 사건).

종합적으로 고려하여 판단하는 것이 불가피하다.

다. 폭행 또는 협박

(1) 폭행

"폭행"이란 사람의 신체에 대한 일체의 불법적인 유형력의 행사를 가리킨다. 구타 등 직접적인 물리력 행사에 한하지 않으며, 널리 소란을 피우거나 담배 연기를 상대방에게 뿜는 등의 행위도 포함된다. 그 행위로 인하여 반드시 상해의 결과를 초래할 필요가 없다. 폭행, 협박이라는 용어는 형법상 개념을 차용한 것이나, 형법상 폭행죄에서의 폭행과 같이 좁게 해석할 필요는 없으며, 광의의 폭행 즉 '사람에 대한 직접·간접의 유형력의 행사를 의미하는 것'으로 이해할 것이다.

(2) 협박

"협박"이란 공포심을 일으키게 할 목적으로 상대방 또는 그 친족의 생명, 신체, 자유, 명예에 위해를 가할 것을 통고하는 행위이다. 협박은 공포심을 일으키기에 충분한 정도의 해악을 알리는 것이어야 한다. 죽여버린다고 말하면 생명에 대한 해악의 통고가 되고, 집에 불을 질러버린다고 말하면 재산에 대한 해악의 통고가 된다. 통고의 방법은 구두에 의하건 서면에 의하건 관계없고 또 입 밖에 내지 않더라도 팔을 휘두르면서 위협을 보이기만 해도 통고가 된다. 거래할 목적이나 시세의 변동을 도모할 목적이 인정된다면, 실제로 위해(危害)를 가할 뜻이 없었다고 하더라도 협박에는 해당한다.

이 조항은 조직폭력배들이 주식시장에 개입하여 폭행이나 협박을 통해서 주식을 강제로 매도하거나 매수하는 경우에 적용될 수 있으며, 특히 시장가격을 책정하기 어려운 비상장주식의 경우에 형법상 가벼운 협박죄나 폭행죄로 처벌하게 되는 불합리한 점을 개선하기 위해서 마련된 것으로 보는 견해[311]도 있다.

Ⅳ. 부정거래행위자의 손해배상책임

1. 의의

법 제178조를 위반하여 부정거래행위를 한 자는 그 위반행위로 인하여 금융투자상품의 매매, 그 밖의 거래를 한 자가 그 매매, 그 밖의 거래와 관련하여 입은 손해를 배상할 책임이 있다(179조①).

부정거래행위로 인하여 손해를 입은 자는 부정거래행위자를 상대로 민법상 불법행위에 따른 손해배상청구를 할 수 있지만, 이 경우에는 고의나 과실, 손해액, 인과관계 등을 모두

---

311) 김학석, 앞의 세미나자료(부정거래행위 규제의 최근 동향), 75면.

입증하여야 하므로 부담이 된다. 법 제179조는 민법상 손해배상책임의 요건을 완화하여, ① '법 제178조를 위반한 자'는 ② '법 제178조의 위반행위로 인하여 금융투자상품의 매매, 그 밖의 거래를 한 자'가 ③ '그 매매, 그 밖의 거래와 관련하여 입은 손해'를 배상하도록 하고 있다. 법 제179조의 손해배상청구권과 민법 제750조의 손해배상청구권은 청구권경합의 관계에 있고 선택적으로 행사가 가능하다.

2. 당사자

가. 손해배상책임자

"손해배상책임자"는 '법 제178조를 위반한 자'이다(179조①). 금융투자상품의 매매, 그 밖의 거래와 관련하여 부정한 수단, 계획 또는 기교를 사용하는 등 법 제178조를 위반하는 행위를 하였다면 누구라도 책임을 진다. 따라서 피고 적격에 제한을 둘 것은 아니고, 부정거래행위에 사용된 금융투자상품의 '발행인', '판매인', '중개인'뿐 아니라, 발행인과 스왑계약을 체결하여 그 금융투자상품의 권리행사나 조건성취와 관련하여 '투자자와 대립되는 이해관계를 가지게 된 자'도 부정한 수단, 계획 또는 기교를 사용하였다고 판단된다면 손해배상책임을 부담할 수 있다고 보아야 한다.[312]

나. 손해배상청구권자

"손해배상청구권자"는 '법 제178조를 위반한 자의 위반행위로 인하여 금융투자상품의 매매, 그 밖의 거래를 한 자'이다(179조①). 실제로 금융투자상품의 매매, 그 밖의 거래를 하였어야 하므로, 거래를 하지 않은 자는 손해배상청구를 할 수 없다.

법 제179조 제1항은 "법 제178조를 위반한 자의 위반행위로 인하여 금융투자상품의 매매, 그 밖의 거래를 한 자"를 손해배상청구권자로 하고 있을뿐 그 범위를 한정하고 있지 않으므로, 손해배상을 청구할 수 있는 자는 ① 법 제178조를 위반한 자가 행한 부정행위의 직·간접적인 거래상대방이 되어서 해당 금융투자상품을 거래한 투자자뿐만 아니라(이하 '1유형') ② 법 제178조를 위반한 자의 부정행위와 상관없이 '부정행위와 관련된 해당 금융투자상품'을 거래한 투자자(이하 '2유형')를 모두 포함한다.[313] 법 제178조의 부정거래행위는 다양하게 행하여지는데, 반드시 법 제178조를 위반한 자의 직·간접적인 거래상대방에 대해서만 손해배상을 청구할 수 있도록 하는 것은 적절하지 않기 때문이다.

예를 들어, 甲이 서울에서 코스피200지수를 기초자산으로 하는 콜옵션 계약을 乙과 체결한 후에 코스피200지수의 시세를 조종하여 乙이 콜옵션거래에서 손해를 입은 경우는 법 제

---

312) 대판 2023.12.21., 2017다249929; 대판 2016.3.24., 2013다2740. ELS 델타헷지 사건. 이 사건에서는 ELS를 발행한 H투자증권이 아니라 델타헷지를 수행한 D증권이 피고로 되어 있다.
313) 대판 2023.12.21., 2017다249929.

178조를 위반한 甲의 직·간접적인 거래상대방으로서 1유형에 해당하지만,[314] 서울에서 이루어진 甲의 시세조종 사실을 모르는 A와 B가 런던에서 코스피200지수를 기초자산으로 하는 스왑계약을 체결하여 그중 B가 손해를 입은 경우는 법 제178조에 위반한 甲의 직·간접적인 거래상대방은 아니지만 '부정행위와 관련된 금융투자상품'을 거래한 것으로서 2유형에 해당한다. 이 경우 서울에서 손해를 입은 乙뿐만 아니라 런던에서 손해를 입은 B도 법 제178조를 위반한 甲을 상대로 손해배상을 청구할 수 있지만, B가 甲을 상대로 손해배상청구를 하는 경우에는 직·간접적인 거래상대방이 아니므로 甲의 부정행위와 B의 손해 사이에 인과관계를 추정하기는 어렵고 甲의 부정행위로 인하여 B가 손해를 입었다는 사실은 원고인 B가 주장·증명하여야 한다. 최근 선고된 사건에서 대법원이 취한 입장인데,[315] 세계화되고 있는 금융거래에서 인과관계에 대한 판단기준을 제시하였다는 의미가 있다.

법 제179조는 거래행위에 대해서 장소적 제한을 두고 있지 않으므로 장내 뿐만 아니라 장외에서 거래한 자도 손해배상을 청구할 수 있다. 국내의 금융투자상품을 대상이나 기초자산으로 하여서 해외에서 거래한 자도 손해배상청구를 할 수 있다.[316]

3. 성립요건

가. 부정거래행위

원고가 법 제179조 제1항에 의하여 손해배상을 청구하기 위해서는 피고의 법 제178조의 위반행위, 즉 부정거래행위가 있어야 한다.

어느 행위가 법 제178조에서 금지하는 부정거래행위에 해당하는지 여부는, 금융투자상품의 구조와 거래방식 및 거래경위, 금융투자상품이 거래되는 시장의 특성, 금융투자상품으로부터 발생하는 투자자의 권리·의무 및 그 종료 시기, 투자자와 행위자의 관계, 행위 전후의 제반 사정 등을 종합적으로 고려하여 판단한다.[317] 구체적인 사례는 앞의 법 제178조에 대한 설명에서 살펴보았다.

과실에 의한 법 제178조의 위반행위는 인정되기 어렵다. 법 제178조 제1항 제1호의 "부정한", 제3호의 "거짓의 시세 이용", 제2항의 "풍문의 유포, 위계의 사용, 폭행 또는 협박"의 개념과 부정거래행위의 성격상 과실에 의한 부정한 수단, 계획 또는 기교의 사용, 거짓의 시세 이용행위나 풍문의 유포행위 등을 상정하기는 어렵기 때문이다.

부정거래행위의 존재는 손해배상을 청구하는 원고가 입증하여야 한다. 실무상으로는 입

---

314) 甲과 직접 거래를 하지 아니하였다고 하더라도, 한국거래소에 상장된 코스피200지수를 기초자산으로 하는 콜옵션을 거래한 丙이 손해를 입었다면 간접적인 거래상대방이 될 것이다.

315) 대판 2023.11.30., 2019다224238.

316) 대판 2023.12.21., 2017다249929.

317) 대판 2023.12.21., 2017다249929.

증의 어려움으로 인하여 금융감독원의 조사결과, 검찰의 수사결과, 법원의 판결 등에 의하여 증거를 확보하여 손해배상을 청구하는 방식으로 운용되고 있다.

나. 손해의 발생

법 제178조에 위반한 피고의 부정거래행위로 인하여, 원고가 금융투자상품의 매매, 그 밖의 거래와 관련하여 손해를 입었어야 한다. 피고의 부정거래행위로 인하여 투자자인 원고의 권리·의무 내용이 변경되거나 결제되는 금액이 달라진 경우에는 손해가 인정된다.[318]

피고가 주가를 조작한 경우에 투자자인 원고가 입은 손해액은 법 제178조의 위법행위로 인하여 형성된 가격, 즉 '조작주가'와 그러한 부정한 거래가 없었다면 있었을 가격, 즉 '정상주가'와의 차액이다.[319](☞ 자세한 내용은 "제5장 제5절 Ⅱ.2.라. 손해금액의 산정" 참조).

다. 인과관계

법 제178조에 위반한 피고의 부정거래행위와 금융투자상품의 매매, 그 밖의 거래와 관련하여 원고가 입은 손해 사이에는 인과관계가 존재하여야 한다.

법 제179조 제1항은 "제178조를 위반한 자는 그 위반행위로 인하여 금융투자상품의 매매, 그 밖의 거래를 한 자가 그 매매, 그 밖의 거래와 관련하여 입은 손해를 배상할 책임을 진다."고 규정하는데, 피고의 "그 위반행위로 인하여"라는 문구는 원고에게 적용되는 "매매, 그 밖의 거래를 한 자"와 "입은 손해"라는 문구를 모두 수식하고 있으므로, '손해인과관계' 뿐만 아니라 '거래인과관계'까지도 증명하여야 하는지에 논란이 있으나, 대법원은 2015년 주가연계증권(ELS) 조건성취 방해행위 관련하여, 투자자의 거래 이후에 일어난 가해자의 위법행위라도 "그 위반행위로 인하여 그 금융투자상품의 투자자의 권리·의무의 내용이 변경되거나 결제되는 금액이 달라져 투자자가 손해를 입었다면, 투자자는 자본시장법 제179조 제1항에 따라 손해배상을 청구할 수 있다."[320]고 하면서, 법 제178조의 위반행위와 투자자가 입은 손해 사이의 인과관계를 폭 넓게 인정하고 있다. 이를 계기로 소위 '거래인과관계'는 법 제179조 책임 성립의 요건이 아닌 것으로 해석하는 것이 지배적이다. 따라서 특별한 사정이 없는한 법 제178조에 위반하는 피고의 부정거래행위와 원고가 입은 손해 사이에는 손해인과관계만을 입증하면 되고, 따로 거래인과관계는 입증할 필요는 없다(☞ 자세한 내용은 "제5장 제5절 Ⅱ.5. 인과관계와 시장사기이론" 등 참조).

다만, 인과관계의 판단이 위와 같이 간명한 것은 아니다. 법 제178조에 위반한 피고들의

---

318) 대판 2023.12.21., 2017다249929.

319) 증권의 '실제 매입 가격'과 '정상주가' 간의 액을 지급하는 방법으로 주류적 판례의 태도이다. 대판 2004. 5.28., 2003다69607, 69614 등.

320) 대결 2015.4.9., 2013마1052, 1053. 원심은 투자자들이 이 사건 주가연계증권을 취득한 이후 적극적으로 거래한 사실이 없다는 이유로 제179조에 따른 손해배상청구권을 행사할 수 없다고 보았으나, 대법원은 부정행위자의 위반행위와 피해자의 거래 간의 인과관계 인정하고 제179조에 따른 청구를 인정하였다.

부정거래행위가 있었다고 하더라도, 원고들이 입은 손해와의 사이에 상당인과관계가 없다면 손해배상책임이 인정되지 않는다. 앞의 "2. 나. 손해배상청구권자"에서 살펴본 사례인데, 서울에서 이루어진 코스피200지수에 대한 甲의 시세조종 사실을 모른 채, A와 B가 런던에서 코스피200지수를 기초자산으로 하는 스왑계약을 체결하였으나 B가 손해를 입은 경우를 상정해 보자. B는 '부정행위와 관련된 금융투자상품'을 거래한 2유형의 투자자로서 법 제178조를 위반한 甲을 상대로 손해배상청구를 할 수 있지만, 피고 甲은 B가 체결한 옵션거래의 직·간접적인 거래상대방이 아니고, 나아가 그에 준하여 B와 대립하는 이해관계를 가지고 있다는 점에 관하여도 별다른 주장·증명이 없다면, 피고 甲이 법 제178조 제1항에 위반하여 부정거래행위를 하였다고 하더라도, 런던에서 옵션을 거래한 원고 B가 입은 손해와의 사이에는 손해인과관계가 없으므로 손해배상책임이 인정되지 않는다.[321]

4. 소멸시효 등

법 제179조 제1항에 따른 손해배상청구권은 청구권자가 제178조를 위반한 행위가 있었던 사실을 "안 때부터 2년간 또는 그 행위가 있었던 때부터 5년 간" 이를 행사하지 아니한 경우에는 시효로 인하여 소멸한다(179조②). 종전까지는 "안 때부터 1년간, 그 행위가 있었던 때부터 3년간"이었으나, 너무 짧다는 지적에 따라 2018. 3. 자본시장법 개정에서 "안 때부터 2년간 또는 행위가 있었던 때부터 5년간"으로 연장하였다.

---

321) 대판 2023.12.21., 2017다249929.

시장질서 교란행위의 규제

I. 서설

1. 의의

　자본시장법 제178조의2의 시장질서 교란행위의 금지는 2014년 12월 30일 자본시장법의 개정으로 신설된 조항이다. 시세조종, 내부자거래, 부정거래행위 등 전통적인 불공정거래 금지 규정들은 그 구성요건이 엄격해서 입증이 까다롭고, 구성요건을 충족시키는 경우에도 부과되는 형벌이 너무 과중하여 적절치 않은 경우가 많았다.

　법 제178조의2 제1항은 법 제174조의 미공개중요정보 이용행위 금지조항을 보완하는 내용으로 '정보이용형 시장질서 교란행위'를 금지하고 있다. 동조 제2항은 법 제176조의 시세조종행위, 법 제178조의 부정거래행위를 보완하는 내용으로서 '시세관여형 시장질서 교란행위'를 금지하고 있다. 미공개중요정보 이용행위의 금지 조항 등을 보완하는 내용이므로 규제형식과 그 내용, 사용하는 용례도 비슷하다.

2. 도입경위

　2014년에 자본시장법 개정으로 법 제178조의2가 도입된 경위는 다음과 같다.

　첫째, 전통적인 불공정거래 규정인 법 제174조, 제176조, 제178조의 구성요건에 해당하지 않아서 처벌이 어렵거나, 처벌이 가능하더라도 과도한 형사처벌 규정으로 인하여 적절한 규제가 필요한 경우가 있었다. 예를 들어, 법 제174조 미공개중요정보이용행위 금지규정에 의하면 2차 이후의 정보수령자들이 내부정보를 특정증권등의 거래에 이용하는 행위는 규제 대상에서 제외되었는데 이를 규제할 필요가 있었다. 또한 처벌이 가능한 경우에도 그 행위에 비교해서 부과되는 형벌이 너무 과중하여 형벌을 부과하기 주저하거나 그 절차에 시간이 걸리는 문제도 있었다.

　둘째, 불공정거래행위에 대해서 다양한 제재수단을 마련하고 신속하게 처벌하기 위해서이다. 기존의 불공정거래행위에 대해서는 검찰에의 고발이나 통보만 가능하였기 때문에 즉

492 제7장 불공정거래의 규제

각적인 제재가 어려웠다. 부당이득 규모에 비교해서 벌금의 부과액도 적어서 불공정거래의 유인을 제거하기에 부족하다는 비판도 많았다. 법 제178조의2는 종래 규제공백이 있었던 유형들을 분리하여 과징금을 부과하고 있다. 따라서 자본시장법 제174조의 미공개중요정보 이용행위의 금지, 제176조의 시세조종행위의 금지, 제178조의 부정거래행위의 금지규정들을 위반한 경우에는 형사처벌의 대상이 되지만, 법 제178조의2의 시장질서 교란행위 금지규정을 위반한 경우에는 과징금이 부과된다.

3. 입법례

가. 영국

자본시장법 제178조의2는 시장남용행위에 대해서 형벌과 행정벌의 이원적 규제를 취하는 영국의 사례를 모델로 한 것이다. 영국은 금융서비스시장법(FSMA) 제397조에 근거하여 시세조종행위에 대한 형사처벌을 부과하는 이외에도, 제118조의 시장남용행위 규정(Market Abuse)에 의해서 행정벌을 부과하고 있다. "시장남용행위(Market Abuse)"는 크게 내부자거래의 유형과 시세조종행위의 유형으로 구분되는데, 내부자거래의 유형에는 전통적인 내부자거래와 정보의 부적절한 누설 금지, 정보의 오용 금지 등이 규정되어 있으며, 시세조종행위의 유형에는 전통적인 시세조종행위와 시세조종적 수단의 사용 금지, 거짓정보의 유포 금지 및 시장왜곡 행위의 금지 등이 포함되어 있다.

나. 호주

호주는 금융서비스개혁법(FSRA)의 시장남용행위편(Market Misconduct Division)에서 시세조종행위와 내부자거래, 금융업자의 부정직한 행위(1041G)와 사기적인 행위(1041H)를 규제하고 있다. 그중 시세조종행위와 내부자거래에 대해서는 형벌과 함께 과징금을 부과하고 있다.

다. 미국

미국의 경우 시세조종행위는 1934년 증권거래법 §9(a)에서 금지하고 있으나 매매가 성황을 이루고 있는 듯이 알게 하거나, 오해를 유발할 목적, 매매를 유인할 목적 등의 요건이 요구됨에 따라 엄격한 요건에 구애받지 않고서 좀 더 유연하게 대응할 수 있도록 1934년 증권거래법 §10(b)와 Rule 10b-5가 규제 수단으로 활용되고 있다. 한편 내부자거래에 대해서는 1934년 증권거래법 §10(b)조 및 Rule 10b-5가 적용되며 형사처벌과 민사제재금이 부과되고 있다. 결국 시세조종행위이든지 내부자거래이든지 1934년 증권거래법 §10(b) 및 SEC Rule 10b-5가 주요한 규제수단이고, 위반행위에 대해서는 형벌과 민사제재금(civil penalty)이 모두 부과되고 있다.

라. 일본

일본 금융상품거래법상의 불공정거래 규제체계는 내부자거래금지(166조), 시세조종행위등의 금지(159조), 부정한 수단 이용금지(157조), 풍설의 유포·위계·협박의 금지(158조) 등으로 이루어져 있다. 포괄적 사기금지조항인 금융상품거래법 제157조는 사기 요건 대신 부정성을 요건으로 규정한 것이 특징이다. 위의 조항을 위반한 경우에는 형사벌이 부과된다. 포괄적 사기금지규정인 제157조의 위반을 제외하고는 과징금도 부과된다.[322]

Ⅱ. 정보이용형 시장질서 교란행위의 금지

1. 의의

법 제178조의2 제1항은 "①제1호에 해당하는 정보수령자 등(규제대상자)은 ②제2호에 해당하는 매매 등의 조건에 중대한 영향을 줄 가능성이 있는 정보(규제대상정보)를 ③증권시장에 상장된 증권이나 장내파생상품 또는 이를 기초자산으로 하는 파생상품(지정 금융투자상품)의 ④매매, 그 밖의 거래에 이용하거나 타인에게 이용하게 하는 행위(규제행위)를 하여서는 아니 된다."고 하면서, 이른바 '정보이용형 시장질서 교란행위'를 금지하고 있다.

법 제178조의2 제1항은 그 내용과 체계에서 알 수 있듯이 법 제174조의 미공개중요정보 이용행위의 금지조항을 보완하는 규정이다. 법 제174조는 '내부자등'의 이용행위만을 금지하고 있어서 '외부자'의 미공개정보 이용행위에 대응하기 어렵고, 규제대상이 '특정증권등'에 한정되어 있는 데다, 이용이 금지되는 미공개중요정보에 '시장정보'가 포함되어 있지 않아서 그 적용범위가 좁다. 법 제178조의2 제1항은 법 제174조를 염두에 두고 규제대상자, 규제대상증권, 규제대상정보의 범위를 확대하고 있다.

2. 정보수령자 등

규제대상자는 법 제178조의2 제1항 제1호의 각 목의 어느 하나에 해당하는 자이다.

1. 정보수령자등

법 제174조의 각 항 각 호의 어느 하나에 해당하는 자로부터 나온 미공개중요정보 또는 미공개정보인 정을 알면서 이를 받거나 전득(轉得)한 자('정보수령자등')(178조의2 ①1가목)

"가목"은 법 제174조의 내부자, 공개매수예정자, 대량취득·처분을 하려는 자 등으로부터 나온 정보인 정을 알면서 이를 받거나 전득한 자를 시장질서 교란행위의 규제

---

322) 각국의 입법례에 대해서는 맹수석, "개정 자본시장법상 시장질서 교란행위에 대한 법적 쟁점의 검토," 「기업법연구」 제30권 제1호(기업법학회, 2016), 143-149면.

대상자로 열거하고 있다.

가. '제174조의 내부자 등'으로부터

　　정보를 알면서 받거나 전득한 자라고 하더라도 모든 정보가 대상이 아니고, 법 제
174조 각 항 각 호의 어느 하나에 해당하는 자로부터 나온 정보를 알면서 받거나
전득한 자가 규제대상이다.

나. 제174조의 내부자 등으로부터 나온 '미공개중요정보' 또는 '미공개정보'

　　법 제174조의 내부자 등으로부터 나온 미공개중요정보 또는 미공개정보인 정을
알면서 받거나 전득한 자가 규제대상이다.

　　'미공개중요정보'는 법 제174조의 미공개중요정보와 동일한 개념이다.

　　'미공개정보'를 어떻게 볼 것인지가 문제되는데, 공개되기 전이면 모두 '미공개정
보'에 해당한다고 보는 견해가 있을 수 있으나, 이렇게 해석하면 내부자가 출처인
모든 미공개정보가 규제대상에 해당하게 되어서 그 범위가 지나치게 넓게 된다.
다른 조항과의 균형을 생각하면, '미공개정보'란 공개되기 전인 정보로서 '증권시
장에 상장된 증권이나 장내파생상품 또는 이를 기초자산으로 하는 파생상품'(지정
금융투자상품)의 매매 여부나 조건 등에 영향을 미칠 가능성이 있는 정보를 가리킨
다고 볼 것이다. 매매 등에 영향을 미칠 가능성이 있으면 되고, 중대한 영향을 미
칠 필요까지는 없다. 매매 여부나 조건 등에 영향을 줄 가능성이 있는지는 '합리
적인 투자자'를 기준으로 판단할 것이다.

　　법 제174조의 내부자 등으로부터 나온 정보이면 내부정보이든 외부정보이든 모두
포함한다. 시장질서 교란행위를 금지하는 법 제178조의2의 취지상 내부정보에 한
정할 필요는 없기 때문이다.

다. 미공개정보인 '정을 알면서' 이를 '받거나 전득한 자'

　　법 제174조의 내부자 등으로부터 나온 미공개중요정보 또는 미공개정보인 '정을
알면서' 이를 '받거나 전득한 자'가 규제대상이다. 미공개중요정보 또는 미공개정
보를 받거나 전득한 자이면 되므로, 1차, 2차, 3차, 4차 등 차수와 상관없이 규제
대상에 포함된다.[323] 즉, 정보전달의 원근(遠近)으로 적용범위를 한계지을 필요는
없다.[324]

　　해당 정보가 법 제174조의 내부자로부터 나온 미공개중요정보 또는 미공개정보인
'정'을 알면서 취득하였어야 한다. 즉, 정보수령자는 그 차수에 관계없이 규제대상
에 포함되나, 그 범위가 지나치게 확대되는 것을 막기 위해서 미공개중요정보 또

323) 맹수석, 앞의 논문(개정 자본시장법상 시장질서 교란행위), 151면.
324) 강대섭, "시장질서 교란행위의 금지 내용과 그 적용상의 문제 —이른바 정보이용형 시장질서 교란행위를
　　중심으로—,"「경영법률」제29집 제2호(경영법률학회, 2019), 439면.

는 미공개정보인 '정'을 알면서 이를 받거나 전득하였을 것이 요구된다. 내부자 등으로부터 나온 정보임을 알고 있어야 하므로 풍문 또는 투자분석결과를 전달받는 것으로 인식하거나 증권회사 직원의 추천을 막연히 신뢰하여 거래한 경우라면 이에 해당하지 않는다. 내부자 등으로부터 나온 정보임을 알고 있는 경우에도 정보제공의 과정 없이 우연히 정보를 알게 된 경우에는 '정을 알면서' 취득한 것에 해당하지 않는다.[325]

정보를 받거나 전득하는 방법에는 제한이 없다. 직접 정보를 받는 경우뿐만 아니라 인터넷, 메신저, SNS 등을 통하여 정보를 취득하는 경우도 포함된다. 미공개중요정보임을 안다고 하기 위해서는 정보의 출처로서 내부자 등의 신상까지를 구체적으로 알고 있을 필요는 없다.

2. 정보생산자등

"나목"은 "자신의 직무와 관련하여 제2호에 해당하는 정보('정보')를 생산하거나 알게 된 자('정보생산자등')"를 규제대상자로 열거하고 있다. 자신의 직무와 관련하여 정보를 생산하거나 알게 되었다면 이를 함부로 이용하거나 제3자에게 이용하게 하여서는 아니 되기 때문이다.

가. '자신의 직무'와 관련하여

자신의 '직무와 관련하여' 정보를 생산하거나 알게 된 자이어야 하는데, 직접적인 직무수행 과정에서 생산하거나 알게 된 자로 좁게 해석하는 견해가 있을 수 있으나, 법 제178조의2의 취지를 고려하면, 직무상 해당 정보에 접근할 수 있는 지위 내지 기회가 있거나 그 과정에서 정보를 알게 된 경우라면 직무관련성을 충족한 것으로 볼 것이다.

법 제174조 제1항 제3호의 준내부자와는 어떠한 차이가 있는가? 법 제174조 제1항 제3호의 준내부자이기 위해서는 해당 법인과의 일정한 관계가 필요하지만, 나목의 정보생산자등은 해당 증권을 발행한 당해 법인과 직접적인 관계는 없다고 하더라도 '자신의 직무와 관련하여' 정보를 생산하거나 알게 된 자이면 된다. 예를 들어, 甲이 '자신의 직무와 관련하여' A회사가 발행한 증권등을 대상으로 알고리즘에 기초한 고빈도거래를 반복하는 경우에는 A회사와 계약을 체결하거나 거래관계가 없는 경우에도 '나목'의 정보생산자등에 해당한다.

나. 자신의 직무와 관련하여 정보를 '생산하거나 알게 된 자'

법 제174조는 내부정보 중심의 미공개중요정보 이용행위를 처벌하지만, 법 제178조의2 시장질서 교란행위는 내부정보 이외에도 시장정보나 정책정보 등 회사의 외부

---

325) 강대섭, 앞의 논문, 440면.

정보를 이용하는 행위도 규제한다.[326] 자신의 직무와 관련하여 정보를 '생산하게 된 경우'에는 다른 회사의 경영권을 인수하면서 체결한 계약의 내용에 관한 정보 등이 있을 수 있고, 자신의 직무와 관련하여 정보를 '알게 된 경우'에는 애널리스트가 회사 탐방시 얻은 정보를 이용하거나, 특정종목의 가격에 영향을 줄 정부의 보조금 지급정책이 발표되기 전에 이를 이용하여 거래하는 행위 등이 있을 수 있다. 직무와 관련하여 알게 된 사실을 이용하여 분석한 정보를 바탕으로 관련회사의 주식을 매매하는 행위가 제1호 나목에 해당하는지는 불분명하다. 예를 들어, 컴퓨터칩을 제조하는 A회사의 임원인 甲이 칩의 수요가 예상보다 증가하여 더 많은 수익을 낼 것이 것이고, 그 파급효과로 칩을 이용해 완제품을 만드는 B회사, 소프트웨어를 만드는 C회사 등의 수익이 늘어날 것이라는 정보를 알게 되었고 이를 이용하여 B회사와 C회사의 주식을 매수하는 경우에, B회사와 C회사의 이익이 상승할 것이라는 정보는 甲의 직무와 관련하여 생산하거나 알게 된 정보이므로 나목에 해당한다고 보는 견해[327]가 있지만, 애널리스트가 타회사를 탐방하면서 얻은 정보를 이용하는 행위와는 달리 그 위법성의 정도가 약하고 직무와 관련하여 얻은 정보를 이용하였다기보다는 자신의 추측이나 분석이 투자결정의 주된 원인이 되었다면 나목의 정보생산자에 해당한다고 보기는 어렵다.

3. 부정한 방법으로 정보를 알게 된 자

해킹, 절취, 기망, 협박, 그 밖의 부정한 방법으로 정보를 알게 된 자(다목)

해킹, 절취, 기망 등의 방법으로 정보를 알게 된 자는 당해 법인과 계약관계가 없어서 전통적인 내부자의 범위에 포함하기가 어렵고, 나목의 직무와 관련하여 정보를 생산하거나 알게 된 자로 보기도 어렵기 때문에 별도의 규정을 둔 것이다.

가. 해킹

해킹(hacking)은 당해 법인의 외부에서 발생하는 행위이어서 법 제174조의 미공개 중요정보 이용행위 금지조항으로 규율하기 어려운데, 증권시장의 공정성, 투자자 보호에 미치는 악영향을 고려할 때 어떠한 형태로든 규제가 필요하다. 이를 반영하여 '다목'은 해킹으로 정보를 알게 된 자를 규제대상자로 포함하고 있다. 해킹의 경우에는 포괄적 사기금지조항인 법 제178조 제1항 제1호의 부정한 수단, 계획 또는 기교를 사용하는 행위, 동조 제2항의 위계를 사용하는 행위에도 포섭될 수 있으므로, 실무상으로는 법무부, 금융위원회 등이 서로 논의하여 불공정거래행위로 형사처벌을 할 것인지, 과징금 부과 등 행정절차를 통할 것인지를 정한다.

---

326) 김병연/권재열/양기진, 자본시장법(2017), 480면.

327) 대체적 내부자거래에 대해서는 장근영, "내부자거래 제한규정의 미적용행위에 관한 고찰,"「증권법연구」 제5권 제2호(증권법학회, 2004), 282면.

절취, 기망이나 협박 등의 경우에도 마찬가지이다.

나. 절취

절취(竊取) 역시 외부에서 발생하는 행위이므로 법 제174조의 미공개중요정보 이용행위의 적용대상에서 제외될 가능성이 있다. 그러나 절취의 방법으로 알게 된 정보를 이용하여 거래하는 경우에도 자본시장의 공정성, 투명성, 효율성에 악영향을 미칠 수 있으므로 법 제178조의2 제1항은 절취를 통해서 정보를 알게 된 자도 규제대상자로 하고 있다.[328]

다. 기망, 협박

기망(欺罔)이나 협박으로 얻은 정보를 이용하는 거래도 전통적인 내부자거래의 모습과는 차이가 있으므로, 협박으로 정보를 알게 된 자도 시장질서 교란행위의 규제대상자에 포함하고 있다.

라. 그 밖의 부정한 방법

해킹·절취·기망·협박은 부정한 방법의 예시이고, 그 밖에도 도청(盜聽) 등 부정한 방법을 사용하여 정보를 알게 된 자도 규제대상에 해당한다.

4. 정보생산자등으로부터 정보를 받거나 전득한 자

나목 또는 다목의 어느 하나에 해당하는 자로부터 나온 정보인 정을 알면서 이를 받거나 전득한 자(라목)

"라목"은 나목의 정보생산자등, 다목의 해커, 절취자 등으로부터 나온 정보인 정을 알면서 이를 받거나 전득한 자를 규제대상자로 열거하고 있다. 정보수령자등으로부터 나온 정보인 '정을 알면서'라고 규정함으로써 규제대상자가 무제한 확대되는 것을 방지하고 있다.

3. 정보

정보수령자 등은 '다음 각 목의 요건을 모두 충족하는 정보'를 상장증권 등의 매매, 그 밖의 거래에 이용하거나 타인에게 이용하게 하여서는 아니 된다(178조의2①2).

1. 정보의 중대성

그 정보가 '지정금융투자상품'[329]의 매매등 여부 또는 매매등의 조건에 '중대한 영향을 줄 가능성'이 있을 것(178조의2①2가목)

---

328) 미국의 법원은 First National Bank of Chicago의 해직 직원인 Cherif가 자신의 ID 카드를 가지고 은행시설에 접근한 후 공개매수와 LBO에 관한 미공개정보를 구하고 이를 이용하여 대상회사의 증권을 매수한 사례에서 SEA 10조(b)항 및 SEC Rule 10b-5를 곧바로 적용하였다. SEC v Cherif, 933 F2d 403 (7th Cir., 1991).

329) "지정금융투자상품"이란 증권시장에 상장된 증권(상장예정법인등이 발행한 증권을 포함한다)이나 장내파생상품 또는 이를 기초자산으로 하는 파생상품을 가리킨다(178조의2①본문 괄호).

"매매등의 여부 또는 조건에 중대한 영향을 줄 가능성이 있는 정보"란 "합리적인 투자자가 해당 증권을 매수 또는 계속 보유할 것인지 아니면 처분할 것인지 여부를 결정하는데 있어서 중요한 가치가 있는 정보, 바꾸어 말하면 일반투자자들이 안다고 가정할 경우에 해당 증권의 가격에 중대한 영향을 미칠 가능성이 있는 정보"[330]를 가리킨다.

앞서 법 제174조 미공개중요정보 이용금지에서 살펴본 '중요정보', 법 제178조 제1항 제2호의 '중요사항에 관한 거짓의 기재 또는 표시'에서 살펴본 '중요사항'에 비슷하지만, 법 제178조의2 제1항 제2호 가목은 "그 정보가 지정금융투자상품의 매매등 여부 또는 매매등의 조건에 중대한 영향을 줄 가능성"이 있을 것이라고 하면서, 법 제174조 제1항의 미공개중요정보의 이용행위 금지 조항의 "미공개중요정보(투자자의 투자판단에 중대한 영향을 미칠 수 있는 정보로서 불특정 다수인이 알 수 있도록 공개되기 전의 것)"라는 문구와 그 표현에 차이를 두고 있는데, 이는 법 제174조의 중요정보의 요건에 미치지 못하는 경우라도 시장질서 교란행위에는 해당할 수 있도록 하는 의도를 반영한 것이다.[331] 즉, 법 제174조에서는 그 정보가 미공개이고 중요한 정보이어야 하지만, 법 제178조의2 제1항 제2호 가목에서는 그 정보가 지정금융투자상품의 매매등의 여부 또는 매매등의 조건에 중대한 영향을 줄 가능성만 있으면 되기 때문에, 그 정보가 지정 금융투자상품의 매매등 여부에 실제로 중대한 영향을 주지 않았다고 하더라도 규제대상이 된다.

2. 정보의 미공개성

그 정보가 투자자들이 알지 못하는 사실에 관한 정보로서 불특정 다수인이 알 수 있도록 공개되기 전일 것(나목)

"나목"은 미공개된 '외부정보'를 이용한 시장질서 교란행위를 염두에 둔 것으로 내부자가 회사 내부에서 생성한 내부정보 외에도 정책정보, 시장정보 등을 포함한다. 대표적으로는 금융투자상품의 가격에 영향을 줄 수 있는 금리정책, 외환정책, 무역수지상황 등 경제정책방향과 관련된 '정책정보', 기관투자자의 주문이나 증권의 수요와 공급 및 시장사정에 관한 '시장정보' 등을 들 수 있다.

법 제174조 미공개중요정보 이용행위 금지의 경우에는 "대통령령으로 정하는 방법에 따라 불특정 다수인이 알 수 있도록 공개되기 전의 것"이라고 되어 있어 주지기간(슈201조②)이 명시되어 있으나, 법 제178조의2 시장질서 교란행위의 금지에서는 그 기간을 정해두지 않고 있다. 법 제174조 미공개중요정보 이용행위의 금지에 준해

---

330) 대판 1995.6.29., 95도467.
331) 강대섭, 앞의 논문, 443면.

서 생각할 수 있을 것이나, 해당 정보가 공개될 때까지 당해 거래를 미루거나 유권
해석을 받은 후에 안전하게 거래할 필요성이 있다.

4. 지정 금융투자상품

정보수령자 등은 매매 등의 여부 또는 조건에 중대한 영향을 줄 가능성이 있는 정보를
'증권시장에 상장된 증권이나 장내파생상품 또는 이를 기초자산으로 하는 파생상품', 즉 '지
정금융투자상품'의 매매, 그 밖의 거래에 이용하거나 타인에게 이용하게 하여서는 아니 된다
(178조의2①).

① "증권시장에 상장된 증권"에는 법 제174조 제1항에 따른 상장예정법인등이 발행한 증
권을 포함한다(178조의2①본문 괄호). ② "장내파생상품"은 거래소에 상장된 파생상품을 말한
다. 장외파생상품은 그 성격상 규제대상에서 제외되어 있다. ③ "이를 기초자산으로 하는 파
생상품"이란 증권시장에 상장된 증권 또는 장내파생상품을 기초자산으로 하는 파생상품을
말한다. 예를 들어, 상장채권을 기초자산으로 하는 신용파생상품의 거래행위는 시장질서 교
란행위로 규율할 수 있다.

5. 매매등에 이용하거나 타인에게 이용하게 하는 행위

정보수령자 등은 매매 등의 여부 또는 조건에 중대한 영향을 줄 가능성이 있는 정보를
지정 금융투자상품의 '매매, 그 밖의 거래("매매등")에 이용하거나 타인에게 이용하게 하는 행
위'를 하여서는 아니 된다(178조의2①).

가. 매매 그 밖의 거래

"매매 그 밖의 거래"는 유상거래만을 의미하고 증여를 비롯한 무상거래행위는 포함되지
않는다. 대가가 수수되지 않는 무상거래의 경우에 시장질서를 교란하는 상황을 상정하기가
어렵고, 무상거래에 대해서까지 동조의 적용범위를 지나치게 확장할 필요는 없기 때문이다.
그러나 매매, 그 밖의 거래가 유상으로 이루어지는 경우에는 담보설정 등과 같이 소유권의
이전이 수반되지 않는 거래도 규제대상이 된다. "매매 그 밖의 거래"에는 장외거래도 포함
된다.

나. 이용하거나 타인에게 이용하게 하는 행위

매매 등의 여부 또는 조건에 중대한 영향을 줄 가능성이 있는 정보를 매매, 그 밖의 거래
에 '이용하거나' '이용하게 하는 행위'가 금지되므로, 정보를 이용하지 않고 보유한 상태에서
매매, 그 밖의 거래를 한 경우에는 시장질서 교란행위로 볼 수 없다. 그러나 정보를 보유한
상태라고 하더라도 이를 단순히 보유하는 것에 그치지 않고 이용하여 거래한 경우에는 시장

질서 교란행위에 해당한다.

타인에게 이용하게 하는 행위는 타인으로 하여금 그 정보를 이용하여 지정 금융투자상품의 매매, 그 밖의 거래를 하도록 하는 것을 말한다. 정보를 제공하는 것만으로 충분하며, 그 정보를 매매, 그 밖의 거래에 이용하도록 적극적으로 권유할 것까지는 요구되지는 않는다.

6. 적용 제외사유

투자자 보호 및 건전한 시장질서를 해할 우려가 없는 행위로서 '대통령령으로 정하는 경우' 및 그 행위가 제173조의2 제2항, 제174조 또는 제178조에 해당하는 경우는 시장질서 교란행위의 적용에서 제외된다(178조의2①단서).

가. 투자자 보호 등의 우려가 없는 경우

투자자 보호 및 건전한 시장질서를 해할 우려가 없는 행위로서 '대통령령으로 정하는 다음 각 호의 어느 하나에 해당하는 경우'에는 시장질서 교란행위의 규제대상에서 제외된다(178조의2①단서, 令207조의2).

1. 정보수령자등(178조의2①1호 가목)이 미공개중요정보 또는 미공개정보를 알게 되기 전에 다음 각 목의 어느 하나에 해당하는 행위를 함으로써 그에 따른 권리를 행사하거나 의무를 이행하기 위하여 지정 금융투자상품의 매매, 그 밖의 거래("매매등")를 하는 경우(令207조의2 1호)

   가. 지정 금융투자상품에 관한 계약을 체결하는 행위

   나. 투자매매업자 또는 투자중개업자에게 지정 금융투자상품의 매매등에 관한 청약 또는 주문을 제출하는 행위

   다. 가목 또는 나목에 준하는 행위로서 금융위원회가 정하여 고시하는 행위

2. 정보생산자등(178조의2①1호 나목), 해킹, 절취, 기망, 협박, 그 밖의 부정한 방법으로 정보를 알게 된 자(다목), 정보생산자등으로부터 정보를 받거나 전득한 자(라목)가 법 제178조의2 제1항 제2호에 해당하는 정보를 생산하거나 그러한 정보를 알게 되기 전에 제1호 각 목에 해당하는 행위를 함으로써 그에 따른 권리를 행사하거나 의무를 이행하기 위하여 지정 금융투자상품의 매매등을 하는 경우(2호)

3. 법령 또는 정부의 시정명령·중지명령 등에 따라 불가피하게 지정 금융투자상품의 매매등을 하는 경우(3호)

4. 그 밖에 투자자 보호 및 건전한 거래질서를 저해할 우려가 없는 경우로서 금융위원회가 정하여 고시하는 경우(4호)

위의 사유들은 정보수령자 등이 미공개중요정보 또는 미공개정보인 사실을 알게 되기 전에 지정 금융상품에 관한 계약 등을 체결하는 등 정보이용과 무관하게 이루어지는 거래이고,

정상적인 거래나 특별한 입법목적 등으로 이루어지는 거래까지 제한하게 되면 부작용이 많기 때문이다.

나. 법 제174조, 제178조 등에 해당하는 경우

자본시장법은 장내파생상품의 대량보유 보고(173조의2②), 미공개중요정보 이용행위의 금지(174조) 또는 부정거래행위 등의 금지(178조) 등 형사처벌로 규율되는 경우에는 법 제178조의2 시장질서 교란행위의 규제대상에서 제외하고 있다(178조의2①단서). 특별한 이유가 있는 것은 아니고, 법 제178조의2 시장질서 교란행위를 도입할 때 관계 부처인 법무부와 금융위원회 간의 합의가 반영된 것이다.

Ⅲ. 시세관여형 시장질서 교란행위의 금지

1. 의의

법 제178조의2 제2항은 "① 누구든지 ② 상장증권 또는 장내파생상품에 관한 매매등과 관련하여 ③ 허수호가, 가장매매, 통정매매, 풍문의 유포 등의 행위를 하여서는 아니 된다."고 하면서, 이른바 '시세관여형 시장질서 교란행위'를 금지하고 있다. 제2항은 법 제176조의 시세조종행위, 법 제178조 부정거래행위 등을 보완하는 역할을 한다.

아래에서는 법 제178조의2 제2항의 적용요건을 규제대상자(누구든지), 규제대상 금융투자상품(상장증권 또는 장내파생상품의 매매등), 규제대상행위(허수호가, 가장매매, 통정매매, 풍문의 유포 등)로 나누어 살펴본다.

2. 누구든지

'누구든지' 상장증권 또는 장내파생상품에 관한 매매등과 관련하여 허수호가, 가장매매, 통정매매, 풍문의 유포 등의 행위를 하여서는 아니 된다(178조의2②). 법 제178조의2 제1항의 정보이용형 시장질서 교란행위는 정보수령자 등에 한정해서 적용되는데, 제2항의 시세관여형 시장질서 교란행위는 '누구든지'라고 하고 있어서 누구나 규제대상자가 될 수 있다.

3. 상장증권 또는 장내파생상품에 관한 매매등

누구든지 '상장증권 또는 장내파생상품에 관한 매매등'과 관련하여 허수호가, 가장매매, 통정매매, 풍문의 유포 등의 행위를 하여서는 아니 된다(178조의2②). 즉, 규제대상 금융투자상품은 '상장증권 또는 장내파생상품의 매매등'이다.

"매매등"은 매매 외에 그 밖의 거래를 포함한다(178조의2①괄호).

"매매"란 금융투자상품을 매수 또는 매도하는 것을 말한다. 민법상의 개념이며, 매매계약이 체결되어 청구권이 발생한 이상 실제로 매매계약이 이행될 필요는 없다.

"그 밖의 거래"란 매매를 제외한 일체의 거래를 말한다. 담보계약, 합병계약, 교환계약 등 다양한 유형의 거래가 포함될 수 있고, 장내, 장외, 대면거래가 모두 포함된다.

4. 허수호가, 가장매매, 통정매매, 풍문 유포 등

누구든지 상장증권 또는 장내파생상품에 관한 매매등과 관련하여 '허수호가, 가장매매 등 다음 각 호의 어느 하나에 해당하는 행위'를 하여서는 아니 된다(178조의2②).

1. 허수호가 제출 등

거래 성립 가능성이 희박한 호가를 대량으로 제출하거나 호가를 제출한 후 해당 호가를 반복적으로 정정·취소하여 시세에 부당한 영향을 주거나 줄 우려가 있는 행위(178조의2②1호)

제1호는 거래성립의 가능성이 희박한 호가를 대량으로 제출하는 이른바 "허수호가"를 금지하고 있다. 종래 허수주문은 현실거래에 의한 시세조종행위로 형사처벌의 대상이 된 적도 있지만, 적법한 거래와 구분하기 어려워 시세조종으로 규율하기 어려운 경우가 많았기 때문이다.[332]

제1호는 법 제176조 제2항 제1호의 현실거래에 의한 시세조종행위와는 달리 '매매유인의 목적'을 요구하지 않는다. 이 점에서 현실거래에 의한 시세조종행위에 비교하여 그 구성요건이 훨씬 완화되어 있다.

"대량", "반복적으로", "부당한 영향"의 해석이 문제될 수 있으나 법 제176조 시세조종행위 등의 금지조항에서의 논의가 참고될 수 있을 것이다.

2. 가장매매 등

권리의 이전을 목적으로 하지 아니함에도 불구하고 거짓으로 꾸민 매매를 하여 시세에 부당한 영향을 주거나 줄 우려가 있는 행위(2호)

제2호는 이른바 가장매매를 금지하고 있다. 비슷한 조항인 법 제176조 제1항 제3호의 가장매매에 의한 시세조종행위가 "그릇된 판단을 하게할 목적으로" 또는 "그 권리의 이전을 목적으로 하지 아니하는 거짓으로 꾸민 매매를 하는 행위"라고 하면서 목적성을 요구하는 것과는 달리, 법 제178조의2 제2항 제2호는 목적을 요구하지 않는 대신에 "시세에 부당한 영향을 주거나 줄 우려가 있는 행위"를 규제하는 점에서 차이가 있다.

3. 통정매매 등

손익이전 또는 조세회피 목적으로 자기가 매매하는 것과 같은 시기에 그와 같은 가

---

332) 맹수석, 앞의 논문(개정 자본시장법상 시장질서 교란행위), 158면.

격 또는 약정수치로 타인이 그 상장증권 또는 장내파생상품을 매수할 것을 사전에 그 자와 서로 짠 후 매매를 하여 시세에 부당한 영향을 주거나 영향을 줄 우려가 있는 행위(3호)

제3호는 통정매매를 금지하는데, 제1호의 허수호가의 금지, 제2호의 가장매매의 금지와는 달리 "손익이전 또는 조세회피의 목적"을 요건으로 하고 있다. 그릇된 판단을 하게할 목적을 요구하는 법 제176조 제1항 제1호 및 제2호의 통정매매와 차이를 두기 위한 것으로 보이는데, 통정매매의 사실만으로 시장질서가 교란되고 다른 시장질서교란행위의 유형과도 맞지 않는 점에서 '손익의 이전 또는 조세회피의 목적' 요건은 삭제하는 것이 바람직하다.[333)]

4. 풍문유포 등

풍문을 유포하거나 거짓으로 계책을 꾸미는 등으로 상장증권 또는 장내파생상품의 수요·공급 상황이나 그 가격에 대하여 타인에게 잘못된 판단이나 오해를 유발하거나 상장증권 또는 장내파생상품의 가격을 왜곡할 우려가 있는 행위(4호)

위의 제1호 내지 제3호가 법 제176조 시세조종행위를 보완하는 규정이라면, 제4호는 법 제178조 부정거래행위를 보완하는 조항이다.

부정거래행위를 금지하는 법 제178조 제2항은 금융투자상품의 거래를 할 목적이나 시세의 변동을 도모할 목적으로 풍문의 유포, 위계의 사용, 폭행 또는 협박을 하는 행위를 금지하지만, 시장질서 교란행위를 금지하는 법 제178조의2 제2항 제4호는 목적성을 요구하지 않으며, 상장증권 또는 장내파생상품에 관한 매매등과 관련하여 풍문을 유포하는 등으로 상장증권 또는 장내파생상품의 수요·공급상황이나 그 가격에 대해 타인에게 잘못된 판단이나 오해를 유발하면 규제대상이 된다.

풍문의 유포, 거짓의 계책을 꾸미는 행위 등에 대해서는 법 제178조 제1항, 제2항의 설명에서 살펴보았다.

5. 적용 제외사유

법 제178조의2 제2항의 시세관여형 시장질서 교란행위에 해당하는 경우에도 그 행위가 법 제176조의 시세조종행위 또는 법 제178조의 부정거래행위 등에 해당하여 형사처벌의 대상이 되는 경우에는 시장질서 교란행위의 규제대상에서 제외된다(178조의2②단서). 특별한 이유가 있는 것은 아니고, 법 제178조의2 시장질서 교란행위를 도입할 때 관계 부처인 법무부와 금융위원회 간의 합의가 반영된 것이다.

---

333) 통정매매는 가장매매와 거의 함께 사용하는 수단이므로 가장매매와 동일하게 취급하는 것이 마땅하다고 한다. 성희활, "2014년 개정 자본시장법상 시장질서교란행위 규제도입의 함의와 전망,"「증권법연구」제16권 제1호(증권법학회, 2015), 158면.

공매도의 규제

Ⅰ. 총설

1. 의의 및 규제의 필요성

　"공매도(short sale)"는 주식을 소유하고 있지 않은 상태에서 증권을 매도하거나 차입한 증권으로 결제할 것을 전제로 매도 주문을 내는 것을 말한다. 향후 주가가 하락할 것을 예상하고 주식을 매도한 뒤 실제로 주가가 하락하면 인도 시까지 증권을 매입하여 결제하고 그 차익을 챙기는 매매기법이다. 공매도는 특정증권의 가격 하락에 대한 정보 내지 판단에 근거하여 투자하고, 관련 정보가 신속하게 증권가격에 반영될 수 있도록 한다. 동일증권의 매수 포지션에 따른 가격 하락의 리스크를 헷지하기 위해서도 사용된다.

　공매도는 대상증권의 가격하락으로 인한 이익을 기대하면서 소유하지 않은 자산을 팔아치운다는 점 때문에 도덕적인 비난, 특히 대중적 분노의 대상이 되기 쉽다.[334] 결제불이행의 위험을 수반하고, 가격 폭락을 초래하는 등 가격변동성(volatility)을 증가시키며, 주가하락의 루머 유포, 미공개 정보이용 등 불공정거래행위를 유발하고, 주가상승 시 손실 확대의 위험이 내포되어 있어서 각국은 공매도를 규제하고 있다. 최근에는 유상증자 계획을 공시한 후 신주가격이 결정되기 전에 공매도를 하고, 동시에 유상증자에도 참여하여 유상증자로 인하여 낮아진 가격으로 신주를 배정받아 공매도한 주식을 상환함으로써 손쉽게 큰 차익을 추구하는 전략이 문제된 바가 있다.[335]

　금융시장의 불안정성이 확대되는 위기 시에는 공매도에 대한 감시는 더욱 강화된다. 예를 들어, 2008년 금융위기로 인하여 금융시스템 붕괴에 대한 우려가 현실화하자 미국, 영국 등 각국 정부는 금융주에 대한 차입공매도 금지, 공매도 공시 강화, 업틱-룰의 부활 등 다양한 조치를 시행하였다.[336] 우리나라도 2020년 3월 23일 코로나19의 긴급한 상황에서 시장 안정 조치의 일환으로 6개월간 유가증권·코스닥·코넥스 시장 전체 상장종목에 대한 공매도를 금

---

334) 김정연, "공매도 금지조치의 의의와 개선방안,"「상사법연구」제39권 제3호(2020), 145면.
335) 자본시장법(2021.1.5., 일부개정) 개정이유 참조.
336) SEC Release 34-58166(July 15, 2008).

지하는 조치를 시행하였고, 같은 해 8월 27일에는 6개월간 추가로 연장한 적이 있다.[337]

2. 입법례

가. 미국

미국은 1938년에는 1934년 증권거래법 §10a-1을 개정하면서 거래소 상장증권의 공매도에 대하여 SEC에게 규제권한을 부여하였다. 2005년 1월에는 Regulation SHO를 제정하고, 확보요건(locate requirement)과 상쇄요건(close-out requirement) 등을 통해 브로커-딜러는 공매도 시 사전에 주식을 확보할 것을 요구하였다. SEC Rule 10b-21은 반사기규정(Naked Short Selling Antifraud Rule)으로서 브로커-딜러를 기망하여 결제일까지 증권을 인도해야 하는 자신의 의도 또는 능력을 속이고 결제일까지 인도에 실패한 경우 당해 증권의 매도주문을 한 자를 처벌하고 있다.[338]

나. 일본

일본 금융상품거래법은 누구든지 정령이 정하는 바에 위반하여 "유가증권을 보유하지 아니하거나 유가증권을 차입하여 그 매도를 하는 것 또는 당해 매도의 위탁 또는 수탁을 하는 행위"를 금지하고 있다(일본 금융상품거래법162조). 공매도에 대한 규제는 ① 공매도 명시·확인 의무(동법시행령26조의3), ② 가격 규제(동법시행령26조의4), ③ 차입한 유가증권의 보유여부 확인(동법시행령26조의2의2), ④ 잔고에 관한 정보 공시(동법시행령26조의5), ⑤ 공모증자 기간중의 공매도에 있어서 공모증자에 응하여 취득한 유가증권에 의하여 당해 공매도에 관계된 유가증권의 차입분에 대한 결제의 금지(동법시행령26조의6) 등으로 구성되어 있다.

3. 우리나라의 공매도 규제의 연혁

우리나라는 1976년 12월 내부자거래를 방지하기 위한 장치로서 상장법인의 임직원 또는 주요주주가 주식을 소유하지 않고 매도하는 행위를 금지하면서 공매도 규제가 시작되었다(구 증권거래법188조①). 1996년 9월 1일에는 거래소 업무규정으로 업틱룰(up-tick rule)[339]을 도입하여 가격 규제를 시작하였다. 당시까지만 해도 증권계좌에 주식을 보유하지 않더라도 매도 주문을 내고, 매매계약 체결 이후 3일 내에 주식을 차입하여 결제할 수 있었으므로 무차입공매도가 사실상 가능하였으나, 2000년 우풍상호신용금고의 성도이엔지 주식의 공매도에

---

337) 금융위원회, 공매도 금지 및 자기주식 취득 한도에 관한 2020.3.13. 및 2020.8.27. 보도자료.

338) SEC, "naked" short selling antifraud rule, SEA Rule 10b-21. <http://www.sec.gov/rules/proposed/2008/34-57511.pdf>(2021. 6. 1. 방문).

339) 업틱룰에 따르면 공매도 호가는 원칙적으로 직전의 가격 이하의 가격으로 호가할 수 없다. 즉, 직전가격보다 높은 가격으로만 호가가 가능하므로 공매도자가 원하는 대로 가격 하락을 주도할 수 없도록 하는 것이다.

대한 결제불이행 사태를 계기로 무차입공매도가 전면 금지되고 공매도 여부 표시제도가 도입되면서 공매도에 대한 규제가 시작되었다.[340] 2008년 10월 1일에는 글로벌 금융위기를 반영하여 차입공매도를 한시적으로 금지하였고, 2020년에는 코로나 사태를 반영하여 공매도를 한시적으로 금지하였다.

공매도의 규제는 강화 또는 완화되어 오다가, 자본시장법의 제정으로 크게 변화하게 된다. 2009년 2월 4일부터 시행된 자본시장법은 제180조 제1항 본문에서 "누구든지 증권시장에서 상장증권에 대하여 공매도를 하거나 그 위탁 또는 수탁을 하여서는 아니 된다."고 하면서 공매도를 원칙적으로 금지하고, 제1항 단서에서는 "다만, 제2호에 해당하는 경우로서 (차입공매도)[341] 증권시장의 안정성 및 공정한 가격형성을 위하여 대통령령으로 정하는 방법에 따르는 경우에는 이를 할 수 있다."고 하면서 일정한 조건 하에 예외적으로 차입공매도를 허용하고 있다. 즉, 공매도의 원칙적 금지(180조①1호), 차입공매도의 예외적 허용(180조①본문 단서, 2호, 180조②), 순보유잔고 보고 제도(180조의2)를 골자로 하는 공매도 규제의 체계가 완성되었고, 필요한 사항은 법 시행령 및 거래소의 유가증권시장업무규정에 위임하였다.

Ⅱ. 공매도의 원칙적 금지

1. 의의

누구든지 증권시장(다자간매매체결회사에서의 증권의 매매거래를 포함한다)에서 상장증권(대통령령으로 정하는 증권에 한한다)에 대하여 다음 각 호의 어느 하나에 해당하는 매도("공매도")를 하거나 그 위탁 또는 수탁을 하여서는 아니 된다(180조①).

1. 소유하지 아니한 상장증권의 매도(180조①1호)
2. 차입한 상장증권으로 결제하고자 하는 매도(2호)

금융감독원은 공매도의 판단을 매도 주문 시점에 당해 상장증권에 대한 매도주문 수량만큼의 순매수 포지션(net long position)이 있었는지 여부를 기준으로 한다. 순매수 포지션 산정은 해당 증권에 대한 동일인의 모든 포지션을 합산(netting)하고, 매도주문 수량만큼의 순매수 포지션이 없는 경우에 공매도에 해당하는 것으로 본다.[342]

---

340) 김정연, 앞의 논문(공매도 금지조치의 의의와 개선방안), 148면.
341) 공매도는 제3자로부터 주식을 빌려 매도하는 차입공매도(Covered Short Selling)와 주식을 전혀 갖고 있지 않은 상태에서 매도 주문을 내는 무차입공매도(Naked Short Selling)로 구분되는데, 우리나라는 일정한 조건 하에 차입공매도만 허용한다.
342) 금융감독원, 공매도 관련 업무처리 가이드라인(2009.5.6. 제정), 1. 공매도 여부 판단요건 참조.

2. 누구든지

공매도가 금지되는 주체에는 제한이 없으며, '누구든지' 증권시장에서 상장증권에 대하여 공매도를 하거나 그 위탁 또는 수탁을 하여서는 아니 된다.

3. 증권시장에서의 상장증권

가. 증권시장

공매도가 금지되는 대상은 '증권시장에서 상장증권'이다(180조①본문). 일반적으로 증권시장은 증권의 매매를 위해서 거래소가 개설하는 시장을 가리키지만(8조의2④1), 공매도가 금지되는 증권시장에는 다자간매매체결회사에서의 증권의 매매거래를 포함한다(180조①본문 괄호). 즉, 거래소시장 및 다자간매매체결회사에서 이루어지는 공매도가 규제대상이다.

'증권시장에서'의 공매도를 금지하므로 상장증권이라 하더라도 장외에서 사인 간에 이루어지는 공매도는 규제대상이 아니다. 사인 간의 매매계약의 체결과 이행에 관한 문제이지 증권시장의 안정을 위해서 자본시장법이 개입할 사항이 아니기 때문이다.

나. 상장증권

공매도가 금지되는 증권은 '증권시장에서 상장증권'인데, 상장증권 중에서도 다음 각 호의 어느 하나에 해당하는 증권이 대상이다(180조①괄호, 令208조①).

1. 전환사채권, 신주인수권부사채권, 이익참가부사채권 또는 교환사채권(令208조①1호)
2. 지분증권(2호)
3. 수익증권(3호)
4. 파생결합증권(4호)
5. 증권예탁증권(제1호부터 제4호까지의 증권과 관련된 증권예탁증권만 해당한다)(5호)

4. 공매도, 그 위탁 또는 수탁의 금지

누구든지 증권시장에서 상장증권에 대하여 '다음 각 호의 어느 하나에 해당하는 매도'("공매도")를 하거나 '그 위탁 또는 수탁'을 하여서는 아니 된다(180조①본문).

1. 소유하지 아니한 상장증권의 매도(180조①1호)

    자기의 계산으로 소유하는 이상 자기명의 또는 타인명의로 소유하는지를 가리지 아니한다. 즉, 자기의 계산으로 소유하는 타인명의의 상장증권을 매도하는 것은 공매도에 해당하지 않는다.

2. 차입한 상장증권으로 결제하고자 하는 매도(2호)

    자신이 증권을 소유하지 않고서 타인으로부터 차입한 상장증권으로 결제하려는 경우도 금지대상이다.

공매도 외에도 공매도를 위탁 또는 수탁하는 행위도 금지된다.

Ⅲ. 예외적으로 공매도가 허용되는 경우

1. 대통령령으로 정하는 방법에 따르는 차입공매도

자본시장법 제180조 제1항 본문은 공매도를 원칙적으로 금지하면서도, 제1항 단서에서는 "다만, 제2호에 해당하는 경우로서(차입공매도) 증권시장의 안정성 및 공정한 가격형성을 위하여 대통령령으로 정하는 방법에 따르는 경우에는 이를 할 수 있다."고 하면서 예외적으로 '대통령령으로 정하는 방법'을 따르는 '차입공매도'는 허용하고 있다.

가. 차입공매도에 해당할 것

공매도의 종류에는 무차입공매도와 차입공매도가 있는데, "차입공매도"란 차입한 상장증권으로 결제하고자 하는 매도를 가리킨다(180조①2). 자본시장법은 공매도를 원칙적으로 금지하되, 예외적으로 일정한 조건하에 대통령령이 정하는 방법에 따른 차입공매도만을 허용하고 있다(180조①).

나. 대통령령으로 정하는 방법에 따를 것

법 제180조 제1항 각 호 외의 부분 단서에서 "대통령령으로 정하는 방법"이란 차입공매도에 대하여 법 제393조 제1항에 따른 증권시장업무규정에서 정하는 가격으로 다음 각 호의 방법에 따라 하는 것을 말한다(슈208조②).

1. 투자자(거래소의 회원이 아닌 투자매매업자나 투자중개업자를 포함한다)가 거래소의 회원인 투자중개업자에게 매도주문을 위탁하는 경우(슈208조②1호)

   가. 증권의 매도를 위탁하는 투자자는 그 매도가 공매도인지를 투자중개업자에게 알릴 것. 이 경우 그 투자자가 해당 상장법인의 임직원인 경우에는 그 상장법인의 임직원임을 함께 알릴 것(슈208조②1호가목)

   투자자가 상장법인의 임직원인 경우에는 그 상장법인의 임직원임을 투자중개업자에게 알리도록 하고 있는데 이는 상장법인 임원등의 내부정보를 이용한 공매도를 체계적으로 규제하기 위한 장치이다.

   나. 투자중개업자는 투자자로부터 증권의 매도를 위탁받는 경우에는 증권시장업무규정으로 정하는 방법에 따라 그 매도가 공매도인지와 그 공매도에 따른 결제가 가능한지를 확인할 것(나목)

   즉, 공매도로 인한 결제불이행 사태를 방지하기 위해서는 주문단계부터 최종결제가 완료되는 시점(T+2)까지 결제가능 여부가 엄격하게 모니터링 되어야 한다. 이를 위하여 자본시장법은 투자자 및 그 주문을 처리하는 투자중개업자 또는 직접 주문을 내는 투자매매업자에게 공매도 표시의무와 결제가능 여부 확인의무를 부과하고 있다.

다. 투자중개업자는 공매도에 따른 결제를 이행하지 아니할 염려가 있는 경우에는 공매도의 위탁을 받거나 증권시장(다자간매매체결회사에서의 증권의 매매거래를 포함한다. 이하 이 조 및 제208조의2에서 같다)에 공매도 주문을 하지 아니할 것(다목)

라. 투자중개업자는 투자자로부터 공매도를 위탁받은 경우에는 그 매도가 공매도임을 거래소에 알릴 것(라목)

2. 거래소의 회원인 투자매매업자나 투자중개업자가 매도에 관한 청약이나 주문을 내는 경우에는 그 매도가 공매도임을 거래소에 알릴 것(슈208조②2호)

즉 차입공매도를 수행하려면 주문단계에서부터 '공매도'임이 명확하게 표시되어야 한다.

3. 삭제

금융위원회는 증권시장의 안정성 및 공정한 가격형성을 저해할 우려가 있는 경우에는 거래소의 요청에 따라 상장증권의 범위, 매매거래의 유형 및 기한 등을 정하여 차입공매도를 제한할 수 있다(180조③). 코로나19로 인한 경제위기의 상황에서 과도한 공매도가 문제되자 2021. 1. 5. 법 개정을 통해서 종전까지는 법 시행령에 규정되어 있던 금융위원회의 예외적인 차입공매도 제한조치의 내용을 자본시장법에 규정하였는데, 이로 인하여 비상상황에서 모든 차입공매도를 금지할 수 있는 금융위원회의 권한이 분명하게 되었다.

공매도의 허용 여부, 나아가 차입공매도를 허용할 것인지에 대해서는 논란이 있으나, 공매도의 가격 발견 기능이 분명하고,[343] 증권가격의 과도한 거품을 방지할 수 있으며, 선진국 대부분이 공매도를 허용하는 점에 비추면 공매도는 허용하되 그 부작용이 확대되지 않도록 주의깊게 관리하는 방안이 필요하다.

2. 공매도로 보지 않는 경우

다음 각 호의 어느 하나에 해당하는 경우에는 공매도로 보지 아니한다(180조②).

1. 증권시장에서 매수계약이 체결된 상장증권을 해당 수량의 범위에서 결제일 전에 매도하는 경우(180조②1호)

매수계약이 체결되어 소유하게 될 상장증권을 해당 수량의 범위 내에서 매도하는 것으로써 결제 미이행의 가능성이 극히 낮기 때문이다.

---

343) 김정연, 앞의 논문(공매도 금지조치의 의의와 개선방안), 167면.

2. 전환사채 · 교환사채 · 신주인수권부사채 등의 권리 행사, 유 · 무상증자, 주식배당 등
으로 취득할 주식을 매도하는 경우로서 결제일까지 그 주식이 상장되어 결제가 가
능한 경우(2호)

   제1호와 마찬가지로 형식적으로는 공매도에 해당하지만 전환권, 신주인수권의 행사
   등으로 해당 주식의 취득이 예정되어 있어서 결제를 이행하지 아니할 우려가 없는
   경우로서 규제의 필요성이 적기 때문이다.

3. 그 밖에 결제를 이행하지 아니할 우려가 없는 경우로서 '대통령령으로 정하는 경
우'[344](3호)

Ⅳ. 순보유잔고 보고 제도

대통령령으로 정하는 방법에 따라 상장증권을 차입공매도한 자('매도자')는 해당 증권에
관한 매수, 그 밖의 거래에 따라 보유하게 된 순보유잔고가 발행주식 수의 일정 비율을 초과
하는 경우에는 매도자의 순보유잔고에 관한 사항과 그 밖에 필요한 사항을 금융위원회와 거
래소에 보고하여야 한다(180조의2①). 다만, 대통령령으로 정하는 거래에 따라 증권을 차입공
매도한 자는 순보유자산의 보고대상에서 제외한다(180조의2①본문 괄호).

순보유잔고의 계산방식과 보고에서 제외되는 거래는 법 시행령 제208조의2에서 규정되
어 있다. 금융위원회는 제출된 보고서에 거짓의 기재 또는 표시가 있거나 기재사항이 누락된
경우에는 그 이유를 제시하고 그 보고서의 정정을 명할 수 있다(180조의2②).

Ⅴ. 위반시 제재

자본시장법은 공매도 규제에 위반하는 경우에는 1억원 이하의 과태료만 부과하고 있으나
(449조①29), 공매도가 시세조종이나 내부자거래에 이용된 경우에는 불공정거래에 따른 민사
또는 형사책임을 부담할 수 있다.

금융투자업자가 법 제180조를 위반하여 공매도를 하거나 그 위탁 또는 수탁을 한 경우에
는 업무의 정지, 시정명령, 경고, 주의 등의 행정제재를 받을 수 있으며(420조③, 별표1 177호),
거래소 회원이 공매도에 관한 거래소 업무규정에 위반한 때에는 회원제재금 등 자율규제 차
원의 제재가 내려질 수 있다.[345]

공매도 위반에 대하여 과태료가 부과된 사례로는 ① 2013.12.11. 홍콩 소재 A운용사가 자

---

344) 공매도에서 제외되는 경우는 법 시행령 제208조 제3항에 규정되어 있다.
345) 2015.9.23. 증권선물위원회는 제17차 정례회의를 개최하여 2개 종목, 3개사의 공매도 제한 위반에 대하여
    각각 1,500만원(2개 운용사), 900만원(1개 증권사)의 과태료 부과를 의결하였다.

신이 운용중인 펀드를 통해 매수체결이 확정되지 않은 ㈜△△ 주식 200,000주를 매도한 사례(과태료 1,500만원), ② 2014.8.12. 홍콩 소재 B운용사가 자신이 운용중인 펀드를 통해 공개매수에 응모하여 이미 매도된 ○○㈜ 주식 6,659주를 매도한 사례(과태료 1,500만원)346), ③ 영국 소재 외국인 투자자인 ☆☆☆삭스인터내셔널('GSI')이 2018.5.30.~5.31. 기간 중 ○○㈜ 등 차입하지 않은 상장주식 156종목(401억원)에 대한 매도 주문을 제출하여 공매도 제한 규정을 위반한 사례(과태료 75억원)347) 등이 있다. 2018년 ☆☆☆삭스에 부과된 75억원이 가장 큰 금액인데 시간이 지나면서 과태료 금액이 커지고 있음을 알 수 있다.

최근에는 금융위기의 상황에서 과도한 공매도가 문제되자, 2021. 1. 5. 자본시장법 개정에서는 위법한 공매도에 대한 형사처벌과 과징금 부과의 근거를 신설하고(443조①10호, 429조의3①), 기존의 과태료 부과근거(449조①39호)는 삭제하였다.

---

346) 금융위원회, [증선위]공매도 제한 위반행위에 대한 조치, 보도자료(2015.9.24.).
347) 금융위원회, 공매도 제한 위반행위 등에 대한 조치, 보도자료(2018.11.28.).

형사벌 및 과징금

I. 총설

1. 벌칙의 필요성

자본시장법상 불공정거래행위에 대해서는 사법상의 책임을 묻는 것이 원칙이나, 수많은 투자자들에게 피해를 끼치는 불공정거래행위의 속성상 사법상의 구제절차만으로는 그 위반으로 인한 폐해를 방지하거나 투자자를 보호하기에는 충분하지 않다. 따라서 자본시장법은 엄격한 형사벌과 과징금 등을 통해서 불공정거래행위자를 처벌하고 있다.

형법상 사기죄, 배임죄, 횡령죄 등에 의해서도 자본시장 범죄의 상당수가 규제될 수 있으나, 원래 형법은 일반적인 범죄를 상정한 것이므로 자본시장에서 발생하는 전문화되고 복잡한 형태의 전문적인 불공정거래행위를 적절히 규제하기가 어렵다. 이러한 이유에서 자본시장법은 불공정거래행위에 대해서 별도로 형사벌과 과징금 등을 규정하고 있다.

2. 벌칙의 종류

자본시장법상 불공정거래행위에 대한 벌칙은 형벌과 행정벌이 있다.

"형벌(刑罰)"의 종류에는 징역·벌금·몰수가 있으며, 형벌의 정도는 범죄의 경중에 따라 다르다. 자본시장법은 대부분의 자본시장법위반 행위에 대해서 징역과 벌금의 병과를 인정하고 있다(443조, 447조①). 일정한 범죄에 대해서는 수수한 이익은 몰수하고, 몰수가 불가능한 부분은 그 가액을 추징한다(447조의2). 처벌절차는 형사소송법에 따른다.

자본시장법은 불공정거래행위 적발의 어려움을 감안하여, 수사기관에 자수(증선위에 자진신고한 경우를 포함)하거나 수사·재판절차에서 해당 사건에 관한 다른 사람의 범죄를 규명하는 진술 또는 증언이나, 그 밖의 자료제출행위 또는 범인검거를 위한 제보와 관련하여 자신의 범죄로 처벌되는 경우에는 그 형을 감경 또는 면제할 수 있도록 하고 있다(448조의2).

"행정벌(行政罰)"에는 과징금과 과태료가 있다. 2023. 7. 18. 자본시장법 개정에서는 불공정거래행위에 대해서 형사벌 외에 과징금도 부과할 수 있도록 하였다(429조의2). 행정범의 처벌은 비송사건절차법에 따른다(非訟247조 이하).

Ⅱ. 형사벌

1. 미공개중요정보 이용자 등의 형사책임

"제174조제1항을 위반하여 상장법인의 업무 등과 관련된 미공개중요정보를 특정증권등의 매매, 그 밖의 거래에 이용하거나 타인에게 이용하게 한 자"(443조①1호), "제174조제2항을 위반하여 주식등에 대한 공개매수의 실시 또는 중지에 관한 미공개정보를 그 주식등과 관련된 특정증권등의 매매, 그 밖의 거래에 이용하거나 타인에게 이용하게 한 자"(443조①2호), "제174조제3항을 위반하여 주식등의 대량취득·처분의 실시 또는 중지에 관한 미공개정보를 그 주식등과 관련된 특정증권등의 매매, 그 밖의 거래에 이용하거나 타인에게 이용하게 한 자"(443조①3호)는 1년 이상의 유기징역 또는 그 위반행위로 얻은 이익 또는 회피한 손실액의 3배 이상 5배 이하에 상당하는 벌금에 처한다. 다만, 그 위반행위로 얻은 이익 또는 회피한 손실액이 없거나 산정하기 곤란한 경우 또는 그 위반행위로 얻은 이익 또는 회피한 손실액의 5배에 해당하는 금액이 5억원 이하인 경우에는 벌금의 상한액을 5억원으로 한다(443조①). 즉, 법 제174조를 위반한 자는 법 제443조에 따라서 형사책임을 지는데, 이 경우에는 미공개중요정보의 이용자, 공개매수 또는 주식의 대량취득·처분에 관한 미공개정보의 이용자가 '위반행위로 인하여 얻은 이익' 또는 '회피한 손실액'에 따라서 벌금액이 달라지고, 징역이나 금고의 법정형도 달라질 수 있어서 '위반행위로 인하여 얻은 이익' 또는 '회피한 손실액'의 산정이 매우 중요하게 된다.

2. 시세조종행위자의 형사책임

가. 의의

"법 제176조제1항을 위반하여 상장증권 또는 장내파생상품의 매매에 관하여 그 매매가 성황을 이루고 있는 듯이 잘못 알게 하거나, 그 밖에 타인에게 그릇된 판단을 하게 할 목적으로 같은 항 각 호의 어느 하나에 해당하는 행위를 한 자"(443조①4호), "제176조제2항을 위반하여 상장증권 또는 장내파생상품의 매매를 유인할 목적으로 같은 항 각 호의 어느 하나에 해당하는 행위를 한 자"(443조①5호), "제176조제3항을 위반하여 상장증권 또는 장내파생상품의 시세를 고정시키거나 안정시킬 목적으로 그 증권 또는 장내파생상품에 관한 일련의 매매 또는 그 위탁이나 수탁을 한 자"(443조①6호), "증권 또는 파생상품에 관한 매매등과 관련하여 제176조제4항 각 호의 어느 하나에 해당하는 행위를 한 자"(443조①7호)는 1년 이상의 유기징역 또는 그 위반행위로 얻은 이익 또는 회피한 손실액의 3배 이상 5배 이하에 상당하

는 벌금에 처한다. 다만, 그 위반행위로 얻은 이익 또는 회피한 손실액이 없거나 산정하기
곤란한 경우 또는 그 위반행위로 얻은 이익 또는 회피한 손실액의 5배에 해당하는 금액이 5
억원 이하인 경우에는 벌금의 상한액을 5억원으로 한다(443조①). 즉, 법 제176조를 위반한
자는 법 제443조에 따라서 형사책임을 지는데, 이 경우에는 시세조종행위자가 '위반행위로
인하여 얻은 이익' 또는 '회피한 손실액'에 따라서 벌금액이 달라지고, 징역이나 금고의 법정
형도 달라질 수 있어서 '위반행위로 인하여 얻은 이익' 또는 '회피한 손실액'의 산정이 매우
중요하게 된다.

나. 위반행위로 인하여 얻은 이익 또는 회피한 손실액

"위반행위로 얻은 이익 또는 회피한 손실액"은 그 시세조종행위와 관련된 거래로 인하여
얻은 이익 또는 회피한 손실 중 인과관계가 인정되는 것을 의미한다.[348] 통상적인 경우에는
위반행위와 관련된 거래로 인한 총수입에서 그 거래를 위한 총비용을 공제한 차액을 산정하
는 방법으로 산출하지만(차액설), 주식시장에서 정상적인 주가변동요인에 의한 주가상승분이
나 위반행위자와 무관한 제3자가 야기한 변동요인에 의한 주가상승분이 존재하는 등으로 구
체적인 사안에서 부당하다고 보여질 사정이 있는 경우에는 위반행위와 인과관계가 인정되는
이익만을 따로 구분하여 산정해야 하고, 그에 대한 증명책임은 검사가 부담한다.[349]

시세조종행위로 주가를 상승시킨 경우 그에 따른 실현이익은 '매도단가와 매수단가의 차
액에 매매일치수량(매수수량과 매도수량 중 더 적은 수량)을 곱하여 계산한 금액'에서 '주식을 처
분할 때 지출된 거래비용'을 공제하여 산정된다(차액설). 시세조종행위로 이익을 얻기 위해
주식을 취득하였다면 실제 매수가액을 매수수량으로 가중평균한 단가를 매수단가로 적용하
고, 신주인수권증권을 취득한 뒤 이를 행사하여 주식을 발행받아 처분하였다면 신주인수권
행사가격에 신주인수권증권 매입가액을 더한 금액('신주인수권 매수가격')을 매수수량으로 가중
평균한 단가를 매수단가로 본다.

시세조종행위로 이익을 얻기 위해 주식이나 신주인수권증권을 취득한 것이 아니라면, 시
세조종기간 전일 주식의 종가를 매수단가로 보아야 한다. 기존에 보유하고 있던 주식 또는
신주인수권의 매수가격은 시세조종행위와 무관하기 때문이다. 결국 시세조종기간 전일의 종
가가 기존에 보유하고 있던 주식 또는 신주인수권 매수가격보다 높다면, 그 차액만큼의 이
익은 시세조종행위와 관계없이 얻은 것이어서 '시세조종행위로 얻은 이익'으로 볼 수 없다.
반면에 시세조종기간 전일 종가가 주식 또는 신주인수권 매수가격보다 낮았는데 시세조종행
위로 주가가 주식 또는 신주인수권 매수가격보다 상승하였다면, 주식 또는 신주인수권 매수
가격과 시세조종기간 전일의 종가의 차액만큼의 이익도 시세조종행위로 형성된 것이므로

---

348) 대판 2013.7.11., 2011도15056.
349) 대판 2013.7.11., 2011도15056.

'위반행위로 얻은 이익'에 해당한다.[350]

　"위반행위로 얻은 이익 또는 회피한 손실"에는 시세조종행위 기간 중에 한 구체적 거래로 인하여 이미 발생한 이익('실현이익')과 시세조종행위 종료 시점 당시 보유 중인 시세조종 대상 주식 또는 신주인수권증권의 평가이익('미실현이익')이 모두 포함된다.[351] 여기서 "미실현이익"은 특별한 사정이 없는 한 시세조종행위가 종료될 당시를 기준으로 산정할 것이고, 실현이익을 산정하는 경우 실제 처분 시 소요된 거래비용 등을 공제하여야 하는 것과 달리 장래 처분 시 예상되는 거래비용 등을 공제하여 산정할 것은 아니다.[352]

3. 부정거래행위자의 형사책임

가. 의의

　"금융투자상품의 매매(증권의 경우 모집·사모·매출을 포함한다), 그 밖의 거래와 관련하여 제178조제1항 각 호의 어느 하나에 해당하는 행위를 한 자"(443조①8호), "제178조제2항을 위반하여 금융투자상품의 매매(증권의 경우 모집·사모·매출을 포함한다), 그 밖의 거래를 할 목적이나 그 시세의 변동을 도모할 목적으로 풍문의 유포, 위계의 사용, 폭행 또는 협박을 한 자"(443조①9호)는 1년 이상의 유기징역 또는 그 위반행위로 얻은 이익 또는 회피한 손실액의 3배 이상 5배 이하에 상당하는 벌금에 처한다. 다만, 그 위반행위로 얻은 이익 또는 회피한 손실액이 없거나 산정하기 곤란한 경우 또는 그 위반행위로 얻은 이익 또는 회피한 손실액의 5배에 해당하는 금액이 5억원 이하인 경우에는 벌금의 상한액을 5억원으로 한다(443조①). 즉, 법 제178조를 위반한 자는 법 제443조에 따라서 형사책임을 지는데, 이 경우 부정거래행위자가 '위반행위로 인하여 얻은 이익' 또는 '회피한 손실액'에 따라서 벌금액이 달라지고, 징역이나 금고의 법정형도 달라질 수 있어서 '위반행위로 인하여 얻은 이익' 또는 '회피한 손실액'의 산정이 매우 중요하다.

나. 위반행위로 인하여 얻은 이익 또는 회피한 손실액

　부정거래행위의 경우에 부정거래행위자가 '위반행위로 얻은 이익 또는 회피한 손실'은 그 부정거래행위와 관련된 거래로 인하여 부정거래행위자가 얻은 이익 또는 회피한 손실 중 인과관계가 인정되는 것을 의미한다. 통상적인 경우에는 위반행위와 관련된 거래로 인한 총수입에서 그 거래를 위한 총비용을 공제한 차액을 산정하는 방법으로 산출할 수 있겠지만(차액설), 위반행위로 얻은 이익의 가액을 위와 같은 방법으로 산정하는 것이 부당하다고 볼 만한 사정이 있는 경우에는 위반행위와 인과관계가 인정되는 이익만을 따로 구분하여 산정해

---

350) 대판 2018.10.12., 2018도8438.
351) 대판 2018.10.12., 2018도8438; 대판 2013.7.11., 2011도15056.
352) 대판 2013.7.11., 2011도15056.

야 하고, 그에 대한 증명책임은 검사가 부담한다.[353]

사례를 통해서 살펴본다. 피고인 甲은 A조선회사의 대표이사이고, 피고인 乙은 CFO로서 사업보고서 공시책임자로서, 조선경기 불황 등으로 인해 대주주인 B은행과 매년 체결하는 MOU 경영목표 영업이익을 달성할 수 없게 될 경우 임원 성과급 미지급, 구조조정 등을 우려하여 재무제표를 거짓으로 작성·공시하였다. 이러한 회계분식을 통해 A조선회사는 피해 은행들로부터 수조원의 대출을 받아 재산상 이익을 편취하였으며, 임원들에 대한 성과급 수수 및 지급, 종업원들에 대한 성과급 등을 지급하여 각 재산상 이익을 취득하게 하고, A조선회사의 사채를 취득한 피해자 금융기관들에게 동액 상당의 재산상 손해를 가하였다는 사실로 기소되었다. 1심과 원심에서 피고인들에 대해 유죄가 선고되자, 피고인 甲과 乙은 자신들은 사채와 관련하여서는 이익을 얻은 바 없으며, 만일 이익이 인정된다고 하더라도 '회계분식을 수단으로 하는 사기적 부정거래로 얻은 이익은 회계분식의 유무에 따른 신용등급 평가의 차등에 따른 이자율 차이로 인한 이자비용의 차액으로 산정되어야 한다'는 취지로 상고하였다.[354]

대법원은 자본시장법 제443조 제1항 단서 및 제2항에서 규정하고 있는 "위반행위로 얻은 이익"이란 '손실액'에 반대되는 개념으로서, 피고인이 주장하는 것처럼 신용등급 평가의 차이에 따른 이자율 차이와 그로 인한 이자비용이 아니라, 피고인의 위반행위로 인해 A회사가 얻은 총수입에서 그 거래를 위하여 지출한 총비용을 공제한 차액을 말한다고 하면서 피고인의 상고를 기각하였다.[355] 그리고 '위반행위로 얻은 이익'은 원칙적으로 부정거래행위자, 즉 피고인 甲, 乙이 얻은 이익을 의미하지만, 그 위반행위로 인하여 법인인 A조선회사가 얻은 이익도 피고인 甲과 乙의 위반행위로 얻은 이익에 포함된다. 사기적 부정거래로 인한 이익이 전액 법인에 귀속되고, 대표이사가 개인적으로 취한 이익이 없는 경우에도 법인의 대표자 등의 위반행위로 얻은 이익에 포함된다는 점을 다시 한 번 확인한 것이다.

4. 자진신고자에 대한 형의 감경 또는 면제

자본시장법은 불공정거래행위 적발의 어려움을 감안하여, 법 제173조의2제2항, 제174조, 제176조 또는 제178조를 위반한 자가 수사기관에 자수(증선위에 자진신고한 경우를 포함)하거나 수사·재판절차에서 해당 사건에 관한 다른 사람의 범죄를 규명하는 진술 또는 증언이나, 그밖의 자료제출행위 또는 범인검거를 위한 제보와 관련하여 자신의 범죄로 처벌되는 경우에는 그 형을 감경 또는 면제할 수 있도록 하고 있다(448조의2).

적용대상은 장내파생상품시장에서의 미공개중요정보이용행위(173조의2②), 미공개중요정

---

353) 대판 2013.7.11., 2011도15056.

354) 대판 2017.12.22., 2017도12649.

355) 대판 2017.12.22., 2017도12649.

보의 이용행위(174조), 시세조종행위(176조) 또는 부정거래행위(178조)이다. 불공정거래 행위자는 증거제공, 성실협조 등 여부에 따라 형벌이 감면되거나 면제될 수도 있다.

5. 부당이득 산정방식 법제화

부당이득은 형벌, 과징금 등의 기준이 됨에도 기존에는 구체적인 산정 기준이 마련되어 있지 않아 부당이득의 산정에 어려움이 있었다. 이에 자본시장법은 2023. 7. 18. 제442조의2를 신설하고, "법 제429조의2(불공정거래행위 등에 대한 과징금) 및 제429조의3(위법한 공매도에 대한 과징금)에 따른 위반행위와 관련된 거래로 얻은 이익 또는 이로 인하여 회피한 손실액 및 제443조(벌칙)에 따른 위반행위로 얻은 이익 또는 회피한 손실액은 그 위반행위를 통하여 이루어진 거래로 발생한 총수입에서 그 거래를 위한 총비용을 공제한 차액을 말한다."고 하면서, 부당이득의 산정기준을 위반행위로 얻은 총수입에서 총비용을 공제한 차액으로 규정하였다. 구체적인 산정방식은 불공정거래 유형별로 시행령에서 정하도록 하였다.

Ⅲ. 과징금

1. 불공정거래행위에 대한 과징금의 부과

금융위원회는 다음 각 호의 어느 하나에 해당하는 자에 대하여 그 위반행위로 얻은 이익(미실현 이익을 포함한다) 또는 이로 인하여 회피한 손실액의 2배에 상당하는 금액 이하의 과징금을 부과할 수 있다. 다만, 그 위반행위와 관련된 거래로 얻은 이익 또는 이로 인하여 회피한 손실액이 없거나 산정하기 곤란한 경우에는 40억원 이하의 과징금을 부과할 수 있다(429조의2①).

1. 제173조의2제2항을 위반하여 파생상품시장에서의 시세에 영향을 미칠 수 있는 정보를 누설하거나, 장내파생상품 및 그 기초자산의 매매나 그 밖의 거래에 이용하거나, 타인으로 하여금 이용하게 한 자
2. 제174조를 위반하여 미공개중요정보 이용행위를 한 자
3. 제176조를 위반하여 시세조종행위 등을 한 자
4. 제178조를 위반하여 부정거래행위 등을 한 자

과거에는 불공정거래행위는 형사벌로 처벌하고, 시장질서 교란행위는 행정벌인 과징금으로 처벌하였기 때문에, 미공개중요정보의 이용행위, 시세조종행위, 부정거래행위 등 중요한 불공정거래행위에 대하여는 형사처벌만 가능하였으나, 2023. 7. 18. 자본시장법 개정으로 불공정거래에 대해서도 부당이득액의 최대 2배(부당이득이 없거나 산정 곤란한 경우 40억원 한도)까지 과징금을 부과할 수 있도록 하였다.

518 제7장 불공정거래의 규제

2. 자진신고자에 대한 과징금의 감경 또는 면제

금융위원회는 제1항에 따라 과징금을 부과할 때 동일한 위반행위로 제443조제1항 또는 제445조제22호의2에 따라 벌금을 부과받은 경우에는 제1항의 과징금 부과를 취소하거나 벌금에 상당하는 금액(몰수나 추징을 당한 경우 해당 금액을 포함한다)의 전부 또는 일부를 과징금에서 제외할 수 있다(429조의2②). 즉, 불공정거래행위의 자진신고자에 대해서는 형사벌인 형을 감경하거나 면제할 수 있도록 한 것처럼(448조의2), 증거제공, 성실협조 등에 따라 행정벌인 과징금도 최대 100%까지 감면받을 수 있도록 하였다(429조의2②).

3. 검찰총장의 수사자료 제공

검찰총장은 금융위원회가 제1항에 따라 과징금을 부과하기 위하여 수사 관련 자료를 요구하는 경우에는 필요하다고 인정되는 범위에서 이를 제공할 수 있다(429조의2③). 그 동안에는 검찰이 수사결과를 증권선물위원회에 통보한 다음에야 제재가 가능하여 형사처벌 및 제재에 장기간이 소요되었으나 앞으로는 증권선물위원회가 검찰에 혐의를 통보한지 1년이 경과했거나 검찰과 사전에 협의한 경우 검찰로부터 수사·처분 결과를 통보받기 전이라도 금융당국 조사만으로 과징금을 부과할 수 있도록 하였다.

4. 시장질서 교란행위에 대한 과징금의 부과

금융위원회는 법 제178조의2의 시장질서 교란행위자에 대하여 5억원 이하의 과징금을 부과할 수 있다. 다만, 그 위반행위와 관련된 거래로 얻은 이익 또는 이로 인하여 회피한 손실액의 1.5배에 해당하는 금액이 5억원을 초과하는 경우에는 그 이익 또는 회피한 손실액의 1.5배에 상당하는 금액 이하의 과징금을 부과할 수 있다(429조의2④).

제8장

집합투자기구

총설

집합투자에 관한 규정들은 자본시장법 여러 곳에 있다. 제2편 제4장에서는 집합투자업자의 영업행위 규칙이 있고, 제3편에서는 집합투자증권의 발행 규제가 있으며, 제5편에서는 집합투자기구의 설립, 환매, 보관 및 관리 등의 규정이 있다.

집합투자기구는 자본시장법에서 특별히 정한 경우를 제외하고는 상법 및 민법의 적용을 받는다(181조). 그 밖에 명문의 규정은 없으나 신탁형태의 집합투자기구에 대해서는 신탁법의 규정이 준용된다.

I. 집합투자의 기본 개념

1. 집합투자

"집합투자"란 2인 이상의 투자자로부터 모은 금전 등을 투자자로부터 일상적인 운용지시를 받지 아니하면서 재산적 가치가 있는 투자대상자산을 취득·처분, 그 밖의 방법으로 운용하고 그 결과를 투자자에게 배분하여 귀속시키는 것을 말한다(6조⑤본문).

집합투자와 투자계약증권(4조⑥)은 다수인으로부터 모은 금전등을 ① 공동의 사업(투자계약증권)이나 재산의 취득·처분 등(집합투자)에 투자하고, ② 공동사업의 손익을 투자자에게 귀속시키거나(투자계약증권) 또는 재산의 취득·처분 결과를 투자자에게 귀속시키는(집합투자) 점에서 매우 유사하다. 그러나 "집합투자제도"는 다수인으로부터 모은 금전등을 투자하거나 운용하는 경우에 발생할 수 있는 위험으로부터 투자자를 보호하기 위하여 마련한 제도인 반면에, "투자계약증권"은 열거적 증권 규제의 한계를 보완하기 위하여 도입한 개념으로서 '특정한 계약'이 증권에 해당하는지를 판단하는 데 중점이 있다.

2. 집합투자기구

"집합투자기구"란 집합투자를 수행하기 위한 기구(펀드)[1]로서, 자산운용회사가 투자자로

---

1) 일반적으로 "펀드"는 집합투자기구를 의미하고, 펀드투자는 집합투자기구가 발행한 집합투자증권을 취득

부터 모은 자금을 주식, 채권 등에 투자하여 운용한 후 그 결과를 투자자에게 돌려주는 법적
기구를 가리킨다. 자본시장법 제9조 제18항은 ①투자신탁, ②투자회사, ③투자유한회사, ④
투자합자회사, ⑤투자유한책임회사, ⑥투자합자조합, ⑦투자익명조합의 7가지 형태의 집합
투자기구를 열거하는데, 이는 집합투자업자가 집합투자를 영위함에 있어 이용할 수 있는 법
적 수단을 한정하는 의미를 가진다. 따라서 현행 자본시장법상으로는 독일이나 프랑스 등에
서 볼 수 있는 자유로운 계약 형태의 집합투자기구는 허용되지 않는다.

3. 집합투자증권

"집합투자증권"이란 집합투자기구에 대한 출자지분(투자신탁의 경우에는 수익권을 말한다)이
표시된 것을 말한다(9조㉑). 즉, 집합투자업자는 투자자로부터 자금을 모아 투자신탁, 투자회
사, 투자합자조합 등의 집합투자기구를 통해서 운용하고, 수익증권이나 주식의 형태로 발행
되는 집합투자증권을 통해서 수익을 분배한다.

집합투자증권은 증권의 일종이므로,[2] 공모 또는 사모의 방법으로 발행할 수 있다. 집합투
자증권을 공모(모집과 매출)의 방법으로 발행할 때에는 주식의 공모발행과 마찬가지로 모집 또
는 매출에 관한 신고서를 제출하여야 한다(119조①). '개방형집합투자증권'[3]에 대해서 '일괄
신고서'를 금융위원회에 제출하여 수리된 경우에는 그 증권을 모집·매출할 때마다 제출해야
하는 신고서를 따로 제출하지 않고 그 증권을 모집·매출할 수 있다(119조②전단, 슈121조①5).

Ⅱ. 집합투자기구의 분류

1. 법적 형태에 따른 분류

집합투자기구는 법적 형태에 따라 ① 신탁형 집합투자기구(투자신탁), ② 회사형 집합투자
기구(투자회사, 투자유한회사, 투자합자회사, 투자유한책임회사), ③ 조합형 집합투자기구(투자합자조
합, 투자익명조합)로 분류할 수 있다.

"회사형 집합투자기구"는 법인격이 있으므로 당해 집합투자기구의 명의로 재산을 소유하
고 투자운용을 한다. 의사결정 및 운영방식은 상법상 회사와 같다.

"신탁형 집합투자기구"와 "조합형 집합투자기구"는 독자적인 법인격이 없으므로 당해 집
합투자기구 명의로 재산을 소유하고 투자운용을 하지 못한다. 신탁형 집합투자기구의 경우

하는 것을 의미한다. 이 책에서는 '집합투자기구'와 '펀드'를 혼용하여 사용한다.
2) 집합투자증권은 집합투자기구에 대한 출자지분(9조㉑)이 표시된 것이므로 지분증권(4조③)에 해당하지만,
   투자신탁의 경우에는 수익증권(4조⑤)이 발행되므로 항상 지분증권에 해당하는 것은 아니다.
3) "개방형집합투자증권"은 ① 환매금지형집합투자기구가 아닌 집합투자기구의 집합투자증권, ② 그에 준하
   는 것으로서 자본시장법 제279조 1항에 따른 외국 집합투자증권을 말한다(슈121조①5).

에 투자신탁재산의 소유명의 및 대외적 법률행위의 주체는 수탁자가 되고, 조합형 집합투자기구의 경우에 투자조합재산은 조합원이 합유하며 대외적 법률행위는 전체 조합원을 대리하여 업무집행조합원이 하게 된다(☞ "제8장 제2절 집합투자기구의 법적 유형" 참조).

2. 운용대상에 따른 분류

자본시장법은 집합투자기구를 운용대상자산의 종류에 따라 증권집합투자기구, 부동산집합투자기구, 특별자산집합투자기구, 혼합자산집합투자기구, 단기금융집합투자기구로 구분하고 있다(229조).

"증권집합투자기구"는 집합투자재산의 100분의 50을 초과하여 '증권'에 투자하는 집합투자기구로서 부동산집합투자기구 및 특별자산집합투자기구에 해당하지 아니하는 집합투자기구를 말한다(229조1호, 슈240조①).

"부동산집합투자기구"는 집합투자재산의 100분의 50을 초과하여 '부동산'에 투자하는 집합투자기구를 말한다(229조2호, 슈240조③).

"특별자산집합투자기구"는 집합투자재산의 100분의 50을 초과하여 '특별자산'에 투자하는 집합투자기구를 말한다. 여기서 "특별자산"이란 증권 및 부동산을 제외한 투자대상자산을 말한다(229조3호, 슈240조⑥).

"혼합자산집합투자기구"는 집합투자재산을 운용함에 있어서 증권집합투자기구, 부동산집합투자기구, 특별자산집합투자기구의 규정의 제한을 받지 아니하는 집합투자기구를 말한다(229조4호). 즉, 증권집합투자기구, 부동산집합투자기구, 특별자산집합투자기구의 경우 집합투자재산의 50% 이상을 각각 주된 투자대상 자산에 의무적으로 투자하여야 하는데, 혼합자산투자기구는 비중에 대한 제한 없이 자유롭게 투자가 가능하다.

"단기금융집합투자기구(MMF)"는 집합투자재산 전부를 원화로 표시된 남은 만기가 6개월 이내인 양도성 예금증서 등 '대통령령으로 정하는 단기금융상품'에 투자하는 집합투자기구를 말한다(229조5호, 슈241조). 종합금융투자사업자가 발행한 1년 이내의 어음(기업어음은 제외)은 단기금융집합투자기구의 집합투자재산에 포함된다.[4]

3. 특수한 형태의 집합투자기구

가. 환매금지형집합투자기구

"환매금지형집합투자기구" 또는 "폐쇄형집합투자기구"는 집합투자증권의 환매를 청구할 수 없는 집합투자기구를 말한다. 투자자는 언제든지 집합투자증권의 환매를 청구할 수 있어

---

[4] 금융위 질의회신(2018.9.13.), '종합금융투자사업자 발행어음이 MMF가 투자 가능한 단기금융상품에 해당하는지 여부'.

야 하지만(235조①), 투자대상자산이 시장성이 없거나 객관적인 자산 평가가 곤란한 경우에는 환매가 금지되는 집합투자기구를 설정할 필요가 있기 때문이다.

'존속기간을 정한 집합투자기구의 경우'에만 환매금지형집합투자기구를 설정·설립할 수 있다(230조①). 존속기간을 정하지 않았다면 불확정한 기간 동안 환금성이 제한되어 투자자 보호에 문제를 초래할 수 있기 때문이다.

투자신탁의 집합투자업자 또는 투자회사는 신탁계약 또는 정관에 '환금성 보장 등을 위한 별도의 방법'을 정하지 아니한 경우에는 환매금지형집합투자기구의 집합투자증권을 최초로 발행한 날부터 90일 이내에 그 집합투자증권을 증권시장에 상장하여야 한다(230조③). 환금성 보장 등을 위한 별도의 방법을 정하지 아니한 경우에는 투자금을 회수할 수 있도록 발행일로부터 90일 이내에 상장하도록 한 것이다.

나. 종류형집합투자기구

"종류형집합투자기구"란 판매보수의 차이로 인해 기준가격이 다르거나 판매수수료가 다른 여러 종류의 집합투자증권을 발행하는 집합투자기구를 말한다(231조①). 집합투자기구의 투자자는 원칙적으로 지분에 따라 균등한 권리를 가지지만(189조②, 196조⑤, 208조③), 상법상 종류주식(商344조)처럼 자본시장법은 판매보수 및 판매수수료가 다른 여러 종류의 집합투자증권을 발행할 수 있도록 허용하고 있다. 종류형집합투자기구가 도입되기 전에는 판매보수 및 판매수수료의 차이를 반영하여 시리즈 펀드의 형태로 출시함으로서 펀드가 양산되고 소규모화되는 부작용이 있었는데, 종류형집합투자기구를 통해서 같은 펀드 내에서도 판매보수 및 판매수수료가 다른 집합투자증권의 발행이 가능해져서 투자자는 다양한 판매보수 및 판매수수료를 선택할 수 있게 되었다.

다. 전환형집합투자기구

"전환형집합투자기구"란 복수의 집합투자기구 간에 각 집합투자기구의 투자자가 소유하고 있는 집합투자증권을 다른 집합투자기구의 집합투자증권으로 전환할 수 있는 권리를 투자자에게 부여하는 구조의 집합투자기구를 말한다(232조①). 투자자에게 다른 집합투자기구의 집합투자증권으로 전환할 수 있는 권한을 부여함으로써 장기투자를 유도하려는 취지이다.

전환형집합투자기구의 설정 및 설립을 위해서는 ①복수의 집합투자기구 간에 공통 적용되는 집합투자규약이 있을 것, ②전환되는 집합투자기구간에 법적 형식을 같이할 것 등 일정한 요건을 갖추어야 한다(232조①).

라. 모자형집합투자기구

"모자형집합투자기구"란 '모집합투자기구'가 발행하는 집합투자증권을 '자집합투자기구'가 취득하는 구조의 집합투자기구를 말한다(233조①). 다수의 자집합투자기구를 통해서 모은 자금을 모집합투자기구에 모아서 운용하는 구조로서 펀드 운용의 효율성을 높이기 위하여 마련되었다.

모자형집합투자기구와 fund of funds는 구분하여야 한다. "모자형집합투자기구(모자형펀드)"는 집합투자기구의 효율적인 자금조달을 위해서 도입된 제도라면, "fund of funds"는 투자자로부터 모은 자금을 다른 집합투자기구에 투자하여 수익을 극대화하는 데 목적이 있다. 따라서 모자형집합투자기구에서는 모집합투자기구와 자집합투자기구의 집합투자업자가 동일하지만, fund of funds의 집합투자업자는 같을 수도 있고 다를 수도 있다.

마. 상장지수집합투자기구

"상장지수집합투자기구"란 기초자산의 가격 또는 기초자산의 종류에 따라 다수 종목의 가격수준을 종합적으로 표시하는 지수의 변화에 연동하여 운용하는 집합투자기구로서 상장해서 거래되는 것을 말한다(234조①). 흔히 상장지수펀드(Exchange Traded Funds, ETF)라고 부르는데, 지수를 추적하는 인덱스펀드이면서 상장지수집합투자증권을 증권시장에 상장시킴으로써 시장을 통한 매매가 이루어진다.

"상장지수집합투자기구"는 ①기초자산의 가격 또는 종류에 따라 다수 종목의 가격수준을 종합적으로 표시하는 지수의 변화에 연동하는 운용 목표, ②수익증권 또는 투자회사 주식의 환매 허용, ③해당 투자신탁의 설정일 또는 투자회사의 설립일부터 30일 이내에 수익증권 또는 주식의 증권시장 상장 등의 요건을 갖추어야 한다(234조①). 이러한 요건에 따르면 상장지수집합투자기구는 7가지 집합투자기구 유형(9조⑱) 중 투자신탁 및 투자회사의 형태로만 설정 또는 설립할 수 있다.

Ⅲ. 집합투자기구의 등록

1. 등록대상 및 요건

투자신탁이나 투자익명조합의 집합투자업자 또는 투자회사·투자유한회사·투자합자회사·투자유한책임회사 및 투자합자조합("투자회사등")은 집합투자기구가 설정·설립된 경우에는 그 집합투자기구를 금융위원회에 등록하여야 한다(182조①). 투자신탁이나 투자익명조합의 경우에는 그 집합투자업자가 등록의무를 부담하지만, 투자회사등의 경우에는 해당 집합투자기구가 등록의무를 부담한다.

집합투자기구로 등록하기 위해서는 투자회사의 경우 등록신청 당시의 자본금이 1억원 이상으로 금융위원회가 정하여 고시하는 금액 이상일 것 등의 일정한 등록요건을 갖추어야 한다(182조②, 令209조2호).

2. 증권신고서 제도와의 관계

자본시장법은 집합투자기구의 등록제도와 별개로 집합투자증권 모집 또는 매출 시 증권신고서 및 투자설명서를 제출하도록 하고 있다(119조). 두 제도의 목적은 다르지만 절차적으로는 중복되는 측면이 있으므로 자본시장법은 집합투자업자 등이 등록신청서를 증권신고서와 함께 제출하는 경우에는 그 증권신고의 효력이 발생하는 때에 해당 집합투자기구가 등록된 것으로 보고 있다(슈211조⑤). 다만, 이는 절차상의 특례에 불과하므로 등록요건을 갖추었는지는 별도로 판단하여야 한다.

Ⅳ. 집합투자기구의 업무수행 등

투자회사를 비롯한 집합투자기구는 집합투자를 수행하기 위한 paper company이고 사업법인은 아니다. 자본시장법은 상법상 사업회사와의 차이를 반영하여 집합투자기구가 집합투자의 취지에 맞게 운영되도록 각종 특례를 규정하고 있다.

1. 집합투자재산에 속하는 지분증권의 의결권 행사

가. 투자신탁과 투자익명조합

투자신탁재산 또는 투자익명조합재산에 속하는 지분증권(그 지분증권과 관련된 증권예탁증권을 포함한다)의 의결권 행사는 그 투자신탁 또는 투자익명조합의 집합투자업자가 수행한다(184조①본문 전단). 신탁의 법리상 신탁재산인 지분증권의 대외적인 소유권은 신탁업자에 속하고, 익명조합의 법리상 조합재산인 지분증권은 조합의 합유이지만, 투자신탁이나 투자익명조합은 집합투자를 수행하기 위한 도관에 불과하므로, 투자재산에 속하는 지분증권의 의결권 행사는 집합투자업자가 담당하도록 한 것이다. 같은 맥락에서 투자신탁재산 또는 투자익명조합재산의 운용업무도 집합투자업자가 수행한다(184조②전단).

나. 투자회사등

투자회사등의 경우에 집합투자재산에 속하는 지분증권의 의결권 행사는 그 투자회사등이 수행한다(184조①본문 후단). 다만, 투자회사등은 그 투자회사등의 집합투자업자에게 집합투자재산에 속하는 지분증권의 의결권 행사를 위탁할 수 있다(184조①단서). 투자회사등은 집합투자를 수행하는 집합투자기구이지만 투자신탁이나 투자익명조합과는 달리 독자적인 법인격을 가지고 그 명의로 법률행위를 할 수 있다는 점을 감안하여 투자회사등의 명의로 의결권을 행사하되, 필요한 경우에는 집합투자업자에게 의결권의 행사를 위탁할 수 있도록 한 것이다. 한편 투자회사등의 집합투자재산 운용업무는 그 투자회사등의 법적 형태에 따라 투자주식회사와 투자유한회사는 법인이사, 투자합자회사는 업무집행사원, 투자유한책임회사는 업무집행자 등이 수행하는데(184조②후단), 이들 법인이사, 업무집행사원, 업무집행자 등은 모두 집합투자업자이므로(198조, 209조, 214조, 217조의4), 투자신탁과 마찬가지로 결국 집합투자업자가 지분증권의 의결권을 행사하는 것이나 다름이 없다.

2. 집합투자재산의 보관 및 관리

투자신탁이나 투자익명조합의 집합투자업자 또는 투자회사등은 집합투자재산의 보관·관리업무를 신탁업자에게 위탁하여야 한다(184조③). 즉, 집합투자의 핵심적 업무인 집합투자재산의 운용업무는 투자신탁의 집합투자업자 또는 집합투자업자인 투자회사의 법인이사 등이 수행하되(184조②), 투자자의 보호를 위해서 집합투자재산의 보관·관리업무는 신탁업자에게 위탁하도록 강제함으로써(184조③) 집합투자기구의 paper company로서의 성격을 명확하게 하고 있다.

집합투자업자는 자신이 운용하는 집합투자재산을 보관·관리하는 신탁업자가 되어서는 아니 된다(184조④). 집합투자재산을 보관·관리하는 신탁업자는 집합투자재산의 보관·관리업무 이외에도 집합투자업자의 운용 또는 운용지시가 법령 등에 위배되는지 여부를 확인하고 위반행위에 대해서는 그 시정, 철회, 변경 등을 요구하여야 하는 의무를 부담하므로(247조), 집합투자재산의 운용업무와 보관·관리업무를 동시에 맡게 될 경우 자기거래나 이해상충의 문제가 제기될 수 있기 때문이다.

3. 집합투자증권 판매

투자신탁이나 투자익명조합의 집합투자업자 또는 투자회사등은 집합투자기구의 집합투자증권을 판매하고자 하는 경우 투자매매업자와 판매계약을 체결하거나 투자중개업자와 위탁판매계약을 체결하여야 한다(184조⑤본문). 집합투자증권의 판매는 투자매매업자 또는 투자중개업자가 수행할 업무이기 때문이다.

투자신탁이나 투자익명조합의 집합투자업자가 동시에 투자매매업자 또는 투자중개업자로서 집합투자기구의 집합투자증권을 판매하는 경우에는 판매계약 또는 위탁판매계약을 체결할 필요가 없다(184조⑤단서). 자본시장법은 금융투자업자의 겸영을 원칙적으로 허용하는데 집합투자업자가 동시에 투자매매업자 또는 투자중개업자로서 집합투자기구의 집합투자증권을 판매하는 경우에는 다른 투자매매업자 또는 투자중개업자와 판매계약의 체결을 강제할 필요가 없기 때문이다.

4. 투자회사의 일반사무관리업무

투자회사는 다음 각 호의 업무를 일반사무관리회사에 위탁하여야 한다(184조⑥).

 1. 투자회사 주식의 발행 및 명의개서(名義改書)(184조⑥1호)
 2. 투자회사재산의 계산(2호)
 3. 법령 또는 정관에 의한 통지 및 공고(3호)
 4. 이사회 및 주주총회의 소집·개최·의사록 작성 등에 관한 업무(4호)

상법상 주식회사는 주주총회, 이사회, 감사 등 그 업무집행기관이 분화되어 있는데, 투자회사는 집합투자를 위한 도관에 불과하므로 주식의 발행 등 일반관리업무를 일반사무관리회사에 위탁하도록 한 것이다. 그러나 실무상 투자신탁이 집합투자기구의 90% 이상을 차지하고 투자회사는 집합투자기구로서 거의 이용되고 있지 않은데, 굳이 투자회사에 대해서만 업무위탁을 강제할 필요가 있는지 의문이다.

V. 집합투자업자 등의 연대책임

집합투자업자·신탁업자·투자매매업자·투자중개업자·일반사무관리회사·집합투자기구평가회사(제258조에 따른 집합투자기구평가회사를 말한다) 및 채권평가회사(제263조에 따른 채권평가회사를 말한다)는 이 법에 따라 투자자에 대한 손해배상책임을 부담하는 경우 귀책사유가 있는 경우에는 연대하여 손해배상책임을 진다(185조). 집합투자업자 등이 자본시장법에 따라 투자자에게 손해배상책임을 부담하는 경우 집합투자재산을 보관하는 신탁업자, 집합투자증권을 판매하거나 중개하는 투자매매업자·투자중개업자, 그 사무를 관리하는 일반사무관리회사, 집합투자평가기구에게도 연대책임을 부과함으로써 투자자를 두텁게 보호하고 있다. 연대책임의 법적 성격은 부진정연대이다. 물론 특정한 채무자가 손해배상채무를 변제하였고, 그러한 변제가 공동불법행위자들 내부관계에서 인정되는 자기 부담 부분을 초과한 것이라면, 변제한 채무자는 다른 공동불법행위자에게 공동 면책을 이유로 그 부담 부분의 비율에 따라 구상권을 행사할 수 있다.

VI. 자기집합투자증권의 취득 제한 등

투자회사등은 자기의 계산으로 자기가 발행한 집합투자증권을 취득하거나 질권의 목적으로 받지 못한다(186조①본문). 투자회사등이 자기의 계산으로 자기가 발행한 집합투자증권을 취득하거나 질취할 경우, 집합투자의 성격에 맞지 않을 뿐 아니라, 해당 투자회사등이 발행한 집합투자증권 기준가격의 희석 또는 왜곡을 가져올 수 있기 때문이다. 상법이 주식회사의 자기주식 취득을 엄격하게 규제하는 취지와 비슷하다(商341조).

다만, 다음 각 호의 어느 하나에 해당하는 경우에는 자기의 계산으로 자기가 발행한 집합투자증권을 취득할 수 있다(186조①단서).

1. 담보권의 실행 등 권리 행사에 필요한 경우. 이 경우 취득한 집합투자증권은 대통령령으로 정하는 방법에 따라 처분하여야 한다(186조① 1호).
2. 투자회사등의 집합투자증권을 환매하는 경우(2호)
3. 합병등에 반대하는 투자자(주주)의 주식을 매수하는 경우(3호)

집합투자기구의 법적 유형

집합투자기구는 그 법적 형태에 따라서 투자신탁, 회사 형태의 집합투자기구, 조합 형태의 집합투자기구로 구분된다(9조⑱, 188조 이하).

Ⅰ. 투자신탁

1. 의의

"투자신탁"은 집합투자업자, 신탁업자 및 수익자(투자자)의 3당사자로 구성되며, 집합투자업자(위탁자)가 신탁업자(수탁자)에게 신탁한 재산을 신탁업자로 하여금 그 집합투자업자의 지시에 따라 투자·운용하게 하는 형태의 집합투자기구이다(9조⑱1).

일반적인 신탁관계에서 수탁자는 신탁재산의 소유·보관과 신탁재산의 운용·관리를 모두 담당하는데, 투자신탁에서는 신탁재산의 운용·관리·지시 등 내부적인 의사결정은 집합투자업자가 담당하고, 신탁재산의 대외적인 소유·보관·처분 등은 신탁업자가 담당한다.[5] 또한 신탁업자(수탁자)는 집합투자업자에 대한 감시 기능도 수행하는 점에서 전통적인 신탁과는 차이가 있다.

[그림8-1] 투자신탁형 집합투자기구의 구조

---

5) 자본시장법상 투자신탁에서 대외적으로 투자신탁재산에 관하여 관리·처분권을 행사하는 자(=신탁업자). 대판 2022.6.30., 2020다271322.

2. 법적 성질

투자신탁의 경우에 신탁재산의 소유와 대외적인 법률행위는 신탁업자(수탁자)의 이름으로 이루어지나, 투자자와 집합투자업자, 신탁업자 간의 법률관계는 명확하게 정리된 바가 없어서 구체적인 경우에 법리의 적용이 문제될 수 있다.

이와 관련하여 집합투자업자를 투자자로부터 신탁재산의 투자관리업무를 위탁받은 수탁자로 파악하고, 수탁자의 업무 중 신탁재산의 운용·지시는 집합투자업자 자신이 담당하고, 보관·관리는 신탁업자에게 맡긴 것으로 보는 견해('신탁관계설')가 있다. 투자자는 집합투자업자에 대해서는 위탁자의 지위에 있고, 집합투자업자는 신탁회사에 대해서 위탁자의 지위에 있는 '이중적인 신탁관계'를 상정한다. 투자자의 집합투자업자에 대한 신탁은 자산운용을 목적으로 하는 능동적인 신탁인 반면에, 집합투자업자의 신탁회사에 대한 신탁은 재산의 보관을 목적으로 하는 수동적인 신탁이라고 한다.[6] 투자신탁을 신탁법의 특별법으로 보고 자본시장법에 규정이 없는 경우에는 신탁법을 적용한다.

그러나 [그림 8-1]에서 보는 것처럼 투자자는 보통 판매회사를 통해서 수익증권을 취득함으로써 투자신탁관계에 가담하는데 이에 비추면 투자자와 집합투자업자 간에 자연스럽게 신탁관계가 형성된다고 보기는 어렵고, 신탁업자가 부담하는 집합투자업자에 대한 감시의무도 설명하기 어렵다. 생각건대, 자본시장법에서의 '투자신탁'은 고유한 의미의 신탁이라기보다는 '신탁법상의 신탁'과 '집합투자기구'의 특성을 겸유하는 것으로서, 집합투자업자가 신탁의 구조를 이용하여 마련한 집합투자계획(collective investment scheme)[7]에 신탁업자와 투자자, 판매회사, 일반사무관리회사, 집합투자평가기구 등이 참여하는 조직계약으로 보는 것이 타당하다('조직계약설').[8] 즉, 자본시장법상 투자신탁은 집합투자계획의 일부로서 투자자가 투자한 재산을 안전하게 보관·관리할 수 있도록 자본시장법이 채택하는 장치이므로 투자신탁을 이용하는 이상 자본시장법이 우선하여 적용되는 것은 당연하다. 다만, 신탁재산의 분리보유 등 필요한 경우에는 신탁법의 규정을 준용할 것이다.

---

6) 김건식/정순섭, 자본시장법(2013), 879–880면.
7) 영국 금융서비스시장법(FSMA)은 '투자신탁계획(unit trust scheme)'을 "수탁자가 재산을 '신탁'의 형태로 보유하는 집합투자계획(collective investment scheme)"으로 정의하고 당사자의 권리와 의무를 법령에서 규정하고 있다. 투자신탁관계에는 당사자간에 수많은 계약적 요소가 존재하며, 이러한 계약적 요소들은 전통적인 신탁법리만으로 규율하기는 사실상 불가능하다는 인식에 따른 것이다. 박삼철/이중기, "'제도'로서의 투자신탁법제의 기본구조와 발전전략,"「홍익법학」제15권 제1호(홍익대 법학연구소, 2014), 532, 560면.
8) 박삼철/이중기, 위의 논문, 562면; 자본시장법과 신탁법의 관계에 대해서는 안성포, "현행 신탁업의 규제체계와 한계,"「한독법학」제19호(한독법학회, 2014. 2), 103면 이하 참조.

3. 신탁계약의 체결, 변경

투자신탁을 설정하고자 하는 집합투자업자는 신탁원본의 가액 및 수익증권의 총좌수, 투자신탁재산의 운용 및 관리, 이익분배 및 환매, 집합투자업자 및 신탁업자 등이 받는 보수, 수익자총회에 관한 사항 등이 기재된 신탁계약서에 의하여 신탁업자와 신탁계약을 체결하여야 한다(188조①).

투자신탁을 설정한 집합투자업자가 신탁계약을 변경하고자 하는 경우에는 신탁업자와 변경계약을 체결하여야 한다(188조②전단). 신탁계약 중 집합투자업자 및 신탁업자가 받는 보수, 수수료의 인상, 신탁업자의 변경, 신탁계약기간 등을 변경하는 경우에는 미리 수익자총회의 결의를 거쳐야 한다(188조②후단). 신탁계약 내용의 임의 변경에 따른 불안정성을 방지하고 투자자를 보호하고자 하는 취지이다.

집합투자업자는 투자신탁을 설정하는 경우(그 투자신탁을 추가로 설정하는 경우를 포함한다) 신탁업자에게 해당 신탁계약에서 정한 신탁원본 전액을 금전으로 납입하여야 한다(188조④). 현물납입을 허용하는 경우에는 납입되는 재산의 종류에 따라 자산평가의 왜곡이 발생할 수 있고 이로 인하여 피해를 입는 투자자가 생길 수 있기 때문이다.

4. 수익증권의 발행

가. 의의

"수익증권"은 금전신탁계약의 수익증권(110조), 투자신탁의 수익증권(189조), 그 밖에 이와 유사한 것으로서 신탁의 수익권이 표시된 것을 말한다(4조⑤).

집합투자기구로서 투자신탁의 형태를 취할 경우에 그 집합투자업자가 발행하는 투자신탁의 수익권은 수익증권으로 분류되고, 투자회사의 형태를 취할 경우에 그 투자회사가 발행하는 주식 등은 지분증권으로 분류되지만, 양자 모두 집합투자의 수단으로서 그 실질에는 차이가 없다.

나. 발행주체

투자신탁을 설정한 집합투자업자는 투자신탁의 수익권을 균등하게 분할하여 수익증권을 발행한다(189조①). 즉, 자본시장법상 투자신탁의 수익증권의 발행주체는 수탁자(신탁업자)가 아니고 집합투자업자이다. 신탁법상 신탁에서는 수탁자의 명의로 신탁재산의 소유권이 귀속되는 것을 반영하여 수탁자가 신탁의 수익권을 발행하도록 규정하고 있으나(信託78조②), 자본시장법상 투자신탁에서는 신탁재산의 운용·관리가 집합투자업자에 의해서 이루어진다는 것을 반영하여 신탁업자가 아니라 집합투자업자가 수익증권을 발행하도록 규정하고 있다.

다. 수익자평등의 원칙

투자신탁을 설정한 집합투자업자는 투자신탁의 수익권을 균등하게 분할하여 수익증권을 발행하여야 하고(189조①), 수익자는 신탁원본의 상환 및 이익의 분배 등에 관하여 수익증권의 좌수에 따라 균등한 권리를 가진다(189조②). 회사법상 주주평등의 원칙에 상응하는 것으로서, 동일한 종류의 집합투자증권이 발행되었다면 투자자의 소유지분 및 비율에 따라 신탁원본의 상환, 이익의 분배, 의결권 행사 등에 있어서 동등하게 처우하여야 한다는 뜻이다. 수익자평등의 원칙은 강행규정으로 보아야 하고, 법령에 규정이 없다면 수익자 간에 손익의 분배순위 등을 달리 정하는 내용의 수익증권 발행은 허용되지 않는다.

라. 발행절차, 방법 등

신탁계약에서 정한 신탁원본 전액이 납입된 경우에는 신탁업자의 확인을 받아 전자등록법에 따른 전자등록의 방법으로 투자신탁의 수익증권을 발행하여야 한다(189조③). 수익증권은 무액면 기명식으로 발행한다(189조④). 집합투자업자는 수익자의 성명, 명칭 등을 전자등록법에 따라 전자등록 또는 기록하여야 한다(189조⑤1).

5. 수익자총회

가. 의의 및 권한

투자신탁에는 전체 수익자로 구성되는 수익자총회를 두며, 수익자총회는 자본시장법 또는 신탁계약에서 정한 사항에 대하여만 결의할 수 있다(190조①). 다수의 투자자로 구성되는 투자신탁의 성격을 반영하여 결의대상을 분명히 하였으며, "대하여만"이라는 문구를 사용한 것에 비추면, 자본시장법 또는 신탁계약에서 수익자총회의 결의사항으로 정한 사항 이외의 사항은 결의할 수 없으며, 결의하더라도 그 결의에 자본시장법이 수익자총회결의에 부여하는 단체법상의 효과가 인정되는 것은 아니다. 그 운영의 원리와 법리는 회사법상 주주총회와 비슷하다.

나. 소집통지

수익자총회는 투자신탁을 설정한 집합투자업자가 소집한다(190조②). 투자신탁의 설정 및 운용 주체는 집합투자업자이므로 당연한 규정이다. 다만, 발행된 수익증권 총좌수의 100분의 5 이상을 소유한 수익자가 수익자총회의 소집을 요청하는 경우에 집합투자업자는 1개월 이내에 수익자총회를 소집하여야 한다(190조③전단). 수익자총회를 소집할 때에는 수익자총회일의 2주 전에 각 수익자에게 서면으로 통지를 발송하거나 각 수익자의 동의를 받아 전자문서로 통지를 발송하여야 한다(190조④, 商363조①). 수익자통지의 통지서에는 회의의 목적사항을 적어야 한다(190조④, 商363조②).

다. 의결정족수

수익자총회는 '출석한 수익자의 의결권의 과반수'와 '발행된 수익증권 총좌수의 4분의 1 이상'의 수로 결의한다(190조⑤). 주주총회의 보통결의 정족수와 같다(商368조①). 다만, 자본시장법은 자본시장법으로 정한 수익자총회의 결의사항 외에 신탁계약으로 정한 수익자총회의 결의사항에 대하여는 '출석한 수익자의 의결권의 과반수'와 '발행된 수익증권의 총좌수의 5분의 1 이상'의 수로 결의할 수 있도록 하고 있다(190조⑤).

라. 의결권의 서면행사

자본시장법은 수익자총회의 원활한 결의를 위하여 특례규정을 두고 있다. 상법상 주식회사의 주주총회에서는 정관에 규정이 있어야 서면에 의한 의결권 행사가 허용되지만(商368조의3①), 투자신탁의 수익자총회에서는 정관의 규정에 관계 없이 수익자의 서면에 의한 의결권 행사가 허용된다(190조⑥본문).

마. 간주의결권 행사

자본시장법은 다음 각 호의 요건을 모두 충족하는 경우에는 수익자총회에 출석한 수익자가 소유한 수익증권의 총좌수의 결의내용에 영향을 미치지 아니하도록 의결권을 행사한 것으로 본다(190조⑥단서). 수익자총회의 참석 인원이 의결정족수에 미치지 못할 경우에 대비하여 의결권의 행사를 간주하는 것이다.

1. 수익자에게 대통령령으로 정하는 방법에 따라 의결권 행사에 관한 통지가 있었으나 의결권이 행사되지 아니하였을 것(190조⑥1호)
2. 간주의결권행사의 방법이 집합투자규약에 기재되어 있을 것(2호)
3. 수익자총회에서 의결권을 행사한 수익증권의 총좌수가 발행된 수익증권의 총좌수의 10분의 1 이상일 것(3호)
4. 그 밖에 수익자를 보호하기 위하여 대통령령으로 정하는 방법 및 절차를 따를 것(4호)

바. 반대수익자의 수익증권 매수청구권

투자신탁의 수익자는 신탁계약의 변경이나 투자신탁의 합병 등에 대한 수익자총회의 결의에 반대하였음에도 불구하고 합병 등이 이루어진 경우에는 집합투자업자에게 자기가 소유하고 있는 수익증권의 매수를 청구할 수 있다(191조①). 집합투자업자는 수익자의 수익증권 매수청구가 있는 경우 해당 수익자에게 수익증권의 매수에 따른 수수료, 그 밖의 비용을 부담시켜서는 아니 된다(191조②).

집합투자업자는 반대 수익자로부터 수익증권을 매수한 경우에는 지체없이 그 수익증권을 소각(消却)하여야 한다(191조④). 상법상 주식회사가 자기주식을 취득하는 경우에는 소각의무가 인정되지 않는데(商341조, 342조), 자본시장법은 집합투자기구가 자기가 발행한 수익증권을 매수한 경우에는 지체 없이 소각하도록 하고 있다. 매수한 수익증권을 소각하지 않으면 수익증권 기준가격이 하락하여 잔존하는 수익자 등에게 불이익한 결과가 초래되는 등 투자자에게 손해가 발생할 수 있기 때문이다.

6. 투자신탁의 해지

가. 투자신탁의 임의적 해지와 금융위원회의 승인

투자신탁을 설정한 집합투자업자는 금융위원회의 승인을 받아 투자신탁을 해지할 수 있다(192조①본문). 집합투자업자의 일방적인 투자신탁 해지로 인하여 투자자(수익자)가 예기치 않은 불이익을 입는 것을 방지하기 위하여 금융위원회의 승인을 받도록 한 것이다.

수익자 전원이 동의하였거나, 수익증권 전부에 대하여 환매청구를 받아서 신탁계약을 해지하거나, 원본이 50억원 미만인 경우 등 수익자의 이익을 해할 우려가 없는 경우로서 대통령령이 정하는 경우에는 금융위원회의 승인을 받지 아니하고 투자신탁을 해지할 수 있다(192조①단서, 슈223조). 투자신탁의 규모가 지나치게 작아 투자신탁을 해지하는 것이 수익자의 이익에 오히려 부합한다고 판단하는 경우에는 금융위원회의 승인 없이도 집합투자업자가 임의해지할 수 있도록 한 것이다.

나. 투자신탁의 의무적 해지와 금융위의 보고

투자신탁을 설정한 집합투자업자는 해당 투자신탁의 신탁계약기간이 종료되거나, 수익자총회에서 투자신탁의 해지 결의가 있거나, 해당 투자신탁이 흡수합병되거나, 등록이 취소되거나, 수익자의 총수가 1인이 되는 경우에는 지체 없이 투자신탁을 해지하여야 한다. 이 경우 집합투자업자는 그 해지사실을 지체 없이 금융위원회에 보고하여야 한다(192조②). 즉, 일정한 경우에는 투자신탁을 의무적으로 해지하고 금융위원회에 보고하여야 한다.

금융위원회는 A집합투자기구의 수익자가 B집합투자기구 단독이면, B집합투자기구의 투자자수가 2인 이상이라고 하더라도 A집합투자기구의 수익자의 총수는 1인이 되는 경우이므로 A집합투자기구는 투자신탁을 해지하여야 한다고 한다.[9]

다. 투자신탁의 일부해지

투자신탁을 설정한 집합투자업자는 발행한 수익증권이 판매되지 않거나, 수익자가 수익증권의 환매를 청구하는 경우 등 대통령령으로 정하는 경우에는 투자신탁의 일부를 해지할 수 있다(192조⑤, 슈225조). 수익자가 수익증권의 환매를 청구하는 경우에는 당연히 투자신탁의 일부를 해지해야 하고, 발행한 수익증권이 판매되지 않는 경우에는 집합투자업자 등이 계속 보유함에 따른 재무적 부담을 완화해 주기 위한 취지이다.

---

9) 금융위 질의회신(2019.3.13.), '사모펀드 투자자 수 산정관련 질의'.

7. 투자신탁의 합병

투자신탁을 설정한 집합투자업자는 자산규모가 너무 작아 효율적 운용이 어려운 경우 등에는 '그 집합투자업자가 운용하는 다른 투자신탁을 흡수하는 방법'으로 투자신탁을 합병할 수 있다(193조①). 투자신탁의 합병은 "그 집합투자업자가 운용하는 다른 투자신탁을 흡수합병하는 방법"만이 허용된다. 새로운 투자신탁을 설정하는 신설합병의 방식을 허용할 실익이 없고, 합병에 따른 절차 등이 지나치게 복잡해질 수 있기 때문이다. 또한 그 집합투자업자가 운용하는 집합투자기구라고 하더라도 다른 투자신탁과의 합병만 허용되고 투자회사 등 법적 형태가 다른 집합투자기구와의 합병은 할 수 없다.

투자신탁을 설정한 집합투자업자는 투자신탁을 합병하고자 하는 경우에는 합병계획서를 작성하여 합병하는 각 투자신탁의 수익자총회의 결의를 거쳐야 한다(193조②본문).

투자신탁을 합병하는 경우 수익증권의 합병가액은 '투자신탁을 합병하는 날의 전날의 재무상태표상에 계상된 자산총액에서 부채총액을 뺀 금액'을 기준으로 계산한다(193조⑧, 슈226조②). 집합투자업자는 합병계획서상 필요적 기재사항에 관하여 수익자총회의 승인을 받은 경우에는 해당 수익자에게 지체없이 예탁결제원을 통하여 통지하여야 한다(슈226조④).

Ⅱ. 회사형 집합투자기구

회사형 집합투자기구란 회사의 형태로 설립된 집합투자기구를 말하며, 투자회사, 투자유한회사, 투자합자회사, 투자유한책임회사가 있다.[10] 집합투자업자, 신탁업자, 투자자(주주 등 사원), 투자회사, 일반사무관리회사 등으로 구성된다.

1. 투자회사

가. 의의

"투자회사"란 상법에 따른 주식회사 형태의 집합투자기구를 가리킨다(9조⑱2). 투자자는 투자회사의 주주가 되고, 투자금은 투자회사의 자본금을 구성한다. 상법상의 사업회사와는 달리 투자회사에는 법인이사와 감독이사가 있는데, 자본시장법은 집합투자업자를 법인이사로 하여서 집합투자재산의 운용·지시업무를 수행하도록 하고, 감독이사에게는 법인이사의 업무집행을 감독하도록 하고 있다.

---

10) 구 간접투자자산운용업법 제2조 제4호는 주식회사 형태의 집합투자기구만을 인정하고 예외적으로 사모투자전문회사를 합자회사 형태로 설립하도록 규정하였으나, 자본시장법은 상법상 주식회사, 유한회사, 합자회사, 유한책임회사 형태의 집합투자기구를 허용하고, 신탁형인 투자신탁, 조합형인 투자조합, 투자익명조합까지도 허용하고 있다(9조⑱).

투자회사는 사업회사가 아니라 집합투자재산의 운용과 수익을 귀속시키는 투자기구(paper company)에 불과하므로 직접적인 사업활동을 영위할 수 없고, 상근임직원을 둘 수 없으며 본점 외에 영업소를 설치할 수 없다(184조⑦). 따라서 투자회사는 집합투자재산의 보관·관리 업무를 신탁업자에게 위탁하고(184조③), 집합투자증권을 판매하는 경우에는 투자매매업자와 판매계약을 체결하거나 투자중개업자와 위탁판매계약을 체결하며(184조⑤), 주식의 발행과 명의개서 등 일반적인 사무는 일반사무관리회사에 위탁하여야 한다(184조⑥).

상법상의 주식회사와 자본시장법상 투자회사는 자기가 발행한 주식을 취득(환매)할 수 있는지 여부에서 그 차이가 두드러진다. 상법상의 주식회사는 자본금이 사업활동의 바탕이 되므로 주주총회의 결의와 배당가능이익의 범위 내에서 예외적으로 자기주식의 취득이 가능하지만(商341조), 자본시장법상 투자회사의 주주(투자자)에게는 투자금을 회수할 수 있도록 보유하는 주식의 환매를 폭 넓게 청구할 수 있도록 하고 있다(186조①). 이는 자본단체인 주식회사의 자본금충실의 원칙에 대한 중대한 예외로서 집합투자기구인 투자회사의 중요한 특성이다. 물론 폐쇄형인 투자회사의 경우에는 정해진 기간 동안에는 환매를 할 수 없지만 이 경우에도 환매금지기간을 제한하거나 집합투자증권을 증권시장에 상장하도록 하는 등 투자금을 회수할 수 있는 방법을 마련하고 있다.

[그림8-2] 투자회사형 집합투자기구의 구조

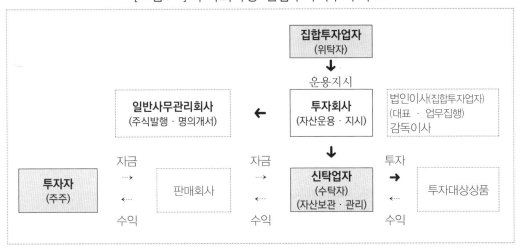

나. 설립

투자회사는 상법상 주식회사이므로 상법의 규정이 적용되지만, 투자회사의 성격을 반영하여 다음과 같은 특칙이 있다.

(1) 발기설립

투자회사에 대하여는 상법상 모집설립에 관한 규정인 상법 제301조의 적용이 배제된다(206조②). 즉, 투자회사는 발기설립만이 허용되는데, 투자회사의 설립을 주도하는 집합투자업자 또는 집합투자증권의 판매회사가 발기인으로 투자회사를 설립하는 실무를 반영한 것이다. 이 경우 금융회사 임원의 자격요건에 적합하지 아니한 자는 투자회사의 발기인이 될 수 없다(194조①, 지배구조법5조).

(2) 정관의 기재사항

자본시장법은 투자회사의 성격을 반영하여 투자회사재산의 운용 및 관리에 관한 사항, 그 투자회사가 유지하여야 하는 순자산액, 이익분배 및 환매에 관한 사항, 공시 및 보고서에 관한 사항 등을 정관의 절대적 기재사항으로 하고 있다(194조②).

(3) 주식의 인수와 납입

투자회사가 설립 시에 발행하는 주식의 총수는 그 상한과 하한을 두는 방법으로 정할 수 있다(194조④). 발기인은 투자회사의 설립 시에 발행하는 주식의 총수를 인수하고(194조⑥), 지체없이 주식의 인수가액을 금전으로 납입하여야 한다(194조⑦). 금전으로 납입하여야 하므로 현물출자는 허용되지 않는다. 다만, 일반사모집합투자기구의 투자자(투자신탁의 경우 그 투자신탁재산을 운용하는 일반 사모집합투자업자를 말한다)는 객관적인 가치평가가 가능하고 다른 투자자의 이익을 해칠 우려가 없는 경우에는 대통령령으로 정하는 방법에 따라 부동산 또는 실물자산 등 금전 외의 자산으로 납입할 수 있다(249조의8④). 상장지수집합투자기구에 대하여는 증권에 의한 납입이 필요하므로 법 제194조 제7항에도 불구하고 금전 외의 증권으로 납입할 수 있다(234조③).

(4) 설립등기 및 금융위원회 등록

집합투자업자는 투자회사가 설립된 경우 금융위원회에 등록하여야 한다(182조①). 투자회사를 금융위원회에 등록하기 위해서는 등록 신청 당시의 자본금이 1억원 이상이어야 한다(슈209조1호나목, 規定7-1조). 일반 사모집합투자기구인 투자회사는 등록을 하지 않고, 설정·설립한 날부터 2주일 이내에 금융위원회에 보고하여야 한다(249조의6②).

다. 주식과 주주(투자자)

(1) 무액면 기명식주식

투자회사의 주식은 '무액면' 기명식으로 한다(196조①). 상법상 주식회사는 액면주식 또는 무액면주식을 모두 발행할 수 있지만(商329조), 투자회사의 주식은 투자수단에 불과하므로 상법상 액면 미달 발행 제한(商330조)에서 벗어나 용이하게 신주를 발행할 수 있도록 무액면 주식만을 인정하고 있다. 상법상 주식회사는 '기명식' 주식의 발행만이 허용되는데,11) 자본시장법상 투자회사도 기명주식의 발행만이 허용된다(196조①).

(2) 보통주식

자본시장법은 투자회사에 대해서는 종류주식에 관한 상법 규정의 적용을 배제하고 있으므로(206조②) 종류주식을 발행할 수 없고 보통주만 발행할 수 있다. 주식의 종류에 따라 상이한 주식가액이 산정되는 등 혼란을 방지하기 위한 조치이다.

집합투자업자등은 판매보수의 차이로 인하여 기준가격이나 판매수수료가 다른 여러 종류의 집합투자증권을 발행하는 종류형집합투자기구를 설립할 수 있으나(231조①), 이는 판매보수의 차이로 인하여 기준가격이나 판매수수료가 다를 수 있다는 뜻이고, 이익의 배당, 의결권의 행사 등은 내용이 같은 보통주식이어야 한다.

(3) 전자등록, 공시 등

'투자회사'는 회사 성립일 또는 신주의 납입기일에 지체없이 전자등록법에 따른 전자등록의 방법으로 주식을 발행하여야 한다(196조②). 이 점에서 전자등록이 요구되지 않는 상법상의 주식회사와는 차이가 있다.

개방형투자회사(196조④)가 그 성립 후에 신주를 발행하는 경우에는 발행기간 동안 매일의 발행가액을 그 투자회사의 주식을 판매하는 투자매매업자 또는 투자중개업자의 지점, 그 밖의 영업소에 게시하고, 인터넷 홈페이지 등을 이용하여 공시하여야 한다(196조④). 투자회사가 그 성립 후에 신주를 발행하는 경우에는 같은 날에 발행하는 신주의 발행가액, 그 밖의 발행조건은 균등하게 정하여야 한다(196조⑤전단).

(4) 주주가 되는 시기

주식의 인수인은 투자회사가 그 성립 후에 신주를 발행하는 경우 주금의 납입과 동시에 주주의 권리·의무를 가진다(196조⑦). 투자자의 신속한 권리행사를 위한 것인데, 상법상 신주의 인수인은 납입기일의 다음 날로부터 주주의 권리의무를 가지는 것과는 차이가 있다(商423조①).

(5) 증권신고서의 제출

집합투자증권에 대하여도 증권신고서 제도가 적용되므로 투자회사는 주식의 모집에 관하여 증권신고서를 금융위원회에 제출하여야 하며 신고가 수리되지 않으면 이를 발행할 수 없다(119조). 실무상 개방형투자회사의 경우에는 일괄신고서를 제출하고 있으며, 일괄신고서가 수리된 경우에는 해당 정관에서 정하는 존속기간 동안 추가적인 증권신고서를 제출하지 아니하고 주식을 모집할 수 있다.

---

11) 2014년 개정상법은 무기명주식 제도를 폐지하고, 상법 제357조(무기명식의 주권의 발행) 등 관련조문을 삭제하였다.

라. 이사

(1) 법인이사와 감독이사

상법상 주식회사의 이사는 사내·사외이사에 관계 없이 이사회의 동등한 구성원으로서 업무집행에 관한 의사결정에 참여한다(商393조). 감사는 이사의 업무집행을 감사한다(商412조①). 그러나 투자회사는 투자기구에 불과하므로 자본시장법은 투자회사에 대해서는 대표이사 제도의 적용을 배제하고(206조②, 商389조①), 이사를 법인이사(집합투자업자인 이사)와 감독이사로 구분한 후에(197조①) 법인이사가 투자회사를 대표하여 업무를 집행하도록 하고 있다(198조①). 투자자를 보호하기 위해서 집합투자업자가 직접 법인이사가 되어서 투자회사를 운영하고 잘못이 있으면 책임도 부담하도록 한 것이다.

주식회사에서는 이사의 직무 집행을 감시하는 기관이 필요한데, 투자회사에 대해서는 상법상 감사 제도의 적용을 배제하고(206조②, 商409조), 그 대신 2인 이상의 감독이사를 두고서(197조②) 법인이사의 업무집행을 감독하도록 하고 있다(199조①). 법인이사와 감독이사는 이사회의 구성원이 된다는 점에서는 차이가 없으나 그 직무 권한에는 차이가 있다.[12]

(2) 이사의 선임과 종임, 임기

법인이사는 1인 이상, 감독이사는 2인 이상이어야 한다(197조②). 회의체 기관으로서 "이사는 3명 이상이어야 한다"(商383조①)는 원칙을 반영한 것이다. 법인이사 및 감독이사는 주주총회에서 선임하지만(商382조①), 투자회사를 처음으로 설립할 때에는 주식의 인수가액 납입이 완료된 때에 발기인 의결권의 과반수 찬성으로 이사를 선임한다(194조⑧).

이사의 임기는 제한이 없으며, 이사의 임기는 3년을 초과하지 못하도록 한 상법 제383조는 적용이 배제된다(206조②). 투자재산을 운용하는 집합투자업자를 3년마다 재선임하는 것이 현실에 맞지 않을 뿐만 아니라, 투자신탁과 비교해서도 형평성에 맞지 않기 때문이다. 따라서 이사의 임기는 정관 또는 이사 선임 시 발기인회 또는 주주총회 결의에서 정하는 바에 따르면 된다.

투자회사의 이사는 상법과 동일하게 임기 만료, 사임, 주주총회의 특별결의에 의한 해임 등의 사유로 퇴임한다. 다만, 집합투자업자인 법인이사는 투자회사의 설립과 운용에서 핵심적인 기능을 수행하므로 일방적으로 사임할 수는 없고, 필요하다면 적법한 절차를 거쳐서 새로운 법인이사를 선임해야 할 것이다. 새로운 법인이사를 선임하거나 확보하거나 또는 법인이사를 대신하여 투자회사의 업무집행을 담당할 직무대행자를 선임하는 조치가 없이 일방적으로 법인이사만을 해임하는 조치는 허용되지 않는다.

---

12) 감독이사 제도는 투자자 보호를 위해서 미국의 1940년 투자회사법상 독립이사 제도를 본받아 도입한 것이다. 법령제정실무작업반 (8인)공저, 「간접투자해설」(박영사, 2005년), 291면.

(3) 이사의 직무

1) 법인이사의 대표권과 업무집행권

상법상 주식회사는 회사를 대표하고 업무를 집행할 대표이사를 이사 중에서 선임하여야 하지만(商398조①), 투자회사의 경우에는 따로 대표이사가 존재하지 않고 법인이사가 대표권과 업무집행권을 가진다(198조①). 법인이사가 업무위탁계약, 자산의 운용 또는 보관 등에 따른 보수의 지급, 금전의 분배 및 주식의 배당 등에 해당하는 업무를 집행하고자 하는 경우에는 감독이사를 포함하는 이사회 결의를 거쳐야 한다(198조②).

법인이사인 집합투자업자는 성격상 직접 업무를 집행할 수 없으므로 직무를 수행할 자를 그 임직원 중에서 선임할 수 있고, 그 사실은 서면으로 투자회사에 통보하여야 한다(198조④). 직무를 수행할 업무집행자는 직무별로 정할 수 있기 때문에 2인 이상을 선임할 수 있다. 투자회사에 통보된 자가 그 직무 범위 내에서 행한 행위는 법인이사의 행위로 본다(198조⑤).

2) 감독이사의 감독권

감독이사는 법인이사의 자산 운용행위가 법령, 정관 및 투자설명서에 따라 운용되는지를 비롯하여 법인이사의 업무집행을 감독하고, 필요한 경우에는 법인이사와 그 투자회사 재산을 보관·관리하는 신탁업자 등에 대하여 그 투자회사의 관련 업무 및 재산상황에 관한 보고를 요구할 수 있다(199조①).

감독이사는 그 직무를 수행함에 있어서 필요하다고 인정되는 경우에는 회계감사인에 대해서도 회계감사에 관한 보고를 요구할 수 있다(199조②). 감독이사는 투자재산 운용행위의 합리성까지 감독할 권한과 의무는 없으나, 투자자의 이익을 현저하게 침해하는 거래를 인지하는 등 특별한 사정이 있는 경우에는 법인이사에게 그 시정을 요구할 의무가 있다.

감독이사가 법인이사의 업무집행을 감독함에 있어서는 독립성이 중요하므로, 자본시장법은 해당 투자회사의 발기인, 대주주 및 그 특수관계인, 법인이사의 특수관계인 등은 감독이사가 될 수 없으며, 감독이사가 된 후에 이에 해당하게 된 경우에는 그 직을 상실하도록 하고 있다(199조④).

(4) 이사의 의무와 책임

투자회사의 이사의 의무와 책임에 대해서는 상법 규정이 적용된다. 따라서 투자회사 이사는 선량한 관리자의 주의로써 사무를 처리할 의무를 부담하고(商382조②, 民681조), 이사회 출석의무, 다른 이사의 업무집행을 감시할 감시의무, 충실의무, 영업비밀준수의무, 회사의 기회 및 자산의 유용금지의무 등을 부담한다. 다만, 집합투자업자인 법인이사는 수개의 투자회사의 법인이사를 겸직할 수 있다는 점을 고려해서 상법상 이사의 경업금지의무는 준용하지 않고 있다(206조②, 商397조).

투자회사의 이사가 법령 또는 정관에 위반한 행위를 하거나 그 임무를 해태한 때에는 회사에 발생한 손해를 배상할 책임을 지며(商399조①), 악의 또는 중대한 과실로 인하여 그 임무를 해태한 때에는 제3자에게 발생한 손해를 배상할 책임을 진다(商401조①).

마. 이사회

(1) 이사회의 소집 및 운영

투자회사의 이사회는 각 이사가 소집하므로(200조①) 법인이사 또는 감독이사가 소집할 수 있다. 이사 전원의 동의가 있는 경우에는 소집절차를 생략할 수도 있다(商390조④). 이사는 이사회를 소집하고자 하는 경우에는 그 회의일 3일 전까지 각 이사에게 소집을 통지하여야 한다. 다만, 정관이 정하는 바에 따라 통지기간을 단축할 수 있다(200조②). 법인이사는 3개월마다 1회 이상 그 업무의 집행상황 및 자산의 운용내역을 이사회에 보고하여야 하므로(198조③) 이사회는 최소한 3개월에 1회 이상 개최되어야 한다.

(2) 이사회의 권한

투자회사의 이사회는 '자본시장법'과 '정관'이 정하는 사항에 대하여만 결의할 수 있다(200조③). 투자회사는 집합투자의 도관에 불과해서 그 역할이 크지 않고, 집합투자재산의 일상적인 운용 업무는 법인이사의 역할만으로 충분함을 반영한 것이다.

투자회사 이사회의 결의사항에는 ①정관변경(195조①), ②신주발행사항에 대한 결정(196조③), ③집합투자업자·신탁업자·투자매매업자·투자중개업자 및 일반사무관리회사와의 업무위탁 계약 또는 그 변경계약의 체결(198조②1), ④자산의 운용 또는 보관 등에 따르는 보수의 지급(198조②2), ⑤금전의 분배 및 주식의 배당에 관한 사항(198조②3), ⑥주주총회의 소집 및 연기(201조①,③, 190조③,⑦), ⑦결산 서류의 승인(239조②) 등이 있다.

(3) 이사회의 결의 방법

이사회 결의는 이사 과반수의 출석과 출석한 이사 과반수의 찬성으로 한다(200조⑤). 이사회의 결의요건은 정관으로 강화할 수 있다(商391조①단서). 이사회 결의에 특별한 이해관계를 가지는 이사는 의결권을 행사하지 못하며, 이사회의 성립 여부를 묻는 의사정족수(이사 과반수의 출석)에는 포함되나 통과 여부를 판단하는 의결정족수(출석이사의 과반수)에는 산입되지 않는다(商391조③, 368조③, 371조②).[13]

투자회사의 이사회는 법인이사 1인과 감독이사 2인 이상으로 구성되므로(197조②) 감독이사의 반대가 있는 경우 법인이사의 의사가 관철되기 어려운 구조를 가지고 있다. 또한 법인이사가 집합투자재산의 운용업무를 수행하므로 투자회사와 법인이사 간에 업무위탁계약의 체결, 자산운용에 따르는 보수의 지급에 관한 결의 등 이해관계가 있는 거래에 대하여는 특별이해관계가 있는 법인이사는 의결권을 행사할 수 없고 감독이사만이 결의에 참가할 수

---

13) 대판 1991.5.28., 90다20084.

있다.

바. 주주총회

투자회사는 주식회사이므로 주주총회를 두어야 한다. 상법상 주주총회에 관한 규정은 투자회사에게도 적용되지만, 집합투자기구의 특성 및 투자신탁의 수익자총회와의 균형상 주주총회의 권한, 결의요건, 소집절차에 관하여는 특칙이 있다.

(1) 주주총회의 권한

투자회사의 주주총회는 상법, 자본시장법 또는 정관에서 정하는 사항뿐만 아니라(商361조), 집합투자규약으로 정한 주주총회의 결의사항에 대해서도 결의할 수 있다(201조②). 주주총회의 결의사항에는 ①정관의 내용 중 집합투자업자·신탁업자 등이 받는 보수, 그 밖의 수수료의 인상, 집합투자업자 또는 신탁업자의 변경, 존속기간 또는 해산사유의 변경(195조①), ②이사의 선임(商382조①, 200조④), ③해산(202조①2), ④청산의 승인(203조⑤), ⑤합병(204조②), ⑥환매의 연기에 관한 사항(237조①, 슈257조) 등이 있다.

(2) 주주총회의 소집절차

투자회사의 주주총회는 이사회가 소집한다(201조①). 이사회는 주주총회의 일시, 장소, 의안 등을 정하며, 일반사무관리회사는 주주총회의 소집, 개최, 의사록 작성 등에 관한 업무를 수행한다(184조⑥4).

상법상 주식회사에서는 발행주식총수의 100분의 3 이상을 가진 주주가 주주총회를 소집할 수 있으나, 투자회사의 경우에는 발행주식총수의 100분의 5 이상을 소유한 주주가 소집청구를 할 수 있다(201조③, 190조③). 소집요건은 소집청구 시점에서 구비하면 되고 수인의 소유주식을 합산하여 100분의 5 이상이 되면 충족한다.

투자회사의 경우 재무제표의 승인은 이사회의 권한이므로(239조②) 정기총회의 개최를 의무화할 필요가 없고 의결이 필요한 시기에 소집하면 된다(206조②).

그 밖에 주주총회 소집과 관련된 사항은 상법의 규정이 대부분 적용된다.

(3) 주주총회의 결의

1) 의결권

투자회사의 주주는 1주마다 1개의 의결권을 갖는다(商369조①). 의결권 없는 주식에 대한 규정은 투자회사에는 적용되지 않으므로(206조②, 商344조의3) 투자회사는 의결권 없는 주식을 발행할 수 없다. 다만, 상법상 특별이해관계 있는 주주의 의결권 제한(商368조③) 등은 투자회사에 대해서도 적용된다. 투자회사의 주주도 대리인으로 하여금 의결권을 행사할 수 있으며, 의결권의 불통일행사도 가능하다(商368조②, 368조의2).

2) 의사진행

투자신탁의 수익자총회에 관한 법 제190조 제1항·제3항 및 제6항부터 제9항까지의 규정은 투자회사의 주주총회에 준용한다(201조③). 투자신탁의 수익자총회의 의장은 수익자 중에서 총회에서 선출하도록 하고 있으므로(190조⑨, 슈221조⑤), 투자회사의 주주총회의 의장도 주주 중에서 총회에서 선출해야 한다.

3) 결의정족수

투자회사의 주주총회는 출석한 주주의 의결권의 과반수와 발행주식총수의 4분의 1 이상의 수로 결의한다(201조②본문). 다만, 집합투자규약으로 정한 주주총회의 결의사항에 대하여는 출석한 주주의 의결권의 과반수와 발행주식총수의 5분의 1 이상의 수로 결의할 수 있다(201조②단서).

(4) 반대주주의 주식매수청구권

주주총회결의에 반대하는 주주에 대하여는 반대수익자의 수익증권매수청구권에 관한 규정이 준용된다(201조④, 191조). 집합투자기구 간 업무처리의 통일을 위한 것이다.

환매의 경우와 달리 투자회사는 반대주주에게 수수료, 그 밖의 비용을 부담시킬 수 없다(201조④, 191조②). 투자회사의 사정으로 정관을 변경 또는 합병하는 것이기 때문이다.

반대주주가 주식매수청구권을 행사한 경우 매수청구기간의 종료일에 주식을 환매청구한 것으로 본다. 투자회사는 매수청구기간이 만료된 날부터 15일 이내에 정관상 환매방법과 동일한 방법으로 그 주식을 매수하여야 한다(201조④, 191조③).

투자회사는 매수한 주식을 지체없이 소각하여야 한다(201조④, 191조④).

(5) 환매와 자본감소절차

상법상 주식회사의 경우에 주주총회의 결의에 의해서 배당가능이익의 범위 내에서 자기주식의 취득이 이루어지는 것과는 달리(商341조), 자본시장법상 투자회사에서는 환매 제도에 의해 자기주식의 취득이 이루어지고 별도의 자본감소 절차도 요구되지 않기 때문에 상법상 자본감소에 관한 규정과 주주총회 결의 조항은 적용되지 않는다(206조②, 商438조, 439조).

사. 해산과 청산

투자회사는 존속기간의 만료, 주주총회의 해산결의 등 상법상 주식회사와 동일한 사유로 해산한다. 다만, 집합투자기구의 성격이 반영되어 투자회사의 등록이 취소되는 경우(202조①6), 주주의 총수가 1인이 되는 경우(202조①7)가 해산사유로 추가되어 있다.

투자회사가 해산한 경우에는 법인이사 및 감독이사가 각각 청산인 및 청산감독인이 된다(202조⑤). 청산인은 채권자에 대하여 최고 및 변제를 하며, 채무를 완제하고 남은 재산은 주주에게 분배한다(商542조①, 260조).

아. 합병

"투자회사는 그 투자회사와 법인이사가 같은 다른 투자회사를 흡수하는 방법으로 합병하는 경우가 아니면 다른 회사와 합병할 수 없다."(204조①). 투자회사의 합병은 같은 집합투자업자가 설정하여 운용하는 집합투자기구의 운용상의 편의를 위한 것이지, 서로 다른 집합투자업자가 설정하는 투자회사 간의 합병을 위한 것이 아니기 때문이다. 이 경우 투자회사는 다른 투자회사를 흡수합병하는 방식으로만 합병할 수 있다. 신설합병이나 분할합병을 인정할 실익이 없고, 투자회사가 아닌 다른 회사와 합병하는 경우에는 법률적 관계를 정의하기에도 어려움이 있을 수 있기 때문이다.14)

그 밖에 합병계약서의 작성과 공시, 주주총회의 합병승인결의, 반대주주의 주식매수청구권, 채권자보호절차, 합병의 등기를 비롯한 상법상 주식회사의 합병에 관한 규정은 투자회사에 대해서도 적용된다.

자. 기타 특례규정 등

(1) 상장법인의 공시의무 적용 배제

제3편 제3장 상장법인의 사업보고서 등에 관한 규정은 투자회사에는 적용하지 아니한다(205조①). 투자회사를 운영하는 집합투자업자 및 집합투자재산을 수탁하는 신탁업자에 대해서는 각종 보고 및 공시제도를 마련하고 회계감사를 받도록 하는 등 별도의 투자자 보호장치를 두고 있으므로, 일반적인 주권상장법인에 적용되는 공시 규정까지 적용할 필요성은 없다고 보았기 때문이다.

(2) 금융회사 주주의 소수주주권 준용

투자회사의 주주에 관하여는 금융회사의 주주에게 인정되는 소수주주권이 준용된다(205조②전단, 지배구조법33조). 다만, 금융회사에 비교하면 소수주주권 행사에 요구되는 주식의 소유비율은 상대적으로 강화되어 있다(205조②후단).

(3) 금융위원회의 권한

자본시장법은 투자회사의 특수성을 반영하여 상법상 법원 및 검사의 일부 권한을 금융위원회가 보유하는 것으로 규정하고, 상법 중 투자회사에게 적용되지 않는 규정을 열거하고 있다(206조).

---

14) 법령제정실무작업반 (8인)공저, 「간접투자해설」(박영사, 2005), 454면

2. 투자유한회사

가. 의의

"투자유한회사"는 유한회사 형태의 집합투자기구이다(9조⑱3). 투자신탁이나 투자조합과 같은 계약형 집합투자기구와 달리, 회사형 집합투자기구에서 투자자의 투자금은 회사의 출자금을 구성하고, 투자자는 투자유한회사의 사원이 된다.

투자유한회사는 소규모의 폐쇄적인 유한회사의 특징을 반영하여 설립절차와 기관구성이 간소화되어 있다. 사원총회와 법인이사 1인만을 두고, 감독이사 제도는 존재하지 않으며, 신탁업자가 감시기능을 수행한다(184조②,③, 247조②). 투자회사와 마찬가지로 상근임원 또는 직원을 둘 수 없으며, 본점 외의 영업소를 설치할 수 없다(184조⑦).

나. 설립

집합투자업자가 투자유한회사를 설립하는 경우에는 목적, 상호, 운용 및 관리에 관한 사항, 이익분배, 공시 및 보고에 관한 사항, 그 밖에 사원을 보호하기 위하여 필요한 사항으로서 대통령령으로 정하는 사항을 기재한 정관을 작성하여야 한다(207조①).

집합투자업자는 정관을 작성한 후 출자금을 전액 금전으로 납입하여야 한다(207조②). 투자회사 사원의 출자의 목적은 금전에 한한다(207조④).

다. 지분증권과 사원(투자자)

투자유한회사의 지분증권은 투자회사의 주식에 대비되는 것으로써, 투자유한회사의 사원은 출자금액의 반환 및 이익의 분배 등에 관하여 지분증권의 수에 따라 균등한 권리를 가진다(208조①). 투자회사의 주식에 관한 법 제196조는 투자유한회사의 지분증권에 준용한다(208조③전단).

투자유한회사는 금융위원회에 등록하기 전에는 집합투자업자 외의 자를 사원으로 가입시켜서는 아니 된다(207조⑤). 투자자를 보호하기 위하여 등록 전에 투자유한회사의 사원 가입을 금지시킨 것이다.

라. 이사, 이사회

투자유한회사에는 집합투자업자인 법인이사 1인을 둔다(209조①). 투자회사에서는 집합투자업자인 법인이사 1인과 감독이사 2인 이상을 선임하여야 하지만(197조②), 투자유한회사는 그 소규모성을 반영하여 감독이사 제도를 두지 않고 법인이사 1인만을 두고 있다.

투자회사의 법인이사의 지위 및 역할(198조①), 선임권(198조④), 행위의 효력(198조⑤) 등은 투자유한회사의 법인이사에게 준용한다(209조②).

마. 사원총회

투자유한회사의 사원총회는 법인이사가 소집하며(210조①), 출석한 사원의 의결권의 과반수와 발행된 지분증권 총수의 4분의 1 이상의 수로 결의한다. 다만, 법에서 정한 사원총회의 결의사항 외에 정관으로 정한 사원총회의 결의사항에 대하여는 출석한 사원의 의결권의 과반수와 발행된 지분증권총수의 5분의 1 이상의 수로 결의할 수 있다(210조②).

3. 투자합자회사

가. 의의

"투자합자회사"란 합자회사 형태의 집합투자기구를 가리킨다(9조⑱4). 자본시장법은 집합투자의 특수성을 반영하여 상법에 대한 특례를 규정하고 있다.

나. 설립

집합투자업자가 투자합자회사를 설립하는 경우에는 목적, 상호, 업무집행사원(무한책임사원, 집합투자업자)의 상호·사업자등록번호, 투자재산의 운용 및 관리에 관한 사항, 이익분배 및 환매에 관한 사항 등을 기재한 정관을 작성하여, 무한책임사원 1인과 유한책임사원 1인이 기명날인 또는 서명하여야 한다(213조①).

상법상 합자회사의 정관은 총사원이 기명날인 또는 서명하여야 하지만(商270조, 179조), 투자합자회사에서는 무한책임사원 1인과 유한책임사원 1인이 기명날인 또는 서명을 하면 되므로 설립절차가 간소화 될 뿐 아니라 정관에 기명날인 또는 서명하지 않은 유한책임사원(투자자)의 인적사항이 노출되지 않을 수 있다.

다. 지분증권과 사원(투자자)

집합투자업자는 정관을 작성한 후 투자합자회사 설립 시에 출자금을 금전으로 납입하여야 한다(213조②). 상법상 합자회사는 정관만 작성하면 별도의 납입절차 없이 설립등기가 가능하지만, 자본시장법상 투자합자회사는 자금을 모아서 투자를 하는 집합투자기구의 성격상 회사설립 시에 출자금을 금전으로 납입하도록 한 것이다.

투자합자회사 사원의 출자의 목적은 금전에 한한다(213조④). 즉, 출자의 목적은 금전에 한정되므로, 무한책임사원이라도 노무나 신용을 출자할 수는 없고 반드시 금전으로 출자하여야 한다. 이 점에서 상법상 합자회사의 무한책임사원은 노무나 신용을 출자의 목적으로 할 수 있는 것과는 차이가 있다(商272조).

투자합자회사는 금융위원회에 등록하기 전에는 정관에 기명날인 또는 서명하는 무한책임사원 1인과 유한책임사원 1인 외의 자를 사원으로 가입시켜서는 아니 된다(213조⑤). 따라서 복수의 투자자가 있는 경우에는 우선 무한책임사원 1인과 유한책임사원 1인으로 투자합

자회사를 설립하여 금융위원회에 등록한 후, 유한책임조합원을 추가로 가입시키는 방식으로
진행하여야 한다.

라. 업무집행사원

상법상 합자회사에서는 무한책임사원이 회사의 업무를 집행하는데(商273조) 이는 투자합
자회사에서도 마찬가지이다. 나아가 자본시장법은 집합투자재산 운용의 책임 관계를 명확하
게 하기 위하여 투자합자회사에서는 업무집행사원(집합투자업자) 1인 외의 무한책임사원을 둘
수 없도록 규정하고 있다(214조①전단). 즉, 투자회사에서 집합투자업자가 법인이사가 되어서
집합투자기구의 업무를 집행하는 것과 마찬가지로, 투자유한회사에서는 집합투자업자가 무
한책임사원이 되어서 책임을 지고 업무를 집행한다.

상법 제173조의 "회사는 다른 회사의 무한책임사원이 될 수 없다"는 규정에 의하면 주식
회사인 집합투자업자는 투자합자회사의 무한책임사원이 될 수 없으나, 자본시장법은 집합투
자회사가 투자합자회사의 업무집행사원(무한책임사원)이 될 수 있도록 상법 제173조의 적용을
배제하고 있다(214조①후단).

투자회사에 있어서 법인이사의 지위 및 역할(198조①), 법인이사의 직무를 수행할 자에 대
한 선임권(198조④), 선임된 자의 행위에 대한 효력(198조⑤)에 관한 조항은 투자합자회사의
업무집행사원에게 준용한다(214조②).

마. 사원총회

투자합자회사는 사원 전원으로 구성되는 사원총회를 두며, 사원총회는 자본시장법 또는
정관에서 정한 사항에 대하여만 결의할 수 있다(215조①).

투자합자회사의 사원총회는 업무집행사원이 소집한다(215조②). 투자합자회사의 사원총회
는 출석한 사원의 의결권의 과반수와 발행된 지분증권 총수의 4분의 1 이상의 수로 결의한
다. 다만, 이 법에서 정한 사원총회의 결의사항 외에 정관으로 정한 사원총회의 결의사항에
대하여는 출석한 사원의 의결권의 과반수와 발행된 지분증권총수의 5분의 1 이상의 수로 결
의할 수 있다(215조③).

바. 기타 특례규정 등

(1) 상법상 업무집행사원의 경업 및 겸직금지 규정의 적용 배제

상법상 합자회사의 무한책임사원은 회사에 대해서 경업 및 겸직금지의무를 부담하지만
(商269조, 198조), 자본시장법은 투자합자회사의 무한책임사원에 대해서는 이 규정의 적용을
배제하고 있다(217조②). 투자합자회사의 업무집행사원(무한책임사원)인 집합투자업자는 여러
개의 집합투자기구를 운용할 수 있기 때문이다.

(2) 상법상 사원의 퇴사 및 제명 규정의 적용 배제

상법상 합자회사의 사원은 퇴사에 제한이 있고, 일정한 사유가 있는 때에는 사원을 제명할 수도 있으나(商217조~220조), 상법상 퇴사의 제한이나 제명은 투자수단으로서의 집합투자기구에 맞지 않는 규정이므로 투자합자회사에 대해서는 그 적용이 배제된다(217조②).

(3) 상법상 유한책임사원이 회사채무 변제 규정의 적용 배제

상법상 합자회사의 유한책임사원은 그 출자를 감소한 후에도 본점소재지에서 등기를 하기 전에 생긴 회사채무에 대하여는 등기 후 2년 내에는 감소 전 출자액을 기준으로 하여 회사채무를 변제할 책임을 지지만(商280조), 투자합자회사의 경우에는 이 규정의 적용이 배제된다(217조②). 따라서 투자합자회사의 유한책임사원은 출자를 이행한 금액을 한도로만 회사 채무에 대하여 책임을 진다.

(4) 이익배당 및 손실배분의 특례

투자합자회사는 정관이 정하는 바에 따라 이익을 배당함에 있어서 무한책임사원과 유한책임사원의 배당률 또는 배당순서 등을 정관으로 달리 정할 수 있다(217조④). 그러나 손실을 배분함에 있어서 무한책임사원과 유한책임사원의 배분율 또는 배분순서 등을 달리 정하여서는 아니 된다(217조⑤). 손실의 배분율 또는 배분순서 등을 달리 정하는 것은 무한책임사원과 유한책임사원의 성격 자체를 변경하는 것과 다름이 없기 때문이다.

4. 투자유한책임회사

가. 의의

"투자유한책임회사"는 유한책임회사 형태의 집합투자기구를 가리킨다(9조⑱4의2). 2011년 상법 개정 시에 유한책임회사가 새로운 회사의 종류로 추가되면서, 2013. 5. 자본시장법 개정 시에 투자유한책임회사가 투자기구로 추가되었다.

나. 설립

집합투자업자가 투자유한책임회사를 설립하기 위해서는 목적, 상호, 업무집행자의 상호·사업자등록번호, 회사의 소재지, 투자유한책임회사의 재산의 운용 및 관리에 관한 사항, 이익분배 및 환매에 관한 사항 등을 기재한 정관을 작성하여 사원 1인이 기명날인 또는 서명해야 한다(217조의2①).

투자유한책임회사의 사원은 정관을 작성한 후 설립등기를 할 때까지 출자금을 금전으로 납입하여야 한다(217조의2②). 투자유한책임회사 사원의 출자의 목적은 금전에 한한다(217조의2④).

다. 지분증권과 사원(투자자)

투자유한책임회사의 지분증권은 투자회사의 주식에 대비되는 것으로써, 투자유한책임회사의 사원은 출자금액의 반환 및 이익의 분배 등에 관하여 지분증권의 수에 따라 균등한 권리를 가진다(217조의3①).

투자유한책임회사는 금융위원회에 등록하기 전에는 사원 외의 자를 사원으로 가입시켜서는 아니 된다(217조의2⑤). 투자자 보호를 위하여 등록 전에 투자유한책임회사의 사원 가입을 금지시킨 것이다.

라. 업무집행자

투자유한책임회사는 사원 또는 사원이 아닌 자로 업무집행자 1인을 두어야 한다. 이 경우 업무집행자는 집합투자업자이어야 한다(217조의4①). 투자회사의 경우에는 집합투자업자인 법인이사 1인과 감독이사 2인 이상을 선임하도록 하고 있으나(197조), 투자유한책임회사의 경우에는 업무집행자 1인을 두어야 한다.

투자회사에 있어서 법인이사의 지위 및 역할(198조①), 법인이사의 선임권(198조④), 선임된 자의 행위 효력(198조⑤)에 관한 조항은 투자유한책임회사의 업무집행자에게 준용한다(217조의4②).

마. 사원총회

투자유한책임회사의 사원총회는 업무집행자가 소집하며(217조의5②), 출석한 사원의 의결권의 과반수와 발행된 지분증권 총수의 4분의 1 이상의 수로 결의한다(217조의5③본문). 다만, 법에서 정한 사원총회의 결의사항 외에 정관으로 정한 사원총회의 결의사항에 대하여는 출석한 사원의 의결권의 과반수와 발행된 지분증권총수의 5분의 1 이상의 수로 결의할 수 있다(217조의5③단서).

투자신탁의 수익자총회에 관한 법 제190조의 규정은 투자유한책임회사의 사원총회에 준용한다(217조의5④). 투자유한책임회사의 사원이 정관변경 또는 합병에 반대하는 경우 지분매수청구권을 행사할 수 있고, 이에 대하여는 법 제191조의 수익증권매수청구권의 규정이 준용된다(217조의5⑤).

Ⅲ. 조합형 집합투자기구

1. 투자합자조합

가. 의의

"투자합자조합"은 합자조합 형태의 집합투자기구를 가리킨다(9조⑱5). 민법상 조합은 내부적으로 손익분배 비율을 정할 수 있으나 제3자에 대해서는 동일한 책임을 지는 동질적인 조합원으로 구성되지만, 투자합자조합은 상법상 합자조합(商86조의2-86조의9)에 기초한 것으로서 무한책임을 지는 무한책임조합원과 유한책임을 지는 유한책임조합원으로 구성되는 점에서 차이가 있다(9조⑱5).

투자합자조합은 집합투자업자인 업무집행조합원(무한책임조합원) 1인과 유한책임조합원 1인이 기명날인 또는 서명함으로써 설립된다(218조①). 다수의 투자자를 대상으로 투자합자조합을 결성하는 경우에도 그중 1인만이 조합계약서상의 유한책임조합원이 되고 나머지 투자자는 금융위원회에 설립 등록을 한 후에 유한책임조합원으로 가입해야 한다.

나. 설립

집합투자업자가 투자합자조합을 설립하는 경우에는 목적, 명칭, 업무집행조합원의 상호·사업자등록번호, 투자재산의 운용 및 관리에 관한 사항, 이익분배 및 환매에 관한 사항 등을 기재한 조합계약을 작성하여 제219조 제1항에 따른 업무집행조합원 1인과 유한책임조합원 1인이 기명날인 또는 서명하여야 한다(218조①).

조합계약서에는 업무집행조합원의 상호·사업자등록번호는 기재하여야 하나, 유한책임조합원의 인적사항은 기재할 것이 요구되지 않는다. 투자자(유한책임조합원) 정보에 대한 비밀을 유지할 수 있도록 하기 위함이다.

다. 지분과 조합원(투자자)

조합원의 출자의 목적은 금전에 한한다(218조②). 업무집행조합원(무한책임조합원)이나 유한책임조합원의 구별이 없이 출자는 모두 금전으로 하여야 한다.

투자합자조합의 유한책임조합원은 출자액을 한도로 유한책임을 지는데, 출자약정액 중 미이행된 부분도 책임한도액에 포함되는지가 분명하지 않다. 투자합자회사의 유한책임사원에 대해서는 투자합자회사의 채무에 대하여 출자를 이행한 금액을 한도로 책임을 한정하는 규정을 두고 있으나(217조③), 투자합자조합의 유한책임조합원에 대해서는 이러한 규정을 두고 있지 않고, 유한책임조합원의 출자약정액과 미출연금액 등은 제3자가 알기 어려우므로 약정한 출자액 전액을 책임진다고 볼 것이다.

투자자가 투자합자조합의 지분증권을 매수한 경우 투자합자조합에 가입한 것으로 본다(223조④). 즉, 투자자가 투자합자조합의 가입계약을 체결하지 않았다고 하더라도 그 지분증권을 매수하였다면 투자합자조합에 가입한 것으로 본다.

라. 업무집행조합원 등

투자합자조합은 조합의 채무에 대하여 무한책임을 지는 업무집행조합원(집합투자업자) 1인과 출자액을 한도로 유한책임을 지는 유한책임조합원으로 구성된다(219조①). 업무집행조합원은 1인에 한정되므로 복수의 업무집행조합원을 둘 수 없다(218조①).

업무집행조합원은 투자합자조합을 대표하고 업무를 집행한다(219조②, 198조①). 업무집행 조합원은 직접 그 업무를 수행할 수 있으나, 임직원 중에서 그 직무를 수행할 자를 정하여 그 업무를 수행하도록 할 수 있다(219조②, 198조④).

마. 조합원총회

투자합자조합은 조합원 전원으로 구성되는 조합원총회를 두며, 조합원총회는 자본시장법 또는 조합계약에서 정한 사항에 대하여만 결의할 수 있다(220조①).

투자합자조합의 조합원총회는 출석한 조합원의 의결권의 과반수와 발행된 지분증권 총 수의 4분의 1 이상의 수로 결의한다. 다만, 법에서 정한 조합원총회의 결의사항 외에 조합계 약으로 정한 조합원총회의 결의사항에 대하여는 출석한 조합원의 의결권의 과반수와 발행된 지분증권 총수의 5분의 1 이상의 수로 결의할 수 있다(220조③).

2. 투자익명조합

가. 의의

"투자익명조합"은 익명조합 형태의 집합투자기구를 가리킨다(9조⑱6). 익명조합계약을 작 성하고 집합투자업자인 영업자 1명과 익명조합원 1명이 기명날인 또는 서명함으로써 설립되 며(224조①), 영업자가 단독으로 영업을 한다.

[그림8-3] 익명조합형 집합투자기구의 구조

나. 설립

집합투자업자는 투자익명조합을 설립하는 경우에는 목적, 투자익명조합의 명칭, 영업자 의 상호·사업자등록번호, 투자익명조합의 소재지, 투자익명조합재산의 운용 및 관리에 관한 사항 등을 기재한 익명조합계약을 작성하여 영업자 1인과 익명조합원 1인이 기명날인 또는 서명하여야 한다(224조①).

다. 지분증권 및 조합원(투자자)

투자익명조합의 익명조합원의 출자의 목적은 금전에 한한다(224조②). 상법상 익명조합원 은 금전 외에도 기타의 재산을 출자할 수 있으나(商79조), 투자익명조합의 익명조합원의 출자의 목적은 금전에 한정되므로, 금전 이외의 재산으로 출자하는 것은 금지된다.

투자익명조합의 지분증권에 대해서는 투자유한회사의 지분증권에 관한 법 제208조를 준용한다(227조②).

투자익명조합의 영업자는 투자익명조합을 등록하기 전에는 설립 시의 익명조합원 이외의 자를 익명조합원으로 추가로 가입시켜서는 아니 된다(224조③).

라. 업무집행자(영업자)

투자익명조합의 재산은 집합투자업자인 영업자 1인이 운용한다(225조①). 상법상 익명조합의 경우에도 영업자가 업무를 집행하고 조합재산을 운용하지만, 투자익명조합의 경우에 영업자는 집합투자업자이고 그 숫자도 1인에 한정된다.

영업자의 업무집행 방식은 투자회사의 법인이사에 관한 규정을 준용한다(225조②). 영업자는 투자익명조합을 대표하고 업무를 집행한다(198조①).

마. 익명조합원총회

상법상의 익명조합에는 익명조합원총회에 관한 규정이 없으나, 투자익명조합에서는 익명조합원 전원으로 구성되는 익명조합원총회를 두어야 한다(226조①). 투자자들이 모여서 의사를 결정하여야 할 상황이 있기 때문이다.

익명조합원총회는 영업자가 소집한다(226조②). 익명조합원총회는 자본시장법과 익명조합계약에서 정한 사항에 대하여만 결의할 수 있다(226조①). 익명조합원총회의 권한사항을 분명히 하고 분쟁의 소지를 줄이기 위한 것이다.

투자익명조합의 익명조합원총회는 출석한 익명조합원의 의결권의 과반수와 발행된 지분증권 총수의 4분의 1 이상의 수로 결의한다(226조③본문). 투자익명조합의 익명조합원총회에는 투자회사의 수익자총회에 관한 규정을 준용된다(226조④, 190조③·④·⑥부터⑩).

[표8-1] 집합투자기구의 법적 유형

법적 형태		내용	근거
신탁형	투자신탁	집합투자업자가 신탁업자에게 신탁한 재산을 신탁업자로 하여금 그 집합투자업자의 지시에 따라 투자·운용하게 하는 집합투자기구	9조 18항 1호
회사형	투자회사	상법에 따른 주식회사 형태의 집합투자기구	2호
	투자유한회사	상법에 따른 유한회사 형태의 집합투자기구	3호
	투자합자회사	상법에 따른 합자회사 형태의 집합투자기구	4호
	투자유한책임회사	상법에 따른 유한책임회사 형태의 집합투자기구	4의2호
조합형	투자합자조합	상법에 따른 합자조합형태의 집합투자기구	5호
	투자익명조합	상법에 따른 익명조합 형태의 집합투자기구	6호

판매 및 환매

Ⅰ. 집합투자증권의 판매

1. 판매계약의 체결

투자신탁이나 투자익명조합의 집합투자업자 또는 투자회사등은 집합투자기구의 집합투자증권을 판매하려는 경우 투자매매업자와 판매계약을 체결하거나 투자중개업자와 위탁판매계약을 체결하여야 한다(184조⑤본문). 다만, 투자신탁이나 투자익명조합의 집합투자업자가 투자매매업자 또는 투자중개업자로서 집합투자기구의 집합투자증권을 직접 판매하는 경우에는 판매계약 또는 위탁판매계약을 체결하지 아니한다(184조⑤단서). 자본시장법은 금융투자업자의 겸영을 원칙적으로 허용하는데 집합투자업자가 동시에 투자매매업자 또는 투자중개업자로서 집합투자기구의 집합투자증권을 판매하는 경우에는 다른 투자매매업자 또는 투자중개업자와 판매계약의 체결을 강제할 필요가 없기 때문이다.

집합투자증권의 판매회사는 집합투자증권 판매 시에 적합성원칙, 적정성원칙, 설명의무를 부담하며, 부당한 권유를 하거나 불건전 영업행위를 해서는 아니 된다(금소법17조 내지 20조).

2. 판매가격의 제한

투자매매업자 또는 투자중개업자는 집합투자증권을 판매하는 경우 투자자가 집합투자증권의 취득을 위하여 금전등을 납입한 후 최초로 산정되는 기준가격(제238조제6항에 따른 기준가격을 말한다)으로 판매하여야 한다(76조①본문). 다만, 투자자가 기준시점을 지나서 투자매매업자 또는 투자중개업자에게 금전등을 납입하는 경우 등 투자자의 이익을 해할 우려가 없는 경우에는 대통령령으로 정하는 기준가격으로 판매하여야 한다(76조①단서, 슈77조①).

3. 판매광고의 제한

투자매매업자 또는 투자중개업자는 집합투자기구가 등록되기 전에는 해당 집합투자증권을 판매하거나 판매를 위한 광고를 하여서는 아니 된다(76조③본문). 다만, 투자자의 이익을 해할 우려가 없는 경우로서 관련 법령의 개정에 따라 새로운 형태의 집합투자증권의 판매가 예정되어 있어, 그 집합투자기구의 개괄적인 내용을 광고하여도 투자자의 이익을 해칠 염려가 없는 경우에는 판매를 위한 광고를 할 수 있다. 이 경우 관련 법령의 개정이 확정되지 아니한 경우에는 광고의 내용에 관련 법령의 개정이 확정됨에 따라 그 내용이 달라질 수 있음을 표시하여야 한다(76조③단서, 令77조③).

4. 판매수수료와 판매보수

"판매수수료"란 집합투자증권을 판매하는 행위에 대한 대가로 투자자로부터 직접 받는 금전을 말한다(76조④앞의 괄호). "판매보수"란 집합투자증권을 판매한 투자매매업자, 투자중개업자가 투자자에게 지속적으로 제공하는 용역의 대가로 집합투자기구로부터 받는 금전을 말한다(76조④뒤의 괄호).

투자매매업자 또는 투자중개업자는 집합투자증권의 판매와 관련하여 판매수수료 및 판매보수를 받는 경우 집합투자기구의 운용실적에 연동(連動)하여 판매수수료 또는 판매보수를 받아서는 아니 된다(76조④). 집합투자기구의 운용실적은 집합투자업자의 노력과 역량에 따라 결정되는 것으로서 판매회사의 서비스와는 직접적인 관계가 없을 뿐만 아니라, 운용실적에 연동하여 판매수수료 및 판매보수를 결정하면 높은 보수를 받기 위해서 과도한 판매행위 등 불완전판매가 발생할 소지가 크기 때문이다. 다만, 이는 공모방식의 집합투자기구에 적용되며, 투자자 보호의 필요성이 낮은 일반 사모집합투자기구에 대해서는 그 적용이 배제된다(249조의8①, 76조④).

판매수수료 및 판매보수는 다음 각 호의 한도를 초과하여서는 아니 된다(76조⑤).
1. 판매수수료: 납입금액 또는 환매금액의 100분의 2(76조⑤1, 令77조④1)
2. 판매보수: 집합투자재산의 연평균가액의 100분의 1(76조⑤, 令77조④2)

판매수수료는 집합투자규약으로 정하는 바에 따라 판매방법, 투자매매업자·투자중개업자, 판매금액, 투자기간 등을 기준으로 차등하여 받을 수 있다(令77조⑥).

Ⅱ. 집합투자증권의 환매

1. 의의

"환매"는 집합투자기구가 집합투자를 위한 자금을 모집하기 위하여 투자자에게 발행한 주식 등의 지분증권을 되사는 것을 말한다. 집합투자기구의 측면에서는 투자자금을 반환하는 의미를 가지고, 투자자의 측면에서는 투자자금을 회수하는 방법이다.

환매는 투자자의 청구가 있는 경우에는 그 지분을 매수할 수 있는 개방형집합투자기구에 특유한 제도이다. 따라서 자본시장법 제5편 제4장 집합투자증권의 환매에 관한 규정들은 개방형집합투자기구에 대해서 적용된다. 또한 환매규정은 공모집합투자기구를 전제로 만들어진 것이므로 사모집합투자기구에는 적합하지 않은데, 이를 고려하여 자본시장법은 일반 사모집합투자기구에 대해서는 법 제235조(환매청구 및 방법), 제237조(환매의 연기) 등은 적용하지 아니하고 있다(249조의8①).

환매는 개방형집합투자기구의 투자자가 투자자금을 회수하는 가장 일반적인 방법이다. 그러나 폐쇄형집합투자기구라고 하여서 투자자금을 회수할 수 없는 것은 아니다. 폐쇄형이라도 공모집합투자기구인 경우에는 투자자의 '환금성 보장 등을 위한 별도의 방법'을 정하지 아니한 경우에는 집합투자증권을 최초로 발행한 날부터 90일 이내에 그 집합투자증권을 증권시장에 상장하여야 하므로(230조③), 투자자는 시장에서 매도하는 방법으로 투자금을 회수할 수 있다. 그러나 폐쇄형인 사모집합투자기구는 집합투자증권을 상장하지 않으므로 개별적으로 집합투자증권을 타인에게 양도하는 등의 방법 외에는 투자금을 회수할 수 있는 방법이 없다.

2. 투자자의 환매 청구

개방형집합투자기구의 경우에 투자자는 언제든지 집합투자증권의 환매를 청구할 수 있다(235조①). 언제든지 환매를 청구할 수 있어야 하므로, 일정한 주기(매주, 매월, 매분기 등)로 환매청구기간을 제한하는 것은 허용되지 않는다.

투자자는 집합투자증권의 환매를 청구하고자 하는 경우에는 그 집합투자증권을 판매한 투자매매업자 또는 투자중개업자에게 청구하여야 한다(235조②본문). 다만, 투자매매업자 또는 투자중개업자가 해산·인가취소 또는 업무정지 등으로 인하여 환매청구에 응할 수 없는 경우에는 해당 집합투자기구의 집합투자업자에게 직접 청구할 수 있으며, 환매청구를 받은 집합투자업자가 해산등으로 인하여 환매에 응할 수 없는 경우에는 해당 집합투자재산을 보관·관리하는 신탁업자에게 청구할 수 있다(235조②단서).

투자매매업자 등 판매회사는 집합투자증권의 환매대금 지급의무를 부담하는 것이 아니고, 집합투자업자에게 환매에 응할 것을 요구하고, 그로부터 수령한 환매대금을 투자자에게 지급할 의무를 부담할 뿐이다. 판매회사에게 환매대금 지급의무를 인정하면 고유재산으로 투자자의 환매 청구에 응하도록 하는 것으로써 타당하지 않을 뿐만 아니라, 환매대금을 지급하는 경우에는 집합투자재산을 처분하여 조성한 금전으로만 하여야 한다고 규정하는 법 제235조 제5항에 반하는 것으로써 허용될 수 없다.[15]

투자신탁이나 투자익명조합의 집합투자업자 또는 투자회사등은 다음 각 호의 어느 하나

---

15) 대판 2018.8.30., 2017다281213.

에 해당하는 경우에는 환매청구에 응하지 아니할 수 있다(237조⑧).

1. 집합투자기구(투자신탁을 제외한다)가 해산한 경우(237조⑧1호)
2. 투자회사의 순자산액이 정관이 정하는 최저순자산액에 미달하는 경우(2호)
3. 법령 또는 법령에 따른 명령에 따라 환매가 제한되는 경우(3호)
4. 일정한 날을 기준일로 정하여 그 권리를 행사할 수익자·주주 또는 질권자로 보도록 한 경우로서 이 일정한 날과 그 권리를 행사할 날의 사이에 환매청구를 한 경우(4호)

3. 환매가격

가. 미래가격산정방식(원칙)

집합투자증권의 판매가격과 환매가격은 기준가격(순자산가치)으로 하는데, 기준가격의 결정방식에는 미래가격방식(forward pricing)과 과거가격방식(backward pricing)이 있다.

자본시장법 제236조 제1항은 "투자신탁이나 투자익명조합의 집합투자업자 또는 투자회사등은 집합투자증권을 환매하는 경우에는 '환매청구일 후에 산정되는 기준가격'으로 하여야 한다."고 하면서 미래가격을 기준으로 환매가격을 산정하도록 하고 있다.[16] 미래가격에 의하면 투자자는 환매청구 시에 자신에게 적용되는 환매의 기준가격을 알 수 없어서 불편한 점이 있으나, 과거가격에 의하면 환매청구 시에 환매가격을 사전에 알 수 있고 내부자거래의 위험도 있어서 미래가격을 원칙으로 하였다.

나. 과거가격산정방식(예외)

위와 같이 환매가격은 미래가격을 기준으로 산정하는 것이 원칙이지만, 투자자의 이익 또는 집합투자재산의 안정적 운용을 해할 우려가 없는 경우로서 '대통령령으로 정하는 경우'에는 환매청구일 이전에 산정된 기준가격으로 환매할 수 있다(236조①단서). 이에 따라 법 시행령 제255조는 환매청구일에 공고되는 기준가격으로 환매청구일에 환매한다는 내용을 집합투자계약에 정한 단기금융집합투자기구(MMF)에 한해서 종전의 '과거가격에 의한 당일환매' 방식의 환매를 허용하고 있다. 이 경우에는 과거가격방식으로 산정한 기준가격(환매청구일에 공고되는 기준가격, 즉 환매청구일 전일에 산정된 기준가격)으로 환매가격을 정할 수 있을 뿐 아니라, 환매청구한 당일에 환매대금을 지급할 수 있다(令255조①).

4. 환매대금의 지급

가. 지급기한

환매청구를 받거나 환매에 응할 것을 요구받은 집합투자업자 등은 투자자가 환매청구를

---

16) 환매가격뿐만 아니라 판매가격도 미래가격을 기준으로 산정하는 것이 원칙이다(76조①본문).

한 날부터 15일 이내에 집합투자규약에서 정한 환매일에 환매대금을 지급하여야 한다(235조 ④). 다만, 금융위원회가 정하여 고시하는 시장성 없는 자산에 투자하는 경우, 사모투자재간 접집합투자기구인 경우, 부동산·특별자산투자재간접집합투자기구인 경우로서, 집합투자규 약에서 환매청구를 받은 날부터 15일을 초과하여 환매일을 정한 경우에는 환매대금의 지급 기일을 환매청구일로부터 15일을 초과하여 정할 수 있다(235조④, 슈254조①).

나. 지급방식

집합투자업자 등이 환매대금을 지급하는 경우에는 집합투자재산의 범위에서 집합투자재 산으로 소유 중인 금전 또는 집합투자재산을 처분하여 조성한 금전으로만 하여야 한다(235조 ⑤본문). 즉, 환매대금의 지급 시에는 그 가격평가로 인한 혼란을 방지하기 위해서, 집합투자 재산으로 소유 중인 '금전' 또는 집합투자재산을 처분하여 조성한 '금전'으로만 지급하도록 하고 있다.

다만, 집합투자기구의 투자자 전원의 동의를 얻은 경우에는 그 집합투자기구에서 소유하 고 있는 집합투자재산으로 지급할 수 있다(235조⑤단서). 투자자 전원의 동의를 얻은 경우에 는 금전이 아닌 현물인 집합투자재산으로도 환매대금을 지급할 수 있도록 한 것이다. 그러 나 실무상 공모집합투자기구의 경우에는 투자자 전원의 동의를 얻는 것 자체가 매우 어렵고 투자자들이 현물지급을 원하지도 않을 가능성도 높기 때문에 실제 현물로 환매대금을 지급 하는 사례는 찾아보기 어렵다.

5. 자기계산에 의한 환매의 금지

가. 의의 및 적용범위

집합투자증권을 판매한 투자매매업자·투자중개업자, 집합투자재산을 운용하는 집합투자 업자 또는 집합투자재산을 보관·관리하는 신탁업자는 환매청구를 받거나 환매에 응할 것을 요구받은 집합투자증권을 '자기의 계산으로' 취득하거나 타인에게 취득하게 하여서는 아니 된다(235조⑥본문). 즉, 투자신탁, 투자익명조합의 집합투자업자 또는 투자회사등은 자기의 계 산이 아니라 집합투자기구의 계산으로 환매하여야 한다. 이해상충을 방지하기 위하여 회사 와 이사 간의 자기거래를 엄격하게 제한하는 것처럼(商398조), 집합투자재산을 운용하는 집합 투자업자, 집합투자재산을 보관·관리하는 신탁업자 등이 자기의 계산으로 집합투자증권을 취득하는 것을 원칙적으로 금지하는 취지이다.

1998년 구 증권투자신탁업법 개정(1999.9.16.시행) 전까지는 오히려 판매회사의 계산에 의 한 환매(재매수)가 기본이었고 집합투자기구의 계산에 의한 환매는 예외이었으나,17) 구 간접

---

17) 1998년 이전까지만 하더라도 채권평가제도와 같은 기본적인 펀드산업인프라가 구축되어 있지 않았기 때 문에 판매회사에 의한 환매가 기본이었고, 그 때문에 이 시기의 채권펀드는 실질적으로는 판매회사가 그

투자자산운용업법에서는 입장을 변경하여 판매회사의 계산에 의한 환매(재매수)가 제한되고 있다. 과거 판매회사의 계산으로 환매가 이루어졌던 대우채 환매사태(1999년)와 판매회사의 부실처리를 위한 공적자금 투입의 우려가 주된 배경이지만, 미국, 영국 등에서는 판매회사가 판매한 집합투자증권을 자기의 계산으로 취득(재매수, repurchase)하는 것이 오히려 일반적인 것처럼, 평가의 공정성이 담보된다면 판매회사의 임의적인 재매수를 제한할 이유가 없다고 본다.

나. 자기계산에 의한 환매가 허용되는 경우

자기의 계산에 의한 집합투자증권의 취득금지가 절대적인 것은 아니다. 자본시장법은 집합투자증권의 원활한 환매를 위하여 필요하거나 투자자의 이익을 해할 우려가 없는 경우로서 다음 각 호의 어느 하나에 해당하는 경우에는 그 투자매매업자·투자중개업자·집합투자업자 또는 신탁업자는 환매청구를 받거나 환매에 응할 것을 요구받은 집합투자증권을 자기의 계산으로 취득할 수 있도록 하고 있다(235조⑥단서).

1. 단기금융집합투자기구의 집합투자증권을 판매한 투자매매업자 또는 투자중개업자가 그 단기금융집합투자기구별 집합투자증권 판매규모의 100분의 5에 상당하는 금액 또는 금융위원회가 정하여 고시하는 금액 중 큰 금액의 범위에서 개인투자자로부터 환매청구일에 공고되는 기준가격으로 환매청구일에 그 집합투자증권을 매수하는 경우(슈254조②1호)

2. 투자자가 금액을 기준으로 집합투자증권(단기금융집합투자기구의 집합투자증권은 제외한다)의 환매를 청구함에 따라 그 집합투자증권을 판매한 투자매매업자 또는 투자중개업자가 해당 집합투자기구의 집합투자규약에서 정한 환매가격으로 그 집합투자규약에서 정한 환매일에 그 집합투자증권의 일부를 불가피하게 매수하는 경우(2호)

6. 환매수수료

집합투자증권을 환매하는 경우에 부과하는 환매수수료는 집합투자증권의 환매를 청구하는 해당 투자자가 부담하며, 투자자가 부담한 환매수수료는 집합투자재산에 귀속된다(236조②). 환매수수료는 환매 과정에서 발생하는 비용을 충당하고, 단기투자를 억제하며 투자의 장기화를 유도하기 위한 목적으로 부과된다.

집합투자증권의 환매수수료는 집합투자규약에서 정하는 기간 이내에 환매하는 경우에 부과한다. 이 경우 환매수수료는 환매금액 또는 이익금 등을 기준으로 부과할 수 있다(슈255조②). 집합투자규약에서 정하는 기간 내에 환매하는 경우에 환매수수료를 부과할 수 있으므로 기간에 제한 없이 환매수수료를 부과하는 것은 허용되지 않는다. 그러나 집합투자규약에

원리금의 지급을 보증하는 것과 유사한 것으로 인식되었다.

서 일정한 기간 내에 환매할 때에는 환매수수료를 부과할 것을 정하였다면, 그 기간 내에서 다시 기간을 차등화하여 환매수수료를 차등하여 부과하는 것은 가능하다(예를 들어, 매수일부터 1개월까지는 3%, 매수일부터 2개월까지는 2%, 매수일부터 3개월까지는 1%).

7. 환매한 집합투자증권의 소각

투자신탁이나 투자익명조합의 집합투자업자(해당 집합투자재산을 보관·관리하는 신탁업자를 포함한다) 또는 투자회사등은 집합투자증권을 환매한 경우에는 그 집합투자증권을 소각하여야 한다(235조⑦). 투자자들로부터 집합투자증권을 환매하였다면 더 이상 집합투자기구가 보유할 이유가 없으며, 이를 보유할 경우에는 그 의결권의 행사 등과 관련하여 왜곡이 초래될 수 있기 때문이다.

제4절

평가 및 회계

집합투자기구는 집합투자재산의 운영 성과를 평가하여 그 이익을 배분하는 것이 목적이 므로 평가와 회계가 중요하다.

Ⅰ. 집합투자재산의 평가방법

집합투자업자는 집합투자재산을 시가에 따라 평가하되, 평가일 현재 신뢰할 만한 시가가 없는 경우에는 공정가액으로 평가하여야 한다. 다만, 투자자가 수시로 변동되는 등 투자자의 이익을 해할 우려가 적은 경우로서 대통령령으로 정하는 경우에는 대통령령으로 정하는 가 액으로 평가할 수 있다(238조①).

1. 시가에 의한 평가

집합투자업자는 증권시장(해외 증권시장을 포함한다)에서 거래된 최종시가(해외 증권의 경우 전 날의 최종시가) 또는 장내파생상품이 거래되는 파생상품시장(해외 파생상품시장을 포함한다)에서 공표하는 가격(해외 파생상품의 경우 전날의 가격)에 따라 집합투자재산을 평가하여야 한다(238조 ①본문, 슈260조①본문).

2. 공정가액에 의한 평가

집합투자업자는 평가일 현재 신뢰할 만한 시가가 없는 경우에는 집합투자재산에 속한 자 산의 종류별로 투자대상자산의 취득가격, 거래가격, 전문가의 평가가격, 환율, 집합투자증권 의 기준가격을 고려하여 집합투자재산평가위원회가 충실의무를 준수하고 평가의 일관성을 유지하여 평가한 공정가액으로 평가하여야 한다(238조①본문 후단, 슈260조②).

3. 장부가격에 의한 평가

위와 같이 집합투자업자는 집합투자재산을 시가에 따라 평가하되, 신뢰할 만한 시가가 없는 경우에는 공정가액으로 평가하여야 한다. 다만, 투자자가 수시로 변농되는 등 투자자의 이익을 해할 우려가 적은 경우로서 금융위원회가 정하여 고시하는 단기금융집합투자기구의 집합투자재산의 경우, 금융위원회가 정하여 고시하는 장부가격으로 평가할 수 있다(238조①, 슈260조③전단).

II. 평가위원회 및 평가기준

1. 집합투자재산평가위원회

집합투자업자는 집합투자재산의 평가업무를 수행하기 위하여 '대통령령으로 정하는 방법'에 따라 평가위원회를 구성·운영하여야 한다(238조②). 집합투자재산평가위원회를 구성할 때에는 ① 집합투자재산의 평가업무 담당 임원, ② 집합투자재산의 운용업무 담당 임원, ③ 준법감시인, ④ 그 밖에 집합투자재산의 공정한 평가를 위하여 필요하다고 금융위원회가 인정한 자를 포함하여야 한다(슈261조①). 집합투자재산평가위원회는 평가사항을 반기마다 집합투자업자의 이사회에 보고하여야 한다(슈261조②).

2. 집합투자재산평가기준

집합투자업자는 집합투자재산에 대한 평가가 공정하고 정확하게 이루어질 수 있도록 그 집합투자재산을 보관·관리하는 신탁업자의 확인을 받아 ① 평가위원회의 구성 및 운영에 관한 사항, ② 집합투자재산의 평가의 일관성 유지에 관한 사항, ③ 집합투자재산의 종류별로 해당 재산의 가격을 평가하는 채권평가회사를 두는 경우 그 선정 및 변경과 해당 채권평가회사가 제공하는 가격의 적용에 관한 사항, ④ 그 밖에 대통령령으로 정하는 사항이 포함된 '집합투자재산평가기준'을 마련하여야 한다(238조③).

3. 신탁업자에 대한 통보, 확인 등

집합투자업자는 평가위원회가 집합투자재산을 평가한 경우 그 평가명세를 지체없이 그 집합투자재산을 보관·관리하는 신탁업자에게 통보하여야 한다(238조④). 집합투자재산을 보관·관리하는 신탁업자는 집합투자업자의 집합투자재산에 대한 평가가 법령 및 집합투자재산평가기준에 따라 공정하게 이루어졌는지 확인하여야 한다(238조⑤). 평가업무를 담당하는 집합투자업자가 아닌 신탁업자의 관점에서 검증하는 취지이다.

Ⅲ. 집합투자재산의 기준가격

1. 산정방법

"기준가격"은 집합투자재산의 실질자산 가치를 나타내는 것으로 집합투자증권을 취득하거나 환매할 때 기준이 되는 가격을 말한다. 투자신탁이나 투자익명조합의 집합투자업자 또는 투자회사등은 "기준가격의 공고·게시일 전날의 재무상태표상에 계상된 자산총액에서 부채총액을 뺀 금액을 그 공고·게시일 전날의 집합투자증권 총수로 나누어 계산하는 방법"으로 기준가격을 산정하여야 한다(238조⑥, 令262조①).

2. 기준가격의 공고·게시

투자신탁이나 투자익명조합의 집합투자업자 또는 투자회사등은 산정된 기준가격을 매일 공고·게시하여야 한다. 다만, 기준가격을 매일 공고·게시하기 곤란한 경우 등 '대통령령으로 정하는 경우'[18]에는 해당 집합투자규약에서 기준가격의 공고·게시주기를 15일 이내의 범위에서 별도로 정할 수 있다(238조⑦). 이는 집합투자증권을 거래하는 투자자가 기준가격을 알고 거래할 수 있도록 한다는 취지이다.

Ⅳ. 결산서류의 작성과 이익금의 분배

1. 재무상태표 등의 작성과 승인

집합투자업자 등은 집합투자기구의 결산기마다 재무상태표, 손익계산서, 자산운용보고서(88조) 및 부속명세서("결산서류")를 작성하여야 한다(239조①). 상법상 주식회사가 매결산기마다 재무제표 등을 작성하여 주주총회에서 승인받듯이 자본시장법은 집합투자기구에 대해서 재무상태표 및 손익계산서, 자산운용보고서를 작성하여 비치하도록 함으로써 투자자 등에게 언제든지 열람할 수 있도록 하고 있다(239조③).

투자회사의 법인이사는 결산서류의 승인을 위하여 이사회 개최 1주 전까지 그 결산서류를 이사회에 제출하여 그 승인을 받아야 한다(239조②). 상법상 주식회사의 이사는 결산기마다 재무상태표 및 손익계산서 등을 작성하여 이사회의 승인을 받아야 하는 것처럼(商447조①), 투자회사의 법인이사는 결산서류의 승인을 위하여 이사회 개최 1주 전까지 그 결산서류를 이사회에 제출하여 그 승인을 받아야 한다.

---

18) 법 제238조 제7항 단서에서 "대통령령으로 정하는 경우"란 집합투자재산을 외화자산에 투자하는 경우로서 기준가격을 매일 공고·게시하는 것이 곤란한 경우를 말한다(令262조⑤).

2. 이익금의 분배 등

가. 이익금 범위 내의 이익분배(원칙)

투자신탁이나 투자익명조합의 집합투자업자 또는 투자회사등은 집합투자기구의 집합투자재산 운용에 따라 발생한 이익금을 투자자에게 금전 또는 새로 발행하는 집합투자증권으로 분배하여야 한다(242조①본문). 이익금의 분배방법 및 시기는 집합투자규약에서 정하는 바에 따르고(슈266조②), 투자회사가 이익금 전액을 새로 발행하는 주식으로 분배하려는 경우에는 정관에서 정하는 바에 따라 발행할 주식의 수, 발행시기 등 주식발행에 필요한 사항에 관하여 이사회의 결의를 거쳐야 한다(슈266조③).

나. 이익금을 초과한 분배(예외)

투자신탁이나 투자익명조합의 집합투자업자 또는 투자회사등은 집합투자기구의 특성에 따라 이익금을 초과하여 분배할 필요가 있는 경우에는 이익금을 초과하여 금전으로 분배할 수 있다(242조②본문). 다양한 상품개발을 유도하고, 상품에 따라서는 월이자지급방식과 같이 이익금을 초과하여 분배할 필요성도 있기 때문이다. 이익금을 초과하여 금전으로 분배하려는 경우에는 집합투자규약에 그 뜻을 기재하고 이익금의 분배방법 및 시기, 그 밖에 필요한 사항을 미리 정하여야 한다(242조③, 슈266조④).

V. 회계처리와 회계감사인의 책임 등

1. 회계처리기준

투자신탁이나 투자익명조합의 집합투자업자 또는 투자회사등은 집합투자재산에 관하여 회계처리를 하는 경우 금융위원회가 증권선물위원회의 심의를 거쳐 정하여 고시한 회계처리기준에 따라야 한다(240조①). 집합투자증권의 투자자 보호를 위해서는 일관성 있는 회계처리가 필요하기 때문에 공인된 기준을 제정하여 따르게 한다는 취지이다. 금융위원회는 회계처리기준의 제정 또는 개정을 한국회계기준원에 위탁하고 있다(240조②, 슈263조).

2. 회계감사의무

투자신탁이나 투자익명조합의 집합투자업자 또는 투자회사등은 집합투자재산에 대하여 회계기간의 말일 및 계약기간 종료 또는 해지의 경우에는 그 종료일 또는 해지일, 존속기간 만료 또는 해산의 경우에는 그 만료일 또는 해산일로부터 2개월 이내에 회계감사인의 회계감사를 받아야 한다(240조③본문). 외감법상 일정기준에 해당하는 주식회사는 독립한 외부감사인에 의한 회계감사가 요구되는 것처럼, 일정기준에 해당하는 집합투자기구에 대하여 회계감사를 받을 것을 요구하고 있다.

투자자의 이익을 해할 우려가 없는 경우로서 다음 각 호의 어느 하나에 해당하는 경우에는 회계감사를 면제한다(240조③단서, 令264조). 집합투자재산의 규모가 작아 비용 대비 효익이 낮고, 투자자의 이익을 해할 우려가 없는 경우에 예외를 인정하는 취지이다.

1. 집합투자기구의 자산총액이 300억원 이하인 경우(令264조1호)
2. 집합투자기구의 자산총액이 300억원 초과 500억원 이하인 경우로서 회계기간의 말일과 법 제240조 제3항 각 호의 어느 하나에 해당하는 날 이전 6개월간 집합투자증권을 추가로 발행하지 아니한 경우(2호)

3. 회계감사인

투자신탁이나 투자익명조합의 집합투자업자 또는 집합투자회사등은 집합투자재산의 회계감사인을 선임하거나 교체한 경우에는 지체없이 그 집합투자재산을 보관·관리하는 신탁업자에게 그 사실을 통지하여야 하며, 그 선임일 또는 교체일부터 1주 이내에 금융위원회에 그 사실을 보고하여야 한다(240조④).

회계감사인은 투자신탁이나 투자익명조합재산의 집합투자업자 또는 투자회사등의 집합투자증권의 기준가격 산정업무 및 집합투자재산의 회계처리 업무를 감사함에 있어서 집합투자재산평가기준을 준수하는지 감사하고 그 결과를 투자신탁이나 투자익명조합의 집합투자업자의 감사(감사위원회가 설치된 경우에는 감사위원회를 말한다) 또는 투자회사등에 통보하여야 한다(240조⑤).

4. 회계감사인의 손해배상책임

가. 의의

회계감사인은 회계감사의 결과 회계감사보고서 중 중요사항에 관하여 거짓의 기재 또는 표시가 있거나 중요사항이 기재 또는 표시되지 아니함으로써 이를 이용한 투자자에게 손해를 끼친 경우에는 그 투자자에 대하여 손해를 배상할 책임을 진다(241조①전단).

"중요사항"이란 투자자의 합리적인 투자판단 또는 해당 금융투자상품의 가치에 중대한 영향을 미칠 수 있는 사항을 말하며, 중요사항에 해당하는지의 여부는 구체적인 사실관계를 종합적으로 고려하여 판단한다.

나. 감사반의 연대책임

회계감사인이 손해배상책임을 지는 경우 외감법 제2조 제7호 나목에 따른 감사반이 회계감사인인 때에는 그 신탁재산에 대한 감사에 참여한 자가 연대하여 손해를 배상할 책임을 진다(241조①후단). 투자자를 보호하기 위하여 해당 집합투자재산에 대한 회계감사에 참여한 자가 감사반과 연대하여 손해배상책임을 지도록 규정한 것이다.

다. 이사·감사 등의 연대책임

(1) 귀책사유가 있는 경우에는 연대하여 손해배상책임을 부담

회계감사인이 투자자에 대하여 손해를 배상할 책임이 있는 경우로서 해당 집합투자재산을 운용하는 집합투자업자의 이사·감사(감사위원회가 설치된 경우에는 감사위원회의 위원을 말한다) 또는 투자회사의 감독이사에게도 '귀책사유가 있는 경우'에는 그 회계감사인과 집합투자업자의 이사·감사 또는 투자회사의 감독이사는 연대하여 손해를 배상할 책임을 진다(241조②본문). 자본시장법은 집합투자업자의 이사·감사 또는 투자회사의 감독이사에 대해서는 '귀책사유'을 요구하고 있다. 직접 회계감사를 담당한 회계감사인과는 달리 집합투자업자의 이사·감사 또는 투자회사의 감독이사는 회계감사인의 부실감사에 대한 관리·감독상 주의의무를 게을리한데 대하여 간접적인 책임을 지는 자로서 귀책사유가 없는 경우에도 획일적으로 책임을 지게 하는 것은 비례원칙 또는 형평에 맞지 않는다고 보았기 때문이다.

(2) 고의가 없는 경우에는 책임비율에 따라 손해배상책임을 부담

손해를 배상할 책임이 있는 자가 고의가 없는 경우에 그 자는 법원이 귀책사유에 따라 정하는 책임비율에 따라 손해를 배상할 책임이 있다(241조②단서). 고의가 없이 과실만 있는 경우에 손해액 전액을 책임지도록 하는 것은 지나치다고 보았기 때문이다.

손해배상을 청구하는 자의 소득인정액이 대통령령으로 정하는 금액에 미치지 못하는 경우에는 회계감사인과 집합투자업자의 이사·감사 또는 투자회사의 감독이사는 연대하여 손해를 배상할 책임이 있다(241조③). 집합투자기구에 투자하는 저소득층을 두텁게 보호하기 위하여 마련된 규정이지만, 원고에 따라 피고의 손해배상책임 범위를 달리하는 것이 적절한 것인지는 의문이다.

라. 입증책임

감사인 또는 감사에 참여한 공인회계사가 손해배상책임을 면하기 위해서는 그 임무를 게을리하지 아니하였음을 증명하여야 한다. 다만, 일반 투자자가 아니라 감사인을 선임한 집합투자업자, 은행, 보험회사, 종합금융회사, 상호저축은행이 감사인 또는 감사에 참여한 공인회계사에 대하여 손해배상 청구의 소를 제기하는 경우에는 그 자가 입증책임을 진다(241조④, 외감법17조⑦).

회계감사인, 이사·감사 등의 손해배상책임은 그 청구권자가 해당 사실을 안 날부터 1년 이내 또는 감사보고서를 제출한 날부터 3년 이내에 청구권을 행사하지 아니하면 소멸한다(241조④, 외감법17조⑨).

제5절

보관 및 관리

Ⅰ. 신탁업자의 선관주의의무

집합투자재산을 보관·관리하는 신탁업자("신탁업자")는 선량한 관리자의 주의로써 집합투자재산을 보관·관리해야 하며, 투자자의 이익을 보호해야 한다(244조). 자본시장법은 집합투자재산의 보관·관리업무를 신탁업의 일종으로 규정하는 한편, 신탁업자에 대해서 선량한 관리자의 주의의무와 투자자의 이익 보호의무를 규정하고 있다.

법 제2편 제4장 제2절 제4관(116조 및 117조는 제외한다)의 신탁업자의 영업행위 규칙에 관한 규정들은 신탁업자가 투자신탁재산을 신탁받는 경우 그 투자신탁에 관하여는 적용하지 아니한다(245조). 법 제5편 제6장의 집합투자재산의 보관 및 관리에 관한 규정이 우선하여 적용되기 때문이다.

Ⅱ. 신탁업자의 업무수행 등

1. 집합투자재산의 보관·관리

자본시장법은 집합투자재산의 안전한 운용과 투자자를 보호하기 위하여, 투자신탁이나 투자익명조합의 집합투자업자 또는 투자회사등은 집합투자재산의 보관·관리업무를 신탁업자에게 위탁하고(184조③), 집합투자업자는 자신이 운용하는 집합투자재산을 보관·관리하는 신탁업자가 될 수 없도록 하고 있다(184조④). 집합투자업자는 집합투자재산의 운용 업무를 맡고, 신탁업자는 보관·관리업무를 맡도록 함으로써 집합투자재산의 운용과 보관·관리업무를 함께 수행할 경우의 위험을 차단하고 투자자를 보호하기 위한 것이다.

집합투자재산을 보관·관리하는 신탁업자는 해당 집합투자기구 또는 그 집합투자재산을 운용하는 집합투자업자의 계열회사이어서는 아니 된다(246조①). 집합투자업자가 계열회사인 신탁업자에게 집합투자재산의 보관·관리를 위탁하는 경우에는 신탁업자의 독립성이 훼손될 우려가 있으며, 신탁업자가 집합투자업자의 운용행위 감시 업무 등을 수행함에 있어 투자자

보호를 소홀히 할 수 있기 때문이다.

2. 집합투자기구별 자산의 취득·처분 등의 이행

집합투자재산을 보관·관리하는 신탁업자는 집합투자재산을 운용하는 집합투자업자가 신탁업자에 대하여 자산의 취득·처분 등의 이행 또는 보관·관리 등에 필요한 지시를 하는 경우 이를 각각의 집합투자기구별로 이행하여야 한다(246조④). 자산의 취득이나 처분을 비롯하여 집합투자기구의 자산운용 및 결제가 집합투자기구별로 이루어지지 않고 임의적으로 배분되지 않도록 하기 위한 것이다.

3. 고유재산 등과의 구분 관리

집합투자재산을 보관·관리하는 신탁업자는 집합투자재산을 자신의 고유재산, 다른 집합투자재산 또는 제3자로부터 보관을 위탁받은 재산과 구분하여 관리하여야 한다(246조②전단). 이 경우 집합투자재산이라는 사실과 위탁자를 명기하여야 한다(246조②후단). 신탁업자의 고유재산 또는 제3자의 재산과 혼재되어 관리될 경우에는 투자자의 보호와 집합투자기구의 독립성이 훼손될 수 있기 때문이다.

4. 고유재산 등과의 거래 제한

집합투자재산을 보관·관리하는 신탁업자는 자신이 보관·관리하는 집합투자재산을 자신의 고유재산, 다른 집합투자재산 또는 제3자로부터 보관을 위탁받은 재산과 거래하여서는 아니 된다(246조⑤본문). 신탁업자와 투자자 간 이행상충, 투자자와 다른 투자자 간의 이해상충의 가능성을 차단하고 방지하기 위한 취지이다. 다만, 집합투자재산을 효율적으로 운용하기 위하여 필요한 경우로서 금융기관에의 예치, 단기대출의 방법 등으로 운용하는 경우에는 그러하지 아니하다(246조⑤단서, 令268조④).

5. 이해관계인의 고유재산과의 거래 제한

집합투자재산을 보관·관리하는 신탁업자는 자신이 보관·관리하는 집합투자재산을 그 이해관계인의 고유재산과 거래하여서는 아니 된다(246조⑥). 이해관계인과의 거래는 투자자의 이익을 훼손할 가능성이 있기 때문이다.

6. 정보이용의 제한

집합투자재산을 보관·관리하는 신탁업자는 그 집합투자기구의 집합투자재산에 관한 정보를 자기의 고유재산의 운용, 자기가 운용하는 집합투자재산의 운용 또는 자기가 판매하는 집합투자증권의 판매를 위하여 이용하여서는 아니 된다(246조⑦). 집합투자재산과 관련된 정보는 집합투자자를 위한 정보이기 때문에 신탁업자가 그 업무과정에서 취득한 정보를 신탁업자 자신의 이익을 향유할 목적으로 이용하지 못하게 한다는 취지이다.

Ⅲ. 신탁업자의 운용행위감시 등

자본시장법은 신탁업자에게 집합투자업자의 운용행위에 대한 감시의무를 부과하고 감시해야 할 운용행위의 내용 및 절차 등과 관련된 사항을 규정하고 있다.

1. 감시 및 시정요구

신탁업자는 그 집합투자재산을 운용하는 집합투자업자의 운용지시 또는 운용행위가 법령, 집합투자규약 또는 투자설명서(예비투자설명서 및 간이투자설명서를 포함한다) 등을 위반하는지 여부를 확인하고 위반사항이 있는 경우에는 그 집합투자업자에 대하여 그 운용지시 또는 운용행위의 철회·변경 또는 시정을 요구하여야 한다(247조①).

투자회사재산을 보관·관리하는 신탁업자는 그 투자회사재산을 운용하는 집합투자업자의 운용행위가 법령, 정관 또는 투자설명서 등을 위반하는지의 여부를 확인하고 위반이 있는 경우에는 그 투자회사의 감독이사에게 보고하여야 하며, 보고를 받은 투자회사의 감독이사는 그 투자회사재산을 운용하는 집합투자업자에 대하여 시정을 요구하여야 한다(247조②). 즉, 투자회사의 경우에는 법인이사의 업무집행을 감시하는 감독이사가 있으므로 신탁업자가 직접 시정을 요구하는 것이 아니고, 투자회사의 감독이사에게 그 위반사실을 보고하여 처리하도록 하고 있다.

2. 보고 및 공시

집합투자재산(투자회사재산을 제외한다)을 보관·관리하는 신탁업자 또는 투자회사의 감독이사는 해당 집합투자재산을 운용하는 집합투자업자가 감시 또는 시정 요구를 제3영업일 이내에 이행하지 아니하는 경우에는 그 사실을 금융위원회에 보고하고 공시하여야 한다(247조③ 본문).

3. 확인사항

신탁업자는 집합투자재산과 관련하여 다음 각 호의 사항을 확인하여야 한다(247조⑤).
 1. 투자설명서가 법령 및 집합투자규약에 부합하는지 여부(247조⑤1호)
 2. 자산운용보고서의 작성이 적정한지 여부(2호)

   3. 위험관리방법의 작성이 적정한지 여부(3호)

   4. 집합투자재산의 평가가 공정한지 여부(4호)

   5. 기준가격 산정이 적정한지 여부(5호)

   6. 시정요구 등에 대한 집합투자업자의 이행명세(6호)

   7. 그 밖에 투자자 보호를 위하여 필요한 사항으로서 대통령령으로 정하는 사항(7호)

4. 자료제출 요구권

신탁업자는 시정요구 등에 필요한 경우에는 해당 집합투자업자 또는 투자회사등에 대하여 관련 자료의 제출을 요구할 수 있다. 이 경우 그 집합투자업자 또는 투자회사등은 정당한 사유가 없는 한 이에 응하여야 한다(247조⑥). 신탁업자가 집합투자업자의 운용지시에 대하여 시정을 요구하거나 신탁재산의 감시자로서 역할을 수행하는 데 필요한 자료를 제공받기 위한 것이다.

Ⅳ. 자산보관·관리보고서의 교부

신탁업자는 집합투자재산에 관하여 집합투자기구의 회계기간, 계약기간 또는 존속기간의 종료, 집합투자기구의 해지 또는 해산이 발생한 날부터 2개월 이내에 자산보관·관리보고서를 작성하여 투자자에게 교부하여야 한다(248조①). 자산보관·관리보고서에는 집합투자규약의 주요 변경사항, 투자운용인력의 변경, 집합투자자총회의 결의내용, 자산운용보고서의 작성이 적정한지의 여부 등을 기재하여야 한다(248조①각호).

신탁업자는 자산보관·관리보고서를 금융위원회 및 협회에도 교부하여야 한다(248조②).

제6절

사모집합투자기구 등에 대한 특례

I. 총설

1. 의의

"사모집합투자기구"란 금융규제를 피해서 자유롭고 창의적인 투자를 추구하는 집합투자기구를 가리킨다. Buyout펀드[19], Venture Capital[20], M&A펀드, 헷지펀드[21] 등 다양한 종류가 있으며, 사모(private placement)의 방식으로 투자자를 모집하여 저평가된 증권 등 자산을 인수한 후 그 가치를 높여 이를 되파는 방식으로 수익을 내는 집합투자기구이다.

사모방식의 투자에 대해서는 공모(모집·매출) 규제를 비롯하여 각종 규제가 배제되므로 공모와의 구별기준이 중요하다. 자본시장법은 "사모"를 "새로 발행되는 증권의 취득의 청약을 권유하는 것으로서 '모집'에 해당하지 않는 것을 말한다."(9조⑧)고 하면서 소극적인 방식으로 규정하고 있는데, "모집"이란 "대통령령으로 정한 방법으로 산출한 50인 이상의 투자자에게 새로 발행되는 증권의 취득의 청약을 권유하는 것"(9조⑦)을 말하므로, 결국 '사모'의 방식으로 증권을 발행한다는 것은 집합투자증권을 비롯하여 새로 발행되는 증권의 취득의 청약을 권유함에 있어서 그 권유대상이 49인 이하라는 뜻이다. 49인을 산정하는 경우에는 전문투자자, 회계법인, 최대주주 등은 제외되므로 주의하여야 한다(슈11조①).

자본시장법은 제3편 제1장 증권의 공모규제를 적용받지 아니하는 '사모'의 개념과 제5편 집합투자기구의 규제에서 제외되거나 특칙이 적용되는 '사모집합투자기구'의 개념을 구분하여 사용하고 있다. 자본시장법상 "사모집합투자기구"는 "집합투자증권을 '사모'로만 발행하는 집합투자기구로서 대통령령으로 정하는 투자자의 총수가 대통령령으로 정하는 방법에 따라 산출한 100인 이하인 것"(9조⑲)을 말한다. 결국 자본시장법상 "사모집합투자기구"는 집합

---

19) "Buyout펀드"는 비상장기업 등의 지분을 인수하여 경영권을 장악하고 구조조정 등을 통해 해당 기업의 가치를 높인 후에 제3자에게 매각하는 것을 목적으로 하는 펀드이다.

20) "Venture Capital"은 경쟁력 있는 벤처기업을 발굴해 투자하는 사모펀드이다.

21) "헷지펀드(Hedge Fund)"는 단기간에 매매차익을 얻기 위해서 공매도, 차익거래 등의 투자기법을 활용하여 높은 수익을 추구하는 펀드이다. 사모펀드의 일종이지만 최근에는 하이브리드 펀드 등이 등장하면서 구분이 어렵게 되었다.

투자증권을 '사모'의 방식으로 발행하고(청약권유자의 수가 49인 이하)(9조⑧, 9조⑦, 슈11조①), 집합투자기구에 투자하는 실제 투자자의 숫자는 100인 이하인 집합투자기구(9조⑲, 슈14조②)로 그 개념이 이원화되어 있는데, 여기에서 알 수 있는 것처럼 ①제3편 제1장 증권신고서의 제출 의무를 부담하는 '모집'에서 제외되는 49인 이하의 증권 취득의 청약 권유대상자를 의미하는 1차적인 '사모'의 판단이 있고, ②제5편 집합투자기구의 규제에서 제외되거나 특칙이 적용되는 '사모집합투자기구'의 기준인 100인 이하의 '적격투자자'를 산정하는 2차적인 판단이 있다. 자본시장법은 ①의 49인 이하의 청약 권유대상자를 산정할 때에는 전문투자자 등을 제외하고 청약의 권유를 하는 날 이전 6개월 이내에 청약의 권유를 받은 자를 합산하는 반면에(9조⑧, 9조⑦, 슈11조①), ②의 100인 이하의 적격투자자를 산정할 때에는 ㉠'기관전용 사모집합투자기구의 경우'에는 법 제249조의11 제1항에 따른 무한책임사원 및 같은 조 제6항 각 호에 따른 유한책임사원을 합산한 수로 하고(9조⑲1, 슈14조②1), ㉡'일반 사모집합투자기구의 경우'에는 '전문투자자로서 대통령령으로 정하는 투자자'[22], 1억원 이상으로서 '대통령령으로 정하는 금액'[23] 이상을 투자하는 개인 또는 법인, 그 밖의 단체를 합산한 수로 하고 있다(9조⑲2, 슈14조②2, 法249조의2).

한편, 법 시행령 제14조 제2항 후단은 사모집합투자기구의 투자자 수를 산출할 때 다른 집합투자기구가 그 집합투자기구의 집합투자증권 발행총수의 100분의 10 이상을 취득하는 경우에는 그 다른 집합투자기구의 투자자의 수를 합하여 산출하도록 규정하고 있다. 예를 들어, A집합투자기구의 투자자 숫자를 산정하는 경우, B집합투자기구가 A집합투자기구가 발행한 주식총수의 10% 이상을 취득하는 경우에는 B집합투자기구의 투자자의 수를 더해서 산정한다(슈14조②). 그리고 복층구조(3~4층 이상)로서 하위 펀드가 상위 펀드에 각각 상위펀드의 집합투자증권 발행총수의 10% 이상씩 투자한 경우에는, 상위펀드 투자자 수 계산시 모든 하위펀드의 투자자 수를 합산한다. 아래 [그림8-4]의 구조인 경우 D펀드의 투자자 숫자를 산정할 때에는 A펀드부터 C펀드까지의 투자자 수를 모두 합산한다.[24]

---

22) 법 제249조의2 제1호에서 "대통령령으로 정하는 투자자"란 1. 국가, 2. 한국은행, 3. 제10조 제2항 각 호의 어느 하나에 해당하는 자, 4. 주권상장법인, 5. 제10조 제3항 제1호부터 제8호까지 및 제13호부터 제18호까지의 어느 하나에 해당하는 자를 말한다(슈271조①).
23) 법 제249조의2 제2호에서 "대통령령으로 정하는 금액"이란 다음 각 호의 구분에 따른 금액을 말한다(슈271조②).
   1. 법 제249조의7제1항 각 호의 금액을 합산한 금액이 일반사모집합투자기구의 자산총액에서 부채총액을 뺀 가액의 100분의 200을 초과하지 않는 일반사모집합투자기구에 투자하는 경우: 3억원
   2. 제1호 외의 일반사모집합투자기구에 투자하는 경우: 5억원
24) 금융위 질의회신(2020.8.20.), '사모집합투자기구의 투자자 수 산정 관련(복층 구조)'.

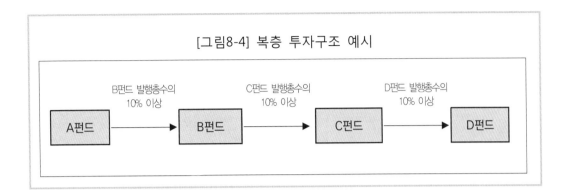

[그림8-4] 복층 투자구조 예시

2. 종류

자본시장법은 2015년 이전까지는 ① 투자자·투자전략·법적 형태에는 제한이 없지만 펀드운용 등에 상당한 규제가 있는 집합투자기구('일반사모펀드'), ② 투자자 자격 제한(적격투자자)은 있지만 투자전략·법적 형태·펀드운용 등에 대한 규제는 거의 없는 집합투자기구('한국형 헷지펀드'), ③ 투자전략(경영참여목적투자)·법적형태(합자회사)·투자자 자격 등에 제한이 있는 펀드('PEF')의 3가지 종류로 사모집합투자기구를 구분하고 있었다.

2015년 자본시장법 개정에 따라 사모집합투자기구는 '운용목적'에 따라 ① '전문투자형 사모집합투자기구'와 ② '경영참여형 사모집합투자기구'의 2가지 종류로 구분되었다. 종전의 일반사모펀드와 헷지펀드를 전문투자형 사모집합투자기구로 통합하고, 사모투자전문회사(PEF)는 경영참여형 사모집합투자기구로 명칭을 변경하였다.

2021년 4월 20일에는 '라임·옵티머스 사태'에 영향을 받아서 자본시장법이 개정되었는데, 사모집합투자기구를 '투자자 유형'에 따라 ① 일반 사모집합투자기구와 ② 기관전용 사모집합투자기구로 개편하고, 실제 투자자의 총수를 100인 이하로 확대하였다(9조⑲).

┃해설┃ 사모펀드의 입법례

1. 미국

미국 투자회사법(Investment Company Act of 1940)은 모든 집합투자기구는 그 법적인 형태를 불문하고 투자회사로 정의한다. 투자회사는 공시, 자산운용 등에 관하여 광범위한 규제를 받지만, 사모방식으로 투자자를 모으고 적격투자자로만 구성되는 적격투자자펀드에 대해서는 규제가 완화되어 있다(ICA §2(a)(51), 3(c)(7)). 사모펀드에 대한 규제는 펀드 운용자에 대한 규제가 대부분이다. 집합투자기구 운용자에 대하여는 투자자문법(Investment Advisers Act of 1940)이 적용된다. 1933년 증권법과 1934년 증권거래법의 적용대상이 될 수도 있지만, 일정한 경우 사모에 대해서는 적용이 면제된다(1933년 증권법 §4(2), SEC Rule 506 of Regulation D, 'Safe harbor 조항').

2. 일본

일본은 '증권투자신탁및투자법인에관한법률'에서 사모펀드의 구성, 운용 등을 규제하고 있다. 동법에 따르면 사모펀드는 투자자 구성에 따라 적격투자자 사모펀드와 소수투자자 사모펀드로 구분된다. 소수투자자 사모펀드는 발행시 가입권유자가 49인 이하인 사모펀드를 뜻하는데, 취득자의 수에는 제한이 없다. 적격투자자 사모펀드는 적격투자자만을 대상으로 하는 사모펀드로서, 신탁형만 가능하고 펀드 양도시 제한이 있다.

II. 일반 사모집합투자기구

1. 의의

"일반 사모집합투자기구"란 "기관전용 사모집합투자기구를 제외한 사모집합투자기구"(9조⑲2)를 말한다. 합자회사 형태만 가능한 기관전용 사모집합투자기구에 비교해서(249조의10, 249조의11), 일반 사모집합투자기구는 그 법적 형태에 제한이 없다.

일반 사모집합투자기구에 대해서는 집합투자재산의 운용대상을 기준으로 증권집합투자기구, 부동산집합투자기구, 특별자산집합투자기구, 혼합자산집합투자기구, 단기금융집합투자기구로 구분하는 자본시장법 제229조가 적용되지 않으므로(249조의8①), 집합투자업자가 투자대상·투자전략 등을 정하여 집합투자규약에 반영함으로써 그 성격이 정해진다. 투자대상을 기준으로 부동산펀드, 파생상품펀드, 헷지펀드(증권등에 주로 투자), 기타펀드 등으로 구분할 수 있다.

2. 적격투자자

일반 사모집합투자기구인 투자신탁이나 투자익명조합의 일반 사모집합투자업자 또는 일반 사모집합투자기구인 투자회사등은 다음 각 호의 어느 하나에 해당하는 투자자("적격투자자")에 한정하여 집합투자증권을 발행할 수 있다(249조의2).

1. 전문투자자로서 대통령령으로 정하는 투자자(249조의2 1호)

   법 제249조의2제1호에서 "대통령령으로 정하는 투자자"란 다음 각 호의 어느 하나에 해당하는 자를 말한다.

   가. 국가(슈271조①1호)

   나. 한국은행(2호)

   다. 은행, 한국산업은행, 종금사, 여신전문회사 등(3호)

   라. 주권상장법인(4호)

   마. 예금보험공사 및 정리금융회사, 한국자산관리공사, 한국주택금융공사, 한국투자공사, 협회, 예탁결제원, 전자등록기관, 거래소, 금융감독원, 공제사업법인, 지방자치

단체 등(5호)

법 제249조의2 제1호는 전문투자자 중에서도 대통령령으로 열거된 '전문투자자인 적격투자자'에 한하여 일반 사모집합투자기구에 투자할 수 있도록 하고 있다. 그만큼 사모집합투자기구의 투자위험이 높다는 것을 고려한 것인데, '전문투자자인 적격투자자'에 해당하면 최저투자금액에는 제한이 없다.

2. 1억원 이상으로서 대통령령으로 정하는 금액 이상을 투자하는 개인 또는 법인, 그 밖의 단체(국가재정법 별표2에서 정한 법률상 기금과 집합투자기구를 포함한다)(249조의2 2호)

"대통령령으로 정하는 금액"이란 다음 각 호의 구분에 따른 금액을 말한다.

가. 법 제249조의7 제1항 각 호의 금액을 합산한 금액이 전문투자형 사모집합투자기구의 자산총액에서 부채총액을 뺀 가액의 100분의 200을 초과하지 않는 전문투자형 사모집합투자기구에 투자하는 경우: 3억원(令271조②1호)

나. 제1호 외의 전문투자형 사모집합투자기구에 투자하는 경우: 5억원(2호)

법 제249조의2 제2호는 일정 금액 이상을 투자하는 '기타 적격투자자'의 개념을 설정하고 있다. 일반투자자도 제2호의 최저 투자금액 이상이면 일반 사모집합투자기구에 투자할 수 있고, 제1호의 '전문투자자인 적격투자자'에서 제외된 전문투자자도 최저 투자금액의 요건을 충족하면 일반 사모집합투자기구에 투자할 수 있다. 즉, 전문투자자라고 하더라도 최저 투자금액을 충족하지 못하면 일반 집합투자기구에 투자하지 못한다.

최저 투자금액은 레버리지 사용규모에 따라 다르게 설정되어 있으며, 레버리지 규모가 집합투자기구 순자산총액의 200%를 초과하지 않는 경우에는 3억원이며, 레버리지 규모가 200%를 초과하는 경우에는 5억원이다.

3. 등록

가. 미등록 영업행위의 금지

자본시장법상 집합투자업은 공모집합투자업과 사모집합투자업으로 이원화되어 있다.

공모집합투자업을 영위하려는 자는 자본시장법 제12조에 따라 금융위원회로부터 집합투자업인가를 받아야 하고, 사모집합투자업 중에서 일반 사모집합투자기구의 운용업무를 영위하려는 자는 '일반 사모집합투자업의 등록'을 하여야 하며(249조의3①), 기관전용 사모집합투자기구의 운용업무를 영위하려는 자는 '기관전용 사모집합투자기구의 업무집행사원의 등록'을 하여야 한다(249조의15①). 공모와 사모집합투자업을 함께 영위하는 경우에는 법 제12조에 의한 인가와 함께 법 제249조의3 또는 법 제249조의15에 의한 등록을 하여야 한다.

나. 등록요건

일반 사모집합투자업의 등록을 하려는 자는 상법에 따른 주식회사이거나 대통령령으로 정하는 금융회사일 것, 10억원 이상의 자기자본, 일반 사모집합투자업을 수행하기에 충분한 인력과 전산설비, 그 밖의 물적설비를 등의 요건을 모두 갖추어야 한다(249조의3②).

일반 사모집합투자업은 일반 사모집합투자기구를 운용하는 영업이므로 공모집합투자업의 인가요건(제12조 금융투자업의 인가)에 비해 그 등록요건이 완화되어 있다. 예를 들어, '자기자본요건'의 경우 종합자산운용업(공모집합투자기구) 인가를 받으려면 80억원 이상의 자기자본을 가지고 있어야 하지만, 일반 사모집합투자업 등록에는 10억원으로 낮추어져 있다(249조의3②2, 令271조2③).

4. 투자권유와 투자광고 등

가. 적격투자자 확인의무

일반 사모집합투자기구의 집합투자증권을 판매하는 금융투자업자는 투자자가 적격투자자인지를 확인하여야 한다(249조의4①). 일반 사모집합투자기구는 '적격투자자'(249조의2)로만 구성되기 때문에 투자권유 단계에서부터 적격투자자만을 대상으로 판매하라는 뜻이다. 적격투자자인지를 확인할 의무는 집합투자증권을 발행하는 집합투자업자가 아니고, 집합투자증권을 판매하는 금융투자업자가 부담한다.

나. 핵심상품설명서의 작성, 교부, 설명의무

일반 사모집합투자기구의 집합투자증권을 발행하는 집합투자업자는 금융소비자보호법 제19조의 설명의무에 관한 조항에도 불구하고 '핵심상품설명서'를 작성하여 그 일반 사모집합투자기구의 집합투자증권을 투자권유 또는 판매하는 자에게 제공하여야 한다. 핵심상품설명서에 기재된 사항(경미한 사항으로서 대통령령으로 정하는 경우는 제외한다)이 변경된 경우에도 이와 같다(249조의4②).

일반 사모집합투자기구의 집합투자증권을 투자권유 또는 판매하는 자는 그 일반 사모집합투자기구의 집합투자증권을 발행하는 자가 작성하여 제공한 핵심상품설명서를 투자자(전문투자자, 기타 대통령령으로 정하는 자는 제외한다)에게 교부하고, 그 핵심상품설명서를 사용하여 투자권유 또는 판매하여야 한다(249조의4④본문). 핵심상품설명서를 교부하는 경우에도 금융소비자보호법상의 설명의무를 준수하여야 하는 것은 당연하다(금소법19조).

다. 투자광고의 규제

일반 사모집합투자기구는 집합투자증권을 '사모'로 발행해야 하므로 그 성격상 불특정 다수인을 대상으로 하는 광고는 허용되지 않는다. 그러나 전문투자자 또는 투자광고 전날의 금융투자상품 잔고가 1억원 이상으로서 '대통령령으로 정하는 금액'25) 이상인 일반투자자만을 대상으로 하는 광고는 예외적으로 허용된다(249조의5①, 슈271조의6①). 투자광고를 하는 경우에는 서면, 전화, 전자우편, 그 밖에 금융위원회가 고시하는 매체를 통하여 전문투자자 또는 제1항에 따른 투자자에게 개별적으로 알려야 한다(249조의5②).

5. 설정 · 설립 및 보고

일반 사모집합투자기구인 투자신탁이나 투자익명조합의 집합투자업자 또는 일반 사모집합투자기구인 투자회사등은 일반 사모집합투자기구를 설정 · 설립한 경우 그 날부터 2주일 이내에 금융위원회에 보고하여야 한다. 다만, 투자자 보호 및 건전한 거래질서를 해칠 우려가 있는 경우로서 대통령령으로 정하는 경우에는 일반 사모집합투자기구가 설정 · 설립된 후 지체 없이 보고하여야 한다(249조의6②). 종전까지 사모펀드는 금융위원회에 등록하기 전에는 그 집합투자증권을 판매할 수 없도록 되어 있었으나, 2015년 자본시장법 개정 시부터 적시에 사모집합투자기구를 설립 · 설정하고 투자를 집행할 수 있도록 하기 위하여 금융위원회 등록 전 판매제한규정을 배제하고, 그 대신 일정 기간 내에 일반 사모집합투자기구의 설립 · 설정 사실을 금융위원회에 보고하도록 하였다.

6. 집합투자재산의 운용방법 등

가. 개요

자본시장법 제81조 내지 제83조는 집합투자기구의 집합투자재산 운용방법을 규정하고 있다. 법 제81조(자산운용의 제한)는 증권, 부동산, 집합투자증권 등 자산의 종류 별로 집합투자재산의 투자한도를 설정하고 부동산에 대해서는 취득 후 일정 기간 내 처분행위를 제한하고, 제82조(자기집합투자증권의 취득 제한)는 집합투자기구의 계산으로 그 집합투자기구의 집합투자증권을 취득하는 자기거래행위 등을 금지하며, 제83조(금전차입 등의 제한)는 집합투자기구의 계산으로 금전의 차입을 제한하고 예외적으로 금전을 차입하는 경우에도 그 차입금의 총액은 순자산액의 10%를 초과하지 않도록 하고 있다.

일반 사모집합투자기구에 대해서는 법 제81조, 제82조 및 제83조가 적용되지 않는다(249조의8①). 따라서 일반 사모집합투자기구의 집합투자재산 운용과 관련해서는 투자대상, 투자방법, 금전차입 등에 대한 직접적인 규제는 없다. 다만, 이해관계인과의 거래를 제한하는 법

---

25) 법 제249조의5 제1항에서 "대통령령으로 정하는 금액"이란 다음 각 호의 구분에 따른 금액을 말한다(슈 271조의6).
  1. 법 제249조의7 제1항 각 호의 금액을 합산한 금액이 일반 사모집합투자기구의 자산총액에서 부채총액을 뺀 가액의 100분의 200을 초과하지 않는 일반 사모집합투자기구의 투자광고를 하는 경우: 3억원
  2. 제1호 외의 일반 사모집합투자기구의 투자광고를 하는 경우: 5억원

제84조, 불건전 영업행위를 금지하는 법 제85조, 의결권 행사를 규제하는 법 제87조 등은 여전히 적용된다(249조의8①).

나. 금전차입의 레버리지 규제

일반 사모집합투자기구에 대해서는 공모집합투자기구에 대해서 금전차입 등을 제한하는 개별규정(81조, 83조, 94조)의 적용은 배제되지만(249조의8①), 과도한 차입 투자로 인한 투자위험을 방지하기 위한 규제는 여전히 존재한다. 자본시장법은 일반 사모집합투자업자가 집합투자재산을 운용하는 경우 다음 각 호의 금액을 합산한 금액이 일반 사모집합투자기구의 자산총액에서 부채총액을 뺀 가액의 100분의 400을 초과하는 것을 금지하고 있다(249조의7①본문, 令271조의10①).

1. 파생상품에 투자하는 경우 그 파생상품의 매매에 따른 위험평가액(249조의7①1호)
2. 집합투자재산으로 해당 일반 사모집합투자기구 외의 자를 위하여 채무보증 또는 담보제공을 하는 방법으로 운용하는 경우 그 채무보증액 또는 담보목적물의 가액(2호)
3. 일반 사모집합투자기구의 계산으로 금전을 차입하는 경우 그 차입금의 총액(3호)

다. 집합투자재산의 운용방법 제한

일반 사모집합투자업자는 일반 사모집합투자기구의 집합투자재산을 운용할 때 다음 각 호의 어느 하나에 해당하는 행위를 해서는 아니 된다(249조의7②).

1. 국내 소재 부동산은 취득 후 1년 이내 처분 제한(249조의7②1호)

    일반 사모집합투자업자는 '국내에 있는 부동산'을 취득한 후 '1년(미분양주택은 집합투자규약에서 정하는 기간) 이내'에 이를 처분(투자목적회사가 발행한 주식 또는 지분을 처분하는 것을 포함한다)하는 행위를 하여서는 아니 된다(249조의7②1본문, 令271조10②,③). 국내에 소재하는 부동산에 적용되므로 해외 소재 부동산을 취득한 경우에는 처분시기에 제한이 없다.

2. 나대지 취득 후 개발사업 시행 전 처분행위의 제한(2호)

    일반 사모집합투자업자는 건축물, 그 밖의 공작물이 없는 토지로서 그 토지에 대하여 부동산개발사업을 시행하기 전에 이를 처분하는 행위를 하여서는 아니 된다(249조의7②2본문). 즉, 나대지를 취득한 후 부동산개발사업을 시행하기 전에 이를 처분하는 행위를 하여서는 아니 된다.

3. 대여행위의 제한(3호)

    일반 사모집합투자업자가 일반 사모집합투자기구의 집합투자재산을 개인 및 그 밖에 대통령령으로 정하는 자에게 직접 대여하거나 이를 회피할 목적으로 「대부업 등의 등록 및 금융이용자 보호에 관한 법률」 제3조에 따라 등록한 대부업자 등 대통

령령으로 정하는 자와의 연계거래 등을 이용하는 행위를 하여서는 아니 된다(249조
의7②3).

4. 집합투자증권의 발행대상자 제한(4호)

일반 사모집합투자업자가 일반 사모집합투자기구의 집합투자재산을 금전의 대여로
운용하는 경우 그 집합투자기구의 집합투자증권을 국가, 한국은행, 전문투자자 중
대통령령으로 정하는 자 이외의 자에게 발행하는 행위를 하여서는 아니 된다(249조
의7②4본문).

5. 투자목적회사에 유사한 형태의 회사설립 행위 금지(5호)

일반 사모집합투자업자가 이 장의 규제를 회피할 목적으로 제249조의13에 따른 투
자목적회사가 아닌 법인으로서 이와 유사한 목적 또는 형태를 가진 법인을 설립 또
는 이용(그 법인이 발행한 지분증권에 투자하는 행위를 포함한다)하는 행위를 하여서는 아니
된다(249조의7②5).

라. 경영권 참여 등을 위하여 취득한 주식의 처분

일반 사모집합투자업자는 다른 회사(투자목적회사, 투자회사, 투자유한회사, 투자합자회사, 투자유
한책임회사, 그 밖에 대통령령으로 정하는 회사는 제외한다)에 대한 경영권 참여, 사업구조 또는 지
배구조의 개선 등을 위하여 다음 각 호의 어느 하나에 해당하는 방법으로 일반 사모집합투
자기구의 집합투자재산을 운용하는 경우(다른 사모집합투자기구와 공동으로 운용하는 경우를 포함한
다) 다음 각 호의 어느 하나에 해당하는 날부터 15년이 되는 날까지 그 지분증권을 제3자에
게 처분하여야 한다(249조의7⑤).

1. 다른 회사의 의결권 있는 발행주식총수 또는 출자총액의 100분의 10 이상을 보유하
   게 된 날(249조의7⑤1)

2. 임원의 임면 등 투자하는 회사의 주요 경영사항에 대하여 사실상의 지배력 행사가
   가능하도록 하는 투자로서 대통령령으로 정하는 투자를 한 날(2호)

마. 초과취득 주식의 의결권 행사

일반 사모집합투자업자는 법 제87조 제4항의 투자한도를 초과하여 취득한 주식의 의결
권 제한에도 불구하고, 다음 각 호의 어느 하나에 해당하지 아니하는 일반 사모집합투자기
구의 집합투자재산인 주식과 관련하여 법 제81조 제1항에 따른 투자한도를 초과하여 취득한
주식에 대하여는 의결권을 행사할 수 있다(249조의7⑥).

1. 상호출자제한기업집단의 계열회사인 일반 사모집합투자업자가 운용하는 일반 사모
   집합투자기구(249조의7⑥1호)

2. 같은 상호출자제한기업집단에 속하는 금융회사가 집합투자증권 총수의 100분의 30

을 초과하여 투자한 일반 사모집합투자기구(2호)

7. 일반 사모집합투자기구에 대한 특례

자본시장법은 공모집합투자기구에 대한 규정들을 사모집합투자기구에 대해서도 원칙적으로 적용하지만, 일반 사모집합투자기구에 적합하지 아니한 일부 규정은 그 적용을 배제하고, 일부 사항에 대해서는 특례규정을 두고 있다.

가. 적용배제 규정

일반 사모집합투자기구는 적격투자자를 대상으로 집합투자증권을 발행하므로, 사전규제는 최소화하고 사적자치를 최대한 보장하는 것이 바람직하다. 따라서 자본시장법은 공모집합투자기구에 적용되는 상당수의 규정을 일반 사모집합투자기구에 대해서는 그 적용을 배제하고 있다(249조의8). 적용이 배제되는 규정으로는 ① 금융투자업자의 공통영업행위규칙 중 일부규정(76조②내지⑥), ② 집합투자업자의 영업행위규칙 중 일부규정(81조부터 83조까지, 88조, 89조 등), ③ 집합투자기구에 관한 규정(182조, 183조 제1항 등), ④ 감독·검사에 관한 규정(253조) 등이다. 다만, 법 제249조의9에서는 일반 사모집합투자기구에 대한 조치를 따로 정하고 있으므로 감독 및 검사가 완전히 배제되는 것이 아니다.

나. 집합투자증권의 양도

일반 사모집합투자기구의 투자자는 그 집합투자증권을 적격투자자가 아닌 자에게 양도해서는 아니 된다(249조의8③). 즉, 일반 사모집합투자기구의 투자자가 그 집합투자증권을 타인에게 양도하고자 할 때에는 그 양도 상대방은 적격투자자이어야 한다. 적격투자자로 구성되는 일반 사모집합투자기구의 성격상 당연한 내용이다.

다. 현물출자의 특례

일반 사모집합투자기구의 투자자(투자신탁의 경우 그 투자신탁재산을 운용하는 전문사모집합투자업자를 말한다)는 금전납입을 원칙으로 하는 자본시장법상의 각종 규정들[26]에도 불구하고, 객관적인 가치평가가 가능하고 다른 투자자의 이익을 해칠 우려가 없는 경우에는 '대통령령으로 정하는 방법'에 따라 증권, 부동산 또는 실물자산 등 금전 외의 자산으로 납입할 수 있다(249조의8④).

라. 집합투자자총회의 임의화

집합투자자총회 및 그와 관련된 사항은 일반 사모집합투자기구에는 적용하지 아니한다(249조의8⑤본문). 즉, 일반 사모집합투자기구는 의무적으로 집합투자자총회를 설치하지 않아

---

26) 법 제188조 제4항, 제194조 제7항(제196조 제6항에서 준용하는 경우를 포함한다), 제207조 제4항, 제213조 제4항, 제217조의2 제4항, 제218조 제2항 및 제224조 제2항 등이다(249조의8④).

도 된다. 다만, 일반투자자를 대상으로 하는 일반 사모집합투자기구의 경우에는 제237조(환매의 연기)에 따라서 그 집합투자증권의 환매를 연기할 수 있으며, 이 경우 집합투자자총회 결의일은 환매를 연기한 날로부터 3개월 이내로 한다(249조의8⑤단서).

마. 투자회사 이사회 구성의 특례

자본시장법상 투자회사는 법인이사 1인과 감독이사 2인 이상이 있어야 하며(197조), 법인이사와 감독이사로 구성되는 이사회를 두어야 한다(200조). 법인이사(집합투자업자)는 투자회사의 주요업무에 대해서는 집행 전에 이사회의 결의를 받아야 한다(198조②).

그러나 일반 사모집합투자기구인 투자회사는 일반 사모집합투자업자인 법인이사 1명을 두며, 상법 제383조 제1항에도 불구하고 이사의 수를 1명 또는 2명으로 할 수 있다(249조의8⑦). 즉, 일반 사모집합투자기구인 투자회사는 감독이사를 두지 않아도 되고 이사회의 설치도 강제되지 않는다. 결국 일반 사모집합투자기구인 투자회사는 주식회사의 형태를 취하고 있지만 법인이사인 일반 사모집합투자업자를 감시·견제하는 내부기관이 없을 수 있다는 점에서 실질적으로 투자합자회사와 차이가 없다.

바. 수종의 주식이나 수종의 수익증권 발행

(1) 수종의 주식이나 수익권에 대한 일반 사모집합투자기구의 특례

공모집합투자에서 집합투자기구인 투자신탁의 수익자는 신탁원본의 상환 및 이익의 분배 등에 관하여 수익증권의 좌수에 따라 균등한 권리를 가진다(189조②). 투자회사에 대해서는 종류주식에 관한 상법 제344조의 적용이 배제되므로 이익의 배당, 잔여재산의 분배등에 관하여 내용이 다른 종류의 주식(종류주식)을 발행할 수 없다(206조②). 즉, 주주평등의 원칙상 투자회사는 보통주만을 발행할 수 있다.

일반 사모집합투자기구는 집합투자규약에 따라 투자자에 대한 손익의 분배 또는 손익의 순위 등에 관한 사항을 정할 수 있다(249조의8⑧). 따라서 투자회사 또는 투자신탁 형태의 일반 사모집합투자기구는 집합투자규약에서 정하는 바에 따라 손익의 순위·내용을 달리하는 수종의 주식이나 수종의 수익권을 발행할 수 있다. 이는 마치 판매보수의 차이로 인하여 기준가격이 다르거나 판매수수료가 다른 여러 종류의 집합투자증권을 발행하는 종류형집합투자기구와 유사하다(231조).

(2) 법 제55조 손실보전의 금지 조항과의 관계

이와 관련하여 특정한 일반 사모집합투자기구가 손익의 분배 또는 손익의 순위 등에 관하여 순위나 내용이 다른 수종의 주식이나 수익권을 발행하는 경우에 법 제55조의 손실보전의 금지 조항에 위반하는지가 문제될 수 있다.

집합투자업자가 법249조의8 제8항에 따라 손익차등형 펀드를 설정하는 경우라도 수익자

간의 손익의 분배는 개별 수익자가 부담하는 리스크 등을 고려하여 합리적인 방법으로 배분되어야 하며, 특정 수익자에게 일방적인 이익을 제공하거나 확정수익을 제시하는 행위는 손실보전에 해당될 수 있어 허용되지 않는다.27) 그러나 일반 사모집합투자기구에 집합투자업자가 고유 재산을 출자하여 후순위 수익자가 되는 사정만으로는 특정 수익자에게 일방적인 이익을 제공하거나 확정수익을 제시하는 행위로써 투자자가 입을 손실의 전부 또는 일부를 보전하여 줄 것을 사전에 약속하거나 사후에 보전하여 주는 행위로 볼 수는 없고 법 제55조의 손실보전의 금지 조항에 위반하는 것으로는 보기가 어렵다.28)

재간접펀드로 모펀드는 2개 이상의 자펀드의 출자자로 참여하고 순위(선순위, 중 순위, 후순위 등)를 달리하여 자펀드의 지분을 가지는 구조의 펀드를 구성하면서, 자펀드 출자를 목적으로 조성되는 모펀드에 수익권을 설정하여 수익권별로 차등배분하는 펀드는 허용되는가? 금융위원회는 자본시장법 제249조의8 제8항은 "일반 사모집합투자기구는 집합투자규약에 따라 투자자에 대한 손익의 분배 또는 손익의 순위 등에 관한 사항을 정할 수 있다."고 규정하는 바, 모펀드가 수익권별로 차등배분 하고 이를 정관 등에 규정하였다면 자본시장법에 위반하지 않는다고 한다.29)

일반 사모집합투자기구에서 손익차등형 펀드를 설정하면서 개방형 펀드로 설정하는 것이 가능한가? 금융위원회는 법 제249조의8 제8항은 일반 사모집합투자기구는 집합 투자규약에 따라 투자자에 대한 손익의 분배 또는 손익의 순위 등에 관한 사항을 정할 수 있다고 규정하고 있을 뿐이고, 이 경우 반드시 환매금지형 집합투자기구로 설정·설립할 것을 규정하고 있지 아니하므로, 개방형펀드로 설정하는 것이 가능하다고 한다.30)

사. 집합투자증권의 판매

일반 사모집합투자업자가 자신이 운용하는 일반 사모집합투자기구의 집합투자증권을 판매하는 경우에는 금융투자업으로 보지 않는다(7조⑥3). 따라서 투자매매업 또는 투자중개업을 위한 별도의 금융투자업인가를 받지 않아도 된다.

일반 사모집합투자업자가 자신이 운용하는 일반 사모집합투자기구의 집합투자증권을 판매하는 경우에는 법 제7조 제6항 제3호31)에도 불구하고 제71조(불건전영업행위) 제5호부터 제

27) 금융위 질의회신(2020.11.4.), '손익차등형의 후순위를 해당운용사 고유재산으로 전액 가입시 손실보전에 해당하는지'.
28) 금융위 질의회신(2020.3.2.), '손익의 분배를 달리하는 전문투자형 사모집합투자기구에 고유재산으로 후순위 수익자가 될 수 있는지'.
29) 금융위 질의회신(2018.7.4.), '펀드오브펀즈(Fund of Funds) 방식을 통해 조성되는 모펀드에 수익권을 설정하여 각 수익권별로 배분을 달리하는 펀드구조가 가능한지 여부'.
30) 금융위 질의회신(2020.4.24.), '손익차등형펀드의 개방형 설정 가능 여부'.
31) 법 제7조 제6항 제3호는 일반 사모집합투자업자가 자신이 운용하는 일반 사모집합투자기구의 집합투자증권을 판매하는 경우에는 금융투자업으로 보지 아니하고 있다.

7호까지(제7호의 경우 같은 호에 따른 대통령령으로 정하는 행위 중 대통령령으로 정하는 것으로 한정한다), 제74조(투자자예탁금의 별도 예치) 및 제76조(집합투자증권의 판매가격) 제1항을 준용한다(249조의8⑨, 令271조의11②3). 즉, 별도의 금융투자업인가를 받을 필요는 없다고 하더라도 사실상 투자매매와 투자중개업무를 하는 것이므로 투자자의 보호를 위해서 투자매매업자 및 투자중개업자에 영업행위 규제에 관한 일부 조항을 적용하고 있다.

┃판례┃ 사모집합투자기구 설립·운영자의 손해배상책임(대판 2016.10.27., 2015다216796)
1. 사실관계
피고회사는 사모투자전문회사(PEF, 현행법상 일반 사모집합투자기구에 해당한다)를 설립하여 2006년 1월경 부산저축은행을 인수하였고 재무적 투자자로서 참여하였다. 원고는 2008년 7월 9일 사모투자전문회사의 출자지분 중 25억좌를 매수하여 사모투자전문회사의 유한책임사원이 되었는데, 부산저축은행은 2012년 2월 23일 파산하였다.
2. 판결요지
사모집합투자기구의 설립·운용자는 해당 사모집합투자기구의 투자대상과 투자방법 및 투자회수 구조 등의 중요한 사항에 대하여 정확한 정보를 생산하여 투자자들에게 제공할 의무가 있고, 이러한 의무를 위반하여 투자자들의 투자판단에 영향을 주고 그로 말미암아 투자자들에게 손해가 발생하였다면 불법행위로 인한 손해배상책임을 진다.
사모투자전문회사의 설립·운용자가 제공한 부정확한 정보로 인하여 투자자가 투자판단에 영향을 받아 손해를 입은 이상, 기존의 유한책임사원에게서 사모투자전문회사의 지분을 양수한 투자자도 사모투자전문회사의 설립·운용자에 대하여 책임을 물을 수 있다.
3. 해설
이 판결은 사모투자전문회사 업무집행사원의 선관주의의무와 투자자보호의무에 관하여 밝힌 것으로 의미가 있다. 특히, 대법원은 사모투자전문회사의 업무집행사원 겸 무한책임사원이 사모투자전문회사 설립 당시에 직접 모집한 사원이 아닌 지분을 양수하여 유한책임사원이 된 자에게도 손해배상책임을 부담한다고 하였다.

Ⅲ. 기관전용 사모집합투자기구

1. 의의

"기관전용 사모집합투자기구"란 법 제249조의11 제6항[32]에 해당하는 자만을 사원으로 하는 투자합자회사인 사모집합투자기구(9조의⑲1)를 말한다. 일반 사모집합투자기구와는 달리 합자회사 형태만이 허용된다.

일반 사모집합투자기구처럼, 기관전용 사모집합투자기구에 대해서도 집합투자재산의 운

---
32) (기관전용 사모집합투자기구 등의) 유한책임사원은 개인이 아닌 자로서 다음 각 호에 해당하는 자여야 한다(249조의11⑥).
  1. 전문투자자로서 대통령령으로 정하는 투자자
  2. 그 밖에 전문성 또는 위험감수능력 등을 갖춘 자로서 대통령령으로 정하는 투자자

용대상을 기준으로 증권집합투자기구, 부동산집합투자기구, 특별자산집합투자기구, 혼합자산집합투자기구, 단기금융집합투자기구로 구분하는 자본시장법 제229조가 적용되지 않는다(249조의20①). 따라서 기관전용 사모집합투자기구는 집합투자업자가 투자대상·투자전략 등을 정하여 집합투자규약 등에 반영함으로써 그 성격이 정해진다.

그 밖에 기관전용 집합투자기구에 대해서는 ① 운용자(업무집행사원)의 등록요건 완화(249조의15), ② 상호출자제한기업집단 계열 기관전용 사모집합투자기구 등에 대한 특례(249조의18), ③ 공정거래법상 지주회사 규제의 특례(249조의19) 등이 규정되어 있다.

2. 설립 및 보고

가. 정관 및 설립등기

기관전용 사모집합투자기구의 정관은 그 특성이 반영될 수 있도록 목적, 상호, 회사의 소재지, 각 사원의 출자의 목적과 가격 또는 평가의 기준, 회사의 해산사유를 정한 경우에는 그 내용, 사원의 성명·주민등록번호(법인인 경우에는 상호 또는 명칭·사업자등록번호) 및 주소, 무한책임사원과 유한책임사원의 구분 등을 기재하고, 총사원이 기명날인 또는 서명하여야 한다(249조의10①).

설립등기 시에는 무한책임사원의 상호 또는 명칭·사업자등록번호 및 주소를 등기하여야 한다(249의10②). 상법상 합자회사는 무한책임사원과 유한책임사원의 성명을 모두 등기해야 하지만(商271조, 180조), 기관전용 사모집합투자기구는 무한책임사원의 상호 또는 명칭·사업자등록번호 및 주소에 대해서만 등기하고(249조의10②2), 단순한 투자자인 유한책임사원의 성명은 등기사항에서 제외하고 있다.

나. 금융위원회 보고

기관전용 사모집합투자기구는 설립등기일부터 2주일 이내에 대통령령으로 정하는 바에 따라 금융위원회에 보고하여야 한다(249조의10④본문). 보고한 사항이 변경된 경우에는 경미한 사항으로서 대통령령으로 정하는 경우를 제외하고는 그 날부터 2주일 이내에 금융위원회에 변경보고를 하여야 한다(247조의10⑥).

3. 사원 및 출자

기관전용 사모집합투자기구는 상법상 합자회사에 해당하지만(9조⑲1, 249조의10①8), 집합투자기구이고, 사모의 방식으로 자금을 모집하는 특성이 있어서 상법상 합자회사의 법리를 그대로 적용하는 것은 곤란하다. 이를 반영하여 기관전용 사모집합투자기구의 사원의 구성 및 업무, 출자방식 등에 대해서는 각종 특칙이 있다.

가. 1인 이상의 무한책임사원, 1인 이상의 유한책임사원

기관전용 사모집합투자기구의 사원은 1인 이상의 무한책임사원과 1인 이상의 유한책임사원으로 하되, 사원의 총수는 100인 이하로 한다(249조의11①). 다른 집합투자기구와는 달리 업무를 집행하는 무한책임사원도 복수로 구성할 수 있다. 무한책임사원이 업무를 집행하며, 유한책임사원의 업무 관여는 금지된다(249조의11④).

나. 100인 이하의 사원

(1) 100인의 산정방법

사모의 방법으로 투자자금을 모집하는 사모집합투자기구이므로 그 속성상 투자자의 숫자는 제한될 수 밖에 없다. 자본시장법은 기관전용 사모집합투자지구의 사원의 총수, 즉 투자자의 수는 100인 이하로 제한하고 있다.

다른 집합투자기구가 그 기관전용 사모집합투자기구의 지분을 100분의 10 이상 취득하는 경우 등 대통령령으로 정하는 경우에는 그 다른 집합투자기구의 투자자 수를 합하여 계산한다(249조의11②).

전문투자자 중 대통령령으로 정하는 자는 사원의 총수 계산에서 제외한다(249조의11③). 일정한 전문투자자는 전문성이 높아서 투자자보호의 필요성이 낮다고 보는 것이다.

(2) 유한책임사원의 자격

기관전용 사모집합투자기구의 유한책임사원은 개인(제168조 제1항에 따른 외국인, 해당 기관전용 사모집합투자기구의 업무집행사원의 임원 또는 운용인력을 제외한다)이 아닌 자로 다음 각 호에 해당하는 자여야 한다(249조의11⑥).

  1. 전문투자자로서 대통령령으로 정하는 투자자(249조의11⑥1호)
  2. 그밖에 전문성 또는 위험감수능력을 갖춘 자로서 대통령령으로 정하는 투자자(2호)

(3) 유한책임사원의 업무관여의 금지

유한책임사원은 기관전용 집합투자기구의 집합투자재산인 주식 또는 지분의 의결권 행사 및 업무집행사원의 업무에 관여해서는 아니 된다(249조의11④). 상법상 합자회사의 유한책임사원의 권한(商278조33))과 비슷하지만 보다 구체화한 것이다.

첫째, 유한책임사원은 집합투자재산인 주식 또는 지분의 의결권 행사에 관여할 수 없다(249조의11④). 유한책임사원은 재무적 투자자에 불과하고, 집합투자재산인 주식 또는 지분을 운용하거나 처분할 것인지는 무한책임사원의 업무이기 때문이다.

둘째, 유한책임사원은 '대통령령으로 정하는 업무집행사원의 다음 각 목의 업무'에는 관여해서는 아니 된다(249조의11④, 令271조의14③, 令271조의20④6호).

---

33) 상법 제278조(업무집행, 회사대표 금지) 유한책임사원은 회사의 업무집행이나 대표행위를 하지 못한다.

가. 투자대상기업의 선정이나 투자목적회사의 설립, 선정 업무(슈271조의20④6호 가목)

나. 투자대상기업이나 투자목적회사의 지분증권을 매매하는 경우에는 그 가격·시기·방법 등을 결정하는 업무(나목)

다. 기관전용사모집합투자기구 집합투자재산이나 투자목적회사 재산에 속하는 지분증권에 대한 의결권의 행사 업무(다목)

라. 그 밖에 금융시장의 안정 또는 건전한 거래질서의 유지를 위해 필요한 업무로서 금융위원회가 정하여 고시하는 업무(라목)

다. 출자

(1) 유한책임사원의 출자

기관전용 사모집합투자기구 사원의 출자의 방법은 금전에 한정한다(249조의11⑤본문). 상법상 합자회사의 유한책임사원은 신용 또는 노무 외에 증권 등 현물출자가 가능하지만(商272조), 기관전용 집합투자기구에서는 지분평가의 어려움과 투자자 간의 공정성 등 집합투자기구의 속성을 반영하여 금전에 한정하여 출자를 허용하고 있다. 다만, 객관적인 가치평가가 가능하고 사원의 이익을 해칠 우려가 없는 경우로서 다른 모든 사원의 동의가 있는 경우에는 증권으로 출자할 수 있다(249조의11⑤단서).

(2) 한국산업은행과 중소기업은행에 대한 특칙

한국산업은행과 중소기업은행은 그 설립목적에 부합하는 범위에서 기관전용 사모집합투자기구에 출자할 수 있다(249조의11⑦). 국책은행들이 고위험 상품인 기관전용 사모집합투자기구에 무분별하게 참여하는 것은 바람직하지 않기 때문에 그 설립목적에 부합하는 범위에서만 출자할 수 있도록 제한하는 취지이다.

(3) 업무집행사원의 특수관계인의 출자에 대한 특칙

기관전용 사모집합투자기구는 업무집행사원(GP)의 특수관계인인 유한책임사원(LP)의 출자지분이 그 기관전용 사모집합투자기구의 전체 출자지분 중 100분의 30 이상으로서 금융위원회가 정하여 고시하는 비율 이상인 경우에는 해당 유한책임사원의 관련 정보 및 기관전용 사모집합투자기구의 투자구조 등을 3영업일 이내에 금융위원회에 보고하여야 한다(249조의11⑧, 슈271조의14⑤,⑥,⑦). 업무집행사원과 특수관계에 있는 유한책임사원이 업무집행사원에게 부당한 영향력을 행사할 가능성을 상정하여 보고의무를 부과하고 이해상충의 발생 소지를 줄이려는 취지이다.

4. 집합투자재산의 운용방법 등

기관전용 사모집합투자기구의 집합투자재산 운용에 관하여는 일반 사모집합투자기구의 집합투자재산 운용방법(249조의7)을 준용한다. 다만, 매분기말 금융위원회의 보고 조항(249조의7③) 및 투자한도를 초과하여 취득한 주식의 의결권 행사 가능 조항(249조의7⑥)은 준용하지 않는다(249조의12①).

5. 업무집행사원 등의 권리와 의무 등

자본시장법은 기관전용 사모집합투자기구를 운용하는 업무집행사원에 대해서는 상법상 합자회사의 업무집행사원(무한책임사원)에 대한 특칙을 규정하고 있다.

가. 업무집행사원의 충실의무 등

기관전용 사모집합투자기구는 정관으로 무한책임사원 중 1인 이상을 업무집행사원으로 정하여야 한다. 이 경우 그 업무집행사원이 회사의 업무를 집행할 권리와 의무를 가진다(249조의14①). 업무집행사원은 법령과 정관에 따라 기관전용 사모집합투자기구를 위하여 그 직무를 충실히 수행하여야 한다(249조의14⑤).

나. 업무집행사원에 대한 손익의 분배, 보수의 지급 등

업무집행사원에 대해서 손익의 분배 또는 순위를 따로 정할 수 있는지는 다툼의 소지가 있는데, 자본시장법은 기관전용 사모집합투자기구는 '정관으로' 업무집행사원에 대한 손익의 분배 또는 손익의 순위 등에 관한 사항을 정할 수 있다고 명시적으로 규정하고 있다(249조의14③). 정관으로 정해야 하므로 계약으로 정하는 경우에는 효력이 없다고 볼 것이다.

기관전용 사모집합투자기구는 정관에서 정하는 바에 따라 기관전용 사모집합투자기구의 집합투자재산으로 업무집행사원에게 보수(운용실적에 따른 성과보수를 포함한다)를 지급할 수 있다(249조의14⑪). "정관에서 정하는 바에 따라 … 지급할 수 있다."고 규정하고 있으므로 업무집행사원에게 보수를 지급하기 위해서는 정관에 보수 지급에 사항이 포함되어 있어야 한다. 보수에는 운용실적에 따른 성과보수도 포함된다.

다. 자기거래, 부당권유 등 업무거래사원의 행위 제한

업무집행사원(법인이 업무집행사원인 경우 제2호 및 제3호에 대해서는 법인의 임직원을 포함한다)은 다음 각 호의 행위를 해서는 아니 된다(249조의14⑥). 이해상충이 우려되는 행위 등을 명시적으로 제한함으로써 투자자의 이익을 보호하려는 취지이다.

1. 기관전용 사모집합투자기구와 거래하는 행위. 다만, 사원 전원의 동의가 있는 경우에는 거래가 가능하다(249조의14⑥1호).
2. 원금 또는 일정한 이익의 보장을 약속하는 등의 방법으로 사원이 될 것을 부당하게 권유하는 행위(2호)
3. 기관전용 사모집합투자기구가 소유한 자산의 명세를 사원이 아닌 자에게 제공하는

행위(3호)

4. 그 밖에 금융시장의 안정 및 건전한 거래질서를 해칠 우려가 있는 경우로서 '대통령령으로 정하는 행위'(4호)

라. 업무집행사원의 등록

업무집행사원이 되고자 하는 자는 금융위원회에 등록하여야 한다(249조의15①). 원래 기관전용 집합투자기구의 업무집행사원은 집합투자업자에 해당하므로 법 제12조에 따라 금융위원회의 인가를 받아야 하지만(6조④,⑤, 8조④), 기관전용 집합투자기구의 업무집행사원으로서 운용업무를 하려면 일정한 요건을 갖추어 금융위원회에 등록하도록 하고 있다.

마. 은행 등 금융기관인 업무집행사원

은행법, 한국산업은행법 등 '대통령령으로 정하는 법령'에서 규정하고 있는 업무를 영위하고 있는 자는 그 법령에도 불구하고 업무집행사원이 될 수 있다. 이 경우 그 업무집행사원은 그 법령에서 제한하거나 금지하는 규정을 위반하지 아니하는 범위에서 업무를 집행할 수 있다(249조의14②).

바. 업무집행사원이 아닌 사원의 권리

(1) 장부·서류의 열람권 등

업무집행사원이 아닌 사원은 영업시간 내에만 기관전용 사모집합투자기구 또는 기관전용 사모집합투자기구가 출자한 투자목적회사의 재산에 관한 장부·서류의 열람이나 등본 또는 초본의 교부를 청구할 수 있다(249조의14⑨). 업무집행사원의 업무 방해 등이 우려되는 점을 감안하여 영업시간 내로 한정하고 있다.

(2) 재산상황에 대한 검사

업무집행사원이 아닌 사원은 업무집행사원이 업무를 집행할 때 현저하게 부적합하거나 업무수행에 중대한 위반행위가 있는 경우에는 기관전용 사모집합투자기구 또는 그 사모집합투자기구가 출자한 투자목적회사의 업무와 재산상황을 검사할 수 있다(249조의14⑩). 집합투자업자인 업무집행사원의 독자적인 판단으로 투자재산을 운영하고 그 수익을 투자자에게 분배할 수 있도록, 업무집행사원이 아닌 투자자의 업무관여를 가급적 신중히 하기 위한 것이다. 재산상황에 대한 검사권은 업무집행사원의 업무집행이 '현저하게 부적합하거나' 업무수행에 '중대한 위반행위가 있는 경우'에 한하여 인정되므로 실제 그 적용은 어려울 가능성이 높다.

6. 이해관계인과의 거래 제한 등

법 제249조의16은 업무집행사원이 기관전용 사모집합투자기구의 집합투자재산을 운용할 때 이해관계인과의 거래를 제한하고 있다. 법 제84조 집합투자업자의 이해관계인과의 거래 제한과 비슷한 취지이다.

가. 이해관계인과의 거래 제한

업무집행사원은 기관전용 사모집합투자기구의 집합투자재산을 운용할 때 업무집행사원의 임직원과 그 배우자, 업무집행사원의 대주주와 그 배우자, 업무집행사원의 계열회사 등 대통령령으로 정하는 이해관계인("이해관계인")과 거래행위를 해서는 아니 된다(249조의16①본문, 슈271조의22①). 다만, 기관전용 사모집합투자기구와 이해가 상충될 우려가 없는 거래로서 증권시장 등 불특정다수인이 참여하는 공개시장을 통한 거래, 일반적인 거래조건에 비추어 기관전용 사모집합투자기구에 유리한 거래 등은 할 수 있다(249조의16①단서).

나. 자기발행 증권, 계열회사 발행증권 등에 대한 취득 제한

업무집행사원은 기관전용 사모집합투자기구의 집합투자재산을 운용할 때 기관전용 사모집합투자기구의 계산으로 그 업무집행사원이 발행한 증권을 취득해서는 아니 된다(249조의16③). 집합투자재산으로 업무집행사원이 발행한 증권을 취득할 경우 이해상충으로 인하여 다른 사원들의 이익을 해할 우려가 있기 때문이다.

업무집행사원은 기관전용 사모집합투자기구의 집합투자재산을 운용할 때 집합투자재산의 100분의 5를 초과하여 그 업무집행사원의 계열회사가 발행한 증권, 그 기관전용 사모집합투자기구에 사실상 지배력을 행사하는 유한책임사원으로서 그 기관전용 사모집합투자기구 출자총액의 100분의 30 이상의 출자지분을 보유한 유한책임사원이 발행한 '증권'을 취득해서는 아니 된다(249조의16④전단, 슈271조의21③). 집합투자재산을 이용하여 계열회사를 지원할 우려가 존재하기 때문이다.

7. 지분양도 등

상법상 합자회사의 무한책임사원이 그 지분의 전부 또는 일부를 타인에게 양도하기 위해서는 다른 사원의 동의를 얻어야 하고(商269조, 197조), 유한책임사원이 그 지분의 전부 또는 일부를 양도하기 위해서는 무한책임사원의 동의를 얻어야 한다(商267조). 자본시장법은 기관전용 사모집합투자기구의 무한책임사원과 유한책임사원의 지분 양도에 대해서는 특칙을 두고 있다(249조의17).

가. 무한책임사원의 지분 양도

기관전용 사모집합투자기구의 무한책임사원은 출자한 지분을 타인에게 양도할 수 없다(249조의17①본문). 기관전용 사모집합투자기구는 무한책임사원에 대한 신뢰를 바탕으로 하여 설립되고, 유한책임사원이 재무적 투자자로 참여하는 형태이기 때문에 무한책임사원의 지분

양도를 원칙적으로 제한하는 취지이다.

다만, 무한책임사원은 ① 정관으로 정한 경우에는 ② 사원 전원의 동의를 받아 ③ 지분을 분할하지 아니하고 타인에게 양도할 수 있다(249조의17①단서). 즉, 정관으로 정한 경우에는 사원 전원의 동의를 받아 지분을 양도할 수 있으나, 이 경우에도 분할하여 양도할 수는 없고 지분 전체를 양도하여야 한다. 지분을 분할하여 양도하는 경우에는 사모방식의 자금 모집에 위반될 수 있기 때문이다. 양도의 결과 기관전용 사모집합투자기구의 사원 총수는 100명을 초과하지 않아야 한다(249조의17③).

나. 유한책임사원의 지분 양도

기관전용 사모집합투자기구의 유한책임사원은 ① 무한책임사원 전원의 동의를 받아 ② 출자한 지분을 분할하지 아니하고 타인에게 양도할 수 있다(249조의17②). 즉, 정관의 규정이 없는 경우에도 무한책임사원 전원의 동의를 받아서 출자한 지분을 분할하지 아니하고 타인에게 양도할 수 있다. 무한책임사원의 동의 하에 지분을 양도할 수 있는 것은 상법상 합자회사의 유한책임사원과 같지만, 사모집합투자기구의 속성이 고려되어 지분을 분할하지 않고 양도하여야 한다는 조건이 추가되어 있다.

다만, 양도의 결과 기관전용 사모집합투자기구의 사원 총수가 100명을 초과하지 아니하는 범위에서는 지분을 분할하여 양도할 수 있다(249조의17③).

유한책임사원은 그 지분을 기관전용 사모집합투자기구의 유한책임사원 자격이 없는 자에게 양도해서는 아니 된다(249조의17⑤, 249조의11⑥).

8. 합병의 금지

회사의 합병은 원칙적으로 자유이지만, 자본시장법상 기관전용 사모집합투자기구는 다른 회사(다른 기관전용 사모집합투자기구를 포함한다)와 합병할 수 없다(249조의17④). 기관전용 사모집합투자기구와 일반 사업회사 간의 합병은 그 성격상 곤란하고, 서로 다른 기관전용 사모집합투자기구간에 합병을 허용할 경우에도 집합투자재산이 혼용되는 등 사원의 이익을 해할 수 있기 때문이다.

9. 투자목적회사

가. 의의

"투자목적회사(SPC)"는 사모집합투자기구의 투자목적과 동일한 투자를 목적으로 하는 명목상의 회사(paper company)를 말한다. 자본시장법은 투자의 도관(path through)으로써, 특정 법인 또는 특정 자산 등에 대한 효율적인 투자를 목적으로 사모집합투자기구가 투자목적회사의 지분증권에 투자할 수 있음을 분명히 하고 있다(249조의13①2).

투자목적회사를 이용하는 경우에는 다양한 운용전략을 구사할 수 있다. ① 사모집합투자기구가 투자목적회사를 통해 투자할 경우 무한책임사원(업무집행사원)의 책임을 일정한 범위에서 한정할 수 있다. ② 차입을 통해서 레버리지를 높이는 전략도 가능하다. 예를 들어, 운용재산이 500억원인 기관전용 집합투자기구가 A회사의 주식 300억원을 매수하는 경우에, 직접 투자하는 경우에는 300억원을 직접 지출하여야 하지만, 투자목적회사를 이용하면 투자목적회사의 설립에 100억원을 투자하고 그 투자목적회사가 200억원을 차입하여 같은 효과를 달성할 수 있다. ③ 그 밖에 하나의 사모집합투자기구가 여러 개의 투자목적회사를 설립하여 서로 다른 투자대상자산에 투자할 수 있고, 반대로 여러 개의 사모집합투자기구가 하나의 투자목적회사를 설립하여 투자하는 방법도 가능하다.

나. 요건

투자목적회사는 도관의 특성에 맞게 운영되도록 다음의 요건을 모두 갖추어야 한다(249조의13①).

1. 상법에 따른 주식회사 또는 유한회사일 것(249조의13①1호)
   사모집합투자기구가 투자목적회사의 지분증권에 투자하는 경우에 그 책임을 투자금액에 한정할 수 있도록 주주 또는 사원이 유한책임을 부담하는 주식회사 또는 유한회사의 형태로 한정하고 있다.
2. 특정법인 또는 특정자산 등에 대한 효율적 투자를 목적으로 할 것(2호)
3. 그 주주 또는 사원이 다음 각 목의 어느 하나에 해당하되, 가목에 해당하는 주주 또는 사원의 출자비율이 100분의 50 이상일 것(3호, 슈271조의19①).
   제3호는 투자목적회사가 도관의 특성에 맞게 운영되도록 그 주주 또는 사원이 되는 사모집합투자기구의 출자는 일정비율 이상일 것을 요구하고 있다.
   가. 사모집합투자기구 또는 그 사모집합투자기구가 투자한 투자목적회사(가목)
      '가'목은 종전까지는 경영참여형 사모집합투자기구로 되어 있었으나 2021. 4. 개정 시에 사모집합투자기구로 개정되었는데, 이에 비추면 일반 사모집합투자기구이든 기관전용 사모집합투자기구이든 투자목적회사를 이용할 수 있다고 볼 것이다.
   나. 투자목적회사가 투자하는 회사의 임원 또는 대주주(나목)
      투자목적회사가 투자하는 회사의 임원 또는 대주주가 투자목적회사의 주주 또는 사원인 경우, 투자목적에 부합하기 때문에 투자목적회사의 지분증권을 취득할 수 있도록 허용하고 있다.
   다. 그 밖에 투자목적회사의 효율적 운영을 위하여 투자목적회사의 주주 또는 사원이 될 필요가 있는 자로서 대통령령으로 정하는 자(다목)
4. 그 주주 또는 사원인 사모집합투자기구의 사원 수와 사모집합투자기구가 아닌 주주

또는 사원의 수를 합산한 수가 100인 이내일 것(4호)

제4호는 투자목적회사 역시 사모의 방법으로 투자하는 수단임을 밝힌 것이다. 따라서 투자목적회사의 실질적인 주주 또는 사원의 숫자는 100인을 넘지 못한다.

5. 상근임원을 두거나 직원을 고용하지 아니하고, 본점 외에 영업소를 설치하지 아니할 것(5호)

제5호는 투자목적회사는 사업회사가 아닌 투자의 도관으로서 명목상의 회사임을 반영하는 내용이다.

다. 투자목적회사의 운용

투자목적회사 재산의 투자비율 산정방식과 그 밖에 투자목적회사 재산의 운용에 관하여 필요한 사항은 대통령령으로 정한다(249조의13④).

라. 준용규정

(1) 주식회사, 유한회사 규정의 준용

투자목적회사에 관하여는 이 법에 특별한 규정이 없으면 상법의 주식회사 또는 유한회사에 관한 규정을 적용한다(249조의13②).

(2) 사모집합투자기구의 규정 준용

투자목적회사에 관하여는 법 제242조, 제249조의11제3항, 제249조의18을 준용한다(249조의13⑤). 준용하는 조문 및 그 이유는 아래와 같다.

자본시장법은 ① 집합투자기구의 이익금 분배에 관한 법 제242조(이익금의 분배)를 투자목적회사에 준용하는데, 이는 도관인 투자목적회사에서 이익금이 발생할 경우 사모집합투자기구에 분배하고 사모집합투자기구는 출자자인 사원에게 이익금이 분배되도록 하기 위한 것이다. ② 일부 전문투자자를 100인의 사원총수에서 제외하는 법 제249조의11(사원 및 출자) 제3항을 투자목적회사에 준용하면서, 투자목적회사의 주주 또는 사원의 수를 계산할 때도 같은 방식으로 산정하고 있다. 한편 ③ 법 제249조의18은 상호출자제한기업집단 계열 기관전용 사모집합투자기구 등이 다른 회사를 계열회사로 편입한 경우에는 5년 이내에 그 다른 회사의 지분증권을 계열회사가 아닌 자에게 처분하도록 하고 있는 바, 이 조항을 사모집합투자기구의 도관인 투자목적회사에 그대로 준용하고 있다.

마. 적용배제 규정

주식회사 및 유한회사의 설립등기사항 중 자본금의 액, 발행주식의 총수, 그 종류와 각종 주식의 내용과 수(商317조②2,3, 549조②2)는 투자목적회사에는 적용하지 아니한다(249조의13⑦). 투자목적회사의 발행주식총수와 자본금은 집합투자재산이 변동할 경우 수시로 변동하기 때문에 이를 등기사항에서 제외하는 것이다.

10. 상호출자제한기업집단 계열 사모집합투자기구에 대한 특례

사모집합투자기구의 투자방식 등에 따라서는 계열사에 대한 지배력 확장 등에 이용될 수 있는데, 이를 차단하기 위하여 자본시장법은 상호출자제한기업집단 또는 금융전업집단의 계열회사인 기관전용 사모집합투자기구에 대한 특례를 규정하고 있다. 계열회사의 개념은 상법 또는 공정거래법에 따른다.

가. 투자대상 회사를 계열회사로 편입한 경우 일정 기간 내 처분의무

(1) 상호출자제한기업집단의 경우

상호출자제한기업집단의 계열회사인 기관전용 사모집합투자기구 또는 상호출자제한기업집단의 계열회사가 무한책임사원인 기관전용 사모집합투자기구는 다른 회사(제9조 제16항 제4호에 따른 외국 기업은 제외한다)를 계열회사로 편입한 경우에는 편입일부터 5년 이내에 그 다른 회사의 지분증권을 그 상호출자제한기업집단의 계열회사가 아닌 자에게 처분하여야 한다(249조의18①). 기관전용 집합투자기구의 재산을 계열회사 확장 수단으로 이용하는 것을 방지하기 위하여 계열회사의 편입을 허용하되, 편입일부터 5년 이내에 그 지분증권을 처분하도록 한 것이다.

(2) 금융전업집단의 경우

"금융전업집단"[34]의 계열회사인 기관전용 사모집합투자기구 또는 그 계열회사가 무한책임사원인 기관전용 사모집합투자기구가 다른 회사를 계열회사로 편입한 경우에는 편입일부터 7년 이내에 그 다른 회사의 지분증권을 그 상호출자제한기업집단의 계열회사가 아닌 자에게 처분하여야 한다(249조의18②본문, 令271조의23①). 다만, 대통령령으로 정하는 방법에 따라 금융위원회의 승인을 받은 경우에는 처분기한을 3년 이내에서 연장할 수 있다(249조의18② 단서).

나. 계열회사의 지분증권 취득 금지 등

(1) 상호출자제한기업집단의 경우

상호출자제한기업집단의 계열회사인 기관전용 사모집합투자기구 또는 상호출자제한기업집단의 계열회사가 무한책임사원인 기관전용 사모집합투자기구는 그 계열회사(투자목적회사 및 투자대상기업은 제외한다)가 발행한 지분증권을 취득해서는 아니 된다(249조의18③). 집합투자재산을 이용하여 계열회사를 지원하는 행위를 방지하기 위한 것이다.

---

34) 적용대상인 '금융전업집단'은 상호출자제한기업집단의 계열회사 전체의 자산총액에 대한 금융업 또는 보험업을 영위하는 회사의 자본총액 또는 자본금 중 큰 금액의 합계액의 비율이 100분의 75 이상인 상호출자제한기업집단을 말한다(249조의18②본문, 令271조의23①).

(2) 금융전업집단의 경우

금융전업집단에 해당하는 상호출자제한기업집단의 계열회사는 다음 각 호의 어느 하나에 해당하는 행위를 해서는 아니 된다(249조의18④).

1. 기관전용 사모집합투자기구등이 기관전용 사모집합투자기구등이 아닌 계열회사의 지분증권을 취득 또는 소유하는 행위(249조의18④1호)
2. 기관전용 사모집합투자기구등이 아닌 계열회사가 기관전용 사모집합투자기구 등이 투자한 투자대상기업(249조18②4) 또는 그 투자대상기업이 지배하는 회사(249조의18② 5)의 지분증권을 취득 또는 소유하는 행위(2호)

11. 지주회사 규제의 특례

'지주회사'[35])는 다수의 기업을 용이하게 지배하기 위한 수단이고, 사모집합투자기구는 투자를 통해 수익을 추구하는 투자수단이다. 따라서 공정거래법, 금융지주회사법의 지주회사에 관한 규정들은 사모집합투자기구에 그대로 적용하는 것은 적절하지 않으며, 이를 반영하여 자본시장법은 사모집합투자기구에 대한 특칙을 두고 있다.

가. 공정거래법상 지주회사 규정의 적용 제한

공정거래법에 따른 지주회사에 관한 규정은 사모집합투자기구 또는 투자목적회사가 다른 회사에 대한 경영권 참여를 위하여 다른 회사의 지분 10% 이상을 취득하는 등의 경우에는 법 제249조의7 제5항 제1호 또는 제2호[36])의 요건을 충족한 날부터 10년이 되는 날까지는 적용하지 아니한다(249조의19①). 공정거래법상 지주회사 규정이 사모집합투자기구 또는 투자목적회사에 그대로 적용될 경우 사모집합투자기구 또는 투자목적회사가 지주회사로 간주되고 지주회사에 대한 각종 행위 제한 규정들(公正18조)로 인하여 집합투자기구의 기능을 수행하기 어렵기 때문이다. 예를 들어, 사모집합투자기구가 지주회사인 경우 자회사에 대해서 50% 이상, 자회사가 상장회사인 경우 30% 이상의 주식을 소유해야 하는(公正18조②2) 등 사실상 투자활동을 할 수 없다.

나. 금융지주회사법상 금융지주회사 규정의 적용 제한

사모집합투자기구(기관전용 사모집합투자기구의 무한책임사원 중 상호출자제한기업집단 계열회사 또는 금융지주회사가 아닌 자를 포함한다) 및 투자목적회사에 대해서는 다른 회사에 대한 경영권 참

---

35) "지주회사"란 주식(지분을 포함한다)의 소유를 통하여 국내회사의 사업내용을 지배하는 것을 주된 사업으로 하는 회사로서 자산총액이 5천억원 이상인 회사를 말한다(公正2조 1호의2, 동법시행령2조①).

36) 법 제249조의7 제5항
   1. 다른 회사의 의결권 있는 발행주식총수 또는 출자총액의 100분의 10 이상을 보유하게 된 날
   2. 임원의 임면 등 투자하는 회사의 주요 경영사항에 대하여 사실상의 지배력 행사가 가능하도록 하는 투자로서 대통령령으로 정하는 투자를 한 날

여를 위하여 다른 회사의 지분 10% 이상을 취득하는 등의 경우에는 법 제249조의7 제5항 제1호 또는 제2호의 요건을 충족한 날부터 10년이 되는 날까지는 금융지주회사법에 따른 금융지주회사로 보지 아니한다(249조의19③본문). 사모집합투자기구가 금융지주회사로 간주될 경우에는 금융지주회사법 규제가 적용되어 집합투자기구로서의 기능을 수행하기 어렵기 때문이다. 그러나 금융지주회사법에 대한 특례가 인정된다 하더라도 사모집합투자기구 또는 투자목적회사가 1개 이상의 금융기관을 지배하는 경우에는 금융지주회사법 제45조의 신용공여 한도, 제45조의3의 주요 출자자가 발행한 주식의 취득한도, 제45조의4의 주요출자자의 부당한 영향력 행사 금지, 제48조의 자회사등의 행위 제한 규제 등은 그대로 적용된다(동항 단서).

금융지주회사법 제19조는 금융지주회사의 자회사가 다른 회사를 지배하는 행위를 원칙적으로 금지하고 있다. 예금이나 보험료, 증권예탁금 등을 투자자가 맡긴 자금을 이용하여 다른 회사를 지배하는 행위를 금지하는 취지이다. 그러나 금융지주회사법 제19조에도 불구하고, 금융지주회사의 자회사는 사모집합투자기구의 지분을 취득할 수 있다(249조의19⑤). 사모집합투자기구의 지분 취득은 투자행위이지 다른 회사를 지배하기 위한 것이 아니기 때문이다.

12. 기관전용 사모집합투자기구에 대한 특례

가. 자본시장법 중 적용배제조항

기관전용 사모집합투자기구는 집합투자기구의 일종이지만, 그 참가자가 기관 등에 한정되고, 공모가 아닌 사모인 점에서 투자자 보호의 필요성이 상대적으로 낮다. 이를 감안하여 자본시장법은 법 제182조(집합투자기구의 등록), 제183조(집합투자기구의 명칭) 제1항, 제184조(집합투자기구의 업무수행) 제1항·제2항·제5항·제6항 등의 규정들은 기관전용 사모집합투자기구에 적용하지 아니하고 있다(249조의20①).

나. 상법 중 적용 배제조항

기관전용 사모집합투자기구는 상법상 합자회사의 형태를 가지고 있으나 사업회사가 아니라 투자수익을 추구하는 집합투자기구의 일종이다. 이를 감안하여 기관전용 사모집합투자기구에 대해서는 상법 제173조(권리능력의 제한), 제198조(사원의 경업금지), 제217조(사원의 퇴사권) 제2항, 제224조(지분 압류채권자에 의한 퇴사청구), 제274조(지배인의 선임, 해임) 및 제286조(조직변경)는 적용하지 아니한다(249조의20②).

다. 공정거래법 중 적용 배제조항

공정거래법 제25조(금융회사·보험회사 및 공익법인의 의결권 제한) 제1항은 제249조의18 제2항에 해당하는 상호출자제한기업집단에 속하는 기관전용 사모집합투자기구 또는 그 기관전용 사모집합투자기구가 투자한 투자목적회사가 소유하는 투자목적회사 또는 투자대상기업[37]의 지분증권에 대하여 의결권을 행사하는 경우에는 적용하지 아니한다(249조의20③). 기관전용 사모집합투자기구에 대해서 공정거래법 제25조를 적용할 경우 상호출자제한기업집단에 속하는 기관전용 사모집합투자기구는 금융업 또는 보험업을 영위하는 회사에 대한 투자 자체가 금지되는 결과가 초래되기 때문이다.

공정거래법 제27조(비상장회사 등의 중요사항 공시) 및 제28조(기업집단현황 등에 관한 공시) 중 유한책임사원의 현황과 관련된 것으로서 대통령령으로 정하는 사항은 공정거래법 제14조제1항에 따른 공시대상기업집단의 계열회사인 기관전용 사모집합투자기구 또는 공시대상기업집단의 계열회사가 무한책임사원인 기관전용 사모집합투자기구 중에서 대통령령으로 정하는 기관전용 사모집합투자기구에 대해서는 적용하지 아니한다(239조의20④). 기관전용 사모집합투자기구에 대하여 공정거래법 제27조 및 제28조를 적용할 경우 공시대상기업집단에 속하는 기관전용 사모집합투자기구는 투자재산에 관한 사항을 공시할 의무가 생기는데 이는 기관전용 사모집합투자기구의 투자활동을 제한할 수 있기 때문이다.

13. 기업재무안정 사모집합투자기구 등에 대한 특례

"기업재무안정 사모집합투자기구"란 부실징후기업, 회생절차개시 신청기업, 파산신청기업 등 재무구조개선기업(금산법에서 정하는 금융기관은 제외한다)의 경영정상화 및 재무안정 등을 위하여 집합투자재산을 투자·운용하고 그 수익을 투자자에게 배분하는 사모집합투자기구를 말한다(249조의22①). 일반적인 사모집합투자기구는 집합투자재산의 운용방법 등이 제한되어 있어 재무구조개선기업의 재무안정에 필요한 부실자산에 대한 투자에 한계가 있고, 기업재무안정을 목적으로 사모집합투자기구의 민간자금이 활용될 경우 정부 부담이 완화되고 자본시장의 활성화에도 기여할 것으로 기대한 것이다.

기업재무안정 사모집합투자기구는 그 집합투자재산을 운용할 때에는 사원이 출자한 날부터 '2년 이내'에 '출자한 금액의 100분의 50 이상'을 다음 각 호의 어느 하나에 해당하는 방법으로 운용하여야 한다(249조의22②전단, 令271조의27④,⑤).

1. 재무구조개선기업이 발행한 증권의 매매(249조의22②1호)
2. 재무구조개선기업이 채무자인 대출채권 등 채권, 이에 수반되는 담보권 및 그 밖의 권리의 매매(2호)
3. 재무구조개선기업이 보유하고 있는 부동산, 영업권 등 경제적 가치가 있는 자산의 매매(3호)

---

37) 상호출자제한기업집단에 속하는 기관전용 사모집합투자기구 또는 그 기관전용 사모집합투자기구가 투자한 투자목적회사의 공정거래법 제7조제1항에 따른 특수관계인(동일인 및 그 친족에 한정한다)이 주식을 소유하고 있는 기업은 제외한다(239조의20③괄호).

4. 자산총액에서 부채총액을 뺀 가액을 초과하지 아니하는 범위에서의 재무구조개선기업에 대한 자금의 대여 및 지급의 보증(4호)

5. 제3항에 따른 투자목적회사의 지분증권에 대한 투자(5호)

14. 창업·벤처전문 사모집합투자기구 등에 대한 특례

"창업·벤처전문 사모집합투자기구"란 창업기업, 벤처기업, 기술혁신형 중소기업 또는 경영혁신형 중소기업, 신기술사업자 등("창업·벤처기업등")의 성장기반 조성 및 건전한 발전을 위하여 집합투자재산을 투자·운용하여 그 수익을 투자자에게 배분하는 것을 목적으로 하는 사모집합투자기구를 말한다(249조의23①본문). 창업·벤처전문 사모집합투자기구는 그 집합투자재산을 운용할 때에는 사원이 출자한 날부터 2년 이내에 출자한 금액의 100분의 50 이상을 창업·벤처기업등이 발행한 증권에 대한 투자 등의 방법으로 운용하여야 한다(249조의23② 전단, 슈271조의28①,②).

Ⅳ. 은행 및 보험회사에 대한 특칙

1. 은행에 대한 특칙

가. 집합투자업겸영은행의 투자신탁 설정과 운용

집합투자업에 관한 금융투자업인가를 받은 '집합투자업겸영은행'은 인가받은 범위에서 투자신탁의 설정·해지 및 투자신탁재산의 운용업무를 영위할 수 있다(250조①). 즉, 집합투자업을 겸영하는 은행은 투자신탁의 설정과 운용업무가 가능하다. 종전까지 은행에게 불특정 금전신탁의 취급을 허용하고 있었던 점을 감안하여, 그 성격이 유사한 투자신탁에 대해서만 취급을 허용하는 취지이다. 투자회사등의 설정과 운영은 제한된다.

집합투자업겸영은행은 투자신탁재산의 운용과 관련하여, 자기가 발행한 투자신탁의 수익증권을 자기 고유재산으로 취득하는 행위, 자기가 운용하는 투자신탁의 투자신탁재산에 관한 정보를 다른 집합투자증권의 판매에 이용하는 행위, 자기가 운용하는 투자신탁의 수익증권을 다른 은행을 통하여 판매하는 행위 등을 하여서는 아니 된다(250조③).

나. 집합투자재산의 보관·관리업무 영위은행의 행위 제한

집합투자재산의 보관·관리업무를 영위하는 은행은 그 집합투자기구의 집합투자재산에 관한 정보를 자기가 운용하는 투자신탁재산의 운용 또는 자기가 판매하는 집합투자증권의 판매를 위하여 이용하여서는 아니 된다(250조④). 집합투자재산의 신탁업자로서 취득한 정보를 자기가 운용하는 다른 투자신탁재산의 운용에 이용하거나 또는 자기가 판매하는 집합투자증권의 판매에 이용할 경우 이해상충이 발생할 수 있기 때문이다.

다. 일반사무관리회사업무 영위은행의 행위 제한

일반사무관리회사의 업무를 영위하는 은행은 해당 집합투자기구의 집합투자재산에 관한 정보를 자기가 운용하는 투자신탁재산의 운용 또는 자기가 판매하는 집합투자증권의 판매를 위하여 이용하여서는 아니 된다(250조⑤). 다른 집합투자기구의 일반사무관리회사로서 취득한 정보를 자기가 운용하는 투자신탁재산이나 자기가 판매하는 집합투자증권의 판매를 위하여 이용할 경우 이해상충이 발생할 수 있기 때문이다.

라. 집합투자증권 판매은행의 행위 제한

투자매매업 또는 투자중개업 인가를 받아 집합투자증권의 판매를 영위하는 은행은 자기가 판매하는 집합투자증권의 집합투자재산에 관한 정보를 자기가 운용하는 투자신탁재산의 운용 또는 자기가 운용하는 투자신탁의 수익증권의 판매를 위하여 이용하는 행위, 집합투자증권의 판매업무와 은행법에 따른 업무를 연계하여 정당한 사유 없이 고객을 차별하는 행위를 하여서는 아니 된다(250조⑥).

마. 임직원의 겸직 금지

은행이 이 법에 따라 집합투자업, 신탁업(집합투자재산의 보관·관리업무를 포함한다) 또는 일반사무관리회사의 업무를 영위하는 경우에는 '임원'을 두어야 하고, '임직원'에게 ① 은행법에 따른 업무, ② 집합투자업, ③ 신탁업, ④ 일반사무관리회사의 업무를 겸직하게 하여서는 아니 된다(250조⑦본문 전단). 각 업무 간에 이해상충의 우려가 있으므로 각 업무별 담당 임원을 두게 함으로써 책임성을 부여하고 업무간 독립성을 유지할 수 있도록 하는 것이다. 임원에는 사실상 임원과 동등한 지위에 있는 자로서 상법 제401조의2 제1항 각 호의 업무집행지시자를 포함한다(令272조②).

바. 이해상충방지체계의 구축

은행이 자본시장법에 따라 집합투자업, 신탁업 또는 일반사무관리회사의 업무를 영위하는 경우에는 전산설비 또는 사무실 등의 공동사용 금지 및 다른 업무를 영위하는 임직원 간의 정보교류 제한 등 이해상충방지체계를 갖추어야 한다(250조⑦본문 후단, 令272조③).

2. 보험회사에 대한 특칙

가. 집합투자업겸영보험회사의 투자신탁 설정과 운용

보험회사로서 집합투자업에 관한 금융투자업인가를 받은 '집합투자업겸영보험회사'는 인가받은 범위에서 투자신탁의 설정·해지 및 투자신탁재산의 운용업무를 영위할 수 있다. 이 경우 투자신탁의 설정·해지 및 투자신탁재산의 운용업무는 보험업법 제108조 제1항 제3호에 따른 특별계정(특별계정 내에 각각의 신탁계약에 의하여 설정된 다수의 투자신탁이 있는 경우 각각의 투자신탁을 말한다)에 한하며, 그 특별계정은 이 법에 따른 투자신탁으로 본다(251조①).

그 밖에 위에서 살펴본 자본시장법 제250조 은행에 대한 특칙의 규정은 대부분 보험회사에도 준용된다(251조②, 250조③2).

나. 임직원의 겸직 금지

보험회사는 이 법에 따라 집합투자업, 신탁업(집합투자재산의 보관·관리업무를 포함한다) 또는 일반사무관리회사의 업무를 영위하는 경우에는 '임원'을 두어야 하고, 임직원이 ① 보험업법에 따른 업무(2호부터 4호까지의 업무 및 대통령령으로 정하는 업무는 제외한다), ② 집합투자업, ③ 신탁업, ④ 일반사무관리회사의 업무를 겸직하게 하여서는 아니 된다(251조③본문).

다. 이해상충방지체계의 구축

보험회사가 이 법에 따라 집합투자업, 신탁업 또는 일반사무관리회사의 업무를 영위하는 경우에는 전산설비 또는 사무실 등의 공동사용 금지 및 임직원 간의 정보교류 제한 등을 포함한 '이해상충방지체계'를 갖추어야 한다(251조③본문 후단, 令273조③).

라. 대출 제한에 대한 특칙

집합투자업자는 집합투자재산을 운용함에 있어서 집합투자재산 중 금전을 대여(금융기관에 대한 30일 이내의 단기대출을 제외한다)하는 방법으로 운용하는 행위가 제한된다(83조④). 그러나 집합투자업 겸영보험회사는 법 제83조 제4항에 불구하고 투자신탁재산에 속하는 자산을 보험업법에서 정하는 방법에 따라 그 보험에 가입한 자에게 대출하는 방법으로 운용할 수 있다(251조④).

마. 투자신탁 규정의 적용 배제

집합투자업 겸영보험회사가 운용하는 변액보험은 원칙적으로 보험업법의 규제를 받기 때문에 자본시장법상 투자신탁 규정을 그대로 적용하기 곤란하다. 이에 자본시장법은 집합투자업 겸영보험회사가 운용하는 투자신탁에 관하여는 일부 규정의 적용을 배제하고 있다(251조⑤).

제9장

상장법인에 대한 특례

제 1 절   총설

제 2 절   개별특례규정

총설

I. 주권상장법인 특례규정의 편제

다수의 주주들이 존재하는 상장법인에 대해서 비상장회사에 관한 규정을 그대로 적용하는 것은 적절하지 않기 때문에 상장법인의 특성을 반영할 수 있는 방안이 필요하다. 과거 정부는 기본법인 상법의 개정이 어려운 현실을 감안하여 특별법인 「자본시장육성에 관한 법률」에 상장법인에 관한 특례규정을 포함시켰으나, 1997년 자본시장육성에 관한 법률이 폐지되면서 상장법인에 관한 특례조항들은 구 증권거래법에 승계되었다. 그러나 시장법규인 증권거래법에 조직법규인 회사법 조항을 포함시키는 것은 흔치 않은 입법례이고, 상법과의 정합성의 측면에서 비판적인 시각이 많았다.

2009년 자본시장법의 제정 과정에서는 상장회사 특례규정의 편제가 논의되었으나, 법무부와 금융위원회의 입장 차이로 인하여 구 증권거래법상 상장회사 특례규정 중 지배구조에 관한 조항들은 상법으로 이관되었고,[1] 재무에 관한 사항들은 구 증권거래법을 승계한 자본시장법에 그대로 존치되었다.[2] 법체계의 정합성뿐만 아니라 다른 나라의 입법례에 비추어도 흔치 않은 방식인데, 통일적이고 체계적인 규제가 이루어질 수 있도록 단일 회사법 또는 단일 상장회사법의 제정이 필요하다. 제9장에서는 자본시장법 "제3편 제3장의2 주권상장법인에 대한 특례규정"을 살펴본다.

II. 주권상장법인 특례규정의 적용대상

자본시장법 제3편 제3장의2의 주권상장법인에 대한 특례규정은 '외국법인등'과 '투자회사'를 제외한 '주권상장법인'에 대하여 적용된다(165조의2①).

---

1) 상법 제3편 제4장 제13절 상장회사에 대한 특례 참조.
2) 회사의 지배구조와 재무구조는 그 구분이 항상 명확한 것이 아니고 오히려 연결되어 있다. 예를 들어, 전환사채, 신주인수권부사채, 신주인수권 등은 자금조달의 문제이지만 누구에게 어느 가격에 배정하는지에 따라서는 지배구조와 연결된다.

"주권상장법인"이란 ① '증권시장'에 상장된 주권을 발행한 법인 또는 ② 주권과 관련된 증권예탁증권이 증권시장에 상장된 경우에는 그 주권을 발행한 법인을 말한다(9조⑮3). "증권시장"이란 증권의 매매를 위하여 거래소가 개설하는 시장이다(8조의2④1).[3] 현재 우리나라에서 허가받은 거래소는 한국거래소(KRX)가 유일하고, 한국거래소가 개설한 증권시장에는 유가증권시장(KOSPI Market), 코스닥시장(KOSDAQ Market), 코넥스시장(KONEX Market)이 있다. 최근에는 대체거래소(ATS)인 '넥스트레이드(Nextrade)'의 설립 절차가 진행 중이다.

'주권상장법인'과 대비되는 개념으로는 '상장회사'가 있는데, 상법상 "상장회사"란 거래소가 개설한 '증권시장'에 상장된 '주권'을 발행한 주식회사를 의미하므로(商542조의2①, 동법 시행령29조①), 주권이 아니라 주권 관련 증권예탁증권이 상장된 경우에 해당 주권을 발행한 법인은 자본시장법상의 주권상장법인에는 해당하지만, 상법상의 상장회사에는 해당하지 않는다. 즉, 자본시장법상 '주권상장법인'의 범위가 상법상 '상장회사'의 범위보다 넓다.

Ⅲ. 주권상장법인 특례규정과 상법과의 적용순위

자본시장법은 상법의 특별법이고, 자본시장법 제165조의2 제2항의 "이 장은 주권상장법인에 관하여 상법 제3편(회사편)에 우선하여 적용한다."는 내용을 고려하면, 자본시장법상 주권상장법인에 대한 특례규정을 상법에 우선하여 적용하는 것이 원칙이다. 그러나 개별적인 조항의 취지나 내용에 관계 없이 일률적으로 자본시장법을 우선하여 적용하는 것은 타당하지 않고 법 제165조의2 제2항을 강행규정으로만 보기도 어려우므로, 자본시장법을 우선하여 적용하되, 개별 조항의 취지 및 내용에 따라 선택적 적용을 허용할 필요가 있다.[4]

1. 배타적 적용규정

합병 등에 대한 특례(165조의4), 주식매수청구권의 특례(165조의5), 주식의 발행 및 배정에 관한 특례(165조의6), 우리사주조합원에 대한 주식의 배정 등에 관한 특례(165조의7), 사채의 발행 및 배정에 관한 특례(165조의10), 주권상장법인 재무관리기준(165조의16), 주식매수선택권 부여신고(165조의17) 등은 상장법인의 투자자 보호를 위하여 주권상장법인에 보다 강화된 규제를 하고자 하는 취지이므로 상법의 일반규정에 우선하여 적용할 것이다. 실제로 해당 조항들의 규정 형식도 "주권상장법인은 … 하여야 한다"와 같이 명령 내지 의무의 형태로 규정되어 있다.

---

3) "증권시장"은 거래소시장의 일종이다. "거래소시장"이란 거래소가 개설하는 금융투자상품시장을 말하고, 증권시장과 파생상품시장으로 구분된다(8조의2③,④).
4) 같은 취지로는 최문희, "자본시장법상 주권상장법인 특례규정의 존재 의의와 개선 과제," 「BFL」 제61호(서울대 금융법센터, 2013. 9), 91-92면.

2. 선택적 적용규정

이익배당의 특례(165조의12), 주식배당의 특례(165조의13) 등은 주권상장법인의 보다 유연한 재무관리를 위한 규정이므로 자본시장법과 상법의 일반조항은 선택적으로 적용할 수 있다. 즉, 자본시장법상 특례규정에 따라서 이익배당이나 주식배당을 하지 않고, 상법상의 일반규정에 따라서 이익배당이나 주식배당을 할 수 있다. 자본시장법에서도 이러한 규정들은 "주권상장법인은 … 할 수 있다."와 같은 형태로 규정되어 있다.

제2절

개별특례규정

I. 자기주식 취득 및 처분의 특례

1. 의의

자본시장법 제165조의3은 상법상 주식회사의 자기주식 취득과 처분 규정(商341조, 342조)에 대해서 주권상장법인에 대한 특례를 규정하고 있다. 법 시행령 제176조의2에서는 자기주식의 취득 · 처분기준이 있으며, 좀 더 자세한 내용은 증권발행공시규정 제5장 제1절 자기주식의 취득 및 처분에서 규정하고 있다.

자본시장법 제165조의3은 상법 제341조의2의 특정목적에 의한 자기주식의 취득에 대하여는 별도로 규정하고 있지 않다. 따라서 상장법인이라 하더라도 특정목적에 의한 자기주식의 취득에 대하여는 상법이 적용된다.

2. 취득의 특례

가. 이사회결의

상법상 자기주식을 취득하려는 회사는 미리 주주총회의 결의를 거쳐야 하고, 이사회결의로 이익배당을 할 수 있다고 정관으로 정하고 있는 경우에는 이사회결의로써 주주총회의 결의를 갈음할 수 있다(商341조②). 그러나 자본시장법은 주권상장법인의 편의를 위하여 상법 제341조 제2항에도 불구하고 이사회의 결의로써 자기주식을 취득할 수 있도록 허용하고 있다(165조의3③). 즉, 주권상장법인은 정관에 규정이 없는 경우에도 이사회의 결의로써 자기주식을 취득할 수 있다.

나. 취득의 방법

주권상장법인은 ① 상법 제341조제1항에 따라 자기의 명의와 계산으로 배당가능이익의 범위 내에서 취득하는 방법(165조의3①1호) 또는 ② 신탁계약에 따라 자기주식을 취득한 신탁업자로부터 신탁계약이 해지되거나 종료된 때 반환받는 방법(165조의3①2호) 중 어느 하나의 방법으로 자기주식을 취득할 수 있다. 상법 제341조는 ①의 방법에 의한 배당가능이익의 범위 내에서 자기주식 취득을 허용하는데, 자본시장법상 주권상장법인의 경우에는 상법에 비교하여 ②의 방법이 추가되어 있다.

상법 제341조는 "자기의 명의와 계산으로" 자기주식을 취득할 수 있도록 하고 있으므로, 배당가능이익의 범위 내에서 자기주식을 취득하더라도 '타인명의'로 자기주식을 취득하는 것은 허용되지 않는다. 그런데 주권상장법인이 신탁계약을 통하여 자기주식을 취득하는 경우에는 형식상으로는 타인의 명의(신탁업자의 명의)로 취득하는 것이지만 실질적으로는 주권상장법인 자기의 명의로 취득하는 것이나 다름이 없으므로, 자본시장법은 위에서 살펴본 ②의 방법에 따라 주권상장법인이 자기주식을 취득한 신탁업자로부터 신탁계약이 해지되거나 종료된 때 반환받는다면 신탁업자 명의의 자기주식 취득을 허용하고 있다. 물론 이 경우에도 주권상장법인의 배당가능이익의 범위 내에서만 자기주식의 취득이 가능하다(165조의3②). 위의 내용에 비추면 신탁계약은 위탁자인 주권상장법인이 수탁자인 신탁업자에게 신탁재산의 운용방법을 미리 지정하는 특정금전신탁계약만을 의미한다고 볼 것이다.

주권상장법인이 취득할 수 있는 자기주식 취득가액의 총액은 상법 제462조 제1항에 따른 이익배당을 할 수 있는 한도 이내이어야 한다(165조의3②). 증권발행공시규정 제5-11조는 자기주식 취득금액한도의 산정기준을 좀 더 상세하게 규정하고 있다.

다. 취득의 기간

상법상 자기주식을 취득하려는 회사는 미리 주주총회 결의로 취득할 수 있는 주식의 종류 및 수, 취득가액 총액의 한도, 1년을 초과하지 아니하는 범위 내에서 자기주식을 취득할 수 있는 기간을 결정하여야 한다(商341조②). 반면에 자본시장법상 주권상장법인이 자기주식을 취득하려는 경우에는 이사회 결의 사실이 공시된 날의 다음 날부터 3개월 이내에 증권시장에서 자기주식을 취득하여야 한다(令176조의2③). 주주총회와 달리 이사회는 자주 개최될 수 있고, 이사회에서 자기주식 취득을 결의하였으면 가급적 신속하게 자기주식을 취득하라는 취지이다.

라. 취득 및 처분 등의 금지기간

주권상장법인은 다음 각 호의 어느 하나에 해당하는 기간 동안에는 자기주식의 취득 또는 처분 및 신탁계약의 체결 및 해지를 할 수 없다(令176조의2②). 민감한 정보를 가진 상황에서는 자기주식의 거래 자체를 금지하는 취지이다.

1. 다른 법인과의 합병에 관한 이사회 결의일부터 과거 1개월간(令176조의2②1호)
2. 유상증자의 신주배정에 관한 기준일(일반공모증자의 경우에는 청약일) 1개월 전부터 청약일까지의 기간(2호)
3. 준비금의 자본전입에 관한 이사회 결의일부터 신주배정기준일까지의 기간(3호)

4. 시장조성을 할 기간(4호)

5. 미공개중요정보가 있는 경우 그 정보가 공개되기 전까지의 기간(5호)

6. 처분(신탁계약의 해지를 포함한다) 후 3개월간 또는 취득(신탁계약의 체결을 포함한다) 후 6개월간. 다만, 다음 각 목의 어느 하나에 해당하는 경우에는 그러하지 아니하다(6호)
   <이하 생략>

3. 처분의 특례

가. 주주의 신주인수권 규정 준용 여부

상법과 자본시장법은 자기주식의 처분 시에는 이사회 결의로 처분방법을 정하도록 규정하고 있을 뿐, 주주의 신주인수권 준용 여부는 규정하고 있지 않지만(165조의3, 令176조의2①, 商342조), 자기주식의 처분은 그 가액, 상대방 등을 어떻게 정하는지에 따라서 회사의 경영권과 직접 연결되기 때문에, 상법 제418조의 신주발행 시 주주의 신주인수권에 관한 규정을 자기주식의 처분 시에도 준용할 것인지가 논란이 되고 있다.

하급심에서는 주주의 신주인수권의 유추 적용을 부정하는 판례[5]가 다수이고, 긍정하는 소수의 판례[6]도 있다. 이 문제를 직접 다룬 대법원 판례는 없어서 혼란스러운 측면이 있으나, 자기주식 처분은 그 경제적 본질이 신주의 발행과 같고, 다수의 국가에서 자기주식의 처분에 대해서 신주발행절차를 준용하고 있음을 감안할 때, 자기주식의 처분 시에는 신주인수권에 관한 상법 제418조를 준용할 필요가 있다(적극설). 명시적인 규정이 없는 것이 문제이나, 전환사채 발행에 신주발행무효의 소를 유추적용하는 판례[7]처럼, 상장법인이든지 비상장회사이든지에 관계 없이 자기주식의 처분에 대해서 상법 제418조를 유추적용하는 것은 가능하다고 생각한다.[8]

나. 상당한 기간 내의 처분의무 여부

회사는 취득한 자기주식을 '상당한 기간 내에 처분할 의무'가 존재하는가? 자기주식의 취득 방법은 배당가능이익에 의한 취득과 특정목적에 의한 취득으로 이원화되어 있으므로 이에 따라서 살펴본다.

배당가능이익으로 취득한 자기주식에 대해서 본다. 상법 제341조는 배당가능이익의 범위 내에서 자기주식의 취득을 허용하면서 그 보유기간에 제한을 두고 있지 않을 뿐만 아니라,

---

5) 수원지법 성남지결 2007.1.30., 2007카합30; 서울북부지결 2007.10.25., 2007카합1082; 서울중앙지결 2015.7.7., 2015카합80597; 서울중앙지결 2014.3.19., 2014카합385 등.

6) 서울서부지판 2006.6.29., 2005가합8262; 서울서부지결 2006.3.24., 2006카합393 등.

7) 대판 2004.6.25., 2000다37326 등 다수.

8) 전환사채 발행에 신주발행무효의 소에 관한 상법 제429조를 유추적용하는 것을 예로 들면서, 자기주식의 처분에 신주발행절차를 유추적용한 하급심 판례가 있다. 서울서부지판 2006.6.29., 2005가합8262.

자본시장법도 자기주식의 보유기간에는 특별한 제한을 두고 있지 않으므로, 주권상장법인이든지 비상장주식회사이든지 '배당가능이익으로 취득한 자기주식'은 '상당한 기간 내에 처분할 의무'는 없다고 본다.

특정목적에 의해서 취득한 자기주식에 대해서 본다. 특정한 목적의 자기주식 취득은 예외적인 상황으로서 합병 등이 종료된 후에는 취득한 자기주식을 소각하는 것이 바람직하지만, 이미 적법하게 환급한 출자를 서둘러 회복시켜야 할 이유가 마땅치 않을 뿐만 아니라, 상당한 시기 내에 처분할 것을 규정하였던 2011년 개정전상법 제342조 제3항도 삭제되었고, 실무상 회사들도 취득한 자기주식을 금고주의 형태로 보유하고 있어서, 명확한 근거 없이 상당한 기간 내에 처분할 의무를 부과하기도 어렵다. 따라서 현행법상으로는 특정한 목적에 의하여 취득한 자기주식에 대해서도 상당한 시기 내에 처분할 의무는 인정하기 어렵다.

증권발행공시규정 제5-1조는 자기주식을 취득하는 경우에는 '취득 후 보유하고자 하는 예상기간'(증발공5-1조1호아목), 처분하는 경우에는 '처분하고자 하는 기간'(증발공5-1조2바목)을 규정하고 있으나 이를 자기주식의 보유기간으로 볼 수는 없다.

자본시장법은 주권상장법인이 주식매수청구권 행사에 응하여 취득한 자기주식은 5년 내에 처분하여야 한다고 규정하고 있으나(165조의5④, 슈176조의7④), 주식매수청구권 행사에 따른 자기주식 취득으로 되어 있어서 다른 경우에 적용하기는 어렵다.

4. 위법한 자기주식 취득의 효과

주권상장법인이 상법 또는 자본시장법상 자기주식의 취득 절차나 방법에 위반하여 자기주식을 취득 또는 질취한 경우 그 효력이 문제된다. 판례는 무효라는 입장인데,[9] 이에 의하면 자기주식을 취득한 발행회사뿐만 아니라 주식양도인 역시 무효를 주장하면서 주식반환을 구할 수 있게 된다.

그러나 상법과 자본시장법은 배당가능이익의 범위 내에서 자기주식의 취득을 원칙적으로 허용하는데, 그 취득의 절차나 방법에 하자가 있다고 하여서 선의의 제3자와의 거래행위까지 완전히 무효로 하는 것은 곤란하다. 따라서 회사가 자기주식취득의 금지규정에 위반하여 자기주식을 취득하는 것은 원칙적으로 무효이지만, 선의의 제3자에게는 대항하지 못한다고 해석할 것이다(상대적무효설).

---

9) 대판 2006.10.12., 2005다75729; 대판 2003.5.16., 2001다44109 등.

II. 합병 등의 특례

1. 의의

자본시장법은 주권상장법인의 합병, 중요한 영업·자산 양수도, 주식의 포괄적 교환·이전, 분할 또는 분할합병에 대해서 상법의 특례를 규정하고 있다(165조의4, 슈176조의5, 176조의6). 특례 중에서 중요한 것은 ① 합병가액 기준이고, 그밖에 ② 우회상장 규제, ③ 외부기관에 의한 평가, ④ 영업양수도 등에 관한 특례가 있다.

합병 등의 특례는 주권상장법인이 관여된 이상 그 규모를 불문하고 적용된다. 반면 영업·자산양수도의 경우에는 양수도 대상인 영업 또는 자산의 규모가 고려된다(슈176조의6①, 171조②). 금융산업구조개선법에 따른 금융기관의 합병 등 법률에 따라 이루어지는 경우에는 특례가 적용되지 않는다(슈176조의5⑬, 176조의6④). 금융위원회의 인허가 등 까다로운 절차가 예정되어 있으므로 거래의 공정성을 확보할 수 있기 때문이다(금산법4조).

2. 합병비율, 합병가액

상법은 합병 등에 반대하는 주주가 주식의 매수를 청구하는 등 주식의 가치평가를 둘러싼 다툼이 있는 경우에 법원이 결정하도록 하고 있을 뿐(商360조의24⑨, 360조의25⑤, 374조의2⑤) 구체적인 가격산정방법은 규정하고 있지 않다. 반면에 자본시장법은 합병비율 등을 정하기 위하여 매수가격의 산정조항(165조의5③단서, 슈176조의7③)을 두고 있다.

가. 주권상장법인 간 합병 시의 합병가액 산정

주권상장법인 간의 합병 시에는 거래소의 시장가격이 있으므로 원칙적으로 시장가격에 의한다. 구체적으로 합병을 위한 '이사회 결의일'과 '합병계약을 체결한 날' 중 앞서는 날의 전일을 기산일로 한 다음 각 목의 종가(증권시장에서 성립된 최종가격을 말한다)를 산술평균한 가액("기준시가")을 기준으로 100분의 30(계열회사 간 합병의 경우에는 100분의 10)의 범위에서 할인 또는 할증한 가액으로 한다. 이 경우 가목 및 나목의 평균종가는 종가를 거래량으로 가중산술평균하여 산정한다(슈176조의5①1).

　가. 최근 1개월간 평균종가. 다만, 산정대상기간 중에 배당락 또는 권리락이 있는 경우로서 배당락 또는 권리락이 있은 날부터 기산일까지의 기간이 7일 이상인 경우에는 그 기간의 평균종가로 한다(슈176조의5①1가목).

　나. 최근 1주일간 평균종가(나목)

　다. 최근일의 종가(다목)

(1) 기산점

합병당사회사의 주식가치 판단의 기준시점은 합병을 위한 '이사회 결의일'과 '합병계약을 체결한 날' 중 '앞서는 날의 전일'이다(令176조의5①1). 일반적으로 상장법인 간의 합병에 있어서는 합병계약 체결에 관한 '이사회 결의' 또는 '합병계약의 체결' 사실이 외부에 알려짐으로써 주가에 영향을 미치므로, 주식의 가격이 합병에 의하여 영향을 받기 전인 '이사회 결의일'과 '합병계약을 체결한 날' 중 '앞서는 날의 전일'을 기준으로 공정한 합병 가액을 산정하기 위한 것이다.

그러나 자본시장의 주요 참여자들이 합병을 예상함에 따라 주가가 이미 영향을 받았다고 인정되는 경우에까지 반드시 '이사회 결의일'과 '합병계약을 체결한 날'의 전일을 기준으로 주식매수가격을 산정해야 한다고는 볼 수 없다. 합병의 영향으로 공정한 가격보다 낮게 형성된 시장주가를 기준으로 주식매매대금을 산정하는 것은 합병에 반대하여 주식매수청구권을 행사한 주주에게 불리하기 때문이다. 판례에서는 합병에 관한 '이사회 결의일'과 '합병계약을 체결한 날' 중 '앞서는 날의 전일'이 아니라 '합병 가능성이 구체화된 상장일의 전일'을 기준으로 주식매수가격을 산정한 사례[10]도 있다.

(2) 기준시가

합병가액 산정을 위한 기준시가는 ① 최근 1개월간 평균종가, ② 최근 1주일간 평균종가, ③ 최근일의 종가의 3가지를 산술평균한 것이다. 이 때 ①, ②의 평균종가는 종가를 거래량으로 가중산술평균하여 산정한다(令176조의5①1).

(3) 할인 또는 할증

합병당사회사는 위의 기준시가를 합병가액으로 사용하고, 그 대신에 30%의 범위에서 할인 또는 할증하여 합병가액으로 할 수 있다. 법정 합병비율이 갖는 경직성을 완화하기 위한 것이다. 다만, 계열회사 간 합병의 경우에는 자의적인 합병비율 산정을 방지하기 위하여 할인 또는 할증비율은 10%로 상·하한 폭이 축소된다(令176조의5①1).

(4) 보충적 방식

만약 주권상장법인이 위의 방식에 따른 기준시가를 산정할 수 없다면 주권비상장법인에 적용되는 방식, 즉 자산가치와 수익가치를 가중산술평균한 가액으로 하여야 한다(令176조의5①단서). 주권매매거래정지 상태에 있는 주권상장법인 등이 이에 해당할 것이다.

나. 주권상장법인과 주권비상장법인 간 합병 시의 합병가액 산정

주권상장법인(코넥스시장에 주권이 상장된 법인은 제외한다)과 주권비상장법인 간 합병의 경우

---

10) 대결 2022.4.14., 2016마5394, 5395, 5396.

에는 다음 각 목의 기준에 따른 가격으로 한다(슈176조의5①2).

　　가. 주권상장법인의 경우에는 제1호의 가격. 다만, 제1호의 가격이 자산가치에 미달하
　　　　는 경우에는 자산가치로 할 수 있다(슈176조의5①2가목).

　　나. 주권비상장법인의 경우에는 자산가치와 수익가치를 가중산술평균한 가액(나목)

(1) 주권상장법인의 합병가액

주권상장법인의 합병가액 산정방식은 주권상장법인 간 합병의 방식과 동일하다. 다만, 산정된 가격이 자산가치에 미달하는 경우 자산가치로 할 수 있다(슈176조의5①2가목). 합병가액 산정 시 자산가치가 중요한 판단요소임을 고려한 것으로 추측되나, 굳이 주권비상장법인과의 합병에 대하여만 이러한 조항을 둔 이유가 무엇인지는 분명하지 않다.

(2) 주권비상장법인의 합병가액

주권비상장법인의 합병가액은 자산가치와 수익가치를 가중산술평균한 가액이다(슈176조의5①2나목). 증권발행공시규정은 합병가액은 "자산가치·수익가치의 가중산술평균방법은 자산가치와 수익가치를 각각 1과 1.5로 하여 가중산술평균"하도록 규정하고 있다(증발공5-13조, 증발공시행세칙4조). 주권비상장법인이 자산가치와 수익가치를 가중평균하여 합병가액을 산정할 때에는 이와 함께 유사한 업종을 영위하는 법인의 가치('상대가치')를 비교하여 공시하여야 한다(슈176조의5②). 유사한 업종을 영위하는 법인의 가치를 비교하여 살펴볼 수 있도록 함으로써 합병가액의 적절성 등을 판단할 수 있도록 하기 위한 것이다.

다. 비상장법인 간 합병

자본시장법 제165조의4는 주권상장법인의 합병가액에 대한 특례이고, 합병당사회사가 모두 주권비상장법인인 경우에는 별도의 규정이 없으므로 이 경우에는 상법상 합병비율 산정의 일반론으로 돌아온다. 즉, 합병당사회사의 이사들은 선관주의의무를 다하여 공정한 합병가액을 산정하여야 한다.

실무상 가장 많이 사용되는 주식가치평가방법은 자산가치평가법, 수익가치평가법, 시장가치평가법의 3가지인데, 합병가액을 산정함에는 절대적 기준은 없으므로 순자산가치, 시장가치, 수익가치 등 모든 가치요소와 평가방법을 종합적으로 고려하되 개별 사안에 따라서 적절한 방법을 취사하여 선택할 것이다. 비상장주식의 주식매수가액에 관한 사례이기는 하지만, 판례는 "… 비상장주식을 거래한 경우에 있어서 그에 관한 객관적 교환가치가 적정하게 반영된 정상적인 거래의 실례가 있는 경우에는 그 거래가격을 시가로 보아 주식의 가액을 평가"하고,[11] "… 만일 (객관적인 교환가치가 반영된) 정상적인 거래의 실례가 없는 경우에는, 보편으로 인정되는 여러 가지 평가방법들을 고려하되 … 상증세법 등 어느 한 가지 평가

---

11) 대판 2005.4.29., 2005도856; 대판 2005.10.28., 2003다69638 등.

방법이 항상 적용되어야 한다고 단정할 수는 없고, 거래 당시 당해 비상장법인 및 거래당사자의 상황, 당해 업종의 특성 등을 종합적으로 고려하여 합리적으로 판단하여야 한다."[12]고 한다.

라. 기업인수목적회사에 관한 특례

주권상장법인인 기업인수목적회사(SPAC)[13]가 금융위원회가 고시하는 요건을 갖추어 그 사업목적에 따라 다른 법인과 합병하여 그 합병법인이 주권상장법인이 되려는 경우에는 위에서 살펴본 주권상장법인의 합병에 관한 법 시행령 제176조의5 제1항에도 불구하고 다음 각 목의 기준에 따른 가액으로 합병가액을 산정할 수 있다(슈176조의5③).

　1. 주권상장법인인 기업인수목적회사의 경우: 법 시행령 제176조 제1항 제1호에 따른 주권상장법인간 합병 시의 합병가액(슈176조의5③1호)

　2. 기업인수목적회사와 합병하는 다른 법인의 경우: 다음의 구분에 따른 가액(2호)

　가. 다른 법인이 주권상장법인인 경우: 법 시행령 제176조 제1항 제1호에 따른 주권상장법인간 합병 시의 합병가액. 다만, 이를 산정할 수 없는 경우에는 제1항 각 호 외의 부분 후단을 준용한다(슈176조의5③2호 가목).

　'가'목은 기업인수목적회사가 합병하는 상대방이 주권상장법인인 경우인데, 주권상장법인의 일반적 합병가액 산정방식을 적용하고 있다.

　나. 다른 법인이 주권비상장법인인 경우: 기업인수목적회사와 협의하여 정하는 가액(나목)

　'나'목은 기업인수목적회사가 합병하는 상대방이 주권비상장법인인 경우인데, 이때에는 합병가액을 '기업인수목적회사와 협의하여 정하는 가액'으로 규정할 뿐 주권상장법인과 비상장법인이 합병할 때 비상장법인 합병가액 산정에 적용되는 까다로운 산식이 일체 적용되지 않는다. 이는 주권상장법인인 기업인수목적회사와의 합병이 실제로는 별개의 사업체간 통합이 아니라 비상장법인의 상장을 목표로 하는 점을 고려한 것이다.

3. 우회상장의 규제

"우회상장(backdoor listing)"이란 비상장법인이 정규 상장절차를 거치지 않고 상장법인과의 합병, 주식의 포괄적 교환, 이전, 자산의 양수도, 분할합병 등 기업결합을 통해 상장효과를 거두는 금융기법을 가리킨다.[14]

---

12) 대판 2005.4.29., 2005도856; 대판 2009.5.29., 2008도9436 등.

13) 기업인수목적회사(SPAC)는 다른 법인과 합병하는 것을 사업목적으로 하고 모집을 통하여 주권을 발행하는 페이퍼컴퍼니 형태의 주식회사이다(슈6조④14).

14) 우회상장에 관한 간단한 설명으로는 성희활, 자본시장법(2018), 276면 참조.

주권상장법인이 주권비상장법인과 합병하여 주권상장법인이 되는 경우에는 다음 각 호의 요건을 충족해야 한다(슈176조의5④).

　1. 삭제(슈176조의5④1호)
　2. 합병의 당사자가 되는 주권상장법인이 법 제161조 제1항에 따라 주요사항보고서를 제출하는 날이 속하는 사업연도의 직전사업연도의 재무제표를 기준으로 자산총액·자본금 및 매출액 중 두 가지 이상이 그 주권상장법인보다 더 큰 주권비상장법인이 다음 각 목의 요건을 충족할 것(2호)
　가. 법 제390조에 따른 증권상장규정("상장규정")에서 정하는 재무 등의 요건
　나. 감사의견, 소송 계류(繫留: 사건이 해결되지 않고 계속 중인 상태를 말한다), 그 밖에 공정한 합병을 위하여 필요한 사항에 관하여 상장규정에서 정하는 요건

즉, 주권상장법인과 주권비상장법인이 합병하여 주권상장법인이 되는 경우에 만약 주권비상장법인의 규모가 더 크다면, 해당 주권비상장법인은 '상장규정에서 정하는 재무 등 요건'과 '감사의견, 소송계류, 그 밖에 공정한 합병을 위하여 상장규정에서 정하는 요건'을 모두 충족해야 한다.

"특정 증권시장에 주권이 상장된 법인이 다른 증권시장에 주권이 상장된 법인과 합병하여 특정 증권시장에 상장된 법인 또는 다른 증권시장에 상장된 법인이 되는 경우에는 제4항을 준용한다."(슈176조의5⑤). 즉, 유가증권시장 상장법인인 A회사가 코스닥시장 상장법인인 B회사와 합병하여 유가증권시장에 상장되는 경우에는 B회사를 마치 주권비상장법인처럼 취급하게 된다. 반대의 경우도 마찬가지이다.

4. 외부평가기관에 의한 평가

주권상장법인은 합병 등을 하는 경우 투자자 보호 및 건전한 거래질서를 위하여 외부평가기관으로부터 합병 등의 가액 등에 관한 평가를 받아야 한다(165조의4②). 외부평가기관은 인수업무, 모집·사모·매출의 주선업무를 인가받은 금융투자업자, 신용평가회사 및 회계법인에 한정된다(슈176조의5⑧). 대체로 주권상장법인의 합병가액을 시장가격에 기초한 기준시가로 하는 경우에는 추가적인 외부평가는 필요하지 않지만, 기준시가를 크게 벗어나거나 기준시가를 산정하지 못해 보충적 방식에 의해 합병가액을 계산하는 경우에는 필수적으로 외부평가를 받게 된다.

5. 영업양수도, 주식의 포괄적 교환 및 이전, 분할 등에 관한 특례

자본시장법은 주권상장법인의 합병 외에도 '중요한 영업 또는 자산의 양수 또는 양도'(165조의4①2호), '주식의 포괄적 교환 또는 포괄적 이전'(3호), '분할 또는 분할합병'(4호)의 경

우에도 대통령령으로 정하는 요건, 방법에 의하도록 하고 있다(令165조의4①).

합병가액 산정에 관한 조항(令176조의5①)은 주식의 포괄적 교환 또는 이전, 분할 또는 분할합병에 대하여 준용된다. 다만, 분할되는 법인의 합병대상이 되는 부분의 합병가액 산정에 관하여는 별도의 주식가격이 없기 때문에 자산가치와 수익가치를 가중산술평균하는 보충적 방식을 준용한다(令176조의6②본문).

주식의 포괄적 이전으로서 주권상장법인이 단독으로 완전자회사가 되는 경우에는 합병가액 산정 조항이 준용되지 않는다(令176조의6②단서). 완전모회사가 신설되는 것일 뿐 경제적 실질에 변화가 없으므로 까다로운 가액 규제가 필요하지 않기 때문이다.

합병가액 산정에 관한 조항은 중요한 영업 또는 자산의 양수 또는 양도, 단순분할에는 적용되지 않는다. 주식의 포괄적 교환 또는 이전, 분할합병의 경우에는 교환신주, 이전신주, 분할합병신주가 발행되고 이때에는 당사회사 간의 주식가액의 평가가 중요한 쟁점이 되지만, 영업양수도 및 자산양수도는 개별자산의 매수가액을 산정하는 문제로서 당사자가 합의할 문제이고, 지분가액의 산정비율의 적정성 문제는 아니기 때문이다. 중요한 영업 또는 자산의 양수도, 단순분할의 경우에 그 가격이 적정한지의 여부는 이사의 주의의무 등을 통해서 그 공정성을 담보할 것이다.

Ⅲ. 주식매수청구권의 특례

1. 의의

"주식매수청구권(appraisal right)"은 '영업양도, 합병·분할, 주식의 포괄적교환·이전 등 중요한 회사의 의사결정'에서 자신의 뜻을 포기할 수밖에 없는 소수주주들에게 보유주식을 회사에 매도할 수 있도록 하는 권리이다. 1982년 구 증권거래법 개정 당시 상장회사에 대하여 도입되었다가, 1995년 상법전에 도입됨으로써 회사법의 일반적인 제도가 되었다.

자본시장법 제165조의5는 주권상장법인에 대해서 주식매수청구권의 특례를 규정하는데, 상법과의 차이점을 비교하면 아래와 같다.

2. 주식매수청구권의 발동사유

상법에서는 ① 영업양도 등 반대주주의 주식매수청구권(商374조의2), ② 주식의 포괄적 교환(商360조의5), 포괄적 이전(商360조의22) 반대주주의 주식매수청구권, ③ 합병(商522조의3), 분할합병(商530조의11②) 반대주주의 주식매수청구권, ④ 정관상 주식양도제한 시의 주식매수청구권(商335조의6)이 있는데, 자본시장법 제165조의5는 상법상 주식매수청구권의 발동사유를 그대로 수용하고 있다(165조의5①).

상법상 분할합병의 경우에는 주식매수청구권이 인정되지만(商530조의11②, 522조의3), 단순분할인 경우에는 인적분할이든 물적분할이든 분할회사의 주주들에게는 주식매수청구권이 부여되지 않는다. 단순분할은 분할회사가 영업재산의 일부를 신설회사에게 양도하고 그 대가로 신설회사의 주식을 분할회사의 주주(인적분할) 또는 분할회사(물적분할)에 부여하는 방식이므로 주주에게 특별한 손해가 있다고 보기는 어렵기 때문이다.

그러나 자본시장법상 주권상장법인의 경우에는 물적분할이 아닌 분할로서 분할에 의하여 설립되는 법인이 발행하는 주권이 증권시장에 상장되지 아니하는 경우(거래소의 상장예비심사결과 그 법인이 발행할 주권이 상장기준에 부적합하다는 확인을 받은 경우를 포함한다)에는 단순분할이라도 예외적으로 분할회사의 주주에게 주식매수청구권이 인정된다(165조의5①앞의괄호, 슈176조의7①). 인적분할로 인해 설립되는 신설법인이 비상장이라면 기존 분할회사 주주에게 불이익이 발생할 수 있기 때문이다.

3. 주식매수청구권의 행사요건

영업양도, 주식의 포괄적 교환과 이전, 합병과 분할합병 등 주권상장법인의 중요한 의결사항에 관한 '이사회 결의에 반대하는 주주'는 '주주총회 전'에 해당 법인에 대해서 그 결의에 반대하는 의사를 서면으로 통지한 경우에만, 자기가 소유하고 있는 주식을 매수하여 줄 것을 해당 법인에 대하여 '주주총회의 결의일부터 20일 이내'에 주식의 종류와 수를 기재한 서면으로 청구할 수 있다(165조의5①). 즉, 주식매수청구권을 행사하려면 ① 주주총회 전에 서면 반대통지를 하여야 하고, ② 주총결의일로부터 20일 이내에 서면 매수청구를 하여야 하는데, 이는 상법 제374조의2에서 영업양도 등에 반대하는 주주에게 인정되는 주식매수청구권과 동일하다. 다만, 자본시장법은 상법 제344조의3 제1항에 따른 의결권이 없거나 제한되는 종류주식의 주주를 주식매수청구권을 행사할 수 있는 주주에 포함하고 있다(165조의5①두번째 괄호).

상법에 의하면 영업양도나 합병 등에 반대하는 주주는 '자기가 소유하고 있는 주식'의 매수를 청구할 수 있는데(商374조의2①, 522조의3①), 자본시장법은 주권상장법인의 경우에 "자기가 소유하고 있는 주식"이란 반대의사를 통지한 주주가 ① 이사회 결의 사실이 공시되기 이전에 취득하였음을 증명한 주식과 ② 이사회 결의 사실이 공시된 이후에 취득하였지만 이사회 결의 사실이 공시된 날의 다음 영업일까지 해당 주식에 관한 매매계약의 체결, 해당 주식의 소비대차계약의 해지 등 대통령령으로 정하는 경우에 해당함을 증명한 주식만을 매수청구의 대상으로 하고 있다(165조의5①네번째괄호, 슈176조의7②). 합병 소식을 듣고 해당 회사의 주식을 매수한 다음 거래소의 시장가격이 낮으면 회사를 상대로 주식매수를 청구하여 차익을 얻고, 반대로 거래소의 시장가격이 높으면 시장에서 매도하는 '투기적 거래'를 막기 위한 것이다.

4. 매수기간

반대주주로부터 매수청구를 받은 주권상장법인은 매수청구기간이 종료하는 날부터 1개월 이내에 해당 주식을 매수하여야 한다(165조의5②). 상법 제374조의2 제2항에 규정된 2개월의 매수청구기간을 1개월로 단축한 것이다.

5. 매수가격의 결정절차

주식의 매수가격은 주주와 해당 법인 간의 협의로 결정한다. 다만, 협의가 이루어지지 아니하는 경우의 매수가격은 이사회 결의일 이전에 증권시장에서 거래된 해당 주식의 거래가격을 기준으로 하여 대통령령으로 정하는 방법에 따라 산정된 금액으로 하며, 해당 법인이나 매수를 청구한 주주가 그 매수가격에 대하여도 반대하면 법원에 매수가격의 결정을 청구할 수 있다(165조의5③).

상법의 경우 주식의 매수가격은 주주와 회사간 협의에 의하여 결정하되(商374조의2③), 매수청구기간 종료 후 30일 이내 협의가 이루어지지 않으면 회사 또는 주주가 법원에 매수가액 결정을 청구할 수 있도록 하는 2단계 구조이나(商374조의2④), 자본시장법은 주주와 회사간 협의에 의하여 결정하는 것은 마찬가지이지만(165조의5③본문), 협의가 이루어지지 않는 경우 자본시장법상 산식에 따라 산정된 금액을 매수가격으로 하며(165조의5③단서 전단), 해당 법인이나 주주가 그 매수가격에 대하여도 반대하면 법원에 매수가격의 결정을 청구하는 3단계 구조이다(165조의5③단서 후단). 결국 자본시장법상 주권상장법인은 상법상 30일의 협의기간이 도과하기 전이라도 매수가격의 결정을 청구할 수 있다. 그러나 매수가격에 다툼이 있는 경우에는 결국 법원의 절차를 통해서 결정될 것이므로 자본시장법상 산식에 따라서 산정된 금액을 중간에 넣는 절차가 실효성이 있는지는 의문이 있다.

6. 매수주식의 처분의무 여부

주권상장법인이 주식매수청구권의 행사에 응하여 매수한 주식은 '해당 주식을 매수한 날부터 5년 이내'에 처분하여야 한다(165조의5④, 슈176조의7④). 상법상 배당가능이익으로 취득한 자기주식에 대해서는 처분할 의무가 없다는 것이 일반적인 견해이고, 합병 등 특정한 목적에 의하여 취득한 자기주식에 대해서는 상당한 기간 내에 처분의무의 여부에 대해서 다툼이 있으나,[15] 자본시장법은 주권상장법인이 주식매수청구권의 행사에 응하여 취득한 자기주식은 5년 이내에 처분하도록 하고 있다.

---

15) 김홍기, 상법강의(2021), 464면.

Ⅳ. 신주의 발행 및 배정 등에 관한 특례

1. 의의

상법에 의하면 회사가 신주를 발행하는 경우 원칙적으로 주주가 그가 가진 주식수에 따라 신주를 배정받을 권리를 가지고(商418조①), 회사가 주주의 신주인수권을 배제하고 주주 외의 제3자에게 신주를 배정하기 위해서는 정관에 근거가 있어야 할 뿐 아니라 신기술의 도입, 재무구조의 개선 등 경영상 목적을 달성하기 위하여 필요할 것이라는 요건을 갖추어야 한다(商418조②). 회사의 자본 조달을 용이하게 하기 위하여 이사회에게 신주발행의 권한을 부여하되, 주주의 지분적 이익을 보호하기 위한 조치이다.

그러나 지분이 분산되어 있는 주권상장법인의 경우에는, 주주의 지분적 이익보다는 신속한 자본조달이 더 중요해진다. 주권상장법인의 주주들은 회사의 경영권 목적보다는 투자수익에 관심이 크기 때문이다. 자본시장법은 제165조의6에서 주권상장법인의 자금조달의 유연성 제고를 위해 주식의 발행 및 배정에 관한 특례를 두고 있다.

2. 신주배정 방식의 특례

주권상장법인이 신주를 배정하는 경우에는 주주배정, 제3자배정, 일반공모의 방식에 따른다(165조의6①).

가. 주주배정 방식

주권상장법인은 "주주에게 그가 가진 주식수에 따라서 신주를 배정하기 위하여 신주인수의 청약을 할 기회를 부여하는 방식"(165조의6①1)으로 신주를 배정할 수 있다. 주주의 지분적 이익이 침해되지 않도록 주주의 보유주식수에 비례하여 신주를 배정하는 원칙적인 방식이다.

나. 제3자배정 방식

주권상장법인은 "신기술의 도입, 재무구조의 개선 등 회사의 경영상 목적을 달성하기 위하여 필요한 경우 제1호(주주배정 방식) 외의 방법으로 특정한 자(해당 주권상장법인의 주식을 소유한 자를 포함한다)에게 신주를 배정하기 위하여 신주인수의 청약을 할 기회를 부여하는 방식"(165조의6①2)으로 신주를 배정할 수 있다. 제3자 배정을 위해서는 신기술의 도입, 재무구조의 개선 등 경영상 목적을 달성하기 위한 경우에 한정되는 점은 상법과 동일하지만, 상법 제418조 제2항과 달리 정관에 정함이 있을 것을 요구하고 있지 않기 때문에, 주권상장법인의 경우에는 정관에 제3자 배정의 근거 규정을 두지 않더라도 제3자 배정 방식의 신주발행이 가능한지에 관하여 논란이 생길 수 있다. 실무상으로는 주권상장법인이 정관에 제3자배정의 근거를 두고 있지 않은 경우는 찾기 어려우므로 논의의 실익이 크지는 않지만, 제3자에게 신주를 배정하는 것은 주주의 신주인수권을 제한하는 것으로서 그 근거가 명확해야 한다는 것을 고려하면 정관의 규정이 필요하다고 본다.

다. 일반공모 방식

주권상장법인은 "제1호(주주배정의 방식) 외의 방법으로 불특정 다수인(해당 주권상장법인의 주식을 소유한 자를 포함한다)에게 신주인수의 청약을 할 기회를 부여하고 이에 따라 청약을 한 자에 대하여 신주를 배정하는 방식"(165조의6①3)으로 신주를 배정할 수 있다. 주주의 신주인수권을 배제하고 '불특정 다수의 제3자'에게 신주 청약의 기회를 부여하는 것이다.

일반공모의 방식으로 신주를 배정하는 경우에는 정관에 따라 이사회의 결의로 다음 각 호의 어느 하나에 해당하는 방식으로 신주를 배정하여야 한다(165조의6④전단).

1. 신주인수의 청약을 할 기회를 부여하는 자의 유형을 분류하지 아니하고 불특정 다수의 청약자에게 신주를 배정하는 방식(165조의6④1호)
2. 제165조의7에 따라 우리사주조합원에 대하여 신주를 배정하고 청약되지 아니한 주식까지 포함하여 불특정 다수인에게 신주인수의 청약을 할 기회를 부여하는 방식(2호)
3. 주주에 대하여 우선적으로 신주인수의 청약을 할 수 있는 기회를 부여하고 청약되지 아니한 주식이 있는 경우 이를 불특정 다수인에게 신주를 배정받을 기회를 부여하는 방식(3호)
4. 투자매매업자 또는 투자중개업자가 인수인 또는 주선인으로서 마련한 수요예측 등 대통령령으로 정하는 합리적인 기준에 따라 특정한 유형의 자에게 신주인수의 청약을 할 수 있는 기회를 부여하는 경우로서 금융위원회가 인정하는 방식(4호)

일반공모 방식의 경우에도 제3자에 대한 신주발행 시에 요구되는 상법 제418조 제2항의 경영상 목적이 여전히 요구되는가? 이와 관련하여 자본시장법은 일반공모 방식에 의한 신주배정의 경우에는 주주의 신주인수권에 관한 상법 제418조 제1항 및 제3자에 대한 신주발행 시 경영상 목적을 요구하는 상법 제418조 제2항 단서의 적용을 명시적으로 배제하고 있다(165조의6④후단). 제3자의 신주인수권이 문제되는 경우는 사실상 경영권 분쟁의 상황에서 특정한 주주에게 신주를 배정하는 경우일 것인데, 일반공모의 성격 자체가 불특정 다수의 청약자에게 신주를 배정하는 것이므로 특정한 대주주에게 유리한 주식의 발행이나 배정을 하기가 어렵다고 본 것이다. 따라서 경영상 목적이 없는 경우에도 제3자 배정방식에 의한 일반공모가 가능하다. 경영권 분쟁의 상황에서 특정한 주주를 위해서 일반공모 배정을 탈법적으로 이용하는 경우에는 이사의 선관주의의무를 엄격하게 적용하는 방식으로 규제할 것이다.

[표9-1] 신주의 배정방식과 발행가액

구분	주주배정 방식	제3자배정 방식		일반공모 방식
		일반	증자후 1년간 예탁시(선택 가능)	
기산일	발행가액 자율결정	청약일 전 3거래일부터 5거래일	이사회결의일 전일	청약일 전 3거래일부터 5거래일
기준주가		가중산술평균주가 (총거래금액/총거래량)	①② 중 낮은가액 ① [1개월 가중산술평균주가 + 1주일 가중산술평균주가 +최근일 가중산술평균주가]/ 3 ② 최근일 가중산술평균주가	가중산술평균주가 (총거래금액/총거래량)
발행가액		기준주가 × (1-할인율)	기준주가 × (1-할인율)	기준주가 × (1-할인율)
할인율		10% 이내	10% 이내	30% 이내

※ 발행가액 산정이 어려운 경우 권리내용이 유사한 다른 주권상장법인의 주식의 시가 및 시장상황 등을 고려
하여 산정 가능(증발공5-18③)
※ 법 제165의6조, 제165의8조, 동법시행령 제176의8조, 제176의10조, 증발공 제5-18조

[출처] 금융감독원, 기업공시 실무안내(2020), 234면 인용 · 수정

3. 실권주 처리 방법의 특례

  신주인수권자가 청약을 하지 않거나(商419조③), 신주인수인이 납입기일에 납입을 하지 않
은 주식(商423조②)을 실권주라고 한다. 실권주는 주주배정뿐 아니라 제3자배정, 일반공모 방
식의 증자 시에도 발생할 수 있다.

  실권주가 발생한 경우에는 주주배정방식이나 제3자배정방식이거나에 관계 없이 그 실권
주는 미발행주식이 되어 차회 이후의 발행분에 환원되는 것이 원칙이고, 처음부터 새로이
신주발행절차를 거치는 것이 바람직하다. 그렇다면 회사는 복잡한 신주발행절차를 꺼려하여
실권주에 대해서는 새로운 신주발행절차를 거치지 않고서 처분할 수 있는가? 판례는 회사가
주주에게 신주인수권을 부여하였으나 실권주가 발생하였다면 실권된 부분에 대하여는 '이사
회 결의로 자유로이 이를 제3자에게 처분'할 수 있고, 이 경우 실권된 신주의 제3자에 대한
처분에 대해서 반드시 정관에 근거 규정이 있어야 하는 것은 아니라고 한다.[16] 즉 회사는 실
권된 신주를 대상으로 처음부터 새로이 발행하는 절차를 거치지 않고 이사회 결의에 의해서
자유로이 제3자에게 발행(처분)할 수 있다.

  그러나 이사회의 재량적인 판단에 따른 실권주 처리방식이 부당한 경영권 상속, 제3자에
대한 부당이득 제공의 수단이 된다는 비판에 따라, 자본시장법은 주권상장법인이 신주를 배
정하는 경우에는 그 기일까지 신주인수의 청약을 하지 아니하거나 그 가액을 납입하지 아니

---

16) 대판 2012.11.15., 2010다49380.

한 주식("실권주")에 대하여는 발행을 철회하도록 하고 있다(165조의6②본문). 즉, 상법상 비상장회사와는 달리 자본시장법이 적용되는 주권상장법인의 경우에는 실권주가 발생하면 그 부분에 대해서는 발행을 철회하고 새로이 신주발행절차를 거쳐야 한다. 다만, 투자매매업자가 그 실권주 전부를 취득하는 계약을 주권상장법인과 체결하는 등의 경우에는 실권주의 처분 등이 허용된다(165조의6②단서).

4. 신주인수권증서의 의무 발행

상법은 주주가 가지는 신주인수권을 양도할 수 있는지 여부는 이사회가 결정하고(商416조5호), 신주인수권을 양도할 수 있도록 한 경우에도 주주의 청구가 있는 때에만 신주인수권증서를 발행하는 것과 그 청구기간도 이사회가 결정하지만(商416조6호), 자본시장법은 '주주배정 방식'으로 신주를 배정하는 경우에는 상법 제416조 제5호 및 제6호에도 불구하고 주주에 대한 신주인수권증서의 발행을 의무화하고 있다(165조의6③). 자금이 부족하여 신주인수를 포기할 수밖에 없는 주주에게 유상증자에 따른 지분가치 희석의 손실을 보전받을 수 있게 하고, 실권주의 발생을 최소화하기 위한 것이다.

V. 사채의 발행 및 배정 등에 관한 특례

1. 주권 관련 사채권에 대한 특례

"주권 관련 사채권"이란 주식으로 전환되는 조건이 붙은 조건부자본증권, 주식으로 교환 또는 전환이 되는 상법상 교환사채나 상환사채, 전환사채, 신주인수권부사채를 말한다(165조의10①괄호). 자본시장법은 주권상장법인이 '주권 관련 사채권'을 발행하는 경우에는 ① 주식의 발행 및 배정 등에 관한 특례규정인 법 제165조의6 제1항·제2항 및 제4항과, ② 주주에 대한 통지 또는 공고의 특례규정인 법 제165조의9를 준용하고 있다(165조의10①).

주권 관련 사채권은 모두 주식으로 교환되거나 전환될 가능성이 있는 잠재적 주식의 성질을 지닌다는 점을 감안하여, 주권상장법인의 주식의 발행 및 배정 등에 관한 특례, 주주에 대한 통지 또는 공고의 특례 규정을 준용하도록 한 것이다. 따라서 주권상장법인의 주권 관련 사채권의 발행 방식은 주주배정, 제3자배정, 일반공모의 3가지 방법 중 하나에 따라야 하고, 실권이 발생할 경우에는 원칙적으로 발행을 철회하여야 한다.

2. 분리형 신주인수권부사채의 발행 제한

상법상 신주인수권부사채를 발행하는 경우에는 신주인수권만을 양도할 수 있도록 정할 수 있다(商516조의2②4). 즉, 회사는 신주인수권부사채와 신주인수권증권(warrant)을 분리발행할 수 있고, 이 경우 신주인수권은 신주인수권증권의 교부에 의하여 양도된다(商516조의6 ①).

대주주의 지분율 확대 및 경제적 이익을 위해서 분리형 신주인수권부사채가 편법적으로 이용된다는 비판이 제기되자, 자본시장법은 "주권상장법인이 상법 제516조의2제1항에 따른 사채를 발행할 때에는 상법 제516조의2제2항제4호에도 불구하고 사채권자가 신주인수권증권만을 양도할 수 있는 사채는 사모의 방법으로 발행할 수 없다."고 규정하여(165조의10②), 주권상장법인에 대해서는 사모 방식에 의한 분리형 신주인수권부사채의 발행을 금지하였다. 사모의 방식만이 금지되므로 공모방식의 경우에는 주권상장법인이라고 하더라도 분리형 신주인수권부사채의 발행이 가능하다.

Ⅵ. 조건부자본증권의 발행 등

1. 의의 및 취지

자본시장법 제165조의11의 조건부자본증권 제도는 바젤Ⅲ에서 제안된 조건부자본(contingent capital) 제도를 반영한 것이다. 수차례의 금융위기를 겪으면서 은행 등 금융기관이 도산의 위기에 처한 경우, 채권자의 손실 부담을 통한 자기자본의 확충이 필요하다는 주장이 제기되었고, 이를 반영하여 은행 등의 재무상태가 일정한 기준 이하로 악화되는 사유(trigger event)가 발생하면, 자동적으로 보통주와 같은 지분증권으로 전환되거나 지급청구권이 소멸(상각)되는 새로운 유형의 증권이 탄생한 것이다. 전환 또는 소멸되는 채권액만큼 자본이 증가하거나(전환형), 부채가 감소함으로써(상각형) 공적 자금의 투입이 없이도 위기를 벗어날 수 있다.

자본시장법은 제165조의11에서, 주권상장법인은 '정관으로' 정하는 바에 따라 '이사회의 결의'로 상법의 이익배당참가부사채, 교환사채, 상환사채, 파생결합사채(商469조②), 전환사채(商513조) 및 신주인수권부사채(商516조의2)와 다른 종류의 사채로서 ① 해당 사채의 발행 당시 객관적이고 합리적인 기준에 따라 미리 정하는 사유가 발생하는 경우 주식으로 전환된다는 조건이 붙은 사채('전환형 조건부자본증권') 또는 ② 해당 사채의 발행 당시 객관적이고 합리적인 기준에 따라 미리 정하는 사유가 발생하는 경우 그 사채의 상환과 이자지급 의무가 감면된다는 조건이 붙은 사채('상각형 조건부자본증권'), ③ 그 밖에 대통령령으로 정하는 사채를 발행할 수 있다(165조의11①)고 하면서 조건부자본증권을 발행할 수 있도록 하고 있다. 결국 현행 자본시장법상 "조건부자본증권"이란 상법상 이익참가부사채·교환사채·상환사채·파생결합사채, 전환사채, 신주인수권부사채 이외의 사채 중에서, ① 주식으로 전환되는 조건이 붙은 사채('전환형 조건부 자본증권') 또는 ② 사채의 상환과 이자지급 의무가 감면된다는 조건이 붙은 사채('상각형 조건부 자본증권')를 말한다. 그밖에 대통령령으로 정하는 사채도 포함될 수 있지만 아직 이에 관한 규정은 없다.

2. 법적 쟁점

조건부자본증권 제도의 운용에 관해서는 몇 가지 생각해볼 점이 있다.

첫째, 그 내용이 비슷한 파생결합증권과의 구분이다. 자본시장법은 조건부자본증권이 파생결합증권으로 보일 수 있는 점을 우려하여, 주권상장법인이 발행하는 조건부자본증권은 파생결합증권에서 명시적으로 제외하였다(4조⑦3). 따라서 주권상장법인이 발행하는 조건부자본증권은 파생결합증권이 아니라 채무증권으로 취급된다. 실질적으로는 의무전환사채에 유사하다.[17]

둘째, 기존주주의 이익보호 문제이다. 전환형 조건부자본증권의 경우 채권자가 주주로 전환되는데, 전환조건에 따라서는 기존주주가 보유하는 지분의 경제적 가치가 크게 희석될 수 있다. 회사에게 아무런 재산이 없어서 파산이 불가피한 상황에서는 어차피 주식의 가치가 거의 없으므로 문제가 덜하나, 채무 지급의 여력이 충분한 경우에도 전환권을 가지는 조건부자본증권의 발행을 인정할 것인지가 문제된다.

셋째, 발행적격의 문제이다. 원래 조건부자본증권은 은행 등 금융기관의 자본 확충을 위해서 고안된 제도이나 자본시장법은 주권상장법인 전체에 적용하고 있다. 물론 은행과 금융지주회사는 은행법 등에 의해서도 조건부자본증권을 발행할 수 있지만, 금융기관이 아닌 주권상장법인에 대해서도 조건부자본증권의 발행을 허용하는 것이 필요한 것인지는 논란이 될 수 있다. 이와 관련하여 비은행기업에게는 자기자본 규제적 수단으로서가 아니라 전환사채, 상환사채, 신주인수권부사채 및 파생결합사채 등과 같이 새로운 자본조달수단의 공급 차원에서 접근하는 것도 가능하다는 견해[18]가 있으나, 상법상의 전환사채, 상환사채 등과의 구분이 애매하고, 발행기업이 조건부 자본증권을 이용할 인센티브가 없어서 실제 발행실적은 많지 않은 듯 하다.

3. 전환형 조건부자본증권

가. 의의

조건부자본은 다양한 기준으로 구분될 수 있지만 증권보유자의 손실부담 방식에 따라 보통주 등 자기자본으로 전환되는 전환형 조건부자본증권과 소각되는 상각형 조건부자본증권

---

17) 조건부 자본증권은 전환권이 사채의 소지인에게 부여되어 있지 아니하고 일정한 전환사유가 발생할 경우에 자동적으로 주식으로 전환된다는 점에서 전환권이 발행회사에 귀속되는 강제 또는 의무전환사채 (mandatory convertible bond)와 매우 유사하다. 송종준, "조건부 자본증권의 도입에 관한 소고," 「기업법연구」 제25권 제3호(기업법학회, 2011), 233면.
18) 송종준, 앞의 논문(조건부 자본증권의 도입에 관한 소고), 241면.

624 제9장 상장법인에 대한 특례

으로 구분할 수 있다.

"전환형 조건부자본증권"은 흔히 코코본드(contingent convertibles bond)로 불리는데, 저금리 기조의 장기화로 고수익 채권을 찾는 투자자가 증가하면서 유럽에서는 대형은행을 중심으로 발행이 증가하고 있다. 반면 미국에서는 조권부자본증권에 유사하거나 대체할 수 있는 다양한 형태의 증권 발행이 가능해서 조건부자본증권의 발행 사례는 많지 않다.

나. 발행주체

주권상장법인은 정관으로 정하는 바에 따라 이사회의 결의로 … 해당 사채의 발행 당시 객관적이고 합리적인 기준에 따라 미리 정하는 사유가 발생하는 경우 주식으로 전환된다는 조건이 붙은 사채, 즉 전환형 조건부자본증권을 발행할 수 있다(165조의11①). 즉, 주권상장법인만이 전환형 조건부자본증권을 발행할 수 있고, 비상장법인은 조건부자본증권을 발행할 수 없다.

은행의 경우에는 은행법 제33조의2, 제33조의2에서, 금융지주회사의 경우에는 금융지주회사법 제15조의3에서 조건부자본증권을 발행할 수 있는 별도의 근거가 있으므로 자본시장법 제165조의11의 적용에서 제외된다.

다. 정관의 근거

전환형 조건부자본증권을 발행하려는 주권상장법인은 정관에 다음 각 호의 사항을 규정하여야 한다(슈176조의12①).

1. 전환형 조건부자본증권을 발행할 수 있다는 뜻(슈176조의12①1호)
2. 전환형 조건부자본증권의 총액(2호)
3. 전환의 조건(3호)
4. 전환으로 인하여 발행할 주식의 종류와 내용(4호)

   '전환으로 인하여 발행할 주식의 종류와 내용'은 보통주로 하는 것이 보통이겠지만 반드시 그래야 하는 것은 아니다. 그리고 위기상황에서 자본을 보충하는 조건부자본증권 제도의 성격을 고려하면, 전환으로 인하여 발행할 주식은 발행회사의 주식이어야지 모회사·자회사 등 다른 회사의 주식은 아니된다.

5. 주주에게 전환형 조건부자본증권의 인수권을 준다는 뜻과 인수권의 목적인 전환형 조건부자본증권의 액(5호)
6. 주주 외의 자에게 전환형 조건부자본증권을 발행하는 것과 이에 대하여 발행할 전환형 조건부자본증권의 액(6호)

라. 이사회 결의

주권상장법인은 정관으로 정하는 바에 따라 이사회의 결의로 전환형 조건부자본증권을 발행할 수 있다(165조의11①). 즉, 구체적인 발행가액, 이율, 발행의 상대방, 기타 발행의 조건 등은 정관으로 정하는 바에 따라 이사회 결의로 정한다.

마. 전환형 조건부자본증권의 전환

전환형 조건부자본증권을 발행하는 경우 그 조건부자본증권의 주식 전환사유는 적정한 방법에 의하여 산출 또는 관찰이 가능한 가격·지표·단위·지수로 표시되는 것이거나 금융산업구조개선법 제10조제1항에 따른 적기시정조치 등의 사건으로서, ①발행인 등 전환형 조건부자본증권의 발행과 관련하여 이해관계를 가지는 자의 통상적인 노력으로 변동되거나 발생할 가능성이 현저히 낮은 사유등으로서 '금융위원회가 정하여 고시하는 요건'에 부합할 것(슈176조의12②1호), ②전환의 사유등이 금융위원회가 정하여 고시하는 기준과 방법에 따라 증권시장 등을 통하여 충분히 공시·공표될 수 있을 것의 기준을 모두 충족하여야 한다(동항2호).

법 시행령 제176조의12 제2항 제1호에서 "금융위원회가 정하여 고시하는 요건"이란 다음 각 호의 어느 하나에 해당하는 경우를 말한다(증발공5-25①).

  1. 다음 각 목의 어느 하나에 해당하는 경우(증발공5-25①1호)
   가. 조건부자본증권을 발행한 발행인이 금산법 제2조제2호 또는 예금자보호법 제2조제5호에 따른 부실금융기관으로 지정된 경우
   나. 조건부자본증권을 발행한 발행인이 기업구조조정 촉진법 제4조에 따라 주채권은행으로부터 부실징후기업에 해당한다는 사실을 통보받은 경우
  2. 그 밖에 발행인의 경영성과 또는 재무구조의 개선등 조건부자본증권을 발행할 당시 미리 정한 일정시점에서 목표수준에 관한 사항이 달성되는 경우(증발공5-25①2호)

제1호는 조권부자본증권 발행회사의 '재무건전성 악화'되는 대표적인 사례이고, 제2호는 '경영성과 개선'되는 대표적인 사유이다.

조건부자본증권의 금액과 그 전환으로 인하여 발행되는 주식의 발행가액(＝전환가액)의 총액은 같아야 한다(슈176조의12⑦, 商348조). 따라서 전환가액이 높으면 전환으로 인하여 발행되는 주식의 수가 적어져서 기존 주주의 지분이 덜 희석되고, 전환가액이 낮으면 전환으로 인하여 발행되는 주식의 수가 많아져서 기존 주주의 지분이 더 많이 희석된다. 결국 전환가액은 전환으로 인하여 누가 더 손해를 보느냐를 결정하는 지표로서, 전환으로 상대적으로 더 불리하게 되는 자가 전환사유 발생을 방지하기 위해 경영진을 감시할 유인을 더 크게 가지게 될 것이다.

전환형 조건부자본증권의 주식전환은 전환사유가 발생한 날부터 제3영업일이 되는 날에 그 효력이 발생한다(슈176조의12⑤). 그 보유자나 발행회사의 전환권 행사, 통보 등은 필요하지 않다.

바. 주식의 발행규정 준용

전환형 조건부자본증권은 채무증권의 일종이지만 주식의 속성을 가지는 주권 관련 사채권이므로, 주주배정이나 제3자배정 등 그 발행 및 배정방법을 정함에 있어서는 주권상장법인의 주식의 발행 및 배정 등에 관한 특례 조항이 준용된다(165조의10①1, 165조의6①,②,④, 165조의9).

4. 상각형 조건부자본증권

가. 의의

"상각형 조건부자본증권"은 발행회사의 재무상태가 일정한 기준 이하로 악화되면, 발행회사가 발행한 채권이 소멸되는 채권이다. 주권상장법인은 "해당 사채의 발행 당시 객관적이고 합리적인 기준에 따라 미리 정하는 사유가 발생하는 경우 그 사채의 상환과 이자지급의무가 감면된다는 조건이 붙은 사채", 즉 상각형 조건부자본증권을 발행할 수 있다(165조의11①). 전환형과 상각형 조건부자본증권은 양자 모두 손실흡수기능을 가지고 있으나 자본확충기능은 전환형만이 가지고 있다.

나. 발행주체

상각형 조건부자본증권은 주권상장법인이 발행할 수 있다.

은행 및 은행지주회사는 은행법 및 금융지주회사법의 특칙에 따라 상장 여부를 불문하고 상각형 또는 전환형 조건부자본증권을 발행할 수 있다.

그렇다면 금융기관이 아닌 비상장회사는 상각형 조권부자본증권을 발행할 수 있는가? 생각건대, 전환형 조건부자본증권은 그 사유를 조건으로 하여 '사채의 상환, 신주의 발행, 사채상환의무와 신주인수대금의 상계'가 결합된 주식의 성질을 가지는 새로운 형태의 증권이므로 자본시장법 제165조의11의 명문의 규정에 의하여 비로소 발행할 수 있지만, 일정한 사유의 발생 시에 발행회사가 부담하는 채무의 전부 또는 일부가 소멸하는 상각형 조권부자본증권은 채무의 상환방식이나 종기에 관하여 특수한 정함이 있는 채권일 뿐이고 의결권 등 주식의 성격도 희박하므로 상법상 사채의 요건을 충족하는 경우에는 상법에 따라서 발행할 수 있다고 생각한다.

다. 정관

상각형 조건부자본증권을 발행하려는 주권상장법인은 정관에 다음 각 호의 사항을 규정하여야 한다(令176조의13①).

1. 상각형 조건부자본증권을 발행할 수 있다는 뜻(令176조의13①1호)
2. 상각형 조건부자본증권의 총액(2호)

3. 사채의 상환과 이자지급 의무가 감면("채무재조정")되는 조건(3호)

4. 채무재조정으로 인하여 변경될 상각형 조건부자본증권의 내용(4호)

라. 이사회 결의

정관이 정하는 바에 따라 이사회 결의로 발행하여야 함은 전환형과 같다.

전환형 조건부자본증권과는 달리 상각형 조건부자본증권의 경우 채무재조정이 발생하더라도 기존 주주가 보유한 주식의 지분비율이 떨어지거나 가치가 희석될 우려가 없다. 그런데도 이사회 결의만에 의하여 발행할 수 있는 상법상의 일반사채와 달리 반드시 정관에 근거 규정이 필요한지는 의문이다.

마. 상각형 조건부자본증권의 채무재조정

자본시장법 시행령은 전환형 조건부자본증권의 전환사유에 관한 규정을 상각형 조건부자본증권의 채무재조정사유에 준용하고 있다(슈176조의13④, 176조의12②). 따라서 조건부자본증권 발행회사의 채무건전성 악화 또는 경영성과의 개선이 채무재조정 사유가 되는데(증발공 5-25②), 경영성과의 개선이 채무재조정 사유가 되는 경우는 상정하기 곤란하므로, 이 부분은 입법적인 정비가 필요하다. 채무재조정 사유가 발생하면, 별도의 청구나 의사 표시 없이, 채무재조정 사유가 발생한 날부터 제3영업일이 되는 날에 그 효력이 발생한다(슈176조의13③).

VII. 그 밖의 특례

1. 우리사주조합원에 대한 주식의 배정 등에 관한 특례

자본시장법 제165조의7은 "대통령령으로 정하는 주권상장법인[19] 또는 주권을 대통령령으로 정하는 증권시장에 상장하려는 법인("해당 법인")이 주식을 모집하거나 매출하는 경우에는 상법 제418조에도 불구하고 해당 법인의 우리사주조합원에 대하여 모집하거나 매출하는 주식총수의 100분의 20을 배정하여야 한다."고 규정하고 있다. 상법 제418조는 신주를 발행하는 경우에 주주에게 우선하여 배정하고, 제3자에게 배정하는 경우에는 정관의 규정에 의하여 재무구조의 개선 등 경영상 목적을 달성하기 위하여 필요한 경우에 한정하는데 주권상장법인에 대해서는 그 예외를 인정한 것이다.

우리사주조합[20]에 대한 우선배정 제도는 유가증권시장의 상장법인에 적용되므로, 코스닥시장의 경우에는 우선배정 의무가 적용되지 않는다. 다만, 코스닥시장 상장법인도 자율

---

19) "대통령령으로 정하는 주권상장법인"이란 한국거래소가 개설한 유가증권시장에 주권이 상장된 법인을 말한다(슈176조의9①).

20) "우리사주조합"이란 주식회사의 소속 근로자가 그 주식회사의 주식을 취득·관리하기 위하여 근로복지기본법에서 정하는 요건을 갖추어 설립한 단체를 말한다(근로복지기본법2조4호).

적으로 100분의 20 범위 내에서 우리사주조합원에게 주식을 우선 배정하는 것은 가능하다 (근로복지기본법38조②). 코스닥시장에 상장되는 회사의 자본 규모가 상대적으로 작기 때문에 자본 조달을 용이하게 하기 위하여 우리사주조합원 우선배정을 의무화하지는 않았으나, 기 업공개(IPO)의 경우 자율적으로 우리사주조합원에 대하여 20% 범위 내에서 우선배정을 하는 경우가 많다.

우리사주조합 우선배정은 자본시장법 및 근로복지기본법에 근거가 있으므로, 우리사주조 합 우선배정을 위해 정관에 별도의 근거 규정은 필요하지 않다.

신주인수권부사채, 전환사채 등에 대하여도 우리사주조합원의 우선배정제도가 확대 또는 유추 적용될 수 있는가? 대법원은 자본시장법상 우리사주조합원이 우선적으로 배정받을 권 리가 있는 '주식'에는 사채의 일종인 신주인수권부사채가 포함되지 아니함은 문언의 해석상 분명하고, 제도의 취지 등을 고려하면 우리사주조합원에게 주식 외에 신주인수권부사채까지 우선적으로 배정받을 권리가 있다고 유추해석하기도 어렵다고 하면서 우리사주조합원에 대 한 신주인수권부사채의 우선배정권을 인정하지 않고 있다.[21] 전환사채의 경우에도 동일한 법리가 적용될 수 있을 것이다.

2. 액면미달발행의 특례

상법은 자본충실의 원칙 하에 액면미달발행을 금지하고, 예외적으로 ①'회사가 성립한 날로부터 2년을 경과'한 후에 주식을 발행하는 경우에는 ②'상법 제434조의 주주총회의 특 별결의'와 ③'법원의 인가'를 얻어서 주식을 액면미달의 가액으로 발행할 수 있도록 하고 있 다(商417조). 그러나 액면미달발행을 하고자 하는 부실기업이 위 요건을 모두 갖추기란 쉽지 않다. 회사성립 후 2년이 경과하기 전이라도 회사의 경영이 부진하여 액면미달발행이 필요 할 수 있고, 저가 발행의 문제점은 액면에 관계 없이 시가보다 낮은 발행가액을 가지는 모든 신주발행에 공통되므로 굳이 액면미달발행만을 엄격하게 운용할 필요성이 있다고 보기 어렵 기 때문이다.

자본시장법 제165조의8 제1항은 "주권상장법인은 상법 제417조에도 불구하고 법원의 인 가 없이 같은 법 제434조에 따른 주주총회의 결의만으로 주식을 액면미달의 가액으로 발행 할 수 있다. 다만, 그 액면미달금액의 총액에 대하여 상각(償却)을 완료하지 아니한 경우에는 그러하지 아니하다."고 규정하면서, ①회사 설립 후 2년, ②법원의 인가 요건을 배제하고, ③ 주주총회의 특별결의만으로 액면미달 발행을 가능하도록 하였다. 즉, 주권상장법인은 ①과 ②의 요건이 없이도 ③주주총회의 특별결의만으로 액면미달 발행이 가능하다.

상법은 액면미달발행 시에 법원의 인가를 얻은 날로부터 1월 내에 발행하고, 법원은 이

---

21) 대판 2014.8.28., 2013다18684.

기간을 연장할 수 있도록 하고 있다(商417조④). 반면에 자본시장법상 주권상장법인이 액면미달발행을 하는 경우에는 주주총회 결의 후 1월 내에 발행하도록 하는 것은 상법상 비상장회사와 비슷하지만, 법원의 인가 절차가 없으므로 주주총회에서 그 시기를 달리 정할 수는 있도록 하였다(165조의8③).

상법은 액면미달 발행을 위한 주주총회 결의 시 최저발행가액을 정하도록 할 뿐 구체적인 산정기준을 제시하지는 않는다(商417조②). 법원의 인가절차에서 거를 수 있기 때문이다. 반면에 자본시장법은 ⓐ주식의 액면미달가액 발행을 위한 주주총회의 소집을 결정하는 이사회의 결의일 전일부터 과거 1개월간의 최종시세가격의 평균액, ⓑ주주총회소집을 위한 이사회의 결의일 전일부터 과거 1주일간 최종시세가격 평균액, ⓒ주주총회 소집을 위한 이사회의 결의일의 전일의 증권시장에서 거래된 최종시세가격 중 가장 높은 가격의 100분의 70을 최저발행가액으로 정하고 있다(165조의8②, 슈176조의10). 또한 액면미달금액의 총액에 대하여 상각을 완료하지 않은 경우에는 추가로 액면미달발행을 할 수 없도록 하고 있다(165조의8①단서).

3. 주주에 대한 통지 또는 공고의 특례

상법은 주주 외의 자에게 신주를 발행하는 경우 회사는 납입기일의 2주 전까지 기존 주주에게 신주발행에 관한 일련의 사항을 통지하거나 공고하도록 하고 있다(商418조④). 제3자 배정 방식의 신주발행은 주주의 신주인수권에 대한 예외이므로 기존 주주에게 신주발행 사항을 미리 알림으로써 주주의 이익을 보호하고자 한 것이다.

그러나 주권상장법인이 제3자 배정에 의한 신주발행을 하는 경우, 금융위원회에 제출한 신주발행에 관한 주요사항보고서가 금융위원회와 거래소에 그 납입기일의 1주 전까지 공시된 경우에는 상법 제418조 제4항에 따른 주주에 대한 통지·공고를 할 필요가 없다(165조의9). 신주배정을 비롯하여 사업보고서 제출대상법인의 주요한 사항은 그 사실이 발생한 날의 다음 날까지 금융위원회에 주요사항보고를 제출하고(161조), 금융위원회와 거래소는 사업보고서 등을 3년 간 공시하도록 하고 있기 때문에(163조), 상법에 따른 별도의 통지·공고를 할 필요가 없다고 보았기 때문이다. 다만 기존 주주들이 납입기일 이전에 위 사실을 알아야 가처분 등을 신청할 수 있기 때문에, 납입기일의 1주일 전까지는 위 공시를 마치도록 요구하고 있다(165조의9).

4. 이익배당의 특례

상법은 이익배당에 관하여 회계연도 말의 재무상태를 기준으로 한 정기배당을 원칙으로 하면서(商462조), 정관에 규정이 있는 경우에 한하여 영업연도 중 1회에 한하여 중간배당을 할 수 있도록 하고 있다(商462조의3). 즉 상법에 따르면 회계연도를 변경하지 않는 한 최대 연

2회까지만 배당이 가능하다. 그러나 주주로서는 투자수익의 회수를 위해 더 자주 배당을 받을 유인이 있고, 회사로서도 영업연도말에 현금수요가 집중되는 문제를 완화하기 위해 배당시기를 탄력적으로 운용할 유인이 있다.

이를 반영하여 자본시장법 제165조의12 제1항은 "연 1회의 결산기를 정한 주권상장법인은 정관으로 정하는 바에 따라 사업연도 중 그 사업연도 개시일부터 3월, 6월 및 9월 말일 당시의 주주에게 이사회 결의로써 금전으로 이익배당("분기배당")을 할 수 있다."고 하면서, 분기배당을 할 수 있도록 허용하고 있다. 사업연도 개시일로부터 3월말, 6월말, 9월말 주주에게 분기배당을 지급할 수 있으므로 정기배당까지 합하면 1년에 4회까지도 배당할 수 있다.

분기배당을 하려면 연 1회 결산기를 정한 주권상장법인이어야 하고, 정관에 분기배당에 관한 근거규정이 있어야 한다. 자본시장법상 분기배당의 기준일은 사업연도 개시일로부터 3월, 6월, 9월 말일로 정해져 있으나(165조의12①), 상법상 중간배당은 정관에 중간배당에 관한 근거 규정이 있으면 이사회의 결의로 일정한 날을 기준일로 정할 수 있다(商462조의3①). 자본시장법 제165조의12의 문언상 분기배당은 금전으로만 가능하나, 상법상 중간배당은 그러한 제한이 없으므로 현물로도 가능하다.

상법상 정기배당과 중간배당은 주주총회나 이사회 결의가 있은 날로부터 1개월 내에 지급하되, 주주총회 또는 이사회에서 배당금의 지급시기를 따로 정한 경우에는 그에 따른다(商464조의2①). 반면 자본시장법은 분기배당에 관하여 이사회 결의가 있은 날로부터 20일 이내에 지급하되, 정관에서 그 지급시기를 따로 정한 경우에는 그에 따른다(165조의12③). 즉 자본시장법상 분기배당의 경우 상법상 정기배당·중간배당보다 지급시기를 단축하였고, 그 예외를 주주총회 또는 이사회가 아니라 정관에서 규정하도록 하고 있다.

5. 주식배당의 특례

상법 제462조 제1항은 "회사는 주주총회의 결의에 의하여 이익의 배당을 새로이 발행하는 주식으로써 할 수 있다. 그러나 주식에 의한 배당은 이익배당총액의 2분의 1에 상당하는 금액을 초과하지 못한다."고 하면서 주식배당의 한도액을 '이익배당 총액의 2분의1'로 설정하고 있다.

자본시장법 제165조의13 제1항 본문은 "주권상장법인은 상법 제462조의2제1항 단서에도 불구하고 이익배당총액에 상당하는 금액까지는 새로 발행하는 주식으로 이익배당을 할 수 있다."고 하면서 이익배당 전부를 주식배당으로 하는 것을 허용하고 있다. "다만, 해당 주식의 시가가 액면액에 미치지 못하면 상법 제462조의2제1항 단서에 따른다."(165조의13①단서). 즉, 시가가 액면액에 미치지 못하는 경우에는 다시 상법상 이익배당 총액의 2분의 1 제한이 부활된다. 주식배당은 주식의 권면액(액면금액)으로 하는데(商462조의2②),[22] 만약 주식의 시가가 액면금액에 미달한다면, 주식배당을 받는 주주가 실제로 받는 금액은 '같은 배당액이 권면액이 아니라 시가를 기준으로 하여서 현금으로 지급되었더라면 받을 수 있었을 금액'보다 적게 되기 때문이다.

회사가 이익배당 시에 자기주식을 지급하는 경우에는 주식배당이 아니라 현물배당으로 보아야 한다. 현물배당을 위해서는 정관에 금전 외의 재산으로 배당할 수 있다는 근거규정이 있어야 하지만(商462조의4①), 주식배당이 아니므로 이익배당 총액의 2분의1로 제한하는 규정(商462조의2①단서)은 적용되지 않고, 그에 대한 특칙인 법 제165조의13도 적용되지 않는다.

6. 공공적 법인의 배당 등의 특례

공공적 법인은 이익이나 이자를 배당할 때 정부에 지급할 배당금의 전부 또는 일부를 상법 제464조에도 불구하고 대통령령으로 정하는 방법에 따라 해당 법인의 주주 중 ① 해당 주식을 발행한 법인의 우리사주조합원, ② 연간소득수준 및 소유재산규모 등을 고려하여 대통령령으로 정하는 기준에 해당하는 자에게 지급할 수 있다(165조의14①). 상법상 "이익배당은 각 주주가 가진 주식수에 따라서 한다."(商464조)고 되어 있는데, '공공적 법인'[23]에 대해서는 그 예외를 인정하는 취지이다. 한국전력공사 등 공공적 법인은 이윤극대화 이외의 목적을 추구하여야 하는 경우가 있어 민간주주들의 불만이 있을 수 있는데, 정부가 스스로에게 돌아갈 몫의 일부를 일부 민간주주들에게 분배하겠다는 취지이다.

7. 의결권이 없거나 제한되는 주식의 특례

상법 제344조의3에 따르면 의결권이 없는 종류주식 또는 의결권이 제한되는 종류주식("무의결권·제한의결 주식")의 총수는 발행주식 총수의 4분의 1을 초과하지 못한다. 회사에 대한 지배권과 경제적 소유권 사이의 괴리가 너무 커지는 것을 방지하려는 것이다.

자본시장법 제165조의15 제1항은 상법 제344조의3제1항에 따른 의결권이 없거나 제한되는 주식의 총수에 관한 한도를 적용할 때 주권상장법인이 다음 각 호의 어느 하나에 해당하는 경우에 발행하는 의결권 없는 주식은 그 한도를 계산할 때 산입하지 아니한다.

1. 대통령령으로 정하는 방법에 따라 외국에서 주식을 발행하거나, 외국에서 발행한 주권 관련 사채권, 그 밖에 주식과 관련된 증권의 권리행사로 주식을 발행하는 경우(165조의15①1호)

---

22) 이익의 배당을 주식으로 하는 경우에는 권면액으로 한다(商462조의2②). 예를 들어, 주식의 액면금이 5,000원인 회사가 현금배당과 주식배당을 2분의1씩 섞어서 100만 원의 이익배당을 하기로 한다면, 현금 50만원과 현금 50만 원에 상당하는 주식 100주(50만원＝5,000원×100주)를 지급한다.

23) "공공적 법인"이란 "국가기간산업 등 국민경제상 중요한 산업을 영위하는 법인으로서 대통령령으로 정하는 상장법인"(152조③)을 가리키며, 현재 한국전력공사가 유일하게 공공적 법인으로 지정되어 있다.

2. 국가기간산업 등 국민경제상 중요한 산업을 경영하는 법인 중 대통령령으로 정하는 기준에 해당하는 법인으로서 금융위원회가 의결권 없는 주식의 발행이 필요하다고 인정하는 법인이 주식을 발행하는 경우(21호)

법 제165조의15 제1항 각 호의 2가지 예외는 주권상장법인의 '해외증권발행의 촉진'과 '기업의 공공성'을 위한 것으로서, 외국인 주주 및 공공기업 민간주주의 의결권을 배제하거나 제한하면서도 자기자본 방식으로 자금조달을 하려는 경우에 그 한도를 넓혀주기 위한 것이다.

자본시장법 제165조의15 제2항은 "법 제165조의15 제1항 각 호의 어느 하나에 해당하는 의결권 없는 주식과 상법 제344조의3 제1항에 따른 의결권이 없거나 제한되는 주식을 합한 의결권 없는 주식의 총수는 발행주식총수의 2분의 1을 초과하여서는 아니 된다."고 하면서, 상법 제344조의3에 따른 발행주식 총수의 4분의 1 제한 기준을 완화하더라도 다시 그 의결권 없는 주식의 총수가 발행주식총수의 2분의 1은 넘지 않도록 하고 있다. 주권상장법인의 경우에 의결권의 배제나 제한을 확대하는 취지에 동의하면서도, 한도를 아예 없애주는 것은 아니고 다시 발행주식 총수의 2분의1 한도를 설정한 것이다.

자본시장법 제165조의15 제3항은 "의결권이 없거나 제한되는 주식 총수의 발행주식총수에 대한 비율이 4분의 1을 초과하는 주권상장법인은 제2항에 따른 비율 이내에서 대통령령으로 정하는 방법에 따라 신주인수권의 행사, 준비금의 자본전입 또는 주식배당 등의 방법으로 의결권 없는 주식을 발행할 수 있다."고 규정한다. 제3항의 취지는 다소 불분명하지만, 대통령령으로 정하는 방법에 따라 신주인수권의 행사, 준비금의 자본전입 또는 주식배당 등의 방법으로 의결권 없는 주식을 발행하는 경우에는 상법 제344조의3에 따른 발행주식총수의 4분의 1의 제한을 초과하여 발행주식총수의 2분의 1의 범위 내에서 의결권 없는 주식을 발행할 수 있도록 하는 것으로 보인다.

8. 주권상장법인의 재무관리기준

자본시장법 제165조의16 제1항은 "금융위원회는 투자자를 보호하고 공정한 거래질서를 확립하기 위하여 다음 각 호의 사항에 관하여 주권상장법인 재무관리기준을 정하여 고시하거나 그 밖에 필요한 권고를 할 수 있다.", 동조 제2항은 "주권상장법인은 제1항에 따른 재무관리기준에 따라야 한다."고 규정하고 있다. 상장회사 특칙의 하나로 규정되어 있지만, 회사법의 특칙이라기보다는 전형적인 행정법규에 해당한다. 세부적인 기준은 '증권발행공시규정'에서 정하고 있다.

9. 주식매수선택권의 부여신고 등

자본시장법 제165조의17 제1항은 "상법 제340조의2 또는 제542조의3에 따른 주식매수선택권을 부여한 주권상장법인은 주주총회 또는 이사회에서 주식매수선택권을 부여하기로 결의한 경우 대통령으로 정하는 방법에 따라 금융위원회와 거래소에 그 사실을 신고하여야 하며, 금융위원회와 거래소는 신고일부터 주식매수선택권의 존속기한까지 그 사실에 대한 기록을 갖추어 두고, 인터넷 홈페이지 등을 이용하여 그 사실을 공시하여야 한다."고 규정하고 있다. 원래 주식매수선택권의 대상 및 부여방법 등은 상법의 상장회사 특례에서 규제하고 있으나, 주식매수선택권은 내부자 거래 등 불공정거래의 위험을 내포하고 기존 주주의 이익을 해칠 가능성도 크기 때문에 감독당국의 계속적인 감시가 필요하여 자본시장법에 의해서도 신고의무를 부과한 것이다.

자본시장법 제165조의17 제2항은 "공기업의 경영구조개선 및 민영화에 관한 법률, 금융회사지배구조법, 그 밖의 법률에 따라 선임된 주권상장법인의 비상임이사 또는 사외이사는 상법에 따른 요건 및 절차 등에 따라 선임된 사외이사로 본다."고 규정하고 있다. 본래 주권상장법인은 상법에 따른 요건과 절차에 따라 사외이사를 선임해야 하지만(商542조의8), 상법 외에 공기업, 금융기관 등을 규율하는 특별법에도 사외이사 또는 비상임이사를 선임하는 요건과 절차에 관한 규정이 있는 경우에, 특별법에 따라 선임된 사외이사 또는 비상임이사를 상법에 따른 사외이사로 의제함으로써, 회사들이 각각의 법률을 준수하기 위해 무용한 절차를 반복해야 하는 부담을 덜어 주고 있다.

자본시장법 제165조의17 제3항은 "주권상장법인은 사외이사를 선임 또는 해임하거나 사외이사가 임기만료 외의 사유로 퇴임한 경우에는 그 내용을 선임·해임 또는 퇴임한 날의 다음 날까지 금융위원회와 거래소에 신고하여야 한다."고 규정하고 있다. 사외이사가 임기만료 이외의 사유로 그 직을 그만두었다는 것은 이사회 내부의 갈등을 암시하는 것으로서 주주보호에 큰 중요성을 가지는 정보이므로 신속히 신고하도록 한 것이다. 사외이사에 관한 사항은 기업지배구조에 관한 사항이므로 원칙적으로 상법에서 규율할 사항이나, 상장법인의 사외이사 선임·해임에 대한 모니터링을 실시하고 상장요건 충족 여부를 확인할 감독상 필요에 따라 금융위원회와 거래소에 신고하도록 하였다.

10. 사외이사 및 상근감사에 관한 특례

자본시장법 제165조의19는 "중소기업기본법 제2조에 따른 중소기업이 발행한 주권을 매매하는 대통령으로 정하는 증권시장에 상장된 주권을 발행한 법인에 대하여는 상법 제542조의8(제1항 단서, 제4항 및 제5항은 제외한다) 및 제542조의10을 적용하지 아니한다."고 규정하고

있다. 즉, 코넥스 시장에 상장된 법인에 대하여는 사외이사 및 상근감사에 관한 상법상의 상
장회사 특례를 면제하고 있다(令176조의19).

11. 이사회의 성별 구성에 관한 특례

자본시장법 제165조의20은 "최근 사업연도말 현재 자산총액[금융업 또는 보험업을 영위하는
회사의 경우 자본총액(재무상태표상의 자산총액에서 부채총액을 뺀 금액을 말한다) 또는 자본금 중 큰 금액
으로 한다]이 2조원 이상인 주권상장법인의 경우 이사회의 이사 전원을 특정 성(性)의 이사로
구성하지 아니하여야 한다."고 규정하고 있다. 경영진의 성비 구성이 일방적으로 편중되는
것을 방지하기 위한 것인데, 우리나라의 기업현실을 감안하면 1명 이상의 여성이사를 요구
하는 취지로 이해된다.

제10장

장외거래 등

총설

Ⅰ. 장내시장과 장외시장

1. 장내시장

"장내시장"은 거래소 또는 다자간매매체결회사에 의하여 엄격하게 관리되는 조직적 시장을 가리킨다. 종래에는 한국거래소의 시장이 곧 장내시장이었으나, 2013년 자본시장법 개정에서 거래소의 허가 제도로 전환하고(373조의2), 다자간매매체결회사(8조의2⑤)[1] 제도가 도입됨으로써 장내시장의 범위가 확장되었다.

2. 장외시장

"장외시장"은 장내시장 외의 금융시장, 즉 거래소시장 또는 다자간매매체결회사 밖에서 금융투자상품이 거래되는 시장을 말한다. 장내시장은 중앙집중적이고 표준화되어 있는 조직적인 시장인데, 장외시장은 투자자들에 의해서 자생적으로 형성되므로 거래참가자, 거래방식 등이 매우 다양하다. 다수인 간의 경쟁매매가 아니라 개별 매도인과 매수인이 직접 매매조건을 협상하여 거래를 체결한다. 따라서 동일한 증권이 복수의 가격으로 거래될 수 있고 거래가격의 공시가 이루어 지지 않는다. 초기의 장외시장은 증권회사의 창구를 통해 증권회사와 고객 간에 거래가 이루어지는 점두시장(店頭市場)이었으나, 정보통신기술이 발전하면서 장외시장도 점차 조직화되고 있다.

장외시장에서는 다양한 금융상품이 거래되는데, 거래되는 금융투자상품의 종류에 따라 주식의 장외시장, 채권의 장외시장, 장외파생상품시장 등으로도 구분된다. 주식의 경우에는 상장요건을 갖추지 못한 비상장주식뿐만 아니라 상장주식도 거래될 수 있다. 채권의 경우에는 장내시장보다 장외시장의 비중이 훨씬 높은데, 거래상대방을 찾기가 쉽지 않아서 기관투자자들 사이에서 대량매매방식으로 거래된다. 환매조건부매매(Repo)시장, 증권대차시장 등

---

[1] 다자간매매체결회사는 사실상 거래소와 거의 동일한 기능을 수행하고 있어서, 자본시장법은 다자간매매체결회사에서의 증권거래를 거래소시장에서의 매매거래와 동등하게 취급하고 있다.

특수한 거래시장도 장외시장에 포함되며, 금융투자협회가 운영하는 한국장외시장(K-OTC시장)과 같이 고유명칭을 사용하기도 한다.

II. 장외거래의 방법

1. 협회를 통한 장외거래

협회는 거래소 상장 전 단계에 위치한 중소기업 주식의 유통을 원활하게 하기 위해서 2000년 주식의 호가중개시스템을 개설하였고, 2004년 벤처육성 정책에 따라 이를 '프리보드 (FreeBoard)'로 개편하였으나, 2013년 한국거래소에 중소기업 전용인 코넥스시장이 개설되면서 그 역할이 모호해졌다. 이에 따라 협회는 2014년 프리보드시장을 개편하여 그 명칭을 'K-OTC시장(Korea Over-The-Counter, 한국장외시장)'으로 변경하였다. K-OTC시장에서 매매 하기 위해서 투자자는 증권회사에서 증권계좌를 개설하고 전화, 컴퓨터(HTS) 등을 이용해 매매 주문을 내면 된다.

협회는 정관이 정하는 바에 따라 "증권시장에 상장되지 아니한 주권의 장외매매거래에 관한 업무"(286조①5)를 행할 수 있으며, 이에 근거하여 K-OTC시장을 개설하여 운영하고 있다. K-OTC시장은 기업에 대한 신뢰 확보와 투자자 보호를 위하여 진입요건과 공시요건을 강화한 1부 시장(등록기업부), 이러한 규제없이 모든 비상장주식을 거래하는 2부 시장(지정기업부)으로 구분된다(K-OTC시장 운영규정4조). 협회가 증권시장에 상장되지 아니한 주권의 장외 매매거래에 관한 업무를 수행하는 경우에는 주권의 매수호가 또는 매도호가와 그 수량을 공 포할 것 등의 기준을 준수하여야 한다(슈178조①). 업무기준으로는 'K-OTC시장 운영규정'이 있다.

2. 채권중개전문회사를 통한 장외거래

"채권중개전문회사"는 채권의 매매가 가능한 금융기관과 기관투자자 간의 채권매매 중개 업무를 담당하는 투자중개업자이다(166조, 슈179조). 장외시장에서 채권 매매거래정보를 실시 간으로 제공하고 채권거래를 활성화를 위하여 2000년 5월 채권시장 선진화 방안에서 도입되었다. 2015년 기준 한국자금중개, 한국증권금융, KDB채권중개 등 3개의 회사가 있으나, 대 부분의 장외 채권거래는 개별 브로커 중심으로 이루어지고 있어서 채권중개전문회사를 통한 거래는 미미한 실정이다.[2] 채권중개전문회사가 증권시장 외에서 채무증권 매매의 중개업무 를 하는 경우에는 동시에 다수의 자를 각 당사자로 하여 당사자가 매매하고자 제시하는 채 무증권의 종목, 매수호가 또는 매도호가와 그 수량을 공표할 것 등의 기준을 준수하여야 한

---

2) 한국거래소, 한국의 채권시장(2015), 216면.

다(슈179조).

3. 채권전문자기매매업자를 통한 장외거래

"채권전문자기매매업자"는 투자매매업자가 소유하고 있는 채권에 대하여 매도호가 및 매수호가를 동시에 제시하는 방법으로 해당 채권의 거래를 원활하게 하는 역할을 수행하는 자를 말한다(166조, 슈180조①). 그 이름에서 알 수 있는 것처럼 채권투자자를 대상으로 자기가 매매의 당사자가 되는데, 매도·매수의 호가를 동시에 제시하는 방법으로 매매를 한다. 투자자의 매매에 관한 청약이 있는 경우에는 해당 채권전문자기매매업자가 정한 투자자별 한도 이내에서 이에 응하여야 한다(슈180조①). 채권전문자기매매업자의 지정과 지정취소의 기준, 의무사항, 지원사항, 그 밖에 필요한 사항은 금융위원회가 정하여 고시하며(슈180조②), 반기별로 평가결과에 따라 지정이 취소될 수도 있다.

4. 환매조건부매매

가. 의의

"환매조건부매매('Repo거래')"는 증권을 매도(sale)하고 동시에 장래의 일정한 날, 일정한 가격으로 동종의 증권을 환매수(repurchase)하기로 하는 계약이다.[3] 보통은 한 건의 거래에 의하여 증권의 매도·매수계약과 환매계약이 동시에 이루어진다.

증권발행공시규정은 "환매조건부매매란 다음 각 호의 어느 하나에 해당하는 거래를 말한다."고 규정한다.

1. 증권을 일정기간 경과 후 원매도가액에 이자 등 상당금액을 합한 가액으로 환매수할 것을 조건으로 하는 매도("조건부매도")(規定5-1조6호가목)
2. 증권을 일정기간 경과 후 원매수가액에 이자 등 상당금액을 합한 가액으로 환매도할 것을 조건으로 하는 매수("조건부매수")(나목)

이론적으로 환매조건부매매의 대상은 제한이 없지만, 증권을 담보로 관리함에 있어서는 시가평가가 요구되기 때문에 기관간 Repo거래에서는 각종 채권, 기업어음증권(CP), 상장지수간접투자증권(ETF), 자산유동화증권(수익증권), 주택저당증권, 학자금대출증권 및 상장주식 등으로 제한되고 있다(예탁결제원 담보관리규정39조①). 실제로 거래되는 증권의 대부분은 채권이다. 대고객 Repo에서는 투자자 보호를 위하여 시가평가가 가능한 우량증권일 것이 요구되어 더 제한적이다.

나. 기능 및 본질

Repo거래는 증권 매매의 모습을 가지지만 그 실질은 자금거래이다. 자금차입자(증권매도

---

3) 예탁결제원, 증권예탁결제제도(2018), 648면.

인)는 보다 유리한 금리로 자금을 조달할 수 있고, 자금대여자(증권매수인)는 담보로 제공받은 증권의 환매를 통해 대여자금의 회수를 보장받을 수 있다. 따라서 특정한 Repo거래의 법적 성질이 문제되는 경우에는 형식을 중시하여 매매로 보거나, 실질을 중시하여 소비대차로 보는 것이 모두 가능하지만, 다툼이 생기는 경우에는 해당 거래의 구체적인 사정과 법리의 통일성을 모두 검토하여 매매 또는 소비대차의 법리를 적용할 것이다.

기관은 Repo거래 중 조건부매도를 통해서 보유증권의 가격변동 위험을 헷지하거나, 조건부매수를 통해서 조달한 증권으로 공매도나 선물시장과 연계한 차익거래를 할 수 있다. 또한 중앙은행은 Repo를 통해서 공개시장조작을 할 수도 있다.[4]

다. 거래유형

(1) 기관간 Repo거래

"기관간 Repo거래"는 은행·증권회사·자산운용회사 등 전문투자자 사이에서 이루어지는 거래이다. 세부적으로는 금융기관 간 직접거래의 형태와 환매서비스기관을 이용하는 형태(제3자 Repo)로 구분된다. 환매서비스기관은 거래 당사자의 Repo계좌를 관리하면서 담보증권의 평가와 일일정산, 매입증권의 대체·교환, 매입증권의 이자지급 등의 서비스를 제공하는데, 예탁결제원이 1999년부터 그 기능을 제공하고 있다. 그 밖에 기관간 Repo거래에는 한국은행이 공개시장조작을 위해 금융기관을 대상으로 이용하는 '한국은행 Repo'가 포함되기도 한다.

(2) 대고객 Repo거래

"대고객 Repo거래"는 은행·증권회사 등 투자매매업자가 고객으로부터 자금을 조달하는 거래이다. 보통 기관이 고객에게 일정기간 경과 후에 보유증권을 환매수할 것을 조건으로 매도하는 방식으로 자금을 조달한다. 대고객 Repo거래는 투자매매업자와 그들의 고객인 일반투자자간 거래이므로 투자자의 보호가 필요하므로, 자본시장법은 대고객 Repo거래에서는 대상증권, 매매가격, 환매수일 또는 환매도일, 대상증권의 보관 및 교체 등에 관하여 구체적인 기준을 정하고 있다(슈181조①). 대고객 Repo거래의 대상이 되는 증권은 일별 시가평가를 할 수 있을 것, 신용평가업자로부터 투자적격(회사채 BBB이상) 판정을 받은 증권일 것 등의 요건을 충족하여야 한다(規定5-18조②).

라. 거래기준

투자매매업자는 '일반투자자등'[5]과 환매조건부매매를 하는 경우에는 다음 각 호의 기준

---

4) 한국예탁결제원, 증권예탁결제제도(박영사, 2014), 719면.
5) "일반투자자"란 법 시행령 제7조 제4항 제3호 각 목의 어느 하나에 해당하지 아니하는 자를 말한다(슈181조①괄호).

을 준수하여야 한다(166조, 슈181조①).

1. 국채증권, 지방채증권, 특수채증권, 그 밖에 '금융위원회가 정하여 고시하는 증권'을 대상으로 할 것(슈181조①1호)
2. '금융위원회가 정하여 고시하는 매매가격'[6]으로 매매할 것(2호)
3. 환매수 또는 환매도하는 날을 정할 것. 이 경우 환매조건부매수를 한 증권을 환매조건부매도하려는 경우에는 해당 환매조건부매도의 환매수를 하는 날은 환매조건부매수의 환매도를 하는 날 이전으로 하여야 한다(3호). 이전 Repo 매도자의 환매수권을 보호할 필요가 있기 때문이다.
4. 환매조건부매도를 한 증권의 보관·교체 등에 관하여 금융위원회가 정하여 고시하는 기준을 따를 것(4호)

겸영금융투자업자[7]는 일반투자자 등을 상대로 한 환매조건부매수업무를 하여서는 아니 된다(166조, 슈181조②). 다만, 겸영금융투자업자 중에서 증권금융회사는 환매조건부매수업무를 할 수 있다(슈181조②괄호, 規定5-18조③).

5. 증권의 대차거래

가. 의의 및 기능

"증권의 대차거래"는 증권의 대여자가 자신이 소유하는 증권을 대여하고 차입자는 일정 기간 후 동종·동량의 증권을 대여자에게 반환하는 거래이다. 증권의 대차기간은 특별히 제한되지 않으며, 약정에 따라 자유로이 정할 수 있다. 차입자는 차입한 증권을 이용하여 공매도(short sales)를 하거나, 차익거래, 헷지거래 등을 통해 투자수익을 추구한다. Repo거래에 필요한 증권을 조달하는 수단으로도 이용하기도 한다.

대차거래의 법적 성격은 증권의 소비대차(民598조)이고, 대차증권의 소유권은 차입자에게 완전히 이전된다. 다만, 증권의 소유권이 이전되고 동일한 증권이 아니라 동종·동량의 증권을 반환하는 점에서 사용대차 또는 임대차와 구별된다.

증권의 대차거래에서는 빌려준 증권의 상환을 위한 담보로써 현금을 받는 경우가 많은데, 이때에는 증권의 대여자가 증권을 담보로 현금을 차입하는 결과가 되므로 그 경제적 실질이 환매조건부매매(Repo), 특히 조건부 매도와 같게 된다. 이 경우에는 환매조건부매매의 성질에 대한 논의가 비슷하게 적용된다.

---

6) "금융위원회가 정하여 고시하는 매매가격"이란 매매대상 증권을 공정한 시세로 평가한 가액("시장가액")에서 환매수 또는 환매도의 이행을 담보하기 위하여 제공하거나 제공받는 추가담보상당가액을 차감한 가액을 말한다(規定5-19조).
7) 별표1의 인가업무 단위 중 11r-1r-1의 인가를 받은 겸영금융투자업자를 말한다(슈181조②).

나. 대상증권

대차거래의 대상증권은 소비대차의 성질상 대체성 있는 증권, 즉 동종·동량의 증권으로의 교환가능성이 있는 증권이어야 한다. 담보관리를 위해서 대차증권은 매일 그 가치가 평가되어야 하므로 시가를 산정할 수 있는 증권으로 제한된다.[8]

다. 참가자의 자격

대차거래의 대상증권을 소유한 자이면 누구나 대여자가 될 수 있고, 모든 투자자는 차입자가 될 수 있다. 다만, 대차거래는 대부분 담보부거래이므로 담보로 제공할 자산을 보유하지 못하는 소규모 투자자는 사실상 차입거래가 제한된다. 중개기관이 중개하는 대차거래의 경우에는 중개기관의 필요에 따라 그 자격을 제한할 수 있다. 현재 예탁결제원과 증권금융이 중개하는 대차거래의 참가자는 기관투자자로 제한되어 있다.

라. 거래기준

투자매매업자 또는 투자중개업자는 증권의 대차거래 또는 그 중개·주선이나 대리업무를 하는 경우에는 ①차입자로부터 담보를 받을 것, ②그 대상증권의 인도와 담보의 제공을 동시에 이행할 것, ③각 중개기관에게 증권의 대여현황과 체결된 대차거래증권의 종목, 수량 등의 거래내역을 협회를 통하여 당일에 공시할 것 등이 요구된다(166조, 슈182조①).

6. 기업어음 등의 장외거래

"기업어음(CP: Commercial Paper)"은 기업이 자금조달을 목적으로 발행하는 어음이다. 오직 사업자금 조달의 목적으로 발행하는 것이므로 '융통어음'에 해당하며, 자본시장법상 채무증권의 일종이다(4조③). 자본시장법상 기업어음증권에 해당하기 위해서는 은행 등이 내어준 '기업어음증권'이라는 문자가 인쇄된 어음용지를 사용하여 발행하여야 한다(4조③, 슈4조).

기업어음증권은 증권회사 등 중개기관을 통하여 투자자 간에 유통되고 거래소와 같은 조직화된 유통시장은 존재하지 않는다. 사채와 달리 보증이나 담보가 없이 기업의 신용을 바탕으로 발행하며, 보통 1년 이내 단기자금 조달을 위하여 발행한다. 기업이 투자자에게 직접 발행할 수도 있지만 증권회사 등 금융기관을 통하여 총액인수 또는 단순중개의 방법으로 발행한다. 기업어음은 발행단위가 1억원이고 예금자보호대상이 아니기 때문에 개인이 매수하는 경우는 거의 없고, 주로 자산운용회사의 MMF나 은행의 금전신탁이 매수한다.

투자매매업자 또는 투자중개업자는 기업어음증권을 매매하거나 중개·주선 또는 대리하는 경우에는 ①둘 이상의 신용평가회사로부터 신용평가를 받은 기업어음증권일 것, ②기업

---

8) 현재 예탁결제원 및 증권금융이 지정한 대차거래 대상증권은 상장주권, 상장채권, ETF의 집합투자증권, 국내에서 발행되는 증권예탁증권(KDR) 등이다.

어음증권에 대하여 직접 또는 간접의 지급보증을 하지 아니할 것 등의 기준을 준수하여야 한다(슈183조①).

7. 해외시장 거래 등

내국인이 외국의 증권시장에서 외화증권에 투자하는 방법은 외화증권이 편입된 펀드가 발행하는 수익증권 등을 취득하는 간접투자방식과 증권회사 등을 통해 직접 외국증권시장에 참가하여 외화증권을 취득하는 직접투자방식이 있다.

기관투자자의 경우 외화증권 투자에 특별한 제한은 없으며, 국내 또는 외국의 증권회사 등을 통해 별도의 허가나 신고없이 외화증권을 매매할 수 있다. 직접 외화증권 보관기관이나 국제증권보관기관(global custodian) 또는 국제예탁결제기관(international central securities depository)을 이용하여 매매하고 취득한 증권을 보관·관리할 수 있다.

일반투자자는 외화증권 투자에 대해서 특별한 허가나 신고는 필요하지 않지만, 자본시장법은 해외증권 및 장내파생상품의 매매거래를 하려는 경우에는 투자중개업자를 통하여 매매거래를 하도록 하고 있다(슈184조①,②). 직접 외국의 투자중개업자 및 외국의 보관기관을 선임하기 어렵기 때문인데, 다양한 지역의 외화증권 투자에 따른 보관·결제를 국내 예탁결제기관을 통해 집중 처리함으로써 투자자 재산을 보다 안전하게 관리하고 거래비용을 절감하는 효과도 있다.

8. 그 밖에 증권의 장외거래

투자매매업자가 아닌 자는 보유하지 아니한 채권을 증권시장 및 다자간매매체결회사 외에서 매도할 수 없다(슈185조①). 즉, 투자매매업자가 아닌 자는 장외에서의 채권의 공매도가 금지된다.

장외거래의 자유와 제한

Ⅰ. 장외파생상품거래의 위험관리 등

1. 투자매매업자 등의 업무기준

장외파생상품거래는 전문적이고 거래규모도 크다. KIKO의 사례에서 알 수 있듯이 상품에 대해서 충분한 이해 없이 거래한다면 그 결과를 받아들이기 어렵고 분쟁을 피할 수 없다. 이를 반영하여 자본시장법은 투자매매업자 또는 투자중개업자가 장외파생상품 영업을 하는 경우에는 다음 각 호의 기준을 준수할 것을 요구하고 있다(166조의2①).

1. 장외파생상품의 매매 및 그 중개·주선 또는 대리의 '상대방이 일반투자자인 경우'에는 그 일반투자자가 '대통령령으로 정하는 위험회피 목적의 거래를 하는 경우'에 한할 것(166조의2①1호).

   제1호는 일반투자자의 과도한 장외파생상품 매매를 규제하기 위한 것이다. 자세한 내용은 아래 "2. 일반투자자의 위험회피목적 거래"에서 살펴본다.

2. 장외파생상품의 매매에 따른 위험액이 '금융위원회가 정하여 고시하는 한도'를 초과하지 아니할 것(2호)

3. 영업용순자본에서 총위험액을 차감한 금액을 인가업무 또는 등록업무 단위별 자기자본을 합계한 금액으로 나눈 값이 100분의 150에 미달하는 경우에는 그 미달상태가 해소될 때까지 새로운 장외파생상품의 매매를 중지하고, 미종결거래의 정리나 위험회피에 관련된 업무만을 수행할 것(3호)

4. 장외파생상품의 매매를 할 때마다 파생상품업무책임자의 승인을 받을 것. 다만, 금융위원회가 정하여 고시하는 기준을 충족하는 계약으로서 거래당사자 간에 미리 합의된 계약조건에 따라 장외파생상품을 매매하는 경우는 제외한다(4호).

5. 월별 장외파생상품(파생결합증권을 포함한다)의 매매, 그 중개·주선 또는 대리의 거래내역을 다음 달 10일까지 금융위원회에 보고할 것(5호)

6. 다음 각 목의 어느 하나에 해당하는 장외파생상품을 신규로 취급하는 경우 협회의

사전심의를 받을 것. 다만, 대통령령으로 정하는 경우는 제외한다(6호).

가. 기초자산이 제4조 제10항 제4호 또는 제5호에 해당하는 장외파생상품

나. 일반투자자를 대상으로 하는 장외파생상품

2. 일반투자자의 위험회피목적 거래

가. 의의

투자매매업자 또는 투자중개업자는 "장외파생상품의 매매 및 그 중개·주선 또는 대리의 '상대방이 일반투자자인 경우'에는 그 일반투자자가 대통령령으로 정하는 위험회피 목적의 거래를 하는 경우"에 한하여 거래할 수 있다(166조의2①1본문). 장외파생상품거래의 위험성을 고려하여 '위험회피 목적(헷지)'의 거래에 한하여 일반투자자와의 장외파생상품 거래를 허용하는 취지이다.

법 제166조의2 제1항 제1호는 투자매매업자 또는 투자중개업자에게 적용되고, 거래상대방인 일반투자자는 간접적으로 영향을 받는다.

나. 위험회피목적 거래

"대통령령으로 정하는 위험회피 목적의 거래"란 위험회피를 하려는 자가 보유하고 있거나 보유하려는 자산·부채 또는 계약 등("위험회피대상")에 대하여 '미래에 발생할 수 있는 경제적 손실을 부분적 또는 전체적으로 줄이기 위한 거래'로서 계약체결 당시 다음 각 호의 요건을 충족하는 거래를 말한다(슈186조의2).

1. 위험회피대상을 보유하고 있거나 보유할 예정일 것(슈186조의2 1호)

일반투자자가 위험회피대상을 보유하거나 보유할 예정이고 그에 대한 헷지를 위해서 장외파생상품거래를 하는 경우이어야 한다. 예를 들어, 한국의 甲이 2017. 2. 1.자로 미국의 乙에게 매매대금 지급일을 2018. 2. 1.로 하여서 1억 달러의 상품을 수출하였다고 가정한다. 수출일자인 2017. 2. 1.자 원-달러 환율이 1달러=1,000원이라면, 대금지급일인 2018. 2. 1.에 환율이 1달러=1,300원으로 상승하면 甲이 받게 되는 수출대금 1억 달러의 원화 가치는 1,300억원으로 높아지지만, 반대로 환율이 1달러=700원으로 하락하면 甲이 받게 되는 1억 달러의 원화 가치는 700억원으로 낮아지므로 환차손의 위험에 노출된다. 이러한 경우에 甲은 A은행과 2018. 2. 1.에 1달러=1,000원에 1억 달러를 매도할 수 있는 선물환계약을 체결해 두면 환율 변동의 위험에 관계 없이 안전하게 사업을 진행할 수 있다. 즉, 甲이 乙과 체결한 1억 달러의 수출계약이 위험회피대상이고, 그에 대한 환율하락(원화 강세)의 위험을 회피하기 위해서 선물환계약을 체결하는 경우이다.

금융위원회는 일반투자자가 외화예금을 담보로 원화대출을 이용 중인 경우에 원화

대출에서 발생하는 장래 이자비용의 증가를 경제적 손실로 보고 이를 회피하기 위한 거래로 외환스왑(FX스왑)거래가 가능한지 여부를 문의한 사안에서, 위험회피를 목적으로 장외파생상품계약을 체결하려면 원칙적으로 기초자산인 이자율과 관련한 장외파생상품계약을 체결하여야 하고, 원화 대출에서 발생하는 이자비용에 대하여 직접적으로 위험을 회피하는 거래가 아닌 이상 외화예금을 가입하겠다는 확약서를 체결하더라도 해당 사실만으로는 외환스왑거래가 자본시장법 시행령 제186조의2에 따른 '위험회피목적 거래'라 보기는 어렵다고 한다.[9]

2. 장외파생거래 계약기간 중 장외파생거래에서 발생할 수 있는 손익이 위험회피대상에서 발생할 수 있는 손익의 범위를 초과하지 아니할 것(2호)

제2호는 오버헷지거래를 배제하기 위한 취지이다. 위의 사례에서 甲이 미국에 수출한 대금은 1억 달러인데 그 환율 하락의 위험을 헷지하기 위하여 A은행과 10억 달러에 달하는 선물환계약을 체결하였다면 이는 해당 장외파생거래(10억 달러 선물환계약)에서 발생할 수 있는 손익이 위험회피대상(1억 달러 수출계약)에서 발생할 수 있는 손익의 범위를 훨씬 초과하는 것으로서, 위험회피 목적의 거래로 보기는 곤란하다. 1억 달러의 선물환계약이면 1억 달러의 수출대금의 환율하락 위험을 헷지하기에 충분함에도 그 10배인 10억 달러의 선물환계약을 체결하였기 때문이다. 이러한 경우에 甲이 A은행과 체결한 선물환계약은 오버헷지이고 투기적 성격을 가진다.

3. 장외파생상품 매매에 따른 위험액의 제한

투자매매업자 또는 투자중개업자가 장외파생상품을 대상으로 하여서 투자매매업 또는 투자중개업을 하는 경우에 '장외파생상품의 매매에 따른 위험액'('금융위원회가 정하여 고시하는 위험액'을 말한다)은 '금융위원회가 정하여 고시하는 한도'를 초과하지 아니하여야 한다(166조의2①2). 장외파생상품거래의 높은 레버리지와 위험성을 고려하여 투자매매업자 등의 건전성을 유지하기 위한 것이다.

장외파생상품의 매매에 따른 위험액으로써 "금융위원회가 정하여 고시하는 위험액"이란 해당 금융투자업자의 ①시장위험액, ②신용위험액, ③운영위험액을 합산한 금액을 말한다(166조의2①2, 規定5-49조①, 規定3-11조②).

"금융위원회가 정하여 고시하는 한도"란 다음 각 호의 한도를 말한다(166조의2①2, 規定5-49조②).

1. 겸영금융투자업자 이외의 투자매매업자 또는 투자중개업자 : 자기자본(개별재무제표의 자본총계를 말한다)의 100분의 30

---

9) 금융위 질의회신(2018.3.6.), 'FX스왑거래 관련 질의'.

2. 겸영금융투자업자인 투자매매업자 또는 투자중개업자 : 당해 겸영금융투자업자의 내부기준에서 정한 한도. 다만, 겸영금융투자업자가 그 한도를 정하거나 변경하는 경우에는 그 사실을 10영업일 이내에 금융감독원장에게 보고하여야 한다.

4. 순자본비율의 유지 의무

투자매매업자 또는 투자중개업자가 장외파생상품을 대상으로 하여서 투자매매업 또는 투자중개업을 하는 경우에는, 영업용순자본에서 총위험액을 차감한 금액을 제15조, 제20조, 제117조의4 제8항 또는 제249조의3 제8항에서 요구하는 인가업무 또는 등록업무 단위별 자기자본(각 해당 조항에서 대통령령으로 정하는 완화된 요건을 말한다)을 합계한 금액으로 나눈 값이 100분의 150에 미달하는 경우(겸영금융투자업자의 경우에는 금융위원회가 정하여 고시하는 경우를 말한다)에는 그 미달상태가 해소될 때까지 새로운 장외파생상품의 매매를 중지하고, 미종결거래의 정리나 위험회피에 관련된 업무만을 수행하여야 한다(166조의2①3).

5. 파생상품업무책임자의 승인

투자매매업자 또는 투자중개업자는 장외파생상품의 매매를 할 때마다 파생상품업무책임자의 승인을 받아야 한다(166조의2①4본문). 이 조문은 장외파생상품의 매매를 승인의 대상으로 하고 있어서, 매매가 아니라 중개를 영업으로 하는 투자중개업자에 대한 적용은 상정하기 어렵고 투자매매업자가 적용대상이 될 것이다.

금융위원회가 정하여 고시하는 기준을 충족하는 계약으로서 거래당사자 간에 미리 합의된 계약조건에 따라 장외파생상품을 매매하는 경우는 제외한다(166조의2②4단서). 자세한 기준은 증권발행공시규정에 있다(規定5-49조④).

Ⅱ. 공공적 법인이 발행한 주식의 소유제한

1. 의의

자본시장법 제167조는 누구든지 '공공적 법인'이 발행한 주식을 누구의 명의로 하든지 자기의 계산으로 일정한 기준을 초과하여 소유할 수 없도록 하고 있다. 특정인이나 특정집단이 공공적 법인의 주식을 매집하여 경영권을 행사할 경우 그 공공적 법인의 공공성이 침해될 가능성이 있기 때문이다.

"공공적 법인"이란 국가기간산업 등 국민경제상 중요한 산업을 영위하는 법인으로서, 금융위원회가 관계 부처장관과의 협의와 국무회의에의 보고를 거쳐 지정하는 법인을 가리킨다(152조③, 令162조). 2018. 8. 1. 현재까지 공공적 법인으로 지정되어 있는 것은 한국전력공사

1개사이다.

2. 주식의 소유한도

누구든지 공공적 법인이 발행한 주식을 누구의 명의로 하든지 자기의 계산으로 다음 각 호의 기준을 초과하여 소유할 수 없다. 이 경우 의결권 없는 주식은 발행주식총수에 포함되지 아니하며, 그 '특수관계인'의 명의로 소유하는 때에는 자기의 계산으로 취득한 것으로 본다(167조①).

1. 그 주식이 상장된 당시에 발행주식총수의 100분의 10 이상을 소유한 주주는 그 소유비율(167조①1호)

2. 제1호에 따른 주주 외의 자는 발행주식총수의 100분의 3 이내에서 정관이 정하는 비율(2호)

주식의 소유한도는 주식이 상장된 당시의 주주와 그 이외의 주주가 다르다. 주식이 상장된 당시에 발행주식총수의 10% 이상을 소유한 주주는 그 소유비율까지 소유할 수 있고, 그 이외의 자는 발행주식총수의 3% 이내에서 정관이 정하는 비율까지 소유할 수 있다.

주식의 소유한도 제한에도 불구하고 금융위원회의 승인을 받은 경우에는 승인을 얻은 소유비율한도까지 공공적 법인의 발행주식을 소유할 수 있다(167조②).

그 주식이 상장된 당시에 발행주식총수의 3%~10%를 소유한 주주는 제2호에 해당하여 그 소유비중을 3% 이내로 줄여야 하지만, 이러한 취지인지가 분명하지가 않고, 재산권 침해의 소지도 있으므로 금융위원회의 승인을 받아서 기존의 주식을 계속하여 보유할 수 있을 것이다.

3. 위반 시의 제재

위와 같은 주식의 소유한도 제한에 위반하여 '사실상 주식을 소유'하는 자는 그 초과분에 대하여는 의결권을 행사할 수 없으며, 금융위원회는 그 기준을 초과하여 사실상 주식을 소유하고 있는 자에 대하여 6개월 이내의 기간을 정하여 그 기준을 충족하도록 시정할 것을 명할 수 있다(167조③). "사실상 주식의 소유"에는 형식적인 소유 이외에도 명의신탁 등을 이용하여 타인명의로 주식을 소유하는 경우도 포함된다.

주주는 공공적 법인의 주식 소유한도를 초과하는 주식에 대하여는 의결권 행사를 할 수 없다. 그 소유한도 내에서는 의결권을 행사할 수 있으며, 소유한도를 초과하는 경우에도 의결권 이외의 다른 주주권은 모두 행사할 수 있다.

Ⅲ. 외국인의 준수사항과 취득 제한

외국인이 국내 증권시장에 참여하기 위해서는 일정한 사항을 준수해야 하고, 공공적 법인이 발행하는 지분증권에 대해서는 취득한도가 제한된다.

1. 외국인의 상장증권 등의 거래 시 준수사항

외국인[10] 또는 외국법인등[11]은 상장증권 또는 장내파생상품(파생상품시장에서 거래되는 것만 해당한다)을 매매하거나 그 밖의 거래를 하려는 경우에는 법 제168조 제4항에 따라 다음 각 호의 기준을 준수해야 한다(168조④, 令188조①본문).

1. 다음 각 목의 증권을 취득 또는 처분하기 위하여 투자매매업자 또는 투자중개업자에게 매매거래 계좌를 개설하는 경우에는 금융위원회가 정하여 고시하는 방법 및 절차에 따라 본인의 인적 사항 등의 확인을 거쳐 개설할 것(令188조①1호)
    가. 상장증권
    나. 증권시장에 상장하기 위하여 모집·매출하는 증권 등 상장이 예정된 증권
2. 상장증권을 매매하는 경우에는 다음 각 목의 기준을 준수할 것(2호)
    가. 금융위원회가 정하여 고시하는 경우를 제외하고는 증권시장(다자간매매체결회사에서의 거래를 포함한다)을 통하여 매매할 것
    나. 매매거래 계좌의 개설, 매수증권의 보관, 국내 대리인의 선임, 매매내역의 보고 등에 관하여 금융위원회가 정하여 고시하는 기준을 충족할 것
3. 장내파생상품을 매매하는 경우에는 매매거래 계좌의 개설, 매매내역의 보고 등에 관하여 금융위원회가 정하여 고시하는 기준을 충족할 것(3호)
4. 상장증권을 매매 외의 방식으로 거래하는 경우에는 그 거래내역의 신고 등에 관하여 금융위원회가 정하여 고시하는 기준을 충족할 것(4호)

2. 공공적 법인의 지분증권 취득 제한

외국인 또는 외국법인등은 금융위원회가 정하여 고시하는 경우를 제외하고는 누구의 명의로든지 자기의 계산으로 다음 각 호에서 정한 취득한도를 초과하여 '공공적 법인'이 발행한 '지분증권'을 취득할 수 없다(168조①, 令187조①).

1. 종목별 외국인 또는 외국법인등의 1인 취득한도: 해당 공공적 법인의 정관에서 정한 한도(令187조① 1호)

---

10) 외국인은 국내에 6개월 이상 주소 또는 거소를 두지 아니한 개인을 말한다(168조①괄호).
11) 외국법인등은 외국정부, 외국지방자치단체, 외국 공공단체, 외국 법령에 따라 설립된 외국기업, 대통령령으로 정하는 국제기구 등을 말한다(9조⑯).

2. 종목별 외국인 및 외국법인등의 전체 취득한도: 해당 종목의 지분증권 총수의 100분의 40(2호)

외국인 또는 외국법인등에 의한 '공공적 법인'의 주식 취득에 관하여는 그 공공적 법인의 정관이 정하는 바에 따라 따로 이를 제한할 수 있다(168조②).

Ⅳ. 회계감사인에 의한 감사증명

1. 회계감사 대상법인

금융위원회와 거래소에 재무에 관한 서류를 제출하는 자 중 ①사업보고서 제출대상법인, ②주권, 주권 외의 지분증권, 전환사채권 등에 대하여 증권신고서를 제출하지 아니하고 모집 또는 매출을 한 법인은 외감법에 따라 회계감사를 받아야 한다(169조①본문, 슈189조①).

2. 자료의 제출 및 보고

금융위원회는 투자자 보호를 위하여 필요하다고 인정되는 경우에는 회계감사를 한 회계감사인 또는 회계감사를 받은 법인에 대하여 자료의 제출 및 보고를 명하거나, 그 밖에 필요한 조치를 할 수 있다(169조②). 회계감사의 내용이 불충분하거나 불분명할 경우에 그 보완을 요구하거나 명확하게 하기 위한 조치의 근거를 마련하기 위한 것이다.

Ⅴ. 회계감사인의 손해배상책임

1. 의의

선의의 투자자가 사업보고서등에 첨부된 회계감사인(외국회계감사인을 포함한다)의 감사보고서를 신뢰하여 손해를 입은 경우에, 회계감사인은 그 손해를 배상할 책임이 있다. 이 경우 외감법 제31조 제2항부터 제9항까지의 규정은 회계감사인의 손해배상책임에 관하여 준용한다(170조①).

2. 당사자

배상청구권자는 '선의'의 투자자이다(170조①). 선의의 투자자이어야 하므로 투자자가 감사보고서의 기재가 허위인 것을 알고 있었다면 손해배상청구를 할 수 없다.

배상책임자는 사업보고서등에 첨부된 감사보고서를 작성한 회계감사인(외국회계감사인을 포함한다)이다(170조①). 연결재무제표에 대한 감사보고서에 중요한 사항을 적지 아니하거나 거짓으로 적은 책임이 종속회사 또는 관계회사의 감사인에게 있는 경우에는 해당 감사인은 이를 믿고 이용한 제3자에게 손해를 배상할 책임이 있다(170조①, 외감법31조②단서).

3. 손해배상책임의 요건

회계감사인이 '중요한 사항'에 관하여 감사보고서에 적지 아니하거나 거짓으로 적음으로써 이를 믿고 이용한 투자자에게 손해를 발생하게 한 경우에는 그 회계감사인은 투자자에게 손해를 배상할 책임이 있다(170조①, 외감법31조②본문).

"중요한 사항"의 해당 여부는 구체적인 사실관계를 종합적으로 고려하여 판단한다(☞ 자세한 내용은 "제4장 제3절 Ⅱ.민사상 손해배상책임", "제5장 제5절 Ⅱ.민사상 손해배상책임" 참조).

감사인의 손해배상책임이 인정되기 위해서는 손해배상을 청구하는 투자자가 감사인이 그 주의의무를 게을리하여 감사보고서에 중요한 사항을 기재하지 아니하거나 거짓으로 기재를 하였다는 점을 주장·증명해야 한다.[12] 이 경우 한국공인회계사회의 회계감사기준은 특별한 사정이 없는 한 '일반적으로 공정·타당하다고 인정되는 것'으로서 감사인의 주의의무 위반 여부에 대한 판단의 주요한 기준이 된다.[13]

판례는 피고회계법인이 A저축은행에 대한 회계감사를 수행한 후 감사보고서에 '적정' 의견을 표시하자, A저축은행이 회사채를 발행하면서 증권신고서에 '피고회계법인이 적정 의견을 제출하였다'고 기재하였고, 이에 A저축은행이 발행한 회사채를 취득하였다가 그 파산으로 인하여 손해를 입은 원고들이 법 제170조 제1항에 따라서 피고회계법인을 상대로 손해배상을 청구한 사안에서, 피고회계법인은 감사업무를 수행하는 과정에서 자산건전성 분류 및 대손충당금 적립 액수의 오류를 지적하고 이를 바로잡을 것을 요청한 사실이 있고, 위 감사 당시 적용된 회계감사기준 등에 비추어 보면 사후적으로 재무제표에서 일부 부정과 오류가 밝혀졌다고 하더라도, 전문가적 의구심을 가지고 충분하고 적합한 감사증거를 확보하고 경영자 진술의 정당성 여부를 판단하기 위한 확인절차를 거치는 등 회계감사기준 등에 따른 통상의 주의의무를 다하였다면 그 임무를 게을리한 것은 아니라고 보았다.[14]

4. 배상액의 추정

자본시장법 제170조는 손해배상액 입증의 어려움을 고려하여, 회계감사인의 손해배상금액은 청구권자가 그 증권(그 증권과 관련된 증권예탁증권, 그 밖에 대통령령으로 정하는 증권을 포함한다)을 취득 또는 처분함에 있어서 '실제로 지급한 금액 또는 받은 금액'과 다음 각 호의 어느 하나에 해당하는 금액(처분의 경우에는 제1호에 한한다)과의 차액으로 추정하고 있다(170조②).

---

12) 대판 2020.7.9., 2016다268848.
13) 대판 2020.7.9., 2016다268848; 대판 2011.1.13., 2008다36930.
14) 대판 2020.7.9., 2016다268848. 그러나 이 사건에서 A저축은행에 대해서는 자본시장법 제125조 증권신고서 등의 거짓기재로 인한 책임은 인정되었다.

1. 손해배상을 청구하는 소송의 변론이 종결될 때의 그 증권의 시장가격(시장가격이 없는 경우에는 추정처분가격을 말한다)(170조②1호)

2. 제1호의 변론종결 전에 그 증권을 처분한 경우에는 그 처분가격(2호)

자본시장법 제170조 제2항은 증권신고서나 사업보고서 등의 부실기재로 인한 손해배상책임 규정인 법 제126조, 제162조와 동일하게 규정되어 있다(☞ 자세한 내용은 "제5장 제5절 Ⅱ.2.라. 손해금액의 산정" 참조).

손해배상액의 추정규정에도 불구하고, 배상책임을 질 자는 청구권자가 입은 손해액의 전부 또는 일부가 중요사항에 관하여 거짓의 기재 또는 표시가 있거나 중요사항이 기재 또는 표시되지 아니함으로써 발생한 것이 아님을 증명하면 그 부분에 대하여는 배상책임을 지지 아니한다(170조③). 손해 인과관계의 부존재 사실은 감사보고서의 거짓 기재가 손해 발생에 아무런 영향을 미치지 않았다는 사실이나 부분적 영향을 미쳤다는 사실을 증명하는 방법 또는 간접적으로 감사보고서의 거짓 기재 이외의 다른 요인에 의하여 손해의 전부 또는 일부가 발생하였다는 사실을 증명하는 방법으로 가능하다. 이때 손해액을 추정하는 법 제170조 제2항의 입법 취지에 비추어 볼 때, 허위공시 등 위법행위 이후 주식 가격의 하락의 원인이 문제 된 해당 허위공시 등 위법행위 때문인지가 불분명하다는 정도의 증명만으로는 손해액의 추정이 깨진다고 볼 수 없다.[15]

5. 연대책임

가. 연대책임의 원칙

회계감사인이 감사반인 경우에는 해당 회사에 대한 감사에 참여한 공인회계사가 연대하여 손해를 배상할 책임을 진다(170조①, 외감법31조③).

회계감사인이 회사 또는 제3자에게 손해를 배상할 책임이 있는 경우에 해당 회사의 이사 또는 감사(감사위원회가 설치된 경우에는 감사위원회의 위원을 말한다)도 그 책임이 있으면 그 회계감사인과 해당 회사의 이사 및 감사는 연대하여 손해를 배상할 책임이 있다(170조①, 외감법31조④본문). 감사인의 부실감사에 대해서 서류의 부실 제공이나 감독 등의 책임이 있다고 보는 것이다.

나. 회계감사인의 고의가 없는 경우에는 연대책임 제한

감사보고서에 부실기재에 대한 회계감사인 등의 연대책임에 대해서는 지나치게 과도하여 오히려 감사의 기능을 훼손시키고 있다는 지적에 따라, 자본시장법은 "손해를 배상할 책임이 있는 자가 고의가 없는 경우에 그 자는 법원이 귀책사유에 따라 정하는 책임비율에 따라 손해를 배상할 책임이 있다."(170조①, 외감법31조④단서)고 하면서 그 손해배상책임을 제한

---

15) 대판 2022.7.28., 2019다202146.

할 수 있도록 하였다. 회계감사인이 감사보고서의 내용에 대해서 과도하게 연대책임을 부담하면서 부실기업에 대한 감사 자체를 꺼리는 것을 우려한 것이다.

그러나 투자자의 경제적 사정이 취약한 경우에는 회계감사인의 책임을 제한하는 것이 공평하지 않다고 보고, "손해배상을 청구하는 자의 소득인정액이 '그 손해배상 청구일이 속하는 달의 직전 12개월간의 소득인정액 합산금액이 1억5천만원 이하인 경우'에는 회계감사인과 해당 회사의 이사 및 감사는 연대하여 손해를 배상할 책임이 있다."(170조①, 외감법31조⑤, 외감법시행령17조①)고 하면서 다시 연대책임을 부활시키고 있다.

다. 특정한 회계감사인에게 자력이 없는 경우

자본시장법은 회계감사인 등의 고의가 없는 경우에는 연대책임을 제한하고 법원이 그 귀책사유에 따라 정하는 책임비율에 따라 손해를 배상하도록 하고 있으므로(170조①, 외감법31조④단서), 회계감사인 중에서 배상능력이 없는 자가 있어 손해액의 일부를 배상받지 못하는 경우에는 회계감사인은 각자의 책임비율의 100분의 50 범위에서 '대통령령'[16]으로 정하는 바에 따라 손해액을 추가로 배상하여야 한다(170조①, 외감법31조⑥, 외감법시행령37조②).

예를 들어, 甲·乙·丙이 A회사를 공동으로 감사하였는데 부실한 감사보고서를 신뢰한 투자자 B가 100억원의 손해를 입었다고 가정한다. 이 경우에 감사인 甲·乙·丙에게 고의가 없다면, 법원은 귀책사유를 고려하여 책임비율을 甲 30%(30억), 乙 20%(20억), 丙 10%(10억)으로 정할 수 있다. 그런데 만일 丙이 배상능력이 없어서 손해배상책임 금액 10억원 중 5억원을 배상하고 5억원을 배상하지 못하였다면, 甲과 乙은 丙이 배상하지 못한 손해액(5억)에 대하여 각자 책임비율의 100분의 50 범위 내에서 그 책임이율에 비례하여 추가로 배상하여야 한다. 즉, 甲과 乙은 각자의 책임비율의 100분의 50인 甲 15억원, 乙 10억원의 범위 내에서, 그 책임비율인 3:2에 비례하여 丙이 배상하지 못한 5억원 중에서 甲은 3억원, 丙은 2억원을 추가로 배상하여야 한다.

6. 소멸시효

회계감사인의 손해배상책임은 그 청구권자가 해당 사실을 안 날부터 1년 이내 또는 감사보고서를 제출한 날부터 8년 이내에 청구권을 행사하지 아니하면 소멸한다. 다만, 회계감사인을 선임할 때 계약으로 그 기간을 연장할 수 있다(170조①, 외감법31조⑨).

법문의 '해당 사실을 안 날'은 문언 그대로 청구권자가 감사보고서의 기재 누락이나 허위기재의 사실을 현실적으로 인식한 때라고 볼 것이고, 일반인이 감사보고의 기재 누락이나 허

---

16) 법 시행령 제37조(손해배상책임) ② 법 제31조제6항에 따른 손해액의 추가 배상 책임은 같은 조 제4항 단서에 따라 손해를 배상할 책임이 있는 자 중 배상능력이 없는 자를 제외한 자가 그 배상능력이 없는 자로 인하여 배상하지 못하는 손해액에 대하여 같은 항 단서에 따라 정해진 각자 책임비율의 50퍼센트 내에서 그 책임비율에 비례하여 정한다.

위 기재의 사실을 인식할 수 있는 정도라면 특별한 사정이 없는 한 청구권자 역시 그러한 사실을 현실적으로 인식하였다고 봄이 상당하다.[17]

7. 민법상 불법행위책임과의 관계

자본시장법 제170조에 따른 회계감사인의 손해배상책임은 민법상 불법행위책임과는 별도로 인정되는 법정책임이므로, 민법상의 불법행위책임은 별도로 성립하고 양립할 수 있다. 판례는 주식거래를 한 투자자가 부실감사로 인하여 상실하게 된 '주가에 상응하는 금액'을 민법 제750조에 따른 손해배상으로 청구할 경우에, "주가에 상응하는 금액"은 특별한 사정이 없는 한 '부실감사가 밝혀져 거래가 정지되기 직전에 정상적으로 형성된 주가'와 부실감사로 인한 '거래정지가 해제되고 거래가 재개된 후 계속된 하종가를 벗어난 시점에서 정상적으로 형성된 주가'의 차액이라고 한다. 다만, 그와 같이 주가가 다시 정상적으로 형성되기 이전에 매도가 이루어지고 매도가액이 그 후 다시 형성된 정상적인 주가를 초과하는 경우에는 그 매도가액과의 차액이다.[18]

VI. 보증금 등의 대신 납부

국가·지방자치단체 또는 공공기관에 납부할 ① 입찰보증금, ② 계약보증금, ③ 하자보수보증금, ④ 법령에 따른 공탁금은 '상장증권'으로 대신 납입할 수 있다(171조①, 슈192조①). 상장증권의 유통을 활성화하기 위하여 마련한 조치이다. 모든 상장증권을 가지고 보증금이나 공탁금으로 납부할 수 있는 것은 아니고, ① 채무증권(기업어음증권은 제외한다), ② 지분증권에 한정된다(171조①, 슈192조②). 채무증권이나 지분증권은 상장 거래되는 경우에 그 시가에 상응하는 가치가 있다고 보았기 때문이다.

---

17) 대판 1997.9.12., 96다41991.
18) 대판 2020.4.29., 2014다11895.

제11장

금융회사의 건전경영과 금융사지배구조법

총설

I. 지배구조의 중요성과 금융사지배구조법

회사의 지배구조는 회사를 관리·통제하는 시스템이고,[1] 이사회, 경영진, 주주, 그리고 다른 이해관계자간의 일련의 관계를 가리킨다.[2] 금융회사의 지배구조는 투자자와 국가경제에 미치는 금융회사의 영향력 때문에 더욱 중요하다. 금융회사의 실패는 고객(투자자)의 피해와 뱅크런 또는 시스템 리스크로 이어진다. 따라서 금융회사의 이사회와 경영진은 법규를 준수하고 실효성 있는 위험관리와 내부통제장치를 구축하고 유지하여야 한다.

2016년 8월 1일부터 시행되고 있는 「금융회사의 지배구조에 관한 법률」('금융사지배구조법')은 종래 은행법, 자본시장법, 보험업법 등 개별 금융법에 따라 실시되던 금융회사의 지배구조에 관한 규제를 통합하여 실시하고 있다. 금융투자업자, 은행, 보험회사 외에도 산업은행 등 대통령령으로 정하는 금융회사에 적용된다(지배구조법1조, 2조 1호). 우리나라의 법령을 전면적으로 적용하기 곤란한 외국금융회사의 국내지점에 대해서는 내부통제 및 위험관리 등 일부조항만이 적용된다(지배구조법3조②). 다만, 최근 사업연도말 현재 자산총액이 5조원 미만인 금융투자업자 또는 종합금융회사(금융투자업자가 운용하는 집합투자재산, 투자일임재산 등의 전체 합계액이 20조원 이상인 경우는 제외한다) 등 '소규모 금융회사'에 대해서는 이사회 구성 등 일부 조항의 적용이 면제되고 있다(지배구조법3조③, 동법시행령6조③2).

II. 경영진의 역할과 지배구조의 원칙

사장, 전무 등 경영진은 해당 금융회사의 지배구조를 이해하고 위험을 줄이도록 노력하여야 한다. 임원 등 경영진은 이사회의 감독을 받으며, 이사회에 의해서 승인된 경영전략, 위험관리, 각종 정책을 그 취지에 부합하게 집행하여야 한다. 신속한 의사결정, 임직원에 대

---

[1] FRC, 「The UK Corporate Governance Code」(Sep. 2012), p.1.

[2] BCBS, 「Principles for enhancing corporate governance」(March 2010), s.12; OECD, 「OECD Principles of Corporate Governance」(2004), p.11 등.

한 관리감독 등 성공적인 업무집행을 위해서 필수적인 경험이나 능력을 갖추어야 하고,[3] 회사는 임원 등 경영진이 경험이나 능력을 갖출 수 있도록 경영진의 교육과 훈련을 위하여 충분한 시간과 예산을 배정하여야 한다.

회사와 경영진 간에는 이해관계의 상충이 발생할 수 있으므로, 이해상충을 파악할 수 있는 정책과 시스템을 개발하고 엄격히 집행하여야 한다. 서면으로 된 이해상충방지정책과 이를 시행하기 위한 법규준수절차(compliance)를 구비하고, 회사와 이해상충에 이를 수 있는 활동을 삼가고, 불가피한 경우에는 사전에 승인을 받거나 점검절차를 거치도록 하며, 그래도 이해상충이 있는 경우에는 이를 공개하거나 의결권 행사를 자제하여야 한다.

제11장에서는 금융사지배구조법을 중심으로 금융투자업자의 지배구조를 살펴본다.

---

3) David Walker, 「A review of corporate governance in UK banks and other financial industry entities Final recommendations」26 Nov. 2009('Walker Report'), p.15. Recommendation 8.

제2절

임원 및 사외이사

Ⅰ. 임원의 범위

"임원"이란 ① 이사, ② 감사, ③ 집행임원(상법에 따른 집행임원을 둔 경우로 한정한다) 및 ④ 업무집행책임자를 말한다(지배구조법2조2호).

1. 이사

"이사"는 사내이사, 사외이사 및 그 밖에 상시적인 업무에 종사하지 아니하는 이사("비상임이사")를 말한다(지배구조법2조3호). 이사는 등기이사를 가리키며, 이사라는 명칭을 사용하더라도 등기되지 않은 경우에는 이사에 해당하지 않는다.

2. 집행임원

"집행임원"은 이사회에 의하여 선임되어 업무를 집행하는 집행기관으로서, 흔히, 최고경영자(CEO), 최고재무책임자(CFO), 최고위험관리자(CRO) 등으로 불린다. 비등기이사라고 하더라도 모두 집행임원이 되는 것은 아니고 상법의 규정에 따라 집행임원을 두는 경우에만 집행임원이 된다(지배구조법2조 2호 괄호).

3. 업무집행책임자

"업무집행책임자"란 이사가 아니면서 명예회장·회장·부회장·사장·부사장·행장·부행장·부행장보·전무·상무·이사 등 업무를 집행할 권한이 있는 것으로 인정될 만한 명칭을 사용하여 금융회사의 업무를 집행하는 사람을 말한다(지배구조법2조5호).[4] 지배구조법은 업무집행책임자를 임원의 일종으로 규정하고 그 자격요건과 임기를 이사에 준해서 규율하고 있다(지배구조법2조 2호, 5호, 5조). 따라서 집행임원에 해당하지 않더라도, 업무집행책임자에 해당하면 금융사지배구조법의 규제를 받는다. 다만, 같은 임원에 속하더라도 이사와 업무집행책

---

4) 업무집행책임자의 개념 정의는 상법 제401조의2(업무집행지시자의 책임) 제1항을 차용한 것이다.

임자의 규제에는 차이가 있다. 이사는 주주총회를 통해서 선임되지만 업무집행책임자는 보통 이사회에서 선임된다. 사외이사에 대해서는 소극적 자격요건과 적극적 자격요건을 모두 규정하고 있으나(지배구조법6조①,③), 업무집행책임자는 소극적 자격요건만을 규정하는 것도 차이가 있다(지배구조법5조①).

외국 금융회사의 국내지점에서 근무하는 직원이 업무집행의 권한이 없음에도 불구하고 마케팅 목적으로 전무·상무·이사 등의 명칭을 사용하는 경우에도 업무집행자로 보아야 하는가? 생각건대, 전무·상무·이사 등 업무집행책임자로 오인될 수 있는 명칭을 사용하고 있다면 업무집행책임자로 보아야 하고, 개별 회사의 내부 사정이나 명칭을 사용하는 목적을 일일이 반영하여 업무집행자에 해당하는지 여부를 판단하기는 곤란하다고 본다.[5]

4. 주요업무집행책임자

"주요업무집행책임자"는 업무집행책임자 중에서도 전략기획, 재무관리, 위험관리 및 그 밖에 이에 준하는 주요업무를 집행하는 자를 말한다. 금융사지배구조법은 주요업무집행자의 임면을 위해서는 이사회 의결을 거칠 것을 요구하는데(지배구조법8조①), 이는 최고경영자가 임의로 주요업무집행책임자를 임면할 경우 최고경영자에 종속될 것을 우려한 것이다. 이에 대해서는 최고경영자와 주요업무집행책임자가 모두 이사회에 의해서 선임되면 책임 소재가 불분명해질 것이라는 우려가 있으나, 금융사고를 방지하고 투자자를 보호하기 위해서는 재무관리나 위험관리 등의 분야에서 독자적인 목소리를 낼 수 있는 임원이 필요하므로 이사회 결의는 필요하다고 생각한다. 주요업무집행책임자의 임기는 3년을 초과하지 못하지만, 정관에 규정이 있는 경우에는 3년을 초과할 수 있다(지배구조법8조②). 이 점에서 정관의 규정에 관계 없이 임기가 3년을 초과하지 못하는 이사와는 차이가 있다(商383조②).

Ⅱ. 임원의 자격요건

금융회사 임원의 자격요건을 법률에서 규제하는 것은 세계적인 경향이며, 금융사지배구조법은 임원의 자격요건을 상세하게 규정하고 있다.

다음 각 호의 어느 하나에 해당하는 사람은 금융회사의 임원이 되지 못할뿐만 아니라(지배구조법5조①), 금융회사의 임원으로 선임된 사람이 다음 각 호의 어느 하나에 해당하게 된 경우에는 그 직(職)을 잃는다(지배구조법5조②본문).

1. 미성년자·피성년후견인 또는 피한정후견인(지배구조법5조①1호)
2. 파산선고를 받고 복권(復權)되지 아니한 사람(2호)

---

5) 금융위 질의회신(2020.11.12), '임원선임 관련 공시 및 보고 의무에 대한 해석'.

3. 금고 이상의 실형을 선고받고 그 집행이 끝나거나(집행이 끝난 것으로 보는 경우를 포함한다) 집행이 면제된 날부터 5년이 지나지 아니한 사람(3호)

4. 금고 이상의 형의 집행유예를 선고받고 그 유예기간 중에 있는 사람(4호)

5. 이 법 또는 금융관계법령에 따라 벌금 이상의 형을 선고받고 그 집행이 끝나거나(집행이 끝난 것으로 보는 경우를 포함한다) 집행이 면제된 날부터 5년이 지나지 아니한 사람(5호)

6. 다음 각 목의 어느 하나에 해당하는 조치를 받은 금융회사의 임직원 또는 임직원이 었던 사람으로서 해당 조치가 있었던 날부터 5년이 지나지 아니한 사람(6호)

 가. 금융관계법령에 따른 영업의 허가·인가·등록 등의 취소

 나. 「금융산업의 구조개선에 관한 법률」 제10조제1항에 따른 적기시정조치

 다. 「금융산업의 구조개선에 관한 법률」 제14조제2항에 따른 행정처분

7. 이 법 또는 금융관계법령에 따라 임직원 제재조치(퇴임 또는 퇴직한 임직원의 경우 해당 조치에 상응하는 통보를 포함한다)를 받은 사람으로서 조치의 종류별로 5년을 초과하지 아니하는 범위에서 대통령령으로 정하는 기간이 지나지 아니한 사람(7호)

 다만, 금융사지배구조법 제5조 제1항 제7호에 해당하는 사람으로서 대통령령으로 정하는 경우에는 그 직을 잃지 아니한다(지배구조법5조②).

8. 해당 금융회사의 공익성 및 건전경영과 신용질서를 해칠 우려가 있는 경우로서 대통령령으로 정하는 사람(8호)

금융회사는 임원을 선임하려는 경우 임원이 자격요건을 갖추었는지를 확인하고, 임원을 선임하거나 해임(사임을 포함)한 경우에는 지체없이 인터넷 홈페이지 등에 공시하고 금융위원회에 보고하여야 한다(지배구조법7조).

Ⅲ. 사외이사의 자격요건

"사외이사"란 상시적인 업무에 종사하지 아니하는 이사를 가리키며, 임원후보추천위원회를 통해서 선임되는 사람을 말한다(지배구조법2조4호). 사외이사는 임원에 해당하므로 임원의 자격요건을 충족하여야 하고, 추가적으로 사외이사의 자격요건을 갖추어야 한다.

1. 사외이사의 소극적 자격요건(결격사유)

다음 각 호의 어느 하나에 해당하는 사람은 금융회사의 사외이사가 될 수 없으며(지배구조법6조①), 금융회사의 사외이사가 된 사람이 다음 각 호의 어느 하나에 해당하게 된 경우에는 그 직(職)을 잃는다(지배구조법6조②).

1. 최대주주 및 그의 특수관계인(최대주주 및 그의 특수관계인이 법인인 경우에는 그 임직원을 말한다)(지배구조법6조①1호)

   최대주주 및 그의 특수관계인은 사외이사가 될 수 없다. 따라서 사외이사가 됨으로써 최대주주의 특수관계인에 해당하게 되는 사람은 사외이사가 될 수 있다(지배구조법6조①단서).

2. 주요주주 및 그의 배우자와 직계존속·비속(주요주주가 법인인 경우에는 그 임직원)(2호)

3. 해당 금융회사 또는 그 계열회사(공정거래법 제2조제12호에 따른 계열회사를 말한다)의 상근(常勤) 임직원 또는 비상임이사이거나 최근 3년 이내에 상근 임직원 또는 비상임이사이었던 사람(3호)

   종전에는 계열회사의 임직원이나 비상임이사 등이 사외이사로 선임되는 사례가 많았으나 사외이사 제도의 취지에 어긋난다는 비판이 많았기 때문에 결격사유에 포함하였다.

4. 해당 금융회사 임원의 배우자 및 직계존속·비속(4호)

5. 해당 금융회사 임직원이 비상임이사로 있는 회사의 상근 임직원(5호)

6. 해당 금융회사와 대통령령으로 정하는 '중요한 거래관계가 있거나 사업상 경쟁관계 또는 협력관계에 있는 법인'의 상근 임직원이거나 최근 2년 이내에 상근 임직원이었던 사람(6호)

   제6호는 사외이사의 독립성을 강화하기 위하여 중요한 거래관계 등에 있는 법인의 상근임직원 등도 결격사유에 포함하고 있다.

   '중요한 거래관계에 있거나 사업상 협력관계에 있는 법인'에 대학교가 포함되는가? 사외이사에는 대학교수가 많은데, 만일 대학교를 포함하면, 해당 금융회사와 중요한 거래관계가 있거나 협력관계에 있는 대학교의 상근 임직원이거나 최근 2년 이내에 상근 임직원 이었던 교수 등은 사외이사가 될 수 없기 때문이다. 생각건대 국립대학교는 법인이 아닌 교육시설의 명칭에 불과하다는 판례(대판 2001다21991 등)에 따르면 일반적으로 적용대상에 포함된다고 볼 수 없지만, 예외적으로 법인격을 취득한 경우(서울대학교 등)에는 적용대상에 포함될 수 있다. 사립대학교는 '학교법인'의 형태가 다르므로 일률적으로 판단하기는 어렵지만, 대학교의 임직원이라고 하여서 적용대상에서 제외되는 것은 아니고 해당 금융회사와 중요한 거래관계가 있거나 사업상 경쟁관계가 있다면 6호의 적용대상에 해당할 수 있다고 본다.6)

   한편, 금융사지배구조법시행령 제8조 제1항 제7호는 "해당 금융회사와 주된 법률자문, 경영자문 등의 자문계약을 체결하고 있는 법인"을 해당 금융회사와 "중요한 거

---

6) 금융위 질의회신(2021.6.1.), '지배구조법 제6조(사외이사의 자격요건) 법령 해석 요청'.

래관계에 있거나 사업상 경쟁관계 또는 협력관계에 있는 법인"으로 간주하고 그 임직원의 사외이사 선임을 제한하는 바, 사외이사의 선임이 제한되는 "주된 법률자문, 경영자문 등의 자문 계약"에 해당하는지는 해당 금융회사와 자문회사 간에 '중요한 거래관계'가 형성되는지의 여부로 판단한다. 금융위원회는 부실채권(NPL) 매각 자문이 문제된 사안에서, 부실채권 매각업무는 금융회사의 본연의 업무 수행과정에서 발생하는 업무이나, 해당 업무자문이 정기계약이 아닌 1회성 업무제휴 형태인 점을 고려하면 사외이사의 중립적·객관적 직무 수행을 저해하는 수준의 '중요한 거래관계'가 자문계약으로 인해 형성되었다고 보기 어렵다고 하면서 "주된 법률자문, 경영자문 등의 자문계약"에 해당하지 않는다고 판단하였다.[7]

'중요한 거래관계가 있거나 사업상 경쟁관계 또는 협력관계에 있는 법인'의 상근 임직원뿐만 아니라, 최근 2년 이내에 상근 임직원이었던 사람도 사외이사의 결격 사유에 해당한다. 사외이사 선임 제한기간은 영국과 프랑스는 각각 5년이고, 미국은 3년, 독일은 2년이다.[8]

7. 해당 금융회사에서 6년 이상 사외이사로 재직하였거나 해당 금융회사 또는 그 계열회사에서 사외이사로 재직한 기간을 합산하여 9년 이상인 사람(7호)

재직기간을 제한하는 경우에는 역량과 자질이 검증된 사외이사의 연임이 제한될 수 있다는 우려가 있으나, 장기간 사외이사로 재임할 경우 경영진과 유착되거나 자기권력화 될 소지가 있으므로 재직기간을 제한하고 있다.[9]

금융위원회는 A보험회사가 B보험회사의 지분을 100% 인수하여 자회사로 편입하고 곧 이어 합병을 추진하는 사안에서, 합병 전 B회사와 합병 후 A회사의 경영진이나 대주주의 구성이 사실상 동일한 경우에는 B회사에서 사외이사로 재임한 기간부터 전체를 합산하여 최대 6년까지만 재임 가능한 것으로 보지만, 동일한 회사로 보기 어려운 경우에는 재임기간을 별도로 산정할 수 있다고 한다.[10]

8. 그 밖에 금융회사의 사외이사로서 직무를 충실하게 이행하기 곤란하거나 그 금융회사의 경영에 영향을 미칠 수 있는 사람으로서 대통령령으로 정하는 사람(8호)

제8호에서 "대통령령으로 정하는 사람"이란 다음 각 호의 어느 하나에 해당하는 사람을 말한다(지배구조법시행령8③).

1~3. <중략>

---

7) 금융위 질의회신(2017.9.21.), '사외이사의 결격사유 중 주된 자문계약의 범위 해석'.
8) 금융연구원, 지배구조법 제정 필요성(2010), 27면.
9) 영국은 6년 이상 재선임시 사외이사 자격을 엄격히 평가하고, 9년 이상 재임 시 독립성이 없는 것으로 간주한다. 프랑스는 주로 회사별 정관에 의해 4년으로 규정하고 있다. 금융연구원, 지배구조법 제정 필요성(2010), 30면.
10) 금융위 질의회신(2019.6.4.), '금융회사의 지배구조에 관한 사외이사 재직기한 관련 법령해석'.

4. 해당 금융회사 외의 둘 이상의 다른 주권상장법인의 사외이사, 비상임이사 또는 비상임감사로 재임 중인 사람

5~10. <중략>

2. 사외이사의 적극적 자격요건

금융사지배구조법은 금융회사의 사외이사는 금융, 경제, 경영, 법률, 회계 등 분야의 전문지식이나 실무경험이 풍부한 사람으로서 대통령령으로 정하는 사람일 것을 요구하고 있다 (지배구조법6조③). 종전까지 금융회사 지배구조 모범규준에서 규정하고 있었던 사외이사의 적극적 자격요건[11]을 법률에서 규정하는 취지이다.

사외이사가 제대로 역할을 하기 위해서는 금융회사의 업무에 대해서 충분한 지식을 보유하고 있어야 한다. 이를 위해서는 금융업 실무경력을 자격요건에 반영할 필요가 있으며, 정기적인 이사회의 개최나 보고절차를 통해서 업무에 관한 정보를 취득할 수 있는 통로를 마련하여야 한다. 필요하다면 이사회의 개최회수를 규정하거나, 사외이사에게 일정한 시간을 반드시 할애하도록 하거나, 겸직을 제한할 수도 있다고 본다.

Ⅳ. 겸직 제한 등

금융회사의 '상근 임원'은 다른 영리법인의 상시적인 업무에 종사할 수 없다(지배구조법10조①본문). 이해상충의 소지가 있을 뿐만 아니라 충실한 근무를 위해서는 다른 영리법인의 상시적인 업무에 종사하는 것은 타당하지 않기 때문이다.

상근 임원에 적용되므로 비상근 임원은 적용대상이 아니다.

임원 중에서도 이사는 상근 여부에 관계 없이 이사회의 승인이 없으면 회사와의 경업이 금지되고, 동종영업을 목적으로 하는 다른 회사의 무한책임사원이나 이사가 되지 못한다(商397조①).

금융지주회사에 대해서는 특례가 있다. 즉, 금융지주회사의 임직원이 해당 금융지주회사의 자회사등의 임직원을 겸직하는 행위(지배구조법10조④1호), 금융지주회사의 자회사등의 임직원이 다른 자회사등의 임직원을 겸직하는 행위(동항2호)는 허용된다. 금융지주회사와 자회사 간에는 경영효율성 제고, 비용절감 및 시너지 효과를 위하여 임직원의 겸직을 허용할 필요가 있기 때문이다.

---

11) 금융위원회, 지배구조 모범규준(2014), 제16조.

제3절

이사회

Ⅰ. 이사회

1. 이사회의 구성

우리나라는 이사회의 독립성, 전문성을 확보하기 위해서 사외이사 제도를 도입하고 그 활용을 권장하여 왔으나 거수기에 불과하다는 비판12)이 많았다. 이를 반영하여 금융사지배구조법은 금융회사는 이사회에 사외이사를 3명 이상 두어야 하고(지배구조법12조①),13) 사외이사의 수는 이사 총수의 과반수가 될 것을 요구하고 있다(동법12조②본문). 다만, 주권상장법인, 자산총액이 3천억원 이상인 금융투자업자 또는 종합금융회사 등은 이사 총수의 4분의 1 이상을 사외이사로 하여야 한다(동법12조②단서, 동법시행령12조). 경영진을 공정하게 지휘·감독할 수 있도록 사외이사를 중심으로 이사회를 구성하도록 한 것이다. 자산규모 등을 고려하여 대통령령으로 정하는 '소규모금융회사'에 대해서는 사외이사 요건 등은 적용되지 않는다(동법3조③1, 12조①).

[표11-1] 사외이사 숫자

비상장회사	상장회사	금융회사
선택적 설치 (商382조③)	- 이사총수의 1/4 이상(商542조의8①본문) - 자산총액 2조원 이상인 상장회사의 경우에는 3명 이상, 이사총수의 과반수(商542조의8①단서, 동법시행령34조②)	- 3명 이상 및 이사총수의 과반수(지배구조법12조①,②본문) - 주권상장법인 및 자산총액 3천억원 이상인 금융투자업자의 경우에는 이사총수의 1/4 이상(지배구조법12조②단서, 동법시행령6조③)

---

12) 정재규, "금융회사의 사외이사 제도,"「상사법연구」(상사법학회, 2011), 10면.

13) 제19대 국회(2012-2016)에서 김기식 의원이 대표발의한「금융회사의 지배구조에 관한 법률안」(의안번호 1423호)은 일정 규모 이상의 금융회사는 5명 이상의 사외이사를 두도록 하고 있었으나(김기식의원안 13조①), 금융회사의 부담을 고려하여 3명으로 정하게 되었다.

2. 이사회 의장의 선임 등

금융사지배구조법은 금융회사는 매년 사외이사 중에서 이사회 의장을 선임하도록 하고 있다(지배구조법13조①항). 매년 선임하도록 하고 있으므로 이사회 의장의 임기는 1년을 넘어서는 아니 된다. 이사회 의장과 최고경영자(CEO)를 분리하고, 사외이사 중심으로 이사회를 운영함으로써 이사회의 독립성을 확보하기 위한 것이다.

이사회 의장과 최고경영자의 분리는 2009년 6월 'OECD 금융위기와 회사지배구조 권고안'14)에서 제시되었으며, 2009년 '워커보고서',15) 2010년 'BCBS 지배구조원칙'16)에서도 권고되고 있다. 경영이사회와 감독이사회의 이원적 이사회 시스템을 채택하는 독일에서는 자연스럽게 이사회 의장과 최고경영자가 분리된다. 다만, 미국에서는 이사회 의장과 최고경영자를 겸임하는 방식이 많고, 프랑스는 각 상장회사의 필요에 따라 자유롭게 구성할 수 있도록 하고 있다.17)

금융사지배구조법은 이사회 의장과 최고경영자를 분리하되 이를 강제하지 않고 필요한 경우에는 사외이사가 아닌 자를 이사회 의장으로 선임할 수 있도록 하고 있다. 이 경우 이사회는 그 사유를 공시하고, 사외이사를 대표하는 자("선임사외이사")를 별도로 선임하여야 한다(지배구조법13조②). 일종의 절충적 형태인데 강제성이 없으므로 최고경영자가 이사회 의장을 겸직할 가능성이 크다. 금융회사의 자율성을 존중하면서도 이사회 의장과 최고경영자를 분리하려면, 정부는 정책이나 감독 등을 통해서 양자를 분리 운영하는 금융회사에게는 인센티브를 부여할 필요가 있다.

3. 이사회의 운영 등

금융회사는 주주와 예금자, 투자자, 보험계약자, 그 밖의 금융소비자의 이익을 보호하기 위하여 그 금융회사의 이사회의 구성과 운영, 이사회내 위원회의 설치, 임원의 전문성 요건, 임원 성과평가 및 최고경영자의 자격 등 경영승계에 관한 사항 등에 관하여 지켜야 할 구체적인 원칙과 절차('지배구조내부규범')를 마련하여야 한다(지배구조법14조①).

과거 KB금융지주회장 선임 문제, 신한금융지주 경영진간 분쟁의 경험을 반영하여 경영진 승계시스템의 부재에 따른 혼란을 방지하고, 최고경영자의 공백 등에 대비하여 자격승계 등 시스템을 사전에 마련하도록 한 것이다. 물론 이러한 규정에도 불구하고 지배주주가 있는 경우에는 총수에 의해서 경영권 승계가 주도될 가능성이 높지만 최소한 투명한 승계를

---

14) OECD, 「Corporate Governance and the Financial Crisis: Key Findings and Main Messages」(June 2009), p.46.
15) Walker Report, s.3.4, p.42.
16) BCBS, 「Principles for enhancing corporate governance」(March 2010), s.45.
17) 김홍기, "건전한 금융회사 지배구조의 원칙과 운용방안," 「상사판례연구」 제28집 제3권(상사판례학회, 2016. 9. 30), 17면.

위한 절차적 근거는 확보할 수 있을 것이다. 미국 NYSE의 '상장회사 지배구조 가이드라인'[18]은 이사의 자격요건, 경영진의 승계에 관한 사항을 포함하고 있으며, 인터넷 홈페이지 등을 통해 공시하도록 하고 있다.

4. 이사회의 권한

금융사지배구조법은 경영목표 및 평가에 관한 사항, 정관의 변경에 관한 사항, 예산 및 결산에 관한 사항, 최고경영자의 경영승계 등 지배구조 정책 수립에 관한 사항 등을 이사회의 심의의결사항으로 규정하고 있다(지배구조법15조①). 아래에서는 이사회의 권한 중 몇 가지 논란이 되는 사항을 살펴본다.

금융사지배구조법은 "정관의 변경에 관한 사항"(동법15조①2)은 이사회의 심의·의결을 거치도록 하고 있으나, 이는 이사회의 심의·의결을 거쳐서 주주총회에 상정하라는 뜻이지 상위기관인 주주총회의 정관변경에 관한 권한(商433조①)을 배제하는 것은 아니다. 따라서 금융회사의 소수주주가 정관변경을 주주총회의 안건으로 제안한 경우, 이사회의 심의·의결사항이라는 이유만으로 이사회에서 부결시키고 주주총회에 상정하지 않는 것은 상법 제363조의2에 따른 주주제안권과 충돌하여 허용되지 않는다.[19]

금융사지배구조법은 "최고경영자의 경영승계 등 지배구조 정책 수립에 관한 사항"(동법15조①6)도 이사회의 심의·의결사항으로 하고 있다. '최고경영자의 경영승계 등 지배구조 정책 수립에 관한 사항'까지도 이사회의 심의·의결사항에 추가하는 것은 과도한 제한이라는 비판[20]이 있었으나, 금융회사의 중요성에 비추면 최고경영자의 승계계획 수립 및 집행이 이사회 소관 사항임을 명확히 하는 것은 타당하다.

금융사지배구조법은 불필요한 규제는 완화하고 있다. 예를 들어, 상법 제393조 제1항에 따른 이사회의 권한 중 지배인의 선임 또는 해임과 지점의 설치·이전 또는 폐지에 관한 권한은 정관에서 정하는 바에 따라 위임할 수 있도록 하였다(지배구조법15조③). '지배인의 선임·해임, 지점의 설치·이전·폐지'에 관한 권한은 정형화되어 있는 것이므로 굳이 이사회에서 결정할 필요는 적기 때문이다.

Ⅱ. 이사회내 위원회

금융회사는 상법 제393조의2에 따른 이사회내 위원회로서 임원후보추천위원회, 감사위

---

18) NYSE Corporate Governance Rules s.303A. 9. Listed companies must adopt and disclose corporate governance guidelines.
19) 금융위 질의회신(2018.2.28.), '금융사지배구조법 제15조의 강행규정 여부 및 주주제안 가부 등'.
20) 전경련, 금융회사 지배구조 모범규준(안)에 대한 의견(2014), 3면.

원회, 위험관리위원회, 보수위원회를 설치하여야 한다(지배구조법16조①).[21] 이 경우 위원의 과반수는 사외이사로 구성하고 그 대표는 사외이사로 한다(동법16조④).

1. 임원후보추천위원회

금융회사는 이사회내 위원회로서 임원후보추천위원회를 설치하고, 임원(사외이사, 대표이사, 대표집행임원, 감사위원에 한정한다) 후보를 추천하도록 하고 있다(지배구조법17조①). 금융회사가 임원을 선임하는 경우에는 임원후보추천위원회의 추천을 받은 사람 중에서 선임하여야 하고 (동법17조③), 임원후보추천위원회가 사외이사 후보를 추천하는 경우에는 주주제안권 행사 요건을 갖춘 주주가 추천한 사외이사 후보를 포함시켜야 한다(동법17조④).

미국의 경우 대규모 공개회사는 이사후보자, 최고경영자, 집행임원 등을 추천하는 지명위원회(nominating committee)를 설치하고 있으며,[22] 일본에서도 '위원회등 설치회사'에 대해서는 지명위원회의 설치를 의무화하고 있다(日本 会社法 第400条). 우리나라도 '정관이 정한 바에 따라' 이사회의 하부조직으로 이사회내 위원회를 자율적으로 설치할 수 있으나(商393조의2) 강제사항이 아니므로 그 운영에 한계가 있어서, 금융사지배구조법은 임원(사외이사, 대표이사, 대표집행임원, 감사위원에 한정한다)에 대해서 임원후보추천위원회의 추천을 거치도록 하였다(지배구조법17조①).

2. 감사위원회

우리나라는 외환위기 이후에 감사위원회 제도를 도입하였으나 제대로 작동하지 않는다는 비판이 많았다. 금융사지배구조법은 감사위원의 선임절차를 개선함으로써 감사위원의 독립성 및 경영진에 대한 견제 기능을 제고하고 있다.

가. 감사위원회의 구성과 감사위원의 추천 방식

금융사지배구조법에 따르면, 금융회사의 감사위원회는 3명 이상의 이사로 구성하되, 감사위원 중 1명 이상은 대통령령으로 정하는 회계 또는 재무 전문가이어야 한다(지배구조법19조①). 또한 사외이사가 감사위원의 3분의 2 이상이어야 한다(동법19조②).

감사위원 후보는 임원후보추천위원회에서 추천하며, 이 경우 위원 총수의 3분의 2 이상의 찬성으로 의결한다(지배구조법19조④).

나. 주주총회에서 감사위원을 선출

감사위원을 선임하거나 해임하는 권한은 주주총회에 있다(지배구조법19조⑥전단). 감사위원

---

21) 2023년 9월 11일 국회에 제출된 「금융사지배구조법 일부개정법률안(윤한홍 의원 등 12인)」(의안번호 2124376) 제16조는 이사회 내 위원회로 '내부통제위원회'를 추가하고 있다.

22) 정대, "미국회사법상의 지명위원회에 관한 고찰,"「기업법연구」(기업법학회, 2005), 164면.

회는 이사회 내 위원회이므로 그 구성원인 감사위원은 원래 이사회에서 선임하여야 하지만 (商393조의2), 감사위원의 독립성을 높이고 주주총회에서 선임하는 감사와 균형을 맞추기 위하여 주주총회에서 직접 선임하도록 한 것이다. 이 경우 감사위원이 되는 이사의 선임에 관하여는 감사 선임 시 3% 초과주식의 의결권을 제한하는 상법 제409조 제2항 및 전자적 방법으로 의결권을 행사하는 경우에 출석주주의 과반수로 감사를 선임할 수 있도록 한 상법 제409조 제3항[23]을 준용한다(지배구조법19조⑥후단).

다. 감사위원의 분리선출

감사위원의 선출방식으로는 주주총회에서 일괄하여 이사를 선임한 후 선임된 이사 중에서 감사위원을 선임하는 방식(일괄선출방식)과 감사위원이 되는 이사를 처음부터 나머지 이사들과 분리하여 선임하는 방식(분리선출방식)이 존재한다. 그런데 일괄선출방식을 채택하는 경우에는 주주총회에서 甲·乙·丙을 이사로 선임하고(1단계), 이사로 선임된 甲·乙·丙 중에서 다시 감사위원을 선출하는 절차(2단계)를 다시 한번 거치는데(즉, 주주총회결의를 2번 한다), 1단계에서 이미 대주주의 의사가 반영되므로, 2단계에서 3% 초과보유 주식의 의결권을 제한하더라도 3% 의결권 제한 제도의 취지가 무력화된다는 비판[24]이 있었다.

금융사지배구조법은 "감사위원이 되는 사외이사 1명 이상에 대해서는 다른 이사와 분리하여 선임"(지배구조법19조⑤)하도록 하고, 이 경우 감사위원이 되는 이사의 선임에 관하여는 감사 선임 시 3% 초과주식의 의결권을 제한하는 상법 제409조 제2항 및 전자적 방법으로 의결권을 행사하는 경우에 출석주주의 과반수로 감사를 선임할 수 있도록 한 상법 제409조 제3항을 준용하고 있다(동법19조⑥). 예를 들어, 사외이사 甲을 다른 이사와 분리하여 감사위원으로 선임하는 경우에는 처음부터 대주주의 의결권이 3% 이내로 제한되므로 3% 의결권 제한의 취지를 달성할 수 있게 된다.

상법 제542조의12 제2항은 자산총액 2조원 이상인 상장회사가 감사위원회위원을 선임하는 경우에 "감사위원회위원 중 1명(정관에서 2명 이상으로 정할 수 있으며, 정관으로 정한 경우에는 그에 따른 인원으로 한다)은 주주총회 결의로 다른 이사들과 분리하여 감사위원회위원이 되는 이사로 선임하여야 한다."고 하면서 감사위원의 분리선임을 규정하면서도, 2명 이상의 감사위원을 분리하여 선임하는 경우에는 정관 규정이 있는 경우에 한하여 할 수 있도록 하고 있으나, 금융사지배구조법 제19조 제5항은 "금융회사는 감사위원이 되는 사외이사 1명 이상에 대해서는 다른 이사와 분리하여 선임하여야 한다."고만 하고 있으므로 정관 규정이 없어도

---

23) 상법은 제409조 제3항(2020. 12. 개정)은 전자적 방법에 의하여 의결권을 행사할 때에는 발행주식총수의 4분의 1 이상의 요건을 갖추지 못하더라도 출석주주 의결권의 과반수만으로 감사위원을 선임할 수 있도록 하고 있다.

24) 김태진, "금융회사의 지배구조에 관한 법률(안) 주요 내용 검토,"「기업지배구조리뷰」(한국기업지배구조원, 2012), 37면.

2명 이상을 분리하여 선임할 수 있다는 점에서 차이가 있다.

라. 최대주주에 대한 추가적인 의결권 제한

최대주주가 감사위원이 되는 이사를 선임하거나 해임할 때에는 그의 특수관계인, 그 밖에 대통령령으로 정하는 자가 소유하는 주식을 합산하여 그 3%를 초과하는 주식의 의결권이 제한된다(지배구조법19조⑦본문). 즉, 일반적인 대주주와는 달리, 최대주주의 경우에는 최대주주 본인뿐만 아니라 그의 특수관계인 등이 소유하는 주식을 합산하여 3% 초과주식의 의결권을 제한함으로써 의결권 제한의 폭을 좀 더 강화하고 있다.

위와 같은 제한은 최대주주에 대해서만 적용된다. 따라서 금융회사가 정관을 통해서 최대주주가 아닌 2대주주에 대해서도 그 특수관계인의 주식까지 합하여 3%를 초과하는 주식의 의결권을 제한하는 것은 허용되지 않는다. 강행규정인 주주평등원칙에 위반하는 것으로써 법률에서 허용하는 의결권 제한의 범위를 넘어서는 것이기 때문이다.[25]

최대주주 등을 판단함에 있어서는 실제주주가 아니라 주주명부상의 주주를 기준으로 판단한다. 회사에 대한 관계에서는 감사 선임 시 의결권 행사를 포함하여 주주명부상의 주주가 주주권을 행사하기 때문이다.[26]

3. 위험관리위원회

금융회사는 자산운용이나 업무수행 기타 거래에서 발생하는 위험의 관리가 중요하다. 금융사지배구조법은 위험관리 기준과 절차인 '위험관리기준', 이사회내 위원회로서 '위험관리위원회', 위험관리 업무를 담당하는 '위험관리책임자'를 두도록 하여 금융회사의 위험관리기능을 강화하고 있다(지배구조법16조, 21조, 27조). 이미 많은 금융회사들이 자체적으로 위험관리위원회와 위험감시인(CRO)을 두고 있으며,[27] 대형화·겸업화가 진행될수록 위험의 전이 또는 집중의 가능성이 증대된다는 점을 감안할 때, 금융그룹 전체를 통할하는 위험관리체계의 구축이 필요하다.

4. 보수위원회 및 보수 정책

단기 성과에 연동되는 임직원의 보수체계는 과도하게 위험을 인수하는 경영행태를 야기하고 금융위기의 원인이 되고 있다. 금융사지배구조법은 이사회내 위원회로서 보수위원회 설치를 의무화하고(지배구조법16조①4), 임원 등의 보수의 결정 및 지급방식, 보수지급에 관한

---

25) 대판 2009.11.26., 2009다51820 주주총회결의취소.

26) 대판 2017.3.23., 2015다248342.

27) 2010년 당시 한 조사에 의하면, 은행(18개) 중 14개사, 금융지주(6개) 중 4개사, 증권(62개) 중 31개사, 보험(52개) 중 20개사가 이미 위험관리위원회를 설치하고 있었다. 또한 상당수의 금융회사가 위험감시인(CRO)을 두고 있었다. 금융연구원, 지배구조법 제정 필요성(2010), 47면.

연차보고서의 작성과 공시 등을 심의·의결하도록 하고 있다(동법22조①).

금융회사는 임원, 금융투자업무담당자, 이익의 일부를 성과보수로 받는 직원 등에 대해서는 보수의 일정비율 이상을 성과에 연동(連動)하여 미리 정해진 산정방식에 따른 보수("성과보수")로 일정기간 이상 이연(移延)하여 지급하여야 한다(지배구조법22조③, 令17조②). 단기 성과에 기초한 과도한 보상은 위험을 초래할 수 있기 때문에, 장기성과 위주로 보상체계를 개편하고 성과급은 일정기간 이연 지급하도록 한 것이다. 기준을 넘어서 과다하게 지급된 보수는 환수도 가능하다.[28]

금융회사는 대통령령으로 정하는 임직원의 보수지급에 관해서는 연차보고서를 작성하고 결산 후 3개월 이내에 인터넷 홈페이지 등에 그 내용을 공시하여야 한다(지배구조법22조④). 연차보고서에는 보수위원회의 구성, 권한 및 책임, 임원의 보수총액(기본급, 성과보수, 이연 성과보수 및 이연 성과보수 중 해당 회계연도에 지급된 금액 등)이 포함되어야 한다(지배구조법22조⑤). 자본시장법상 사업보고서 제출대상 법인은 임원 개인별 보수까지도 공개하도록 하고 있으나 (159조②3), 금융사지배구조법은 임원 보수의 총액만을 공개하도록 요구하고 있어서 그 범위 내에서는 공시 기준이 완화되어 있다.

5. 금융지주회사의 완전자회사등의 특례

금융지주회사가 발행주식총수를 소유하는 자회사 및 그 자회사가 발행주식총수를 소유하는 손자회사(손자회사가 발행주식총수를 소유하는 증손회사를 포함한다. "완전자회사등")는 '경영의 투명성 등 대통령령으로 정하는 요건'에 해당하는 경우에는, 사외이사를 두지 아니하거나 이사회내 위원회를 설치하지 아니할 수 있다(지배구조법23조①). 금융지주회사와 그 완전자회사는 경제적 동일체로서 중복하여 사외이사를 둘 필요가 없다고 보았기 때문이다.

그러나 금융회사에는 주주뿐만 아니라 예금자, 채권자 등 다양한 이해관계자가 있고, 금융지주회사가 완전자회사등에게 손실을 끼치면서 자신의 이익을 추구할 수 있으므로, 지배구조법은 '경영의 투명성 등 대통령령으로 정하는 요건'을 갖춘 경우에만 완전자회사의 특례를 인정하고, 완전자회사등이 감사위원회를 설치하지 아니할 때에도 상근감사를 반드시 두도록 하여 경영진 등에 대한 감시를 도모하고 있다(지배구조법23조①,②).

---

28) 같은 취지의 주장으로는 맹수석, "금융기관 임원의 과도한 보수규제 및 투명성 제고방안에 관한 연구," 「법학논총」(전남대 법학연구소, 2014), 257면.

제4절

내부통제 및 위험관리

I. 내부통제와 내부통제기준

1. 내부통제

"내부통제"는 회사의 목표를 달성하고 자산을 보호하기 위해서, 회사의 정책 및 관련 규정에 따라 수행하는 '일체의 수단과 절차'를 가리키는 폭 넓은 개념이다. 내부통제 전문 연구기관인 COSO[29]는 "내부통제는 해당 회사의 사업이 효율적으로 운영되고 있고, 재무보고의 내용은 신뢰성이 있으며, 관련법령이 준수되고 있다는 사실에 대해서 '합리적인 확신'을 제공하기 위해 설계된 것으로서 이사회, 경영진 및 직원들에 의해서 시행되는 '일련의 절차'를 말한다."[30]고 내부통제의 개념을 정의하고 있다.

내부통제의 의미를 이해하기 위해서는 내부통제가 가지는 속성을 살펴볼 필요가 있다. 첫째, 내부통제는 정적인 조직 체계라기 보다는 회사의 목표를 달성하기 위하여 '역동적, 반복적으로 수행되는 일체의 수단과 절차(dynamic and iterative process)'를 가리킨다.[31] 위험관리가 제대로 이루어지고 있는지를 반복적으로 점검하는 활동이므로, 금융시장의 상황이나 구성원의 변경 등을 반영하여 적절하게 수정되고 융통성 있게 시행되어야 한다. 둘째, 내부통제는 해당 금융회사의 목표를 달성하거나 금융사고를 방지할 수 있다는 절대적인 확신이 아닌 '합리적인 확신(reasonable assurance)'만을 제공한다.[32] 경영진은 금융사고의 방지 등에 도움이 될 것이라는 합리적인 확신을 가지고 내부통제 절차를 신의성실하게 이행하면 그 의무를 다한 것이고, 금융사고가 발생하더라도 누군가 반드시 결과적인 책임을 져야 하는 것은 아니다. 셋째, 내부통제의 주요 목적은 위험을 관리하고 통제하기 위한 것이지만, 수익성 제고를 위한 회사의 목표 달성과 상충되는 것은 아니다. 따라서 경영진은 각종 내부통제 조치

---

[29] COSO(Committee of Sponsoring Organizations of Treadway Commission)는 1985년 설립 후 기업의 내부통제시스템 지침을 발표하고 있다.

[30] COSO, 「Internal Control - Intergrated Framework」(May 2013), p.1.

[31] Id., p.3.

[32] Id., p.4.

를 회사의 수익성과 상충되는 것으로 보아서는 아니 되고, 잠재적인 금융사고의 위험을 파악하고 제거함으로써 회사의 수익성 달성에 도움이 되는 조치로 보고 접근하여야 한다.

2. 내부통제시스템

"내부통제시스템"은 회사의 내부통제를 위해서 상호 작용하고 연관되어 있는 회사 조직 구성요소의 집합을 가리킨다. COSO는 회사의 내부통제시스템에 반드시 필요한 구성요소로서 ①효율적인 관리체계 및 통제환경, ②임직원의 성실한 관리행위, ③합리적인 위험평가절차, ④효과적인 정보 및 의사소통절차, ⑤감시 및 자체평가의 5가지 항목을 제시하고, 성공적인 내부통제를 위해서는 이들 구성요소가 상호 연관되어 효율적으로 작동할 것을 강조하고 있다.[33][34] 내부통제는 역동적이면서도 꾸준하게 행하여야 하고, 이사회와 경영진은 내부통제시스템의 효율성을 주기적으로 평가해야 한다.

내부통제시스템은 해당 금융회사가 영위하는 사업의 효율성을 높이고, 금융회사의 건전성을 확보하며, 정확한 재무제표의 작성과 관련법령의 준수에 도움이 된다. 내부통제시스템이 효율적으로 작동하기 위해서는 내부통제시스템의 구성요소들이 '일련의 관리절차'에 통합되어 유기적으로 상호 작용해야 하고, 담당 임직원은 합리적이고 적절하게 내부통제시스템을 운용하여야 한다. 감시 및 자체평가 절차를 통해서 파악된 위험은 정보 및 의사전달 통로를 통해서 책임자에게 신속하게 전달되어야 하고, 임직원은 자신의 소관 사항에 대해서 책임감을 가지고 금융사고의 위험을 방지하거나 피해를 줄이기 위해 적절하게 관리하여야 한다. 임직원들이 회사의 사업 목표를 이해하고, 신뢰성 있는 재무제표를 작성하였으며, 회사가 관련 법령을 준수하고 있다는 사실에 대해서 '합리적인 확신'을 가지고 있다면, 내부통제시스템이 효과적으로 작동하고 있다고 보아도 무방하다.

충실하게 내부통제 절차를 거쳤다고 하더라도 예기치 못한 사고는 발생할 수 있다. 내부통제 시스템의 오류로 인해 위험에 처할 수 있고, 직원 간의 담합, 경영진의 내부통제 절차 우회 등으로 인하여 내부통제시스템이 작동하지 않을 수도 있기 때문이다. 즉, 아무리 성실하게 내부통제 절차를 준수하였더라도 모든 위험을 완전히 없앨 수는 없다. 예상하지 못한 상황이 발생하는 경우에는 특별한 대응이 필요할 수 있다.

3. 금융사지배구조법상 내부통제기준

금융회사는 법령을 준수하고, 주주 및 이해관계자 등을 보호하기 위하여 금융회사의 임

---

33) COSO, Id., pp.5~17.
34) 임정하 교수는 내부통제시스템은 ①위험통제, ②준법감시와 ③내부감사의 세 가지 기능을 반드시 포함해야 하며, 그중에서도 위험통제에 주의를 기울여야 한다고 주장한다. 임정하, "금융회사의 내부통제 −금융회사의 지배구조에 관한 법률을 중심으로−", 「경제법연구」 제15권 2호(경제법학회, 2016), 147면.

직원이 직무를 수행할 때 준수하여야 할 기준 및 절차("내부통제기준")를 마련하여야 한다(지배구조법24조①). 다만, 금융지주회사가 금융회사인 자회사등의 내부통제기준을 마련하는 경우 그 자회사 등은 내부통제기준을 마련하지 아니할 수 있다(동법24조②). 금융사지배구조법은 내부통제기준을 해당 금융회사에 한정하여 적용하고 있으나, 금융회사의 대형화·겸업화가 추진될수록 위험의 전이 또는 집중 가능성이 증대된다는 점을 고려하면 '그룹 전체를 통할하는 내부통제체제'의 구축이 필요해질 것이다.

최근에는 라임 사건, 옵티머스 사건, 우리은행 횡령사건, 경남은행 횡령사건, 홍콩 ELS 사건 등을 비롯한 대규모의 금융사건의 발생으로 내부통제절차의 작동에 의문이 제기되면서, 실효적인 내부통제를 위한 금융회사 임원의 내부통제 관리의무와 관리조치의 신설, 이사회의 역할과 책임의 명확화, 책무구조도의 마련 등이 논의되고 있다.[35]

Ⅱ. 준법감시인

금융회사는 내부통제기준의 준수 여부를 점검하고 조사하는 등 내부통제 관련 업무를 총괄하는 '준법감시인'을 1명 이상 두어야 한다(지배구조법25조①). 준법감시인은 사내이사 또는 업무집행책임자 중에서 이사회의 결의를 거쳐서 선임하고, 해임할 경우에는 이사 총수의 3분의 2 이상의 찬성을 얻어야 한다(동법25조②,③). 준법감시인의 임기는 2년 이상으로 한다(동법25조④). 준법감시인이 사내에서 위상을 확보할 수 있도록 사내이사 또는 업무집행자 중에서 선임하고 최소한 2년의 임기를 보장하도록 한 것이다. 준법감시인이 된 사람이 그 자격요건을 충족하지 못하게 된 경우에는 그 직을 잃는다(지배구조법26조). 금융회사는 준법감시인에 대하여 회사의 재무적 경영성과와 연동하지 아니하는 별도의 보수지급 및 평가 기준을 마련하여 운영하여야 한다(동법25조⑥).

금융사지배구조법은 준법감시인의 직무충실성 보장하고 이해상충 등을 방지하기 위하여 준법감시인이 해당 금융회사의 자산운용에 관한 업무, 본질적 업무 및 부수업무, 겸영업무 등을 담당하는 것을 제한하고 있다(지배구조법29조, 동법시행령24조). 예를 들어 채권관리, 채권추심 등의 업무는 금융회사의 본질적 업무인 여신 및 여신심사와 밀접하게 연계된 업무인 만큼 이해상충 여지가 없다고 볼 특별한 사정이 있는 경우가 아니라면 겸직하지 않는 것이 바람직하다.[36]

---

35) 금융사지배구조법 일부개정법률안(2023.9.11. 국회 제출, 의안번호 2124376) 참조.
36) 금융위 질의회신(2020.11.12.), '금융회사의 지배구조에 관한 법률에서 정한 준법감시인의 겸직금지 업무 관련 질의'.

Ⅲ. 위험관리체계 및 위험관리책임자

1. 위험관리와 내부통제의 관계

"위험관리"는 '회사의 사업에서 발생하는 위험을 식별하고 그에 대한 관리와 통제를 위해서 회사의 자원을 사용하는 순위를 설정하는 절차'를 말한다. 내부통제는 폭 넓은 의미에서 위험관리의 일종이므로, 위험관리시스템에 포함하거나 구성원을 중복하여 운용할 수 있다. 금융사지배구조법은 내부통제 및 위험관리업무를 같이 사용하는데(금융사지배구조법29조5호), 이는 내부통제와 위험관리의 구분이 현실적으로 어렵다는 사실을 보여준다.

위험관리와 내부통제는 모두 이사회의 책임이므로, 이사회는 금융사고의 위험을 인식하고 파악하며 이를 방지하기 위한 사내의 문화를 갖출 수 있도록 하여야 한다.

2. 위험관리책임자

금융회사는 자산운용 등 업무수행 과정에서 발생하는 제반 위험의 관리가 매우 중요하다. 금융사지배구조법은 금융회사는 '이사회내 위원회'로서 위험관리위원회를 설치하고(지배구조법16조①3), 자산의 운용이나 업무의 수행 등 위험관리를 위한 기준 및 절차("위험관리기준")를 마련하며(동법27조①), 각종 거래에서 발생하는 위험을 점검하고 관리하는 '위험관리책임자'를 1명 이상 두도록 하고 있다(동법28조①). 위험관리책임자의 임면, 임기 등에 관하여는 준법감시인의 임면절차를 준용한다(동법28조②).

제5절

대주주의 자격 및 건전성

대주주의 자격이나 건전성은 금융회사의 운영이나 활동에 중대한 영향을 미치므로 적절한 규제가 필요하다. 대주주 또는 주요 출자자에 대한 규제는 ① 금융기관의 설립인가 단계에서의 자격심사, ② 기존 금융기관의 경영권 변동에 따른 변경승인 심사, ③ 금융기관의 존속기간 중 자격유지의무 및 주기적 심사의 3가지 단계로 진행되는데, ①은 "제3장 제2절 금융투자업의 진입규제"에서 살펴보았으므로, 여기에서는 ②와 ③에 대해서 살펴본다.

I. 대주주의 변경승인 등

"대주주 변경승인제도"는 새롭게 대주주가 되고자 하는 자에 대해서 금융회사의 대주주가 될 수 있는 자격 요건을 갖추었는지를 심사하는 제도이다. 금융사지배구조법 제31조 제1항은 금융회사가 발행한 '주식을 취득·양수'(실질적으로 해당 주식을 지배하는 것을 말한다. '취득 등')하여 대주주가 되고자 하는 자는 건전한 경영을 위하여 대통령령으로 정하는 요건을 갖추어 미리 금융위원회의 승인을 받도록 하고 있다. 이와 관련하여 "주식을 취득·양수"의 범위가 문제되는데, 대주주 변경승인 제도의 취지에 비추면 개별적으로 주식을 취득·양수하는 경우뿐만 아니라, 합병을 비롯한 기업 구조조정을 통해서 실질적으로 해당 금융회사를 지배하게 되는 경우에도 대주주의 변경승인이 요구된다고 볼 것이다.

금융회사의 "대주주"는 ①'최대주주'와 ②'주요주주'로 구분되고(지배구조법2조6호), 그중 "주요주주"는 ⓐ'의결권 있는 주식의 10% 이상을 소유한 주주'와 ⓑ'사실상의 지배주주'로 구분된다(지배구조법2조6호나목). 한편, 주요주주 중에서 "사실상의 지배주주"는 "임원(업무집행책임자는 제외한다)의 임면(任免) 등의 방법으로 금융회사의 중요한 경영사항에 대하여 사실상의 영향력을 행사하는 주주로서 대통령령으로 정하는 자"(지배구조법2조6호나목2))를 가르키는데 그 개념이 불명확하여 예측하기가 어렵다. 생각건대, 대주주 변경승인 제도의 취지를 고려하면, "중요한 경영사항에 대하여 사실상의 영향력을 행사하는 주주"는 일시적이거나 개별적인 영향력을 행사하는 주주로서는 충분하지 않고, 해당 금융회사에 대해서 '지배적인 영향력을 계속적으로 행사'하는 주주를 의미한다고 볼 것이다. 비슷한 맥락에서 대법원은 발행주식총수의 1% 이상을 인수한 투자자라고 하더라도 기존 지배주주에 대한 지시가 사실상 구속력이 없거나 기존 지배주주가 해당 투자자의 지배근거확보를 견제하는 상황인 경우, 해당 투자자는 '주요주주'로 볼 수 없다고 보았다.[37]

금융위원회는 대주주 변경승인과 관련하여 기존 대주주의 친인척이 금융회사의 주식을 소유하고자 하면서 질의한 사안에서, ① 대주주의 특수관계인이 1% 미만의 주식을 취득하고자 하는 경우, 기존 보유 주식과 새로이 취득하는 주식을 합하여 1% 미만인 경우에는 변경승인이 필요하지 않으나, 기존 주식과 새로이 취득하는 주식을 합하여 1% 이상이 된 경우에는 대주주 변경승인이 필요하고, ② 이 경우 회사가 가진 자기주식은 의결권이 없으므로 의결권 있는 발행주식총수에 포함되지 않으며, ③ 그 특수관계인이 미성년자 또는 외국인이라고 하더라도 금융사지배구조법상 결격사유에 해당하지 않는다면 주식을 취득하는 것은 가능하다고 한다.[38]

대주주의 변경승인이 요구되는 금융회사는 은행, 은행지주회사, 상호저축은행, 투자자문업자 및 투자일임업자, 시설대여업자, 할부금융업자, 신기술사업금융업자를 제외한 금융회사이다.[39] 한편, 우리나라는 대주주의 자격요건은 진입요건으로 규정하여 진입단계에서 판단하되(12조②6) 이를 유지요건화하여 금융사지배구조법을 통해서 계속적으로 규제하고 있으나(지배구조법상 대주주 변경승인, 최대주주 주기적 자격심사제도 등), 대주주의 자격은 주식의 소유 즉 재산권의 행사에 관련된 것이고, 이사회의 구성이나 권한과는 달리 지배구조와는 직접적인 연결성이 약하므로 진입단계에서 대주주 등 주요출자자에 대한 심사와 통합하여 개별 금융법에서 규제하는 것이 바람직하다. 각 금융업권별로 대주주의 성격에 상당한 차이가 있고, 같은 문제를 진입단계와 유지단계로 분리하여 규제하는 것도 혼란스럽기 때문이다.

Ⅱ. 최대주주에 대한 주기적 자격심사제도

"최대주주에 대한 주기적 자격심사제도"는 금융회사의 건전한 경영을 위해 정기적으로 최대주주의 자격요건 유지 여부를 심사하고, 자격 미달 시에는 시정명령이나 의결권 제한 등의 조치뿐만 아니라 처분명령을 통해 부적격자를 배제하는 제도이다.

---

37) 대판 2021.3.25., 2016도14165.
38) 금융위 질의회신(2020.11.12.), '지배구조법상 대주주 변경승인 대상 및 그 면제 범위'.
39) 은행과 은행지주회사의 경우는 한도초과보유 규제를 통한 승인을 통해 사실상 대주주 변경에 승인을 받도록 한다. 상호저축은행은 발행주식총수의 30%를 초과하여 주식을 취득하거나 대주주가 되려는 자는 미리 금융위원회에 승인을 받아야 한다(상호저축은행법10조의6). 진입규제에서 등록하는 투자자문업자 및 투자일임업자, 시설대여업자, 할부금융업자, 신기술사업금융업자는 대주주가 변경된 경우에는 2주 내에 금융위원회에 보고하여야 한다(지배구조법31조⑤). 심영, "금융회사 대주주 적격성 규제에 대한 소고," 「일감법학」 제47조(건국대 법학연구소, 2020), 70, 71면.

금융위원회는 금융회사의 최대주주 중 '최다출자자 1인(적격성 심사대상)'[40]에 대하여 대통령령으로 정하는 기간마다 공정거래법, 조세범처벌법 및 금융관련 법령의 위반 등 '적격성 유지요건'에 부합하는지 여부를 주기적으로 심사하여야 한다(지배구조법32조①). 최대주주 적격성 유지심사 주기는 매 2년마다 실시하고, 적격성 유지심사대상과 금융회사의 불법거래 징후가 있는 등 특별한 필요가 있는 경우에는 수시 심사를 한다(지배구조법시행령27조②).

은행, 은행지주회사, 상호저축은행, 자본시장법에 따른 투자자문업자 및 투자일임업자, 여신전문금융업법에 따른 시설대여업자, 할부금융업자, 신기술사업금융업자는 적용대상에서 제외된다(지배구조법32조①, 31조①괄호). 은행 및 은행지주회사는 은행법 및 금융지주회사법에 의해 보다 엄격한 심사가 이루어지고 있고, 인가제가 아니라 등록제인 투자자문업자 및 투자일임업자는 주기적 자격심사를 요구하는 것이 곤란하다고 보았기 때문이다.

---

40) "적격성 심사대상"은 최다출자자 1인이 법인인 경우 그 법인의 최대주주 중 최다출자자 1인을 말하며, 그 최다출자자 1인도 법인인 경우에는 최다출자자 1인이 개인이 될 때까지 같은 방법으로 선정한다. 다만, 법인 간 순환출자 구조인 경우에는 최대주주 중 대통령령으로 정하는 최다출자자 1인으로 한다(지배구조법 32조①).

제6절

소수주주의 권리행사의 특례

"소수주주권(少數株主權)"은 '일정한 비율의 주식소유'가 주주권 행사의 요건으로 되어 있는 권리이다. 상법, 금융사지배구조법 등은 각종 소수주주권을 통해서 소수주주를 보호하고, 동시에 일정비율의 주식소유를 주주권의 행사요건으로 설정함으로써 그 남용을 방지하고 있다. 금융사지배구조법 제33조(소수주주권)는 각종 소수주주권의 행사요건을 규정하면서, 상법에 규정된 소수주주권에 비교하여 6개월의 보유기간 요건을 추가하는 대신에 주식보유비율은 낮추는 방식으로 규정하고 있다.

금융사지배구조법 제33조의 소수주주권의 행사요건과 상법상 각종 소수주주권 행사요건이 다를 경우에 그 관계는 어떻게 해석해야 하는가? 이에 대해서는 금융사지배구조법 제33조의 특례 규정들이 상법상 소수주주권 조항들에 우선하여 적용된다는 견해가 있을 수 있으나 선택적으로 적용된다고 본다. 일반적으로 특례규정은 일반규정에 우선하여 적용되지만, 금융사지배구조법 제33조의 소수주주권의 특례는 소수주주를 보호하기 위한 측면이 강하므로 소수주주가 일반규정이나 특례규정의 요건 중 어느 하나를 충족하였다면 그 권리를 행사할 수 있다고 보아야 하기 때문이다(☞ [표11-2] 각종 회사의 소수주주권 비교 참조).[41] 따라서 금융회사의 주주라고 하더라도 상법상 비상장회사의 소수주주권 행사요건을 갖추었다면 금융사지배구조법의 특례조항을 적용하여 굳이 6개월의 보유기간이 요구되지 않는다.

[표11-2] 각종 회사의 소수주주권 비교

	상법상 비상장회사 (지분, 근거규정)	상법상 상장회사 특례 (지분, 보유기간, 근거규정)	금융사지배구조법 (지분, 보유기간, 근거규정)
주주제안권	3%(商363조의2①)	1%, 6개월(商542조의6②) 0.5%, 6개월(자본금 1천억원 이상, 同令32조)	0.1%, 6개월 (지배구조법33조①)
주총소집청구권	3%(商366조)	1.5%, 6개월(商542조의6①)	1.5%, 6개월(지배33조②) 0.75%, 6개월(자본금 1천억 이상 금투업자, 同令28조②)

---

41) 2020. 12. 개정상법 제542조의6 제10항은 상장회사의 주주는 상장회사 특례규정에 따른 소수주주권 행사 요건과 비상장회사에 적용되는 일반규정에 따른 소수주주권 행사요건을 선택적으로 주장할 수 있음을 분명히 하였다.

이사 · 감사 · 청산인의 해임청구권	3%(商385조②, 415조, 539조②)	0.5%, 6개월(商542조의6③)	0.25%, 6개월(지배33조③)
		0.25%, 6개월(자본금 1천억원 이상, 同令32조)	0.125%, 6개월(자본금 1천억 이상 금투업자, 同令28조②)
위법행위유지청구권	1%(商402조)	0.05%, 6개월(商542조의6⑤)	0.025%, 6개월(지배33조④)
		0.025%, 6개월(자본금 1천억원 이상, 同令32조)	0.0125%, 6개월(자본금 1천억 이상 금투업자, 同令28조②)
대표소송권	1%(商403조)	0.01%, 6개월(商542조의6⑥)	0.001%, 6개월(지배33조⑤)
다중대표소송권	1%(商406조의2①)	0.5%, 6개월(商542조의6⑦)	
회계장부열람권	3%(商466조①)	0.1%, 6개월(商542조의6④)	0.05%, 6개월(지배33조⑥)
		0.05%, 6개월(자본금 1천억원 이상, 同令32조)	0.025%, 6개월(자본금 1천억 이상 금투업자, 同令28조②)
업무 · 재산상태의 검사청구권	3%(商467조)	1.5%, 6개월(商542조의6①)	1.5%, 6개월(지배33조②) (자본금 1천억 이상 금투업자, 同令28조②)

제12장

금융상품의 판매와 금융소비자보호법

제1절

총설

2021. 3. 25. 「금융소비자 보호에 관한 법률」('금융소비자보호법')이 시행되면서 자본시장법을 비롯한 금융법령에 있던 적합성원칙, 적정성원칙, 설명의무 등 금융소비자의 보호에 관한 중요한 내용들이 금융소비자보호법으로 이관되었다. 제12장에서는 금융소비자보호법의 내용들을 살펴본다.

Ⅰ. 금융소비자보호법의 체계와 구성

각종 금융사고가 빈번하게 발생하면서 개별 금융법에 산재되어 있는 금융소비자보호에 관한 규정들을 체계적으로 통합하는 기본법이 필요하다는 공감대가 형성되었다. 오랜 기간의 논의를 거쳐 2020. 3. 24. 마침내 금융소비자보호법이 제정되었고, 2021. 3. 25.자로 시행되었다.

금융소비자보호법은 총 8장 69개의 조문으로 구성되어 있다. 제1장에서는 목적, 금융상품, 금융상품판매업, 금융상품의 유형, 다른 법률과의 관계 등을 규정하고 있다. 제2장에서는 금융소비자의 권리와 책임, 국가 및 금융상품판매업자등의 책무, 제3장에서는 금융상품판매업자등의 등록, 제4장에서는 영업행위 준수사항, 제5장에서는 금융소비자 정책의 수립 및 금융교육, 금융분쟁조정, 손해배상책임 등을 규정하고 있다.

금융소비자보호법은 금융업권별로 예금자, 보험계약자, 투자자, 고객 등으로 지칭되었던 거래의 상대방을 '금융소비자'라는 상위 개념으로 포괄하고, 금융소비자가 체감하는 위험성·이해가능성 등을 기준으로 "금융상품"을 ①예금성 상품, ②대출성 상품, ③투자성 상품, ④보장성 상품의 4가지 종류로 분류하며(금소법3조), "금융상품의 판매채널"을 ①금융상품직접판매업자, ②금융상품판매대리·중개업자, ③금융상품자문업자의 3가지로 나눈 후에 이를 포괄하여 '금융상품판매업자등'으로 정의하고(금소법2조3호, 2조9호, 12조), 영업활동의 원칙을 규정하고 있다(금소법13조~28조).

금융상품에 대하여 적합성원칙을 비롯한 6대 판매원칙을 적용하고, 금융소비자의 청약철회권(금소법46조)과 위법계약의 해지권(금소법47조)을 도입하였으며, 소액분쟁사건에 대하여 조정절차가 개시된 경우에는 조정안을 제시받기까지는 소송을 제기할 수 없도록 함으로써(금소법42조) 분쟁조정의 기능을 강화하였다.

Ⅱ. 금융상품의 유형화

금융소비자보호법은 금융회사가 취급하는 금융상품을 예금성 상품, 대출성 상품, 투자성 상품, 보장성 상품의 4가지 종류로 분류하고 그와 유사한 것을 포함하는 방식으로 규정하고 있으며 구체적인 내용은 시행령에 위임하고 있다(금소법3조).

금융소비자보호법은 적용대상인 금융상품을 열거하고 있어서 규제대상이 명료한 듯 보이지만, 미처 열거되지 않은 금융상품이나 새로운 금융상품에 대해서는 규제의 공백이 발생할 가능성도 있다.[1] 대부업에 따른 연계대출(금소법시행령3조②1호), 온라인투자연계금융업자의 연계대출(금소법시행령3조②2호, 소위 P2P대출) 등 금융업권이 취급하는 금융상품을 최대한 열거하였으나, 금융위원회의 조치 권한이 없는 농협, 우체국 등이 취급하는 상품이 포함되지 않았고, 네이버, 카카오 등 플랫폼 사업자가 취급하는 상품, 인터넷 네트웍상에서 발행·유통되는 각종 토큰을 비롯한 가상자산이 금융소비자보호법의 적용대상에 포함되는지도 불분명하기 때문이다.

금융소비자보호법은 개별 금융상품이 상품유형 중 둘 이상에 해당하는 속성이 있는 경우에는 해당 상품유형에 각각 속하는 것으로 보고(금소법3조단서), 해당 유형에 해당하는 규제와 감독을 모두 적용하고 있다. 예를 들어, 원본손실 가능성이 있는 변액보험은 투자성 상품이면서 동시에 보장성 상품에도 해당하므로 금융투자규제와 보험규제가 모두 적용된다.

[표12-1] 금융상품의 유형

구분	개념	예시
예금성 상품	은행 예금처럼 이자수익이 발생하는 금융상품으로서 원금보장이 되는 금융상품	예금, 적금 등
대출성 상품	대출처럼 금융회사등에서 금전을 빌려 사용한 후에 원금과 이자를 상환하는 금융상품	대출상품, 신용카드, 온라인 연계대출 등
투자성 상품	펀드처럼 투자수익이 발생하는 금융상품으로서 원금이 보장되지 않는 금융상품	주식, 채권, 펀드, 신탁상품, 변액보험 등
보장성 상품	보험상품처럼 장기간 보험료 납입 후 장래 보험사고 발생 시 보험금을 지급받는 금융상품	보험, 변액보험 등

---

1) 윤민섭, "금융소비자보호에 관한 법률안의 주요내용 및 시사점," 「소비자정책 동향」 제101호(한국소비자원, 2020), 5면.

Ⅲ. 금융회사등의 기능별 업종구분

금융소비자보호법의 가장 큰 특징은 업권별 규제에서 기능별 규제로의 전환이다. 금융의 겸업화가 진전되면서 업권별 영업행위를 중심으로 하는 기존의 규제체계로는 규제의 공백이 생기고 이는 금융소비자의 피해로 이어질 수밖에 없다는 지적에 따라, 동일기능에 대해서는 동일규제가 이루어질 수 있도록 판매채널을 '금융상품판매업자등'으로 통칭한 후에 이를 '금융상품판매업자'와 '금융상품자문업자'로 구분하고(금소법2조3호, 5호), 그중 금융상품판매업자는 '금융상품직접판매업자'와 '금융상품판매대리·중개업자'로 세분화하고 있다(금소법2조3호). 결국 금융소비자보호법상 '금융상품판매업자등'은 전통적인 금융업무인 ①금융상품의 매매(dealing)에 종사하는 '금융상품직접판매업자', ②금융상품의 중개(brokering)에 종사하는 '금융상품판매대리·중개업자', ③직접 거래에 관여하지 않고 금융상품에 대한 자문업무를 하는 '금융상품자문업자'로 분류되고(금소법2조9호, 4조), 그에 따른 규제가 실시된다.

금융소비자보호법은 금융소비자들이 중립적이고 전문적인 금융자문을 받을 수 있도록 독립적인 '금융상품자문업'을 신설하였다. 금융상품자문업은 판매채널은 아니지만 판매과정에 관여하고 있고, 금융소비자를 보호하기 위해서는 금융상품에 대한 자문행위도 규제할 필요가 있기 때문이다. 다만, 자본시장법상의 투자자문업자는 별도의 절차 없이 금융상품에 대한 자문업을 영위할 수 있다(금소법12조①단서).

금융소비자보호법상 금융회사등의 업종분류는 다음과 같다.

[표12-2] 금융상품판매업자등의 분류

구분	개념	예시
금융상품 직접판매업자	금융상품판매대리·중개업자를 거치지 않고 금융소비자에게 직접 금융상품을 판매	은행, 증권회사, 보험회사, 저축은행 등
금융상품판매대리·중개업자	금융회사와 금융소비자의 중간에서 금융상품판매를 중개하거나 금융회사의 위탁을 받아서 판매를 대리하거나 중개	투자권유대행인, 보험설계중개사, 보험대리점, 카드·대출모집인 등
금융상품자문업자	금융소비자가 본인에게 적합한 상품을 구매할 수 있도록 자문을 제공	투자자문업자 등

Ⅳ. 금융상품판매업자등의 영업행위 규제

금융소비자보호법은 자본시장법, 보험업법, 은행법 등 개별 법률에서 업권별로 규정하고 있던 금융분야의 영업행위 규제를 통합하였다. 자본시장법상 금융투자상품에 대해서만 적용되었던 적합성원칙, 적정성원칙 등을 모든 금융상품에 확장하여 적용하고, 대출모집인을 비롯한 금융상품판매의 대리·중개업자에 대한 등록 근거를 명문화하여 금융상품판매업자와 동일한 행위규제를 적용하는 등 금융상품 판매채널에 대한 규제를 강화하고 있다. 특히, 금융상품판매회사등이 준수해야할 영업행위의 준수사항을 크게 6가지로 구분하고 체계적으로 규제하고 있다.

[표12-3] 금융상품판매업자등의 영업행위 규제

구분(금소법)	내용	대상상품(금소법)
적합성원칙 (17조)	금융상품 판매 시 소비자 재산상황, 투자 경험 등 고려	모든 유형(예금성·보장성 상품은 일부)
적정성원칙 (18조)	소비자가 구매하려는 상품이 소비자의 재산상황 등에 비추어 부적정할 경우 그 사실을 소비자에 고지·확인	대출성·투자성·보장성 상품 일부
설명의무 (19조)	상품 판매 시 또는 소비자 요청 시 상품의 중요사항 설명	모든 유형
불공정행위금지 (20조)	상품 판매 시 우월적 지위를 이용한 소비자 권익 침해 금지(대출 관련 다른 금융상품 계약이나 담보 강요 등)	대출상품 등
부당권유행위 금지(21조)	상품 판매 시 소비자가 상품에 대해 오인할 수 있는 행위 금지 (사실과 다른 내용으로 설명, 객관적 근거없이 상품 비교 등)	모든 유형
허위·과장 광고 금지(22조)	광고 시 필수적으로 포함해야 하는 내용 및 금지행위	모든 유형

금융소비자의 권리와 책무 등

I. 금융소비자의 기본적 권리

금융소비자보호법은 금융소비자의 권리와 함께 책무도 규정하고 있다. 금융소비자는 다음 각 호의 기본적인 권리를 가진다(금소법7조).

1. 금융상품판매업자등의 위법한 영업행위로 인한 재산상 손해로부터 보호받을 권리(금소법7조1호)
2. 금융상품을 선택하고 소비하는 과정에서 필요한 지식 및 정보를 제공받을 권리(2호)
3. 금융소비생활에 영향을 주는 국가 및 지방자치단체의 정책에 대하여 의견을 반영시킬 권리(3호)
4. 금융상품의 소비로 인하여 입은 피해에 대하여 신속·공정한 절차에 따라 적절한 보상을 받을 권리(4호)
5. 합리적인 금융소비생활을 위하여 필요한 교육을 받을 권리(5호)
6. 금융소비자 스스로의 권익을 증진하기 위하여 단체를 조직하고 이를 통하여 활동할 수 있는 권리(6호)

위와 같은 금융소비자의 기본적 권리는 소비자기본법 제4조에 규정된 소비자의 기본적 권리와 비슷하나, 금융상품 판매와 연관성이 부족한 "물품등을 사용함에 있어서 거래상대방·구입장소·가격 및 거래조건 등을 자유로이 선택할 권리"(소비자기본법4조3호), "안전하고 쾌적한 소비생활 환경에서 소비할 권리"(소비자기본법4조8호)는 규정되어 있지 않다. 그러나 금융소비자보호법에서 열거되어 있지 않다고 하더라도 소비자기본법상의 권리가 제한되는 것은 아니다.

II. 금융소비자의 책무

금융소비자보호법은 금융소비자의 권리와 함께 책무도 규정하고 있다.
금융소비자는 금융상품판매업자등과 더불어 금융시장을 구성하는 주체임을 인식하여 금융상품을 올바르게 선택하고, 금융소비자의 기본적 권리를 정당하게 행사하여야 한다(금소법 8조①).

금융소비자는 스스로의 권익을 증진하기 위하여 필요한 지식과 정보를 습득하도록 노력하여야 한다(금소법8조②).

Ⅲ. 금융상품판매업자등의 책무

금융소비자보호법은 불완전판매를 예방하고 금융소비자의 기본적 권리가 실현될 수 있도록 하기 위하여, 금융상품판매업자등에게 다음 각 호의 책무를 부과하고 있다(금소법10조).

1. 국가의 금융소비자 권익 증진 시책에 적극 협력할 책무(금소법10조1호)
2. 금융상품을 제공하는 경우에 공정한 금융소비생활 환경을 조성하기 위하여 노력할 책무(2호)
3. 금융상품으로 인하여 금융소비자에게 재산에 대한 위해가 발생하지 아니하도록 필요한 조치를 강구할 책무(3호)
4. 금융상품을 제공하는 경우에 금융소비자의 합리적인 선택이나 이익을 침해할 우려가 있는 거래조건이나 거래방법을 사용하지 아니할 책무(4호)
5. 금융소비자에게 금융상품에 대한 정보를 성실하고 정확하게 제공할 책무(5호)
6. 금융소비자의 개인정보가 분실·도난·누출·위조·변조 또는 훼손되지 아니하도록 개인정보를 성실하게 취급할 책무(6호)

금융상품판매업자등의 영업행위 준수사항

Ⅰ. 영업행위 일반원칙

1. 영업행위 준수사항 해석의 기준

금융소비자보호법은 개별 금융업법의 영업행위 규정[2]과는 별개로 금융상품판매업자등의 영업행위 준수사항을 폭 넓게 규정하고 있어서, 관련 법령에 규정된 영업행위 준수사항 간에 상충이나 차이가 생길 수 있다. 이에 대해서 금융소비자보호법 제13조는 "누구든지 이 장의 영업행위 준수사항에 관한 규정을 해석·적용하려는 경우 금융소비자의 권익을 우선적으로 고려하여야 하며, 금융상품 또는 계약관계의 특성 등에 따라 금융상품 유형별 또는 금융상품판매업자등의 업종별로 형평에 맞게 해석·적용되도록 하여야 한다."고 해석의 기준을 제시하고 있다. 따라서 금융소비자보호법과 자본시장법, 은행법 등 개별 금융법령의 영업행위 준수사항에 차이가 있는 경우에는 금융소비자의 권익을 우선적으로 고려하되 업종별 형평에 맞게 해석·적용하여야 한다.

2. 신의성실의무 등

"금융상품판매업자등은 금융상품 또는 금융상품자문에 관한 계약의 체결, 권리의 행사 및 의무의 이행을 신의성실의 원칙에 따라 하여야 한다."(금소법14조①). 금융상품판매업자등의 신의성실의무는 금융상품 판매에 대한 청약의 권유의 유무, 일반금융소비자인지 또는 전문금융소비자인지 여부에 관계없이 적용된다.

"금융상품판매업자등은 금융상품판매업등을 영위할 때 업무의 내용과 절차를 공정히 하여야 하며, 정당한 사유 없이 금융소비자의 이익을 해치면서 자기가 이익을 얻거나 제3자가 이익을 얻도록 해서는 아니 된다."(금소법14조②). 즉, 금융상품판매업자등은 공정하게 업무를 처리하여야 하고, 이해상충시에는 금융소비자의 이익을 우선하여야 한다(☞ 자세한 내용은 "제3장 제4절 Ⅰ.신의성실의무" 참조).

---

2) 금융투자업자의 영업행위규칙(37조 이하), 보험회사의 모집관련 준수사항(保險95조 이하) 등.

3. 차별금지

"금융상품판매업자등은 금융상품 또는 금융상품자문에 관한 계약을 체결하는 경우 정당한 사유 없이 성별·학력·장애·사회적 신분 등을 이유로 계약조건에 관하여 금융소비자를 부당하게 차별해서는 아니 된다."(금소법15조). 일부 금융회사에서 금융상품의 판매 시에 학력에 따른 차별이 발생하여 문제되었고, 국가인권위원회에 접수된 차별행위에 관한 진정 사건 중 금융서비스계약과 관련된 사건이 끊임없이 발생하고 있어서 금융상품판매업자등에게도 차별금지의무를 부과하게 되었다. 차별의 사유로 '연령'이 빠져 있으나 연령을 이유로 한 차별도 금지된다고 볼 것이다.

성별·학력·장애·사회적 신분 등을 이유로 금융소비자를 부당하게 차별하는 것은 금지되지만, 그 차등적인 대우에 정당한 이유가 있다면 허용된다. 차등적인 대우에 정당한 이유가 있는지는 엄격하게 해석하여야 하고, 금융상품판매업자등이 정당한 이유를 입증하여야 한다. 실효성을 높이기 위해서는 부당한 차별행위에 대한 벌칙조항이 필요하다.

4. 금융상품판매업자등의 관리책임

가. 임직원 등에 대한 관리의무

"금융상품판매업자등은 임직원 및 금융상품판매대리·중개업자(보험업법 제2조제11호에 따른 보험중개사는 제외한다)가 업무를 수행할 때 법령을 준수하고 건전한 거래질서를 해치는 일이 없도록 성실히 관리하여야 한다."(금소법16조①). 금융상품판매업자등의 임직원이나 업무를 위탁받은 대리·중개업자에 대한 관리책임은 민법상 사용자책임이나 위임의 법리에 의해서도 도출될 수 있지만, 금융소비자보호법은 금융상품판매업자등에 대한 관리책임을 별도로 규정하고 있다.

나. 내부통제기준의 마련 의무

"법인인 금융상품판매업자등으로서 대통령령으로 정하는 자는 제1항에 따른 관리업무를 이행하기 위하여 그 임직원 및 금융상품판매대리·중개업자가 직무를 수행할 때 준수하여야 할 기준 및 절차("내부통제기준")를 대통령령으로 정하는 바에 따라 마련하여야 한다."(금소법16조②). 금융상품판매업자등은 ①내부통제를 위한 업무 분장 및 조직구조, 임직원이 업무수행 시에 준수할 기준 및 절차, 운영조직 및 인력 등을 마련하여야 하고(금소법16조②, 동법시행령10조②), ②내부통제기준을 제정·변경하는 경우에는 이사회의 승인을 받아야 하며, 그 사실을 공지해야 한다(금소법시행령10조③,④).

한편, 금융사지배구조법과 금융소비자보호법은 모두 내부통제기준 마련 의무를 규정하고 있어서 그 구분이 문제되는데, 금융사지배구조법 제24조의 내부통제기준 마련 의무는 금융회사의 '일반적인 경영건전성 확보'를 위해 소속 임직원에 대한 전반적인 관리책임을 부여하는 것이고, 금소법 제16조 제2항의 내부통제기준 마련 의무는 '임직원 및 판매대리·중개업자의 판매행위에 대한 금융상품판매업자등의 관리책임'에 관한 것으로 그 적용 국면에 차이가 있다. 2021년 3월 금융소비자보호법이 시행되고 광고 시 준수사항(금소법22조) 등 소비자보호 관련 사항이 금융소비자보호법으로 이관되면서, 금융사지배구조법상의 소비자보호 관련 사항은 그 적용범위가 축소되어 지주회사에만 적용되고 있다(지배구조법시행령19조①11호의 괄호).

[표12-4] 금융사지배구조법과 금융소비자보호법상 내부통제기준 비교

	금융사지배구조법	금소법
적용대상	금융회사	금융상품판매업자등
규율범위	소속 임직원	소속 임직원 및 대리·중개업자
규율사항	업무수행 기준, 절차, 조직, 인력 등	업무수행 기준, 절차, 조직, 인력 등
관리책임자	준법감시인, 위험관리책임자(CRO)	금융소비자보호 총괄책임자(CCO)
관련조문	금융사지배구조법 제24조~제30조	금융소비자보호법 제16조, 동법시행령 제10조, 금융소비자보호 모범규준 제4조

5. 방문판매 및 전화권유판매 임직원의 명부 작성 등

정부는 금융상품의 방문판매 및 비대면 판매를 허용하면서, 제도의 운영상 나타난 미비점을 보완하기 위해서, 2023. 7. 11. 금융소비자보호법을 개정하였다.

금융상품판매업자등은 방문판매(방판법 제2조제1호에 따른 방문판매를 말한다) 및 전화권유판매(방판법 제2조제3호에 따른 전화권유판매를 말한다) 방식으로 금융상품을 판매하려는 경우 방문판매 및 전화권유판매를 하려는 임직원의 명부를 대통령령으로 정하는 바에 따라 작성하고(금소법16조의2①), 금융소비자가 요청하면 언제든지 금융소비자로 하여금 방문판매 및 전화권유판매를 하려는 임직원의 신원을 확인할 수 있도록 하여야 한다(동조②).

금융상품판매업자등은 방문판매 및 전화권유판매로 금융상품을 판매하려는 경우에는 금융소비자에게 미리 해당 방문 또는 전화가 판매를 권유하기 위한 것이라는 점과 방문판매 및 전화권유판매를 하려는 임직원의 성명 또는 명칭, 판매하는 금융상품의 종류 및 내용을 밝혀야 한다(동조③).

II. 금융상품 유형별 영업행위 준수사항

2021. 3. 25. 금융소비자보호법의 시행 전까지는 은행법, 자본시장법, 보험업법 등 개별 법령에서 각각의 금융상품에 따라 적합성원칙, 적정성원칙, 설명의무, 불공정영업행위의 금지, 부당권유행위의 금지, 오해유발 광고를 금지하고 있었으나, 금융소비자보호법은 원칙적으로 모든 금융상품에 대해서 적합성원칙을 비롯한 판매원칙의 전부를 적용하고 있다. 금융상품판매회사등이 준수해야할 내용은 다음과 같다.

1. 적합성원칙

가. 의의 및 연원

"적합성원칙(Suitability Rule, Know−Your−Customer Rule)"이란 금융상품판매업자등이 '계약체결을 권유'하는 경우에는 해당 금융소비자의 위험감수도, 투자목적, 재무상태, 자산 보유 상황 등을 고려하여 특정한 금융상품이 해당 금융소비자에게 적합한 것인지를 판단하고 그에 기초하여 적합한 상품을 권유해야 한다는 원칙이다. 만일, 해당 금융소비자에게 적합하지 않은 상품으로 판단된다면 그 상품을 권유해서는 아니 된다.

적합성원칙은 1909년 뉴욕증권거래소(NYSE)의 회원규정에서 채택된 "know your customer rule"에서 유래되었으며, 미국의 1933년 증권법 및 1934년 증권거래법이 제정된 이후에는 단순히 윤리적인 의무가 아니라 법적인 의무로서 작동하고 있다. 우리나라는 판례에서 신의칙상 고객보호의무의 일환으로 인정되다가, 2008년 대법원 판결에서 "고객 자산을 관리하는 투자자문회사가 주가지수 옵션상품 투자에 구사한 스트랭글 또는 레이쇼 스프레드 매도 전략은 어디까지나 확률과 그에 입각한 투자 판단의 문제로서 사전에 조사한 고객의 투자목적 등에 비추어 적합성을 잃은 것으로 보기 어렵고, 회사의 담당자들이 주가지수 변동에 대한 예측을 잘못함으로써 고객에게 상당한 규모의 손실을 입혔더라도 그것만으로 선관주의의무를 위반하였다고 볼 수 없다"[3]고 판시하면서 '적합성'이라는 용어를 사용한 이후부터 다수의 판례에서 적합성원칙이라는 용어가 사용되고 있으며, 2009년 자본시장법 제46조에 적합성원칙이 규정되면서 법률상의 규제로 승격하였다.

적합성원칙은 그 내용이 매우 추상적이어서 실제 금융소비자와 계약을 체결함에 있어서는 어느 정도까지 주의의무를 다하여야 적합성원칙을 준수한 것인지는 해당 금융소비자의 투자목적, 재무상태뿐만 아니라 금융상품의 내용 등 제반사정을 고려하여 판단할 수밖에 없다. 또한 적합성원칙은 특정한 금융상품의 투자를 권유하는 시점에 그 상품이 해당 금융소비자에게 적합한 것인지를 의미하고, 결과적으로 해당 고객이 기대하는 투자 성과를 보장하

---

3) 대판 2008.9.11., 2006다53856.

여야 한다는 것은 아니다. 여러 상품이 있다면 반드시 '가장' 적합한 상품만을 권유해야 하는 것도 아니다.[4] 실제 사례에서는 적합성원칙 위반만이 문제되는 경우는 드물고, 적정성원칙, 설명의무, 부당권유 등이 대부분 함께 문제된다.

적합성원칙은 금융소비자의 의사에 반하여 '적합하지 않은 금융상품'의 권유를 제한하는 소극적인 의미도 있고(협의의 적합성원칙), 해당 금융소비자에게 '적합한 금융상품'만을 권유해야 한다는 적극적인 의미도 내포하고 있다(광의의 적합성원칙).[5]

나. 적용요건

금융소비자보호법상 적합성원칙은 ①금융상품판매업자등이 ②일반금융소비자를 상대로 ③일정한 금융상품의 계약 체결을 권유하는 때에 적용된다(금소법17조②).

(1) 금융상품판매업자등

적합성원칙은 '금융상품판매업자등'이 일반금융소비자를 상대로 일정한 금융상품의 계약 체결을 권유하는 때에 적용된다. 수범대상인 "금융상품판매업자등"에는 '금융상품판매업자' 및 '금융상품자문업자'가 모두 포함된다(금소법2조9호 괄호).

(2) 일반금융소비자

적합성원칙은 '일반금융소비자'를 상대로 금융상품의 계약 체결을 권유하는 때에 적용된다. "일반금융소비자"란 금융상품거래에 따라서 필연적으로 발생하는 각종 위험을 스스로 감수할 수 있는 '위험감수능력'이 부족한 자로서 전문금융소비자가 아닌 금융소비자를 말한다(금소법2조10호).

금융소비자보호법은 금융상품판매업자등이 '일반금융소비자'를 상대하는 경우에는 적합성원칙과 적정성원칙, 설명의무를 부과하지만(금소법17조, 18조, 19조), 전문금융소비자에 대해서는 규제의 상당수를 적용하지 않는다. 충분한 전문지식과 위험감수능력을 가진 전문금융소비자에 대해서는 적합성원칙 등 금융소비자 보호장치를 적용할 필요가 없다고 보기 때문이다.

(3) 금융상품 계약 체결의 권유

적합성원칙은 금융상품판매업자등이 일반금융소비자를 상대로 금융상품의 '계약 체결을 권유'하는 때에 적용된다. "계약 체결의 권유"란 특정한 일반금융소비자를 상대로 금융상품의 계약 체결을 권유하는 것을 말하므로(금소법17조②), 불특정다수인을 상대로 하는 경우는 투자광고에는 해당할 수 있어도, 계약 체결의 권유에는 해당하지 않는다.

그렇다면 어느 정도의 관여가 있어야 '계약 체결의 권유'에 해당하는가? 판례는 금융상

---

4) 최문희, 자본시장법 제46조, 로앤비 온주(2017.1.5. 방문).
5) 변제호 외 5인, 자본시장법(2015), 218면.

품판매업자등이 다른 금융업자가 취급하는 금융상품을 단순히 소개하는 정도를 넘어 그 상품에 관하여 구체적으로 설명하는 등 적극적으로 관여하고, 그러한 설명을 들은 고객이 다른 금융상품판매업자등과 계약 체결에 나아가거나 투자 여부 결정에 그 권유와 설명을 중요한 판단요소로 삼았다면, 자신이 판매하는 금융상품이 아니라도 '계약 체결을 권유'한 것이고, 적합성원칙의 준수 및 설명의무를 부담한다고 한다.[6]

다. 적합성원칙의 내용

(1) 금융소비자의 분류 및 확인의무

금융상품판매업자등은 금융상품계약체결등을 하거나 자문업무를 하는 경우에는 상대방인 금융소비자가 일반금융소비자인지 전문금융소비자인지를 확인하여야 한다(금소법17조①). 금융소비자보호법은 금융소비자를 일반금융소비자와 전문금융소비자로 구분하고 서로 다른 수준의 규제를 적용하는데, 금융소비자의 지식, 경험, 재산에 차이가 있다면 동일하게 취급하는 것이 적절하지 않기 때문이다. 전문금융소비자는 금융투자의 전문가인 까닭에 충분히 자기방어적인 능력을 갖추고 있으므로 적합성원칙을 적용할 필요가 없다.[7]

(2) 고객의 정보 파악과 기록의 유지·관리 등

금융상품판매업자등은 일반금융소비자에게 다음 각 호의 금융상품 계약 체결을 권유(금융상품자문업자가 자문에 응하는 경우를 포함한다)하는 경우에는 면담·질문 등을 통하여 각 금융상품별로 다음 각목에서 규정하는 고객의 정보를 파악하고, 일반금융소비자로부터 서명(전자서명을 포함), 기명날인, 녹취 또는 그 밖에 대통령령으로 정하는 방법으로 확인을 받아 이를 유지·관리하여야 하며, 확인받은 내용을 일반금융소비자에게 지체 없이 제공하여야 한다(금소법17조②).

1) 적용대상 금융상품

모든 금융상품에 대해서 적합성원칙이 적용되는 것이 아니라, 일정한 금융상품에 대해서만 적합성원칙이 적용된다. 적합성원칙이 적용되는 금융상품은 다음 각 호와 같다.

1. 변액보험 등 대통령령으로 정하는 보장성 상품(금소법17조②1호)

  가. 일반금융소비자의 연령

  나. 재산상황(부채를 포함한 자산 및 소득에 관한 사항을 말한다)

  다. 보장성 상품 계약 체결의 목적

2. 투자성 상품[8] 및 운용 실적에 따라 수익률 등의 변동 가능성이 있는 금융상품으로

---

6) 대판 2015.1.29., 2013다217498.

7) 김병연/권재열/양기진, 자본시장법(2017), 292면.

8) 자본시장법 제9조제27항에 따른 온라인소액투자중개의 대상이 되는 증권 등 대통령령으로 정하는 투자성 상품은 제외한다(금소법17조②1).

서 대통령령으로 정하는 예금성 상품(2호)

　가. 일반금융소비자의 해당 금융상품 취득 또는 처분 목적

　나. 재산상황

　다. 취득 또는 처분 경험

3. 대출성 상품(3호)

　가. 일반금융소비자의 재산상황

　나. 신용 및 변제계획

4. 그 밖에 일반금융소비자에게 적합한 금융상품 계약의 체결을 권유하기 위하여 필요한 정보로서 대통령령으로 정하는 사항(4호)

적용대상 금융상품은 보장성 상품, 투자성 상품, 대출성 상품 등이다. 금융상품의 유형 4가지(금소법3조) 중에서 예금성 상품은 제외되어 있음을 알 수 있다.

2) 고객파악의무

금융상품판매업자등은 일반금융소비자에게 금융상품 계약 체결을 권유(금융상품자문업자가 자문에 응하는 경우를 포함한다)하는 경우에는 면담·질문 등을 통하여 재산상황, 취득의 목적 등을 파악하여야 한다(금소법17조②). 이른바 고객파악의무(know your customer rule)이며, 고객조사의무[9], 고객숙지의무[10]라고도 한다.

재산상황이란 일반금융소비자가 보유한 자산의 구성내역, 재무상황, 투자상황 등이 포함된다. 계약 체결의 목적에는 재산 증식 등 구체적인 목적 외에도 투자예정기간, 위험에 대한 태도 등이 포함된다. 그 밖에 일반금융소비자의 성별, 연령 등의 정보는 필요한 한도에서 파악하되 반드시 요구할 필요는 없다.

고객파악을 위해서는 고객의 개별적인 사정을 파악할 필요가 있으므로, 불특정 다수인을 대상으로 간행물, 출판물, 통신 또는 방송을 통하여 투자조언을 하는 유사투자자문업자에게는 적합성원칙이 적용되지 않는다.

3) 기록유지·관리의무

금융상품판매업자등은 일반금융소비자로부터 서명(전자서명을 포함한다), 기명날인, 녹취 또는 그 밖에 대통령령으로 정하는 방법으로 확인을 받아 이를 유지·관리하여야 한다(금소법 17조②). 서명이나 기명날인 외에도 녹취의 방법을 규정한 이유는 계약체결의 권유가 전화, 인터넷 통신 등을 통해서도 이루어질 수 있음을 감안한 것이다.

계약 체결에 관한 영업자료는 10년간 보관하여야 한다(금소법28조①, 동법시행령26조②). 분쟁에 대비하여 소멸시효 기간에 상당하는 기간을 보관기간으로 규정한 것이다.

---

9) 증권법학회, 자본시장법주석서 I (2015), 279면.

10) 김건식/정순섭, 자본시장법(2013), 770면.

4) 확인내용 제공의무

금융상품판매업자등은 확인받은 내용을 일반금융소비자에게 지체 없이 제공하여야 한다(금소법17조②). 제공하는 방법은 금융소비자의 정보를 파악하는 방법과 같다.

(3) 투자자에 적합하지 아니한 투자권유의 금지

적합성원칙은 금융소비자에게 부적합한 금융상품의 권유를 해서는 안 된다는 소극적인 의미와 적합한 금융상품을 권유해야 한다는 적극적인 의미가 있는데, 금융소비자보호법 제17조 제3항은 "금융상품판매업자등은 제2항 각 호의 구분에 따른 정보를 고려하여 그 일반금융소비자에게 적합하지 아니하다고 인정되는 계약 체결을 권유해서는 아니 된다."고 하면서 소극적인 의미로 규정하고 있다. 따라서 금융상품판매업자등은 계약 체결의 권유 전에 해당 일반금융소비자가 계약 체결의 권유를 원하는지와 투자성향을 파악하고(고객파악의무), 그 일반금융소비자에게 적합하지 아니하다고 인정되는 금융상품을 권유하여서는 안된다.

해당 금융상품이 특정한 일반금융소비자에게 적합한 것인지는 일률적으로 말하기는 어렵고 해당 금융소비자의 성향뿐만 아니라 금융상품의 내용 등 여러 가지 요소를 종합적으로 고려하여 판단한다. 우리나라의 금융업계에서는 보통 고객의 투자성향을 위험선호형, 적극형, 성장형, 안정성장형, 위험회피형 등으로 분류하고, 각 단계의 금융소비자가 투자하기에 적합한 상품을 단계별로 분류·배치하여, 해당 금융소비자가 속한 그룹에 배치된 금융상품만의 계약 체결을 권유하고 있다.[11] 따라서 해당 일반금융소비자의 투자성향보다 투자위험도가 높은 금융상품에 대해서 투자권유를 하는 것은 적합성원칙을 위반할 소지가 있다. 그럼에도 불구하고 만일 해당 일반금융소비자가 자신의 투자성향보다 고위험군에 속하는 금융상품에 여전히 투자하기를 원하는 경우에는 해당 금융상품의 위험을 정확하게 고지하고 위험을 감수하겠다는 확인서를 받은 뒤 주문을 집행하여야 한다.

적합성 여부는 '계약 체결 권유의 시점'을 기준으로 판단한다. 따라서 금융소비자의 재산상황을 비롯하여 적합성 판단의 기초가 되는 정보에 변화가 있더라도 투자권유 시점을 기준으로 적합성을 판단하면 된다.[12]

라. 관련 쟁점

(1) 금융상품판매업자등의 적극적인 정보수집 의무의 여부

금융상품판매업자등은 해당 금융상품이 금융소비자에게 적합한 것인지를 판단함에 있어서 제공받은 정보 외에도 추가적인 정보수집의무를 부담하는가? 금융상품판매업자등에게 적극적인 정보수집의무를 부과하는 것은 지나치며, 금융소비자에게 관련정보의 제공을 요청하

---

11) 금융투자협회, 표준투자권유준칙(2021.4.7.), IV-1. 8. 투자자정보 파악 및 투자자성향 분석 등 ※ 회사참고 사항 8-2.
12) 같은 취지로는 최문희, 자본시장법 제46조, 로앤비 온주(2017.1.5. 방문).

되 제공한 정보에 근거하여 적합성 여부를 판단하면 된다.

만일 금융소비자가 프라이버시를 이유로 정보를 제공하지 않거나 정보파악을 위한 질문지에 일정한 사항을 공란으로 남겨두는 등 적합성 판단의 기초가 되는 정보 제공을 거절하거나 불충분한 정보를 제공하는 경우에는 어떠한가? 계약 체결을 권유하여서는 아니 된다는 견해도 있을 수 있으나, 위험을 경고하였고 상황을 충분히 이해하면서도 적극적으로 거래하기를 원하는 경우에는 계약을 체결할 수 있다고 본다.[13]

(2) 금융상품판매업자등의 상품숙지의무 여부

금융상품판매업자등은 금융소비자에게 계약 체결을 권유하는 금융상품의 내용, 조건, 위험성 등을 충분히 알고 있어야 하는가?

금융상품판매업자등이 자신은 단순히 판매 역할에 불과하고, 해당 금융상품의 내용을 알지 못한다는 이유로 책임이 없음을 주장하는 경우가 많지만, 위험도가 높은 금융상품을 판매하는 경우에는 당연히 그 내용을 숙지하여야 하고, 단순히 위탁판매하였기 때문에 금융상품의 내용을 알지 못했다는 주장은 면책의 사유가 될 수 없다. 특정한 금융상품이 해당 금융소비자에게 적합한지의 여부는 계약 체결의 권유 시점을 기준으로 판단하는데, 해당 금융상품의 내용을 충분히 알지 못하고는 계약 체결을 권유하여서는 아니 되기 때문이다. 해당 금융상품의 내용을 알지 못하면 판매를 수탁하지 않아야 하고, 판매를 위탁받았다면 그 내용을 충분히 알고 있어야 한다. 즉, 금융상품판매업자등의 상품조사의무나 상품숙지의무는 적합성원칙을 준수하려면 당연히 요구된다.[14]

금융상품판매업자등은 금융상품의 판매를 위하여 금융소비자에게 금융상품의 취득을 권유함에 있어 자산운용회사로부터 제공받은 투자설명서를 금융소비자에게 제공하고 그 주요 내용을 설명하여야 하며, 중요한 사항에 대하여 오해를 유발할 수 있는 표시행위, 실적배당 및 원본의 손실가능성 등 해당 금융상품의 특성과 투자위험에 관한 약관 및 투자설명서의 주요내용을 충분하게 숙지하고 정확하게 알려야 한다. 즉, 금융상품판매업자등은 자산운용회사가 제공한 투자설명서의 내용을 숙지하고, 그 의미가 명확하지 않은 부분이 있으면 자산운용회사로부터 설명을 들어 그 내용을 명확하게 이해한 다음, 금융소비자가 이해할 수 있도록 그 금융상품의 운용방법이나 수익과 위험을 정확하고 균형 있게 설명하여야 한다. 자산운용회사로부터 제공받은 판매보조자료의 내용이 정확하고 충분하다고 믿고 그것에 의

---

13) 금융투자협회는 '투자권유를 받지 않는 투자자에 대한 보호'를 위해서 1) 만일 적정성원칙 대상상품의 거래를 희망하는 투자자가 투자자정보를 제공하지 않는 경우에는 관련법령에 따라 거래가 제한된다는 사실을 알려야 하고, 2) 투자자가 금융투자상품을 특정하여 청약하는 경우에는 [참고1]의 "투자권유 희망 및 투자자정보 제공 여부 확인" 내용이 포함된 확인서를 받아 판매절차를 진행할 수 있으나 이 경우 투자자가 그 확인서의 취지와 유의사항을 충분히 이해할 수 있도록 설명하도록 하고 있다. 금융투자협회, 표준투자권유준칙(2021.4.7.), ※ 회사참고사항 6-1.

14) 같은 취지로는 임재연, 자본시장법(2018), 218면; 증권법학회, 자본시장법주석서 I (2015), 282면.

698 제12장 금융상품의 판매와 금융소비자보호법

존하여 설명하였다는 점만으로는 투자자 보호의무를 다하였다고 볼 수 없다.[15]

(3) 능동적 투자자에 대한 적합성원칙의 적용 여부

금융소비자보호법 제17조 제2항은 "금융상품판매업자등은 일반금융소비자에게 계약의 체결을 권유하는 때에는 … 적합하다고 인정되지 아니하는 계약 체결을 권유하여서는 아니 된다."고 규정하면서, 금융상품판매업자등이 적극적으로 투자권유를 하는 경우에 적합성원 칙을 적용하고 있다. 그렇다면 금융상품판매업자등이 계약 체결을 권유하지 않았음에도 불구하고, 금융소비자가 특정한 금융상품에 대한 이야기를 듣고서 방문하여 해당 금융상품을 콕 찍어서 구매를 희망하거나, 또는 금융상품판매업자등이 당해 금융소비자에게 적합하지 않다고 이야기했음에도 불구하고 금융소비자가 적극적으로 구매를 희망하는 경우에도 적합성원칙은 적용되는가?

적합성원칙은 계약 체결을 권유하는 경우를 전제한 것이므로, 계약 체결의 권유를 받지 않은 금융소비자가 스스로 찾아와서 금융상품을 구매하는 경우에까지 적용된다고 보기는 어렵다. 예를 들어, 개인고객이 자발적으로 은행을 방문하여 통화옵션계약을 체결하고자 할 경우에 은행은 해당 상품을 설명하고 위험을 고지할 의무는 부담하나, 계약 체결을 저지하거나 거부하지 않았다고 하여 적합성원칙을 위반한 것은 아니다.[16] 그러나 금융상품판매업자등의 신의성실의무(금소법14조)를 고려하면, 금융상품판매업자등은 금융소비자의 적극적인 의사에 따라서 거래하는 경우에도 해당 금융상품거래에 따른 위험을 명확하게 고지하고, 금융소비자가 그러한 위험을 인식하고서 위험을 감수할 것을 확인한 후에서야 거래하여야 한다. 만일 이러한 조치가 없이 거래하였다면 적합성원칙 위반은 아니라도 고객보호의무에 위반하여 불법행위책임을 부담할 가능성이 있다.

마. 적합성원칙의 적용 배제

(1) 온라인소액투자중개업자

금융소비자보호법 제17조(적합성원칙), 제18조(적정성원칙), 제19조(설명의무) 등은 온라인소액투자중개업자에게 적용하지 아니한다(117조의7①). 온라인소액투자중개업자는 다수의 소액투자자들을 상대로 온라인의 형태로 투자중개업을 영위하는 데 특정한 금융소비자를 상대로 계약 체결의 권유 시에 적용하는 적합성원칙을 그대로 적용하는 것은 적절하지 않기 때문이다.

(2) 일반 사모집합투자기구

금융소비자보호법 제17조(적합성원칙), 제18조(적정성원칙)는 금융상품판매업자등이 일반

---

15) 구 간투법상 수익증권 판매회사의 투자자보호의무에 관한 판결이지만, 금융상품판매업자등에게도 적용될 수 있다. 대판 2011.7.28., 2010다76368.

16) 대판 2013.9.26., 2011다53683,53690(전합) 키코사건〈수산중공업〉.

사모집합투자기구의 집합투자증권을 판매하는 경우에는 적용하지 아니한다(금소법17조⑤본문, 18조④본문). 전문적인 투자가 이루어지는 사모투자에서 적합성원칙, 적정성원칙을 적용하는 것은 부적절하기 때문이다. 다만, 자본시장법 제249조의2에 따른 적격투자자 중 일반금융소비자 등 대통령령으로 정하는 자가 대통령령으로 정하는 바에 따라 요청하는 경우에는 그러하지 아니하다(금소법17조⑤단서, 18조④단서). 일반 사모집합투자증권의 판매에 대해서는 적합성원칙 등이 적용되지 않지만, 일반 사모집합투자기구의 집합투자증권을 판매하는 금융상품판매업자등은 금융소비자보호법 제17조의 적합성원칙, 제18조의 적정성원칙의 규정의 적용을 별도로 요청할 수 있음을 미리 알려야 한다(금소법17조⑥, 18조⑤).

(3) 유사투자자문업자

금융소비자보호법은 금융상품판매업자등이 일반금융소비자를 상대로 투자권유를 하는 경우 준수하여야 할 적합성원칙(금소법17조)과 설명의무(동법19조)를 규정하고, 투자권유를 하지 않고 파생상품 등을 판매하는 경우 준수하여야 할 적정성원칙(동법18조)을 규정하고 있다. 이와 같은 적합성원칙, 설명의무, 적정성원칙은 유사투자자문업자에게는 적용되지 않는다. 적합성원칙과 적정성원칙은 개별 금융소비자와의 면담·질문 등을 통해 그 금융소비자의 투자목적·투자상황 및 투자경험 등의 정보를 파악하는 것을 전제로 하고, 설명의무는 개별 금융소비자의 이해능력에 따라 이행방법이나 정도가 달라지는데, 불특정 다수인을 상대로 투자조언을 하는 유사투자자문업자에게는 이를 기대할 수 없기 때문이다.[17]

┃해설┃ 적합성원칙의 입법례

1. 미국
미국은 FINRA[18]의 행위규칙(Conduct Rule) 및 연방증권법상의 반사기규정 등에서 적합성원칙을 규정하고 있다. 금융업자는 고객과의 증권거래 또는 투자권유가 고객에게 적합하다고 합리적으로 믿어야 하며, 이러한 믿음은 합리적 조사를 통해 얻은 고객의 정보에 기초하여야 한다. 적합성 판단 시에는 고객연령, 다른 투자, 재무상황, 납세상황, 투자목적, 투자경험, 투자기간, 유동성 수요 및 위험성향을 고려하여야 한다(FINRA Rule 2111Suitability). 적합성원칙 위반에 대한 제재는 SEA 10(b)와 15(c)(1), 그리고 SEC Rule 10b-5와 같은 연방증권법상의 사기금지규정에 의해 행하여진다.

2. 일본
일본의 금융상품거래법(金融商品取引法) 제40조 제1호는 금융상품거래업자는 "금융상품거래행위에 관하여 고객의 지식, 경험, 재산상황 및 금융상품거래계약의 체결 목적에 비추어 부적당하다고 인정되는 권유를 하여서는 아니 된다"고 규정한다. 적합성원칙을 현저하게 위반하는 경우에는 불법행위책임을 부담할 수 있다.

---

17) 대판 2022.10.27., 2018도4413.
18) FINRA는 2007년 7월 전미증권업협회(NASD)와 뉴욕증권거래소(NYSE)의 규제집행부서, NYSE Regulation 등 3개 기관이 통합 발족한 것으로 NYSE의 자율규제 권한 일부를 이관받았다.

3. 독일

독일 증권거래법 제31조는 거래체결 전 고객에게 필요한 정보를 제공할 의무를 규정하고, 투자권유(Anlageberatung)와 자산관리를 하는 금융투자업자는 고객에게 적합한 금융투자상품 및 기타 금융서비스를 권유하기 위해 금융투자상품 및 기타 금융서비스에 대한 고객의 지식과 경험 및 투자목적과 재무상황을 파악하여야 함을 규정하고 있다.

2. 적정성원칙

가. 의의 및 연원

"적정성원칙"이란 금융상품판매업자가 일반금융소비자에게 '계약 체결을 권유하지 아니하고 금융상품 판매계약을 체결하려는 경우'에는 해당 금융소비자의 위험감수도, 투자목적, 재무상태, 자산 보유상황 등을 고려하여 특정한 금융상품이 해당 금융소비자에게 적정한 것인지를 판단하고 그에 기초하여 계약을 체결해야 한다는 원칙이다. 만일, 해당 금융소비자에게 적정하지 않은 상품으로 판단된다면 그 상품을 판매해서는 아니 된다.

적합성원칙은 '계약 체결의 권유'가 있는 경우에 적용되므로, 일반금융소비자가 '계약 체결의 권유 없이' 금융상품판매업자로부터 스스로 금융상품을 구매하는 경우에는 이를 마땅히 보호할 방안이 없다. 물론 자기책임의 원칙상 계약체결에 따르는 위험은 본인이 부담하는 것이 당연하지만, 정보의 불균형으로 말미암아 교섭력이 열등한 금융소비자를 보호하기 위해서는 해당 금융소비자에게 적정하지 않은 상품이라고 판단되면 그 사실을 고객에게 알리고, 그럼에도 불구하고 계약 체결을 원하는 경우에는 확인을 받아둘 필요가 있다.

적정성원칙은 유럽연합의 제2차 금융상품시장지침(MiFID II)[19]에도 규정되어 있다. 제2차 금융상품시장지침(MiFID II)은 금융회사(investment firm)가 금융상품에 '투자권유를 하는 경우'에는 적합성원칙(suitability test)을 준수하여야 하고(MiFID II 25조2호), 그 밖의 상황에서도 적정성원칙(appropriateness test)을 준수하도록 하고 있다(동조3호). 즉, 금융회사는 투자권유를 하지 아니하는 경우에도 해당 금융소비자에게 적정하지 않은 상품이라고 판단되면 그 사실을 경고하여야 한다. 그러나 고객주문 실행서비스만 제공하는 금융회사가 '비복잡 금융상품'[20]을 판매하는 경우에 금융회사가 해당 금융상품의 적정성을 평가할 의무가 없다는 사실을 명확하게 고지하였다면 적정성 원칙이 적용되지 않는다(동조4호).

나. 적용요건

금융소비자보호법상 적정성원칙은 ①금융상품판매업자가 ②일반금융소비자를 상대로 ③

---

19) The Directive on Markets in Financial Instruments(MiFID II), Directive 2014/65/EU on Markets in Financial Instruments.

20) 비복잡 금융상품(non-complex financial instrument)에는 주식, 사채, 화폐자산(money-market instruments) 등이 있으며 목록은 수시로 갱신된다(25조 4호.(a)(i)-(vi)).

계약의 체결을 권유하지 아니하고 보장성 상품, 투자성 상품, 대출성 상품의 판매계약을 체결하려는 경우에 적용된다(금소법18조①).

(1) 금융상품판매업자

적정성원칙은 '금융상품판매업자'에게만 적용되고 금융상품자문업자에게는 적용되지 않는데, 이 점에서 금융상품자문업자를 포함한 금융상품판매업자등에게 적용되는 적합성원칙과 차이가 있다. 따라서 금융상품자문업자는 해당 금융소비자에게 적합한 금융상품이라고 판단되면, 고위험의 적정하지 않은 금융상품에 대해서도 자문을 제공할 수 있다.

(2) 일반금융소비자

적정성원칙은 금융상품판매업자가 '일반금융소비자'를 상대로 계약 체결을 권유하지 않고 보장성 상품, 투자성 상품 및 대출성 상품의 판매 계약을 체결하는 경우에 적용된다. 즉, 금융상품판매업자가 일반금융소비자를 상대하는 경우에는 적합성원칙과 적정성원칙, 설명의무 등이 모두 적용된다(금소법17조, 18조, 19조).

(3) 계약 체결의 권유 없이

적정성원칙은 금융상품판매업자가 일반금융소비자를 상대로 '계약체결을 권유하지 않고서' 보장성 상품, 투자성 상품 및 대출성 상품의 판매계약을 체결하는 경우에 적용된다. 일반금융소비자가 계약 체결의 권유 없이 스스로 찾아와서 금융상품을 구매하기를 원하는 경우라고 하더라도, 해당 금융소비자에게 적정하지 않은 금융상품이라고 판단되면, 그 위험성을 알리고, 서명, 기명날인, 녹취 등을 통하여 그 사실을 확인함으로서 보다 신중하게 거래하도록 하기 위함이다.

적합성원칙은 보장성 상품, 투자성 상품, 대출성 상품 이외에도 "운용 실적에 따라 수익률 등의 변동 가능성이 있는 대통령령으로 정하는 예금성 상품"(금소법17조②2호 후단)에 대해서도 적용되지만, 적정성원칙은 보장성 상품, 투자성 상품 및 대출성 상품에 대해서만 적용된다. 예금성 상품의 경우에는 수익률 등의 변동 가능성이 있다고 하더라도 적정한 상품인지의 여부를 판단할 필요가 없다고 보았기 때문이다. 결국 적합성원칙에 비교하면, 적정성원칙의 적용범위는 상대적으로 좁다.

다. 적정성원칙의 내용

(1) 고객파악의무

금융상품판매업자는 대통령령으로 각각 정하는 보장성 상품, 투자성 상품 및 대출성 상품에 대하여 일반금융소비자에게 계약 체결을 권유하지 아니하고 금융상품 판매 계약을 체결하려는 경우에는 미리 면담·질문 등을 통하여 그 일반금융소비자의 투자목적·재산상황 및 투자경험 등의 정보를 파악하여야 한다(금소법18조①). 이른바 고객파악의무(know your customer rule)이며 그 내용은 적합성원칙에서 살펴본 바와 같다.

(2) 고지의무 및 확인의무

금융상품판매업자는 미리 면담·질문 등을 통하여 그 일반금융소비자의 투자목적·재산 상황 및 투자경험 등의 정보를 파악하고, 확인한 사항을 고려하여 해당 금융상품이 그 일반 금융소비자에게 적정하지 아니하다고 판단되는 경우에는 그 사실을 알리고, 그 일반금융소 비자로부터 서명, 기명날인, 녹취, 그 밖에 대통령령으로 정하는 방법으로 확인을 받아야 한 다(금소법18조②). 즉, 적정하지 않은 금융상품의 판매 자체가 금지되는 것은 아니고, 일반금 융소비자가 금융상품의 내용과 위험을 충분히 인식하고 자기책임의 원칙 하에 투자할 수 있 도록 해당 금융상품의 위험성을 사실을 알리고, 그럼에도 불구하고 계약 체결을 원하는 경 우에는 그 사실을 확인받고서 계약을 체결하도록 하고 있다.

3. 설명의무

가. 의의

"설명의무"는 금융상품판매업자등이 ①일반금융소비자에게 계약 체결을 권유하는 경우 및 ②일반금융소비자가 설명을 요청하는 경우에 금융상품의 내용 등을 일반금융소비자가 이 해할 수 있도록 설명하여야 하는 의무를 말한다(금소법19조①). 판매대상 금융상품에 대하여 정확한 정보를 제공하여 금융상품판매업자등과 일반금융소비자 사이에 존재하는 정보의 비 대칭을 해소하고, 계약 체결에 대한 일반금융소비자의 실질적인 선택권을 보장하기 위한 것 이다. 금융상품판매업자등은 위의 ①에서 보는 것처럼 일반금융소비자에게 계약 체결을 권 유하는 경우 및 ② 일반금융소비자가 설명을 요청하는 경우에 설명의무를 부담하지만(금소법 19조①), ③ 일반금융소비자가 계약 체결의 권유를 받지 않은 채 자발적으로 금융상품의 판매 를 요청하는 경우에도 '신의성실의 원칙'상 일반금융소비자에게 설명을 요청할 수 있음을 알 려야 한다.[21]

설명의무는 일반금융소비자에 대한 계약체결의 권유 시에 적용되는 점에서 적합성원칙 과 공통되지만, 적합성 판단은 해당 금융상품에 대한 계약 체결 전에 이루어지고, 설명의무 는 해당 금융상품에 대한 본격적인 계약 체결 시에 이루어지는 것으로서 적용되는 국면에서 차이가 있다. 즉, 금융상품판매업자등은 일반금융소비자의 거래목적, 거래경험, 재산상태, 당해 계약에 대한 지식이나 이해의 정도 등에 비추어 해당 금융소비자에게 해당 금융상품이 적합하다고 판단하면 일단 적합성원칙을 준수한 것이고, 그 이후에 해당 금융상품에 대한 본격적인 계약을 체결하면서 해당 금융상품의 가격, 구조와 주요 내용, 그 거래를 통해서 얻

---

21) 김광록, "라임사태를 통해 본 사모펀드의 불완전판매와 투자자보호 방안에 관한 고찰," 「상사판례연구」 제 33집 제3권(상사판례학회, 2020), 229면.

을 수 있는 이익과 발생할 수 있는 손실의 구체적인 내용, 그 밖의 계약의 조건 등을 설명할 의무를 부담한다.[22] 이러한 내용에서 알 수 있는 것처럼, 적합성원칙은 해당 고객의 개별적인 특성에 중점을 두는 주관적인 의무인 반면에, 설명의무는 판매대상 금융상품의 구조와 내용을 설명하는 객관적·보편적 의무인 점에서 차이가 있다.[23] 그러나 적합성원칙과 설명의무는 양자 모두 금융상품판매업자등이 일반금융소비자에 대한 계약 체결의 권유 시에 준수해야 할 의무이고, 해당 금융소비자에게 적합하지 않은 금융상품의 계약 체결을 권유하였다면 아무리 자세하게 설명하였다고 하더라도 설명의무를 다하지 않은 것으로 취급될 가능성이 높으므로 양자는 서로 밀접하게 관련되어 있다.

나. 설명의무의 주체

설명의무는 자산운용사 등 금융상품의 제조사가 아니라 금융상품의 판매에 관여하는 '금융상품판매업자등'이 부담한다(금소법19조①). 금융소비자보호법은 금융상품판매업자등에게 금융상품의 설명에 필요한 설명서를 일반금융소비자에게 제공하도록 하고, 설명한 내용을 일반금융소비자가 이해하였음을 서명, 기명날인, 녹취 그 밖에 대통령령으로 정하는 방법으로 확인받도록 함으로써(금소법19조②), 설명의무를 이행하는 주체가 금융상품의 제조업자가 아닌 은행, 증권회사 등 금융상품판매업자등임을 분명하게 하고 있다.

다. 설명사항

금융상품판매업자등은 다음 각 호의 금융상품에 관한 중요한 사항(일반금융소비자가 특정 사항에 대한 설명만을 원하는 경우 해당 사항으로 한정한다)을 일반금융소비자가 이해할 수 있도록 설명하여야 한다(금소법19①).

1. 다음 각 목의 구분에 따른 사항(금소법19①1호)

   가. 보장성 상품
   ① 보장성 상품의 내용
      일반금융소비자가 보장성 상품에서 보장받을 수 있는 내용과 구체적인 내용 등을 가리킨다. 해당 상품의 모든 내용을 설명해야 하는 것은 아니고 일반금융소비자의 합리적 판단에 영향을 미칠 수 있는 사항을 설명하면 된다.
   ② 보험료(공제료를 포함한다)
   ③ 보험금(공제금을 포함한다) 지급제한 사유 및 지급절차
   ④ 위험보장의 범위
   ⑤ 그 밖에 위험보장 기간 등 보장성 상품에 관한 중요한 사항으로서 대통령령으로

---

22) 성희활, 자본시장법(2018), 186면.
23) 성희활, 자본시장법(2018), 186면; 장근영, "투자권유 없이 거래하는 고객에 대한 금융투자업자의 의무," 「증권법연구」 제12권 제2호(증권법학회, 2011), 59면.

　　　정하는 사항

나. 투자성 상품

　① 투자성 상품의 내용

　② 투자에 따른 위험

　　투자성 상품의 가격 등락에 따른 시장위험을 가리키나, 일반금융소비자의 합리적인 판단에 영향을 미칠 수 있는 경우라면 해당 금융상품 발행인의 파산이나 채무불이행의 위험 등도 포함된다. 시장가격의 등락이 당연하다면 굳이 설명할 필요는 없지만, 해당 금융상품의 투자성, 즉 특정한 조건이 실행되거나 경제상황이 변화하는 경우에는 원본손실의 가능성이 있다는 내용은 반드시 설명하여야 한다.

　　투자에 따른 위험에는 '금융상품의 구조와 성격'이 포함된다. 투자자의 이익이나 손실은 해당 금융상품의 구조와 성격에 따라 크게 영향을 받기 때문이다. 그러나 해당 '금융상품의 상세한 금융공학적 구조와 설계'의 모든 내용을 일일이 설명할 필요는 없으며,24) 이익과 손실의 구조 등 투자판단에 영향을 미칠 수 있는 기본적인 구조와 내용을 설명하면 된다. 금융상품의 구조와 성격이 원본의 손실 가능성에 연결되어 있다면 보다 자세하게 설명하여야 한다.

　③ 대통령령으로 정하는 투자성 상품의 경우 대통령령으로 정하는 기준에 따라 금융상품직접판매업자가 정하는 위험등급

　④ 그 밖에 금융소비자가 부담해야 하는 수수료 등 투자성 상품에 관한 중요한 사항으로서 대통령령으로 정하는 사항

다. 예금성 상품

　① 예금성 상품의 내용

　② 그 밖에 이자율, 수익률 등 예금성 상품에 관한 중요한 사항으로서 대통령령으로 정하는 사항

라. 대출성 상품

　① 금리 및 변동 여부, 중도상환수수료(금융소비자가 대출만기일이 도래하기 전 대출금의 전부 또는 일부를 상환하는 경우에 부과하는 수수료를 의미한다) 부과 여부·기간 및 수수료율 등 대출성 상품의 내용

　② 상환방법에 따른 상환금액·이자율·시기

　③ 저당권 등 담보권 설정에 관한 사항, 담보권 실행사유 및 담보권 실행에 따른 담보목적물의 소유권 상실 등 권리변동에 관한 사항

---

24) 대판 2013.9.26., 2011다53683,53690 전합<키코사건(수산중공업)>.

④ 대출원리금, 수수료 등 금융소비자가 대출계약을 체결하는 경우 부담하여야 하는 금액의 총액

⑤ 그 밖에 대출계약의 해지에 관한 사항 등 대출성 상품에 관한 중요한 사항으로서 대통령령으로 정하는 사항

2. 제1호 각 목의 금융상품과 연계되거나 제휴된 금융상품 또는 서비스 등("연계·제휴서비스등")이 있는 경우 다음 각 목의 사항(금소법19①2호)

가. 연계·제휴서비스등의 내용

나. 연계·제휴서비스등의 이행책임에 관한 사항

다. 그 밖에 연계·제휴서비스등의 제공기간 등 연계·제휴서비스등에 관한 중요한 사항으로서 대통령령으로 정하는 사항

3. 청약 철회의 기한·행사방법·효과에 관한 사항(금소법19①3호)

4. 그 밖에 금융소비자 보호를 위하여 대통령령으로 정하는 사항(금소법19①4호)

라. 설명의 정도

(1) 일반금융소비자가 이해할 수 있을 정도로 설명

금융상품판매업자등은 설명사항을 '일반금융소비자가 이해할 수 있도록' 설명하여야 한다(금소법19조①). 어느 정도까지 설명하면 '일반금융소비자가 이해할 수 있도록' 설명한 것인지는 일률적인 기준을 제시하는 것은 어렵고, 해당 금융상품의 내용과 특성, 일반금융소비자의 계약 체결의 목적, 투자경험, 재산상황 등을 종합적으로 고려하여 객관적으로 판단하여야 한다.[25] 투자자의 투자 경험이나 지식이 부족하거나, 해당 금융상품의 위험도가 높은 경우에는 그에 상응하여 설명의 정도는 강화된다.

판례는 특정금전신탁의 신탁회사는 위탁자가 지정한 운용방법대로 자산을 운용하면 선관주의의무를 다한 것이지만, 특정금전신탁이라고 하더라도 수탁자인 신탁회사가 고객에게 투자를 권유하였다고 볼 수 있는 경우에는 신탁회사는 신탁재산의 운용방법을 포함한 그 특성 등을 고객에게 설명할 의무가 있으므로, 투자대상인 전자단기사채의 이례적인 고위험성을 설명하지 않고, 단순히 신탁계약의 투자기간 내지 높은 금리에 대하여만 설명한 것은 그 설명의무를 다하지 못한 것이라고 한다.[26]

(2) 금융상품판매업자등과 비슷한 수준의 이해가 요구되는지

금융상품판매업자등은 일반금융소비자에게 금융상품의 내용 등을 설명하여야 하지만, 자신과 비슷한 수준까지 이해할 수 있도록 설명하여야 하는 것은 아니다. 금융소비자보호법 제19조 제1항은 '일반금융소비자가 이해할 수 있도록'이라는 문구를 사용하고 있을 뿐 완전

---

25) 대판 2006.5.11., 2003다51057.

26) 대판 2018.6.15., 2016다212272.

하게 이해할 것을 요구하고 있지는 않고, 천차만별인 일반금융소비자의 사정을 고려하면 일 대일 맞춤형 설명을 제공하는 것도 어려우며, 현실적으로도 일반금융소비자가 금융상품판매 업자등과 비슷한 수준으로 이해하기도 어렵기 때문이다.[27] 하급심 판결 중에는 "투자자가 상품을 판매하는 금융투자업자의 인식과 비슷한 수준으로 인식할 수 있을 정도로 설명하여 야 하고 … 이해하지 못하는 투자자에게 판매하면 적합성원칙에 어긋나며, … 금융기관에게 설명의무 이행에 관한 입증책임이 있다"는 취지의 판시[28]도 있으나, 금융상품판매업자등과 비슷한 수준에 이를 때까지 설명을 요구하는 것은 지나치다고 본다.

마. 설명의 대상, 방법, 절차

(1) 중요한 사항의 설명

금융상품판매업자등은 설명을 할 때 일반금융소비자의 합리적인 판단 또는 금융상품의 가치에 '중대한 영향을 미칠 수 있는 사항'으로서 대통령령으로 정하는 사항을 거짓으로 또 는 왜곡(불확실한 사항에 대하여 단정적 판단을 제공하거나 확실하다고 오인하게 할 소지가 있는 내용을 알리는 행위를 말한다)하여 설명하거나 대통령령으로 정하는 중요한 사항을 빠뜨려서는 아니 된다(금소법19조③). 즉, 판매대상 금융상품에 대해서 모든 내용을 일일이 설명하여야 하는 것 은 아니고, 수익률, 손실가능성, 조기상환조건, 계약의 해제·해지에 관한 사항 등 일반금융 소비자의 합리적인 투자판단 또는 해당 금융상품의 가치에 '중대한 영향을 미칠 수 있는 사 항'을 정확하게 설명하고, 왜곡하여 설명하거나 누락하여서는 아니 된다. 어떠한 내용이 일 반금융소비자의 합리적인 판단에 '중대한 영향을 미칠 수 있는 사항'인지는 해당 금융상품의 내용과 특성, 일반금융소비자의 계약체결의 목적, 투자경험, 재산상황 등을 종합적으로 고려 하여 객관적으로 판단한다.

대법원은 피고 증권회사가 A해운이 공모 발행하는 회사채를 인수하여 일반투자자인 원 고들에게 판매하면서 그 신용등급이 'BBB＋'라는 것과 원본 손실이 발생할 수 있음을 알린 사례에서, 회사채의 신용등급은 사채권을 발행한 기업의 원리금 지급능력 내지 위험을 나타 내는 지표이므로, 사채권의 신용등급과 아울러 해당 신용등급의 의미와 전체 신용등급에서 차지하는 위치에 대하여 투자자가 이해할 수 있도록 설명하였다면, 특별한 사정이 없는 한 발행기업의 신용위험에 관하여 설명을 다하였다고 볼 것이고, 증권신고서와 투자설명서에 기재되어 있는 발행주체의 재무상황까지 설명하여야 하는 것은 아니라고 한다.[29] 자본시장 법상 설명의무 정도는 사안마다 달리 평가되어 그 의무 이행여부를 미리 판단하기 힘든 부

---

27) 같은 취지로 장근영, 앞의 논문(투자권유 없이 거래하는 고객에 대한 금융투자업자의 의무), 62면.
28) 서울중앙지판 2012.8.12., 2010가합136005; 서울중앙지판 2012.8.23., 2011가합7340. 이 판결에 대한 평석 은 진상범/최문희, "KIKO 사건에 관한 대법원 전원합의체 판결의 논점," 「BFL」 제63호(2014.1), 92면.
29) 대판 2015.9.15., 2015다216123.

분인데, 회사채의 판매 시 설명의무의 정도에 대하여 일응의 기준을 제시한 것으로서 의미가 있다.

(2) 설명서의 제공

금융상품판매업자등은 설명에 필요한 설명서를 일반금융소비자에게 제공하여야 하며, 설명한 내용을 일반금융소비자가 이해하였음을 서명, 기명날인, 녹취 또는 그 밖에 대통령령으로 정하는 방법으로 확인받아야 한다(금소법19조②본문). 금융상품판매업자등은 설명을 하기전에 서면교부, 우편 또는 전자우편, 휴대전화 문자메시지 또는 이에 준하는 전자적 의사표시의 방법으로 일반금융소비자에게 설명서를 제공해야 한다(금소법시행령14조③).

그렇다면 설명서를 제공하면 일반금융소비자가 이해할 수 있도록 설명한 것이라고 볼 수있는가? 금융소비자보호법 제19조 제1항은 '일반금융소비자가 이해할 수 있도록 설명하여야한다'고 규정하는데, 이는 문구 그대로 일반금융소비자가 이해할 수 있을 정도로 설명을 요구하는 것이며, 설명서를 교부하거나 정보를 제공하는 것만으로는 충분하게 설명하였다고보기는 어렵다.[30)31)] 특히 비대면으로 설명하는 경우는 일반금융소비자가 이해하고 있는지를계속 확인하면서 설명하여야 한다. 금융상품판매업자등과 비슷한 수준까지 이해할 수 있도록 설명하여야 하는 것은 아니다.

(3) 서명, 기명날인, 녹취록 등을 통한 확인

금융상품판매업자등은 설명에 필요한 설명서를 일반금융소비자에게 제공하여야 하며, 설명한 내용을 일반금융소비자가 이해하였음을 서명, 기명날인, 녹취 또는 그 밖에 대통령령으로 정하는 방법으로 확인받아야 한다(금소법19조②본문). 그렇다면 서명, 기명날인이나 녹취록등이 있다는 사실만으로 '일반금융소비자가 이해할 수 있도록' 설명하였다고 볼 수 있는가?서명, 녹취록 등은 설명의무 이행의 증거로는 유용하지만 충분하지는 않다. 서명, 기명날인,녹취 등이 요식적으로 이루어지거나, 금융상품의 단점은 생략한 채 장점을 위주로 설명하는경우가 많기 때문이다. 따라서 서명, 기명날인, 녹취록 등이 있다는 사실만으로는 '일반금융소비자가 이해할 수 있도록' 설명하였다고 볼 수 없고, 녹취록의 내용, 녹취의 방식, 응답 등제반 사정을 고려하여 '일반금융소비자가 이해할 수 있도록 설명하였는지'를 객관적으로 판단하여야 한다.

(4) 대면 설명이 요구되는지

금융상품판매업자등은 일반금융소비자에게 반드시 대면으로 설명하여야 하는가? 설명의방법이나 절차는 자유롭고, 온라인 환경에 익숙한 상황에서 반드시 금융소비자를 대면하여

---

30) 김병연/권재열/양기진, 자본시장법(2017), 298면.
31) 약관규제법은 약관의 교부·명시의무(約款3조②)와 설명의무(約款3조③)를 구분하고, 교부의무와 설명의무가 다름을 보여주고 있다.

설명할 필요까지는 없다. 그러나 전화나 인터넷만으로는 구체적인 내용을 설명하기가 어려워서 도식이나 도해에 의한 설명이 필요한 경우에는 대면으로 설명하여야 한다. 대면설명이 필요하지만 일반금융소비자가 온라인으로 설명할 것을 굳이 원하는 경우라면 허용되는 범위 내에서 상세하게 설명하고 나중에 서면을 통해서 설명내용을 숙지하였는지 확인할 수 있다고 볼 것이다.

(5) 설명 시 사용하는 자료는 국어이어야 하는지

금융상품거래에서는 영문계약이 체결되고 거래당사자들이 영어에 익숙한 경우가 많으므로, 영문 등 외국어 서류를 이용하였다고 하여서 설명의무를 다하지 않았다고 단정하기는 어렵다. 특히, 장외파생상품계약은 ISDA 표준계약서 양식을 이용하는데, 국문계약서를 사용하는 경우에는 해석상의 논란으로 오히려 계약 불일치의 위험에 처할 수 있다.[32] 그러나 영문계약을 사용하는 경우에도 상대방이 외국어에 익숙하지 않거나 그 의미가 제대로 전달되지 않는 경우에는 한국어 계약을 동시에 체결하거나 충실하게 설명하여 투자자가 이해할 수 있도록 하여야 할 것이다.

(6) 알고 있는 내용에 대한 설명방법

금융소비자가 이미 알고 있는 내용에 대해서는 설명의무가 인정되지 않는다. 판례도 "금융투자업자가 투자자에게 어느 정도의 설명을 하여야 하는지는 해당 금융투자상품의 특성 및 위험도의 수준, 투자자의 투자경험 및 능력 등을 종합적으로 고려하여 판단할 것이나, 투자자나 그 대리인이 그 내용을 충분히 잘 알고 있는 경우에는 그러한 사항에 대하여서까지 금융투자업자에게 설명의무가 인정된다고 할 수는 없다."[33]고 한다.

그러나 일반금융소비자가 알고 있는 내용인지는 애매한 경우가 많고 다툼이 있을 수 있으므로 금융상품판매업자등은 금융상품에 대해서 설명을 진행하는 것이 안전하다. 다만, 일반금융소비자가 설명에 대해서 거부 의사를 분명히 밝힌 경우에도 설명을 요구하는 것은 지나치므로, 서면 등을 통해서 설명을 거부하는 사실을 확실히 한 경우에는 설명의무를 이행하였다고 볼 것이다(절충설).[34]

바. 설명의무 위반의 효과

금융소비자는 금융상품판매업자등이 설명의무 등을 위반하여 금융상품에 관한 계약을 체결한 경우 금융소비자가 계약체결에 대한 위반사항을 안 날로부터 1년 이내의 기간 내에 서면등으로 해당 계약의 해지를 요구할 수 있다. 이 경우 해당 기간은 계약체결일부터 5년

---

32) 김건식/정순섭, 자본시장법(2013), 781면 주)25.
33) 대판 2015.9.15., 2015다216123; 대판 2015.4.23., 2013다17674.
34) 일본의 금융상품판매법은 고객이 설명이 필요하지 않다는 의사를 밝힌 경우에는 설명의무를 면제하고 있다(日本 金融商品の販売等に関する法律 3조⑦2).

이내의 범위에 있어야 한다(금소법47조①, 동법시행령38조②). 즉, 금융소비자는 설명의무 위반을 이유로 해당 계약을 해지할 수 있는 것이 아니라 해지를 요구할 수 있다. 만일, 금융상품판매업자등이 정당한 사유없이 계약 해지의 요구를 따르지 않는 경우에는 금융소비자는 해당 계약을 해지할 수 있다(금소법47조②, ☞ 제4절 Ⅲ. 4. 위법계약의 해지 참조).

▎해설▎ KIKO사건[35]과 적합성원칙, 설명의무 위반 여부

1. 사실관계

통화옵션계약인 KIKO에 가입한 기업들은 환율 상승으로 은행의 콜옵션 행사에 따라 시장환율보다 낮은 행사환율로 달러를 매도해야 하는 상황이 되자 은행들을 상대로 '계약 무효 또는 취소'를 원인으로 한 부당이득반환, '적합성원칙 위반'과 '설명의무 위반'을 원인으로 한 불법행위에 대한 손해배상청구의 소를 제기하였다. 이 중 수산중공업과 세신정밀, 삼코, 모나미 등 4개 주식회사가 은행을 상대로 제기한 4건의 소송에서 대법원은 원고의 계약 무효 또는 취소 주장은 모두 배척하였고, 일부 사안에서만 적합성 원칙 위반 및 설명의무 위반을 인정하여 손해배상책임을 인정하였다.

2. 적합성원칙

은행은 환헤지 목적을 가진 기업과 통화옵션계약을 체결함에 있어서 해당 기업의 예상 외화유입액, 자산 및 매출 규모를 포함한 재산상태, 환헤지 거래의 필요 여부, 거래 목적, 거래 경험, 당해 계약에 대한 지식 또는 이해 정도, 다른 환헤지 계약체결 여부 등의 경영상황을 미리 파악한 다음, 그에 비추어 해당 기업에 적합하지 아니한 통화옵션계약의 체결을 권유하여서는 아니 된다. 만약 은행이 이러한 의무를 위반하여 해당 기업의 경영상황에 비추어 과대한 위험을 초래하는 통화옵션계약을 적극적으로 권유하여 이를 체결하게 한 때에는, 이러한 권유행위는 이른바 적합성원칙을 위반하여 고객에 대한 보호의무를 저버리는 위법한 것으로서 불법행위를 구성한다. 특히 은행으로서는 위험성이 큰 장외파생상품의 거래를 권유할 때에는 다른 금융기관에 비하여 더 무거운 고객 보호의무를 부담한다.[36]

3. 설명의무

금융기관이 일반 고객과 사이에 전문적인 지식과 분석능력이 요구되는 장외파생상품 거래를 할 때에는 당해 장외파생상품 계약의 구조와 주요 내용, 고객이 그 거래를 통하여 얻을 수 있는 이익과 발생 가능한 손실의 구체적 내용, 특히 손실발생의 위험요소 등을 설명하여야 한다. 그러나 상세한 금융공학적 구조나 다른 금융상품에 투자할 경우와 비교하여 손익에 있어서 어떠한 차이가 있는지 까지 설명하여야 한다고 볼 것은 아니고, 상품구조 속에 포함된 수수료 및 그로 인하여 발생하는 마이너스 시장가치에 대해서까지 설명할 의무는 없다. 금융기관은 고객이 당해 파생상품거래의 구조와 위험성을 정확히 평가할 수 있도록 그 금융상품의 특성 및 위험의 수준, 고객의 거래목적, 투자경험 및 능력 등을 종합적으로 고려하여 고객이 앞서 살펴본 거래상 주요 정보를 충분히 이해할 수 있을 정도로 설명하여야 한다.[37]

---

35) KIKO거래의 내용과 구조는 "제2장 제3절 Ⅲ.2.옵션 [그림2-2] KIKO거래의 구조" 참조. KIKO사건에 관한 다양한 법적 쟁점을 다룬 서술로는 김용재, 자본시장과 법(2016), 197~230면이 있다.
36) 대판 2013.9.26., 2011다53683, 2012다1146, 2012다13637, 2013다26746 각 전합 판결.
37) 대판 2013.9.26., 2011다53683, 2012다1146, 2012다13637, 2013다26746 각 전합 판결.

4. 대법원의 판단

대법원의 KIKO판결들에서는 적합성원칙과 설명의무에 대한 위의 법리를 공통적으로 적용하면서도 구체적인 사실관계에 따라 결론은 상이하게 내렸다.

①수산중공업 사건(2011다53683)에서는 원고의 자금거래 담당자가 이미 유사한 거래를 한 경험이 있고, 통화옵션계약의 특성과 당시 국내외 기관의 장래 환율에 대한 전망 등을 고려하여 계약을 체결한 점, 콜옵션 계약금액이 원고에게 과대한 위험을 초래하는 것이 아니라는 점을 들어 적합성원칙 위반을 인정하지 않았다. 피고들의 담당직원이 원고측 담당자와 통화옵션계약의 구체적 거래조건들에 관하여 협의하면서 설명하였다는 이유로 설명의무 위반도 인정하지 않았다. ②모나미 사건(2013다26746)에서는 원심과 달리 원고가 이미 내용을 충분히 알고 있는 부분에 대하여까지 금융기관에 설명의무가 인정되기가 어렵다는 취지로 파기되어 환송심에서 화해권고결정으로 종결되었다. 이 사건에서는 적합성원칙 위반도 인정되지 아니하였다.

그러나 ③세신정밀 사건(2012다1146)에서는 원고가 이미 두 건의 통화옵션계약을 체결한 상태에서 소외인의 권유로 KIKO 계약을 추가로 체결하였는데 이는 소외인이 투기거래의 목적이 없는 원고에게 과대한 위험성을 수반하는 투기적 성격을 지닌 계약을 환헤지 목적의 거래라고 하면서 적극적으로 권유하였기 때문이라는 점을 이유로 적합성원칙 위반(부당권유)을 인정하였다. "원고는 …이 사건 제1, 제2 계약 및 현물환의 예상 보유액을 함께 고려한 위험성까지는 미처 인식하지 못하였던 것으로 보이는데도, 소외인이 실제로는 투기적 성격을 가진 이 사건 제3계약을 헤지거래라고 설명함으로써 원고로 하여금 이를 오인하여 계약을 체결하게 하였다"는 점을 들어 피고은행의 설명의무 위반도 인정하였다. ④삼코 사건(2012다13637)에서는 원심과 달리 적합성원칙 위반 및 설명의무 위반이 인정될 수 있다는 취지로 파기되어 환송심에서 강제조정으로 종결되었다.[38]

4. 불공정영업행위의 금지

금융상품판매업자등은 금융소비자에 비해 우월적 지위에 있기 때문에 그 지위를 남용하는 경우에는 금융소비자의 권익을 해할 우려가 있다. 일반 상거래에 있어 거래상의 지위를 남용하는 행위는 공정거래법상 불공정거래행위로 규제될 수 있으나, 금융소비자보호법은 금융소비자의 권익 보호를 위하여 별도의 규정을 두고, 금융상품판매업자등이 우월적 지위를 이용하여 금융소비자의 권익을 침해하는 다음 각 호의 어느 하나에 해당하는 불공정영업행위를 금지하고 있다(금소법20조①).

1. 대출성 상품, 그 밖에 대통령령으로 정하는 금융상품에 관한 계약체결과 관련하여 금융소비자의 의사에 반하여 다른 금융상품의 계약체결을 강요하는 행위(금소법20조 ①1호)

2. 대출성 상품, 그 밖에 대통령령으로 정하는 금융상품에 관한 계약체결과 관련하여 부당하게 담보를 요구하거나 보증을 요구하는 행위(2호)

3. 금융상품판매업자등 또는 그 임직원이 업무와 관련하여 편익을 요구하거나 제공받

---

38) 양호승, "2013년 법률신문 자본시장법 판례평석"(법률신문, 2014), 참조.

는 행위(3호)

4. 대출성 상품의 경우 다음 각 목의 어느 하나에 해당하는 행위(4호)

  가. 자기 또는 제3자의 이익을 위하여 금융소비자에게 특정 대출 상환방식을 강요하는 행위

  나. 1)부터 3)까지의 경우를 제외하고 수수료, 위약금 또는 그 밖에 어떤 명목이든 중도상환수수료를 부과하는 행위

    1) 대출계약이 성립한 날부터 3년 이내에 상환하는 경우

    2) 다른 법령에 따라 중도상환수수료 부과가 허용되는 경우

    3) 금융소비자 보호 및 건전한 거래질서를 해칠 우려가 없는 행위로서 대통령령으로 정하는 경우

  다. 개인에 대한 대출 등 대통령령으로 정하는 대출상품의 계약과 관련하여 제3자의 연대보증을 요구하는 경우

5. 연계·제휴서비스등이 있는 경우 연계·제휴서비스등을 부당하게 축소하거나 변경하는 행위로서 대통령령으로 정하는 행위. 다만, 연계·제휴서비스등을 불가피하게 축소하거나 변경하더라도 금융소비자에게 그에 상응하는 다른 연계·제휴서비스등을 제공하는 경우와 금융상품판매업자등의 휴업·파산·경영상의 위기 등에 따른 불가피한 경우는 제외한다(5호).

6. 그 밖에 금융상품판매업자등이 우월적 지위를 이용하여 금융소비자의 권익을 침해하는 행위(6호)

  제6호는 금융상품판매업자등이 우월적 지위를 이용하여 금융소비자의 권익을 침해하는 행위를 포괄적으로 금지하고 있다.

불공정영업행위의 금지 조항은 전문금융소비자와 일반금융소비자를 구분하지 않고 적용된다. 따라서 금융상품판매업자등은 일반금융소비자뿐만 아니라 전문금융소비자에 대해서도 불공정영업행위를 하여서는 아니 된다.

5. 부당권유행위 금지

가. 의의

"부당권유"란 부당하게 이루어지는 계약 체결의 권유로서 금융소비자의 건전한 투자판단을 저해하는 행위를 말한다. 금융소비자보호법은 금융상품판매업자등은 계약 체결을 권유(금융상품자문업자가 자문에 응하는 것을 포함한다)하는 경우에 있어서 부당권유행위를 금지하고 있다(금소법21조). 금융상품을 판매함에 있어서 정상적인 판매 방법을 거치지 않고 부당하게 판매를 권유하는 경우, 경험이 부족한 금융소비자는 금융상품 거래의 위험성을 제대로 인식

하지 못하고 거래를 할 수 있기 때문이다.

금융소비자보호법 제21조의 부당권유행위의 금지규정은 금융상품판매업자등이 계약 체결을 권유하는 경우뿐만 아니라 금융상품자문업자가 자문에 응하는 경우에도 적용되며, 전문금융소비자와 일반금융소비자를 구분하지 않고 모든 금융소비자에게 적용된다. 이 점에서 고객인 일반금융소비자의 개별적인 속성을 중시하여 적합하지 아니한 계약 체결의 권유를 금지하는 적합성원칙과 차이가 있다.

나. 부당권유행위의 유형

금융소비자보호법이 규정하는 부당권유행위는 다음과 같다.

1. 불확실한 사항에 대하여 단정적 판단을 제공하거나 확실하다고 오인하게 할 소지가 있는 내용을 알리는 행위(금소법21조1호)

제1호는 금융상품판매업자등은 금융소비자의 투자판단을 돕거나 조언을 하는데 그쳐야 하고, 불확실한 사항에 대하여 단정적 판단을 제공하는 등 금융소비자의 의사결정에 부당한 영향을 미쳐서는 아니 된다는 취지에서 마련된 것이다.

여기서 '불확실한 사항에 대하여 단정적 판단을 제공하거나 확실하다고 오인하게 할 소지가 있는 내용을 알리는 행위'란 금융소비자의 합리적인 투자판단 또는 해당 금융상품의 가치에 영향을 미칠 수 있는 사항 중 객관적으로 진위가 분명히 판명될 수 없는 사항에 대하여 진위를 명확히 판단해 주거나 금융소비자에게 그 진위가 명확하다고 잘못 생각하게 할 가능성이 있는 내용을 알리는 행위를 말한다.[39] 어떠한 행위가 단정적 판단 제공 등의 행위에 해당하는지는 통상의 주의력을 가진 평균적 투자자를 기준으로 금융투자업자가 사용한 표현은 물론 투자에 관련된 제반 상황을 종합적으로 고려하여 객관적·규범적으로 판단하여야 한다.[40]

판례 등에서는 ① 자산운용회사의 대표자인 피고 甲은 학교법인인 원고의 기금운영 위원회 회의에서 A회사가 발행하는 전환우선주에 대한 투자를 권유하면서, 필요한 정보를 제공하지 않은 채 '부도위험이 없는 12% 수익을 제시하는 상품을 연결해 줄 수 있다', '6개월만 지나면 시장에 다시는 없습니다. 12%짜리 없어요', '원금 회수하는 데는 이거는 땅 짚고 헤엄치기예요. … 10조짜리 저축은행을 51% 지분을 갖고 있는데 우리가 그거를 1,000억원 회수 못 하겠습니까? 저 같으면 그냥 일주일이면 회수해요 … 일주일에 2,000억원 바로 드립니다. 따블로' 등의 표현을 사용하면서 투자를 유도하여 A회사가 발행하는 전환우선주에 500억원을 투자하였는데, 실상은 A회사 및 그 계열 회사들이 모두 자본잠식 상태였으므로 원고는 투자원금 전부를

---

39) 대판 2018.9.28., 2015다69853; 대판 2017.12.5., 2014도14924.
40) 대판 2018.9.28., 2015다69853; 대판 2017.12.5., 2014도14924.

회수하지 못한 사례에서, 甲이 원고에게 투자권유를 하면서 '불확실한 사항에 대하여 단정적 판단을 제공하거나 확실하다고 오인하게 할 소지가 있는 내용을 알리는 행위'를 하였다고 하면서 설명의무위반과 부당권유로 인한 손해배상책임을 인정한 사례,[41] ② 'A그룹 지원여력을 감안했을 때 문제없다', 'A그룹은 대기업이니까 안정도 면에서는 걱정할 필요없다'는 등 계열회사의 지원가능성을 마치 확실한 것처럼 단정한 사례[42], ③ ABCP 5,043백만원을 투자권유하면서 '문제가 되었을 때는 甲이 다 책임진다', '어차피 甲의 것이므로 리스크 자체는 생각 안해도 된다', '甲이 100% 보증하는 회사'라고 설명한 사례[43] 등이 있다.

불확실한 사항에 대하여 단정적 판단 제공 등의 행위를 한 이상 이로써 금융소비자보호법 제21조 제1호의 위반이 되고, 불확실한 사항에 대한 금융상품판매업자등의 단정적 판단 제공 등에 합리적인 근거가 있는지, 결과적으로 맞았는지, 상대방이 단정적 판단 제공 등을 신뢰하여 실제 투자를 하였는지, 투자로 인하여 실제로 손해가 발생하였는지 등은 그 위반 여부에 영향을 미치지 아니한다.[44] 예를 들어, 주가가 오를지는 불확실한 사항임에도 불구하고 주가가 반드시 오를 것이라고 말하는 행위는 불확실한 사항에 대하여 단정적 판단을 제공하는 행위에 해당하고, 나중에 실제로 주가가 상승하였는지 여부는 문제되지 아니한다. 그러나 금융상품판매업자등이 투자판단의 기초자료로서 국내외의 경제지표를 비교하여 투자가 단기적으로 상승할 것이라고 평가하거나 예상을 제공하는 행위는 이에 해당하지 않는다. 불확실한 사실이기는 하지만 단정적인 판단을 제공하는 것이 아니고, 자료를 제공하는 것이지 투자자의 의사결정에 부당한 영향을 미치려는 것이 아니기 때문이다.

2. 금융상품의 내용을 사실과 다르게 알리는 행위(2호)

제2호는 거짓의 내용을 알리는 행위를 금지한다. 제1호의 "불확실한 사항에 대하여 단정적 판단을 제공하거나 확실하다고 오인하게 할 소지가 있는 내용을 알리는 행위"는 평가에 중점이 있고, 제2호의 "금융상품의 내용을 사실과 다르게 알리는 행위"는 사실인지의 여부에 중점이 있다.

그렇다면 거짓의 내용임을 알지 못한 채 과실로 사실과 다른 내용을 알리는 행위도 부당권유행위에 해당하는가? 사실과 다른 내용을 알린 경우라도 하더라도 과실에 의한 경우에는 부당하다고 보기 어렵고, 부당권유행위에 해당하는 경우에는 형사책임이 부과되고, 과실에 의한 행위에 대해서는 설명의무위반이나 민사책임 등을 통해

---

41) 대판 2018.9.28., 2015다69853.
42) 금융감독원 제재(2012.10.24) W투자증권 사례.
43) 금융감독원 제재(2014.12.24.) N증권 사례.
44) 대판 2017.12.5., 2014도14924.

서 구제할 수 있음을 고려하면 거짓인 내용을 모른 경우에는 부당권유에 해당하지 않는다고 볼 것이다(부정설).

금융상품판매업자등은 계약 체결의 권유 시에는 중요한 사항을 거짓 또는 왜곡하여 설명하거나 중요사항을 누락하여서는 아니되는데, 이러한 설명의무위반과 거짓의 내용을 알리는 부당권유행위 간에는 어떠한 차이가 있는가? 거짓 또는 왜곡된 사실에 대한 설명의 금지는 '중요한 사항'에 한정되지만, 부당권유행위의 금지는 중요한 사항에 한정되지 않는다. 또한 설명의무 위반은 계약이 체결된 경우에 사법적 효력이 문제되나, 부당권유행위의 금지는 거짓의 사실을 알리는 행위 자체를 금지하는 것이기 때문에 투자자가 계약을 체결하였는지는 중요하지 않다.

부당권유로 인정된 사례로는 ① 투자자 10명에게 A그룹 계열사 발행 채권 377백만 원을 투자권유하면서 '○○는 망할 일 없다', '상환을 못하면 국가에서 상환을 해주는 국가보증 채권이다', '원금 깨질 일은 100% 없다'라고 하는 등 거짓의 내용을 알린 사례,[45] ② 리테일사업부문 소속 영업점 직원들은 A회사등이 발행한 회사채, ELS 및 ELF 등을 판매하면서 일반투자자들에게 투자권유 과정에서 원금보장이 되지 않음에도 원금보장이 된다고 거짓의 내용을 알린 사례[46] 등이 있다.

3. 금융상품의 가치에 중대한 영향을 미치는 사항을 미리 알고 있으면서 금융소비자에게 알리지 아니하는 행위(3호)

4. 금융상품 내용의 일부에 대하여 비교대상 및 기준을 밝히지 아니하거나 객관적인 근거 없이 다른 금융상품과 비교하여 해당 금융상품이 우수하거나 유리하다고 알리는 행위(4호)

5. 보장성 상품의 경우 다음 각 목의 어느 하나에 해당하는 행위(5호)

  가. 금융소비자(이해관계인으로서 대통령령으로 정하는 자를 포함한다)가 보장성 상품 계약의 중요한 사항을 금융상품직접판매업자에게 알리는 것을 방해하거나 알리지 아니할 것을 권유하는 행위

  나. 금융소비자가 보장성 상품 계약의 중요한 사항에 대하여 부실하게 금융상품직접 판매업자에게 알릴 것을 권유하는 행위

6. 투자성 상품의 경우 다음 각 목의 어느 하나에 해당하는 행위(6호)

  가. 금융소비자로부터 계약의 체결권유를 해줄 것을 요청받지 아니하고 방문·전화 등 실시간 대화의 방법을 이용하는 행위

    "6호 가목"은 불초청 권유(unsolicited call)를 금지한다. 요청받지 않은 계약 체결의

---

45) 금융감독원 제재(2016.1.14.) D증권 사례.
46) 금융감독원 제재(2016.3.14.) D증권 사례.

권유는 금융소비자 개인의 사생활 침해는 물론이고, 자칫하면 즉각적인 재산 손실로 연결되어 분쟁이 발생할 가능성이 높기 때문이다.[47] 방문·전화 등 '실시간 대화의 방법'을 이용하는 행위를 금지하고 있으므로 실시간 대화의 방법이 아닌 서면이나 이메일 등을 이용하는 것은 가능하다.[48] 규정의 취지상 실제 권유하는 것뿐만 아니라 권유해도 무방한지를 묻는 것도 금지되는 것으로 보아야 할 것이다. 위와 같이 투자성 상품에 대한 불초청 권유행위는 금지되지만 금융소비자 보호 및 건전한 거래질서를 해칠 우려가 없는 행위로서, ① '전문금융소비자의 경우' 장외파생상품 및 연계투자를 제외한 투자성 상품, ② '일반금융소비자의 경우' 장외파생상품 및 연계투자, 장내파생상품, 일반 사모집합투자기구의 집합투자증권, 고난도금융투자상품, 고난도일임계약 및 고난도금전신탁계약을 제외한 투자성 상품에 대한 계약 체결의 권유는 허용된다.[49] 다만, 이 경우에도 금융상품판매업자 등은 계약 체결의 권유를 하기 전에 금융소비자의 연락처 등 개인정보의 취득 경로, 권유하려는 금융상품의 종류·내용 등 금융위원회가 정하여 고시하는 사항을 금융소비자에게 미리 안내하여야 하고, 해당 금융소비자가 계약의 체결권유를 받을 의사를 표시한 경우에만 계약 체결을 권유할 수 있다(금소법시행령16조①1).

나. 계약의 체결권유를 받은 금융소비자가 이를 거부하는 취지의 의사를 표시하였는데도 계약의 체결권유를 계속하는 행위

"6호 나목"은 금융소비자의 사생활을 보호하고 평온한 삶에 대한 침해를 방지하기 위하여 '의사에 반한 재권유'를 금지한다. 계약체결을 거부한 계약에 대해서 재권유가 금지되므로, 금융위원회가 정하여 고시하는 다른 종류의 금융상품에 대한 매수권유(금소법시행령16조①2, 동법감독규정15조②), 투자성 상품에 대한 계약의 체결권유를 받은 금융소비자가 이를 거부하는 취지의 의사를 표시한 후 1개월이 지난 후의 해당 상품에 대한 권유 행위(금소법시행령16조①, 동법감독규정15조④) 등은 금융소비자가 그에 대해서도 명확하게 거부의사를 표시하지 아니하였다면 금지대상에 해당하지 않는다.

7. 그 밖에 금융소비자 보호 또는 건전한 거래질서를 해칠 우려가 있는 행위로서 대통령령으로 정하는 행위(7호)

47) 미국, 영국 등에서는 오래 전부터 시행되고 있던 제도로서 자본시장법 제498조 제3호에서 도입하였으나 금융소비자보호법으로 이관되었다.
48) 김병연/권재열/양기진, 자본시장법(2017), 305면.
49) 2022년 12월 8일 방문판매법 개정으로 금융상품의 방문판매가 가능해지면서, 금융소비자보호법상 관련규정이 개정되었고 금융업권별로 금융상품 방문판매 관련 모범규준이 마련되었다.

6. 방문판매 및 전화권유판매 관련 준수사항

정부는 금융상품의 방문판매 및 비대면 판매를 허용하면서 드러난 미비점을 보완하기 위해서 2023. 7. 11. 아래와 같은 내용을 추가하였다.

금융상품판매업자등은 서면, 전자문서 또는 구두에 의한 방법으로 다음 각 호의 사항을 일반금융소비자에게 알려야 한다(금소법21조의2①).

　1. 일반금융소비자가 금융상품판매업자등에 대하여 금융상품을 소개하거나 계약 체결을 권유할 목적으로 본인에게 연락하는 것을 금지하도록 요구할 수 있다는 사항(금소법21조의2①1호)

　2. 제1호에 따른 권리의 행사방법 및 절차(2호)

금융상품판매업자등은 금융상품을 소개하거나 계약 체결을 권유할 목적으로 야간(오후 9시 이후부터 다음 날 오전 8시까지를 말한다)에 금융소비자를 방문하거나 연락하여서는 아니 된다. 다만, 금융소비자가 요청하는 경우에는 제외한다(금소법21조의2③).

7. 광고 관련 준수사항

금융상품등에 관한 광고는 금융상품판매업자등이 그 업무 또는 금융상품에 관한 사항을 신문·인터넷신문, 정기간행물, 방송, 전기통신 등의 방법으로 금융소비자에게 널리 알리는 것을 말한다.

'금융상품판매업자등이 아닌 자' 및 '투자성 상품에 관한 금융상품판매대리·중개업자 등 대통령령으로 정하는 금융상품판매업자등'은 금융상품판매업자등의 업무에 관한 광고 또는 금융상품에 관한 광고("금융상품등에 관한 광고")를 해서는 아니 된다(금소법22조①본문). 다만, 한국금융투자협회, 보험협회 등은 금융상품등에 관한 광고를 할 수 있다(동항 단서).

금융상품등에 대한 광고는 금융소비자가 금융상품의 내용을 오해하지 아니하도록 명확하게 공정하게 전달되어야 한다(금소법22조②).

8. 계약서류의 제공의무

금융상품거래는 계약 체결 후 상당 기간이 지난 후에 그 효용이 결정되기 때문에 사후적으로 분쟁이 발생할 가능성이 매우 높으므로 계약서류를 갖추고 이를 보관하고 교부하는 것은 중요하다. 이를 반영하여 금융소비자보호법은 금융상품직접판매업자 및 금융상품자문업자는 금융소비자와 금융상품 또는 금융상품자문에 관한 계약을 체결하는 경우 금융상품의 유형별로 대통령령으로 정하는 계약서류를 금융소비자에게 지체 없이 제공하도록 하고 있다(금소법23조①본문). 다만, 계약내용 등이 금융소비자 보호를 해칠 우려가 없는 경우로서 대통령령으로 정하는 경우에는 계약서류를 제공하지 아니할 수 있다(동항 단서).

제공하여야 하는 계약서류는 금융상품 계약서, 금융상품의 약관, 금융상품 설명서, 보장성 상품의 경우 보험증권을 말한다(금소법시행령22조①). 서면교부, 우편이나 전자우편, 휴대전화 문자메시지 또는 이에 준하는 전자적 의사표시의 방법으로도 제공이 가능하다(금소법시행령22조③).

계약서류의 제공 사실 또는 계약체결 사실 및 그 시기에 관하여 금융소비자와 다툼이 있는 경우에는 금융상품직접판매업자 및 금융상품자문업자가 이를 증명하여야 한다(금소법23조②).

Ⅲ. 금융상품판매업자등의 업종별 영업행위 준수사항

1. 미등록자를 통한 금융상품판매의 대리 · 중개금지

"금융상품판매업자는 금융상품판매대리 · 중개업자가 아닌 자에게 금융상품계약체결등을 대리하거나 중개하게 해서는 아니 된다."(금소법24조). 미등록자의 금융상품 판매행위로 인한 피해를 방지하기 위해서, 금융상품판매대리 · 중개업자가 아닌 자에게 금융상품계약체결등의 대리나 중개를 금지하는 취지이다. 다른 법률에 의하여 판매업을 영위할 수 있는 자나 다른 법률에서 위탁을 허용하는 경우에도 금융소비자보호법상의 위탁 금지규정이 적용되는지는 분명하지 않다.

2. 금융상품판매대리 · 중개업자의 금지행위

금융상품판매대리 · 중개업자는 위임 · 위탁을 받아 업무를 영위하므로 금융상품판매업자로서의 일반적인 규제 외에 그 업무 특성에 따른 추가적인 규제가 있다.

가. 금융소비자로부터 직접 급부를 받는 행위 등의 금지

금융상품판매대리 · 중개업자는 다음 각 호의 어느 하나에 해당하는 행위를 하여서는 아니 된다(금소법25조①).

1. 금융소비자로부터 투자금, 보험료 등 계약의 이행으로서 급부를 받는 행위(금소법25조①1호 본문)

   금융상품에 대한 계약체결 권한을 보유한 자는 금융상품직접판매업자인데, 금융상품판매대리 · 중개업자가 계약의 이행으로서 급부를 수취하면, 계약체결의 상대방으로 오인할 우려가 있기 때문이다. 다만, 금융상품직접판매업자로부터 급부 수령에 관한 권한을 부여받은 경우로서 대통령령으로 정하는 행위는 제외한다(1호 단서).

2. 금융상품판매대리 · 중개업자가 대리 · 중개하는 업무를 제3자에게 하게 하거나 그러

한 행위에 관하여 수수료·보수나 그 밖의 대가를 지급하는 행위(2호 본문)

수탁자인 금융상품판매대리·중개업자가 위탁받은 업무를 막연히 재위임하거나 재위탁하여 문제가 발생하는 경우에 그 책임소재가 불명확해지고 이에 따라 금융소비자에게 피해가 발생할 우려가 있기 때문이다. 다만, 금융상품직접판매업자의 이익과 상충되지 아니하고 금융소비자 보호를 해치지 아니하는 경우로서 대통령령으로 정하는 행위는 제외한다(2호 단서).

3. 그 밖에 금융소비자 보호 또는 건전한 거래질서를 해칠 우려가 있는 행위로서 대통령령으로 정하는 행위(3호)

나. 정해진 수수료 외의 금품 등 수취 금지

금융상품판매대리·중개업자는 금융상품판매 대리·중개 업무를 수행할 때 금융상품직접판매업자로부터 정해진 수수료 외의 금품, 그 밖의 재산상 이익을 요구하거나 받아서는 아니 된다(금소법25조②).

금융상품의 판매조직이 그 영향력을 바탕으로 부당한 이익을 수수하거나 과도한 수수료 등을 수취하는 불공정행위를 금지하기 위한 것이다.

3. 금융상품판매대리·중개업자의 고지의무등

금융상품판매대리·중개업자는 금융상품판매 대리·중개 업무를 수행할 때 금융소비자에게 다음 각 호의 사항을 모두 알려야 한다(금소법26조①).

1. 금융상품판매대리·중개업자가 대리·중개하는 금융상품직접판매업자의 명칭 및 업무 내용(금소법26조①1호)
2. 하나의 금융상품직접판매업자만을 대리하거나 중개하는 금융상품판매대리·중개업자인지 여부(2호)
3. 금융상품직접판매업자로부터 금융상품 계약체결권을 부여받지 아니한 금융상품판매대리·중개업자의 경우 자신이 금융상품계약을 체결할 권한이 없다는 사실(3호)
4. 금소법 제44조와 제45조에 따른 손해배상책임에 관한 사항(4호)
5. 그 밖에 금융소비자 보호 또는 건전한 거래질서를 위하여 대통령령으로 정하는 사항(5호)

금융소비자로 하여금 계약의 상대방이 누구인지 명확히 인식하도록 하여 착오 또는 오인으로 인한 분쟁을 사전에 방지하고 사후에 분쟁이 발생하는 경우에 그 책임소재를 분명히 하기 위한 것이다.

4. 금융상품자문업자의 영업행위준칙 등

금융상품자문업자는 금융소비자에 대해서 자문서비스를 제공하여야 하므로 금융소비자가 최선의 선택을 할 수 있도록 자문업무를 성실히 수행하여야 하며, 자문업무 수행에 있어 공정성과 독립성을 갖추어야 한다.

금융상품자문업자는 금융소비자에 대하여 선량한 관리자의 주의의무를 부담하고(금소법27조①), 금융소비자의 이익을 보호하기 위하여 자문업무를 충실하게 수행하여야 하며(동조②), 자신이 '독립금융자문업자인지 여부' 등을 금융소비자에게 고지하여야 한다(동조③). 독립금융상품자문업자가 아닌 자는 '독립'이라는 문자 또는 이와 같은 의미를 가지는 외국어 문자로서 대통령령으로 정하는 '독립문자'를 명칭이나 광고에 사용할 수 없다(동조④).

5. 자료의 기록 · 유지관리 등

금융상품판매업자등은 금융상품판매업등의 업무와 관련한 자료로서 대통령령으로 정하는 자료를 기록하여야 하며, 자료의 종류별로 일정기간 동안 그 자료를 유지 · 관리하여야 한다(금소법28조①). 또한 기록 및 유지 · 관리하여야 하는 자료가 멸실 또는 위조되거나 변조되지 아니하도록 적절한 대책을 강구하여야 한다(동조②). 영업행위 준칙사항 등에 대한 준수 여부의 확인과 향후 분쟁이 발생할 경우 그에 대한 증빙자료로써 활용될 수 있도록 하기 위함이다.

상법상의 상인의 영업서류에 대한 보존의무는 영업에 관한 중요자료에 한정되어 있으나(商33조), 금융소비자보호법상 기록 및 유지관리가 요구되는 자료는 업무에 관한 자료로서 그 범위가 넓고, 금융소비자에 대한 자료접근권을 보장하고 있어서 금융소비자에게 유용하다(금소법28조③,④,⑤).

제4절

각종 금융소비자 보호 제도

I. 금융소비자 정책 수립 및 금융교육 등

금융소비자 정책의 수립 및 금융 교육은 건전한 금융시장의 바탕이다. 금융소비자보호법은 금융교육 등의 중요성을 감안하여 4개의 조항을 두고 있다.

금융위원회는 금융소비자의 권익보호 및 금융상품판매업등의 건전한 시장질서 구축을 위해 금융소비자정책을 수립하여야 한다(금소법29조①). 즉 금융소비자 정책의 수립 및 교육의 주체는 금융위원회이다.

금융위원회는 금융교육을 통하여 금융소비자가 금융에 관한 높은 이해력을 바탕으로 합리적인 의사결정을 내리고 이를 기반으로 하여 장기적으로 금융복지를 누릴 수 있도록 노력하여야 하며, 예산의 범위에서 필요한 지원을 할 수 있다(금소법30조①). 금융위원회는 금융소비자의 금융역량 향상을 위한 교육프로그램을 개발하고(동조②), 금융교육과 학교교육, 평생교육을 연계하여 금융교육의 효과를 높이기 위한 시책을 수립, 시행하여야 한다(동조③).

금융교육에 대한 정책을 심의·의결하기 위하여 금융위원회에 금융교육협의회("협의회")를 둔다(금소법31조①). 협의회는 금융교육의 종합적 추진에 관한 사항, 금융소비자 교육과 관련한 평가, 제도개선 및 부처간 협력에 관한 사항, 그 밖에 의장이 금융소비자의 금융역량 강화를 위하여 토의에 부치는 사항을 심의, 의결한다(동조②). 협의회는 의장 1명을 포함하여 25명 이내의 위원으로 구성한다(동조③).

금융위원회는 금융소비자가 금융상품의 주요 내용을 알기 쉽게 비교할 수 있도록 제3조에 따른 금융상품의 유형별로 금융상품의 주요 내용을 비교하여 공시할 수 있다(금소법32조①). 금융감독원장은 금융상품판매업자등의 금융소비자 보호실태를 평가하고 그 결과를 공표할 수 있다(동조②). 금융상품판매업자등은 금융소비자 불만 예방 및 신속한 사후구제를 통하여 금융소비자를 보호하기 위하여 그 임직원이 직무를 수행할 때 준수하여야 할 기본적인 절차와 기준("금융소비자보호기준")을 정하여야 한다(동조③).

II. 금융분쟁의 조정

금융소비자보호법에서 규정하는 금융분쟁해결제도는 종전의 금융위원회법상의 규정을 이관해온 것이나, 기존에 없었던 소송중지제도(금소법41조), 소액분쟁사건에 대한 조정이탈금지제도(금소법42조)가 신설되었다.

1. 금융분쟁조정위원회 및 구성

금융소비자보호법은 금융분쟁의 조정을 위해서, 금융감독원에 금융분쟁조정위원회를 두고(금소법33조), 조정이 이루어지면 재판상 화해와 동일한 효력을 가지도록 하였다(금소법39조).50) 분쟁조정의 신청은 시효중단의 효력이 있다(금소법40조).

금융분쟁조정위원회("조정위원회")는 위원장 1명을 포함하여 35명 이내의 위원으로 구성한다(금소법34조①). 조정위원회 위원장은 금융감독원장이 소속 부원장 중에서 지명한다(동조②). 법률전문가, 전문의(專門醫) 등 위촉가능 전문가의 자격으로 경력요건(15년 이상)을 구체적으로 규정하고, 금감원장이 위원을 위촉하는 경우에 관련 전문가 단체로부터 위촉할 위원의 2배수 이상을 추천받는 절차를 신설하고 있다(동조③).

2. 분쟁조정의 신청과 조정

조정대상기관, 금융소비자 및 그 밖의 이해관계인은 분쟁이 있을 때에는 금융감독원장에게 분쟁조정을 신청할 수 있다(금소법36조①).

금융감독원장은 분쟁조정 신청을 받았을 때에는 관계 당사자에게 그 내용을 통지하고 합의를 권고할 수 있다. 다만, 분쟁조정의 다음 각 호의 어느 하나에 해당하는 경우에는 합의를 권고하지 아니하거나 조정위원회에의 회부를 하지 아니할 수 있다(동조②).

1. 신청한 내용이 분쟁조정대상으로서 적합하지 아니하다고 금융감독원장이 인정하는 경우(금소법36조②1호)
2. 신청한 내용이 관련 법령 또는 객관적인 증명자료 등에 따라 합의권고절차 또는 조정절차를 진행할 실익이 없는 경우(2호)
3. 그 밖에 제1호나 제2호에 준하는 사유로서 대통령령으로 정하는 경우(3호)

금융감독원장은 합의권고를 하지 아니하거나 조정위원회에 회부하지 아니할 때에는 그 사실을 관계 당사자에게 서면으로 통지하여야 한다(금소법36조③).

금융감독원장은 분쟁조정 신청을 받은 날부터 30일 이내에 합의가 이루어지지 아니할 때

---

50) 재판상 화해는 확정판결과 같은 효력을 가지므로(민사소송법 제220조), 당사자가 수락한 조정안에 대해서 일방이 의무를 이행하지 않으면 법원을 통해 집행문을 받아 강제집행을 할 수 있다.

에는 지체 없이 조정위원회에 회부하여야 한다(동조④).

조정위원회는 조정을 회부받았을 때에는 이를 심의하여 조정안을 60일 이내에 작성하여야 한다(동조⑤).

금융감독원장은 조정위원회가 조정안을 작성하였을 때에는 신청인과 관계 당사자에게 제시하고 수락을 권고할 수 있다(동조⑥).

신청인과 관계 당사자가 조정안을 제시받은 날부터 20일 이내에 조정안을 수락하지 아니한 경우에는 조정안을 수락하지 아니한 것으로 본다(동조⑦).

3. 조정위원회의 회의

조정위원회의 회의는 조정위원회 위원장과 조정위원회 위원장이 회의마다 지명하는 6명 이상 10명 이하의 조정위원회 위원으로 구성하며, 조정위원회 위원장이 소집한다(금소법37조①). 조정위원회는 제1항에 따른 구성원 과반수의 출석과 출석위원 과반수의 찬성으로 의결한다(동조②).

4. 조정의 효력

가. 재판상화해

양 당사자가 조정안을 수락한 경우 해당 조정안은 재판상 화해와 동일한 효력을 갖는다(금소법39조). 재판상 화해는 당사자 간의 사법상 화해계약을 그 내용으로 하며 확정판결과 동일한 효력이 있다.

나. 시효의 중단

분쟁조정의 신청은 시효중단의 효력이 있다(금소법40조①본문). 중단된 시효는 ①양 당사자가 조정안을 수락한 경우, ②분쟁조정이 이루어지지 아니하고 조정절차가 종료된 경우에는 다시 진행된다(동조③).

다. 소송과의 관계

조정이 신청된 사건에 대하여 신청 전 또는 신청 후 소가 제기되어 소송이 진행 중일 때에는 수소법원(受訴法院)은 조정이 있을 때까지 소송절차를 중지할 수 있다(금소법41조①). 조정위원회는 수소법원이 소송절차를 중지하지 아니하는 경우에는 해당 사건의 조정절차를 중지하여야 한다(동조②). 조정위원회는 조정이 신청된 사건과 동일한 원인으로 다수인이 관련되는 동종·유사 사건에 대한 소송이 진행 중인 경우에는 조정위원회의 결정으로 조정절차를 중지할 수 있다(동조③).

라. 소액분쟁사건에 대한 특례

조정대상기관[51]은 ①일반금융소비자가 신청한 사건일 것, ②조정을 통하여 주장하는 권리나 이익의 가액이 2천 만원 이내일 것의 요건을 모두 충족하는 분쟁사건("소액분쟁사건")에 대하여 조정절차가 개시된 경우에는 조정안을 제시받기 전에는 소를 제기할 수 없다(금소법42조 본문). 영국의 금융옴부즈만 제도에서 조정결정에 대하여 편면적 구속력을 부여하고 있던 내용을 참고하여 도입한 것인데, 조정대상기관인 금융기관에 한정하여 소송 제기를 금지하는 '편면적 조정전치주의'를 채택한 것이다.[52] 다만, 금융감독원장으로부터 합의권고를 하지 아니하거나 조정위원회에 회부하지 아니한다는 서면통지를 받거나, 금융소비자보호법 제36조 제5항에서 정한 60일의 기간 내에 조정안을 제시받지 못한 경우에는 소송을 제기할 수 있다(동조 단서).

Ⅲ. 손해배상책임 등

1. 금융상품판매업자등의 손해배상책임

가. 의의

금융상품판매업자등이 고의 또는 과실로 이 법을 위반하여 금융소비자에게 손해를 발생시킨 경우에는 그 손해를 배상할 책임이 있다(금소법44조①). 금융소비자보호법 제44조 제1항은 금융상품판매업자등이 금융소비자보호법을 위반하여 금융소비자에게 손해를 발생시킨 경우에 손해배상책임을 인정하는 일반적인 조항일 뿐, 자본시장법 제125조의 증권신고서 등의 부실기재에 대한 손해배상책임, 제162조의 사업보고서 등의 부실기재에 대한 손해배상책임처럼 입증책임을 전환하거나 완화하고 있지는 않다. 따라서 손해를 입은 금융소비자가 손해배상을 청구하는 경우에는 민법상 손해배상책임 청구 시의 일반적인 요건사실을 모두 입증하여야 한다.

금융소비자보호법에는 수 많은 규정이 있는데 이들 규정을 위반한 모든 경우에 손해배상책임을 지는가? 금융소비자보호법에는 단속규정, 효력규정 등이 있고 그 폭은 매우 넓어서 금융소비자보호법의 개별 조항을 위반한 모든 경우에 동법 제44조를 적용하는 것은 무리가 있다. 따라서 금융상품판매업자등이 적합성원칙을 비롯하여 특정한 조항을 위반하였다고 하더라도 언제나 손해배상책임을 부담하는 것이 아니고 그러한 위반이 위법성을 띄는 경우에

---

51) "조정대상기관"이란 은행, 증권사, 보험회사를 비롯하여 금융감독원의 검사를 받는 금융위원회법 제38조 각 호의 기관을 말한다(금소법33조).

52) 조정결정의 편면적 구속력에 대해서는 성희활, "금융소비자보호법의 바람직한 제정 방향에 대한 고찰," 「상사법연구」 제30권 제2호(상사법학회, 2011), 742면.

한하여 법 제44조의 손해배상책임을 부담한다.

금융소비자가 금융상품판매업자등의 적합성원칙, 적정성원칙, 설명의무위반 등에 의하여 입은 손해액은 금융상품을 취득하기 위하여 지급한 금전의 총액에서 그 금융상품으로부터 회수하였거나 회수할 수 있는 금전의 총액을 뺀 금액('미회수금액')이며, 그 지연손해금은 미회수금액의 발생이 확정된 시점을 그 기산일로 한다. 미회수금액의 발생이 금융투자상품 취득 당시부터 객관적으로 확정되어 있었다면 그 투자와 동시에 지연손해금이 가산된다.[53] 대법원은 투자대상의 재정상태가 매우 열악하여 투자금의 회수 가능성이 전혀 없음에도 불구하고 설명의무를 위반하거나 부당권유를 하여 금융소비자에게 손해가 발생한 경우에는 수익금의 지급이 예정된 시기까지 기다릴 것도 없이 투자금의 지급 시점부터 미회수금액의 발생이 확정된 것이고 그 시점에 손해가 발생한다고 한다.[54]

나. 설명의무위반 시 입증책임의 전환

금융소비자보호법 제44조 제2항은 "금융상품판매업자등이 제19조(설명의무)를 위반하여 금융소비자에게 손해를 발생시킨 경우에는 그 손해를 배상할 책임을 진다. 다만, 그 금융상품판매업자등이 고의 및 과실이 없음을 입증한 경우에는 그러하지 아니하다."고 하면서, 금융상품판매업자등의 설명의무 위반과 금융소비자가 입은 손해배상에 대해서는 특칙을 두고 있다. 즉, 금융소비자보호법 제44조 제1항의 일반적인 손해배상책임 조항과는 달리, 동조 제2항은 금융상품판매업자등이 설명의무를 위반하여 금융소비자에게 손해를 발생시킨 경우 민법상의 입증책임을 전환하여 금융상품판매업자등이 고의 및 과실이 없음을 입증하지 않으면 금융소비자에게 발생한 손해를 배상하도록 하고 있다. 설명의무의 중요성을 반영하여, 특히 설명의무 위반에 대해서만 입증책임을 전환하고 있다.

┃판례┃ 펀드판매 관여자들 사이의 구상책임 (대판 2021.6.10., 2019다226005)
최근 펀드를 비롯한 금융투자상품에서 손실이 발생하면서 그 설정과 판매에 관여한 자들의 책임이 사회적으로 문제가 되고 있다. 특히, 법리적으로는 펀드의 설정, 판매에 관여한 자들 사이의 구상관계가 문제가 될 수 있다.

1. 사실관계
원고회사(W투자증권)는 특별자산 간접투자기구인 '○○사모특별자산투자신탁 제14호'('이 사건 펀드')의 수익증권을 11명의 개인투자자들에게 판매하였다. 피고1은 이 사건 펀드를 설정한 자산운용회사이고, 피고2는 이 사건 펀드의 수익증권을 기관투자자들에게 판매한 회사이고, 피고 김갑동은 원고회사로부터 투자상품의 영업 업무를 위탁받아 개인투자자들에게 이 사건 펀드의 수익증권을 매수할 것을 권유한 자이다. 피고 김갑동은 개인투자자들에게 필리핀 항공사의 이 사건 노선 운항과 관련된 인허가가 완료된 상태라고 설명하면서 이 사건 펀드의 수익증권을 매

---

53) 대판 2018.9.28., 2015다69853.
54) 대판 2018.9.28., 2015다69853.

수할 것을 권유하였고, 개인투자자들은 2008. 8. 22. 원고와 이 사건 펀드의 수익증권 매매계약을 체결하고 10억원을 지급하였다. 그러나 필리핀 항공사는 2008. 9. 12. 두바이 항공국으로부터 이 사건 노선 취항을 허가할 수 없다는 통보를 받았고, 이 사건 펀드는 청산되어 투자자들에게 일부 돈이 분배되었다. 개인투자자들은 원고와 피고1, 피고2 등을 상대로 하여서 이 사건 펀드의 수익증권 매매계약의 중요부분에 관한 착오가 있었다고 주장하면서 이 사건 펀드를 판매한 원고를 상대로 부당이득반환을 청구하여 승소하였다('선행판결'). 원고는 선행판결에 따라 개인투자자들에게 부당이득금을 반환하고, 피고1, 피고2, 피고 김갑동을 상대로 이 사건 구상금 소송을 제기하였다.

2. 판결요지

계약 당사자 사이에서 일방 당사자의 잘못으로 인해 상대방 당사자가 계약을 취소하거나 불법행위로 인한 손해배상을 청구할 수 있는 경우 계약 취소로 인한 부당이득반환청구권과 불법행위로 인한 손해배상청구권은 동일한 경제적 급부를 목적으로 경합하여 병존하게 되고, 특별한 사정이 없는 한 어느 하나의 청구권이 만족을 얻어 소멸하면 그 범위 내에서 다른 나머지 청구권도 소멸하는 관계에 있다(대판 92다56087). 따라서 채무자가 부당이득반환채무를 변제하였다면 그와 경합관계에 있는 손해배상채무도 소멸한다. 이때 불법행위로 인한 손해배상채무에 관하여 채무자와 함께 공동불법행위책임을 부담하는 자가 있고, 채무자의 위와 같은 변제가 공동불법행위자들 내부관계에서 인정되는 자기의 부담 부분을 초과한 것이라면, 채무자는 다른 공동불법행위자에게 공동 면책을 이유로 그 부담 부분의 비율에 따라 구상권을 행사할 수 있다(대판 2005다19378, 대판 2016다229980 등).

3. 해설

원심(서울고판 2019.3.7., 2018나2005483)은 원고가 선행판결에 따라 개인투자자들에게 부당이득반환채무를 변제하였더라도 이는 별개의 소송물인 불법행위로 인한 손해배상채무에는 아무런 영향이 없으므로 원고와 피고들이 공동불법행위자에 해당한다고 하더라도 피고들이 공동의 면책을 얻게 한 것이라고 볼 수 없다고 하면서 원고의 피고들에 대한 구상금 청구를 배척하였으나, 대법원은 펀드 설정 또는 판매에 관여한 피고들이 원고와 함께 개인투자자들에 대하여 공동불법행위책임을 부담한다면, 피고들 중 원고와 함께 공동불법행위책임을 부담하는 자들 사이에서는 원고가 지급한 부당이득반환금에 의하여 소멸된 손해배상채무 중 원고의 부담 부분을 넘는 부분에 대하여 공동의 면책이 이루어졌다고 볼 수 있다고 보아 원고의 구상금 청구를 인용하였다.

2. 금융상품직접판매업자의 손해배상책임

금융상품직접판매업자는 금융상품계약체결등의 업무를 대리·중개한 금융상품판매대리·중개업자[55] 또는 보험업법 제83조제1항제4호에 해당하는 임원 또는 직원("금융상품판매대리·중개업자등")이 대리·중개 업무를 할 때 금융소비자에게 손해를 발생시킨 경우에는 그 손해를 배상할 책임이 있다(금소법45조①본문). 금융상품판매대리·중개업자등은 독립적인 사업자로서 그 대리나 중개행위에 있어서 고의나 과실이 있어서 금융소비자가 피해를 입었다고 하

---

55) 금소법 제25조제1항제2호 단서에서 정하는 바에 따라 대리·중개하는 제3자를 포함하고, 보험업법 제2조 제11호에 따른 보험중개사는 제외한다(금소법45조①괄호).

더라도, 이는 금융상품판매대리·중개업자의 고의나 과실로서 특별한 사정이 없는 한 금융상품직접판매업자는 책임을 지지 않는 것이 원칙이지만, 그 판매의 대리나 중개행위로 인하여 금융소비자에게 손해가 발생하였다면, 외관을 창출한 금융상품직접판매업자의 책임도 있다고 보고, 금융상품직접판매업자에게도 손해배상책임을 물을 수 있도록 한 것이다. 다만, 금융상품직접판매업자가 금융상품판매대리·중개업자등의 선임과 그 업무 감독에 대하여 적절한 주의를 하였고 손해를 방지하기 위하여 노력한 경우에는 그러하지 아니하다(동항 단서). 금융상품직접판매업자의 손해배상책임은 금융상품판매대리·중개업자등에 대한 금융상품직접판매업자의 구상권 행사를 방해하지 아니한다(동조②).

3. 청약의 철회

금융소비자보호법은 금융소비자의 보호를 위해서 일반금융소비자에게 청약을 철회할 수 있는 권리를 부여하고 있다. 그 사유에 관계 없이 일정 기간 내에서는 언제나 행사할 수 있는 강력한 권리이다.

가. 청약철회의 기간

'대통령령으로 정하는 보장성 상품, 투자성 상품, 대출성 상품'56) 또는 금융상품자문에 관한 계약의 청약을 한 '일반금융소비자'는 '다음 각 호의 구분에 따른 기간(거래 당사자 사이에 다음 각 호의 기간보다 긴 기간으로 약정한 경우에는 그 기간)' 내에는 청약을 철회할 수 있다(금소법46조①).

1. 보장성 상품: 일반금융소비자가 상법 제640조에 따른 보험증권을 받은 날부터 15일과 청약을 한 날부터 30일 중 먼저 도래하는 기간(금소법46조①1호)
2. 투자성 상품, 금융상품자문: 다음 각 목의 어느 하나에 해당하는 날부터 7일(2호)
  가. 제23조제1항 본문에 따라 계약서류를 제공받은 날
  나. 제23조제1항 단서에 따라 계약서류를 제공하지 않는 경우에는 계약체결일
3. 대출성 상품: 다음 각 목의 어느 하나에 해당하는 날57)부터 14일(3호)
  가. 제23조제1항 본문에 따라 계약서류를 제공받은 날
  나. 제23조제1항 단서에 따라 계약서류를 제공하지 않는 경우에는 계약체결일

예금성 상품에 대해서 청약철회를 규정하고 있지 않은 이유는 즉시 해지가 가능하여 규정화할 실익이 존재하지 않기 때문이다.

---

56) "대통령령으로 각각 정하는 보장성 상품, 투자성 상품, 대출성 상품"은 금융소비자보호법 시행령 제37조에 규정되어 있다.
57) 다음 각 목의 어느 하나에 해당하는 날보다 계약에 따른 금전·재화·용역의 지급이 늦게 이루어진 경우에는 그 지급일을 말한다(금소법46조①3호 괄호).

나. 청약철회의 효력발생시기

청약의 철회는 다음 각 호에서 정한 시기에 효력이 발생한다(금소법46조②).

1. 보장성 상품, 투자성 상품, 금융상품자문: 일반금융소비자가 청약의 철회의사를 표시하기 위하여 서면등을 발송한 때(금소법46조②1호)
2. 대출성 상품: 일반금융소비자가 청약의 철회의사를 표시하기 위하여 서면등을 발송하고, 다음 각 목의 금전·재화등58)을 반환한 때(2호)
   가. 이미 공급받은 금전·재화등
   나. 이미 공급받은 금전과 관련하여 대통령령으로 정하는 이자
   다. 해당 계약과 관련하여 금융상품판매업자등이 제3자에게 이미 지급한 수수료 등 대통령령으로 정하는 비용

다. 철회에 따른 금전등의 반환

금융상품판매업자등은 청약이 철회된 경우 일반금융소비자로부터 받은 금전·재화등을 다음 각 호의 어느 하나에 해당하는 방법으로 반환하여야 한다(금소법46조③).

1. 보장성 상품: 금융상품판매업자등은 청약의 철회를 접수한 날부터 3영업일 이내에 이미 받은 금전·재화등을 반환하고, 반환이 늦어진 기간에 대하여는 대통령령으로 정하는 바에 따라 계산한 금액을 더하여 지급할 것(금소법46조③1호)
2. 투자성 상품, 금융상품자문: 금융상품판매업자등은 청약의 철회를 접수한 날부터 3영업일 이내에 이미 받은 금전·재화등을 반환하고, 금전·재화등의 반환이 늦어진 기간에 대해서는 대통령령으로 정하는 바에 따라 계산한 금액을 더하여 지급할 것. 다만, 대통령령으로 정하는 금액 이내인 경우에는 반환하지 아니할 수 있다(2호).
3. 대출성 상품: 금융상품판매업자등은 일반금융소비자로부터 제2항제2호에 따른 금전·재화등, 이자 및 수수료를 반환받은 날부터 3영업일 이내에 일반금융소비자에게 대통령령으로 정하는 바에 따라 해당 대출과 관련하여 일반금융소비자로부터 받은 수수료를 포함하여 이미 받은 금전·재화등을 반환하고, 금전·재화등의 반환이 늦어진 기간에 대해서는 대통령령으로 정하는 바에 따라 계산한 금액을 더하여 지급할 것(3호)

라. 위약금 등의 청구 금지

금융상품판매업자등은 금융소비자보호법 제46조 제1항에 따라 청약이 철회된 경우 일반금융소비자에 대하여 청약의 철회에 따른 손해배상 또는 위약금 등 금전의 지급을 청구할 수 없다(금소법46조④).

---

58) 이미 제공된 용역은 제외하며, 일정한 시설을 이용하거나 용역을 제공받을 수 있는 권리를 포함한다(금소법46조②2호 괄호).

728   제12장 금융상품의 판매와 금융소비자보호법

마. 보장성 상품의 특칙

보장성 상품의 경우 청약이 철회된 당시 이미 보험금의 지급사유가 발생한 경우에는 청약 철회의 효력은 발생하지 아니한다(금소법46조⑤본문). 예를 들어, 자동차보험의 보험사고가 발생하여 자동차보험금의 지급사유가 발생하였다면 청약 철회의 효력은 발생하지 않는다. 보험계약자가 보험사고 발생의 사실을 알지 못하고 청약을 철회하였을 가능성이 높기 때문이다. 다만, 일반금융소비자가 보험금의 지급사유가 발생했음을 알면서 청약을 철회한 경우에는 그러하지 아니하다(동항 단서).

바. 편면적 강행규정

금융소비자보호법 제46조 제1항부터 제5항까지 청약의 철회에 관한 규정에 반하는 특약으로서 일반금융소비자에게 불리한 것은 무효로 한다(금소법46조⑥).

4. 위법계약의 해지

가. 의의

금융소비자는 금융상품판매업자등이 제17조(적합성원칙)제3항, 제18조(적정성원칙)제2항, 제19조(설명의무)제1항·제3항, 제20조(불공정영업행위의금지)제1항 또는 제21조(부당권유행위금지)를 위반하여 '대통령령으로 정하는 금융상품'에 관한 계약을 체결한 경우, '금융소비자가 계약체결에 대한 위반사실을 안 날로부터 1년' 이내에 서면등으로 해당 계약의 해지를 요구할 수 있다. 이 경우 해당 기간은 계약 체결일로부터 5년 이내의 범위에 있어야 한다(금소법47조①본문, 동법시행령38조②).

위법계약해지권은 금융소비자가 행사할 수 있는 강력한 권리이다. 종전까지는 금융소비자의 '불법행위에 따른 손해배상청구'가 주류를 이루었으나, 위법계약의 해지권을 행사하면 '계약 자체를 해지'할 수 있기 때문이다. 이러한 위법계약해지권은 해외에서도 입법례를 찾아보기 힘든데, 길게는 5년의 범위 내에서도 계약을 해지할 수 있어서 금융회사의 계약관리 등 업무처리에 상당한 영향을 미치고 있다.

금융소비자의 위법계약해지권은 청약의 철회권(금소법46조)에 비교하면 장기간 동안 행사할 수 있고(위반사실을 안 날로부터 1년), 금융상품판매업자등이 정당한 사유 없이 해지요구에 응하지 않는 경우에는 금융소비자는 일방적으로 계약을 해지할 수 있어서, '정당한 사유'가 인정될 것인지가 중요한 쟁점이 될 것이다. 금융소비자의 해지권이 인정되면 금융상품의 종류 및 특성, 해지 시점 및 금융소비자의 손해정도나 사유 등에 따라 반환 범위에 관하여 다툼이 생길 가능성이 높다.

나. 계약해지의 절차

(1) 금융소비자의 계약해지의 요구

금융소비자는 금융상품판매업자등이 제17조(적합성원칙)제3항, 제18조(적정성원칙)제2항, 제19조(설명의무)제1항·제3항, 제20조(불공정영업행위의금지)제1항 또는 제21조(부당권유행위금지)를 위반하여 '대통령령으로 정하는 금융상품'59)에 관한 계약을 체결한 경우, 금융소비자가 계약 체결에 대한 위반사실을 안 날로부터 1년 이내에 서면등으로 해당 계약의 해지를 요구할 수 있다(금소법47조①본문, 동법시행령38조②).

"금융소비자는 해당 계약의 해지를 요구할 수 있다." 즉, 금융소비자는 계약의 해지를 요구할 수 있으나, 해지요구로 인하여 곧바로 계약이 해지되는 것은 아니다.

(2) 금융상품판매업자등의 수락 여부의 통지

금융상품판매업자등은 해지를 요구받은 날부터 10일 이내에 금융소비자에게 수락 여부를 통지하여야 하며, 거절할 때에는 거절사유를 함께 통지하여야 한다(금소법47조①단서). 만일 금융상품판매업자등이 금융소비자의 계약 해지요구를 수락한다면 그 시점에서 계약이 해지된다. 그러나 금융상품판매업자등이 계약의 해지를 거절한다면, 금융소비자는 통지받은 거절사유를 읽고서 계약 해지의 여부를 최종적으로 결정한다.

(3) 금융소비자의 계약해지권 행사

금융소비자는 금융상품판매업자등이 '정당한 사유' 없이 계약 해지의 요구를 따르지 않는 경우 해당 계약을 해지할 수 있다(금소법47조②). 즉, 금융소비자는 언제든지 금융상품 판매계약을 해지할 수 있는 것이 아니고, 금융상품판매업자등의 계약 해지 거절에 '정당한 사유'가 없는 경우에만 계약을 해지할 수 있다. 금융소비자의 계약해지 요구를 따르지 않는 데 정당한 이유가 있다는 사실은 금융상품판매업자등이 증명하여야 한다.

금융소비자의 계약해지권은 형성권이므로 그 해지의 통지가 금융상품판매업자등에게 도달한 날에 계약이 해지된다. 계약이 해지된 경우 금융상품판매업자등은 수수료, 위약금 등 계약의 해지와 관련된 비용을 요구할 수 없다(금소법47조③).

Ⅳ. 기타 감독 및 처분 제도

1. 금융상품 계약 체결 금지 등의 명령권

금융위원회는 투자성 상품, 보장성 상품 또는 대출성 상품에 관한 계약 체결 및 그 이행

---

59) "대통령령으로 정하는 금융상품"이란 금융소비자와 금융상품직접판매업자 또는 금융상품자문업자 간 계속적 거래가 이루어지는 금융상품 중 금융위원회가 정하여 고시하는 상품을 말한다(금소법시행령38조①).

으로 인해 금융소비자의 재산상 현저한 피해가 발생할 우려가 있다고 명백히 인정되는 경우에는 그 금융상품을 판매하는 금융상품판매업자에 대하여 해당 금융상품 계약 체결의 권유 금지 또는 계약 체결의 제한·금지를 명할 수 있다(금소법49조②, 동법시행령40조②).

영업의 자유를 존중하되 위급할 경우 감독기관에 해당 금융상품 계약의 체결을 금지할 수 있는 명령권을 부여하는 조항이다. 금융위원회는 이 조항에 근거하여 "금융소비자의 재산상 현저한 피해가 발생할 우려가 있다고 명백히 인정되는 경우"에는 금융상품의 판매를 중지시킬 수 있게 되었지만, 요건이 엄격하고 가능한 명령의 형태가 "계약 체결의 권유 금지 또는 계약 체결의 제한·금지"로서 한정적이기 때문에 실제로 발동되기가 어려울 것으로 보인다.

2. 과징금과 과태료의 강화

금융위원회는 금융상품직접판매업자 또는 금융상품자문업자가 다음 각 호의 어느 하나에 해당하는 경우 그 위반행위와 관련된 계약으로 얻은 수입 또는 이에 준하는 금액("수입 등")의 100분의 50 이내에서 과징금을 부과할 수 있다(금소법57조①본문).

1. 제19조(설명의무)제1항을 위반하여 중요한 사항을 설명하지 아니하거나 같은 조 제2항을 위반하여 설명서를 제공하지 아니하거나 확인을 받지 아니한 경우(금소법57조①1호)
2. 제20조(불공정영업행위의 금지)제1항 각 호의 어느 하나에 해당하는 행위를 한 경우(2호)
3. 제21조(부당권유행위의 금지) 각 호의 어느 하나에 해당하는 행위를 한 경우(3호)
4. 제22조(금융상품등에 관한 광고 관련 준수사항)제3항 또는 제4항을 위반하여 금융상품등에 관한 광고를 한 경우(4호)

금융상품판매업자등이 영업행위 규제를 위반하였을 경우에, 금융소비자에 대한 '징벌적 손해배상' 제도를 수용하지 않고, 금융상품직접판매업자 또는 금융상품자문업자가 얻은 '관련 수입'의 50%까지 박탈할 수 있는 '징벌적 과징금' 제도를 도입하였다. 금융소비자보호법 시행령 제43조는 "수입등"을 산정할 때에는 그 명칭 여하를 불문하고 계약 체결 및 그 이행으로 인하여 금융소비자로부터 얻는 모든 금전등을 대상으로 하여 산정하고 있다.

다만, 위반행위를 한 자가 그 위반행위와 관련된 계약으로 얻은 수입등이 없거나 수입등의 산정이 곤란한 경우로서 대통령령으로 정하는 경우에는 10억원을 초과하지 아니하는 범위에서 과징금을 부과할 수 있다(금소법57조①).

제13장

암호기술의 이해와 가상자산이용자보호법

제1절

총설

2009년 비트코인이 처음 등장한 이후, 분산장부기술(DLT)을 이용한 인터넷상의 '전자적증표'1)가 관심을 끌고 있다. 제13장에서는 인터넷상에서 발행·유통되는 전자적증표의 본질을 살펴보고,「가산자산 이용자 보호 등에 관한 법률」('가상자산법')을 통해서 현실의 규제와 어떻게 연결되는지를 논의한다.

I. 암호기술의 이해와 법적 함의

1. 개념과 용어의 이해

인터넷 네트웍상의 '전자적증표'는 가상화폐, 가상자산, 토큰, 코인, NFT 등의 다양한 모습으로 나타나며, 같은 용어를 사용하더라도 상황이나 맥락에 따라서는 그 의미가 다르다. 인터넷상의 가상공간에서 전자적 파일의 형태로 유통되므로 전통적인 유형의 소유물이나 무형의 지적재산권 중 어느 것에도 정확하게 해당하지 않기 때문이다. 종전에 생각하지 못한 형태인데, 특정한 전자적증표가 법적인 측면에서 어떠한 의미를 가지는지는 기존의 재산권 중 어느 하나로 구분하여 억지로 관련법령을 적용하기 보다는 해당 전자적증표의 기능, 사용처 등을 충분히 파악한 후에 사안별로 관련법령을 적용하여야 한다. 이를 위해서는 우선 암호기술을 이해하고, 사용되는 용어의 개념을 정확하게 이해하여야 한다.

"가상화폐(virtual currency)"2)는 인터넷 네트워크로 연결된 가상공간에서 사용하는 디지털 화폐 또는 전자화폐의 일종이다. 분산장부기술을 이용하고 글로벌 인터넷 네트워크상에서 사용되므로 정부에 의한 통제가 어려운데, 이 점에서 같은 분산장부기술을 사용하더라도 중

---

1) 가상자산법 제2조 제1호는 "가상자산이란 경제적 가치를 지닌 … 전자적증표를 말한다."고 하면서 '전자적증표'를 대표적인 용례로 사용하고 있다.

2) 미국 뉴욕 주는 "가상화폐"란 교환의 수단 또는 디지털의 형태로 저장된 가치로써 디지털 단위의 형태를 의미한다(New York BitLicense §200.2(p))고 규정하고, 일본 자금결제법은 '불특정인을 상대로 사용·구입·매각·상호교환이 가능한 재산적 가지가 있고 전자성보처리조직을 이용하여 이전이 가능한 것'(日本 資金決濟に関する法律 第2條 第5項)으로 정의하고 있다.

앙은행의 개입을 염두에 두고 설계되는 중앙은행디지털화폐(CBDC)와는 차이가 있다.

"암호화폐(crypto currency)"는 암호화 기술을 사용하는 가상화폐이다. 비트코인은 가상화폐이지만, 암호기술을 이용하므로 암호화폐이다.

"디지털화폐(digital currency)"는 디지털 기술을 사용하는 화폐이다. 가상화폐 및 암호화폐는 모두 디지털기술을 사용하므로 디지털화폐의 일종이다.

"가상자산(virtual assets)"이란 인터넷 네트워크로 연결된 가상공간에 존재하는 '경제적 가치가 있는 재산'을 말한다. 우리나라의 가상자산법 제2조 제1호는 '경제적 가치를 지닌 것으로서 전자적으로 거래 또는 이전될 수 있는 전자적증표'로 정의하고 있다.

"토큰과 코인"은 차이가 있다. 독자적인 네트워크(플랫폼)를 사용하면 '코인'이고, 다른 네트워크를 이용하면 '토큰'이라고 부르지만, 법규제의 측면에서 양자를 구분하는 것은 큰 의미가 없다. 비트코인은 독자적인 네트워크를 사용하므로 코인이다.

"대체불가능토큰(NFT)"은 블록체인 기술을 이용해서 인터넷상에 있는 전자적 파일의 소유를 증명하는 전자적증표로서, 디지털로 작성된 그림이나 영상 등에 복제 및 위조가 불가능한 암호를 증명서로 붙임으로써 해당 전자적 파일의 고유성, 원본성 및 소유권을 나타내는 용도로 사용된다. 블록체인에 기반한 분산장부기술을 활용하는 점에서는 일반적인 가상자산과 동일하지만, 별도의 고유한 인식 값이 부여되어 있어서 대체가 불가능하다. 따라서 대체불가능토큰(NFT)은 특정물이고, 널리 알려진 비트코인은 불특정물, 특히 종류물로 볼 수 있다. 그러나 같은 내용의 전자적 파일에 일련의 번호를 붙여서 전자적증표를 발행하면서도 대체불가능토큰이라는 이름을 사용하는 경우도 있는 데, 이 경우에는 특정물로 보기는 곤란하고 종류물로 보아야 한다.

2. 분산장부기술과 탈중앙화

"분산장부기술(DLT)"은 은행이나 예탁원 등 전통적인 금융기관의 중앙집중적 정보저장장치에 거래정보를 기록하는 것이 아니라, 다수인이 참여하는 인터넷상의 P2P 네트워크에 거래정보를 기록·공유하는 기술이다. 주의할 것은 린든 달러(L$)처럼 중앙집중적 정보저장장치를 이용하는 경우도 있기 때문에 가상화폐 또는 가상자산이라는 명칭을 사용한다고 하여서 언제나 분산장부기술을 채택하고 있다고 생각하면 아니 된다. 이름은 자유롭게 붙일 수 있는 것이므로, 어떠한 법령을 적용할 것인지는 명칭에 구애받지 말고 그 용처 및 내용을 살펴보아야 한다.

분산장부기술은 은행, 예탁원, 거래소 등 중앙집중방식으로 정보를 저장하고 관리하는 전통적인 중앙집중형 금융시스템에 새로운 도전을 제기한다. 전통적인 금융시스템에서는 은행, 거래소, 예탁원 등의 중개금융기관을 통해서 손쉽게 정보를 얻고 필요한 때에 적절한 규제를 시행할 수 있었지만, 인터넷 네트워크상에 있는 수많은 컴퓨터에 거래정보를 분산하여 저장하는 분산장부시스템하에서는 참가자들은 탈중앙화 기술을 이용하여 은행 등 중개기관을 통하지 않고서도 거래할 수 있으므로, 거래정보를 파악하기가 어렵게 되고, 규제를 피하거나 우회할 수 있는 수단이 많아지기 때문이다. 그러나 아무리 혁신적인 기술이라도 정부와 감독기관의 감시를 피해서 현실의 세계에서 작동하는 데에는 한계가 있을 수밖에 없으므로 그 선언적 구호에 너무 많은 신빙성을 부여할 필요는 없다.[3]

"블록체인(blockchain)"은 다수인이 참여하는 인터넷의 수많은 컴퓨터 네트웍상에 사슬처럼 연결되어 있는 블록의 체인을 만들어 양도인과 양수인이 거래한 데이터를 기록하고, 거래내역의 위조와 변조, 복제를 방지하기 위해 암호화 기법을 사용하는 분산장부기술이다. 비트코인은 블록체인기술을 사용하는 대표적인 전자적증표이다.

"분산 앱(dapp)"은 응용프로그램의 일종으로서, 표현 그대로 중앙관리자 없이 세계 곳곳에 존재하는 유저들이 네트워크를 유지하는 소프트웨어이다. 공개적으로 유통 가능한 암호토큰을 가지고 있으며, 유저의 개선요구가 있을 때에는 합의에 의해서 프로토콜(규약)을 개선할 수 있다. 이더리움이 대표적인데, 블록체인상에서 누가 토큰을 발행하고 소유하는지 그 규모는 어떠한지 등을 결정한다. 분산앱은 토큰의 거래조건 등을 결정하는 스마트계약의 역할을 한다.[4]

3. 컴퓨터 프로그래밍과 다양한 사용처

분산장부, 블록체인, 가상화폐, NFT의 생성과 거래 등은 모두 컴퓨터 프로그래밍을 통해서 구현된다. 개발자는 인터넷상의 전자적증표를 지급결제를 위한 화폐로 사용할 것인지, 거래와 수익을 얻기 위한 자산으로 사용할 것인지, 증권상의 권리를 화체시킨 후 유통수단(이른바 '증권형토큰')으로 사용할 것인지, 다양한 정보를 저장하는 장부로 사용할 것인지를 자유롭게 프로그래밍할 수 있다. 이러한 암호기술의 복잡하고 다양한 성격은 금전, 화폐, 증권 등의 특정한 법리를 그대로 적용하기 어렵게 하지만, 그 내용을 자세히 살펴보면 지급수단으로 사용되는지, 특정인에 대한 급부를 청구할 수 있는 채권에 해당하는지, 증권상의 권리를 화체한 것인지, 오프라인상의 자산인 건물이나 그림 등을 분할한 것인지를 알 수 있다. 전통적인 오프라인 거래와의 차이는 중개기관을 거치지 않고도 온라인상에서 거래상대방을 신뢰하고 거래할 수 있는 수단을 제공하는 데 있다.

새로운 기술은 혁신적인 거래방식과 시장을 제공하였지만 개발자들의 희망대로 작동할

---

3) Rosa Maria Lastra & Jason Grant Allen, Virtual Currencies in the Eurosystem: Challenges Ahead, 52 Int'l Law. 177, 178 (2019), pp.190-191.

4) 김홍기, "대체불가능토큰(NFT)의 디지털 고유성과 매매법리의 적용 방안," 「금융법연구」 제19권 제3호(금융법학회, 2022), 98면.

것인지는 분명치 않다. 개발자가 특정한 목적을 위해서 개발하였다고 하더라도 참가자들이 다른 목적으로 사용하는 경우에는 어려움은 더욱 가중된다. 사토시 나카모토는 법정화폐를 대체하기 위해서 비트코인을 설계하였지만, 현실에서는 투기적인 자산으로 거래되는 것처럼 반드시 개발자의 뜻대로 사용되는 것도 아니다. 많은 경우에는 '코인'이라는 이름이 붙어있어서 마치 금전이나 화폐처럼 보이지만, 실제는 가격상승을 기대하면서 '코인'이라는 이름을 붙인 것일 뿐이다. 자산으로 거래되는 경우에도 가격 변동의 폭이 매우 큰데, 그 자체에 내재적인 가치가 없이 인터넷상에서 유통되는 전자적증표에 불과한 경우가 많아서 상당수의 코인은 거품이 급격히 꺼질 우려도 있다.

암호기술에 기반한 전자적증표는 온라인에서 거래되기 때문에, 오프라인 환경에서 형성된 법률과 법이론들은 그에 맞추어 수정되거나 유추적용되어야 한다. 특히, 특정한 재산을 쪼개어 거래하는 조각투자시장이 커지면서 재산권의 개별적인 양도를 염두에 두고 형성된 민법상 소유권 이전의 전통적인 법리도 재검토할 필요성이 높아지고 있다.[5]

4. 금전, 증권, 물건 등과의 비교

비트코인을 비롯한 전자적증표들은 그 기능에 따라 ①지급과 교환의 매개로서의 금전(money), ②교환의 매개와 척도로서의 화폐(currency),[6] ③가치저장과 거래의 수단으로서의 증권(securities), 자산(assets), 금융상품(financial instruments), ④정보를 기록하는 장부(ledger)로 분류할 수 있으나, 그럼에도 불구하고 전통적인 금전, 화폐, 자산, 장부와는 여전히 미묘한 차이가 있다.

①금전, ②화폐와 비교하여 살펴본다. 대표적인 전자적증표인 비트코인은 지급의 수단, 교환의 척도로서 사용될 수 있으며, 참여자들이 직접 주고받을 수 있는 점에서 현금인 동전이나 지폐와 유사하지만, 사람의 손을 통해서 점유가 이전되는 동전이나 지폐와는 달리, 인터넷상에서 전자적증표로 발행·이전·저장되는 점에서 차이가 있다. 중앙은행이 아닌 민간에서 발행되므로, 법정화폐(legal tender)[7] 또는 명목화폐(fiat money)[8]가 아니라는 점에서도 구분된다. 달러 등 법정화폐의 계정단위로 표시되는 페이팔 등의 '전자화폐'[9]는 달리, 비트코인은 자생적으로 생성된 것으로써 일단 발행되어 인터넷망을 통해서 유통되면 그 발행자가

---

5) 김홍기, "최근 디지털 가상화폐 거래의 법적 쟁점과 운용방안 -비트코인 거래를 위주로-", 「증권법연구」 제15권 제3호(증권법학회, 2014), 396, 397, 416, 424면 참조.
6) 화폐(currency)는 상품의 가치를 나타내며 지불기능을 가진 교환수단을 말한다.
7) 법정화폐(legal tender)는 우리가 사용하는 한국은행의 천원권, 만원권처럼 국가에 의해서 통용력이 부여된 금전의 한 형태다. 비트코인은 법정화폐는 아니지만, 최근 엘살바도르는 법정화폐로 도입하였다.
8) 금, 은, 동, 구리, 조개껍질 등 실질적 가치를 가지는 상품화폐와는 달리, 명목화폐(fiat money)는 정부에 의해서 권위가 부여된 화폐이다. 20세기 중반 이전에 금 또는 은에 대한 교환이 보증되어 있던 태환지폐의 반대의미로 사용된다. 명령, 권위를 의미하는 'fiat'라는 단어를 사용한다.
9) 전자금융거래법 제2조 제15호 전자화폐의 개념 참조.

따로 책임을 지는 것은 아니다. 준비금이 필요없고, 최후의 신용기관인 중앙은행이 없으며, 일단 발행되면 발행자의 책임으로 연결시키기 어려운 점에서 차이가 있다. 물론, 사기 등 불법적인 목적으로 발행하는 경우에는 그에 대해서 손해배상책임을 진다.

③증권, 자산, 금융상품 등과 비교하여 살펴본다. 일반적으로 증권은 투자를 위한 경제활동의 수요를 반영하여 발행되며, 그 내용에 따라서 사법상의 채권·채무관계가 형성되고 채무자를 상대로 그 이행을 청구할 수 있는 일체의 수단이다.[10] 폭 넓은 증권의 내용 때문에 증권이나 금융투자상품에 대한 각국의 개념 정의는 차이가 있게 된다.[11] 그러나 투자상품의 속성을 가지는 이상 그 권리가 현실의 종이에 표시되든지, 인터넷상의 전자적 파일에 저장되든지, 중앙집중 또는 분산방식으로 관리되는지는 현대적인 증권의 개념에 장애가 되지 않는다. 따라서 증권성 여부가 문제되는 경우에는 코인발행(ICO)이든 증권형토큰(STO)이든 그 명칭에 관계 없이 내용을 살펴보아야 한다. SEC는 2017년 7월 DAO 사건에 대한 보고서[12]에서, 사안별 결정방식을 채택하면서, Howey 판결[13]상의 기준을 적용하여 증권에 해당할 수 있다고 판단하였는데, 현재까지는 암호기술을 사용하는 디지털 거래에 대한 가장 일반적인 접근방식이라고 본다.

④블록체인 분산장부기술은 정보를 기록하는 장부로서 사용될 수 있다. 기존에는 회사나 금융기관이 중앙집중서버에 정보를 기록하고 관리하여 왔으나, 블록체인과 분산장부기술을 이용하면 인터넷에 연결된 수많은 개별컴퓨터에 정보를 저장하면서도 그 위조나 변조를 방지할 수도 있다.

⑤그 밖에 전자적증표가 민법상 물건에 해당하는지가 문제된다. 인터넷 네트워상에서 전자적 파일의 형태로 존재하는 모습이 유형물을 염두에 두고 마련된 전통적인 물건과는 차이가 있기 때문인데,[14] 만일 법적 개념의 불충분성 때문에 실제로 거래되는 전자적증표의 재산성을 부인한다면, 경제적 실체에 맞지 않을 뿐만 아니라 시장참가자들도 수긍하기 어려울 것이다. 우리나라의 판례에서는 비트코인을 '디지털정보'로 보고 그 물건성을 부인한 경우[15]가 있으나, 가상자산법이 가상자산을 경제적 가치를 가지는 '전자적증표'로 규정하는 이상

---

10) Thomas Lee Hazen, 「Securities Regulation(4th ed.)」(West Academic Publishing, 2017), p.1.

11) 유럽 금융상품지침[2004/39/EC(MiFiD)]은 '양도가능한 증권'을 지분증권, 채무증권 및 잔여 범주로 정의한다. 미국의 33년 증권법은 규제대상인 증권(security)의 종류를 열거하면서도 포괄적인 개념인 '투자계약(investment contract)'을 증권의 일종으로 규정하여 열거주의 방식을 보완하고 있다(1933년법 §2(a)(1)). 우리나라의 자본시장법은 증권을 금융투자상품의 일부로 파악하고(자본시장법 제3조), 다시 지분증권, 채무증권, 수익증권 등으로 구분하고 있다(동법 제4조).

12) SEC, Report of Investigation Pursuant to Section 21(a) of the Securities Exchange Act of 1934: The DAO, SEA of 1934 Release No. 81207, at 1, 11−15 (July 25, 2017).

13) SEC v. W.J. Howey & Co., 328 U.S. 293 (1946).

14) 일본의 동경지방법원은 Mt. Gox 사건에서 비트코인의 물건성을 부정하고 데이터로 취급하였다. 東京地方裁民事第28部, 平成 27年8月5日 宣告, 平成26年(ワ)第33320号 判決. ビットコイン引渡等請求事件.

15) 서울고판 2021.12.8., 2021나2010775(대판 2022다204029호로 계속 중이다가 상고 취하로 확정).

물건성을 인정할 가능성이 높아졌다.

Ⅱ. 전자적증표의 영역별 규제방안

분산장부기술에 기반한 전자적증표는 다양하게 사용될 수 있고 서로 배타적이지 않기 때문에 화폐로 사용되면서도 자산으로서 이용되거나, 정보저장을 위한 장치로서도 이용될 수도 있다. 크게는 ①지급 및 결제수단, ②교환의 척도와 매개체, ③증권 또는 자산, ④정보를 저장하거나 각종 서비스를 제공하는 장부, 바우처(voucher)[16), 스마트계약이나 의결권 행사장치 등으로도 사용되는데, 이들 사이의 경계는 애매해서 법령을 선택하고 적용하는데 어려움이 있다. 여기에서는 주요 영역별로 규제방안을 살펴본다.

1. 지급 및 결제수단 규제

"금전(money)"은 명확한 개념 정의가 있는 것은 아니지만, 물리적 화폐를 사용하든지, 계좌 이체시스템을 사용하든지 간에 일반적으로 지급과 교환의 기능을 하는 것을 말한다.

비트코인과 같은 전자적증표는 전통적인 금전은 아니지만, 지급결제, 송금의 수단으로도 이용되고 있어서 금전성을 인정할 수 있는지가 논란이 된다. 아직까지는 어떤 가상화폐도 '충분히' 금전의 지위를 획득하지는 못했다고 생각하지만, 널리 사용되는 비트코인이나 이더리움의 경우에는 금전성을 인정할 수 있다는 견해도 가능하다. 나아가 베네수엘라처럼 정부가 특정한 전자적증표(비트코인)를 지급결제의 수단으로 공식적으로 채택한다면, 해당 국가에서는 금전성을 인정받고, 다른 종류의 금전과 경쟁하면서 더 복잡해진 지급시스템의 일부를 구성할 것이다.

비트코인 등 전자적증표가 지급수단으로 사용되는 것은 어느 정도 불가피하겠지만, 전자적증표의 약점상[17) 전통적인 통화와 통화시스템을 완전히 대체하는 것은 어려워 보인다. 범죄 및 탈세의 목적으로 사용될 수도 있지만, 수월한 자금이체 및 지급, 개인정보의 보호 등 장점도 많으므로 어떻게 이용할 것인지는 정부 및 시장참가자의 노력에 달려있다.

2. 통화, 화폐 및 시스템위험 규제

전자적증표의 사용이 편리해지고 신뢰가 확보되면 전통적인 법정화폐의 경쟁자가 될 가능성을 배제할 수 없지만, 중앙은행의 통화 권한에 대한 가상화폐의 도전은 찻잔 속의 태풍

---

16) 바우처는 주택, 여행, 음식 바우처 등 특정상품에 대해서만 소비할 수 있는 채권의 일종이다.
17) 블록체인 기반 분산장부기술은 중앙집중형 전자결제시스템에 비해 느리고, 시장의 요구에 따라 공급물량을 조정할 수 있는 중앙기관이 없으며, 거래의 실행을 위해서 엄청난 양의 컴퓨팅 파워와 전기에너지가 요구된다는 것이 약점으로 지적된다.

에 그칠 수도 있다. 법정화폐를 대체하려는 기대 하에 비트코인이 설계되었지만, 실제 비트코인을 비롯한 주요한 가상화폐는 자산으로 거래되고 있을 뿐 지급수단으로서는 거의 사용되지 않고 있기 때문이다. 결국 가상화폐의 거래량이 증가하더라도 법정화폐를 위협할 정도는 아니다. 다만, 기술의 발전, 전통적인 금융기관과의 협력 등을 통해서 지급수단으로서의 가상화폐 사용이 급격히 확대될 수 있다는 가능성을 무시해서는 아니 된다.

금전, 통화, 증권 중 무엇으로 취급되든지에 관계없이, 가상자산시장이 시중의 유동성에 문제를 불러일으킬 정도로 성장하였을 때 그 붕괴로 인한 위험은 은행 등 제도권 금융시스템에 전이될 수 있다. 가상자산 시장의 활동은 은행시스템과 격리되어 있지만 완전히 자급자족할 수는 없고, 어느 정도 은행시스템과 연결될 수밖에 없다. 많은 전자적증표는 비트코인 또는 이더리움으로만 구매할 수 있는데, 이는 비트코인이나 이더리움의 기술적 우위 때문이라기 보다는 이를 통해서 법정화폐로 교환하는 것이 수월하기 때문이다. 주목할 것은 은행 등 제도권 경제와의 얽힘의 정도이다. 정부는 가상자산에 기반한 그림자 금융의 규모가 지나치게 커지거나 전통적인 금융시스템과 얽히지 않도록 사전적인 조치를 취해야 한다.

3. 증권 및 자산시장 규제

증권은 법령에 따라 그 개념 정의에는 차이가 있지만, 폭 넓은 관점에서는 경제활동의 수요를 반영하는 '일체의 수단'으로 정의할 수 있다.[18] 투자수익을 얻기 위해서 전자적증표가 이용되는 경우에는 '증권'과 비슷한 기능을 한다. 전자적 형태로 존재하는지, 중앙집중이나 분산방식으로 관리되는지는 증권성의 인정 여부에 장애가 되지 않는다.

증권에 대한 각국의 제도적 차이 때문에 전자적증표가 증권에 해당하는지는 일률적으로 결정할 수는 없고, 해당 전자적증표의 기능, 기술적 이해, 개발자의 의도, 사용처 등을 충분히 파악한 후에 사안별로 결정하여야 한다. SEC는 2017년 7월 발간한 DAO 보고서[19]에서 사안별 결정방식에 의하되, Howey 판결[20]상의 기준을 적용하여 증권의 여부를 판단하였다. 독일의 연방금융감독청(BaFin)은 2016년 독일 은행법(Kredit-wesengesetz) §1(11)의 계정단위(unit of account)[21]에 대한 유권해석에서 비트코인을 금융상품(financial instruments)으로 취급하였고, 2017년경 ICO에 대해서는 내용에 따라 사안별로 증권법을 적용할 것을 권고했다. 우리나라는 최근 뮤직카우를 비롯한 각종 조각투자의 증권성 여부, 알고리즘형 스테이블코인인 루나-테라의 증권성 여부 등이 논란이 되어 있다(☞ 앞의 제2장 제2절 V.3 투자계약증권성이 문제되는

---

18) Thomas Lee Hazen, 「Securities Regulation(4th ed.)」(West Academic Publishing, 2017), p.1.

19) SEC, Report of Investigation Pursuant to Section 21(a) of the Securities Exchange Act of 1934: The DAO, SEA of 1934 Release No. 81207, at 1, 11-15 (July 25, 2017).

20) SEC v. W.J. Howey & Co., 328 U.S. 293 (1946).

21) 계정단위(unit of account)는 법정화폐는 아니고 외환과 유사하다.

사례 참조).

상당수의 증권이 증권거래소에서 거래되듯이, 가상자산거래소는 인터넷상의 전자적증표가 오프라인 세계와 만나는 중요한 접점인데, 관련규정의 미비로 인하여 15세기 영국에서 증권거래소가 탄생할 당시에 겪었던 어려움을 겪고 있다. 가상자산거래소들은 고객의 예탁금을 반환하기에 충분한 자산을 보유하고 있다고 주장하지만 분명하지 않을 뿐만 아니라[22] 고객보호규정이 제대로 작동되고 있는지 알 수가 없다. 엄격하게 관리되는 증권거래소처럼 가상자산거래소에 대한 규제체계도 갖추어야 한다.

4. 그 밖의 규제

가. 장부, 스마트계약 등 규제

인터넷상의 전자적증표는 소프트웨어나 상품 또는 서비스에 접근할 수 있는 바우처와 같은 기능, 즉 정보를 기록하는 기능을 할 수 있다. 스마트계약[23]을 이용하여 정보를 저장하거나, 분산조직의 투표장치로 사용되는 등 다양하게 이용되는데, 어떠한 법령을 적용할 것인지는 그 기능, 개발자의 의도, 사용처 등을 종합해서 사안별로 결정하여야 한다.

나. 개인정보보호

개인정보보호를 포함한 프라이버시는 헌법상의 기본적인 권리이다. 분산장부기술의 익명성은 거래내역을 은폐하거나 규제를 우회하는데 사용될 수도 있으나, 개인정보 보호장치의 구축을 위해서도 사용될 수 있다. 결국 분산장부기술의 익명성은 긍정적인 측면과 부정적 측면을 모두 가지고 있으며, 개인정보보호와 법집행을 위한 정보 파악 간에는 합리적인 균형이 필요하다.

다. 세금

또 다른 중요한 과제는 금융범죄와 탈세의 수단으로 암호기술과 분산장부기술이 사용되지 않도록 하는 것이다. 분산장부기술은 금융서비스를 탈중앙화함으로써 중개기관의 필요성을 줄일 뿐만 아니라, 익명으로 거래되는 경우에는 수익을 파악하기가 어렵다. 탈세를 위해서 암호기술을 사용하면 과세기반을 훼손할 수 있기 때문에 적절한 통제가 필요하다.

라. 자금세탁

암호기술, 분산장부기술은 금융혁신을 촉진할 수 있지만 자금세탁에 이용될 수도 있다. 기존에는 중개금융기관을 통해서 거래정보를 파악하였으나, 익명성이 강화된 암호기술을 이

---

[22] 가상자산법 제7조 제2항은 가상자산사업자는 이용자로부터 위탁받은 가상자산과 동일한 종류와 수량의 가상자산을 실질적으로 보유하도록 규정하고 있다.

[23] 스마트계약에 관해서는 정경영, "암호통화(cryptocurrency)의 본질과 스마트계약(smart contract)에 관한 연구,"「상사법연구」제36권 제4호(상사법학회, 2018) 참조.

용하여 새로운 자금세탁과 불법자금 조달 유형이 등장하고 있기 때문이다. 정부는 가상자산 거래소 등을 통해서 적시에 정보를 파악하고, 거래위험을 완화하기 위해 적절한 조치를 취하여야 한다.[24]

Ⅲ. 가상자산법의 체계와 기본 개념

1. 가상자산법의 체계와 내용

2021년 3월 특정금융정보법의 개정으로 가상자산사업자에 대한 신고제가 도입되고 자금세탁방지의무, 고객별 거래내역 분리보관, 예치금의 분리보관의무 등이 마련되었으나, 자금세탁방지 중심의 규제체계로는 가상자산 이용자 보호에 한계가 있다는 지적[25]이 계속되었다. 이에 국회는 2023. 7. 18.「가상자산 이용자 보호 등에 관한 법률안」(2024.7.19. 시행)을 제정하였다. 국제적으로 합의된 규율체계가 부재한 상황에서, 가상자산 이용자를 보호하기 위해서 이용자 자산의 보호장치와 불공정거래 규제를 우선하여 도입한 것이다.

가상자산법은 5개 장, 22개 조문에 불과하지만, 가상자산에 대한 최초의 금융규제 법령으로서 가상자산업시장과 업계, 이용자에게 커다란 영향을 미칠 것으로 예상된다. 가상자산법은 가상자산, 가상자산사업자를 특정금융정보법상의 개념 정의와 동일하게 규정하되, 한국은행이 발행하는 전자적 형태의 화폐(CBDC) 등은 적용대상에서 제외하였다. 이용자를 보호하기 위해서 가상산사업자는 이용자의 예치금을 고유재산과 분리하여 은행 등 관리기관에 예치 또는 신탁하고(가상자산법6조~9조), 미공개정보이용행위를 비롯한 불공정거래를 금지하며(동법10조~12조), 불공정거래행위에 대해서 형사처벌과 과징금을 부과하고 있다(동법19조, 17조).

2. 가산자산

가상자산법상 "가상자산"이란 경제적 가치를 지닌 것으로서 전자적으로 거래 또는 이전될 수 있는 전자적증표(그에 관한 일체의 권리를 포함한다)를 말한다(가상자산법2조1호). 특정금융정보법 제2조 제3호의 가상자산에 관한 개념 정의를 그대로 따르면서 폭 넓게 가상자산의 개념을 정의하고 있는데, 이러한 방식이 적절한 것인지는 논란이 있으나, 혼란을 줄이고 폭 넓게 가상자산의 개념을 정의함으로써 유연성을 발휘하기 위한 것으로 보인다.

가상자산법은 가상자산을 '경제적 가치'가 있는 전자적증표에 한정하고 있으나, 경제적 가치의 여부에 대한 판단이 애매한 경우가 많음을 생각하면 경제적 가치가 있는 것에 한정

---

24) FATF,「Updated Guidance for a Risk-Based Approach to Virtual Assets and Virtual Asset Service Providers」(FATF/OECD, 2021), p.7.

25) 이정수, "가상자산 이용자 보호 등에 관한 법률의 법적 의의와 쟁점 및 향후 입법방향,"「증권법연구」제24권 제2호(증권법학회, 2023), 96면.

할 필요가 있는지는 의문이다. 또한 가상자산법은 분산장부기술을 요건으로 하지 않고 '전자적으로 거래 또는 이전될 수 있는 것'이면 모두 가상자산으로 폭 넓게 규정하는데, 유연성을 발휘하기 위한 것으로 보이지만 지나치게 그 적용범위가 넓어질 것이 우려된다. 유럽의 MiCA는 "암호자산(crypto-asset)"을 '분산장부기술(DLT) 또는 이와 유사한 기술을 사용하여 전자적으로 전송 및 저장할 수 있는 가치 또는 권리의 디지털 표현'[26](MiCA §3.1.(2))으로 규정하면서, 분산장부기술의 사용을 암호자산의 핵심적인 요소로 요구하고 있으며, '가치'라는 용어를 사용할 뿐 경제적이라는 문구는 두고 있지 않다.

가상자산법은 다음 각 목의 어느 하나에 해당하는 것은 가상자산에서 제외하고 있다(가상자산법2조1호).

가. 화폐·재화·용역 등으로 교환될 수 없는 전자적증표 또는 그 증표에 관한 정보로서 발행인이 사용처와 그 용도를 제한한 것(가상자산법2조1호 가목)

나. 게임산업진흥에 관한 법률 제32조제1항제7호에 따른 게임물의 이용을 통하여 획득한 유·무형의 결과물(나목)

다. 전자금융거래법 제2조제14호에 따른 선불전자지급수단 및 같은 조 제15호에 따른 전자화폐(다목)

라. 전자등록법 제2조제4호에 따른 전자등록주식등(라목)

마. 전자어음법 제2조제2호에 따른 전자어음(마목)

바. 상법 제862조에 따른 전자선하증권(바목)

사. 한국은행이 발행하는 전자적 형태의 화폐 및 그와 관련된 서비스(사목)

아. 거래의 형태와 특성을 고려하여 대통령령으로 정하는 것(아목)[27]

3. 가상자산사업자

"가상자산사업자"란 가상자산과 관련하여 다음 각 목의 어느 하나에 해당하는 행위를 영업으로 하는 자를 말한다(가상자산법2조2호).

가. 가상자산을 매도·매수("매매")하는 행위(가상자산법2조2호 가목)

나. 가상자산을 다른 가상자산과 교환하는 행위(나목)

다. 가상자산을 이전하는 행위 중 대통령령으로 정하는 행위(다목)

라. 가상자산을 보관 또는 관리하는 행위(라목)

---

26) MiCA Article 1(2) 'crypto-asset' means a digital representation of value or rights which may be transferred and stored electronically, using distributed ledger technology or similar technology.

27) MiCA는 증권형 토큰에 대해서는 증권법의 적용을 생각하고 따로 규제하고 있지 않고, 유틸리티토큰, 에어드롭, NFT 등에 대해서는 적용을 배제하는데(MiCA §4.2) 향후 가상자산법시행령에서는 이러한 토큰의 배제 여부가 문제될 것이다.

마. 가목 및 나목의 행위를 중개·알선하거나 대행하는 행위(마목)

가상자산법은 가상자산거래소를 염두에 두고 가상자산을 매도·매수("매매")하는 행위, 가상자산을 다른 가상자산과 교환하는 행위, 가상자산을 보관 또는 관리하는 행위 등을 가상자산사업자의 영업행위로 규정하고 있다. 이는 특정금융정보법상 가상자산사업자의 개념(특금법2조1호 하목)과 동일하지만, 특정금융정보법에서 가상자산사업자의 업무로 열거하고 있는 '그 밖에 가상자산과 관련하여 자금세탁행위와 공중협박자금조달행위에 이용될 가능성이 높은 것으로서 대통령령으로 정하는 행위'는 포함하고 있지 않은 점에서 차이가 있다.

4. 이용자

"이용자"란 가상자산사업자를 통하여 가상자산을 매매, 교환, 이전 또는 보관·관리하는 자를 말한다(가상자산법2조3호). 자본시장법은 '투자자'라고 하는 반면에, 가상자산법은 '이용자'라는 용어를 사용한다. 가상자산이 암호기술 또는 분산장부기술을 이용하는 측면이 있고, 지급결제용 토큰 등의 경우에는 투자목적이 아님을 염두에 둔 것으로 보인다.

5. 가상자산시장

"가상자산시장"이란 가상자산의 매매 또는 가상자산 간 교환을 할 수 있는 시장을 말한다(가상자산법2조4호).

6. 다른 법률과의 관계

가상자산법 제4조는 "가상자산 및 가상자산사업자에 관하여 다른 법률에서 특별히 정한 경우를 제외하고는 이 법에서 정하는 바에 따른다."고 하면서, 가상자산에 대해서는 가상자산법이 우선하여 적용됨을 규정하고 있으나 이 조문의 해석에는 주의할 것이 있다. 가상자산법 제2조 제1호가 가상자산의 개념을 "경제적 가치를 지닌 것으로서 전자적으로 거래 또는 이전될 수 있는 전자적증표"라고 폭 넓게 정의하고 있어서 사실상 모든 전자거래에 가상자산법이 우선하여 적용될 수 있기 때문이다. 따라서 가상자산법 제4조는 보충적으로 해석해야 한다. 예를 들어, 증권형 토큰은 자본시장법상 증권에 해당하면서 동시에 가상자산법 제4조의 가상자산의 개념 정의에도 해당하는데, 가상자산법상 가상자산의 폭 넓은 개념을 고려하면, 가상자산법 제4조에도 불구하고 자본시장법을 우선하여 적용하여야 한다. 같은 맥락에서 전자적으로 거래 또는 이전되는 각종 금융거래에 대해서 적용되는 금융법령이 있다면 해당 금융법규를 우선하여 적용할 것이다.

이용자 자산의 보호

I. 예치금의 보호

1. 예치금의 예치 및 신탁

가상자산사업자는 이용자의 예치금(이용자로부터 가상자산의 매매, 매매의 중개, 그 밖의 영업행위와 관련하여 예치받은 금전을 말한다)을 고유재산과 분리하여 은행법에 따른 은행 등 대통령령으로 정하는 공신력 있는 '관리기관'에 대통령령으로 정하는 방법에 따라 예치 또는 신탁하여 관리하여야 한다(가상자산법6조①). 가상자산사업자는 관리기관에 이용자의 예치금을 예치 또는 신탁하는 경우에는 그 예치금이 이용자의 재산이라는 뜻을 밝혀야 한다(동조②). 이용자의 예치금을 관리기관에 예치하거나 신탁하는 주체는 가상자산사업자이다. 가상자산사업자에는 가상자산거래소가 포함된다.

예치는 민법상 소비임치의 법률관계에 유사하지만, 가상자산사업자나 관리기관의 채권자가 예치금을 압류하거나 가압류할 수 있으므로, 예치 또는 신탁하는 경우에는 그 예치금이 이용자의 재산이라는 뜻을 밝혀야 한다. 다만, 가상자산사업자가 관리기관에 예치하면서 이용자의 재산이라는 뜻을 밝혔다고 하더라도 법적 분쟁의 소지를 완전히 제거할 수는 없으므로 예치의 법률관계를 명확하게 할 필요가 있다.[28]

2. 상계 및 압류의 금지

누구든지 관리기관에 예치 또는 신탁한 예치금을 상계·압류(가압류를 포함한다)하지 못하며, 예치금을 예치 또는 신탁한 가상자산사업자는 대통령령으로 정하는 경우 외에는 관리기관에 예치 또는 신탁한 예치금을 양도하거나 담보로 제공하여서는 아니 된다(가상자산법6조③). 자본시장법상 투자자의 투자자예탁금에 준해서(74조④), 가상자산 이용자의 예치금에 대해서도 별도 예치하고 상계 또는 압류를 금지한 것이다.

---

28) 가상자산 신탁의 법률관계에 대해서는 기노성, "가상자산 법률관계에 대한 신탁적 접근", 「신탁연구」 제5권 제1호(한국신탁학회, 2023), 117-122면.

3. 예치금의 우선 지급

관리기관은 가상자산사업자가 다음 각 호의 어느 하나에 해당하게 된 경우에는 이용자의 청구에 따라 예치 또는 신탁된 예치금을 대통령령으로 정하는 방법과 절차에 따라 그 이용자에게 우선하여 지급하여야 한다(가상자산법6조④).

1. 사업자 신고가 말소된 경우(가상자산법6조④1호)
2. 해산·합병의 결의를 한 경우(2호)
3. 파산선고를 받은 경우(3호)

Ⅱ. 가상자산의 보관

가상자산사업자는 이용자로부터 예치금을 예치받거나 가상자산을 위탁받을 수 있는데, 예치금을 예치받은 경우에는 위에서 살펴본 것처럼 은행 등 관리기관에 예치 또는 신탁하여야 하지만, 가상자산을 위탁받은 경우에는 아래와 같이 처리하여야 한다.

1. 이용자명부의 작성 및 비치

가상자산사업자가 이용자로부터 위탁을 받아 가상자산을 보관하는 경우 다음 각 호의 사항을 기재한 이용자명부를 작성·비치하여야 한다(가상자산법7조①).

1. 이용자의 주소 및 성명(가상자산법7조①1호)
2. 이용자가 위탁하는 가상자산의 종류 및 수량(2호)
3. 이용자의 가상자산주소(가상자산의 전송 기록 및 보관 내역의 관리를 위하여 전자적으로 생성시킨 고유식별번호를 말한다)(3호)

2. 분리보관

가상자산사업자는 자기의 가상자산과 이용자의 가상자산을 분리하여 보관하여야 하며, 이용자로부터 위탁받은 가상자산과 동일한 종류와 수량의 가상자산을 실질적으로 보유하여야 한다(가상자산법7조②). 고객의 자산을 가상자산사업자의 자산과 분리하여 보관하는 것은 다른 금융업자들에 대해서도 일반적으로 요구되는 안전장치이다. 한편, 가상자산사업자가 이용자의 가상자산을 실제로 보유하는지가 논란이 되고 있어서, 위탁받은 가상자산과 동일한 종류와 수량의 자산을 '실질적으로 보유'하도록 요구하고 있다.

가상자산사업자는 보관하는 이용자의 가상자산 중 대통령령으로 정하는 비율 이상의 가상자산을 인터넷과 분리하여 안전하게 보관하여야 한다(가상자산법7조③). 해킹 위험성 등을 고려하여 이용자의 가상자산 중 일정 비율은 인터넷과 분리하여 안전하게 보관(소위 콜드스토리지[29]를 통한 보관)하도록 한 것이다.

3. 위탁보관

가상자산사업자는 이용자의 가상자산을 대통령령으로 정하는 '보안기준을 충족하는 기관'에 위탁하여 보관할 수 있다(가상자산법7조④). 반드시 예치하여야 하는 이용자의 예치금과는 달리, 이용자의 가상자산은 "보안기준을 충족하는 기관에 위탁하여 보관할 수 있다."고 규정함으로서 제3자에 대한 보관을 의무화하지는 않고 선택할 수 있도록 하였다. 신뢰성이 높은 가상자산보관업자를 상정하기 어려운 현실적 고려가 있었다고 보이지만, 이용자의 안전을 고려하면 장기적으로는 보관의무를 필수적으로 요구할 필요가 있다.

Ⅲ. 보험의 가입 등

가상자산사업자는 해킹·전산장애 등 대통령령으로 정하는 사고에 따른 책임을 이행하기 위하여 금융위원회가 정하여 고시하는 기준에 따라 보험 또는 공제에 가입하거나 준비금을 적립하는 등 필요한 조치를 하여야 한다(가상자산법8조).

Ⅳ. 거래기록의 생성·보존 및 파기

가상자산사업자는 매매 등 가상자산거래의 내용을 추적·검색하거나 그 내용에 오류가 발생할 경우 이를 확인하거나 정정할 수 있는 기록("가상자산거래기록")을 그 거래관계가 종료한 때부터 15년간 보존하여야 한다(가상자산법9조①). 일반적인 상사시효는 5년이지만, 이용자 보호를 위해서 보다 장기간의 보존기한을 정한 것이다.

가상자산사업자가 보존하여야 하는 가상자산거래기록의 종류, 보관방법, 파기절차·방법 등에 관하여는 대통령령으로 정한다(동조②).

---

29) 가상자산거래소는 '핫월렛(hot wallets)'과 '콜드스토리지(cold storage)'에 가상자산을 저장하는데, 핫월렛은 인터넷에 연결되어 있으므로 사용하기는 쉽지만 해킹에 취약하다. 대부분의 거래소는 가상자산을 플래시 인터넷에 연결되지 않은 콜드스토리지에 저장한다.

불공정거래의 규제

　가상자산법은 자본시장법과 유사하게 미공개 중요정보 이용행위, 시세조종 행위, 부정거래 행위 등을 불공정거래행위로 규제하고 있다. 다만, 자본시장법에서 금지하고 있는 '시장질서 교란행위'는 불공정거래행위의 유형에 포함되지 아니하였다. 그 밖에도 가상자산사업자에게 자기 또는 특수관계인이 발행한 가상자산의 매매 등을 금지시키고, 가상자산에 관한 입금 및 출금을 정당한 사유 없이 차단할 수 없도록 하고 있다.

Ⅰ. 미공개중요정보의 이용행위의 금지

1. 의의

　가상자산이용자보호법 제10조 제1항은 ①다음 각 호의 어느 하나에 해당하는 자는 ②가상자산에 관한 미공개중요정보를 ③해당 가상자산의 ④매매, 그 밖의 거래에 이용하거나 타인에게 이용하게 하여서는 아니 된다(가상자산법10조①)고 하면서, 가상자산에 관한 미공개중요정보의 이행행위를 금지하고 있다. 내부자 등이 공개되지 않은 중요한 정보를 이용하여 가상자산의 거래에서 부당한 이익을 얻는 것을 방지하고, 이용자의 신뢰와 가상자산시장의 기능을 보호하기 위한 것이다.

　아래에서는 미공개중요정보 이용행위 금지의 요건을 ①규제대상자(내부자등), ②규제대상정보(가상자산에 관한 미공개중요정보), ③규제대상(해당 가상자산), ④규제대상행위(매매, 그 밖의 거래에 이용하거나 타인에게 이용하게 하는 행위)로 나누어서 살펴본다.

2. 내부자등

　가상자산이용자보호법 제10조 제1항은 7가지의 규제대상자를 열거하는데, 제1호부터 제6호까지는 자본시장법 제174조 제1항 미공개중요정보 이용행위의 금지와 비슷하지만, 제7호에서는 '그 밖에 이에 준하는 자로서 대통령령으로 정하는 자'를 추가하고 있다. 예상하지 못한 경우에 대비하여 규제대상자를 추가할 수 있도록 것이다. 아래에서는 각 호의 규제대상자를 살펴본다.

가. 가산자산사업자, 가상자산을 발행하는 자, 그 임직원 및 대리인

가상자산법 제10조 제1항 제1호는 "가상자산사업자, 가상자산을 발행하는 자(법인인 경우를 포함한다) 및 그 임직원·대리인으로서 그 직무와 관련하여 미공개중요정보를 알게 된 자"를 규제대상자로 가장 먼저 열거하고 있다. 미공개중요정보를 이용할 수 있는 가장 전통적인 내부자의 유형이다.

(1) 가상자산사업자, 가상자산을 발행하는 자

앞서 살펴본 '가상자산사업자'(가상자산법2조2호)뿐만 아니라 '가상자산을 발행하는 자'도 규제대상이다. 보통은 법인이 가상자산을 발행하지만, "가상자산을 발행하는 자(법인인 경우를 포함한다)"의 괄호 문구에 비추면, 법인뿐만 아니라 자연인이 가상자산을 발생하는 경우도 규제대상자로 하고 있음을 알 수 있다. 한편, 자본시장법 제174조 제1항 제1호와는 달리 계열회사는 포함하고 있지 않은데, 계열회사를 통한 미공개중요정보 이용행위가 문제되는 경우에는 대통령령을 통해서 추가할 수 있을 것이다.

(2) 임직원 및 대리인

가상자산사업자 및 가상자산을 발행하는 자의 '임직원 및 대리인'도 규제대상자이다. 가상자산법은 미공개중요정보를 이용한 자에 대해서 형사처벌 규정(가상자산법10조①)을 두면서도, 임직원과 대리인의 개념에 대해서 따로 정의하고 있지 않아서 죄형법정주의 위반의 논란이 제기될 수 있으나, 임직원 및 대리인은 특별한 개념 정의가 필요한 용어는 아니므로 자본시장법 제9조, 제176조 및 금융사지배구조법 제2조에서 논의되는 임직원의 개념을 준용하는 것으로 충분하다.

(3) 그 직무와 관련하여

가상자산사업자, 가상자산을 발행하는 자 및 그 임직원·대리인에 해당하는 경우에도 '그 직무와 관련하여' 미공개중요정보를 알게 된 자만이 규제대상이다(가상자산법10조①1). 가상자산법 제10조 제1항에서는 직무관련성을 뜻하는 용례가 여러 곳에서 사용되는데,[30] 이에 비추면 미공개중요정보 이용행위 금지는 가상자산사업자 등이 직무 관련정보를 이용하여 이익을 취하려는 행위를 금지하려는 취지임을 알 수 있다. "그 직무와 관련하여"는 해당 임직원이나 대리인이 그 지위상 우월적으로 접근할 수 있는 직무이어야 한다는 견해가 있을 수 있으나, 내부정보의 이용행위에 대한 비난가능성이 크고, 우월성에 대한 입증의 어려움을 감안

---

30) 가상자산법 제10조 제1항 제1호의 '그 직무와 관련하여', 제2호의 '그 권리를 행사하는 과정에서', 제3호의 '그 권한을 행사하는 과정에서', 제4호의 '그 계약을 체결·교섭 또는 이행하는 과정에서', 제5호의 '그 직무와 관련하여'는 모두 '직무관련성'에서 공통점이 있다.

하면, 직무와 관련하여 알게 된 정보이면 충분하고 반드시 그 지위상 우월적으로 접근할 수 있는 정보일 필요는 없다.

나. 제1호의 자가 법인인 경우 그 주요주주

가상자산법 제10조 제1항 제2호는 "제1호의 자가 법인인 경우 주요주주(금융사지배구조법 제2조제6호나목에 따른 주요주주를 말한다. 이 경우 "금융회사"는 "법인"으로 본다)로서 그 권리를 행사하는 과정에서 미공개중요정보를 알게 된 자"를 규제대상자로 열거하고 있다. 상황에 따라서 주요주주는 평범한 임·직원보다 회사의 내부정보에 훨씬 수월하게 접근할 수 있으므로 규제대상으로 한 것이다.

(1) 주요주주

제2호는 '제1호의 자가 법인인 경우' 그 법인의 주요주주를 규제대상으로 하고 있다. 즉, 가상자산사업자 또는 가상자산을 발행하려는 자가 법인인 경우 그 주요주주가 규제대상이다. 가상자산사업자 또는 가상자산을 발행하려는 자의 임직원 또는 대리인이 법인인 경우에는 그 주요주주도 규제대상이다.

주요주주는 ① 누구의 명의로 하든지 자기의 계산으로 법인의 의결권 있는 발행주식총수의 100분의 10 이상의 주식(그 주식과 관련된 증권예탁증권을 포함한다)을 소유한 자(지배구조법2조6호나목1)) 또는 ② 임원(업무집행책임자는 제외)의 임면(任免) 등의 방법으로 법인의 중요한 경영사항에 대하여 사실상의 영향력을 행사하는 주주로서 '대통령령으로 정하는 자'(나목2))를 말한다. 주요주주의 소유지분을 계산함에 있어서 전환권이나 신주인수권을 포함할 것인지, 주식계약을 체결한 자를 포함할 것인지, 주주명부상의 주주 또는 실제주주를 의미하는지 등은 자본시장법 제174조 제1항 제2호의 설명을 참조하면 될 것이다.

(2) 그 권리를 행사하는 과정에서 미공개중요정보를 알게 된 자

주요주주에 해당하는 경우에도 '그 권리를 행사하는 과정'에서 미공개중요정보를 알게 된 자만이 규제대상이다. 제1호의 가상자산사업자, 가상자산을 발행하는 자, 그 임직원과 대리인은 '그 직무와 관련하여' 미공개중요정보를 알게 된 자일 것을 요구하고 있으나, 제2호의 주요주주는 직무를 수반하는 것이 아니므로 '그 권리, 즉 주주권을 행사하는 과정에서 미공개중요정보를 알게 된 자'일 것을 요건으로 하고 있다.

"그 권리를 행사하는 과정"이란 주주의 의결권(商368조) 또는 회계장부열람권(商466조) 등 구체적인 주주권 행사 과정에서 알게 된 정보뿐만 아니라, 회사가 주최하는 주주 모임 등 주주로서의 일반적인 지위 또는 자격에서 알게 된 정보를 포함한다. 그러나 주주의 권리행사와 상관 없이 개인적인 루트를 이용해서 미공개중요정보를 취득하였다면 제2호의 규제대상에 해당하지 않는다.

다. 법령에 따른 인·허가권자 등

가상자산법 제10조 제1항 제3호는 "가상자산사업자 또는 가상자산을 발행하는 자에 대하여 법령에 따른 허가·인가·지도·감독, 그 밖의 권한을 가지는 자로서 그 권한을 행사하는 과정에서 미공개중요정보를 알게 된 자"를 내부자에 준하여 규제하고 있다.

(1) 법령에 따른 인·허가권 등을 가지는 자

법령에 따른 허가·인가·지도·감독, 그 밖의 권한을 가지는 자이므로 법령에 근거하지 아니한 채 사실상의 허가·인가·지도·감독권 등을 행사하는 경우는 적용대상이 아니다. 허가·인가·지도·감독은 예시이고 등록 여부를 결정하는 등 그 밖의 권한을 가지는 경우도 포함한다. 그러나 신고서를 제출하면 자동적으로 등록되고 등록 여부를 결정하는 것이 아니라면 '권한을 가지는 자'로 볼 수 없다.

(2) 그 권한을 행사하는 과정에서

법령에 따른 인·허가권등을 가지는 경우에도 '그 권한을 행사하는 과정'에서 미공개중요정보를 알게 된 자만이 규제대상이다. 따라서 그 권한을 행사하는 과정이 아니고, 우연히 미공개중요정보를 알게 된 경우에는 직무관련성이 부정되어 규제대상이 되지 않는다.

라. 가상자산사업자 등과 계약을 체결하고 있거나 교섭하고 있는 자

가상자산법 제10조 제1항 제4호는 "가상자산사업자 또는 가상자산을 발행하는 자와 계약을 체결하고 있거나 체결을 교섭하고 있는 자로서 그 계약을 체결·교섭 또는 이행하는 과정에서 미공개중요정보를 알게 된 자"를 규제대상자로 열거하고 있다. 제4호는 전통적인 내부자가 아니고 '준내부자'의 일종이다.

(1) 가상자산사업자 등과 계약을 체결하고 있거나 교섭하고 있는 자

"가상자산사업자 또는 가상자산을 발행하는 자와 계약을 체결하고 있는 자"는 가상사업자 또는 가상자산을 발행하는 자를 감사하는 외부의 회계법인, 주거래은행, 주간사, 보증기관, 법률고문 등을 가리킨다. 계약의 형태, 이행시기, 계약기간의 장단은 불문한다. 체결한 계약은 사법상 유효한 것일 필요는 없다. 계약의 유효 여부는 사후적으로 결정되는 경우가 많고, 가상자산 거래의 공정성에 대한 이용자의 신뢰를 침해하였다면 처벌 대상으로 보는 것이 타당하기 때문이다.

"가상자산사업자 또는 가상자산을 발행하는 자와 계약 체결을 교섭하고 있는 자"도 규제대상이다. 따라서 경영권 인수를 위한 실사 과정, 즉 계약 체결 전의 계약 체결을 교섭하는 과정에서 미공개중요정보를 알게 된 자도 규제대상이다.

⑵ 그 계약을 체결·교섭 또는 이행하는 과정에서

가상자산사업자 또는 가상자산을 발행하는 자와 계약을 체결하고 있거나 체결을 교섭하고 있는 자라고 하더라도 '그 계약을 체결·교섭 또는 이행하는 과정에서' 미공개중요정보를 알게 된 자만이 규제대상이다. 따라서 계약의 체결·교섭 또는 이행 과정이 아니라 우연히 개인적인 루트를 통해서 미공개중요정보를 알게 된 경우에는 규제대상이 되지 않는다.

마. 제2호부터 제4호까지의 자의 대리인·사용인, 그 밖의 종업원

가상자산법 제10조 제1항 제5호는 "제2호부터 제4호까지의 어느 하나에 해당하는 자의 대리인(이에 해당하는 자가 법인인 경우에는 그 임직원 및 대리인을 포함한다)·사용인, 그 밖의 종업원(제2호부터 제4호까지의 어느 하나에 해당하는 자가 법인인 경우에는 그 임직원 및 대리인)으로서 그 직무와 관련하여 미공개중요정보를 알게 된 자"를 규제대상자로 열거하고 있다.

민법상 대리인은 본인을 위하여 법률행위를 대리할 권한을 가지는 자이지만, 제5호의 대리인은 계약 체결의 대리권을 가진 자 외에 계약 체결의 교섭, 계약 내용의 협의 등 사실상의 행위를 하는 자도 포함한다. 그러나 단순히 심부름을 하는 정도에 그치는 경우에는 대리인이라고 볼 수 없다. 대리인·사용인, 그 밖의 종업원에 해당하는 자가 법인인 경우에는 그 임직원 및 대리인을 포함한다.

바. 제1호부터 제5호까지의 자로부터 미공개중요정보를 받은 자('정보수령자')

가상자산법 제10조 제1항 제6호는 "제1호부터 제5호까지의 어느 하나에 해당하는 자(제1호부터 제5호까지의 어느 하나의 자에 해당하지 아니하게 된 날부터 1년이 경과하지 아니한 자를 포함한다)로부터 미공개중요정보를 받은 자"를 규제대상자로 열거하고 있다. 이른바 '정보수령자(tipee)'를 말하는데, 정보수령자를 처벌하지 않으면 내부자 등이 제3자에게 정보를 전달하는 방식으로 규제를 회피할 우려가 있기 때문이다.

제6호는 "제1호부터 제5호까지의 어느 하나에 해당하는 자로부터 미공개중요정보를 받은 자"라고만 규정하고 있어서 그 범위가 지나치게 확대될 우려가 있는 바, 형사처벌을 수반하는 정보수령자의 범위는 엄격히 해석할 필요가 있다.

첫째, '정보를 받은'의 문구 해석상, 정보수령자에게는 받은 정보가 미공개중요정보라는 사실을 인식하고 있을 것을 요한다. 다만, 미공개중요정보인 사실에 대한 인식이 있었는지의 여부는 자백하지 않는 한 입증이 어렵기 때문에, 확정적 인식을 요하지 아니하고 제반사정을 종합적으로 고려하여 판단할 수 있다. 다만, 과실범에 대한 처벌규정이 없으므로 단순히 과실이 있다는 사실만으로는 처벌할 수 없다.

둘째, 제1항 제1호부터 제5호까지의 어느 하나에 해당하는 자로부터 정보를 받을 것을 요구하기 때문에 '1차 정보수령자'만이 규제대상이고, 그로부터 다시 정보를 수령한 2차 또는 3차 정보수령자는 규제대상이 아니다.

셋째, "제1호부터 제5호까지의 어느 하나의 자에 해당하지 아니하게 된 날부터 1년이 경과하지 아니한 자"(가상자산법10조①6괄호), 즉 '원내부자'로부터 미공개중요정보를 받은 자도 규제대상에 해당한다. 다만, 제6호는 정보수령자를 규제의 대상으로 하는 것이므로, 퇴직 후 1년이 경과되지 아니한 원내부자가 재직 당시에 알게 되었던 미공개중요정보를 이용한 경우에 규제대상이 되는지 논란이 있을 수 있는데, 원내부자로부터 정보를 수령한 정보수령자의 이용행위도 처벌하는 마당에, 원내부자의 이용행위를 처벌하지 않을 이유가 없다. 조문이 분명하지 못하다면 개정이 필요하다고 본다.[31]

넷째, 미공개중요정보를 받은 자가 규제대상이고, 정보를 생성한 자는 아무리 그 정보가 중요하다고 하더라도 규제대상이 아니다.

사. 그 밖에 이에 준하는 자로서 대통령령으로 정하는 자

가상자산법 제10조 제1항 제7호는 "그 밖에 이에 준하는 자로서 대통령령으로 정하는 자"를 규제대상자로 열거하고 있다. 자본시장법 제174조 제1항에는 없는 규정인데, 예상하지 못한 경우에 대비하여 규제대상자를 추가할 수 있도록 것이다.

3. 가상자산에 관한 미공개중요정보

내부자등은 '가상자산에 관한 미공개중요정보'를 해당 가상자산의 매매, 그 밖의 거래에 이용하거나 타인에게 이용하게 하여서는 아니 된다(가상자산법10조①). 모든 정보의 이용행위가 금지되는 것이 아니라 '가상자산에 관한 미공개중요정보'의 이용행위가 금지된다.

자본시장법 제174조 제1항은 "상장법인의 업무 등과 관련된 미공개중요정보"의 이용행위를 금지하는 반면에, 가상자산법 제10조 제1항은 가상자산사업자 등이 '가상자산에 관한 미공개중요정보'를 이용하는 행위를 금지하고 있다. 즉, 자본시장법상 '상장법인의 업무 등과 관련된 미공개중요정보'는 상장법인의 업무 등과 관련한 기업정보이지만, 가상자산법상 '가상자산에 관한 미공개중요정보'는 가상자산을 발행하는 자가 가상자산을 발행하면서 공개하지 아니한 정보뿐만 아니라, 가상자산거래소가 타인이 발행한 가상자산의 상장 과정을 통해서 알게 되는 상품정보를 포함한다. 따라서 가상자산의 경우 발행인의 내부정보보다는 가상자산 거래정보와 같은 외부정보가 더 중요할 수도 있다.

위와 같은 내용을 고려하면 가상자산법 제10조는 내부자의 범위에 관한 해석에서 자본시장법 제174조의 해석과 세부적인 차이가 생길 수 있다. 예를 들어, 가상자산법은 자본시장법

---

31) 자본시장법 제174조 제1항 본문은 "다음 각 호의 어느 하나에 해당하는 자(제1호부터 제5호까지의 어느 하나의 자에 해당하지 아니하게 된 날부터 1년이 경과하지 아니한 자를 포함한다)"고 하면서, 이른바 '원내부자'를 규제대상자로 열거하고 있으나, 가상자산법 제10조 제1항 본문은 "다음 각 호의 어느 하나에 해당하는 자"라고만 하고 있어서 원내부자가 규제대상자에서 빠져있다.

제174조 제2항의 공개매수, 동조 제3항의 대량취득처분 등 외부정보에 대하여 미공개중요정보 이용행위 규제의 외연을 확장하는 두고 있지 않지만, 가상자산법 제10조 제1항의 '가상자산에 관한 미공개중요정보'를 해당 가상자산의 매매, 그 밖의 거래에 이용하거나 타인에게 이용하게 하여서는 아니 된다는 규정을 폭넓게 해석하면, 가상자산에 관한 외부정보도 규제 대상에 포함될 수 있을 것이다.

한편, 가상자산법 제10조 제1항은 '업무 등과 관련된'이라는 문구를 빼고 있어서 그 적용 범위가 넓어진 것처럼 보일 수 있으나, 가상자산법 제10조 제1항 각호의 규제대상자를 규정 하면서, 미공개중요정보에 대한 직무관련성을 요구하고 있어서 실무상 적용에는 큰 차이가 없을 것으로 보인다. 오히려 상장법인의 업무 등과 관련한 미공개중요정보일 것을 요구하는 자본시장법 제174조 제1항과는 달리, 가상자산법 제10조 제1항 각호는 가상자산사업자, 가 상자산을 발행하는 자가 상장법인인지 여부에 관계 없이 그 직무와 관련하여 알게 된 미공 개중요정보의 이용을 금지하고 있어서 그 적용범위는 훨씬 넓어질 수 있다.

직무관련성, 미공개중요정보의 개념 등은 자본시장법 제174조에서 자세하게 설명하였다 (☞ 제7장 제1절 Ⅱ. 미공개중요정보 이용행위의 금지 참조). 이와 관련하여, 중요정보인지의 여부에 대한 판단은 사안별로 해결할 수밖에 없겠지만, 미공개정보의 판단기준은 가상자산법시행령 을 통해서 구체화될 것으로 예상된다.

4. 해당 가상자산

내부자등은 가상자산에 관한 미공개중요정보를 '해당 가상자산'의 매매, 그 밖의 거래에 이용하거나 타인에게 이용하게 하여서는 아니 된다(가상자산법10조①).

가상자산법 제10조 제1항은 '해당 가상자산'의 매매, 그 밖의 거래에 이용하거나 타인에 게 이용하게 하는 것을 금지하고 있고, 자본시장법 제176조 제4항과 같은 연계시세조종행위 에 대한 규정을 두고 있지 않아서, 해당 가산자산에 대한 미공개중요정보를 이용하여 해당 가산자산과 가격연계성이 인정되는 다른 가상자산을 매매하거나 거래하는 행위는 허용된다 고 보는 견해도 있을 수 있으나, 금융상품간에 가격연계가 밀접한 현대의 금융거래에서는 이렇게 좁게 해석하는 것은 옳지 않다. 죄형법정주의의 원칙상 가격연계성을 이용한 거래는 가상자산법 제10조 제1항의 미공개중요정보 이용행위의 금지에는 해당한다고 보기는 어렵 더라도, 제2항 및 제3항의 시세조종행위 또는 제4항의 부정거래행위 금지에는 해당할 가능 성이 높을 것이다.

5. 매매, 그 밖의 거래에 이용하는 행위

내부자등은 가상자산에 관한 미공개중요정보를 해당 가상자산의 '매매, 그 밖의 거래에 이용하거나 타인에게 이용'하게 하여서는 아니 된다(가상자산법10조①).

"매매"는 장내 및 장외에서 이루어지는 모든 매매를 포함하며, 매매계약이 체결된 이상 실제 이행이 이루어지지 않은 경우도 적용대상이다. '매매, 그 밖의 거래'에 해당하는지는 형식보다는 매매, 그 밖의 거래행위가 미공개중요정보 이용행위를 금지하는 취지를 위반하는지에 중점을 두어서 살펴볼 것이다.

금지되는 행위는 매매, 그 밖의 거래에 미공개중요정보를 '직접 이용하거나' 또는 '타인에게 이용하게 하는 행위'이다. 미공개중요정보를 '이용'하는 행위인지는 내부자등의 정보 접근가능성, 자금의 조달방법, 매매 주문의 양태, 평소의 투자성향, 매매의 불가피성 등 여러 가지 사정을 종합하여 판단할 것이다.

매매의 개념, 타인에게 이용하게 하는 행위 등은 자본시장법 제174조에서 설명하였다(☞ 제7장 제1절 Ⅱ. 미공개중요정보 이용행위의 금지 참조).

Ⅱ. 시세조종행위의 금지

1. 가상자산법상 시세조종행위의 규제체계

"시세조종행위(manipulation)"는 자유로운 수요와 공급에 의하여 형성되는 가상자산의 시세를 자의적으로 등락시키고 그 등락된 시세를 이용하여 자기의 이익을 꾀하는 일체의 행위를 말한다. 자본시장법 제176조는 시세조종행위를 위장거래에 의한 시세조종행위, 매매유인 목적의 시세조종행위, 시세의 고정·안정행위, 연계 시세조종행위의 4가지로 분류하고 있으나, 가상자산법은 제10조 제2항에서 위장거래에 의한 가상자산의 시세조종행위를 금지하고, 동조 제3항에서 현실거래에 의한 시세조종행위만을 금지하고 있어서, 시세의 고정·안정행위 또는 연계 시세조종행위는 허용되는지 논란이 있을 수 있다.

그러나 시세의 고정·안정행위를 규정하지 않은 것은 증권시장에서와 같은 유동성 공급자를 상정하기 어려웠기 때문이지, 시세의 고정·안정행위는 그 자체로 시세조종행위에 해당한다고 보거나, 부정거래행위에 해당한다고 보아야 한다. 연계시세조종행위도 비슷하다. 가상자산법이 연계시세조종행위를 규정을 따로 두고 있지 않은 것은 가상자산을 기초자산으로 하는 파생상품이 거래되고 있지 않기 때문이지, 상품간의 가격연계성을 이용하는 연계시세조종행위는 자본시장법 제176조 제4항과 같은 연계시세조종행위에 관한 규정이 없더라도, 가상자산법 제10조 제2항의 위장거래에 의한 시세조종행위, 제3항의 현실거래에 의한 시세조종행위, 제4항의 부정거래행위에 해당할 가능성이 높다.

2. 위장거래에 의한 시세조종행위

가. 의의

가상자산법 제10조 제2항은 "① 누구든지 ② 가상자산의 매매에 관하여 ③ 그 매매가 성황을 이루고 있는 듯이 잘못 알게 하거나, 그 밖에 타인에게 그릇된 판단을 하게 할 목적으로 ④ 다음 각 호의 어느 하나에 해당하는 행위를 하여서는 아니 된다."고 하면서, 통정매매, 가장매매를 비롯한 '위장거래에 의한 시세조종행위'를 금지하고 있다.

가상자산법 제10조 제2항의 위장거래에 의한 시세조종행위는 서로 짜고 매도·매수하거나 거짓으로 꾸민 매매를 하는 것이어서 그 위법성이 크고, 반복하는 경우에는 매매가 성황을 이루고 있는 듯이 보이기 때문에 시세조종을 위한 수단으로 이용되기가 쉽다. 또한 가상자산법 제10조 제3항의 현실거래에 의한 시세조종행위와 함께 이루어지는 경우가 많아서 정상적인 매매거래와 구별이 어렵고 선의의 피해자가 생기기도 쉬워서 강력한 규제가 필요하다.

아래에서는 ①규제대상자(누구든지), ②규제대상(가상자산의 매매), ③행위자의 목적(그 매매가 성황을 이루고 있는 듯이 잘못 알게 하거나 그 밖에 타인에게 그릇된 판단을 하게할 목적), ④규제행위(통정매매, 가장매매 등)로 나누어 살펴본다.

나. 누구든지

위장거래에 의한 시세조종행위의 주체에는 제한이 없다. 즉, '누구든지' 가상자산의 매매에 관하여 그 매매가 성황을 이루고 있는 듯이 잘못 알게 하거나, 그 밖에 타인에게 그릇된 판단을 하게 할 목적으로 통정매매, 가장매매, 통정매매·가장매매등의 위탁 또는 수탁행위를 하여서는 아니 된다(가상자산법10조②). 즉, 가상자산법 제10조 제1항의 미공개중요정보 이용행위의 금지는 규제대상자를 열거하고 있으나, 제2항은 '누구든지' 통정매매, 가장매매 등을 통해서 시세조종행위를 하는 것을 금지하고 있어서 사실상 모든 사람이 시세조종행위의 규제대상에 해당한다. 제3항에서 '누구든지' 부정거래행위를 금지하는 것과 같다.

다. 가상자산의 매매

위장거래에 의한 시세조종행위는 '가상자산의 매매'에 관하여 이루어진다. 상장증권 또는 장내파생상품에 적용되는 자본시장법 제176조 제2항의 위장거래에 의한 시세조종행위와는 달리, 가상자산법 제10조 제2항은 장내 또는 장외의 가상자산 거래를 불문하고 적용된다.

라. 그릇된 판단을 하게 할 목적

위장거래에 의한 시세조종행위에 해당하기 위해서는 "그 매매가 성황을 이루고 있는 듯이 잘못 알게 하거나, 그 밖에 타인에게 그릇된 판단을 하게 할 목적"이 있어야 한다.

가상자산법 제10조 제2항 전단의 "그 매매가 성황을 이루고 있는 듯이 잘못 알게 하거나"는 동항 후단의 "그릇된 판단을 하게 할 목적"의 일종이다. 따라서 세부적으로 매매가 성황을 이루고 있는 듯이 잘못 알게 할 정도는 아니었다고 하더라도, 전체적으로 보아서 타인에게 '그릇된 판단을 하게 할 목적'이 인정된다면 요건을 충족한다.

'위장거래에 의한 시세조종행위'가 성립하기 위해서는 누구든지 가상자산의 매매에 관하여 "그 매매가 성황을 이루고 있는 듯이 잘못 알게 하거나, 그 밖에 타인에게 그릇된 판단을 하게 할 목적"이 있어야 함은 물론이나, 이러한 목적은 다른 목적과의 공존 여부나 어느 목적이 주된 것인지는 문제되지 아니하고, 그 목적에 대한 인식의 정도는 적극적 의욕이나 확정적 인식임을 요하지 아니하고 미필적 인식이 있으면 족하며, 이용자의 오해를 실제로 유발하였는지 여부나 타인에게 손해가 발생하였는지 여부 등도 문제가 되지 아니 한다. 당사자가 이를 자백하지 않더라도 그 가상자산의 성격과 발행된 가상자산의 총수, 매매거래의 동기와 태양, 그 가상자산의 가격 및 거래량의 동향, 전후의 거래상황, 거래의 경제적 합리성 및 공정성 등의 간접사실을 종합적으로 고려하여 판단할 수 있다.[32]

마. 통정매매, 가장매매 등

금지되는 행위는 타인에게 성황을 이루고 있는 듯이 잘못 알게 하거나, 그 밖에 그릇된 판단을 하게 할 목적으로 통정매매(가상자산법10조②1호,2호), 가장매매(3호), 통정매매 · 가장매매 등의 위탁 또는 수탁(4호)을 통해서 가상자산의 시세를 조종하는 행위이다.

통정매매, 가장매매, 통정과 가장의 방법, 정도 및 범위 등은 자본시장법 제176조 제3항 부분에서 자세하게 설명하였다(☞ 제7장 제2절 Ⅱ. 위장거래에 의한 시세조종행위 참조).

3. 현실거래에 의한 시세조종행위

가. 의의

가상자산법 제10조 제3항은 "누구든지 가상자산의 매매를 유인할 목적으로 가상자산의 매매가 성황을 이루고 있는 듯이 잘못 알게 하거나 그 시세를 변동 또는 고정시키는 매매 또는 그 위탁이나 수탁을 하는 행위를 하여서는 아니 된다."고 하면서, 현실거래에 의한 시세조종행위를 금지하고 있다.

자본시장법 제176조 제2항은 현실거래에 의한 시세조종행위(176조②1호)뿐만 아니라, 시장조작사실의 유포에 의한 시세조종행위(2호), 거짓 · 오해유발의 표시에 의한 시세조종행위(3호)까지도 금지하는 데, 가상자산법 제10조 제3항은 현실거래에 의한 시세조종행위만을 규정하고 있어서, 시장조작사실의 유포에 의한 시세조종행위, 거짓 · 오해유발의 표시에 의한 시

---

32) 증권의 시세조종에 관한 판례(대판 2007.11.29., 2007도7471; 대판 2006.5.11., 2003도4320 등) 취지를 준용하여 설시하였다.

세조종행위는 처벌에서 제외되는지 논란이 있을 수 있으나, 이러한 행위는 가상자산법 제10조 제4항의 부정거래행위에 해당할 가능성이 높다.

아래에서는 가상자산법 제10조 제3항을 ① 규제대상자(누구든지), ② 규제대상상품(가상자산의 매매), ③ 행위자의 목적(매매를 유인할 목적), ④ 규제행위(가상자산의 매매가 성황을 이루고 있는 듯이 잘못 알게 하거나 그 시세를 변동 또는 고정시키는 매매 또는 그 위탁이나 수탁)로 나누어 살펴본다.

나. 누구든지

현실거래에 의한 시세조종행위의 주체에는 제한이 없다. 즉, "누구든지" 가상자산의 매매를 유인할 목적으로 가상자산의 매매가 성황을 이루고 있는 듯이 잘못 알게 하거나 그 시세를 변동 또는 고정시키는 매매 또는 그 위탁이나 수탁해서는 아니 된다(가상자산법10조③). 시세조종 자금을 타인으로부터 제공받았거나 시세조종행위의 법적 효과가 다른 사람에게 귀속된다고 하더라도 실제 매매를 유인할 목적으로 매매가 성황을 이루고 있는 듯이 잘못 알게 하면 처벌을 받는다.[33]

다. 가상자산의 매매

현실거래에 의한 시세조종행위는 '가상자산의 매매'에 관하여 이루어진다. 상장증권 또는 장내파생상품에 대하여 적용되는 자본시장법 제176조 제2항 제1호의 현실거래에 의한 시세조종행위와는 달리, 가상자산법 제10조 제3항은 가상자산에 대해서는 장내 또는 장외를 불문하고 적용된다.

라. 매매를 유인할 목적

현실거래에 의한 시세조종행위에 해당하기 위해서는 '가상자산의 매매를 유인할 목적'이 있어야 한다. "매매를 유인할 목적"이란 "시장오도행위를 통해 이용자들로 하여금 가상자산시장의 상황이나 가상자산의 가치 등에 관하여 오인하도록 하여 가상자산의 매매에 끌어들이려는 목적을 말한다."[34] 특정한 가상자산이 저평가되어 있다고 보고 시장가격이 상승되어야 한다고 믿고서 매매를 하였다고 하더라도, 그 과정에서 인위적인 조작을 가하여 시세를 변동시켜서 이용자를 가상자산의 매매에 끌어들이려는 목적이 있었다면 매매를 유인할 목적이 인정된다. 유인할 목적이 있으면 되므로 실제로 제3자가 유인되어 직접 매매거래를 하여야 하는 것은 아니다.

매매를 유인할 목적은 그것이 행위의 유일한 동기일 필요는 없으므로, 다른 목적과의 공존하는지 여부나 어느 목적이 주된 것인지는 문제되지 않는다.[35] 예를 들어, 매매거래를 유

---

33) 대판 2003.12.12., 2001도606(현대전자 사건).
34) 대판 2018.4.12., 2013도6962.

인할 목적을 가지고 가상자산의 거래를 하였다면 헷지 또는 차익거래의 목적을 함께 가지고 있었다고 하더라도 '매매를 유인할 목적'이 인정된다.[36] 시세조종행위의 특성을 고려하면, 매매를 유인할 목적에 대한 인식의 정도는 적극적 의욕이나 확정적 인식임을 요하지 아니하고, 미필적 인식이 있으면 족하다.[37]

현실거래에 의한 가상자산 거래를 통해서 매매를 유인하는 모습을 고려하면, 통정매매나 가장매매에 의하여 시세를 조종하는 가상자산법 제10조 제2항의 '그릇된 판단을 하게 할 목적'과는 달리, 그 매매로 인하여 시세가 변동될 수 있다는 단순한 인식만으로는 부족하고, 어느 정도 적극적으로 매매를 유인할 목적이 필요하다. 그런데 이론적으로는 제2항의 '타인에게 그릇된 판단을 하게 할 목적'과 제3항의 '매매를 유인할 목적'을 구별할 수는 있겠지만, 현실에서는 양자를 구분하여 파악하기는 어렵다. 결국 '매매를 유인할 목적'은 다양한 간접 사실을 고려하여 판단하는 것이 불가피하고, 매매 행태 등 객관적 행위 태양이 중요한 고려 요소가 된다.

마. 가상자산의 매매 등

(1) 가상자산의 매매가 성황을 이루고 있는 듯이 잘못 알게 하는 행위

누구든지 가상자산의 매매를 유인할 목적으로 "가상자산의 매매가 성황을 이루고 있는 듯이 잘못 알게 하는 행위"(가상자산법10조③전단)를 하여서는 아니 된다. 자유경쟁시장에서 형성되는 주문량·거래량·가격변동이 정상적인 시장거래 보다 더 활발하게 이루어지는 것으로 오인할 수 있게 하는 행위를 금지한다.

(2) 시세를 변동시키는 매매 또는 그 위탁이나 수탁을 하는 행위

누구든지 가상자산의 매매를 유인할 목적으로 "그 가상자산의 시세를 변동시키는 매매 또는 그 위탁이나 수탁을 하는 행위"(가상자산법10조③후단)를 하여서는 아니된다. 자유경쟁시장에서 형성될 시세 및 거래량을 인위적으로 변동시킬 가능성이 있는 거래를 말하며,[38] 전단의 '매매가 성황을 이루고 있는 듯이 잘못 알게 하는 행위'에 수반하는 것이 보통이다.

"시세"란 가상자산거래소에서 형성된 시세 등을 말한다. 시세를 상승 또는 하락시키는 것은 물론 시세를 고정시키거나 시세의 상승·하락을 지연시키는 것도 '그 가상자산의 시세를 변동시키는 매매 또는 그 위탁이나 수탁을 하는 행위'에 포함된다. 반드시 '시세를 지배할 의도'를 가지고 거래하여야 하는 것은 아니다. 또한 그 거래로 인하여 행위자가 반드시 이익을 얻어야 하는 것도 아니다. 매매에 나아가기 전이라도 매매주문을 위탁 또는 수탁한 사실

만으로도 처벌대상이 된다(☞ 자세한 내용은 제7장 제2절 Ⅲ. 매매유인 목적의 시세조종행위 참조).

Ⅲ. 부정거래행위의 금지

1. 의의

가상자산법 제10조 제4항은 "①누구든지 ②가상자산의 매매, 그 밖의 거래와 관련하여 ③다음 각 호의 행위를 하여서는 아니 된다."고 하면서 부정거래행위를 금지하고 있다.

1. 부정한 수단, 계획 또는 기교를 사용하는 행위(가상자산법10조④1호)
2. 중요사항에 관하여 거짓의 기재 또는 표시를 하거나 타인에게 오해를 유발시키지 아니하기 위하여 필요한 중요사항의 기재 또는 표시가 누락된 문서, 그 밖의 기재 또는 표시를 사용하여 금전, 그 밖의 재산상의 이익을 얻고자 하는 행위(2호)
3. 가상자산의 매매, 그 밖의 거래를 유인할 목적으로 거짓의 시세를 이용하는 행위(3호)
4. 제1호부터 제3호까지의 행위를 위탁하거나 수탁하는 행위(4호)

아래에서는 가상자산법 제10조 제4항의 부정거래행위의 요건을 ①규제대상자(누구든지), ②규제대상거래(가상자산의 매매, 그 밖의 거래), ③규제대상행위(부정거래행위 등)로 나누어서 살펴본다.

2. 누구든지

가상자산법 제10조 제4항은 가상자산사업자 또는 그 임직원 등에 한정하여 적용되는 것이 아니고, 가상자산거래와 관련하여 부정한 수단 등을 사용하는 이상 누구든지 규제대상자가 될 수 있다.

부정거래행위의 주체는 부정한 수단 등을 사용하여 가상자산 거래를 한다는 고의(인식)나 이익을 얻으려는 목적을 가질 것이 요구되는가? 과실범에 대한 처벌규정이 없으므로 가상자산법 제10조 제2항의 "타인에게 그릇된 판단을 하게 할 목적"과 같은 정도의 목적성까지는 요구되지 않아도 객관적 구성요건 요소에 대한 고의는 요구된다. 다만, 행위자가 자백하지 않는 한 부정한 수단 등을 사용한다는 인식이 있었는지는 입증이 어렵기 때문에, 고의의 여부는 행위자의 적극적 인식이나 확정적 인식까지는 요하지 아니하고 제반사정을 종합적으로 고려하여 판단할 수 있다.

3. 가상자산의 매매, 그 밖의 거래

가. 가상자산

누구든지 '가상자산'의 매매, 그 밖의 거래와 관련하여 부정한 수단 등을 사용하는 행위를 하여서는 아니 된다(가상자산법10조④). 금융투자상품에 적용되는 자본시장법 제178조의 부정거래행위와는 달리, 가상자산의 부정거래행위에 대해서 적용된다. 장내 및 장외에서 거래되는 모든 가상자산의 매매, 그 밖의 거래가 적용대상이다.

나. 매매, 그 밖의 거래와 관련하여

"매매"란 가상자산을 매수 또는 매도하는 것을 말한다. 매수와 매도는 민법상의 개념이나 가상자산법 제10조 제4항의 포괄적인 특성을 고려하면 엄격하게 해석할 필요는 없다. 가상자산을 매수하여 매도하는 형태, 매도한 후에 매수하는 형태 이외에도 매수 또는 매도만을 하는 형태도 포함된다. 주로 규제의 대상으로 하는 것은 유통시장에서의 매매이나 가상자산 발행시장에서의 매매도 규제대상이다.

"그 밖의 거래"란 매매를 제외한 일체의 거래를 말한다. 담보계약, 합병계약, 교환계약, 신주인수권의 행사 등 다양한 유형의 거래가 포함될 수 있다.

누구든지 가상자산의 매매, 그 밖의 거래와 '관련하여' 부정한 수단 등을 사용하여서는 아니 된다. 즉, "가상자산의 매매, 그 밖의 거래"와 "부정한 수단의 사용 행위" 사이에는 관련성이 있어야 한다. 가상자산의 매매, 그 밖의 거래와 관련하여 부정한 수단 등을 사용하는 행위인지는 그 행위자의 지위, 가상자산 발행자의 경영상태와 가격 동향, 행위 전후의 제반 사정 등을 종합적으로 고려하여 판단한다.[39] 행위자가 가격 상승에 따른 담보가치 상승 등 '간접적 이익'을 얻었다는 사실은 가상자산의 매매, 그 밖의 거래와 부정한 수단의 사용 행위 간에 관련성을 인정하는 징표가 될 수 있다.

4. 부정한 수단 등을 사용하는 행위의 금지

가. 부정한 수단, 계획 또는 기교를 사용하는 행위

가상자산법 제10조 제4항 제1호는 누구든지 가상자산의 매매, 그 밖의 거래와 관련하여 '부정한 수단, 계획 또는 기교를 사용하는 행위'를 금지하는데, 여기서 '부정한 수단, 계획 또는 기교'란 사회통념상 부정하다고 인정되는 일체의 수단, 계획 또는 기교를 말한다.[40] 누구든지 가상자산의 매매, 그 밖의 거래와 관련하여 부정한 수단, 계획 또는 기교를 사용하였다면 매매, 그 밖의 거래를 현실적으로 실행하지 않았다고 하더라도 적용된다.[41] 부정한 수단, 계획, 기교의 해석은 그 의미만큼이나 어려운데, 결국 "부정한 수단, 계획, 기교를 사용하는 행위"에 해당하는지는 해당 거래의 내용, 성격, 행위자의 지위와 경험, 회사의 경

---

39) 대판 2003.11.14., 2003도686.
40) 대판 2014.1.16., 2013도4064; 대판 2011.10.27., 2011도8109 등.
41) 김학석, "부정거래행위 규제의 최근 동향," 「증권법학회 제204회 정기세미나 자료집」(2015.1.20.), 6면. 최승재, 앞의 논문(자본시장법 제178조 제1항 제1호), 33면.

영상태와 가격의 동향, 그 행위 전후의 제반 사정 등을 종합적으로 고려하여 판단하는 것이 불가피하다.[42]

나. 중요사항에 관하여 거짓의 기재 또는 표시를 하는 행위 등

가상자산법 제10조 제4항 제2호는 "누구든지 가상자산의 매매, 그 밖의 거래와 관련하여 '중요사항에 관하여 거짓의 기재 또는 표시를 하거나 타인에게 오해를 유발시키지 아니하기 위하여 필요한 중요사항의 기재 또는 표시가 누락된 문서, 그 밖의 기재 또는 표시를 사용하여 금전, 그 밖의 재산상의 이익을 얻고자 하는 행위'를 하여서는 아니된다"고 규정한다.

제2호는 중요사항에 관하여 거짓의 기재 또는 표시를 하는 등의 방법으로 "금전, 그 밖의 재산상 이익을 얻고자 하는 행위"를 금지하는 하는데, 이러한 문구는 행위자에게 '재산상 이익을 얻을 목적'을 요구하는 것과 다름이 없다. 재산상의 이익을 얻을 목적이 없이 "금전, 그 밖의 재산상의 이익을 얻고자 하는 행위"를 하는 경우는 상정하기 어렵기 때문이다.

제2호의 "중요사항"이란 미공개중요정보 이용행위 금지조항인 가상자산법 제10조 제1항의 '중요정보'와 같은 취지로서, 가상자산의 시세에 중대한 영향을 미치거나 이용자 보호를 위해서 필요한 사항으로서 이용자의 판단에 영향을 미칠 수 있는 사항을 의미한다.[43] 정보는 반드시 객관적으로 명확할 필요는 없으며, 합리적인 이용자라면 정보의 중대성과 사실이 발생할 개연성을 비교하여 판단할 경우 거래를 결정할 때 중요한 가치를 지닌다고 생각되면 족하다.[44] 가상자산 발행자의 고유의 정보만이 아니라 가상자산 업계의 전망 또는 가상자산 시장의 동향 등 외부 정보도 포함된다.

중요사항이 아닌 경우에는 제2호의 구성요건을 충족할 수 없으므로 제1호의 '부정한 수단, 계획 또는 기교를 사용하는 행위', 제3호의 '가상자산의 매매, 그 밖의 거래를 유인할 목적으로 거짓의 시세를 이용하는 행위' 등에 해당하는지를 살펴볼 것이다.

'거짓의 기재 또는 표시'를 하여서는 아니 되는데, "거짓"인지의 여부는 객관적으로 판단하므로, 허위라고 생각하였어도 실제로 사실이면 거짓의 기재 또는 표시에 해당하지 않는다.[45]

다. 가상자산의 매매 등을 유인할 목적으로 거짓의 시세를 이용하는 행위

가상자산법 제10조 제4항 제3호는 "누구든지 가상자산의 매매, 그 밖의 거래와 관련하여 '가상자산의 매매, 그 밖의 거래를 유인할 목적으로 거짓의 시세를 이용하는 행위'를 하여서는 아니 된다"고 규정한다. 거짓의 시세를 이용하는 행위는 제1호의 부정한 수단, 계획 또는 기교를 사용하는 행위에 해당한다고 볼 수도 있으나, 부정거래행위의 전형적인 모습인 점을

---

42) 대판 2018.9.28., 2015다69853; 대판 2016.3.24., 2013다2740 등.
43) 대판 2018.12.13., 2018도13689, 대판 2006.2.9., 2005도8652 등.
44) 김학석/김정수, 자본시장법상 부정거래행위(2015), 227면.
45) 대판 2003.11.14., 2003도686.

감안하여 제3호에서 별도로 규정하였다.

"가상자산의 매매, 그 밖의 거래를 유인할 목적"이란 거짓의 시세임에도 불구하고 그 시세가 자연적인 수요, 공급의 원칙에 의하여 형성된 것으로 오인시켜 매매, 기타 거래에 끌어들이려는 목적을 말한다. 거래를 유인할 목적은 포괄적으로 인정되면 충분하고, 구체적·확정적으로 존재하여야 하는 것은 아니다. '거래를 유인할 목적'이면 되고 '부당한 이득'을 취득할 목적까지는 요구되지 않지만, 거래를 유인할 목적 때문에 처벌되는 것이므로 단순한 인식이나 미필적 인식으로는 충분하지 않다(☞ 자세한 내용은 제7장 제3절 부정거래행위 등 참조).

Ⅳ. 특수관계인이 발행한 가상자산의 매매 등 금지

1. 의의 및 입법취지

가상자산법 제10조 제5항은 가상사업자는 '자기' 또는 '대통령령으로 정하는 특수한 관계에 있는 자('특수관계인')'[46]가 발행한 가상자산의 매매, 그 밖의 거래를 금지하고 있다. 일반적인 사업회사의 자기주식 취득과 처분 규제와 비슷하지만, 일반 사업회사의 자기주식 취득은 실질적으로 출자환급에 해당하므로 그로 인하여 주주 및 채권자들이 입는 피해를 방지하기 위한 것인 반면에, 가상자산사업자, 특히 가상자산거래소가 자기 또는 특수관계인이 발행한 가상자산을 매매하거나 거래하는 행위를 금지하는 이유는 가상자산의 시세에 영향을 미치는 등 불공정거래행위로 이어질 가능성이 높아 이용자에게 피해를 줄 수 있으므로 불공정거래행위의 일종으로 규정한 것이다.

2. 매매 등이 허용되는 경우

가상자산사업자는 다음 각 호의 어느 하나에 해당하는 경우에는 자기 또는 특수관계인이 발행한 가상자산의 매매하거나 거래할 수 있다(가상자산법10조⑤).

1. 특정 재화나 서비스의 지급수단으로 발행된 가상자산으로서 가상자산사업자가 이용자에게 약속한 특정 재화나 서비스를 제공하고, 그 반대급부로 가상자산을 취득하는 경우(가상자산법10조⑤1호)

   가상자산에는 다양하게 사용될 수 있으나 제1호의 "특정 재화나 서비스의 지급수단으로 발행된 가상자산으로서"라는 문구에 비추면, 제1호는 일반적인 지급결제수단으로 활용되는 지급토큰을 염두에 둔 것이 아니라, 특정 재화나 서비스의 지급수단으로 발행되는 이른바 '유틸리티토큰을 상정한 것이다. 즉, 유틸리티토큰을 발행한 가상자산사업자가 이용자에게 약속한 특정 재화나 서비스를 제공하고 그 반대급부

---

46) 특수관계인의 범위는 대통령령을 정해서 정해질 예정이다.

로 가상자산을 취득하는 경우를 예외로 하여서 매매 등을 허용하고 있다.

2. 가상자산의 특성으로 인하여 가상자산사업자가 불가피하게 가상자산을 취득하는 경우로서 불공정거래행위의 방지 또는 이용자와의 이해상충 방지를 위하여 대통령령으로 정하는 절차와 방법을 따르는 경우(가상자산법10조⑤2호)

가상자산은 다양하게 사용될 수 있으므로 가상자산사업자가 불가피하게 가상자산을 취득하는 경우가 있을 수 있다. 가상자산법은 불공정거래행위 및 이용자의 이해상충 방지장치를 갖추는 경우에는 자기가 발행한 가상자산을 매매하거나 거래할 수 있도록 하고 있다.

V. 불공정거래행위 등에 대한 손해배상책임

1. 의의

가상자산법 제10조 제1항부터 제5항까지를 위반한 자는 그 위반행위로 인하여 이용자가 그 가상자산의 매매, 그 밖의 거래와 관련하여 입은 손해를 배상할 책임이 있다(가상자산법10조⑥). 가상자산의 이용자는 불공정거래행위자를 상대로 민법상 손해배상을 청구할 수 있지만, 이 경우에는 고의, 손해액, 인과관계 등을 모두 입증하여야 하므로 부담이 크다. 가상자산법 제10조 제6항은 민법상 손해배상책임의 요건을 완화하여 가상자산법 제10조 제1항부터 제5항까지의 위반행위가 있다면 '그 이용자가 가상자산의 매매, 그 밖의 거래로 입은 손해'를 배상하도록 하고 있다. 가상자산법 제10조 제6항의 손해배상청구권과 민법 제750조의 손해배상청구권은 청구권경합의 관계에 있고 선택적으로 행사가 가능하다.

2. 당사자

손해배상책임자는 '가상자산법 제10조 제1항부터 제5항까지를 위반한 자'이다. 가상자산법 제10조를 위반하였다면 누구라도 그 책임을 지므로, 그 가상자산의 발행인이나 판매인뿐 아니라, 그 가상자산의 권리행사나 조건성취와 관련하여 이용자와 대립되는 이해관계를 가지게 된 자도 포함된다.

손해배상청구권자는 그 위반행위로 인하여 가상자산의 매매, 그 밖의 거래를 한 자이다(가상자산법10조⑥). 실제로 거래가 이루어졌을 것이 요구되며, 거래를 하지 않은 자는 손해배상청구를 할 수 없다. 가상자산법 제10조 제6항은 장소적 제한을 두고 있지 않으므로 장내 또는 장외를 불문하고 가상자산에 관한 불공정거래행위로 인하여 손해를 입은 자는 배상을 청구할 수 있다.

3. 성립요건

가. 불공정거래행위

가상자산법 제10조 제6항에 의하여 손해배상을 청구하기 위해서는 가상자산법 제10조 제1항부터 제5항까지의 조항을 위반한 자가 있어야 한다. 위반행위에 대해서는 형사처벌이 수반될 뿐만 아니라, 가상자산법 제10조 제1항 각호에서 인식이나 목적, 직무관련성 등을 요구하는 문구에 비추면 과실에 의한 불공정거래행위는 상정하기 어렵다.

위반행위의 존재는 원고가 입증하여야 한다. 실무상으로는 입증의 어려움으로 인하여 금융감독원의 조사결과, 검찰의 수사결과, 법원의 판결 등에 의하여 증거를 확보하여 손해배상을 청구하는 방식으로 운용되고 있다.

나. 손해의 발생

가상자산법 제10조 제1항부터 제5항까지를 위반한 자는 그 이용자가 "그 가상자산의 매매, 그 밖의 거래와 관련하여 입은 손해"를 배상하여야 한다.

원고가 가상자산법 제10조 제6항에 의한 청구를 하기 위해서는 가상자산법 제10조 제1항부터 제5항까지를 위반한 자의 가상자산 매매, 그 밖의 거래의 직접적인 거래상대방일 필요는 없다. 가상자산법 제10조 제1항부터 제5항까지의 위반행위는 다양한 방법으로 행하여지고, 그 위반행위가 반드시 매매나 거래에 한정되지 않는데, 위반행위의 상대방이 될 것을 요구하는 것은 적절하지 않기 때문이다.

다. 인과관계

손해배상을 청구하려는 자는 가상자산의 매매, 그 밖의 거래와 관련하여 손해를 입었으며, 그 손해는 가상자산법 제10조 제1항부터 제5항까지의 위반행위와 인과관계가 있음을 입증하여야 한다. 가상자산법 제10조 제6항의 손해배상청구를 위해서는 위반자의 위반행위로 원고의 손해가 발생하였다는 손해인과관계만을 입증하면 되고, 따로 거래인과관계는 입증할 필요는 없다고 본다.

4. 소멸시효 등

가상자산법 제10조 제6항은 시효에 대해서는 따로 규정하고 있지 않다. 따라서 민법상 불법행위에 따른 소멸시효가 적용된다.

Ⅵ. 가상자산에 관한 임의적 입·출금 차단 금지

1. 임의적 입·출금의 차단 금지

가상자산사업자는 이용자의 가상자산에 관한 입금 또는 출금을 대통령령으로 정하는 정당한 사유 없이 차단하여서는 아니 된다(가상자산법11조①). 이용자의 가상자산에 대한 재산권 행사를 정당한 사유 없이 임의로 차단하지 못하도록 함으로써 이용자를 보호하기 위한 것이다. 가상자산사업자가 이용자의 가상자산에 관한 입금 또는 출금을 차단하는 경우에는 그에 관한 사유를 미리 이용자에게 통지하고, 그 사실을 금융위원회에 즉시 보고하여야 한다(가상자산법11조②).

2. 손해배상책임

가상자산사업자가 정당한 사유 없이 이용자의 입금 또는 출금을 차단한 경우에, 그 위반행위로 인하여 형성된 가격에 의하여 해당 가상자산에 관한 거래를 하거나 그 위탁을 한 자가 그 거래 또는 위탁으로 인하여 입은 손해에 대하여 배상할 책임을 진다(가상자산법11조③). 즉, 원고는 "그 위반행위로 인하여 형성된 가격에 의하여 해당 가상자산에 관한 거래를 하거나 그 거래를 한 자"이고, 손해배상금액은 "그 거래 또는 위탁으로 인하여 입은 손해"이다. (☞ 제7장 제2절 Ⅴ. 시세조종행위자의 손해배상책임 참조).

손해배상청구권은 청구권자가 그 위반 사실을 안 때부터 2년간 또는 그 행위가 있었던 때부터 5년간 이를 행사하지 아니한 경우에는 시효로 인하여 소멸한다(가상자산법11조④). 가상자산법 제11조 제4항은 "시효로 인하여 소멸한다"라고 규정하고 있으므로 제척기간이라기보다는 소멸시효기간으로 볼 것이다.

Ⅶ. 이상거래에 대한 감시

가상자산시장을 개설·운영하는 가상자산사업자는 가상자산의 가격이나 거래량이 비정상적으로 변동하는 거래 등 대통령령으로 정하는 이상거래("이상거래")를 상시 감시하고 이용자 보호 및 건전한 거래질서 유지를 위하여 금융위원회가 정하는 바에 따라 적절한 조치를 취하여야 한다(가상자산법12조①). 이는 자본시장법 제377조가 이상거래의 심리 등을 한국거래소의 업무로 정한 것과 상응하지만, 자본시장법상 한국거래소와 가상자산법상 가상자산거래소를 유사한 수준으로 규제하는 것이 적절한지는 검토가 필요하다.

가상자산사업자는 제1항에 따른 업무를 수행하면서 제10조를 위반한 사항이 있다고 의심되는 경우에는 지체 없이 금융위원회 및 금융감독원장에게 통보하여야 한다. 다만, 제10조를 위반한 혐의가 충분히 증명된 경우 등 금융위원회가 정하여 고시하는 경우에는 지체 없이 수사기관에 신고하고 그 사실을 금융위원회 및 금융감독원장에게 보고하여야 한다(가상자산법12조②).

벌칙 및 과징금

Ⅰ. 벌칙

1. 벌칙의 내용

가상자산법은 동법 제10조 제1항을 위반하여 미공개중요정보를 이용하거나, 제10조 제2항을 위반하여 위장거래에 의한 시세조종행위를 하거나, 제10조 제3항을 위반하여 현실거래에 의한 시세조종행위를 하거나, 제10조 제4항을 위반하여 부정거래행위를 하는 경우, 1년 이상의 유기징역 또는 그 위반행위로 얻은 이익 또는 회피한 손실액의 3배 이상 5배 이하에 상당하는 벌금에 처하도록 하고 있다(가상자산법19조①본문). 다만, 그 위반행위로 얻은 이익 또는 회피한 손실액이 없거나 산정하기 곤란한 경우 또는 그 위반행위로 얻은 이익 또는 회피한 손실액의 5배에 해당하는 금액이 5억원 이하인 경우에는 벌금의 상한액을 5억원으로 한다(동항 단서). 징역에 처하는 경우 벌금은 임의적으로 병과하며, 해당 행위로 취득한 재산은 필요적으로 몰수·추징하도록 하고 있다(가상자산법20조①).[47] 이러한 가상자산법의 벌칙 규정은 자본시장법의 벌칙규정인 제443조(벌칙), 제447조(징역과 벌금의 병과) 및 제447조의2(몰수·추징)의 체계 및 구조와 거의 동일하다. 위반행위자에 대한 형사처벌이 점차 강화되고 있음을 보여준다.

2. 이익 금액의 산정과 입증책임 전환

가상자산법 제19조 제6항은 벌금을 부과하기 위한 이익액 또는 손실액을 산정함에 있어서, "제1항 및 제2항에 따른 위반행위로 얻은 이익(미실현 이익을 포함한다) 또는 회피한 손실액은 그 위반행위를 통하여 이루어진 거래로 발생한 총수입에서 그 거래를 위한 총비용을 공제한 차액을 말한다. 이 경우 각 위반행위의 유형별 구체적인 산정방식은 대통령령으로 정한다."고 규정한다.

판례가 자본시장법 위반 시 이득액을 그 거래로 인한 총수입에서 그 거래를 위한 총비용

---

47) 공정거래법은 필요적 몰수·추징 조항은 두고 있지 않다.

을 공제한 차액으로 보는 것을 법률에 명문화를 한 것이다.[48] 판례는 '위반행위로 얻은 이득액'액은 행위자의 위반행위로 인하여 발생한 위험과 인과관계가 인정되어야 하므로 피고인 외의 제3자의 개입 등 별도의 사정이 있는 경우는 형사법의 대원칙인 책임주의를 고려하여 위반행위와 인과관계가 인정되는 이익만을 따로 구분하여 산정하고 이에 대한 입증책임을 검사가 부담하도록 하였으나,[49] 엄격한 증명이 요구됨에 따라 무죄가 선고되거나 이득액을 산정하기 곤란하여 상한을 5억원으로 하는 벌금이 부과되는 경우가 많이 발생하였다. 이러한 입증의 어려움을 가상자산법 제19조 제6항은 위반행위로 얻은 이득액을 거래로 인한 총수입에서 거래를 위한 총비용만을 규정하면서, 위반한 자가 제3자 개입 등에 따른 가격변동분을 소명하는 경우에는 그 차액만큼 반영하도록 하고 있다.[50]

가상자산법 제19조 제6항에 따르면 이득액 산정방식을 둘러싼 논란이 명확해지는 측면이 있으나, 사건연구방식 등 인과관계 증명에 유용한 방식들이 정착되었을 경우에도 활용하지 못하게 되는 상황이 발생할 수 있다. 새롭게 개발되는 손해배상 산정 방식이 차액산정방식보다 더 효과적일 수 있으므로, 가상자산법 제19조 제6항의 차액산정방식은 강행규정으로 해석할 필요는 없으며, 다른 방식으로 이익이나 회피한 손실액에 대한 합리적인 증명이 가능하다면 그에 따를 수 있다고 본다. 또한 가상자산법 제19조 제6항은 각 위반행위의 유형별 구체적인 산정방식은 시행령에 규정하도록 하는데 이득액은 형사처벌 규정의 중요한 구성요건으로 이를 대통령령에 규정하는 것도 신중할 필요가 있다.

II. 과징금

가상자산법은 제10조 제1항부터 제4항까지를 위반한 자에 대하여 그 위반행위로 얻은 이익(미실현 이익을 포함한다) 또는 이로 인하여 회피한 손실액의 2배에 상당하는 금액 이하의 과징금을 부과할 수 있도록 하고 있다(가상자산법17조①본문). 다만, 그 위반행위와 관련된 거래로 얻은 이익 또는 이로 인하여 회피한 손실액이 없거나 산정하기 곤란한 경우에는 40억원 이하의 과징금을 부과할 수 있다(동항 단서). 검찰총장은 금융위원회가 제1항에 따라 과징금을 부과하기 위하여 수사 관련 자료를 요구하는 경우에는 필요하다고 인정되는 범위에서 이를 제공할 수 있다(가상자산법17조③).

공정거래법은 시장지배적 지위의 남용 시에는 매출액을 기준으로 6프로의 과징금을 부과하면서도 매출액이 없거나 매출액의 산정이 곤란한 경우에는 20억 원 이하의 과징금을 부과하고 있다(공정거래법8조). 시장지배적 지위의 남용 행위를 통해 실제 이득을 보았을 것으로

---

48) 대판 2011.10.27., 2011도8109.

49) 대판 2004.9.3., 2004도1628.

50) 자본시장법은 2023. 7. 18. 가상자산법 제19조 제6항과 같은 내용으로 제442조의2를 신설하였다.

예상되지만 영업중단 등으로 매출액이 없는 경우 등 매출액을 기준으로 과징금을 산정할 수 없을 때 사용되는 방법이다. 이와 달리 가상자산법은 매출액이 아닌 '그 위반행위로 얻은 이익 또는 이로 인하여 회피한 손실액'을 기준으로 과징금을 부과하기 때문에(가상자산법17조① 본문), 거래로 얻은 이익 또는 이로 인하여 회피한 손실액이 없거나 산정하기 곤란한 경우에는 40억원 이하의 과징금을 부과하는 것(가상자산법17조①단서)은 불법이익의 환수라는 과징금의 목적에 부합하지 아니하여 비례의 원칙에 위반될 소지가 있다.

판례색인

사항색인

1. 우리말색인

저자약력

김 홍 기 (金 弘 基)

연세대학교 법학사, 법학석사, 법학박사
Univ. of Pennsylvania Law School (LL.M)
사법시험 제31회
미국 뉴욕주 변호사
대법원 재판연구관
한국경제법학회 회장
한국금융소비자학회 회장
(현) 연세대학교 법학전문대학원 교수

제2판
자본시장법

초판발행   2021년 8월 30일
제2판발행   2024년 3월 5일

지은이   김홍기
펴낸이   안종만 · 안상준

편 집   한두희
기획/마케팅   조성호
표지디자인   유지수
제 작   고철민 · 조영환

펴낸곳   (주) **박영사**
            서울특별시 금천구 가산디지털2로 53, 210호(가산동, 한라시그마밸리)
            등록 1959. 3. 11. 제300-1959-1호(倫)
전 화   02)733-6771
f a x   02)736-4818
e-mail   pys@pybook.co.kr
homepage   www.pybook.co.kr
ISBN   979-11-303-4614-4 93360

copyright©김홍기, 2024, Printed in Korea

정 가   52,000원